中国合格评定国家认可委员会

坚持集中统一的国家认可体系
走国际化和中国化相结合的中国认可发展之路

- 中国合格评定国家认可委员会（CNAS）是经国家认监委授权开展合格评定认可工作的国家认可机构。主要依照《中华人民共和国认证认可条例》以及其他相关法律法规的规定，以相关国际标准、导则和指南等为基本要求，依法开展认证机构、实验室及相关机构和检验机构三大门类的认可服务。
- 现有认证机构、实验室和检验机构 三大门类认可制度，包含11项基本认可制度、25个专项认可制度和34个分项认可制度
- 为近20个政府部门提供支撑服务，累计30余部法律、法规和行政规章等行政规定采信认可结果
- 签署国际多边互认协议12项，协议范围覆盖93个经济体，占全球经济总量的95%以上

质量管理体系认证机构认可
食品安全管理体系认证机构认可
产品认证机构认可
检测实验室认可
医学实验室认可
能力验证提供者认可
环境管理体系认证机构认可
信息安全管理体系认证机构认可
全球良好农业规范
校准实验室认可
标准物质生产者认可
检验机构认可

- 签署双边认可合作协议16项，协议范围覆盖至21个国家

日本 韩国 英国 希腊 美国 澳大利亚 新西兰 法国 印度尼西亚 瑞士 乌兹别克斯坦 德国 丹麦 沙特 阿联酋 阿曼 巴林 卡塔尔 科威特 也门 蒙古国

认可理念

使命：证实能力、传递信任
愿景：权威可信——社会公信、政府采信、国际互信
核心价值观：科学、公正、诚信、责任

中　国
认证认可年鉴

2017

CNCA

图书在版编目（CIP）数据

中国认证认可年鉴. 2017 / 中国国家认证认可监督管理委员会主编. -- 北京：文化发展出版社, 2017.12
ISBN 978-7-5142-1958-6
Ⅰ. ①中… Ⅱ. ①中… Ⅲ. ①产品质量－质量管理－中国－2017－年鉴 Ⅳ. ① F279.23-54
中国版本图书馆 CIP 数据核字（2017）第 243487 号

中国认证认可年鉴 2017
责任编辑：肖贵平 孙烨 冯小伟 周蕾
责任印制：邓辉明

文化发展出版社出版发行
北京市海淀区翠微路 2 号（100036）
网 址：www://wenhuafazhan.com
客服电话：010-88275602 传真：010-88275707
发行中心：010-88554640
北京天恒嘉业印刷有限公司印刷
各地新华书店经销
*
开本 889mm × 1194mm 1/16 印张 50.5 字数 1841 千字
2017 年 9 月第 1 版 2017 年 9 月第 1 次印刷
*
定价：360.00 元

2017年1月19日，全国认证认可工作会议暨第十五次全国认证认可工作部际联席会议在北京召开。

国家质检总局局长支树平出席全国认证认可工作会议暨第十五次全国认证认可工作部际联席会议并讲话。

国家质检总局副局长、国家认监委主任孙大伟出席全国认证认可工作会议暨第十五次全国认证认可工作部际联席会议并讲话。

6月7日，国家质检总局、中国铁路总公司、国家认监委在北京联合举办以“认证认可助力中国高铁走向世界”为主旨的2016年世界认可日主题活动。国家质检总局局长支树平、中国铁路总公司总经理盛光祖出席活动并致辞。活动由国家质检总局副局长、国家认监委主任孙大伟，中国铁路总公司总工程师何华武主持。

6月7日，国家质检总局局长支树平出席世界认可日主题活动并致辞。

6月7日，国家质检总局副局长、国家认监委主任孙大伟出席世界认可日主题活动。其间，国家认监委与中国铁路总公司签署了《认证认可支持中国高铁发展战略合作协议》。

12月1日，中国认证认可发展纪实文学作品《“认”重道远》新书首发式在北京举行。国家质检总局局长支树平，副局长、国家认监委主任孙大伟，认证认可战线老领导王凤清出席活动并致辞。

7月1日,国家认监委召开纪念建党95周年党员代表大会，质检总局副局长、认监委党组书记、主任孙大伟出席会议并讲党课。认监委机关党委书记、副主任王大宁主持会议，委党组成员刘卫军、许增德、许武何、董乐群出席会议。

7月1日，国家认监委直属机关党委、团委在北京举办“青年强则国强——认证认可强国之路青年报告会”。国家质检总局副局长、国家认监委党组书记、主任孙大伟与青年干部就改革与发展中的热点问题进行了深入交流。国家认监委党组成员王大宁、刘卫军、许增德、许武何、董乐群参加青年报告会，并与青年同志进行了互动交流。

1月18日，国家中医药管理局、国家认监委在北京签署了《关于共同推进中医药健康服务完善中医药认证体系的合作协议》。国家卫生计生委副主任、国家中医药管理局局长王国强与国家质检总局副局长、国家认监委主任孙大伟分别代表双方签署合作协议。

3月25日，国家质检总局副局长、国家认监委主任孙大伟做客新华访谈。访谈中，孙大伟为网友详细解读了“十三五”期间，认证认可将如何当好供需之间传递信任的桥梁。

9月13日，国家质检总局副局长、国家认监委主任孙大伟会见美国安全检测实验室（UL）总裁伟廉仕（Keith Williams）一行，双方签署了《绿色产品认证领域的合作安排》。

1月16日，“2015检测认证行业年度风云榜”发布会暨颁奖典礼在北京举行，国家认监委副主任王大宁出席发布会并致辞。

5月10日，国家认监委在北京举办出口食品企业内外销“同线同标同质”信息公共服务平台上线暨北京体验中心启动仪式。活动当天，部分全国人大代表、国家相关部委和地方政府部门的代表，企业家和消费者代表共同见证了“同线同标同质”公共服务平台上线，并参观了体验中心。

6月21日，第九届世界认可日分场活动铁路标准与铁路认证认可论坛在北京举行，国家认监委副主任王大宁出席论坛并致辞。

6月30日，第二届“中国绿色产品”标识与认证体系建设国家研讨会在杭州举办，国家认监委副主任刘卫军参加此次活动并讲话。

9月19日，第十四届全国HACCP应用与认证研讨会暨“同线同标同质”工作推进会在北京召开，国家认监委副主任刘卫军出席活动并致辞。

11月30日～12月1日，第一届中国—西班牙肉类生产企业注册监管技术研讨暨“中国好师父”肉类团队活动在云南昆明举行，国家认监委副主任刘卫军参加此次活动并作重要发言。

6月12日，国家认监委副主任许增德出席国家质检总局2016年检验检测服务业统计数据新闻发布会。

9月5日～7日，国家认监委副主任许增德赴西安出席检验检测机构开放日启动仪式并调研。

9月27日，国家认监委主办的互联网+检验检测认证研讨会在厦门召开，国家认监委副主任许增德出席会议并致辞。

1月21日，国家认监委纪检组长许武何组长一行到国家知识产权局走访并座谈。

6月13日，国家认监委纪检组长许武何参加2016年全国质检系统公共机构节能宣传周启动仪式。

8月17日，机关服务中心2016年半年工作总结会在中认泰华酒店召开，国家认监委纪检组长许武何出席会议并讲话。

3月7日，国家认监委副主任董乐群一行到中国认证认可协会调研。中国认证认可协会生飞秘书长就协会科研、标准化和政研委等工作作了汇报。

5月19日，国家认监委举办了以“科技引领、标准支撑”为主题的“认证认可科技标准化论坛”及认证认可科技与标准成果展示活动，国家认监委副主任董乐群出席论坛并致辞。

11月21日，国家质检总局、国家认监委召开新闻发布会，正式发布《认证认可检验检测发展“十三五”规划》，国家认监委副主任董乐群出席新闻发布会并讲话。

9月23日，中国汽车绿色产品认证采信行业推进会成功召开，国家认监督委总工程师薄昱民出席会议。

10月26日～27日，“第六届交通产品认证交流大会”在北京国际会议中心举行，国家认监委总工程师薄昱民出席大会并讲话。

11月2日，2016“国际机器人检测认证高峰论坛”（International Robot Testing & Certification Summit）在上海举行。上海市副市长周波、国家发展改革委副主任林念修、国家质检总局副局长张沁荣、工业信息化部党组成员金书波、国家认监委总工程师薄昱民出席论坛并致辞。

9月3日，在乌海“丝绸之路”世界沙漠葡萄酒文化节开幕仪式上，内蒙古局詹少彤局长（右）与乌海市宋亮书记共同为国家质检总局葡萄酒检测区域性中心实验室（乌海）批筹揭牌。

12月6日，辽宁“同线同标同质”企业餐饮市场对接会召开，餐企直联，辽宁检验检疫局助力“三同”企业开拓餐饮市场。

6月14日，湖北检验检疫局组织“三同”企业进超市活动剪影。

河南检验检疫局工作人员逐一帮扶思念速冻产品提升质量，实现通过美国FDA注册和“同线同标同质”产品向国内市场供给。

8月29日～31日，北京检验检疫局开展质量体系认证“双随机”抽查活动，邀请天津、河北检验检疫局的3位专家对北京津宇嘉信科技股份有限公司等4家北京地区的质量体系认证获证企业进行现场联合检查。

5月19日，广东检验检疫局召开落实供给侧改革推进“三同”工程宣贯会。

四川检验检疫局开展“3·15”国际消费者权益日执法系列检查及宣传活动，工作人员对某品牌汽车的车灯、燃油箱、安全带等产品的CCC认证证书进行检查。

西北五省区召开检验检疫认证执法监管区域合作联动机制建设第二届联席会议，认证执法联动机制扩大区域并率先开展“双随机，一公开”检查。

12月22日，“浙江制造”认证双对接系列活动在杭州启动。“浙江制造”国际认证联盟中的第三方认证机构将直接对接企业，提供认证服务。

6月6日，重庆市质监局举办了全市认证“双提升”活动专题培训班，来自国家认监委、检验检测机构、认证机构和认证获证企业的授课老师分别从不同的主体角度和专业领域讲授了认证认可知识。

6月8日，广东省质监局在中山市举办2016年世界认可日暨中山市创建“全国质量强市示范城市”宣传活动。

有机产品认证国家检查组在吉林省质监局辖区的和龙市进行国家级有机产品认证示范创建区监督检查。

6月17日，贵州省质监局与法国必维国际检验集团签署检验检测认证合作备忘录，加快发展贵州检验检测认证服务业，全力推动贵州区域经济发展。

11月11日，上海市十四届人大常委会第三十三次会议进行表决，全票通过了《上海市检验检测条例》。上海市质监局局长黄小路对《上海市检验检测条例（草案）》进行说明和解读。

国家家具质检中心（江西）组织开展2016年“检验检测机构开放日”活动。

湖南省质监局联合中国质量认证中心武汉分中心在长沙召开了长株潭示范区CCC企业需求对接会，探索示范区内企业产品强制性认证制度改革。

《中国认证认可年鉴》编纂顾问委员会委员名单

《中国认证认可年鉴》编纂委员会委员名单

《中国认证认可年鉴》编纂办公室名单

《中国认证认可年鉴》编辑部成员名单

编 辑 说 明

一、《中国认证认可年鉴》（以下简称《年鉴》）是逐年记载中国认证认可事业发展进程的编年史册，也是一部资料丰富的工具书，《年鉴》（2017）记载的是中国认证认可事业2016年的发展情况。

二、2016年是“十三五”开局之年，按照党中央、国务院的战略部署，我国的认证认可监管工作牢固树立新发展理念，以服务供给侧结构性改革为重心，在提高供给质量、深化改革创新、完善工作机制、加强自身建设等方面取得了新的成绩。

一是服务供给侧结构性改革，着力提升质量供给水平。二是深化“放管服”改革，释放创新发展活力。三是凝聚各方合力，构建多元共治格局。四是夯实基础工作，扎实推进自身建设。通过不懈的努力，我国认证认可事业不断取得新的发展成就，正加快向认证认可强国行列迈进。

以上几方面的详细内容，可见于《年鉴》的第三部分至第二十二部分的相关文章、领导讲话和统计资料。

三、“文献”一栏中刊登了2017年1月召开的全国认证认可工作会议暨第十五次全国认证认可工作部际联席会议上的领导讲话稿，是2017年认证认可工作发展的指导性文件。“特载”一栏刊登的一组文章，是国家认监委领导关于2016年认证认可工作方针和工作重点的论述和安排。这两个栏目的内容均具有重要的指导意义。

四、“专文”一栏刊登了国家认监委各部室领导及各地方局工作人员对认证监管系统的思考与探讨，这些为今后认证认可工作的开展起到了一定的借鉴作用。

五、《年鉴》（2017）尚未包括香港、澳门特别行政区和台湾地区关于认证认可发展情况的内容。

六、《年鉴》（2017）稿件由国家认监委及地方两局提供，并由提供单位领导审核，稿件一般的截止日期为2016年年底，但是由于内容需要，也可能延伸一段时间，采用时请予注意。

七、由于知识和经验所限，《年鉴》（2017）编撰中的错误和缺点在所难免，欢迎各界批评指正。同时向积极参与和关心《年鉴》的各界同人和朋友表示衷心感谢。

《中国认证认可年鉴》编辑部

2017年8月

2月6日，中国认证认可协会组织全体党员、非党员中层干部和财务负责人员召开了党风廉政建设工作会议。

12月20日～21日，中国认证认可协会召开第三次会员大会。会议选举产生了由174名理事成员组成的第三届理事会。由第三届理事会选举产生了由49名常务理事成员组成的第三届常务理事会，以及协会会长、副会长、秘书长。

9月26日～28日，由中国认证认可协会承办的国际标准化组织合格评定委员会（ISO/CASCO）第45工作组（WG45）第3次工作组会议在上海举行。

中国认证认可协会（CCAA） 成立于2005年9月27日，是由认证认可行业的认可机构、认证机构、认证培训机构、认证咨询机构、实验室、检测机构和部分获得认证的组织等单位会员和个人会员组成的非营利性、全国性的行业组织。依法接受业务主管单位国家质量监督检验检疫总局、登记管理机关民政部的业务指导和监督管理。

中国认证认可协会以推动中国认证认可行业发展为宗旨，为政府、行业、社会提供与认证认可行业相关的各种服务。

主要职能 加强社会责任监督和行业自律；调查研究中外行业发展及市场趋势，参与制定行业发展战略规划，向政府提出政策和立法建议，向社会提供信息与咨询服务；倡导科技进步，促进信息化建设，组织行业从业人员资格管理教育和培训；参与制、修订国家行业标准，并组织贯彻实施；组织国际对话，促进国际合作；开展认证推广工作；编辑、翻译出版认证方面的标准、期刊、书籍、文集和资料等。

主要业务 认证人员注册、培训开发、会员服务、自律监管、技术标准和开展国内外认证认可业务交流合作等。为加强认证认可行业自律监管和推进规范化管理，中国认证认可协会成立了行业自律与诚信建设工作委员会和人员注册技术与申投诉委员会；承担了全国认证认可标准化技术委员会（SAC/TC261）秘书处日常工作；与中国国家认证认可监督管理委员会共同主办了由国家质量监督检验检疫总局主管的《中国认证认可》杂志，该杂志成为了中国认证认可行业指导性刊物。

中国认证认可协会着力于行业、企业与政府间的沟通协调，并加快国际合作步伐，努力为中国认证认可行业发展营造良好的氛围。

地址：中国北京朝阳区朝外大街甲10号

Address:Jia No.10,Chaowai Dajie Chaoyang District,Beijing,China

Zip:100020 Tel:010-65994482 Fax:010-65994262

Http://www.ccaa.org.cn

中国质量认证中心
CHINA QUALITY CERTIFICATION CENTRE

公安部消防产品合格评定中心

China Certification Center for Fire Products Ministry of Public Security

一、中心基本情况

公安部消防产品合格评定中心是专业从事消防产品强制性认证的指定认证机构，系公安部部属事业单位。

中心内设办公室、认证业务处、技术评定处、工厂检查及检验管理处、督查审计室、信息室、财务室及认证资料管理室等9个部门，拥有认证技术管理人员及工厂检查人员300余名。

二、中心业务范围及研究领域

1. 经国家认证认可监督管理委员会授权，依法开展火灾报警、火灾防护、灭火设备、消防装备4大类消防产品的强制性认证工作，共涉及155个强制性国家标准或行业标准。经公安部、国家认证认可监督管理委员会指定，对尚无国家标准、行业标准的消防产品开展技术鉴定工作。

2. 配合各级质量监督部门、工商管理部门及公安消防部门开展生产、销售、使用领域消防产品监督检查工作。

3. 负责公安部消防局网站“中国消防产品信息网”的建设及运营维护，向各级政府部门和社会大众提供消防产品市场准入信息及产品质量跟踪管理信息等。

4. 开展消防产品质量认证、工厂检查、产品检验等合格评定技术的研究；认证、技术鉴定标准及方法的研究；消防、应急救援领域新产品、新成果应用技术及安全评估技术的研究等。

5. 承担中国强制性认证消防专家组（TC16）工作。主要内容：处理国内外消防产品强制性认证重大技术问题，组织编审消防产品强制性认证基本规范，负责消防产品强制性认证WTO通报工作，协助对进口消防产品的海关监管工作。

6. 对国内从事消防产品认证、技术鉴定的工厂检查人员、技术专家实施培训、评定及资质管理工作。承担质监、工商、公安消防等部门执法人员的技术培训工作。

7. 中心自主研发的“消防产品身份信息管理系统”，已发布消防产品生产及销售流向信息近13亿余条。为各有关部门及社会大众开展消防产品质量监督工作提供了有效的技术手段。

8. 中心开展了“消防产品现场快速检测关键技术”的研究工作，采用近红外光谱技术，建立了国内外600余个灭火剂、防火涂料企业以及2300余个内外装饰材料生产单位的产品特征数据库；研发了装置样机，制定了有关现场判定标准。目前，该成果已通过公安部科委验收。

9. 中心在研的部级科研项目2项：“新型气体灭火剂安全性评价体系的研究”“新型水系灭火剂应用于灭火系统的技术研究”；已完成公安部部级科研成果登记项目2项：“灭火剂、防火涂料、典型保温装修材料快速检验及应用技术的研究”“消防产品身份信息管理及应用技术的研究”；承担环保部、世界银行的“国家哈龙回收管理中心建设运行”及“中国消防管控与淘汰持久性有机污染物”2个重大研究项目；中心自主研发的“大范围固体深位火灾扑救技术研究”项目，获得公安部科学技术进步三等奖。

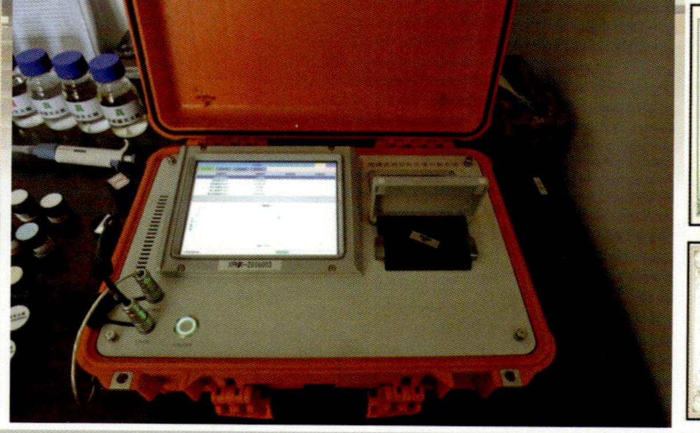

中心主任：东靖飞

地址：北京市东城区永外西革新里甲108号　电话：010-67274320/67274308　传真：010-87278660　邮编：100077

网址：http://www.cccf.net.cn　电子邮箱：cccf@263.net

目　　录

第一部分　文　献

第二部分　特　载

第三部分　专　文

第四部分　法制建设与政策研究

第五部分　认可监管

第六部分　认证监管

第七部分　注册管理

第八部分　实验室与检测监管

第十三部分　国际合作

第十四部分　信息化建设

第十五部分　全国认证认可部际联席会议

第十六部分　地方认证监督管理

第十七部分　认证及相关机构

第十八部分　认证实效

第十九部分　国家认监委机关综合管理工作

第二十三部分　附　录

2017

Yearbook of Certification and Accreditation of China

第一部分 文 献

Part One Documents of Importance

认证认可检验检测发展“十三五”规划

为统筹谋划“十三五”时期认证认可、检验检测发展，根据《中华人民共和国国民经济和社会发展第十三个五年规划纲要》、《质量监督检验检疫事业发展“十三五”规划》，制定《认证认可检验检测发展“十三五”规划》，作为指导“十三五”时期认证认可、检验检测工作的行动纲领。

一、发展环境

（一）“十二五”发展成就

“十二五”时期，认证认可、检验检测紧贴发展大局，全面推进深化改革，切实加强制度建设，着力夯实发展基础，按照“统一管理，共同实施”的原则，大力加强部际合作，紧紧依靠全系统全行业和社会各界，奋力开创中国特色认证认可事业发展新局面，为建设质量强国、服务经济社会发展做出了积极贡献。

服务发展成效显著。“十二五”时期，认证认可、检验检测全面服务经济社会发展各个领域，截至2015年年末，共颁发各类有效认证证书145.8万张，对外出具检验检测报告3.29亿份。保障质量安全更加有效，强化了强制性产品认证事中事后监管，强制性产品认证抽查合格率由2010年的82%提高到2015年的92.5%，将水产品、肉类、乳品境外生产企业纳入进口注册管理，提升了进口食品安全保障能力。服务转型升级提质增效更加有力，共授权设立了206家国家产品质检中心，批准上海静安、苏州吴中等6地创建国家公共检验检测服务平台示范区，浙江制造、深圳标准等产品认证制度成为推动地方经济转型升级的重要平台。助推生态文明建设更加扎实，新增低碳产品、能源管理体系等认证服务，获证节能、节水等资源节约型产品逐年递增，“十二五”期间获证产品共节约或替代电能6 890.91亿千瓦时，节约水资源1 545.17亿吨。推动将有机产业发展状况纳入生态文明建设评价体系，全国共54家县区获批为有机产品认证示范创建区，植物类有机产品生产面积达197.5万公顷。建立实施了知识产权、保健服务、非金融机构支付、移动金融等新型服务认证，促进了现代服务业发展。

基础地位日益提升。认证认可和检验检测创新能力、引领作用更加突出，赢得更多国际话语权。以评价技术、质量保证技术以及相应的检验检测支撑技术为核心的认证认可技术体系初步建立，“十二五”期间，组织实施国家级科研课题73项，经费1.04亿元，在节能低碳、信息安全、海上风电、司法鉴定认可等多个领域取得技术突破。危害分析和关键控制点体系认证已经成为1.4万余家出口食品生产企业增强食品安全保障能力的重要手段。光伏、节能产品认证等被纳入政府采信范围，低碳产品认证被纳入对地方政府的考核，有效发挥了政策引导作用。与美国、欧盟、俄罗斯等国家/地区实现了机制化合作，51家机构加入了国际多边认证互认体系，在与新西兰、韩国、瑞士等国的自由贸易协定谈判和实施中发挥了重要作用，进口食品生产企业注册有力提升了我国与巴西等国外交外贸合作的层次和水平。

制度建设取得重大进展。全面推进深化改革，进一步完善了认证机构行政审批制度，推动了检验检测机构资质管理制度整合，优化了强制性产品认证制度，中国特色认证认可制度体系已基本建立健全。部际联席会议制度进一步创新发展，“统一管理、共同实施”工作机制日益完善。法规体系建设稳步推进，先后主导或参与制修订涉及认证认可、检验检测的法律法规、部门规章共52部，提升了立法质量，巩固了改革成果。行政执法监管体系进一步健全，执法监管一体化格局基本形成，认证执法监管区域合作机制覆盖到全国90%省区，省级质检部门认证执法监管体系建设覆盖面达到100%。认可制度进一步加强，认可约束机制充分发挥。认证认可国际合作国内运作机制进一步完善。

产业发展保持良好势头。“十二五”时期，检验检测认证服务业作为国家重点发展的11类生产性服务业、8类高技术服务业以及9类科技服务业之一，写入有关重点规划和政策文件。到2015年，全国共有检验检测认证机构31 343家，从业人数99.5万，营业总收入1 934.95亿元。检验检测认证机构整合工作进一步加快，规模化、专业化、品牌化发展初见成效，并涌现出了一批优势企业和知名品牌。

专栏1 “十二五”主要发展任务完成情况

指标名称	2010年	2015年	累计增长
·服务发展			
有效认证证书总数（万张）	79.1	145.8	66.7
获认证组织总数（万家）	33.1	53	19.9
认可证书数（张）	5 294	7 964	2 670
对GDP贡献率（%）	0.885	0.947	0.062
·创新驱动			
认证认可国家标准数（项）	68	89	21
完成国家级科研课题数（项）	37	73	36
·产业水平			
认证机构数（家）	170	221	51
检验检测机构数（家）	21 960	31 122	9 162
·治理能力			
强制性产品认证抽查合格率（%）	82	92.5	10.5
·国际合作			
双边国际合作协议数（份）	77	103	26
加入国际互认体系检测认证机构数（家）	32	51	19
国际组织管理层重要任职人数（人）	21	25	4

（二）“十三五”时期发展形势

“十三五”时期我国仍处于大有可为的战略机遇期，也面临诸多矛盾叠加、风险隐患增多的严峻挑战，认证认可、检验检测事业发展同样机遇和挑战并存。准确研判形势、分析任务，主动把握机遇、沉着应对挑战，是“十三五”认证认可、检验检测科学发展的前提和保障。

总体上看，“十三五”时期认证认可、检验检测将面临难得的发展机遇。“四个全面”战略布局带来了新的机遇。随着全面建成小康社会奋斗目标的日益临近，认证认可、检验检测在服务国家治理、提升质量安全、促进供给侧结构性改革等方面发展空间巨大，政策和市场需求强劲。深化改革为认证认可、检验检测增添了新的发展动力，依法治国、从严治党为认证认可、检验检测提供了坚强有力的法治和组织保障。经济发展新常态带来了新的机遇。发展模式的转变，以及供给侧结构性矛盾的亟待解决，使得创新发展显得尤为重要。借助认证认可、检验检测手段，可以促进创新要素集聚和辐射，给产业发展带来技术外溢效应，提升创新驱动能力，从而为主动适应和引领新常态提供必要的技术支撑和科学的制度安排。制造强国和网络强国战略的实施带来了新的机遇。《中国制造2025》明确了“质量为先”的基本方针，确定了加强质量品牌建设的战略任务和重点；《国务院关于积极推进“互联网+”行动的指导意见》也明确提出了建设网络安全监测评估和标准认证体系、数据安全流动认证体系的任务。新一代产业及技术发展带来了新的机遇。新兴产业及新兴市场的形成发展，新技术的持续升级，带来了新的认证认可、检验检测服务需求，也为认证认可、检验检测创新服务模式、增强服务能力创造了必要的技术条件。充分运用先进的技术与设备，加快互联网、云计算与大数据技术应用，全面提供“一站式”综合服务，将是检验检测认证向现代服务业转型的必由之路。“一带一路”等国家战略实施带来了新的机遇。“一带一路”建设明确将认证认可作为合作重点，将为认证认可和检验检测促进贸易便利、增进双边互信、推动国际质量共治带来更大的作为空间；自贸区、京津冀协同发展、长江经济带战略的实施，将会显著提升认证认可、检验检测制度创新水平，持续推动认证认可、检验检测监管一体化和区域协调发展。

“十三五”时期认证认可、检验检测发展必将面临众多新要求和新挑战。全面深化改革对认证认可、检验检测提出了新要求。近年来认证认可、检验检测领域深化改革工作取得了突出成果，但在简政放权、放管结合、优化服务上仍有较大提升空间，监管体系建设有待深化，需持续推进改革创新。发展新趋势对认证认可、检验检测提出了新要求。面对新产业、新业态、新技术以及新的消费趋势和新的增长动力，认证认可和检验检测如何主动适应、引领新常态，更好地服务经济社会发展，并在“四个全面”战略布局中发挥更大作用，仍是一个亟待破解的命题。供给侧结构性改革对认证认可、检验检测提出了新要求。检验检测认证供给侧仍存在较为突出的结构性矛盾，资源、机构布局不尽合理，仍存在“小、散、弱”现象；认证认可制度供给和检验检测认证技术能力建设尚不能满足发展需要，低端供给过剩和高端供给不足的矛盾并存；服务国家供给侧结构性改革的能力存在明显不足，主动利用认证认可、检验检测手段跟进服务的意识不强。创新发展对认证认可、检验检测提出了新要求。“十二五”期间创新能力显著增强，但仍以模仿型创新为主，集成创新、协同创新有待加强，原始创新有待深化，亟须一批叫得响、立得住、影响大的创新成果加以固化和推广。

二、指导思想、发展目标

（一）指导思想

全面贯彻落实党的十八大和十八届三中、四中、五中全会精神，牢固树立和贯彻落实创新、协调、绿色、开放、共享的发展理念，围绕建设制造强国和质量强国，以服务经济社会发展为主线，以深化改革和创新发展为动力，以巩固发展国家质量技术基础为着力点，建立健全在经济社会发展中发挥制度保障作用，在推进国家治理体系和治理能力现代化、全面建成小康社会进程中发挥技术支撑作用，在国际同行业部分领域发挥创新引领作用的中国认证认可检验检测体系，加快推进认证认可强国建设，整体上迈入世界先进国家行列。

为贯彻落实认证认可检验检测发展指导思想，应遵循以下基本原则：

坚持深化改革，服务发展大局。改革是发展的强大动力，服务发展大局是认证认可检验检测本质属性所决定的基本功能。必须坚持不懈地推进全面深化改革，健全完善认证认可检验检测体系，更好地发挥中国特色认证认可制度优势。必须紧贴发展大局，充分体现认证认可检验检测的价值和作用，并加快推进认证认可检验检测自身发展。

坚持创新发展，夯实质量基础。创新是引领认证认可检验检测发展的第一动力，也是始终保持中国认证认可制度先进性、适用性和有效性的必然选择。必须深入实施创新驱动发展战略，培育认证认可检验检测创新活力，进一步提升其技术支撑能力和创新引领作用。必须加强原始创新、系统创新和协同创新，构建完善的认证认可检验检测创新发展体系，进一步夯实认证认可检验检测在质量发展中的基础地位，为着力提高发展质量和效益注入新动力。

坚持市场导向，优化政策引导。充分发挥市场在资源配置中的决定性作用，发挥从业机构的主体作用，强化主体责任。限制政府对从业机构经营决策的干预，切实维护其自主经营权。坚持不懈优化政策引导，加快建立行业发展政策与财政、金融、土地、产业政策联动机制。加强政策支持，推动政策落地，为认证认可检验检测服务业发展营造良好环境。

坚持统筹兼顾，促进协调发展。统筹认证认可和检验检测发展，促进深度融合，加快一体化进程，提升我国合格评定水平。统筹供给侧和需求侧，以改革举措推动解决认证认可检验检测供给侧结构性矛盾，以创新思维推动需求侧更加优化，实现两端发力。统筹国内和国外两个大局、兼顾政府和市场两种需求，着力推动认证认可检验检测结果在国内普遍采信和在国外广泛互认，为国家治理和经济社会发展提供可靠的技术保障。统筹各行业、各部门发展需求，在统一管理的基础上，推动各部门共同开展认证认可检验检测工作。统筹东部、中部和西部认证认可检验检测发展，优化资源布局，在具备条件的地区推动检验检测认证产业化发展，在基础薄弱的地区推动检验检测认证资源共建共享，实现认证认可检验检测区域协调发展。

（二）发展目标

围绕加快推进认证认可强国建设，整体上迈入世界先进国家行列的目标要求，今后五年认证认可检验检测的主要发展目标是：

认证认可检验检测服务能力显著增强。服务领域更加广泛，基本覆盖国民经济主要门类以及社会发展的重点领域，检验检测认证公共服务平台布局更优、作用更广；服务结果更加有效，在保障质量安全、推动供给侧结构性改革、促进生态文明建设、加快推进国家治理现代化等方面发挥不可替代的重要作用；服务手段更加丰富，充分利用大数据、互联网、物联网等新一代信息技术手段；制度建设加快推进，制度供给和制度保障能力显著增强，认证认可检验检测在政府、市场及消费者中得到广泛采信，成为国家治理体系的重要组成部分。

认证认可检验检测创新能力明显提升。加快创新方式转变，提升自主创新能力，加大原始创新比重，推动制度、技术、服务、管理创新取得全面进展。着力打通认证认可检验检测创新与产业、政策需求的连接通道，加快创新成果向生产力转化。在绿色认证、服务认证等关键领域率先取得突破，引领国际同行业发展。

认证认可检验检测行业治理日益完善。进一步简政放权，行政审批制度改革基本到位。监管创新不断推进，维护认证认可检验检测市场秩序、促进公平竞争的能力不断增强。多元主体共同参与，积极发挥作用，认证认可检验检测行业治理能力不断优化。法治建设水平稳步提升，体制机制更加健全，中国特色认证认可检验检测制度体系不断巩固发展。

检验检测认证服务业实现较快增长。质量品牌提升活动取得重大成果，从业机构核心竞争力显著增强，品牌效应更加突出，行业营业总收入显著增长，检验检测认证机构整合工作加快推进，检验检测认证服务业成为最具增长潜力和市场活力的生产性服务业/高技术服务业门类之一和特色鲜明的技术性基础产业。

国际化水平迈上新的台阶。双边合作机制化水平有新的提高，多边合作取得新的突破，我国在国际认证认可领域的话语权显著增强。国际互认取得显著成效，认证认可检验检测“走出去”初步形成规模，服务“一带一路”

建设卓有成效。

国家质量技术基础更加稳固。认证认可检验检测自身能力建设稳步推进，在先进制造业、现代服务业、现代农业发展中发挥支撑作用，在供给侧结构性改革、发展动力转换中发挥引领作用，在国家治理体系和治理能力现代化过程中发挥保障作用。

专栏2 “十三五”主要发展指标

指标名称	2015年	2020年	累计增长	指标性质
·服务发展				
有效认证证书总数（万张）	145.8	240	94.2	预期性
对外出具检验检测报告数（亿张）	3.29	4.4	1.11	预期性
认证覆盖率（%）	4.1	4.6	0.5	预期性
对GDP贡献率（%）	0.947	0.96	0.013	预期性
·创新驱动				
主导制定认证认可检验检测国际标准项数（项）	40	50	10	预期性
绿色产品认证服务覆盖领域（个）	2	10	8	预期性
从业机构高新技术企业认定占比（%）	5.4	6	0.6	预期性
·产业水平				
检验检测认证服务业营业总收入（亿元）	1 935	3 000	1 065	预期性
·国际合作				
双边国际合作协议数（份）	103	118	15	预期性
加入国际互认体系检测认证机构数（家）	51	64	13	预期性

三、发展任务

（一）全面服务经济社会发展

围绕发展质量和效益提升，加快落实供给侧结构性改革要求，实施认证认可检验检测助推经济发展桥梁工程，着力增强检验检测认证服务的全面性、针对性、专业性和有效性，大力强化在重点行业、重点领域的作用，使认证认可检验检测在国家经济结构优化、发展动力转换、发展方式转变以及国家治理现代化中发挥更加重要的推动作用。

1. 服务质量提升

强化质量基础。以管理体系认证作为促进质量提升的重要抓手，并为企业品牌建设夯实基础。进一步强化质量、环境、职业健康安全、能源、森林管理体系认证质量，优化服务内容，推动认证机构开展有针对性的增值服务、延伸服务。面向行业质量提升需求，鼓励引导认证机构加强技术研发和服务创新，着力提升管理体系认证在批发和零售、住宿和餐饮、金融、房地产、租赁服务、教育、卫生、社会保障和社会福利等服务业重点领域的覆盖率。面向重点产品，推动建立追溯管理体系认证。

保障产品安全。推动强制性产品认证目录管理模式改革，实施技术法规式的管理，推动强制性产品认证制度向产品标识制度转变，参照国际通行的技术法规形式，以发布产品认证通用要求为主，辅以适用目录的方式，形成更加通俗易懂、科学合理、边际清晰的认证适用范围表述。强化企业分类管理，完善强制性产品认证模式，在控制认证实施风险的前提下，推动“自我声明”模式由特殊化需求向制度化安排方向改革。严格市场准入要求，加大对获证产品市场监督抽查力度，强化指定机构和认证人员监管，提高发证质量。

强化信息安全认证。不断完善信息安全标准和认证认可体系，提高信息安全综合服务能力。推动完整统一的信息安全国家认证制度建设，与相关信息安全管理制度实现有效衔接，避免重复检测和认证，进一步保障国家网络空间安全。建立完善全面覆盖信息技术产品、系统、服务、管理和人员的信息安全认证评价体系。按照促进产业发展、便利贸易的原则，在统筹协调的基础上扩大国家信息安全产品认证目录范围，建立信息技术产品信息安全认证认可制度。推行国家信息安全服务认证制度，加强信息安全服务认证对政府部门、基础网络和重要信息系统信息安全管理等工作的技术支撑。推动实施信息安全保障从业人员认证。加强国家级网络安全检验检测机构能力建设，完善网络安全检验检测机构资质认定评价规范。

筑牢进出口食品安全基础。推动进口食品境外生产企业全面注册管理实施，充分发挥进口注册在进口食品治理体系中的作用。创新境外源头监管手段，探索推行进口商或进口商委托第三方认证机构对境外食品生产企业实施检查的管理制度。利用信息化手段，加强进口食品境外企业注册编号等产品标识管理。积极推动进口注册信息系统与其他政府监管信息系统的互联互通，促进通关便利化，建立进口食品企业社会信用基础档案。进一步完善出口食品企业先备案后监管模式，推进备案采信企业自我检查声明和第三方认证机构的危害分析和关键控制点体系等认证结果。

提升检验检测能力。在新材料、新能源、重大装备、信息技术、节能环保、食品农产品安全、化学品安全等重点领域，支持一批技术有特长、服务有特色的专业化检验检测机构发展，不断满足市场多样化、个性化需求。加强物联网、云计算、大数据、新一代移动通信、太阳能光伏、新能源汽车等战略性新兴产业领域检验检测能力建设，加大技术储备、培育力度，不断满足新的市场需求。支持传统领域检验检测机构积极开展技术研发创新，完善专业化服务网点建设。推动中小微检验检测机构开展服务能力建设，进一步填补生产和生活末端的检验检测需求。鼓励有条件的行业部门建立质检中心。推进艺术品鉴定机构资质认定工作。建立健全供销合作社系统检验检测服务体系，提升为农服务能力水平。

发挥认可作用。关注多元化服务需求，为政府及行业部门提供范围更广、效果更好的技术支撑服务，为认可对象提供速度更快、效率更高的能力证实服务。持续提升管理体系和产品认证机构认可水平，积极推进温室气体审定核查机构、低碳产品认证机构认可。保持实验室认可数量稳步增长，重点加强食品药品安全、节能减排、疾病防控、司法鉴定/法庭科学、气象和防雷减灾安全等领域的认可工作。推进医学类实验室认可技术研究，推动能力验证提供者和标准物质/标准样品生产者认可发展，加快完善实验室安全认可，推动形成四级实验室评价体系。持续推动检验机构认可。适应各行业检验活动发展新趋势，深化研究金融、信息安全、交通、司法鉴定等新领域认可技术创新和制度设计。

2. 服务供给侧改革

支撑制造强国建设和新兴产业发展。推进强制性产品认证与自愿性产品认证协同发展，支持先进制造业、绿色制造、新兴产业崛起以及传统产业优化升级。推动产品认证在新兴领域进一步拓展，成为质量、性能/产品特性的主要评价手段。形成市场机制为主导，政府加强事中事后监管的产品认证工作机制。大力推动我国自愿性产品认证工作多领域、多层次、多元化发展，构建以需求为导向，以认证机构为主体，国家统一推行、联盟区域认证、机构自主研发等多种形式并存，采信度高、有效性强的自愿性产品认证工作体系，有效改善认证制度（项目）供给结构和质量。重点推动光伏、风电、机器人、无人机、轨道交通、汽车联网产品认证体系建设，探索建立可再生产品和原料认证体系。到“十三五”末基本形成充满发展活力、规范有效、服务作用凸显的自愿性产品认证工作局面，在5~10年内形成一批社会公信、影响广泛的自愿性产品认证品牌。

服务绿色发展。以制度创新为基础，以共性技术研究为突破口，加快推动出台统一的绿色产品认证、标识体系建设方案，统一管理要求、统一技术支撑和信息平台。研究建立覆盖产品全生命周期的绿色产品评价体系，建立各有关行业主管部门、各级地方政府共同参与、共同推动，认证机构及企业自愿参加的绿色产品体系建设实施工作机制。加快推进森林认证，拓展认证范围，促进森林可持续经营和产业转型升级。加快推进水利认证，促进水利单位全面提高水安全保障措施的制定和运行管理能力，推进水生态文明建设。

促进食品农产品认证。发展有机产品认证，提高农产品食品增加值和农业质量效益。继续加强覆盖全产业链的食品农产品安全认证制度建设，加快发展良好农业规范认证，推动农业生产向优质高效发展；发展危害分析与关键控制点体系认证，提高重点食品生产企业的安全保障能力；研究论证清真食品认证问题。探索开展食品农产品追溯体系认证。提升管理水平，用3~5年时间在国内肉类、水产、乳制品等行业企业重点推行实施危害分析与关键控制点体系认证。指导出口食品备案企业内销转型，推动出口与内销产品实现同一生产线、按照相同标准生产的要求。以推动危害分析和关键控制点体系、良好农业规范应用与认证为主要措施，帮助出口食品企业实现内外销“同线同标同质”，加强部门协作，共同推进“出口食品内销交易公共服务平台”建设，以高品质食品内销引导高端消费回流。

推动现代服务业发展。坚持创新为先，提高宣传推广力度，突破发展瓶颈，加快推动服务认证建立与实施。加强部门协作，推动政府采信，调动企业积极性，在交通运输、金融服务、医疗保健、环境服务、知识产权、旅游、商务、体育、教育、中医药以及农村流通等领域加快建立认证认可体系。吸引更多社会专业力量加入，扩大服务认证影响力和公信力。

引导公众消费。主动适应大众消费结构转变的新趋势，加强消费品领域检测认证技术、服务创新，加大宣传力度，加快技术平台建设，为消费者提供权威、可靠的专业技术服务，切实保障消费者知情权，推动消费向绿色、健康、安全方向转变。

3. 服务国家治理现代化

支持宏观政策实施。在产品、食品、信息安全，绿色发展、创新发展等方面，加强检验检测认证手段创新，配合相关国家重大政策实施，提供评价手段，提升实施效果。推动认证认可在去产能、降成本、补短板过程中发挥更大作用，为战略性新兴产业发展提供评价手段和技术支撑。推动绿色产品标识和认证在相关政府优先采购政策中发挥实施保障作用。

服务行政执法监管。鼓励第三方检验检测认证机构为行政执法监管提供公正数据和技术支持，进一步提升政府监管的可靠性和公信力。构建信息平台，畅通政府部门、行业组织采信认证认可检验检测结果的信息渠道，加强对相应检验检测认证服务质量的专项监督抽查。

推动公共信用信息体系建设。积极探索认证认可检验检测信息与公共信用信息互联互通，推动第三方评价结果成为公共信用信息的重要组成部分。探索引入有资质的第三方信用服务机构，大力完善认证认可检验检测相关业务数据、监管数据、风险信息的统计和监测工作，推动重点信用数据和信息纳入全国信用信息平台，提升认证认可检验检测信用信息的可靠性、可用性。

专栏3 助推经济发展桥梁工程
1.制造业质量提升支撑工程 聚焦工业强基，在航空航天装备、高端船舶和海洋工程装备、能源装备、轨道交通、节能汽车、现代农业装备、文物保护装备、机器人、节能环保、电子信息、新能源、新材料等领域创新或完善一批认证制度（项目），科学配置检验检测资源，新增相关国家级质检中心。 着力突破智能制造、绿色制造领域认证认可关键技术，完善上述领域国家级质检中心布局。 围绕战略性新兴产业发展，加强认证认可能力建设，强化检验检测资源配置。 加快推进应急产品、铁道及轨道交通产品认证认可检验检测体系建设。 2.服务业质量提升支撑工程 推动认证认可在服务业的应用研究和技术创新，在交通运输、第三方物流、物联网、电子商务、信息技术服务、节能环保服务、知识产权管理、金融普惠、金融服务、售后服务、农村流通等生产性服务业新增一批认证制度（项目），引导检验检测在生产性服务业急需的领域跟进服务，加强服务创新。 围绕居民和家庭、教育和培训、健康、养老、旅游、体育、中医药等生活性服务业，推进认证认可技术支撑能力建设，新增一批认证制度（项目），显著提高认证认可在生活性服务业的覆盖面。 3.绿色发展支撑工程 推动统一的绿色产品认证和标识体系建设。将目前分头设立的环保、节能、节水、循环、低碳、再生、有机等产品统一整合为绿色产品，建立统一的绿色产品认证、标识体系。 推动在节能量审核、碳排放核查、碳减排、循环经济、清洁生产审计、“两型”社会建设以及合同能源管理、农村饮水安全等领域探索引入认证认可手段。 4.网络强国建设支撑工程 以保障网络安全为目标，加强网络安全、智能网联、大数据安全等领域的创新，实现相关认证评价关键技术的突破和认证制度（项目）的建立。 5.农产品食品安全支撑工程 加强农产品食品检验检测体系建设，提升危害分析和关键控制点体系、良好农业规范认证质量及覆盖面。探索建立木本食用油质量认证体系。“十三五”期间，建成100个有机产品、良好农业规范认证等食品农产品认证示范（创建）区。 6.检验检测认证品牌提升工程 培育3~5个具有较强市场竞争力和影响力的检验检测认证品牌，指导、支持机构着力发展品牌战略，做好品牌经营和品牌宣传，提升中国检验检测认证品牌形象，打造具有世界知名度的检验检测认证品牌。

专栏4 认证认可检验检测公共服务工程
1.检验检测认证公共服务平台示范区创建工程 在严格标准、规范要求、明确定位的基础上，再增加3~5家检验检测认证公共服务平台示范区。 2. 进口食品境外企业注册管理与质量信用信息共建共享工程 推进进口食品境外企业注册信息与检验检疫主干系统的互联互通和资源共享，实现进口食品境外企业质量信息的搜集、研判、处置等信息化管理，构建进口食品境外企业社会信用基础档案。 3.出口食品企业内外销“同线同标同质”公共信息服务体系 整合已有的出口企业（包括基地和果园）备案注册和认证信息，增加出口企业符合“同线同标同质”要求的自我声明、企业相关产品等信息。向相关商务服务平台开放相关数据信息，实现商务服务平台招商和注册备案认证信息的自动校验。加强对信息平台使用相关方的培训。 4.第三方检验检测综合科技服务平台研发与示范应用工程 结合国家科技支撑计划“第三方检验检测综合科技服务平台研发与示范应用”项目，构建中国大质量服务平台，推进检验检测认证行业与“互联网+”的结合，引领我国检验检测认证行业的电商化转型。

（二）大力推进创新驱动发展

面对改革的不断深入和市场需求的不断变化，以创新驱动作为认证认可检验检测发展的主要动力，进一步完善创新机制，突出创新重点，提升创新水平，为经济社会发展提供可靠的技术支撑和服务平台。

1. 深入实施创新驱动发展战略

强化创新引领。以创新作为认证认可检验检测发展基点，积极推动从后发优势向先发优势转变，改变不同领域认证认可制度（项目）供给不均衡状况，加快提升认证认可制度（项目）供给质量。面向从业机构，有计划分批次组织开展创新宣传教育和培训辅导。加快推动大众创业、万众创新，充分激发从业机构的创新活力，鼓励从业机构进行内部创业机制建设，形成创新创业的良好氛围。

提升创新水平。加强基础研究，强化原始创新、集成创新和引进消化吸收再创新，全面推动技术、制度、服务、管理及营销模式创新。引导资源、经费和项目重点向原始创新倾斜。提高引进技术及项目的质量，鼓励引进基础上的二次研发和再创新。整合检验检测和认证评价技术，提高集成创新能力。加大投入，加强政策理论研究，组织开展国家质量技术基础等重大理论问题研究，攻克一批认证认可检验检测基本理论和政策问题，以理论创新推动制度创新。积极参与国家质量基础的共性技术研究与应用重点专项实施。系统改进认证认可检验检测创新能力，使之成为国家质量技术基础中创新最为活跃、引领作用最为突出的组成部分之一。

2. 健全认证认可检验检测创新体系

发挥从业机构作用。强化从业机构在认证认可检验检测创新体系中的主体地位和主导作用。支持从业机构面向市场和政策需求研发检验检测认证新技术和新认证项目，推动从业机构增加创新投入，逐步提高研发投入强度。指导、支持检验检测认证机构以专利、版权、商标等形式保护自有知识产权，促进认证认可检验检测知识产权在不同创新主体之间依法自愿转让，实现创新社会效益最大化。进一步明确界定认证创新活动中产生的知识产权，对认证机构自行研发的认证项目以加注企业名称、商标等方式设立排他性名称加以保护。加强管理、服务创新，提升检验检测认证产业发展质量和效益。加快推进从业机构申请高新技术企业认定工作，充分激发认证认可检验检测创新活力。

优化创新治理职能。科学制定规划、计划，加强政府对创新活动的政策支持和引导。根据国家战略需求，将政府投入聚焦于战略性、基础性、前瞻性重大科学问题攻关以及重大共性关键技术研究上，充分发挥公共投入的创新导向作用。加强重大创新活动的过程管理，建立健全监督评估制度。建立创新主体各负其责、共同推进的创新工作体制机制，国家认监委统筹认证认可检验检测领域的创新发展工作，并负责强制性认证以及基础性、战略性、政策性和公益性认证等制度创新的组织、建立和实施，国务院各相关部门负责提出政策需求并协助建立实施相关认证制度，认证机构自行负责本机构市场化认证项目的创新及实施，各级地方认证监管机构负责相关认证制度（项目）实施情况的监督管理。完善创新成果转化机制，简化程序、提高效率，加快创新型认证项目及技术规范备案，逐步增加新增认证项目中原始创新的比重。探索设立认证认可检验检测创新引导基金、建立创新孵化器。

推动创新多元发展。加强协同创新，建立官产学研创新机制，形成优势互补、协同推进的创新模式。支持以从业机构、企业、科研院所等为主体组建认证（创新）联盟，自主研制标准规范，开展联盟认证。推动整合创新资源，支持在具备条件的地区建立检验检测认证创新集群，探索跨区域、跨领域开展检验检测认证协同创新活动。加快建立一批认证认可检验检测创新基地，推动认证认可检验检测创新能力建设。

3. 聚焦创新发展战略重点

加快提升供给水平。以改革推动减少现有认证认可检验检测服务中的低效供给，增加有效供给，以创新推动认证认可检验检测服务从低端向中高端发展。进一步加大认证认可制度（项目）供给，调整发展重心由技术含量低、服务效果不明显、经济社会需求不迫切的传统认证领域转向经济社会发展急需、推动作用明显、知识技术密集的新型认证领域。在保障基本检验检测公共服务的基础上，逐步提升检验检测供给侧的个性化、智能化水平和综合服务能力。

紧贴国家战略要求。面向《中国制造2025》，加强智能制造、绿色制造检验检测认证支撑技术攻关，搭建认证认可检验检测创新服务平台。聚焦服务评价共性技术，突破服务认证发展瓶颈，构建完善的服务认证创新体系。按照建设知识产权强国要求，推动知识产权管理体系认证纵深发展，探索知识产权服务认证，支持企业、科研院所创新发展。依托行业及地方标准，支持有条件的行业和地区开发新型认证项目，推动行业、区域质量品牌提升以及特色经济发展。

适应市场发展需求。以市场为导向，围绕产业链部署创新链，推动认证认可检验检测创新纵深发展。针对市场差异化需求，探索开展定制服务，提供检验检测认证一站式服务。加快攻克快速检测、在线检测、智能检测等市场急需的关键技术。利用大数据、物联网等新一代信息技术，创新认证评价技术和模式，提升认证活动的智能化、增值化水平。支持检验检测认证机构创新营销模式，建设网上营销平台，打通检验检测认证走向企业和消费者的“最后一公里”。

专栏5 认证认可检验检测创新驱动能力建设工程
1.强化国家认证认可检验检测创新基地建设
集聚行业创新资源，集中建设2～5家国家级认证认可检验检测研究试验基地，面向战略新兴产业、先进制造业等重点产业领域提供公共技术服务，并推进国家智能制造认证认可服务平台、国家新一代信息技术认证认可检验检测服务平台建设。
2.完善认证认可检验检测大数据应用和网上服务体系
整合信息资源，推进数据采集处理、分析挖掘、大数据应用、产品质量治理和管控、在线服务等。
3.推进国家信息安全认证认可和基准体系建设
重点建立完善基础环境、标准规范体系、关键认证技术、信息安全基准体系、核心机构技术能力。
4.加强国家节能减排认证认可服务平台建设
重点攻克节能减排、循环经济、低碳发展以及新能源等领域的关键认证技术。组织开展碳排放核查综合技术研究与示范项目，基于温室气体排放可测量、可报告、可核查的体系，研究建立我国的核查通用规范。

（三）不断完善行业治理能力

发挥改革的突破性和先导性作用，不断推进检验检测认证市场准入制度改革，着力推动事中事后监管创新，完善“统一管理、共同实施”工作机制，健全适应新形势要求的行业治理体系，构建完善“放、管、服”三位一体的认证认可检验检测工作体系。

1. 推进准入制度改革

继续推行简政放权。进一步完善认证机构行政审批审查要求，规范程序，提高效率，充分保障从业机构的自主经营权利和自主创新活力。积极推动产品质量检验机构计量认证与实验室和检查机构资质认定“二合一”、产品质量检验机构资格认定取消的行政审批改革方案。坚持统一性、开放性、便利性原则，统筹推进检验检测机构资质认定制度建设，完善“通用要求+行业特殊要求”模式，减少各类资质资格审批，打破地区行业条块分割，推动形成统一开放、公平竞争的检验检测市场。探索产品认证“权力清单/负面清单/责任清单/服务清单”建设，依托自贸区等制度创新平台，试点汽车平行进口等改革创新举措。继续推动出口食品企业先备案后监管审批模式改革。

建立行政审批便捷化渠道。全面公开行政审批的依据、条件、流程、结果，进一步提高行政审批工作的公正性。积极探索建立“互联网+”行政审批模式，建立并逐步完善认证机构行政审批、强制性产品认证机构实验室指定审批、检验检测机构资质认定网上审批系统。建立完善全国资质认定获证机构信息查询平台，推动社会各界监督。

完善准入退出机制。全面建立从业机构信用承诺制度，明确检验检测机构违法失信经营应当接受资质处罚的情形、条件和程序，并对从业机构、地方监管部门予以公示告知。基于从业机构诚信经营信息、风险管理信息，实施分类监管，建立动态化、流程化监管惩戒机制，增强检验检测认证市场退出机制的程序性、科学性。将失信联合惩戒记录输入相关监管信息平台，建立跨部门监督信息联动响应和失信联合约束机制。

推动检验检测认证供给侧改革。以检验检测认证机构整合为契机，促进现有检验检测认证资源整体优化、检验检测认证机构做强做大，引导从业机构提升高效优质服务供给能力。加强新建检验检测认证机构的科学论证和统筹规划，充分发挥市场的决定性作用和各项准入制度的导向性作用，力争“十三五”末基本构建形成适应经济新常态要求、符合经济社会发展布局、区域行业发展协调、具有较强服务提供能力的检验检测认证市场格局。

2. 强化事中事后监管

加强监管体系建设。进一步明确地方质量技术监督和检验检疫机构的检验检测认证监管事权划分，大力推进监管信息互换、执法互助机制建设，实现监管全覆盖。继续推动区域监管一体化建设，加快推进联通地方质检两局的全国执法监管一体化进程。进一步建立健全国家、省、市、县四级认证执法监管体制，强化统一管理、分级负责的工作机制，突出国家认监委的统一管理和分类指导职能，加强省级监管机构在认证监管中的综合协调职能，强化市县两级认证执法监管能力建设。探索建立认证监管行政指导制度，进一步强化执法层级监督。以资质认定制度为依托，加快构建检验检测领域行政监管体系。支持地方综合执法体系建设，研究建立对接地方综合执法平台的工作机制和工作模式。加强基层执法监管队伍建设，积极开展多层次、多途径的教育培训活动，建立新上岗人员培训档案。

加强监管制度创新。强化问题导向，丰富风险信息收集渠道，完善风险监测、评估和预警制度，建立分级分类监管制度，将监管重点向高风险领域及对象转移，实现精准监管。全面推进执法内容、执法程序、结果处置标准化，制度化推进"双随机、一公开"监管，随机抽取检查对象，随机选派执法检查人员，及时公布查处结果。加强监管工作规范化建设，实施以依法依规为核心的合规监管。

加强监管手段创新。利用新一代信息技术，积极探索"互联网+监管"模式，探索引入在线监管、全程监管，提升认证执法监管智能化水平。探索在生产、进出口、销售等重点监管环节利用物联网等手段进行跟踪监管，进一步提高监管效率。研究利用二维码技术，实现食品消费品等重点监管对象以及检验检测认证证书报告的全程可追溯。

3. 改进部际合作模式

深化"统一管理、共同实施"工作机制。面向市场需求和各产业部门的要求，重点推动国务院各部门主动参与认证认可检验检测工作，共同实施认证认可制度，充分利用检验检测手段。完善部际联席会议运作机制，进一步充实职责、健全机制，加强宏观协调、强化动态协调、完善日常交流，为共同推进认证认可检验检测工作创造必要条件。提高共同实施工作力度，以服务为宗旨、以需求为导向，提高各部门在认证认可检验检测工作中的参与程度，支持各部门开展相关认证评价活动，改进各部门"共同实施"的工作机制。

完善认证认可检验检测结果采信机制。研究建立认证认可检验检测配合宏观政策、产业政策、财税政策实施的联动机制，逐步完善与各部门的信息互联互通渠道。提出政府部门在政策实施和技术监管过程中采信认证认可检验检测结果的工作措施，推动政府购买检验检测认证服务政策的制定与实施。

4. 健全行业治理体系

强化主体责任。明确从业机构主体责任，推动机构自我监督、自我完善。在诚信经营、履行社会责任以及工作质量等方面健全自我承诺制度，建立各领域检验检测认证工作规范，完善从业机构对检验检测认证过程内部监控机制。

改进认可约束。不断完善认可风险分析及防控机制，强化认可约束措施。进一步改进认可工作，充分发挥认可事中事后监督检查作用。加大在风险分析基础上的专项监督、确认审核等监督检查的力度。建立健全认可工作警示机制，不断提升认可工作对检验检测认证的有效性和权威性。加强对认可机构的行政监管，提高其履行认可约束责任的自觉性和主动性。

完善行业自律。加强认证认可检验检测行风建设，营造风清气正的行业新气象。为行业自律组织的发展营造宽松政策环境，鼓励和推动行业自律组织以同行评议、通报等多种方式参与到行业治理中来，推动行业自律组织在认证有效性提升及行业自我监督等方面发挥更大作用。加强对行业自律组织的行政指导、监督检查，提升行业自律和认证人员管理水平。

加强社会监督。进一步加强社会监督，广开信息收集渠道。健全社会公众对认证认可检验检测机构申投诉渠道，完善调查、处置及回复工作机制，提高公众参与积极性。探索利用大数据技术、委托第三方调查等方式，收集舆情、调查行业满意程度以及认证认可检验检测公信力状况。加强行风义务监督员队伍建设。

建立联动机制。打通信息渠道，推动行政监管与认可信息互联互通、深度结合，探索在行政审批和日常监管工作中利用认可手段、采信认可结果。充分发挥行业自律组织的桥梁纽带作用，加强行政监管与行业自律的有效互动。在有机产品认证监管等领域试点推行地方政府统筹下的各职能部门间执法监管联动机制。

完善治理基础。加强统筹协调和工作保障，推动建立认证认可统计报表制度，进一步完善检验检测统计体系，为认证认可检验检测行业治理和宏观决策打下科学基础。深入探讨认证认可检验检测行业治理规律，鼓励有条件的地区在总结经验的基础上先行先试。

（四）加快促进产业化发展

坚持政府引导、社会参与和市场驱动，实现检验检测认证服务主体多元化和服务方式多样化。进一步扩大检验检测认证市场规模，培育良好市场环境，提升服务能力、服务水平和服务质量，使其真正成为我国高技术服务业、生产性服务业的重要组成部分，成为连接第二、第三产业的重要桥梁，成为具有知识化、创新性和增值效应，特点鲜明的技术性基础产业。

1. 增强检验检测认证市场主体活力

加快国有检验检测认证机构改革。鼓励引入社会资本参与国有机构改革，推动具备条件的国有检验检测认证机构上市。推动检验检测认证供给侧改革，引导国有检验检测认证资源向关系行业发展的关键领域聚焦，向技术密集、资源密集的基础性、战略性领域集中。推动检验检测认证事业单位分类改革，明确公益类检验检测认证机构的功能定位，加快具备条件的经营性事业单位与行政部门脱钩、转企改制，完善过渡政策。

引导促进第一方、第二方合格评定健康发展。支持和推广应用第一方、第二方合格评定手段，与第三方检验检测认证互相促进、互为补充，共同为产业发展和贸易便利提供技术支撑。鼓励、支持相关各方采信第三方检验检测认证结果，减少重复检验检测认证，减轻企业负担。

加强通用性合格评定技术共享共用，推动第二方合格评定技术、服务模式创新。规范和促进第二方合格评定健康发展，构建合格评定市场新业态。

稳步推进公平开放的检验检测认证市场体系建设。简政放权，打破部门垄断和行业壁垒，推动形成竞争性检验检测认证全国统一市场。鼓励民营企业和其他社会资本参与投资检验检测认证产业，支持第三方检验检测认证机构提供第二方合格评定服务。有序推进对外开放，探索实行准入前国民待遇加负面清单管理制度，积极稳妥引入境外资金和先进的认证认可检验检测技术，健全风险防范机制。加强部门联动，强化过程监管，完善退出机制，切实维护检验检测认证市场的公正性。

2. 推动检验检测认证服务业转型

推动检验检测和认证一体化发展。鼓励检验检测认证机构从提供单一合格评定服务向综合合格评定服务以及整体技术解决方案发展，逐步提高质量控制和技术评价、技术咨询、标准研制、培训等增值服务的比重，并在投资融资等方面给予支持。

支持检验检测认证规模化发展。鼓励从业机构通过资本纽带、市场运作等手段，以兼并重组、股权互换、资产置换以及投资建设等方式实现产业的规模化、集团化发展。加快各级各类业务相同、相近的检验检测认证机构整合，推进跨部门、跨行业、跨地区整合，适度提高检验检测认证市场集中度。

支持检验检测认证品牌化专业化发展。提升检验检测认证机构品牌意识，鼓励机构实施品牌经营和品牌发展战略，依法进行商标注册、品牌保护和推广，着力培育一批技术能力强、服务水平高、规模效益好、具有一定国际影响力的检验检测认证知名品牌和优势机构。在新材料、新能源、重大装备、信息技术、节能环保、食品安全、化学品安全、应急救援技术、消防、安防以及金融服务等重点领域和战略性新兴产业，支持一批技术有特长、服务有特色的专业化检验检测认证机构发展。鼓励专业化认证机构在本专业领域内开展认证标准、技术规范、特定性能等方面的深度研究与创新，切实提高认证技术的精细化和纵深度。开创灵活多样的国际合作模式，提供以专项研究为主的国际合作研究工作平台。

3. 促进检验检测认证市场协调发展

推动检验检测认证基本公共服务均等化。引导检验检测认证公共资源重点向中西部以及革命老区、民族地区、边疆地区、贫困地区倾斜，面向民生、安全、环保等领域分布。推动检验检测认证公共服务平台示范区建设，进一步明确其功能定位，优化地区行业布局，强化政策引导和支持，为中小企业、消费者提供更加便利的一站式检验检测认证服务，为实施制造强国战略、推动科技创新活动提供可靠的技术支撑。

促进检验检测认证区域协调发展。坚持推动供给侧改革和面向需求并重，完善检验检测认证机构布局。加强中西部地区检验检测认证公共基础设施和能力建设，支持中部地区面向优势产业发展检验检测认证服务，鼓励东部地区检验检测认证产业集聚区建设，服务重点产业转型升级和做大做强。发挥认证认可检验检测在推进京津冀交通一体化建设、产业转型升级和生态环境保护等方面的保障作用，在推进长江经济带发展现代物流、航运服务等生产性服务业的支撑作用。鼓励“一带一路”核心区及相关地区发挥地缘优势，深化与中亚国家、东盟等经济体的认证认可检验检测合作。

推动检验检测认证产业集聚发展。优化资源配置，推动具备条件的地区引导检验检测认证机构集聚发展。将集聚区建设、检验检测认证公共服务平台建设纳入经济社会发展总体规划和城市建设规划，创新产业集聚区管理和服务，促进检验检测认证服务业发展进一步适应地方经济社会发展需求。

（五）显著提升国际化水平

以服务更高层次的开放型经济为目标，实施互利共赢的国际化战略，加快推进认证认可检验检测双多边合作与互认进程，提高我国在国际认证认可检验检测领域的影响力和话语权，推动中国认证认可检验检测“走出去”。

1. 开创国际合作互认新局面

进一步提升国际合作互认的质与量。机制化发展双边合作，扩大双边互认，拓展合作领域区域，积极推动与主要贸易国以及区域重点国家的双边合作，积极参与自贸谈判中涉及认证认可检验检测部分的磋商，推动双边认证认可检验检测合作与双边经贸合作同步发展。充分发挥IEC合格评定体系、国际认证机构和实验室认可互认体系等国际多边互认体系作用，稳步扩大加入国际多边互认范围，优化多边互认体系国内应用，强化双多边互动。开展国际合作互认评估，加强国际合作目标国认证认可检验检测体系研究、互认评价关键技术研究以及互认策略和战略研究。以危害分析和关键控制点体系认证为试点，务实推动我国与主要贸易国以及区域重点国家对认证认可结果的双边互认。

构建大国际合作格局。加强与相关政府部门、行业协会、科研院所及企业的沟通联络，谋求国际合作互认的最广泛利益。建立国内从业机构国际合作联络官机制，加强国际组织国内对口工作组建设，扩大国际合作参与主体，支持从业机构自主开展国际合作，搭建高效信息平台，大力推动认证认可检验检测国际合作互认共谋共治共享。

全面参与认证认可检验检测全球治理。加强在IEC、ISO等国际组织中的运作水平，巩固和提升我国在IAF、PAC、ILAC、APLAC等认证认可国际组织中重要管理任职，加大技术层面参与力度，建立完善国内支撑体系。优化国际组织任职管理，加大复合型人才发掘和培养力度，确保国际任职的可持续性。积极参与应对气候变化等全球治理活动。参与和主导国际规则制修订，逐步实现由被动跟随到主动引领的转变，增强我国的制度性话语权。

2. 加快开放发展

推进服务"一带一路"建设。积极落实《共同推动认证认可服务"一带一路"建设的愿景与行动》，逐年提升我国与沿线国家合作覆盖率。加强与沿线国家政府主管部门间的沟通交流，共同开展国别制度研究、标准比对、能力验证等活动，举办"一带一路"认证认可合作论坛，鼓励沿线各国从业机构开展技术交流合作，以体制、技术、能力互信促进结果互认，加大推介我国认证认可检验检测制度，共同推广我国认证认可检验检测的优良实践。

深入落实"走出去"战略。以自由贸易区及"一带一路"沿线国家为重点，加强"走出去"战略研究和政策推进。在行政审批、结果互认、认可服务、创新支持等方面，为认证认可检验检测服务出口集中区域提供支持。加强部际合作，建立健全"走出去"联动机制，推动认证认可检验检测"走出去"相关政策制定和实施，加大"走出去"投融资支持措施，推进认证认可检验检测与政府援助项目、政府招标项目、亚投行项目等的深度融合，鼓励检验检测认证机构通过各种形式进行资源整合，充分利用国际国内两个市场、两种资源，增强竞争能力，加强风险防范，积极推动中国认证认可检验检测服务、机构、制度跟随装备制造、工程建设等优势产业和先进产能"走出去"。

3. 深化内地和港澳台合作

加快落实《关于建立更紧密经贸关系的安排》（CEPA）各项协议中认证认可相关内容，推动内地与港澳间服务贸易自由化进程，拓宽合作广度，加强合作力度，提升合作水平。积极围绕CEPA协议中认证认可相关开放措施，制订发布实施方案并推动落实，切实提高合作成效。发挥港澳服务贸易平台优势，助力内地与港澳经济的共同发展。深化两岸认证认可合作工作组机制，积极促进两岸认证认可主管部门、认证检测机构和行业协会间的紧密交流，推进工作组下设各项目组的合作进程，扩展新领域合作。

专栏6 "认证中国，联通世界"工程
1.认证认可检验检测"走出去"战略
充分发挥国内检验检测认证机构海外网络的既有优势，加强我国认证认可检验检测技术及规范的推介与输出，加快推进国际互认，积极推动中国认证认可检验检测服务、机构、制度跟随装备制造、工程建设等优势产业和先进产能走出去。
继续加大对重点国家认证认可检验检测能力建设的援助力度，推动提升我国合格评定制度体系在相关国家的影响力。
推动高铁、电力、工程机械、化工、有色、建材等产品和金融服务认证认可结果互认和采信。
2.服务"一带一路"建设及技术研究
开展重点国家认证认可领域国别研究。以梳理、分析各国认证认可管理架构、制度建设以及市场准入要求为研究重点。
开展重点业务领域技术研究。以突破区域互认技术瓶颈，构建开放、共赢、共享的认证认可数据系统，探索区域贸易便利化认证认可互利共赢发展模式为核心，加快推进支撑"一带一路"贸易便利化的认证认可关键技术研究与应用。开展汽车、食品农产品国际认证制度比较研究。开展检验检测机构评价技术、许可制度研究。探索研究与"一带一路"国家的互认机制。

（六）夯实国家质量技术基础

持续提升技术能力，加强"智慧认证认可检验检测"建设，实施人才优先发展战略，强化舆论宣传引导，为认证认可检验检测行业健康发展筑牢根基。

1. 提升技术支撑能力

改善通用技术能力。立足认证认可检验检测工作实际，围绕通用性评价手段和技术，加大认证认可基础技术、区域认证实施等效性评价技术等关键共性技术的研究，提升评价技术智能化水平和评价可靠性，为认证认可技术手段的持续创新奠定基础，发挥认证认可检验检测在国家质量技术基础中的支柱作用。

强化应用技术能力。围绕国家改革发展大局，找准认证认可检验检测与经济社会发展重点领域的契合点，主动开展应用评价技术创新工程。以保障质量安全、环境保护以及信息、能源安全为目标，聚焦重点领域和新兴产业，在资源环境、信息产业、新能源、智能制造以及电子商务、旅游、养老、金融等领域进行重点攻关，着力攻克一批急需的应用型关键技术，取得一批具有自主知识产权和具有国际先进水平的认证认可重大科技成果。

建立完善标准体系。坚持政府主导与市场自主制定协同发展，建立布局合理、领域完整、结构清晰、系统完善、功能协调的新型认证认可行业标准体系，加快形成统一协调、运行高效的标准化管理体制。协调推进检验检疫标准化改革，调整工作领域、标准体系和管理体制。积极参与和主导国际标准制定，组织认证认可检验检测领域国家标准的制修订工作。鼓励制定团体标准、企业标准，形成政府引导、市场驱动、社会参与、协同推进的标准化工作格局，以先进认证认可标准保障技术能力的提升。鼓励用认证认可标准化手段固化和推广认证认可创新成果。力争“十三五”期间组织认证认可检验检测领域从业机构完成有关行业标准1 500~2 000项，承担国际标准达到50项，认证认可检验检测标准体系进一步完善。

提升计量服务能力。突出国家计量基标准战略资源地位，建立一批新一代高准确度、高稳定性的国家量子计量基准，紧贴认证认可检验检测等领域的需求，突破一批关键测量技术，用先进测量技术保障认证认可检验检测能力的有效提升。按照全产业链、全量传链、全寿命周期和产业前瞻性的建设思路，拓展国家产业计量测试中心、平台、联盟整体发展路径，构建起国家产业计量测试服务体系，为认证认可检验检测的发展提供更优质的资源和更广阔的平台。探索推进计量校准市场和校准机构建设的有效方法和途径，规范计量校准市场，满足社会对校准服务的需求。

2. 加强信息化建设

应用互联网技术。以“互联网+认证认可检验检测业务”“互联网+监管”“互联网+公共服务”为抓手，推进“智慧认证认可检验检测”建设。加强信息化顶层设计，促进以云计算、物联网、大数据为代表的新一代信息技术与认证认可检验检测的深度融合。

突出大数据分析。以大数据技术为支撑，加强认证认可检验检测各类信息数据的实时采集、深度挖掘、整合处理，建立风险分析模型，通过“智能化”手段实时进行风险监测和预警，为认证认可检验检测各项决策和推进提供依据。

构建共享化网络。按照“共建共享、互联互通”的原则，加快建立跨区域、跨部门、跨行业的认证认可检验检测共享管理服务网络。打通与各相关部门、从业机构的横向互联，实现信息共享、互联互通，建立多元主体互利共赢的生态圈。

优化云信息服务。加快推进认证认可检验检测“数据铁笼”建设，改进标准化业务组件设计，优化重组业务流程，倒逼行政审批改革，推动简政放权，力争“十三五”末70%以上的社会服务事项实现线上服务。规划建设认证认可检验检测云应用体系，努力将认证认可检验检测云应用打造成面向公共服务的第一门户和行业大数据直接获取的第一入口。

3. 加强人才队伍建设

实施人才优先发展战略。加大人才引进和培养力度，深化用人制度和收入分配制度改革，构建一支结构合理、素质优良，既符合国际化需要又具有中国特色的认证认可检验检测人才队伍。围绕重点学科领域和创新方向，突出“高精尖缺”导向，重点聚焦高层次领军人才和紧缺急需人才，坚持引进和培养并重，着力造就一批高水平创新团队。积极与高等院校、教育培训机构开展联合办学，共建认证认可检验检测相关专业门类和人才培养体系。

加强人才队伍管理。推进认证人员注册制度改革，严格落实注册执业人员的法律责任。加强认证认可检验检测职业道德建设，充分发挥从业人员独立性、公正性和在检验检测认证工作中的中坚作用。

4. 加强舆论宣传引导

加大宣传力度。依托“世界认可日”“全国质量月”“全国检验检测机构开放日”“有机产品宣传周”等重大主题活动，加强认证认可检验检测制度宣传、成就展示。巩固报刊、广播、电视等传统媒体宣传渠道，积极探索与网络、移动等新兴媒体的合作，做强官方网站、官方微信等宣传载体。主动加强与媒体的沟通交流，接受舆论监督，加强舆情监测处置，建立舆情快速反应机制，及时回应社会关注。

扩大对外宣传。主动配合“一带一路”“走出去”战略实施，加强对重要贸易伙伴、周边国家和“一带一路”沿线国家的政策法规沟通和宣传。创造条件，积极鼓励从业机构开展境外宣传、推介活动，营造认证认可对外宣传立体化网络。

四、保障措施

（一）创造良好法治环境

加强认证认可检验检测领域立法研究和协调，坚持立改废释并举，完善认证认可检验检测法律框架体系。加快推动《检验检测机构管理条例》立法。梳理现行部门规章，对不适应改革发展要求的部门规章进行修订或者废止。利用部际合作和部省/市合作机制，推动在行业、地方管理和立法中引入认证认可检验检测手段，为认证认可检验检测发展提供法治保障。

（二）加强配套政策支持

进一步加强对检验检测认证公共服务平台的支持力度，探索建立检验检测认证发展基金，发挥公共资金对社会资金投入的引导效应。加强检验检测认证机构申请高新技术企业配套政策落实。创新金融支持，鼓励金融机构按照风险可控、商业可持续原则，开发适合检验检测认证服务业特点的各类金融产品和服务。拓宽检验检测认证机构融资渠道，支持符合条件的从业机构上市融资、发行债券。

（三）强化重大工程引领

广泛征求意见，加强供给侧和需求侧的调查研究，围绕服务经济发展、提供公共服务以及提升创新驱动能力等重点领域，谋划建设一批重大工程。充分发挥重大工程的辐射作用，以财政资金保障工程实施，以工程实施带动能力提升，以能力提升推进规划落实，为全面实现“十三五”认证认可检验检测发展的各项目标任务奠定坚实的基础。

（四）健全规划实施机制

质检总局、国家认监委要加强领导、创新机制，加大组织实施力度。各部门要充分发挥认证认可部际合作机制优势，加快制定各领域内的相关配套政策，共同推动规划实施。各级认证监管机构、认可机构、行业自律组织要按照规划要求，制订并落实与本规划相衔接的实施方案。要充分调动社会各方力量，充分尊重基层首创精神，充分依靠检验检测认证各市场主体的自主行为，努力实现本规划关于服务发展、创新驱动和产业发展的各项预期性指标和工作任务。国家认监委要加强对规划实施情况的跟踪分析，及时研究解决实施过程中出现的新情况、新问题，定期组织有关方面对规划实施情况进行评估和监督检查，确保高质高效完成“十三五”时期认证认可检验检测发展各项目标任务。

2017年认证认可工作要点

2017年认证认可工作的总体要求是：坚持稳中求进工作总基调，牢固树立新发展理念，以提高发展质量和效益为中心，以服务供给侧结构性改革为主线，大力实施创新驱动发展战略，深入开展质量提升行动，加强全面质量管理，全面提高认证认可供给质量，加快建设认证认可强国，促进经济平稳健康发展和社会和谐稳定。

一、开展一批先导性质量提升行动，全面提升质量基础作用

1.总结推广出口食品企业内外销“三同”工程的成绩经验，积极争取国家政策支持和项目配套，加强与相关部门和地方政府的协同联动。深入开展出口企业“逐一帮扶”行动，指导出口食品企业推行全面质量管理，着力完善公共服务平台，逐步增加“三同”企业数量和产品种类，培育一批“三同”知名品牌。（牵头部门：注册部，协作部门：法律部、认可部、研究所）

2.围绕《中国制造2025》，优化制度供给，推行机器人、安防、城市轨道、汽车网联产品等自愿性产品认证。（牵头部门：认证部，协作部门：认可部、实验室部、国际部、科标部）

3.围绕农业供给侧改革，完善涉农领域检验检测认证体系，培育一批高端农产品和农资认证品牌，提高绿色优质农产品的认证覆盖率。（牵头部门：注册部，协作部门：实验室部、研究所）

4.围绕服务业提质升级，在养老、教育、医疗保健、金融、物流等行业加快推行服务认证，打造优质服务品牌。（牵头部门：认可部，协作部门：科标部）

5.围绕区域经济发展，着力打造浙江制造、深圳标准、上海品质、湖南两型认证等一批区域质量认证品牌。（牵头部门：认证部，协作部门：认可部、实验室部、科标部）

6.全面落实绿色产品标准、认证、标识整合改革方案，按照国办文件要求建立协调机制，争取配套政策，编制统一的绿色产品认证目录和实施规则，联合国家标准委在重点产品领域率先实现突破。（牵头部门：认证部，协作部门：注册部、科标部）

7.加强全面质量管理，打造质量管理认证升级版。切实发挥质量管理体系认证在加强全面质量管理中的基础作用，推动开展体现行业特性的质量管理体系认证，开展质量管理分级认证和增值审核试点，开展整合管理体系认证试点，推动能源管理、知识产权管理、可持续性管理、道路交通安全等新型管理体系认证，创新认证审核，开展远程审核试点。（牵头部门：认可部，协作部门：科标部、认可中心、认证认可协会、研究所）

8.开展认证质量提升调查摸底，深化认证认可有效性和贡献率研究，积极探索认证认可促进质量提升的新方法、新途径。（牵头部门：法律部、认可部、认证部、注册部、实验室部，协作部门：科标部、研究所）

9.贯彻落实《国务院关于印发“十三五”市场监管规划的通知》要求，围绕质检总局部署的重点领域质量整治行动，对玩具、童车、家电、手机、机动车、电线电缆和电商产品等风险集中领域，加大认证执法和CCC获证产品监督抽查力度，加强对网络电商和流通领域CCC产品的监管。对行业多发、跨区域问题加强区域联动监管，坚守质量安全底线。（牵头部门：认证部，协作部门：法律部）

10.按照国家质检总局的工作部署，做好CCC承担工业生产许可证的接转工作，制订工作方案，完善过渡安排，深化CCC自身改革，最大限度减少和控制风险。（牵头部门：认证部，协作部门：法律部）

11.创新认证执法监管模式，完善区域协作联动机制，开展认证行政执法专项检查，切实发挥地方认证监管部门的属地监管职责，提升认证执法效能。（牵头部门：法律部，协作部门：认可部、认证部、注册部、实验室部）

二、推出一批关键性改革举措，全面推动认证认可行业提质升级

12.制定认证认可制度体系表，增强制度设计的系统性、前瞻性和创新性。（牵头部门：认可部，协作部门：认证部、注册部、实验室部、国际部、科标部、认可中心、认证认可协会）

13.以风险评估为基础，完善强制性产品认证制度和实施机制，加强事中事后监管，强化生产企业、指定机构

主体责任。(牵头部门：认证部，协作部门：法律部)

14.引导和规范机构自主开发市场需要的自愿性认证项目，创新评价模式、监督和实施机制。(牵头部门：认可部、认证部，协作部门：注册部、国际部、科标部)

15.落实国务院相关决定，在取消产品质量检验机构、机动车安全技术检验机构检验资格许可后，做好平稳过渡，强化资质认定的严格把关和事中事后监管。(牵头部门：实验室部，协作部门：法律部)

16.推动建立"基础资质认定+行业特殊要求"的资质管理模式，对涉及国家安全、社会公共安全的资质认定会同相关部门研究制定行业标准，积极推动检验检测机构行政法规立法。(牵头部门：实验室部、法律部，协作部门：科标部)

17.进一步扩大进口注册目录范围，加强后续动态监管和联动处置，探索开展跨境监管"三互"合作。(牵头部门：注册部，协作部门：法律部)

18.完善认可约束和认可结果采信机制，强化认可的权威性技术评价地位，积极研发细分行业需求的新型认可类别。(牵头部门：认可部、认可中心，协作部门：国际部、科标部)

19.会同相关部门积极开展第三方职业资格评价服务，加快推动人员注册向水平评价类资格制度转变，满足社会对职业能力评价的需求。(牵头部门：办公室、认可部、认证认可协会，协作部门：国际部、科标部、法律部)

20.积极探索互联网条件下认证认可检验检测深度融合的方式途径，鼓励开发全样本分析、检测云和在线监测等新业态、新模式。在信息安全、物联网产品、电商服务等领域率先开展"互联网+认证认可检验检测"模式试点，推动认证认可检验检测一体化发展。(牵头部门：信息办，协作部门：各部室、下属单位)

21.会同国家网信部门建立完善网络关键设备和网络安全专用产品检测认证制度。(牵头部门：认证部、实验室部，协作部门：认可部、国际部、科标部、信安中心)

22.制定认证认可信息化建设规划，构建认证认可检验检测大数据平台，完善认证认可"云桥"信息共享平台，推动与国家政务信息平台、企业信用信息共享平台以及E-CIQ主干网等信息基础设施的无缝对接。(牵头部门：信息办，协作部门：各部室、下属单位)

23.组织实施认证认可检验检测统计调查，编制统计年报和质量分析报告，深化统计分析应用，强化数据治理。(牵头部门：法律部，协作部门：实验室部、信息中心、研究所)

24.积极探索认证认可领域的"互联网+事中事后监管"模式，制修订相关部门规章，构建管理统一、流程聚合、事项公开、数据集中、资源共享的大数据综合监管信息平台，实现事前审批与事中事后监管的无缝连接，强化与相关部门的信息互享、监管互认、执法互助机制。(牵头部门：法律部、信息中心，协作部门：认可部、认证部、注册部、实验室部)

25.全面推行"双随机一公开"，带动认证认可监管模式创新和流程再造。做好摸底调查和信息采集等工作，建立全国范围的监管对象、监管人员、监管结果信息库。做好组织实施和督查指导等工作，依托区域联动机制，探索"统一组织、协作实施、人员统筹"的办法，解决地方认证监管部门样本不足、人员不足等问题，促进认证监管一体化。做好整改落实和结果公开等工作，强化整改结果检查评价，鼓励社会监督，形成持续改进的闭环管理。(牵头部门：法律部，协作部门：认可部、认证部、注册部、实验室部、信息中心)

26.大力推进从业机构专业化、规模化、品牌化建设，培育一批知名机构品牌，促进检验检测认证行业做强做优做大。(牵头部门：认可部、实验室部，协作部门：认证部、注册部)

27.结合构建认证认可强国评价指标体系，开展从业机构能力评价、品牌评价和创新成果推介活动，深化高新技术企业认定工作，完善自主创新成果保护机制，培育一批细分行业类别的"领跑者"、一批具有国际影响的知名机构品牌，主导制定一批合格评定国际标准。(牵头部门：科标部，协作部门：法律部、认可部、认证部、注册部、实验室部、国际部)

三、实施一批示范性基础工程，全面夯实认证认可工作机制平台

28.发挥各部门、各地方作用，推进检验检测认证公共服务平台建设，加强政策支持和设施配套。完善平台建设条件和评价标准，突出公共服务属性和共建共享功能，鼓励公共服务平台开展联盟认证、联网服务、联合攻关、联动协作等活动，鼓励中小微企业和个体创业者、消费者利用平台获取低成本服务，切实发挥公共服务平台支持"双创"和产业转型升级的支撑作用。(牵头部门：实验室部，协作部门：认可部、法律部、认证部、注册部、科标部)

29.积极支持行业主管部门、地方政府提出示范创建需求，强化政策支持和配套服务，优先在示范区试点改革创新举措，把示范区建设为先行先试"试验田"、产业创新"孵化器"、共建共享"先导区"。围绕质量兴省、质量兴市(县)活动，分行业、分区域进行指导帮扶，推动示范创建活动提质升级。鼓励具备条件的地方和行业开展创建认证认可示范区域(行业)活动，试点创建1~2家副省级认证认可综合服务示范区。(牵头部门：实验室部，

协作部门：认可部、法律部、认证部、注册部、研究所）

30.各地认证监管部门要把示范创建活动作为重大举措，创新工作方式方法，提升管理服务水平，主动做好对接，当好桥梁纽带，帮助创建单位解决实际问题。（牵头部门：实验室部，协作部门：认可部、认证部、注册部、研究所）

31.深入实施《共同推动认证认可服务“一带一路”建设的愿景与行动》，深化国别研究、政策沟通、制度衔接和技术交流，开展国际交流培训和援外项目，推进“一带一路”国际合作互认机制化。积极参与国家自贸区建设谈判，深度参与认证认可国际组织，稳步推进多双边互认，促进中国认证认可标准、技术、服务“走出去”，提升我国在国际合格评定领域的制度性话语权。（牵头部门：国际部，协作部门：法律部、认可部、认证部、注册部、实验室部、科标部、研究所、认可中心、认证认可协会）

32.广泛动员全社会力量，构建认证认可公共宣传机制平台，开展世界认可日、检验检测机构开放日等一批重点宣传活动，组织检验检测认证服务供给侧改革、“一带一路”建设等一批重大宣传题材，推广认证认可促进质量提升、加强全面质量管理等一批优良实践案例，树立优质服务、诚信自律、自主创新等一批优秀行业典型。（牵头部门：办公室，协作部门：各部室、下属单位）

33.组织做好《认证认可检验检测发展“十三五”规划》的宣贯、培训与统筹实施。采取多种方式和途径，开展针对地方政府、从业机构、认证监管人员以及社会公众的规划宣讲，努力扩大并加深社会各界对规划的认知与理解，积极营造社会各方共同参与规划实施的良好氛围；做好规划2017年度行动计划的制订与发布，引导系统内外扎实做好规划年度任务的落实，推动认证认可强国建设取得实效。（牵头部门：法律部，协作部门：办公室、认可部、认证认可协会）

四、树立一批标杆性创新创优典型，全面提升自身建设水平

34.深入贯彻党的十八届六中全会精神，深入开展“两学一做”学习教育，认真落实全面从严治党“两个责任”，切实加强党组织建设。继续探索党建质量管理体系、“三型”创建、支部共建、支部工作法等党建工作新方法，总结推广一批党建创新典型经验，切实发挥好党组织的政治保证作用和党员队伍的先锋模范作用。（牵头部门：机关党委，协作部门：各部室、下属单位）

35.围绕提升自主创新能力，凝聚高端智库资源，构建认证认可研发创新平台，探索政研、科研、标研一体化机制，深化NQI关键共性技术研究、认证认可强国评价指标研究等一批创新成果，突破认证认可服务智能制造、信息安全等一批关键技术，制定服务认证、绿色产品认证等一批行业标准，扩大认证认可科技标准化成果。（牵头部门：法律部、科标部，协作部门：认可部、认证部、注册部、实验室部、国际部、研究所、认可中心、认证认可协会）

36.大力加强认证认可行业自身的全面质量管理，在各级认证监管部门和广大从业机构中推行质量管理升级行动，运用管理创新方法切实履行行业管理职能、提高服务发展能力。（牵头部门：认可部，协作部门：认证部、注册部、实验室部、认证认可协会）

37.探索构建认证认可行业质量管理、绩效管理、风险管理“三位一体”管理模式，完善重大管理决策程序，健全内控机制，强化行政督查和业务综合管理。改进对地方认证监管部门的绩效考核办法，总结推广一批管理创新典型经验，不断提升行业管理能力。（牵头部门：办公室，协作部门：法律部、财务部）

38.大力推进认证认可人才队伍建设，完善人员注册制度，健全教育培训机制，构建专业学科体系，重点解决专业结构不合理、新领域专业人员不足、基层监管人员能力不适应等突出问题，总结推广一批人才创新典型经验，优化人才队伍结构，提高人才供给质量。（牵头部门：办公室、法律部，协作部门：认可部、认证认可协会）

助力质量提升　深化改革创新

——国家质检总局局长支树平在全国认证认可工作会议暨第十五次全国认证认可工作部际联席会议上的讲话

（2017年1月19日）

每年都参加全国认证认可工作会议，参加认证认可部际联席会议，但今年感受不一般。这种不一般，主要源于中央对质量工作前所未有的高度重视，源于新形势下质检部门包括认证认可部门所承载的特殊使命。在这种背景下，我们来总结和谋划年度认证认可工作，自然具有不一般的特殊意义，我们也会有不一般的心情。

过去一年，是我国质检事业发展进程中具有重要里程碑意义的一年。习近平总书记在多个场合强调质量工作。在第39届国际标准化组织（ISO）大会上专门发来贺信，强调了质量强国战略和标准化战略。李克强总理也亲自参加ISO大会并讲话，而且在第二届中国质量奖颁发时专门作了批示。国务院两次常务会议专题研究标准化和质量提升工作，制定《装备制造业标准化和质量提升规划》《消费品标准和质量提升规划》，其中都包含了计量、认证认可、检验检测等工作。年底，国务院办公厅又印发了《关于建立统一的绿色产品标准、认证、标识体系的意见》。质量强国战略还写进了《政府工作报告》和国家“十三五”规划纲要。这么多大事，确实体现出党中央、国务院对于质量工作、对于质量技术基础的高度重视。

过去一年，也是认证认可改革创新取得突破的一年。尤其在服务供给侧结构性改革方面可圈可点。认监委协同各地各部门主动探索破题，大力推行内外销“同线同标同质”模式，带动了国内产业及消费升级，让企业和消费者得到实惠，被誉为“供给侧的质量革命”；落实中央全面深化改革领导小组重点改革任务，牵头制定《关于建立统一的绿色产品标准、认证、标识体系的意见》，已经国务院办公厅印发实施；认监委与中国铁路总公司签订认证认可助推中国高铁“走出去”的战略合作协议，打造中国先进装备制造的“国家名片”；32个部门首次联合发布《认证认可检验检测发展“十三五”规划》，喊响建设认证认可强国，提出国际首创的认证认可强国指标等等。此外，认证认可战线认真落实全面从严治党要求，在抓党建、带队伍、树形象方面取得了新的成绩。这些成绩，得益于党中央、国务院的正确领导，得益于各地各部门特别是部际联席会议兄弟单位的支持配合，得益于认证认可战线广大干部职工的共同努力。在此，我代表质检总局，向大家表示衷心的感谢和崇高的敬意！

今年将召开党的十九大，今年也是供给侧结构性改革的深化之年。中央明确强调，供给侧结构性改革的主攻方向是提高供给质量，提升供给体系的中心任务是全面提高产品和服务质量。要树立质量第一的强烈意识，下最大气力抓全面提高质量，开展质量提升行动。要扩大内外销产品“同线同标同质”实施范围。要全面清理工业产品生产许可证，加快向国际通行的产品认证管理转变。这是中央向全国进行的质量动员，也是向质检系统包括认证认可战线发出的伟大号令。质检总局作为质量工作主管部门，必须把质量提升行动作为总任务和重头戏，会同有关部门，制订行动计划，动员社会各方力量，运用全部质检手段，全力以赴落实这个光荣任务。认证认可作为国际公认的国家质量技术基础之一，部际联席会议作为全国认证认可工作的会商协作平台，要率先响应、主动破题。

关于今年认证认可具体工作，大伟同志代表国家认监委已经作了全面部署，这里我想着重讲讲总体要求，作一些重点强调。归纳起来，就是要助力质量提升、深化改革创新。

助力质量提升，就是要聚焦产品和服务质量，在质量提升行动乃至供给侧结构性改革中，发挥不可替代的重要作用。重点在三个方向发挥更大作用：

一要在加强全面质量管理上发挥更大作用。中央经济工作会议在部署质量提升行动时，明确强调要加强全面质量管理。认证认可是帮助企业加强全面质量管理的重要基础工具，ISO 9001认证就是最普及的质量体系认证。我国有上千万家各类企业，目前获得认证的只有60来万家。如果我们通过认证的手段，带动大多数企业的质量全面提升了，我国的质量水平就会有一个整体飞跃。加强全面质量管理，就要推动更多企业通过认证应用先进质量管理方法，尤其要以ISO 9001换版为契机，打造管理体系认证升级版，帮助广大企业全方位提升质量管理水平。

二要在扩大中高端供给上发挥更大作用。现在我们国家不是没有需求或需求不足，而是供给端的产品质量和服务质量跟不上去。所以中央提出要把供给质量抓上去，特别是把中高端的产品质量抓上去，同时低端产品也要保证质量安全。认证认可在提升产品和服务质量上大有可为。比如，3C认证实施前，目录产品的合格率只有67.6%，到2015年已经达到90.3%，质量提升的跨度是相当大的。认证认可既保“底线”，也拉“高线”。在产业和消费向中高端水平升级的趋势下，更要突出拉质量“高线”的作用，精心推出一批满足中高端需求的品质认证服务，让认证认可真正成为老百姓信得过的“金字招牌”。今年，要重点实施好内外销产品“同线同标同质”工程和绿色产品认证。我们已经按照中央要求，决定将“三同”实施范围从出口食品农产品扩大到消费品。大家要一个一个行业抓，运用认证认可手段“增品种、提品质、创品牌”，带动相关产业和消费升级，用更多更好的“三同”产品、绿色产品，增强老百姓的质量获得感。

三要在促进外贸优进优出上发挥更大作用。认证认可是国际贸易的“通行证”和“世界语”。要落实好鼓励出口政策和积极有效的进口政策，合理运用认证认可的技术性措施，倒逼国内产业优化结构、提高质量，促进我国优势产品扩大出口，推动装备、技术、标准、服务走出去，同时加强中低端产品进口调控，支持先进技术设备、关键零部件和优质产品进口。要积极运用认证认可的国际规则，加快构建“一带一路”、自贸区认证认可国际互认机制，推动合格评定规则互联互通，降低贸易风险成本，营造对我有利的国际贸易环境。今年WTO《贸易便利化协定》有望生效实施，越来越多的贸易规则谈判与认证认可有关。我们要主动研究、主动对接，提出认证认可“中国方案”，构建高质量的自由贸易体系。

深化改革创新，就是要紧紧围绕中央给出的命题，以改革创新的精神，用改革创新的办法，完善好自身功能，切实提升认证认可供给体系质量。经济学观点认为，供给和需求之间存在信息不对称问题，需要建立传导反馈机制，把供需双方紧密联系起来。认证认可的核心功能是“传递信任、服务发展”，恰恰是这样一个传导反馈机制，在供给侧结构性改革中大有用武之地。我们要一起合力，深化认证认可改革发展，降低制度性交易成本，服务经济社会发展。重点在三个方面深化改革：

一要主动承接工业产品生产许可证制度改革。按照统一部署，研究制订生产许可证制度和产品认证制度衔接的方案。认证制度具有市场化、国际化的优势，在很多方面可以起到传统行政手段起不到的作用。要深入研究国际产品认证制度的特点，根据我国产品质量的状况，合理确定管理方式，做好许可证管理与认证管理的衔接，积极引入国际先进的认证管理方式、评价模式，尤其要把企业自我声明、用户体验这些精髓吸收进来，推动管理理念和管理方式转变。这项工作是中央布置的硬任务，各方面要共同发力、协调推进，将其打造成为今年“放管服”改革的新亮点。

二要加快补齐认证认可制度短板。中央提出，供给侧结构性改革既要补硬短板，也要补软短板；既要补发展短板，也要补制度软板。从应当发挥的作用看，认证认可也是一块软短板、制度短板。要针对认证认可满足发展新需求的“短板”，大力推动认证认可体系的结构性改革，增加中高端供给，减少低效供给。针对认证认可适应市场新业态的“短板”，大力运用信息化和大数据技术，打造“互联网+认证认可检验检测”新模式。针对认证认可应对监管新问题的“短板”，加强事中事后监管，推动行业治理持续改进。

需要强调的是，要突出抓好绿色产品标准、认证、标识整合改革，补好这块关键“短板”。当前，环境治理日益受到关注，“雾霾天”让老百姓深受其害。治理雾霾需要多种途径、多种手段并用。综合各方面意见看，大家都看到标准、认证、标识的体系不统一、作用不充分这个“短板”。涉及节能、减排、环保的产品林林总总，如果能用一套统一的标准、认证、标识体系去管理约束，就能起到从源头把住“总闸”的效果。为此，中央要求建立统一的绿色产品标准、认证、标识体系，2020年前基本完成。今年要抓紧分解任务，明确进度安排，建立协调机制，争取配套政策。

三要不断发展壮大检验检测认证现代服务业。检验检测认证是国家大力发展的现代服务业。国家发展改革委牵头制定的服务业“十三五”规划，将检验检测认证列为高技术服务业。科技部把检验检测认证列入国家重点支持的高新技术领域，支持将国家质量技术基础（NQI）关键共性技术研究作为重点专项，其中包括4个认证认可的项目。认证认可还被纳入国家统计制度体系。这些都充分表明了检验检测认证服务业的重要地位。我们提出要力争在“十三五”末实现营业总收入突破3 000亿元目标，推动各项发展指标进入国际先进行列。这就必须着力营造良好的发展环境，激发检验检测认证市场的发展活力，尤其是广大从业机构的创新活力。要通过进一步深化“放管服”改革，全面优化机构审批、资质认定、注册备案、人员注册和认可等制度，做好放开准入的“减法”，做优增量的“加法”，搞活机制的“乘法”，畅通退出的“除法”。放的方面，要进一步简政放权，让检验检测认证市场活跃起来，做大市场份额。管的方面，要全面推行“双随机、一公开”，通过随机抽查、公开结果的模式创新和流程再造，完善事中事后监管模式，形成倒逼机制，推动认证认可管理全面提质增效。服的方面，要大力推进检验检测认证公共服务平台、认证认可示范区、“一带一路”国际合作互认机制建设，打造一批认证认可检验检测的“领跑者”，壮大检验检测认证服务业。

新年度认证认可工作要求高、任务重，必须着力加强自身建设。首先，要创新完善联席会议机制。在联席会议的框架下，各地各部门要把认证认可作为推进供给侧结构性改革的政策抓手，出台相关政策措施。认真落实《认证认可检验检测发展“十三五”规划》，搞好与行业规划、地方规划的配套衔接。共同完善认证认可的准入、实施、采信、监督等各项制度，形成完善的制度体系。同时，要创新完善行业治理机制。在加强监管的同时，为行业主体营造公平竞争秩序和优良发展环境。既要严格管理，又要热情服务；既要大力倡导企业家精神和工匠精神，让他们切实承担起法律责任、社会责任，也要让他们充分享受到改革红利、发展红利。

认证认可队伍是抓质量、管质量的队伍。新形势下，更要切实抓好队伍建设，积极响应以习近平同志为核心的党中央号召，树立质量第一的强烈意识，大力弘扬想干事、干成事的风气，争当全面提高质量的排头兵、突击队，为建设认证认可强国、质量强国做出新的贡献！

围绕质量提升 提高供给质量 为建设认证认可强国而不懈奋斗

——国家质检总局副局长、国家认监委主任孙大伟在全国认证认可工作会议上暨第十五次全国认证认可工作部际联席会议上的讲话

（2017年1月19日）

今天，我们召开全国认证认可工作会议暨第15次全国认证认可工作部际联席会议，目的是学习贯彻党的十八届六中全会及中央经济工作会议精神，贯彻落实全国质检工作会议的部署要求，围绕实施《认证认可检验检测发展"十三五"规划》，总结和部署年度工作，加快推进认证认可强国建设。下面，我代表国家认监委党组报告工作。

一、2016年认证认可工作回顾

2016年是"十三五"开局之年，按照党中央、国务院的战略部署，我们牢固树立新发展理念，以服务供给侧结构性改革为重心，在提高供给质量、深化改革创新、完善工作机制、加强自身建设等方面取得新的成绩。

（一）服务供给侧结构性改革，着力提升质量供给水平

围绕中央重大决策，我们勇于破题，积极发挥"传递信任，服务发展"作用，主动服务供给侧结构性改革，提升供给质量，提振消费信心，增强人民群众的获得感。一是整合绿色产品认证标识体系。落实中央全面深化改革领导小组的重点改革部署，在中央深改办和中央财办的指导协调下，会同相关部门制订整合改革方案，并由国务院办公厅印发实施，明确7项具体任务和4方面支持政策。在汽车等行业率先推行绿色产品认证，并在供应链下游企业已采信绿色轮胎认证结果，推动绿色发展和消费升级。二是实施出口食品企业内外销"同线同标同质"工程。会同相关部门在出口食品企业率先探索内外销产品"三同"模式，逐步消除国内外市场"质量差距"。建立"三同"公共服务平台，帮助1 100余家上线企业实现国内销售50余亿元，有效引导了消费回流，带动了国内产业升级。"三同"工程得到了各级政府和社会各界的积极响应，成为舆论关注热点。中央经济工作会议明确提出扩大"三同"的实施范围。"三同"工程被列入《中国制造2025》和《消费品标准和质量提升规划》。三是支持战略性新兴产业发展。在智能制造、轨道交通、卫星通信、新能源等领域完善检验检测认证体系，建立机器人、城市轨道交通产品等一批新型认证制度，新建36个国家质检中心，创建10个"国家检验检测认证公共服务平台示范区"，支持中国（杭州）跨境电商综合试验区、上海跨境电商公共服务平台、全国供销社农产品及农资电子商务平台建设。四是服务"一带一路"和自贸区开放战略。启动《共同推动认证认可服务"一带一路"建设的愿景与行动》三年滚动计划，与新西兰、捷克等国达成有机产品认证、CCC认证等双边互认新成果，配合"高访"完成蒙古牛羊肉、波兰禽肉等境外企业注册。促使美国联邦通信管理委员会（FCC）延迟实施无线通信设备的技术贸易措施，避免数百亿美元贸易遭受影响。经国务院批准，成功申办2019年IEC第83届大会，提升了我国在国际合格评定领域影响力。

（二）深化"放管服"改革，释放创新发展活力

我们推出多方面深化改革举措，进一步释放改革红利，为检验检测认证服务业发展营造良好环境。一是进一步简政放权。简化认证机构设立条件的审查要求和工作流程，认证机构数量比上年增长40%；巩固检验检测

机构资质认定整合成果，会同相关部委共同推动机动车排放、安全技术检验机构"一站式"服务；改革强制性产品认证目录管理，进一步简化认证实施细则，放宽指定机构要求，彻底解决了指定业务的独家垄断问题；简化自愿性认证备案程序，鼓励创新自愿性认证服务，自愿性产品认证新增3项，服务认证从7个领域拓展至20个领域。二是进一步加强事中事后监管。在管理体系认证、CCC获证产品市场监管等领域积极推行"双随机一公开"模式，探索运用"互联网+"的监管方式，有效提高监管效能。对违法违规问题动真格、出重拳，通报处理1415家问题检验检测机构，撤销、吊销6万余张问题产品CCC证书，加大了震慑效果。重点加强电商等新业态、新领域认证监管，认证认可"云桥"共享信息覆盖国内90%以上的B2C电商业务，与电商平台交互证书信息102万条，仅"淘宝"网就下架40余万件违规儿童安全座椅，实现了海量数据的精准监控。与此同时，强化认证监管区域协作机制，组织各地认证监管部门开展异地协同监管；与相关部门建立联合监管机制，会同公安部、环保部对3 450家机动车检验机构开展专项检查；与相关国家建立跨境监管"三互"合作机制，敦促澳大利亚方面暂停38家不合格进口乳品、肉类企业注册资格。三是进一步优化服务。认证机构审批周期缩减51%，出口食品企业备案周期缩减65%。认可工作效率达到国际领先水平。推动认证认可检验检测纳入国家高新技术领域，1 700余家从业机构获得高企认定资格，享受15%的优惠所得税率。实施出口食品企业"逐一帮扶"行动，助力食品出口逆势增长。各地认证监管部门主动为地方政府和广大企业排忧解难，积极探索认证监管一体化、CCC产品贸易便利化等创新措施，创建检验检测认证公共服务平台，提升服务能力。

（三）凝聚各方合力，构建多元共治格局

我们广泛调动各方面积极性，共同推动认证认可事业发展。一是部际协作纵深推进。全国认证认可部际联席会议成员等32个单位联合发布《认证认可检验检测发展"十三五"规划》。认监委与中医药管理局、供销合作总社和铁路总公司分别签署战略合作协议，与发展改革委、财政部、工业和信息化部、公安部、住建部、环保部、农业部、交通运输部、中国人民银行、知识产权局、中央军委联合参谋部等共同推进绿色产品、机器人、卫星导航产品、轨道交通产品等检验检测认证体系和采信机制建设，推动认证认可服务行业管理和产业发展。二是地方推动力度加大。各级地方政府将认证认可作为落实质量工作考核、推动质量兴省（市）的重要手段，从多方面加大工作力度。上海市出台全面规范检验检测的地方性法规，云南省出台加强认证认可工作的政策文件，明确一系列支持政策；各级地方政府积极创建区域质量认证和检验检测认证示范区或联系点，加大认证认可工作的实施力度。三是社会影响显著提升。紧扣国家战略重点、社会关注热点，与相关部委、地方政府、新闻媒体共同举办以"认证认可助力中国高铁走出去"、"检验检测支撑中国制造2025"、"认证认可服务供给侧改革"为主题的世界认可日、全国检验检测机构开放日等宣传活动，产生广泛社会影响。

（四）夯实基础工作，扎实推进自身建设

我们认真落实全面从严治党要求，打牢夯实各项基础，为认证认可事业发展提供有力保障。一是法治建设持续推进。配合国务院法制办修订发布《认证认可条例》，解决了基层认证监管部门执法主体资格问题；加快推进《检验检测机构管理条例》立法进程，会同各行业主管部门制定一系列管理办法、评审规则，启动行政审批标准化建设，固化了"放管服"改革的阶段性成果；组织修订《认证机构管理办法》等部门规章，全面规范了监督管理。制定认证认可"七五"普法规划，实施"省市县三级全覆盖"的人员培训，强化了认证执法能力。二是基础支撑日益巩固。认证认可检验检测纳入国家统计制度，启动"国家质量基础的共性技术研究与应用"重点专项中的4项认证认可课题，制定6项国际标准、52项国家标准，新增11项认证认可行业标准、528项检验检疫行业标准，提升了科技支撑引领能力。 三是队伍建设不断加强。贯彻全面从严治党要求，把纪律和规矩挺在前面，全面落实"两个责任"，扎实开展"两学一做"学习教育，积极探索"基层联系点"支部共建、"严格组织生活"支部工作法、"中国好师父"传帮带等新成果，扎实推进素质能力和行风廉政建设，全面提升了干部队伍的凝聚力、战斗力。

经过不懈的努力，我国认证认可事业不断取得新的发展成就，正加快向认证认可强国行列迈进。我们在制定《认证认可检验检测发展"十三五"规划》过程中，开展了认证认可强国评价指标研究，首次构建了包括6个维度16个评价指标的体系框架，并与有关国家开展了比对研究。初步研究结果表明，在可进行国际比较的12项指标中，我国有5项指标位居国际先进行列，有5项指标处于中游水平，有2项指标相对落后。在制度建设方面，我们建立了比较完备的制度体系，已有30多部法律法规写入认证认可工作，在统一管理、严格监管等方面显示了中国特色的制度优势；在服务发展方面，认证认可广泛渗透到经济社会各个领域，与国家发展战略结合日益紧密，"社会治理"等指标得分比较领先，但"质量安全保障"等指标还有待提升；在产业实力方面，认证认可检验检测成

为新兴的现代服务业，“产业规模”等指标得分领先，但“质量效益”等指标与先进国家相比存在较大差距；在创新驱动方面，我们与发达国家的差距逐步缩小，“专业主导”等能力有所提升，但“技术创新”尤其是原创能力还比较落后；在国际影响方面，“机构任职”指标得分快速提升，“国际互认”水平处于中等，“服务输出”能力与发达国家相比还存在差距；在基础能力方面，“机构设立”、“人才培养”等指标总体处于中等水平，基础建设能力有待进一步提高。目前，我国共有检验检测认证机构数量3.2万家，从业人员8.3万人，结构趋于优化，但“小散弱”现象仍比较突出。综合来看，我国总体上已处于国际认证认可发展的第二阵营，正加快迈入认证认可强国行列。截至2016年年底，我国累计颁发有效认证证书176.8万余张，获证组织59.7万余家，连续多年位居世界第一。检验检测认证服务业营业总收入突破2000亿元，成为全球增长最快的检验检测认证市场。

这些成绩的取得，归功于党中央和国务院的英明决策、质检总局党组的正确领导、部际联席会议相关单位和各级地方党委政府的大力支持、社会各界的关心帮助，也是全国质检系统和认证认可战线广大干部职工共同努力的结果。

二、努力实现建设认证认可强国的战略目标

党的十八大以来，以习近平同志为核心的党中央统筹推进“五位一体”总体布局、协调推进“四个全面”战略布局，以提高发展质量和效益为中心，以供给侧结构性改革为主线，主动适应和引领经济发展新常态，深入实施质量强国、制造强国战略，将质量工作摆在更加突出的位置，为认证认可事业发展指明了方向，提供了前所未有的机遇。前不久召开的中央经济工作会议，更是突出强调质量，系统部署质量工作，提出要下最大气力抓全面提高质量，开展质量提升行动，提高质量标准，加强全面质量管理。会议还明确提出扩大“同线同标同质”实施范围，全面清理工业产品生产许可证，加快向国际通行的产品认证管理转变等，直接点到认证认可工作，充分肯定了认证认可的作用，这让我们倍感振奋、备受鼓舞、倍增信心。遵照中央经济工作会议精神，全国质检工作会议对质检工作进行了全面部署，要求下最大气力抓全面提高质量、加强质量安全监管、优化质检技术服务、推进关键性改革，对认证认可工作提出更高要求。我们要深刻学习领会、坚决贯彻落实。

去年11月，我们发布了《认证认可检验检测发展“十三五”规划》，明确了建设认证认可强国的目标任务。这是首部由多部委联合发布实施的认证认可领域专项规划，首次对认证认可和检验检测进行统筹谋划，将《国家“十三五”规划纲要》及系列专项规划中涉及认证认可、检验检测的相关内容落到实处，反映了经济发展新常态对认证认可工作的内在要求，体现了各部门各方面的共同意志。我们要以《认证认可检验检测发展“十三五”规划》为总抓手，统筹谋划长远发展和年度工作，努力实现建设认证认可强国的战略目标。

第一，要把新发展理念作为行动指南。创新、协调、绿色、开放、共享的新发展理念，是“十三五”经济社会发展的指导思想，也是“十三五”认证认可检验检测发展的基本遵循。中央经济工作会议和全国质检工作会议都进一步强调了新发展理念的指导思想。我们要紧密联系认证认可工作实际，以新发展理念为行动指南，进一步廓清发展思路，校正发展方向，找准发展着力点。要深入贯彻创新发展理念，实施“认证认可创新驱动能力建设”工程，加快推进大众创业、万众创新，充分激发认证认可检验检测创新活力。要深入贯彻协调发展理念，区分不同地区、不同行业的发展需求，围绕“三大战略”采取有针对性的服务举措，形成认证认可检验检测与经济社会协调发展的新格局。要深入贯彻落实绿色发展理念，实施“绿色发展支撑”工程，加快建立统一的绿色产品认证、标识体系，构建支撑绿色发展的认证认可检验检测技术体系和市场引导机制。要深入贯彻开放发展理念，实施“认证中国，联通世界”工程，加快构建大国际合作格局，探索中国认证认可全方位“走出去”的新路，增强我国参与全球合格评定活动的能力和水平。要深入贯彻共享发展理念，实施“助推经济发展桥梁”工程和“认证认可检验检测公共服务”工程，推动检验检测认证基本公共服务均等化。

第二，要把提高供给质量作为主攻方向。中央经济工作会议聚焦提高供给质量，部署开展质量提升行动，推进供给侧结构性改革，发出了质量动员的伟大号令。全国质检工作会议指出质量提升行动是总任务，要求全系统迅速行动起来，当好排头兵、突击队。强调抓全面提高质量，就是要抓战略、抓共治、抓基础、抓升级，找准“发力点”，牵住“牛鼻子”，打好“组合拳”。在供给侧结构性改革的背景下，认证认可作为国家质量技术基础，在提高供给质量、提振消费信心等方面的作用进一步凸显，在开展质量提升行动、加强全面质量管理中更是大有可为。同时我们也要看到，当前认证认可供给体系还存在结构性失衡问题，中高端有效供给不足，供给结构对需求变化的适应性不强，发挥全面提高质量、加强全面质量管理的有效作用还有很大的提升空间。强国评价指标测算中也暴露出质量效益指标不高、产品质量安全保障能力偏弱等短板。因此，我们必须把提高供给质量作

为建设认证认可强国的主攻方向，在质量提升行动中勇当排头兵、突击队，针对制约供给质量的瓶颈问题，下大力补好制度短板、机制短板、监管短板、能力短板，加快构建更高质量和效率的认证认可供给体系，扩大满足中高端需求的有效供给，减少低水平供给，使认证认可在加强全面质量管理、全面提高供给质量中有更大用武之地，为振兴实体经济、建设质量强国做出更大贡献。

第三，要把深化改革作为根本动力。中央经济工作会议指出，供给侧结构性改革的根本途径在于深化改革，要按照统筹推进、重点突破的要求加快改革步伐，更好发挥改革牵引作用。全国质检工作会议也提出加快质检关键性改革，向改革要动力，以改革破难题，部署工业产品生产许可证制度改革、绿色产品标准认证标识整合改革、标准化改革、检验检测认证机构整合等重大改革举措。我们面临更重的改革任务，承受更大的改革压力，也迎来了更好的改革机遇。《认证认可检验检测发展"十三五"规划》提出坚持深化改革和创新发展的"双轮驱动"，就是要以深化改革的更强决心和力度，下最大力气破解制度障碍、突破发展瓶颈。当前，我们要清醒地看到，实现认证认可强国目标还面临思想观念、体制机制上的障碍，认证认可事业发展还存在不适应、不平衡、不可持续的问题，国家各领域改革包括质检关键性改革等加快推进，对认证认可的工作模式、工作机制带来了巨大冲击，倒逼我们必须加快改革步伐，激发认证认可的创新活力，进一步发挥认证认可的制度优势。

第四，要把共同落实作为工作机制。《认证认可检验检测发展"十三五"规划》经过部际联席会议各单位共同制定，广泛吸收了各方面的意见，凝聚了各方智慧，体现了共同意志。一分规划，九分落实。我们将紧紧依靠各部门、各地方建立健全规划实施机制，依托部际联席会议等机制平台，共同落实好规划的目标任务。关键是要发挥规划的抓总作用特别是强国评价指标的牵引作用，协调各方行动，汇聚各方合力，使认证认可真正成为各方共建共享的质量基础平台和质量提升利器。希望部际联席会议各单位、各级地方政府将规划实施与本部门、本地方中心工作有机结合起来，使之与专项规划、地方规划紧密衔接，加强政策法规配套。按照中央的总体要求，我们要着力健全以下工作机制：一是健全任务分解机制，建立强国评价指标体系，编制年度行动计划，分解细化任务，明确责任主体和实施路线图，落实"对表"和"对标"措施；二是健全协同推进机制，充分发挥部际联席会议工作机制，统筹协调各方面行动和实施进度，形成联动合力；三是健全评估督查机制，加强规划实施效果的监测评估和监督检查，组织开展日常监测、年度检查和中期评估，适时对规划实施进行纠偏和调整；四是健全宣传推广机制，及时宣传规划实施成果和经验，广泛动员全社会力量，为规划实施营造良好环境。

三、新年度认证认可工作的总体安排

2017年认证认可工作的总体要求是：坚持稳中求进工作总基调，牢固树立新发展理念，以提高发展质量和效益为中心，以服务供给侧结构性改革为主线，大力实施创新驱动发展战略，深入开展质量提升行动，加强全面质量管理，全面提高认证认可供给质量，加快建设认证认可强国，促进经济平稳健康发展和社会和谐稳定。重点要在以下四个方面抓实打响、求新创优。

（一）开展一批先导性质量提升行动，全面提升质量基础作用

在保"安全底线"同时，突出拉"质量高线"，进一步完善认证认可制度体系，增加满足中高端质量需求的有效供给，减少不适应市场需求的低效供给，更好满足加强全面质量管理的需要，促进产品和服务质量的全面提升。

一是深入实施内外销"同线同标同质"工程。将"三同"作为"增品种、提品质、创品牌"的重要抓手，总结推广出口食品企业内外销"三同"工程的成绩经验，积极争取国家政策支持和项目配套，加强与相关部门和地方政府的协同联动，深入开展出口企业"逐一帮扶"行动，着力完善公共服务平台，逐步增加"三同"企业数量和产品种类，培育一批"三同"知名品牌，让更多消费者和企业获得实惠，从更大范围带动相关产业和消费提质升级。

二是积极推出高端品质认证服务。采用国际先进标准，积极开发满足中高端需求的消费品、食品农产品高端品质认证，助推供给质量提升。围绕《中国制造2025》，推行机器人、物联网等自愿性产品认证，引导制造业迈向中高端水平；围绕农业供给侧改革，完善涉农领域检验检测认证体系，培育一批高端农产品和农资认证品牌，提高绿色优质农产品的认证覆盖率；围绕服务业提质升级，在养老、教育、医疗保健、金融、物流等行业加快推行服务认证，打造优质服务品牌；围绕区域经济发展，着力打造浙江制造、深圳标准、广东品质等一批区域质量认证品牌。今年是全面落实绿色产品标准、认证、标识整合改革方案的第一年，这是中央交给我们的重点改革任务。要按照国办文件要求，抓紧分解任务，明确进度安排，建立协调机制，争取配套政策，编制统一的绿色产品认证目录和实施规则，迈出整合改革的实质性步伐。

三是大力强化全面质量管理。开展认证质量提升调查摸底，深化认证有效性和贡献率研究，积极探索认证认可促进质量提升的新方法、新途径。切实发挥管理体系认证在加强全面质量管理中的基础作用，以ISO 9001

标准升级换版为契机，开展质量管理体系分级认证和增值审核试点，推动企业选择适合自身特点的认证服务，全面提高质量管理水平。在装备制造、建筑、交通等行业开展适合行业要求的质量管理体系认证，研究推动整合管理体系、追溯管理体系以及能源管理、知识产权管理、可持续性管理、道路交通安全等新型管理体系认证，助力提升相关行业的发展质量和效益。

四是切实加强认证执法监管。围绕重点领域质量整治行动，对玩具、童车、家电、手机、机动车、电线电缆和电商产品等风险集中领域加大认证执法和监督抽查力度，对行业多发、跨区域问题组织区域联动监管，对网络电商、流通领域等系统性问题联合相关部门加强协同监管，坚守质量安全底线。创新认证执法监管模式，完善区域协作联动机制，开展认证行政执法专项检查，切实发挥地方认证监管部门的属地监管职责，提升认证执法效能。

（二）推出一批关键性改革举措，全面推动认证认可行业提质升级

以提高认证认可供给质量为核心，深化认证认可领域"放管服"改革，制修订相关法规规章，创新制度设计和管理模式，完善国家认证认可体系，提高认证认可制度的科学性、适用性，增强认证认可工作的有效性和公信力，提升认证认可行业的发展质量和效益。

一是推进认证认可制度结构性改革。进一步深化"放管服"改革，精减优化强制性、准入类制度，大力发展自愿性、水平评价类制度。制定认证认可制度体系表，增强制度设计的系统性、前瞻性和创新性。认证制度方面，要以风险评估为基础，完善强制性产品认证的分级管理和动态管理模式，强化生产企业、指定机构主体责任；激励引导机构自主开发市场需要的自愿性认证项目，创新评价模式。资质认定制度方面，进一步整合检验检测机构的资质许可项目，建立"基础资质认定+行业特殊要求"的资质管理模式，对涉及国家安全、社会公共安全的资质认定会同相关部门研究制定准入前负面清单。注册备案制度方面，进一步扩大进口注册目录范围，加强后续动态监管和联动处置，探索开展跨境监管"三互"合作。认可制度方面，完善认可约束和认可结果采信机制，强化认可的权威技术评价地位，积极研发细分行业需求的新型认可类别。人员注册制度方面，抓住国家深化职业资格制度改革的机遇，会同相关部门积极开展第三方职业资格评价服务，加快推动人员注册向水平评价类资格制度转变，满足社会对职业能力评价的需求。

二是打造"互联网+认证认可检验检测"新业态。充分利用互联网和大数据的战略资源，积极探索互联网条件下认证认可检验检测深度融合的方式途径，鼓励开发全样本分析、检测云和在线监测等新业态、新模式，在信息安全、物联网产品、电商服务等领域率先开展"互联网+认证认可检验检测"试点，推动认证认可检验检测一体化发展。要突出发挥信息化建设和统计工作的支撑作用，制定认证认可信息化建设规划，构建认证认可检验检测大数据平台，完善认证认可"云桥"信息共享平台，推动与国家政务信息平台、企业信用信息共享平台以及E-CIQ主干网等信息基础设施的无缝对接，组织实施认证认可检验检测统计调查，编制统计年报和质量分析报告，深化统计分析应用，强化数据治理。积极探索认证认可领域的"互联网+事中事后监管"模式，构建管理统一、流程聚合、事项公开、数据集中、资源共享的大数据综合监管信息平台，实现事前审批与事中事后监管的无缝连接，强化与相关部门的信息互享、监管互认、执法互助机制，打通信息盲点和通道障碍，推动联合监管、联合惩戒。

三是全面推行"双随机一公开"监管方式。以风险管理、信用管理和过程管理为基础，统筹推进"双随机一公开"向业务全领域、监管全过程覆盖，带动认证认可监管模式创新和流程再造。事前阶段，要做好摸底调查和信息采集等工作，建立全国范围的监管对象、监管人员、监管结果信息库；事中环节，要做好组织实施和督查指导等工作，统一制订方案，统一调配资源，统一评价方法，依托区域联动机制，探索"统一组织、协作实施、人员统筹"的办法，解决地方认证监管部门样本不足、人员不足等问题，促进认证监管一体化；事后阶段，要做好整改落实和结果公开等工作，完善政务信息公开平台，强化整改结果检查评价，鼓励社会监督，形成持续改进的闭环管理。

四是实施认证认可行业"领跑者"计划。大力推进从业机构专业化、规模化、品牌化建设，培育一批知名机构品牌，促进检验检测认证行业做大做强做优。结合构建认证认可强国评价指标体系，开展从业机构能力评价、品牌评价活动，深化高新技术企业认定工作，完善自主创新成果保护机制，培育一批细分行业类别的"领路者"、一批具有国际影响的知名机构品牌。同时，强化从业机构履行法定责任和社会责任的考核评价机制，深入推进行业诚信体系建设，试点建立从业机构诚信积分制度，实施行业禁入"黑名单"制度，完善行业自律机制，强化正向激励和反向惩戒效应，营造良好的机制环境。

（三）实施一批示范性基础工程，全面夯实认证认可工作机制平台

充分发挥部际联席会议的主平台作用，鼓励各级政府建立协作平台，构建全方位、多层次的部门协作机制。

围绕《认证认可检验检测发展“十三五”规划》部署的“四大基础工程”，充分发挥各部门、各行业、各地方的积极性，共同启动一批认证认可服务供给侧改革、促进质量提升的示范工程，形成辐射带动效应，增强调配资源的能力，提升整体工作合力。

一是大力推进检验检测认证公共服务平台建设。围绕产业结构和区域布局，在农产品、中医药、轨道交通、航空航天等领域和东、中、西部区域重点建设一批公共服务平台示范项目，推动纳入国家“双创”、综合配套改革等示范平台。完善平台建设条件和评价标准，突出公共服务属性和共建共享功能，鼓励公共服务平台开展联盟认证、联网服务、联合攻关、联动协作等活动，鼓励中小微企业和个体创业者、消费者利用平台获取低成本服务，切实发挥公共服务平台支持“双创”和产业转型升级的支撑作用。检验检测认证公共服务平台是推进质量基础建设、培育高技术服务业的重要平台，今后我们将按照综合型和专业型两种类型、国家级和地方级两个层面来推进建设，希望各部委、各级地方政府将其纳入“十三五”规划盘子，加强政策支持和设施配套，最大程度发挥平台效用。

二是积极开展认证认可示范区创建活动。围绕质量兴省、质量兴市（县）活动，分行业、分区域进行指导帮扶，推动示范创建活动提质升级，鼓励具备条件的地方和行业开展创建认证认可示范区域（行业）活动，重点开展检验检测认证产业示范区、有机产品认证示范区、良好农业规范认证示范区、绿色产品认证“领跑者”行动等一批示范项目。积极支持行业主管部门、地方政府提出示范创建需求，强化政策支持和配套服务，优先在示范区试点改革创新举措，把示范区建设为先行先试“试验田”、产业创新“孵化器”、共建共享“先导区”。各地认证监管部门要把示范创建活动作为重大举措，创新工作方式方法，提升管理服务水平。要主动做好对接，当好桥梁纽带，帮助创建单位解决实际问题。

三是加快构建“一带一路”认证认可国际合作机制。深入实施《共同推动认证认可服务“一带一路”建设的愿景与行动》，深化国别研究、政策沟通、制度衔接和技术交流，开展国际交流培训和援外项目，推进“一带一路”国际合作互认机制化。积极参与国家自贸区建设谈判，深度参与认证认可国际组织，稳步推进多双边互认，促进中国认证认可标准、技术、服务“走出去”，提升我国在国际合格评定领域的制度性话语权。

四是着力健全认证认可宣传推广机制。广泛动员全社会力量，构建认证认可公共宣传机制平台，开展世界认可日、检验检测机构开放日等一批重点宣传活动，组织检验检测认证服务供给侧改革、“一带一路”建设等一批重大宣传题材，推广认证认可促进质量提升、加强全面质量管理等一批优良实践案例，树立优质服务、诚信自律、自主创新等一批优秀行业典型，优化行业形象，扩大社会影响。

（四）树立一批标杆性创新创优典型，全面提升自身建设水平

全面加强党的领导和党的建设，深入开展自身建设能力提升行动，以基层一线为重点，树立一批创新创优的示范标杆，激励广大认证认可工作者不忘初心，继续前进，为建设认证认可强国不懈奋斗。

一是推进党建创新创优。深入贯彻党的十八届六中全会精神，认真落实全面从严治党“两个责任”，切实加强党组织建设，继续探索党建质量管理体系、“三型”创建、支部共建、支部工作法等党建工作新方法，总结推广一批党建创新典型经验，切实发挥好党组织的政治保证作用和党员队伍的先锋模范作用。

二是推进科技创新创优。围绕提升自主创新能力，凝聚高端智库资源，构建认证认可研发创新平台，探索政研、科研、标研一体化机制，深化NQI关键共性技术研究、认证认可强国评价指标研究等一批创新成果，突破认证认可服务智能制造、信息安全等一批关键技术，制定服务认证评价、绿色产品评价等一批行业标准，扩大认证认可科技标准化成果。

三是推进管理创新创优。大力加强认证认可行业的全面质量管理，在各级认证监管部门和广大从业机构中推行质量管理升级行动，运用管理创新方法切实履行行业管理职能、提高服务发展能力，探索构建质量管理、绩效管理、风险管理“三位一体”管理模式，完善重大管理决策程序，健全内控机制，强化行政督查和业务综合管理，改进对地方认证监管部门的绩效考核办法，总结推广一批管理创新典型经验，不断提升行业管理能力。

四是推进人才创新创优。抓住认证认可从业人员列入《国家职业资格目录》的契机，大力推进认证认可人才队伍建设，完善人员注册制度，健全教育培训机制，构建专业学科体系，重点解决专业结构不合理、新领域专业人员不足、基层监管人员能力不适应等突出问题，总结推广一批人才创新典型经验，优化人才队伍结构，提高人才供给质量。

2017年是实施“十三五”规划、推进供给侧结构性改革的关键一年，做好全年工作意义重大。让我们紧密团结在以习近平同志为核心的党中央周围，振奋精神、攻坚克难、锐意改革、砥砺前行，为建设质量强国、认证认可强国做出更大贡献，以优异成绩迎接党的十九大胜利召开！

2017

Yearbook of Certification and Accreditation of China

第二部分 特 载

Part Two Essays

在中国合格评定国家认可委员会第三届全体委员会第三次会议上的讲话

孙大伟

（2016 年 3 月 25 日）

这次会议是谋划和推动认证认可工作特别是认可工作“十三五”阶段新发展的一次重要会议，对于我们学习贯彻“两会”精神，进一步落实全国质检工作会议和全国认证认可工作会议的部署要求，开拓认可工作发展新局面具有重要意义。刚才，凤清主任回顾了“十二五”期间认可工作的发展，对“十三五”认可工作既有方向性、长远性的要求，也有一些具体的指引。

一、紧紧围绕“十二五”改革发展主线，认可工作服务大局成效显著，地位影响日益彰显

“十二五”期间，党中央、国务院对质量特别是国家质量技术基础工作高度重视，为质检工作、认证认可工作指明了前进方向，注入了强大动力。在党和国家的高度重视下，认证认可作为国家质量技术基础的重要组成部分，在“十二五”期间实现了前所未有的跨越式发展。我们在年初全国认证认可工作会议上，系统总结了“十二五”提出的五个方面发展成果和四条新的经验启示，无论在国家大局中的地位作用，还是自身的建设、在国际上的影响，都取得了历史性的新突破，整体上已经从原来简单地引进消化、跟踪模仿，进入了并行发展阶段并在一些领域逐步开始发挥引领作用，具备了实现“三步走”目标进入世界认证认可强国行列的良好基础。认可工作作为国家合格评定体系的基础支柱、与国际接轨的重要接口，更是始终处于创新发展的前沿。从整体上看，认可服务国家质量发展、转型发展突出发挥了四个方面的作用。

一是发挥了基础评价功能，保障了质量技术基础的有效运行。认可处在合格评定链条的顶端，发挥着“评价之评价”的作用，是推动标准实施、计量溯源的重要手段，合格评定与计量、标准紧密结合，共同组成了国家的质量技术基础。因此，认可在国家质量大厦中实际上担当着重要的作用。“十二五”期间，我国认可体系已经覆盖合格评定领域的方方面面，为确保质量评价活动的客观公正、质量技术基础的可靠运行发挥了技术支撑作用。二是满足了社会采信需求，提供了质量信用的公共服务。随着经济结构的不断提升、市场信用机制的逐步健全，社会各方对质量信用的需求日益旺盛，迫切需要认可提供解决方案。“十二五”期间，我国新增经认可的合格评定机构2800多家，认可数量增长了59%；认可结果在多个专业领域得到采信，认可的用户覆盖政府部门、合格评定机构、企事业单位直至最终消费者，成为政府监管的有力支撑、市场经济运行的基础性制度安排。三是健全了多元共治机制，推动了质量工作的广泛开展。认可工作关联性强、社会参与度高，是大质量工作机制和大质检文化的重要载体，是质检工作服务经济社会发展的重要体现。“十二五”期间，我国以认可委员会为核心的认可工作机制日益健全，共组建32个专业委员会，成为“大质量”工作机制的一支重要力量。四是推动了国际合作互信，服务了国家的全方位开放。总的来说，认可在国际上具有政府授权、国际化程度高的共同特点，是质检国际合作中最具共识基础和机制优势的领域之一。“十二五”期间，我国认可工作坚持国际化的发展方向，在国际合格评定

舞台的地位影响不断提升，目前已加入了11项多边认可互认协议，与21个国家和地区的认可组织签订了16份双边合作协议，为对外贸易交往提供了广泛的便利化安排。建华同志还作为发展中国家的代表首次当选国际认可论坛的主席，并为制定国际认可未来五年战略做出了突出贡献，彰显了中国认可的国际地位。

总之，我国认可事业经过前期的厚积薄发，在“十二五”期间取得了突飞猛进的发展，成绩可圈可点，可喜可贺！这得益于党和国家对质量工作的重视，得益于质检总局党组、认监委党组的正确领导，得益于凤清主任带领认可委员会的努力拼搏，也得益于在座各位委员和同志们的辛勤努力。在此，我代表总局党组和认监委党组，向大家表示衷心感谢！

二、牢牢把握“十三五”重要战略机遇期，努力推动认可事业新发展新作为，为建设质量强国提供有力保障

刚刚闭幕的全国“两会”审议通过了《“十三五”规划纲要》和《政府工作报告》，正式开启了“十三五”的宏伟蓝图。“十三五”对于我国发展具有极其重要的里程碑意义。从发展阶段来说，“十三五”是全面建成小康社会的决胜阶段，中央提出统筹推进“五位一体”总体布局和“四个全面”战略布局；从发展形态来说，处在经济发展新常态，把握新常态、适应新常态、引领新常态是“十三五”经济发展的大逻辑，也是我们各项工作的大逻辑；从发展理念来说，中央提出了“创新、协调、绿色、开放、共享”五大发展新理念，为“十三五”发展提供了基本遵循；从政策取向来说，中央提出以提高发展质量和效益为中心，以供给侧结构性改革为主线，扩大有效供给，满足有效需求，加快形成引领经济发展新常态的体制机制和发展方式；从发展战略来说，《“十三五”规划纲要》和《政府工作报告》首次明确提出实施质量强国战略，从国家战略层面推动经济社会进入“质量时代”。今年全国认证认可工作会议提出“十三五”要使我国认证认可工作整体达到国际先进水平，进入世界认证认可强国的行列。这些都是认证认可工作面临的新形势、新情况、新要求，是我们谋划和推动“十三五”发展必须考虑的基本立足点。当前，我们正在根据国家“十三五”规划纲要，制定包括认可工作在内的各领域“十三五”规划。认可工作要找准定位，把握方向、主动作为，坚持以“五大发展理念”作为根本指引，以服务供给侧结构性改革作为中心任务，以建设质量强国、认证认可强国作为奋斗目标，切实把握好“十三五”战略机遇期，推动认可工作更加紧密地融入国家总体发展、质检事业发展和各行业各地方发展，发挥认可的特有职能优势，提高质量供给水平，凝聚质量强国力量。

首先，要以制度创新激发发展新动能。经济发展新常态的重要特征、供给侧结构性改革的重要课题就是新旧动能转换。认证认可对经济社会最活跃、最独特的作用，就是通过制度创新，不断增加制度性供给，满足新的发展需求，激发新的发展动能。因此，认可工作要随着“十三五”全方位的创新发展势头，加快制度创新步伐，不断为经济社会发展、为自身发展激发新动能。一是要加快服务新兴业态发展方面的认可制度创新。积极拓展认可在绿色循环产业、电商质量评价服务、智能制造等新兴领域的发展空间，适时推出新的认可制度，为支持新兴业态发展、淘汰落后产能发挥评价引导和激励约束作用。二是要加快支撑质量提升方面的认可制度创新。转变发展方式，推进供给侧改革，从根本上讲，都是要靠质量的提升。围绕《政府工作报告》提出“努力改善产品和服务供给，提升消费品品质”的任务，质检总局、认监委今年将组织实施重点消费品质量提升工程、出口食品企业内外销“同线同标同质”工程、绿色产品认证标识整合等措施，提升质量供给水平，提振消费信心。这些质量提升的新举措，需要以制度创新为动力、以质量技术基础为保障。针对这些重大质量提升需求，要加快完善相应认可制度，强化服务业、信息安全、生物医药等新领域的认可支撑，补好质量提升的“短板”。三是加快促进社会采信方面的认可制度创新。随着发展方式和政府管理方式的转变，许多行业主管部门都对认可提出了制度的需求、采信的安排。这些大好机遇能否把握好，关键在于我们制度的科学性、友好度、公信力能否经得起用户的选择、市场的考验。因此，认可要加快完善自身制度模式，从制度设计上更加注重科学规范和友好便利，从制度实施上更加注重相互衔接和协调包容，不断增进用户对认可制度的信任，推动认可结果的广泛应用。

其次，要以深化改革注入发展新活力。今年认证认可工作将按照中央和质检总局的部署，围绕服务供给侧改革，进一步加大改革力度，建立深化改革长效化机制，出台新的改革举措，形成更多可复制可推广的成果。最近，中央深改办下达了2016年度深改工作要点，其中“制订绿色产品标准、认证和标识整合方案”列为总局承担的重点任务。总局和认监委的深改工作要点也即将出台。可以说，今年我们担负的改革任务层面高、影响大、任务重，务必继续保持主动改革、自觉改革的决心，继续发扬锲而不舍、驰而不息的作风，打好改革攻坚战、持久战。就认可工作而言，要密切跟进质检总局、认监委的改革步伐，通过改革明晰工作定位，提升服务职能，强化制度优势，为广大用户和社会各方提供更多成果，有更多的“获得感”。一是要找准定位，发挥职能优势。从国家深化改

革的大方向看，厘清政府与市场、与社会的边界，推进简政放权和政事分开，规范行政管理的中介服务事项，对认可工作而言机遇与挑战并存。我们要坚持从认可本质出发，通过改革来厘清职能边界、规范运行方式。一方面要立足认可作为自愿性评价制度的本位，进一步发挥市场化、社会化的制度优势；另一方面要立足认可承接政府授权的基本职能，进一步发挥支撑政府监管、服务公共治理的技术支撑作用。二是要深挖潜力，提高服务效率。要从优化流程、简化手续、完善信息化系统等方面入手，进一步提升认可服务效率，缩短工作时限，使认可服务更加亲民、便民。三是要放管结合，增强实施效果。一方面，实施分级管理，对不同管理水平的认可对象实施相适应的认可评审管理程序；另一方面，强化后续监督，保证认可结果的持续有效。

最后，要以国际合作开辟发展新前景。党的十八届五中全会和中央经济工作会议提出要创造国际竞争新优势，争取提高我国在全球经济治理中的制度性话语权。认可的国际合作互认，对于国家合格评定体系与国际接轨，对于国家对外经济贸易的便利化安排、对于国际经济治理格局的调整变革，在我们领域里还有很多工作要做。我们能否在“十三五”真正成为认证认可强国，很大程度上取决于认证认可国际化的程度，取决于我们能否为国家参与全球经济治理掌握更多的制度性权利。按照我们提出的“十三五”发展目标，到2020年，我国认证认可国际化的主要指标要达到国际先进水平，初步建立“一带一路”和自贸区认证认可互联互通机制，认证认可和检验检测“走出去”战略要取得突破性进展。认可工作要紧紧围绕这一目标，发挥好国际化程度高的制度优势和机制优势，全面提升中国认证认可的国际影响。一是要在关系国家重大利益的领域中积极争取话语权。当前，认证认可对于提高国家竞争力、争夺国际经济治理主导权的作用日益受到各国重视，相关国际标准规则制定的争夺日趋激烈。我们以要对国家高度负责的精神，在事关国家核心发展利益的领域积极应对，积极发挥认可作用。二是要在“一带一路”等区域合作机制中积极发挥引领性作用。加快落实《共同推动认证认可服务“一带一路”建设的愿景与行动》，推动“一带一路”认证认可国际合作向机制化、常态化发展，加强与“一带一路”战略支点国家、周边国家的认可合作，大力宣传中国认可制度的优势，力争在互认安排、对外援助等方面取得一批新的成果。三是要在国际认可组织中积极担当组织领导角色。利用当选IAF主席的契机，在相关国际事务中发挥好建设性甚至是主导性作用，为国际认证认可的共同发展做出更大贡献，展示出中国的大国担当和大国形象。

2016年是决胜全面小康的开局之年，是推进供给侧改革的关键一年，认可工作肩负光荣使命，面临大好发展机遇。希望同志们继续发扬优良传统，巩固已有成绩，努力推动认可工作再上新台阶，为建设质量强国、实现全面建成小康社会宏伟目标做出新贡献！

在中国认证认可协会第二届第九次常务理事会上的讲话

孙大伟

（2016年4月26日）

非常高兴和大家一起参加中国认证认可协会二届九次常务理事会，共商认证认可事业改革发展大计，共议今后五年协会工作大政方针。借此机会，我代表国家质检总局和国家认监委，对会议的召开表示热烈的祝贺！向出席会议的全体代表表示诚挚的问候！向为认证认可改革发展做出贡献的协会会员和广大从业者致以崇高的敬意！

中国认证认可协会成立至今，在总局党组和认监委党组的正确领导下，在凤清老会长和协会领导班子的团结带领下，在全体会员包括理事会各位同人的共同努力下，按照法律法规和协会章程赋予的职责使命，自觉围绕中心，服务大局，找准工作定位，发挥自身优势，积极拓展工作空间，不断提升服务水平，为推动质量强国建设和认证认可事业发展做出了突出贡献，赢得了行业上下的广泛认同和社会各界的高度认可。“十二五”期间，在凤清老会长先前打下的良好基础上，中国认证认可协会自觉服务国家和行业改革发展新形势，履行职责和自身建设又迈出了新的步伐，取得了新的成绩。一是着力规范市场秩序，在行业自律与诚信建设上取得新进展。顺应认证认可工作改革要求和认证市场变化，按照国家认监委强化“多元共治”格局的部署要求，通过发布实施《认证机构诚信经营规范》、《强制性产品认证检查员自律规范》等一系列自律规范，完善了从业机构及人员自我约束和自我管理机制，全方位规范从业行为，引导机构人员诚信守法经营。适应发展形势的需要，将行业自律和诚信建设的范围由认证领域拓展到检验检测领域，并且探索采用信用管理等新方法、新途径，增强了自律管理的有效性。二是注重能力建设，在科技标准和人员管理上取得新突破。认真担负SAC/TC261秘书处工作，发挥行业标准化工作优势，获得了国家标准委的首批团体标准试点机构资格，建立了团体标准管理制度和工作机制，打开了行业标准化的新局面；以完善人员能力评价制度为核心，对培训、考试、人员注册进行改革，同时强化认证机构作为用人主体的作用，落实机构在人员培养、日常管理等方面的责任，提升了人员队伍的能力素质。三是加强内外联动，在服务会员和国际合作上取得新成绩。全方位搭建会员服务平台，组织形式多样的交流、研讨和培训活动，与多个认证认可行业国际组织和国外机构建立了广泛联系，开阔了视野，深化了合作。四是严格内部管理，在行风建设和队伍形象上取得新进步。坚持行业管理和内部管理、行业建设和自身建设“两手抓、两手硬”，结合协会自身实际深入开展群众路线教育实践、“三严三实”专题教育等活动，以高标准、严要求，狠抓协会班子队伍的思想政治和作风纪律建设，树立了新的形象。总的来看，中国认证认可协会成立以来，尤其是“十二五”期间，协会的职能作用、工作水平、自身能力都在不断提升，这既是国家改革发展的大势之趋，也是全系统全行业团结拼搏、共同努力的结果，凝聚了各级领导的关怀、协会全体同人特别是凤清老会长的心血。在进入“十三五”新阶段之时，我们要认真总结过去的成绩和经验，从中找出规律、找到启示，不断厚植根基、厚积优势，推动协会工作迈上新台阶。

2016年是推进供给侧结构性改革、也是实施“十三五”规划的开局之年，质检工作包括认证认可工作面临新的重大机遇，肩负新的重要使命。从中央决策部署来看，今年全国“两会”审议通过的《“十三五”规划纲要》和《政府工作报告》强调要坚持“四个全面”战略布局，牢固树立“五大发展理念”，以提高发展质量和效益为中心，以供给侧结构性改革为主线，加快形成引领经济发展新常态的体制机制和发展方式。特别值得关注的是，《“十三五”规划纲要》和《政府工作报告》首次明确提出实施质量强国、制造强国战略，多处提到认证认可工作。相对于“十二五”规划纲要来说，“十三五”规划纲要对质量工作、对认证认可工作的表述又有了新的提升，定位更高、范围更广、目标更清晰、要求更具体。党中央、国务院从适应引领经济发展新常态、加强供给侧结构性改革的战略全局着眼，提出的一系列新的决策部署、政策措施，都贯穿着提高质量和效益这个中心，很多都与认证认可工作直接相关。从质检工作全局来看，年初的全国质检工作会议上，支树平局长强调要紧紧围绕“五位一体”总体布局和“四个全面”战略布局，面向五大发展，发挥质检作用；强调要坚持质量为本、安全第一、改革当先，着力提升质量供给水平，尤其要加强计量、标准、认证认可、检验检测等国家质量技术基础建设，打好“技术牌”，念好“服务经”。对认证认可工作提出了明确要求。从认证认可工作自身来看，经过15年的接力实践、爬坡奋进，我们已基本实现“三步走”的第二步目标，成为在世界上有着重要影响的认证认可大国，为实现“第三步”战略目标、进入认证认可强国行列奠定了坚实基础。在国家实施质量强国、制造强国的战略目标指引下，作为国家质量技术基础的认证认可，应当做出更大担当、更大作为，为质量强国、制造强国建设发挥更大作用。为此，我们在今年全国认证认可工作会议上，明确提出将建设认证认可强国作为“十三五”奋斗目标，力争用五年左右的时间，使我国认证认可工作整体上达到国际先进水平，进入世界认证认可强国行列。实现这个奋斗目标，需要我们付出艰辛努力，以更加旺盛的斗志、更加振奋的精神投入各项工作之中；需要我们锐意改革创新，大胆破除体制机制障碍，激发发展活力；需要我们致力精诚团结，动员一切可以动员的力量，充分调动各方面的积极性。从各方面看，中国认证认可协会作为联系行业和社会的桥梁纽带，作为推进行业自律和多元共治的平台载体，在建设质量强国、认证认可强国的宏伟目标之下，其职责更加重要、优势更加明显、作用更加突出。面对新形势、新任务、新要求，协会要把握党中央、国务院对社团组织和质检工作的总要求，把握国家改革发展包括质检事业、认证认可事业发展的大方向，把握总局党组和认监委党组的主基调，以改革创新精神切实履行好“行为引导、规则约束、权益维护”的职责使命，立足职能定位，完善机制平台，加强自身建设，提升服务能力，不断增强行业管理的权威性、行业服务的有效性、行业建设的科学性，继续当好桥梁纽带和参谋助手，为认证认可事业改革发展再立新功。在协会工作“十三五”总体部署的基础上，我着重提五点希望：

第一，发挥自身优势，增强行业凝聚力。认证认可行业的发展，要靠行业内全体成员的共同参与、共同推动，形成协调互动、向心发展的格局。协会作为行业自发成立的社团组织，在其中起着“主心骨”、“黏合剂”的作用，应当充分发挥职能优势，找准行业整体发展和成员个体发展的最大公约数，在增强行业向心力、凝聚力上下功夫，调动行业内外各方面的积极性。要充分利用协会覆盖全行业、辐射国内外、联系各方面的特点和联系广泛、交流频繁、人才荟萃、资源整合的优势，广泛动员组织社会各方参与认证认可发展规划、政策法规、标准规则、科技攻关等方面工作，厚植认证认可工作的社会基础；积极围绕“简政放权、放管结合、优化服务”的改革要求，配合政府部门推行行政监管与社会共治联动模式，不断强化行业自律和诚信建设，大胆探索行业自律管理的新途径、新机制、新方法，努力开创认证认可行业自我管理、自我完善的新格局。

第二，拓展交流平台，完善协同创新机制。当前，科技、产业、管理等各方面创新加快融合，呈现全方位创新的格局。认证认可行业的创新发展也离不开其他行业、其他领域创新要素、创新力量的共同参与，否则就会成为无源之水、无本之木。我们必须审时度势，积极推进协同创新，打通认证认可行业的创新链，使认证认可行业成为“大众创业、万众创新”的广阔平台。中国认证认可协会承担着行业管理特别是认证认可科技标准化的重要职责，要敏锐洞察当今社会创新潮流对认证认可行业提出的机遇与挑战，努力搭建好、利用好各种交流平台，加强与各行业各领域的“产学研”对接，使之成为推动我国认证认可自主创新、协同创新的基础平台。要发挥标准先行的作用，积极跟踪参与国际标准制定，加快制定完善国家标准，灵活运用社团标准，满足认证认可创新发展的需求。要切实发挥重大科技项目的支撑引领作用，组织实施好国家NQI重大科技专项的相关工作，找准突破方向，凝练社会需求，集中精干力量，努力取得一批原创性成果，不断提高我国认证认可的自主创新能力。

第三，坚持以人为本，培养行业优秀人才。认证认可行业具有技术说话、智力密集的显著特点，事业发展的根基在于人才，核心竞争力在于人才。我们对认证认可行业实行管理，建立人员注册管理等一系列制度，不光是为了把人员管住，把人员基本能力的底线把住，更主要是为了树立创新导向，形成激励约束的良性机制，鼓励人员队伍持续提升能力。为此，我们要主动适应创新发展对人员队伍的新要求，全面深化人员注册制度改革，完善能力评价制度，健全能力持续改进机制，形成与行业差异化、高端化、品牌化发展方向相适应的人员管理模式和人才队伍结构。要在认证认可行业大力倡导和弘扬精益求精、追求卓越的“工匠精神”，大力推进认证认可职业道德和行业文化建设，完善从业机构用人管人树人的责任机制，树立优秀的行业标杆，以严格的规则约束人、正面的导向激励人、完善的机制培育人、良好的氛围鼓舞人，努力造就一支业务精湛、作风优良、健康向上、充满活力的认证认可人才队伍。

第四，抓好行业引导，提升整体发展水平。要深入调查研究我国认证认可和检验检测行业在向现代服务业转型发展过程中的各种问题和困难，坚持问题导向，提出解决方案，发挥好协会的行业引导、决策服务作用。要切实关注研究从业机构发展过程中存在的内部治理、权益保护、风险防控等问题，进行专题研究，提出指导性意见，引导行业规范发展；要积极跟踪借鉴国内外行业治理的新模式、新形态，积极引导从业机构以产业联盟、协同创新等方式共同开发适合市场需求的新业务，主动参与“一带一路”国际合作和政府采购项目，拓展行业发展空间，为中国认证认可“走出去”提供服务保障。

第五，加强自身建设，提高协会履职水平。要准确把握中央关于社会组织改革的部署要求，全面推进协会深化改革，着力创新协会治理结构和治理方式，逐步形成科学民主的决策咨询机制、严格规范的监督执行机制和有序高效的竞争激励机制。要加强协会组织建设，充分发挥会员代表大会、理事会、常务理事会的作用，强化对会员的服务和管理，不断增强服务行业、服务社会的能力。要认真落实全面从严治党要求，不断强化党风廉政建设主体责任和监督责任，统筹推进协会党的建设、干部队伍建设和党风廉政建设，始终保持清正廉洁的优良作风，维护协会的良好形象。协会干部职工要牢记肩负的职责和使命，自觉强化理论武装和道德修养，牢固树立纪律意识和规矩意识，积极开展“两学一做”学习教育，努力为认证认可事业发展贡献聪明才智。

我们已经进入全面建成小康的决胜阶段，建设质量强国、认证认可强国，对中国认证认可协会提出了更高要求，也提供了更好的机遇。面对新形势、新任务、新要求，协会工作使命光荣、责任重大。希望同志们继续一如既往地关心、支持和参与协会工作，希望中国认证认可协会第二届理事会更好地发挥履职作用，扎实工作，开拓进取，勇于创新，敢于担当，团结带领广大会员和认证认可从业者积极投身行业建设，为质量强国和全面小康做出新的更大贡献！

在中国共产党国家认监委直属机关第二次代表大会上的讲话

孙大伟

（2016年6月16日）

今天，我们隆重召开中国共产党国家认监委直属机关第二次党员代表大会，这是国家认监委及其直属机关全体党员政治生活中的一件大事。总局党组和总局机关党委对这次会议高度重视，今天总局直属机关党委组织部部长宋玉川同志又亲自到会指导，在此，我代表委党组向一直以来关心支持认监委机关党建工作的总局党组和机关党委表示衷心感谢！对宋玉川同志莅临会议指导表示热烈欢迎！

认监委党组认真落实总局党组的部署要求，始终高度重视机关党的建设。我们坚持党的领导，强化“四个意识”，落实“两个责任”，坚持把党建工作放在认证认可事业改革发展的大局中来谋划；坚持机关党委专职副书记列席党组会，参与党组重大决策；健全认监委直属机关党委、纪委机构，成立党建工作领导小组及其办公室，加强对党建工作的指导；加强机关党建的制度建设，先后制定出台了10个方面的规章制度；把机关党建纳入考核内容，增强了抓党建的自觉性和规范性。

刚才梁钢同志从六个方面进行回顾，梳理了六条宝贵经验。认监委直属机关第一届党委成立以来，忠实地履行了自己的职责。在总局直属机关党委的正确领导下，认真贯彻委党组决策部署，紧紧围绕“服务中心、建设队伍”的核心职责，努力践行《党章》中基层党组织8项基本任务，着力发挥机关党组织的教育功能、管理功能、带动功能和监督功能，积极探索推进党务工作制度化、理论武装工作系统化、思想政治工作具体化。在夯实基层组织基础、拓展党建工作领域、创新党建工作长效机制和打造党建工作“优秀品牌”，如建立党建质量管理体系、“五服务”和“三级联动”支部工作法、认证认可工作联系点等方面工作取得了一定的成绩。值得一提的是，在抗击非典、质量安全整治、服务北京奥运、上海世博会等重大任务面前，在先进性教育、学习实践科学发展观、创先争优、群众路线教育实践、“三严三实”专题教育等重大教育活动当中，直属机关党委团结带领各级党组织和广大党员，迎难而上，冲锋在前，发挥了战斗堡垒和先锋模范作用。仅去年就两次在全国质检系统视频会上做典型经验介绍。今年又再次被中央国家机关工委评为中央国家机关先进基层党组织（6月24日将在人民大会堂召开的表彰大会上受表彰）。一批先进基层党组织、优秀共产党员和优秀党务工作者涌现出来，进一步弘扬正气、树立标杆，有力引领了认证认可事业改革发展。

借此机会，让我们以热烈的掌声对第一届直属机关党委、纪委，以及辛勤工作的直属机关党务工作者，表示由衷的敬意和衷心的感谢！

党的十八大以来，以习近平同志为总书记的党中央高度重视党的建设，坚持党要管党，全面从严治党，在这样一个新形势下召开认监委直属机关第二次党代会，意义特别重大。下面我代表委党组对新一届直属机关党委、纪委提三点希望，与大家共勉。

一、希望深化认识，准确把握全面从严治党新内涵

一是要准确把握新形势下全面从严治党的新要求。习近平总书记围绕机关党建工作发表了一系列重要论述，强调“机关工作任务重、责任大，机关党建工作很重要”、“各部门各单位要把机关党建工作摆在重要位置，认真落实党建工作责任制”、“以改革创新精神扎实推进机关党的建设”等。这些重要论述，体现了中央坚持党要管党、从严治党的鲜明态度，是指导新形势下机关党建工作的根本遵循。党委、纪委一班人要率先学习、提高认识，准确把握新要求，切实履行职责，引导广大党员进一步凝心聚力、开拓进取。

二是要准确把握新形势下推进改革发展的新任务。“十三五”是全面建成小康社会的决胜阶段，也是认证认可事业改革发展的攻坚时期。年初，树平局长和委党组

在全国认证认可工作会议明确提出了“三个强化”和“五个坚持”总体要求和发展思路，认监委各级党组织要从讲政治的高度加大宣传力度，引导广大党员干部进一步统一思想和行动，正确处理全局和局部、当前与长远的关系。密切关注并认真分析党员干部的思想动态，加强思想政治工作，引导广大党员干部进一步凝聚全面深化改革的思想共识，把智慧和力量汇聚到支持改革、参与改革、推进改革上来。

三是要准确把握新形势下机关党建工作的新格局。当前，中央部署的“两学一做”学习教育正在全面展开，认监委各级党组织要以改革创新的姿态，准确把握新形势下党建工作的新要求，严格遵循《党章》，认真落实《中国共产党党和国家机关基层组织工作条例》，进一步健全党的基层组织和专兼职党务人员的配置，切实形成“党组(党委)书记负总责、分管领导分工负责、机关党委综合协调、其他部门各负其责”的党建工作责任体系，真正把党要管党、从严治党的要求落到实处。

二、希望把准定位，努力实现党建工作新作为

服务中心、建设队伍是新时期机关党建工作的根本职责和核心任务。认监委各级党组织要把准机关党建工作的这个定位，牢固树立“抓好党建是本职、不抓党建是失职、抓不好党建不称职”的理念， 紧紧围绕学习型、服务型、创新型党组织建设，以更高的标准、更高的要求，实现新形势下党建工作有新作为。

一是要把坚定正确的政治方向作为机关党建的首要政治任务。坚持思想建党和制度建党紧密结合，加强思想政治工作，提高制度建设的针对性、严肃性和权威性，通过思想教育和制度约束，引导党员干部坚定理想信念、敬畏法纪规矩，更加自觉地维护中央权威，确保政令畅通，始终在思想上、政治上、行动上同以习近平同志为总书记的党中央保持高度一致。

二是要把服务中心贯穿到机关党建工作每个环节。要切实认清大局、时刻关注大局、认真研究大局、准确把握大局，有的放矢的围绕中心开展工作。要善于总结探索服务中心的工作规律，把服务中心作为根本要求贯穿到机关党建工作各个方面，确立“围绕中心抓党建，抓好党建促中心”的工作思路。

三是要把建设队伍落实到机关党建工作的全过程。完成机关担负的各项任务，关键在于机关党员队伍，各级党组织要强化建设队伍的责任意识，要在坚持正确用人导向，推动建立健全选人用人制度上下功夫，关心和帮助干部成长提高，切实履行好建设队伍职责，着力建设一支信念坚定、为民服务、勤政务实、敢于担当、清正廉洁，忠于党和人民、乐于奉献的高素质的机关党员干部队伍。

四是要把推动机关党建与破解业务难题结合起来。不断强化党建工作对业务工作组织保障和思想保障，找到机关党建发挥作用的切入点、突破口，通过“党建+”等形式创新工作载体，通过“认证认可联系点”等活动积极探索新模式，通过党建述职评议等手段不断完善工作机制，严格落实党建工作责任制，克服业务工作和党建工作“一手硬、一手软”现象。

认监委直属机关党委拥有4个党委，4个总支，91个支部，901名党员，是质检总局在京系统最大的党组织之一。各单位各部门要结合实际，努力解决基层党组织在机构设置、人员编制、经费保障等方面存在的困难和问题，加强基层党组织领导班子和党务人员队伍建设，关心党务干部的成长进步，为加强机关党建工作创造良好条件、提供必要保障。

三、希望强化责任，促进党风廉政建设取得新成效

落实党风廉政建设主体责任和监督责任，是党章赋予的重要职责，是深入推进党风廉政建设的“牛鼻子”。认监委系统点多面广，落实“两个责任”容易出现层层递减、甚至断层。我们多次强调，认证认可事业发展到哪里，党的建设就加强到哪里，纪检工作就跟进到哪里，两个责任就要落实到哪里。认监委各级党组织要从全面从严治党的高度出发，推进机关党风廉政建设“两个责任”的落实，做到守土有责、守土负责、守土尽责。一是要强化纪律规矩意识。要坚持把严明党的纪律特别是政治纪律和政治规矩挺在前面，加强对基层党组织贯彻《准则》和《条例》执行情况的监督检查，明“底线”，划“红线”，不断增强广大党员干部的纪律规矩意识。二是要完善廉政建设机制。伴随着全面深化改革，要坚持将廉政风险防控融入业务工作中去，防止出现“两张皮”。各单位在抓改革的设计和实施的同时，将预防腐败的要求贯穿制度设计的始终，从源头上加强防控。在此基础上，通过“抓早抓小”来警醒党员、干部，通过“红脸出汗”、“咬耳扯袖”、“出鸡皮疙瘩”，把党纪的弦绷得更紧。三是要抓好巡视任务整改。6月6日，中央巡视组向总局党组反馈的 “党的建设抓而不实、基层党组织薄弱、少数党员干部纪律规矩意识淡漠、‘两个责任’落实不到位”等问题，在认监委系统都有不同程度存在。为此，要以巡视整改为契机，加强党的建设。结合“两学一做”学习教育，制定整改措施，对党的建设缺失、不按规定交纳党费、党员管理不规范、基层党委长期不换届等问题开展专项整治，加强基层党组织建设和境外机构党建工作，

切实落实全面从严治党主体责任。要以巡视整改为契机，强化监督执纪问责。各级党组织，特别是主要负责同志，要进一步强化主抓意识、发挥主导作用，对党风廉政建设负起全面领导责任，支持纪检监察部门聚焦主责主业，履行好监督责任，进一步加大查办案件和执纪问责力度，尤其是对中央巡视组和驻工商总局纪检组移交的案件线索，要认真查办，绝不姑息。

今天下午，新一届直属机关党委、纪委委员将选举产生。这既是荣誉，更是责任。我们希望新一届党委、纪委发扬优良传统，狠抓自身建设，努力把认监委直属机关党建提高到新水平。一要加强学习研究。要勤于学习、善于思考，积极探索和把握新时期党建工作规律，提高自身开展党务工作、思想政治工作和群众工作的能力。二要加强团结协调。要认真落实民主集中制，珍视团结、敢于担当。要主动向总局机关党委请示汇报，加强沟通联络，要加强对各级基层党组织的指导帮助，使新一届党委真正成为团结协调、坚强有力的战斗集体。三要加强改革创新。要积极探索机关党组织发挥作用、体现优势的新途径，不断提高机关党建工作科学化水平。四要加强作风建设。要严格遵守“八项规定”，坚持不懈地反对“四风”，不断把作风建设引向深入。要更加密切地联系群众，经常深入基层一线，切实改进调查研究，认真解决实际问题。

今年是实施“十三五”规划的开局之年，完成中央和总局部署的各项任务，推进认证认可事业改革发展，机关党委责任重大、使命光荣。希望新一届认监委直属机关党委在总局直属机关党委的正确领导下，团结带领各级基层党组织和广大党员干部，以崭新的姿态继续走在前、作表率，为建设质量强国，助推认证认可迈入国际先进行列做出新的更大贡献！

提升科技创新能力 建设认证认可强国

——国家质检总局副局长、国家认监委主任孙大伟在 NQI 专项认证认可领域项目启动座谈会上的讲话

（2016 年 9 月 6 日）

今天我们在这里召开国家重点研发计划“国家质量基础的共性技术研究与应用”（NQI专项）认证认可领域项目启动座谈会，标志着质检系统承担的国家“十三五”科研专项已经正式启动。NQI专项是质检总局在国家科技体制改革的新形势下，按照“一体化、全链条”新思路组织实施的首个国家重点科研专项，首次对计量、标准、认证认可、检验检测这四大国家质量技术基础进行整体性设计和系统性攻关，合力解决国家重大科技瓶颈问题，贯穿了五大发展理念，高度契合了党中央、国务院提出的转型升级、供给侧改革以及质量强国、科技强国等战略部署，为质检科技和质检事业发展提供了新动能，既是落实国家科技创新规划、建设创新型国家的重要载体，也是落实质检科技发展规划、推进质量强国建设的重要抓手。

在今年年初的全国认证认可工作会议上，我们提出了加快建设认证认可强国这一奋斗目标；正在制定的“十三五”认证认可事业发展规划提出坚持创新发展，把创新作为推动认证认可事业发展的第一动力。这与国家提出科技强国、质量强国的战略以及创新发展的理念是一脉相承的。NQI专项中包含4个认证认可领域的子项目，凝练了认证认可科技领域的重大需求，是推动认证认可创新发展的重要引擎。刚才科技部资配司、总局科技司的负责同志就如何实施好项目提出了明确要求，各位专家提出了很好的意见，我听了以后深受启发。在同志们发言的基础上，我下面谈三点意见：

一、科技创新为认证认可事业发展提供了强大动力

上个月底，认监委刚刚度过了15周岁“生日”。15年来，我们按照委成立之初确定的“三步走”方针，建立了既符合国际通行规则、又适应国情发展需要的认证认可体系，基本完成了建立制度、形成体系的前两步发展目标，在国际上实现了从跟跑到并跑、再到局部领域领跑的赶超，已经开启迈向认证认可强国的第三步征程。总结

回顾这15年的发展成果，一个至关重要的因素，就是我们始终坚持了创新发展的道路，科技创新为认证认可事业发展提供了强大动力。15年来，我们共开展各类科研项目510项，累计投入科研经费3.95亿元，获得国家科技进步奖2项、“科技兴检奖”32项。认证认可科技已经成为国家科技创新体系的重要组成部分，一系列国家级科研项目的实施，为认证认可事业发展起到了支撑和引领作用。

一是理论突破，找准事业发展定位。认证认可领域第一个国家级科研项目是 “十五”国家科技攻关计划重点项目“认证认可关键技术研究与示范”，课题所取得的标志性成果就是创造性提出“认证认可是我国市场经济运行的一项基础性制度安排”，并且研究提出了认证认可对国民经济和社会发展贡献率的测算方法，为认证认可在市场经济乃至国家治理体系建设中发挥更大作用奠定了理论基础，将认证认可从单纯的技术手段提升到国家治理层面的制度安排。以此为基础，我们又深入揭示了认证认可在供需两端建立并传递信任，在加强质量管理、提高市场效率、降低风险成本等方面的机理作用，为认证认可服务供给侧结构性改革提供了理论依据。

二是抓住关键，突破制约发展瓶颈。认证认可具有市场化、国际化、专业化的特性，必须以先进理论和先进技术作为支撑，才能够有效发挥其功能作用，体现其制度优势。国家“十一五”科技支撑计划项目“国家重点领域认证认可推进工程”，针对制约我国认证认可制度建设的瓶颈问题集中力量攻关，突破了高级别生物安全实验室认可技术、电子电气产品有害物质检测评价技术、风电认证技术等一批关键技术，直接支撑了28项认证认可制度的建立与完善。例如，“国家检测资源共享平台建设”项目的实施，催生了我国第一家权威的检测资源共享平台“中国检测资源共享网”；“强制性产品认证制度实施评估及发展研究”为强制性产品认证制度的改革提供了定量评价依据。

三是瞄准前沿，提升创新发展能力。围绕有效发挥“市场在资源配置中的决定性作用”和“更好发挥政府作用”，我们面向经济社会发展需求，通过“十二五”国家科技支撑计划项目“碳排放和碳减排认证认可关键技术研究与示范”、“国际背景下我国重点行业碳排放核查和低碳产品认证认可关键技术研究与示范”等课题研究，首次建立了碳排放和碳减排评价技术体系，支撑了我国低碳产品认证制度、碳交易制度的建立与实施。“十二五”时期颁发的节能低碳产品证书比“十一五”时期增长6倍，累计实现节能量折算标准煤1.83亿吨、减少二氧化碳排放4.57亿吨；结合“万家企业节能低碳行动”开展能源管理体系认证，累计实现节能量折算标准煤2.20亿吨、减少二氧化碳排放5.49亿吨。认证认可科技创新作用的发挥，为认证认可事业提供了强有力的技术支撑，为认证认可不断满足经济社会发展新需求提供了源源不竭的创新源泉。

认证认可科技创新发展的成果，离不开科技部的关心支持，离不开全系统的团结协作，离不开各领域专家的指导帮助，在这里，我代表质检总局、认监委，向大家表示衷心的感谢！

二、建设认证认可强国迫切需要加快科技创新步伐

建设认证认可强国，是科技强国、质量强国的必然要求，必须放在国家大战略中去谋划和推进。我们提出的认证认可强国，有着科学的内涵、清晰的路径，以及可以定性定量评价的综合指标体系，放在一个大的“坐标系”来考量。“纵坐标”就是认证认可在我国的历史发展进程，伴随着我国经济、社会、科技的发展而发展；“横坐标”就是我国认证认可在世界范围的对比，特别是要对标国际上公认的认证认可强国。认证认可科技工作要在“坐标系”中找准定位，实现创新发展、跨越式发展。

首先，世界经济发展格局变化为认证认可科技创新提出新挑战。目前，世界经济在深度调整中曲折复苏、增长乏力。全球贸易持续低迷，贸易保护主义不断强化，国际投资贸易规则体系加快重构，多边贸易体制受到区域性高标准自由贸易体制挑战。认证认可在“一带一路”建设中起着促进贸易便利畅通、减少贸易技术壁垒、推动互联互通建设、促进质量国际共治等重要作用。我们在《认证认可服务“一带一路”建设的愿景与行动》中提出，要基于各国差异化现实，积极寻求等效性、一致性的解决途径，共同开展国别制度研究、标准比对、能力验证等活动。《支撑“一带一路”贸易便利化的认证认可关键技术研究与应用》紧紧抓住“贸易畅通”这一“牛鼻子”，为认证认可在构建“一带一路”新格局、新机制中找准定位，大力加强原始创新能力，为构建“一带一路”互联互通机制、为认证认可制度输出提供强有力的技术支撑。在世界经济发展大局中审视认证认可发展，认证认可科技才能具有更广阔的视野。

其次，国家治理体系和治理能力现代化为认证认可科技创新提出新要求。认证认可制度要成为国家治理体系的重要组成部分，需要进一步加强认证认可制度供给和制度保障能力，提升认证认可的质量供给水平。为了与经济社会发展协调同步，在经济社会和国家治理各领域得到广泛应用，适应多元化需求，认证认可科技必须迅速跟上，紧贴国家战略需求提前布局。要从传统的产品认证、体系认证、服务认证向系统认证拓展，从局部的产

品质量领域向“大质量”领域拓展，从单一的合格评定服务向复合型的合格评定服务拓展。认证认可科技要精准发力，通过与支撑对象、服务对象的深度融合，帮助企业等组织加强管理和服务，提高产品质量水平、全要素生产率，为政府部门提供科学高效的政策工具，改善公共产品和服务供给，提高供给体系的质量和效率。认证认可科技要以需求为导向，传递更丰富的信号，向社会传递质量、能力、信用等方面的信息，指导消费选择，引导消费结构升级。最近一段时期，出口食品企业内外销“同线同标同质”工程、绿色产品认证及标识整合改革，既是认监委重点工作，也是推动供给侧结构性改革的重要力量，认证认可科技工作要做好技术支撑。

最后，“互联网+”模式为认证认可科技创新提供新契机。“互联网+”是互联网思维的进一步实践成果，推动经济形态不断地发生演变，从而带动社会经济实体的生命力，为改革、创新、发展提供广阔的网络平台。“互联网+”不仅仅是产业变革的工具，更是一种方法论。与此同时，爆炸式发展的“大数据”、“人工智能”，对于认证认可技术发展将是颠覆性的，如同计量基准量子化、量子传递扁平化成为150年以来计量最深刻的技术变革一样，新形势下信息技术的发展，不但决定了认证认可技术要向全样本、系统性、定量化方向发展，而且为之提供了变革的工具、实现的途径。

三、勇攀科技高峰，高起点、高质量开展NQI专项认证认可领域项目

《“十三五”国家科技创新规划》中提出要强化国家质量技术基础研究，支持计量、标准、检验检测、认证认可等技术研发。国家质量技术基础（NQI）是联合国工业发展组织（UNIDO）、国际标准化组织（ISO）在总结质量领域100多年实践经验基础上提出的重要概念，是指一个国家建立和执行计量、标准、合格评定（包括检验检测、认证认可）等所需的质量体制框架的统称，对一个国家的质量发展具有重要的基础作用。

认证认可领域提出建立6 套国际或区域领先的认证认可技术方案，并在重点领域认证认可技术创新能力达到国际先进水平这一宏伟目标，是我国迈向认证认可强国的战略举措。认证认可领域首批启动的项目围绕“一带一路”国家重大战略，聚焦信息安全，针对服务业发展中评价瓶颈技术，支撑科研实验室健康发展，这些领域事关国家核心利益和核心竞争力，事关国家经济社会长远发展，同时也是认证认可在国家治理体系中发挥传递信任作用的关键技术支撑点。项目研究单位要在科技部指导和总局科技司统一协调下，通过组织产学研优势力量协同攻关，实现龙头带动作用，促进和培育认证认可行业创新发展能力，成为行业创新发展的新引擎。

一是要胸怀全局。国家重点研发计划是要解决战略性、基础性、前瞻性的重大科学问题和重大共性关键技术的，所以各个项目的开展要胸怀国家发展、事业发展的大局，着眼于相关领域认证认可制度的整体建设，努力突破一批重大关键技术，取得一批原创性、突破性创新成果。“不谋万世者，不足谋一时；不谋全局者，不足谋一域”，作为国家级科研项目，我们要站在所处领域的科技制高点，这样才能登高望远，才会有整体突破。

二是要形成合力。认证认可科技工作具有跨行业、跨部门、跨专业协同创新的特点，从NQI专项的实施方案设计开始，认证认可科研项目就是开放的，面向全社会征集研究方案，许多内容都是全国认证认可工作部际联席会议成员单位共同提出的。4个项目研究涉及75个单位，集中了认证认可全产业链上产、学、研、用各类机构，虽然各单位的专长不一样，但在项目实施中是有机的整体。“独行快，众行远”，要实现既定目标，需要各单位形成合力，一步一个脚印扎实前行。项目承担单位要做好具体的项目组织协调工作，增强服务意识和奉献精神。认监委科标部要履行好项目管理和服务保障职责，特别要做好项目承接单位与委各业务部门的协调工作，为项目顺利开展提供精准服务。

三是要脚踏实地。“穷理以致其知，反躬以践其实。”科学研究既要追求知识和真理，也要服务于经济社会发展和广大人民群众，这一点，对于认证认可科技工作尤为重要。4个项目各具特点，但无论是“一带一路”、信息安全，还是服务认证、科研实验室，最终技术的突破还要用实践来检验。所以，各个项目要在任务书既定研究路线和安排的基础上，边研究、边检验、边产出，主动贴近实际业务需求。同时，委各业务部门也要主动对接、积极支持科研项目，注重在日常工作中主动应用、转化科研项目的阶段性成果。

四是要攻坚克难。NQI专项认证认可领域项目的实施，体现了科技部、总局科技司对认证认可事业的重视。首批启动的4个项目聚焦我国认证认可工作中急需解决的重大科技问题，也是国际认证认可发展前沿的热点和难点课题。我们无先路可循，要靠自主创新。如何有效解决沿线国家发展不均衡及认证认可差异化形成的贸易障碍？如何攻克国际互认条件的服务认证共性关键技术，建立一套国际领先的服务认证整体解决技术方案？如何提升信息安全认证认可体系在国家网络安全保障中的基础性支撑能力？如何对科研实验室进行管理，保证科研数据质量，从而实现科研数据的可靠和可重复？这些问题的回答，需要研究人员弘扬崇尚科学、勇攀高峰、攻坚克难的精神。

习近平总书记指出，科技是国之利器，国家赖之以强，企业赖之以赢，人民生活赖之以好。中国要强，中国人民生活要好，必须有强大科技。同样，在认证认可强国建设道路上离不开科技的支撑和引领。NQI专项是认证认可科技在“十三五”时期最重要的科研项目，我们要聚全社会之智、集全行业之力把项目做好，为推进“四个全面”战略布局，为建设科技强国、质量强国做出新的更大贡献！

在《“认”重道远》新书首发式上的讲话

孙大伟

（2016年12月1日）

今天，我们很荣幸地邀请到树平局长、凤清主任等老领导，王以铭主席、郎志正教授等资深专家，以及我们质检系统和认证认可战线的同志们，共同为中国认证认可发展纪实作品《“认”重道远》举行首发活动。以此为契机，纪念中国认证认可走过的难忘岁月，总结认证认可事业发展壮大的经验启示，传承一代又一代认证认可人的精神特质，激励我们继续走好认证认可强国的光荣征程。刚才，短片的回顾，创作的体会，新书的推介，老领导的深情表述，都让我们非常感动，很受教育，倍感振奋。

中国认证认可事业是光荣的事业，因为它承载着质量强国的光荣梦想，肩负着传递信任、服务发展的神圣使命；中国认证认可事业是美好的事业，因为她随国家的发展而不断发展，随国家的强大而不断壮大，并且日益展示出美好光明的前景；中国认证认可事业也是无比艰辛的事业，因为没有先例可循，没有老本可吃，靠一代又一代认证认可人去探索、去拼搏、去奋斗，所以我们才要不断回顾出发的原点，不断找寻我们的初心，看看我们从零开始走过的路，从中得到启示、得到力量；所以我们才要不断求索、不断创新，始终以归零的心态，克服一个又一个新的困难，登上一个又一个新的起点，把我们的事业不断推向前进；所以我们才要精诚团结、荣辱与共，依靠集体的力量，实现我们共同的梦想。

我们要珍惜共同的体验。这些体验，就是我们在中国特色认证认可事业发展过程中，为之共同付出的努力，共同经历的往事，共同感受的酸甜苦辣、风风雨雨，共同创造的成功和宝贵经验——这是我们的集体记忆。有了这些记忆，我们就知道出发的路在哪里。

我们要传承共同的情怀。这些情怀，就是我们对使命的忠诚和挚爱，对信念的坚守和执着，对责任的承诺和担当，对事业的拼搏和奉献——这是我们的精神纽带。有了这条纽带，我们就能把心牢牢地拴在一起，把力紧紧地聚在一起，克服各种艰难险阻，不断成就新的辉煌。

我们要实现共同的追求。这个追求，就是我们孜孜以求的质量强国、认证认可强国目标——这是我们的前进路标。有了这个路标，我们前进就不会迷失方向，就不会丧失动力。认监委刚成立，凤清主任就带领我们制定了认证认可事业发展“三步走”的战略。经过15年接力拼搏，如今我们已经成为国际上有着重要影响的认证认可大国，具备了进入国际先进行列的有利条件。最近，总局、认监委等32个部委联合发布了《认证认可检验检测发展“十三五”规划》，提出了加快推进认证认可强国建设、整体上迈入世界先进行列的战略目标。党中央、国务院多项决策部署对认证认可提出明确要求，认证认可工作肩负更加光荣的使命。我们要时刻牢记总书记“不忘初心，继续前进”的号召，牢记总局党组“做好新时期党旗下的质检人”的嘱托，牢记“任重道远”的使命和老领导老同志们的期望，在“十三五”的新起点上，再接再厉，砥砺奋进，努力开创中国特色认证认可事业发展新局面，加快实现认证认可强国梦、质量强国梦，为实现“两个一百年目标”做出认证认可人的新贡献！

在中国认证认可协会第三次会员大会上的讲话

孙大伟

（2016年12月21日）

经过两天的会期，中国认证认可协会第三次会员大会暨三届一次理事会圆满完成既定的议程，就要闭幕了。这次大会顺利完成了新一届理事会的换届选举，实现了协会班子的平稳过渡；并且原则通过了《中国认证认可协会“十三五”规划》，制定了未来发展蓝图，是一次承前启后的重要会议，对于推动协会各项工作乃至认证认可事业向前发展，具有重要意义。在此，我代表国家质检总局、国家认监委，向大会的顺利召开，向当选的新一届理事会全体成员，表示热烈的祝贺！

刚才，认证认可战线老领导、中国认证认可协会老会长王凤清同志发表了热烈洋溢的书面讲话，寄予了殷切的期望，充分体现了老领导对认证认可事业、对认证认可协会的一往情深。新当选的朱光沛会长作了表态讲话，提出了履职尽责的工作思路。民政部有位司长到会讲话，提出了指导性意见。我相信，在协会第三届理事会和常务理事会的领导下，协会工作一定会继往开来，开创新的局面，取得新的成绩。

中国认证认可协会作为全国认证认可行业的协会组织，承担着参与构建中国特色认证认可行业治理体系、推动认证认可事业创新发展的重要使命。协会自成立至今的11年来，在质检总局、认监委的领导和民政部的指导下，在凤清老会长的带领下，紧紧围绕认证认可中心工作，团结带领全体会员开拓进取，励精图治，取得了优良的成绩。一是在履行自律管理职能，完善认证认可行业治理体系上做出了积极贡献。行业自律与诚信体系建设逐渐形成体系，涵盖各个主要工作领域，成为认证认可监管与治理体系不可或缺的基础环节。二是在履行科标研发职能，强化认证认可技术支撑能力方面做出了积极贡献。切实履行全国认证认可标准化技术委员会的归口职能，有力推动认证认可科技标准化创新和服务能力显著增强，基本形成了全面覆盖工作领域、与国际全面接轨并同步发展的合格评定标准体系，社团标准率先成为全国试点，承担了一批科技与标准化的国家级重点研发项目。三是在履行人员注册职能，壮大认证认可人才队伍方面做出了积极贡献。人员注册制度在深化改革中创新发展，注册管理、培训考试方式方法适时调整，职业技术资格队伍不断壮大，专业类型不断拓展，能力水平整体提升，为认证认可事业发展提供了坚强的人才保障。四是在履行行业服务职能，优化认证认可行业发展环境方面做出了积极贡献。积极担当行业与政府、社会的桥梁纽带，不断拓展服务领域，提升服务水准，开发精细化、差异化服务项目，指导行业健康发展，维护会员正当权益。此外，协会自觉落实总局和认监委的部署要求，切实加强内部管理和自身建设，在加强党建、严格管理、依法办事等方面都取得了显著成效，先后被评为民政部先进社团组织、全国5A级协会、全国妇联巾帼文明建功单位与质检总局先进基层党组织。这些成绩的取得，归功于以凤清同志为会长的历届协会班子、管理机构以及全体会员、全体协会工作人员的共同努力！在此，我向大家特别是刚刚完成使命的第二届理事会及常务理事会全体成员，表示衷心感谢和崇高敬意！

各位会员、同志们：当前，围绕国家新的战略部署，认证认可行业已进入全面落实“十三五”规划、加快建设认证认可强国的新时期；中国认证认可协会也以换届为契机，进入了承前启后、深化改革发展的新阶段。今年下半年召开的党的十八届六中全会作出了全面从严治党的新部署，刚刚召开的中央经济工作会议做出了明年经济工作的新部署，为做好认证认可工作包括中国认证认可协会各项工作提供了重要遵循。中央经济工作会议确立了适应经济发展新常态、推进供给侧结构性改革的经济政策框架，蕴含了许多新观点、新论断、新思路，其中一个突出亮点就是把质量工作摆到更加重要的位置，明确提出要以提高质量和核心竞争力为中心，树立质量第一的强烈意识，开展质量提升行动，提高质量标准，加强全面质量管理。这些都对质量工作包括认证认可工作提出了新要求。我们要把深入学习贯彻六中全会和中央经济工作会议精神，作为当前一项重要的政治任务，按照总局和认监委党组的总体部署，紧密联系协会实际，认真谋划“十三五”发展思路，扎实做好明年工作。这里，我结合自身学习体会，在凤清老领导和光沛同志、生飞同志讲话的基础上，代表总局和认监委，对协会工作谈几点意见：

第一，要以新发展理念为指导，积极探索协会工作新思路。创新、协调、绿色、开放、共享这五大新发展理念，是指引未来发展的方针。随着学习贯彻的深入，我们对新发展理念的理解把握也在不断加深。中央经济工作会议进一步提出要形成以新发展理念为指导、以供给侧结构性改革为主线的政策体系，引导经济朝着更高质量、更有效率、更加公平、更可持续的方向发展，提出引领我国经济持续健康发展的一套政策框架。联系我们的实际工作，推动认证认可事业更好发展、更好地服务国家大局，需要我们牢固树立新发展理念，不断深化理论创新、制度创新、政策创新、实践创新，加快构建适应发展新常态的认证认可理论、制度和政策体系。对于协会而言，尤其需要立足新的形势特点，深入探寻协会组织的职能定位、发展模式、工作方式。在创新发展方面，加大认证认可行业治理规则、科技标准、人才智力等方面的创新供给，形成打破发展瓶颈的创新路径；在协调发展方面，从更高层次、更大范围、更深程度加大协调力度，更好地协调不同行业领域、不同行业主体的利益诉求；在绿色发展方面，加快构建支撑绿色发展的认证认可技术体系，探索认证认可检验检测自身绿色发展模式；在开放发展和共享发展方面，更好地履行桥梁纽带职能，积极构建公平开放、充满活力的行业秩序，增进行业对内对外的开放度，提高各项管理的透明度，维护各类主体特别是中小微机构参与公平竞争的权益和机会，让全行业全社会充分共享发展成果。

第二，要以“十三五”规划为依托，不断巩固良好发展局面。中央经济工作会议强调，稳中求进工作总基调是治国理政的重要原则，也是做好经济工作的方法论，这对于认证认可工作而言也是一条重要经验。认监委成立之初，就提出迈向世界认证认可先进行列的“三步走”战略。围绕“三步走”的目标方针，一代代认证认可人接力奋进，在传承中发展，在发展中传承，形成了稳中求进的良好局面。我们在制定认证认可检验检测的“十三五”规划时，本着“一张蓝图干到底”的不变初心，在认真总结过去取得的基本经验、充分考虑事业发展的现实条件和未来前景的基础上，明确提出把建设认证认可强国作为“十三五”的奋斗目标，应该说经过科学论证，具有较强的可行性；而且，我们还有一个重要的有利条件，就是这部“十三五”规划由质检总局、认监委联合发展改革委等总共32个部委共同制定、共同实施，体现了各部门的共同愿望、共同需求。只要我们始终坚持稳中求进的总基调，将事业发展中积累的成果经验发扬光大，我们就能将一步步接近、并最终实现认证认可强国的宏伟目标。因此，我们强调“十三五”规划对于各个阶段、各项工作的统领作用，明确提出建立健全实施机制，包括分解落实、跟踪评估、绩效评价等。协会的“十三五”规划也要强化指导性，真正将其作为指导未来发展的科学依据，严格依照规划来谋篇布局，厘清阶段性的目标任务，在稳中求进的步调中将事业推向新高度。

第三，要以深化改革为牵引，着力完善行业治理体系。中央经济工作会议提出，要按照统筹推进、重点突破的要求加快改革步伐，更好发挥改革牵引作用。对于协会来讲，面临着如何主动适应外部改革、加快深化自身改革的新形势，要以更加积极主动的姿态迎接改革，通过深化改革，推动行业治理体系和治理能力的全面优化提升。一方面，要积极转变职能，主动承接“放管服”改革的管理方式调整和职能角色让渡，强化行为导引、规则约束、权益维护等功能作用，针对行政审批监管等事项积极探索自律管理、社会监督等新方式、新手段，降低行业治理成本，让行业主体从改革中感受更多的获得感；另一方面，要加快自身改革步伐，结合认证认可行业特点，有序推进社团组织改革、人员注册制度改革，以改革为牵引，积极探索具有认证认可行业特点的社团组织形态和管理模式，积极创新自律管理、会员服务、行业协调等工作机制和方式方法，为完善五位一体的监管体系、构建多元共治的行业治理格局，做出更具创新性、建设性的贡献。

第四，要以质量提升为目标，切实提高行业发展质量和效益。中央经济工作会议响亮提出质量第一的口号，明确要求开展质量提升行动，加强全面质量管理。总书记、总理讲话中提到质量的分量前所未有，对我们既是鼓舞，更是鞭策。国家发展要坚持质量第一，我们认证认可行业作为质量人，更应带头树立质量第一的强烈意识，将质量提升贯穿于各项工作始终，扎扎实实提高行业发展的质量和效益。明年全国质检工作会议和认证认可工作会议将对质量提升相关工作进行部署，希望协会按照总局和认监委的部署要求，结合自身实际扎实开展好质量提升行动。要立足于提高行业发展质量，进一步优化行业服务功能，在不放松行业管理的同时，积极做好行业调研、规划引导、政策建议等工作，引导检验检测认证服务业转型升级，实现“管好行业”与“做优行业”相结合；要立足于提高行业治理质量，进一步深化自律管理工作，在强化对个体的自律约束同时，推进行业的诚信体系和文化建设，实现规则“硬约束”与机制“软约束”相结合；要立足于提高人才发展质量，进一步完善人员注册制度，在保证基本能力要求的同时，建立自主能力提升的机制导向，实现“负向惩戒”与“正向激励”相结合；要立足于提高工作质量，进一步推行精细化管理模式，在落实各项规定要求的同时，推动内部管理体系升级，实现保安全“底线”与提质量“高线”相结合。

第五，要以党建工作为重心，扎实加强协会自身建设。牢固树立“加强党建就是最大政绩”的观念，继续发扬协会在自身建设方面的成功经验，积极探索社团组织党建工作的新思路、新方法，推动“两个责任”在各项工作中落到实处。要根据协会组织机构和业务发展的趋势，进一步健全协会的基层党组织，全面加强思想、组织、作风、制度和反腐倡廉建设，严格落实各个基层党组织、各级党员领导干部的主体责任和监督责任，以党建工作带动协会班子队伍的自身建设上新台阶，形成以党风带会风、以会风带行风的良好格局。

新一届理事会、常务理事会担负着重要使命，要带头严格自律，严格加强管理。希望新当选的会长、副会长、秘书长、副秘书长和全体理事会成员，继续发扬风清老会长传承下来的优良传统，切实增强政治意识、大局意识、核心意识和看齐意识，把纪律和规矩挺在前面，自觉与以习近平总书记为核心的党中央保持高度一致，与总局党组、委党组保持向心合拍，努力做政治上的明白人、改革发展的开路人、会员群众的贴心人、严格管理的带头人，不辱使命，不负众望，担当好协会改革发展的重任。

2017

Yearbook of Certification and Accreditation of China

第三部分　专　文

Part Three　Research and Experience

谋划新蓝图　开创新局面

国家质检总局副局长、国家认监委主任　孙大伟

2015年，我们深入学习贯彻党的十八届三中、四中、五中全会和中央经济工作会议精神，坚持“抓质量，保安全，促发展，强质检”工作方针，围绕“创优服务，创新治理”的工作总要求，全面推进认证认可改革创新发展，取得了新成效。一年来，我们圆满完成了中央深改办下达的重点改革任务，发布《共同推动认证认可服务　“一带一路”的愿景与行动》，签署中韩合格评定互认协议，我国HACCP认证、GAP认证取得国际合作互认新成果；我们加快制度创新，促进了产业结构优化升级；我们加强法治建设和监管能力建设，全面提升了认证认可法治化、制度化水平。我们积极参与认证认可国际规则制定和互认体系建设，国际影响不断提升。中国代表首次当选国际认可论坛主席，担任国际电工委员会理事局和合格评定局成员、可再生能源认证互认体系副主席等重要职务。在今年联合国巴黎气候大会上，我们首次主办中国边会活动，彰显了大国责任。

2016年是“十三五”开局之年，也是推进结构性改革的攻坚之年。我们要牢固树立“创新、协调、绿色、开放、共享”五大发展理念，以国家“十三五”规划纲要为依据，组织制定好认证认可“十三五”规划，抓好与国家专项规划的衔接配合，形成目标明确、路径清晰、任务落地、配套完备的“十三五”认证认可工作体系。

我们要围绕供给侧结构性改革，发挥认证认可职能优势，突出精准发力和协同发力，加快检验检测认证公共服务平台和国际合作互认机制建设，积极开发新型认证认可制度和服务项目，优化认证认可制度供给，全面增强认证认可服务经济社会发展的能力。

我们要努力适应经济发展新常态对监管工作的新要求，继续完善“法律规范、行政监管、认可约束、行业自律、社会监督”五位一体监管体系，推行“双随机”监管方式，推进区域联动和协同监管，强化行业自律和社会监督，构建多元共治的行业治理新格局。

我们要坚持“统一管理、共同实施”原则，着力健全认证认可协同推进机制，增强部际协作合力；大力推广各地开展认证认可工作的创新经验，形成更多可复制可推广成果；动员全行业加大宣传推广力度，向国内外广泛传播中国认证认可制度和理念。

我们要营造有利于创业创新的发展环境，继续简政放权，释放改革红利，构建统一开放、公平透明、有序竞争、充满活力的检验检测认证市场，引导从业机构专业化、规模化、品牌化发展。

我们围绕建设认证认可强国的战略目标，加快改革创新步伐，完善多元共治格局，为实现认证认可“十三五”宏伟目标开好局、起好步，为建设质量强国、全面建成小康社会做出更大贡献！

深化改革 不断完善产品认证制度

国家认监委总工程师、原认证监管部主任 薄昱民

2016年，国家认监委认证监管部主要做好以下几方面的工作：

一、明确各方责任，促进制度发展

一是简政放权，探索产品认证“四个清单”建设。紧贴市场经济，服务国家发展改革大局，梳理产品认证工作相关的法规和规范性文件，厘清行政管理和市场配置的界限，对不符合建立统一开放、竞争有序的市场体系的有关规定适时修订；探索产品认证“权力清单/负面清单/责任清单/服务清单”建设，规范制度发展，释放制度红利，激发机构活力。

二是加强社会共治，提升认证品质。继续强化事中事后监管，深化开展CCC认证专项监督内、外联动监督工作；继续推进“大监督”机制建设；继续开展指定实验室专项监督工作；落实认证机构主体责任，强化生产企业的首负责任；开展国抽、委抽CCC产品质量分析工作。

二、推动认证的社会应用，服务经济发展

一是根据需要调整CCC目录。为适应经济结构调整，产品更新换代，彻底解决CCC目录管理中存在的范围界定不清、分类粗细不均、调整程序复杂等问题；更好地推进风险管理、

认证模式多样化等改革措施融入具体的产品管理；认证适用产品范围表述更通俗易懂、更加科学合理，边界清晰；对新产品具备可延展性，拟在符合现有法律法规及WTO/TBT协议各项原则的基础上，参照国际惯例（如欧盟指令）实施技术法规式的、以产品认证基本规范的方式对认证产品进行管理；将风险等级较低、生产技术成熟、产品安全质量平稳以及民生特点不突出的产品移出目录；对直关民生、环保，社会关注度高的产品考虑列入CCC目录。 二是稳步推进认证应用，增强大众获得感。按照国务院文件要求，做好自贸区汽车平行进口CCC认证的改革创新工作，在保证认证质量的前提下，推动政策实施；加强汽车产品的管理力度，建立汽车同质配件认证体系，做好汽车燃油消耗量统计、核查工作，推动统一纳入国家碳交易市场；加强机动车排放监督检查，加强京津冀、长三角等重点区域机动车排放监督检查，会同有关部门加快推进机动车污染综合防治；继续加强对CCC认证证书数据库、CCC免办审批系统等已有信息系统和证书附件数据库的升级完善，推动信息上报更新的及时性；加速推进自愿性产品认证信息化建设进程；建立统一的绿色产品体系，将目前分头设立的环保、节能、节水、循环、低碳、再生、有机等产品统一整合为绿色产品，建立统一的绿色产品标准、认证、标识等体系，完善对绿色产品研发生产、运输配送、购买使用的财税金融支持和政府采购等政策；助力《中国制造2025》战略，适应产业升级需求，推进工业产品质量提升行动，保障重点消费品质量安全，为产业结构调整提供技术服务支撑；适应互联网、物联网技术发展要求，适应智能制造技术发展要求，适应电子商务、智能物流配送发展要求，适应信息安全技术和产品发展要求，开展智能网络汽车、智能制造机器人、系统功能等认证制度，开发电子化、智能化、网络化认证标志标识应用技术，发掘认证需求、满足认证需求；会同国家能源局加强光伏产品认证工作，不断完善光伏产品认证体系，研究提出光伏产品认证目录、标准和认证标志，同时密切跟踪国务院关于风电产业的发展政策，及时落实相关要求，推进风电产品认证；密切跟踪IECRE体系建设，促进国内新能源认证体系与IECRE接轨。

进一步完善资源节约产品认证指标量化体系，改进节能量计算方法，做好2016年节能量测算，并根据机构新的资源节约产品的认证开发情况，适时扩大指标量化所涉及的产品目录；推进电子招标投标系统检测认证制

度的组织协调和具体实施，在对相关系统试点发证的基础上进一步完善实施规则和认证依据，有效衔接电子招投标制度与认证结果间的采信和使用；加强与工信部、财政部等相关部门的沟通，继续推进国家信息安全产品认证制度建设和认证采信，并继续开展和不断完善重要信息技术产品信息安全性认证，扩大信息技术产品信息安全性认证种类。

夯实基础　深化改革　推进法治认证认可建设

国家认监委政策与法律事务部主任　刘仲书

2016年是全面深化改革和全面推进依法治国的关键之年，国家认监委政策与法律事务部将继续围绕认证认可中心工作，夯实基础、深化改革，统筹推进认证认可立法、法制监督和政策研究工作，主要体现在三方面：

一、立法与法规协调工作

继续发挥立法在改革中的引领作用，把认证认可、检验检测领域的各项改革措施以及国家各项大政方针政策，通过立法手段予以体现和固化。

一是将强制性产品认证管理、强制性产品认证指定机构管理、认证人员管理、食品生产企业危害分析与关键控制点（HACCP）管理体系认证管理列为2016年认证认可立法工作的重点，配合国家认监委业务部门适时启动《强制性产品认证管理规定》《强制性产品认证机构、检查机构和实验室管理办法》《认证人员管理办法》《食品生产企业危害分析与关键控制点（HACCP）管理体系认证管理规定》等部门规章的制修订工作。

二是争取将《检验检测机构管理条例》列入国务院法制办立法计划，完善《检验检测机构管理条例》草案、起草说明和相关立法材料。

三是根据国家质检总局部署，着手编制认证认可“七五”普法规划，并开展各项“七五”普法工作。

四是加强立法协调，重点对《食品安全法实施条例（修订草案）》《大气污染防治法（修订草案）》《网络安全法》《标准化法》《计量法》等法律法规的修订情况进行跟踪协调。

二、法制监督工作

扎实推进行政审批制度改革，坚持“放、管、服”相结合，推行“多元共治”的认证认可综合治理体系建设；不断创新事中事后监管方式，建立“双随机”抽查机制；进一步完善区域一体化监管模式，研究和推进以互联网技术为手段的行政执法和行政风险防控新模式。

一是加快构建认证执法监管一体化模式。进一步挖掘认证执法监管区域合作联动机制工作内涵，推动认证执法监管区域合作联动向认证执法一体化转变，推动口岸认证执法联盟和中心城市认证执法监管一体化建设，以一体化牵引认证监管机制改革，推动创新治理取得新成效。

二是按照国务院和国家质检总局部署要求，扎实推进国家认监委行政审批事项改革。积极推进行政审批工作标准化建设，做好行政审批合法性把关工作，不断提升行政审批效率，规范行政审批行为。

三是进一步加强基层认证执法监管工作。顺应改革形势，加大对基层质检部门执法指导力度，提升基层依法履职能力；加强基层执法人员培训，提升基层执法人员依法行政水平。

四是试点开展“互联网+”在认证认可行政执法和行政风险防控领域的应用。充分发挥互联网在资源配置中的优化和集成作用，利用信息技术及互联网平台，将互联网的创新成果深度融合于认证认可行政执法和行政风险防控之中，统一执法尺度，研究形成以互联网技术手段为支撑的行政执法和行政风险防控新模式。

三、政策研究工作

重点落实党的十八届五中全会精神，牢固树立创新、协调、绿色、开放、共享的发展理念，继续围绕深化改革和规划编制，加强政策研究服务。

一是继续履行好深改办工作职责，加强与各改革专项的磋商协调，加大改革推进的综合统筹力度。

二是深入开展党的十八届五中全会精神学习，跟踪国家规划编制进展，在“十二五”规划评估总结和前期重大课题研究的基础上，按照编制方案要求，编制形成认证认可检验检测发展“十三五”规划。

三是以质量基础设施基础理论和实证研究为重点，继续利用政策研究机制创新的成果经验，持续加强认证认可基础政策理论研究，完善认证认可政策研究工作机制。

四是加强完善认证认可政策调查研究工作。

用改革成果激发监管创新活力

国家认监委认可监管部主任　赵宗勃

2016年，国家认监委认可监管部重点工作措施是：以国家“一带一路”建设总体推进为契机，以部际联席会议为平台，以养老服务认证、电子商务服务认证、知识产权管理体系认证等为发力点，大力推动服务认证等新领域认证制度的实施和认证认可“走出去”战略。在管理体系认证监管中全面贯彻“双随机”监管方式，规范行政监管行为，提高监管效果；加强对新认证机构的监管，避免对认证市场秩序造成冲击；继续推动认证认可部际联席会议工作机制改革，加强认证认可部际合作。

1.进一步完善认证机构行政审批改革成果，出台一系列规范性文件保证认证机构行政审批的规范性和有效性。使用和完善认证机构行政审批网上系统，提高工作效率。

2.积极利用部际联席会议平台，调动相关行业和政府部门的积极性，联合推动市场需要的认证制度，加强政府采信，吸引更多社会专业力量加入认证行业，将行业做大做强做优。

3.创新管理模式，尝试认证新领域开发专家团队制度，利用机构和行业力量跟踪开发新领域，以解决在新认证领域开发工作中的人员、专业缺口。

4.加强内部人员队伍的建设，加强人员的专业能力培训和实践，提高工作效率，保证行政审批工作的一致性和有效性。

5.在管理体系认证监管中深入贯彻“双随机”监管方式，提高监管效果。

6.加强对新批认证机构认证活动的监管，防止个别新机构扰乱认证市场秩序。

7.进一步加强对新认证领域的监管，重点组织对能源管理体系认证合规性的检查工作。

8.继续推动认证认可部际联席会议工作机制改革，加强认证认可部际合作工作。

更好地发挥质检特有职能

国家认监委注册管理部主任　顾绍平

2016年，国家认监委注册管理部工作计划主要包括6个方面：

一是研究推动进口食品境外企业监管多元共治体系。强化食品生产全过程控制理念，创新境外源头监管手段，突出境外企业自控主体责任；推行进口商或进口商委托符合国家认证认可资质的第三方认证机构对境外食品生产企业进行检查，突出“第三方”评定责任；加强进口食品境外企业注册编号等产品标识和产品追溯管理，增加和丰富消费者可查询的直观信息，突出社会监督约束境外企业合规性和“第三方”认证规范性；合作共建进口食品境外生产企业质量信用体系试点，完善追溯信息共享，推进进口注册管理制度现代化。

二是组织做好《美国FDA食品安全现代化法》配套法规的研究借鉴工作，与FDA协商开展食品防护计划方面的合作。

三是继续加大对国外推荐食品企业注册的力度，特别是加大对新目标市场国家的注册制度的研究和交涉工作，帮助企业开拓在新目标市场国家注册。

四是继续创新发展进口燕窝、水产品、乳制品、肉类产品等国外企业的注册工作，结合“一带一路”建设，积极开展特殊国家、特殊产品进口注册采信认证的试点改革工作。

五是推动有机认证服务生态文明，落实《中共中央国务院　关于加快推进生态文明建设的意见》、《中共中央国务院　生态文明体制改革总体方案》等文件精神。

六是继续改进HACCP认证制度，争取上升为国家质检总局规章，落实《食品安全法》要求，同时利于更好地发挥质检特有职能。

以改革促进检验检测机构资质认定制度发展

国家认监委实验室与检测监管部主任　乔　东

2016年，国家认监委实验室与检测监管部将坚持理念创新和机制创新，通过整体调整，优化制度，规范许可，释放改革红利。

一是全面实施《检验检测机构资质认定管理办法》，总结实施成效，制定和修订管理办法配套工作文件。

二是继续梳理检验检测机构行政许可项目，推进我国检验检测机构资质认定与资格认定制度的深化改革。加强与各资格认定行业部门协调，以检验检测机构资质认定制度为基础，推动一次评审、分别发证，减轻检验检测机构负担。

三是完善检验检测服务业统计制度，关注机构的代表性、配合的协调性、沟通的有效性、信息的准确性、时间的及时性，加强信息系统建设，实现准确、高效、全面。

四是强化检验检测机构资质认定制度的机制建设，理顺与国家相关行业部门、地方两局的工作关系和沟通机制。

五是进一步开展国家质检中心管理制度改革的研究，提出适应当前行政许可制度改革和培育民族检验检测品牌需要的改革措施。

六是加强检验检测机构事中、事后监管制度研究，研究建立检验检测机构诚信档案，开展分类监管，提出科学实施分类监管的意见。

构建“放、管、治”相结合的国际合作新机制

国家认监委国际合作部主任　陈　英

2016年，国家认监委国际合作部将继续全面贯彻落实中央深化改革精神、《质量发展纲要》相关要求和《认证认可服务“一带一路”建设愿景与行动》倡议，紧密围绕外交和外经贸大局，配合产业政策，坚持理念创新和机制创新，秉持开放的态度发展国际合作，打造“放、管、治”相结合的国际合作新局面。

在国际合作中要紧紧把握“三个结合，三个服务”：与外交外贸相结合，服务国家外交外贸大局；与产业发展相结合，服务我国产业升级和走出去；与认证认可核心业务相结合，服务认证认可事业发展。

2016年要在各项工作计划的基础上，积极配合认证认可领域深化改革工作，实质性推动认证认可国际合作发展。

一是继续加大与“一带一路”沿线国家合作力度，大力推进认证认可全方位合作。出台《共同推动认证认可服务“一带一路”建设的愿景与行动》落实方案，举办“一带一路”认证认可合作论坛，努力对外推广我国认证认可制度，加强与“一带一路”沿线国家政府主管部门之间的认证认可政策沟通，鼓励沿线各国从业机构之间积极开展技术交流合作。引进新的认证认可理念，发挥国际合作的主动引领作用，积极组织中国企业和认证认可机构参与国际合作。

分层次有重点地推进“一带一路”国家认证认可领域合作。对已有合作基础的俄罗斯、以色列等国加快现有认证认可合作项目的实施，推进合作走向纵深；对尚未建立合作机制但合作需求迫切、合作潜力巨大的我国周边国家积极开展合作交流活动，探索建立合作机制。积极尝试将国家认监委“一带一路”沿线国家认证认可合作纳入国家“一带一路”项目规划之中，努力争取沿线国家认证认可信息互联互通资金支持，建立信息交流渠道。

二是推进国际互认，注重发挥互认效能，服务国内产业升级和走出去。积极推进与相关国家在自贸区框架下的合作。继续扩大与主要和潜在贸易伙伴国认证认可制度比对研究，着力开展对“一带一路”沿线国家的合格评定制度研究评估力度，为自贸谈判和双边互认谈判服务。强化认证认可多边互认范围调整前瞻性研究，结合国内产业贸易发展需求和国际动向科学预判；强化国内支撑，继续组建、运作国际组织国内对口工作组；强化多边互认体系加入后评估，提升互认质量。研究多边互认体系国内运作进一步开放政策，稳步扩大我国国际互认体系业务范围。加强双多边互动，通过双边合作促进多边合作成果落地。

三是提高国际参与的有效性和持续性，巩固和提升国际话语权和影响力。强化国际组织任职管理，在继续注重管理层话语权的同时，提升技术层任职有效性，以国际组织任职人员为桥梁强化内外互动。做好认证认可制度和技术输出工作，积极扩大我国认证认可在国际上的影响，打造认证认可强国新形象。

四是提倡“大认证认可国际合作”理念，大力推动认证认可合作与互认的共谋共治共享。加强与相关部门、行业协会、科研院所及企业的沟通联络，确保认证认可国际合作与互认的管理运作代表国内最广泛的利益相关方。加强信息化建设，为认证认可国际合作与互认的社会共治、内外连通搭建高效信息平台。

创新管理机制　推进“互联网 + 认证认可”技术变革

国家认监委科技与标准管理部主任　刘先德

2016年，国家认监委科技与标准管理部的整体工作思路是，在继续做好科研项目管理和标准制修订项目管理支撑和引领认证认可工作规范开展的同时，落实创新、协调、绿色、开放、共享的发展理念，将工作重点逐步转向完善认证认可技术体系，培育全行业创新能力上来。充分发挥科技与标准化工作的支撑与引领作用，更加注重基础性、战略性和宏观性研究工作，更加注重科研与政研相结合，更加注重科技宣传与推广普及。加快认证认可标准化工作改革，形成更具活力的科技和标准化工作机制。

具体工作措施：做强、做实、做大，服务大局。

“做强”是指培育全行业创新能力，增强科研和标准化能力。主要包括，与科技部、国家知识产权局联合发布《以高新技术企业认定为抓手推进检验检测认证创新能力提升的指导意见》；继续举办“检验检测认证行业创新发展高级研讨班”，形成国家认监委培训品牌；完善认证认可技术体系；做好认证技术规范的统计、分析工作，制定认证技术规范编制指南；继续推进认证认可标准化和检验检疫标准化改革，加强理论研究，支撑改革重点。

“做实”是指在加强管理的同时，开展基础性、战略性和宏观性研究工作。主要包括，组织2016年启动的国家重点研发计划《国家质量基础的共性技术研究与应用》中认证认可项目的申报和实施；研究“互联网+”条件下认证认可技术革命可能性，做好认证认可技术预测；组织“一带一路”、自贸试验区、服务认证等重点领域认证认可标准及检验检疫行业标准制订工作。

“做大”是指适应国家科技体制和标准化改革，主动延伸科研和标准化工作链条。在创新基地建设、科普工作、标准宣贯等方面取得新突破，把科研和标准化工作做大，成为新的增长点。

“服务大局”包括4项重点工作：一是服务生态文明建设。以有机项目为抓手，促进认证认可在生态文明建设中的作用发挥，开展绿色产品认证关键技术预研工作等。二是应对气候变化。通过国家认监委碳排放认证认可制度建设总体工作组，推进碳二期项目成果和核查机构认可在碳市场建设中试点应用。三是聚焦“一带一路”。包括启动2016年国家重点研发计划中关于“一带一路”认证认可关键技术研究；围绕实施“一带一路”战略，加强与沿线国家在检验检疫标准化方面的合作，推进检验检疫检测标标准、方法和结果的互认等。四是支撑自贸区建设。加快自贸区战略实施，发挥检验检疫标准化技术基础作用，推动整体工作再上新台阶。

加大认可促进经济转型升级支持力度

中国合格评定国家认可中心主任 肖建华

2016年，中国合格评定国家认可中心重点工作有4项：

一是推动“多元共治”工作体制更加完善高效。顺应全面深化改革需要和国际认可发展趋势，坚持、巩固并不断完善集中统一的国家认可体系；利用认可委员会组织平台，充分发挥认可委员会全委会和执委会在认可政策和科学决策方面的顶层设计作用；创新工作方式，规范工作程序，提高委员参与认可体系建设的积极性，增强委员会技术支撑作用；继续完善最终用户委员会信息反馈机制，充分发挥用户信息反馈作用；适时增设审定核查机构专门委员会，满足认可事业发展现实需要。

二是增强服务国家大局的支撑作用。加大认可促进经济转型升级支持力度，满足战略新兴产业市场需求，适应检验检测机构资质认定管理新形势，加强“一带一路”区域内认可政策技术的沟通协调；加大能源管理体系认证机构认可力度，促进信息技术服务管理体系认证机构认可的全面推广和实施，加快推动温室气体认证机构和低碳产品认证机构、服务认证、认可制度建设步伐；重点加强食品药品安全、节能减排、疾病防控等领域的认可工作，进一步推广和完善司法鉴定/法庭科学认可评价体系，稳步推进医学实验室认可，推动能力验证提供者认可快速发展；重点开展科研实验室认可关键技术研究，推进医学领域和实验室生物安全领域认可技术研究；重点关注特种设备检验机构整合动态，进一步细化商品检验领域认可要求，继续配合交通部推进建设工程领域二合一评审工作；继续研究金融、信息安全、交通司法鉴定等新领域检验活动和机构特点，稳步推进检验机构认可更好地服务于社会。

加强我国能力验证平台建设工作。继续加强与政府部门、行业等组织的合作；继续承担亚太实验室认可合作组织能力验证计划；继续合作开展两岸的能力验证项目，进一步研究与海湾阿拉伯六国在能力验证领域的长期合作机制，利用“中国能力验证论坛”广泛交流能力验证技术和宣传能力验证相关政策。

三是提升认可服务效率和效果。关注认证机构认可提高效率增强效果改进措施的系统性，加大认可资源配置，为拓展新的认可业务进行储备；全面实施认可过程质量控制，加严认可受理审查；配合ISO 9001、ISO 14001标准升级转换，完成对认证机构的换版认可工作。

推进见证评审改革，继续完善认可评审重点控制，提高认可评审的一致性和有效性；继续梳理和评估检验检测机构认可工作流程，进一步减少工作环节，精简作业文件，缩短获证周期；建立解决检验检测机构认可一致性问题的工作机制；进一步加强实验室专项、认证机构专项和确认审核力度，加强专项监督结果和专项监督机制宣传，建立例行评审组责任追究机制，加强研究非例行与例行评审工作的协调。

四是开创国际合作新局面。继续保持在国际和区域组织国际互认资格，有序推动实现能源管理体系、信息技术服务管理体系认证机构以及人员认证机构认可的国际互认；积极履行国际义务，参加国际组织活动，维护国家利益；深化国际组织跟踪参与机制，不断提高认可参与度和话语权；继续深化国外法规研究工作，加强同“一带一路”沿线国家政府部门及其认可机构的交流，扩大我国认可结果的采信范围；进一步做好认可结果的对外说明与确认工作，不断提供国际化增值服务，促进对外贸易的顺利开展。

持续推动行业自律和诚信建设工作

中国认证认可协会秘书长　生　飞

2016年，中国认证认可协会（以下简称协会）将不断结合工作实际，始终围绕改革的指导思想和总目标、改革规划和具体实施过程，不断释放改革红利，持续推动行业自律和诚信建设工作，研究、改进、实施人员注册管理新制度，深化认证人员继续教育工作，做好SAC/TC 261、技术标准等工作。

一是推进创新改革，进一步提升协会职能建设。协会将围绕政社分开的总原则来推进自身改革，打破传统思维，尽快树立市场化发展与社会化运作的思维意识，明确协会自身的职能范围与定位，进一步体现协会的职能优势；同时围绕提升治理能力这个中心目标推进改革，积极探索创新行业治理模式和治理方式，大力加强行业自律这一核心职能建设。不断完善具有认证认可特色的行业治理机制，进一步提升协会治理能力。

二是发挥自律职能，完善认证认可治理体系。协会将紧密结合社团自律与主体自律，通过创新行业自律方式手段，完善自律管理规范，健全激励约束机制，完善行业诚信体系，营造良好、公平的市场环境。积极探索新常态下认证认可行业治理的新情况、新特点、新问题，加快行业自律相关课题的研究，及时将研究成果应用于自律监管实践；加快研究认证人员诚实守信，规范运作的自律规范，对认证人员实行由机构实施可量化的自律措施，加强机构管人的作用和责任；坚持推进检验检测认证服务工作，积极开发适应外部市场需求和会员自身需求的服务项目，为会员、用户、社会各方提供优良的水平评价服务、信息咨询服务、政策协调服务和产业指导服务，提升检验检测认证服务水平。

三是全面落实人员注册、考试培训改革措施。适时推进人员注册制度改革，强化协会、机构和认证人员三方的责任意识，建立以水平评价为导向的认证人员能力评价制度，加快对出具公正性数据实验室相关测试人员资格能力评价的研究，探索相关领域建立人员注册制度的可行性；继续调整人员注册政策及流程，以市场和客户需求。加大市场调研，按时完成对主任审核员考试的组织工作，全面开展试题库研究，并对网络平台进行再次升级改造，研究、开发认证市场需求的人员注册项目，既发挥机构的主体作用，也在人员注册方面有所突破；继续完善培训教育工作。

四是强化自身建设，提升协会服务行业成效。进一步发挥协会的桥梁纽带作用，组织会员单位开展行业战略研究，认证认可作为高技术服务业的特点与分析等专题研究，服务认证关键技术与示范研究。加强协会自身建设，坚持依法治会，依规办会，抓好会员和协会工作人员的法制教育，构建符合社团管理法律法规的内部治理结构。提升能力建设，坚持围绕能力提升，全面提升自律管理能力、行业服务能力、人才保障能力、技术支撑能力。同时，协会还将加快专业设置、培训课程、技术标准的更新步伐，缩短能力与外部需求之间的差距。继续发挥协会重视思想作风建设的优良传统，建立健全监督机制，抓住行业和社会上反映突出的问题，抓好教育、监督、督促检查等环节。

面对推进行业发展、深化改革创新的重任，协会将紧密围绕国家质检总局、国家认监委工作部署，逐步实现从促进行业规范有序发展，向促进行业提质升级发展的目标迈进，坚持围绕创优服务目标，努力拓展服务领域，积极开发适应外部市场需求和会员自身需求的服务项目，为会员、用户、社会各方提供优良的水平评价服务、信息咨询服务、政策协调服务和产业指导服务，不断提升检验检测认证服务水平，努力创新，主动作为，为不断开创认证认可工作新局面做出更大贡献。

聚焦中心工作　服务行业发展

国家认监委认证认可技术研究所　刘宗德

2016年，国家认监委认证认可技术研究所（以下简称研究所）深刻学习领会党的十八届五中、六中全会精神和习总书记“四个全面”战略布局要求，积极开展“两学一做”学习教育活动，深入贯彻加强党的建设新要求，按照全国认证认可工作会议部署，紧密围绕 “深化改革创新发展，为建设认证认可强国而奋斗”和“五个坚持、五个着力、五个转变”的总体要求，以国家“十三五”规划、科研机构创新发展、服务国家外交外贸大局为契机，努力在认证认可“制度资政、服务供给、人才结构”三方面夯基础、提能力、促发展，积极推进各项工作，较好完成了年度工作任务。

一、聚焦中心工作，提升制度资政水平

（一）服务政策落实

一是担任务。主动请缨、勇挑重担，承担“十三五”规划——建设认证认可强国任务1项，承担总局主要工作任务2项，承担认监委主要工作任务8项，并较好地落实了相关任务工作。

二是促改革。紧密配合认监委深化改革工作，紧扣行业热点、难点和重点问题，通过开展调研、研究，积极为行业主管部门提供政策建议和反馈行业动态。组织开展CCC目录改革研究工作，完成国外产品管理技术法规案例分析及CCC认证通用要求编制、国内主要产品分类及管理方式对比分析、CCC认证制度文件体系梳理研究，完成CCC目录改革顶层设计和整体方案设计。

三是助规划。深度参与认证认可“十三五”规划编制工作，积极参与发展指标、具体篇章和专栏的研究、测算和编制工作，为规划编制提供智力成果和技术支撑。

四是抓重点。结合国务院、总局、认监委的要求，开展好重点工作，积极认真开展“同线同标同质”和“绿色产品”认证相关配套支持工作。科学比对、系统分析了“同线同标同质”产品标准和现行国内外相关产品标准的差异，把握差异点，为在现有出口管理要求上，有针对性地提出“同线同标同质”产品管理要求，减少企业和监管部门开展重复工作奠定了基础。

五是完善制度。配合建立认证认可统计报表制度，得到国家统计局认可，并组织全国300余家从业机构开展了培训工作，已回收纸质统计报表273份；积极参加《检验检测机构管理条例（草案）》立法研究工作，完成草案2016年审议稿。

六是协助监管。协助开展食品农产品专项监督抽查和统计分析工作；组织2016年度质量管理体系专项监督检查；协助编制认证机构年度发展报告、人员认证制度开展可行性报告、编辑全国认证认可工作部际联席会议电子简报；承担碳核查项目管理办公室职责；协助完成2016年度能力验证函审工作；组织开展了强制性产品电商“双随机”抽查研究工作，建立了抽查平台，配合北京、浙江、河南省（市）质监局和天津、深圳市市场监管委完成抽查产品和抽查人员两个名单随机产生，并做到电子化全程留痕；完成CCC国抽4个批次共1696条数据质量分析工作，形成质量分析报告3份；完成CCC专项抽查工作，提交总报告1份，工作情况汇报稿4份，涉及70个局、23种产品、1901批次。

七是管好行标。在所网站开通了认证认可行业标准专栏，发布了《认证认可行业标准报批审查实施要求（试行）》，出台了相关工作表格，共完成15项认证认可行业报批审查工作。组织专家对77份行业标准自查材料进行评审，并从中抽出26个项目进行现场检查，完成《认证认可行业标准计划项目执行情况检查工作报告》。

（二）做好学理研究

一是围绕国家重点发展领域开展研究。积极落实《共同推动认证认可服务“一带一路”愿景与行动》实施计划，承担科技部“十三五”重大科技支撑项目——“支撑‘一带一路’贸易便利化的认证认可关键技术研究与应

用”研究、管理工作，该项目作为国家质量基础的共性技术研究与应用的组成部分，已列入2016年第一批NQI启动项目；完成有机认证作为生态文明重要评价指标的前期研究工作，首次提出将有机认证引入生态文明评价指标，筛选出了有机产业的生态、环境和经济绩效及有机产业在精准扶贫中的作用，为国家战略提供了支撑作用；完成了“高风险产品认证认可符合性评价与风险防范关键技术”课题申报和启动工作；继续开展“十二五”科技支撑计划研究，在碳排放核查、有机产品认证等方面开展深入的研究，为下一步在全国范围的铺开打好了技术基础；按照国家高铁发展规划，开展城轨交通检测认证发展与创新体系研究，构建“城轨交通”标准信息库，将标准信息化与计量结合，向智能化、大数据以及远程监管方面创新发展，对提出的标准信息化系统开展了研究和建设工作，目前系统已上线试运行。

二是针对行业热点问题开展研究。开展“食品农产品认证制度综合分析与应用”研究，对国际最新食品农产品认证制度、相关法律法规跟踪综合分析，并形成书稿；开展“认证舆情关键控制点综合分析”研究，形成了《认证舆情关键控制点综合分析工作方案》，确定了工作方案，逐步向全面开展认证体系及服务舆情关键控制点综合分析工作推进；围绕“强制性产品认证实验室评价和发展研究”科研成果，开展了产业集中区域检测需求与检测资源的数量拟合情况分析，检测资源与检测需求匹配度模型验证研究，完成行业标准1项和2份专报，为监管部门提供了有力的技术支撑；开展“检验检测机构行业发展评价与应用”研究，已对3个地区医疗器械和农业2个行业共9家检验检测机构开展现场调研，制订出一套针对这两个行业检验检测机构和服务产业（企业）信息征询的工作方案；开展“检验检测舆情控制”分析，针对全网获取的检验检测舆情，从舆情的事件性质、风险等级和具体涉及的行业、地域、内容等进行分类分析，对高风险信息进行预警分析，为监管部门证后监管、检验检测机构风险管控提供技术支撑。

三是开展行业基础理论研究。开展质检总局科技计划项目——“认证认可强国评价指标”研究，提出认证认可强国评价指标体系框架和三级评价指标，发放调查问卷1 000余份，开展行业发展指标数据搜集和测算；开展质检总局科技计划项目——“认证认可对国民经济增长贡献率”研究，不断加强完善贡献率测算研究，结合认证认可统计报表制度的建立，统计认证认可机构相关财务数据，测算认证机构认可对GDP的贡献率，扩大贡献率测算范围，完善贡献率测算机制；开展认证认可科技发展评估与应用研究工作，完成了《认证认可科技发展报告》，为管理部门的发展提供了技术支撑；开展《认证认可行业标准总体战略构架》研究，构建了认证认可标准体系框架，结合检验检测认证发表了相关专业论文8篇；组织完成了2016年度《中国认证认可发展报告》编撰工作。

（三）探索前沿动态

一是探索认证认可扶贫路径。为落实《中共中央国务院关于打赢脱贫攻坚战的决定》，特别是坚持扶贫开发与生态保护并重的要求，发挥有机产品认证这一市场化机制在精准扶贫、绿色发展中发挥作用，研究所承担了国家认监委利用有机认证手段助力精准扶贫脱贫工作，组织认证机构、专家设计技术路线、制订认证方案和实施路径等具体方案，组建专家队并负责对专家的组织、培训，开展了有机扶贫认证可行性调研和试点方案设计。

二是协助推进“互联网+检验检测”。跟踪“互联网+检验检测论坛”会议材料，提炼与会专家发言，形成会议文件和互联网材料，供广大业内外人士参考，为互联网环境下检验检测认证机构的发展提供了新的思路，结合资料的整理，形成技术建议，为监管部门提供了技术支撑。

三是积极开展新认证制度研究。开展了中医保健服务认证、道地药材良好操作规范认证、教育装备认证制度、继电保护设备产品认证、矿用产品安全评价、儿童早期教育服务认证等新认证制度的研究与开发，为相关行业主管部门解决市场准入和监督管理中存在的问题，提供了新的手段和方法，为行业管理和多元共治提供强有力的技术支持。

二、围绕行业发展，提升服务供给水平

（一）支持行业“走出去”

一是开展认证认可检验检测机构“走出去”研究。以国家质量技术基础、“一带一路”建设、供给侧结构性改革等国家和行业发展的重点、难点和热点问题为核心，开展“促进贸易便利化、支持机构走出去”等研究，累计收回问卷调查1000余份，实地调研6家机构“走出去”情况，联合3家从业机构开展联合研究，完成《发挥认证认可作用 促进“一带一路”贸易便利化》研究专报，完成“机构走出去”调研报告，不断完善组织形式，创新工作方法，为认证认可检验检测走出去发展战略提供有力的学理支撑。

二是利用智库平台宣传认证认可促进贸易便利化。积极参加“丝绸之路经济带新疆·克拉玛依论坛（2016）”、“一带一路”中哈合作国际发展研讨会、国务院发展研究中心兰德智库TPP专题学术研讨会、蓝迪国

际智库企业 “走出去”标准化建设与服务研讨会等智库平台活动，以认证认可推动“一带一路”贸易便利化为中心，宣传当前我国认证认可的现状，为贸易便利化做出的贡献，与国际相关认证认可组织开展合作互认的进展，同“一带一路”沿线国开展认证认可机制建立的成果，以及如何有效地推进认证认可服务“一带一路”贸易便利化的发展等，鼓励中国机构积极利用认证认可手段便利国际贸易。

三是助力中国高铁走向世界。研究所联合11家单位发起成立中国轨道交通检验检测认证联盟，总局支树平局长和中国铁路总公司盛光祖总经理为该联盟成立揭牌。该联盟旨在轨道交通检测认证方面将开展联合研究，利用认证认可手段助力中国高铁走向世界。研究所作为中国轨道交通检验检测认证联盟理事会理事单位，通过科研、会议等形式，围绕检验检测推动我国轨道交通稳步发展，认证认可促进中国轨道交通走向世界，对联盟的章程和下一步工作提出了具体的建议，共同探讨了如何增强国际话语权，共同助力中国轨道交通“走出去”。

（二）欢迎同行“请进来”

一是加强研究层面的国际合作。研究所与来自德国联邦经济和能源部、德国联邦材料研究与测试研究所及柏林工业大学的多位专家学者就“中德认证认可领域研究合作”举行专题视频研讨会，本次会议是中德产品安全合作工作组第六次年会的重要内容之一，就中德双方在认证认可领域，尤其是认证认可贡献率研究与测算方面的最新研究进展和成果进行交流。

二是加强与国际组织的合作。研究所与全球可持续标准联盟（ISEAL联盟）联合主办了“可持续标准与认证发展国际论坛”，在可持续性标准与认证认可发展的综合研究、推广和应用等问题展开深入交流，就利用认证认可手段在中国制定和实施可持续标准体系的机遇与挑战等问题展开研讨，来自联合国环境规划署、联合国贸易和发展会议、瑞士驻华大使馆、国际贸易中心、发改委对外经济研究所等国内外政府机构、商业团体、研究机构和行业协会等机构的100多名代表参加了本次论坛；与可持续棕榈油圆桌倡议（RSPO）就推动RSPO标准在中国的推广和应用交换了意见；积极开展和GLOBALGAP的国际互认工作，该项工作为我国出口企业提质增效，促进贸易便利化提供有效的技术支撑。

三是加强双边交流。与新西兰初级产业部就有机产品认证相关技术研究工作进行交流；在“2016年‘一带一路’中巴经济走廊对接治理能力研修班”上与来自巴基斯坦的政府官员及企业领导者进行了交流，阐述了认证认可在服务“一带一路”中巴经济走廊中，如何促进贸易便利及创造良好的贸易环境，探讨了中巴认证认可发展建议。积极参与商务部、国家认监委“‘一带一路’沿线国家认证认可合作官员研修班”培训平台，就“一带一路”贸易便利化与标准和认证认可的相关需求情况与来自阿尔及利亚、缅甸、摩尔多瓦、斯里兰卡、捷克、乌兹别克斯坦、东帝汶、埃及8个国家的官员代表开展了交流。

（三）推进跨行“认证认可+”

一是服务部际联席制度、推动行政审批改革。2016年认证认可作为高技术服务业得到了快速发展，结合党的“十八大”后政府行政审批制度的下放，以及各部委新管理模式的需求，按照认证认可部际联席会议制度的总体部署，认证认可手段作为国际通行的第三方管理手段，逐步被各部委应用至政府综合治理中，为国家中医药局、国家能源局、教育部、安监总局等行业主管部门开发了新的认证制度，进一步推动了“认证认可+行业”的国家治理模式的发展；协助工信部开展食品生产企业诚信评价工作，共发放有效CMS证书211张，共安排监督审核90家，新颁发证书68张、新签订评价合同45家，完成GB/T 31880-2015《检验检测机构诚信基本要求》、《食品工业企业诚信管理体系》国家标准发布。

二是提升地方行业主管部门认证认可水平。长期支持青海省司法厅推进司法鉴定机构资质认定认可工作，启动青海省司法鉴定机构资质认定体系转版培训和内审员培训工作，并签署了年度合作协议，全力帮助其提升工作水平；联合广西壮族自治区等公安厅举办“公安刑事技术机构资质认定新准则宣贯及内审员培训班”，对全国公安刑事技术机构开展资质认定的意义，资质认定政策和技术评价规范方面的最新变化，以及研究所在该领域技术优势和本次培训班教材、师资等准备的权威性进行了整体介绍；协助认监委注册部对西北五局检验检疫监管人员开展出口食品生产企业“同线同标同质”工程认证制度及技术法规培训，以促进出口食品生产企业更好地理解贯彻内外销产品“同线同标同质”工程为目的，指导出口食品企业借助有机认证、BRC认证等国际通行认证制度，培育出口竞争新优势，实现出口“提质增效升级”。

三、加强内部建设，优化人才结构

（一）组织体系不断完善

一是新的三定方案明确了发展方向。根据认监委批复的三定方案，正式将研究所定位为：为认证认可政策制定提供智力支持，为认证认可重大理论提供学理研究，以及相关重点领域开展示范研究、动态跟踪、标准支撑、技术交流等。通过明确的定位，有利于研究所规划发展方向，培养人才队伍。

二是申请成立中级职称评审委员会。随着认证认可研究工作的深入开展，我们突出的认识到，做好科研和智力支持工作的关键和基础在于人才队伍建设。为鼓励多出成果、多出人才，充分发挥专业技术人才优势，建立健全专业技术职务的评定渠道，促进专业技术队伍建设，提升中高级专业技术人员比例，结合研究所实际工作需要，并根据《关于印发有关职称管理办法的通知》（国检人〔2000〕214号）文件要求，向认监委申请了成立“国家认监委认证认可技术研究所中级专业技术职务任职资格评审委员会”（以下简称研究所中评委），以解决人才专业化的需求。

三是成立研究所工会。工会是职工的集体，成立相应的工会组织，有利于团结和凝聚人心，有利于打造更加具有活力的组织机构，人心齐、泰山移，通过工会的成立，不断调动全体职工的积极性，符合习总书记全国科技创新大会上提出的调动科研人员积极性的要求，为研究所进一步开展好工作打下了坚实的基础。

（二）人才培养持续加强

一是建立了人才晋升机制。2016年是研究所的组织建设年，通过制订干部选拔计划，计划从研究所干部、职工队伍中不断发现优秀的人才，并且为优秀的人才提供晋升的途径，2016年计划聘用正处级干部2名，副处级干部2名，纳入编制管理的普通干部1人。通过有效的人才培养，不断优化研究所人才队伍梯队，为持续产出科研成果提供了人力保障。

二是建立了人才引进机制。2016年，研究所通过公开招聘的方式，招录正处级干部1名，副处级干部1名，财务管理人员1名，招录取得了较好的社会反响，报名踊跃。在认监委人事部的领导下，在兄弟单位的支持下，通过资格审查、笔试、面试等环节，最终择优录取了3人。通过公开招聘，拓宽了人才引进渠道，进一步优化了人才结构。

（三）智力输出初见成效

一是通过培训服务，提升行业从业人员水平。累计完成培训130余期，共培训认证认可检验检测行业从业人员1.6万余人，通过培训，收到了参训人员的积极评价，不但有利于行业政策、技术难点、新方法、新要求的贯彻落实，也起到了实实在在提升行业从业人员能力和水平的实际效果，在培训行业，逐渐形成了研究所品牌。

二是通过咨询服务，提升从业机构能力。研究所结合自身优势，通过对认证机构开展咨询服务，提升从业机构的能力，规范其内部管理，有利于行业的健康发展，取得了较好的效果。

2017

Yearbook of Certification and Accreditation of China

第四部分 法制建设与政策研究

Part Four Legal System Construction and Policy Research

一、立法工作

2016年，国家认监委充分发挥认证认可立法对认证认可领域简政放权、放管结合、优化服务改革的引领、推动和保障作用，在重点领域继续加强认证认可法规、规章的制修订和立法研究工作，进一步完善认证认可法律法规体系建设；落实社会第三方参与立法研究，进一步提高立法科学性和透明度，提高立法质量。

（一）积极推动《检验检测机构管理条例》立法研究工作

贯彻落实国家质检总局和国家认监委关于积极推动检验检测机构行政法规立法研究的工作安排，以及党中央、国务院关于"尝试委托第三方机构立法"的要求，委托上海市行政法制研究所开展《检验检测机构管理条例》立法研究。目前，已经形成立法研究报告、草案建议稿、起草说明、立法背景材料等研究成果共计22万余字。积极开展立法调研，分别赴上海、重庆、宁夏、江苏、广东等地区进行立法调研，听取地方两局、地方政府相关部门、检验检测机构的意见和建议。《〈检验检测机构管理条例〉立法研究取得重大进展》的专文在总局《质检信息》刊登，专送总局党组成员，孙大伟副局长批示："请委领导传阅。"根据立法调研情况，组织地方两局监管人员、相关专家、检验检测机构人员对上海市行政法制研究所提交的立法研究材料进行研讨、修改和完善。经委领导审阅后，向总局法规司提交《检验检测机构管理条例》立法研究报告、草案及其起草说明。通过总局法规司，向国务院法制办报送国务院2017年立法项目建议，建议将《检验检测机构管理条例》列为国务院2017年立法研究项目。

（二）配合国务院法制办、总局法规司完成对《认证认可条例》的修订

国务院于2016年2月6日发布《国务院关于修改部分行政法规的决定》（国务院令第666号），对包括《中华人民共和国认证认可条例》（以下简称《条例》）在内的66部行政法规的部分条款予以修改。《条例》修改共计9项条款，主要体现在以下方面：1.体现了国务院取消和调整的行政审批项目。随着"境外认证机构设立代表机构批准"、"认证标志备案"、"认可证书格式和认可标志式样批准"等行政审批项目被取消，在《条例》中相应条款进行了修改。2.体现了国家商事制度改革、认证机构审批改革措施。2014年10月23日，《国务院关于取消和调整一批行政审批项目等事项的决定》将认证机构设立审批项目，由前置审批调整为后置审批，《条例》相应条款进行了修改。同时，根据《中央全面深化改革领导小组 2015年工作要点任务书》关于"完善认证机构行政审批程序"的要求，国家认监委针对认证机构审批以及监督管理，实施了一系列改革举措，其中包括缩短审批时限。因此，《条例》将做出是否批准的决定时限，由90日缩短为45日。3.进一步明确了地方认证监管的主体地位。近年来，为了适应地方质量技术监督管理体制改革新情况，亟须依法明确县级以上地方人民政府质量技术监督部门认证执法主体地位。因此，《条例》将第五十五条中的"省、自治区、直辖市人民政府质量技术监督部门"修改为"县级以上地方人民政府质量技术监督部门"。县级以上地方人民政府质量技术监督部门、国务院质量监督检验检疫部门设在地方的出入境检验检疫机构，统称为地方认证监督管理部门，进一步明确了地方认证执法主体地位。

（三）配合改革，开展相应规章的修订工作

落实国务院简政放权、放管结合、优化服务的改革要求，开展《认证机构管理办法》、《出口食品生产企业备案管理规定》等部门规章的修订工作。对业务部门报送的规章草案进行征求意见、立法调研、研讨论证、修改完善等规章审查程序，经委务会审议，已报送总局法规司。

二、立法协调

2016年，国家认监委贯彻落实质检总局支树平局长在全国认证认可工作会议上的重要指示，加强法规协调

工作，对涉及国家认监委职责和认证认可制度的法律、行政法规做到“全面协调，重点跟踪”，进一步发挥认证认可在全面深化改革和促进经济社会发展中的积极作用。

截至2016年12月31日，共回复法律、法规征求意见稿135件次。委内各部门及下属单位的重要请示、对外合作协议等合法性审查共计48件次。重点跟踪了《网络安全法》《标准化法》《道路交通安全法》等法律法规的立法进程。其中，《网络安全法》经过法规协调，4项条款涉及安全认证、安全检测的内容。

三、普法宣传

根据中共中央、国务院转发的《中央宣传部、司法部关于在公民中开展法治宣传教育的第七个五年规划（2016-2020年）》、《法治政府建设实施纲要（2015-2020年）》以及《质检总局关于开展法治宣传教育的第七个五年规划（2016-2020年）》的要求，结合认证认可工作实际，国家认监委制定发布《国家认监委关于开展法治宣传教育第七个五年规划实施意见（2016-2020年）》，确定普法工作指导思想、主要目标、工作原则、主要任务、对象和要求、工作措施、工作步骤和安排。

根据2016年2月6日发布的《国务院关于修改部分行政法规的决定》（国务院令第666号），认监委组织编印《认证认可条例（修订单行本）》、刊发推送相关解读文章等进行普法宣贯。向委内机关、地方两局配发《认证认可条例（修订单行本）》7 000册，在《认证认可》杂志刊登解读文章，在认监委季度会向地方两局进行专题宣贯。根据年度普法工作安排，对新疆、内蒙古等省区以及国家石油系统检验检测机构进行认证认可法规培训共计3次，培训人数近1 000人。为了提高领导干部依法决策和依法行政能力，树立行政风险意识，构建法治政府、法治机关、法治认证认可，2016年，国家认监委组织开展两期委机关依法行政普法讲座。

四、认证行政执法

（一）深入推动认证执法监管体系建设

进一步整合认证执法资源，有层次、有重点、有针对性地推进认证执法监管区域合作联动机制建设，完善检验检疫口岸认证执法联盟合作和中心城市认证执法监管体系联合建设，推动认证执法监管工作的一体化。

（二）强化认证执法监管人员能力建设

以国务院修订《条例》第五十五条为契机，强化基层认证执法监管队伍和人员能力建设，在各地质检部门继续推动“省市县三级全覆盖”培训工作，切实提高基层执法监管人员的法治思维和依法行政能力，在法治轨道上全面推进认证执法监管各项工作。

（三）扎实推进行政审批制度改革，进一步加强行政审批标准化建设

继续推进行政审批标准化建设，完善各项行政审批事项服务指南，推动建设认证认可行政许可项目的网上审批平台，完善认监委网站行政许可专栏设置，推进行政许可工作的信息公开。加强对行政审批过程中的合法性把关，不断规范行政审批行为。配合总局法规司向国务院审改办提出关于认证机构和检验检测机构许可项目的改革方案意见。

（四）推进“双随机、一公开”抽查工作

确定认证认可领域随机抽查事项清单，开展随机抽查工作试点。开展认证行政执法检查人员库的建设。组织相关业务部门建立健全“一单两库、一细则、一公开”等工作规范和制度，全面推进随机抽查工作。

（五）开展2016年认证行政执法专项监督检查

将认证行政执法专项监督检查工作与委内其他业务督查工作有机结合，2016年4月中旬至5月底，组织全部省级质检两局完成了自查。自6月起，组织开展对18个省级质检两局的抽查工作，目前各项工作正按计划进行中。

（六）做好申投诉处理、行政复议和行政诉讼应对工作

2016年全年共计收到申投诉110件。按规定予以受理的80件，不予受理30件，所有案件按规定全部办结，案件处理率100%。其中，共计督办案件35件，撰写申投诉工作及数据分析专题报告2篇。

2016年全年共发生针对认监委的行政复议案件6件，经国家质检总局审理，其中3件做出行政复议终止决定，2件驳回申请人行政复议申请，1件做出维持认监委答复决定。

2016年全年共发生针对认监委的行政诉讼案件1件，经海淀区人民法院审理，裁定准许原告撤回起诉。

（七）加强信息化工作，提升科学监管水平

加强对认证机构通过“认证认可业务信息统一上报平台”上报自愿性认证活动信息的核查工作。对存在瞒报、漏报、迟报数据的4家认证机构进行了现场约谈和相应处理。建设“认证认可统计直报系统”，直接服务于认证认可统计报表制度的执行。做好认证认可业务统计数据维护与日常统计工作技术支持。

五、政策研究工作

2016年政策研究工作重点围绕《认证认可检验检测

发展"十三五"规划》和认证认可强国评价指标体系两个核心展开，充分运用内外部资源形成合力，继续秉持"案头与实证相结合、内力与外脑相结合"的工作机制，立足综合文件处理和重点文件办理工作，充分运用"官产学研"相结合的政研工作机制，深入贯彻国家全面深化改革的核心要求，统筹推进认证认可深化改革工作。

（一）推动完成《认证认可检验检测发展"十三五"规划》的编制和联合发布

根据党的十八届五中全会精神，按照认证认可检验检测发展"十三五"规划编制领导小组统一部署，政研室牵头编制形成了《认证认可检验检测发展"十三五"规划》，编制工作启动于2015年，历时两年，先后经过立项准备、"十二五"规划实施情况评估、规划前期重大课题研究、规划框架论证、编制起草、征求意见等多个环节，邀请科研院所、专业机构11家开展16项重大问题研究，组织研讨会/座谈会171次，参加人员2 162人次，完成调查问卷6 808份，形成研究报告37篇。《认证认可检验检测发展"十三五"规划》分别两次向31家部际联席会议成员及参与单位征求意见，对来自各部委的180条关键性修改建议进行了吸纳融合。《认证认可检验检测发展"十三五"规划》站在服务国家大局、谋划行业发展的高度，极大地强化了"统一管理、共同实施"的工作机制，对于贯彻实施质量强国和制造强国战略，加快推进国家质量技术基础建设，服务经济社会发展具有重要意义，是指导国家认证认可检验检测事业发展的纲领性文件。

（二）深入贯彻国家全面深化改革的核心要求，统筹推进认证认可深化改革工作

按照委深改领导小组指示，法律部组织起草了《认证认可深化改革2016年工作要点》并经深化改革领导小组第五次会议审议通过。按照党中央、国务院关于推进供给侧结构性改革的核心改革要求，认监委2016年的深改工作在继续推进原有五大领域改革工作的基础上，将绿色产品认证和标识整合改革、"三同"工程制度保障改革、完善国家网络安全产品认证认可制度、服务"一带一路"建设等国家重大改革内容纳入认证认可深化改革工作的统筹推进计划。8月，筹备召开了认证认可深化改革领导小组第六次会议，对半年改革推进情况进行督促落实。

（三）准确定位推进认证认可强国建设的目标要求，深入开展认证认可强国评价指标研究

按照孙大伟主任要求，法律部牵头组织开展了认证认可强国评价指标的政策研究工作，构建了以外部专家为技术支撑、系统各单位共同参与的大项目研究机制，在分管委领导的直接带领下，经过方案设计、基础梳理、框架构建、数据挖掘、实地走访、指标测算、专家评分等关键步骤，通过对理论框架的反复研讨琢磨、对指标数据的反复迭代更新，初步形成了包含制度建设、服务发展、产业实力、创新驱动、国际影响、基础能力6个二级指标12个具体三级指标的强国指标评价体系。

（四）继续发挥"官产学研"相结合的政研工作机制，广泛开展基础政策研究

法律部发挥既有政研机制，一是组织协会政研委围绕供给侧结构性改革的14项政研题目调动200余名业内专家开展政研工作；二是组织开展自贸区认证认可制度创新调研，对上海自贸区认证认可制度创新中期评估工作进行指导；三是与注册部共同启动"三同"政策研究工作。

（五）扎实做好业务综合文件办理工作

截至12月底，法律部政研室共牵头办理业务综合文件340余件，其中急件、特急件占整体办文数的70%以上，主要涉及国家全面深化改革、质检系统重点改革、国家"十三五"规划等重要内容，业务综合文件办理整体呈现出量大面广、时间急、影响大等特点。针对这些特点，政研室主要通过内部专职专岗专责，明确办文要求，加强素材积累，理顺办文流程，保障了业务综合文件的高质量办理。

六、认证认可统计

认证认可统计正式纳入国家统计制度。

8月26日，国家统计局正式批准认监委执行认证认可统计报表制度，认证认可统计正式纳入国家层面统计制度。9月28日，认监委组织开展了覆盖全体认证认可从业机构的统计数据上报培训。11月，完成了2015年度认证认可统计数据采集。2016年年底前编制完成了《2015中国认证认可行业统计分析报告》。

国家层面的认证认可统计报表制度的建立，对准确评估认证认可在国民经济发展中的作用、分析认证认可行业发展趋势、提高行业管理水平、加强对从业机构的事中事后监管等具有重要意义，也为我国建设认证认可强国、质量强国打下了坚实的基础。

撰稿人：黄　叙　王　振　陈腊梅　蔡煜刚　石书浩　罗元卓

审稿人：刘仲书　马　昆　王学胜　张　威　杨　冬

2017

Yearbook of Certification and Accreditation of China

第五部分　认可监管

Part Five　The Supervision of Accreditation

一、认证机构审批

2016年，按照质检总局、国家认监委的要求和认可监管部的部署，以“简政放权、放管结合、优化服务”为指导，着重解决资质审批时间较长、审批程序复杂等问题，深化认证市场准入制度改革，完善和优化认证机构审批要求和审批流程，并按照认证认可检验检测“十三五”规划推动新领域开发。认证机构审批制度较好地发挥了把关作用，具备专业能力的机构能够快速进入市场。

（一）认证机构资质审批总体情况

截至2016年年底，认证机构数量从年初221家增至312家，较年初增加91家，同比增长41%；内资机构由年初180家增长至263家，同比增长46%；外资机构由41家增长至49家，同比增长20%。认证机构资质审批制度改革效果明显，审批领域出现了多样化趋势，认证机构根据市场需求自主研发认证项目的积极性提高，认证市场活力初现，认证机构数量打破多年的平衡趋势，增加迅速。

表1 内、外资认证机构近年发展对比表

项目 \ 年份	2011年	2012年	2013年	2014年	2015年	2016年
内资机构数量	137	136	137	148	180	263
外资机构数量	38	38	37	36	41	49
总计	175	174	174	184	221	312

表2 2016年1~12月认证机构审批情况统计表

项目 \ 月份	1月	2月	3月	4月	5月	6月	7月	8月	9月	10月	11月	12月
认证机构扩项数	18	13	22	15	25	12	19	26	16	3	16	16
新设立认证机构数	4	7	7	4	7	6	10	12	12	7	7	9

注：包含取消子公司审批前子公司审批情况。

（二）认证机构资质审批改革

坚持认证机构基本能力要求的审批定位和认证机构审批与认证制度管理、认证人员注册双分离的原则，做好五道减法（减子项、减限制、减材料、减流程、减时限）。

1.取消认证机构设立子公司和子公司扩项审批

根据“认证机构准入审批和监管改革领导小组”的整体部署，2016年3月牵头成立专项核心工作小组，制定了改革小组的年度重点任务分解。4月分别在上海和北京等地开展现场调研，召开座谈会，深入征求业内机构、行业协会、地方监管部门和其他政府部门的意见建议。根据意见和建议进一步修订《认证机构管理办法》，取消认证机构设立子公司和认证机构子公司扩项两项审批，强化认证机构的市场主体责任。

2.发布《关于自愿性认证领域目录和资质审批要求的公告》

为规范审批审查行为，便利申请人，提高审批的透明度和规范化。制定并发布了《关于自愿性认证领域目录和资质审批要求的公告》（国家认监委2016年第24号公告），进一步粗化审批范围，将70个认证领域调整为49个认证领域和25项国推制度，将国推认证制度从认证领域中剥离，单独归类，既粗化了领域又提高了国推制度准入管理的灵活性。国推认证制度依据每项制度自身设定的要求进行机构准入审批，不受领域划分的影响。将管理体系认证调整为6个领域和8项国推制度，降低了管理体系认证的准入门槛。进一步明确审查要求，依据新修订的《认证认可条例》，每项条件对应一章，明确提出8章43项要求。并且严格对照24号公告的要求，修订了认证机构资质审批的材料要求，在“设立认证机构审批”栏目发布，并按照新的材料要求进行审查。

3.优化审批程序

为提高审批效率，简化和优化认证机构资质审批流程，向委领导呈报了《关于进一步优化认证机构资质审批程序的请示》，得到了委领导的批准，认证机构资质审查流程变串联审查为并联审查，缩短审批时限，平均审批时间由2013年的69个工作日缩短至35个工作日。

4.建立网上审批系统

已经完成认证机构网上审批系统的开发建设、系统完善、测试等工作，2016年年底前经过试运行，可实现认证机构网上全流程资质审批、查询和结果通知，实现审批的规范化、可追溯和时效性，提高资质审批的服务质量，便利申请人。

二、认证市场监管

（一）在管理体系认证活动监督检查中全面推行“双随机、一公开”监管模式

贯彻中央要求，在管理体系认证活动监督检查中全面推行“双随机、一公开”监管模式。运用大数据筛查方式确定异常认证机构名单，按照问题导向和分类监管原则，开发计算机随机抽样程序。在质检系统内率先启动“双随机、一公开”监管工作，按照不同抽查比例随机抽取1 000个质量管理体系认证结果和100个能源管理体系认证结果，并第一时间向社会公开抽样结果，相关信息形成《质检专报》上报国务院，并被采纳入《昨日要情》报中央领导。在检查过程中，加强对地方局的指导，多次派员赴地方局培训人员并参加检查。目前，各地局已完成检查任务。在质量管理体系认证活动检查中，89家质量管理体系认证机构中60家认证机构认证结果存在问题，其中有222个认证结果存在较突出问题；在能源管理体系认证活动检查中，发现突出问题49项，涉及19家认证机构。计划在完成认证机构问题确认程序后，上报签报将检查结果向社会公开。

（二）加强规章制度建设，强化依法行政

修订发布了新版《质量管理体系认证规则》，结合了近年来政府职能转变的最新要求，加强了行政监管的要求，增加了失信联合惩戒的规定；完成《〈认证及认证培训、咨询人员管理办法〉修订论证报告》。

（三）探索开展认证机构同行评议

邀请11个能源管理体系认证机构的专家22人，共同对2016年能源管理体系专项检查中发现的突出问题以及认证机构提供的申辩材料进行集体评议，并形成同行评议意见，为行政监管部门对问题的最终判定提供了技术支持。

（四）加强日常监管，形成退出机制

将认证机构年报信息上网公示，接受社会监督。针对在日常监管中发现的问题线索深入追查，对1家不能持续符合审批条件的认证机构，撤销其认证机构资质并向社会公布。

（五）编制发布《2015年度中国认证机构发展报告》

与2015年报告相比，增加了认证市场行政监管情况、主要管理体系认证证书在三大产业中的分布情况、认证机构参与认证认可行业标准制修订工作情况等内容。

（六）积极处理申投诉件

对社会各界针对认证机构和认证人员的申投诉进行调查,调查处理申投诉15件。

（七）加强对地方监管人员的培训

组织1期针对地方监管人员的培训班，对75名地方监管人员进行监管能力培训；9次赴地方指导检查工作。

三、发挥部际联席会平台优势，推动认证认可创新发展

重点开展部委间“一对一”深入合作，突出认证认可对行业发展的支撑作用，以点带面，推动部际协调机制全面发展。2016年，认监委分别与中医药管理局、供销合作总社和铁路总公司签署了合作备忘录（协议），在就支持上述三个行业内认证认可检验检测工作展开合作。将认证认可作为国家质量技术基础对行业发展的支撑作用推到一个新高度。以2016年世界认可日为契机，与中国铁路总公司共同举办以“认证认可助力高铁发展”为主题的一系列活动，展示了认证认可对中国高铁发展的重要支撑作用。与国家知识产权局密切配合制订了知识产权认证推动的实施方案，形成了《知识产权认证管理办法》征求意见稿。与中医药管理局共同推动中医养生保健服务认证制度。

改革全国认证认可工作部际联席会议召开方式，与全国认证认可工作会议合并召开，进一步扩大了部际联席会议工作的影响力，一方面使全系统的认证监管人员

深入了解了部际联席会议工作机制，另一方面也向各成员单位和有关部委展示全国认证认可行业的工作风采。

发挥部际联席会议制度“统一管理、共同实施”的作用，协调30个部、委、局，协助法律部完成《认证认可检验检测“十三五”发展规划》的征求意见和联合发布工作。

在中央网信办、中国人民银行的支持下组织召开了首届“互联网+检验检测认证”研讨会。会议立意高、内容实、形式新，对检验检测认证行业与互联网和大数据技术融合发展起到了引领作用。整理形成会议资料汇编，并以签报形式提出五方面工作建议。

在中医药局、总局质量司等单位支持下组织召开服务认证研讨会，首次就服务业发展相关政策与规划、服务认证发展方向与路径开展大规模讨论。

积极进行认证新领域、新模式研究，在联盟认证、人员认证、追溯管理体系等方面分别形成研究报告和工作建议。积极推动服务外包、大型活动可持续性等新型认证制度。

撰稿人：段新峰　赵　政　审稿人：付　强　王孝霞

2017

Yearbook of Certification and Accreditation of China

第六部分　认证监管

Part Six　The Supervision of Certification

一、产品认证

（一）绿色产品标准、认证、标识整合改革任务

为贯彻落实《生态文明体制改革总体方案》和中央全面深化改革领导小组关于统一绿色产品体系的有关要求，国家认监委对目前分头设立的环保、节能、节水、循环、低碳、再生、有机等产品评价制度进行分析和研究，提出建立统一的针对覆盖产品全生命周期的环境友好、资源节约并兼顾消费友好等综合指标的“中国绿色产品”认证与标识体系，以国办文件《关于建立统一的绿色产品标准、认证、标识体系的意见》（国办发〔2016〕86号）正式对外发布。

（二）完善国家网络安全产品认证认可制度

落实习总书记“4·19”讲话精神，与中央网信办协调局积极沟通并提出进一步推进国家信息安全认证制度的工作方案；配合实验室部制定《关于加强网络安全领域检验检测机构资质认定工作的指导意见》，进一步明确对网络安全检验检测机构的技术和安全管理要求，加强对网络安全检验检测机构的监督管理；落实《网络安全法》，协助网信办制订网络安全专用产品和关键设备检测认证制度工作方案。

（三）推进强制性产品认证目录改革

为主动适应和引领经济发展新常态，适应经济结构调整和产品更新换代，有效解决CCC目录管理中存在的问题，使CCC制度更友好、更灵活、更有效，国家认监委对强制性产品认证目录改革工作存在的不足进行了全面梳理和调研，提出了实施技术法规式的目录管理，建立“认证通用要求加细化产品目录描述”管理方式的改革方案。

（四）深化行政审批制度改革

发布《国家认监委关于调整从事强制性产品认证以及相关活动的认证机构、检查机构、实验室指定行政审批要求的公告》（2016年第11号公告），明确将审批条件中“获得国家确定的认可机构的认可”修改为“申请指定的认证机构、检查机构、实验室应符合国家标准中对认证机构、检查机构、实验室技术能力的通用要求”，取消相关中介服务事项，不再要求申请人委托有关机构开展认可。

（五）建立CCC认证指定机构日常和年度指定制度

联合认证认可研究所积极开展CCC认证检测资源分布与需求匹配度研究工作。对于日常指定，一是指定实验室在同一领域提升“一站式”检测服务能力的需求，二是在小功率电动机、涂料等试点产品领域中申请指定的需求，不再单独发布指定计划，随时申请随时受理并按程序做出指定。共有25家已指定实验室提升“一站式”检测服务能力，新增7家新指定实验室承担CCC检测业务。

（六）构建CCC认证监管一体化模式

严格落实全国认证认可工作会议提出的“提高监管效能，推进协同监管”等工作要求，以“问题导向、改革导向、风险导向、共治导向”为原则，组织31个省级质监局、5个副省级市质监局和35个直属检验检疫局，在全国范围对CCC获证产品进行专项监督抽查；组织认可中心、有关技术机构和5个省级质监局对CCC指定认证机构、实验室、检查员进行了监督检查。监督检查对象覆盖生产、流通和进口领域的25种2 044批次的CCC获证产品、23家指定认证机构（含6个分中心）及检查员、180家次指定实验室和104家获证企业。

（七）传统、电商领域“双随机”抽查

利用“双随机”抽查信息平台，重点针对消费者投诉多的小家电、智能手机、童车、涂料等CCC认证领域，部署开展“双随机”抽查工作。针对小家电、童车产品，重点在京东商城、国美电器等电商平台开展“双随机”抽

查；对涉及人身安全的火灾报警产品、涂料产品，以及消费者投诉多的智能手机产品，分别在天津市、河南省、深圳市组织开展“双随机”抽查。“双随机”抽查覆盖3个省、207个企业、6个电商平台，共计抽查产品312批次，合格产品282批次，取得了良好的实施效果。

（八）CCC认证制度改革后评估工作

全面梳理自2011年以来CCC认证制度改革相关措施公告文件近100份，对照四个统一的要求，按照制度层面、实施层面、标志和证书层面、收费层面分类整理了文件，重点明确了实施层面涉及的认证机构，实验室和生产企业三方面相应的改革措施。针对改革措施落实不同主体，进一步细化调查评估的指标和方法，采用定量测算、定性分析，典型案例调研采集的评估方式开展后评估工作。

（九）支持跨境电商发展，研究CCC认证便利通关的工作措施，试点开展CCC免办全程无纸化建设

指导浙江、重庆等部分地区直属检验检疫局研究出台调整优化CCC入境监管工作的具体要求，建立以小批量特殊处理程序承接跨境电商CCC入境验证监管的机制。升级CCC免办、特殊检测处理程序管理系统并上线运行，试点开展CCC免办全程无纸化建设。

（十）推动汽车平行进口工作

落实《关于自贸区平行进口汽车CCC认证改革试点措施的公告》（国家认监委2015年38号公告），服务自贸区平行进口工作开展。召开了汽车产品认证监管工作会议，指导认证机构发布实施细则，相关向地方宣贯CCC认证改革措施，颁发首批获证产品证书。

（十一）推动CCC标志发放的“一站式”服务

继续推动指定认证机构与标志机构“一站式”服务协议的签署，做好认证证书与认证标志发放的无缝对接。截至目前，标志中心已经与22家认证机构签订了“一站式”服务合作协议。

（十二）开展新版实施规则运行效果评估

委托认证认可研究所开展强制性产品认证新版实施规则运行效果评估工作，通过调研、发放问卷、召开座谈会等各种形式收集认证各相关方对相关改革举措执行情况的意见建议，并根据反馈，适时考虑进一步完善实施规则类文件，不断优化CCC实施机构指定制度。

（十三）大力宣传推动自愿性产品认证

为进一步推动自愿性产品认证工作，与认证认可协会分别在北京、南京、深圳等认证机构集中地进行《国家认监委关于加快发展自愿性产品认证工作的指导意见》重点宣贯，提升机构认识，激发机构活力。组织召开工业产品认证工作交流与推进工作会议，分享认证优良实践，宣传自愿性产品认证成果，集思广益，共同推进自愿性产品认证工作。

（十四）开展机器人、城轨装备、汽车网联产品认证工作

质检总局、发展改革委、工业和信息化部、国家认监委、国家标准委5部门共同发布《关于推进机器人检测认证体系建设的通知》，加强对机器人检测认证体系的监督管理，推动认证结果的广泛采信。联合国家发展改革委发布《国家发展改革委、国家认监委关于开展城市轨道交通装备认证工作的通知》（发改产业〔2016〕2029号），部署开展城市轨道交通装备认证工作。部署开展了《新能源汽车和智能网联汽车产品认证关键技术研究》短平快项目研究，起草关于联合发布《关于推进汽车联网产品认证体系建设的通知》，会同工业和信息化部提出推动我国汽车联网服务产业发展的工作思路。

（十五）积极推进区域认证、联盟认证工作

引导、推动山东积极探索推进“绿色认证”；积极支持广东大力开展“广东优质”认证。推进浙江制造、深圳标准等区域认证制度，促进地方经济转型升级。在稳步推进“浙江制造”产品认证工作的同时，积极引导深圳市在全面推进标准、品牌、信誉、质量“四位一体”建设中通过产品认证等技术评价手段推动“深圳标准”实施，提升“深圳质量”，建立“深圳标准”认证制度。

二、食品农产品认证

进出口食品安全问题是国计民生问题，关系到千家万户的生命健康，注册部严格实施进口注册工作，坚持底线原则不放松，加强已注册企业动态监管。截至2016年年底，已与89个国家（地区）的主管当局建立了工作联系，已将25个国家698家肉类生产企业，78个国家（地区）13 041家境外水产品生产企业，37个国家（地区）2 152家乳品生产企业（其中包括77家婴幼儿配方乳品生产企业）纳入注册管理。

三、新领域的研发进展显著，机构开发新认证项目积极性不断增加

2016年，贯彻实施认证认可检验检测“十三五”规划，大力实施认证认可创新发展战略，推进制度、科技、监管、服务、体制机制的协同创新，重点加快

电子商务、智能制造、绿色发展等领域认证认可创新步伐，着力突破“互联网+”模式下认证认可关键评价及保障技术。继续实行认证规则备案制度，市场主体的活跃程度显著提高，认证规则备案量持续增长。与中医药管理局共同推动保健服务认证制度，并由研究所完成了认证认可行业标准的订立工作，目前该领域已颁发认证证书近100张；与国家知识产权局密切配合制订了知识产权认证推动的实施方案，并派员参加知识产权局组织的多次相关研讨工作，形成了《知识产权认证管理办法》征求意见稿。

撰稿人：汪俊峰　审稿人：李春江

2017

Yearbook of Certification and Accreditation of China

第七部分　注册管理

Part Seven　Registration of Establishment

一、成立改革专项小组，着力推进食品农产品改革

在国家认监委的统一部署下，成立改革专项小组，着力推进食品农产品改革。

（一）创新跨境监管通报、协查、互信的国际合作机制

通过“互联网+”注册认证方式，积极发挥认证认可的质量基础作用，签署《国家认监局与芬兰农林部关于芬兰输华猪肉生产企业注册认证事宜的合作意向谅解备忘录》，落实境外企业主体责任，落实境外官方监管责任，形成合作机制，强化源头管控。

（二）组织开展监督检查，督促直属局全面落实HACCP认证和备案监管联动

国家认监委统一部署，积极行动，组织开展监督检查，督促直属局全面落实HACCP认证和备案监管联动。各局在备案过程对企业自我检查声明和第三方HACCP认证证明采信率达32%。

（三）通过信息化手段规范行政许可

出口食品生产企业备案管理系统上线后，平均办理备案时间缩短为17.3天，减少65.4%。出口备案系统获得中国信息协会颁发的“2015年中国信息化（质检领域）成果评选”三等奖；本着开放，共享理念搭建的进口注册公共服务平台，正积极实现与ECIQ主干系统数据交互建设，以方便消费者电脑端或手机端查询并选择进口食品。

（四）支持新型贸易业态发展

积极支持跨境电商新型贸易业态发展，推动杭州综试区开展跨境电商进口食品境外企业注册试点。

二、细化方案抓落实，积极促进“三同”相关工作

2014年，李克强总理在视察质检工作时，要求促进出口企业在同一生产线、按相同的标准生产出口和内销产品，达到相同的质量水平，即“同线同标同质”（以下简称“三同”）。按照国家供给侧结构性改革的总体要求，努力提高供给的质量和效率，根据认证认可工作“传递信任、服务发展”方针，积极组织调研，研究落实方案，以HACCP认证为突破，综合发挥质检优势手段，“突出公共服务，不增加企业负担”，推进落实有关工作。

一是细化方案抓落实。会同总局食品局、动植司，制订工作方案和任务分解，下发出口食品企业内外销“三同”等帮扶行动计划，并做好组织落实。召开部署宣贯会，组织征求8 201家出口食品企业帮扶需求，确定1 596家为重点帮扶对象；为7 706家出口企业提供相关培训。

二是线上线下双驱动。以市场消费需求为导向，着力打造线上线下两个平台，扩大“三同”食品影响力，增加良好消费体验。在线上，不断完善出口食品企业内外销“三同”信息公共服务平台，目前已有1 180家企业登录平台，基本覆盖全部出口产品种类，并为广大消费者提供产品溯源信息。据统计，登录信息公共服务平台已帮助企业新增国内订单7亿元。在线下，按照“政府引领推动，市场化运作”的原则，先后指导供港生鲜、供日韩“皇朝马汉”、康御优厨等建立商务公共服务平台，实现了线上购买、线下体验相结合，解决了“三同”产品进社区、进家庭“最后一公里”的问题。2016年，57家出口日韩“三同”企业通过“皇朝马汉”商务交易公共服务平台实现线上线下销售1 000万元。建成“三同”产品线下体验店5个。

三是多方联动强监管。依托备案注册与HACCP认证联动监管，采取“三环联动+市场抽样验证”的监督管理模式，通过执法监督、认证跟踪、企业自查保证上线企业持续符合“三同”要求，通过开展HACCP认证专项监督抽样检测工作，验证“三同”企业的成熟度和诚信度。由检验检疫、第三方检测机构以及消费者、专家和媒体组成监管团队，在全国范围内对三同企业的产品进行安全质量等多维度的抽检。对信息公共服务平台上线企业实施动态管理，淘汰不能持续符合“三同”要求的企业，维护信息公共服务平台的权威性、公正性。截至目前，各直

属局已组织对460家登录“三同”信息公共服务平台的出口企业实施备案认证联动监管，抽检获认证产品样本423个。

四是认证帮扶促转型。企业通过质量体系认证是参与“三同”工程的基础，也是开展扶持工作的关键点。一对一帮扶，重点解决企业在转型升级中遇到的难题；为7706家出口企业提供了危害分析与关键控制点（HACCP）、良好农业规范（GAP）和食品防护计划（FDP）培训，支持推动企业取得进驻“三同”工程入场券；在全国范围内开展四期“三同”技术法规和标准培训，帮促检验检疫机构、第三方认证机构和出口企业对比了解主要出口目标市场与我国标准的差异和变化，引导和帮助企业解决发展内外联动，促进市场转型。

五是部门协作凝合力。加强部门协调配合，争取地方政府支持。走访财政部和商务部，争取对“三同”工程财政和政策的支持；联合食药总局、商务部、农业部现场办理关于促进实现出口食品企业“三同”的全国人大建议；配合国家发改委赴地方调研“三同”工程实施情况；推动“三同”工程列入国家发改委牵头、24个部委联合下发的《关于促进消费带动产业转型升级行动计划》，并作为落实《中国制造2025》的重要措施；各直属局积极向地方政府汇报“三同”工程推进情况，争取地方政府支持，目前27个直属局已与地方商务、食药和农业等部门沟通协调，12个直属局与相关部门建立了固定沟通协调机制。

六是宣传引导正能量。全国“两会”、“3·15消费者权益保护日”期间，支树平局长、梅克保副局长分别做客人民日报“两会E客厅”、中央电视台“消费主张”栏目，向社会介绍了质检系统推进“三同”工程提振消费信心工作情况。孙大伟副局长做客新华网围绕“认证认可提升供给质量，提振消费信心”作专题访谈，就 “三同”工作进行了重点解读。认监委配合新华网建设的“三同”频道正式上线，频道以国家重点新闻网站——新华网为传播平台，依靠其权威、即时、公开的媒体属性，向社会公众传递“三同”工程的政策研究、工作动态、企业和市场等最新资讯，预计将对国内消费市场产生较大影响。中央电视台《新闻联播》栏目组到认监委、发改委采访“三同”工作推进情况，并赴北京、山东和浙江实地采访“三同”企业和消费者。发改委发布加快推进消费相关行业供给侧改革专题调研报告，介绍和肯定了四川检验检疫局推动“三同”工程情况和企业案例。中国人民大学“同线同标同质”工程政研组赴辽宁、浙江等地，对检验检疫机构、地方政府和出口企业的“三同”工作和实践进行案例研究。

七是谋划协调共推进。会同食药总局、商务部、农业部现场办理“三同”人大建议。配合国家发改委赴地方调研“三同”工程推进情况。“三同”工作列入国家《关于促进消费带动产业转型升级行动计划》和《中国制造2025》。

三、打好“技术牌”，念好“服务经”，紧抓质量“牛鼻子”

（一）严把国门坚守底线

进出口食品安全问题是国计民生问题，关系到千家万户的生命健康，注册管理部门严格实施进口注册工作，坚持底线原则不放松，加强已注册企业动态监管。

一是加强已注册企业事中事后动态监管。根据国家食品药品监管部门公布的进口乳品市场监督抽查不合格信息，对相关已注册境外婴幼儿配方乳品企业组织开展复查，依法对3家不能持续符合要求的境外婴幼儿配方乳品企业暂停注册资格，并限期调查问题原因，要求有效整改。根据进口不合格食品信息，暂停澳大利亚1家巴氏杀菌乳企业，并约谈澳官方，要求其所有41家已注册巴氏杀菌乳企业限期提交技术性材料供审核，结合源头注册和口岸把关联合监管，迫使澳方主动取消32家不合格进口巴杀乳企业注册资格。同时，依据农业部质检总局疫情通报以及现场回顾性注册评审等，暂停了26家不能持续符合中国相关要求的肉类生产企业注册。通过对问题企业暂停注册资格并公开处置信息，树立了认监委在进口注册事后监管的权威，有效督促境外企业持续符合注册要求，我国央媒和互联网媒体多次自发报道和转载相关企业暂停消息，社会反响良好。

二是指导各直属局进一步加强进口食品注册、认证口岸查验工作，部署直属检验检疫局对各个口岸分支机构督导进口注册查验实施情况。

三是积极协调和组织配合总局ECIQ建设。基本建设完成进口注册数据库并与ECIQ系统对接实现自动校验，使注册信息把好进口食品入境报检第一关。组织汇总、调查近年进境食品不合格信息，分析各类不合格问题形成原因，力争逐步梳理规律性发现，为后续境外监督复查更有针对性打好基础。

四是加强对高风险产品境外企业开展注册后回顾性检查。完成对德国、奥地利、丹麦、阿根廷、美国、蒙古、韩国、纳米、泰国等国家的高风险的肉类、乳品、水产品、燕窝企业的回顾性检查。

（二）建立科学有效的监管体系

积极探索采信第三方合格评定结果，以HACCP认证为突破口，综合运用认证认可、检验检测、质量追溯标识等质检特有职能手段优势，服务进口食品贸易。以美国食品生产企业在华注册工作为试点，借鉴美国食品安全现代化法的做法，进一步改进和完善对美国输华食品生产企业进口注册管理。发挥我国认证认可的制度优势，按照国务院有关机构职能转变“管办分离”要求，在美主管机构对其推荐注册企业落实监管责任基础上，提出中美双方以签署备忘录或工作安排的形式明确各方责任，将“市场能办的，多放给市场”，通过采信包括美方指定机构、我委批准的HACCP认证机构在内的第三方机构的审核认证结果，引入市场化手段进一步加强进口注册事中事后监管，促进我国HACCP等标准及认证服务“走出去”，推进进口食品境外生产企业注册管理制度和治理体系的现代化建设。

（三）多渠道强化人员能力建设

组织部分直属局研讨修订《进出口食品企业注册评审员管理办法》，提出评审员队伍建设规划和培训指南。组织开展“进口食品企业评审专家传帮带”之“中国好师父”第二季活动，组织各组完成各直属局选拔学员，提出活动计划方案。在陕西西安召开每年一度的全国检验检疫系统主任评审员培训班。

（四）协调合作共治更加紧密

与食药总局合作，参加食药总局保健食品审评中心进口婴幼儿乳粉产品配方境外审评研讨，与中编办、食药总局积极协调沟通进口婴幼儿乳粉境外审评情况，提出由认监委开展进口婴幼儿配方乳粉境外生产企业产品配方注册工作计划。 与卫计委、农业部合作，参与食品安全国家标准“肉类屠宰卫生规范”起草与修订工作，组织专家对国家标准“熟肉制品生产卫生规范”初稿研提修改意见和建议，为下一步进口肉类境外生产企业注册工作坚实技术法规基础。

（五）强化国际合作服务企业发展

出口备案工作涉及中外两方或者多方，加强与各国之间的合作交流显得尤为重要。2016年，我国出口备案企业数量已达到13 421家。出口备案制度发展至今，已得到诸多国外主管当局的高度认可。

一是强化沟通协调。2016年，向俄罗斯、美国、欧盟、加拿大、新加坡、日本、韩国、中国香港、中国澳门、马来西亚、新加坡等国家（地区）推荐水产、动物源性食品（肉类/肠衣等）等约380家企业注册，出口贸易进行顺畅。韩国新食品安全法出台后，要求所有输韩境外企业均需进行全注册。为保证输韩贸易不受影响，认监委多次与韩国驻华使馆沟通协调，了解情况，并根据韩国新规定要求各检验检疫局组织相关企业提交材料。因应对及时，目前我输韩企业已基本完成对韩全注册，输韩贸易开展顺利。

二是积极组织应对。2016年，组织接待了巴西、哥斯达黎加、韩国、日本、中国香港等国家（地区）的9个检查团组对39家水产、肉类、肠衣企业的现场检查。组织接待日本肠衣企业现场检查，检查的标准中日双方达成一致的《中国出口日本盐渍天然肠衣动物卫生要求》，通过现场检查有望取消日本对我国输日肠衣入境前的消毒措施。经与日方多次沟通协调，日方拟近期来华对变更的热加工禽肉、偶蹄肉企业进行检查。

三是多渠道宣贯，普及最新要求。一方面配合 “质量月”宣传，组织举办第十四届全国HACCP应用与认证研讨会暨“同线同标同质”工作推进会，指导帮助食品企业满足我国和有关进口国的相关卫生要求，提高企业履行食品安全主体责任能力和监管部门的监管能力，研讨解决在HACCP体系的建立、实施、验证、认证与监管过程中出现的新问题，推动HACCP体系的应用和提高食品安全水平。另一方面，委托检验检疫科学院举办多期多场次美国FSMA宣讲培训会，对体系内监管人员、企业质量管理人员、认证机构等多方面人员进行培训宣讲，帮扶输美企业按照美最新要求改造升级，效果良好。

四是研究评议国外法规，破除国外技术壁垒。积极组织研究美国食品安全现代化法、美国鲷鱼法规、韩国食品法案、日本肠衣新卫生要求等，出版《出口食品企业应对美国食品安全现代化系列丛书》免费发给输美食品企业和注册监管人员使用，免费为企业举办《食品防护法规》、《美国食品安全现代化法》培训25期，共培训5 720家企业，培训企业和检验检疫人员共8 507人次，帮助2 500家输美食品企业完成更新注册，推荐1 600余家输韩食品企业满足韩国新食品法要求，成功接待日本按照新要求对我国输日肠衣企业的现场注册检查。有效帮助出口企业破除技术壁垒，保障了国际经济形势不景气的情况下，出口贸易4.2%的增长额。

撰稿人：王 刚 鲁 超 陈恩成 审稿人：顾绍平

2017

Yearbook of Certification and Accreditation of China

第八部分　实验室与检测监管

Part Eight　Supervision on Testing and Inspection Bodies

2016年，实验室与检测监管工作按照国家质检总局和国家认监委统一要求，结合2016年度各项重点工作任务和改革专项任务，按计划开展各项工作。

一、实验室检测监管总体概况

（一）我国检验检测服务业发展状况

根据2016年全国检验检测服务业统计结果，我国检验检测服务业市场规模稳步提高。截至2015年年底，全国检验检测机构共计31 122家，比上年增加2 782家，增长9.82%；全年检验检测服务业实现营业收入总额1 799.98亿元，比上年增长 10.37%；检验检测机构全年共出具检验检测报告3.29亿份，比上年增长5.79%；全国检验检测服务业从业人员945 073人，比上年新增就业人数76 251人。

（二）与国务院相关部门、中央军委下属机构合作情况

与国家发改委、工业和信息化部、国家广电总局、中央军委装备发展部、北京市政府、重庆市政府、广东省政府、江苏省政府、安徽省政府等共同推进智能制造、机器人、轨道交通、光伏产品、信息系统、有机食品相关领域国家产品质检中心规划建设和资质认定工作。

与公安部共同推进公安刑事技术机构资质认定工作，发布《刑事技术机构资质认定评审要求》，规范3 400家刑事技术机构评审工作，推动机动车安检机构协同监管，发布《机动车安检机构资质认定评审要求》。

与司法部推动成立国家资质认定司法鉴定行业评审组，发布《司法鉴定机构资质认定评审要求》，进一步推进3 300家司法鉴定机构资质认定工作。

与环保部、公安部共同探索社会环境监测机构监管模式，联合发布《进一步规范排放检验加强机动车环境监督管理工作的通知》，规范3 450家机动车检验机构监督管理，打击机动车检验机构检验数据弄虚作假行为。

与农业部共同发布《关于联合推进农产品质量安全检验机构考核和资质认定工作的通知》，对3 200家机构制定同步开展检验检测机构资质认定和农产品质量安全检测机构考核评审实施方案。

与国家食品药品监督管理总局共同发布《食品检验机构资质认定条件》，发布第三批56家食品复检机构目录，推进医疗器械检验机构资质认定工作，加大食品检验机构资质认定监督检查力度，做好“事中、事后”检查。

与联参战保局共同推进北斗卫星导航检测体系建设和资质认定工作。

（三）以“示范区”建设为发力点，促进检验检测认证产业发展，服务地方经济建设

2016年，认监委已先后批准河北省承德市双滦区、天津东丽经济技术开发区、江苏省无锡市锡山区、山东省济南高新区4个地区创建 “国家检验检测认证公共服务平台示范区”，目前在全国范围内已累计批准10个地区创建“示范区”。首批示范区形成了可复制、可推广经验，对当地经济发展和转型产生促进作用的上海市静安区和宁波国家高新区2个地区进行了现场评估。

（四）检验检测机构资质认定评审员队伍建设

与公安部刑侦局举办了国家级检验检测机构资质认定评审员培训班，与国家认可中心举办了“资质认定、实验室认可”双证评审员培训班，充实了资质认定评审员队伍。全年开展7期检验检测机构资质认定评审员继续教育，1 050名评审员通过继续教育培训，保障了检验检测机构资质认定评审员技术评审能力的持续提升。

二、完善制度，积极推进深化改革

（一）落实国务院行政许可项目改革

按照国务院简政放权的工作部署，拟取消“产品质量检验机构资格认定”项目，将“为社会提供公证数据的产品质量检验机构计量认证”和“向社会出具具有证明作用的数据和结果的检查机构、实验室资质认定”项目合

并为“检验检测机构资质认定”。上述方案已上报国务院审改办。

（二）完善国家质检中心管理

起草了“国家质检中心管理制度改革方案”，组织国家质检中心及相关技术专家进行研讨，结合“审查认可”许可项目的调整改革，形成了后续管理的改革建议。

（三）加强检验检测机构资质认定与认可协调

会同认可中心多次进行研讨，组成了专门的研究团队，围绕资质认定制度与认可制度在宏观管理、工作程序、技术要求及证后监管等四个方面进行了深入研究，提出了资质认定制度与实验室认可制度相互关系和发展定位的改革建议。

（四）推动建立监管信息共享机制，搭建立体监管网络

2016年，在资质认定监督检查方面尝试“互联网+”的监管模式，构建资质认定监管大数据系统，逐步实现跨省、跨行业、跨层级的监管信息共享，形成立体监管网络。

三、积极履职，服务国家发展大局

（一）资质认定行政许可制度建设

1.简化评审要求

按照《检验检测机构资质认定管理办法》规定的资质认定条件，制定新的《检验检测机构资质认定评审准则》，进一步简化评审要求，由64条84款减少到50条40款。通过明确租赁设备、分包等问题进一步释放改革红利，助力检验检测市场发展。

2.建立同步评审机制

推进农产品质量安全检测机构考核和资质认定工作，与农业部共同研究，加快农产品质量安全检测机构考核和资质认定工作。为减轻检验检测机构负担，对于同时申请农产品质量安全检测机构考核和检验检测机构资质认定，且自愿提出同步评审的省级及以下检验检测机构，各省农业行政主管部门和质量技术监督部门共同建立农产品质量安全检测机构管理协调机制，形成统一、高效、便捷的同步评审工作制度。

（二）创新资质认定监督检查模式和方式

1.引入“互联网+监督检查”方法

2016年度资质认定专项监督检查创新监管模式，引入了“互联网+监督检查”的方法。利用统计直报系统建立的平台，要求检验检测机构实现网上自查信息填报，从而获取了全国所有检验检测机构电子化、结构化的背景信息。组织开发了移动终端APP，用于监督检查的现场检查。利用APP指导检查员按程序、按要求实施检查，并随时上传检查结果，即时获取监督检查的第一手信息。通过“互联网+监督检查”的模式，可以逐步积累各类检验检测机构的监管信息，为搭建全国检验检测机构电子化的诚信档案，完善检验检测机构征信体系奠定基础。

2.组织开展全面自查，通过直报系统上报自查表

由于2015年检验检测机构资质管理制度发生较大调整，为及时了解检验检测机构跟踪了解新要求的情况，同时提高监督检查的针对性和有效性，2016年度资质认定专项监督检查以《检验检测机构资质认定管理办法》和最新版《检验检测机构资质认定评审准则》的内容为基础，动员31个省级质量技术监督局、35个直属检验检疫局和27个行业资质认定评审组，组织全国所有检验检测机构上网填报监督检查自查表，28894家检验检测机构完成网上自查，完成率超过90%。随后拟公布未按时自查的检验检测机构名单，为下一步加强对这批检验检测机构的监管奠定基础。

3.试点开展“在线检测”核查模式

为了提高监督检查效果，补充常规检查形成的管理缺陷，2016年试点开展“在线检测”的新型核查模式，指派相关机构以普通检验检测委托人的身份，委托取得资质认定的60家检验检测机构对特定样品实施检验检测，通过分析委托业务受理全过程、最终报告的规范性、检测结果的准确性等情况，核查检验检测机构技术能力、管理体系和公正性的实际状态，作为对检验检测机构分类管理的输入。

4.推进“双随机”模式，提升监管效果

2016年资质认定监督检查不再单独设置针对国家质检中心的检查项目，将国家质检中心专项监督检查与资质认定专项监督检查合并，减少监督检查项目设置的复杂性，提升监督检查工作效率。同时，增加现场检查机构数到250家，采取不预先通知的“飞行检查”模式，从而扩大认监委资质认定监督检查的威慑力和影响面，整肃检验检测市场。

在被检查机构的选取方面，结合分类监管的需要，在确定重点领域、重点地域、重点检查机构后，检验检测机构由数据库中随机选取，落实国务院加强监督管理“双随机”的工作要求。根据检验检测机构专业领域类别，从检查专家库中随机选取检查员，共同组成检查组。对于监督检查方案，选择“对社会公开”，提升监督管理

工作的透明度，迎接社会监督。对于后续监督检查结果，进行披露公开，营造社会监督机制。组织完成2016年检验检测机构资质认定专项监督检查现场检查工作，组织50个专家组，现场检查分布于16个省（自治区、直辖市）51个市（含4个直辖市）的250家检验检测机构。

5.探索与行业主管部门的监管联动，首次联合环境保护部开展机动车环检、安检机构专项检查

为贯彻《大气污染防治法》和《道路交通安全法》的相关规定，落实《质量发展纲要》、《检验检测机构资质认定管理办法》和《关于进一步规范排放检验加强机动车环境监督管理工作的通知》的相关要求，进一步加强对机动车排放检验机构（以下简称环检机构）和机动车安全技术检验机构（以下简称安检机构）的监管力度，与环境保护部首次联合组织开展了全国机动车环检、安检机构专项检查工作。

认监委与环境保护部组织40个检查组共计120名专家，采取不预先通知的飞行检查，在全国30个省、自治区、直辖市（西藏自治区由于机动车环检、安检机构数量较少，今年暂不抽查）随机抽取200家机动车环检、安检机构进行专项检查。该专项检查重点对机动车环检、安检机构是否诚信和规范地开展检验检测的情况进行了核查，将进一步推动检验检测机构诚信档案建设，逐步实现检验检测机构分类监管。同时，该联合检查也是认监委首次与相关行业主管部委联合开展检验检测机构资质认定监督检查工作，有助于推动认监委与相关行业主管部委的监管联动，也将进一步扩大资质认定制度的影响力。

（三）顺利完成2015年度检验检测服务业统计

按照国家关于服务业统计工作的总体要求，依照国家统计局批准执行的《检验检测统计报表制度》，1月20日发布《关于开展2015年度检验检测服务业统计工作的通知》（国质检认联〔2016〕33号），启动全国2015年度检验检测服务业统计工作。截至2016年年底，已顺利组织完成全国2015年度检验检测服务业统计工作。

1.向国家统计局及时上报全国检验检测服务业统计数据

5月，质检总局、国家认监委致函国家统计局《关于报送2015年度检验检测服务业统计数据的函》（国质检认联函〔2016〕273号），正式向国家统计局报送2015年度全国检验检测服务业统计数据。

2.召开新闻发布会发布检验检测统计核心数据

6月，结合世界认可日宣传活动，认监委会同总局召开新闻发布会，向社会发布2015年度检验检测服务业统计数据，介绍我国检验检测行业发展整体情况、认监委和各省（自治区、直辖市）质监局对1 416家相关检验检测机构进行依法告诫、撤销、注销、暂停。

3.检验检测服务业统计数据分析

根据2015年度检验检测服务业统计数据，在2013～2014年度统计分析报告基础上组织编制完成《2015年度全国检验检测服务业统计报告》。同时，结合认监委2013～2015连续三年度开展的检验检测服务业统计数据，组织撰写完成首份《全国检验检测行业发展报告（2013～2015）》。

（四）推进能力验证工作

根据《检验检测机构资质认定管理办法》对能力验证的要求，在2015年年底全国征集180多项能力验证计划的基础上，确定42个项目作为认监委2016年度的能力验证计划，其中A类计划17项，B类计划26项。此外，创新地引入认监委C类能力验证计划，由获得认可的能力验证提供者PTP以及其他权威的技术机构作为能力验证组织者提供，这些能力验证组织者总共提供377个能力验证计划，丰富能力验证供给资源，便于检验检测机构选用。同时，在中德、中捷、中国–东盟等框架下推动认监委能力验证计划的国际交流，支持我国“一带一路”战略的实施。

（五）评审员管理

配合《检验检测机构资质认定评审准则》的修订发布，修订了《检验检测机构资质认定 评审员管理要求》，调整评审员管理流程和规定，取消了“国家级评审员”、“省级评审员”等传统管理模式，采取了“评审专家名录管理”的新型管理模式对12 000名评审人员进行管理。

（六）推进“国家检验检测认证公共服务平台示范区”创建

国家认监委于4月5日发布《关于开展“国家检验检测认证公共服务平台示范区”创建工作的通知》（国认实〔2016〕11号），在全国范围内全面推进“国家检验检测认证公共服务平台示范区”。在“示范区”建设中引入了“认证”工作，这也是主要考虑到检验检测和认证认可的统一、协调、综合发展的内在规律，以及国家认监委在认证认可和检验检测方面的双重管理职能。

（七）完成有关申投诉、举报案件的查处工作

严格按照办理程序共受理12起信访、申投诉案件、应对2起舆情突发事件及协助总局处理1起行政复议案件。有关案件内容复杂、查处难度大、社会影响敏感，认

监委严格按照法律法规和规定的程序，每个案件均派专人进行现场调查取证，并反复听取专家意见，公正、客观、严肃地进行查处，有效整肃了检测市场，也积累了监管的经验。

（八）加强国家质检中心监督管理

继续加强国家质检中心监督管理，根据年初国家质检中心上报年度工作总结和工作计划，以及上交《社会责任报告》的情况，对社会公布了首批“行为异常检验检测机构名单”，形成了很好的管理效果，为今后扩大工作透明度、增加管理手段、引入社会监督机制积累了经验。

（九）推进良好实验室规范GLP监控体系建设

继续密切跟踪国际GLP工作进展，派员参加了在法国尼斯举办的OECD/GLP工作组第30次年会，派检查员现场参与了瑞士GLP检查工作并调研了解瑞士GLP管理方式，在中德合格评定交流中讨论了GLP工作的交流问题。此外，继续推动认监委GLP监控体系建设，对已经批准的GLP实验室实施定期检查，同时将于11月上旬举办的GLP培训研讨会等。

（十）办理有关人大建议、政协提案

按照认监委分工安排，通过征求意见、与代表联系沟通等方式，共办理了4件人大建议和政协提案，并协助其他部门办理10余件建议和提案。

（十一）启动食品复检机构名录公布工作

按照《食品安全法》规定，会同农业部、卫计委和食品药品监管总局启动第三批食品复检机构名录公布工作。

（十二）加强资质认定信息化建设

在委网站公布了国家级资质认定获证机构信息，方便社会公众查询。继续推进国家级资质认定网上审批系统建设，已完成1 000余家检验检测机构信息填报工作。

撰稿人：乔　东　齐　晓　沈　军　李华宁　谢　澄　周　刚　黎玉娥　王　莹　李　璇　张世鹤

审稿人：乔　东

2017

Yearbook of Certification and Accreditation of China

第九部分　科研与标准建设

Part Nine　Research and Standard Making

一、认证认可科技工作

（一）认证认可科技工作概况

认证认可科研项目基础数据

	立项							验收						
	国家科技部科研课题	质检总局科研课题	质检行业公益专项	“短平快”课题	认监委支撑项目	其他	总计	国家科技部科研课题	质检总局科研课题	质检行业公益专项	“短平快”课题	认监委支撑项目	其他	总计
年度新增	22	15	0	9	22	0	68	0	9	0	0	10	0	19
总计	71	120	19	40	47	2	299	27	94	12	20	13	2	168

（二）重要工作成效

1. 以“国家质量基础的共性技术研究与应用”重点专项为载体，实现龙头带动

一是“国家质量基础的共性技术研究与应用”重点专项《支撑“一带一路”贸易便利化的认证认可关键技术研究与应用（一期）》、《信息安全认证认可关键技术研究与应用》、《服务认证关键技术研究与应用》和《科研实验室认可关键技术研究》等2016年度项目全面启动，项目的实施将为认证认可强国的实现提供强有力的技术支撑。

二是《互联网+认证认可共性技术研究与应用》等6项NQI2017年项目申报指南正式发布。项目涉及领域事关国家经济社会长远发展，同时也是认证认可在国家治理体系中发挥传递信任作用亟须进一步加强科技支撑的领域。这些事关认证认可行业核心竞争力、整体自主创新能力的战略性、基础性、前瞻性重大科学问题和重大共性关键技术的科研项目，实现龙头带动作用，极大地促进和培育行业创新发展能力，成为行业创新发展的新引擎。

2. 以高企认定为抓手，促进行业创新发展

1月29日，科技部、财政部和国家税务总局联合正式下发了新修订的《高新技术企业认定管理办法》（以下简称“新《办法》”）及其附件《国家重点支持的高新技术领域》。“检验检测认证技术”被列入国家重点支持的高新技术领域。同时，“新《办法》”在企业提交申请认定时的材料中增加了“企业高新技术产品（服务）的认证认可和相关资质证书”等内容，这无疑是对认证认可在产品（服务）质量中“传递信任”作用发挥的肯定。5月26日，中国检验检测认证行业创新发展高级研讨班在广东省中山市举办。科技部、火炬中心和国家认监委相关部门人员就国家科技计划改革、高新技术企业认定、检验检测资质认定改革、认证认可技术体系等内容进行政策解读，推动检验检测认证行业创新发展。来自检验检测、认证机构及生产企业的100多名代表参加了此次高级研讨班。

二、认证认可标准化工作

(一)认证认可标准化工作概况

1.认证认可国家标准基础数据

	立项数	报批数	发布数(当前有效)
年度新增	0	5	3
当前总计	140	123	131(63)

注:认证认可国家标准是指由SAC/TC 261归口管理或国家认监委负责起草的认证认可国家标准。

2.认证认可行业标准(RB)

(1)基础数据

标准立项					标准审查		标准发布		
正常计划	专项制标	应急项目	立项合计	累计立项总数	审查批次	通过审查数量	发布批次	发布数量	有效总数
2批/102项	—	—	102项	265项	6	35项	4	11项	49项

(2)立项对比

年度	正常计划	应急制标	专项制标	合计
2012	11	—	—	11
2013	9	—	21	30
2014	54	—	—	54
2015	68	—	—	68
2016	102	—	—	102
较2015年变化率	↑50%	—	—	↑50%

(3)发布对比

年度	发布批次	发布数量	截至年底有效总数
2013	1	11	11
2014	1	12	23
2015	4	15	38
2016	4	11	49
较2015年变化率	→	↓26.7%	↑28.9%
较2015年变化率	↑50%	—	↑50%

(4)审查数据

年度	审查批次	审查数量	通过数量
2012	1	4	4
2013	9	22	13
2014	3	13	9
2015	6	26	16
2016	6	44	35
较2015年变化率	→	↑69.2%	↑34.6%

（二）认证认可标准化工作成效

1.认证认可国家标准

截至2016年年底，全国认证认可标准化技术委员会（SAC/TC261）作为国际标准化组织合格评定委员会（ISO/CASCO）的国内对口委员会，累计等同转化ISO/CASCO制定的国际标准35项，自主创新制定国家标准44项。推荐国际标准制修订工作组专家45人次，推荐2名专家担任国际标准工作组召集人。先后翻译并出版《合格评定建立信任》等合格评定书籍3册，组建了利益均衡、代表广泛的委员队伍，形成了布局合理、基本覆盖的认证认可国家标准体系，实现了对ISO/CASCO的全面跟踪和参与。

2.认证认可行业标准（RB）

（1）完善健全管理机制

认标工作程序制定后，操作顺畅，截至2016年年底现行有效认证认可行业标准达到49项。2016年首次组织认标计划项目执行情况检查，通过文件审查和实地检查的形式，对认标执行情况进行了摸底。分两组分别检查了各承担单位的项目执行情况，对规范项目管理起到了推动作用。认证认可标准化专家队伍逐步建立，2016年认标管理系统专家库人员达到300人。

（2）发挥支撑保障作用

随着政府职能转变和供给侧结构性改革的深入推进，认证认可作为社会主义市场经济运行的一项基础性制度安排，支撑保障作用更加明显。认标在加强市场监管、创新管理方式、提供优质服务、创造良好的认证认可工作环境、维护认证认可工作的公平公正等方面有积极作用。其中，《认证认可业务分类代码》、《强制性产品认证业务数据规范》、《认证认可信息公共服务共享平台建设规范》等标准，对认证认可有关业务规范开展、对接用户、提升服务水平具有重要的指导和支撑作用。《强制性产品认证指定实验室评价指南》、《强制性产品认证获证产品市场抽查技术规范》等标准，有力支撑了强制性产品认证实施和监管模式创新。

（3）培训宣贯推动“三同”工程

7月~9月，组织了“出口食品企业‘同线同标同质’技术法规与标准培训”，对“三同”工程整体情况和出口美国、欧盟、日本、韩国和供港食品的技术法规与技术标准进行了介绍，并就相关四项认证认可行业标准（草案）展开研讨与宣贯。320名从业人员参加了培训，使有关人员对“三同”工作及其下一步如何与目的地国家的标准对接有所了解，对“同线同标同质”政策实施及供给侧结构性改革的推进实施也发挥了重要的支撑作用。

（4）夯实基础蓄力发展

2016年，在质检总局科技计划“认证认可行业标准化发展战略研究”课题支持下，首次完成了认证认可行业标准体系结构框架和明细表的研究和建设工作，初步提出认证认可标准体系包括基础通用标准、合格评定制度标准和管理保障标准三个子体系。认证认可标准体系框架的建立及实施，为我国认证认可标准化工作提供决策依据。

（5）正式运行信息系统

为了促进认证认可行业标准化管理工作的开展，根据《认证认可行业标准制修订工作细则（征求意见稿）》的要求，建设了标准需求征集、项目审议、项目立项、标准起草、征求意见、标准审查、标准报批和标准发布八项功能模块，涵盖了标准从其需求征集到批准发布的全部流程。自2015年7月上线试运行以来，系统实现了用户注册、密码找回、需求发布和项目申报等功能的实际运转，截至目前，已通过本系统完成2015年第二批、2016年第一批第二批三个批次的认证认可行业标准制修订计划项目的申报和评审工作。系统已有用户820名，专家库成员679人，基本实现了信息化平台对管理工作的支撑作用。

三、检验检疫行业标准化工作

（一）检验检疫标准化工作概况

1.检验检疫行业标准（SN）基础数据

标准立项					标准审定		标准发布		
正常计划	专项制标	应急项目	立项合计	累计立项总数	审定批次	通过审定数量	发布批次	发布数量	有效总数
2批/230项	1批/63项	3批/13项	6批/306项	8 451项	9	247项	4	528	5 232

2.检验检疫行业标准（SN）关键数据对比

（1）立项对比

年度	正常计划	应急制标	专项制标	合计
2012	265	1	125	391
2013	371	—	36	407
2014	348	1	54	403
2015	275	6	30	311
2016	230	13	63	306
较2015年变化率	↓16.4%	↑116.7%	↑117.2%	↓1.6%

（2）发布对比

年度	发布批次	发布数量	截至年底有效总数
2012	3	563	3882
2013	3	530	4224
2014	4	501	4517
2015	4	516	4856
2016	4	528	5232
较2014年变化率	—	↑2.32%	↑7.74%

（3）复审对比

年度	总数	复审数据对比							
		继续有效		修订		整合		废止	
		数量	比例	数量	比例	数量	比例	数量	比例
2012	453	269	59.4%	118	26.1%	40	8.8%	26	5.7%
2013	448	182	40.6%	158	35.3%	29	6.5%	79	17.6%
2014	670	523	78.0%	87	13.0%	22	3.3%	38	5.7%
2015	772	564	73.1%	90	11.7%	13	1.7%	105	13.6%
2016	564	419	74.3%	97	17.2%	13	2.3%	35	6.2%
复审结论分布较2015年变化		↓	↑	↑	↑	→	↑	↓	↓

3.相关国家标准制修订数据

检验检疫系统新承担国家标准制修订计划5项，2016年发布检验检疫系统承担的国家标准49项，累计发布1 072项。

（二）检验检疫工作成效

1.服务国家经济政策（SN）

2016年检验检疫标准化工作以建立完善的“管理服务型标准”体系成为最终工作目标，重构以支撑政府技术执法为主以服务外贸为辅的新标准体系，具体定位在政府执法、规范和引导第三方和提供公共技术服务三个方面。

2016年共下达“一带一路”、“自贸试验区”和“贸易便利化”SN标准专项制标计划项目63项；同时，组织对“一带一路”主要国家主要进出口商品技术标准收集比对分析工作总结编制，已收集到东盟国家相关标准题录数据1700余条，比对报告的收集工作也在开展。

2. 逐步推进深化改革（SN）

自深化检验检疫标准化改革以来，创新开展了进出口宏观质量管理、引导和规范第三方检验检测机构与市场、重要进出口商品检验、口岸能力建设、自贸实验区、贸易便利化、跨境电子商务以及监督抽查、执法检查、打假等专项领域的标准化工作。现阶段的标准体系基本覆盖检验检疫业务，体系内各层次、各子体系之间的系统性和关联度趋向科学合理。

根据标准化深化改革精神和国家标准委推荐性标准复审清理工作要求，进行了复审清理工作。清理标准项目5 158项，清理在研计划2 339项。

3.专家队伍建设取得成效（SN）

对检验检疫标准化专业技术委员会进行调整。根据改革要求和工作重点的变化，2016年共增补委员26名和秘书19名，解聘37名，调整岗位14名。今年的委员调整力度比较大，有力地推动了专业委的积极性，保持了专业委的工作活力。

4.标准质量稳步提高

2016年共有70项方法标准参加了验证，各专业委根据自身专业特点，确定验证工作领域和方式，方法标准验证工作纳入总局绩效考核后，各局参与验证工作的积极性得到了显著的提高。方法验证工作的开展提高了起草人对制标质量的重视度，对项目技术路线的科学性和严谨性更加重视。

5月~9月，组织了对检验检疫重要技术标准实施情况的检查，对动、植、食、卫、轻工、化矿、机电和危险品共8个领域的34项标准的具体实施情况进行了检查。通过重要技术标准情况的自查，提高了执行标准的意识与能力，增强了对标准执行的重视程度，检验检疫标准化专业技术委员会和各直属检验检疫局共同总结经验、查找不足，以确保标准在检验检疫工作中发挥技术支撑作用。

5.标准制修订能力提升

6月，组织了检验检疫标准化基础知识培训，35个局共130余名学员参加了培训。培训内容包括检验检疫标准化管理办法及实施细则、标准化工作导则、标准编写规则、方法标准验证技术要求和程序、国际标准化活动参与指南等,在培训过程中介绍了检验检疫标准化工作的成效和发展方向，对起草人今后在SN标准的立项和起草方向的把握上具有指导性意义。

6.信息管理更加扎实

自新版检验检疫标准管理信息系统上线运行以来，已基本实现标准制修订各环节全覆盖。2016年，检验检疫管理信息系统运行相关数据如下:征集制标需求236条、申报标准制修订计划任务书887项、下达标准制修订计划241项、已收录标准电子文本6 005项，通过系统发布通知和新闻45条。系统的全面运行，为标准化全过程的顺利运行奠定了基础。

7.理论研究取得进展

稳步推进标准化理论、战略、体制、机制、制度、政策等软课题研究。组织开展发展战略研究、标准体系研究，以及《合格评定功能法标准体系设计与关键通用技术研究与示范》课题。

8.国际交流合作进一步深化

根据2016年国家认监委外事计划安排，组织标准化工作相关12项出访计划，其中双边出访2项，参加国际会议10项。截至2016年10月31日，10项计划均已顺利执行，2项计划因美方对出访人员进行背景调查未能执行，出访人数17人，出访国家涉及美欧及马来西亚。

认监委组织系统内专家参与了如ISO/TC45、ISO/TC102、ISO/TC等多个国际标准组织（ISO）的标准制定工作，承担了多项国标标准制定工作，如在ISO/TC102工作组中提出的《铁矿石 全铁含量的测定 EDTA滴定法》和《铁矿石 硫含量的测定 硫酸钡重量法》两个项目成功立项，同时还承担了《铁矿石 铝含量的测定 第一部分：火焰原子吸收光谱法》和《直接还原铁 碳和/或硫含量的测定 高频燃烧红外测量法》两个项目的修订工作，参与了7项在研项目的共同试验研究工作，为我国实质性参与ISO国际标准化工作打下了坚实的基础；再如，上海检验检疫局专家承担了AOAC独立验证试验室和协同实验室工作并获得了AOAC颁发的“方法研究团队贡献奖”。

撰稿人：吴　彤　曹　鹏　审稿人：刘先德

2017

Yearbook of Certification and Accreditation of China

第十部分　认可约束

Part Ten　Accreditation

2016年，中国合格评定国家认可中心现有认证机构、实验室和检验机构三大门类认可制度，包含11项基本认可制度、25个专项认可制度和34个分项认可制度。累计认可各类认证机构、实验室及检验机构三大门类共计十四个领域的8516家机构，认可数量同比增长12%，在国际同行中居领先地位；有效认可状态各类认证证书超过100万份，同比增长12.5%。

签署的国际互认协议达到12项，互认范围覆盖至93个国家和经济体，占全球经济总量的95%以上；签署的双边认可合作协议达到16项，协议范围覆盖至21个国家。

一、认可业务信息统计

表1　认可的认证机构统计信息

<table>
<tr><th colspan="3">认可领域</th><th>认可的领域数量</th><th>业务范围类型</th><th>分支机构</th></tr>
<tr><td rowspan="4">1</td><td colspan="2">质量管理体系（QMS）认证</td><td>105</td><td>2 479</td><td>249</td></tr>
<tr><td colspan="2">通讯业质量管理体系（TL 9000）认证</td><td>6</td><td>19</td><td>—</td></tr>
<tr><td colspan="2">工程建设施工企业质量管理体系认证</td><td>56</td><td>808</td><td>40</td></tr>
<tr><td colspan="2">中国共产党基层组织质量管理体系认证</td><td>9</td><td>9</td><td>1</td></tr>
<tr><td>2</td><td colspan="2">环境管理体系（EMS）认证</td><td>98</td><td>2 156</td><td>77</td></tr>
<tr><td>3</td><td colspan="2">职业健康安全管理体系（OHSMS）认证</td><td>93</td><td>2 211</td><td>62</td></tr>
<tr><td>4</td><td colspan="2">食品安全管理体系（FSMS）认证</td><td>33</td><td>99</td><td>19</td></tr>
<tr><td>5</td><td colspan="2">危害分析与关键控制点（HACCP）体系认证</td><td>21</td><td>29</td><td>—</td></tr>
<tr><td>6</td><td colspan="2">良好生产规范（GMP）认证</td><td>5</td><td>5</td><td>—</td></tr>
<tr><td>7</td><td colspan="2">信息安全管理体系（ISMS）认证</td><td>10</td><td>31</td><td>—</td></tr>
<tr><td>8</td><td colspan="2">能源管理体系（EnMS）认证</td><td>25</td><td>94</td><td>—</td></tr>
<tr><td>9</td><td colspan="2">信息技术服务管理体系（ITSMS）认证</td><td>10</td><td>37</td><td>—</td></tr>
<tr><td rowspan="6">10</td><td rowspan="6">产品认证（合计70家）</td><td>常规产品认证</td><td>52</td><td>2 531</td><td>14</td></tr>
<tr><td>低碳产品认证</td><td>1</td><td>1</td><td>—</td></tr>
<tr><td>服务认证</td><td>2</td><td>3</td><td>—</td></tr>
<tr><td>良好农业规范（GAP）认证</td><td>15</td><td>50</td><td>—</td></tr>
<tr><td>有机产品认证</td><td>22</td><td>62</td><td>—</td></tr>
<tr><td>森林认证</td><td>5</td><td>29</td><td>—</td></tr>
<tr><td>11</td><td colspan="2">软件过程及能力成熟度评估（SPCA）</td><td>3</td><td>5</td><td>—</td></tr>
<tr><td>12</td><td colspan="2">人员认证</td><td>2</td><td>3</td><td>—</td></tr>
<tr><td colspan="3">认证机构总计：156</td><td>合计：573</td><td>认证机构业务范围类型 合计：10 661
其中管理体系认证机构业务范围类型合计：7 977</td><td>合计：462</td></tr>
</table>

表2 认可的实验室等机构统计信息

项目	数量
校准实验室	907
检测实验室	6 622
能力验证提供者	52
标准物质/标准样品生产者	13
医学实验室	239
生物安全实验室	71
合计	7 904

表3 认可的检验机构统计信息

项目	数量
检验机构	456

注：表1～表3的统计截止日期为2016年12月31日。

表4 暂停、撤销与注销机构认可资格统计信息

序号	机构	暂停	撤销	注销
1	认证机构	40	24	23
2	实验室	1 227	525	673
3	检验机构	31	57	37
总 计		1 298	606	733

注：表4的统计数据时间为2002年7月～2016年12月31日。

二、拓展认可制度

低碳产品、服务认证机构认可制度正式开展；实验动物机构认可制度研发工作全部完成；温室气体审定核查机构、供应链安全管理体系认证机构认可制度研发工作已基本完成。业务连续性管理体系、资产管理体系、道路交通安全管理体系、大型活动可持续性管理体系、绿色产品认证机构、绿色产品检测机构、医学实验室认可制度扩展覆盖影像与核医学实验室领域正在研发中，科研实验室认可制度研究已经启动。生物样本库、水足迹核查机构认可制度正在研发论证阶段。另外，结合社会热点难点，积极开展环境领域有机污染物检测项目认可关键技术、环境空气自动监测领域认可可行性等方面的技术研究。

三、提供技术支撑服务

接受认监委委托，以问题为导向，强化事中事后监督，截至12月31日，重点对23家CCC指定认证机构和获得CCC认证的104家企业，以及68家（次）CCC指定实验室实施了监督检查；为配合供给侧改革，与地方质检两局一起，对50家“同线同标同质”生产企业开展了危害分析与关键控制点（HACCP）认证监督检查；及时有效地完成了认监委委托的投诉调查工作，及申投诉、信访处理等研究工作。配合认监委完成了首次能源管理体系专项检查，完成资质认定评价任务1200多个。承担相关标准制订工作，服务绿色产品认证、检测机构改革。广泛提供认可支撑服务，为科技部、公安部、安全部、司法部、环保部、交通部、农业部、卫计委、质检总局、体育总局、科工局等政府部门以及中国科学院、军事科学院等方面的相关工作提供认可服务支持。支持中组部援疆援藏工作，促进西藏和新疆维吾尔自治区医学实验室、生物安全实验室的能力建设，推动西部地区实验室质量管理水平。配合公安部、司法部、安全部开展能力验证计划40项，持续服务于政府部门的监管和技术评价。按照质检总局和认监委的统一部署，承担世界认可日“认证认可助力中国高铁走向世界”活动承办工作。同时，编译印发国际采信认可结果案例。

四、推进认可工作改革

提高服务效率取得新突破。认证机构认可：持续优化评审管理工作流程，减少机构认可申请及评审流程各环节时限，减少不必要的监督环节；改进多领域整合评审、多场所认可评审，以及见证评审方式，其中关键场所评审的人日数较上年同期减少了58%；改进外资认证

机构评审，有效提高了评审效率。检验检测机构认可：以国际领先水平为标杆的实验室和检验机构认可时限控制目标总体得到落实；与资质认定同步实施的检验检测机构认可评审达到资质认定技术评价时限要求，相关同步评价初评流程时限减少了50%；调整实验室和检验机构评定批准方式，压缩流程时限10个工作日，效率提高了50%；调整校准领域能力范围表述方式，由他律变为自律；调整实验室认可证书附件公布方式，实现了中英文分别公布，能力范围精准查询和即时预公布功能，证书附件签发时限压缩10个工作日；扩大与政府部门合作范围，发挥能力验证基础作用。减少纸质文档，减少重复工作，实验室和检验机构申请书纸质文件减少73%，评审员和内部管理纸质文件减少28%，为完全无纸化、网络化迈出了重要一步。

增强认可效果取得新成果。继续全面实施认可过程的质量控制，通过加严受理审查、提高策划针对性、改进见证评审、构建关键绩效指标、改进外资认证机构和多领域整合评审，以及调整证书表述方式等措施，增强认证机构认可效果。通过开展推进检验检测机构分级管理研究、集中举行专项能力验证计划等，增强检验检测机构认可效果。在专项监督方面，加大数量规模和工作力度，增强宣传警示作用。在选取被重点专项监督检查的少量认证机构和实验室中，分别有62%和74%被给予资格处理，以问题为导向的监督效果和警示作用更加突出。为增强宣传警示作用，对实验室和检验机构开展典型案例培训，启动了实验室专项监督典型案例集的编制工作。

五、提升认可国际影响

在多边合作方面。扩展了国际互认范围，新签署了国际认可论坛（IAF）和太平洋认可合作组织（PAC）信息安全管理体系认证机构认可互认协议。提升了国际组织任职影响力，共有8位同志担任了国际和区域认可合作组织的管理层、委员会主席、工作组组长等14个选任、委任职务，11人担任了PAC和亚太实验室认可合作组织（APLAC）同行评审员，参与国际合作活动和培养国际人才的广泛性位居国际同行前列。发挥担任IAF主席优势，增强中国认可在国际认可界的话语权，履行IAF主席职责，推进IAF 2015–2019战略计划各项工作任务的落实，为提高国际互认扩展效率、改进同行评审过程、推动国际互认采信积极发挥作用。正式加入了全球最大的非盈利能力验证数据库欧洲能力验证数据库（EPTIS）。

在双边合作方面。积极服务“一带一路”建设，参与国家认监委“一带一路”认证认可路线图及三年滚动计划相关编制工作，参与国家“一带一路”认证认可相关科研项目研究工作，与俄罗斯联邦认可局草签了合作备忘录，开展了哈萨克斯坦国家认可机构来华学习有机产品认证、医学实验室、检验机构等认可工作经验的培训，接待了印尼国家认可委员会来访学习生物安全实验室认可经验，完成了对尼泊尔震后建筑评估技术人员的培训。在涉及我国出口澳大利亚、新西兰、美国、埃及、厄瓜多尔等国家相关产品方面，继续积极发挥认可支持作用。接收并及时答复国外各类询问，积极为我国对外贸易提供便利服务。配合参与中法新发传染病防治合作项目P4实验室建设，完成全部现场评审工作，为我国第一家P4实验室在2017年投入实际运行奠定基础。举办中日韩认可机构技术研讨会，举办能力验证国际论坛，积极开展相关国际交流。

六、加强自身建设

加强委员会建设。发挥议事决策作用，开展专项调研，深化多元共治。加强质量管理。重点组织实施质量体系全覆盖和质量目标分解专项活动。加强规划计划工作。认可工作“十三五”规划正式发布，规划分解和各项计划落实工作进展顺利。加强科技工作。牵头申报“十三五”国家重点研发计划项目科研实验室认可关键技术研究、司法鉴定能力控制技术研究与示范、“一带一路”沿线经济体典型产品互认评价与风险控制关键技术研究和“一带一路”沿线国家认证认可体系评估与能力评价研究、高等级病原微生物实验室风险评估体系建立及标准化研制等课题，参加申报国家重点研发计划项目国家质量技术基础（NQI）作用机理及评估技术研究；组织申报质检总局、国家认监委、认可中心各类科技计划29项。加强科技成果转化，研究并发布《司法鉴定/法庭科学机构能力认可通用要求》等系列标准。加强信息化建设。编制专项规划，开展顶层设计和大数据应用规划；健全信息安全、网络管理制度；完善业务系统功能，推进办公辅助系统信息化建设。加强队伍建设。积极推进干部轮岗和竞聘工作，研究明确了管理、专业和评审三支队伍综合发展的工作目标和工作任务。加强评审员队伍建设。试行认证机构评审员等级管理，加强评审员监督管理和专职评审员队伍建设，有针对性地开展专业培训，系统性地加强评审员廉政教育。加强认可定价和收费标准的研究，自主定价机制和收费标准正式实施。加强党的建设，加强全面从严治党，推进精神文明建设。加强思想建设，推进“两学一做”学习教育。

撰稿人：刘春潮　审稿人：肖建华

2017

Yearbook of Certification and Accreditation of China

第十一部分　人员注册

Part Eleven　Personnel Registration

2016年，中国认证认可协会（以下简称协会）深入学习贯彻党的十八大精神，认真贯彻落实国家质检总局、国家认监委的各项决策部署，进一步强化认证人员注册工作制度改革，不断提升人员注册的有效性。

一、提升行业人员队伍建设，强化新注册领域制度制定及宣贯

围绕课题及标准研究内容与部分机构进行了共同探讨，发布实施了《道路交通安全管理体系审核员确认方案》《资产管理体系审核员确认方案》《服务认证审查员注册准则》等相关制度，及时宣贯于机构，为推进新认证业务的开展提供了基础。

积极开展国际人员注册结果的互认，根据境外认证人员状况，制定出相应转换条件，互认相关转换结果，制定发布了《外籍认证人员临时备案规则》，解决了外籍认证人员在境内的转换问题。

对以监委所进出的“未按注册准则规定的推荐机构应建立的人员管理及评价制度”的未合格项进行了整改，检查了部分机构建立人员管理制度情况，并对抽取的人员信息进行了核查、比对；安排专人参加了国际标准起草组工作，在标准制定过程中积极传播并输出中国服务认证研究理论与成果；对CCC检查员转换注册自愿性产品认证检查员作出安排，接受已具备CCC检查员注册资格的申请人，免予自愿性产品认证检查员基础知识考试，同级转换注册为自愿性产品认证检查员。

二、高效执行，全力做好自身建设

不断完善内部管理，坚决转变工作作风，主动作为、主动求变，不断提升秘书处人员的工作能力。依托协会信息化工作平台，大力做好协会宣传工作，及时在协会网站上传行业动态，使广大会员单位能够直观、快速、准确地掌握行业发展形势与协会工作进展；切实发挥《中国认证认可》杂志主流媒体的作用，向社会提供认证认可行业的正能量；积极探索传统媒体与新媒体融合，开通“中国认证认可”微信公众平台；推出了一批具有行业影响力的信息报道，增设了认证人员注册查询、考试成绩查询等功能，为从业人员提供了全方位的服务，极大地方便了广大审核员和检查员。

协会在已发布的贯彻落实八项规定具体措施的基础上，严格制订会议计划、科学管理会议活动，包括年初制订协会年度会议计划、培训计划，严格落实一般会议在协会内部会议室召开的原则，同时加强过程监督，杜绝了一般性质的计划外会议。严格财务管理及外事管理，严格按照预算计划执行，控制经费开支；严禁超预算或无预算安排支出，不报销任何超范围、超标准以及与相关公务无关的费用。2016年公车运行维护费用比2015年下降30.44%；因公出国费用比201 5年增长17%；会议费比2014年增长13%；差旅费比2015年增长18%。费用增幅原因为业务活动、会务活动数量较2015年有所增长，属合理支出范畴。

三、日常工作有序开展

财务工作，夯实基础工作，防范风险。“十三五”时期是质检事业改革发展的关键时期。一年来，在总局和认监委的领导下，协会领导高度重视，按照总局的决策部署，认真履职，依法理财，精细管理，坚持问题和风险导向，扎实开展，稳步推进，发挥了规范管理、防范风险、促进廉政建设的作用，确保资金安全。

完善继续教育准则修订，强化试题征集与题库建设。修订了《认证培训课程确认准则》、《管理体系实习审核员培训课程大纲》、《管理体系审核员培训课程大纲》和相关配套文件、制定了《新领域认证培训课程大纲》、《认证人员继续教育管理方案》；征集了新版QMS、EMS试题；发布了《关于征集认证人员注册考试笔试试题的通知》，广泛征集了QMS、EMS、OHSMS、ISMS、ITSMS、EnMS、建筑施工领域、知识产权、业务连续性、服务认证通用知识和自愿性产品认证通用知识等试题，并组织对部分试题进行了审定，启动试题库建设。对认

证培训课程确认名录进行了及时更新，组织了3期全国统考，涉及质量、环境等23个考试科目。

丰富服务形式，提升服务效率。召开了新会员培训宣贯会议，引导新机构贯彻行政审批和事中事后监管改革措施；组织召开了新版ISO 19000和ISO 14000标准审核实践经验交流工作研讨会，帮助会员单位解决审核实践过程中遇到的困难，促进了新版标准在企业管理中的应用；建立了会员服务会议管理系统，提高了会议和培训效率；首次开设“CCAA网络学院”网上直播功能，使会员单位通过网上直播平台观看培训；利用协会“政法委”平台，组织会员单位围绕《认证机构管理办法》及相关政策法规进行修订研讨；积极推进政府购买服务项目建设，完成了民政部民间组织管理局《社会组织评估等级评定》两项国家标准制定，并成功中标成为民政部2016年度全国性社会组织第三方评估机构。

撰稿人：张 颖 审稿人：生 飞

2017

Yearbook of Certification and Accreditation of China

第十二部分　行业自律

Part Twelve　Self Disciplining of Acceditation and Certification Bodies

2016年，中国认证认可协会（以下简称协会）深入学习贯彻党的十八大精神，认真贯彻落实国家质检总局、国家认监委的各项决策部署，始终坚持以服务会员为中心，以行业自律为抓手，以改革创新为动力，以加强自身建设为保障的工作导向，提出了“搭平台、立行规、维权益”的工作理念，较好地履行了自身职能。

一、加强党建工作

（一）加强协会基层党建工作

协会把建立学习型党组织作为一项长期坚持和不断改进的重点工作，党总支认真学习习近平总书记系列讲话精神及党中央的各项重要方针政策，组织全体员工通过专题讲座、讲党课等方式，把思想和行动统一到中央的精神要求上来，增强党员干部的宗旨意识。

不断加大党员干部教育培训力度，全年共进行各种集中培训5次；组织员工外出培训共计15人次，其中中层干部14人次，普通员11人次，领导干部培训做到了100%覆盖。

协会党总支专门建立了党员学习活动室，并配备系列学习书籍，利用工作之余向党员及全体员工开放。举办了“庆七一·读好书·学党史一党的故事我来说”主题演讲比赛从不同角度讴歌党在建设新中国的伟大历程中所取得的丰功伟绩，抒发对党的无限热爱；组织全体员工到军事博物馆参观长征主题展览，强化爱国主义教育。

（二）深入落实两个责任，加强党风廉政教育

协会领导班子及成员带头，认真落实党风廉政责任制建设，坚持党总支负总责，党总支纪检委员及各支部纪检委员立足本职，做好党风廉政建设相关工作。协会党总支采取党风廉政建设会议例会制度与重点问题重点解决的灵活方式，将党风廉政建设工作部署与中央及总局的新要求紧密结合，将两个责任落实到位。

加强廉政教育，从根本上防微杜渐。认真做好党员领导干部的廉洁从政各项规定的贯彻执行。党总支书记及各支部书记通过讲党课等方式，使各位党员干部牢记宗旨，加强修养，树立表率作用。通过观看廉政教育纪录片等方式，教育广大干部职工明确党要管党、从严治党的思想，牢固树立责任意识、纪律意识、作风意识、廉政意识，时刻接受群众监督。

二、完成重点工作情况

（一）完成协会换届及相关工作

12月20日~21日，协会组织召开了第三次会员大会及第三届理事会第一次全体会议。会议审议通过了二届理事会工作报告、财务报告和协会“十三五规划”，同时依据协会章程相关要求，选举产生了第三届理事会、常务理事会，选举产生了新任会长、常务副会长、副会长和秘书长，任命了副秘书长。

协会严格按照国家“十三五”规划的精神，及国家质检总局、国家认监委相关工作要求，结合行业发展形势与自身实际工作，认真制定了《中国认证认可协会服务认证认可检验检测发展“十三五”规划》，并于第三次会员大会一次全体会议审议通过。

（二）推进认证检测机构行业自律与诚信建设工作

大力开展社会组织参与质监工作机制的项目研究，发布实施了《强制性产品认证机构行业自律规范》、《强制性产品认证检测机构行业自律规范》与《认证咨询机构自愿性备案管理办法》。

上线运行了认证咨询机构自愿性备案平台，向27家获得备案的认证咨询机构颁发了认证咨询机构备案证书。

召开了工业产品自愿性认证工作推动宣贯会议暨行业自律业务研讨会，与国家认监委认证监管部共同推动实施《国家认监委关于加快发展自愿性产品认证工作指导意见》。

组织完成了良好认证审核案例评议交流活动，确定18家机构的30个案例为2016年良好认证审核案例。

开展认证机构评价模式研究，引导和推动认证机构科学发展。协会于2015年提出了进行认证机构综合指标体系的研究，该项目被国家认监委列入“2016年度认证认可科技支撑计划项目”，对研究工作给予了资助和支持。通过对30家认证机构的抽样分析，认证机构综合指标体系的建立，使认证机构的组织行为和服务质量具有清晰、明确地评价和判断依据，充分验证了25项指标能够对认证机构的基本状况实现客观、准确、真实地反映，达到了课题研究的预期目的。

（三）科研、标准化引领和带动行业发展等方面工作取得成效

全国认证认可标准化技术委员金秘书处（SAC/TC261）依托协会平台，组织承担科研课题、标准制修订、课题鉴定项目及组织会员国际交流活动。联合ISO/CASCO共同举办了服务认证国际研讨会，组织我国服务认证领域专家与ISO/CASCOAAIG45国际工作组专家进行了深入沟通和充分交流。

承担了国家“十三五”重点研发计划NQI专项中《服务认证关键技术研究与应用》项目的研究，实质参与了ISO/IEC 17029《服务认证方案指南与示例》国际标准的起草，成功将我国服务认证先进理念和经验写入了国际标准，实现了我国在合格评定国际标准制修订方面从参与到引领的跨越。

在团体标准制度建设方面实现新突破，获得了国家标准委的首批团体标准试点机构资格，完成了《协会团体标准管理办法（试行）》、《团体标准制修订工作细则》等团体标准制度的起草和发布，同时征集和组建了中国认证认可协会团体标准审查委员会。

撰稿人：张 颖 审稿人：生 飞

2017

Yearbook of Certification and Accreditation of China

第十三部分　国际合作

Part Thirteen　International Cooperation

一、服务外交外经贸大局

（一）服务国家“一带一路”战略建设

国家认监委发布《共同推动认证认可服务“一带一路”建设的愿景与行动》（以下简称《愿景与行动》）后，为更好地落实《愿景与行动》，国家认监委特制定并发布了《〈愿景与行动〉三年滚动实施计划》及任务分解表。在《实施计划》中明确了认证认可服务“一带一路”建设工作的32个重点国家和7个重点业务领域，围绕建设认证认可强国的主要目标，开展国别研究、建立合作渠道和推动国际互认。在《2016–2018三年滚动实施计划任务分解表》中，明确了工作任务的性质、工作要求和责任单位。

开展了海合会、阿联酋、印度等国家认证认可领域国别研究，完善东盟十国认证认可领域国别研究，重点研究该区域和国家的认证认可管理架构、制度建设以及市场准入要求；服务国家“一带一路”战略及总局“NQI”走出去战略，组团访问了沙特、泰国、缅甸、哈萨克斯坦、匈牙利和波兰等国认证认可主管部门和有关机构和企业，有力地推动了我国与上述“一带一路”沿线重点国家在认证认可领域的交流。

9月，国家认监委在常州举办了商务部对外援助项目“发展中国家认证认可合作官员研修班”，由我委及下属单位11名业务骨干进行授课，来自斯里兰卡、缅甸、埃及、捷克等8个国家的32名官员齐聚一堂，共同分享了中国经验。培训重点介绍了我国的合格评定制度及认证认可服务“一带一路”建设的愿景，提高了我国认证认可制度在沿线国家的认知度，助推了我国认证认可制度输出。

（二）助推产能走出去

2016年世界认可日期间，质检总局、国家认监委、中国铁路总公司在京联合举办了以“认证认可助力中国高铁走向世界”为主题的2016年世界认可日主题活动，国家质检总局局长支树平、中国铁路总公司总经理盛光祖出席活动并致辞。国家认监委与中国铁路总公司签署了《认证认可助力中国高铁发展战略合作协议》，从制度创新、能力建设、国际合作、互认机制和公共服务平台五个方面运用认证认可助力高铁走向世界。中国铁道科学研究院、国家认监委认证认可技术研究所等11家单位还联合发起成立了中国轨道交通检验检测认证联盟。进一步发挥认证认可保障铁路产品质量安全、助推中国高铁走出去的积极作用，以认证认可服务高铁发展为典型标杆，全面提升认证认可工作水平和服务成效。

（三）参与国际组织活动规则逐渐走向引领

在IECQ领域，由中国提案并主导建立的LED认证项目正式运行，2016年由IECQ中国认证机构赛宝认证中心颁发了IECQ第一张LED元件认证证书，成为首个成功地在国际多边互认体系中由中国引领的认证制度，实现了在IEC合格评定领域制度性话语权的突破。

组织完成ISO/CASCO、IEC各合格评定体系对外投票和评议近60余件，其中在对IECRE风能、光伏领域的规则文件投票中，多次组织专家讨论研究，提出了实质性的意见。对不利于我国的条款，多轮投反对票，最终修改了条款，有效维护了国家利益。

二、合力推进双多边互认

（一）大力推进认证认可双边国际互认

2016年，国家认监委与新西兰初级产业部签署了《关于新西兰输往中华人民共和国肉类清真认证的安排》和《关于有机产品认证互认的安排》，推进与新西兰在清真认证和有机产品认证的合作，拓展双方合作领域。

2016年，国家认监委与美国安全检测实验室签署了《绿色产品认证领域的合作安排》，推动双方在绿色产品领域的合作。

2016年3月，参加参与中国海合会自贸协议谈判，访问了利雅得标准化组织（GSO）总部，进一步深化认证认可领域合作，促进双方贸易发展。

在认监委与韩国技术标准院签署的中韩电子电器互认框架协议下，2016 年，中国质量认证中心（CQC）与韩国 KTL、KTC 和 KTR 签署了电子电器领域的互认实施协议，帮助两国企业减轻负担。

（二）稳步推进多边互认

在新加入的 IECRE 领域按照光伏领域互认推进进程，组织国内认证机构对外申请。在 IECEx 领域，组织苏州电器科学研究院股份有限公司迎接对去年我国推荐的实验室的国际同行评审，并通过评审成功加入 IECEx；开展了中煤科工集团上海有限公司检测技术研究中心对外推荐工作。积极跟进 OECD 良好实验室规范数据多边互认协议新进展，参与商务部牵头组织的工作协调会议，组织完成 OECD 关于我国化学品良好实验室检测方向的调查问卷，参与我国与 OECD 相关研讨会，并组织与 OECD 来访官员的会谈，做好中国加入互认协议技术准备。

三、积极应对技术壁垒

（一）积极应对 FCC 颁布的新法令

为积极应对美国联邦通信委员会（FCC）发布新法令 14-208，2016 年 4 月下旬，国家认监委与商务部、工业和信息化部等有关部门同美国贸易谈判代表办公室（USTR）、FCC 召开电视电话会议。2016 年 5 月 25 日，认监委副主任刘卫军率领的代表团赴美与 USTR 和 FCC 进行了更为深入的探讨，美方对此次会谈中我委传递出的积极态度和有关信息表示赞赏。2015 年 6 月 15 日，FCC 在其官网宣布，14-208 新法令中关于不再接受非 MRA 国家或地区实验室出具的测试报告的要求延迟一年至 2017 年 7 月 13 日实施，避免了数百亿美元贸易遭受影响。

（二）不断提升技术性贸易措施能力，积极应对国外技术壁垒

提升技术性贸易措施能力，继续做好 WTO/TBT、SPS 通报评议工作，参与 WTO/TBT 例会，积极应对国外技术壁垒、解答国外对我相关制度的疑问。通过 WTO/TBT 合格评定研讨会的平台，在国际上宣传中国认证认可改革成果以及开展区域合格评定合作的经验，取得了很好的效果，得到了牵头部门商务部的肯定。

积极参与总局技术性贸易措施能力提升项目，牵头推进“充分发挥认证认可双多边互认机制效能，破解目标国技术性贸易壁垒”的工作任务。首次在向检测认证机构举行认证认可国际合作座谈会上邀请专家介绍 WTO/TBT、SPS 与国内应对的经验，提升了从业机构在对 TBT 和 SPS 的意识。

四、大力发展双边关系

2016 年，认监委在中德、中欧、中瑞、中俄、中韩等固定合作机制项下开展了卓有成效的合作与交流，以举办机制年会、召开专题研讨会、开展相关合作项目与人员交流等形式稳步推进了与上述国家或地区的主管部门之间的认证认可政策沟通，增进相互了解和信任；为技术机构之间的合作搭建了平台，鼓励各国家、地区间技术机构积极开展技术交流合作，共同推广认证认可的优良实践，促进我国认证认可行业的国际化发展。

中德合作　全方位推动与德国在认证认可领域的合作，举办了中德智能制造与工业 4.0 合格评定领域合作专家会和中德儿童乘用约束系统（CRS）研讨会，组织德方访问中国信息安全认证中心（ISCCC），正式建立中德信息安全认证领域合作。5 月，国家认监委组团赴德国柏林参加中德认证认可机制年会，深化对德合作。

中欧合作　参加中欧合格评定工作组会议及中欧工业产品安全和 WTO/TBT 磋商机制第十四次年度会议，促进了中欧合格评定领域的交流。

中瑞合作　在华举办瑞士认证认可制度研讨会，协调组织中国专家赴瑞士进行 GLP 见证评审，促进双方进一步合作与交流。

中俄合作　中俄标准计量认证和检验监管第十四次常设工作组在俄罗斯索契召开，深化了中俄认证认可领域合作。在中俄标准计量认证和检验监管第十四次常设工作组机制框架下，中俄两国认可机构草签了《中国合格评定国家认可中心和俄罗斯认可局合作备忘录》，待合适时机正式签署，以推动双方在认可领域的进一步合作。

五、深度参与国际组织

（一）参加国际组织活动

组织参加了 IEC、IEC 理事局、合格评定局，IECEE、IECEx、IECQ 年会，IECRE 风能和光伏委员会会议、ISO/CASCO 年会及 CPC\STAR 工作组会议，OECD 拖拉机协定工作组、GLP 工作组会议、APEC/SCSC 等重要国际组织会议。首次参加金砖国家会议，探讨在金砖国家机制框架下开展合格评定合作的可行性。组织对区域全面经济伙伴关系（RCEP）协定涉及认证认可的谈判文本进行研究并参与谈判。审批和指导下属单位参加 IAF/ILAC 年会、IQNet、ANF、CC 大会等。接待 IEC 主席、秘书长，IECEE 主席等国际组织重要官员来访，从合格评定的角度提出了关于 IEC 发展规划、

治理等方面的建议。

（二）推荐国际组织任职

积极遴选和推荐国内专家在人证认可国际组织中任职。2016年在IEC合格评定领域推荐2名专家任工作组成员，8名国际同行评审员，并组织了IECEx领域国际同行评审员国内遴选、考试；在ISO合格评定领域推荐专家11人次。截至2016年，在认证认可国际组织中任职管理层29人次，技术层171人次，同行评审员59人次，共计259人次。举办首次国际组织后备人员英语考试，通过考试发动和发掘人才，建立人才库。召开2016年认证认可国际组织管理工作会议，进一步加强了认证认可国际组织工作，积极推动我国在认证认可领域向国际引领的转变，提升制度性话语权。

（三）强化国际组织国内支撑

组织完成了国际电工委员会（IEC）合格评定国内运作发展纲要（2011–2015）实施成效评估工作，并发布了下一个5年发展纲要，作为指导2016年至2020年的行动纲领，推动IEC合格评定体系国运运作向全方位、宽领域、深层次发展，促进IEC合格评定检验检测与认证更有效地服务产业和贸易。同时，为实施纲要（2016–2020），制定了纲要2016年度任务分解表。指导IEC国内运作机制下各工作组开展政策研究、技术研讨、同行评审员考试、市场推广等多项工作，并于11月举办了IEC国内运作机制第9届年会。

（四）开展基础性研究

推进中国加入IECEx体系矿用产品类别调研，探讨煤安标志采信IECEx体系设备认证结果可行性。识别与认证认可相关的国际组织，开展必要性研究。根据质检总局要求，开展了《跨太平洋伙伴关系协定》（TPP）认证认可领域研究，并形成了研究报告。开展对世界能源大会（WEC）全球环境标志组织（GEN）电气电子工程师学会的研究。

六、深化与台港澳合作

在两岸认证认可合作工作组机制下，双方继续在技术层面进行交流和沟通。

继续落实已签署的《CEPA服务贸易协议》，积极研究认证认可领域对港澳开放措施，与相关部门单位沟通协调。2016年赴广东自贸区开展了《CEPA服务贸易协议》开放措施的调研工作，在京与港方进行了探讨交流，并达成了基本共识。

撰稿人：夏　芳　岳　岩　审稿人：唐冀平

2017

Yearbook of Certification and Accreditation of China

第十四部分　信息化建设

Part Fourteen　Informationization Construction

2016年，认证认可信息化建设以认证认可检验检测发展“十三五”规划为指引，深入贯彻落实全国质检工作会议和全国认证认可工作会议精神，围绕国家质检总局“抓质量、保安全、促发展、强质检”的工作方针和“强化认证认可作用、推动质量强国建设”的工作要求，积极谋划发展、推进服务能力建设，为构建认证认可监管一体化模式、完善协同推进机制、加强基础管理提供信息化支持、服务和保障，努力打好“技术牌”，念好“服务经”。

一、认证认可信息化工作新进展

（一）服务大局、保障重点，配合完成质检总局和认监委重点计划任务

为贯彻落实李克强总理关于推动出口与内销产品实现同一生产线、按照相同标准生产（“同线同标同质”）的指示，以及认证认可“创新治理、创优服务”的工作要求，配合认监委完成了“同现同标同质”公共服务平台一期建设，上线以来上报“同线同标同质”企业1 447家、公示企业1 126家、与8家电商平台展开了合作沟通，实现了出口食品生产企业备案信息、认证信息、出口信息等数据资源的整合与公示。

加强认证认可“云桥”应用，从电子商务领域入手，通过认证认可信息公开和共享，推动电子商务平台采信认证结果，共同营造良好的电商生态圈，为质量提升提供有力的信息化保障。目前已与阿里巴巴、京东、苏宁易购、亚马逊、唯品会、上海跨境电商公共服务平台、中粮我买网、正谷、有机汇等国内大型电商平台签订了“云桥”合作协议，在CCC、有机认证等领域开展认证数据共享合作，“云桥”提供的认证数据服务已经覆盖了国内电子商务约90%以上的B2C交易市场。“六一”前夕，阿里巴巴在其旗下“天猫”、“淘宝”等电商平台上下架无CCC证书的儿童安全座椅商品40余万件，有效防止了未获得认证的CCC目录内产品流入市场;同时，针对电商企业反馈的无CCC证书的产品信息，认监委要求地方认证监管部门和认证机构进行核实，对确实存在无证违法违规行为的，进行严肃执法查处。

根据总局关于认证认可工作服务质检整体工作、服务检验检疫大通关工作的要求，继续推进数据治理和整合统一数据上报系统建设，将自愿性产品认证证书上报、强制性产品质量分析数据上报、强制性产品证书转机构备案改进并整合到统一上报系统中、分批上线。

（二）创新理念、密切配合，服务质检和认证认可业务改革

1.落实质检总局加强电子通关管理要求，积极推进ECIQ接口建设和相关系统改造

（1）完成ECIQ接口开发和数据交换监控平台的建设，进出口食品注册备案设限、CCC的设限校验功能上线运行。

（2）推进认监委证书数据与总局检验检疫主干系统的数据互通、互认，保证通关验证设限数据库交换系统的正常运转。实现CIQ2000/集中审单系统中实现进出口食品注册备案通关自动验证，在全国35个直属局正式上线运行；在技术上实现了从总局统计日报库中提取CCC证明、进口食品注册、出口食品备案的报检、检验检疫和通关单数据到认监委设限数据库；并开展认监委设限数据库、进口废物原料装运前检验系统数据交换节点和总局端数据传输的运维工作。

2.落实认证认可检验检测制度改革要求，积极推进行政审批和相关业务系统建设和升级改造

（1）开展了认证机构行政审批系统、CCC免办及小批量电子审批系统试运行和培训推广。年初组织在全国15家检验检疫局进行试运行；6月召开试运行情况交流会，并在全国18个局正式试运行；9月对全国各检验检疫局代表进行了系统培训。目前，该系统基于真实的业务数据，开展全国公开测试，收集各局测试中反馈的问题，及时解决系统问题，并指导各局进行系统测试，协助各局做好系统上线的培训工作。

（2）开展了综合监管平台、CCC指定机构行政审批系统、统一查询平台、进口食品注册信息化管理等系统的升级改造。

（3）完成了检验检测机构资质认定管理系统建设。完成检验检测机构业务数据采集入库子系统、在线申请、受理、评审、审批等流程建设，召开了系统试运行培训会并上线试运行。

（4）组织开展对中国食品农产品认证信息系统风险预警功能的开发。实现了导出内容项目的追加及模糊查询功能，增加风险预警通知单的PDF格式直接导入功能及年底绩效考核统计功能，通过与认证机构系统对接，实现了HACCP查询。

（5）开展了有机产品认证示范创建区公益性有机产品信息交换平台建设。实现了有机示范区、有机认证企业及有机产品信息展示，快速响应采购商、消费者等用户查询企业及产品信息，促进有机产品的交易；提供企业线上选择认证机构，提交认证申请、填报企业信息、提交认证材料，为企业提供便利的认证申请服务。

（6）开展了中国绿色产品认证信息化建设。初步完成了建设方案的编制，开展了绿色产品标识信息采集规范的梳理，并征求信息平台组和各机构专家的意见，形成了指导绿色产品标识信息化平台开发的规范稿。

3.进一步进行系统整合，加强推广应用，扩大认证认可制度影响

（1）检验检测统计直报系统。1月初完成了检验检测服务业统计直报V3.0系统上线，4月底顺利完成统计数据报送工作，2016年上报机构数量较上年同期增长了15%；组织完善了专家复查流程，有效的对偏移量较大的机构数据进行了修正，数据的完整度和准确度比上年有所提升；8月组织完成了检验检测统计直报V3.0项目的验收，并开展了V3.1立项。

（2）认证认可统计直报系统。先后于4月、9月组织召开培训会，现场对来自中国质量认证中心、方圆标志认证集团有限公司等350多家认证机构（含子公司）的500余名人员进行了培训，内容涵盖数据报送统计方法、报表指标解读、数据报送方式等详细操作，至年底基本完成了应报机构的报送。

（3）认证认可标准（RB）管理系统。建设并部署到外网服务器，供协会、研究所等相关单位进行系统试运行。

4.主动担责、积极响应，为认监委内部规范管理和改革创新提供服务

为配合外事、党费、科标等工作的新要求和日常规范管理要求，完成了外事管理、借用人员管理系统建设和工资查询及党费计算系统核心功能建设。

（三）落实政务和信息公开要求，加强认监委网站和有关公共服务平台建设

1.在新改版的认监委网站基础上不断完善

建设了世界认可日热点专栏、移动端微信导读、设计微信动态页面等。同时配合委办公室开展网站绩效评估工作，采取以评促进的方式，督促各部室及相关单位对网站建设工作的投入，强化网站管理意识。

2.检验检测认证服务平台建设

启动了检验检测认证公共服务平台项目，制订完成了《检验检测认证公共服务平台项目策划方案》，进行了多次走访调研，并与上海市浦东新区商务委就建设“浦东新区检验检测认证公共服务平台”工作达成了合作意向。

3.启动有机产品服务网建设

为宣传有机产品知识、发布行业信息、交流有机产品管理经验、助力供给侧结构性改革，启动了有机产品服务网建设，初步确定建设方案、基本完成研发。

4.积极推进电子商务认证制度研究

积极争取NQI项目和标准化项目的支持，在NQI电商服务认证课题下联合各认证机构继续开展电商认证技术的研究。各认证机构共颁发了35张证电商认证书,29家电商企业获证。

（四）科研先导、技术引领，结合业务发展开展前瞻性研究

1.开拓思路、积极参与，成功申请国家重大课题立项

（1）《电子商务服务量化在线认证技术与商品类及跨境电子商务交易服务认证技术方案研究》、《支撑“一带一路”认证认可数据众筹与信息服务技术研究》成功获得科技部十三五重点研发项目“国家质量技术基础共性技术研究（NQI）”的课题立项。

（2）《跨境电子商务认证技术研究》获得质检总局科技计划项目立项、《认证认可检验检测信息共享公共服务平台建设规范》获得认证认可行业标准项目立项。

2.积极推进《区域优势特色有机产品认证关键技术研究与示范》（“十二五”国家科技支撑计划项目子课题）研究

通过对国内外产品追溯体系技术比对研究，对有机产品生产、加工、仓储运输、销售、认证、监管等全过程

追溯关键要素的调研考证，制定了基于时空定位的追溯信息模型、追溯数据接入符合性评价技术规范、各环节追溯数据采集模型和追溯数据接口标准；建立了开放式有机产品全过程追溯信息体系和技术体系；建设了有机全程追溯系统，完成了三类5种有机产品追溯链信息的配置，并通过黄瓜、西红柿数据的采集验证了系统的实用性、有效性。

（五）安全第一、夯实基础，做好各项运维保障

1.开展网络安全监控、处置和管理工作

按照信息安全管理相关技术要求，严密开展网络安全监控、处置和管理工作。对认监委网站扫描23次，每周对服务器进行病毒、木马查杀，收集分析网络设备日志共700多万条，对服务器网段进行了IP地址和MAC地址绑定，完成了IP、域名、VPN等配置变更，通过及时发现、排查，保障各信息系统和网络的安全运行。

2.开展测评、自查和备案审核工作

按照信息安全等级保护要求开展测评、自查和备案审核。完成内保局关于信息安全等级保护的自查工作；根据中心实际情况将备案系统调整变更为13个，并通过了公安部门的备案审核，完成了全部13个系统的测评报告。

二、认证认可信息化组织与管理

2016年，认监委信息办创新方式、深入调研，力争做细做实服务工作。

（一）开展《认证认可检验检测信息化“十三五”专项规划》的整体编制工作

根据《认证认可检验检测发展“十三五”规划》以及国家、总局信息化相关“十三五”规划，紧密围绕质量强国和认证认可强国战略，通过实地调研委各业务部门和总局信息中心等方式，充分吸收各单位意见建议，编制了《认证认可检验检测信息化“十三五”规划》初稿。

（二）开展检验检测机构信息化情况调研

通过网站及微信以调研问卷的形式开展了检验检测机构信息化现状调研，为全面了解检验检测机构信息化现状，更好地推进检验检测行业信息化建设，提升检验检测机构信息化管理水平，促进“互联网+检验检测”发展与应用提供了参考。

（三）组织成员单位交流活动

组织各成员单位近30人参观了华为北京展示中心，了解最新的信息技术和应用，学习华为的企业文化，并进行了交流。

撰稿人：李　蕊　审稿人：庞　翔

2017

Yearbook of Certification and Accreditation of China

第十五部分 全国认证认可部际联席会议

Part Fifteen Inter-Ministerial Meeting

第十五次全国认证认可工作部际联席会议基本情况

1 月 19 日，全国认证认可工作会议暨第十五次全国认证认可工作部际联席会议在北京召开，学习贯彻党的十八届六中全会及中央经济工作会议精神，贯彻落实全国质检工作会议的部署要求，围绕实施《认证认可检验检测发展“十三五”规划》，总结和部署年度工作。国家质检总局局长支树平出席会议并讲话；总局副局长、国家认监委主任、全国认证认可工作部际联席会议召集人孙大伟做工作报告；上海市副市长陈寅、云南省副省长董华介绍推动认证认可工作的好做法。科技部副部长黄卫，水利部副部长陆桂华，体育总局党组成员李颖川，食品药品监管总局副局长孙咸泽，统计局副局长贾楠，林业局副局长彭有冬，知识产权局副局长贺化，旅游局副局长王晓峰，国家认监委领导班子成员王大宁、刘卫军、许增德、许武何、董乐群、薄昱民等出席会议。

支树平指出，过去一年，是认证认可改革创新取得新突破的一年，尤其在服务供给侧结构性改革方面可圈可点。国家认监委大力推行内外销“同线同标同质”模式，牵头制定《关于建立统一的绿色产品标准、认证、标识体系的意见》，与中国铁路总公司签订认证认可助推中国高铁“走出去”战略合作协议，提出国际首创的认证认可强国指标等，取得了丰硕成果。

支树平强调，2017 年是供给侧结构性改革的深化之年。中央明确强调，供给侧结构性改革的主攻方向是提高供给质量，提升供给体系的中心任务是全面提高产品和服务质量。认证认可作为国际公认的质量技术基础之一，要率先响应、主动破题，聚焦产品和服务质量，发挥认证认可在质量提升中的重要作用，在加强全面质量管理、扩大中高端供给、促进外贸优进优出等方面发挥不可替代的重要作用。要深化改革创新，主动承接工业产品生产许可证制度改革，加快补齐认证认可制度短板，不断发展壮大检验检测认证现代服务业。

支树平要求，要创新完善联席会议机制，在联席会议的框架下，各地各部门要把认证认可作为推进供给侧结构性改革的政策抓手，认真落实《认证认可检验检测发展“十三五”规划》，共同完善认证认可的准入、实施、采信、监督等各项制度，形成完善的制度体系。要创新完善行业治理机制，在加强监管的同时，为行业主体营造公平竞争秩序和优良发展环境，让他们充分享受到改革红利、发展红利。

孙大伟做了题为《围绕质量提升提高供给质量为建设认证认可强国而不懈奋斗》的工作报告。他指出，2016 年认证认可工作在提高供给质量、深化改革创新、完善工作机制、加强自身建设等方面取得了新的成绩。2017 年，要深入开展质量提升行动，加强全面质量管理，全面提高认证认可供给质量，加快建设认证认可强国。要开展一批先导性质量提升行动，全面提升质量基础作用；要推出一批关键性改革举措，全面推动认证认可行业提质升级；要实施一批示范性基础工程，全面夯实认证认可工作机制平台；要树立一批标杆性创新创优典型，全面提升自身建设水平。

陈寅表示，上海市主动适应经济发展新常态，围绕供给需求两端发力，深入改革创新，锐意开拓进取，大力推进检验检测认证行业快速发展。目前，认证认可在服务上海自贸区和科技创新中心建设、促进产业转型升级、加强民生保障等方面取得新突破。

董华表示，云南省委、省政府高度重视质量工作，始终把质量作为经济社会发展的重要基础性、战略性工作来抓，紧紧围绕服务“一带一路”和建设“面向南亚东南亚辐射中心”，充分发挥认证认可作用，助推云南经济社会跨越发展。

全国认证认可工作部际联席会议成员单位和特邀单位代表，质检总局有关司局、国家标准委和在京直属单位负责人，国家认监委机关全体干部、下属单位领导班子成员出席主会场会议。全国各直属检验检疫局及分支局，各省、自治区、直辖市及计划单列市、副省级城市、市县区质量技术监督局（市场监管部门），以及各检验检测认证示范区、认证认可工作联系点地方政府和各地资质认定协作部门的代表参加分会场视频会议。

改革创新　锐意进取　认证认可助力上海创新驱动发展

上海市人民政府

自 2016 年以来，上海市认真贯彻落实全国认证认可工作会议精神，主动适应经济发展新常态，围绕供给需求两端发力，深入改革创新，锐意开拓进取，大力促进检验检测认证行业快速发展。目前，上海检验检测认证行业机构超过 800 家，年产值近 190 亿元，在服务上海自贸试验区和科技创新中心建设、促进产业转型升级、加强民生保障等方面取得新突破。

一、坚持法治为先，地方立法促进行业规范发展

上海市率先开展检验检测地方立法探索工作。2016 年 11 月 11 日，《上海市检验检测条例》经上海市十四届人大常委会第 33 次会议全票通过，今年 1 月 1 日正式施行。条例为进一步规范和促进检验检测行业发展、营造公平有序的市场环境提供了坚实的法制保障。去年 11 月 22 日，支树平局长在上海调研质量工作时，对上海通过地方立法加强检验检测工作予以充分肯定，我们正按照支局长的要求，抓好条例的贯彻实施工作。条例主要突出四方面的特色：一是立规矩。强化落实主体责任，划定行为底线，明确检验检测机构和人员的禁止行为，建立适合检验检测特点的市场规则，同时对检验检测各主要环节进一步予以规范。二是填空白。由重事前资质审批转变为加强事中事后监管，将接受社会委托的检验检测行为纳入条例调整范围，消除监管的真空地带，有效完善了检验检测行业基本行为规范。三是优程序。落实联合现场评审、简化评审程序等措施，建立联合监管机制，推行信用管理，提高监管实效。四是促发展。通过规划引导、鼓励创新、资金支持、开放市场等措施，促进检验检测市场快速健康发展。

二、坚持规划引领，支撑服务重大产业创新升级

一是制定质量技术基础专项规划。制定实施《上海市技术基础发展和改革“十三五”规划》，围绕“一带一路”、“长江经济带”建设等国家重大战略部署，聚焦智能制造、信息安全、卫星导航、大飞机等重点产业技术基础建设和研究，着力布局一批国家质检中心、检测与评定中心、产业计量测试中心、公共服务平台以及标准化试验验证平台等，进一步发挥质量技术基础在支撑国家重大产业布局中的保障服务作用。二是完善产业促进政策。制定《促进上海市检验检测产业发展指导意见》及其实施方案，发展面向重大装备、战略性新兴产业、医疗健康、节能环保等产业的检验检测认证服务，推动制造业能级提升。在 2016 年上海工博会上，上海电器科学研究所颁发了首批中国机器人产品认证证书，标志着我国机器人检测认证制度正式实施，有力推动了机器人产业发展进步。三是创新公共服务平台建设。积极建设面向区域、行业和中小企业的公共服务平台，2016 年 5 月，静安区“国家检验检测认证公共服务平台示范区”通过国家认监委验收，区内检验检测认证服务业集聚和辐射效应明显，两年创建期间机构数量和产值增加 30% 以上。2015 年 10 月，浦东新区启动示范区创建，积极打造检验检测认证服务高地，为“双创”和“四新”经济发展提供良好环境。

三、坚持深化改革，促进贸易便利化水平持续提升

以建设自贸试验区和具有全球影响力的科技创新中心为契机，深入推进认证认可领域的“放管服”改革，降低制度性交易成本，激发行业市场活力。一是推进CCC认证制度改革。加快推进汽车平行进口试点，全国首张平行进口汽车CCC证书落户上海自贸试验区。探索涉及CCC目录的文化艺术品及展品认证改革，提高通关效率，促进跨境贸易发展。同时，对诚信示范企业实施“一次审批、多次放行，一次确认、三年有效”等贸易便利化措施，使每批进口CCC产品平均滞港时间从一周缩短到几分钟，一年可为企业节省物流成本1 500万元以上。二是推动检验检测机构审批制度改革。在自贸试验区推行检验检测机构资质认定告知承诺制，积极探索联合评审，审批时限缩短近一半。三是推动外资认证机构改革。在国家质检总局、国家认监委的大力支持下，上海自贸试验区2014版负面清单中删除了外商投资认证机构设立审批事项，并在全国其他自贸试验区复制推广，为促进国际贸易发挥了重要作用。四是加快推进战略性新兴产业国家质检中心建设、培育和验收。目前，上海国家质检中心达到47家，在卫星导航与定位产品、机器人、智能电网等领域已形成比较优势，有力支撑了战略性新兴产业的研发测试和产品定型等服务，进一步夯实科技创新中心建设的技术基础。

四、坚持制度创新，助力上海供给侧结构性改革

一是精准帮扶，积极服务出口食品企业内外销“同线同标同质”工程。全面推广HACCP（危险分析与关键控制点）+食品防护管理体系，推动“三同”食品进入大型零售餐饮企业，让市民在家门口就可以购买到“优质优价”产品，服务上海建设市民满意的食品安全城市。二是试点“上海品质”认证，推动品牌发展。积极引入国际通行的合格评定手段，制定实施上海品质认证实施制度、通用评价要求以及先进团体标准，重塑上海制造和上海服务金字招牌。三是平台对接，优化跨境电商交易环境。在国家认监委的支持下，国家认监委认证认可信息公共服务平台与上海跨境电商公共服务平台实现数据对接、信息共享，成功比对筛选了1 371种跨境电商产品的认证信息，从源头加强质量把控。四是优化服务，提升企业管理水平。对灯具、儿童安全座椅等认证监督抽查中发现问题较多、合格率较低的产品，定期组织召开产品质量分析会，帮助企业有针对性地查漏补缺，为区域经济发展提供优质的质量保障。

当前，上海正按照中央的要求，全力加快上海自贸试验区和具有全球影响力的科技创新中心建设，向着卓越的全球城市目标阔步迈进。下一步，我们将按照本次会议精神，在国家质检总局和认监委的支持指导下，学习借鉴兄弟省区市的有益经验，深化改革，开拓进取，全力推动检验检测认证认可工作再上新台阶。

充分发挥认证认可作用　助推云南经济社会跨越发展

云南省人民政府

非常感谢国家质检总局、国家认监委给我们提供这个交流的机会。按照会议安排，现将云南省推动认证认可、检验检测工作情况简要汇报如下：

一、高度重视，高位推动质量工作

云南省委、省政府高度重视质量工作，始终把质量作为经济社会发展的重要基础性、战略性工作来抓。2010年以来先后印发了《云南省人民政府关于实施质量兴省战略的意见》等一系列加强质量工作的政策文件，启动了质量兴省战略。2015年年初习近平总书记考察云南，要求云南努力建设成为全国“民族团结进步示范区、生态文明建设排头兵和面向南亚东南亚辐射中心”，努力闯出一条跨越式发展的路子来。云南省把质量工作摆到更加突出的位置，作为实现跨越发

展的重要支撑。省政府常务会议多次研究质量工作；召开了质量强省大会，省政府主要领导出席会议并作讲话；成立了省政府主要领导为组长的实施品牌和质量强省战略领导小组。印发了《云南省人民政府关于实施质量强省战略的意见》，进一步明确了质量强省的工作目标和主要任务，强调以提高发展质量和效益为中心，以深化改革为动力，以质量提升为主题，突出质量提升，着力打造品牌，加强和完善质量安全监管，构筑全社会质量共治机制，以质量服务跨越，以质量支撑发展。我们把认证认可作为实施创新驱动战略的重要环节、推进供给侧结构性改革的重要支撑、实现治理能力现代化的重要工具，着力规范认证认可市场，促进检验检测产业发展，提升质量管理水平，助推“面向南亚东南亚辐射中心”建设。

二、健全机制，着力完善政策体系

为充分发挥认证认可促进云南特色产业转型升级、提高经济社会发展质量和构建开放型经济的作用，我们坚持问题导向，完善政策体系，在全国率先出台了《云南省人民政府关于加强认证认可工作的实施意见》（云政发〔2016〕2号），强调以“主动适应经济发展新常态，进一步发挥认证认可制度优势”为主线，以构建“法律规范、行政监管、认可约束、行业自律、社会监督”的认证执法监管体系为着力点，突出“传递信任、服务发展”的体系保障作用，形成“统一规范、公平竞争、有效监督、高效诚信、国际互认”的认证认可产业服务体系；确定了“两个100%”、“一个领先”、“一个提升”的工作目标，即第三方公正检验检测机构资质认定率达100%，强制性认证产品生产企业获证率达100%；自愿性认证数量达到西部领先；显著提升云南口岸贸易便利化工作水平。围绕打造检验检测产业发展体系、强化认证监管体系建设、搭建国际互认工作体系、构建认证认可支撑保障体系等重点工作，提出了17项指导性和操作性较强的工作措施并明确了分工。在工作层面上，建立了23个部门组成的认证认可厅际联席会议制度，明确将认证认可工作经费列入财政预算。

三、服务发展，着力加强认证认可

云南省紧紧围绕服务“一带一路”和建设“面向南亚东南亚辐射中心”，充分发挥认证认可提高质量管理水平、保证产品质量安全、规范市场经济秩序、有效应对技术性贸易措施的作用，努力打造面向南亚东南亚的“质量高地”。一是鼓励企业积极开展管理体系认证。通过实施优先政府采购、奖励扶持等措施，不断加大力度引导企业开展管理体系认证，加强质量管理，提升质量水平。云南省管理体系认证获证企业达8 000多家，有效提升了企业管理水平，促进产业发展。能源管理体系认证、森林认证、知识产权管理体系认证等新兴认证业态取得突破进展，为云南省企业可持续发展提供了可借鉴、可复制的成功经验。二是认真抓好强制性产品认证制度落实。目前，全省获得强制性产品认证企业达462家，证书2 925张。自2012年以来，开展了电线电缆、安全玻璃、低压电器等强制性认证产品风险监测工作，共抽查700多个批次，对抽查发现的问题及时分析研判，帮助企业不断改进生产，提高产品质量，产品合格率从70%提升到85%左右，有效保障了消费品的质量安全。三是大力推进绿色产品认证。充分发挥12个有机产品认证示范区、10个出口食品农产品质量安全示范区的带动作用，做强做优云南有机产业。积极开展电解铝、草果低碳认证研究，云南省4家企业的15个产品通过低碳产品认证，企业及证书数量居全国前列，得到国家碳排放降低目标责任考核组的高度评价。按照国家建立统一绿色产品制度的要求，将绿色产品体系建设纳入生态文明绩效评价考核，切实推动云南绿色经济发展。四是努力提升国际贸易认证服务水平。切实加强与周边国家及主要贸易国间的认证认可国际互认磋商，促进国际互认，提升云南省口岸通关便利化工作水平。全省出口食品企业达470家，其中14家“同线同标同质”企业2016年出口近10亿元，内销约12亿元。瑞丽口岸建成占地400余亩、年吞吐能力200万吨、总投资逾4亿元的2个专业化“水果国检监管区”，与缅甸木姐市政府等建立定期会晤机制，缅甸进口西瓜占全国80%以上的反季节市场，2016年进口约48万吨，同比增长26%，成为优势最为突出的产品。

四、互动推进，全面开展检验检测

认证认可、检验检测是质量强省的重要基础工作。充分发挥认证认可的规范作用，着力实施“检验检测能力提升三年行动计划”，深入推进检验检测工作。一是深化检验检测市场准入改革。大力清理不利于检验检测市场健康发展的规章和政策文件，切实减少检验检测项目行政审批事项。组织省级有关单位联合建立了质监部门的资质认定与行业主管部门的资格许可“二合一”评审、评审结果互认等制度，优化了办事流程，缩短了办事时限，提高了行政效率。二是积极培育检验检测高技术服务业。推进国有检验检测机构整合，支持社会力量进入检验检测行业，鼓励、引导检验检测机构加强能力建设，积极推进检验检测服务信息化和社会化，大力发展检验检测服务关联产业。全省形成了10余家跨行业、跨产业检验检测集团，3家上市检验检测机构，检验检测产业呈现出蓬勃发展的势头。近3年来，云南省检验检测机构数量年均增长6%左右，检验检测产业收入年均增长13%左右，检验检测服务业产值即将突破40亿元，形成产业化发展的良好态势。三是着力规范检验检测市场秩序。结合云南省实际和民生关注焦点，在卫生计生、环境监测、农业生产、建筑工程等领域开展跨部门、跨区域联动监管，先后开展了涉及近1 000家检验检测机构的20多个检验检测项目的能力验证工作，积极探索双随机联动抽查。建立检验检测公共信息平台，设立了中介服务超市，及时发布检验检测行业信息，促进了行业发展。按照“统一管理、共同实施”的原则，健全了行业共治机制，逐步构建检验检测诚信体系，探索检验检测集聚发展和产业提升发展平台建设，为检验检测健康有序发展奠定坚实的基础。

下一步，云南将继续深入贯彻落实《国务院办公厅关于建立统一的绿色产品标准、认证、标识体系的意见》和《认证认可检验检测发展“十三五”规划》等安排部署，着力推进“两个100%”、“一个领先”、“一个提升”，全力打造“优质云南”名片，推动云南特色资源优势、沿边开放区位优势加快转化为产业优势，切实提高发展的质量和效益，不断增强区域核心竞争力，推动云南早日迈进“质量时代”，助推云南实现跨越发展。

2017

Yearbook of Certification and Accreditation of China

第十六部分　地方认证监督管理

Part Sixteen　Regional Supervision Certification

求真务实　严格把关　服务首都经济发展

——北京出入境检验检疫局2016年认证监管工作概况

2016年，北京出入境检验检疫局（以下简称“北京局”）严格按照国家质检总局和国家认监委的各项工作部署，紧紧围绕服务经济和社会发展的大局，坚持履行质量宏观管理职能的工作重心，强化认证认可工作体系建设，提高认证认可监管效能，创新认证认可服务理念，在服务首都经济发展中履职尽责。

一、认证监管工作稳步推进

（一）认证机构监管情况

2016年，北京局完成4家新增外资认证机构的监督检查。配合国家认监委认证有效检查工作，对6家认证机构的110份获证组织认证档案进行了现场抽取。

（二）固本强基，加强对强制性认证产品的监管力度

1. 强制性产品认证监管情况

2016年，受理CCC免办申请2 293批，同比减少1.8%；发放CCC免办证明2 173份，同比持平；不符合免办要求退回申请120份，同比减少34.2%。

口岸入境验证受理CCC产品进口报检60 568批次，同比下降18%，查验9 085批。口岸查验不合格的460批次，同比上升0.4%。

办结涉及CCC认证的行政处罚案件5起，涉案金额53.91万元，共罚款87 260元人民币。其中，未如实提供进口商品真实情况（未申请强制性产品入境验证）取得检验检疫机构有关证单的案件4起，涉案金额51.05万元，罚款36 600元人民币；擅自销售未经CCC认证的产品案件1起，罚款50 660元人民币。

2. 强制性产品认证获证产品市场抽查

按照国家认监委《2016年强制性产品认证获证产品市场抽查工作方案》要求，北京局制定并向国家认监委上报了《北京检验检疫局办公室关于报送2016年强制性产品认证获证产品市场抽查经费预算和实施方案的函》自2016年6月1日至8月31日开展对部分重点类别产品实施获证产品的监督抽查。

本次监督抽查突出三个特点：第一，抽查的种类范围历年来最广。涉及厨房家电、机动车零部件、机动车儿童乘员用约束系统共19种产品62个HS编码，涉及认证实施规则7个。第二，抽查种类重点最为明确。北京局将新纳入目录的产品列为抽查重点，抽查经费50%用于机动车儿童乘员用约束系统。据调查，目前儿童安全座椅问题较为突出，存在商家冒用证书或直接销售无证产品的问题；个别不法厂家为降低生产成本，在产品获证后使用不合格材料生产，造成动态和毒理项目不符合安全要求。因此将其列入了重点抽查产品。第三，首次发现安全项目不合格。经抽样送检，发现1批儿童安全座椅的燃烧速度超过了GB 8410-2006《汽车内饰材料的燃烧特性》标准限值。这是北京局连续10余年开展专项抽查以来，首次发现安全项目不合格，并针对不

合格产品依法进行处置。

3. 启动新版 CCC 免办及特殊用途进口产品检测处理系统上线工作

根据国家认监委第三季度认证认可工作会议的要求，新版 CCC 免办和特殊用途进口产品检测处理系统将于 2016 年 11 月上旬上线使用，两个旧系统将于 11 月上旬停止受理新增申请，并于 12 月完成数据迁移后予以关闭。北京局发布了《关于 CCC 免办及特殊用途进口产品检测处理系统上线运行有关问题的预备通知》，在内网上传了培训视频和教材。组织各相关分支机构提前做好切换准备。

4. 强制性产品认证岗位培训工作

9 月，北京局举办强制性产品认证监管岗位技能培训，对免于强制性产品认证进口产品检测处理程序的有关工作要求进行宣贯，对机动车辆安全附件类产品的认证适用范围和入境验证工作要点进行讲解，全局各分支机构的 24 名认证监管岗位人员参加培训。

5. 组织开展了 CCC 入境验证工作专项监督检查

8 月～9 月，北京局组织对 8 个分支机构的 CCC 入境验证工作进行了专项监督检查。检查分为各单位自查和现场检查两个阶段开展。检查范围为 2015 年 7 月 1 日以来各分支机构开展的 CCC 认证入境验证工作，涵盖了检验检疫通关业务一体化模式和出保税区 / 库等各种进口模式。检查结果表明，各分支机构能够按照作业指导书的要求履职把关，落实了 CCC 认证监管的各项工作要求，对于工作中出现的新问题主动应对，具体问题上和认监处保持沟通，妥善处置有关情况。

6. 建立特殊检测处理程序作业指导书（不含汽车）

按照 2016 年度工作计划安排，北京局全面梳理了免于强制性产品认证的特殊用途进口产品（不含汽车）检测处理程序工作要求，将国家认监委历年下发的有关公告要求进行整合。结合北京局工作实际，起草了《免于强制性产品认证的特殊用途进口产品（不含汽车）检测处理程序作业指导书》，于 5 月 13 日正式发布实施。为了指导相关企业申请，还同步在局外网发布了新版《工作指南》，对检测处理程序的申请条件和工作流程进行明确、公开。

二、关注热点，服务大局

（一）组织开展食品农产品认证监管工作

北京局将食品农产品认证监管与“质量月”活动相结合，制定了 2016 年食品农产品认证有效性检查工作及 2016 年“质量月”有机产品认证宣传活动计划，开展了 25 家获 HACCP 认证出口备案企业的检查工作和部分获食品安全管理体系认证的监管，并对 24 家进口代理人员进行了宣传和培训，培训会上，对《有机产品认证管理办法》进行了宣贯。

（二）对出口食品生产企业监督管理

1. 出口食品生产企业备案业务情况

截至 2016 年 12 月 31 日，北京地区共有出口食品备案企业 114 家，其中获得 HACCP 认证的 33 家。全年共受理备案及延续备案申请 45 项，完成评审 38 家，其中通过采信 HACCP 认证予以备案或延续备案资质的 16 家，占申请比例的 33%。协调应对美国食品药品监督管理局（FDA）对辖区 3 家输美食品企业的现场检查以及日本对 1 家输日肠衣企业的现场检查。

2. 出口食品备案企业监管与认证有效性监管

北京局结合前期工作经验制定并启用了《认证监管监督检查记录》，在操作层面真正实现了出口食品备案与认证有效性监管联动。通过联动监管对认证活动与备案企业体系运行状况进行捆绑式评价，提高监管效能、降低监管成本，二者有机结合，互进互促。召开“同线同标同质”工作和出口食品企业备案工作视频会，就全年的监管工作开展部署，明确监管工作要求，通报监管工作质量，抓好、抓实监管工作。

（三）食品检测体系建设取得的新成果

2016 年，北京局食品实验室经过 2 次扩项评审，目前能够开展涉及动植物源性产品、婴幼儿乳粉、蜂蜜、饮用水等产品的检测，达到 1 112 个项目，562 个方法，现有检测人员 83 人，其中研究生以上学历 23 人，中级及以上职称 40 人，形成了一支检测能力强、科研能力高的食品检测队伍。

1. 为执法把关提供技术支持

在 2016 年水生动物专项行动中，北京口岸首次检出白斑综合征；蟹类中镉超标 18 批次；首次在口岸发现并检出金黄色葡萄球菌肠毒素感染病例。

2. 配合北京市食药监部门开展检测工作，有力保障北京市的食品安全环境

配合北京市食药局对餐饮环节和流通环节的监督抽检任务；配合原有 17 个区县食品药品监督管理局完成流通领域日常监管工作，协助其完成食品抽样检测工作；

受北京市食品安全监控和风险评估中心委托，我中心承接了大量食品专项监测工作；参与北京市食品药品监督管理局关于开展食用明胶专项整治工作，排查食品安全风险和隐患；完成全国人民代表大会、中国人民政治协商会、北京国际电影节、世界旅游大会、北京国际夏令营的食品及餐具质量安全保障任务等。

三、提升能力，加强市场监管人员培训与管理

（一）卫生注册评审员培训与管理工作

2016年，首次将卫生注册评审员管理评价工作纳入全局绩效考核范畴。根据《进出口卫生注册评审员注册管理细则》对北京局现有评审员资格评定小组进行了调整；修订了《卫生注册评审员注册管理作业指导书》，强化评审员评价与退出机制，强调持续培训的重要性，严明评审工作纪律；举办卫生注册评审员培训班，从行为准则、工作要求等方面规范北京局评审员执法监管工作，以专业知识讲解、常见问题解惑等形式提高评审员业务技术水平；启动一轮评审员资格清理，结合人员岗位变化和实际工作需要对现有评审员队伍进行调整，根据评审员年度工作表现，对其开展动态管理；输送北京局评审员参加国家认监委进出口食品注册评审员“传帮带”活动和认监委主任评审员培训班、美国《食品安全现代化法》（FSMA）配套法规宣贯等外部培训，提升评审员专业水平。

（二）认证行政执法自查工作

按照《国家认监委关于印发2016年认证认可各业务领域监督检查工作方案的通知》要求，北京局联合法制处制订了工作方案并在内网下发通知，组织各有关部门于5月27日前在全局范围内开展了认证行政执法自查，完成自查报告，上报国家认监委法律部。

四、加强实验室检测监管

（一）对获证实验室和检查机构的监督检查

根据国家认监委的要求，北京局开展资质认定监督检查相关工作。下属的4个获证检测机构，技术中心、保健中心、机场分中心和机电实验室在规定的时限内通过国家认监委的上报系统提交了自查报告，并在自查的基础上，对技术中心的植物、食品、纺织和机场分中心4个实验室开展了监督检查，以检查表为依据，对原始记录、检测报告、仪器设备、质控计划等方面进行了重点检查。检查中发现的问题进行分析汇总，与中心及时沟通，及时解决存在的问题。

（二）实验室能力验证活动的开展

1. 组织中国能力验证联盟，开创能力验证新局面

7月19日，北京局与北京中实国金国际实验室能力验证研究有限公司共同筹备组建了中国能力验证联盟，召开了成立大会。目前北京局技术中心张锡全主任担任联盟的副理事长，纺织实验室王强主任担任联盟副秘书长，负责联盟的常务工作。联盟首批会员36家，多为CNAS认可的能力验证提供者，今后北京局的能力验证工作脱离了单打独斗的局面，强强联手，将在提供能力验证、质控样品、测量审核等多种服务上实现新的突破。

2. 积极开展能力验证组织工作，提升品牌知名度

2016年，国家认监委发布的19项A类能力验证项目中，北京局承担了其中的3项，为历年之最，分别是蛙病毒BIV核酸检测（CNCA-2016-A03）、纺织品邻苯二甲酸酯类增塑剂的测定（CNCA-2016-A14）、柑橘溃疡病菌检疫鉴定（CNCA-16-A05）三个项目，北京局保健中心还承担了国家认可委传染病血清学检测的能力验证项目。北京局还组织禽流感H5亚型核酸检测等国家认监督委的C类能力验证9项，以能力验证提供者身份组织34项。为进一步提升北京局实验室能力验证品牌的影响力，提升拓宽实验室检测服务途径，进军质控样品市场，10月10日，北京局邀请了北京中实国金国际实验室能力验证研究中心研究员佟艳春就有关质控样品制备技术开展培训。

3. 踊跃参加能力验证，夯实检测能力

2016年，北京局实验室共参加能力验证74项，技术中心参加国内能力验证项目32项，国际能力验证13项；保健中心参加能力验证项目29项，国内能力验证项目24项，国际能力验证5项。同时北京局以能力验证为抓手，针对实验室的薄弱环节，在食品、化妆品、玩具等检测领域选取了8项国内外能力验证项目对下属实验室开展了盲样考核。

（三）实验室和检查机构专业队伍建设

2016年，北京局严格按照资质认定管理的要求开展相关工作，下属的技术中心及其下属检测机构通过扩项评审，达到了281个产品类别，2 131个项目，保健中心检测能力3个产品类别，57个项目，目前北京局下属实验室的检测能力达到284个产品类别，2 188个项目。两中心现有检测工作从业人员344人，其中高级技术职称85人，中级技术职称67人，初级技术职称38人，现有研究生及以上学历人员107人，初步建立

了一支学历高、技术强的专业检测队伍。

五、检测资源共享战略实施取得的新成果

2016 年，北京局第三次获得北京市科委国产检测设备验证与综合评价项目的滚动立项，获得经费 180 万元，该项目依托北京市科委的首都科技条件平台和北京局的检测资源优势，开展了包括建立规范化验评体系、具体仪器验证评价、建立专家数据库和建立验评实验室等工作，获得了丰富的研究成果。项目有 6 家仪器设备生产厂商、7 台验证设备、18 个验证实验室和约 50 名专家参与其中。5 月 20 日，作为第十九届中国北京国际科技产业博览会的系列重要活动之一，北京局主办了第四届“国产检测仪器设备验证与综合评价技术服务推介会”，以推广国产检测设备验证服务理念为目的，同时向社会宣传推广通过验证的产品，以此提升国产检测设备的应用。推介会吸引了来自政府部门、相关学会协会、检测认证机构、仪器企业等单位的 200 余位代表出席会议。国产检测仪器设备验证评价工作积极响应供给侧改革的需求，助推国产仪器设备的自主创新和自主研发，为国产品牌创造商机，增强信心，开辟了服务首都经济社会发展的新途径。比如，北京海光仪器有限公司研发的液相色谱—原子荧光联用仪在 2016 年前 10 个月的销售额达到 5 000 万，较 2015 年同期增长了 300%，北京吉天仪器的快速溶剂萃取仪在经过验证评价后，销售量已经占据全国的半壁江山，使此类设备在市场上的采购价格全面降低，这些都很大程度上得益于国产检测设备验证与综合评价项目。该项目不仅帮助生产厂家提升销售额，而且在研究过程中能够帮助企业发现设备缺陷和薄弱环节，促进企业对设备进行改进升级，从而有效提升市场竞争力。

六、稳步推进认证认可科研与标准建设工作

（一）认证认可科技工作

北京局承担的认证认可科技支撑计划项目《基于大数据分析的实验室质量控制技术研究》，经费 3 万元，于 2016 年 1 月下达任务，将于 2017 年 12 月完成研究，目前研究进展正常。

（二）认证认可标准化工作

8 月 24 日 ~ 26 日，国家认监委委托中国认证认可协会在北京组织了认证认可行业标准的审定工作，北京局承办此次会议。标准审定委员会由来自国家认监委、中国合格评定认可中心、认证认可技术研究所和外系统认证认可领域权威专家组成，北京局主持起草的 10 项认证认可行业标准获得了审定委员会全体委员的一致认可，10 项标准全部通过审定，该局主持制修订的行业标准继续保持 100% 通过率。北京局作为检验检疫系统首次承担认证认可行业标准的单位，2014 年获得认证认可行业标准立项 10 项。

（三）检验检疫标准化工作

北京局积极发挥检验检疫技术中心、国际旅行卫生保健中心和北京市检验检疫科学技术研究院的技术优势，组织专业技术人员申报各专业检验检疫检测方法标准和规程标准的制修订工作。2016 年，北京局共通过检验检疫标准管理信息系统申报 38 项行业标准建议，下达行业标准制修订计划项目 33 项；按时上报标准复审建议 33 项；发起标准征求意见 15 项，完成标准送审 15 项；组织行业标准参加审定 8 项，通过 8 项；审核并上报行业标准报批材料 8 项，发布行业标准 15 项，标准按时完成率和审定通过率再次取得了双 100% 的成绩。根据国家认监委通知要求，北京局根据重要技术标准清单确定了标准实施部门和单位，根据检查内容制作了《重要技术标准自查情况统计表》，并下发给相关业务处室、分支机构等部门，反馈的结果如实反映了重要技术标准在北京局业务处室和实验室的实施情况，形成《重要技术标准实施情况自查报告》按时报送国家认监委。2016 年，北京局有 2 项标准列入验证计划，根据专业委方法验证工作安排，标准负责人及时确定并发出验证方案，根据各实验室反馈的验证结果形成验证报告上报专业委。此外，北京局实验室还参与其他直属局 4 项行业标准独立验证、10 项协同验证工作，均按时完成验证并反馈了验证报告。

七、围绕工作大局，积极推进各项工作开展

（一）组织开展管理体系认证活动专项监督检查工作

2016 年，北京局根据认监委《2016 年管理体系认证活动专项监督检查工作方案》，制订了《北京检验检疫局 2016 年质量管理体系认证活动监督检查方案》，按照“双随机、一公开”原则，承担了对北京地区 23 家获证组织的认证有效性检查。通过对获证组织的检查，验证认证机构的认证行为的合规性。成立了 3 个工作小组，并随机抽取 4 家企业与天津局、河北局、山西局、内蒙古局等开展华北五局联合检查，完成了认监委授权

的抽取档案工作。在随机抽取的23家获证企业中，共发现各类问题54项，其中认证档案中存在的问题43项，获证企业现场发现的问题11项，通过综合执法监管系统上传报送国家认监委。并向国家认监委提出了专项抽查的组织方式、检查方式、检查范围可以适当改进的工作建议。

（二）启动中烟烟机公司CCC免办协同监管试点工作

中烟烟机零配件采购服务中心有限责任公司（以下简称“中烟烟机公司”），是一家总部设在北京面向全国分公司实施进口烟机配件集中进口采购的集团企业，希望能在北京集中办理CCC免办证明。按照原有规定，原则上应由最终用户所在地的直属检验检疫局负责审批，后续监管工作原则上由签发免办证明的直属检验检疫局负责。在获悉中烟烟机公司的申请意向后，北京局对该公司提高零配件管理效率，提升服务水平的战略调整给予支持，主动向认监委汇报、协调。促成认监委下发了《国家认监委关于明确免于办理强制性产品认证协同监管试点工作企业的通知》(国认证函〔2016〕47号),在全国试点开展了“集中办理审批、多地协同监管”的监管模式创新工作。北京局率先申请承担对中烟烟机公司进行集中审批，在得到认监委批复后，组织召开了试点工作启动会议，国家认监委主管部门、认证监管处、朝阳检验检疫局、中烟烟机公司和相关保税仓库运营单位派员参会。北京局就开展试点工作进行了部署，明确了职责和相关方工作要求。截至2016年年底，第一批维修用零部件已到达北京朝阳口岸，开始按照文件精神进行CCC免办集中审批协同监管。此举为大型集团公司集中办理免办、简化程序、提高效率的需求做出了应对，明确各方的责任，规范操作程序。对支持首都总部经济和扩大服务业发展进行了尝试。

（三）开展出口食品生产企业质量提升、内外销“同线同标同质”工作

2016年，为落实质检系统与认证领域供给侧改革，北京局开展了出口食品企业“同线同标同质”（以下简称三同）这一国家质检总局重点工作，并也将之作为局重点工作。

组织全局各级相关部门、北京地区出口食品企业以及认证机构召开“三同”工作推进会和工作部署会，邀请国家认监委领导详解“三同”工作的重大意义；成立“三同”工作领导小组和涉及3个业务处室、6个分支机构的工作小组；制订并发布《北京出入境检验检疫局2016年帮扶出口食品企业“同线同标同质”工作方案》，明确职责分工，细化工作内容，具化工作要求；将“三同”工作同时列入2016年度局重点工作和绩效考核内容，通过双重考核架构保证工作进度与质量。截至12月底，北京局已对丰台、顺义开发区等5个辖区的“三同”推进工作开展了现场指导落实。

由局领导挂帅的工作组到一线做调研，走访辖区企业，了解企业在实现“三同”过程中遇到的困难和需求，发挥检验检疫部门的政策、技术优势，在认证、对标、应对WTO技术贸易壁垒等方面为企业服务；引导企业在原有的出口管理体系之上开发适销对路的内销型产品，根据企业产品、工艺和消费市场特点“一厂一策”制定帮扶计划；帮扶企业上线国家认监委内外销“三同”信息公共服务平台，对接各类商业信息服务平台，在不给企业增加额外负担的原则下，使之从中受益。建立企业品控管理人员分类登记台账，精准了解企业在食品安全体系运行方面的状态和需求，为精准帮扶夯实基础。

协调HACCP认证机构，以认证联动监管为手段，在对企业出口备案资质、认证审核活动实施监管的同时，对上线企业的“三同”符合性进行专项检查，借助“世界认可日”和食品安全宣传周活动，借以网站、微信、报纸报刊等媒介平台，通过制作网页专栏、宣传海报，开设微信公众账号等宣传手段，面向生产商、销售商和广大消费者开展“三同”宣传，提高全社会对“三同”产品的认知与接纳度，倡导消费理念转变并同时呼吁社会监督。截至12月底，北京地区已有8家出口食品备案企业在认监委“同线同标同质服务平台”注册为“三同”企业。同时，部分企业产品入驻了“三同”线下体验店，将适销对路的产品投放北京消费市场。

（四）世界认可日宣传

在第九个“世界认可日”来临之际，北京局按照国家认监委要求，制订活动宣传方案。通过各类媒体宣传，到经营进出口食品、CCC认证产品的经营场所现场宣传等形式，介绍进口注册、有机认证及CCC认证相关法规与知识。

撰稿人：袁英健　审稿人：王尊岭

围绕主线 深化改革 不断提升监管能力

——北京市质量技术监督局 2016 年认证监管工作概况

2016 年，北京市质量技术监督局（以下简称“北京市质监局”或“市局”）紧紧围绕质量强国的目标和首都“新常态、京津冀、高精尖”的主线，立足首都城市战略定位和京津冀协同发展战略要求，以深化改革和自主创新为动力，加强科技管理和技术机构能力建设，提升质检系统自主创新能力。创新认证监管方式，提升认证监管保障水平，持续推进质量首善之区建设。

一、认证监管主要工作

2016 年市局承担局重点工作任务 2 项，内容涉及制订实施检验检测机构监督检查计划（P9）和制订实施《京津冀质量发展合作框架协议》年度行动计划（P24）。列入年度绩效考核的科技和认证监管业务工作 8 项。

（一）制订实施检验检测机构监督检查计划

统筹相关处室制订《2016 年检验检测机构监督检查计划》第四次局长办公会审议已经通过。对涉及安全、健康、民生等重点领域的检验机构、承担产品质量监督抽查检验或工业产品生产许可证发证检验任务的机构开展监督检查。组织实施工作圆满完成，能力验证结果将正式向社会公示，接受社会监督。

（二）制订实施《京津冀质量发展合作框架协议》年度行动计划

为落实《京津冀质量发展合作框架协议 2016 年行动计划》，推动京津冀区域检验检测认证监管工作协同发展。京津冀三地质监部门联合签署了《京津冀检验检测认证监管区域合作备忘录》。三地质监部门将落实“京津冀协同发展”战略，深度融合互补合作，以传递信任、服务发展为宗旨，以资源共享、区域联动、政策互应、服务发展为方针，加强沟通协调，共谋发展方略，服务区域经济发展；增进工作信息交流，加强监管协同，推动有机产品示范区建设，开展检验检测机构能力验证，推进检验检测机构评审人才资源共享机制，研究确定检验检测数据互认范围；积极开展检验检测资质认定工作的社会宣传，加强与行业管理部门的沟通，动态反馈监督检查、能力验证等监管信息，促进部门间建立工作协调机制，推进检验检测的数据互认和采信。

为落实《京津冀质量发展合作框架协议 2016 年行动计划》，推进京津冀区域科技创新协同发展，京津冀三地质监部门研究联合建立京津冀地理标志保护公共信息共享服务平台。由北京局牵头，在北京市质量技术监督局域网站上设立《京津冀地理标志保护》公示窗口，天津、河北两局与主网站实现同步链接。经过前期的技术准备，平台的构架与系统已经搭建完成，目前正处于信息的录入与维护阶段。平台的建成和应用将对加强三地地理标志产品保护工作的交流与合作，推进区域地理标志产品品牌建设起到积极的促进作用。

为落实《京津冀质量发展合作框架协议 2016 年行动计划》，验证和提升检验检测机构技术能力水平。京津冀三地质监部门决定组织 2016 年京津冀三地煤炭、食品资质认定检验检测机构能力验证工作。联合下发了《关于开展 2016 年资质认定检验检测机构能力验证工作的通知》，由河北省质监局牵头组织能力验证工作。2016 年食品检验机构能力验证项目是“火腿肠中亚硝酸盐、苯甲酸、山梨酸含量检测”，本市有 38 家食品检验机构参加了能力验证，其中 32 家满意，6 家机构经补测达到满意，最终满意率 100%。能力验证工作的开展，既督促获证机构持续符合要求，提升技术能力水平，又有效防范和控制风险，也推进了京津冀区域检验检测认证监管工作协同发展。

二、认证监管业务工作概况

《北京市质量技术监督系统 2016 年仪器设备更新改造计划》经第八次局长办公会议审议通过。目前，仪器设备招标采购工作已基本完成，年底前财政资金拨付到位。按照保法检、保强检、保重点监督检查领域的原则，全系统当年技改投入加大到 1 332 万，有效地保证了检验检测机构技术保障能力的提升。

组织召开质监系统“十二五”科研成果总结表彰大

会。市局党组织高度重视科技创新工作，“十二五”期间共承担省部级及以上科研项目160余项，相当于“十一五”时期的二倍；投入科研经费2.77亿元，相当于“十一五”时期的三倍；获得省部级以上奖项16项，相当于“十一五”时期的四倍。

按照市局“十三五”时期发展规划编制工作方案的要求，组织《检验检测和科技“十三五”发展规划》的编制工作。围绕建设全国科技创新中心，以提升首都质量技术基础发展水平为目标，到2020年，实现质检科技体制机制更加健全，检验检测机构改革取得实质突破，质监技术基础得到全面夯实、均衡发展，质监技术水平总体达到国内先进水平，有力支撑京津冀协同发展、首都创新驱动发展、城市治理现代化和生态文明建设。

推荐怀柔龙山“矿泉水”“汆汆枣”申报国家地理标志保护产品。龙山“矿泉水”通过了国家地理标志保护产品技术审查，已由国家质检总局发布批准该产品获得地理标志产品保护的公告。“汆汆枣”已通过国家地理标志保护产品形式审查，公示期无异议，进入技术审查阶段。重视社会舆情，督促地理标志产品保护，组织开展专项监督检查工作，维护知识产权。

按照国家认监委《关于开展2016年强制性产品认证获证产品监督抽查工作的通知》（国认证函〔2016〕18号）要求，市局组织国家自行车电动自行车质量监督检验中心、认证认可技术研究所、中国家用电器研究院（中国家用电器检测所）在流通领域开展童车和家用电器的监督抽查工作。本次监督抽查抽样的范围是在电商平台领域抽查获得CCC强制性认证的童车产品和家电产品。童车产品共抽查40个批次样品。其中32个批次合格，合格率为80%；家电产品共抽查50个批次样品，合格产品46个批次，合格率为92.0%。不合格产品问题主要是标志和说明不符合相关要求。

按照国家认监委关于开展有机产品监督抽查的工作部署，市局组织稽查总队实施流通领域有机产品的抽样工作，共抽查了32个有机产品，涉及18家生产企业（含2家贸易公司）和10家认证机构。抽样完毕并进行真实性检查后，样品送中国检验检疫科学研究院综合检测中心/国家茶叶质量监督检验中心进行产品质量检验，经检测合格率为100%。

按照国家认监委《关于印发2016年认证认可各业务领域监督检查工作方案的通知》（国认办〔2016〕18号）要求，市局组织稽查总队、相关区局对本市质量管理体系认证和能源管理体系认证的获证组织开展监督检查工作。此次共检查了42家获证组织，其中有35家是质量管理体系认证、7家是能源管理体系认证。检查发现绝大部分获证组织的管理体系运行有效，有2家获证组织存在问题：颁发认证证书的范围与企业实际运行不符，涉及2家认证机构。对一家认证机构进行了行政处罚，一家涉嫌虚假认证的机构上报了国家认监委。为提升认证执法监管人员的履职能力和业务水平，组织了质量管理体系、能源管理体系检查内容及检查方法的专题培训，保证了监督检查工作的顺利完成。

落实市局《关于印发推广随机抽查规范事中事后监管工作方案的通知》要求，配合法规处，首先将强制性产品认证的日常监督检查统一纳入市局“双随机”机制中。为保证“双随机”检查工作的顺利开展。会同稽查总队编写强制性产品认证生产企业“双随机”检查制度规范和操作指南。按照市局统一部署，年底前将管理体系认证和有机产品认证监督检查两项工作全部纳入“双随机”机制，并及时编写操作指南及检查表，促进基层执法能力和执法效率的提升。

按照《北京市人民政府办公厅关于集中开展清理整治违法违规排污及生产经营行为有关工作的通知》，组织开展包括纳入强制性产品认证目录产品内容在内的专项整治行动。2016年前三季度各区局出动执法人员848人次，共检查383家企业，行政处罚6件，罚款金额335 181.4元，推进了京津冀大气污染“两年强化方案”的落实。

根据《质检总局 国家认监委关于开展2015年度检验检测服务业统计工作的通知》（国质检认联〔2016〕33号），下发了《关于开展2015年度北京地区检验检测服务业统计工作的通知》，组织召开了“2015年度北京地区检验检测服务业统计工作部署会”。在全市674家检验检测机构和市、区两局的共同努力下，按时、保质保量地完成了本年度检验检测服务业统计工作，为开展资质认定及服务和促进检验检测服务业发展提供了重要基础信息。

为加强对检验机构的证后监管，下发了《关于开展2016年度食品检验机构监督检查（技术评审）工作的通知》，组织对12家获证食品检验机构开展监督检查（技术评审）活动。其中11家机构已通过监督检查（技术评审），对于检查时发现的问题已进行整改，1家由于机构合并已主动申请注销。促进了检验机构持续符合资质认定基本条件和评审准则要求。

按照国家认监委印发的《2016年度检验检测机构资质认定监督检查工作方案》的要求，配合国家认监委专家组，对北京市20家获证检验检测机构进行飞行检查。飞行检查采取随机抽取的形式，涉及食品、建材、纺织服装、日用消费品四类检验检测机构。为确保监督检查顺利实施，市局制订工作方案，做好会务接待，并派出观察员陪同检查，督促被检查单位对检查组提出的问题进行了整改。最终，被抽查到的20家获证检验检测机构全部通过了国家认监委的飞行检查。

为落实“放、管、服”改革任务要求，市局组织43家获证食品检验机构重点岗位人员（质量负责人、技术负责人）和区局执法监管人员共计110余人召开培训会，学习《检验检测机构资质认定评审准则》及释义、《检验检测机构资质认定评审指南》《食品检验机构资质认定评审准则》和执法检查相关要素。培训在一定程度上强化了食品检验机构管理人员的风险意识，确保了新的《检验检测机构资质认定评审准则》的平稳过渡和有效实施。同时，提高了执法监管人员的业务水平和执法能力。

在全国“质量月”、“科技周”、“世界认可日”期间，组织开展实验室开放和认证宣传培训活动。围绕“认证认可，通行世界”主题，召集在京部分外资、合资、民营、行业检验检测认证机构和国有企业，结合具体业务和典型案例就认证认可在服务供给侧结构性改革和经济社会发展大局中的作用进行交流座谈；围绕“检验检测支撑中国制造2025”主题，组织市质检院、市计量院、市特检中心，结合机构专业特色，结合群众关注的热点领域，开展了系列检验检测机构开放日活动。通过形式多样的宣传活动，展示了质监机构的能力和水平，提升了公众质量意识和社会认知度。

三、支持建立检验检测、质量控制和技术评价公共服务平台

积极推荐中关村科技园区管委会申报“国家公共检验检测服务平台示范区”。2015年6月24日，国家认监委批复，同意中关村科技园区管委会创建“国家公共检验检测服务平台示范区”，这极大地促进了中关村检验检测服务业的发展，助力中关村创业创新生态系统建设。2016年，中关村检科中心参与检验检测认证公共服务平台服务规范的编写，对接国家认监委实验室部门与中国计量院战略所，开展“中关村检测认证产业发展路径及政策研究”课题工作，对中关村高新检验检测认证资源进行统计分析，探索中关村科技园区检验检测认证行业发展的政策。

委托中关村检科中心开展大兴区强制性产品认证生产企业培训帮扶活动。邀请中国质量认证中心工厂检查部CCC检查培训教师对强制性产品认证制度和质量管理要求、企业证后能力持续保持和证后监管等内容进行了宣传讲解，并现场回答了大家的提问。大兴区218家强制性认证产品生产企业参加了会议。通过开展这种送服务到基层、到企业的培训帮扶活动，对企业增强质量意识，提升管理水平，提高认证有效性起到了积极的促进作用。

委托中关村检科中心组织对通州区67家低压电气、消防产品和汽车及汽车零配件等强制性认证产品获证企业开展认证有效性评价工作。在企业自评和专家现场评价的基础上，对评价结果进行了统计分析，形成了评价报告。针对各获证组织不同情况形成相应的诊断建议，反馈给参与评价的获证组织，促进获证组织提高认证的质量和效益，支撑政府部门加强事中事后管理。

组织中关村检科中心编纂《首都检验检测与认证资源统计分析报告（2015年度）》。在采信国家认监委和市局有关部门统计信息的基础上，对本市检验检测认证机构和业务开展情况进行了比较分析。北京市作为首都，在检验检测与认证方面具有得天独厚的技术和人才资源优势。这些基础数据的统计和分析，为掌握本市检验检测与认证领域的总体情况，推动首都检验检测认证高技术服务业快速发展提供了决策依据，具有一定的参考价值。

按照市科委下发《关于加强首都科技条件平台建设 进一步促进重大科研基础设施和大型科研仪器向社会开放的实施意见》，组织科发中心、中关村检科中心对全系统技术机构单台（套）原值在50万以上的仪器设备进行摸底调查、组织专家对各管理单位进行填报培训，将所有符合条件的仪器设备信息，纳入首都科技条件平台信息系统实现开放共享、委托中关村检科中心研究建立本系统在线服务平台和专业服务机构，并与首都科技条件平台信息系统对接。参与建立本市科研设施与仪器开放共享协调推进机制。

撰稿人：张淑敏　审稿人：李竞武

完善制度　创新监管 助力认证认可服务天津经济发展

——天津出入境检验检疫局2016年认证监管工作概况

2016年，天津出入境检验检疫局（以下简称“天津局”）在国家质检总局和国家认监委的正确领导下，认真落实全国质检工作会议和全国认证认可工作会议精神，立足地区实际，认真履行职责，认证监管各项工作扎实有序推进，把关和服务效能有效提升。

一、强化履职，促抓质量保安全上水平

（一）完善制度建设，业务风险得到进一步防范

一是完成《进口有机产品入境验证作业指导书》《天津检验检疫局实验室资质管理办法》等规范性文件的制定和《出口食品生产企业备案工作作业指导书》的修订工作，并发文对进口车辆检测处理程序检测工作进一步规范，弥补了监管漏洞，降低了执法风险；二是积极开展风险管控工作，对排查出的三大类共31条工作风险，积极整改落实，目前共完成30条风险的整改工作，中高以上级别风险全部整改完毕，工作风险得到有效管控。

（二）完成2016年度强制性认证获证产品监督抽查工作

共抽取了50个汽车样本，较往年翻一番，其中原厂车23辆，覆盖天津口岸全部进口品牌；获证改装车27辆，以往年检出不合格情况的改装厂为主。检验发现车辆不合格情况24项，其中检验不合格1项，零部件型号与认证信息不一致23项，问题集中在安全带与轮胎等方面。目前全部问题已报送国家认监委及认证机构，不合格车辆除1辆外其余车辆已经认证机构确认完成认证信息变更，并通知分支机构进行后续处置。

（三）圆满完成2016年的质量管理体系认证活动监督检查工作

落实“双随机”要求，在国家认监委随机抽取检查对象的基础上，实现检查人员随机选派，检查企业随机分配，共检查企业24家，涉及认证机构14家，出动检查人员90余人次，检查出问题60余项，均已要求相关方进行整改，检查结果已按国家认监委要求统一录入信息系统。

（四）积极推动区域联动工作

一是与山西局联合组织召开2016年华北五局认证执法监管第四次区域联席会议，交流了近年来认证执法监管经验，探讨新形势下区域合作机制的建立与完善认证联动机制，审议通过了《华北五局管理体系认证活动联合检查方案》；二是落实华北五局认证监管联动机制，上半年发布认证机构违法行为协查通报1份；三是牵头组织了华北五局及市场委管理体系认证活动监管人员联合培训，针对2016年管理体系认证监管工作要求，邀请业内专家对管理体系认证相关知识进行了讲解，华北五局及市场委近60名管理体系认证活动监管人员参加了培训，提升了检查人员素质，保证了执法检查标准一致。四是落实“双随机一公开”要求，探索“双随机一公开”+华北五局联合检查模式，首次组织开展华北五局质量管理体系认证活动联合检查，并引入“双随机”理念，通过两轮随机抽取，确定了联合检查组和检查目的地，实现检查人员随机选派、检查对象随机抽取，初步形成了“双随机一公开”+华北五局联合检查模式。

（五）积极参与认监委CCC免办与检测处理程序新审批系统上线工作

全程参与认监委新系统研发各关键节点，组织7家分支机构对新审批系统进行了联调联试，共发现系统问题23条，均已反馈认监委。

（六）进口产品认证执法把关成效显著

完成免于强制性产品认证的特殊用途进口产品检测

处理程序共 536 批，其中汽车整车 511 批 841 辆，摩托车 54 批 186 辆。审核检测报告 478 批。在 CCC 入境验证工作中发现检测处理程序不合格车辆 5 批 8 辆，分别涉及 vin 不符合国标、车辆非法改装等问题，均已下达退运通知。共受理免办申请 3 016 批，通过并发放免办证明 2 894 张，同比增长 4.47%，货值 8.76 亿元人民币。共完成 CCC 入境验证货物 67 736 批，货值 134.78 亿美元。累计完成进口有机产品入境验证 96 批次，涉及货值 586 万美元，查验发现 80 批次来自美国、法国、德国、意大利等国家或地区的奶粉、红酒、饲料等产品不合格。

（七）开展备案和对外注册企业专项检查

对 39 家获得 HACCP 认证、31 家获得 ISO 22000 认证、2 家获得有机产品认证的备案企业实施了监督检查。对天津地区 18 家对外注册企业开展专项检查，进一步加强对外注册企业监管。

二、创新方式，促服务地方发展上水平

（一）积极推动“同线同标同质”工程，促企业提质增效升级

一是印发帮扶行动计划，对 9 个分支机构的 207 家出口食品生产企业进行了宣贯动员，在了解并掌握出口食品企业和产业的实际情况基础上，筛选出 18 家有质量管理提升和内销转型需求的出口食品企业，确定为重点帮扶对象，并针对性地订制帮扶措施；二是成立 11 个帮扶工作组，通过文件审核、现场帮扶、网上指导等措施，对 18 家企业定向帮扶，目前帮扶目标已 100% 完成；三是积极筹办国家认监委在天津召开的办理全国人大代表“三同”建议现场会调研活动，与会代表亲赴天津燕都甘栗食品有限公司进行现场调研和实地采访，了解企业在实施“三同”过程中的经验、做法和成效，听取检验检疫机构和地方政府推进“三同”工程建设工作报告，对企业在实施“三同”方面取得的成效给予充分肯定，中央电视台等 17 家权威新闻媒体对调研活动进行了跟踪报道；四是“三同”工程成效显著，目前，天津市“三同”出口食品企业中，天津市兴达和平食品公司业务覆盖国内 4 个省、市，出口量在全国同行业连年位居前 10 位，太阳食品（天津）有限公司业务覆盖国内 31 个省、市、自治区和港澳特别行政区，出口量在全国同行业连年位居第 5 位。

（二）优化服务，规范开展备案工作

梳理优化备案流程，缩短备案办理时间，加强对 HACCP 等认证活动的监管检查，规范认证市场，进一步提高采信 HACCP 认证比例，共办理出口食品生产企业备案相关审批 95 家次，其中新申请企业审批 13 家，变更或重新办理审批 24 家次，延续备案 43 家次，注销 15 家次，全部在规定备案办理时限内完成，办理时限符合率 100%。截至 2016 年年底，天津局辖区内备案企业达 199 家，其中 Z1–21 类 153 家，Z22 其他类 46 家；总计完成现场监管 379 厂次，派出监管人员 874 人次，其中 HACCP 认证监管 43 厂次，派出监管人员 126 人次，备案与认证联动监管比例 100%。

（三）简政放权，下放出口食品生产企业备案审批权限

落实国务院关于政府职能转变要求，在对相关分支机构开展评估的基础上，确定试点范围，进一步简政放权，下放出口食品生产企业备案审批权限，推动备案模式改革，为保障工作的有序进行，及时修订更新《出口食品生产企业备案工作作业指导书》，对备案工作进行进一步规范。

（四）对出口食品备案企业进行食品防护培训

为提升出口食品企业防范和应对非传统安全能力，引导企业严格落实食品防护计划，督促企业建立健全食品安全管理体系，举办了出口食品备案企业食品防护培训班，对来自辖区内备案企业的 203 名质量管理人员以及 70 名备案监管人员进行了培训。

（五）积极推进免办申请无纸化试点工作

在开发区局推行的免办申请无纸化试点工作顺利开展，目前无纸化申报企业共有 8 家，申请量占开发区局总量的 78%，显著减轻了企业负担，提高了审批效率，企业反响良好。

（六）加强宣传，扩大认证认可社会认知度

一是以“3·15”“世界认可日”“法制宣传周”“有机宣传周”等重要宣传节点为契机，利用宣传展板、海报、电子屏等，开展认证认可进商场、进社区活动，共发放认证认可宣传材料 6 000 余份，现场解答群众咨询 200 余次；二是借国家认监委举办“微世界，‘认’我行”微信创作大赛之机，积极动员天津局微信达人参与创作，共报送参赛作品 25 件，其中 5 件作品经过国家认监委的多轮评选脱颖而出，进入决赛，并取得了一等奖和优秀奖各 1 个的好成绩，天津局因在活动中组织得力，报送作品数量多，整体质量好在本次活动中荣获优秀组织奖，在系统内为天津局争得了荣誉，较好地展现了天津局认证认可工作面貌。同时，还组

织了天津局赛区的评选，共评选出一二三等奖和优秀组织奖，并通过局微信公众号进行了优秀作品展示，进一步强化了天津局认证认可宣传氛围。

三、夯实基础，促自身能力建设上水平

（一）持续强化培训，夯实人才基础

坚持培训常态化，在网络培训平台基础上，积极组织开展管理体系认证监管、出口食品生产企业备案与认证监管、强制性产品认证监管、实验室能力验证知识相关知识等专题培训班4次，参训人员200余人次，有效提升了认证监管队伍的业务能力和水平，为顺利开展认证监管工作夯实基础。

（二）实验室评审管理工作稳步推进

指导四大中心准备复评审＋扩项材料，顺利完成实验室复评审＋扩项评审，其中工业品中心扩充了化妆品等83个检测对象，481个检测项目，以及192个检测标准，并顺利通过实验动物实验室的动物实验许可的评审，获得实验室动物许可证；保健中心共增加4类16项检测参数；动植食中心增加检测参数501项；化矿金中心增加检测能力174项目参数，目前该中心检测能力涉及8大领域、175个检测对象，909个项目参数。

（三）积极开展实验室能力验证工作

四大中心2016年计划参加A类能力验证13项，B类能力验证8项，国际验证5项，其他能力验证活动92项，共涉及352个参数。化矿金中心积极承担B类能力验证计划项目－煤炭有害元素分析（CNCA-16-B23），并按期完成能力验证计划结果报告，达到了预期效果。

（四）抓督查促绩效提升

一是科学制定绩效指标，根据总局绩效考核指标，融入天津局工作元素，确立评分标准和考核方法，避免主观评分，使绩效考核评分标准客观、统一；二是强化业务督查，制订督查计划，细化督查措施，以督查促绩效提升，全年开展业务督查5次，对6个分支机构和直属单位进行了业务督查，共发现问题9项，关注项3个，均及时要求相关机构进行了整改；三是及时整改落实“一审双查”反馈问题。根据总局对天津局进行的“一审双查”反馈情况，迅速对资质认定范围外项目进行统计分析，并及时出台《天津检验检疫局实验室资质管理办法》对资质认定范围外检测问题予以明确，进一步防范了风险。

撰稿人：殷 彪 审稿人：薛凯萍

强化事中事后监管 精心做好认证认可工作

——天津市市场和质量监督管理委员会2016年认证监管工作概况

2016年，天津市市场和质量监督管理委员会（以下简称“天津质监委员会”）按照国家认监委“十三五”总体布局和年度工作部署，紧紧围绕委“十三五”五大方面的目标任务，以提升认证认可监管能力为主线，以服务重点为抓手，以强化事中事后监管为重点，精心做好认证认可工作。

截至2016年年底，全市获得管理体系认证证书16 827张。其中，质量10 276张，环境3 238张，职业健康安全2 470张，食品安全340张，测量216张，能源96张，HACCP 82张，信息安全33张，信息技术服务15张，其他61张。

获得强制性产品认证证书7 540张。有机产品认证证书37张，无公害产品854张，绿色食品147张。

全市取得资质认定的检验检测机构434家，比2015年净增31家，其中，机动车检验检测机构38家，净增9家。机动车排放检验实现零突破，目前已有20余家机构取得环检资质。2016年共注销3家机构，不予许可10家次，19家次因申请材料不符撤销申请。完成311余家次检验检测机构的扩项、标准变更、授权签字人变更、地址变更等事项。

一、重点任务，悉数完成

（一）积极做好天津市七类重要产品追溯体系建设牵头工作

按照委领导的要求，天津质监委员会认真组织、细

心学习、潜心研究、深入实际调研重要产品追溯体系建设涉及的相关内容和有关问题并借鉴外地经验起草了《天津市重要产品追溯体系建设实施方案》经广泛征求相关部门意见后，按时间节点报市政府办公厅。

（二）强制性认证产品工厂巡查内容更加明确

结合国家质检总局“双随机、一公开”的工作要求，拟定了对强制性认证产品工厂巡查的方案，并征求了国家认监委和基层执法单位意见。2017年将在全市全面推行天津市强制性产品认证双随机工厂巡查模式，增强认证监管针对性和有效性。

（三）京津冀合作逐步深入

三地本着深化合作、优势互补、共谋发展的原则，制定了《京津冀检验检测认证监管区域合作备忘录》。实现三地评审专家数据库共建共享、培训资源要素双向流动，为三地检验检测资质管理互联互通、评审员互派，强化事中事后监管奠定了基础。

（四）多领域开展检验检测机构质控考核（能力验证）活动

京津冀共同开展了煤炭、食品检验机构的质控考核工作，考核煤炭的全硫等4个项目参数、火腿肠中亚硝酸盐等3个项目参数。同时针对建筑领域组织钢筋盲样考核和纺织领域“神秘买家”工作。目前现场试验和补测阶段已经结束，待对数据进行汇总分析后，将公布能力验证结果，并按相关规定做好后处理工作。通过质控考核（能力验证）活动，规范了检验检测机构的检验流程，提升了机构的技术能力，确保了机构持续保持获证时的能力水平。

（五）完善了机动车检验机构分类监管机制

按照减少检查频次，提高行政监管效率的原则，根据国家认监委最新评审准则及补充要求，对监督检查和分类监管要素梳理整合，检查内容更加量化，监管重点更加突出，监管效率得到提升。

二、提高本领，强筋壮骨

（一）加大对认证监管人员强制性产品认证知识的培训

7月，联合华北五省质监局、天津检验检疫局、国家固定灭火系统和耐火构件质量监督检验中心在天津举办“华北五省、市、自治区及兄弟省市认证监管联席会议暨2016年认证监管人员培训班。全市各区局认证执法人员130余人参加培训。国家认监委认证监管部，上海、天津、成都消防中心专家从认证监管相关法律法规、消防产品相关知识、认证监管案例分析及一致性等方面进行了详细的解读。并安排了现场点火试验，使大家直观有效地了解强消防产品的特性，做到了理论和实践相结合。

（二）加强对生产、流通、监管环节有机产品认证业务培训

10月，天津地方两局联合举办有机产品认证知识培训班。各区局认证执法人员，天津检验检疫局和市消协相关人员，五大批发市场驻场监管所负责人，全市有机产品获证生产企业、各大型商场、超市、孕婴店、有机产品专营店质量负责人和有机产品进口代理商200余人参加了培训。国家认监委专家对有机产品认证法律法规及示范区建设相关内容、天津检疫局专家对进口有机产品监管相关要求、中国质量认证中心专家对有机产品认证国家标准和实施规则一一进行了讲解。培训工作反应强烈，效果明显，达到了预期目的。

三、简政放权，创新监管

积极推进检验检测机构管审分离，分批次将机构技术评审环节交给有能力的第三方完成。

全面放开机动车检验机构行政许可准入限制。依据《大气污染防治法》对机动车排放检验机构开展资质认定审批，严格行政许可，严把准入关。同时，提高审批效率，促进机动车检验行业健康发展，提高服务水平。

3. 建立了对机动车检验机构重点检查项目清单和作业指导书。结合天津实际，借鉴外省经验，依据法律法规及国家质检总局和国家认监委相关要求，用清单和作业指导书指导各区局日常监督管理，极大地提高了日常监管针对性和有效性，天津质监委员会的做法得到了国家检查组的认可。

四、齐抓共管，服务大局

（一）积极配合市司法系统做好司法鉴定机构认证工作

为了保障司法鉴定机构资质认定工作有效开展，天津质监委员会积极联系北京质监局、上海司法鉴定科学研究院等相关部门，选取资深专家承担天津市司法鉴定机构评审工作，目前全市13家司法鉴定机构取得了资质认定。

（二）做好刑事技术机构资质认定工作

联合市公安局制订了《天津市公安机关刑事技术机

构资质认定工作方案》并以两委局文件形式进行发布。进一步细化了公安机关刑事技术机构资质认定的具体工作，为下步工作奠定了基础。

（三）编制检验检测发展指导目录，为服务经济建设做好技术支撑

为鼓励并支持重点领域的检验检测机构发展，不断满足市场多样化、个性化的需求，更好地服务天津市经济建设，编制并发布了《天津市检验检测机构发展指导目录（2016–2018）》，为发展检验检测服务业提供了前瞻性建议。

五、惩防结合，注重治本

（一）认真做好检验检测机构专项监督检查

在全市各机构对照2016年发布实施的《检验检测机构资质认定评审准则》全面自查基础上，8月初，天津质监委员会积极配合国家认监委12人专家组对天津市食品、建材、纺织、机械等领域的20家机构进行了飞行检查。天津质监委员会又抽取并确定了重点领域的100余家机构，针对管理体系运行情况及检验能力持续符合认证要求等方面进行了现场检查，检查促进了各机构技术能力和管理水平提升，并对在检查中发现问题的机构责令其进行整改。

在重点领域着力推行年度报告制度、社会责任报告制度，落实主体责任，提高诚信守法意识。全市近400家参加了2015年统计直报工作，为全面反映全国检验检测行业的规模、结构、效益等情况提供了准确的数据支持，得到了国家认监委的认可。

（二）做好对强制性产品认证生产工厂检查

联合中国质量认证中心采用工厂检查和飞行检查相结合的监管模式，对西青和北辰低压电器生产企业进行监督检查；对武清机动三轮车生产企业进行了重点检查。现场查封7家企业违法生产的电动三轮车489辆。并对上述企业进一步调查处理。

（三）开展了对强制性产品认证目录内消防产品的监督抽查工作

按照国家认监委安排，抽查包括火灾报警设备、灭火器等五种产品，经检测抽检的63个批次（17家企业），合格产品61个批次，合格率96.8%。后处理工作正在进行中。

（四）开展有机产品认证专项检查

组织各区局和稽查总队对有机产品获证企业及大型超市、商场、专营店等流通主渠道的认证有效性开展专项检查。进一步加大对有机产品在生产、加工、销售活动中伪造、冒用、超期、超范围使用认证证书、认证标志等违法行为查处力度。共出动执法人员313人次，检查24家获证企业，288种获证产品；检查商场、超市等92家，检查获证产品151种，未发现违法行为。

（五）开展能源管理体系获证企业“双随机”检查

国家认监委在天津召开了能源管理体系专项检查试点工作会，国家认监委、天津质监委员会认证监管人员，京、冀、晋、苏、辽、吉等省市质监局及检验检疫局相关专家参加了会议。会后，组成了四个检查组随机抽取天津市能源管理体系认证获证企业进行了专项监督检查。对于检查中发现的问题，正进一步调查核实。

（六）开展2016年机动车检验机构监督检查

组织对全市37家机动车检验机构开展自查、互查专项行动。天津质监委员会对蓟州、宝坻、西青监督检查情况进行了督导；组织蓟州、宝坻、西青12家机构和津维集团所属6家机构进行了座谈。各区局完成了天津质监委员会随机选定1家机构的互查，并收到了实实在在的效果。

六、抓好宣传，提升形象

在“世界认可日”和“质量月”期间，积极开展认证知识进机关、进学校、进乡村、进社区、进企业、进单位的“六进”活动，营造全社会“关心认证、参与认证、享受认证”的良好氛围。联合和平局、和平志愿者协会和南营门志愿者协会组织了有机茶叶知识讲座，60多名质量安全志愿者和社区居民参加了活动。“认可日”期间全市共组织大型宣传活动11次，参与人数近千人，在委内部刊载信息11条。各单位利用强制性认证产品监督检查和工厂巡查等工作，为商户、消费者、商场管理人员发放强制性产品认证相关宣传材料和世界认可日宣传海报逾万份。

组织专业市场主办单位及经销商召开现场培训会，实地演示强制性认证查询平台使用，强化了市场主办的管理责任意识和销售者进货把关能力。组织300余家销售单位开展自查，对经营的灯具产品情况进行梳理，自查是否存在销售三无产品及未经强制性认证等问题。全面提高认证认可工作的社会影响力，切实增强宣传实效性。

撰稿人：张　争　审稿人：王　静

强化监管　全面履职　扎实推进认证认可工作

——河北出入境检验检疫局2016年认证监管工作概况

2016年，河北出入境检验检疫局（以下简称“河北局”）认真贯彻“五大发展理念”，服务供给侧结构性改革，深入落实“十二字”方针，有力助推河北经济社会持续健康发展。

一、严格把关，积极推进认证监管

（一）管理体系认证

2016年，河北局共派出行政执法人员160余人次，检查获证企业50家，涉及发证机构21家，认证证书50张。重点检查了认证机构认证活动的合规性和认证档案的真实性。发现问题40余个，对1家拒绝检查的获证企业责令认证机构撤销其认证资质。

（二）产品认证

1. 强制性产品认证工作

全年，共有56家企业提出申请，累计申请298次，河北局累计发放免办证明250份；圆满完成国家认监委强制性产品认证进口获证产品抽查工作。举办了河北局2016年强制性产品认证行政执法培训班，邀请国家认监委监管部主管领导和信息中心主管人员就强制性产品认证行政执法监管政策法规、《CCC免办电子审批系统》管理和应用进行了培训。

2. 食品农产品认证监管

对全省235家出口食品农产品获证企业开展了监督检查，总计出动512人次。检查涉及发证机构26家，涉及认证证书235张，涵盖了HACCP、食品安全管理体系和有机认证、绿色认证等认证领域。开展备案监管与HACCP认证监管联动率达100%。

二、对进出口食品生产企业卫生注册登记工作的开展和监督管理

（一）进出口食品生产企业卫生注册登记工作概况

截至2016年年底，全省共有出口食品备案企业652家。本年度新增89家，注销50家。对外注册企业106家，其中罐头类11家，水产品类43家，肉及肉制品类14家，蛋及蛋制品1家，肠衣类33家，果蔬汁类4家。

（二）对进出口食品生产企业的监督管理

制订并下发2016年度出口食品生产企业备案监管工作计划；按照河北局备案企业监督管理工作实施办法，对评审组的评审工作、各单位的现场检查工作，有计划地组织开展了监督抽查。共计抽查企业22家，覆盖10个辖区，18个评审组，53人次评审员。指导企业落实《出口食品生产企业备案管理规定》，帮助企业全部建立和实施具有防护功能的HACCP计划；指导出口食品企业按照HACCP体系等要求进行技术改造和管理升级，完善硬软件设施；帮助企业了解境外目标市场特别是新兴市场的技术法规、标准等要求，解决达到国外要求的具体技术问题；帮助解决企业境外注册、市场准入困难，积极协调推荐企业对外注册；帮助企业实现产品和管理升级，从而帮促企业成功内销转型，实现“同线同标同质”。

帮助河北加中农业投资有限公司所属加拿大KML牛肉屠宰工厂办理进口注册；开展了2016年进口食品企业注册入境查验工作，查验基本情况详见下表。

2016年1月1日至12月31日河北局进口查验基本情况

类别		批次	货值（万美元）	检验检疫合格率（%）	检验检疫不合格情况	
					批次	货值（万美元）
进口食品境外生产企业注册实施目录	合计	196	3 169.57	95.41	9	0.22
	水产品	72	1 227.1	100	0	0
	肉类	21	153.7	100	0	0
	乳品	103	1 788.77	87.38	9	0.22

其中，石家庄辖区进口9批次全脂乳粉因包装破损致使产品受到污染，经检验出具了检验检疫处理通知书，受污染乳粉全部做销毁处理，其余未发现安全质量、认证等方面的不合格情况。经核查河北局辖区所有的进口肉类及水产品均来自认监委网站公布的境外工厂注册厂家，且相关单证信息与实际相符。

三、向境外推荐出口食品生产企业卫生注册登记的开展和监督管理

通过采信第三方认证、实施备案与对外推荐注册二合一评审等举措，进一步优化备案模式，特别是加快对“一带一路”国家的推荐，年内共向9个国家或地区推荐了34家注册企业，包括欧盟、美国、日本、俄罗斯、韩国、越南、巴西、中国香港等国家或地区；产品涉及水产品、肠衣、肉制品、低酸罐头等；促成正大食品（秦皇岛）有限公司与上海1家输日热加工肉制品企业达成协议，已向国家认监委推荐对日注册；2016年新批准对外注册企业13家次，年内新增对韩国注册水产品企业3家，对巴西注册水产品企业4家，对欧盟注册肠衣企业1家，对韩国注册肠衣企业3家，输美低酸罐头1家，输美水产品1家；接待韩国海洋水产部检查6家水产企业，日本农林水产省检查3家肠衣肉类企业，9家企业均顺利通过国外官方检查；对辖区内9家输日热加工肉制品企业实施全面监督检查。

四、卫生注册专业人员培训

举办了“河北局系统出口食品卫生备案评审员暨备案监管人员能力提升培训班”，全系统共有80人参加了培训，主要培训内容有美国《食品安全现代化法》(FSMA)配套法规《保护食品免受蓄意掺杂的针对性策略》(121法规)、《食品现行良好操作规范和危害分析及基于风险的预防性控制》（117法规）、对外注册工作程序及注意事项、美国法规及检查中国食品企业发现问题进行了详细的讲解与分析，同时还安排部分分支局的学员对石家庄一家输日热加工肉制品企业进行了专项检查，达到了有效提升出口食品卫生备案评审员和监管人员能力与水平的目的。

五、“同线同标同质”工作的开展

一是高度重视、落实“三同”工程及帮扶计划。制订《河北检验检疫局推进“同线同标同质”工程帮扶行动工作方案》（冀检认函〔2016〕248号），成立了17个帮扶工作组，对所辖16个分支机构的205家出口食品生产企业进行了征求帮扶需求等调研活动，筛选出100家有质量管理提升和内销转型需求的出口食品企业，确定为帮扶对象；辖区已登录认监委出口食品企业内外销“同线同标同质”公共信息服务平台企业数为70，实际帮扶120余家企业，超额完成百家帮扶计划。二是加大新闻宣传，扩大“三同”影响。召开出口食品内外销“同线同标同质”工作部署推进会（宣贯会），有5家认证机构、600余家企业、800余人参与。并在《河北经济报》上刊发宣传同线同标工作报道；各地媒体等对河北局推进“三同”情况进行了系列报道，累计10余次。近期按照国家认监委要求，提出“开展一项活动”、“撰写一篇‘三同’文章”、“制作一个微信”、“召开一次座谈会”，掀起“三同”工作宣传高潮。三是地方政府和领导高度关注。与地方政府领导的沟通联系，河北省领导高度关注“三同”工作进展，河北省副省长王晓东对河北局上报的《河北检验检疫局关于力促君乐宝婴幼儿配方乳粉走出去的报告》做出重要批示：“检验检疫局这项工作做得积极主动，值得肯定”。四是加强对“三同”企业的监管联动。河北局加强对“三同”企业的监管，派员125人，累计监管工作时长122日；通过注册备案与食品农产品认证监管联动，对第三方认证机构认证活动开展了63次的监管，备案监管与认证监管联动达到100%。

六、认证、认证监管及相关工作概况

为使河北省认证市场健康有序发展，河北局开展了管理体系认证活动监督检查工作，有效地维护了认证市场秩序。使企业进一步认识到规范认证市场的意义，该项工作既能保护认证企业合法权利，又能提高证书含金量，使认证机构进一步认识到认证过程中存在的差距。认证相关方的诚信意识、质量意识得到了进一步提升。2016年，河北局共派出行政执法人员160余人次，检查获证企业50家，涉及发证机构21家，认证证书50张。重点检查了认证机构认证活动的合规性和认证档案的真实性。发现问题40余个，对1家拒绝检查的获证企业责令认证机构撤销其认证资质。通过电话、信函方式与认证机构沟通14次，约谈认证机构4家。帮助认证机构树立守法意识、诚信意识，共同维护认证市场秩序。

七、重点问题探索、分析

从检查结果来看，河北局辖区认证企业管理体系认证运行情况基本正常，大多数企业能够持续保持改进质量管理体系。但认证机构还存在着一些不容忽视的问题。

一是认证机构方面存在的问题。审核计划编制不规范，此类问题占问题总数的32%；认证证书描述不规范。

此类问题占 20%；审核报告个别事项未描述，此类问题占 16%；合同条款缺项。无“组织获得认证后持续有效运行质量管理体系的承诺”或“协助认证监管部门的监督检查”等内容，此类问题占 11%；认证档案中收集或保存材料不全，此类问题占 7%。

二是获证企业存在的问题。管理人员流动性大、缺乏人员培训、生产一线员工对管理体系知识一知半解、没有全员参与体系管理；部分获证企业质量管理体系文件更新不及时，个别质量记录未保存。此类问题占 14%。

对于存在的问题，河北局高度重视，并提出了一系列的解决方案。一是明确工作重点、创建责任机制。作为河北局一项大事，召开专题会议，制订了《河北检验检疫局 2016 年管理体系认证活动专项监督检查工作方案》。二是加强资源整合，形成执法合力。采取省局监管部门和法制部门联合执法，各分支机构和技术专家共同检查的方式。形成了部门间联动，技术专家带动，上下执法互动的良好态势，整合了各方资源，形成执法合力。三是加强学习培训，提高执法技能。通过召开动员培训会、网络培训平台，共培训监管人员达 100 多人次。四是坚持依法行政，提升执法效能。以问题为导向，有的放矢地开展工作，规范工作程序，把证据做足做实。五是查、帮、促相结合，为推进认证市场良性循环。在检查过程中，对发现的问题及时与认证机构进行沟通，帮助分析问题症结，制定措施加以改进。

撰稿人：吕红英　张彦彬　李树昭　崔红英

审稿人：崔红英

稳抓稳打　求真务实　不断推进认证认可工作

——河北省质量技术监督局 2016 认证监管工作概况

2016 年，河北省质量技术监督局（以下简称“河北省质监局”或“省局”）认真贯彻党的十八届三中、四中、五中全会精神，积极开展机关作风整顿活动，紧紧围绕省委、省政府和省局年度重点工作，发扬求真务实、开拓进取精神，在推动京津冀协同发展、引导检验检测服务业和系统检测中心发展、推动科技支撑和引领作用、服务生态文明建设、服务环境治理等方面科学部署，狠抓工作落实，圆满完成了各项工作任务。

一、2016 年认证与科技工作完成情况

（一）抓简政放权，促进资质认定审批制度改革

一是向社会主动公开了审批流程，压缩并明确了审批时限，约束自由裁量权，以标准化促进规范化；二是落实《关于深入推进检验检测机构资质认定工作的意见》要求，完成了部分检验检测机构资质认定受理和审批环节的委托下放工作；三是对行政审批网上办公系统进行了重新梳理和升级改造，实现行政审批全过程痕迹化管理；四是开展了司法鉴定机构资质认定试点工作，联合省公安厅印发了《河北省公安机关刑事技术机构资质认定工作实施方案》，联合培训公安刑事评审员 75 人，指导 18 家试点单位填报了申请、对 2 家刑侦机构实施了现场评审。截至 2016 年 12 月 19 日，全省共完成检验检测机构资质认定审批工作 862 家（其中首次获证机构 161 家），不予许可 115 家，终止办理 17 家。

（二）抓监督规范，促进资质认定评审质量提升

一是统一了资质认定评审尺度，针对评审准则等新政实施中反复变化调整出现的各类问题，及时研讨并出台了《关于进一步抓好〈检验检测机构资质认定评审准则〉贯彻落实的通知》，统一和规范了全省资质认定评审工作；二是注重了评审组长专业能力的提升，举办了 100 名评审组长培训班，对 2016 版评审准则、作业指导书进行了讲解，进一步强调了技术评审工作的质量要求；三是加强了评审技术力量符合性的把关，核查和把关派出评审员的数量、专业能力及评审时间等事项符合性，督导各审查部及时调整不符合要求的评审计划；四是出台了资质认定技术评价机构的规范要求，建立和引入资质认定技术评价机构的竞争机制，为促进技术评审质量提升奠定了基础。

（三）抓协同发展，促进京津冀多方面交流合作

2016年，省局牵头在推动京津冀协同发展方面做了四项工作。一是联合研讨合作内容。4月下旬召开研讨会，三方就有机产品认证示范区创建、检验检测项目能力验证及检验检测机构监督管理等问题进行了深入研讨，确定了五项合作内容。二是联合组织能力验证。开展了京津冀三地的食品、煤炭检验检测机构能力验证工作，河北省89家食品检验检测机构、102家煤炭检验检测机构参加了这次能力验证。三是联合开展经验交流。在丰宁组织召开了“京津冀认证认可工作交流座谈会”，会上交流了有机产品认证示范区建设及监管工作的经验和做法，达成了合力推动三地有机产品认证示范区建设和检验检测认证区域合作的初步意向。四是联合签署了合作备忘录。省局牵头起草了《京津冀检验检测认证监管区域合作备忘录》，在充分征求京津两局意见的基础上，经京津冀三方主要领导同意，共同签署印发了合作备忘录。

（四）抓证后监管，促进检验检测认证质量的提高

获证检验检测机构监管方面，一是组织开展了获证检验检测机构的监督检查工作，采用双随机形式重点对99家涉及食品、建设工程、环境保护、公共卫生、职业卫生领域的检验检测机构进行了监督检查，并对问题机构做出了限期整改、缩减检测能力、暂停资质证书等处理。二是对57家省直管检验检测机构进行了监督检查，发现问题441个，注销6家机构的检测资质，暂停1家机构的检测工作，对其他有问题的机构予以限期整改。三是服务环境治理，组织开展了机动车尾气能力验证活动，123家机动车尾气检测机构的260条检测线参加了能力验证，102家机构的237条检测线验证结果满意。

强制性认证监管方面，重点对玩具、机动车辆、消防产品、电线电缆、低压电器等企业进行了监督检查，全年共检查CCC企业865家，对10家涉及违法违规企业进行了行政处罚；承担了国家认监委委托的强制性认证产品的监督抽查，从流通领域抽取获证手机产品25个批次，2批次不合格，合格率92%。

自愿性认证监管方面，检查管理体系获证组织97家。针对发现的问题，对1家认证机构进行了约谈，对7个能源管理体系认证结果涉及的9家获证组织进行了检查核实。检查食品农产品获证企业80家，对存在问题的22家企业交由当地市局责令整改。抽查有机产品61批次，重点对农残、霉菌和重金属项目进行了检验，所检项目合格率为100%。

（五）抓认证推动，促进生态文明建设得到深化

一是加强对节能低碳产品认证知识的宣传。“3·15”前夕，在省局官方网站“知识园地”栏目设立了“有机产品认证、节能低碳产品认证知识问答”专栏，以知识问答的形式，面向社会公众宣传认证知识，提高社会的认知度。二是加强了对节能低碳产品认证制度的宣贯。组织召开了“河北省节能低碳产品认证宣贯会”，各市局认证监管人员和有关企业认证负责人共计55人参加了会议。宣贯了节能低碳产品认证管理办法及认证标准、技术规范、实施规则、认证流程以及政策要求等。截至2016年年底，河北省4家企业4种产品获得了低碳产品认证，1家企业已向认证机构提交申请。三是深入开展有机产品认证示范区创建活动。指派专人对承德隆化和张家口万全、崇礼、赤城等县进行走访调研，并重点对隆化县的创建工作进行了指导，目前隆化县已完成申报、质询答辩等工作，国家认监委已在网站发布了批准公示。

（六）抓扶持帮促，多措推动检验检测产业发展

一是走访调研找问题。围绕如何促进检验检测机构发展、促进河北省检验检测机构综合实力整体提升等主题，先后在邯郸、廊坊、保定、石家庄、唐山5市召开了专题座谈会，150多名来自周边市局和辖区内的检验检测机构代表应邀参加了座谈。现场就检验检测机构提出的100多个问题进行了解答。二是研究对策促发展。组织召开了“全省百家检验检测机构做大做强经验交流会”，国家认监委实验部主任乔东、省局副局长王普增以及省局认监处、省质检院、省药品检验院等河北知名检验检测机构的135人参加了交流会，围绕检验检测机构做大做强、做专做精、服务“京津冀一体化”和建设美丽河北等进行了深入研讨。三是对标学习找差距。组织16家检验检测机构的负责人分别赴上海、江苏和广东、重庆进行对标学习，学先进、找差距、促发展。四是培育平台有成效。经过积极争取和地方政府的积极努力，承德市双滦区申请创建“国家检验检测认证公共服务平台示范区”项目，获得国家认监委批复同意创建。

（七）抓统筹策划，科技与国家中心建设工作稳步推进

一是举办全省质监系统科研计划立项申报培训班。系统内技术机构近400人参加培训，对科研项目的选题、

论证、立项、申报、验收等环节要求进行了讲解。二是组织完成了2016年度和2017年度科研计划立项工作。2016年共确定省局重点项目43个，自筹项目45个；2017年确定省局重点项目47个，自筹项目48个。三是国家中心建设进一步规范。积极与总局科技司联系沟通，完成了对国家工程橡胶产品质检中心、国家塔桅产品质量监督检验中心（河北）的验收工作，批准了国家燃香产品质检中心的筹建申请；对筹建进度较慢的峰峰矿区煤化工国家产品质检中心、肃宁县毛皮国家产品质检中心进行调度约谈；制定出台了《河北省国家质检中心考核办法》（征求意见稿）。

（八）抓地标产品，服务特色产业和地方经济发展

一是河北省国家地理标志产品数量稳步增长。定州鸭梨、中山松醪酒、黄旗小米三个地标产品通过国家验收评审；组织完成了兴隆山楂、涉县连翘等11个国家地理标志保护产品的申报工作；转发了总局《关于加强对国家地理标志产品专用标志使用管理的指导意见》，提出了具体工作要求。二是深入挖掘特色产品资源，地标建设再添助力。与黄骅市政府、藁城市有关部门就黄骅梭子蟹、藁城宫面等申请地理标志保护事宜进行了沟通。三是规范和完善已获保护产品的各类指标和内容。经与总局沟通，总局受理了蠡县麻山药、隆化大米、玉田包尖白菜3个地标产品质量技术指标修改变更申请和“滦州花生”扩大保护范围的申请。四是积极推进国家地理标志保护示范区创建工作。邀请总局科技司武津生司长、裴晓颖副巡视员到张家口怀来县对沙城葡萄酒国家地理标志保护产品进行调研和考察，并同意怀来县创建国家地理标志保护示范区，现怀来县已提交了申请材料并积极筹备创建工作。五是召开全省地理标志工作观摩现场会。在邯郸涉县组织召开了全省地理标志工作现场观摩及培训会议，为进一步推进深入挖掘河北省特色产品资源打下基础。六是组织开展地标产品特色质量监督抽查和各地建档工作检查。经对蔚州贡米、沙城葡萄酒、骨质瓷、卢龙粉丝、松花蛋、咸鸭蛋等相关指标检测，全部符合要求。

二、认证与科技亮点工作

（一）以服务经济发展为切入点，引导和推动检验检测产业持续健康发展

深入贯彻落实省政府办公厅《关于促进检验检测服务业发展的实施意见》，围绕如何促进检验检测机构发展、促进河北省检验检测机构综合实力整体提升等主题，先后在邯郸、廊坊、保定、石家庄、唐山5市召开专题座谈会，筛选确定了重点帮扶的百家机构名单；组织召开“全省百家检验检测机构做大做强经验交流会”，交流经验、挖掘潜力、寻找对策，《中国质量报》7月7日头版以《突围之路——河北百家检验检测机构做大做强经验交流会侧记》为题进行报道。

（二）以服务精准扶贫为切入点，深入开展有机产品认证示范区创建活动

重点对承德隆化和张家口万全、崇礼、赤城等县有机产品认证和示范区创建情况进行了实地考察指导，并将具备创建条件的隆化县向国家认监委做出了推荐。承德丰宁、围场等县政府把发展有机产业作为精准扶贫、精准脱贫的主要路径，通过整合项目资金，着力打造有机产业扶贫片区，优先支持贫困乡镇大力发展有机农业，持续加速农民脱贫致富奔小康进程。中国质量报8月19日头版头条以《“有机”铺就康庄大道——河北省通过创建有机产品认证示范区实现精准扶贫》为题对河北省开展有机产品认证示范区的创建情况作了报道。

（三）以服务地方经济发展为切入点，深入开展地标产品品牌塑造活动

继续“2016年金质地标——国家地理标志产品河北巡礼”专题片的拍摄工作，专题拍摄5个产品，11月前已全部播出；组织“清苑熏香”、“滦县花生”两个地标产品参加了杨凌国家地理标志保护产品展览会，塑造了河北省地标产品新形象；组织召开平谷—蠡县地理标志保护产品区域合作座谈会，推动京津冀地标产品区域合作工作再上新台阶；组织蠡县政府、市场监管局及企业有关人员到四川郫县进行考察学习，学习郫县在地标产品国际化运作方面的经验，为下一步推动“蠡县麻山药”入围中欧地理标志协定谈判的10+10产品奠定基础。

撰稿人：杨　金　审稿人：李俊海

加强监管　服务供给侧结构性改革

——山西出入境检验检疫局2016年认证监管工作概况

2016年，山西出入境检验检疫局（以下简称“山西局”）以“强化认证认可工作，推动质量强国建设”要求为指导，全面贯彻落实全国认证认可工作会议精神，推动认证认可工作创新发展。

一、进出口食品生产企业卫生注册登记工作概况

2016年，山西局按照国家认监委认证认可工作要以服务供给侧结构性改革为重心，从转变观念和工作方式入手，着力抓好基础性、先行性的工作，突出“规划引领、整合提升、协调推进、追溯管理、效能建设”，努力做到“五个坚持、五个着力、五个转变”的总体要求，认真落实山西局“五项改革”、“十项重点工作”各项部署，制订计划有思路，推进工作有成效。

截至2016年12月31日，共完成出口食品生产企业共28家，其中，新申请11家，复查换证13家，增项2家，法人变更1家，更名1家。采信13家，其中HACCP采信10家，示范区3家。山西辖区在册出口食品备案企业95家，其中，对国外注册企业13家。

2016年，山西局共为7家使用单位办理免办证明29批，货值5.4亿元。涉及的CCC产品有IPHONE手机、放电管、断路器等。7家企业为富士康精密电子（太原）有限公司、鸿富晋精密工业（太原）有限公司、中煤平朔集团有限公司、大同中车爱碧玺铸造有限公司、北方自动控制技术研究所、太原钢铁（集团）国际经济贸易有限公司等企业。

二、认证、认证监管及相关工作概况

山西局加强对“三同”企业的监管，派员涉及“三同”上线企业当地检验检疫监管，将出口食品日常监管、年度监管、HACCP联动和“三同”监管内容相结合，减少经常频次，提高监管效能，累计监管工作时长20多个工作日；通过注册备案与食品农产品认证监管联动，对第三方认证机构认证活动开展了30次的监管。

强化CCC认证监管工作。一是继续服务山西富士康IT产业的发展，促进山西进出口贸易的增长。2016年，山西局进一步优化流程，优化审批环节，缩短审批时间，积极促进富士康CCC免办产品通关便利化。1月～10月，经过山西局办理的入境CCC产品16批，涉及的产品是放电管、IPHONE手机等，其中免办1批手机，货值达到5.4亿元。二是顺利完成太原市市场内的入境CCC监督检查工作。第一，明确职责，确定监督抽查工作执行单位。第二，制订了流通领域进口强制性产品认证获证产品抽查工作方案。第三，调查摸底，选取抽查获证产品范围。经对山西辖区进口商品流通领域的认证目录内获证产品进行摸底调查，确定进口童车、玩具为本年度抽查的产品。第四，按照《山西检验检疫局2016年强制性产品认证获证产品监督抽查实施和经费预算方案》规定要求，在太原王府井百货有限公司抽查了Origami婴儿推车2台，XPLORY多功能儿童推车2台，城市广场玩具2套。第五，确定中国上海进出口玩具检测中心为指定检测单位。本次抽取的进口玩具，是由捷克生产的城市广场塑胶拼插玩具，该产品有CCC产品认证证书，批次、标示与证书相符。经过检测，玩具、Stokke牌婴儿推车、Thorley牌婴儿推车检测项目数值均通过实验，判定结论合格。

三、重点问题探索、分析，或重点工作介绍，或工作经验总结

（一）精准对标，绩效策划有计划

2016年年初完善了各种规范，补充制订了《强制性认证产品入境验证工作规范》《强制性认证目录外进口产品确认工作规范》和《山西局对动植物等行政审批进行监督工作规范》，保证各项工作标准化、程序化和制度化。

为了完成国家质检总局和山西局绩效目标，将目标责任分解落实到人，按照《国家认监委关于印发2016

年认证认可各业务领域监督检查工作方案的通知》（国认办〔2016〕18号）要求，制订了《山西检验检疫局2016年认证行政执法专项监督检查工作落实方案》《山西检验检疫局2016年管理体系认证活动专项监督检查工作落实计划》《山西检验检疫局2016年强制性产品认证获证产品监督抽查实施和经费预算方案》《山西检验检疫局2016年进出口食品生产企业注册备案及食品农产品认证工作方案》和《山西检验检疫局2016年出口食品企业内外销“同线同标同质”等帮扶行动计划》5项落实计划和方案。

（二）重点突出，推进落实有成效

山西局各项重点工作充分与“两学一做”相结合，做到两不误，两促进。

1. 落实“三同”工程及帮扶计划情况

山西局按要求制订了《山西检验检疫局2016年出口食品企业内外销及消费品“同线同标同质”等帮扶行动计划》，成立了主管局长为组长的领导组。下设帮扶工作组：食检处、植检处、动检处、认证处和各分支局动植食监管部门为核心的帮扶组。其职责为根据对企业调查走访情况，按照“一厂一策”的原则，组织制订帮扶方案，明确帮扶的时间表、路线图。工作组分工负责，责任落实到人。目前，通过调查、走访、出台优惠政策，对10家获得HACCP认证、管理相对规范的“三同企业”实施了重点帮扶，已完成帮扶目标80%以上。

2. 加大新闻宣传，扩大三同影响

5月10日，国家认监委“同线同标同质”公共信息服务平台正式上线，与此同时，山西局正式启动了出口食品企业“同线同标同质”行动计划，旨在倒逼企业瞄准国际、对标一流，让消费者不出国门、不需代购、不用海淘，就能在国内买到与国际市场上同等质量的产品。

山西局召开局长办公（扩大）会部署“同线同标同质”行动，从4个方面采取措施推进“同线同标同质”行动计划，促进全省出口食品企业提质增效。一是推动出口食品企业加速对接先进标准。二是推动全省30多家获得HACCP认证的出口食品备案企业上线“同线同标同质”服务平台。三是推动农产品内销转型、农超对接。四是推动高端零售商超向电商转型。大同局、阳泉局、侯马局、平朔局、长治局、运城局参加了省局党组扩大会。举办6个场次推进会，90多家企业参加推进，参加人数100多人。10家公共媒体报道了山西局推进“三同”工作情况。

3. 三同”工程有力促进内外销增长

截至2016年年底，有8家出口食品生产企业登录国家认监委“出口食品企业内外销‘同线同标同质’信息公共服务平台”和商务交易公共服务平台，占山西省注册企业的9%。

2016年新增25家出口食品企业，截至2016年年底全省出口食品企业97家。其中，8家“三同”企业。1月~10月出口食品50多亿元，帮助企业新增内销2亿元。

4. 帮助企业显著提升质量水平

一是帮助指导企业落实《出口食品生产企业备案管理规定》142号令的相关要求，根据具体产品全生产链进行危害分析，帮助企业获得完整的危害分析工作单，全面了解质量安全状况，制定降低风险的防控措施。落实山西省转型发展，与创建出口质量示范区相结合，对吕梁市柳林县三交镇红枣基地8个红枣加工企业进行出口食品备案技术指导。4月27日，山西局的技术专业人员为8家红枣加工企业总经理和管理人员进行了《出口食品生产那企业安全卫生要求》培训，系统讲解和解读了食品加工过程中的安全卫生要求，特别是建立HACCP管理体系和FDA现代化法案2016年推进的各项要求，为红枣产业内销和外销，增强企业竞争力，惠及老百姓打下良好基础。

二是帮助食品原料种养殖和加工环节的危害分析与预防控制措施的制定，分别依据或参照良好农业规范（GAP）、HACCP方法实施。危害分析过程中应充分考虑人为故意污染引入的非传统食品安全危害，相应的食品防护计划也应根据企业实际情况与GAP或HACCP体系融合或分别实施。

三是按照国家质检总局《关于加强出口食品防护培训的通知》（质检食函〔2016〕53号）和国家认监委《出口食品企业内外销“同线同标同质”帮扶行动计划》要求，山西局近期开展了第一轮出口食品防护培训，并在随后的检验检疫工作中把“出口食品防护计划”的建立工作作为对企业现场检查的一项内容，督促和指导各企业建立起科学合理的“食品防护计划”。

为了保障培训工作的顺利开展，山西局选派优秀业务骨干参加了国家质检总局和国家认监委举办的“出口食品防护计划培训班”，接受了总局进出口食品企业评审专家组“传帮带”食品防护小组专家的培训，系统了解了食品防护极化的基础知识、建立步骤等知识，并拓展学习了美国食品安全现代化法案的相关要求，为培训授课打下了良好的基础。

山西局以视频形式举办出口食品防护计划培训。认

真讲解了“食品防护基础知识”、“食品防护现状”、《出口食品全过程防护工作指南（试行）》、《食品防护计划及其应用指南 食品生产企业》（GB/T 27320）等相关内容。全省进出口食品检验监管人员及60家出口食品企业质量管理人员、技术骨干72人参加了培训。

四是出口企业获得HACCP认证的，认证机构通过改进专项审核方案，满足CIQ对出口备案和产品验放的要求。鼓励企业根据CIQ要求，提供有效的危害分析工作单或HACCP认证证书，作为快速给予出口备案的依据。通过此项帮扶措施，探索在帮助企业解决质量安全问题的同时，促进实现企业出口快速验放，便利贸易。

五是帮促企业成功内销转型，实现“同线同标同质”。指导企业确定产品及生产线，帮助企业比对明确标准。指导督促HACCP认证机构依法依规实施认证和正确使用认证标识。指导企业及时将获得HACCP认证的“同线同标同质”产品和销售渠道信息登录认监委“出口食品企业‘同线同标同质’信息公共服务平台”。积极推动山西局30多家获得HACCP认证的出口食品备案企业上线“同线同标同质”服务平台。据统计，山西省出口备案企业达到“同线同标同质”的产品有果汁、汾酒、芦笋罐头、陈醋等10几种产品，上线8家企业。通过帮扶行动，可以有效提升产品的竞争力。

六是帮助企业了解境外目标市场特别是新兴市场的技术法规、标准等要求，解决达到国外要求的具体技术问题。帮助解决企业境外注册、市场准入困难，积极协调推荐企业对外注册。鼓励和支持出口食品企业参与食品进口贸易，落实进口商验证与自主检查主体责任，及时反映进口企业存在的质量安全问题。帮助企业实现产品和管理升级，根据企业需求指导企业借助有机认证、国际食品安全倡议（GFSI）承认的认证等国际通行认证制度，解决进入国外高端市场认证、信息追溯体系建设需求等问题。帮助沟通和协调，指导企业解决产品国外市场扣留、受阻和退货等问题。推动农产品内销转型。山西局鼓励鸡蛋、牛肉等出口食品农产品质量安全示范区企业与大型连锁超市对接，引导超市在示范区建立直采专供基地，超市设立示范区农产品专柜以及开设专营店，帮助企业不断创新对接方式，丰富对接品种，畅通对接渠道，让符合国际标准的农产品进入国内市场，使国内消费者享受到安全放心的农产品。

七是随着国际经济一体化和贸易自由化趋势，技术性贸易措施日益成为西方发达国家采用的限制进口、保护本国产业和市场的主要措施之一，将对我国乃至山西省出口食品农产品形成长期阻碍。我们研究TBT和SPS新规则，对诸如美国《现代化法案》、2016年实施的《美国食品预防性控制措施》（117法规）、《日本肯定列表制度》等技术性法规进行合规性评判，识别关键控制点，将标准要求、控制措施应用到备案注册、检验检疫和日常监督管理中，帮扶出口食品企业突破技术壁垒，提高国际竞争力。

山西局通过《山西检验检疫局促进山西省外贸回稳向好工作措施》，帮扶3家食品农产品企业，培训企业100人。3家出口食品生产企业获得危害分析与关键控制点（HACCP）体系认证。目前，山西省8家“三同”出口食品企业中，出口食品企业满足“同线同标同质”的产品主要有：汾酒、陈醋、苹果清汁、苦荞米、番茄酱等。

（三）夯实基础，提高把关能力

一是完成了对全系统46名出口食品卫生注册评审员的重新评审。从出口食品管理人员的知识结构适应性方面进行了专业能力评价；从近2年对出口食品备案企业监督管理的绩效方面进行了评价；从加强行业自律管理方面进行了评价。通过持续评价，强化了退出机制，促使我局出口食品卫生注册评审员队伍执法能力不断提升，服务出口食品企业发展水平不断提高。

二是举办2016年度出口食品卫生注册评审员培训班。为了加强卫生注册评审员队伍建设，不断提高评审员政治素质和业务素质，确保评审工作质量，有效满足出口企业内外销“同线同标同质”工程，服务供给侧改革的实际行动，于2016年5月13日举办了2016年度出口食品卫生注册评审员培训班。

本次培训重点对美国现代化法案（FSMA）四个能力进行了解读，特别针对危害分析和预防措施、FDP防护、进口食品生产企业检查等方面的内容，详细进行分析解读。与会的培训人员一致表示，研究美国现代化法案很有必要，与我国出口食品备案管理密切相关。全省检验检疫系统近60名从事食品农产品监管人员（包括50名食品卫生注册评审员）参加了培训。

撰稿人：闫玉芳　审稿人：丁三寅

规范行政许可　提高监管效能 不断推动认证工作有序发展

——山西省质量技术监督局2016年认证监管工作概况

2016年，山西省质量技术监督局（以下简称“山西省质监局”或“省局”）认证认可工作在国家认监委的正确领导下，紧紧围绕年初全国质检工作会议、全国认证认可工作会议部署要求和相关重要工作会议精神，深入贯彻省局深化改革创新、提高监管效能，积极适应行政改革新形势的总体部署，较好完成了年度工作任务，各项工作取得了新进展。

一、检验检测机构资质认定和证后监管工作

下发专题通知和加强检验检测机构监督管理的指导意见，督促各市局以学习总局163号令契机，继续完善CCC认证获证企业质量档案和监督检查记录档案，强化风险预警意识，健全证后监管机制；开展多种形式的认证监管人员培训，着力提升能力素质，进一步指导基层认证监管人员创新监管方式，拓展工作视野，推进工作落实。

为验证和提升全省检验检测机构的技术能力和管理水平，8月，省局在社会公开征集项目、方案论证确定实施机构的基础上，统一组织了社会关注领域的热轧带肋钢筋和室内环境中甲醛吸收液检测能力的项目征集和能力验证工作，得到了全省检验检测机构的普遍认可，有200余家建材、建工领域检验检测机构积极参与。

在积极配合国家认监委、环保部完成了检验检测机构重点领域如机动车安全技术检验机构专项检查的同时，指导辖区内检验检测机构按照属地监管、分类监管的原则，运用“双随机”的方式开展了日常监管，进一步规范了检验检测行为。

《检验检测机构资质认定评审准则》正式实施以来，为解决资质认定部门的要求、评审员技术评审和检验检测机构的运行的“一致性”问题，省局在落实国家认监委配套文件的同时，结合工作实际，编写下发了《检验检测机构资质认定工作实用手册》，规范了工作用表，力求达到全省资质认定工作的便捷化、规范化、标准化之目的。

二、强制性认证产品市场监督抽查工作

为保质保量地完成认监委下达的强制性认证产品市场抽查任务，省局专门下发通知，及时筹划部署，跟踪督导落实。自第二季度开始，集中利用三个半月的时间，先后组成3个抽样小组，共计抽取31个生产企业10家经销商40个批次的童车类产品，达到了抽样计划100%的目标，年度市场抽查工作受到认监委的充分肯定。

三、管理体系认证的监督检查工作

省局制订并下发了《2016年管理体系认证活动监督检查工作方案》，明确工作部署，结合全省管理体系获证企业的工作运行情况，自8月开始，按照“双随机、一公开”的监管要求，抽调9名专家，历时13天，对照《质量管理体系认证规则》和《能源管理体系认证规则》等规定，先后随机选定长治、晋城、吕梁三个地市16个县区的30家获证企业进行了现场检查，按期保质完成了检查任务。同时，各市局发挥区域监管职能，自主制订本辖区内认证监管计划，突出重点，分类实施，指导和帮助企业解决管理体系运行中存在的问题，强化了企业对管理体系标准的理解和应用，起到了促进企业提高管理水平的目的，推动工作的常态化和规范化。

四、认证宣传工作

围绕“世界认可日”“全国质量月”等重要时机，开展主题宣传活动，营造了“传递信任、服务发展”的良好舆论环境；市、县局运用实验室开放日等时机，探索出多种宣传途径，提高了政府、社会对认证认可工作的认知度和信任度，取得了明显的成效。

撰稿人：马丽芹　审稿人：冉春生

创新机制提升供给质量　服务地方经济社会发展

——内蒙古出入境检验检疫局2016年认证监管工作概况

2016年是“十三五”开局之年，内蒙古出入境检验检疫局（以下简称“内蒙古局”）认真落实中央关于改革发展的重大战略部署，全面贯彻落实全国认证认可工作会议精神，紧密围绕质检总局和国家认监委各项工作安排，按照“强化认证认可工作，推动质量强国建设”的要求，以服务供给侧结构性改革为重心，牢固树立新发展理念，发挥检验检疫部门职能作用，扎实做好各项工作，有力推动了内蒙古局认证认可工作取得新突破。

一、积极推进“同线同标同质”工程，服务供给侧结构性改革

一是提纲挈领明确行动方案和职责要求。研究制订了2016年出口食品企业内外销“同线同标同质”帮扶方案和任务细化分解计划，召开“三同”帮扶行动启动宣贯视频工作会议，对全局系统220人、175家出口食品备案企业的260名管理人员进行“三同”技术法规培训，确保了“三同”工作有效实施。

二是创新工作思路，借助地方政府支持开拓工作局面。在“三同”启动初期，内蒙古局以《加快推进我区出口食品企业内外销“同线同标同质”的情况报告》为题向内蒙古自治区政府报送了专题报告，得到自治区政府的高度重视，将此报告上报到国务院办公厅，促进了“三同”工作的启动、发展；在实施推进过程中，又以《我区“同线同标同质”工程推进效果显著 存在的问题亟待关注》为题，向内蒙古自治区政府进行了第二次专题报告，得到了自治区政府相关职能部门在政策方面的大力支持。

三是创新服务理念，推行“一厂一策”和“龙头引领”的精准帮扶模式，促进内蒙古农畜产品出口内销双提升。首批确定了25家企业作为精准帮扶对象，有针对性的采取“一厂一策”精细化服务措施，同时积极促进蒙牛集团、伊利集团、内蒙古塞飞亚集团有限公司等实力雄厚、产品优质的大型企业加入“三同”工程，起到了树立标杆、示范引领的作用，使内蒙古地区“三同”工作的影响力得到提高。

截至2016年，内蒙古地区共有43家出口食品备案企业在国家认监委“同线同标同质”公共信息服务平台注册，具备“三同”条件的27家出口食品企业向社会进行了公示，公示企业数量在全国排名15位，在沿边局中排名第二。同时拟建、在建28家内蒙古草原“三同”特色产品销售实体店。

2016年，蒙牛、伊利的乳产品在国内销售量增加2%；内蒙古草原宏宝食品股份公司、巴彦淖尔万弘食品有限公司的内销额同比增幅10%；内蒙古科沁万佳食品有限公司产品出口到42个国家和地区，并建立了与中粮、欧亚超市、大雷等大型营销公司的内销合作渠道；8家“三同”公示企业成功登陆麦德龙、家乐福、华润万家、北京首航、大润发等商场等，扩大了内销渠道。

四是创新宣传手段，提高舆论宣传效能。阶段性召开新闻发布会，邀请新华社、人民网、《内蒙古日报》等媒体参加，内蒙古地区推动“三同”工程取得的成效被多家媒体报道并得到45家媒体转载，并在《国门时报》和《内蒙古日报》以专版形式予以报道。充分利用微信等新媒体的社会传播功能，分9个产品品种制作13期微信，《国门时报》、新华网、认监委等公共微信平台转载发布29次，扩大了内蒙古“三同”工作社会影响力。目前，“三同”工程已被纳入内蒙古自治区构建现代化进出口食品安全、服务内蒙古经济发展综合治理体系。

二、聚焦“一带一路”，推动农畜产品龙头企业对外注册

努力挖掘“一带一路”沿线国家市场需求，积极帮扶企业在“一带一路”及“中蒙俄经济走廊”沿线国家注册，激发内蒙古地区外贸出口新潜力。内蒙古科尔沁牛业股份有限公司牛肉出口到以色列、马来西亚，并获得5个国家和地区官方注册，对打通“一带一路”沿线国家和地区清真肉类产品市场发挥了重要作用，

也带动了其他农畜产品向阿联酋、科威特、埃及等国家出口；包头东宝生物技术公司的食用明胶顺利出口欧盟，在骨胶行业排行居前；积极推动内蒙古塞飞亚有限公司在出口韩国、日本的基础上向马来西亚、哈色克斯坦官方注册出口禽肉产品。截至2016年年底，内蒙古地区有出口食品备案企业280家，通过HACCP官方验证的56家；获得欧盟、美国、以色列、马来西亚、日本等国家官方注册企业13家，对美国FDA注册企业25家，对韩国食药部注册企业46家，获国外注册备案企业共计84家，较2015年增加了121%，促进了内蒙古大宗农畜食品走出去。

三、深化“放管服”改革，提升认证监管能力

在管理体系认证、备案监管领域按照“放、管、服”的要求，重点推进认证监管职能转变，将重点放在制订监管计划、设定检查重点和范围、分配检查任务上，宏观上指导和监督各分支局开展各项工作；进一步简政放权，赋予各分支机构及本局相关处更多评审和监管职责以及对违规行为的处置权限，充分发挥各分支局、办事处和业务处室的作用；采取事中事后监管、“双随机，一公开”检查模式、认证监管和出口食品企业备案工作联动，在认证监管、出口食品企业备案审批工作中积极采信第三方认证机构和食药监部门，并对采信结果的落实情况进行指导和督促。做到有放有管、放管结合，有效地发挥认证认可职能，既加强宏观管理，又保证了评审、监管工作质量。

参与制订了《2016年华北五局管理体系认证活动联合监督检查工作方案》，并按照“双随机一公开”模式，与天津、山西局监管人员共同完成包括内蒙古3家企业在内的跨区域专项认证执法检查。修订了《内蒙古检验检疫局自愿性认证活动监督检查工作办法》，增加了“双随机”检查内容；建立了内蒙古局认证监管专家库，全年培训监管人员22人次；抽调5个分支机构监管人员对内蒙古地区出口风险较高20家备案企业实施了认证监管检查。

四、加强CCC免办及后续监管工作

全年共审核35份CCC免办申请，办理签发了28份CCC免办证明，涉及4个企业。组织相关分支局开展辖区CCC免办后续监督检查工作，内蒙古局对2个分支局的该项工作进行了监督抽查和工作指导，检查了对进口CCC免办产品监督检查和档案建立情况，提出整改要求；同时监督抽查了2个企业12份CCC免办证明，所申请用途与实际相符，证单管理和产品使用规范，没有违规现象。

以认监委新版CCC免办系统上线为契机，按照简化流程、方便企业、工作效率的原则重新修订CCC免办工作程序，下放免办审核发证权限到分支局、办事处，实现全程电子化、数据共享和一体化监管。

五、积极开展强制性产品认证获证产品市场监督抽查工作

为加强入境强制性产品认证对产品质量安全的监督保障作用，按照国家认监委的统一工作部署要求及指定重点抽查产品，内蒙古局与内蒙古质量技术监督局联合开展了辖区流通领域进口强制性产品认证获证产品监督抽查工作，重点是儿童安全座椅和汽车轮胎。两局联合调查了呼和浩特地区大型商场儿童用品经销店和多家进口汽车轮胎经销店，了解掌握了辖区进口儿童用品包括推车、安全座椅、玩具等商品和汽车轮胎的产地、数量、质量、CCC标识、销售等情况。调查组在现场抽取了不同国家不同型号的2个批次儿童安全座椅和2个批次汽车轮胎，并委托强制性产品认证指定实验室按照认证要求的标准进行检测，送检的2个批次轮胎全部合格，2个批次的儿童安全座椅有一批不合格，有待认监委进一步调查处理。

此次与内蒙古质监局联合开展执法检查，实现了协作配合，资源、信息共享，加大了对流通领域的市场监管力度，扩大了认证执法影响力，对规范经销商按照规定销售进口CCC认证产品、保障消费者合法权益起到了积极作用。而且通过近几年检查流通市场经销商CCC证书及其他手续，宣传国家相关政策，提高了经销商对CCC认证制度的理解认可和对执法监管的主动配合。

六、深化互联互通，借力区域联动合作机制谋发展

围绕国家质检总局“抓质量、保安全、促发展、强质检”的方针，全面落实《认监委关于加强和深化认证执法监管体系建设的指导意见》要求，结合自身业务特点利用多个合作机制平台谋发展。

一是在华北五局检验检疫认证执法监管工作区域合作机制下，参与实施了2016年“双随机一公开”模式的管理体系认证监管检查工作，检查取得良好成效。

二是在东北三省内蒙古检验检疫机构认证执法监管区域合作联席会议上，共同起草出口企业备案采信工作要求，统一执法尺度，规范监管流程；讨论通过了四省区检验检疫机构CCC互认办法，将区域认证执法监管区域合作机制落到实处。

三是加强大质量工作机制和大质量文化建设，与内蒙古质监局积极落实"互联互通，共管共治"合作协议精神，共同组织开展世界认可日宣传活动；对流通领域进口 CCC 认证产品联合开展市场执法监督抽查，实现检测数据、检查结果共享；对管理体系认证监管检查互通结果，提供技术支持。多人被聘为内蒙古技术监督局各类审核员和技术专家，参与了内蒙古地区实验室认可评定及检查活动和内蒙古自治区主席质量奖评奖工作、名牌产品审核活动以及内蒙古自治区标准化建设检查评选工作。两局深入合作共同推动大质检建设。

撰稿人：郅　莉　审稿人：于兴渤

强化监管　全面履职　服务自治区经济发展

——内蒙古自治区质量技术监督局 2016 年认证监管工作概况

2016 年，内蒙古质量技术监督局（以下简称"内蒙古质监局"）在国家认监委的指导下，按照"突出质量主题、筑牢安全防线、转变工作方式、提升服务水平"工作总基调和做好"服务发展、加强监管、改革与法治"三篇大文章的要求，主动优化行政审批流程，严格整顿规范认证市场秩序，圆满完成了各项工作任务。

一、全区认证认可、检验检测服务业基本情况

截至 2016 年 12 月底，全区强制性产品认证有效证书为 1 339 张，获证企业 239 家，涉及认证机构 7 家，产品主要集中在低压电器、机动车辆、装饰装修产品等行业。从事自愿性认证活动的认证机构共计 88 家，自愿性认证（不含食品农产品认证）有效证书数量为 5 684 张，企业 3 155 家。自治区食品农产品认证有效证书数量为 2 300 张，获证企业 1 088 家（其中有机产品获证企业 396 家，证书 712 张）。全年检验检测机构资质认定共审查批准 481 家，其中首次申请 115 家，复查申请 252 家，涉及扩项申请机构 144 家，全区持有有效资质认定证书机构共计 948 家，与上年基本持平。全年累计注销、暂停检验检测机构资质认定证书 31 张。

二、2016 年认证监管主要做法及亮点工作

（一）加快推进诚信体系建设，着力打造科学、公正的检验检测技术服务业

1. 认真贯彻落实上级部署要求

按照国务院《关于建立完善守信联合激励和失信联合惩戒制度，加快推进社会诚信建设的指导意见》、自治区政府《关于加快社会信用体系建设的意见》等要求，秉持"安全检验检测"理念，认真落实检验检测行业主体责任，切实维护公众利益，制订下发了《自治区检验检测机构诚信体系建设工作方案》，推动实施机构诚信评价及失信曝光制度，完善建立检验检测机构诚信服务体系，切实营造公平、诚信的检验检测市场。

2. 有效开展检验检测机构资质认定专项督查

共组织 8 个检查组对全区 12 个领域 124 家检验检测机构进行监督检查，对检查结果进行及时通报；对存在严重问题的 19 家检验机构进行整改、处罚，4 家主动申请注销资质，依法对另外 15 家进行罚款处理，责令停业整改。

3. 认真开展检验检测机构能力验证工作

组织对食品、建材、废水、土壤等 7 类产品共 15 个参数开展能力验证。全区共 427 家检验检测机构参与验证，首次结果全部满意 273 家，占 63.93%；109 家补测结果满意，占 25.53%；45 家不满意，占 10.54%。区局对能力验证结果不满意机构的相关项目进行了调整，对未参加能力验证的 13 家机构由盟市局依据《检验检测机构资质认定管理办法》进行了处理。

4. 严肃约谈检验检测机构法定代表

共约谈了 71 家检验检测机构法定代表人，其中 15 家为专项监督检查中"不通过"的机构，56 家是能力验证活动中结果"不满意"及无故不参加能力验证的机构。通过约谈，进一步学习、掌握《检验检测机构资质认定管理办法》，找出了存在问题和原因，提出

了避免类似问题再次发生的整改措施，进一步强化了检验检测机构法定代表的法律意识、质量意识和责任意识，对机构能力水平提升、诚信体系建设等起到了促进和推动作用。

5. 加强职能宣贯提升能力水平

拍摄《检验检测机构资质认定监督检查教学片》，通过场景展示、字幕、解说、动画等形式，呈现监督检查全过程，规范和指导全区资质认定监管人员开展监督检查工作，增强监管能力和水平。

（二）加强认证机构活动监管，提高认证有效性

一是组织开展强制性产品认证、有机产品认证和质量管理体系认证专项督查。对30家强制性产品认证获证企业、30家有机产品认证获证企业、60家质量管理体系认证获证企业开展了督查，对2家认证机构进行了处罚。

二是利用国家认监委“认证认可业务综合监管平台”对认证机构的活动实施监管。对各盟市局认证监管工作实行通报制度，按照季度、半年、全年共对认证监管情况通报4次。2016年自治区共实施各类认证活动6 359次，涉及认证机构107家、企业3 098家，各盟市旗县质量技术监督部门检查认证活动1975次，占31.1%，检查认证机构89家，占83.18%，检查企业991家，占31.99%。通过检查，有效遏制了认证机构非法认证、不按标准、规则认证的行为，体现了“认证认可、传递信任、服务发展”这一理念。

三是承担国家CCC认证产品电线电缆的抽查任务。在协调认监委批准包头市产品质量计量检测所成为强制性认证产品电线电缆指定实验室的基础上，2016年认监委委托包头市产品质量计量检测所承担强制性认证产品电线电缆国家抽检任务，抽查呼和浩特、包头、鄂尔多斯、巴彦淖尔、乌海市5个地区59家经销商的100批次产品，涉及生产企业81家，抽查合格率为63%。

（三）围绕自治区经济社会发展，充分发挥认证认可、检验检测质量基础作用

一是推进国家质检中心建设步伐。积极助推阿拉善盟质计所石墨检测扩项工作，启动了国家石墨检测中心的前期准备工作。协调国家认监委推进国家煤炭加工产品监督检验中心筹建工作，并通过了资质认定评审。截至2016年年底，自治区国家级质检中心数量达到8个。

二是积极创建有机产品认证示范工作。帮助赤峰市敖汉旗人民政府、兴安盟科右前旗人民政府、呼伦贝尔市那吉屯农垦集团三家申报国家有机产认证示范创建区的前期指导、培训，并对申报材料修改完善，提交国家认监委申报，三家申请单位全部顺利通过答辩，截至2016年年底，自治区有5家旗县级人民政府被国家认监委确定为国家有机产品认证示范创建区。对了呼伦贝尔有保生态农牧业开发股份有限公司等7个自治区有机产品认证示范项目，派出专项组进行指导推动，已有5个项目单位通过验收。

三是会同自治区发改委转发了《节能低碳产品认证管理办法》，继续推动低碳产品、能源管理体系认证工作，目前，全区共有3家企业取得7张低碳产品认证证书，实现了自治区低碳产品认证零的突破，有21家企业通过了能源管理体系认证，标志着自治区供给侧改革、经济发展方式转变、产业结构调整初见成效，为实现经济发展与环境保护的“双赢”奠定了基础。

四是推动检验检测联盟建设。由国家稀土产品质量监督检验中心、内蒙古建材院、内蒙古北方重工业集团按照各自领域分别牵头，组建全区检验检测联盟，目前已完成检验检测联盟章程、协议的起草工作，其他工作正在有序开展。检验检测联盟建设，为自治区产业发展提供高效检验检测服务，必将促进自治区检验检测行业转型升级、不断提升服务质量。

（四）开展认证认可、检验检测工作探索，通过建章立制规范市场运作

一是搞好规划设计，保证有序发展。围绕“建设五大基地、调整产业结构、实施重大民生工程、推进新型城镇化”的发展需求，着眼激发市场活力，建立健全自治区质量技术支撑体系，组织编制《内蒙古自治区“十三五”时期产品检验公共服务平台建设规划》，指导自治区检验检测机构健康发展。

二是规范行政审批行为，提供便捷服务。印发了《检验检测机构资质认定评审工作规范（试行）》《关于检验检测机构申请办理资质认定扩项评审有关工作的通知》《关于检验检测机构申请办理地址变更有关要求的通知》，细化评审程序和要求，突出扩项和地址变更机构新增能力和保障水平的考核，精简了不相关的考核条款，为检验检测机构办理相关手续提供便利。

三是开展部门联动，形成监管合力。与内蒙古检验检疫局签署合作备忘录，联合开展CCC认证产品和认证活动专项检查，并联合进行人员培训、开展“世界认可日”活动。会同自治区公安厅、交通厅、环保厅召开机动车检验机构整治视频会议，各部门依据职责分

别从行业角度提出了从业要求，形成齐抓共管的局面，有效遏制了机动车检验领域存在的问题。在国家认监委对呼市、包头5家机动车安检、环检机构开展的专项检查中，5家机构检查结果全部通过。

四是落实检验检测服务业年度统计制度。对全区936家检验检测机构基本信息进行统计分析，共出具报告395.43万份，降幅42.2%；检验检测收入20.74亿元，同比下降23.16%。2016年自治区检验检测服务业从业人员22 607人，同比增加5.51%。固定资产41.40亿元，同比增长43.01%，其中仪器设备原值38.66亿元。超过40万元以上的仪器设备总值达13.89亿元，同比增加14.76%，进口仪器设备14.07亿元，同比增加8.75%。

五是加强业务培训，提高监管人员能力素质。2016年委托培训中心举办2期认证监管人员培训班，总计培训200多人次。在赤峰、通辽、呼伦贝尔三地召开认证工作会议期间，派专人对三市旗县区认证监管人员进行培训，共培训100余人。与自治区执法督查局合作，聘请国家合格评定委员会专家开展有机认证产品专项检查现场教学培训，同时编印《认证认可、检验检测监管工作手册》，统一配发至全区各级质监部门认证监管人员，通过集中培训和自主学习相结合，有效提升认证监管人员素质。

（五）强化职能宣贯，提高认证认可、检验检测的社会影响力

一是"世界认可日"期间，联合内蒙古检验检疫局在包头市组织重型汽车、机械装备工业企业、认证机构等开展了以"认证认可服务供给侧结构性改革"为主题的宣传活动。"质量月"期间组织各盟市开展"实验室开放日"和"质量安全知识进校园"活动，组织自治区纤维检验局到中小学宣讲纤维制品安全知识，促进少年儿童从小讲质量、讲安全，树立正确的质量安全观。

二是广泛开展宣传。针对内蒙古质监局开展的认证认可重点工作，在《内蒙古日报》刊登信息报道2篇，在《中国质量报》、中国质量新闻网刊登报道4篇，国家认监委网站新闻动态刊登内蒙古质监局认证监管工作信息7篇，《消费与质量》杂志刊登报道11篇，有力提高了社会认知度和影响力。

三是制定并实施了《内蒙古自治区认证执法监管体系建设实施意见》《内蒙古自治区认证监管获证企业、认证机构监督检查规则》《关于进一步加强检验检测机构资质认定管理工作的意见》等制度，在全区建立起较为完整的认证监管、检验检测法制管理体系，受到国家认监委的肯定，在国家认监委召开的法制工作会议上，内蒙古质监局作了《开展认证普法宣传 发挥认证认可作用》的典型发言，提升了自治区认证认可工作在全国质监系统的影响力。

（六）落实主体责任，推进党建工作和作风建设制度化长效化

一是认真贯彻落实内蒙古质监局党组关于开展"两学一做"学习教育的总体部署和要求，在抓好"规定动作"的同时，结合实际搞好"自选动作"。狠抓制度落实，每月按计划组织两到三次支部学习，采取支部书记讲解、支部党员自行学习等形式认真学习，深刻领会党的创新理论精神，不断强化四种意识，努力争做"四讲四有"合格共产党员。

二是结合内蒙古质监局纪律作风整顿活动，狠抓作风建设。进一步完善制度规定，严肃政治纪律、组织纪律、廉洁纪律、群众纪律、工作纪律和生活纪律，做到制度化、常态化、长效化。加强遵守纪律和作风建设情况的日常监督和定期"回头看"，做到发现问题、分析原因、解决问题。通过抓工作纪律、整顿工作环境，取得了明显的成效，在第四季度的办公秩序评比中我处夺得办公秩序流动红旗。

三是严格落实廉洁自律各项规定，坚决防止"四风"问题变异。认真抓好日常教育，坚持把廉洁从政教育及廉政文化建设纳入支部教育培训工作；定期开展廉政谈话，做到常提醒、常提示，严格落实八项规定，坚决反对"四风"出现反弹。

在肯定成绩的同时，也存在着一些不足，需要在今后的工作中改进和提高。一是认证认可、检验检测宣传力度还有待进一步加大；二是对检验检测、认证机构日常监管还需进一步加强；三是各级认证监管人员特别旗县区级人员监管能力还需进一步提高；四是认证认可、检验检测服务大局意识还需进一步提升。

撰稿人：张　瑞　审稿人：哈斯巴根

强化认证认可作用 服务供给质量提升

——辽宁出入境检验检疫局2016年认证监管工作概况

2016年，辽宁出入境检验检疫局（以下简称“辽宁局”）全面贯彻落实国家质检总局、认监委工作部署，以服务供给侧结构性改革为重心，坚持深化改革，坚持质量为本，坚持放管结合，加强自身建设，提升质量安全监管和服务经济发展水平，在认证监管工作中取得了卓有成效的进展。

一、强化认证认可作用，促进质量安全监管水平提升

（一）创新开展“双随机”监督检查，提升认证有效性

创新监管模式，“双随机”开展管理体系认证监管工作。用制度限制监管部门的自由裁量权，杜绝任性检查、减少监管权力寻租，有效提高认证监管效能，营造良好公平的市场环境。科学建立“双随机”监督检查机制，制定了《认证监管双随机工作规程》，对全系统检验检疫人员进行梳理，根据从事岗位、专业特长、工作性质和自然情况等，进行分类统计，建立了总计391人的认证监管人员数据库；对全国41万家获管理体系认证组织进行统计分析，筛选确认301家认证机构、3 892家备案企业、获认证企业为检查对象，建立了涵盖企业名称、地址、认证或备案种类、范围、认证机构名称、认证证书号等基本信息的检查对象库；同时自主开发计算机抽签系统，设置随机参数，实现了“双随机”配对抽签功能。举行“双随机”公开抽签仪式，将认监委随机选取的待检查企业数据和辽宁局监管人员数据导入抽签系统，通过电脑系统随机抽选，检查对象和监管人员现场实现双随机配对，形成了26个检查组，抽签全过程在现场大屏幕公开播放，接受群众监督。开展“双随机”检查前培训，邀请认证专家讲解管理体系标准、认证实施规则、认证行政执法及申投诉等知识，统一执法尺度。共出动52人次，涉及获证企业26家，认证机构10家，发现各类问题54个，其中较严重问题1个。辽宁局将存在严重问题的认证机构情况上报国家认监委。

（二）“放、管、服”相结合，加强事中事后监管

抽查HACCP认证企业89家，涉及认证机构13家，涉及证书104张。其中10家开展了认证机构审核现场的见证审核。发现存在问题企业20家，涉及认证机构4家。对于问题企业要求其及时整改，涉及的认证机构情况同时进行了上报。在风险分级基础上科学监管，以问题为导向，提高现场检查异地派员比例，加强对“四大采信”模式备案企业后续监管，加强对产品被通报退运企业的监管，共组织对辖区内600家次备案企业开展了现场监督检查，参与现场检查工作的评审员共有1 310人次。其中，以“双随机”模式，抽取检查人员405人次，检查138家企业。现场监督检查发现有222家次企业存在不符合项。注销备案企业52家次，暂停处理4家次。备案批准情况由认监委在委网站对外统一公布。

（三）联合执法把关，专项监管卓有成效

实施进口CCC汽车专项监督抽查。按照国家认监委的统一部署，突出问题导向，以“随机抽查”和“重点选择”相结合的方式，选取被抽查企业和车辆。核查过程中采取“四方核查”方式，由检验检疫部门、检测中心、认证机构和进口商四个单位，共同对抽查结果进行核查比对和数据信息核对，保证结果的准确性、可靠性。出动监管人员104人次，抽查13家进口商52台汽车，其中8台车辆不合格，一致性核查总体合格率84.6%；发现问题项23个。七年来获证企业守法和责任意识明显提高，总体合格率由2011年的36%上升至84.6%，并连续三年保持在80%以上。

（四）加强质量整治，净化认证市场环境

辽宁局将“质量整治”和“质量宣传”相结合，综合运用监督抽查、执法打假、集中整治等手段，联合

地方质监等部门开展市场检查和认证宣传，严厉打击了质量违法行为，保持了质量安全监管的高压态势，净化了认证市场环境，切实维护群众健康安全和合法权益。一方面加强市场监管，总计出动26人次，对辽宁地区有6家大型商场、超市销售的有机产品和CCC产品进行了监督检查，共检查有机产品90个批次，包括进口有机产品50个批次，进口CCC产品40多批次。共发现7个批次产品存在问题，主要问题一是国外有机产品尚未在中国取得有机产品认证即进口并宣传销售。二是在不属于中国有机产品认证范围的产品上擅自标注宣传有机认证。针对上述问题，地方两局执法人员及时通知商场和相关企业整改。与山东检验检疫局联合开展市售进口有机产品标识问题调查，并约谈了进口商。另一方面严格入境验证管理，规范制度，修订并重新下发了《辽宁局强制性认证产品入境验证管理工作规范》和《辽宁局进口有机产品入境验证工作规范》，指导和监督全省各分支机构严格落实入境验证制度，持续保证该项工作有法可依，有章可循。综合运用CIQ 2000系统、E-CIQ系统、CCC免办系统对各分支机构入境验证工作开展业务督察。2016年共开展CCC入境验证3.11万批次，货值24.52亿美元，发现不合格33批次。

二、发挥认证认可职能优势，服务地方经济发展

（一）推进“三同”工程，引导企业转型升级

作为全国首批试点局，在3月7日全国率先全面正式启动“三同”工程，辽宁局按要求制订了《辽宁检验检疫局2016年出口食品企业内外销“同线同标同质”工程等帮扶行动方案》（检办认〔2016〕176号），成立了以潘城局长为组长、分管副局长为副组长、各有关部门主要负责人为成员的工作领导小组，各分支机构成立了20个帮扶工作组。一是开展“精准帮扶”、“破除壁垒”和“辽宁品牌推广”等行动。通过8大类55项需求清单，调研发动663家出口企业，筛选精准帮扶154家企业质量提升和内销转型，培训675人，引导3家技术机构为“三同”企业提供优惠服务。帮助57家出口企业新获备案，49家次新获对国外注册，25家出口企业新获HACCP认证，5家出口质量安全示范区企业达到“三同”上线条件。此外，辽宁局技术中心为“三同”企业量身打造了委托检验检测费七折和优先服务的帮扶政策，目前已有5家企业享受该优惠措施。二是大力支持“三同”公共服务平台建设。指导87家企业申请国家认监委“三同”公示；建成辽宁“同线同标同质”公共信息服务平台，“越洋物语”等4家电商成为“三同”采购商；全国率先组织开设6家“三同”社区厨房和专柜；先后组织154家次企业免费参加北京、大连、长三角等地举办的商务公共服务平台活动，实现“三同”企业与大型商超餐饮及电商企业的规模化对接。三是发挥“大质量工作机制”优势，争取地方政府支持合作，促进内贸外贸融合发展。潘城局长专门向省政府汇报“三同”，全国率先获得省政府领导批示和省级政府发文落实“三同”；协调省农委和食药局等共同推动“三同”；与省政府出口领导小组的12个成员单位进行了工作对接；辽宁局与鞍山市人民政府签订的合作备忘录将推进“三同”工程列为重点工作。四是加强监督检查，对43家“三同”企业开展专项检查，对26种“三同”产品进行抽样送检，全国率先将4家不达标企业取消在认监委“三同”平台的公示。立项研究“三同”推进、评价方法及标准，以标准提升促进质量提升。五是线上线下推广“三同”，引导企业占领国际国内两个市场。全省63家企业在认监委“三同”公共服务平台公示，列全国第五位，实现出口33.4亿元，内销同比增长2.1亿元。辽宁局代表受邀在第十四届全国HACCP应用与认证研讨会暨“同线同标同质”工作推进会上专题介绍了“辽宁经验”。

（二）开展“破除壁垒”行动，培育对外贸易竞争新优势

辽宁局共推荐企业103家次对欧盟、俄罗斯、日本、韩国、越南、印尼、巴西和美国等国家注册，新增获批49家次。一是大力推荐企业对“一带一路”等新兴市场国家注册。实现我国蛋类罐头企业首次成功对新加坡注册和出口；帮助企业跨越蒙古肉类注册新门槛，推荐5家肉类企业一次性全部获批，冷冻鸡肉产品顺利出口，成绩全国领先；在对俄罗斯水产品注册取得突破性进展的基础上，实现中国大菱鲆首次成功出口俄罗斯等。二是帮助企业解决产品升级、达到国外技术法规标准等要求具体问题。如依托全国首批获欧盟注册的水产冷库，首次为国际中转水产品货物出具原产地转口证明和卫生（健康）证书；牵头翻译、统稿和校对美国《国外供应商验证计划法规》；发放出口食品企业应对美国食品安全现代化法案丛书1 200余本等。三是加强沟通协调，帮助企业解决产品国外市场扣留、受阻和退货等问题。指导和推进大连长海县獐子岛等海域管控达到欧盟要求，推动我国双壳贝类产品时隔19年后重返欧盟市场。积极向WTO/TBT和SPS例会特别贸易关注提出了美国拟实施进口非法捕捞水产品法规和日本进口活蛤蜊及其产品中扑草净最大残

留量标准不合理等议题。

（三）简政放权，深化审批模式改革

一是CCC免办审批通过实施简政放权，优化审批流程，证明有效期延长至6个月，减少办证频次等相关措施，成效显著。2016年共办理CCC免办证明2 959份，同比减少20.45%。共办理特殊检测处理程序进口汽车审批131台，同比减少19.14%。二是对于符合四大类采信条件的企业继续实施备案采信机制，共完成出口食品企业备案审批376家次，其是以采信形式完成审批121家，采信比例达到42.3%。所有备案审批事项无一例超过审批时限，审批时间最短1天，平均5.8天，与上年度基本持平。

（四）主动作为，创建有机产品认证示范区

主动向地方政府和食品企业宣传有机认证，组织有机宣传周活动，开展摸底调查，选定大连、本溪、朝阳三个地区进行有机认证示范区创建试点，促进产业规模聚集，助推辽宁绿色经济发展和生态文明建设。期间，共组织4个分支局、地方政府农业部门和认证企业赴山东参加有机认证研讨会，开阔视野，提高认识，学习经验。辽宁局、朝阳局与认证机构、朝阳喀左县政府、农委和质监部门积极协调，共同策划，共同研究，科学规划，协助创建有机认证示范创建区，积极向国家认监委上报创建材料，接受专家评审考核，实现了辽宁有机认证示范区创建零的突破，促进了区域有机产业发展。

三、强化监管体系建设，推动区域联动和协调发展

切实履行区域合作组长单位职责，辽宁局积极与吉林检验检疫局、黑龙江检验检疫局、内蒙古检验检疫局沟通协调，进一步落实"信息互换、执法互助、监管互认、队伍共建"工作目标，组织四局在内蒙古召开区域认证监管合作会议。会议以"区域认证监管一体化"和"跨区域认证监管联动"为主题，交流了东北四省区检验检疫局认证执法监管工作的开展情况，讨论通过了《区域合作推进计划》和《食品企业备案采信HACCP认证管理办法》，就如何推进"同线同标同质"工程、有机产品认证示范区建设和"双随机"认证监管等进行研讨交流，并对内蒙古某出口备案企业进行监督检查和调研，了解企业生态发展规划，现场解答企业问题。

积极参加口岸认证执法联盟活动，深化口岸检验检疫机构认证执法合作，跨区域开展认证执法案件联办，实现口岸认证执法工作"信息互通、监管互认、执法互助"，拓展执法监管合作领域，完善区域联动机制。与泛长三角地区、环渤海地区、珠江三角洲、西北五局地区及质监中心城市联盟加强跨区域合作交流。协办上海局组织的"同心同德同力"推进"同线同标同质"活动，共同推进内外销食品"同线同标同质"，为消费者提供更多优质优价的"三同"食品。辽宁局曹建华副局长带队，共组织3个分支局和6家"三同"企业参加上述活动，其中2家企业现场与采购商成功对接。将内蒙古检验检疫局纳入东北地区区域合作组，多次开展交流合作。与上海检验检疫局、浙江检验检疫局、重庆检验检疫局等局共同交流，探索对进口食品、CCC产品等跨境电商认证监管新模式。与天津局交流口岸进口汽车认证监管工作，统一执法尺度。与广东局交流口岸检疫处理单位和人员资质管理，相互学习和借鉴工作做法与经验。与宁夏检验检疫局、浙江检验检疫局交流管理体系认证违法问题行政处罚经验等。与山东检验检疫局、青岛检验检疫局联合开展市售进口有机产品标识问题调查，约谈2家不符合要求的有机认证产品进口商。与辽宁省和大连市质监局加强合作，联合开展世界认可日、有机宣传周活动，联合开展认证执法检查和消防认证培训。

四、强化能力建设，提高认证认可工作有效性

一是建章立制，进一步规范认证监管工作。在结合地区实际，充分征求意见的基础上，对原有的大部分认证执法规范性文件进行了重新修订，通过评审会、专家会审、法制审核等方式，新制修订文件5个，废除旧文件6个，进一步规范了全系统的认证监管工作。二是自主开发建立了认证监管文件移动快查系统。自行研制开发了认证监管文件包手机端软件，上传全部认证监管文件90多份，认证监管人员可通过手机随时随地调取任意一个认证监管文件，为现场监管检查、验证核查和评审检查提供了有效保障。三是加强评审员队伍建设本年度辽宁局系统共安排备案评审工作约310组次，派员约750人次；安排监管任务约600组次，派员约1 310人次；安排对国外注册预检约45组次，派员约130人次；安排新评审员见习评审94人次；推荐参与国家认监委传帮带活动2人，推荐作为认监委代表陪同国外注册检查2人次，推荐参与进口注册检查4人次。四是加强培训，制作视频培训课件14个，组织开展东四省认证执法监管培训、评审员持续培训、"双随机"检查人员培训、"FSMA"法规培训，培训认证执法监管人员200多人次，培训企业675人次。通过培训，进一步加强经验交流和沟通，统一认证行政

执法尺度，切实增强法律意识、业务素质和执法水平，为共同构建区域内认证行政执法队伍长效机制的建设创造了有利的条件。五是对辽宁局专家队伍实施动态调整，使专家在开展政策研究、文件评审、培训和传帮带活动中，更好地发挥了重要的示范引领作用，使基层认证执法监管人员业务能力逐年提升。积极参与翻译法规3个，并在北京、山东、江苏等地举办法规培训中担任的授课教师，帮助输美食品企业及检验检疫监管人员掌握和符合法规要求。加强科技人才队伍建设，辽宁局1人入选国家“万人计划”领军人才，1人荣获2016年中国标准化助力奖，5人被评选为大连市科技之星。

五、加强科技和实验室工作，保障技术支撑作用

全面实施检验检测技术中心体制机制改革，提高创新能力和技术服务能力。新筹建3个国家重点实验室、1个区域实验室；完成2个重点实验室预验收、1个常规实验室正式验收。新增检测项目3 027项，总数达9 870项，增幅44%。组织认监委能力验证A类1项、B类2项、C类2项，参加英国FAPAS能力验证6项；作为能力验证提供者，组织能力验证26项，在质和量上创阶段新高。辽宁局“互联网+”跨境电商公共检测服务平台正式建成启动，对质检系统改革发展、对国家质量技术基础建设具有重要意义。“检测实验室大型仪器设备利用率评价研究”课题通过验收，走在系统前列。研究成果现已运用在设备选型、调拨、共享等工作实践中，逐步在全系统推广应用。

六、加强宣传，提高认证认可影响力

一是开展“世界认可日”宣传活动。6月9日辽宁局联合辽宁省质量技术监督局开展以“认证认可助推供给侧质量提升”为主题的“世界认可日”活动。全省共举办20场“世界认可日”促进“三同”工程主题宣传活动，深入学校、企业、社区100多家，200多人次工作人员参加宣传，在全省范围内发放《认证认可知识宣传手册》5 000余份，辽宁局、辽宁省质监局、沈阳检验检疫局和沈阳市质监局组织专家与消费者在商场开展互动，现场解答有关节能、环保、产品认证、食品安全等方面知识，活动期间接受认证认可宣传群众达10万余人。辽宁电视台、沈阳电视台、营口电视台、《辽宁日报》、《沈阳日报》等众多新闻媒体进行现场采访和报道。二是开展“有机认证宣传周”系列活动。于9月25日～30日，辽宁地区各分支机构在14个城市分别举行了宣传周活动。在辽宁局官网设置了宣传专栏；在企业、商场、机关等地现场设置了宣传台、宣传板；在现场面向消费者发放了自行编印的宣传手册2 000多份，介绍有机、节能、低碳等绿色认证知识，讲解有机认证产品辨别和投诉举报方式，宣传绿色发展理念，普及节能低碳科学知识，倡导勤俭节约的消费模式和生活习惯。三是创新宣传方式，建立“辽宁认证监管”和辽宁“同线同标同质”工作组两个微信群，随时布置工作任务，了解工作进展和意见建议。四是加强政策和信息研究，向地方政府报告对俄水产品注册、对蒙古肉类注册、对欧盟贝类和推进“三同”工程等工作专报，获得省市领导肯定。五是加强信息宣传，认证认可政务信息排名在全国大幅提高。“三同”各种报道和转载达100余篇，20家主流媒体发布相关报道。编发微信20余篇，“三同”微信获全国“三同”微信大赛三等奖。

撰稿人：王　喆　审稿人：孙远志

凝心聚力　主动作为　积极推进经济转型

——辽宁省质量技术监督局2016年认证监管工作概况

2016年，辽宁省质量技术监督局（以下简称“辽宁省质监局”或“省局”）认证监督管理工作紧紧围绕国家质检总局和国家认监委的各项工作部署，按照“强化认证认可工作，推动质量强国建设”的要求，全面贯彻落实全国认证认可工作会议精神，着力深化改革，进一步完善认证工作监管体系，不断强化认证工作证后监管。

一、工作开展情况

（一）检验检测服务业统计工作

组织全省1 223家检验检测机构，进行了2015年度检验检测服务业统计工作，上报率达到100%，上报率高于全国9个百分点。

（二）加强强制性产品认证监管，排查质量安全风险

制订了《2016年强制性产品认证获证产品市场抽查工作方案》，印发了《辽宁省量技术监督局办公室关于做好2016年强制性产品认证获证产品市场抽查工作的通知》（辽质监办发〔2016〕147号）文件。按照“统一领导、分工合作、密切配合”的原则，会同沈阳市局和国家橡胶中心，在国瑞汽配城、瑞盛国际汽配城等轮胎产品相对集中的流通领域进行随机买样抽查。共抽取26个企业、不同型号的轮胎40个批次，经过检验和复检，有1个批次轮胎不合格，总合格率为97.5%。

辽宁省质监局按照计划开展了后处理工作：一是通报不合格产品的经销商，要求其进行下架或返厂处理；二是要求全省各市局排查辖区内的经销企业，对于在售的同型号同批次的不合格产品全部采取下架或返厂处理，同时加大对强制性产品认证违法违规行为的打击力度；三是将不合格产品及其生产企业的信息通报生产企业所在地的省级质监部门。

（三）强化管理体系认证行政监管，保障认证市场有序发展

为深入落实国家认监委文件精神，在收到认监委从全国1 872个能源管理体系认证结果中随机抽取省内4家企业检查工作的部署后，辽宁省质监局迅速落实工作任务，组织人员研究制订检查计划、随机抽取3位专家、安排检查时间、开展专家检查前培训和经费预算等，确保能源管理体系认证结果检查工作有效落实。检查中共发现问题11项。

（四）深化“认证执法监管体系”建设，稳步推进认证监管队伍建设

按照《国家认监委关于印发2016年认证认可各业务领域监督检查工作方案的通知》（国认办〔2016〕18号）部署，经研究制定，并印发了《关于开展2016年认证行政执法专项监督检查工作的通知》（辽质监办发〔2016〕123号）文件，对全省认证行政执法专项监督检查自查工作进行了全面的部署，并采取“两个随机”方式确定丹东市、阜新市为被检查单位，积极落实抽查阶段工作任务。此次检查，一是对丹东市10家机动车检测机构和58家检验检测机构进行抽查；二是对阜新市局在最近一年度受理的16件许可档案进行检查；三是对市、县（区）认证行政执法和专项业务工作中存在的问题进行了及时纠错和整改。通过检查，进一步规范了认证行政执法行为，提高了依法监管和行政执法水平，推动了认证行政执法责任制的落实。

（五）开展机动车安检、环检机构专项检查，规范检验检测行为

严格按照国家认监委、环境保护部文件部署，在全省机动车环检和安检机构已经进行了自查的基础上，采用未预先通知的飞行检查方式，重点按照机构法律地位、检验设施、设备、人员、检验项目、检验结果、设备管理、报告管理、资质能力持续性共9个方面，对国家认监委抽取的省内10家机动车环检和安检机构是否能够诚信和规范地开展检验检测的情况进行了检查。共发现机构存在检验设施、设备检定或校准、人员管理、报告管理等方面问题37个，其中，沈阳市4家机构存

在问题16个、盘锦市3家机构存在问题5个、铁岭市3家机构存在问题16个。对检查中发现的问题，省局高度重视，要求沈阳、盘锦、铁岭市质监局对机构存在的问题进行认真的核实和进一步的调查。对一般性问题责令机构整改，并组织复查；对违法、违规行为，按照《检验检测机构资质认定管理办法》等法律、法规、规章严格处理。

（六）积极开展食品农产品认证监管工作，提高保障食品安全的能力

为做好辖区内有机产品认证监管工作，切实维护消费者和获证企业的合法权益，一是按照《国家认监委关于印发2016年认证认可各业务领域监督检查工作方案的通知》（国认办〔2016〕18号）部署，辽宁省质监局研究制定并印发了《2016年食品农产品认证监管工作实施方案的通知》（辽质监办发〔2016〕155号），从2016年6月至10月，以获证生产和加工企业、认证机构、商场及超市为检查对象，重点检查有机产品认证标志和有机码或销售证使用不规范、获证企业超范围和超期使用认证证书及标志、伪造和冒用认证证书及标志等违法行为，全省共检查食品安全管理体系、HACCP体系、有机产品等获证企业282家，检查获证产品数量480种。二是辽宁省质监局组织专家对沈阳市部分超市销售的有机产品进行了随机抽查，共出动检查人员16人次，检查超市4家、有机产品生产企业2家，发现在产品包装及标签上标注含有“有机”字样、销售的产品与标贴的有机码信息不一致、使用过期码等现象，已责令沈阳、大连市质监局做进一步查处。三是依据国家认监委在对认证机构监督检查中发现的问题，辽宁省质监局对辽宁方园有机食品认证有限公司进行了处理：对公司的负责人进行了约谈，对其存在的10项问题进行了通报；按照国家质检总局《认证机构管理办法》，责令其改正，接受后处理；对规范开展认证活动提出了要求。

（七）开展检验检测领域能力验证，促进机构提升检测水平

为进一步加强检验检测机构资质认定事中事后监管力度，不断提升检验检测机构资质认定制度实施的有效性，根据《检验检测机构资质认定管理办法》（总局令第163号）和国家认监委《实验室能力验证实施办法》（2006年第9号公告）的有关规定，省局从征集的能力验证项目中确定了内墙涂料中游离甲醛、塑料氧指数、热塑性塑料管材和管件维卡软化温度、婴幼儿配方奶粉中锌和锰、食品中金黄色葡萄球菌和沙门氏菌测定5个项目，参加能力验证的检验检测机构共计522家，能力验证结果满意的机构505家、可疑3家、不满意14家，分别占参加能力验证机构的96.7%、0.6%和2.7%。针对能力验证发现的问题，将对能力验证结果不满意的机构，给予1个月的整改期。整改期间，不允许出具相应项目检测报告。整改结束后，经当地市质监（市场监管）部门组织验收合格方可恢复暂停项目检测资质，否则将撤销其相应项目检测资质。

（八）加强检验检测机构事中事后监管

组织完成208家检验检测机构资质认定专项监督检查和71家质检机构分类监管工作，并对检查的结果进行了通报，同时并责成机构所在市质量技术监督（市场监管）部门进行处理。对检查发现问题严重的14家机构进行了集体约谈，并通过报纸、电视、新闻媒体等进行了通报。

二、工作举措

（一）促进检验检测认证服务业长足发展

一是促进能力提升。积极推进辽宁省质量技术基础服务示范基地建设工作；完成了检验检测认证信息平台建设；省质检院完成了国家质量技术基础重大科技专项2个子项目的立项，5个科研项目列入国家质检总局科技计划；大胆探索吸收社会资本，新批筹建了2家国家中心和5家省级质检中心；申请了国有企业内部实验室对外开放试点。大连质检院开展了塑胶跑道检测能力扩项工作、辽宁方圆有机食品认证有限公司已获批良好农业规范认证资质（GAP），填补了辽宁省空白。二是试点资源整合。完成了全省检验检测机构现状调查，收集了1223个资质认定机构的基本数据；在大连市开展了检验检测公共服务平台建设试点工作，推动了大连检验检测联盟体系建设，目前联盟会员达到27家，初步实现了大连地区检验检测认证资源的“交互、延伸、共享”；组织全省40多家检验检测机构开展“质量月实验室开放日”活动，积极推进24家国家级质检中心、30余家省级质检中心面向社会开放，提升了检验机构服务能力；整合检验检测机构资源，在盘锦市、锦州市分别将市疾控中心等检验检测机构整合，整合机构共9家。三是加强对外合作。推动大连市质检院、中国质量认证中心沈阳分中心等开展对外检验检测认证服务，检验检测认证结果得到国际20多个国家的认可。四是提高服务水平。深入产业园区调研企业情况，了解企业困难，有针对性地开展服务；帮助康平县开展有机产品认证示范县创建工作。

（二）有效落实省政府工作报告任务

一是积极推动检验检测认证业发展，帮助企业与认证机构对接，开展认证咨询服务。2016 年，全省 20 401 家组织获得了认证证书 41 958 张，获证组织和证书同比增长 11.6% 和 7.7%；1587 家企业获得 CCC 产品认证证书 8 806 张，获证组织和证书同比增长 8.4% 和 6.7%；362 家企业或组织获得了有机产品认证证书 604 张，同比增长 31% 和 39.2%；驻辽认证机构增加 4 家，同比增加 100%。二是开展检验检测认证培训 18 次，共 1 360 人次参与培训。三是形成全省检验检测机构资源调查报告。四是在认监委的支持下，开展国有企业内部实验室开展对外检测服务试点。

（三）加大认证认可宣传力度

围绕“世界认可日”“有机宣传周”等重要宣传活动，充分发挥电视、报纸等传统媒体和网站、QQ 群、微信、微博等新兴媒体作用，拓展宣传渠道，加强认证认可活动报道。2016 年 6 月 9 日是第九个世界认可日，辽宁省质监局与辽宁出入境检验检疫局共同举办了“认证认可 助推供给侧质量提升”为主题世界认可日进商场宣传活动，沈阳市质量技术监督局、沈阳出入境检验检疫局、中国质量认证中心沈阳分中心、有机种植企业等 10 多家单位参加了此次活动。《辽宁日报》、辽宁电视台新闻频道、辽宁电视台都市频道、辽宁电视台北国网、新北方等 10 余家新闻媒体进行了采访报道。接待市民咨询 500 余人次，发放宣传资料 2 000 多份，提高全社会对认证认可工作的认知度，推动检验检测认证服务业发展。

（四）建章立制、整合专家资源

辽宁省质监局研究制定并出台《辽宁省质量技术监督办公室关于进一步加强检验检测机构资质认定事中事后监管工作的通知》等 3 个事中事后监管规范性文件。印发了《辽宁省质量技术监督局办公室关于印发辽宁省质量技术监督专家管理办法（试行）的通知》，组织对全省质量技术监督专家进行了重新确认。截至 2016 年年底，完成了认证认可、计量等五个行业领域的审查员、评审员、考评员等行政许可技术评审专家的确认汇总，共梳理确认 1 065 人，与 2015 年相比较，精简 665 人，精简率为 61.5%。

三、工作亮点

创新认证监管方式，提升认证认可有效性。一是工作过程中通过手段创新，引入承检机构竞争机制，对承检机构进行公开遴选；引入了专家评审机制，对机构上报材料进行技术评审。二是认真落实了“随机、公开、纳入、关键、追究”五个重点。监督抽查、风险监测、机构监管工作中落实“双随机”达到 70%，“双公开”和“双纳入”达到了 100%。三是开展了“三合一”联合检查，统一安排检验检测机构资质认定专项监督检查和质检机构分类监管工作，减少了对检查对象的打扰，大大降低了工作成本。四是向媒体公开了机构监管、证后监管工作结果，加大了社会监督力度。五是责令相关市局对存在问题的检验检测机构进行后处理工作，帮助整改直至合格。

撰稿人：刘雨蕾　审稿人：郭　晶

夯实基础　强化监管

——吉林出入境检验检疫局2016年认证监管工作概况

2016年，吉林出入境检验检疫局（以下简称“吉林局”）辖区有出口食品生产备案企业333家，全年共批准备案企业83家，其中新增42家，延续备案41家，组成评审组83个，调动评审员209人次。备案办理时限符合率为100%。年初计划备案监管343家，全年注销35家，现场检查307家，监管计划完成率100%。企业CCC免办申请497批，发放证明470份，货值7 698万人民币，同比证明数量增加 –24.8%，货值增加 –59.9%。

一、出口食品企业对外注册与监管

（一）出口食品企业对外注册情况

2016年，吉林局重点加强向“金砖国家”和“一带一路”国家推荐出口食品企业获得注册的力度，对外注册推荐7家次，接待国外官方检查1次，新增对外注册4家。截至2016年年底，已在15个国家（地区）注册57家企业。

（二）出口食品生产企业备案及监管

2016年，吉林局推动备案年度报告制度落实，在上一年度收取年度报告工作的基础上，开展年度报告的收取工作，共收取企业提交年度报告286份，并对企业提交的备案年度报告开展审查，重点关注企业食品安全卫生控制体系运行、人员管理与培训、生产出口信息、产品安全、企业获得第三方认证等情况。对存在风险隐患的企业采取约谈企业负责人和实施现场检查等措施。实施现场检查企业343家，备案监管覆盖为100%。共完成现场检查512次，派出监管人员882人/次，对企业开具了142项不符合项报告，并监督企业完成整改。按照《国家认监委办公室关于加强输日热加工肉类企业注册监管工作的通知》（认办注函〔2016〕160号）的有关要求，吉林局对辖区内两家对日注册热加工肉类企业开展专项监督检查工作，确保辖区内输日注册企业持续符合出口备案安全卫生要求和日本有关动物卫生要求。

二、积极落实“三同”工程

2016年，吉林局落实国家认监委出口食品企业内外销“同线同标同质”工作要求，成立了11个帮扶工作组，通过走访、向出口食品生产企业发放《出口食品企业内外销“三同”帮扶行动计划调查问卷》、发送邮件、检企微信群、检企QQ群等多种形式，筛选出95家有质量管理提升和内销转型需求的出口食品备案企业为帮扶对象，指导符合“同线同标同质”要求的26家企业登录“同线同标同质”公共信息服务平台，推荐6家出口食品企业的产品进驻国内首家供港生鲜体验店（北京）。

三、企业注册备案及食品农产品认证

2016年，吉林局对出口食品备案企业中的29家HACCP认证企业、2家有机产品认证企业、6家食品安全管理体系认证企业开展认证联动监管检查，推动备案注册采信HACCP认证，提高采信比率，缩短备案办理时间。同时，组织出口企业参加HACCP、食品防护计划（FDP）和GAP等培训，指导企业加强内审员队伍建设。根据我国有机产品认证管理的有关规定，印发了《吉林检验检疫局关于做好进口有机产品入境验证工作的通知》，对如何做好进口有机产品入境验证工作具体细化，完善了吉林省有机产品入境查验制度，对经本省口岸进口以及转运至本省进口的有机产品加强检查工作，并按要求做好记录。对辖区列入《进口食品境外生产企业注册实施目录》的进口食品的数据和不合格信息开展统计分析，并对《进口食品境外生产企业注册实施目录》内的进口食品相关境外生产企业及产品质量趋势进行半年度、年度分析。

四、有机产品认证示范创建

2016年，吉林局对已获“有机产品认证示范创建区”

的乾安县和集安市进行现场指导，对重点企业进行了培训；对拟申报“有机产品认证示范创建区”的东辽县和农安县进行了走访，对如何申报“有机产品认证示范创建区”给予了详细的指导。

五、强制性认证产品监督检查

2016年，吉林局对由珲春口岸进口的韩国电火锅烤盘组合器具（多功能料理锅）进行了监督抽查，通过国家认监委强制性产品认证证书在线查询系统进行了证书真伪和有效性查询，未发现不一致情况。向中国质量认证中心调取获证产品检测报告进行产品一致性比对，发现电源线存在型号不一致情况。样品经实验室检测，不符合GB 4706.1-2005、GB 4706.19-2008、GB 4706.14-2008要求，判定为不合格。

六、认证监管队伍建设

2016年，吉林局举办全省出口食品生产企业备案及监管人员培训班、出口食品生产企业备案评审员培训班，更新从事出口食品生产企业备案系统和CCC免办系统管理人员队伍的业务知识，提高能力水平。推荐评审员参加国家认监委主任评审员培训、美国《食品安全现代化法》培训。举办了全省出口食品生产企业备案系统和CCC免办系统管理人员的培训班。

七、认证行政执法专项监督检查自查

2016年，吉林局按照《国家认监委2016年认证行政执法专项监督检查工作方案》要求，对认证执法监管体系建设工作情况、发挥区域管理职能、加强对市县局认证执法层级指导监督工作情况、认证行政执法和行政处罚情况、出口食品企业帮扶行动计划落实情况和检验检测统计调查工作部署和开展情况逐项开展了自查，并向认监委报送了《2016年认证行政执法专项监督检查自查报告》。

八、推荐企业参加认监委组织的相关活动

2016年，吉林局把吉林省出口食品备案生产企业的高品质大米推介到中国国际贸易学会国际品牌管理中心在北京举办的主题为“从一碗白米饭看供给侧改革”的活动，反响极好，使消费者对吉林大米的优良品质有了进一步的了解，出口备案企业的质量保障体系也得到了市场的认可。吉林局推荐的吉林得利斯食品有限公司、吉林卓越实业股份有限公司等7家企业入围供港生鲜“同线同标同质”交易服务平台。加入供港生鲜平台，有助于出口食品企业复制供港食品监管和采购模式，推动出口优质产品成功实现内销转型。

撰稿人：周广仁　审稿人：王可明

深化改革　创新发展

——吉林省质量技术监督局2016年认证监管工作概况

2016年，吉林省质量技术监督局（以下简称“吉林省质监局”或“省局”）结合当地认证认可工作实际，紧紧围绕“服务三条主线”工作任务，坚持“抓质量，保安全，促发展，强质检”工作方针，扎实推进各项工作开展，为加快吉林新一轮振兴发展发挥了有力的服务保障作用。

一、围绕服务经济发展，助推产业结构升级

（一）服务全省装备制造业发展

紧紧围绕检验检测机构提升服务装备制造企业的能力，省局会同国家汽车零部件产品质量监督检验中心（长春市质检院）开展了对汽车零部件生产企业检验检测需求的调研，长春市质检院确定了拟增加的检验检测项目，目前已完成了车灯、行车记录仪、汽车内饰等12大类产品138个参数的扩项申请，并已通过审核发证，开展工作。

（二）服务全省现代农业发展

一是支持有机农业发展。针对一些企业“公司+基地”的生产经营模式，省局组织专家对珲春市田野粮米加工有限公司、洮南市众帮种植专业合作社等8家拟申请有机产品认证的企业进行了现场帮扶和具体指导，

有7家企业通过了认证机构的现场审核。二是继续推进有机产品认证示范区建设。在2015年培育的基础上，确定了吉林省金洲现代农业产业发展有限公司、四平市禹盛米业有限公司等9家企业为有机产品认证示范区创建单位。为进一步发挥有机产品认证示范区的辐射作用，组织专家对市州局推荐的通榆县天意农产品经贸有限责任公司、吉林省白益有机农业开发有限公司、吉林省东合农业股份有限公司、吉林省吉米飘香生态农业发展有限公司4家企业进行了现场考察与指导。确定了吉林省东合农业股份有限公司合兴村有机产品生产基地、吉林省吉米飘香生态农业发展有限公司辽河源镇有机水稻种植基地作为吉林省有机产品认证示范创建区。通过示范区创建活动的开展，不断推进吉林省有机农业的快速发展。三是支持农产品质量监督体系建设。针对农业部门农产品检验检测机构建设的情况，与农业部门积极配合，为各级农产品质量安全检测中心的建设提供技术支持，配合其尽快完成对建成的检测中心的资质认定，全面提高吉林省农产品检测技术能力，为农产品质量安全和农业科技发展提供技术保障，完成对6家农产品检验机构的资质认定工作。同时，组织专家配合国家认监委对和龙市12家有机产品生产企业生产的涉及谷物、果蔬等8个样品进行抽样，并对这12家企业进行了认证有效性监督检查。

二、着力完善监管机制，不断加大监管力度

（一）加强认证认可资质管理

按照国家及吉林省政府下放行政审批权限及监管事权的要求，落实简化行政审批程序。自5月1日起，省局将机动车检测机构的资质认定及机动车安检机构资格许可下放至有关市州及扩权县，明确了实施要求，理顺工作程序，对相关单位人员开展了有关法律法规和行政程序的培训，设计开发了机动车检验检测机构信息管理平台，并开始试运行。

（二）加强检验检测机构监管

检验检测风险在不同区域、领域或者不同时期会有差异，省局结合监督检查、投诉举报等情况，加强检验检测机构的事中事后监督，将食品、环境、建筑、机动车等行业列为高风险领域，建立了分类监管的工作机制，研究制订了对全省检验检测机构的监督检查方案。完成了对全省9个地区共56家检验检测机构的监督检查任务，并进行了打分分档，为下一步对机构分类监管提供了可靠依据。配合国家认监委对吉林省涉及食品、机械、建材、日用消费品领域的25家检验检测机构进行飞行检查；配合国家认监委对吉林省5家机动车环检、安检机构进行专项监督检查。进一步提高了检验机构的管理水平和技术能力。

（三）强化强制性认证产品监督

组织开展了对吉林省内销售的电饭锅、电水壶、空气净化器、LED灯具、固定式插座5类家用电器产品监督抽查。共抽查了90个批次的家用电器产品，总体抽样合格率87%。其中，固定插座及空气净化器合格率达到100%，电水壶合格率为90%，电饭锅合格率为80%，LED照明电器合格率为70%。完成国家电动工具监督抽查，抽查33个批次，合格28个批次，抽样合格率为84.8%。从抽查情况来看，固定插座的质量安全保持稳定，连续两年抽样合格率达到100%。通过监督抽查，基本掌握了在吉林省销售的CCC产品的质量情况，为探索吉林省强制性产品认证监管的有效措施和监管工作体系，积累了宝贵的经验。

（四）开展管理体系认证有效性监督检查工作

为了贯彻落实国家认监委关于2016年管理体系认证活动监督检查工作的有关要求，结合实际情况，制定及下发了《吉林省质量技术监督局关于开展2016年管理体系认证活动监督检查工作的通知》及实施方案，在吉林省部分地区组织开展了管理体系认证活动监督检查工作，共检查获证企业20家，涉及发证认证机构10家，对监督检查中发现的问题已责成认证企业所在地市州局，按有关法律法规进行处理。通过监督检查，有效净化了认证市场，规范了认证机构的认证行为。

（五）推进吉林省刑事机构资质认定工作

按照国家认监委和公安部联合下发的通知精神，省局与吉林省公安厅联合下发了《关于开展全省公安机关刑事技术机构资质认定工作的通知》。先后组织开展了全省刑事技术机构内审员和技术评审员培训。5月下旬，金窗爱副局长带领认评处、行政审批办到长春市公安局刑事技术中心进行了考察调研，深入了解刑事技术机构的基本情况。为了开展好刑事技术机构资质认定工作，省局先后多次与吉林省公安厅物证中心沟通，共同研究刑事技术机构资质认定的受理、现场评审等工作程序。按照国家认监委和公安部的要求，现已组织完成了对8个市州和2个试点县区的公安司法鉴定机构资质认定工作的现场评审。

（六）组织开展了检验检测机构能力验证工作

围绕食品、化妆品、建材等检验检测机构，组织开

展了大米中铅和砷、化妆品中铅、水泥物理性能及钢筋力学性能的能力验证活动。全省523家（次）检验检测机构参加了能力验证活动，能力验证结果显示，83家机构参加了大米中铅和砷含量测定能力验证，检测结果满意率达到100%，较2015年对大米中铅和砷含量测定结果来看，检测结果满意率上升了1个百分点。表明全省食品检验机构大型仪器设备的使用比较熟练，能力保持良好。水泥物理性能和钢筋力学性能检测满意率分别达到94%和96%。

三、注重监管队伍建设，不断提高监管能力

（一）强化人员廉政建设

按照省局“两学一做”学习教育的统一部署，组织全处党员认真学习习近平总书记系列重要讲话和党章党规，特别是习近平总书记“七一”重要讲话精神，争做合格党员；通过全处同志到廉政教育基地参观，观看教育片、图片展，重温入党誓词，进一步提高了党性修养，不断增强了纪律底线意识和遵纪守法的自觉性。

（二）强化评审员队伍建设

细化专业领域，重新建立了资质认定评审员专家库。组织举办了吉林省检验检测机构资质认定评审员培训班，对403名报名人员进行了培训、筛选、最终确认了322名评审员，涉及食药、建材、机动车、环保等十几个行业。结合吉林省实际，制定了吉林省评审员管理办法，建立了资质认定评审员准入、使用、评价及退出机制，使评审员的管理更加规范。

（三）强化认证监管队伍建设

为建立起认证监管队伍的长效机制，不断提高基层监管人员能力水平，逐步建立统一管理、分工负责、分级监督的监管体系，3月下旬，组织对部分市县的60名认证监管人员进行了业务培训。

撰稿人：张 猛 审稿人：刘恒涛

改革创新促发展 提升质量建强局

——黑龙江出入境检验检疫局2016年认证监管工作概况

2016年，黑龙江出入境检验检疫局（以下简称“黑龙江局”）深入贯彻全国质检工作会议精神，紧密结合以服务供给侧结构性改革为中心，紧紧围绕黑龙江局“改革创新促发展、提升质量建强局”工作主线，狠抓落实，主动适应经济发展新常态，创优服务外贸发展，创新龙江认证监管治理体系，顺利完成全年各项认证监管工作。

一、提升工作质量，强化监管服务

（一）全省备案工作

截至2016年年底，全省获得备案资格出口食品企业共353家，其中注册162家，登记221家。出口食品企业主要以初级农产品居多，全年共注销备案企业57家。

（二）对外注册推荐工作

2016年分别向韩国、俄罗斯、哈萨克斯坦三个国家，推荐3家企业、2个品种对外注册。伊春市吉运公司出口干鳕鱼对韩国注册，这是黑龙江省首家出口韩国干制水产品企业。

（三）进境强制性产品免办及目录外确认工作

2016年，黑龙江省辖区进境强制性产品认证免办申请企业数量10家，强制性产品认证免办申请数量43份、签发的免办证明26份、涉及免办条款共有4条，涉及货款1 500万人民币。办理强制性目录外确认50份。

二、提升有机产品认证示范区建设，服务地方经济发展

（一）推进国家级有机产品认证示范区申报

2011年，黑龙江省红星农场获得“国家有机产品认证示范创建区”称号。创建工作有效地促进了红星

农场特色优势产业的健康发展，使种植、加工等产业链逐步完善，生产规模不断扩大，整体产品质量水平不断提高，实现了经济、社会和生态效益的三赢。2016年该农场在创建区的基础上，拟申报国家有机产品认证示范区，按照《国家认监委“关于开展有机认证示范区”创建活动的通知》（认注〔2001〕34号）要求，根据国家有机产品示范区的申报条件，经黑龙江局对其文件及实地审核，向国家认监委推荐该农场为2016年国家有机产品认证示范区，并顺利通过认监委专家组的考核验收，成为东北三省首家有机产品认证示范区。

（二）联合开展“黑龙江有机产品认证示范区”创建工作

2016年3月，黑龙江局与黑龙江省质监局联合印发《关于开展有机产品认证示范区（县、乡、镇）创建活动的通知》（黑质技监联发〔2016〕30号）。两局领导高度重视有机产品认证示范区创建工作。组成联合调研组，分赴陕西省洋县、四川省浦江县的“国家级有机产品认证示范区”和吉林省松原市乾安县实地考察。结合调研结果，两局联合下发了《关于开展有机产品认证示范（创建）区考核工作的通知》（黑质技监联发〔2016〕133号），明确了示范区创建受理的时间程序、考核的标准等相关事项。经过文件审核和现场考核，确定肇源县、拜泉县、克山县、穆棱市、胜利农场、肇源农场为黑龙江省有机认证示范区，质检两局举行了联合授牌仪式。

三、推进出口食品企业内外销“同线同标同质”工程，服务供给侧结构性改革

“同线同标同质”工程是国家质检总局2016年质检重点工作，黑龙江局按照《国家认监委关于印发2016年认证认可各业务领域监督检查工作方案的通知》（国认办〔2016〕18号）和《国家认监委关于下发2016年出口食品企业内外销“同线同标同质”等帮扶行动计划的通知》（国认注〔2016〕23号）的部署，结合龙江发展实际，全力推进出口食品企业内外销“同线同标同质”（以下简称“三同”）工程，认真落实各项任务。

（一）工作开展基本情况

1. 落实“三同”工程及帮扶计划情况

结合本省出口食品生产企业实际情况制订并印发《黑龙江检验检疫局2016年出口食品企业“同线同标同质”等帮扶行动计划》，召开全省系统的出口食品企业内外销“三同”等帮扶行动启动会。成立了以主管局长为组长的帮扶行动领导小组，制订了具体帮扶方案，明确了帮扶时间表和路线图。对所辖19个分支机构及派出机构的335家出口食品生产企业进行了宣传活动，成立了5个帮扶工作组，筛选出有质量管理提升和内销转型需求的出口食品企业124家，确定为帮扶对象。目前，通过全员培训、现场走访、集中指导、一厂一策等措施，实际帮扶112家企业，已完成帮扶目标的90%；重点帮扶66家，占帮扶企业的59%。

2. 助推企业参加信息平台

黑龙江省出口食品企业首次入围供港生鲜“三同”服务交易平台。北大荒亲民食品有限公司、黑龙江珍选食品有限公司、黑龙江省建三江农垦荣氏粮油工贸有限公司、黑龙江富坤粮食加工有限公司、大兴安岭百盛蓝莓科技开发有限公司5家出口食品企业获得首批供港生鲜供应商资格。

3. 加大新闻宣传，扩大三同影响

召开出口食品内外销“三同”工作分片推进会（宣贯会），19个分支机构、3个认证机构、各片区相关企业近200人参与。黑龙江局网站及分支机构官方网站进行了十余次“三同”活动的宣传。通过微信推送、QQ群等新媒体形式，对“三同”工作进行全方位宣传。精心编撰“三同”帮扶手册，走进企业和居民社区，向企业和社会各界免费发放。

4. 地方政府和领导高度关注

地方政府高度重视“三同”工作。佳木斯局与宝清、桦南地方政府密切合作，统筹协调，综合推进出口白瓜子工作。

5. 加强对“三同”企业的监管联动

黑龙江局加强对“三同”企业的监管，派员165人次，累计监管工作时长约115日。

（二）“三同”工作取得的成效

1.“三同”工程有力促进内外销增长

国家认监委建设了“三同”公共信息服务平台，采集符合要求的企业及产品信息，并向社会提供数据对接、信息查询验证等公共服务。通过黑龙江局的宣传和推广，辖区共有17家出口食品企业上线该平台，通过服务平台为企业提供了内销渠道。参与的企业已初步显现较好的经济效益和社会效益。

2. 促进企业提升质量水平

黑龙江局通过精准帮扶、一厂一策措施，已帮扶112家食品农产品企业，培训企业近500人。35家出

口食品生产企业获得危害分析与关键控制点（HACCP）体系认证，116家企业获得食品安全管理体系（ISO 22000）认证，1家企业获得GAP认证。5家企业推荐到国家认监委进行经验交流。通过典型案例带动全省出口备案企业“三同”工作的开展。

四、健全认证认可机制，着力推进认证监管发展

（一）加强强制性认证产品监督管理

根据《国家认监委关于印发2016年认证认可各业务领域监督检查工作方案的通知》（国认办〔2016〕18号）和《国家认监委关于开展2014年强制性产品认证获证产品监督抽查工作的补充通知》（国认证函〔2015〕47号）的要求，黑龙江局制订了《黑龙江检验检疫局2016年强制性产品认证获证产品监督抽查经费预算和实施方案》（黑检认函〔2016〕188号）。在流通领域市场抽取获证进口家用设备3种（每种产品各3个）实施抽样，送检测实验室进行检测，活动的开展发挥了强制性产品认证对产品质量安全的监督保障作用，落实了地方认证行政监管的职能，保障了产品安全。

（二）规范出口食品生产企业备案监管工作

制订并印发了《黑龙江局2016年度出口食品生产企业备案监管工作方案》。一是督促备案企业有效运行食品安全卫生质量体系，主动履行报告义务，持续符合备案要求和有关国外注册要求。二是进一步扩大出口食品备案企业内销转型的数量，积极引导出口企业和内销产品“同线同标同质”和生产。三是提高监管的有效性，及时查处备案企业存在的问题。按照监管计划的要求，对相关分支机构和企业进行了监督检查。

（三）完善进境食品验证工作

为进一步加强全省进口食品安全监管，建立进口食品与境外生产企业的追溯链条，根据《进出口食品安全管理办法》（质检总局第144号令）、《进口食品境外生产企业注册管理规定》（质检总局第145号令，按照《质检总局关于公布进口食品境外生产企业注册实施目录》的公告（2015年第152号）的要求，黑龙江局对进口肉类、水产品、乳制品、燕窝实施进境验证，对不符合进境验证要求的集中审单管理系统进行将自动校验退单。

（四）建立进口有机产品入境验证工作程序

根据《有机产品认证管理办法》（国家质检总局第155号令）、《有机产品认证实施规则》（国家认监委2014年第11号公告）、《进口有机产品入境验证工作指南（试行）》（国认注〔2014〕21号）、《有机产品国家标准》（GB/T 9630）等规定，结合黑龙江地区实际，黑龙江局制定并印发了《黑龙江出入境检验检疫局进口有机产品入境验证工作程序》。

五、加强认证认可宣传，着力提升认证认可影响

按照《国家认监委关于组织开展第九个世纪认可日主题活动的通知》（国认办〔2016〕26号）的统一部署，结合黑龙江辖区实际，黑龙江局开展了主题为“提升龙江出口食品供给质量，激发市场活力”的一系列世界认可日活动，制定并印发《黑龙江检验检疫局关于报送2016年“世界认可日”活动方案的函》。组织全省系统张贴海报进行宣传，并结合质量月、哈洽会等活动发放宣传手册，宣传“三同”活动。

六、实验室管理

2016年，黑龙江局深入贯彻落实“全国质检科技大会”和“全省系统科技大会”精神，以科技创新为发展动力，认真落实各项工作部署，以“改革创新促发展，提升质量建强局”为引领，圆满完成了各项工作任务，在创新上有新思路、新举措、新成效。

（一）技术机构规划布局有新高度

1. 推进国家石油检测重点实验室（漠河）迁址

从2016年年初开始，与大庆市政府和中石油管道公司对接、大庆市政府表示支持后，于7月向国家质检总局和大庆市政府发函正式申请迁址。8月，大庆市市长批示解决部分实验室改造资金，总局梅克保副局长调研大庆市听取迁址汇报并同意给予支持；9月初，向总局计财司报送实验室改造可行性报告，目前已得到大庆市政府在职工户口、子女入学入托、廉租房的政策性支持，各项工作顺利推进。

2. 规划设立黑河管输天然气检验实验室

2018年，中俄管输能源天然气东线将年输送380亿立方米的输送能力，黑龙江局经审慎研究和论证，完成在首站黑河规划设立《黑河局管输天然气检验实验室规划草案》。级别为化矿类区域性中心实验室，在人员、检测能力及标准、仪器设备配置、环境设施、管理能力、资质获得等方面提出具体规划要求。在2017年设备专项中提出了203.5万元投入计划，并报送国家质检总局。

（二）实验室管理信息化又有新手段

1. 组织推广应用“检验检疫实验室资源管理平台”

黑龙江局完成全省系统 34 个实验室网上培训，完成全省四级架构建立，于 5 月 10 日 ~ 20 日启动数据录入，共计录入并完成数据审核近 2 万条，共完成 270 条人员信息，36 条实验室概况，85 条资质信息，原值 27 566 万元的 2 326 台套仪器设备，281 项能力验证，10 200 项次检测能力的填报录入。5 月底，完成国家质检总局 2017 年仪器设备预申报需求平台网上申报，6 月 13 日 ~ 17 日在平台进行 2015 年度仪器设备绩效考核，6 月底报送科技司平台运行报告。9 月中旬，对数据进行了维护，并要求全省系统每三个月进行一次数据更新。

2. 全面完成数字化实验室推进工作

按照国家质检总局要求，黑龙江局选取了绥芬河局技术中心等 7 个新推广实验室，连同原已经使用数字化实验室系统的省局技术中心和黑河局技术中心，列入 2016 年数字化实验室推进计划。这 9 个实验室占全省检测业务量的 95% 以上，其中省局技术中心使用的 LRP2000 升级到 6.0 版本，在便利和安全性上更有优势，并可实现与 ECIQ 主干系统互联互通。绥芬河局技术中心应用北京新翔创维公司实验室信息管理系统。黑河技术中心、东宁、牡丹江、佳木斯、齐齐哈尔、鹤岗、同江分中心使用北京信城通公司检验检疫数字化实验室系统 DLIMS V2.0。5 月完成与信城通公司合同签订，10 月 1 日实现全部 9 个实验室 3 个系统的正式运行。

3. 完成认监委统计直报和资质认定专项自查网上上报

5 月，按照《国家认监委 2016 年认证认可各业务领域监督检查工作方案》，实验室网上填报信息审核后提交国家认监委，在实施实验室交叉内审计划同时，由内审组对自查情况进行了进一步检查。6 月底，向国家认监委提交了《2016 年度资质认定自查情况总结》。与往年相比，这两项工作都是在网上完成，设计模块化要求更为明确明了，操作便利、材料明晰、申报进度易查询，极大提高了管理效率。

4. 建立“实验室交流群”和“数字化实验室推进群”

建立最为方便和易用的微信群，其中黑龙江实验室交流群现有成员 129 人，数字化实验室推进群 29 人，在各项任务下达督促推进，信息和技术交流，文件传送等，直接方便，效率高，发挥了良好的作用。

（三）实验室技术能力提升上有新突破

1.2016 年度检测技能大比武

11 月 18 日 ~ 20 日，黑龙江检验检疫系统检测技能大比武暨黑龙江省检验检测服务创新联盟（以下简称“龙检联盟”）首届检验检测技能竞赛在虎林检验检疫局举行。本次比武由黑龙江检验检疫局与黑龙江省科技厅联合主办，并作为黑龙江省检验检测服务创新联盟的首届检验检测技能竞赛，也作为 2016 年度黑龙江省青年岗位技能大赛的一部分（检验检疫实验室检测专项竞赛）。

本次比武是“龙检联盟”首个重大活动、虎林分中心也是全国首批黑龙江省唯一的食品安全检测资源整合试点，中国新闻网、《黑龙江日报》、《国门时报》、虎林电视台进行了宣传报道。来自系统内和迪安医学、华测、东北农大的 15 个实验室的 15 名选手参加食品中沙门氏菌检验的食品微生物检验比武。黑河局技术中心裴希超、黑龙江华测公司杨丽娜等 10 名选手分获一二三等奖，另有优胜奖 5 名。排名前五名的获奖选手将向团省委和人社厅申报省级青年岗位能手荣誉称号。

2. 参加认监委 2016 年行业标准方法验证活动

4 月，认监委组织开展 2016 年行业标准方法验证活动，黑龙江局积极组织报名，经审核后认监委下达任务，省局技术中心独立验证“出口食品中二甲基黄含量测定”，省局技术中心、东宁分中心、齐齐哈尔分中心协同验证 4 项行标验证工作。

3. 能力验证参与范围更广、数量更多、层次更高

2016 年，黑龙江局所有实验室共计报名参加各类能力验证活动（按能力验证编号计）合计 286 次（444 项），创历史新高，参加领域基本覆盖了黑龙江局所有检测检验领域，已反馈结果“满意”率 98%。9 个实验室应参加国家认监委 A 类能力验证合计 36 次，实际参加数 36 次，不满意 0 次，怀疑 1 次 1 项（获得资质能力以外项目，不扣分，已整改）。省局技术中心和东宁分中心还参加了国际权威机构（FAPAS）能力验证 2 次，结果“满意”。

七、完成交办重要任务上有新看点

（一）圆满组织召开“黑龙江检验检疫系统科技大会”

经过近三个月的紧张筹备，在高效完成《黑龙江检验检疫局十二五科技工作总结》后，于 7 月 21 日“黑

龙江检验检疫系统科技大会”圆满召开，在此之前，黑龙江局对“十二五”期间全省科技工作所有数据、重要事件、成绩、奖项进行了核实、整理和汇总，充分证明了“十二五”科技工作取得了长足喜人的进展。局长讲话中充分肯定了科技工作成绩，科技基础能力实现了新突破，科技服务能力有了新进展，科技创新工程建设取得了新成效，讲话明确了黑龙江局“十三五”科技工作发展思路。

（二）组织“十二五”科技成果展

7月举行“黑龙江检验检疫局十二五科技成果展”，通过在局办公大楼布展和微信公众号两种方式向全省系统和社会公众进行推介。分16个版面，分别在领导关怀等14个方面用20余个主要指标变化情况、近百张图片和文字说明，对黑龙江局“十二五”科技成绩和进展进行了全面总结和回顾，反响良好。

（三）完成《国门时报》专题报道

黑龙江局“十二五”科技工作巡礼专题报道，在7月11日《国门时报》上发表，分为提升四个能力、服务四大领域、加强四大建设三个部分，“服务外贸发展，关注百姓民生”，黑龙江局在科技工作上为国家质检总局和黑龙江省人民交出了一份满意的答卷。

（四）其他工作完成情况

2016年实验室交叉内审加入仪器绩效核查和资质认定检查内容，内审组中年轻骨干人数增加；完成年度备案实验室评审任务；完成质量月检测实验室开放任务，7个实验室13次开放，400余人参加活动；完成“全省系统实验室检验情况统计”；向全省征求意见后完成“实验室检验检测时限”；向国家认监委推荐10名资质认定监督检查专家；组织参加省科技厅“色谱质谱仪器培训”。

撰稿人：胡天阳　审稿人：张卫国

规范市场秩序　提高供给质量
在服务龙江全面振兴发展中彰显认证认可作用

——黑龙江省质量技术监督局2016年认证监管工作概况

2016年，黑龙江省质量技术监督局（以下简称“黑龙江省质监局”或“省局”）以“抓质量，保安全，促发展，强质检”为指导，以规范市场秩序、提高供给质量为主线，主动担当，积极作为，认证认可的基础作用不断凸显，服务龙江全面振兴发展的能力持续提升。

一、在服务龙江农业供给侧结构性改革中，彰显认证认可职能

为深入贯彻习近平总书记在龙江的讲话精神，落实“绿水青山就是金山银山”的指示，2016年年初，黑龙江省质监局联手黑龙江出入境检验检疫局适时启动了“有机产品认证示范区”创建工作，旨在解决农业增效、黑土地生态保护等结构性矛盾，服务黑龙江省农业供给侧结构性改革，辟出一条“由种的好向卖得好转变，卖得好倒逼种的好”的更加注重品质品牌建设的新路子。

（一）精心设计，稳步启动

从2015年年底到2016年3月1日，省局会同检疫局联合印发《关于开展有机产品认证示范区（县、乡、镇）创建活动的通知》（黑质技监联发〔2016〕30号），其间四易其稿，对创建工作的路径、方法、程序等进行了精心设计。

（二）广泛动员，深入发动

3月15日，省局在哈尔滨召开了全省认证认可工作座谈会。会上，就有机产品认证示范区创建工作做了全面动员部署。市（地）局在接到任务后，高度重视，积极行动，广泛动员发动。部分县区领导积极响应，统筹推进。在调查摸底的基础上，拟上报省级示范区的共有19家。

（三）联手联建，共商共计

6月27日和10月26日，黑龙江质检两局有机产品认证示范区创建领导小组办公室的成员在黑龙江省质监局两次召开工作会。会上就推进有机产品认证示范区创建的方式方法、重点工作分工、时间节点控制等工作进行了专题研究部署，为创造领导小组出点子、谋路子、当参谋、做助手，会后以会议纪要的形式呈送了相关单位和领导。这也成为黑龙江质检两局联手共建的一个典范，体现了“大质检文化”的内涵。

（四）走出去学，拿回来用

7月12日~21日，为解决创建中的“上手慢”、“摸不到门”等问题，黑龙江质检两局组织拟申报单位的政府分管领导和市（地）、县监管人员组成示范区实地考察调研组。调研组共24人分赴陕西省洋县、四川省浦江县的“国家级有机产品认证示范区”和吉林省松原市乾安县“国家级有机产品认证示范创建区”实地考察调研。搞座谈、听介绍、查实情、解疑惑，参加调研的同志结合着本地情况边听边记、边看边想、边想边问。参加调研的同志们一致认为：学到了本领、拓宽了视野，不虚此行。并表示要把所学所思结合本地有机产品认证示范区创建工作实际，运用好、结合好，争取早日创成、建好示范区；要把有机示范区的创建工作向县委县政府做好汇报，为县委县政府的决策当好参谋助手，赢得认可和支持，进而把黑龙江省的有机产业发展推向深入。调研后，形成了《有机产品认证示范区创建赴省外调研情况的报告》，向省局主要领导做了专题报告，供示范区建设中借鉴参考。

（五）技术优扶，助力创建

借助省局下属的黑龙江省农产品认证中心的专业优势，吸收东北农大等专业技术机构的部分专家，成立了《有机产品认证示范区技术评审组》，为创建工作提供技术服务保障。省质监局指导所属的黑龙江省农产品认证中心及时出台了支持示范区建设的5条意见，为示范区内的获证组织开出了优厚的获证条件。

（六）典型引路，扩大影响

8月29日~9月3日，邀请到人民网记者牟海微，省电视台新闻在线频道记者陈春妍、冯国亮一行6人用时一周深入黑龙江省西部的肇源、克山、拜泉三个创建县实地采访深挖典型经验做法，在新闻媒体上广泛宣传，以期他们的经验做法能得到复制推广，起到引领示范作用。在创建区，采访到了肇源县县委书记，克山县、拜泉县的常务副县长。几位县领导就本区域内发展有机产业的自然禀赋，产业发展的政策资金的支持和发展规划发表了系统意见。这三个县都是农业大县，产业结构以农为主，自然禀赋十分契合有机产业的发展。人民网和黑龙江省电台新闻在线频道对这三县的创建典型经验进行了分区分期报道。中新网、东北网、腾讯网、中国质量新闻网等媒体转报了该新闻，收到了很好的社会效应和经济效应，提高了社会公众对有机产品认证示范区的认知度。

（七）标准引领，制度把关

8月8日，黑龙江省质监局和黑龙江出入境检验检疫局联合下发了《关于开展有机产品认证示范（创建）区考核工作的通知》（黑质技监联发〔2016〕133号），明确了示范区创建受理的时间程序、考核的标准等相关事项。我们按照此通知的要求，经过文审和现场评审，综合考评，授予肇源县、克山县、拜泉县、胜利农场、穆棱市、肇源农场6家单位“黑龙江省有机产品认证示范区”称号。

二、在服务龙江全面振兴发展中，提高检验检测保障能力

为了不断提升检验检测服务业在为黑龙江省全面振兴经济发展中提供有效的技术支撑和服务，省局采取了一系列有效的举措，提升了检验检测服务主体的诚信意识，培养了合理、规范、有序运行的检验检测市场。

（一）严格依法许可

结合新版《检验检测机构资质认定评审准则》的颁布实施，省局严格按照法律法规和相关规定认真开展评审工作，做到严格受理、严格评审、严格审核，依法许可。全年累计行政许可395家，不许可4家，没有发生质量投诉的情况。在检验检测机构资质认定行政许可受理工作中，省局本着优化黑龙江省经济发展环境、促进企业发展的目标，在资质认定管理办法规定的时限内最大限度地缩短工作时间，使检验检测机构在最短的时限内取得了资质认定行政许可。哈尔滨有信建设工程桩基础检测有限责任公司、黑龙江新宏图建筑工程质量检测有限责任公司在取得资质认定行政许可过程中都给予了省局极高的评价并写来了感谢信。

（二）确立分类监管

为贯彻落实“在深化行政审批制度改革、简政放权的基础上，树立底线思维，突出问题导向，强化风险管理，加强事中和事后监管”的要求，开展了分类监督管理工作。年初，省局下发了方案，各市（地）按

照检验检测机构及其运行风险的大小，日常管理表现，投诉举报情况，监督检查结果以及其他方面的信息反馈，建立本辖区内检验检测机构诚信档案，将检验检测机构分为A、B、C、D四个类别，并据此实施差异化的监督管理，实现全省统一的检验检测机构科学监管体系，提升监管有效性和及时性。截至2016年12月底，全省A类检验检测机构18家，B类机构928家，C类机构47家，D类机构18家。

（三）专项监督检查

为提升检验检测服务主体诚信意识，培养合理、规范、有序运行的检验检测市场，省局对全省检验检测机构开展了专项监督检查。专项监督检查分检验检测机构自查、市（地）局监督抽查、省局抽查等方面。自查做到了全覆盖，各市（地）局抽查576家，占总数的57.89%。在工作中，各地涌现出很多好的做法，如哈尔滨市局总结出"十查十看"，提高了检查的精准性。七台河、鹤岗市局和有关部门联合检查，增强了检查的力度。省局分5个检查组，抽查52家，对资质认定证书到期且未延续的哈尔滨铁安机动车检测有限公司等9家检验检测机构注销其资质认定证书，对不能满足资质认定条件和要求的哈尔滨新建建筑安全检测有限公司等10家检验检测机构，暂时停止向社会出具具有证明作用的检验检测数据、结果。黑龙江省质监局在落实《黑龙江省大气污染防治专项整治行动方案》中，组织了对全省机动车尾气排放检测机构专项监督检查工作，共检查了205家机动车尾气检测机构，对其中10家检测机构进行了现场处理，2家立案调查，132家机构限期整改。

（四）开展能力验证

结合专项监督检查工作，对全省通过资质认定并具备水泥相关检测能力的工程质量检验检测机构（含建筑、水利、公路、市政工程等）开展了能力验证活动。共有164家机构参加了标准稠度用水量、凝结时间（初凝、终凝）、胶砂流动度、抗折强度（3天抗折强度、28天抗折强度）、抗压强度（3天抗压强度、28天抗压强度）、细度、密度和比表面积8个参数的能力验证活动。经统计分析，验证结果满意单位102家，占62.2%；验证结果可疑单位34家，占20.7%；验证结果有1个不满意值的单位10家，占4.9%；验证结果有2个以上（含2个）不满意值的单位7家，占4.3%。

（五）年度统计直报

按照认监委的统一部署，组织各市（地）局开展了全省获资质认定的检验检测机构的2015年数据直报工作，共完成847家检验检测机构的数据填报、审核工作。通过统计直报，掌握了黑龙江省检验检测行业规模、结构、效益等基础数据，对各级政府和行业部门制定政策和规划、进行经济管理与调控具有重要参考价值。

三、在推动龙江优化发展环境中，释放认证认可市场活力

（一）下放许可事项

黑龙江省质监局将检验检测机构资质认定中的机动车综合性能检测和司法鉴定机构的行政许可下放至市（地）级，并加大对下放权力的指导和监督力度，确保基层局能接得住、运行得好，即保证许可标准不降，又方便服务对象办证，切实提高效率，释放活力。

（二）放宽准入条件

凡是依法设立的法人和其他组织，其依法注册、登记的经营范围或者业务范围包括检验检测，并且能够独立、公正从业的，均可申请检验检测机构资质认定。

（三）简化办事程序

区分首次评审、复查评审和扩项评审的差异，根据检验检测机构的申请事项、自我声明和分类监管情况，确定评审人员和评审时间。对检验检测机构的标准变更、人员变更等均采用机构自我承诺的方式，不再进行专家审核，直接批准，加强事后监管。优化检验检测机构资质认定许可流程图，压缩许可时间为15个工作日完成（不含技术评审时间），用行政审批提速，激发企业活力。为保证资质认定行政许可工作更加公正客观，将检验检测机构资质认定行政许可的现场技术评审环节委托给黑龙江省质量认证中心负责，并由省局统一支付技术专家的评审费用，减轻了企业的负担，保证了客观公正。

（四）开辟绿色通道

按照特事特办，急事马上就办的原则，开辟办事的绿色通道。为中电科哈尔滨轨道交通有限公司申请的资质认定项目简化办事流程，缩减审批时间，有效保障了哈尔滨轨道交通2号线一期工程项目。

（五）谋求振兴措施

为进一步推动黑龙江省认证市场健康有序发展，发挥认证传递信任、服务发展的作用，为全省经济发展提供支持和保障。5月5日，省局组织驻哈尔滨市认证机构、分支机构的代表共30余人的座谈会，认真分析黑龙江省当前认证市场情况，研究认证促发展的措施。

先后两次向陆昊省长做了书面报告，得到省领导的高度重视。依据省长的批示精神，出台了促进认证市场健康发展的措施意见。

（六）压实监管任务

一是组织各市（地）局定期登录认监委网站，查看自愿性认证执法监管系统信息，及时更新认证管理档案，截至 2016 年年底，共跟踪监督审核 469 家企业，努力做到了对辖区内企业认证活动过程 100% 跟踪监管。二是在现场监管中，重点检查获证企业、产品是否能持续符合认证标准要求，有无买证、卖证、超期、超范围使用认证证书、认证标志行为，认证机构是否依法有效实施跟踪调查、有无违规收费等违法、违规行为。三是着力规范认证市场，通过制订计划、现场检查、落实整改、跟踪回访等有效形式，将管理体系网格化监督检查与食品农产品认证监管有机结合，提高认证有效性。全系统共计出动认证监管人员 200 余人次，检查食品农产品、管理体系认证企业 265 家。四是开展强制性认证产品监督检查。为贯彻落实国家认监委的要求，省局下发了《黑龙江省质量技术监督局转发国家认监委关于加强对强制性产品认证无证违法行为执法查处工作的通知》（黑质技监函发〔2016〕44 号），加大涉及消费者权益的强制性产品行政执法力度。突出消防、汽车儿童座椅等一批新列入《目录》内的产品的监督检查，重点查处产品尚未申请强制性产品认证而出厂销售、假冒强制性产品认证标志等违法行为。对涉及《目录》内产品的投诉举报案件，及时受理，认真调查，一经查证属实，依法实施处罚。

四、在完成国家任务中，彰显认证认可作用

（一）高质量完成强制性获证产品专项监督抽查

根据国家认证认可监督管理委员会《国家认监委关于印发 2016 年认证认可各业务领域监督检查工作方案的通知》（国认办〔2016〕18 号）要求，省局组织人员和中国家用电器研究院、哈尔滨市局一起在对黑龙江省流通、销售领域的吸油烟机产品进行了市场调研的基础上实施了监督抽查。本次监督抽查共抽查了在黑龙江省流通领域销售的 11 家企业生产的 20 组产品，合格产品 19 组，合格率为 95.0%；不合格产品 1 组，不合格率为 5.0%。本次监督抽查共抽取 11 家企业，合格企业 10 家，合格率为 90.9%；不合格企业 1 家，不合格率为 9.1%。本次监督抽查共涉及中国质量认证中心颁发的 20 张证书，合格产品涉及 19 张证书，合格率为 95.0%；不合格产品涉及 1 张证书，不合格率为 9.1%。对不合格产品已启动后处理程序，由哈尔滨市市场监管局负责，现已处理完结，入卷归档。省局已于 9 月 22 日形成《黑龙江省质量技术监督局关于 2016 年强制性产品认证获证产品吸油烟机专项监督抽查结果的报告》（黑质技监认发〔2016〕182 号）上报国家认监委。

（二）高水平完成管理体系“双随机、一公开”监督抽查

黑龙江省质监局按照国家认监委 2016 年管理体系认证活动专项监督检查工作的要求，完成了工作任务。5 月 23 日 ~ 27 日，黑龙江省质监局里委派认证认可处姜玉龙同志参加了国家认监委 2016 年北京地区认证机构专项检查和档案抽取工作。认监委从地方两局抽调 39 人，共分 16 个检查组，检查了在北京的认证机构并提取了电子档案。黑龙江省质监局同辽宁、上海出入境检验检疫局的同志一道对通标标准技术服务有限公司、北京国医械华光认证有限公司和必维认证（北京）有限公司三家认证机构进行了检查，并提取了包括《认证合同》、《审核报告》等 10 个方面的电子档案共 31 份，较好地完成了任务。黑龙江省质监局的任务是承担对本次专项检查中被抽取的在黑龙江省地区的获证组织进行现场合规性检查。共有 6 张证书，分别是：哈尔滨地区有 2 家（哈尔滨德邦电站设备有限公司、哈尔滨金质金属材料加工有限公司）、大庆地区有 3 家（大庆市兴荣物业管理集团有限公司、大庆高新区林强油剂制品有限公司、大庆旺佳新型建材有限公司）、伊春地区 1 家（黑龙江北货郎森林食品有限公司）。涉及中标研国联（北京认证中心）、北京中经科环质量认证有限公司、卡狄亚标准认证（北京）认证有限公司、北京中安质环认证中心 4 家认证机构。通过档案检查发现，部分认证机构存在对《质量管理体系认证规则》执行不到位，认证合同内容不完整、审核报告缺乏对重要关键点的有效描述、不符合项验证未关闭、对企业法律地位证明文件的收集不充分等问题；通过对获证组织的核查发现，部分认证机构存在对企业实际人数把控不严、审核记录与企业管理体系实际运行情况出入较大等问题。本轮检查共查出不符合项 20 项，已按要求通过《国家认监委认证认可业务综合监管平台》直报国家认监委。8 月 25 日形成《黑龙江省质量技术监督局关于 2016 年管理体系认证活动专项监督检查工作情况的报告》（黑质技监认发〔2016〕151 号）上报国家认监委。

撰稿人：姜玉龙　审稿人：毕建明

完善制度　强化监管　助力地方经济发展

——上海出入境检验检疫局2016年认证监管工作概况

2016年，上海检出入境验检疫局（以下简称“上海局”）围绕国家质检总局和国家认监委各项部署，全面贯彻落实全国认证认可工作会议精神，以服务供给侧结构性改革为重心，从转变观念和工作方式入手，深入推进改革，扎实做好各项工作，推动上海检验检疫认证执法监管工作获得突破发展。

一、优化监管，提升CCC认证执法工作效能

一是建立CCC产品“基础核查+风险核查+专项抽查”分类管理机制，对发现高频次和高危害性不合格产品实施严密布控和监管，体现认证执法监管的针对性、有效性。二是建立起CCC认证执法、风险预警闭环管理系统，着重加强上海口岸CCC风险产品的预警信息数据积累和反馈，基本构建起上海口岸CCC认证执法闭环工作机制。三是实现CCC产品信息与检验检疫业务操作系统的无缝对接，确保上海口岸进口CCC产品能实现报检信息的自动提示、自动比对、自动退单。截至2016年11月底，受理凭CCC证书报检109 789批次，货值314亿美元，较2015年同期分别下降4.54%和9.49%。全年在口岸认证执法监管中共查获各类凭CCC证书进口产品不合格581批，涉及CCC证书482份，货物金额567.41万美元，较2015年同期分别增加44.89%、41.35%和40.31%。

二、简化流程，推动平行进口汽车改革措施落地

2016年，在认监委“两宽一简”CCC改革举措基础上，上海局推动上海市建立平行进口汽车公共服务平台，积极协调解决进口问题。6月21日，全国首张平行进口汽车CCC证书落户上海自贸区，标志着上海在全国率先落地运作平行进口汽车试点工作，为以认证认可手段扶持进口汽车行业规范健康发展打下基础。7月18日，上海市委常委、浦东新区区委书记、中国（上海）自贸试验区管委会主任沈晓明在上海局报送的专报《上海国检加快推进上海自贸区汽车平行进口试点》上批示：“上海国检局积极争取国家质检总局和国家认监委的支持，为推动汽车平行进口在上海自贸试验区的落地做出积极贡献。请保税区管理局和外高桥集团充分利用先发优势，快速做大市场，尽快确立上海在汽车平行进口市场中的地位。”

三、精准帮扶，服务“三同”工程

2016年，依托上海地区国际性展会规模大、辐射面广，具备广泛社会影响的特点以及全球著名零售、餐饮总部聚集优势，上海局全力推进出口食品企业内外销“同线同标同质”工程。一是举办《加强质量供给侧改革，推动内外销产品“同线同标同质”》主题论坛，搭建交流“三同”工作经验、实践“三同”工作理念的新平台。二是加大支持企业建设“同线同标同质”工程力度，全面推广HACCP+食品防护管理体系，增加“三同”企业数量和食品品种，助力国内优质食品供给。三是举行“同线同标同质”食品生产及流通签约仪式，依托上海全球著名零售、餐饮总部聚集优势，为全国“三同”企业搭建对接桥梁。截至11月底，辖区共有21家出口食品生产企业登陆认监委“出口食品企业内外销‘同线同标同质’信息公共服务平台”和商务交易公共服务平台，该21家“三同”企业2016年内销额增加8 241万元。

四、加大力度，保障认证市场健康发展

一是积极开展“双随机”监督检查。出动认证执法监管人员82人次，赴12家上海地区认证机构随机抽取89份质量管理体系认证档案，对上海地区30家质量管理体系认证获证组织进行现场核查，涉及认证机构14家。监督检查结果总体情况良好，共对6家认证机构发出《认证行政监管情况通报》或《责令改正通知书》，涉及获证组织8家，并对1家认证机构立案查处。二

是加大认证执法查处力度。将自愿性认证执法监管方式由以往的部署专项检查调整为日常监管。共计派出执法监管人员140人次，对60个认证活动现场进行监督检查，共计处罚认证机构2家，共处罚金7.2万元。三是深化认证监管区域一体化发展。举办认证执法监管岗位资格培训，邀请江苏检验检疫局专家授课，宁波检验检疫局参加，完成291人次岗位资格培训。举办出口食品生产企业食品防护专题培训班，共有来自上海局、福建检验检疫局、山东检验检疫局等各地的400余名学员参加，完成1 200余人次的岗位技能培训。

五、稳中求升，完善实验室管理

一是完善资质认定。组织食品中心接受资质认定飞行检查、CNAS生物安全二级实验室复评审；组织机电中心接受国际电工委员会CB实验室复评审、工业品中心接受CNAS实验室复评审扩项评审及检验机构监督扩项评审等。二是促进能力提升。截至2016年11月底，全局实验室2016年度获得能力验证满意结果的有37项，全局实验室2016年度组织承担国际性、全国性或全行业能力验证项目共4项，极大地提高了自身的检测技术和检测水平。三是开展检验检测机构开放日活动。在局直属各技术中心共展出各类展板30余块；印制发放宣传资料500余份；共面向社会公众开展形式多样“实验室开放日”活动7次。组织人员共接待了各进出口企业、行业协会、市民代表、各级学生代表、新闻媒体等500余人次。

六、助力新业态，促进利用认证认可手段保障跨境电商规范中发展

在国家认监委的指导下，上海局着力推动国家认监委认证认可信息公共服务平台（以下简称“云桥”平台）首次与地方政府电商平台开展合作，同时在跨境电商中“引入认证认可机制”已被列入2016年上海跨境电商重点工作和中国（上海）跨境电子商务综合试验区的实施方案。2016年，认监委率先在上海试点对接地方跨境电商公共服务平台，优化电商交易环境。一是加大信息共享服务。6月5日，上海局推动国家认监委认证认可“云桥”平台与上海市跨境电商公共服务平台顺利对接，成功比对筛选1371种跨境电商产品的CCC认证信息。二是加强质量源头把控。认证认可“云桥”平台通过向电商企业提供认证数据段比对服务，供电商企业对上架商品核查。2015年年底至今，阿里巴巴已累计下架超过40万件无有效CCC证书的儿童安全座椅，并对意菲尔、逸卡、旭日、康荣发四个品牌做全网清退。目前认证认可“云桥”平台已成功对接阿里、京东等主流电商平台。三是提高监管精度和效能。认证认可“云桥”本质是实时更新的国内权威认证认可信息数据库，可为口岸认证监管执法提供有效的技术保障，推动质检部门从人工抽检转为基于大数据分析的数据监管。

七、增强针对性，助推检验检测认证产业持续健康发展

2016年，上海局助推上海市静安区成功创成、浦东新区成功创建“国家公共检验检测认证服务平台示范区”，支持静安区建立政策保障体系、公共管理体系、公共服务体系，推出“支持示范区检验检测认证制度创新”、“支持自贸区试点平行进口汽车CCC认证制度改革”等六项举措支持浦东新区检验检测认证产业发展，推动成立浦东新区检验检测认证行业协会，促进平台飞跃，推动产业集聚。据2016年统计，上海地区认证机构年营业收入23.9亿元，高于全国平均增幅14个百分点，其中外资机构数量占全国的55%；新静安区检验检测认证机构已达110家、从业人员超过6 000人、总产值52.67亿元，与创建初期相比分别增长了35.4%、70%、94%；浦东新区共有检验检测认证机构144家、从业人员13 023人，与2015年同期基本持平，总产值约33.6亿元，较2015年同期增长12%。

八、夯实基础，稳步推进改革升级

一是完善认证认可制度创新成果。联合上海市质量协会、上海质量管理科学研究院等单位，历时近5个月对上海自贸试验区已经落地的三大类四项认证认可制度创新成果进行全面总结和评估，建立了一套统一的自贸试验区认证认可制度创新评价体系和评估标准。评估结果显示，上海自贸试验区认证认可制度创新成熟度达88.12分，表明认证认可改革创新运行在法治化轨道，便利服务成效显著；同时亟须外部环境配套，复制推广仍需加力。二是完成《检验检测机构管理条例》立法研究。受国家认监委委托，联合上海市行政法制研究所承担《检验检测机构管理条例》立法研究工作，形成《条例》（草案建议稿）及起草说明、立法研究报告及资料汇编等研究成果共计逾22万字。此次立法研究形式，不仅是国家质检总局、国家认监委采取委托第三方起草法律法规草案的积极探索和尝试，也是上海局“检、政、企、产、学、研、用”七位一体合作机制的又一次有益尝试。

撰稿人：刘惠锋　审稿人：张明霞

强化监管　创新理念　服务发展

——上海市质量技术监督局2016年认证监管工作概况

2016年，上海市质量技术监督局（以下简称“上海市质监局”或“市局”）深入贯彻全国质检工作会议精神，以服务供给侧机构性改革为重心，进一步深化检验检测认证制度改革，围绕上海自贸试验区建设和具有全球影响力的科创中心建设两项中心任务，不断深化检验检测审批制度改革，持续推动检验检测产业发展，切实加大事中事后监管力度，有效融入上海创新驱动发展战略。

截至2016年12月31日，上海市共有获得省级资质认定的检验检测机构806家，授权产品质检机构56家，机动车安检机构103家，另有国家认监委资质认定发证178家，国家产品质检中心47家（另有2家筹建）；注册地在上海的认证机构有50家，外省市认证机构的在沪分支机构35家；各类认证获证组织共获得包括管理体系、产品及服务认证证书96 978张，其中获得管理体系认证证书44 618张，产品认证证书53 260张（其中CCC认证证书20 872张，有机产品认证证书159张），服务认证证书87张。

一、深化检验检测认证制度改革创新

（一）推进《上海市检验检测条例》立法工作

按照国家质检总局、国家认监委关于法治工作的要求，深入开展立法调研，坚持开门立法、科学立法，广泛征求检验检测机构、政府管理部门、行业协会、社会公众等各方意见，梳理现有检验检测法律法规体系，借鉴发达国家和兄弟省市先进经验，以明确检验检测市场规则、规范检验检测服务行为、促进检验检测产业发展为立法目的，完成《上海市检验检测条例（草案）》和编制说明的起草工作。11月11日市十四届人大常委会表决通过《上海市检验检测条例》，于2017年1月1日起施行。《上海市检验检测条例》坚持问题导向，强化落实主体责任，划定了检验检测机构和人员的行为底线，同时从重事前资质审批，转变为加强事中事后监管，释放市场活力。明确了质监部门在检验检测行业的主管部门地位，创设了普遍服务、重大信息报告、追溯查证、联合评审、联合监管、产业促进等制度，为检验检测产业发展创造了良好的市场环境和制度环境。

（二）推动检验检测行政审批制度改革

结合《上海市检验检测条例》的制定，上海市质监局与上海市卫计委深入开展公共场所卫生技术服务机构联合评审合作，与市气象局联合发文开展防雷装置检测机构资质联合评审和联合监管，进一步降低检验检测行业的制度性交易成本。同时，主动和市司法局、市农委、市公安局等部门分别就司法鉴定机构、农产品质量安全检测机构、公安刑事技术机构联合评审达成初步一致。

（三）深化实施检验检测审批告知承诺

结合自贸区建设，在全市检验检测机构资质认定部分变更领域实施告知承诺的基础上，进一步拓展告知承诺实施领域，在自贸区内推出检验检测机构资质认定复查和部分领域扩项施行告知承诺制度的改革举措，更深一步释放改革红利，帮助检验检测机构及时适应市场需求的变化。

（四）推动建立“上海品质”认证制度

为推动上海制造业和服务业增品种、提品质、创品牌，创新开展“上海品质”自愿性产品认证和服务认证，鼓励、发扬“工匠精神”，引入国际通行的第三方合格评定机制。结合上海城市精神和文化特质深入挖掘“上海品质”内涵，研究制定上海品质认证实施制度和通用评价要求，统一评价模式、评价依据、评价要求及认证证书和标识式样。组织开展认证标志和宣传语征集活动，引导社会公众广泛参与，大力宣传上海品质认证。深入调研本市认证需求，科学选定认证试点行业，稳步推进试点工作。

二、着力提升检验检测认证产业发展

（一）推动《促进本市检验检测产业发展指导意见》实施

积极推动本市检验检测产业发展，市局会同市发改委、经信委、商务委和科委等部门发布了《贯彻落实促进本市检验检测产业发展若干指导意见及相关政策意见的实施方案》，共涉及 22 个委办局和相关区政府，明确了各部门任务分工。开展《促进检验检测产业发展指导意见》实施情况的评估，进一步落实各部门职责。同时，着眼顶层设计，推动将检验检测认证内容纳入本市国民经济和社会发展“十三五”规划及本市技术基础发展和改革“十三五”规划之中，从而凸显检验检测认证在社会经济发展中的“传递信任、服务发展”的作用。同时，推动机器人国家质检中心发挥行业领先优势，颁发国内首批机器人产品认证证书，标志着我国正式建立实施机器人检测认证制度。

（二）开展 2015 年度检验检测认证统计分析工作

根据需求完善检验检测认证统计报表制度，编写《2015 年度上海市检验检测认证资源统计分析报告》，同时开展了司法、机动车、室内环境、建工、食品等相关专业领域统计分析报告，为各部门和区政府制定政策提供参考。统计结果显示，2015 年度全市检测认证行业营业收入超过 187 亿元，比上一年度增加 12.6%。其中，全市 2015 年度检验检测行业整体营业收入为 164.2 元，实现利润 22.97 亿元，检验检测机构从业人员共 47 078 名。认证机构业务收入达到 23.61 亿元，利润总额 3.91 亿元，从业人数为 10 283 人。

（三）推动检验检测公共服务平台建设

指导静安区“国家检验检测认证公共服务平台示范区”顺利通过国家认监委示范区验收，成为全国首批完成验收的平台示范区，通过两年的示范区创建，检验检测认证服务业集聚和辐射效应明显、发展迅速、贡献力凸显，区域检验检测认证机构数量和营业收入增加 30% 以上。推动浦东新区“国家检验检测认证公共服务平台示范区”的全面创建工作，支持成立浦东检验检测认证协会，夯实科创中心发展技术基础，打造浦东“检验检测认证服务高地”。支持松江区整合三方在线上线下有关检验检测的服务资源，组建“中国（上海）检验检测认证公共服务平台”。

（四）组织开展全市室内空气质量检测劳动竞赛活动

落实市总工会和市级机关工会关于深化开展“建功十三五”劳动竞赛活动要求，以“开门搞竞赛”的新思路，率先在全国举办面向全社会的室内空气质量检测行业岗位练兵与技能竞赛，组织本市 77 家室内空气检测机构共 231 名检测人员参加竞赛，为不同所有制性质的检验检测机构搭建共同切磋技能的舞台。竞赛包含了对理论知识、相关法律法规、技术规范、现场采样的技能操作和实验室化学分析能力的考核。通过竞赛，全面提高全市室内空气检测行业从业人员的能力水平，激发劳动者的热情和创造力，弘扬精益求精的工匠精神。对于成绩优异的竞赛单位和个人推荐参与上海市总工会五一劳动奖项评比。

三、严格规范检验检测认证市场秩序

（一）加强机动车安检机构监督检查

一是健全联合监管、联席会议制度。会同交警、环保、物价等部门对本市所有机动车安检机构实施联合监督检查，邀泛长三角技术专家参与机动车安检机构的监督检查。二是建立违规记分制度。对机动车安检机构实施分类监管动态调整违规记分制度，倒逼安检机构规范检验行为。三是研究加强安检机构检测仪器设备监管，开展机动车安检机构计量设备动态数据管理系统（电子封条）项目课题研究和试点，及时掌握检验用计量设备的状况以判断出具的报告数据是否真实、可靠。

（二）加强检验检测机构监督检查

一是开展能力验证和比对。组织开展了果蔬汁中农药残留量等 12 项检验检测机构能力验证活动，涉及检测机构 500 多家；对 101 家机动车检验机构实施机动车制动、轴重、灯光、排放等项目的比对试验。二是创新监管方式。探索“双随机、一公开”，首次对建工检测机构和食品检验机构开展双随机检查。在 120 家建工检测机构和 70 家食品检验机构中随机抽取个 20 家机构，以及随机抽查相关行业的技术专家和监管人员开展证后监管。三是推动联合监管。合并系统内资质认定检查、质检机构工作质量检查、CCC 指定实验室检查，对产品质量检验机构合并一次检查；和其他部门开展联合监管，会同卫生、安监、环保等部门对公共场所服务技术机构、职业卫生技术服务机构、社会化环境监测机构进行联合检查，避免不必要的重复检查、过度检查，提高工作效率、减轻企业负担。

（三）加强管理体系认证活动监督检查

一是组织开展上海市认证机构专项检查。借助泛长三角认证监管区域协作机制，组织市、区两级认证监管人员，并会同苏浙皖赣四省认证监管专家组成联合检查组，对本市规模较大的 9 家管理体系认证机构开展了集中性的专项检查，调取 93 件认证活动档案，并对其中的 30 家获证组织开展现场核查，重点检查管理体系认证活动的规范性，严厉查处出具虚假认证结论、遗漏认证基本程序等违法行为，对 6 家认证机构进行了约谈，对 1 家涉嫌严重违法的认证机构移送执法部门立案调查。二是配合国家认监委开展“双随机”管理体系认证专项检查。6 月，按照认监委要求调取上海市 11 家管理体系认证机构的上百份认证活动档案。8 月初，按照随机方式组成 8 个检查组，对本市 37 个管理体系认证活动进行检查，并首次对能源管理体系认证活动开展了合规性检查。三是部署各区县市场监管部门开展日常检查工作。共出动执法人员 1 300 余人次，对 600 余家质量管理体系获证组织（约占全市获证组织数量的 2%）开展了现场检查，以倒查认证活动规范性，并积极运用国家认监委“认证认可业务综合监管平台”，对质量管理体系认证活动开展现场观察共 240 余次，认真核查认证机构审核计划的执行情况。各区县对相关认证机构约谈 20 余次，并针对 1 家违法认证机构实施行政处罚。通过检查，进一步规范了本市认证市场秩序，同时也提升了行政监管人员的业务水平。

（四）加强有机产品认证监管

在生产领域组织对 98 家有机产品生产加工企业开展全覆盖检查，重点检查有机产品认证的有效性和获证组织遵守有机产品认证法律法规和国家标准的情况。委托第三方检测机构对有机产品及土壤、灌溉水源实施监督抽检，查处使用化学合成农药和化肥等违禁投入品等违法违规行为，从生产源头把控有机产品生产加工状况。经查，发现上海华日农业供销合作社种植的黄瓜有农药残留，市局随机责令其认证机构南京国环撤销了该合作社有机认证证书。在流通领域，针对水果、蔬菜等大类的有机产品组织开展国家专项监督抽查和市级风险监测，基本覆盖在售有机产品全部种类，检测结果全部合格。各区县市场监管部门开展了认证符合性检查，核对认证证书和认证标志有效性，共检查有机产品销售企业 120 家次，立案查处涉及有机产品违法案件 2 起。

（五）加强国家强制性认证产品质量监管

对玩具、童车、家电、手机和电商产品等风险集中领域，加大 CCC 获证产品监督抽查力度，加强对网络电商和流通领域 CCC 产品的监管。

四、加大检验检测认证宣传力度

（一）开展“世界认可日”主题宣传活动

认可日期间，举办“上海市检验检测认证产业发展情况”专场新闻发布会，向社会发布全市检验检测认证行业统计数据，介绍组织开展实验室开放日活动，同时通过开展《上海市检验检测条例》立法宣传、组织室内空气质量检测劳动竞赛、宣贯产业促进政策等活动形式，进一步扩大检验检测和认证认可的社会知晓度，更好地服务本市供给侧结构性改革和经济社会发展。

（二）开展中小微企业管理体系认证知识公益培训

以 ISO 9001、ISO 14001 等标准换版为主要内容，结合节能低碳产品认证、能源管理体系认证、电子商务认证等新领域认证项目，面向本市 900 余家中小微企业开展了免费培训，1 200 余名企业负责人和质量管理人员受益。

五、创新举措，提升监管能力

管理创新，在自贸区内推行检验检测机构资质认定复查和部分领域扩项告知承诺制度。采取告知承诺审批方式，可以将审批时限减少到 10 天以内，进一步降低“非生产性”成本，有利于更快应对检验检测服务领域的需求

业务创新，在检验检测领域实施双随机。首次在建材建工、食品检验检测领域实施被检查机构和检查技术专家的双随机抽查工作。针对同一检验检测专业领域，随机选择抽检对象和随机确定技术检查专家，避免选择性监督，避免不必要的重复考核、重复检查、过度检查，提高工作效率、减轻机构负担。

制度创新，推进《上海市检验检测条例》地方立法工作。

《上海市检验检测条例》已于 11 月 11 日在上海市十四届人大常委会表决通过，并于 2017 年 1 月 1 日起施行。这是我国第一部专门用于全面规范检验检测机构和行为的地方性法规，通过固化自贸区改革试验成果、建立检验检测市场规则、营造公平竞争的市场环境等，促进检验检测行业的快速、健康发展。

服务创新，立足品质提升开展服务区域发展的创新工作。一是推动建立“上海品质”认证制度。推动上海制造业和服务业增品种、提品质、创品牌，创新开展“上

海品质”自愿性产品认证和服务认证，鼓励、发扬“工匠精神”，结合上海城市精神和文化特质深入挖掘“上海品质”内涵，研究制定上海品质认证实施制度和通用评价要求，统一评价模式、评价依据、评价要求及认证证书和标识式样。二是开展上海市室内空气质量检测行业技能比武。全市共有77家室内空气检测机构的231名检测人员参加劳动竞赛，通过劳动竞赛，在检验检测行业内树立技能就业、爱岗敬业的良好风气，塑造精益求精、追求质量的工匠精神，培育造就更多知识型、技术型、创新型检验检测人员队伍，提升了检测行业能力服务水平。三是促进检验检测认证产业发展。会同相关部门制订促进检验检测产业指导意见的实施方案，落实各部门责任，借势借力，形成合力，共同推进。

撰稿人：武 鹏 审稿人：刘春扬

砥砺奋进 铿锵前行
开启江苏认证监管工作跨越发展新征程

——江苏出入境检验检疫局2016年认证监管工作概况

2016年是“十三五”的开局之年，江苏出入境检验检疫局(以下简称“江苏局”)牢固树立创新发展理念，做实做强认证监管业务，争当全国认证监管条线排头兵，在深化改革创新、服务供给侧结构改革、加强自身建设等方面都取得了新的成绩，为强局建设做出新的贡献。

一、全面履职，加强监管

(一)绩效成绩喜人，继续全国系统领跑

2016年，江苏局认证监管工作在年度绩效考核中位列全国系统第一，至此，江苏局认证监管各项工作已经连续四年在全国系统绩效考核中不失一分。

(二)“三同”开篇向好，工作扎实，多方肯定

成功举办“同线同标同质”工作现场推进会，省商务厅与省食药监局有关领导参加，国家认监委副主任刘卫军到会指导并给予江苏局工作高度评价。省政府副省长张雷在《江苏出口食品内外销“三同”工作报告》上做出批示。截至2016年年底，江苏地区有22家优秀企业在国家认监委“三同”公共服务平台上线，平均国内销售总额同比增长20%。

(三)“固垒清蚁”持续推进，把关成效显著提高

全省共实施强制性产品入境验证107 050批次，现场查验8 342批次，共发现不合格产品368批次，较2015年增长47%，其中退运76批，销毁33批，对20起情节严重的违法违规行为给予了行政处罚和行政警示，销毁和退运量较2015年分别增长192%和267%。

(四)管理体系监督检查组织有力，执法工作全面均衡发展

管理体系专项监督检查采用“双随机”方式，共发现问题360个，涉及19家认证机构和86家获证组织，对3起严重违反《认证认可条例》的行为予以了行政处罚，全省系统认证执法监管首次明显呈现均衡发展态势。日常监管中发现的台湾塞尔帝国际验证公司在我国境内开展非法认证的案例，认监委发布了2016年第19号公告，为2016年认监委发布的两份该类公告其中之一。

(五)宣传成效斐然，社会影响不断提升

认监委网站信息录用量继续保持全国系统前列；257篇报道在中央级和省级媒体发表；两篇文章分别被《质检内参》和《质检专报》采用。省级电视台报道有关新闻2次；“世界认可日”活动期间有10多篇认证监管主题微信在东方国门、HACCP等公众号平台刊发，其中“‘蜂’至沓来，为了甜‘蜜’的事业”荣获国家认监委微信制作大赛三等奖；与检监处共同完成的“实施出口产品‘三同’工程”名列“2016年江苏检验检疫十大新闻”。

二、围绕国家大局，创新发展，扎实推进认证认可工作

（一）以创新发展为引领，高质量完成认证监管“十三五”发展规划

按照认监委和江苏局的要求，积极筹划认证监管“十三五”发展，结合辖区实际，发布了目标明确、路径清晰、配套完备的《江苏检验检疫认证监管“十三五”专项规划》，并在江苏局统一组织下进行了宣贯。建立健全规划实施的组织保障机制，确保目标任务落到实处。按照“早部署，抓落实，见实效”的原则，落实好认证监管各项强局指标的推进。

（二）以服务供给侧改革为己任，助力满足人民群众优质生活需求

一是结合江苏省食品产业特点和优势，健全“三同”长效工作机制，加强部门协作联动，做到摸底评价、质量培训、产品定标、抽样验证四个全覆盖，确保“三同”名副其实。在南京举办江苏出口食品企业内外销“同线同标同质”现场会暨产品展示活动，通过企业授牌、行业承诺等多种方式，强化“三同”企业质量主体责任，并精选24家优质出口企业的产品参展，20多家新闻媒体争相报道，国家认监委副主任刘卫军到会指导。二是积极促成苏宁云商平台“引入认证认可机制”，与国家认监委“云桥”认证认可信息共享公共服务平台对接，实现CCC认证产品资质自动比对，增强了电商平台质量自控能力，扩展了认证认可信息资源的公共服务范围。三是通过与认监委注册部支部开展“支部共建、三级联动”，顺利解决了无锡口岸进口巴氏杀菌奶遇到的问题，增加了优质奶制品在江苏省的进口口岸。四是主动作为，向认监委请示并经同意，制定下发了《关于以快/邮件方式入境强制性认证产品验证管理的指导意见》（以下简称“《意见》”）。允许对个人自用、合理数量的产品予以放行，满足国内消费者特定的消费需求，《意见》中“根据产品类别和规格型号设定合理的个人自用数量”、“建立个人自用物品数据库”、“利用信息登记、比对方式对快/邮件方式进境强制性认证产品进行监管”等举措均为系统首创。

（三）以严守国门为底线，认证行政执法把关成效显著

一是“固垒清蚁”专项行动成效显著。传统验证业务方面查处20起涉CCC违法违规案件，并发现某CCC产品在法检目录中缺少监管条件，报告认监委在公告中予以修正，堵住监管漏洞；CCC获证产品监督抽查方面，运用风险分析的方法，将抽查重点放在家用电器、儿童玩具及机动车附件三类问题易发、多发的产品上，在抽查的16批产品中，发现某知名品牌咖啡机未经申请擅自变更关键元器件的严重违规行为；按邮/快件认证监管新规定，共查获18批不符合要求的货物被退运出境，以快/邮件方式入境强制性认证产品得到了有效监管。专项行动初步实现了打击强制性认证产品违法违规进口、规范CCC产品进口行为、净化进口强制性认证产品市场的目标。专项行动期间，部分分支局还开展了“远程视频核查”、“大入境验证模式”等入境验证工作的创新尝试。二是食品农产品认证监督成绩亮眼。将食品农产品认证行政监管与注册备案、进口有机产品入境验证等联动监管，覆盖GMP、HACCP体系以及食品安全管理体系和有机产品认证等。监管活动出动465人次，检查企业166家，检查获证产品259种。全省口岸共查获违规进口有机产品57批，货值16.31万美元；检查大型超市、商场、进口食品专卖店等经销场所28家，查获米粉、葡萄酒、饼干和卫生用品4种违反《有机产品认证管理办法》要求的产品，违规商品被责令下架，并发出4份行政警示，约谈1家违规经销商，对1家再次违规的商超，予以立案查处。

（四）以区域“一体化”为共同目标，泛长三角合作开启深度融合

2016年是泛长三角认证监管合作的第十一个年头，江苏局作为轮值主席局，牵头召开了以“深度合作、深度融合”为主题的泛长三角检验检疫认证监管区域一体化联席会议。来自泛长三角地区10个检验检疫局的认证监管部门负责人参加会议，签署了《深化泛长区域认证监管业务一体化暨“两学一做”合作共建备忘录》，泛长合作一体化机制建设从单一的认证行政执法逐步迈向包括认证行政执法、卫生注册评审员队伍建设、“三同”工程、强制性产品认证以及基层党建等内容的全方位合作。在2016年的管理体系专项监督检查中，江苏局与湖北、安徽等直属局互派检查专家，互相借鉴学习，认证行政执法实质性合作进一步深入。

三、以能力建设为重心，不断提升认证监管队伍建设

一是开展多领域岗位培训。针对近年江苏各分支局转岗和新上岗人员逐渐增多的情况，采用课堂、现场和网络培训相结合的方式，精心设计培训课程，邀请系统内外的专家，举办认证监管管理、卫生注册评审、管理体系认证监管三大岗位培训，共计95人通过培训，获得上岗资格。卫生注册评审员、管理体系认证监管

人员和强制性产品认证监管的知识更新培训共培训120人次，结合现场教学和案例展示的培训方式给受训人员以身临工作现场的体验，产生了很好的培训效果。截至2016年年底，全省系统共有认证监管管理、认证行政执法、卫生注册评审岗位人员520名，较十二五期间增长13%。二是开展卫生注册评审员“评审专家传帮带活动”。制定了江苏省卫生注册评审员能力素质提升工程实施方案，成立了有4名导师26名学员的出口水产品生产企业和出口保健食品生产企业评审两个专业小组，通过现场及网络授课、专题研讨、企业现场示范评审等方式进行带教和研究，传承评审专家经验，培养爱钻研、高素质的青年评审专家。三是以承办活动锻炼队伍展形象。2016年，江苏局先后组织和承办了国家认监委二季度业务会议、泛长三角检验检疫认证监管区域一体化联席会议、国家认监委强制性产品认证专家组会议、第二季“进出口食品企业评审专家传帮带”蜂蜜团队活动等一系列规模较大、层次较高的活动，锻炼了队伍、提升了能力，彰显了江苏省认证监管战线敢为人先的担当精神和昂扬向上的时代风采。

撰稿人：朱玉华　审稿人：赵志胜

创新监管模式　严守质量底线
为江苏经济转型升级提供技术保障

——江苏省质量技术监督局2016年认证监管工作概况

2016年是“十三五”的开局之年，江苏省质量技术监督局（以下简称“江苏省质监局”或“省局”）认证认可管理工作紧紧围绕省局党组确定的推进“质量发展”的总体要求，紧贴江苏经济建设和社会发展，以服务经济转型为主导、以产品质量安全为底线、以推进为抓手、以监管为手段，加强指导和协调，推动认证认可工作为供给侧结构性改革贡献力量，充分发挥认证认可服务经济、服务企业、服务民生的基础保障作用。

一、依托认证技术手段，服务经济发展取得新成效

经济发展新常态下，推进供给侧结构性改革，必须聚焦提高质量和效益这个中心，针对有效供给不足、供给质量和效率不高、供需脱节和结构失衡等问题，运用多种管理创新工具，引导供需有效对接和结构升级，实现由低水平向高水平供需平衡的跃升。认证认可作为国际公认的质量技术基础，在供需两端建立并传递信任，在生态文明建设、节能减排工作、产品质量等方面有着独有优势，在供给侧结构性改革中大有可为。2016年，全省各地认证监管部门结合地方政府产业转型升级要求和当地实际，认真制订推进计划，积极做好认证机构和企业之间的协调、沟通工作，努力引导企业实施认证。

一是认证助力江苏省节能减排工作。为积极响应国家节能减排的政策要求，深入开展节能工作，促进江苏节能产品生产和消费，提升节能产业水平，2015年省局采取有效措施，积极推进节能产品认证。在2015年推进产品节能认证的基础上，继续拓展新的节能产品认证领域。根据江苏产业现状，积极配合认证机构开展产业调研，确定母线槽和电缆桥架产品节能认证作为推进重点，深入开展宣传推进工作，截至2016年年底，江苏10家母线槽产品生产企业获得节能认证，证书29张，分别占全国的91%和97%；16家电缆桥架产品生产企业获得节能认证，证书53张，分别占全国的89%和96%。全面梳理认证依据。联合相关认证机构修订认证规则和规范，编写双玻光伏组件“领跑者”认证、二次供水设备节能认证等产品认证实施规则和技术规范，并获得认监委备案。通过节能认证的产品加施“节”字标志，商家和百姓可以清晰地识别并选择节能节水产品，助推国家节能减排目标的实现，有力提升了江苏企业的市场竞争力。大力推广能源管理体系。充分发挥管理部门作为认证机构与企业之间桥梁的作用，致力于加强能源管理体系建立和推进能源管理体系认证工作。增强企业能源管理理念，提高能源管理水平，服务节能减排。截至2016年年底，全省共有388家

企业取得了能源管理体系认证证书，获证数量居全国第一。

二是认证严守江苏省质量安全底线。省局密切关注国家强制性认证产品目录变更，加强强制性认证产品新版认证实施规则的宣贯工作，全省全年新增CCC认证证书1 258张。为认真贯彻质检总局、公安部、国家认监委发布的《关于部分消防产品实施强制性产品认证的公告》，进一步规范消防产品生产企业的生产和销售行为，选择消防产品生产企业相对集中的靖江市，深入企业宣传国家相关法律法规，督促相关企业及时改进管理方式，严格按照新修订的认证实施规则要求组织生产，加强产品质量管理与检验，积极申请CCC认证，当地消防产品生产企业通过CCC认证数量从2015年年底的8家增长至100家。

三是认证提升江苏省供给质量水平。从供给侧来说，认证认可能够帮助企业等组织加强管理和服务，从而提高供给体系的质量和效率。通过努力推进，积极帮扶，2016年全省累计新增质量管理体系认证证书1 321张，新增环境管理体系认证证书611张，新增职业健康安全管理体系认证证书378张，证书总数继续位居全国第一。不仅获证数量有了较大幅度的增加，而且获证质量也有了明显提升，帮助企业建立完善了质量管理体系，强化了质量管理意识，实现了规范管理，提高了产品质量。

二、聚焦质量安全，探索认证监管新举措

按照年初提出的“强化认证市场监管、强化认证主体责任”的认证市场监管总体要求，深入贯彻“双随机一公开”监管工作原则，创新监管模式，明确重点产品、重点企业、重点地区，深挖细查、找准问题，保质保量完成认证监管任务，查找获证企业存在问题，督促整改，提高认证有效性，促进获证企业产品质量稳定提高。

一是探索强制性产品认证监管新举措。根据江苏省CCC企业发展现状，及时更新、完善全省CCC产品获证企业质量档案，实施动态管理，按照分类管理的原则，加强对CCC认证获证企业的管理。针对全省现有CCC获证企业情况，结合产品监督抽查中省抽、国抽及与认证机构信息沟通情况，经分类筛选，确定202家重点检查企业，逐家落实现场检查，并切实做好检查记录，填写检查表格，督促存在问题的企业落实改进措施，促进产品质量稳定提高。根据《国家认监委关于开展2016年强制性产品认证获证产品监督抽查工作的通知》，组织开展全省监督抽查工作，共在市场抽样电线电缆产品85批次，涉及56家生产企业，产品合格率86%。联合监督处开展CCC产品专项监督抽查工作，共安排抽查CCC产品293批次，合格262批次，合格率89.4%。

二是探索体系认证监管新举措。根据国家认监委《2016年管理体系认证活动专项监管检查工作方案》的要求，组织开展2016年管理体系获证组织专项监督检查工作，遵循“双随机一公开”的原则，此次检查邀请了浙江、上海、安徽、江西质监局的行政监管人员和江苏省13个地级市的认证处长，形成检查人员数据库，随机抽取并组成13个检查组。本次管理体系专项监督检查93家获证组织，涉及76家质量管理体系获证组织，17家能源管理体系获证组织。对本次检查中发现的问题，根据情节轻重以及违法违规性质，分别进行了处理，对存在问题的获证组织和认证机构开出了整改报告书，要求认证机构限期整改到位，对涉嫌严重违规的认证机构移送执法部门查处。

三是探索检验检测机构行政管理新举措。根据《国家认监委关于印发2016年认证认可各业务领域监督检查工作方案的通知》要求，部署全省检验检测机构开展专项监督检查自查工作。认真制订检查工作方案，明确检查工作重点，各地认证监管部门及时通知并督促各检验检测机构按要求认真做好自查工作。对食品农产品、建材与建筑、纺织服装、日用消费品、石油石化产品五个领域219家获证检验检测机构开展专项监督检查。完成国家认监委对江苏省25家检验检测机构现场检查，重点检查资质认定获证实验室是否存在违法违规行为、是否持续符合法定条件、管理体系是否能有效运行。通过检查，督促存在问题的检验检测机构进行整改，进一步提升检验检测机构的法律意识和管理水平，确保检验检测工作质量。部署开展检验检测机构能力验证工作，在全省范围内组织191家检验检测机构开展重金属中汞的测定和合金钢中化学成分检测能力验证工作，通报能力验证结果，并对存在问题的检验检测机构限期整改。探索检验检测机构信用评价监管新模式，编写《江苏省检验检测机构信用评价管理办法（征求意见稿）》和《检验检测机构信用评价实施细则（征求意见稿）》，并在全省50家资质认定获证检验检测机构中试点开展检验检测机构信用评价，取得了初步成效。

四是探索社会共治新举措。积极发挥社会各界的监督作用，充分利用12365电话、局长信箱等多种途径，完善申投诉处理机制，拓宽社会监督渠道，建立首问负责、认真调查、及时回复、档案保管等制度，省局全年共受理处置各类社会投诉案件17件，事事有回音，件件有落实。在接受社会监督的基础上，省局完善认证机构联席会议制度，充分发挥各联席会议成员单位的认证主体作用，完善认证机构的内部治理机制、责

任传导追溯机制和风险防控机制，构建政府、认证机构、获证组织之间有效的沟通平台，强化江苏认证认可行业自律。

三、深化服务理念，树立认证监管新风貌

坚持贯彻“寓监管于服务之中”的理念，将认证监管与服务有机结合，做到边监管边指导，真心实意为基层、为企业服务，积极帮助基层和企业解决存在的问题和困难。

一是加强培训教育，提升认证监管队伍能力。组织各市认证认可负责人及一线监管人员140多人，开展认证认可监管业务知识培训，提高认证行政监管人员的专业知识、业务水平、行政能力。为提升检验检测机构管理水平和能力，强化自律，举办了12期检验检测机构资质认定内审员培训班，7期全省检验机构质量、技术负责人培训班，总培训人数达到2 000余人，帮助检验检测机构工作人员熟悉、掌握管理要求，提升管理水平，满足检测工作的需要，为确保江苏省检验检测机构检测工作质量打下了良好的基础。

二是强化宣传推广，提升认证认可工作形象。根据国家质检总局《关于开展2016年全国“质量月”活动的通知》，结合“世界认可日”活动，组织开展全省“检测实验室开放日”活动，共开放各类机构78个，采取参观实验室、展板展示、免费咨询、免费检测等丰富多彩的形式，广泛邀请人大代表、政协委员和消费者、企业、媒体的代表观看实验室检测工作，让观看者加深对检测实验室的认识和理解，形成人人关注检测工作质量的良好氛围。

三是搭建“互联网＋认证认可”平台，提高认证监管服务水平。为推进互联网和大数据在质监工作中的深入应用，全面提高全省质监信息化水平，持续提升质监行政效能，主动联系国家认监委信息中心，联合构建江苏认证认可数据库，着手建立江苏省认证认可数据监管综合查询系统，方便全省认证认可监管条线工作人员查询、统计、分析，为认证认可监管工作提供有力支撑。

四是开展调查分析，探索检测机构监管新思路。为规范和持续地开展认证认可工作对全省国民经济和社会发展贡献率的定量评价工作，进一步了解江苏省检验检测机构现状，为政府机关决策提供数据支撑，组织开展检验检测机构现状调查，依托国家认监委检验检测统计直报系统信息数据，对全省1 679家通过资质认定的检验检测机构开展调查分析，并形成了《江苏省检验检测服务业现状调查分析报告》。

撰稿人：姚 迅 审稿人：谢亚东

创新发展 提升能力 服务转型

——浙江出入境检验检疫局2016年认证监管工作概况

2016年，浙江出入境检验检疫局（以下简称“浙江局”）认真贯彻全国认证认可工作会议精神和各项工作要求，积极适应改革形势，创新监管模式，不断提高认证监管能力。

一、进出口食品生产企业卫生注册登记工作概况

全年，共发放出口食品备案证书231家，注销证书31家，新批准备案企业数量为48家，累计有效证书637家；共向国外推荐食品卫生注册企业52家次，新增对外注册企业46家次，取消8家次，累计对外注册企业达581家次。出动监管人员1 340人次，监管食品备案企业652家次，检查发现问题1 490个，监管覆盖率为100%。完成对593家出口食品备案企业年度报告的审核工作，完成率为100%。有16家出口食品生产企业备案采信第三方认证结果，免予现场检查，缩短备案周期近50%。推进出口食品企业备案采信与HACCP认证监管联动，完成对108家HACCP获证企业的联动监管，联动监管率达100%。

二、认证、认证监管及相关工作概况

（一）加强CCC认证监管

对180家CCC免办企业实施现场监管，涉及免办

证明595份，重点对科研测试等免办产品以及汽车、摩托车等高风险产品加强监管。组织在流通领域对进口奶瓶蒸汽消毒锅等3个类别产品实施监督抽查。加强CCC免办及入境验证工作。全面指导各分支局做好CCC免办工作，2016年，全省系统共办理CCC免办证明1 547份，共1 018批进口产品实施了入境查验，发现不合格4批，整改合格后予以放行。

（二）采用“双随机”机制，组织开展管理体系认证活动监督检查、认证机构飞行检查和获证组织专项检查

本次检查首次调取认证机构认证档案，共派出认证监管人员169人次，检查获证组织35家；飞行检查认证机构41家次。抽调了全省系统19名监管人员，对温州地区11家获证组织开展以认证审核活动的合法合规性和真实性为重点的专项监督检查。

三、重点工作介绍

（一）创新发展，大力推进出口食品企业内外销“同线同标同质”工程，助推供给侧改革

“同线同标同质”（以下简称“三同”）工作是质检部门发挥自身职能作用，贯彻落实供给侧结构性改革部署和质量强国战略的重要举措，是认证认可服务国家发展大局作用的重要体现。一是加强组织领导，大力推进，注重宣传，有效扩大社会参与面和舆论影响力。省局成立以分管局领导为组长的“三同”工作领导小组，迅速部署，及时召开“三同”工作启动推进会，组织全省系统广泛动员社会各方共同参与，有效利用各类新闻传播资源，组织央视等主流新闻媒体进行报道，全力助推供给侧改革。二是精心部署，全面落实帮扶行动计划。按照“一厂一策”的原则，从企业质量管理人员培训、产品风险信息分析等多方面进行“一对一”精准帮扶，指导企业登录“三同”公共信息服务平台。紧贴消费需求，推动“三同”落地，通过举办“三同”电商帮扶对接会和产品展示会，通过联合商务、食药监等部门和阿里巴巴等电商平台，积极帮助“三同”企业拓展内销渠道，创建浙江“三同”产品展销体验中心，助力企业拓展国内中高端消费市场。三是充分发挥检验检疫职能优势，加强技术指导和监管。积极指导企业建立和完善具有食品防护功能的HACCP体系和GAP体系，并鼓励企业获得第三方认证，引导食品企业将出口产品的先进管理理念和经验运用到内销生产。同时，加强出口食品企业备案和认证联动监管，确保企业内外销食品持续符合“三同”要求。四是着力推动传统出口食品企业“三同”转型。根据浙江黄酒、调味品、水果罐头等传统出口食品外销市场疲软的现状，大力帮扶一批行业龙头企业开拓国内市场，引领整个行业内外销转型。截至2016年年底，浙江辖区共有57家出口食品企业入驻“三同”公共信息服务平台，占全部HACCP获证企业的52.7%，位于全国系统前列；在出口稳定增长的同时内销增长显著，上线企业内销金额增加9.27亿元人民币，部分上线企业依靠其产品的高品质已成为G20杭州峰会和上海迪士尼的供应商。浙江局“三同”工作取得的显著成效，得到了主流媒体的广泛关注，中央电视台对浙江古越龙山、杭州丘比食品两家“三同”企业进行了采访；新华网、浙江卫视、浙江在线、《钱江晚报》、杭州电视台、《杭州日报》等几十家中央和地方主流新闻媒体进行采访报道，取得了较好的社会效应。

（二）先行先试，主动适应跨境电商新业态，进一步完善杭州综试区跨境电商认证监管机制

一是做好跨境电商免予办理强制性产品认证（CCC）的进口产品监管试点及监督抽查工作。共受理跨境电商免予办理CCC进口申请5批次。在全国系统首次对跨境电商CCC产品实施线上监督抽查，对天猫国际、网易考拉海购等跨境电商平台在售的13批电吹风、卷发器等小家电产品实施抽样，经检测，共有6批产品不合格。二是创新“互联网+”模式下跨境电商进口食品注册管理新机制。积极探索符合跨境电商发展需求的进口食品境外生产企业注册管理新模式，起草了《网购保税模式进口食品境外生产企业注册管理实施细则（试行）》，并率先获得认监委正式批复。通过落实源头管理和过程控制，便利口岸快速验放，健全风险监控体系和惩戒退出机制，全面构建“源头可溯、去向可查、风险可控、责任可究”的跨境电商进口食品质量安全综合评价与保障体系。

（三）服务发展，促进转型，进一步凸显认证认可制度优势

一是加大对外注册推荐力度，帮助出口食品企业开拓新兴国际市场。主动为企业提供信息服务和业务培训，指导硬件设施改造，提升质量管理水平，努力扩大“一带一路”等新兴市场进口注册推荐。全年累计对外推荐企业46家次，其中对韩国热加工禽肉产品注册和对哈萨克斯坦偶蹄类产品注册均为浙江辖区首次。二是全面指导出口食品企业迎接国外官方检查。组织专家对企业开展多方位的迎检指导，为企业解读国外食品安全法规和标准，对一线监管人员开展业务培训。

开展迎检准备督查，充分备检。成功接待韩国农林畜产检疫本部、动植物检疫局和食药部对6家出口韩国水产企业和1家输韩热加工禽肉加工企业的检查，日本农林水产省对4家输日肠衣注册企业的现场检查。经过各方共同努力，上述检查均顺利通过，而且，这也是浙江辖区出口肠衣企业首次接受国外官方检查。三是推进出口食品备案第三方采信工作，减轻企业负担。充分发挥第三方认证力量协同治理作用，积极推进出口备案采信为企业减负，有16家获HACCP认证企业通过采信第三方认证结果延续备案资质，缩短办理时间近50%。

（四）固本强基，提升能力，综合能力建设整体推进

一是加强业务管理，完善规章制度。主动适应认证业务监管领域简政放权、深化改革形势，制修订了《浙江局管理体系认证活动监督管理办法》、《对外注册推荐工作程序》等5个文件。二是加强能力建设。举办了质量管理体系新版标准和评审员等4个培训班。在2016年认监委第二季“传帮带”活动申报中，由浙江局申报的肉类团队又再次成功入选。全年组织开展3次水产品和肉类团队集中活动。三是大力组织开展能力验证工作。组织全省系统实验室积极参加认监委、认可委和国内外权威机构组织的能力验证活动共375项，都获得满意结果；组织能力验证3项。四是注重业务督查，促进工作质量提升。精心部署，全面做好迎接认监委组织的2016年度认证行政执法监督检查，并取得了好成绩，得到了检查组和认监委的充分肯定和高度评价。

撰稿人：吴行知　审稿人：龚　平

突出特色　强化监管

——浙江省质量技术监督局2016年认证监管工作概况

2016年，浙江省质量技术监督局（以下简称“浙江省质监局”或“省局”）认证监管工作按照国家质检总局、国家认监委和全省质量工作会议的部署，牢固树立五大发展理念，强化认证认可供给，提高供给体系质量和效率，合格评定工作取得明显成效，为推动“三强一制造”战略、服务经济社会发展发挥了积极作用。截至2016年底，全省共有检验检测机构1 668家，共有63 476家企业组织获得各类有效认证证书236 349张，占全国的14.88%，位列全国第二位。其中有效的强制性产品认证证书91 018张，涉及9 296家企业。

一、服务发展，充分凸显认证认可作用

（一）创新“浙江制造”认证体系，推动“浙江制造”走出去

2016年“浙江制造”认证充分发挥与国际接轨的通道作用，实现了新的突破，浙江省委副书记、代省长车俊，副省长朱从玖分别在省质监局《“浙江制造”品牌认证引起国际社会广泛关注》专报上做出了批示，充分肯定了“浙江制造”认证工作措施。

一是进一步完善国际合作机制。成立“浙江制造”国际认证联盟，吸纳了美国UL公司、必维国际检验集团等5家国际认证机构加入，使联盟实力增强，视野更宽阔，大大提升“浙江制造”在海内外市场的关注度和接受度，降低企业认证成本。并与国际认证联盟IQNET签署三方合作备忘录，加快了“浙江制造”国际认同进程。

二是进一步推动“浙江制造”认证走出去。加强国际认证机构与龙头骨干企业需求对接，在标准制定上充分考虑国际市场的安全及性能要求，积极探索“一次评审，一张证书，两个标志”。目前，首张双标志“浙江制造”认证证书已由Intertek天祥集团发放，充分借助天祥集团在国际市场的品牌价值，带动“浙江制造”走出去，以双品牌效应助推“浙江制造”竞逐国际市场。

三是牢固“浙江制造”认证制度建设。进一步修订和完善了《“浙江制造”评价规范》管理标准和10项管理制度，制定了“浙江制造”管理标准评审指南，以加强“浙江制造”国际认证联盟的规范化管理和组织建设，确保“浙江制造”认证的公正性和权威性。目前，已形成《“浙江制造”评价规范》+61个系列“浙江制造”

产品认证实施细则为主体的认证体系，其中有19项“浙江制造”认证标准及实施细则研发制订项目由外资认证机构参与或主导，累计已有44家企业获得77张“浙江制造”认证证书，包括国际合作认证证书16张。

（二）坚持绿色发展理念，积极引导自愿性认证，助推生态文明发展

一是助推节能减排。坚持把认证认可作为落实节能减排目标的重要手段，推动浙江省“万吨千家”企业（单位）建立健全能源管理体系。全省重点用能企业1 220家，其中通过认证158家，占12.95%，累计实现节能折算21.76万吨标煤，相当于减少56.58万吨二氧化碳当量的排放；认证企业平均减少用能成本279.07万元，合计减少用能费用440 93.06万元。

二是力促有机产业。继浙江省建德市、武义县成功创建首批国家有机产品认证示范区后，2016年省局积极组织淳安、开化县顺利通过国家有机产品认证示范区创建验收，并帮助仙居县开展国家有机产品认证示范创建区申报。自示范区创建以来，淳安县有机产业实现快速发展，有机产业成为淳安县最重要的富民产业之一，农村人均可支配收入从2013年的11 919元增至2015年的14 630元。开化县通过示范创建，农村人均可支配收入从2014年的10 594元增至2015年的13 124元。浙江省的有机示范创建工作作为经济较发达地区发展有机产业的样本增强了有机产业竞争力，促进农民增收致富，得到了国家认监委的充分肯定积极推动国家有机产品认证示范区创建。截至2016年年底，全省有机认证企业总数已达566家，获得有机产品认证或有机转换证书705张，有机产品认证面积212万亩，有机产品年产量达到10万吨以上。

三是研究发掘认证新需求。以认证需求为导向开展自愿性产品认证调研和政策研究，支持安吉县政府用认证手段推进高标准美丽乡村建设，发挥认证机构的技术特长、人才优势，努力打造美丽乡村升级版。同时开展“丽水山耕”品牌认证调研，加强政策研究，助推丽水探索走出一条生态精品农业现代化的“丽水模式”，实现政府农业治理体系创新。

（三）实行“1+X”市场准入机制，深化检验检测审批制度改革，优化检验检测发展环境

自6月15日起，浙江省在全国率先实行了“1+X”检验检测市场准入机制。将省质监局、公安厅、交通运输厅、水利厅、农业厅、卫计委、安监局7个省级行业部门的检验检测机构审批业务，整合到统一的浙江政务服务网审批平台，采取“一次申请、联合评审”模式，审批周期缩短83%，企业只需一次申请便可取得多种行业检测所需资质，切实减轻了企业负担，提高了审批时效，有利于推动检验检测行业发展。截至2016年年底，“1+X”联合审批平台已受理14家机构申请，其中6家机构已完成审批发证。

二、合格评定监管模式不断创新，打出系列监管“组合拳”

（一）构建了检验机构“四建三查”基层监管模式

5月，在兰溪召开现场会，介绍兰溪市局创建的四建三查模式，建立部门协作、监督管理、风险排查、分类监管等四项制度，落实机构定期自查、日常监督巡查、专项执法检查等三项检查内容，形成“多元共治、职责明确、风险研判、分类实施”的监管工作格局，为下一步强化基层监管，实现检验机构问题风险的大数据分析奠定了基础。

（二）率先探索检验检测机构“互联网＋监管”

建立了检验机构证后监管系统，将监督检查、能力验证比对、技术评审核查、能力参数管理、机构自查等通过信息化手段固化监管方式，建立监管信息数据库。自启用后，各市县局积极运用监管系统开展证后监管，截至2016年年底，通过系统共计检查286家机构，其中检查发现问题机构148家，责令整改85家，违法查处2家，暂停1家。并统一数据采集标准，建立数据统计指标体系，以《合格评定风险监控通报》为载体，利用“大数据”手段开展风险评估工作。截至2016年年底，已经发布7期风险监控通报，对各市县局风险排查工作具有显著的指导作用。

（三）发挥行业主管部门优势促进检验机构资质认定工作

联合省公安厅对全省公安机关刑事技术机构资质认定工作进行了全面动员和部署，完成刑事技术机构资质认定评审员培训，扩充专业评审队伍。目前舟山市公安物证鉴定中心作为此项工作启动以来第一家机构已通过现场评审。

（四）全面完成检验检测服务业统计工作

按照国家认监委和国家统计局要求，开展全省检验检测机构基本情况、财务指标和业务信息等内容统计调查工作，落实了相关工作要求。截至2016年3月底，浙江省已按照“全面、准确、及时、依法”的要求，完成1 516家机构上报工作，完成率100%。为客观掌

握检验检测服务业的基础数据，科学制定检验检测服务业发展决策提供有力支撑。

三、强化治理，持续加大事中事后监管力度

（一）强化机动车安检机构监管工作

配合国家认监委部署，对杭州、金华、宁波10家机动车安检机构开展飞行检查工作。结合国家飞行检查中发现的典型问题，全年先后两次对全省机动车安检机构开展督查。针对督查中发现的问题，下发督办函，责成相关市局、省局培训中心、省局评价中心依法依规进行处理。

（二）探索产品认证监管新模式，以“双随机”方式开展认证监督检查

在国家认监委的组织部署下，浙江省质监局作为“双随机”CCC认证市场抽查工作试点（列入质检总局上报国务院的5个随机抽查试点项目之一），顺利完成了电商平台CCC获证小家电产品“双随机”抽查试点。通过认监委建立的“双随机”抽查信息平台，采取“神秘买家”方式从电商平台买样，抽取家用电器50批次，涉及苏宁易购、京东、亚马逊、天猫四大平台，经检验，产品总体合格率为83.7%。并配合国家认监委以“双随机”方式开展自愿性认证活动监督检查，共抽查了浙江省30家获得质量管理体系和5家获得能源管理体系认证企业，出动执法检查人员50余人次，涉及华夏认证中心有限公司、杭州万泰认证有限公司等21家认证机构。目前，各级质监部门已向有关认证机构发出整改通知书，进行约谈，依法实施行政处罚。

（三）组织开展有机产品认证专项监督检查工作

根据浙江有机产品认证现状，对建德、淳安、武义、开化四个有机产品认证示范（创建）区开展有机产品认证专项监督检查，共抽查了15家获证企业，并对部分有机产品实施抽检，有机产品抽检结果合格率为100%，针对检查中发现的部分认证机构存在证后监管不到位的问题，开化、淳安等地方监管部门对相关认证机构进行了重点约谈，要求认证机构针对发现的问题进行整改，切实履行监管责任，督促企业整改到位。

（四）组织开展检验机构能力验证工作

2016年能力验证工作采用专家现场目击实验与检验人员现场考核相结合的方式，全面考察检验机构的检验能力真实水平，提高了能力验证的有效性。共190家机构参加验证活动，涉及10个项目的能力验证项目，能力验证一次性满意率为81.6%，对6家能力验证项目不满意的机构相关项目资质进行了注销，44家机构项目资质实施了暂停，对检验活动中存在违法违规行为要求当地局调查取证，依法处理。

（五）完成对全省强制性产品认证指定机构的专项监督检查

在国家认监委的组织部署下，联合杭州、宁波两地检验检疫局对全省15家CCC指定实验室开展100%监督检查。检查中共发现各类问题70个，其中属于技术核查发现的问题为30个。属于省级资质认定管理范畴的检验机构已完成相应的整改工作；属于国家认监委资质认定管理范畴已将检查结果上报国家认监委进行处理。

2016年，全省市县三级质监部门共检查检验机构1 267家，其中责令整改451家，暂停资质6家，撤销资质1家，立案查处33起，罚没122万元。全省强制性产品抽查合格率已由2010年的93.2%提高到2016年的96.4%。

四、强化基础，推进合格评定队伍能力建设

（一）加强基层资质认定行政审批承接能力建设

随着行政审批市县同权工作启动，积极支持试点基层局加强行政审批承接能力建设，强化承接单位在法律法规、业务知识、服务效能及风险防范等方面的提升，有针对性地在湖州、绍兴开展了业务培训工作。

（二）加强专家评审队伍建设

根据国家认监委6月2日新修订印发的《检验检测机构资质认定评审准则》及释义和《检验检测机构资质认定评审员管理要求》，组织资质认定评审员培训工作。开展机动车安检机构审查员专题业务培训和考核，根据考核结果实施分类管理。开展2016年全省到期评审员换证继续教育和稀缺行业评审员培训考核工作。加强考核力度，严格实施退出淘汰制度，全省316人到期换证，61人因考核不合格或未参加继续教育取消评审员资格。

（三）加强基层监管队伍建设

7月，举办浙江省2016年管理体系认证活动监管

和有机产品认证专项监督检查业务培训会，全省共计200余人次基层检查人员参加培训会。11月，举办浙江省认证认可监管人员培训班，全省共有120余名基层监管人员参加培训会。

（四）开展“6·9世界认可日”主题活动

在绍兴启动2016年世界认可日主题活动，开展推行企业能源管理体系认证免费培训，宣讲有关政策，为企业提供能源、绿色等认证服务。全省各地陆续组织开展一系列实验室开放、检测认证领域专项监督检查、认证专家入企服务等主题活动，扩大认证认可的社会影响力。

撰稿人：江婧敬　审稿人：丁德祥

稳抓稳打　创优服务　不断提升认证监管水平

——宁波出入境检验检疫局2016年认证监管工作概况

2016年，宁波出入境检验检疫局（以下简称“宁波局”）认真落实国家质检总局和国家认监委总体工作思路和部署，大力加强认证监管工作，取得新的工作成绩。

一、认证、认证监管及相关工作概况

2016年，宁波局切实发挥认证认可工作的技术支撑作用和桥梁作用，提升贸易便利化服务水平，深化区域供给侧结构性改革，全力助推区域外贸经济发展。

依托认证监管职能，加强对进口注册食品和有机产品的后续监管，开展流通领域食品的注册、认证信息核查。根据《宁波检验检疫局出口食品生产企业备案采信及联动监管工作规范》，在出口食品生产企业备案工作中全面推进第三方HACCP认证采信及企业自我声明采信，出口食品企业在办理备案时，在符合采信条件的基础上，可直接采信危害分析与关键控制点（HACCP）体系认证结果或企业自我声明，免予实施现场检查。实施备案和认证监管全覆盖，制订并出台《宁波检验检疫局出口食品生产企业备案采信及联动监管工作规范》、《宁波检验检疫局2016年度出口食品生产企业备案监管工作计划》，对出口食品生产备案企业和HACCP认证活动实施100%联动监管，并将18家实施“同线同标同质”（以下简称“三同”）的出口食品企业列为重点检查对象，形成生产企业负主责、认证机构参与、检验检疫监管的新模式。发挥认证执法监管职能，开展出口食品农产品认证监管。结合认证行业特点和辖区出口食品认证监管工作实际，实施注册备案和认证监管联动。2016年，宁波局共出动执法人员172人次，对宁波辖区59家获得第三方HACCP、ISO 22000等体系认证的出口食品企业开展了认证专项监督检查，对备案企业和HACCP认证活动实施100%联动监管。累计发现违法违规案例2例，有效促进了宁波地区食品农产品第三方认证健康规范发展。

规范出入境检疫处理单位和人员审批，提升口岸卫生处理能力，组织现场评审和资格考试，核准出入境检疫处理单位3家，出入境检疫处理从业人员资格138人次。规范特殊用途进口汽车审批，出台《宁波检验检疫局免于强制性产品认证特殊用途进口汽车检测处理程序实施规范》，2016年办理特殊用途进口汽车93批次、103辆车，注册特殊用途汽车进口商34家，推动梅山口岸进口汽车产业多元化发展。严格进口强制性产品认证监管，2016年受理免于办理强制性产品认证申请546份，发放证明398份，涉及货值0.98亿，退回申请148份，对发放的证明100%组织后续监管。开展进口CCC获证产品监督抽查，通过口岸布控和市场抽查的方式抽查进口小家电、玩具、儿童安全座椅共计25批次，送有资质的实验室检测，发现不合格产品1批次。

发挥政府行业主管部门职能作用，推动建成全国首个“国家检验检测认证公共服务平台示范区”。推动建立示范区创建领导小组，汇聚质检两局合力推出资质认定、第三方采信等16项支持政策，共同实施示范区品牌建设“五个一”工程。牵头制定全国首个“示范区建设和管理规范”，率先开展检验检测认证机构信用管理体系研究，出台示范区建设和信用管理两个指导意见，建立全国首个检验检疫口岸认证执法联盟。

推行信用管理应用，首次对辖区第三方检验检测认证机构开展信用评级。实现检验、检测、认证三大服务行业有机融合，建成检验检疫、质量检测、认证认可等十大公共服务平台，提供质量检测、风险预警、计量检定等八个方面技术服务，带动对外贸易近300亿美元，打造作为生产性服务业服务质量发展、地方经济发展的宁波品牌。

落实供给侧结构性改革部署，推进“同线同标同质”工程落地宁波。设立9大工作组，沟通宁波市商务委等部门，调研排摸全市136家企业，累计帮扶有实际需求企业115家，培训企业人员527人。通过新华网、《国门时报》等媒体对宁波检验检疫局“同线同标同质”帮扶工作进行系列报道，刊登宣传稿累计16篇，社会影响广泛有力。利用新媒体宣传“三同”，获得“‘认’我行”微信大赛总决赛优秀奖，打响“三同”品牌，扩大社会影响。

提升认证监管人才供给水平，培育具有国际水准的进出口食品企业注册备案和食品农产品认证评审专家队伍。培养29名一线检验监管骨干进入评审员队伍。选拔推荐5名青年评审专家参加进出口食品注册评审专家“传帮带”活动以及国家认监委主任评审员培训活动，组织8名评审员开展美国FDA检查现场观摩活动。

加大对认证监管人员的培训工作，派出现场检查经验丰富的专家老师进行现场检查指导，通过培训和指导提高监管人员的监管能力和执法水平。组建一支业务能力高、专业性强、综合素质强的认证监管人员队伍，全方位提高食品农产品认证执法能力。

二、进出口食品生产企业卫生注册登记工作概况

加强进口注册认证风险分析，规范进口食品注册认证监管。2016年，宁波检验检疫局累计对4 843批次《进口食品境外生产企业注册实施目录》（以下简称“《目录》”）内食品以及15批次进口有机产品实施入境验证，防止未经注册的《目录》内食品以及不符合要求的有机产品进口。同时，开展辖区《目录》内进口食品和有机产品数量质量统计分析及监督抽查工作，重点抽检在宁波地区进口、销售的进口有机产品、《目录》内食品，共抽检进口有机葡萄酒、有机葡萄干、婴幼儿配方乳粉、液态乳、肉类、水产等共12组样品，对涉及安全卫生项目进行全项目检测，检测结果显示全部合格。

出口食品企业对外注册总量达151家次。2016年，宁波局共推荐出口食品企业对外注册32家次，其中推荐对欧盟注册2家次，美国注册3家次、对韩国注册26家次、对越南注册1家次。截至2016年，宁波地区共有对外注册企业151家次，对外注册国家和地区基本覆盖欧洲、北美、南美洲和东南亚等，对外注册产品涵盖水产品、肉类等动物源性产品、低酸罐头等。

三、重点工作经验总结

宁波国家高新区建成全国首个“国家检验检测认证公共服务平台示范区”。12月12日，宁波国家高新区经国家认监委正式批复冠名，成为全国首个“国家检验检测认证公共服务平台示范区”（以下简称示范区）。国家质检总局局长支树平亲临示范区调研并给予高度肯定，国家认监委主任孙大伟、宁波市政府领导先后对示范区建设予以批示和肯定。示范区内实验室总数超过100个，仪器设备价值超过5亿元，实验室总面积超过10万平方米，拥有近90家机构，机构数和产值分别较创建前增加38%和50%，总产值接近30亿元，创造就业岗位超过1万个，是长三角机构最密集、实验室最齐全、从业人数最多的区域。实现检验、检测、认证三大服务行业有机融合，涌现出中检集团、SGS、ITS等一批综合型机构，SGS年业务额从3 000万元增长至3亿元，为地方质检系统主要检验检测机构整合到示范区探索了可行的模式，共接待北京、上海、重庆等20余批次兄弟检验检疫局交流参观。

推进“三同”工程落地宁波。2016年，宁波局落实中央加强供给侧结构性改革重大部署，发挥职能优势，结合宁波实际，引领出口食品企业转型升级，全面推进“三同”工程落地宁波。牵头、协调召开35场次多层次“三同”部署、宣贯会，企业全覆盖，涉及人员535人。调研摸排全部136家企业，累计帮扶有实际需求企业115家，培训企业人员527人。落实ISO 22000转HACCP15家，获得GAP认证2家。对22家有转型需求的重点帮扶企业，逐一指导完善HACCP体系和食品防护计划，改进生产工艺，研发新产品。截至2016年年底，宁波地区共有25家企业登陆认监委“三同”平台，占宁波出口食品企业数的18.3%，其中17个品牌成为中国名牌。同时，对“三同”上线企业加强后续监管，核查信息，向1家企业提出整改要求。组织对8个类型的“三同”产品进行抽检，抽检结果全部合格。2016年，25家“三同”上线企业共出口食品8.6亿美元，帮助全市企业新增内销4.2亿元人民币，报送国家认监委典型案例11家。

牵头制定《同线同标同质 检验检疫机构监管要求》通过审定。8月30日，由宁波局承担制定的认证认可行业标准《检验检疫机构促进出口食品企业内外销“同线同标同质”工作指南》获国家认监委批准立项，这是继《国家公共检验检测认证服务平台示范区管理规范》

立项后该局连续两年获认证认可行业标准立项。12 月 13 日，宁波局牵头制定的《检验检疫机构促进出口食品企业内外销“同线同标同质”工作指南》通过国家认监委专家组审定，将于 2017 年发布实施。该标准提出了检验检疫机构对“三同”企业、认证机构、“三同”商务交易服务平台实施监管的要求，对于统一指导和规范检验检疫部门推进“三同”工作具有重要作用。

支持跨境电商综试区建设，建立进口食品注册便利化管理模式。为支持中国（宁波）跨境电子商务综合试验区建设，规范跨境电子商务管理，便利跨境电子商务贸易，建立适应跨境电子商务贸易形式的进口食品境外生产企业注册管理模式，宁波局起草《中国（宁波）跨境电子商务综合试验区网购保税模式进口食品境外生产企业注册管理实施细则（试行）》，并报国家认监委审批实施。

撰稿人：李红霞　吴　丰　李　畔　李　强　潘克强

审稿人：陈继新

深化改革创新　优化监管服务

——安徽出入境检验检疫局 2016 年认证监管工作概况

2016 年，安徽出入境检验检疫局（以下简称“安徽局”）严格按照国家质检总局和国家认监委的各项工作部署，紧紧围绕服务经济和社会发展的大局，强化认证认可工作体系建设，提高认证认可监管效能，创新认证认可服务理念，在服务地方经济发展中履职尽责。

一、2016 年认证认可基本情况

截至 2016 年 12 月 31 日，辖区内有效期内备案企业共 307 家（次）。一年来共新增备案企业 38 家（次），到期复查换证 54 家（次），变更备案信息 37 家（次）。

成功推荐 2 家鮰鱼生产企业对美国注册，推荐了 1 家（次）肠衣生产企业对巴西注册；接待了韩国卫生当局和美国农业部 FSIS 对安徽省禽肉监管体系和相关企业的检查，均获得了高度肯定。

共接收强制性产品认证（CCC）免办申请 559 批，出具免办证明 406 份。

二、加强事中事后监管，规范辖区内认证市场

（一）开展管理体系认证专项检查

按照国家认监委“双随机、一公开”的检查要求，制订了《2016 年质量管理体系认证活动监督检查工作计划》，从人员培训、组织实施到结果汇总细化了具体步骤和要求，确保检查活动有序开展。监督检查工作中依托认证监管专业组，采用区域内分支机构联合检查的形式，派出 6 个监督检查组对 31 家获证组织实施了文件检查和现场检查，派出监管人员 97 人次，发现了审核人日数不足，认证合同证书内容不完整、不规范，企业质量目标无测量方法或未对目标实现情况进行评价等各类问题线索 85 个。对问题进行梳理分类后，组织约谈了 6 家认证机构，要求其核实问题、查找原因，并限期提交书面整改报告。

（二）实施 CCC 认证产品市场抽查

在辖区内组织开展了强制性产品认证获证产品市场抽查工作，在对安徽口岸实施布控后，采取在流通领域购买抽样的方式抽取了电饭煲、电吹风、电动吸尘器等多个批次的进口小家电产品，送至 CCC 认证指定实验室进行了产品一致性和主要安全项目的检测。通过 CCC 认证产品市场随机抽查，有效维护了国内消费者健康和安全。

（三）提高食品农产品认证监管实效

围绕进口食品认证、HACCP 认证、有机产品认证、GAP 认证、绿色食品等相关认证开展重点检查。全年共派出监管人员 256 人（次），检查了 120 家（次）企业，24 种获证产品，涉及 20 家认证机构。对于检查中发现的个别获证企业和产品在持续符合认证要求上存在问题，严格要求认证机构及获证企业做出了整改。

（四）加强认证监管区域联动，形成监管合力

近年来，泛长三角区域检验检疫局进一步加强交

流协作，不断完善认证执法监管区域合作机制，全面推进泛长三角区域强制性产品认证执法信息共享、CCC目录外产品鉴定互认、出口食品企业备案登记、认证机构监管等信息资源共享与合作机制的交流与合作。安徽局按照国家认监委推进认证执法监管体系建设、巩固长三角合作成果的要求，积极参加并承担泛长区域合作相关工作。2016年，先是在管理体系认证专项检查中与江苏局互派人员进行了交流检查；然后与江西局以对外注册推荐工作为主题，在水产、罐头等重点产品上交流了检查和监管经验，并互派人员进行了现场检查。

三、帮促出口企业内销转型，促进食品农产品出口

（一）开展“同线同标同质”工程

省局成立了以分管局长为组长的备案企业内外销“同线同标同质”帮扶行动领导小组，确定路线图和时间表，制定工作规则和职能划分，并将“三同”工作纳入全年绩效考核指标。辖区内15个分支机构分别成立了帮扶工作组，主要领导担任组长，实地调研了160余家企业的需求和困难，从加强企业HACCP体系建设和完善、《食品安全法》和国内国际食品法规的培训宣贯、食品防护计划的建立和落实、进口国和地区反馈问题的应对落实以及“同线同标同质”工作目标的具体落地五个方面切入，逐一制订切实可行的个性化帮扶方案，做到一地一策、一企一策、一品一策，充分发挥检验检疫部门信息资源和技术力量的优势，确保帮扶工作落地生根。

为了不断扩大“三同”工程的社会影响，促进消费回流，8月召开了“同线同标同质”新闻发布会，《安徽日报》、安徽广播电台、《安徽商报》、《新安晚报》、《市场星报》、中国新闻网、凤凰网等多家新闻媒体对相关工作进行了报道宣传，《国门时报》、《合肥日报》、凤凰安徽频道等也都刊登了相关新闻。重点帮扶的60家出口食品企业中，有34家企业顺利入驻认监委的“三同”公共信息服务平台，展示的食品、农产品达到68种。

（二）加强事中事后监管，深入推进出口食品备案监管模式改革

以打造“放管服”相结合的出口食品企业备案监管模式为目标，创新工作方式，深化改革发展。一是不断加大出口食品企业备案采信第三方认证结果工作力度，2016年共采信第三方认证结果直接给予备案22家次，占备案办理总数的26.2%，较2015年同期增长了57%；二是将采信管理应用到备案后监管中，开展了在后续监管环节采信企业自我检查声明和第三方HACCP认证技术证明，共对31家企业免于现场检查；三是通过出口食品企业检验监管、备案监管和认证监管深度融合的联动监管，减轻了企业负担，节约了行政资源，提升了监管效率。

（三）提升出口食品备案管理人员监管服务能力

全年共派出16人次参加认监委举办的监管培训和技术交流；推荐1名评审员参加认监委组织的美国FSMA法规培训；派出2人参加了卫生注册主任评审员培训班；推荐4名评审员分别参加了第二期“中国好师父传帮带活动”蜂蜜团队、HACCP团队和肉类团队；省内举办培训班6次，系统内参加人员155人次，内容涵盖出口食品备案监管、食品防护计划、对外注册、“同线同标同质”以及认证监管和备案监管的联动等，通过全方位的培训，有效提高了评审员的专业能力。

四、全面提升实验室技术支撑能力，开启“互联网＋检验检测”模式

（一）稳步推进技术执法实验室建设

完善安徽局实验室“十三五”规划，在仪器设备投入中给予重点保障；组织实验室工作培训，推广已建成技术查验实验室建设经验，提高对技术执法实验室建设的认识；将实验室建设纳入绩效考核，分批分步骤逐步推进口岸技术查验实验室建设。2016年度合肥空港进境植物检疫初筛实验室、阜阳保健分中心传染病检测实验室已建成投入使用；各分支机构完成了植物检疫初筛实验室建设方案；7个一类口岸卫生检疫实验室参加了认监委A类能力验证活动，有效提升了技术管理水平。

（二）持续提升技术支撑实验室能力

实验室技术能力持续提高，技术执法把关和服务地方经济发展以及社会影响力进一步彰显。技术中心积极申报国家第三批食品复检机构，复检资质覆盖全部29项食品领域；“国家茶叶及农产品检测重点实验室（黄山）”等4家食品检测实验室被纳入总局和印尼谈判拟认可实验室；马鞍山局金属材料实验室、蚌埠农产品实验室积极承担监督抽查任务；全年各实验室共新增352项次检测能力。各实验室积极参加系统内能力验证、测量审核以及实验室比对、盲样测试等活动，全面提高了技术检测能力，提升了技术执法水平。

（三）开启技术支撑实验室“互联网＋检验检测”模式

实施“互联网＋”战略，积极推动“数字化实验室建设”。完成总局推荐的“数字化实验室管理平台”的安装调试及应用培训，11月正式上线运行，实现技术机构和实验室从接收样品到出具检测报告数字化管理全覆盖。加强实验室内部质量控制和外部监督，提升实验室管理信息化、智能化和风险防控管理水平。努力实现实验室管理系统与E-CIQ主干系统无缝对接，尝试搭建“业务监管与实验室检测”一体化联动技术平台，实现检验科室业务前台与实验室后台之间数据的数字化交换和实时传递，从而进一步缩短检验检测时长，提高通关效率。

撰稿人：尹阳阳　审稿人：吴忠仁

加强监管　创新服务
推动认证认可工作再上新台阶

——安徽省质量技术监督局2016年认证监管工作概况

2016年，是十三五规划的开局之年，全面深化改革的关键之年，也是安徽省认证认可战线转型升级、创新发展的一年。安徽省质量技术监督局（以下简称“安徽省质监局”或“省局”）认证认可战线戮力同心，奋发有为，突出责任主体，创新监管方式，狠抓检验检测机构技术评审和资质认定工作质量，圆满完成了年度工作任务。

一、积极推进认证认可工作，服务地方经济发展

截至2016年年底，安徽省获得各类管理体系有效认证证书20 759张，其中，质量管理体系认证证书11 683张、环境管理体系认证证书4 526张、职业健康安全管理体系认证证书3 627张，比2011年分别增长51%、162%、208%；强制性产品认证证书14 417张，比2011年增长106%；绿色食品、有机产品、无公害农产品认证证书2 737张，比2011年增长68%。11月22日，国务院办公厅印发了《国务院办公厅关于建立统一的绿色产品标准、认证、标识体系的意见》，12月22日，省局制定了《推进统一的绿色产品标准、认证、标识体系实施意见》，是全国最早出台实施意见的省份。检验检测机构资质认定工作快速发展，全省资质认定获证检验检测机构达1 569家，比“十一五”末增加145%，资质认定行政许可的范围包括食品检验、机动车安检、司法鉴定、刑事技术机构等领域，基本覆盖了经济建设各个重要行业。

二、加强工作创新，促进行政许可提速增效

2014年10月，省局优化检验检测机构资质认定行政许可程序，进一步加强技术评审监督管理，定期召开评审机构、评审组长和骨干评审员工作会议，讨论研究技术评审工作中发现的重点问题、疑难问题，统一评审尺度。为进一步提高行政审批效率，自2015年12月起，省局将检验检测机构资质认定和机动车安全技术检验机构检验资格许可由承诺件调整为即办件，省质监局政务窗口对检验检测机构资质认定申请资料进行审核，资料齐全的，当场发证，极大地提高了行政许可效率。

三、加强制度建设，促进技术评审工作有章可循

一是制定了《安徽省质量技术监督局技术评审人员监督管理实施细则（试行）》。该办法对工业产品生产许可、检验检测机构资质认定、机动车安检机构资格许可、计量类许可、特种设备鉴定评审、标准评审、示范区验收等评审（审查）人员资格、行为准则、禁止性行为和监督管理等进一步明确细化。二是制定了《安徽省质监局检验检测机构资质认定评审管理办法（试行）》，该办法规定了评审费标准、支付渠道和报销程序，严格了评审机构、评审组和评审人员禁止性要求，对违反技术评审规定处理等进行了明确。以上两个办

法的制定实施对省局规范技术评审行为，加强技术评审监督，促进廉政建设具有重要意义。三是制定了《关于优化调整实验室资质认定行政许可程序的意见》《优化调整实验室资质认定评审程序实施细则》《技术评审报告审核签发制度》《技术评审机构监督管理制度》《技术评审机构审档案管理制度》《技术评审计划制定规定》等制度，编印了《实验室资质认定技术评审机构工作规范》，编制了检验检测机构资质认定技术评审流程图，促进了检验检测机构资质认定技术评审各环节工作有章可循。

各级政府、质监部门在认证认可制度建设方面也有很多好的做法，马鞍山市政府办公室印发了《马鞍山市机动车安全技术检验机构监督管理暂行办法》；宿州市质量强市工作领导小组办公室印发了《关于在全市开展质量体系认证推进活动的通知》；淮南市质监局印发了《关于进一步加快检验检测机构发展提升服务质量的意见》等。

四、落实企业主体责任，推行质量安全承诺制

围绕建立健全检验检测机构质量安全监管体系的总目标，加快完善质量安全承诺制度建设。2016年，省局分别在池州、合肥、宿州举办全省资质认定检验检测机构质量安全集体承诺活动签字仪式，来自全省各地的1 140余家资质认定检验检测机构负责人分别在承诺书上庄严签字，承诺将致力于不断提升检验检测质量安全水平，为消费者提供优质服务，依法依规开展检验检测业务，主动接受政府职能部门和社会的监督。安徽推行的检验检测资质认定机构质量安全承诺制在检验检测行业引起了极大的震撼，《安徽日报》、《中国质量报》等媒体分别进行了宣传报道。

五、加强认证监管，提高认证工作的有效性

一是组织开展了强制性和自愿性认证监督检查。2016年，强制性产品认证检查重点为消防产品、儿童用品等。自愿性认证检查领域为质量管理体系认证、有机产品认证、低碳产品认证和能源管理认证等。二是按照国家认监委的统一部署，组织方圆审核中心、芜湖市局完成了芜湖市富鑫钢铁有限公司能源管理体系认证现场检查工作。三是按照“统一领导、分工合作、密切配合”的原则，由省局牵头组织，国家建筑装修材料质量监督检验中心（河南）和宣城、安庆市局配合，抽查了宣城、安庆市2家建材市场100批次获得强制性认证的瓷质砖，涉及生产企业45家，放射性全部符合国家标准要求，合格率为100%。

六、强化证后监管，促进检验检测机构有效运行

一是采取“双随机一公开”方式，抽取了40家检验检测机构和32家机动车安检机构进行现场检查，现场责令整改12家，整改期间不得出具检验检测报告，注销21家检验检测机构资质认定证书。二是积极开展能力验证，2016年的检验检测机构能力验证范围覆盖了食品安全、环境、建筑建材、机动车等重点行业和领域，委托省食品药品检验研究院、省环境监测中心站、省建筑工程质量监督检测站等单位组织承办，全省共有600多家检验检测机构参加能力验证活动。三是继续开展机动车安检机构分类监管，对全省138家获证机动车安检机构分类监管（2016年度）等级类别进行了重新确定，其中确定A类6家、B类76家、C类32家、参照B类管理的新建机构24家，并向社会通告。

撰稿人：刘春生　审稿人：叶　炎

夯实工作基础 加强认证监管
提高供给质量 服务经济发展

——福建出入境检验检疫局2016年认证监管工作概况

2016年，福建出入境检验检疫局（以下简称“福建局”）深入贯彻落实十八届六中全会、全国质检工作会议和全国认证认可工作会议精神，严格按照“强化认证认可工作，推动质量强国建设”的要求，着力深化改革，扎实做好各项工作，推动认证认可事业创新发展，为服务地方经济及福建检验检疫事业发展做出新的贡献。

一、促进出口食品企业转型升级，推动“同线同标同质”工程成效明显

落实国家供给侧结构性改革要求，结合福建省创建食品安全放心省的新目标，全力推进出口食品企业内外销“同线同标同质”工程。与地方政府共同搭台，组织500余家出口食品企业参加宣贯活动，新华社、中央人民广播电台、《中国日报》、《国门时报》、中新社等30余家媒体均对福建局“三同”工程进行了报道，福建电视台还在“新闻启示录”进行了专题报道。目前，已有41家企业进驻认监委“三同”平台，充分利用出口企业先进管理经验将出口食品安全管理模式复制到国内的食品行业，推动食品生产企业生产体系提质增效升级，帮助企业新增内销2.076亿元。主动向省政府建言，将“三同”工程与服务福建食品安全放心省建设相结合，信息专报《我省出口食品企业开展“同线同标同质”情况》获福建省领导批示肯定。

二、开展闽台认证认可“三互”合作机制研究，推动“一张证书、两岸互认”

在平潭自贸区进一步开展对台检验检测认证结果采信试点工作，积极争取福建省商务厅专项经费200万元，组织开展两岸标准法规等效性评估和采信信息系统项目的建设工作，为建立和推进闽台检验检疫认证认可“三互”合作机制提供必要的技术基础，进一步推动“一张证书、两岸互认”。

三、开展认证行政执法专项监督检查，强化执法层级指导监督

全面开展2016年认证行政执法专项监督检查自查，对福建局认证执法监管体系建设和专项业务工作情况进行了全面排查。进一步加强认证执法监管体系建设，充分发挥区域管理职能，加强对所属分支机构认证执法层级指导监督工作。未发现有超越法定权限、违反法定程序、不履行或者不正确履行法定职责的问题。2016年，福建局共注销13家出口食品生产企业的备案号，针对认证机构出具行政建议书1份，但无涉及认证机构的立案或实施行政处罚。

四、管理与服务双促进，推进出口备案模式改革

一是制修订了《出口食品生产企业备案管理》和《出口食品生产企业对外注册推荐管理》2份作业指导书，简化申请注册备案提交材料。二是根据对欧、美、俄、韩等国家之间的法规差异性比较的结果，以及企业建立电子化追溯系统的情况，实施对外注册评审和注册监管的差别化管理，在风险可控的基础上，大力简化审批手续、加快审批进度。三是在福清、泉州两局试点出口食品生产企业备案审批属地办理，实现出口企业“家门口一站式”备案，工作流程比权限下放前缩短了近10个工作日；截至2016年10月底，共有32家出口食品生产企业按此办理了备案审批，得到了企业的一致好评。四是加强对外注册企业督查力度，组织开展对辖区欧盟注册企业督查，梳理检查中发现的问题，形成专项分析报告。

五、强化食品农产品认证监管，推行备案采信作用明显

一是加强事中事后监管，指导分支机构制定监管计

划，通过验证检查或见证审核等方式，对出口食品备案企业和HACCP认证活动实现100%联动监管。二是在提升第三方认证监管有效性的基础上，修订出台《出口食品生产企业注册备案采信第三方认证结果工作实施方案》，大力推广采信第三方认证结果。截至2016年10月底，出口食品生产企业备案共采信第三方认证结果26家。

六、全面贯彻“双随机、一公开”监管要求，提高管理体系认证活动监管效能

主动探索监管模式改革，制定《出口食品生产企业注册备案监管“双随机”检查操作规范》，规范专项监督检查的组织和实施。突出问题导向，全面贯彻“双随机、一公开”的监管要求，随机抽调福建局系统内认证执法人员组成3个检查组，对辖区内认监委随机抽取的9家获证组织开展2016年度管理体系认证活动监管现场检查。本次监督检查涉及认证机构6家，对在检查中发现的问题督促相关认证机构积极整改落实，截至2016年年底，尚无立案或实施行政处罚。认监委相关部门领导全程参与并进行现场指导，对福建局2016年管理体系认证活动专项监督检查工作准备充分、落实细致、监管到位，保质保量地完成检查任务给予充分肯定。

七、帮扶福建省农业企业落实“走出去”战略

一是福建省圣农实业有限公司投资的新西兰丰盛集团有限公司的牛羊肉进口，福建局主动协调认监委与新西兰官方开展会谈，协助认监委迅速完成企业申请资料的文件审核工作，目前企业已顺利获批。二是为帮扶福建省企业开拓香港家禽内脏市场，福建局积极指导企业完善内部管理，达成供港加工卫生要求。共推荐3家加工企业及46家养殖场对港注册。三是指导辖区企业做好韩国官方水产品检查和哈萨克斯坦官方禽肉检查的准备工作。积极推荐出口企业对国外注册，1月～10月，新增33家出口食品企业，新增对外注册69家次。

八、加强检验检测机构资质认定管理，风险防控能力明显提升

为贯彻落实新的资质认定管理办法，努力提高检验检测机构质量风险防控意识和能力，切实保证管理体系规范运行和检测质量，对检验检测机构资质认定和能力验证管理工作所涉及的《福建检验检疫局检验检测机构资质认定管理办法》等5项管理规范进行了重新修订和完善。顺利完成福建局系统2015年度检验检测机构数据上报和检测机构资质认定专项监督检查自查工作资质认定证书覆盖率为100%。

九、开展“世界认可日”、“检验检测机构开放日”活动，充分展示认证认可、检验检测作用成效

结合辖区实际，组织开展了一系列体现福建地方特色的主题活动，充分发挥新闻媒体、网络新媒体和自媒体的联动效应，广泛宣传认证认可、检验检测服务经济社会发展的作用成效，向社会展现近年来福建局在认证认可、检验检测的发展成就，普及质量安全和认证认可知识，扩大社会影响，充分展示认证认可的社会作用和检验检测的技术支撑作用。

十、以党建为抓手，扩大认证认可影响力

成功推荐连城县成为国家认监委认证认可工作联系点。先行先试，高位嫁接，通过“支部共建”贯彻全面从严治党、通过“业务帮扶”推动认证认可服务经济发展，推动连城县实现质量供给侧结构性改革，提升产品质量水平，扩大认证认可在地方的影响力。协助国家认监委机关党委在连城县成功举办2016年度全国认证认可联系点工作会议。

撰稿人：江　榕　审稿人：连文钦

创优服务　创新治理　扎实做好认证认可工作

——福建省质量技术监督局2016年认证监管工作概况

2016年，福建省质量技术监督局（以下简称“福建省质监局”或“省局”）围绕中央供给侧结构性改革重大部署，认真贯彻《质量发展纲要》、《认证认可检验检测发展“十三五”规划》，坚持抓质量、保安全、促发展、强质检，紧扣“迈向质量时代，建设质量强省”工作主线，大力推进实施质量强省战略，切实做好认证认可工作。

一、服务自贸区有新高度

结合职能积极探索在认证认可监管模式上，先行先试，简政放权，便捷办事，积极服务福建自贸区建设。探索自贸区内大陆机构和中国台湾地区机构合作承担相关产品检测任务以及检测报告（数据）的互认的可行性。在强制性产品认证（CCC）领域，允许经台湾地区主管机关确认并经台湾地区认可机构认可且具备大陆强制性产品认证制度相关产品检测能力的台湾地区检测机构，在区内与大陆指定机构开展合作承担CCC检测任务，检测范围限于两岸主管机关达成一致的产品，产品范围涉及制造商为台湾地区当地合法注册企业且产品在台湾地区设计定型、在区内加工或生产的产品。

二、认证产品监督有新突破

根据国家认监委统一部署，结合福建省实际，2016年省局开展针对证书数量较大、风险较高、日常消费量较大的标称“有机产品”的茶叶进行流通领域风险监测。这是福建省首次对自愿认证产品进行专项风险监测，涉及认证机构12家，发现问题产品涉及的认证机构有5家，对于风险监测结果存在问题的产品，省局组织设区市局对生产企业进行检查，督促认证机构认证企业做好整改工作。继续做好强制性产品监督抽查，组织对福建省电线电缆、灯具两类3C产品监督抽查，抽查40批次，合格率77.5%。

三、“双随机”认证监管有新成效

2016年，省局印发了《关于推广随机抽查规范检验检测机构资质认定事中事后监管的实施意见》，实现随机抽查事项清单的动态调整，明确抽查依据、主体、内容、方式，明确抽查规则，规范抽查工作流程。建立随机抽查信息化平台，通过电子化手段随机抽取检查对象和检查人员，做到全程留痕，实现责任可追溯，及时公开抽查结果和查处情况。

四、许可工作有新举措

2016年，资质认定评审526家机构，其中新增146家、复评审191家、扩项评审184家，有5家不通过。在2016年度实验室资质认定评审申报或审批过程中，省局根据国务院有关“放管服”改革精神，创新举措服务企业，具体包括：一是实行容缺后补，让企业更省事。对缺失非关键要素材料的申请件先行受理，由企业以事后邮寄材料或评审现场递交材料的方式补正，既提高了审批工作效率，又大大节约了服务对象的时间成本；二是畅通信息渠道，让企业更贴心。第一时间上网公示审批结果和办证信息，并电话告知企业，同时向企业免费邮寄证书等审批文件；三是减少行政许可时效。精简了申报材料，检验检测机构资质认定平均办结时间缩短了近四分之三，得到企业广泛认可。同时为提升评审员质量，2016年，省局举办了评审员培训班4期，其中367名评审员参加培训，348人获得评审员资格，评审员的专业覆盖面和数量、质量都得到了极大提高。

五、实验室能力验证有新提升

制定出台《福建省质量技术监督局关于开展2016年度检验检测机构能力验证工作的通知》。加大后处理的力度，对于取得满意结果的检验检测机构，自收到能力验证满意结果之日起，一年内可免于该项目的现场评审考核和监督考核，首次申请检验检测机构资质认定的，计入其参加能力验证记录；应当参加能力验证而无故不参加的，由县级监管部门按照《检验检测机构资质认定管理办法》（总局令第163号）第四十二条处理；能力验证中检测结果不满意（离群）的检验检测机构，在收到能力验证结果通知后的一个月内，采取相应纠正措施，并自行参加测量审核。整改报告连同测量审核满意结果，以书面形式提交给能力验证承办单位审查确认后，方可重新开展相关项目检测；整改期间或整改不达标的，不得从事相关项目检测；如果检验检测机构自行暂停离群项目检测，但在后期的资质认定复查或扩项中提出恢复该项目检测的，需提供申请前六个月内该项目参加测量审核符合要求的证明；同时将能力验证的情况在省局门户网站上通报。2016年，省局组织开展建设、交通、质监、水利等252家实验室开展能力验证，其中224家机构初测结果为满意，17家补测结果为满意，11家机构未提供补测符合性证明，对这11家机构省局予以全省通报。

六、分类监管工作有新推动

2016年，省局积极探索实验室事中事后监管模式，加强对问题隐患多，风险程度高的实验室监管，重点对食品、环境监测、建材等领域开展获证检验检测机构资质认定专项监督检查，按照“双随机”抽查比例要求共检查获证检验检测机构91家。组织的获证检验检测机构资质认定专项监督抽查中，现场检查发现有些出具的检测报告信息不足、部分检测环境需要改善、部分单位的经营范围存在潜在利益冲突、管理体系文件未修订、授权签字人履职不规范等类问题。针对存在的整改问题，依据《检验检测机构资质认定分类监管实施意见》，决定对3家存在较多问题的检验检测机构监管类别进行调整，由B级降为C级（日常监督检查每1年实施一次），并通报全省。

撰稿人：吴 涛 审稿人：傅晓清

强化责任 创新发展

——厦门出入境检验检疫局2016年认证监管工作概况

2016年，厦门出入境检验检疫局（以下简称“厦门局”）紧紧围绕国家质检总局和国家认监委的中心工作，按照“强化认证认可工作，推动质量强国建设”总体部署，全面贯彻“深化改革，创新发展”工作要求，结合厦门局工作实际，着力强化责任，锐意改革，创新服务地方经济发展取得新成效。

一、认证监管业务基本情况

（一）出口食品生产企业备案

2016年，全年办理出口食品生产企业备案申请177件，其中，初次备案申请48件，延续备案申请95件，重新备案申请34件，注销35家企业的备案资格，截至2016年12月31日，厦门局辖区有效出口食品备案企业429家。

（二）出口食品生产企业对外注册

2016年共受理出口食品生产企业国外注册申请37家次，向国家认监委推荐企业国外注册37家次，获得国外批准的企业有26家次，取消国外注册企业18家次，截至2016年12月31日，国外注册企业52家，共计168家次。

（三）进口食品企业注册入境查验

2016年，厦门口岸水产品、肉类、乳制品和燕窝4类注册产品均有进口，共计5 772批、货值32 664.47万美元，检验检疫不合格671批、货值1 946.42万美元，不合格占比分别为11.63%、5.96%。进口水产品4 292批、货值20 126.62万美元，检验检疫不合格532批、货值1 041.55万美元。进口肉类930批、货值6 224.80万美元检验检疫不合格1批、货值3.20万美元。进口乳制品500批、货值5 894.05万美元，检验检疫不合格138批、货值894.14万美元。进口燕窝50批、货值419万美元，未检出不合格。

（四）进口有机认证入境验证

2016年，厦门口岸进口有机产品入境报检0批次，但口岸查验发现19批、货值12.46万美元的进口葡萄酒、化妆品、茶叶、橄榄油、燕麦片等产品最小销售包装上标注可能误导公众的国外有机认证标志，不符合有机产品入境验证要求，经监督整改合格后准予入境。

（五）管理体系认证监管

2016年，共检查管理系认证获证企业25家，涉及16个认证机构，发现问题27项次，发出《认证监管情况告知书》8份，约谈并告诫认证机构4家，报送检查案例1份，无行政处罚案例。

（六）食品农产品认证监管

2016年，辖区企业HACCP认证获证数由2015年的74家增至101家，增幅36.5%。2016年，在对20家HACCP认证获证企业的年度检查中，以文件审核与现场检查相结合的方式开展51人日的HACCP认证监管联动，对3家次HACCP认证活动实施了6人日的见证审核，涉及6家认证机构，未发现违法违规行为。

（七）强制性产品认证（CCC）免办工作

2016年，全年累计签发CCC免办证明758份，涉及企业156家。签发条件最多为条件七“以整机全数出口为目的而用一般贸易方式进口的零部件”、条件三“直接为最终用户维修目的所需的产品”及条件八“以整机全数出口为目的而用来料或进料加工方式进口的零部件”，数量分别为207份、187份、147份，占总数的71.37%。2016年，厦门局辖区共有CCC免办一类管理企业7家，二类管理企业11家。

二、锐意改革，创新发展有举措

（一）服务自贸区制度创新亮点突出

2016年，厦门局开展自贸区制度创新探索，以《海峡两岸强制性产品认证互认合作实施研究》课题落地实施为抓手，试点认可台湾地区检测结果，为自贸区制度创新提供了可复制、可推广的工作经验，推动两岸强制性产品认证互认研究成果落地实施，发挥认证认可服务经济发展作用。制定发布《厦门检验检疫局中国（福建）自由贸易试验区厦门片区台湾地区输大陆强制性认证产品检测处理实施细则》（厦检认〔2016〕49号），对外公告适用于该细则的4类小家电产品名录，并向国家认监委报备。该细则于5月1日起正式实施。细则实施后，在厦门局网站组织对该细则开展意见征集。9月，东渡检验检疫局受理首批来自台湾地区尚未获得CCC认证的榨汁机、松饼机等进口家电产品的检测处理申请。

（二）牵头开展国家认监委自贸区政研工作

2016年，完成自贸区检验检测认证结果采信和互认政研工作报告上报国家认监委法律部，编印《检验检测认证结果采信和互认政研成果汇编》。总结近年来认证监管对台检验检疫的工作情况及主要做法、存在的主要问题及有关意见和建议，完成《依托对台交流合作研究，推动自贸区改革措施落地实施》材料。作为自贸区检验检测认证结果采信和互认政研组长单位，承办全国自贸区认证认可制度创新工作第三次联席会议暨采信和互认政研工作总结交流会，来自天津、上海、福建、广东4个自贸区7个直属检验检疫局的近20名代表和国家认监委法律部政研室负责人参加，会议听取各自贸区直属局认证认可制度创新工作总结，研讨自贸区认证认可创新工作存在的主要问题，部署2016年自贸区认证认可制度创新工作。

（三）承办首届“互联网+检验检测认证”研讨会

9月27日，承办首届“互联网+检验检测认证”研讨会。国家认监委副主任许增德、厦门局局长马元林出席会议并致辞，政府部门、高校、研究机构、检验检测认证机构、认可机构及企业代表近200人参会。研讨会围绕“互联网+检验检测认证”主题，深入交流和研讨互联网及大数据的国内外发展现状与趋势、互联网及大数据技术在传统行业和新业态的应用、企业对创新检验检测认证的紧迫需求、互联网+检验检测认证的思考与优良实践等。

（四）主动开展台湾地区输大陆水产品生产企业进口注册研究

根据国家认监委工作部署，研究推进台湾地区输大陆水产品生产企业进口注册工作。成立“台湾输大陆水产品生产企业注册评审专家小组”，召开台湾地区水产品进口注册评审专家小组会议，总结分析厦门口岸台湾地区输大陆水产品检验检疫和注册信息查验情况，探讨台湾地区水产品进口注册评审前期准备工作，完成台湾地区输大陆水产品生产企业注册评审工作执法依据及工作程序、作业指导书的梳理。

（五）积极推动福厦两局认证监管工作联动

8月，福厦两局认证监管部门在漳州开展以出口罐头企业关键岗位人员培训为主题的认证执法区域联动活动。同时召开两局认证执法区域联动工作研讨会，重点对进口台湾地区食品企业注册技术评审、出口食品备案企业专项检查、食品农产品认证监管、CCC认证管理等方面深入交流，探索建立协同一致的工作规范，促进两局认证监管工作一体化。

三、依法行政，认证执法工作有加强

（一）规范备案行政许可和监管工作

2016年，厦门局按照备案监管计划，全数完成注册备案企业的监督和检查，并对103家企业实施全面现场检查，开展了以自检自控体系、食品添加剂使用情况、“三同”监管等为主题的专项检查，共计监管企业360家次，发现818个不符合项；对33家获得HACCP认证的企业开展了备案与认证监管联动，对其中10家“三同”企业实施“三同”监管。接受国家质检总局行政许可领导小组对出口食品企业备案信息系统中的行政审批数据开展的随机抽查，厦门局在本次抽查中未发现超流程时限的情况，顺利通过检查。对保留的“出口食品备案”行政审批项目进行自查自改，完成行政审批制度改革阶段性“回头看”工作。

（二）加强CCC免办工作管理

2016年，厦门局持续加强CCC免办工作管理。一是认真开展CCC免办工作专项检查，严格落实绩效考核各项工作要求。组织开展CCC免办工作专项检查，检查包括各分支机构自查、主管处实施电子档案抽查以及对重点分支机构现场检查三种方式，围绕绩效考核和CCC免办相关工作要求，对涉及CCC免办工作各个环节的内容进行检查，并重点督察了《CCC免办证明》实施后续监管的情况及覆盖率。二是重视纠正预防，发现问题逐一落实整改。针对季度通报和专项检查发现的工作隐患，指导分支机构有针对性地开展纠正预防措施。通过认证监管季度通报日常监督与专项检查监督相结合，分支机构自查与主管处监督检查相结合，落实整改与重视预防相结合，形成了CCC免办工作的完整闭环，进而确保CCC免办工作符合要求，CCC免办整体工作质量得到提升。三是以严格实施CCC免办分类管理制度，营造诚信监管体系。按规定组织开展CCC免办分类管理一、二类企业年度监督检查，依据检查结果并按规定对分类管理企业实施升降级，确保CCC免办分类管理工作执行到位。分类管理制度的有效实施，让制度完善、管理到位的企业在CCC免办办理、后续监管和通关等各方面享受更高效的便利化措施，“诚信便利，失信惩戒”的机制更深得人心，从而提升CCC免办工作服务企业的水平。四是多措施保障业务新系统上线运行。CCC免办新系统上线前，除组织培训外，及时梳理系统操作说明和注意事项，预备应急处置方案；对局内部发文，规范检验检疫内部执法操作；对外发布通告，告知企业CCC免办新系统上线工作要求。通过认真细致的准备工作，确保新旧系统切换无缝对接，企业通关顺畅，CCC免办工作顺利开展。

（三）严格进口CCC认证获证产品监督抽查

2016年度，厦门局按照国家认监委统一部署，开展CCC认证获证产品监督抽查工作，共监督抽查轮胎、电信终端设备、家用电器等3个大类CCC获证产品，涉及6个品牌9个型号，共27台（套）样品，全部为国外品牌进口产品，并首次在电商平台抽查进口小家电。本次抽查，1个型号的摩托车轮胎及1个型号的食品加工机经检测不合格，其他抽查产品检测合格。同时根据2016年度CCC认证获证产品监督抽查工作中发现的不合格案例，向国家认监委报送2条《强制性产品认证风险信息分析预警》信息，国家认监委据此暂停了不合格产品的CCC认证证书，并责令认证机构进行跟踪整改。

（四）认真开展管理体系和食品农产品认证行政监管工作

厦门局按照“双随机、一公开”的监管要求，制定质量管理体系认证活动专项检查计划，部署开展管理体系认证活动监督检查工作，组织管理体系认证活动监管骨干人员进行专项培训。7月～8月，实施2016年管理体系认证活动专项检查，重点检查认证活动的合规性和认证档案的真实性。共派出认证监管人员41人次，完成认监委下达的5个质量管理体系认证结果检查任务及辖区14个质量管理体系认证结果的现场检查，对4家问题认证机构开展告诫约谈。9月23日，完成2016年管理体系认证活动监督检查工作。

10月，完成厦门局2016年食品农产品认证专项监督检查及厦门局2016年度食品农产品认证监管工作总结及工作数据统计。重新制定了《HACCP认证验证审核记录》、《HACCP认证见证审核记录》等HACCP认证监管工作表单并在OA系统质量体系管理模块中更新，进一步规范HACCP认证监管工作。

四、主动作为，服务地方经济发展有实绩

（一）推动“同线同标同质”工程成绩显著

2016年，厦门局以重点区域、重点产业为突破，实现“三同”宣贯全覆盖，牢牢把好“三同”工程建设启动宣贯、推进及总结三个重要工作环节，牵头组织推动“三同”工程建设成效显著。共培育17家“三同”标杆企业，150多种“三同”产品。帮促建成全国首个食品行业质量技术信息“三同”综合服务平台，

促进漳州出口罐头产业做大做强。率先建立了备案、HACCP认证、“三同”三向联动监管机制。漳州局、同安局等积极参与，多角度多渠道多形式讲好“三同”故事，社会反响良好。一是率先全国召开宣贯会启动部署厦门局“三同”工程建设，政策解读实现辖区412家出口食品备案企业全覆盖。二是积极利用全媒体多角度多渠道多形式开展“三同”政策宣传，讲好“三同”故事，先后通过各类媒体报道近50篇信息宣传专稿，获得良好社会反响。三是培育17家“三同”标杆企业登录认监委“三同”信息公共服务平台，展示150多种“三同”产品，示范作用凸显。四是以重点区域、重点产业为突破，帮促建成全国首个食品行业质量技术信息“三同”综合服务平台，推动漳州出口罐头产业做大做强。五是作为全国首批开展“三同”监管的5个试点直属局之一，积极探索建立备案、HACCP认证、“三同”监管联动机制。

（二）实施“逐一帮扶”帮促企业扩大对外出口

2016年，厦门局发挥认证监管职能优势，点面结合，精准帮扶企业行业发展。一是实施出口食品生产企业“逐一帮扶”。开展问卷调查，确定59项重点帮扶任务，通过集中培训、个别指导、交流研讨、现场咨询辅导等措施开展帮扶；指导辖区412家出口食品企业建立具有食品防护功能的食品安全管理体系，培训出口食品备案企业关键岗位人员近700名。二是加大出口食品企业对国外注册推荐力度，针对韩国进口注册新规，组织辖区114家企业完成对韩全注册。以帮扶漳州输美罐头行业为突破口，助力中国蘑菇罐头时隔4年后再次重返美国市场。指导厦门古龙食品有限公司完成对菲律宾肉类产品注册申请。三是指导辖区企业应对FDA检查。2016年度，厦门局辖区3家速冻及脱水果蔬企业、2家罐头企业、1家饮料企业、1家米面制品企业，共计7家企业自主接受并通过了美国FDA的现场检查，厦门局均派员进行了观摩，同时总结迎检经验，通过接受过美国FDA检查的企业的典型发言，参与观摩的检验检疫监管人员对检查过程的点评，组织辖区输美企业开展迎接FDA检查交流，厦门局辖区50多家出口面糖制品备案企业参加。

（三）CCC免办新政服务地方经济

2月，厦门局根据厦门火炬（翔安）园区“寄售维修型保税仓库”新业务运行模式，调研相关企业，了解该业务对CCC免办相关工作的政策需求，明确该业务模式中CCC免办相关工作的要求，制定帮扶措施提供支持，获厦门市领导肯定批示。10月，根据中国（厦门）全球一站式航空维修基地建设业务的需求，研究制定该产业涉及CCC认证产品“优化检验检疫监管制度与流程”的工作措施，服务厦门市“全球‘一站式’航空维修基地建设”。

（四）开展培训，提升企业技术能力

举办多场“同线同标同质”宣贯会暨出口食品防护计划培训，就出口食品企业内外销“三同”等帮扶行动计划进行政策解读，厦门检区出口食品备案企业100%参加了培训。8月，福厦两局联合在漳州举办出口罐头生产管理知识培训，培训内容包括罐藏食品知识及操作技能、中美罐头产品相关法规及技术规范比较、监管及迎检常见问题解答、水产罐头HACCP管理知识等，两局共计30名监管人员和70多家企业的210多名关键岗位人员参加了培训。9月，国家认监委指派中国合格评定国家认可中心2位专家来厦进行企业HACCP认证监管培训，抽取漳州检验检疫局辖区6家企业开展示范教学活动。12月，针对厦门古龙食品有限公司生产管理骨干开展欧美水产品法规培训。

五、强基固本，认证执法基础有提升

（一）以认证执法队伍建设，促执法水平提升

为强化认证行政执法专业人才队伍建设，组建认证监管专业核心队伍，5月，成立认证监管专业技术小组，全局共26名认证监管岗位技术骨干入选食品农产品、CCC和管理体系等三个认证监管专业技术小组。12月，根据国家认监委要求，部署并完成认证认可行政执法检查人员库系统厦门局认证行政执法监管人员信息的录入报送工作。

（二）以培训开展，促监管能力提升

2016年，厦门局主管处室首次与分支机构共同举办CCC免办及CCC入境验证工作培训班，漳州检验检疫局CCC认证监管相关岗位人员20余人参加培训和考试。《厦门检验检疫局中国（福建）自由贸易试验区厦门片区台湾地区输大陆强制性认证产品检测处理实施细则》颁布后，专门组织召开宣贯会，对细则和工作要求开展培训，各分支机构及技术中心业务分管领导和工作经办人员共30余人参加。选派漳州检验检疫局黄小民、同安检验检疫局冉杨参加国家认监委2016年度卫生注册主任评审员培训。根据监管人员流动实际，组织对22名新进出口食品生产企业备案注册业务人员开展集中培训，重点介绍了出口食品生产企业备案注册的业务要点、工作程序、业务管理系统操作实务，以及备案食品企业的监管法规与要求。为更好地理解

和应对美国《食品安全现代化法》（FSMA），向厦门局全体出口食品备案注册监管人员及辖区输美食品企业发放由国家认监委组织编著、厦门局参与的《美国〈食品预防性控制措施〉法规解读》一书供学习研究。向辖区从事出口食品备案企业监管、进口食品企业注册信息查验及其他执法人员配发《食品安全法释义》和《美国〈食品企业注册指南〉》。

（三）以有效规则维护，保障 e-CIQ 系统上线认证监管业务顺利开展

8月15日，厦门局作为第二批上线单位正式上线运行 E-CIQ 主干系统。主动与国家认监委信息中心沟通，由国家认监委信息中心完成出口食品生产企业备案信息和进口乳制品境外生产企业注册信息数据库与 E-CIQ 主干系统的对接，设定相应的校验规则。厦门局还根据 CCC 产品入境要求，设定 E-CIQ 系统 CCC 入境验证审单需求，实现口岸报检的自动校验。制发《认监处关于 E-CIQ 系统相关业务规则的说明提示》，明确系统涉及认证监管业务的相关规则和要求，确保相关业务能够通过 E-CIQ 系统顺利开展。

（四）以“传帮带”活动，促进口酒类评审专家队伍建设

作为国家认监委第二季“进出口食品企业评审专家传帮带”活动酒类团队导师组组长单位，组建由厦门局郑建晖任酒类导师团导师，王振容、吴余颖任活动秘书组成员的团队。9月1日，进口酒企业评审专家传帮带活动启动会在厦门海沧保税港区举行，国家认监委刘卫军副主任、厦门局方元炜副局长及国家认监委注册部王刚、黄斌与来自11个直属局的22位酒类注册学员参会。9月2日，进口酒企业评审专家传帮带小组邀请国内资深酒类产品生产及质量安全控制专家在厦门为学员授课，厦门局进出口酒类产品检验监管人员一同参加培训。

六、多方宣传，扩大认证认可社会影响力有成效

2016年，厦门局紧紧围绕自贸区建设及“三同”工程等重点工作组织开展系列宣传活动，多组信息被新华社、中央人民政府网、新华网、《质检信息》《质检动态》《国门时报》等新闻媒体刊载。省、市电视台对“自贸区对台 CCC 新政”“三同”工程建设进行多次专题采访报道。厦门局认证认可信息宣传成绩连续三年名列检验检疫系统前五名，圆满完成各项信息宣传工作任务。

（一）广泛宣传认证认可重点工作

4月15日，厦门局新闻发布会上，新颁布的《自贸区厦门片区台湾地区输大陆强制性认证产品检测处理实施细则》受多家新闻媒体的关注和采访，新华社、中央人民政府网等多家权威媒体也对此项新政进行了专题报道。精心策划开展2016年“世界认可日”各项活动方案，6月7日，厦门局组织多部门赴东南燕都（厦门）国际燕窝交易中心参加“认证认可通行世界，燕窝产品认证服务东南燕都发展研讨会”，听取中国检验检疫科学研究院孙利博士对燕窝产品认证的介绍，并与来自厦门地区的8家燕企燕商代表座谈研讨。6月8日，组织在厦门局网站开展“三同”主题在线访谈。

（二）多种方式开展“三同”宣传

厦门局依托“三同”工程重点工作，开展系列宣传活动，积极扩大“三同”工程社会影响力，成效显著。“厦门检验检疫局启动出口食品同线同标同质帮扶行动计划”被国家认监委办公室宣传处采纳，在“认证认可信息宣传交流微信群”中推广。组织开展“三同”宣传活动，邀请福建电视台、厦门电视台对辖区两家标杆企业进行采访报道，派员参加厦门电视台对“三同”标杆企业厦门茶叶进出口有限公司的专访，介绍厦门局“三同”工作推进情况。10月27日，新华网刊发专稿《政策先行 打造“三同”罐头》，报道厦门局“三同”工作成效。新华网先后刊发采访厦门局三同工作专题宣传报道稿《厦门检验检疫局：政策先行，打造三同罐头》、《厦茶公司：喝“三同茶”品好品质》、《紫山食品：用“三同”品质还罐头食品昔日繁荣》。11月，厦门局组织辖区9家水产品生产企业参加国家认监委在青岛召开的水产养殖国际标准宣贯及“三同”倡议活动。12月，厦门检局联合厦门市同安区食安办推动“三同”进社区活动，共同开展“三同”推广宣传活动。制作微信《给力“三同”工程，厦门国检这样做》，全面总结“三同”工作经验与成效，在厦门国检风尚微信公众号上开展“三同”工作情况的宣传与交流。

（三）深入开展认证认可政研工作

厦门局高度重视认证认可政研工作，2016年开展的两项认证监管政研课题项目，即《关于提高管理体系认证监管效能的几点思考》及《关于“出口食品生产企业同线同标同质工程”建设的思考》政研文章刊载于《国门时报》，《关于提高管理体系认证监管效能的几点思考》获厦门局优秀政研课题三等奖。积极向福建省政府办公厅报送《厦门检验检疫局关于报送推动漳州出口罐头产业做大做强情况的函》政研报告。

撰稿人：李盛杰　审稿人：蔡怡鹏

创优监管模式　服务经济建设

——厦门市质量技术监督局2016年认证监管工作概况

2016年，在国家质检总局、国家认监委的指导下，厦门市质量技术监督局（以下简称“厦门市质监局”或“市局”）认真贯彻全国认证认可工作会议精神，加快改革创新步伐，提升认证认可服务本地经济发展的能力，扎实打好“十三五”规划开局之年的良好基础。

一、2016年完成的主要工作

厦门市拥有强制性产品认证证书3 841张，管理体系认证证书5 951张，食品农产品认证证书202张；资质认定检验检测机构74家，认证分支机构或办事处9家。

（一）创新监管模式，着力提升监管效能

一是根据年度计划，推行“双随机”监管模式，开展检验检测机构资质认定专项监督检查，按照比例随机抽查厦门市12家检测机构实验室资质认定和运行情况。此次检查共派出2个检查组，随机抽调专家11名开展检查，督促企业对存在问题进行相应的整改，并将监管信息通报相关主管部门。

二是根据福建省质监局《2016年全省质量管理与认证工作要点》文件精神和市局制定的《2016年度厦门市质量技术监督局绩效评估指标考核表（业绩指标）》相关要求，组织分局对辖区内获证企业开展巡查，特别是CCC获证企业，重点开展无证产品的查处。

三是配合省局派出的检查组对中国建材检验认证集团厦门宏业有限公司开展实验室资质认定“双随机”检查，督促该企业对存在问题进行整改，并加强监督。

（二）加强诚信建设，推进行业诚信立检

组织召开厦门市检验检测机构“诚信立检”座谈会，邀请本市检测行业在不同领域检测具有代表性的检验检测机构代表参加，共同探讨检验检测行业自律与诚信建设工作，并当场签订“诚信立检”承诺书。不仅为检验检测机构提供新的沟通平台，也给监管部门提出了一些失信预防机制的参考意见，为检测行业诚信建设工作提供新的工作思路。

（三）开拓合作渠道，开展多维平台合作

一是对台合作方面。厦门市质检院与台湾工业技术研究院正式签署两岸首个《ITRI自愿性产品验证测试合作契约书》，正式发布“ITRI自愿性产品认证测试合作”，有力地推动了两岸相关领域检测技术深度融合，助力两岸产业发展。

二是国际合作方面。2016年，厦门市质检院与德国莱茵检测认证服务（中国）公司签订合作协议，成为德国莱茵TüV集团包装运输可靠性认证测试业务在中国大陆的唯一指定实验室。

（四）营造良好氛围，提升认证认可影响力

一是加强宣传。积极谋划，围绕主题开展世界认可日、质量月等宣传活动，采用多样化媒体宣传报道、现场咨询讲解、分发认证科普宣传手册、技术专家入企走访等形式，提升公众对认证认可的认知度和关注度。

二是推进认证工作。如会同市财政局、科技局落实《厦门市加快生物与新医药产业发展若干措施的实施细则》，鼓励相关企业申请国际认证，如美国FDA认证、CE认证等，对获证企业给予相应的财政补贴。2016年，厦门市已有7家企业的8个项目获得补贴。

二、存在问题

一是认证认可信息渠道不够通畅。部分监管信息更新较慢，对少数法律法规条文的理解存在一定的分歧，数据库建设和资源共享仍需进一步加强。

二是CCC认证巡查机制不够完善。在基层执法过程中，因为信息资源不对称、部分制度不明确、监管脱节等原因，执法人员在对企业发证、监管、处罚等环节存在争议，给执法部门和企业经营者都造成了不小的困扰。

撰稿人：李静莹　审稿人：高　彤

深化改革　提升认证认可监管成效

——江西出入境检验检疫局2016年认证监管工作概况

2016年，江西出入境检验检疫局（以下简称“江西局”）贯彻落实全国质检工作会议和全国认证认可工作会议精神和部署，紧紧围绕“五位一体”总体布局和“四个全面”战略布局，面向五大发展，发挥认证认可作用，有效推动江西认证认可工作提质增效升级。

一、进出口食品生产企业卫生注册登记工作概况

2016年，江西局共有出口食品备案企业147家，其中新增备案企业29家，办理备案审批49家，完成新备案企业验证检查13家；核准企业年度报告116家，注销8家未按要求申报年度报告、未认真履行出口备案主体责任企业备案资质；共有21家企业对外注册70家次，对外出租企业产品类别主要为罐头、水产品、肠衣和蛋品。

（一）认真做好出口食品企业年度报告核准工作

及时发布《关于认真做好2015年度出口食品备案企业年度报告审核审批工作的通知》（赣检认处函〔2016〕1号）文件，部署全省年度报告核准工作，明确、细化年度报告核准重点，规范、细化核准情况统计、总结要求。全年共收到116家企业年度报告，占应申报年度报告企业数的93.5%，有8家企业未按要求申报年度报告。对收到的年度报告全部进行核准，核准覆盖率100%，从核准情况看，企业年度报告质量水平明显改善；对8家未按要求申报年度报告、未认真履行出口备案主体责任的企业，按规定注销其备案资质。

（二）全面实现出口食品企业备案审批监管电子化、无纸化

自2016年1月1日起，江西局全面应用出口食品备案管理系统开展备案审批，实现了审批电子化、无纸化。为了促进网上审批及电子化监管规范化、制度化，提升备案监管工作质量，江西局及时总结实践经验和做法，结合工作实际，制定《出口食品生产企业网上审批及电子化监管作业指导书》。电子化审批的推行，加快了审批流程，方便了企业备案，促进了出口，全年共办理备案审批49家，其中新增企业29家，平均审批时限少于8个工作日，无超流程情况。

（三）优化出口食品企业备案审批监管模式

江西局充分发挥分支机构“贴近企业，服务企业”优势，下放审批权限，优化出口食品企业备案审批监管模式，实施“分支机构受理推荐+认监处发证+事后监管”新模式，并对备案获证企业采取年度报告审查、新备案企业验证检查、专项检查和日常监管相结合的监管方式，加强事中事后监管，在保障出口食品质量安全卫生的同时，进一步缩短了审批时限，提高了行政效率。

（四）积极开展对出口食品企业对外注册监管

积极大胆探索区域合作联动机制，利用泛长区域认证监管联系会议平台，结合近年认证执法监管区域合作联动开展情况，与安徽局联合开展出口食品企业对外注册监管执法，成立联合检查组，采取交叉检查的方式，对4家出口食品企业进行监督检查，有效提升了出口食品对外注册执法效能、出口备案监管水平，同时指导帮扶了出口食品企业产品质量安全水平，使联合监管转化为精准帮扶，切实帮助企业解决困难，获得企业全面配合与好评。

二、认证、认证监管及相关工作概况

（一）自愿性认证活动监管工作扎实推进

2016年，江西局加强自愿性认证活动执法监管力度，以质量管理体系认证活动为主要监管对象，年初制订发布工作计划，明确监管范围、方式和要求。在

九江组织质量管理体系认证活动监督检查培训班，对系统内30多名认证监管人员开展培训，提升监督检查技巧，统一了检查尺度。该项工作结合日常业务工作、服务企业质量水平、推动认证认可宣传、规范认证市场行为四个方面，充分利用认证认可业务综合监管平台，全面梳理辖区内质量管理体系认证情况，结合质量管理体系认证活动监督检查重点有效开展，推动了第三方认证机构和获证组织提高认证有效性，促进了获证企业提示增效升级，规范了江西局辖区内自愿性认证活动认证市场行为。

全年随机抽取44家质量管理体系获证组织开展认证活动监督检查，涉及11家认证机构，共发现不符合项19个，现场见证认证机构活动4次，未发现需立案查处的违法违规行为。

（二）进口CCC产品免办证明及后续监管严格把关

2016年，修订了《免于办理强制性产品认证证明及后续监管作业指导书》和《强制性认证产品入境验证及监督管理作业指导书》，明确了工作职责，统一了后续监管方式。同时开展了新作业指导书和免办新系统的培训，进一步加深对强制性产品认证监管工作要求的理解和认识。江西局按规定实施严格把关，做到了每批产品到货及按目的使用至少监管两次，并按要求填写相关监管记录，及时输入免办系统，监管率达100%。全年江西局共收到强制性产品认证免办申请123份，出具免办证明99份，通过后续监管，未发现不符合规定使用的CCC免办产品情况。

（三）检验检测机构资质认定监督检查稳步推进

江西局贯彻落实《检验检测机构资质认定管理办法》（质检总局163号令）和国家认监委要求，强化检验检测机构资质管理，辖区9家检验检测机构均取得资质认定证书和CNAS认可，资质认定项目数共计107项。

按照国家认监委方案计划，江西局保质保量完成检验检测机构数据统计上报工作；按期完成检验检测机构自查并提交自查报告；积极参加认监委组织的A类、B类及国内外各权威机构组织的能力验证活动，并获满意结果按满意参数计178项，满意结果证书74份。特别是综合技术中心，积极参加多项国际能力验证，如奥地利Romer Labs CSS组织的玉米粉中黄曲霉毒素的测定，德国DRRR组织的小麦粉中呕吐毒素的测定，英国FAPAS组织的饮料中山梨酸、苯甲酸、糖精钠的测定，草莓中多农残筛查，均获得了满意的结果。

三、积极推进重点工作，成效显著

（一）出口食品内外销“同线同标同质”工程成效喜人

出口食品企业内外销“同线同标同质”工程，是总理工程、帮扶工程、民心工程。江西局党组高度重视，高位推动，成立了“三同”工作领导小组和协调机构，并及时制定了实施方案总体部署“三同”工程。

1. 注重“三同”工程宣传

一是结合世界认可日活动，举办“三同”广场宣传活动，邀请多家省级媒体和“三同”企业参与，向广大市民推介“三同”，发放“三同”宣传画册500余份；二是印制《“三同”工作手册》广泛发放地方政府、出口食品企业和一线监管人员，让政府、企业和一线监管人员了解“三同”含义、上线要求和重大意义；三是在南昌、赣州、上饶市三个出口食品企业集中区举办了3场“三同”宣贯会，116家企业189人参加，有针对性地讲解、推进“三同”；四是开展“三同”工作进度专项督查，召开“三同”工作期中推进会，力求“三同”工程各项帮扶措施落到实处；五是联合江西省政府新闻办，在南昌召开了《江西省出口食品企业内外销“同线同标同质”工程推进成效新闻发布会》，向社会各界发布江西局“三同”工程取得的喜人成效。

2. 注重“三同”工程帮扶成效

对江西全省147家出口备案食品企业逐一走访，帮促100%出口备案食品企业建立实施具有食品防护功能的HACCP体系，鼓励出口备案食品企业获得HACCP认证证书，2016年全省新增HACCP获证企业21家，HACCP获证企业总数达43家，占备案企业总数的29.3%。

截至2016年底，江西省共有39家出口食品企业、种养殖基地，49个“三同”产品成功入驻国家认监委“同线同标同质”公共信息服务平台，全国占比分别为3.32%和1.80%，高于江西省食品农产品出口在全国的约1%的占比。其中出口食品企业29家，占出口食品企业总数的19.7%，占比居系统前列；出口果园1家、出口蔬菜基地2家和供港猪场7家，出口农产品种植养殖基地“三同”工程开展成效走在系统前列，体现了江西特色。

（二）国家有机产品认证示范区创建成效明显

以江西省生态文明建设为契机，结合地区生态优势，积极开展有机认证示范创建帮扶工作。一是抓准有机产业发展与生态文明建设的结合点，将有机产品认证示范区创建工作列入江西省生态文明建设重点工作之一，赋予国家生态文明建设新内涵；二是扩大宣传，编印《有机产品认证示范区创建工作资料汇编》，发送政府部门、获证组织，叫响发展有机农业促进生态文明新口号；三是精准帮扶，以浮梁、资溪两县有机认证示范创建区申报为切入点，分别在浮梁县、资溪县开展示范创建服务周活动，举办有机知识培训，共培训县政府相关职能部门、相关乡镇村负责人、相关获证组织负责人和内审员130余人；四是开展有机产品认证获证组织帮扶活动，结合有机产品认证专项监督检查工作，现场指导帮扶8家获证组织查找不足，解决问题，实现提质增效；五是帮扶婺源县示范创建，打造“中国有机茶第一县”，促进该县有机产业发展战略进一步提升，江西五龙山有机食品有限公司积极代表中国有机茶企业，接待中国和新西兰有机认证互认合作项目的新西兰考察团，得到新方好评，婺源有机品牌国际化进一步提升。

截至2016年底，经江西局推荐申报获批的有万载、婺源两个国家有机产品认证示范区，资溪、浮梁两个国家有机产品认证示范创建区。

撰稿人：温志海　审稿人：易克钦

助力质量提升　强化认证监管
实现“十三五”时期认证认可工作良好开局

——江西省质量技术监督局2016年认证监管工作概况

2016年是“十三五”开局之年，江西省质量技术监督局（以下简称“江西省质监局”或“省局”）认真落实国家质检总局和国家认监委的决策部署，牢固树立新发展理念，以服务供给侧结构性改革和提升认证认可供给质量为重点，主动适应经济发展新常态，按照“指导有方，协调有效，服务有情，监管有力”的工作理念，积极发挥认证认可在推进供给侧结构性改革、创新驱动发展和经济转型升级的重要支撑作用，实现了“十三五”时期认证认可工作良好开局。

一、全面落实资质认定改革任务，着力优化检验检测服务业发展环境

一是努力增加检验检测有效供给。加强检验检测机构资质认定管理，坚持严格把关和强化服务并举，不断提升检验检测服务能力，为地方经济社会发展提供检验检测技术支撑。截至2016年底，全省获省级资质认定证书且在有限期内的检验检测机构达到1 067家。二是不断深化资质认定行政审批制度改革。认真实施检验检测机构资质认定“受理、审查、审批”三分离模式，集中精力抓好审核与监管工作。及时下发到期复查检验检测机构名单，支持、督促需要延续资质认定证书有效期的机构按时提出申请，合理安排资质认定现场评审计划。严格审核把关，对不符合资质认定条件的坚决不予许可。全年共对701家检验检测机构进行了审核，其中14家机构不予许可。三是积极组织实施检验检测统计调查。全省共有984家检验检测机构上报了相关数据。对检验检测统计数据进行整理、分析，并编写了检验检测统计分析报告。截至2015年底，全省检验检测服务业总收入24.9亿元，从业人员约2万人，检验检测行业稳步发展，较好地适应了国民经济转型发展的需要。

二、大力推动简政放权向纵深发展，着力规范检验检测行业市场秩序

一是依法注销检验检测机构资质认定证书。依据《检验检测机构资质认定管理办法》，对资质认定证书过期失效的检验检测机构进行核实确认。全年共注销了110家检验检测机构资质认定证书，并要求被注销资质认定证书的检验检测机构在未取得省局颁发的新的资质认定证书之前，禁止使用其证书及CMA标志，一旦发现有违法违规行为，将依法严肃查处。二是加强检验检测机构资质认定监督检查。在组织检验检测机构开展资质认定自查、全省质监系统开展资质认定专项监督检查的基础上，省局采取泛长三角专家资源

共享和省市县三级质监部门上下联动方式，组织开展了检验检测机构资质认定重点抽查。据统计，全系统共出动检查人员763人次，检查检验检测机构347家，下达整改通知书检验检测机构85家，约谈检验检测机构10家，立案查处违法案件2起。其中省局暂停资质检验检测机构12家，调整资质认定能力范围检验检测机构5家，责令改正检验检测机构39家。三是组织开展检验检测机构能力验证工作。全省共有347家检验检测机构参加了食品、水泥的相关项目能力验证活动，其中51家次因初测结果不满意或有问题及补测结果有问题被责令整改，2家次因补测结果不满意或初测结果不满意且未参加补测被撤销相关项目资质。

三、积极探索创新治理新方式，着力引导检验检测服务业协调发展

一是稳步推进公安刑事技术机构资质认定。配合省公安厅组织对公安刑事技术行业评审组评审员进行了培训与考核，共有52人成为全省资质认定公安刑事技术评审组首批评审员。组织公安刑事技术行业评审组评审员进行座谈、观摩、试点，为开展公安刑事技术机构资质认定工作奠定了良好基础。二是认真贯彻落实新版《检验检测机构评审准则》。严格按照《检验检测机构评审准则》（2016年版）要求受理资质认定申请，督促各获证检验检测机构在规定时间内完成对旧管理体系文件的修订或换版，并加强对管理体系文件修订或换版情况的监督检查。三是加强部门之间协同配合。积极参加省人大组织的《江西省机动车排气污染防治条例》执法检查，加强与农业、食药、公安、环保、交通等部门联系，进一步规范检验检测机构资质认定工作，努力形成监管工作合力。

四、切实加强认证活动监管力度，着力提升认证认可质量基础作用

一是积极服务企业认证工作。引导企业开展质量管理体系、能源管理体系等管理体系认证，商品售后服务评价体系、非金融机构支付业务设施等服务认证，以及节能低碳产品、有机产品、绿色食品、无公害产品等自愿性产品认证，全省获管理体系认证证书10 407张，产品认证证书8 457张（含强制性产品认证证书5 125张），服务认证证书29张，认证证书累计18 893张，列全国第19位。二是加强强制性认证产品获证企业监管。在开展强制性认证产品省级监督抽查的基础上，根据认监委部署组织开展了流通领域强制性产品认证获证电线电缆产品监督抽查工作，共抽查了持有有效CCC认证证书的84家企业生产的100批次产品，74家企业生产的90批次产品质量合格，产品抽查合格率为90.0%，企业抽查合格率为88.1%，有关认证机构据此撤销强制性产品认证证书10张。根据认证机构提供的信息，及时通报暂停、注销、撤销认证证书情况，要求CCC证书被暂停、注销、撤销期间的相关企业，不得在其产品或宣传中使用认证证书和认证标志，并通过认监委认证认可业务综合监管平台加强对获证企业的动态监管。三是组织开展管理体系和食品农产品认证监督检查工作。在完成认监委安排的9个质量管理体系认证获证组织监督检查工作的基础上，组织全省质监系统开展了管理体系日常现场监督检查，且跟踪检查数量不低于辖区内本年度认证活动的10%。同时，加强食品农产品认证行政监管。据统计，9个管理体系认证获证组织共涉及认证机构3家，除1家获证组织因停产被认证机构暂停证书外，实际检查获证组织8家，发现问题4个，其中属于认证机构、获证组织的问题各2个；共对192家获证企业开展了管理体系认证活动现场监督检查，其中1家企业不配合检查，3家企业存在较严重问题；共检查食品农产品获证企业194家，涉及食品农产品获证产品226种，涉及认证机构19家，检查时间为623个人日数，其中有6家企业和2家认证机构存在问题。针对检查中发现的问题，各地质监部门均依法进行了处理。

五、不断完善认证监管体系建设，着力提升认证认可工作有效性

一是组织开展认证行政执法专项监督检查。全省质监系统按要求对认证执法监管体系建设情况、发挥区域管理职能和加强对基层局层级指导监督工作情况、认证执法和行政处罚案件情况、检验检测机构资质认定工作开展情况，以及检验检测统计调查工作部署和开展情况进行了自查，总结工作经验，查找存在的不足，并及时纠错整改，不断加强和完善认证执法体系建设。各地结合实际，积极开展认证执法监管工作，赣州市局出台了《赣州市强制性产品认证监管工作指南》和《赣州市检验检测机构资质认定监管实施意见》，有力地推动了认证执法监管工作的开展；萍乡、吉安市局认证执法监管工作有计划、有落实，对省局布置的工作任务，反应迅速、反馈及时。二是举办全省认证监管业务培训班。针对质监体制调整后的认证监管人员变化情况，组织对各设区市及省直管试点县（市）局分管领导、认监科（股）长进行了检验检测机构资质认定及强制性产品、管理体系、食品农产品等认证行政监管业务知识和法律法规培训，不断提高基层认证监管人员履职能力和业务水平。

六、深入开展认证认可宣传服务，着力提升检验检测认证社会影响力

结合“世界认可日”、“检验检测机构开放日”和“降成本，优环境”帮扶企业等，全省质监系统通过宣传报道、咨询讲解、座谈交流、普法宣贯、便民服务、在线访谈和开放检验检测机构等多种途径，组织开展了形式多样的宣传、服务活动。据统计，全系统共出动宣传人员220余人次，张贴宣传画600余张，悬挂宣传横幅100余条，分发宣传资料2 000余份，推送宣传短信5 000余条，向公众开放检验检测机构30余家，接待咨询100余次，现场为群众、企业解决问题近20个。

撰稿人：邹建芳　审稿人：王　云

创优服务　助力地方社会经济发展

——山东出入境检验检疫局2016年认证监管工作概况

2016年，山东出入境检验检疫局（以下简称“山东局”）深入贯彻落实全国质检工作会议、全国认证认可工作会议和山东检验检疫工作会议精神，按照支树平局长对认证认可工作“三个强化”的要求，坚持质量效益、改革当先、制度创新，纵深推进集成管理体系建设，努力实现“四个着力提升”，以“质量安全再提升”为主题，大力加强认证监管工作，创新发展、创优服务，取得新的工作成绩。

一、业务概况

（一）备案企业数量持续处于全国领先地位

2016年，共新办理出口备案企业210家，注销263家、暂停20家、延续备案445家，累计有3 098家企业获得备案证书，占全国的21.07%；推荐国外注册企业64家，新获国外注册67家，吊销不符合国外要求企业42家，全省累计共有1 685厂次获国外卫生注册，占全国的28.63%，继续位居全国首位。

（二）强制性产品认证监管业务稳步发展

全省系统受理强制性产品认证入境验证27 167批，同比增长21.2%，现场查验17 579批、入境验证发现不合格产品141批，其中实施监督销毁32批、退运处理19批、实施整改等其他措施90批；受理免于办理强制性产品认证申请2 136批，签发免于办理强制性产品认证1 561份，其中575批次的申请因不符合要求而退回，不符合率为26.9%；受理摩托车特殊处理程序42批，共345辆，受理汽车整车特殊处理程序21批，共22辆。

（三）“同线同标同质”工程硕果累累

全省232家出口食品企业通过“三同”企业资质审核，在认监委“三同”公共信息服务平台公布企业及产品信息，数量位居全国首位。将111家出口食品企业确定为首批帮扶对象，实际帮扶176家企业，超额完成帮扶任务。

（四）第三方认证行政执法监管成效显著

对33家获得质量管理体系认证企业进行执法监督现场检查，共发现问题120项汇总成48项问题上报“认证认可业务综合监管平台”系统。对4起违法违规案例进行立案查处，其中，1起罚款5万元、1起限期整改、另2起警告并责令整改。

此外，共对进口有机产品实施入境验证76批次，产品涉及葡萄酒、婴儿配方奶粉、橄榄油、洗护用品、牛奶、果汁、蜂蜜、卫生巾等30余个品种。共检出不合格43批次，不合格率达56.57%。

二、主要工作

（一）坚定信念，锤炼党性修养

认真贯彻执行“两学一做”学习教育活动要求，采取多种形式，深入开展扎实学习，组织热烈充分的研讨，全处党员干部和入党积极分子积极参与，有所学，有所得，知所用。组织开展支部全体成员赴青岛党史纪念馆参观等各项活动，学习老一辈共产党员的先进事迹，教育引导山东局党支部全体党员干部和入党积极分子学用相长、知行合一，做到学而信、学而行、学而用，

把不忘初心、继续前进的号召化作自觉行动。

（二）立足宏观，统筹布局谋篇

根据国家质检总局、国家认监委和山东局的“十三五”规划，结合各方面意见反馈，对认证认可“十三五”规划进行进一步的修改与完善；制定下发2016年认证监管工作要点，确定18项重点工作，力争在质量供给水平、安全监管水平、服务发展水平、能力建设水平上有所提升。

召开全省系统认证监管工作会议，唐光江副局长出席会议并作重要讲话，认真回顾总结“十二五”时期及2015年以来的认证监管工作，深刻剖析当前工作存在的问题，并对如何做好2016年认证认可工作进行了全面部署。

（三）思变求新，勇于探索认证监管新模式

积极创新出口食品企业备案管理模式，在全面下放出口食品生产企业备案行政审批事项至分支局的基础上，根据出口食品风险类别、企业年度报告审查情况和进口国（地区）要求等，灵活确定监管频率，大幅提高监管效能，切实提升监管有效性和针对性。同时，加强监督检查，定期加强对分支局出口食品备案工作的督查力度，确保“放”“管”两手抓，确保各项政策规定落实到位。

为促进韩国巴氏杀菌乳进口，以进口量最大的荣成口岸为试点，在风险分析的基础上，探索“前期认证采信 + 口岸快速验放 + 事后严密监管”进口食品注册监管新模式。口岸通关时间由原来的5个工作日缩减至1个工作日，大大提高了口岸通关效率，取得良好的经济与社会效益，并得到认监委的高度评价。

顺势而为，进一步丰富出口备案企业管理手段，率先在全省系统出口食品生产企业备案监管中推广实行“双随机”抽查工作机制。牵头开发建设《进出口企业监管“双随机”抽查信息化系统》，主要用于全省系统进出口企业监管工作业务督查、专项检查、企业备案、日常监管等工作，通过随机抽取检查对象和随机选派执法检查人员，解决检查任性、选择性检查甚至存在不廉政等问题，提高检验检疫执法工作的公正性、透明度，实现备案监管工作全程无纸化、智能化、信息化，做到备案监管工作全程可监控，信息可追溯。在总局“双随机、一公开”工作推进会上，得到梅克保副局长的表扬肯定。

（四）依托“三同”，大力推动供给侧质量提升

结合“山东省质量强省及品牌战略”“出口农产品质量安全示范省”及“一标两市”建设，在全省全力推进出口食品企业内外销“三同”工程。制定活动方案和帮扶计划，进一步明确“三同”工程的目标、任务及工作要求；成立“三同”工程领导小组、技术小组和宣传小组，加强统一领导和实时调度。注重新闻宣传，扩大“三同”影响。组织召开全省推进“三同”工作视频会议，积极向报纸、杂志投稿，宣传推进“三同”工程的经验及做法。广泛开展“三同”进商超、进社区、进校园活动，零距离向消费者宣传“三同”工程，让消费者更好地了解“三同”工作，解决“最后一公里”问题。1月～10月，205家“三同”企业出口食品120.66亿元，帮助企业新增内销12.09亿元。

推行食品防护，构建追溯体系，强化风险防范。在出口食品企业开展食品防护计划培训活动，督促指导企业建立食品防护计划，提高出口食品生产企业安全质量管理水平，防范非传统食品安全风险。全省共培训企业1 008家，培训人员1 465人。在出口食品备案企业全面建立并有效运行追溯体系，切实落实质量安全主体责任；促进企业追溯体系建设与质量提升相融合、与企业分类管理相融合、与培育“三同”示范企业相融合，实现来源可查、去向可追、责任可究，强化全过程质量安全管理与风险控制。

（五）不忘使命，多举措强化三方市场监管

有效开展CCC免办系统协同监管试点。对北京局集中办理的中烟烟机零配件采购服务中心有限责任公司CCC免办证明，山东辖区共涉及青岛、济南、枣庄和潍坊4个辖区，山东局积极与相关直属局沟通，严格落实后续监管工作，确保产品按照申报用途使用。

按照认监委统一安排，结合山东辖区入境强制性产品认证获证产品特点，以问题为导向，增强监督抽查工作的针对性，先后组织青岛、烟台、威海、济宁4个分支局对厨房家电、轮胎和儿童安全座椅等11批次获证产品实施监督抽查，发现其中2批样品不合格，样品合格率为81.8%。针对产品不合格情况，及时研究后续处置措施，将不合格产品对应的证书采取了暂停证书处理。

践行“双随机、一公开”原则，开展管理体系认证专项检查。随机选取认证行政执法专家进行文件审核，统一裁量标准及相关检查要求，召开工作研讨会，对工作情况进行认真全面总结并对检查中发现的建议项及问题项进行逐一研讨，对发现问题较多的3家认证机构进行约谈，发放《管理体系认证行政监管检查结果通知书》10余份。

充分利用辖区大型超市和重大展会，举办“有机宣

传周”等系列活动，向消费者宣传有机产品知识及进口有机产品相关法律法规，深入开展流通领域进口产品有机认证行政执法，通过政策宣讲介绍和典型案例分析，对辖区各大商超和相关有机产品经销商、进口商开展正面引导，有效净化进口有机产品流通领域秩序，树立了检验检疫履职尽责的良好形象。

（六）以人为本，充分发挥技术优势

打造专业队伍，深入开展“传帮带”活动。一方面，积极参与国家认监委“中国好师傅”培训活动。在第一、二季活动中，山东局出任导师4人，参加学习学员19人。另一方面，在山东系统开展“鲁检好师傅”培训活动。借鉴国家认监委“中国好师傅”培训形式，成立肉类食品、水产品、乳制品、食品防护与罐头4个培训团队，开展第一季“鲁检好师傅”传帮带培训活动，培训学员41人。

持续跟踪研究，密切关注国外法规标准变化动态。实时跟踪欧美等国家的有关法律、法规和技术标准，及时获取国外市场准入动态，了解掌握国外先进食品安全和卫生控制手段和技术，为对外推荐和接待国外检查提供技术支持。山东局负责牵头研究美国现代化法案（FSMA）的进展及相关解读。

（七）集成管理，努力提高工作成效

对认证监管领域工作过程进行分析，组织对分支局报送的《关键过程/专项评估选取统计表》进行研究分析，并根据处内选取的关键过程情况，统一协调布局，确定选取出口食品备案和CCC行政执法2个工作过程开展产品和过程风险评估，组织开展过程和产品的风险识别、分析、研判等工作。

随时待命，全面保障E-CIQ主干系统平稳上线运行。为保障E-CIQ主干系统平稳上线运行，山东局提前筹备，多次联系请示上级部门，并与前两批上线的直属局保持沟通学习，确保主干系统上线后不出现系统性问题。在主干系统上线期间，山东局派专人负责上线事宜，及时解决上线过程中遇到的各种问题。

撰稿人：乔华峰　李雨亭　审稿人：乔华峰

大力实施“双随机、一公开”　提高监管效能

——山东省质量技术监督局2016年认证监管工作概况

2016年，山东省质量技术监督局（以下简称“山东省质监局”或“省局”）按照国家认监委的部署要求，紧紧围绕“抓质量，保安全，促发展，强质检”工作方针，以促进经济发展方式转变为主线，创新工作思路，改变工作作风，大力实施“双随机、一公开”，不断提高监管效能，通过加强实验室资质认定行政许可管理，强化检验检测机构和认证活动监督，充分发挥认证工作的基础性作用，推动山东省产业优化升级，为全省经济发展做出了应有的贡献。

一、充分发挥行政执法效能，做好认证监管工作

（一）认真组织实施2016年管理体系“双随机”检查

根据国家认监委《2016年管理体系监督检查工作方案》，按照“双随机”的原则，国家认监委在全国获证企业中，随机抽取了1 000家质量管理体系、100家能源管理体系的认证档案，其中，涉及山东省质量管理体系认证企业63家（其中39家质量管理体系认证企业由省商检局负责抽查、山东省质监局负责24家），能源管理体系认证企业16家（后增加浙江飞碟五征公司1家），省局认真组织实施、及时上报结果。通过这次专项检查，共发现各类问题质量管理体系66项，能源管理体系32项，对推动认证机构、获证企业规范地实施认证活动起到了促进作用。

（二）做好山东省强制性产品认证汽车获证企业的监督抽查工作

一是做好汽车获证企业的产品抽查工作。按照国家认监委《关于印发2016年认证认可各业务领域监督检查工作方案的通知》（国认办〔2016〕18号）和附

件3《2016年强制性产品认证获证产品市场抽查工作方案》要求，省局于6月20日～8月19日组织实施了对辖区获得强制性认证获证产品（汽车产品）的监督抽查，制定了《2016年强制性认证获证产品监督抽查工作方案（汽车产品）》。确定了核查区域为济南、青岛、济宁、烟台、潍坊等地市，以随机抽取的方式明确了核查的企业名单和产品批次数量。经过近40天的努力，核查监督检查组共对34家汽车生产企业生产的63个批次、63辆样车，涉及62个CCC证书编号的汽车部分参数进行了一致性核查。9月，对本次全省抽查结果，全部汇总并总结上报，对存在问题的企业，省局将检验报告发至各市局，由各市局督促其整改，并要求在以后的监督检查中重点跟踪关注。

二是将CCC产品抽查列入省局监督处产品抽查计划。为了提高工作效率，省局将2016年CCC重点抽查产品，一并列入省监督抽查计划中，如低压成套开关、散热器、婴幼儿服装等，抽查结果通过省局网站一并公示。

（三）食品农产品的监督检查开展情况

2016年初，下达了《山东省质监局关于做好2016年食品农产品认证监管工作的通知》（鲁质监认便字〔2016〕111号），要求各市局以HACCP、有机产品认证、GAP获证组织为重点开展监督检查，重点关注：认证机构是否存在认证审核计划未及时报送的情况；认证活动的合规性和规范性；有机产品认证标志及有机码使用是否符合要求等。全省出动认证执法检查1 200人次，检查食品农产品获证企业264家，德州、烟台、泰安、青岛、滨州、东营、日照、莱芜较好地组织了检查工作，省局适当地予以资金补贴。

二、积极推进检验检测机构整合改革

首先对全省检验检测机构进行了全面统计调查，对全省检验检测机构基本情况，特别是事业性质检验检测机构的基本情况进行了全面的分析，提出了存在的问题、改进的方向，以及应该采取的措施。为检验检测机构改革发展和事业性质检验检测机构整合改革提供了数据参考。在此基础上，按照《国务院办公厅转发中央编办质检总局关于整合检验检测认证机构的实施意见的通知》（国办发〔2014〕8号）、《关于深化检验检测认证机构改革的实施意见》精神和《省委办公厅、省政府办公厅关于印发〈分类推进事业单位改革重点任务分工〉的通知》（鲁厅字〔2015〕27号）等要求，起草了《关于推进检验检测认证机构整合改革的实施意见（草案）》。

三、认真做好检验检测机构资质认定审批工作

截至2016年12月9日，省局共对1 369家检验检测机构累计完成了1 931批次的资质认定（含机动车资格许可）许可审批。其中，新发证机构394家，换证696家，变更398家，扩项289家。新发证、换证及审批机构数量比2015年同期分别增加了25.1%、109.6%和54.2%。截至2016年底，山东省共有2 262家机构获得省级资质认定。

（一）严把许可审批关

在检验检测机构（含机动车资格许可）许可审批中，按照国家有关规范和准则要求，依据法定条件、程序和时限，严格审批，认真规范审批行为，确保审批质量。一是严格材料审核，对评审机构上报的资质认定评审材料的合法合规、完整一致，严格把关、认真审查，绝不放过一份不合格材料，保证许可工作质量。二是严格许可审批，并将许可审批与证后监管紧密结合，凡是机构在获证期间存在违法行为未处理或投诉举报未核实的一律暂停换证审批，待违法行为或问题处理完毕方可继续办理审批程序。对不符合政策要求、不符合许可条件、提供虚假信息或材料的机构坚决不予许可。2016年，共对123家机构做出了144批次不予许可的决定，不予许可机构数及批次数是2015年同期的3倍多。三是严格规范审查行为，对材料审查中发现的技术评审问题及时反馈纠正，对系统性问题及时规范。四是严格许可审批流程、时限，根据省政府政务公开要求，公开资质认定许可条件、流程图和审批结果，探索资质认定许可审批全过程公示，提高了政务公开透明度。

（二）加大事中监督力度

为确保许可质量，省局加大了对资质认定（含机动车资格许可）许可事中的监督力度，不但增加了许可过程抽查复审批次，还在抽查复审中增加了资质认定工作廉政调查内容。今年以来根据许可审批工作计划和投诉举报，共对40家机构进行了随机或有针对性的抽查复审，对2家无设备、无检测能力却申报相关项目机构的资质认定不予许可，对部分安检、环检机构许可审批中的行业潜规则进行了纠正，对申报过程中提供虚假学历、虚假职称证明以及无设备虚假申报等行为进行了严厉的打击，取得了良好的效果。及时向省审评中心反馈发现的评审专家问题，对4名专家向省审评中心提出了警告或约谈建议，确保行政审批工作的严肃性、公正性。

四、不断强化检验检测机构资质认定监督管理工作

（一）制定全省检验检测机构资质认定监督检查工作指导意见

制定并下发了《山东省质监局2016年山东省资质认定检验检测机构监督检查工作指导意见》，明确了省局督查、市局抽查、县区局日常监督检查的工作原则和各级质监部门在检验检测机构监督检查中的职责和责任；强调了执法检查的工作模式，要求市地局以合法性、合规性执法检查为重点，强化行政执法与行政监督、技术监督的有机结合，确保监督到位、管理有效。截至2016年底，全省各市县已完成对900余家机构的监督检查，部分市地对机动车检验检测机构、危化品包装罐体（运输罐体）检验机构的检查实施了全覆盖。

（二）面向全省部署《机动车检验机构专项执法监督检查工作方案》

联合省公安厅开展了全省机动车检验机构专项整治和专项执法监督检查，面向全省部署《机动车检验机构专项执法监督检查工作方案》，召开了全省质监、公安系统工作部署会。专项执法检查是对全省机动车检验机构的一次全面清理整顿，多部门协同配合，严肃查处机动车检验过程中的违法违规行为。此次专项执法检查行动各市局共对457家/次机动车检验机构开展了现场检查，实现了对所有正常开展工作的机动车检验机构的全覆盖检查，共发现各类问题1 587项，对202家机构责令限期整改，对5家涉及违法的机构进行了行政处罚。

为巩固全省对机动车检验机构的严管态势，确保前期专项执法检查结论整改有效，8月～9月，省局按照“双随机”的有关要求，抽取34家机动车检验机构，对全省专项执法检查行动进行现场督查。督查组由省局聘请的北京、河北等外省技术专家组成，分五组对34家机动车检验机构进行了现场检查。通过检查，对7家机构实施了行政处罚，并通过媒体向社会公开。

（三）对重点行业实施飞行检查

按照“双随机、一公开”的原则，重点对食品安全、疾控、环保、罐车检验等检验检测机构进行现场突击性检查。此次飞行检查共派出了36个检查组、近百名专家，随机抽取全省17市的180个检验检测机构。按照事先设置的18个检查项目，对检验检测机构的检验检测活动合法性、管理体系的诚信可靠性、检验报告的规范性等内容进行专项监督检查。

通过飞行检查，共发现问题881项，有74家机构存在超范围开展检验检测业务、未按标准进行检验检测、使用设备和环境不符合要求、原始报告不完善、相关信息未及时变更等违法违规问题。检查结果已向全省进行通报，各市局将对相关涉事检验检测机构做出进一步行政处理。

（四）加强检验检测机构能力验证

针对2015年在资质认定检验检测机构监督检查过程中发现的较为集中的问题和社会关注的热点，结合省政府重点工作要求，3月省局下发了《关于征集2016年检验检测机构能力验证项目的通知》，在全省范围内广泛征集能力验证项目。通过调研，在风险研判的基础上最终确定了水果、室内空气污染物、土壤、贵金属、煤炭等5个产品、14个检验项目的能力验证，并下发了全年度实施计划，涉及食品、环保、危化品等重点行业约500家检验检测机构。截至2016年底，5项产品14个项目的第一次能力验证已全部结束，累计有664家机构参与了能力验证考核，其中贵金属能力验证的二次能力验证已完成。

五、做好检验检测服务业统计分析工作

认真开展了检验检测服务业统计调查工作。3月，省局联合省发改委、省统计局下发了《关于联合做好2015年度检验检测服务业统计工作的通知》。对全省检验检测服务业统计工作进行了部署。编写了全省检验检测服务业统计调查报告，截至2015年年底，山东省获得资质认定的检验检测机构共有2 198家，其中经省资质认定的就已经达到2095家，数量居全国首位，比2014年增长5.8%。

六、积极组织开展“世界认可日”宣传活动

策划了2016年“世界认可日”主题活动实施方案，并下发了《关于做好2016年世界认可日的活动通知》。在2016年“世界认可日”到来之际，与烟台市质量技术监督局在烟台联合举办“2016年世界认可日”活动启动仪式等系列活动。

七、积极发挥协会的行业指导作用，加强行业自律

2016年，山东省质监局加强对行业协会的指导和培育，鼓励、指导各市地检验检测机构建立自己的行业协会组织，加强行业自律，加强自我规范和管理。目前全省已有8个市地建立起机动车检验协会，1个市

地建立起检验检测联盟组织，还有多个市地的机动车检验协会和全省机动车检验协会正在积极筹建中。这些协会的成立为机动车检验市场的有序竞争和行业自律发挥了重要作用。

撰稿人：展 红 审稿人：李 泉

全面推进“三同”工程 大力提升认证监管成效

——河南出入境检验检疫局2016年认证监管工作概况

2016年，河南出入境检验检疫局（以下简称“河南局”）在局党组的正确领导下，在相关部门的大力支持下，全面贯彻落实国家质检总局和国家认监委的工作部署，全面推进出口食品内外销“同线同标同质”工程(以下简称“三同”工程)取得显著实效；通过“双随机、一公开”模式进一步优化备案流程；积极采信第三方认证结果，便利企业备案，实现了出口食品企业备案和对外注册数量双增长；河南局首次加入“西北认证执法联盟”活动，不断提升河南省认证监管成效。

一、积极推进“三同”工程取得显著成效

河南省已有51家出口食品企业登陆国家认监委“三同”公共信息服务平台。数量居中西部第一位，全国第三位。“三同”工程有力促进了河南省食品农产品内销快速增长，新增内销产品12.65亿元。

（一）争取省政府领导支持，共同推进“三同”工程

河南局领导高度重视“三同”工作，李忠榜局长多次指示，要积极争取各有关部门支持，大力推进“三同”工程。王富晓副局长亲自指导、策划“三同”推进方案，协调解决有关问题，使河南局“三同”工作得到快速推进。

在局领导的正确领导下，河南局向省政府递交了《河南检验检疫局关于推进出口食品企业内外销“同线同标同质”的报告》，得到了省政府领导和国家质检总局领导的高度重视。

（二）出台有效措施，精准部署安排

河南局成立了“三同”工程领导小组和帮扶工作组。及时召开出口食品内外销“同线同标同质”工作研讨会及重点企业座谈会，宣传“三同”工程。精心制定了《河南出口食品企业2016年内外销“同线同标同质”帮扶行动计划》，并对工程任务进行了细化分解。

（三）加大新闻宣传，扩大“三同”影响

新华网、人民网、河南电视台、《河南日报》等主流媒体进行了报道，转载百次以上。国务院网站刊登了《河南省推行出口食品企业“同线同标同质工程”》，新华网刊登了华英集团《从农场到餐桌“三同”助华英鸭飞向G20峰会》，中国质量新闻网刊登了永达集团《“三同”品质助力航天事业腾飞》，新华网刊登了雏鹰集团《致力放心猪肉，守护餐桌安全》，“三同”社会影响迅速扩大。

（四）各地检验检疫局积极行动

联合地方政府有关部门，对全省83家出口食品企业进行了实地走访、问卷调查，实施精准帮扶，帮助企业开展“三同”工程。联合食药监管局等部门借助“世界认可日”、“食品安全周”等活动宣传“三同”民心工程，各地媒体进行了系列报道，累计50余次。

在认监委召开的二、三季度工作会议上，有关领导对河南局“三同”推进工作提出了表扬；山东、浙江、宁夏、重庆、湖南、河北等直属局先后学习、借鉴河南局经验。

二、出口食品企业备案和对外注册实现双增长

新增出口食品生产企业65家，同比增长20.37%。备案企业总数突破440家，居中西部第一位，全国第九位。对外推荐出口食品生产企业146家次，成功注册143家次。对外注册企业总数达到295家次，同比增长

95.36%。

（一）推行“双随机、一公开”模式，优化出口食品企业备案流程

“双随机、一公开”是当前国务院推行的一项重要工作，也是2016年质检改革的重要举措。局领导对此高度重视，王富晓局长亲自协调机场办，免费为我们开发了“河南局出口食品企业备案评审员随机抽选系统”。按照局领导要求，该系统能自动对属地检验检疫机构的评审员执行“回避”制度；同时，能按照不同产品类型，随机抽选出相应类型的评审员。因此，在我们科学设置了动物源性食品类、植物源性食品类和工业食品类三大类评审员数据库的基础上，在输入企业申请产品类别、受理编号等信息后，系统在相应的评审员数据库中随机抽选出三名评审员组成评审组。并自动生成《出口食品生产企业注册备案评审工作通知单》，由认证监管处领导和分管局领导签字后，通知评审组成员进行评审。这样既杜绝了随意指派，又符合公开、公正要求。自运行以来，收到了很好的效果。

（二）全力做好河南省禽肉企业对韩国注册检查工作

2015年8月，韩国颁布了其历史上最严格的《食品安全管理特别法》及实施规则。要求所有输韩企业必须对韩国注册。同时，对于高风险的肉制品生产企业，还必须通过韩国官方现场审核。

为促进河南省食品农产品出口，尤其是大宗商品禽肉的出口，河南局积极协调并促成韩国官方对河南淮滨华英禽肉股份有限公司和河南福喜食品有限公司进行检查。通过检查，这两家公司分别对韩国出口禽肉制品进行注册。

河南华英集团和河南福喜食品有限公司均属河南省重点食品加工企业。河南淮滨华英禽肉股份有限公司是河南华英集团出口鸡肉产品的主要原料供应厂。河南福喜食品有限公司是美国欧喜（OSI）集团在河南省西华县投资兴建的外向型大型肉制品加工企业，投资总额5.5亿元，年加工肉制品能力18万吨。由于该企业事先未申请对韩国注册，为使上述两家企业均能顺利通关韩国注册检查，我们开展了以下工作：

1. 多次与国家认监委沟通

争取河南福喜加入检查计划。积极上报推荐材料，多次向认监委反映企业需求；多次协商韩国检查日程，想方设法把河南福喜加入检查计划。经过河南局和认监委多方努力，多次与韩方交涉，最终韩国同意检查河南福喜。

2. 积极向省政府报告韩国检查事宜

10月14日，河南局以豫检认函〔2016〕237号特急文件，向省政府报告了韩国检查事宜。省政府领导高度重视，省政府有关领导批示：建议请河南出入境检验检疫局会同信阳市政府、周口市政府做好外方检查安排相关事宜。赵建才在省政府领导的大力支持下，信阳市、周口市政府及相关部门高度重视，积极配合检验检疫部门和有关企业，做好迎检各项准备工作。检查期间，各有关市、县政府主管领导或主要领导亲自出面接待和陪同检查。

3. 抽调专家，研究韩国新要求

从全省检验检疫系统和有关企业抽调10名食品和兽医有关专家，对韩国新法法规进行了翻译研究，了解新情况，掌握新要求，并对企业进行培训和技术指导，帮助企业符合韩方要求。

4. 组织专门检查组深入企业预检

由河南局处长带队，抽调机场办、郑州局、安阳局和信阳局、漯河局等有关人员组成检查组，利用星期六、星期日休息时间，冒着大雨，深入两家企业，现场模拟检查，共提出整改问题70多项。

5. 精细策划，全程陪同韩国检查

韩国检查过程中，河南局有关部门主要领导全程陪同检查。从接站、行程、食宿、接待礼仪、检查内容等各个环节精心策划，周密部署，使各项检查工作有条不紊地开展，受到韩国官方好评。

6. 检查结果令人满意

韩国3名检查官员对企业开展了非常严格且全面、细致的审核，尤其是动物疫情疫病和食品安全管理体系等。日均工作时长达14个小时以上。最后，检查组表示河南2家被检查企业顺利通过检查。希望企业进一步发展壮大，向韩国提供美味、优质的食品。

7. 推进注册备案与第三方认证结果互认改革，缩短出口食品企业备案流程

为进一步简化出口食品企业备案流程，促进河南在外省报检业务回流，河南局积极推进注册备案与第三方认证结果互认改革。一是召开“推进注册备案与第三方认证结果互认改革研讨会”，广泛征求各单位意见；二是进一步修改《河南出口食品生产企业备案工作细则》，增加互认采信内容；三是通过摸底调查，首次建立《河南出口食品生产企业获证情况和认证机构名录》；四是在征求各单位意见的基础上，制定了《河

南检验检疫局出口食品生产企业备案与第三方认证结果互认工作指导意见（试行）》等作业文件；五是加强对社会第三方认证机构的监管。

截至2016年底，全省系统已在备案工作中开展互认，采信企业数量达到53家，彩信率达到41%。共办理出口食品企业备案业务130次，同比增长103.13%。其中初次备案65次，重新备案（增项）12次，延续备案53次。平均办理时间7.5天，压缩62.5%（行政许可审批时限20天）。由于严格依法管理，全省未出现超流程办理情况。

（三）积极帮助河南福喜对外注册，受到企业好评

河南福喜对外注册事件得到了省领导、总局领导、国家认监委领导以及河南局领导的高度关注。由于日本对我国出口禽肉制品企业注册实施总数限制，不再增加新的注册编号，这就成为河南福喜要想取得对日出口注册资格的一个大难题。

经过多方努力与协商，河南局专门成立对日注册专家组对企业精准帮扶。3月，王富晓副局长带领有关部门专程到该企业调研，了解企业需求。河南局成立专家组，对河南福喜精准帮扶。多次提供技术支持，指导企业按照日本农林水产省《输日热加工处理禽肉及其产品动物卫生要求》进行技术改造，使其满足严格的日本注册要求。

同时，积极帮助企业争取多国出口资质。为使该企业能够早日实现出口，河南局又推荐该企业对哈萨克斯坦共和国、韩国等国家注册。目前，韩国注册检查已顺利通关，现正在指导和帮助该企业争取对俄罗斯、埃及、伊朗等20多个国家的注册。

（四）对外注册工作深度融入国家“一带一路”战略

为推动“一带一路”对外注册工作，促进河南食品农产品出口，及时抓住国外新兴市场商机，成功推荐永达、通宝、福喜、宝树等出口食品生产企业对韩国、蒙古国、俄罗斯、哈萨克斯坦、欧盟等国家和地区注册。随着备案和对外注册企业数量的快速增加，有力推动了河南省食品农产品出口跨越式发展，仅1月至10月向“一带一路”沿线国家出口食品达48.77亿元，同比增长11.57%（2015年43.71亿元）。

三、认证行政执法检查取得显著成效

在主管局领导王富晓副局长的积极倡议下，河南局与“西北认证执法联盟”成员局和秘书处多次联系、沟通，经过多方努力，7月1日，河南局正式加入该联盟。

9月，在认监委“随机”抽取的河南省37家获证组织（均为非进出口企业）认证执法检查工作中，河南局首次参加了“西北认证执法联盟”的联合检查活动。在“联盟”的组织和安排下，河南局共参加17人员，和“联盟”成员一起，分7个检查组，对获证组织进行现场检查。经过历时4天的检查，共发现了14家认证机构在认证活动中存在的问题124个。通过此活动，提高了河南局认证监管工作质量，提升了认证监管人员的能力；对规范河南认证市场、提高认证机构认证工作质量有着重大意义。这次认证行政执法检查工作也得到了认监委领导的高度赞赏。

四、开展世界认可日系列宣传活动

根据《国家认监委关于组织开展第九个世界认可日主题活动的通知》（国认办〔2016〕26号）要求，局领导高度重视，主管局长亲自参与了活动方案的制定、精心组织，举办了多种多样的宣传活动，如召开2016年世界认可日“认证认可，通行世界”新闻发布会、在线访谈，在河南局各报检大厅、各口岸检验检疫查验场所、社区、相关企业、出口食品质量安全示范区等张贴认监委统一下发的“世界认可日”宣传海报，在办公场所放置宣传展板，在各地检验检疫局、办事处的电子显示屏幕上滚动宣传认证认可内容，在河南局外网发布世界认可日信息，到相关企业宣传认可对进出口的促进作用等。

撰稿人：吴 超 审稿人：和长利

提质增效 服务发展 推动认证认可工作再上新台阶

——河南省质量技术监督局2016年认证监管工作概况

2016年，河南省质量技术监督局（以下简称“河南省质监局”或“省局”）认证认可监管工作深入贯彻落实国家认监委工作会议和省局质监工作会议精神，围绕“质量强省”目标，以“抓质量，保安全，促发展，强质检”为工作方针，加强检验检测机构资质认定管理，强化检验认证机构证后监管，规范检测认证市场行为，全省认证认可工作发展平稳，各项工作取得了明显成效。

一、深化改革，提高行政审批效率和质量

（一）完善认证认可工作机制，认证认可工作快速发展

为贯彻落实国务院“简政放权、放管结合、优化服务”的改革要求和省局《关于对行政许可中的技术性评审工作实行集中管理的通知》（豫质监字〔2016〕19号）要求，将检验检测机构资质认定技术评审工作下放至直属分局，实现了便利高效的行政许可办理。为加快河南省检验检测服务业发展，更好服务经济社会发展，起草了《关于进一步加快检验检测服务业发展的意见》（征求意见稿）和《河南省检验检测机构资质认定分类监管实施意见（试行）》（征求意见稿）。《检验检测机构资质认定管理办法》（总局第163号令）和新版《检验检测机构资质认定评审准则》正式实施后，及时修订并发布了新《检验检测机构资质认定技术评审作业指导书》和《机动车检验机构资质认定评审作业指导书》。2016年，河南省新发放检验检测机构资质认定证书793张，比2015年增加34.4%；终止行政许可11家，发布公告注销318家、撤销1家。全省累计强制性产品认证证书9 560张。管理体系认证证书25 038张，其中质量管理体系认证证书13 341张、环境管理体系认证证书5 626张、职业健康安全管理体系认证证书5 096张、食品农产品管理体系认证证书601张。食品农产品认证证书2 855张。

（二）扎实推进检验检测统计分析工作，检测服务话语权更加有力

按照国家认监委要求，完成了全省2015年度检验检测服务业统计上报工作，编制了《2015年度河南省检验检测统计分析报告》，为摸清全省检验检测行业底数、全面掌握行业状况、政府制定政策提供了很好的依据。据统计，截至2015年底，河南省共有各类检验检测机构1 742家，实现总收入56.66亿元，从业人员5.22万人，向社会出具检验检测报告1 279.41万份，拥有各类仪器设备18.68万台套，仪器设备资产原值69.42亿元。从全国看，河南省检验检测机构数位居第三位、检验检测报告数位居第八位、收入位居第十位。从中部六省看，检验检测机构数和出具报告数均位居第一位，收入居第二位，检验检测机构综合实力提升还有很大空间。

（三）完善资质认定现场评审监管制度，评审水平和质量明显提高

2016年召开了一、二季度评审工作通报会，评审组长、评审专家及有关人员参会，通报会征集归纳对评审工作有建设性的意见和建议。为严格执行行政许可“零超时”和廉洁评审“零容忍”的要求，进一步规范检验检测机构资质认定技术评审，提高评审工作效率，保持行业良好形象，下发了《关于严格执行检验检测机构技术评审环节规范要求的通知》（豫质监认发〔2016〕261号），全年共通报评审组21个、评审员52人次，终止行政许可11家。

二、服务发展，进一步释放创新发展活力

积极发挥认证认可“传递信任，服务发展”作用，主动服务供给侧结构性改革，提升供给质量，服务河

南经济社会发展。

（一）检测认证复合性发展取得新突破

积极引导检测机构以检验检测为基础，开展产品认证，促使河南检测认证工作进入前所未有的发展时期。省质检院、许昌开普检测公司分别成功获得自愿性产品认证国家准入资格，创新发展了河南省自愿性产品认证和检测认证复合型服务的能力。

（二）有机产品认证示范区创建工作取得新进展

为更好服务生态河南建设，积极引导有条件的市（县）区域创建有机产品认证示范区，根据国家认监委“有机产品认证示范区创建”的工作要求，在2014年三门峡灵宝市、濮阳范县两地成功获批“2014年国家有机产品认证示范创建区”后，2015年在南水北调首渠淅川培育和创建了有机产品认证示范区，2016年通过大力宣传和引导，河南省又新获得了洛宁县、泌阳县、桐柏县三个国家有机产品认证创建示范区，实现了有机产品认证示范区创建新的突破。

（三）中部五省质监局认证认可合作不断深化

为进一步加强中部地区认证认可工作相互间的交流与合作，根据2015年中部地区质量技术监督系统认证认可执法合作联席会议确定的工作要求，2016年在河南、安徽、江西省开展检验检测机构互查工作，对三个省的机动车环检和安检机构进行检查。通过检查，促进了行政执法交流合作，加强了对机动车的事中、事后的监管，实现了跨省互派评审员，提高了跨区域监督检查的有效性，针对检查发现的问题，在全省机动车检测行业进行排查和整改。

（四）服务美丽河南建设成效显著

为积极有效应对大气污染，打赢大气污染防治攻坚战，根据河南省大气污染防治攻坚领导小组要求和统一部署，全面梳理了河南省目前取得煤炭检测资质和汽油、柴油检测资质的检测机构。在较短的时间内，经过全省各市（县）共同努力、实地核查，确认获证煤炭检测机构66家，汽油、柴油检测机构13家，为煤质检测、机动车尾气排放检测监管和专项治理工作提供了强有力的技术支持，为美丽河南建设做出了应有的贡献。

三、创新监管，进一步构建认证监管一体化格局

充分利用执法专项检查等手段，按照“双随机、一公开”工作要求，全年组织多个专项检查，规范了检测认证市场秩序。

（一）强化检测机构专项监督检查和能力验证工作，规范检测市场秩序

根据《河南省质量技术监督局2016年检验检测机构资质认定专项监督检查工作方案》要求，进行了检测机构专项监督检查。按照“双随机、一公开”工作原则，从列入检查行业的资质认定获证检测机构中随机抽取100家检测机构进行现场检查，检查人员省内异地互派，共检查出各类问题共400多项，对于存在违法违规严重问题的机构，移交稽查总队进行处罚。同时，为提升检验检测能力水平，还开展了河南省2016年度检验检测机构能力验证工作，全省310家检验检测机构参加了能力验证，其中294家验证结果满意，满意率94.8%。对于验证结果可疑或者离群的机构，责令其整改、比对，对仍不能满足要求的，撤销其有关资质能力。

（二）开展强制性产品监督抽查，提高认证产品质量水平

根据国家认监委的通知要求，2016年溶剂型木器涂料产品列为强制性产品监督抽查，制订了《河南省2016年强制性产品认证获证产品（溶剂型木器涂料）监督抽查实施方案》。在部分单位的大力配合和帮助下，共抽查了8个建材市场27家经销商销售的25家企业的80批次产品，发现无证生产销售行为并移交查处的案件6起。

（三）开展机动车检测机构专项检查，提高依法监管能力

随着我国大气污染防治力度的逐步加大，机动车排放检测监管也愈加严格，在国家认监委统一部署下，配合认监委、环保部组织实施了河南省2016年度机动车安检、环检机构专项检查。检查组对河南的10家机动车检测机构进行了检查，对检查中发现的问题在全省机动车检测行业进行整改，进一步规范了河南机动车检测行业秩序。

（四）开展管理体系认证、食品农产品认证专项检查，提高质量安全水平

按照国家认监委的工作部署，印发了《关于印发2016年认证认可各业务领域监督检查工作方案的通知》（豫质监认发〔2016〕155号）和《关于做好2016年食品农产品认证见证监管检查的通知》等文件。进行了为期两个月的监督检查，共抽查了90家获得质量管理体系认证的企业。成立了有机产品认证专项检

查组，分别对 18 个重新获证组织进行了有机产品认证现场见证检查，有力推动了河南食品农产品认证监管工作。

四、夯实基础，进一步扎实推进自身建设

（一）加强人才队伍建设

国家质检总局《检验检测机构资质认定管理办法》（总局 163 号令）和新版《检验检测机构资质认定评审准则》颁布以后，为尽快与新办法、新准则接轨，开展好评审和监管工作，分别举办了全省认证监管和执法人员、全省资质认定评审员、司法鉴定机构评审组长等培训，评审专家培训 110 余人，认证监管和执法人员 120 余人。通过新办法、新准则的培训，使各级各类人员较好地掌握了新的评审规定和要求，为新的评审工作打下了坚实基础。

（二）强化认证认可宣传

一是开展“世界认可日”系列主题活动。6 月 7 日，举办 2016 年“世界认可日”主题宣传活动，宣讲 ISO 9001 质量管理体系新标准，省局领导、认证监管人员及检测机构负责人 200 余人参加，同时邀请了《中国质量报》、《河南日报》等多家媒体。6 月 10 日，《河南日报》第三版刊发了题为《“世界认可日”主题活动展开》的新闻，新华网、河南省人民政府网、河南省政府法制网、东方网等媒体进行了转载。

二是开展检验检测机构开放日活动。2016 年检验检测机构开放日活动的主题是“检验检测支撑中国制造 2025”。活动期间，在食品药品、卫生防疫、工程建筑、车检等检测项目上提供免费的参观，对涉及民生的家用血压计、人体秤等免费检测，极大地宣传了检验检测和认证认可，提高了社会认知度。

撰稿人：付　利　审稿人：毛　选

构建认证监管工作“彩色链条”

——湖北出入境检验检疫局 2016 年认证监管工作概况

2016 年，湖北出入境检验检疫局（以下简称“湖北局”）认真开展“两学一做”学习教育，按照“基础在学，关键在做”的要求，把学习效果转换成加强队伍建设和努力工作的动力，把“做”的重点放在国家质检总局、湖北局确定的“三同”重点工作上，把“五大发展理念”贯穿在工作中，努力提升履职服务质量，形成了“干工作有声有色、出成绩有显著特色、履职服务有新的起色、为湖北局努力增色”这样一个“彩色链条”。

一、“三同”工作有声有色开展

“三同”工作是 2016 年总局八项重点工作之一，由国家认监委牵头主抓，湖北局党组和领导高度重视，统筹谋划、全盘协调、力抓关键，使湖北局这项工作启动迅速、推进有力、成效显著、有声有色。湖北局的“三同”工作赶上了先行一年开展此项工作的五个试点省市，走在了前列；是提交“三同”报告并获省领导批示的四个直属局之一，是拍摄“三同”专题宣传片和公益广告宣传的两局之一，是同时拥有“三同”电商和实体店的少数省市之一，是召开同时有国家认监委领导和地方领导参加推进会和新闻发布会的少数省市之一，是同时在新华网、人民网和省市报刊、电台、电视台获得新闻报道的少数省市之一，是登录“三同”信息服务平台企业比例较高（湖北省：27/330，全国：1136/13963）的省市之一。湖北局围绕重点工作投入主要力量，具体做好摸底动员、计划帮扶（首批确定 39 家集中帮扶对象）、座谈调研、文稿起草、会议组织、产销对接、新闻发布、典型宣传、推进督导、汇报交流等工作，作为基本力量，保障了湖北局“三同”工作开展。

二、“三级联动”形成支部建设典型特色

8 月 4 日和 10 月 10 日，湖北局以“三级联动　给力支部建设”为题，先后在党建表彰会和“全国质检直属系统‘两学一做’推进会”上做了典型发言。湖北局在积极开展“两学一做”、“三抓一促”，做好学习党章党规、学习重要讲话、坚持“三会一课”、

过好支部主题日等规定动作的同时，围绕“加强支部建设、促进党员更好地践行宗旨”这根红线积极联动，把“做合格党员”做实；注重从党建工作和业务工作两端发力向融合互促聚焦、从上级机关和下属单位两端发力向接力合力聚焦、从顶层设计和具体执行两端发力向科学高效聚焦，具体开展了联动服务企业、联动促“三同”、联合上党课、联创共争先等多项活动，共同使三级联动取得了“三促进”（促进支部工作法探索、促进综合效能提升、促进支部自身建设）的效果，成为湖北局加强基层支部建设的一大特色亮点。

2016年，为全省企业培训质量管理人员400多人次，帮助6家企业通过国外官方检查，完成对外注册推荐19家次，办理出口食品企业备案核准事项116家次，与湖北局咸宁办、中检集团湖北公司党支部联合开展“认证服务月”活动，积极实施了湖北特色“三同”工程。

三、日常履职有新的起色

围绕加强进口领域认证监管工作，湖北局年初起草印发了《关于加强湖北局进口领域认证监管工作的通知》，要求相关单位站在运用好贸易便利化措施、做好反欺诈工作、维护国内消费者权益的高度，转移、投入更多力量，切实提高领导重视程度，加强监管力量，顺畅工作机制，严格制度落实，注重工作示范和督导；切实按照上级要求全方位做好进口日用品入境验证、CCC免办及后续监管、入境食品国外生产企业监管和进口有机产品监管等工作，消除工作死角。“3·15”前夕，湖北局组织了进口有机产品口岸查验督查和市场抽查。8月初为方便企业和应对机关人力不足问题，将武汉高新区的CCC业务全部下放给了综保办，并对相关人员进行了培训指导。

围绕应对检查和新规做好对外注册推荐工作，湖北局帮助洪湖德炎水产和裕国菇业等6家企业，全部通过了美国FDA检查。积极应对美国鲶鱼新法，多次派员参加国家认监委组织的输美鲶鱼磋商和技术交流活动，积极向企业宣贯讲解美国新法规，推荐湖北省鲶鱼类企业对美USDA注册，共推荐16家，获批9家（全国获批19家），是全国获批最多的省份。

围绕“放管服”改革、提高监管效率，湖北局强化认证监管与检验检疫监管有机结合，开展对出口食品生产企业实行联合监管，实现计划互融、活动互联、信息互享、结果互认、执法互助。还将认证执法监管与备案监管有机结合，制定发布了2016年备案监管现场检查计划，涉及293家企业。

围绕落实“双随机”认证执法监管，按照认监委统一部署，进行了为期3个月的管理体系认证“双随机、一公开”专项检查工作，出动检查人员85人次，对湖北地区28家获证企业的认证活动合规性和认证档案的真实性进行了监督检查，涉及质量管理体系认证证书28张（其中21张证书为有效状态，3张证书暂停，4张证书已撤销）、认证机构13家。检查情况及时上报了认监委，保质保量完成了认监委下达的专项检查任务。其间，湖北局与江苏检验检疫局联合开展了认证执法监管检查，对12家企业的质量管理体系开展了交叉互查。

撰稿人：黄文峰　审稿人：杜德庆

创新理念　服务发展
努力开创湖北认证认可工作新局面

——湖北省质量技术监督局2016年认证监管工作概况

2016年，湖北省质量技术监督局（以下简称“湖北省质监局”或“省局”）认真贯彻落实《质量发展纲要》和全省质量大会、全省质量强省战略推进工作会精神，按照“两学一做”、“三抓一促”、“四查四比”等活动要求，圆满完成既定工作目标。

一、围绕中心，促进认证认可供给侧改革

一是创新行政监管理念和手段。全面加强检验检测机构证中证后监管，在全国率先提出以公开促监管的理念，湖北省检验检测机构信息公开系统在以加强事中事后监管和服务的思路下设计了十大功能模块，领先于全国水平，充分发挥四位一体和中部五省认证监管执法区域合作机制作用，全面加强了对认证机构认证行为的监管。

二是从重硬件建设向重能力提升转变。目前湖北省系统检验检测机构基础设施建设基本到位，国家质检中心、省级质检中心布点网络趋于完善，为进一步加强检测、技术服务能力，省局近年来已开始逐步聚焦检验检测技术机构的软实力提升，瞄准检测科研能力和人才队伍建设等方面着力提升检验检测技术机构服务区域经济发展战略和重点产业集群发展规划的能力。

三是从办机构向管行业转变。在政事分开、管办分离的大趋势下，省局工作的重心将逐步超脱于服务好系统内检测技术机构发展壮大的方面，转向对检测认证市场的监管，成为湖北省检测认证行业繁荣兴旺的坚强保障。

四是从注重发展向改革发展、协调发展转变。根据省局党组的全面部署，做好推进省直检验检测机构整合，推动组建长江检验检测认证集团的各项工作；做好推进地方检验检测机构整合，组建区域综合性检测中心的各项工作。

二、围绕改革，提升资质认定工作效率

不断改革创新、简化程序、更新规范，严格落实资质认定改革各项新举措，稳步有序推进检验检测机构资质认定工作，实现资质认定工作平稳过渡、简洁便民、高效严谨。

严格按照《检验检测机构资质认定管理办法》（总局163号令）和《检验检测机构资质认定评审准则》的规定和要求，于2016年1月1日起，实现了质量管理体系的转版，并开始起用新版资质认定证书，实现了资质认定工作的平稳过渡；协助行政许可技术评审中心完成了检验检测机构资质认定评审员转版培训工作，为资质认定新管理办法及准则的实施打下了基础；根据局长办公会会议纪要，4月11日，组织召开了机动车安检机构资格许可审批工作交接会，将机动车安检机构的行政审批工作划归我处，实现了统一归口管理。

在此基础上，省局开展了资质认定工作流程再造。一是优化简化行政审批流程，将检验检测机构更名、申请取消检验检测项目两个事项的资质审批工作流程进行了简化、再造，制订了行政审批“简易流程”，将这两个事项的审批时限压缩到5个工作日，极大地方便了检验检测机构，提高了行政审批效率。二是压缩行政审批时间，严格按照行政审批时限要求，认真进行资料审查，极大地压缩了行政审批时限，据行政审批办统计，2016年以来资质认定审批时限压缩近一半，由规定时限21个工作日，平均压缩为9个工作日。

截至2016年10月31日，共完成资质认定审批811份，其中计量认证589份（其中复查284份，扩项140份，迁址5份，首次160份），双认34份（复查29份，扩项4份，首次1份），机动车资格证书63份，简易流程审批29份，不予许可96份。检验检测机构资质认定行政审批工作无红、黄牌。

为进一步加强评审员队伍建设、提供评审工作质

量，6月，省局组织开展了2016年检验检测机构资质认定评审员考试，考试分为机动车（含安检、综检）检验检测机构资质认定评审员的复查换证考试以及检验检测机构资质认定新取证评审员考试，来自全省的190余名专业人员参加了本次考试；联合省公安厅司法鉴定中心，组织开展了首届全省公安刑事技术机构资质认定工作宣贯会暨省级资质认定评审员培训班，全省公安刑事技术机构专家和长期担任资质认定评审组组长的专家共计83人参加了此次评审员培训，76人通过了刑事技术机构资质认定评审员考试。

6月8日，根据省局统一要求，在第九个“6·9世界认可日”前夕，组织召开了湖北省认证认可“传递信任 服务发展”新闻发布会，就认证认可产业发展、检验检测中心建设以及提速增效、简政放权、创新监管的系列措施等工作情况进行了发布。省内20余家媒体和检验检测认证机构代表参会，来自《中国质量报》、人民网、凤凰网等媒体的记者还在发布会上就机构和消费者关心的质检中心建设、检验检测机构资质认定的市场准入和日常监管、有机产品的查询等内容进行了现场提问，取得了良好的宣传效果。

三、围绕创新，提高科技兴检工作水平

上半年共推荐了5项科技项目申报总局自筹经费科技项目，其中国家级质检中心申报项目2个，35岁以下青年人员主持申报科技计划项目2个，占总申报数的40%；推荐6个项目申报总局技术机构能力建设项目，申请国家补助资金130万元；推荐省计量院“悬臂梁式冲击试验机试验方法研究”等2项科技成果参加省科技进步奖的角逐；组织完成了对2013年至2015年全省系统承担的44项国家质检总局技术装备项目的集中验收，并顺利通过了总局在广东组织的专家验收考核。

为推动“创新驱动”战略的实施，与武汉市科技局合作，积极鼓励在汉检验检测机构为武汉地区中小企业提供检验检测和技术服务等创新服务，上半年共有88家在汉检验检测机构参加了使用科技创新券的活动；配合省局工会，牵头组织省直技术机构制订2016年省局和直属事业单位结合各自专业特点开展党员干部业务技能比武考核方案；组织对全省质监系统推荐申报的32个“十二五”优秀科技成果进行了专家评审，共推荐出19个获奖优秀科技成果，其中一等奖3个，二等奖7个，三等奖9个，待公示结束后予以表彰。

在宣传工作方面，除召开认证认可工作新闻发布会以外，省局还在“科技活动周”“世界认可日”等活动期间，组织全省系统各级技术机构广泛开展宣传工作。5月13日，在全省科技活动周启动仪式上，省局系统6家技术机构和有关认证机构的参展工作受到省领导好评。荆门、襄阳、十堰、孝感、咸宁等地也分别在“科技活动周”和“世界认可日”期间，通过走上街头布展、开放实验室等方式充分宣传认证认可知识、扩大影响力。上半年，全省系统共计组织60余家单位参加认证认可宣传工作，直接参与人员290余人，公众参与数量超过2 000人，发放各类宣传资料6 000余份。

四、围绕发展，做好了湖北省国家和省级检测技术中心的布局建设工作

一是做好了2个较为成熟的拟建国家级检测技术中心的申报协调工作：随州市申报的国家专用车载装置质量监督检验中心于3月通过总局科技司组织的现场调研论证，宜昌市申报的国家磷产品质量监督检验中心于5月通过总局科技司组织的现场调研论证。上述两个国家质检中心已获总局正式发文批准筹建。

二是积极推进3个在建国家级检测技术中心的验收工作。分别于2月、4月向国家认监委提交了武汉质检所筹建的武汉国家家用电器能效及安全质检中心和恩施州筹建的国家富硒产品质检中心的资质认定申请，11月向国家认监委提交了省质检院筹建的国家金刚石工具产品质检中的资质认定申请，其中前两个已获通过。指导、督促已获资质认定的在建国家中心推进验收进度，已向总局科技司递交了国家富硒产品质检中心的验收申请，国家节能建材质检中心正在完善相关材料，将于近期向总局科技司提交申请。

三是指导服务4家拟建国家级检测技术中心开展申请筹建的预备工作，分别是：荆门市局与湖北省城市矿产资源循环利用工程技术中心拟合作共建的国家电子废弃物循环利用质检中心、省质检院与武汉地质资源环境工业技术研究院有限公司拟合作共建的国家氢能源动力系统质检中心、武汉科技大学拟筹建的国家耐火材料产品质检中心、荆州市局与荆州恒隆公司拟合作共建的国家汽车转向器质检中心。

四是组织对全省在建的12个国家质检中心的筹建进展情况进行了清理，对筹建工作进行了督办。并起草《省质监局关于呈报〈湖北省国家级检测技术中心规划建设情况〉的报告》向省政府领导报送。

五是起草并向省发改委报送了《建设检测公共服务平台行动计划》。

六是根据省纤检局的申报，组织专家组对省纤检局仙桃分局申报的省级质检中心进行了现场调研论证，并发文批准筹建。

七是根据省政府领导的指示精神，起草了《加强检验检测公共服务平台建设的意见》（代拟稿），经报

请省政府办公厅面向全省征求意见后，已编制完成《加强检验检测公共服务平台建设的意见（送审稿）》，目前正待上省政府常务会审议。

五、围绕市场，严格检验检测认证监管

在检验检测机构资质认定监管方面一是高标准高效率完成了2015年度检验检测机构服务业统计工作，在开展检测机构数据统计工作时，早部署，早摸底，早服务，早督结，确保1 113家检测机构100%完成统计工作（同一法定代表人多家挂牌机构作为1家机构统计），统计工作完成效率在全国位居前列；顺利完成了全省检验检测机构在认监委官网提交监督自查报告工作。

二是结合认监委组织的检验检测机构飞行检查、“双随机”监督检查，印发了全省检验检测机构专项监督检查方案，积极加强日常监督抽查。连续组织了3次检验检测机构监督抽查和1次管理体系认证合规性监督抽查及1次强制性产品认证一致性监督抽查检验、整改工作。7月初，配合认监委对湖北省20家检验检测机构进行飞行检查，组织相关市局对其中14家机构做出责令整改、停业整顿、行政处罚等处理，其中3家机构注销了资质证书。7月下旬，联合监督处对全省17家车辆检测机构实施了监督抽查工作，对其中14家机构做出严肃处理，其中6家机构责令停业整改。9月，配合国家认监委对湖北省10家车辆检测机构进行了飞行检查，具体结果还在收集汇总中，即将启动后处理工作。通过上述3次检验检测机构检查行动，扭转了检验检测机构监管脱节、法规制度淡化的现状，对市场触动很大，机构检测经营活动明显规范提升。8月，在认监委主导下，组织对湖北省4家能源体系认证获证企业和1家管理体系认证获证企业进行监督抽查，检查认证机构开展活动合规性，严谨细致检查，全面完整收集材料，及时反馈给认监委，配合认监委对认证机构约谈告诫和督促整改。10月，开展“双随机、一公开”工作，就检验检测机构监管、安检/环检/综检机构监管2项，制定了“一单、两库、一细则”，为全省检验检测机构监管打下良好基础，进一步创新了监管方式，完善了各项制度。

三是联合行业部门，积极开展能力验证工作。2016年，联合疾控、交通、粮油3个行业部门，组织开展了饮用水中铅、复混肥料中氯离子含量等8个项目的能力验证活动，活动正在有序进行中。

四是积极加强信息化建设，提高信息化监管及服务水平，2015年10月，湖北省检验检测机构公众服务系统上线试运行。经过半年多的试运行，结合“双随机”监督抽查工作对其界面进行开发、完善，对系统进行了改进、升级，增加了机构入口和查询功能，由原来的单一关键字查询到多功能查询，增加了通过标准和标准号查询的功能，将全省检测机构信息全部录入公开，更好地方便了机构和广大消费者，同时也为信息监管工作打下了基础。

此外，根据信访及领导批示，及时对信访件进行了调查回复，2016年以来已及时完成了7起信访件的调查或回复，维护了质监良好形象。

在认证监管方面，组织开展了2016年强制性产品认证（儿童用品和机动车安全附件产品）获证企业专项监督检查工作，随机抽取了省内15家通过CCC认证的儿童用品生产企业和20家机动车安全附件产品生产企业（通过现场核实，其中1家未生产，1家已经向认证机构申请证书注销），涉及产品主要包括：儿童推车、婴儿学步车、塑胶玩具、电玩具、汽车内饰件、汽车座椅及座椅头枕、机动车制动软管等。本次检查共督促企业整改各类问题点47个，涉及企业13家，检查情况已向各市州局通报并对后处理工作进行了部署。

省局还组织有机认证专家对谷城县汉家刘氏茶业股份有限公司进行了省级有机产品认证示范创建单位现场验收，经整改后，专家组同意验收通过。

六、围绕思想，开展党风廉政建设工作

严格按照“两学一做”、“三抓一促”、“四查四比”教育活动要求，拟定并落实支部学习和会议计划，集中学习和个人自学结合，定期召开党员大会、组织生活会和民主生活会。在学习中，力求学有所感、学有所获、学有所用，将学习内容深入思想，内化于心、外化于行；在会议方面，严肃会议纪律，全体党员干部在认真深刻剖析自身思想状况的基础上听取他人意见建议，全面开展批评与自我批评；将日常工作与党风廉政建设有机结合，进一步端正思想、改进作风，将党风廉政建设工作成效体现到工作实绩中。

撰稿人：马堂富　审稿人：吴红涛

主动改革 提升效能 服务地方经济发展

——湖南出入境检验检疫局 2016 年认证监管工作概况

2016 年，湖南出入境检验检疫局（以下简称“湖南局”）认证认可工作在国家认监委以及湖南局党组的正确领导下，深入贯彻落实全国认证认可工作会议和湖南检验检疫工作会议精神，围绕认监委和湖南局年初工作要点，以服务供给侧结构性改革为重心，服务湖南经济社会发展，提升质量供给水平，保障质量安全，推动质量发展，实现了“十三五”的良好开局。

一、认证认可工作基本情况

2016 年，湖南局受理各类认证申请 386 家，其中出口食品生产企业备案 56 家（同比增加 30.23%），其他 330 家。组织评审 386 家，符合要求的 372 家，不合格企业 14 家，向企业颁发各类认证证书 386 份。注销或取消或吊销或撤销认证企业资格 13 家。推荐国外注册企业 21 家，获国外注册 19 家（其中食品企业卫生注册 15 家，输美日用陶瓷认证企业 4 家）。完成进境 4 种食品（水产品、肉类、乳品和燕窝）生产企业注册信息、认证信息口岸查验 570 批（同比增加 22.06%）。完成 HACCP 认证监管 19 家，完成获证企业管理体系认证活动监督检查 20 家，完成入境机认证产品验证抽查 9 家，累计出动认证监管检查人员 120 人次，涉及认证机构 13 家。组织签发 CCC 免办证明 163 份，完成 CCC 产品抽查 1 类 /2 种。组织完成各类认证业务培训和派员学习 360 人次。

二、融入、服务、促进地方经济发展

（一）简政放权，大幅提升行政效率

湖南局推进行政审批改革，提高行政效能。一是严格控制出口食品生产企业备案核定的文件审核、现场评审等各环节时间，将备案时限由原来的 20 个工作日缩短为平均 7 个工作日。二是出口食品生产企业备案采信企业 HACCP 认证和自我声明等先予备案，实现出口“零等待”。三是将认证处负责的分属质检总局各司局管理的 10 个具体政务服务事项调整到各业务管理处负责，审批时间由原来的 20 个工作日缩短为 5 个工作日。四是按照简化流程、优化管理的原则，将国境口岸卫生许可证核发，进境动植物产品的国外生产、加工、存放单位等 3 类 25 个具体行政审批事项的办理工作进行调整，减少审批环节。

（二）落实质检总局对长株潭示范区优惠措施

2016 年，湖南局积极对接落实质检总局对长株潭示范区的相关优惠措施，支持长株潭城市群改革创新，给予长沙、株洲、湘潭三市签发《免于强制性认证证书》的有效期由原来的 2 个月延长为 1 年的优惠措施。

（三）以出口食品生产企业备案为着力点，帮助企业“走出去”

1 月 ~ 11 月，湖南局推荐安吉食品、白沙溪茶叶、天湖食品、汇美农业等 15 家企业向韩国、欧盟等国家注册，对外注册累计达 46 家次。

（四）精准帮扶各地特色食品产业发展

湖南局以湖南华乐食品有限公司龙头企业带动，帮助汉寿县建立国家级出口食品农产品质量安全示范区，引导企业向精深加工转型，帮助“华乐”牌烤乳猪等猪肉制品开拓香港市场，2016 年出口 7 158 万美元，同比增 82%；指导湖南希尔公司完善美国 FDA 相关法规，并顺利通过美国 FDA 官方检查，促进了该公司膳食补充剂等功能食品的出口；指导湖南三旺食品公司猪肉制品开展对俄罗斯注册工作。

（五）服务食品供给侧结构改革，全力推进“同线同标同质”（以下简称“三同”）工程

一是落实“三同”工程帮扶计划。制定《湖南局 2016 年出口食品企业内外销“同线同标同质”帮扶工作方案》，成立了 3 个帮扶工作组，对辖区 15 个分支机构的 145 家出口食品生产企业进行了帮扶行动。推

荐湖南5家出口食品生产企业参加“2016年供港生鲜（北京）体验周暨供应商发展大会”。帮助19家“三同”企业50多种“三同”产品的信息登陆国家认监委出口食品企业内外销“三同”信息公共服务平台。二是加大宣传力度，扩大“三同”影响。6月底，举行出口食品企业内外销“三同”湖南商务公共服务平台启动仪式暨新闻发布会，省政府副秘书长参加会议并讲话，省发改委、省商务厅、长沙市政府等9个部门有关领导出席了新闻发布会，山东、辽宁、浙江、江西、湖北5省检验检疫局代表和“三同”企业代表及全省145家出口食品生产企业300多人参会。利用电视台、网站、公众微信等省内11家主流新闻媒体对我局推进“三同”工程情况进行了系列报道，累计报道200余次。三是促成湖南代表团阳国秀（全国人大代表熙可公司董事长）在2016年全国“两会”上，联名省内11位全国人大代表向全国人大提交《关于推动实现出口食品企业内外销“同线同标同质”建议》，扩大了“三同”工作影响。四是促进内外销增长。1月～11月，全省出口食品农产品10.69亿美元，同比增长24.1%。帮助19家“三同”企业新增内销32 869.29元。五是创新“三同”商务平台模式。支持“康御优厨”商务平台建设，解决“三同”产品进社区、进家庭、进厨房最后一公里的问题。截至11月底，平台已登录12家门店，累计销售金额500余万元。六是加强向省政府汇报工作。11月底，向省政府报送《湖南出入境检验检疫局关于推进湖南出口食品企业内外销“同线同标同质”工作情况的报告》（湘检认〔2016〕98号），汇报湖南局推进辖区出口食品企业内外销“三同”工作，全面阐明“三同”背景和意义、总结湖南局主要做法、取得的成效，分析现状和困难，提出了建议长效机制，形成多部门联动合力；多方位宣传引导，扩大“三同”企业范围；提供更多政策和资金扶持等建设性意见。

三、精准监管，严守质量安全底线

湖南局以问题为导向，强化“安全第一”意识，充分运用认证监管手段全面提高质量安全治理能力，监管更具前瞻性、针对性、科学性和有效性，牢牢守住了质量安全底线。

（一）开展进口食品注册信息及认证信息口岸查验及督查

一是按照国家认监委的要求，对湖南辖区进境的570批、货值1.34亿美元的水产品、肉类、乳品和燕窝生产企业注册信息及认证信息进行口岸查验，发现不合格2批，均进行了退运和不准入境处理，查验合格率为99.65%。二是组织人员对各相关分支机构的进口食品认证信息的口岸查验工作进行督查，均符合要求。三是按时报送2016年进口食品企业注册入境查验等监管情况及不合格情况分析。

（二）开展CCC获证产品专项抽查。

按照《国家认监委关于印发2016年认证认可各业务领域监督检查工作方案的通知》（国认办〔2016〕18号）的要求，编制《湖南检验检疫局2016年强制性产品认证获证产品市场抽查工作和经费预算方案》，明确抽查产品、重要安全项目和重要性能指标，增强抽查工作的针对性。此次活动，抽查了湖南省流通领域1家经销企业的2批进口家用电器产品。经检验，2批产品均合格，产品合格率为100%。监督抽查共涉及证书2张，合格率为100%。

（三）举办CCC免办及特殊用途进口产品检测处理系统培训

为落实认监委2016年第三季度认证认可业务工作会议精神，湖南局顺利完成新旧版CCC免办系统的转换上线工作，实现E-CIQ主干系统数据信息与CCC免办信息的数据交换，根据认监委CCC免办系统上线时间的安排，举办了“CCC免办及特殊用途进口产品检测处理系统培训班”，对新CCC免办、小批量CCC审批系统功能、流程及配置方法，以及与E-CIQ系统交互功能进行了培训。全系统30多名CCC免办电子审批工作人员参加了培训。

（四）组织开展管理体系认证活动监督检查工作

一是制定《湖南检验检疫局2016年管理体系认证活动监督检查工作计划》（湘检认函〔2016〕115号），明确指导思想，确定工作职责、具体要求和实施步骤。二是组织本系统出口烟花检验监管人员30余人进行相应法律法规、认证认可知识、监管检查要求的学习培训。三是组织出口烟花检验监管人员40余人次对抽取的20个认证检查样本，6家认证机构签发的质量管理体系认证证书进行了文件审核和现场核查，发现2份已经暂停、1份失效。

（五）组织开展了出口食品农产品认证监督检查

按照国家认监委有关要求及湖南局年初制定的认证监管计划，对辖区获得认证的出口食品企业，采取验证检查、见证审核等方式实施联动监管。截至11月30日，累计共出动120人次对44家获证企业、13家认证机构开展有关认证监管检查，共涉及证书 44 张。其中 HACCP 体系认证企业 19 家，ISO 22000 体系认证企业 22 家，有机产品认证企业 3 家，对入境的 9 批次有机认证产品进行了 100% 的查核验证和抽样检验。

四、打技术牌，助力实验室能力建设

（一）组织实验室认可和资质认定评审工作

2016 年，湖南局 3 家实验室通过了“二合一”或“三合一”监督评审或换证复评审。按照国家认监委统一部署，组织开展实验室资质认定专项监督检查工作，对获证实验室规范、诚信实施检验检测的情况进行自查，对存在的未公布社会责任报告问题、检验检疫业务调整带来的问题进行了督促整改。

（二）开展 2016“实验室开放日”活动

9 月，湖南局组织各实验室积极向社会开放，开展形式多样的宣传、培训、服务活动，增进社会公众对检验检测、认证认可的了解和信任，形成共同关注质量基础建设、共同促进检验检测服务业发展的良好氛围。此次活动，参观实验室的人员近 300 人次，创历年新高，并通过湖南局网站、《质量岳阳》宣传片等媒体等活动进行宣传。

五、开展第九个世界认可日主题宣传活动

2016 年，湖南局紧紧围绕“认证认可，通行世界”世界认可日主题，组织开展了系列宣传、“三同”湖南商务公共平台启动仪式暨新闻发布会等活动，取得了较好的社会效果。一是共计张贴和发放宣传招贴画 300 套、宣传资料 2 000 本，新媒体宣传 2 次。二是就如何发挥认证认可的质量技术基础作用，进一步帮扶企业开展 HACCP、GAP、ISO 9001 等管理体系认证，现场解答企业相关咨询。通过这些活动，形成全社会重视认证认可、运用认证认可、加强认证认可的浓厚氛围，彰显了认证认可的社会价值。

撰稿人：杨　越　审稿人：毛　捷

把握大局　服务发展

——湖南省质量技术监督局 2016 年认证监管工作概况

2016 年，湖南省质量技术监督局（以下简称“湖南省质监局”或“省局”）认证监管工作深入牢固树立创新、协调、绿色、开放、共享的发展理念，按照“转变、规矩、制度、干事”的工作要求，积极践行“提升大质量、助推大产业、服务大市场”工作方针，在夯实工作基础、完善工作机制等方面取得一定成绩。

一、常态工作有序开展

一是持续开展检验检测机构资质评审。检验检测机构资质认定是省级质监部门的一项重要职能，省局以资质认定行政许可为抓手，不断强化检验检测机构资质管理，积极督促各市州及行业评审组办理资质认定申请的提交，并按规定程序实施资质审批。2016 年，下达评审计划 635 家，截至 12 月底，审批发证 672 家，标准变更、名称变更和地址变更换发证 134 家，全年新增检验检测机构 106 家。

二是有序推进新领域检验检测机构资质认定。为推进公安刑侦技术机构资质认定工作，省局多次与省公安刑侦机构沟通协调，确定在公安部门成立刑侦技术机构资质认定评审组，具体负责全省范围内公安刑侦技术机构的资质认定受理和评审工作。截至 2016 年底，受理了 9 家公安刑侦技术机构的资质认定申请，6 家机构通过了评审并发证。此外，根据农业部和国家认监委关于联合推进农产品质量安全检验机构考核和资质认定工作的要求，省局与省农委协商，联合下发了《关于联合推进农产品质量安全检测机构考核和资质认定工作的通知》。此项工作的开展简化了全省农产品质量安全检测机构有关考核和资质认定的申办手续，实现了“一窗受理、并联审批、各自发证”的工作模式。

三是及时完成检验检测机构业务统计工作。2016 年度全省检验检测统计工作，省局采取抓早、抓实、抓细的做法，及时完成上报任务。全省应上报检验检

测单位为 1 215 家，实有 1 215 家单位上报了完整数据并通过审核，完成率为 100%。

四是组织开展能力验证活动。为加强检验检测机构检测能力建设，不断提高获证检验检测机构能力和检测人员的技术水平，确保检测数据的准确和可靠，在全省组织开展了食品检验领域 2 个项目的能力验证。此项工作由省食检院承担，历时 6 个月，分别有 184 家和 159 家检验检测机构参加了蛋白质和沙门菌的能力验证活动，其中结果满意的有 165 家和 146 家，验证和提高了湖南省食品检验检测机构的能力及水平。

五是开展认证认可工作宣传。2016 年是第 9 个“世界认可日”，省局积极参组织质量知识“五进”活动，专题编排认证认可工作宣传板 3 块，印制 4 种宣传资料共 4 000 册，先后两次走进省委、省政府社区进行质量认证知识系列宣传。同时，各市州局以悬挂宣传条幅、发送宣传画等形式，宣传世界认可日活动主题，推动认证认可宣传工作深入开展。

六是持续开展培训考核工作。省局从检验检测机构急需相关人员资质的实际出发，为企业培训相关操作和管理人员，并从实用性出发加强培训效果，加大培训考核力度。年度共举办了 8 期内审人员培训班，1 202 人参加培训，考核合格人员 1 185 人；举办 9 期车检机构检验人员培训班，1 339 人参加培训，考核合格人员 1 213 人。特别是对市县认证监管人员的主题培训，及时解决新轮岗人员对认证监管业务不熟的问题，为日后工作的开展奠定了良好的基础。

二、专项工作圆满完成

一是完成 CCC 产品监督抽查。按照《国家认监委关于印发 2016 年认证认可各业务领域监督检查工作方案的通知》（国认办〔2016〕18 号）的要求，湖南省承担了流通领域低压断路器的监督抽查任务。市场抽样于 6 月 16 日开始，通过购买方式先后分四批次在流通领域抽取有 CCC 标志的低压断路器。8 月 6 日，监督抽查指定实验室——湖南电器检测所有限公司按计划完成所有抽样样品的检测，并于 10 日将《产品抽查不合格通知书》以传真和 EMS 快递的方式通知到生产企业。除 1 家企业提出异议并通过复检合格外，省局及湖南电器检测所有限公司均未收到其他生产企业对检验结果提出异议的相关材料，抽查工作顺利完成。本次监督抽查，在省内流通领域抽查了 15 家企业生产的 24 批次小型断路器产品。经检验，有 22 批次产品合格，产品合格率为 91.7%；抽查的 15 家生产企业中，合格 13 家，合格率为 86.7%。

二是按时完成质量管理体系专项监督检查。按照国家认监委统一部署要求，省局在认真调研和征求意见的基础上，结合本省认证的实际情况，制定并下发了《2016 年管理体系认证活动专项监督检查工作方案》，在全省范围内开展了质量管理体系专项监督检查。同时，在省质量评审中心的配合和支持下，于 8 月顺利完成了国家认监委对湖南省长沙、株洲、张家界、益阳、湘西州总共 13 家单位管理体系认证工作质量的监督抽查。

三是部署完成认证行政执法专项监督检查。根据国家认监委 2016 年认证行政执法专项监督检查工作方案的要求，省局对全省专项检查工作做了安排部署，并按要求在规定时间内上报了湖南省认证行政执法专项监督检查自查报告。

四是配合完成了机动车排放检验和安全技术检验机构专项检查。根据国家认监委、环保部关于开展机动车排放检验和机动车安全技术检验机构专项检查的统一部署，配合完成了对湖南省长沙、株洲、衡阳地区 9 家环检和安检机构的“双随机”监督抽查。抽查情况良好，机构运行管理比较正常，说明湖南省对车检机构和尾气排放检验机构的许可把关是到位的。

五是全面完成省认证认可协会脱钩工作。按照省局的有关要求和上级有关部门对学协会工作改革的规定，于 8 月底前逐步完成协会的脱钩和工作移交。并配合协会理事会进行了换届选举，协会原有行政公务人员均未在新的理事会担任任何职务，脱钩工作彻底迅速。

三、重点工作取得成效

一是完善工作制度。按照省局“12+71”重点要点工作安排，根据国家质检总局《检验检测机构资质认定管理办法》和国家认监委《关于实施〈检验检测机构资质认定管理办法〉的若干意见》等规定，先后对《湖南省实验室计量认证和审查认可行政许可工作指导书》和《湖南省实验室资质认定技术评审工作指导书》两个规范性文件进行修订，发布了新的《湖南省检验检测机构资质认定行政许可工作指导书》、《湖南省检验检测机构资质认定技术评审工作指导书》和《湖南省检验检测机构资质认定评审员评价考核办法》。为进一步建立符合湖南省实际的检验检测机构事中事后监管制度，确保监管工作有法可依、有章可循，按照国家有关加强事中事后监管的精神，在征求市州质监部门和检验检测机构意见的基础上，出台了《关于加强检验检测机构资质认定事中事后监管的实施意见》，并完成了《湖南省检验检测机构分类监管办法》报批稿，在按行文程序进行审批。

二是成功承办中部五省认证执法监管联席会议。在省局办公室和稽查局的大力支持和配合下，10月21日，2016年中部五省质量技术监督局认证执法监管工作联席会议在湖南省吉首市召开。国家认监委政策与法律事务部领导，河南、湖北、安徽、江西、浙江等省的省局分管领导及认证处处长共20余人参加了会议。省局笑春副局长主持了会议。会议就认证行政执法和检验检测机构证后监管等有关问题进行了研讨并交流了相关工作经验，认监委法律部刘仲书主任对中部五省认证执法监管的合作机制给予了充分肯定，对今后合作方向提出了建议和要求，并对国家认监委"十三五"规划进行了宣讲。此次会议准备充分、组织周密、接待热情、承办圆满，获得与会代表一致好评。

三是认真落实国家质检总局对长株潭示范区的相关优惠政策。首先是在示范区改进机动车检验工作。省局及时将总局意见与省公安厅进行了沟通，取消了示范区机动车安全技术检验机构资格许可审查，实行单一的检验检测机构资质认定评审。截至2016年底，有20家长株潭地区的机动车检验机构评审合格后，只发资质认定（计量认证）证书，不另核发资格许可证。其次是争取放宽检验检测机构主体准入条件限制。湖南省生产经营领域改制型检验检测机构比较多，尤其是大中型科研院所，按新的资质认定管理办法，这类机构不具备资质认定的条件，必须独立取得法人资格。为此，省局及时向国家认监委请示和反映情况，并获得准予放宽一个周期的优惠政策，为数十家这类机构赢得了时间和发展的机会。最后是探索示范区内企业产品强制性认证制度改革，在认证单位上予以简化或按产品类别实行认证。省局多次与中国质量认证中心武汉分中心就强制性产品认证制度改革进行沟通协商，并达成了一致意见。同时，于4月25日共同组织省内车辆生产企业和低压成套设备生产企业召开了对接需求会，确保总局支持长株潭国家自主创新示范区建设意见落实到位。

四、"两学一做"积极推进

"两学一做"学习教育，是省局党组部署的一项重要工作。省局在努力做好各项业务工作的同时，能严格按照省局"两学一做"工作方案和各阶段工作内容的要求，加强组织学习党章党纪和习近平同志系列重要讲话精神，并在实际工作中从严要求、从实开展工作，力争做一名合格的共产党员。通过学习，树立了政治意识、大局意识、核心意识和看齐意识，同时责任意识、担当意识、遵循意识和服务意识均得到增强，坚定了信念，激发了热情，提高了效率。全年未产生一例违纪违规的案例，未发生一起因个人原因引发的违反党风廉政建设工作的投诉举报，体现了"两学一做"和持续加强党风廉政建设的积极成果。

撰稿人：刘社爱　审稿人：胡俊平

提质升级　服务发展　推动认证监管工作再上新台阶

——广东出入境检验检疫局2016年认证监管工作概况

2016年，广东出入境检验检疫局（以下简称"广东局"）认证认可工作贯彻"五大发展理念"，服务供给侧结构性改革，深入落实十二字方针，有力助推广东经济社会持续健康发展。

一、抓质量提升，促进认证认可工作提质升级

开展"逐一帮扶"行动，实施精准帮扶。以HACCP认证监管为抓手，采取"一厂一策""一品一策""联动监管"等措施，对出口食品企业开展精准帮扶。在政策帮扶方面，梳理国内外标准差异，明确"三同"企业质量安全标准、产业链布局及质量要求，帮助企业建立和实施具有防护功能的HACCP计划，帮扶企业上线"三同"公共信息服务平台。在认证帮扶方面，为企业搭建认证服务桥梁，帮助企业获得有针对性的HACCP认证服务，出口食品企业HACCP认证迅速增长，从2015年的199家增加到334家，超过四分之一的出口食品企业获得第三方HACCP认证，较2016年初增长1.5倍，这是2016年广东局大力推进备案采信HACCP认证、帮扶企业建立实施HACCP体系、积极推动企业上线"三同"平台的努力成果。在能力帮扶方面，各分支局免费开展出口食品生产企业内审员

培训班，免费向出口企业发放《美国食品预防性控制措施法规解读》800多册，对全部1 216家出口食品生产企业的2 253名企业内审员系统培训了HACCP体系标准和食品防护标准，目前全部出口食品生产企业都建立了符合自身特点的有食品防护功能的HACCP体系。

二、抓安全监管，提高认证认可工作监管效能

（一）创新监管模式，提高监管的针对性和有效性

一是管理体系认证活动监督检查工作首次采取“双随机、一公开”的抽查模式。按照国家认监委的部署，全面贯彻“双随机、一公开”监管要求，制定工作方案，从各分支局抽调10名认证监管人员作为检查组组长，经过培训，按随机选派原则领取检查任务，检查组长与被检查获证组织所在地分支局一名认证监管人员组成检查组，按照统一要求开展检查工作。共对78家获证组织涉及的29家认证机构认证活动的合规性、认证档案的真实性等情况实施了监督检查。此外，充分利用“认证认可业务综合监管平台”，主动对认证机构认证活动的审核现场进行监督检查。进一步促使认证机构规范认证活动，加强认证机构自律意识，增强企业质量责任意识和守法诚信意识。二是出口食品备案监管与HACCP认证监管100%联动。共对264家获得HACCP认证的企业全部实施了联动检查，做到联动检查与备案采信互相促进，在监管中帮扶企业“提质增效升级”和“内销转型”，取得了良好的经济效益和社会效益。同时，全省共派出评审人员2 700多人次，完成了1 102家次备案企业的现场检查，暂停备案资格5家，注销备案资格71家。

（二）加强入境CCC获证产品的查验和免办产品的后续监管，维护我国强制性产品认证制度的权威性

一是加大对CCC获证产品入境的查验，特别是无证行为和伪造、冒用证书和标志的行为的执法处理。2016年，广东各局共查获涉及CCC的案例224宗，其中“无证行为”138宗、其他CCC违规案例86宗，发布CCC风险预警信息15条，大力提升了广东口岸强制性产品验证把关的震慑效果。二是部署对玩具、轮胎、汽车零部件、厨房家电等六类CCC产品开展强制性产品认证获证产品监督抽查，强化了CCC产品入境抽查工作。三是完善细化免办产品的相关管理规定，加强对免办产品，特别是科研测试样品的监管。既帮扶企业通过申请CCC免办产品进口进行科研测试，以快速提高企业科研测试和技术创新水平、促使企业转型升级，又确保企业按国家强制性产品认证管理规定的要求对免办产品进行销毁处理，避免免办产品销售或者以其他方式流入普通消费者手中，维护了强制性产品认证制度的严肃性和中国认证认可制度的权威性。全年广东各局共办理CCC免办证明4 194份，并对3 053份免办证明实施了现场后续监管，检查累计6 000多人次，监督销毁了多批免办产品近万件，涉及免办证明121张。

三、抓服务发展，深化认证认可工作改革创新

（一）贯彻落实供给侧结构性改革要求，唱响“同线同标同质”工程

积极推进“三同”工程，指导出口食品备案企业内销转型，帮助企业内外销“同线同标”生产，协助辖区内获得HACCP认证的出口食品生产企业上线，帮扶企业统筹国内外两个市场，带动国内食品农产品生产体系整体提升，实现食品农产品由出口保障向全民共享转变。广东局辖区共有177家出口食品备案企业上线国家认监委“同线同标同质”公共信息服务平台，产品涉及速冻点心、调味品、糕点、饼干、果仁、冰鲜肉、蛋制品、罐头等多种食品。据不完全统计，2016年5月～10月广东上线企业因登陆“三同服务平台”新增国内订单约2.86亿元。2016年广东局在东莞和汕头举办了2场“三同”工程大型宣贯会，300多家出口食品企业参加。各分支局联合地方农业、食药、商务、质监等部门召开了“三同”专场宣贯会30余场，印制并发放“同线同标同质”宣传手册2 000余份。据统计，通过新闻媒体、微信发布“三同工程”相关宣传报道121篇次，在全社会营造了浓厚的氛围。

（二）积极采取帮扶措施，支持企业发展

一是利用后续监管的机会，深入企业，了解企业需求，听取企业对CCC免办的要求；鼓励企业充分利用免办条款，特别加强对为科研、测试所需的免办产品帮扶力度，促使出口产品转型升级，促进辖区外贸发展。二是积极帮扶出口食品企业做好接待美国FDA检查准备，向企业宣传美国相关法律法规要求，指导企业对照排查并做好各项准备工作，全年有12家企业顺利通过美国FDA的严格检查。三是加大出口食品企业备案采信HACCP认证结果。88家企业以采信第三方HACCP认证结果方式获初次备案和重新备案资格，较2015年

同期增长了140%，备案时间仅为2～5天，大大缩短了备案审批时间，提高了备案审批的时效性，得到出口食品企业的广泛好评。

（三）推进制度创新，服务开放发展

一是积极参与国家认监委组织的自贸区认证认可制度创新工作联席会议、认证认可服务地方发展工作调研等，推进"一次认证、一次检测、三地通行"进程。二是加强南沙自贸区CCC认证监管政策的研究和落地，推动强制性产品认证监管供给侧改革，支持国际集团化企业或跨区域研发中心落户自贸区，支持国际集团化总部企业开展高端产品专业展示活动。三是探索并推动CCC免办产品跨区域协调监管机制。对在异地进口、装配的CCC免办产品，尝试与属地检验检疫机构联系，共同完成后续监管；对发往异地检测或使用的CCC免办产品，逐步完善网络远程监管机制。

四、抓自身建设，强化认证认可工作能力建设

（一）加强执法队伍建设，全面提升广东认证监管工作的整体性和协调性

一是开展认证行政执法监督检查工作。组织各分支局全面开展认证行政执法自查工作，派出了3个检查组对10个分支局进行了抽查，进一步规范各分支局认证行政执法行为，强化行政机关程序意识。二是加强业务培训。召开政策法规宣贯会、举办评审员、管理体系认证活动检查等专项培训班，对广东全系统认证监管人员宣贯和培训认证执法相关政策法规和业务知识。三是抓好党风廉政建设。贯彻全面从严治党要求，全面落实"两个责任"，深入开展"两学一做"学习教育活动，引导党员及干部职工知边界、明底线，牢固树立"四种意识"，全面提升干部队伍的战斗力。

（二）推进实验室国家认可和资质认定工作，促进实验室管理和技术能力上新台阶

组织协调系统内实验室认可／资质认定评审工作，认真开展资质认定监督检查自查，并组织各实验室积极参加国家认监委开展的2016年度实验室能力验证工作。广东局技术中心等多家实验室接受实验室国家认可委员会的现场评审，45家实验室认可与计量认证的资质得以维持。参加各类能力验证活动项目总数为721个，参加项目总数及结果满意率均位居直属局前列。广东局技术中心共承担国际性、全国性或全行业能力验证项目23项，其中承担APLAC亚太实验室认可合作组织的国际能力验证项目——《玩具油漆涂层中可迁移元素的测定（APLAC T098）》，全球共有84家实验室报名参加，涉及36个认可机构，39个经济体，提高了广东局的检验检测技术实力和国际影响力。

撰稿人：陈思强　审稿人：李建华

明晰责任　加强培训　服务地方经济建设

——广东省质量技术监督局2016年认证监管工作概况

2016年，广东省质量技术监督局（以下简称“广东省质监局”或“省局”）认真贯彻国家质检总局、国家认监委和省委省政府工作部署，紧紧围绕服务地方经济发展，服务供给侧结构性改革，加快政府职能转变，简政放权，严格证后监管，进一步强化认证认可的作用和地位，各项工作任务取得预期效果。

一、以行政审批标准化为抓手，推动计量认证行政许可工作效能的提升

深化行政审批制度改革、加快政府职能转变是党的十八大部署的重要改革。按照省编办“精简审批事项、压缩审批时限、减少审批环节、方便群众办事”的改革原则以及行政审批标准化的要求，对计量认证的申请受理、技术评审、材料审核、发证领证等环节进行全面梳理，简化程序，提高行政审批效能。经过努力，计量认证行政审批时间平均缩短了40%，申请人办理计量认证业务“零跑动”，实现全流程网上办理。

一是简化材料手续，以“简”促“快”。在申请受理环节，按照省局权责清单重新编制办事指南，申请材料压减20%，减少非必要的申请材料；在技术评审环节，减少重复审查，评审组提交审核的材料从原来的12项减少为5项，评审材料压减58%；在发证环节由原来省局制作CMA标记印章改为申请人自行制作，制证时间缩短3个工作日；领证环节取消申请人必须到省局现场提供旧证、旧章领取新证的要求，实现邮递送达证件的便利。另外，根据国家质检总局、国家认监委有关要求，为提高机动车安全技术检验机构资格许可和资质认定（计量认证）行政许可效率，与计量处制定了机动车安全技术检验机构资格许可和资质认定（计量认证）联合办事指南，对机动车安检机构办理相关许可事项实行“两份申请、一次受理、合并评审”，减少了一次评审时间。

二是明晰环节责任，以“责”督“快”。计量认证是涉及技术评审的一项行政许可工作，办理链条长，环节多，落实各环节主办人员的责任是提高审批效率的关键。省局建立了从受理到发证过程中8个具体环节的细化时间控制要求和审查责任制度，明确了每个环节的完成时限和具体的工作职责，形成分工明确、各司其职、运转有序的高效审批工作流程，特别是针对办理耗时长、审查责任大的技术评审环节，修订实施了《广东省检验检测机构资质认定评审指南》并组织对评审员进行了宣贯培训，落实评审的时效性和主体责任，提高评审质量和效率。

三是升级行政审批系统，通过信息化提高行政许可的规范化和信息应用水平。启动计量认证审批系统改造升级工程，本次改造一是围绕标准化要求建立计量认证检测能力统一数据库，实现从申请到审批的数据统一规范；二是围绕证后监管需求，实现计量认证审批信息的查询、分析、统计；三是围绕便民需求，实现计量认证审批信息加工利用。

二、以飞行检查为手段，推动证后监管工作效能的提升

在简化审批，提高效率的基础上，省局重心后移，强化事中事后的监管，组织全省质监系统开展检验检测机构、CCC认证指定实验室、体系认证等的监督检查，取得较好效果。

一是整体谋划，完善全省系统认证认可监管体系。在全省质监部门体制发生重大调整情况下，省局加强整体谋划，对全省认证认可监管工通盘考虑，做好总体部署和指导，明确省市县三级部门的监管职责和监管重点。2016年年初，结合国家认监委的部署，省局下发了检验检测机构、强制性产品认证、体系认证等专项监督检查方案，有力推动了全省系统认证认可监管工作的开展，同时针对监督检查工作技术性较强的特点，将监督检查划分为行政检查和技术检查，厘清了监管人员的履职边界。

二是加强培训，提高监管队伍的业务水平。针对基

层局认证认可监管工作内容多，技术性强，监管人员变化大等情况，3月，省局在河源举办了全省系统认证监管培训班，对全省各地市局分管认证工作的局领导，负责认证监管工作的科长进行培训，内容包括认证认可相关法律法规、认证认可监督方案的实施等内容。

三是严字当头，强化证后监管的威慑力。在检验检测机构资质认定专项检查中，省市县三级监管点线结合，省局以首次获证机构、被投诉机构、重点领域检测机构为重点对象，市、县（区）质监部门对区域内获证机构检查100%全覆盖，在检查方式上采用行政检查和技术检查相结合。

在对CCC指定实验室的检查中，认证处围绕人、机、料、法、环和质量管理体系等方面的内容对广东省25家实验室进行监督检查，重点检查上述机构保持相关技术条件，在质量管理体系运行有效性、检测报告规范性、试验操作符合性等方面是否存在问题。通过检查，发现一些机构存在违反法定要求未进行机构性质变更、内部培训不全面、作业指导书不细化、设备设施管理不完善、目击试验操作不规范、检测报告严谨性不充分等问题，已经责令机构进行整改。

在体系认证检查中，省局组织地市局检查人员按照国家认监委要求对51家获证企业进行了现场检查，填写检查记录，并及时登录认监委系统，上报检查结果和报送专项监督检查工作的总结。

三、以服务经济社会发展为中心，推动认证认可社会影响力的提升

一是积极开展检验检测统计研究工作。在全省系统各地市局的大力协助下，开展广东省资质认定检验检测机构的依法统计工作和分析研究工作，厘清“家底”，摸清行业状况，为推动广东省检验检测机构改革提供科学的决策依据。及时转发了国家认监委相关工作通知，并指定专人负责，跟踪指导，及时审核，狠抓统计信息直报和机构自查工作落实。建立了检验检测统计直报工作QQ群，开通了网上课堂，及时将国家认监委相关工作规范、要求向机构进行了传达、解读，对统计信息填报及机构自查的有关方法、规范进行了明确，并对机构填报及自查中反映的问题进行了实时答复，对审核中发现的问题及时予以纠正，确保了统计信息和自查报告的质量，报告率明显高于上年度，达到国家认监委相关要求。

二是以“世界认可日”等活动为载体，扩大认证认可宣传影响。组织在中山举办了主题为“认证认可通行世界”的“世界认可日”现场宣传活动。活动分为两部分：一是现场宣传咨询活动。活动现场通过播放认证认可、中山争创“全国质量强市示范城市”宣传片及派发宣传资料等多种形式，向广大市民宣传认证认可和质量强市工作，并就市民关心的质量热点问题进行现场解答。二是举行认证认可、检验检测与传递信任论坛。共有140家企业和实验室参加了论坛。论坛围绕认证认可在提升企业质量管理水平和产品质量水平、促进供给侧结构性改革和推动质量强省、质量强市建设等方面发挥的积极作用进行了深入交流。在质量月期间，省局还组织全省系统技术机构积极开展“检验检测机构开放日”活动，推动社会公众进一步了解质量检测知识，增强质量意识。

四、围绕广东自贸试验区建设、粤港澳合作不断加强检测认证合作交流，推动区域贸易发展

一是按照省政府的安排，积极研究制定便捷管理与服务的措施，主动服务广东自贸区区内企业发展。二是落实中央、广东省政府扶持港澳政策，召开粤港、粤澳检测认证工作专责小组2016年度工作会议，与港澳有关部门协调、沟通，为港澳认证机构和检测机构在广东省开展认证检测业务创造条件，促进合作共赢。与香港创新科技署就《粤港质量及检测认证工作合作协议》的内容进行协商并取得一致意见。在9月14日的粤港合作联席会议第十九次会议上，广东省质监局与香港创新科技署签署了《粤港质量及检测认证工作合作协议》，协议包括加强粤港质量和品牌认证合作、计量交流合作以及将粤港两地计量服务惠及“一带一路”沿线国家和地区等方面的内容。

撰稿人：汪宣穗　审稿人：梁洪荣

推进改革创新　促进外贸发展

——深圳出入境检验检疫局 2016 年认证监管工作概况

2016 年，按照全国质检工作会议精神，深圳出入境检验检疫局（以下简称“深圳局”）围绕国家质检总局和国家认监委各项部署，按照“强化认证认可工作，推动质量强国建设”的要求，在推进改革创新、促进外贸发展、实现“两提升、两满意”等方面努力工作。

一、抓质量，夯实认证认可质量基础

（一）制订备案监管工作计划，推进 HACCP 认证采信，实施出口食品备案管理

制定《深圳局 2016 年出口食品生产企业备案和食品农产品认证监管工作计划》，有序推进出口食品生产企业备案专项检查、现场检查和 HACCP 认证监管工作，继续推荐出口备案采信 HACCP 认证工作，开展备案监管和认证监管联动，推行《出口食品生产企业备案管理系统》，实现出口备案无纸化，全程网上办理。截至 12 月底，深圳辖区共备案出口食品生产企业 115 家，持有效《出口食品生产企业备案证明》146 份，其中远洋捕捞渔船 28 艘。向国家认监委新增推荐 1 家热加工禽肉企业和 7 家食品企业对韩国注册，推荐 6 艘远洋捕捞渔船申请欧盟注册。

（二）开展出口食品农产品生产企业“同线同标同质”工作

根据国家认监委要求，结合深圳局出口食品农产品企业实际，联合动植处和食检处制定了《深圳地区出口食品农产品内外销“同线同标同质”工作方案》，召开了深圳地区出口食品农产品“三同”工作推进会，通过入选企业现身说法和调查问卷了解辖区 180 余家出口食品及农产品企业对“三同”的认知和参与意愿，并制定逐一帮扶计划，帮助企业实施内销转型，助力国内食品安全供给侧改革。通过帮扶，已有 16 家企业通过帮扶成功登陆国家认监委“三同”信息服务平台，2 家企业通过信息服务平台对接“供港生鲜”电商平台，1 家企业以“三同”标识登陆本地商超，6 家企业进入检 E 生活“三同”产品专区销售，并指导 10 家企业完善了 HACCP 计划，进一步完善食品质量安全管理体系。

（三）主动为企业排忧解难，确保 CCC 免办产品顺利进口

进一步优化 CCC 免办业务流程，一批信用良好、管理完善的 CCC 免办证明申请企业实现了“网上申请、邮寄资料、自打证明”，有效保障了办理时效性。为服务大型企业“一带一路”业务拓展，先后给予中海石油深圳公司、广东核电合营、岭澳核电等 5 家企业在进口维修部件系统归类和 CCC 目录内外界定方面的便利措施；给予华为公司 CCC 免办产品后续监管个性化“定制措施”，促进了企业发展和经济转型升级。截至 12 月 31 日，共受理 CCC 免办证明申请 614 份、签发证明 443 份，分别同比增长 36.4%、17.2%；受理 CCC 手册申请 1 076 份，签发免办手册 1 049 份，分别同比增长 35.1%、33.3%。

（四）继续严把 CCC 产品入境验证关，守住质量安全底线

继续在深圳口岸范围内推行“界定前移 + 科学抽批 + 监管分类“的入境验证模式，保障强制性产品认证制度有效实施。开展 CCC 入境验证 68 703 批次、货值 60.16 亿美元，同比上升 0.06% 和 28.3%，查获不合格产品 1 506 批次、货值 1.03 亿美元；同时通过开展培训和专题研讨，提升口岸执法人员入境验证业务水平。在科学的验证模式下，口岸验放效率得以优化，执法能力得到提升，对一起从文锦渡口岸进口未获 CCC 产品进行销售的违法案例进行了行政处罚。

（五）提升能效标识入境验证把关能力，助力低碳城市建设

为配合广东省生态文明建设和深圳市低碳城市建设，积极落实国家质检总局能效产品入境验证新要求，进一步完善能效标识查验管理，明确现场验证的要求及

核查内容及免于实施能效标注能效标识及备案的条件、验证不合格的处置方式等问题，能效标识入境验证能力显著提升。截至12月31日，共实施能效标识入境验证18 200批。

（六）加强进出口商品检验鉴定机构监管，提升行业治理能力

一是梳理法律法规要求并结合深圳检验鉴定市场实际情况，出台深圳局《进出口商品检验鉴定机构监督管理工作规范》；二是加大对民营机构的扶持力度，1月～11月共帮助7家民营机构取得从业资质许可；三是充分发挥检验认证联盟等行业机构的行业自律和社会监督作用；四是落实国家质检总局“双查行动”工作要求，对8起涉嫌扰乱检验鉴定市场秩序行为进行调查，并对其中4家立案查处，受到总局发文表彰。此外，还组织了对45家机构的年报审核工作，受理并组织完成7家新机构申请初审以及18家机构的变更、换证工作。

二、保安全，守住产品质量安全底线

（一）在出口食品生产企业中推进食品防护计划

从国家认监委和深圳局两个层次开展食品防护计划培训，帮助深圳地区出口食品企业和监管人员了解和掌握食品防护的要求。在输美企业中推进食品防护计划，帮助输美企业建立和实施食品防护计划，保持输美企业持续符合美国法规要求。

（二）研究规范远洋捕捞渔船对外注册管理工作

成立远洋捕捞渔船评审工作组，针对深圳地区近年来新增远洋捕捞渔船数量较多和远洋捕捞渔船备案管理工作特点，研究制定《深圳地区对外注册远洋捕捞渔船管理规范》，规范业务管理，帮助辖区优势产业聚集，进一步开拓高端市场，提升企业效益。2016年开展远洋渔船评审2次，其中异地评审1次，帮助辖区备案远洋捕捞渔船换发备案证明9船次，新受理远洋渔船对外注册申请6船次。

（三）推荐辖区食品生产企业获得韩国注册

2016年，韩国对进口食品企业实施全注册管理，要求所有输韩食品生产企业须经官方推荐并获得韩国注册。为保持辖区输韩食品生产企业贸易顺利进行，深圳局组织了专项监督，及时向国家认监委推荐辖区内7家输韩食品生产企业申请韩国注册，并全部获得韩国注册，协助辖区内1家输韩禽肉热加工企业迎接韩国食药安全部现场检查。

（四）以专项业务督查促进CCC入境验证及免办后续监管工作质量提升

为加强CCC入境验证及免办后续监管工作的质量，深圳局于9月底组织4个专家组对9个分支局、办事处开展了2016年CCC入境验证及免办后续监管业务监督检查，重点检查文件规范性、审批规范性、后续监管情况和违法查处情况。通过检查共发现10余项问题，并督促相关分支机构落实整改，有力促进了各分支机构的业务交流和工作质量提升。

（五）强化CCC获证产品监管，提升质量安全水平

为发挥强制性产品认证的安全基础作用，按国家认监委要求，结合深圳口岸进口产品特点，以口岸抽查和市场抽查两种方式开展CCC获证产品监督检查工作。一是在文锦渡和皇岗口岸开展进口开关电源产品CCC一致性核查工作。二是通过市场抽查的方式，对消费者关注的进口玩具开展获证产品监督检查工作。共抽查CCC获证产品37批，其中开关电源22批、儿童玩具15批，检测合格30批，总体合格率81.1%，圆满完成了此次专项监督抽查任务并将抽查结果报送国家认监委。

三、促发展，服务经济结构调整升级

（一）探索检验监管新模式，积极推进第三方检验结果采信工作试点进度

将自贸区第三方检验结果采信的产品试点范围扩大到一次性卫生用品、儿童玩具等6大类产品；同时完善第三方检验机构登记公示制度，世联检测、TUV莱茵等第三方机构成为首批10家前海蛇口自贸区检验结果被采信机构，有效促进了第三方检验市场健康、规范、有序发展。

（二）服务供给侧结构性改革，力促出口食品企业提质增效升级

一方面是扩大对外注册服务，促进优势产业“走出去”。优化出口食品生产企业申请对外注册流程，以远洋捕捞产业为重点，扩大对外注册推荐服务力度，完善对外注册企业管理，帮助远洋捕捞产品开拓欧美市场。另一方面开展“同标同线”活动，帮助优质产品“走回来”。促进内销转型，在有条件的出口食品生产企业中，开展“同线同标”、“同质同价”活动，

以高品质食品内销引导相关消费回流，提高国内食品供给质量。

（三）创新举措服务前海蛇口自贸区跨境电子商务产业发展

服务前海蛇口自贸区业务发展需求，积极探索跨境电商小批量进口模式。先行先试，出台《深圳局免于强制性产品认证的特殊用途进口产品检测处理程序（试行）》，对备货模式进口销售的家用电器、信息技术、音视频设备、儿童玩具产品试行免CCC特殊用途进口产品检测处理程序。为进一步减轻电商企业负担，将样品费用和检测费用纳入深圳跨境电商质量安全监测计划，预计每年可为企业节省样品采购费、检测费200余万元。通过探索建立适应跨境电商业态特点的监管机制，在守住安全底线的同时，积极推动深圳地区跨境电商产业的健康发展。截至12月31日，已办理家用电器（电吹风）申请2批1 350台，货值57.5万人民币，儿童玩具5批5 500个，货值60.5万人民币。研究制定前海蛇口自由贸易片区网购保税模式进口食品境外生产企业注册管理制度，调研跨境电商婴幼儿配方乳粉进口注册需求，探索向国家认监委申请将跨境电商进口注册工作下放至深圳局管理，以支持和服务前海蛇口自贸区的发展。

（四）主动作为服务深圳口岸汽车平行进口业务开展

积极落实商务部等8部门《关于促进汽车平行进口试点的若干意见》，帮助中检深六汽车检验有限公司取得进出口商品检验鉴定机构资质、检验检测机构资质，以及CNAS认可等，完善深圳口岸进口机动车检测条件。主动到前海蛇口自贸区调研，了解汽车平行进口企业实际需求，对企业提出的强制性认证一致性核查，汽车改装场所资质等实际困难给予政策支持，促进深圳口岸汽车平行进口业务发展。

（五）参与推动深圳“全国食品安全城市”创建工作

8月5日、16日、31日受邀参与深圳市食药监局主办的3场先进食品安全管理体系宣贯培训活动。现场为企业介绍了出口备案采信制度、出口食品企业“同线同标同质”工程及检验检疫帮扶出口企业应对国外法规标准的相关措施，深圳市450余家企业参加了宣贯培训活动。9月26日～30日，我国第三个“有机宣传周”期间，结合深圳市食品安全“进社区、进学校、进商场”活动，深入福田区新港社区、沃尔玛山姆会员店和南山小学，利用展板、宣传手册等载体向市民、学生介绍我国有机产品认证制度相关知识。有效地传播科学、权威的食品安全知识。

（六）联合地方市场监管部门开展认证市场“双随机、一公开”监管活动

根据国家认监委“双随机、一公开”的认证市场监管要求，深圳局联合深圳市市场监管委开展集中检查。两局检查人员及专家集中封闭，采用现场随机抽取检查组对应随机检查认证机构的方式，对105家深圳辖区获证企业开展了网格化的全覆盖抽查。其中，深圳局检查人员共反馈涉及14家认证机构的问题78项，按照国家认监委要求进行了统一报送。

四、强质检，提升事业发展的持续动力

（一）加强信息宣传工作，打造认证监管业务品牌

继续加强认证监管信息宣传工作，加强内部重视，提升外部认知，集中反映认证认可工作在推动供给侧改革，采信第三方方面发挥的积极作用，突出认证认可促进地方经济发展，扶持现代高端服务业，保障人民群众乐享“高品质生活”的综合服务功能，聚焦工作难点和亮点，总结认证监管经验、展示一线把关风采，提高深圳局认证监管信息宣传报送质量，打造深圳局认证监管业务品牌。

（二）强化业务督查，抓好绩效考核指标落实

根据国家质检总局、国家认监委工作要求，梳理深圳局进出口食品注册备案和认证监管工作实际，科学调整绩效考核指标评定方式，合理分解和量化各项业务指标，通过定期通报和督查，抓好绩效指标的落实；同时结合国家质检总局业务督查计划，重点开展有机产品入境验证、CCC免办后续监管等工作的业务督查，提升认证监管工作质量。

（三）加强业务培训和交流，提升认证监管人员业务能力

开展主任评审员和评审员，不同专业评审员等不同层次的业务培训。选派2人参加国家认监委主任评审员培训，储备主任评审员队伍，选派1人参加“中国好师傅（第二季）”活动，持续参与“中国好师傅”乳品、水产品、食品防护和HACCP团队专业活动，参与起草了进口乳品企业评审手册，食品防护培训师资培养等工作，提高了深圳局评审员专业能力。开展辖区出口食品企业食品防护和HACCP认证工作培训，帮助辖区企业提高质量管理能力。制订认证执法监管人员年度

培训计划，积极建立健全行政处罚案件指导、CCC 认证行政执法信息上报等制度，规范行政执法行为。

（四）积极配合总局和国家认监委开展业务系统调试工作

为保障 E-CIQ 在深圳局全面顺利上线，组织专人全程参与分支机构人员的培训、测试、答疑等工作；为配合国家认监委“CCC 免办及特殊用途进口产品检测处理管理系统”上线工作，组织业务骨干加班加点对该系统进行了联调联试，提供了大量有效的测试数据，为新系统顺利上线打下基础。

（五）争取国家认监委支持，推进深港检验检测互认工作

为落实《CEPA 服贸协议》中认证认可工作要求，支持深圳前海蛇口自贸区业务发展，深圳局积极争取国家认监委政策支持，邀请国家认监委国际部、法律部等部门到深圳进行调研，就落实《CEPA 服贸协议》措施听取各相关部门意见，细化深港双方的互认需求，推进深港互认工作落到实处。

撰稿人：吴菁云　审稿人：蔡正国

改革创新　服务发展

——珠海出入境检验检疫局 2016 年认证监管工作概况

2016 年，珠海出入境检验检疫局（以下简称“珠海局”）认真落实国家质检总局和国家认监委总体工作思路和部署，团结奋进、改革创新、锐意进取，积极完善监管提升效能，创优服务促进发展，强化内功，夯实基础，为服务珠海经济社会发展做出了一定的贡献。

一、进出口食品生产企业卫生注册登记工作概况

新批备案出口食品企业 4 家、延续备案 15 家、重新备案 2 家、变更 3 家、注销 4 家，现有备案注册企业 53 家，获国外注册 16 家次。按要求对目录内产品开展了境外生产企业注册信息口岸核查，16 批次标签检验不合格，2 批次安全项目检验不合格。

（一）优化备案程序，提高采信 HACCP 认证比例

按照“放管服”改革要求，修订《出口食品生产企业备案作业指导书》，提高备案采信 HACCP 认证有效结果。全年共有 4 家企业通过采信快速备案，平均缩短时间近 10 日。

（二）开展出口食品生产企业“同线同标同质”等帮扶行动成效初显

通过开展政策宣讲会、结合监管深入企业现场宣贯、举办 3 场座谈会等方式对辖区所有 53 家出口食品生产企业开展了“三同”工程宣传，共出动 58 人次，宣讲对象近 500 人次，发布“三同”微信 1 期。结合实际研究制定《出口食品企业内外销“同线同标同质”等帮扶行动方案》，成立 3 个帮扶工作组，按照“一厂一策”帮扶方案狠抓落实，帮扶 4 家企业上线“三同”公共服务平台，占本辖区 HACCP 认证备案企业数量的 33.33%。通过“三同”等帮扶工作，帮助出口食品企业显著提升质量管理水平，已有 14 家出口食品生产企业获得危害分析与关键控制点（HACCP）体系认证，22 家企业获得食品安全管理体系（ISO 22000）认证；被美国 FDA 和中国香港地区食环署抽查的 3 家企业均顺利通过其官方检查；企业品牌知名度得到一定程度的提升，拓展了塞班岛等新市场。

（三）积极协调推荐企业对外注册

针对辖区冰鲜禽肉因配合珠海市政府有关项目建设搬迁斗门事宜，及时跟进，主动与认监委及港澳主管部门联系沟通，积极协调并顺利完成企业对港澳注册；推荐 1 家企业对俄罗斯注册；指导帮助 7 家企业完成对韩国注册信息填报。

二、认证、认证监管及相关工作概况

组织对 5 家认证机构管理体系认证活动实施自主监

督检查，发现1例违规认证。HS编码监管条件为“L”的CCC入境验证产品13 218批，查验不合格18批，金额5.88万美元。受理免办申请618份，审批通过527份，不通过率为14.7%。

（一）强化事中事后监管

坚持放管结合，由注重放宽事前准入向注重强化事中事后监管转变，强化风险管理。结合实际研究修订《认证监管风险管理作业指导书》，完善认证监管风险管理制度。制定《珠海局进口有机产品入境验证工作指南》，进一步规范口岸有机产品入境验证工作；首次开展进口有机产品专项检查，抽取5批样品共检验102个项目。

（二）引入“双随机”抽查理念，组织开展CCC和体系认证监管，提高执法公正性

选取5家管理体系认证机构开展监督检查，发现1家认证机构违规认证，审核时间不足，向相关认证机构做出了限期整改、逾期不整改处以罚款的处置决定；抽取7个进口强制性认证产品，经检测1个产品不合格，抽样不合格率为14.28%，已通报认证机构对其CCC证书实施暂停处理。

（三）继续开展粤澳检测认证互认课题研究，推进自贸区认证监管制度创新

赴澳门经济局和澳门生产力暨科技转移中心开展调研，比较全面地了解了澳门认证和检测行业发展现状，以及澳门方面对横琴自贸区认证监管制度创新的需求，提出了在强制性产品认证监管和检测结果互认方面给予更多便利化支持的创新思路和措施，并撰写研究报告提交认监委自贸区政研课题组，为认监委提供决策支持。

（四）积极以需求为导向，大力支持自贸试验区会展业发展

创新自贸区会展CCC产品监管措施，对需办理强制性产品认证（CCC）的产品实行“入区登记、展后区别监管”的监管方式，无须办理《免于办理强制性产品认证证明》，会展结束后，退运出境的展品采取复出核销的便捷措施，销售、使用的展品按照强制性产品认证的有关规定办理。该项措施被广东省人民政府列为复制推广中国（广东）自由贸易试验区第二批改革创新经验，并已成功运用于第十一届中国航展，入境验证时间从原来的3个工作日缩短为2小时。

撰稿人：吴小伦　审稿人：吴新荣

深化改革　主动作为　努力提升服务地方经济发展能力

——海南出入境检验检疫局2016年认证监管工作概况

2016年，海南出入境检验检疫局（以下简称“海南局”）按照国家质检总局和国家认监委的工作部署，全面贯彻落实全国认证认可工作会议精神，主动适应经济发展新常态，深化改革，简政放权，转变职能，全力提升认证监管工作水平，服务地方经济发展取得新成效。

一、创新质量共治机制，促进质量水平再提升

（一）加强监督管理，不断提升出口食品备案企业质量安全水平

一是认真落实出口食品备案企业年度报告制度。对65家备案企业上报的上年度食品安全卫生控制体系运行情况报告进行审核，了解和掌握出口食品企业体系运行和食品安全情况，并落实企业报告内审员签名制度。二是率先在出口食品备案企业监督检查中实施“双随机”工作。三是开展专项检查。海南辖区共有2家出口食品备案企业5批次被国外通报有不合格信息等情况，国外通报批次同比下降64%。及时组织人员深入企业实施专项检查，指导企业分析存在的质量安全问题和隐患，并对存在问题和隐患进行纠偏和预防。对存在问题严重的1家企业负责人进行约谈，要求企业落实质量安全主体责任，加强和完善企业自检自控体系，不断提高质量安全管理水平，确保出口食品质量安全。

（二）强化备案准入和退出机制，持续保持备案企业的整体质量良好水平

一是严格备案准入，严把备案登记申请材料审核关、评审组评审关和评审材料审查关，达不到准入条件和标准要求的，一律不予以许可准入。全年经评审不合格不予以许可准入3家。二是加强出口食品备案和国外注册企业的监管，不断完善退出机制。通过现场检查、专项检查、延续备案等手段，强化备案企业的监管，对不能持续满足准入条件、不能保证产品质量安全和整改后仍然达不到要求的企业，一律按照规定采取暂停、注销等处理措施，确保获证企业持续符合要求。全年共注销备案企业4家，注销对美国注册企业3家。

（三）推进认证行政监管模式创新，整合优化监管资源

按照认监委转变备案监管方式、做好监管联动的工作要求，海南局整合优化监管资源，将出口备案监管和HACCP认证等监管工作结合进行，联动开展认证监管和出口备案监管工作，有效地提高了监管的深度、广度，及时消除出口企业质量安全风险隐患。2016年，海南局共整合联动监管HACCP认证企业13家次，这既节省了监管行政成本、减少对企业生产的影响，又提高了监管的有效性，受到企业的好评。

（四）加大认证备案监管采信力度，发挥社会力量共治食品安全的作用

2016年，海南局对6家备案企业采信了认证机构的HACCP认证技术证明材料，免于现场检查工作。在现场检查、新备案企业评审、国外注册企业监管等工作中，还探索采信第三方ISO 22000体系认证技术证明和有资质的检测机构技术证明，减少对相关要素的检查工作。通过监管手段创新，提升监管效能，较好地发挥了第三方认证机构、检测机构等社会力量共同治理食品安全的作用。

二、创新风险管理机制，促进安全水平再提升

（一）加强出口备案监管风险评估工作

海南局结合对出口食品备案企业的年度报告审核分析、出口检验不合格情况和国外对出口食品不合格的通报等信息，进一步加强对出口备案监管的风险评估工作。根据出口备案企业产品质量安全状况，对备案企业进行动态分类监管，并制订相应的监管计划，确定监管方式、监管重点和监管频次等，做到因厂制宜和“一厂一策”，提高监管的针对性和有效性。

（二）强化食品农产品认证监督管理

加强对辖区内食品农产品认证风险信息收集、识别和风险评估，突出问题导向，开展HACCP认证、有机产品认证的行政执法监督检查。全年共出动认证执法监管人员32人次，检查了辖区内16家各类获证企业。在行政执法监督检查中，未发现违法违规行为。

（三）做好管理体系认证活动监督检查工作

按照认监委相关任务要求，2016年下达给海南局的任务是对1家获质量管理体系认证的企业开展管理体系认证监督检查。同年9月底，已完成对这家获质量管理体系认证企业的检查工作。经检查，未发现违法违规行为。

（四）组织强制性产品认证获证产品监督抽查活动

根据认监委2016年强制性产品认证获证产品监督抽查工作方案的要求，结合海南辖区进口及流通领域强制性产品认证获证产品的实际情况，开展对家电获证产品的监督抽查工作。抽取电水瓶1批、吸尘器1批、除湿机3批，经检测，这5批产品符合相关标准要求，没有发现检测项目不符合等情况。

（五）强化CCC入境验证和CCC免办工作

一是抓好CCC认证产品口岸执法工作的监督检查，确保重点工业项目建设所需的进口设备及其配件的便捷通关。二是进一步规范CCC《免办证明》的审批程序，对不符合免办条件的CCC产品，采取退运或就地销毁等措施。三是加快CCC《免办证明》的审批速度，为企业报检通关和投入安装缩短时间。四是创新CCC免办的后续监管工作机制。通过风险分析，4月下放CCC免办的后续监管工作，由辖区分支机构进行监管，提高了行政效能。

（六）加强对进口食品企业注册、认证信息的口岸查验

按照认监委要求，加强进口食品境外生产企业注册入境查验和产品质量分析。对列入《进口食品生产企业注册实施目录》内的食品，入境时查验其是否由获得注册的企业生产，注册编号是否真实、准确，食品外包装是否如实标注注册编号。对使用“有机”、“HACCP”等标志标识的进口食品，依法查验其认证真实性和有效性。经检查，未发现有违反规定的现象。

三、创新职能作用机制，促进发展水平再提升

（一）落实好“同线同标同质”帮扶的工作要求，帮促出口食品企业提质增效升级

一是召开“同线同标同质”工作宣贯会。邀请海洋与渔业、商务和质监等地方职能部门参会，部分出口食品企业作经验介绍，地方主流媒体及《国门时报》均进行了报道。二是帮助企业培训业务骨干。组织企业200多名人员参加认监委举办的食品防护计划培训、出口食品“同线同标同质”技术法规与标准宣贯培训以及美国食品安全现代化法配套法规培训，组织企业收看第十四届全国HACCP应用与认证研讨会暨“同线同标同质”工作推进会。三是提供技术法规支持。指导企业完善质量管理体系，开展与发达国家或地区技术法规和标准比对，免费给企业发放美国《食品预防性控制措施》法规解读、美国《食品企业注册指南》解读等相关书籍168本。四是积极做好出口食品生产企业备案和国外注册前的帮扶和推荐工作。全年获得备案和国外注册的企业共18家。五是鼓励相关食品企业实施HACCP等认证。2016年新增加8家出口备案企业获得HACCP认证。六是鼓励和推荐企业上线认监委“同线同标同质”信息公共服务平台，帮扶企业与国内超市、卖场对接，实现内外销双增长。目前已登录平台的企业有5家。

（二）积极应对国（境）外对备案注册企业的官方检查，服务好“一带一路”

我国香港地区食环署、哥斯达黎加和美国FDA官方人员分别对海南省加工肉类、水产品类和糖果类的4家企业及配套养殖场进行实地检查。哥斯达黎加官方人员还考察海南局技术中心。被检查企业由于积极备检和配合检查，顺利通过这些检查，较好地应对了技术性贸易措施。通过指导企业应对国外或地区官方的检查，解决企业产品国外市场扣留、受阻和退货等问题。

四、创新实力提升机制，促进自强水平再提升

（一）加强法治建设，全面落实“三位一体”综合行政管理要求

一是按照备案认证监管模式的改革要求，加强制度建设，抓好备案认证相关规范性文件的“立、改、废”工作。海南局结合内审和业务督察等活动，增加或修订备案认证监管“三位一体”质量管理体系操作性文件。2016年以来，修订了工作手册2次。二是不断推进依法行政，结合制定“权力清单”和“责任清单”工作，强化认证监管人员权责法定意识，落实认证执法监督责任制。要求执法人员在工作中依法行政，按程序办事，促进监管效能提升。三是加强“七五”普法活动学习和备案认证监管体系文件的学习运用，不断提高学法用法水平，提高体系文件执行的有效性。

（二）加强队伍和业务建设，全面提升能力素质

一是组织评审员队伍和认证监管人员学习国外新的食品安全法规和国家备案认证工作最新要求，不断提升海南局备案认证队伍的整体水平。二是加强备案认证监管人员培训力度。尤其是加大分支机构备案认证监管人员培训力度，创新培训方式方法。三是有计划地安排监管人员参加现场检查、专项检查、认证执法检查、备案注册评审、HACCP验证评审和国外注册评审工作，提升系统内认证备案监管人员实践才干和专业能力，适应新常态下备案认证监管工作的需要。四是开展认证备案监管4项业务督察，防控工作风险。采取多种方式和方法，对分支机构认证监管业务工作开展专项督察。

（三）加强检验检测机构资质认定专项监督检查

按照认监委的工作部署，海南局组织开展系统内检验检测机构资质认定专项监督检查工作，要求各检验检测机构要做到100%自查，并及时报送真实、诚信的自查结果。海南局获证检验检测机构共4家，其中，2016年新增资质认定获证实验室1家。检查结果表明：海南局4家检验检测机构认可证书和资质认定（含食品检验检测机构）证书均在有效期内，并建立了较为完善的管理制度；对获得资质的检测项目，实施了有效的内部和外部质量控制；能够规范的、诚信的为行政执法或社会委托提供有效的检测服务；未发现有出具虚假数据、伪造数据等违法违规现象。

（四）加强认证认可宣传工作，营造良好舆论氛围

一是开展“世界认可日”宣传活动。通过张贴宣传海报，介绍认证认可有关知识、法律法规、认证认可发展趋势等，积极有效地引导社会舆论，同时在海南局门户网站、各分支机构报检大厅电子显示屏滚动播放宣传片，宣传认证认可知识、认证认可有关规定等。此外，海南局还首次组织人员在我国最南端的城市——三沙市开展“世界认可日”宣传活动。根据三沙市永兴

岛上的实际情况，开展了与岛上居民生活相关度最高的强制性产品认证宣传活动。通过发放宣传资料，现场实物讲解等形式，向岛上军警民宣传强制性认证产品的选购知识和注意事项。宣传人员还来到永兴学校展示认证产品，向老师和学生现场讲解强制性产品认证的概念和购买儿童玩具时的注意事项，并向学生赠送玩具作为“六一”儿童节的礼物。二是开展“质量月”活动。质量月期间，组织开展了多种形式的宣传活动，扩大认证认可的影响力和公信力，营造“人人重视质量、人人创造质量、人人享受质量”的质量共治氛围。

撰稿人：符世霞　审稿人：杨祖江

围绕市场　强化监管　服务地方经济发展

——海南省质量技术监督局2016年认证监管工作概况

2016年，海南省质量技术监督局（以下简称“海南省质监局”或“省局”）全面落实全国质检工作会议和全国认证认可工作会议精神，围绕“抓质量、保安全、促发展、强质监”的工作方针和“强化认证认可作用、推动质量强国建设”的工作要求，以服务供给侧结构性改革为中心，勤政务实、主动作为、改革创新、勇于担当，不断寻求新的增长点，在提高供给质量、深化改革创新、完善工作机制、加强自身建设等方面取得新的成绩，为夯实质量技术基础、建设质量强省和一带一路经济带的发展做出了新贡献。2016年，海南紧跟市场变化，寻找经济增长点，认真研究低碳认证、节能产品认证等新型认证，提前介入知识产权管理体系、资产管理体系等新型认证领域，力求跟上经济转型和市场变化的步伐，顺应经济结构性变化，在经济新常态中谋求掌握主动权，推动认证认可新发展。

认证情况。截至2016年底，海南现有各类获得认证企业和组织共1 826家，增加25家，证书3 204张。其中，获得强制性产品认证（CCC）企业117家，比上年增加18家，有效证书535张，比上年增加92张。获得有机产品认证企业49家，比上年增加9家，有效证书74张，比上年增加14张；获得各类管理体系认证企业1 505家，有效证书2 210张，比上年增加342张，其中，质量管理体系证书1 379张，环境管理体系证书358张，职业健康安全管理体系证书304张，其他管理体系证书169张。药品生产企业获得GMP认证增加了26家，收回4家，累计共116家。绿色食品认证企业20家，累计37家；无公害农产品认证企业70家，累计167家；有机农产品认证18家，累计50家。

实验室认可情况。全省依法设置的计量检定机构18个，依法授权建立的计量检定机构7个；计量检定机构建立的社会公用计量标准188项，比上年增加17项；授权开展专项检定的计量标准数46项，比上年增加7项；部门、企事业单位建立的计量标准100项，比上年增加8项。按照《计量认证/审查认可（验收）评审准则（试行）》和《实验室资质认定评审准则》的要求，完成了对40家质检机构开展专项监督检查，14家38项计量标准的考核（复查）工作。全省依法设置的产品质量检验机构共19家。其中，质监系统设置的产品质量检验机构9家，特种设备检验机构2家，国家质检总局批准筹建的国家质检中心2家，各行业主管的检验机构6家，即粮油食品、燃气产品、消防产品、天然橡胶产品、烟草产品、农机产品质量检验机构。机动车安检机构认可情况。截至2016年底，海南共有机动车安检机构55家，其中摩托车安检机构8家，汽车安检机构48家（其中15家有摩托车检测线）。全省共有摩托车检测线24条，汽车检测线67条。新增汽车安检机构4家、汽车检测线5条。

一、推进认证机构改革

继续做好认证机构改革准备工作。在认真学习消化国家质检总局关于事业单位机构改革精神，研究借鉴兄弟省市区的好经验、好做法的基础上，进行海南认证审核中心持有方圆标志认证集团有限公司及方圆标志认证集团海南有限公司股权转让工作，做好在编人员改制意向的调查摸底，收集省市相关认证机构成功改制的经验，力争相关政策支持，改革认证机构管理体制。创新机制，优化认证管理。一是利用“三严三实”和“不严不实”自查自纠的机会，持续改进管理，根据出现的新情况、新问题，完善认证认可管理制度，从制度上保障认证工作高效落实。二是精心策划，确保认证工作合法合规。认证机构在审核组组成、专业能力控制、时间逻辑顺序、审核人员等方面进行精心策划，确保符合有关认证规范、规则，保证认证工作质量，避免认证质量事故。按规定及时上报有关审核信息，供国家认监委及地方质监部门的监督，全年未发生监督不合格情况，也不存在认证客户不满意和投诉现象，维护了认证机构的良好形象。经过不懈努力，全年顾客满意度达到 90% 以上。三是做好客户服务，控制企业流失率，扩大市场份额。

一是对因人员变动等原因造成体系运行困难的企业提供指导服务。截至 2016 年底，举办 9 期包括质量、环境、职业健康安全、食品安全管理体系等各类培训班，共培训内审员 300 多人次，为确保海南企业管理体系的持续正常运行提供帮助。二是针对 ISO 9000、ISO 14000 新版标准于 2015 年 9 月正式发布这一情况，为帮助认证企业深入了解新版国际标准，以便更好地进行管理体系换版工作，认证机构安排审核员参加 ISO 9001、ISO 14001 新标准的转换考试，培养了一支比较成熟的认证审核队伍，能够为相关企业转版、认证提供服务。三是强化市场信息的专人跟踪机制，加大市场开发力度。利用质量管理体系标准换版的契机对已获证企业进行二次开发，利用政府部门（如工信、旅游、质监、科技）和行业协会的信息，不断开发认证业务，截至 2016 年底，新增获得质量管理体系认证企业 25 家，扩项企业 8 家，完成再认证企业 58 家、监督企业 177 家，继续保持稳步增长的态势。知识产权管理体系和固定资产管理体系认证的业务开发，能源管理体系认证业务的拓展正在谋划中。

二、开展认证认可各业务领域监督检查

根据国家认监委《关于印发 2016 年认证认可各业务领域监督检查工作方案的通知》（国认办〔2016〕18 号）要求，海南省质监局制定了《2016 年海南省电磁灶产品强制性认证监督抽查工作方案》，开展了 2016 年海南省电磁灶产品强制性认证监督抽查工作，并将样品送广东产品质量监督检验研究院进行检验。本次监督抽查的产品是在海南省流通领域内获得 CCC 认证且在有效状态的家用及类似用途的电磁灶产品，共抽查了 15 家生产企业生产的 35 批次电磁灶产品，共出动监管（抽样）人员 70 人次。抽查 35 批次电磁灶产品，其中有 1 批次产品不合格，34 批次产品合格，产品合格率为 97.1%。抽查的产品分布在 15 家生产企业，合格 14 家，生产企业的合格率为 93.3%，不合格 1 家，生产企业的不合格率为 6.7%。抽查产品共涉及的证书总数为 23 张，合格数为 22 张，合格率 95.7%，不合格数为 1 张，不合格率为 4.3%。本次监督抽查工作的收获：在国家认监委的统一指导和协调下，整个抽样过程比较顺利，抽查过程做到了规范化和科学化。国家认监委 CCC 系统的查询功能在现场执法和抽样过程中发挥了很大的作用，可以即时了解企业的相关信息，对现场的执法和抽样工作起到很好的作用。存在的问题是：一是抽查工作时间较紧，现场网络条件有限，往往是到销售地才能对随机抽取产品的 CCC 认证有效状态进行查询确认，导致现场抽样速度较慢。二是本次监督抽查主要集中在海口，抽查的覆盖面小导致抽查的结果可能存在一定的局限性。

三、开展机动车安检机构的监督检查

对机动车安检机构的监督检查工作，采取日常监管和专项检查相结合的方式，日常监管工作由市、县直属质监局负责，专项检查由省局组织实施。2016 年重点对检验业务量大、检测线较多，具有大车、校车检验能力的安检机构进行抽查。共抽查了机动车安检机构 20 家。对不能持续保持检验能力和条件的安检机构责令限期整改，促进安检机构规范检验行为。加强培训，提高安检人员素质。一方面加强对质检系统各直属局分管领导和工作人员监管知识、监管责任的培训，进一步增强监管工作能力和责任意识；另一方面要督促安检机构加强内部培训，进一步提高安检机构从业人员的整体素质、法律和责任意识。

四、开展“世界认可日”宣传活动

根据《国家认监委关于组织开展第九个世界认可日主题活动的通知》（国认办〔2016〕26 号）精神，海南省质监局领导高度重视，认真筹划，紧密结合海南实际，6 月 9 日，组织开展了以“深化认证认可合作服务一带一路建设”为主题的“世界认可日”宣传活动，活动取得了很好的效果。一是高度重视，精心组织。接到国家认监委的部署文件后，省局主要领导和分管领导及时做出批示，并制定了“世界认可日”活动方案，并印发全省质监系统，要求各直属单位要把“世界认可日”活动与年度工作结合起来，紧紧围绕贯彻发展新理念、引领发展新常态、加强供给侧改革、建设质量强国等国家大政方针，围绕“认证认可，通行世界”的活动主题，对接国家重大战略和政策举措，充分彰显认证认可在服务供给侧结构性改革和经济社会发展大局中的作用，提高认证认可的社会认知度和影响力。同时要求各地有可能地借助广播电视、网络、报刊、

短信等媒体平台，多途径广泛宣传，营造深厚的活动氛围，确保了活动有序开展。二是重点突出，扩大影响。省局在6月8日《海南日报》专版刊登“搭建桥梁助推海南企业走向世界”专题，介绍认证认可的基础知识及生活中容易接触到的基本常识，以及认证认可支持海南国际旅游岛建设和“一带一路”建设的新举措，进一步提高认证认可公众认知度。强调认证认可工作的重要性。介绍认证认可工作的现状和发展机遇、认证认可工作执法的情况、认证认可助力企业发展及企业的相关经验。通过在全省主要媒体上全面展示认证认可工作与人们生活息息相关，充分抓住世界认可日契机做好宣传好质监工作，让全社会更多地了解质监工作、了解认证认可工作。三是各市县联动发力，推动活动深入。其一，广泛宣传、营造氛围。海口质监局、儋州质监局、东方质监局、白沙质监局和陵水质监局等直属局分别采取通过深入企业、院校、社区，在主要街道，在商场、超市、批发市场等公共场所张贴宣传画、视屏滚动播放活动主题和宣传标语，设立现场咨询台，发放《认证认可条例》单行本，大力宣传认证认可在保护人民生命财产安全作用，引导全社会广泛关注和重视认证认可工作。其二，以多种形式解读消费者和质量工作者关注的问题。儋州质监局到儋州华盛天涯水泥有限公司组织召开“世界认可日”座谈会，向企业讲解认证认可和低碳认证知识，解读如何充分发挥认证认可在供给侧改革中的作用。东方质监局组织执法人员对商场、超市、批发市场、专卖店等流通领域的认证产品开展专项检查。陵水质监局对辖区内无强制性认证产品生产企业，重点检查陵水有机产品、无公害农产品等产品的获证情况和认证标志的使用情况。白沙质监局组织执法人员对辖区内的茶厂、商场、超市和电器销售店的认证产品开展专项检查。通过多种形式的宣传活动和检查工作，较好地推动了认可日活动的深入开展。

五、存在问题和不足

一是人力资源与发展需求相比仍有很大差距。主要表现在建筑施工专业领域、食品领域专业审核员数量不足，能源管理体系审核员空缺，卓越绩效模式人才尚未发挥作用，标准化工作人员的数量、素质都难于满足我省标准化战略的需要。

二是激励机制和考核机制仍不完善，不能最大限度地发挥认证潜能。

三是审查工作受工作经费的影响，无法开展更多的培训、交流、监督等活动，使审查工作难以达到预期目标。

六、建议

在继续加强队伍建设，完善管理机制，抓好主业的基础上，着力做好以下工作：

一是加强企业培训、标准换版工作。结合ISO 9001、ISO 14001标准换版的实际，大力开展面向认证企业的标准换版培训，及时指导其管理体系更新、优化，满足国家有关换版要求。

二是抓好新的增长点。在确保认证工作稳步发展的同时，努力拓展能源管理体系、知识产权管理体系、卓越绩效等相关领域工作，同时关注其他政府采购过程的采信需求，做更多力所能及的工作，作为2017年的重要增长点。

三是加大对认证机构的监督检查，对不按照认证规范要求或降低认证条件给予认证的等违法行为，要加大惩处力度，增强“传递信任”的信任度。

四是加强认证监管人员培训，特别是基层监管人员的培训，提高监管人员素质，发挥基层监管力量，促进认证行为规范。

五是加强年鉴编纂人员编纂知识的培训并总结年鉴编纂经验，表彰优秀编纂人员，鼓励撰稿人努力提高年鉴编纂水平。

撰稿人：杨 振 审稿人：林诗光

总结经验　开拓创新　努力提高认证认可工作的有效性

——广西出入境检验检疫局2016年认证监管工作概况

一、进出口食品生产企业卫生注册登记工作概况

2016年，广西出入境检验检疫局（以下简称“广西局”）按照简政放权的要求，充分发挥出口食品备案提质升级作用，深化行政审批制度改革，将“出口食品生产企业备案”行政许可项目审批权下放到具备审批条件的南宁、柳州、梧州、桂林4个分支局；在对出口食品生产企业备案审核、监管以及企业年度报告结果中全面推行采信第三方认证。全年通过采信第三方认证、联动监管以及企业年度报告结果予以企业备案（含延续备案、变更、重新申请）83家（次），采信率在同期批准备案企业的183家中达45%，有效地缩短了审批流程。全面启用出口食品备案管理系统，进一步优化行政审批程序，实现网上无纸化申报、审批，实现辖区出口食品企业备案信息、年度报告审核与确认、年度监管计划及实施情况等网上适时查询，提高出口食品备案办结效率。截至12月31日，共完成对51家新申请企业、41家重新备案、62家延续备案、29家备案企业变更事项的评审、验证和审核批准，注销39家企业备案资格。实际有效备案企业数为198家（次）。

二、认证、认证监管及相关工作概况

突出重点，充分发挥认证认可在提质升级中的有效作用。一是加强出口食品备案的事中事后监管，加强对出口食品备案和第三方认证联动监管，2016年共派出128人次，对57家出口企业实施67家次出口食品农产品认证有效性监管，其中有机产品认证8家次，食品安全管理体系认证31家次，危害分析与关键控制点体系认证（HACCP）28家次，涉及认证机构10家。此次检查对辖区获HACCP认证企业和有机产品认证企业进行全覆盖检查，重点抽查了高风险、敏感类企业，确保出口备案企业符合准入要求，维护第三方认证市场的合规性。通过进一步完善放、管、服“三位一体”的质量工作机制，进一步推动企业落实质量主体责任，发挥行政审批制度提质升级作用。

二是坚持依法行政，提升CCC认证制度的质量保障作用。加强入境CCC产品监管，特别是加强进口CCC产品入境验证管理。全面启用“CCC免办系统”，将“CCC免办”行政确认部分项目下放到有条件的分支机构办理，严格按照工作规范开展CCC免办行政确认审批，实现网上无纸化审批、核销和跨地区后续监管，提高工作效率。2016年，共办理CCC免办进口审批90批，货值达3.40亿元人民币。加强后续监管，继续对CCC免办产品全面实行专门制度、专门管理、专人负责、专门台账、专门存放地点的“五专”管理。结合国家质检总局针对消费者关注度高的10种消费产品的质量提升行动，组织开展对进口重点CCC产品的专项整治，以问题为导向，制定《广西检验检疫局2016年强制性产品认证获证产品市场抽查经费预算方案和实施方案》，开展对进口轮胎、玩具和小家电等产品进行专项抽查，加大对列入CCC目录内产品未经认证擅自进口的执法查处，提升CCC认证制度在准入的质量保障作用。同时，积极探索跨境电商CCC产品认证监管模式，提高认证认可监管工作有效性，把好国门，保护广大消费者利益。

三、重点问题探索、分析

（一）突出发挥认证认可在改革创新，推进边境贸易国检试验区建设中取得新突破

按照广西局关于“中国－东盟边境贸易国检试验区”重点项目建设的统一部署，发挥认证认可服务地方经济发展作用，积极探索打造“前期认证采信＋口岸快速放行＋事后严格监管”的“双采信”新模式，制定《中国－东盟边境贸易国检试验区进口食品备案采信第三方认证结果工作规程》，将进口食品口岸监管功能前移，全面提高口岸验放效率和贸易便利化水平，助推广西边境贸易转型升级。广西局提出的进口食品注册采信第三方认证结果、进口商自主检查结果采信验证制度得到认监委领导高度认可并原则同意由广西局牵头组织

对东盟国家进口食品生产企业注册技术评价试点工作。

（二）突出发挥认证认可在促进广西经济发展中取得的新成果

一是落实国家质检总局2016年重点工作，深入开展出口食品“同线同标同质”帮扶行动活动取得实效。围绕总局从认证认可角度开展供给侧质量改革部署，认真落实总局、认监委2016年重点工作，充分发挥认证认可在供给侧改革中的作用，制定《广西检验检疫局2016年出口食品企业内外销“同线同标同质”工程帮扶行动方案》，按照“因地制宜”、“一厂一策”的原则确定25家出口食品备案企业作为帮扶对象，对症施策指导、帮助企业按照“一个标准、二个市场”、“同线同标同质”要求开展出口转型，指导企业完善内外销产品质量管理体系，推行内外销食品在同一生产线按照同一标准生产高品质产品，增强产品在国内市场的竞争力，引导出口食品内销回流，满足国内消费升级需求。目前广西共有17家出口食品备案企业63个品种成功登陆国家认监委“同线同标同质”公共信息服务平台。通过开展主题为“出口食品‘同线同标同质’促进消费带动转型升级”的2016年世界认可日活动，积极牵线搭桥，帮助企业与国内各优质销售信息服务平台、大型连锁超市对接，让符合国际标准的食品农产品进入国内市场，促进企业提质增效升级。经过帮扶，17家上线企业2016年内销量呈明显上升趋势，其中南宁尚盈食品有限公司生产的果浦产品成功打入沃尔玛、名创优品和鲜丰果品等知名商超，创下销售金额400万元，增幅达200%；柳州市柳冰食品厂内销产品增幅17.56%；桂林吉福思（中国）罗汉果有限公司罗汉果浓缩汁产品在国内销售额增加约50%；钦州九联食品有限公司通过设立“同线同标同质”销售专柜，产品日销售量从之前的500～600千克增至3 000千克，并成功进入学校、政府机关及监狱食堂等；北海玖嘉久食品有限公司高端鱼糜制品在保持出口良好形势的同时，1月～10月内销产品突破1.09亿元，增加940万元，增幅9.44%；大力扶持柳州螺蛳粉“走出去”，将其打造成最具广西地方特色的“三同”食品，9月为广西第一家出口螺蛳粉出口备案企业颁发证书。帮扶行动让企业切实感受到“三同”工程确实是一项惠及民生的工程。看到“三同”企业取得的巨大经济效益，同行企业纷纷向检验检疫部门表示要创造条件早日加入“三同”行列。广西局认真总结“三同”工作经验，形成了《广西检验检疫局关于力促出口食品企业“同线同标同质”内销转型情况的报告》（桂检认〔2016〕184号）报送自治区政府，国家认监委刘卫军副主任来广西调研对广西局开展“三同”工程取得的实效给予充分肯定。

二是继续帮助并推荐广西更多的出口食品生产企业获得国外注册资格。加大广西对“一带一路”沿线国家出口食品备案注册力度，督促企业持续保持国外注册水准，全年共推荐（含重新推荐）15家次企业获得国外注册资格。推荐钦州九联食品有限公司对中国香港、马来西亚、日本和蒙古国注册，钦州九联冻肉鸡食品顺利进入中国香港市场，实现广西冷冻禽肉产品出口香港零突破。指导、帮扶广西辖区5家输美食品企业顺利通过美国FDA官方检查，确保企业持续保持国外注册水准和输美食品农产品质量安全。

三是在促进钦州保税港区进口汽车口岸加快发展方面，促进钦州进口汽车整车口岸扩大平行进口，特别是扩大“小批量”（免于强制性产品认证的特殊用途进口产品检测处理程序）汽车进口；积极服务钦州保税港口岸“小批量”进口汽车检测实验室建设，主动做好与国内CCC认证指定实验室的沟通协调、牵线搭桥、政策技术指导等工作，帮助提升口岸核心竞争力，耐心指导“小批量”汽车进口企业做好网上审批的申报工作以实现广西口岸“小批量”进口汽车零突破，推动广西钦州保税港区口岸进口汽车跨越式发展。

（三）在强能固基强化认证认可能力建设上取得新进展

一是在进一步加强认证监管体系建设方面：不断完善认证监管体系建设，规范认证监管行为。2016年修订了《广西检验检疫局无须办理和免于办理强制性产品认证管理工作规范》、制定《广西检验检疫局免于强制性产品认证的特殊用途进口产品检测处理程序认证管理工作规范》并确保有效运行。组织开展辖区范围2016年认证行政执法专项监督检查自查，减少认证执法工作的盲目性和随意性。推进清单管理模式，明确并落实权力清单和责任清单。

二是在加强对分支机构的监督管理方面：认真落实国家质检总局2016年绩效考核指标，特别是加强对下放的行政许可、行政确认项目的监管，在广西系统内率先整合体系内审、绩效考核、业务督察、实时网上抽查等有计划、有步骤地加强对分支机构出口食品备案、“三同”工作、CCC产品入境验证、CCC免办后续监管等工作的督察指导，敦促分支机构规范地开展认证认可各项工作。按照广西局党组提出的“两个千方百计”工作要求，在2016年总局绩效30个考核指标当中，广西局认证认可工作得了满分，实现了党组在直属局排名“保10争8”的绩效工作目标。

三是在加强队伍建设，提高认证监管工作质量方面：加强认证监管人员培训，举办 CCC 免办及特殊用途进口产品检测处理认证监管人员培训班和出口食品备案评审员培训班，对一线认证监管人员进行在岗持续培训，提高认证监管工作质量，为 CCC 免办及特殊用途进口产品检测处理系统新系统的正式上线以及与 E-CIQ 系统对接做好准备。

四是在加强党风廉政建设方面：按照广西局的统一部署，扎实开展“两学一做”学习教育，全面落实“两个责任”，把党风廉政建设和反腐败工作与认证认可工作一起部署并检查落实；严格遵守中央“八项规定”，扎实推进素质能力和行风廉政建设，建立了认证认可工作的权力清单和责任清单并保持有效运行，全面提升了认证监管队伍的凝聚力、战斗力。

撰稿人：周　菁　审稿人：余　敏

全面提高认证认可供给质量
充分发挥认证认可助推质量提升作用

——广西壮族自治区质量技术监督局 2016 年认证监管工作概况

2016 年，广西壮族自治区质量技术监督局（以下简称“广西质监局”）深入贯彻全国认证认可工作会议精神，坚持开拓创新，以提高发展质量和效益为中心，以服务供给侧结构性改革为主线，深入开展质量强桂战略，全面提高认证认可供给质量，充分发挥认证认可助推质量提升作用，为广西壮族自治区经济提质增效做出应有的贡献。

一、发挥检验检测认证认可质量技术基础作用，助推质量强桂

（一）严把审批关，提高行政许可质量

2016 年以来，广西质监局在检验检测机构资质认定行政许可工作中严格执行行政审批“受理、审查、批准”三分离制度和机关效能建设三项制度，严格把关，保证许可工作质量，截至 2016 年底，广西检验检测机构资质认定获证机构 1 006 家，比 2015 年增加了 43 家，获证机构中食品检验机构有 123 家，建工（含交通）有 242 家，机动车有 236 家，环保有 114 家，2016 年共注销 6 家机构资质。全部许可业务及时率为 100%，差错率为 0，没有受到任何投诉。

（二）扎实推进认证认可监管工作

1. 积极开展检验检测机构能力验证工作，提升机构技术能力和管理水平

一方面组织全区相关检验检测机构按要求参加国家认监委开展的年度能力验证活动，另一方面结合自治区实际，组织开展饮料中日落黄和柠檬黄、大米中镉、土壤中重金属（10 种）等 3 项食品、环保行业省级能力验证工作，共有 206 家机构参加能力验证。

2. 圆满完成年度检验检测统计工作

认真贯彻国家认监委工作部署，及时组织全区各市开展年度检验检测统计工作，明确各部门责任分工和时间进度要求，并对各市统计工作开展情况进行监督检查，确保按时完成统计工作，并保障上报数据准确、有效。2016 年 4 月底前全区在统计范围内的 910 家检验检测机构已上报数据，成为全国 8 个 100% 按时完成统计工作省局之一，获得国家认监委好评。

3. 积极开展强制性产品认证获证产品监督抽查工作

按照国家认监委的工作部署，联合广东质检院对广西区内流通领域获得强制性产品认证的移动和固定式插座产品进行监督抽查，共抽查 23 家经销商销售的 29 家企业生产的 50 批次产品，经检验，其中有 3 批次产品不合格，47 批次产品合格，产品合格率为 94.0%。

4. 认真组织开展管理体系检查和有机产品认证专项监督检查

按照国家认监委工作部署，积极组织各市、县开展管理体系获证组织检查、有机产品认证获证产品监督抽查和获证企业监督检查，共检查管理体系 7 家，有机产品认证获证企业 30 家，抽查大米、茶叶和有机农

药等有机获证产品 14 批次。

5. 积极推进刑事技术机构资质认定工作

深入落实公安部和国家认监委工作部署，加快推进广西刑事技术机构资质认定工作，10 月 19 日 ~ 21 日，应自治区公安厅要求，在南宁举办广西刑事技术机构资质认定评审员培训班，培训刑事技术专业评审员 85 人，为自治区刑事技术机构资质认定工作打下良好基础。

二、严格资质认定管理，不断提升检验检测行业服务效能

一是积极开展资质认定行政许可审批下放工作，9 月制定并印发工作方案，从 10 月 1 日起将机动车检验检测机构资质认定行政许可审批工作委托下放至各市质监部门，减少审批办结时间，提高审批效率，方便群众，促进政府职能转变。二是积极贯彻落实国务院关于推进收费清理改革工作部署，2016 年起，按照财政部、国家发改委和国家认监委的有关要求，为减轻企业负担，进一步规范检验检测机构资质认定（计量认证）评审工作，广西质监局申请财政专项资金，统一支付检验检测机构资质认定技术评审费用，平均每家企业减负 5 000 多元，初步统计共为企业减负 180 多万元。三是创新监管方式，强化部门协作合力，提升监管效果。在 2016 年开展的检验检测机构专项监督检查中，广西质监局首次采取部门联合方式，与食药、住建、环保、公安等行业主管部门组织联合检查组，对相关行业的获证机构开展飞行检查，检查发现的问题各部门共同处理，显著提升了检查的针对性和有效性，初步形成部门联动，共同治理的证后监管长效机制。截至 2016 年底，完成了自治区 14 个地市的食品、建工、环保、机动车等 4 个行业获证机构的飞行检查工作。

三、深入推进有机产品认证示范区建设，助力食品农产品供给质量提升

按照国家认监委有机示范区创建活动的相关要求，在 2015 年昭平县获得广西首个“有机产品认证示范创建区”基础上，广西质监局指导和帮助贺州市内的富川县、八步区和平桂区申报国家有机产品认证示范区，将创建活动推广至全市，推动贺州市创建全国首个有机产品认证示范市，目前富川县、八步区和平桂区已通过国家认监委专家评审，荣获第六批（2016 年度）国家有机产品论证示范创建区。

四、加强队伍建设，提高基层监管人员素质和能力

针对基层专职认证认可监管人员业务能力有待进一步增强的情况，9 月 19 日 ~ 21 日，组织开展全区认证认可监管业务培训，培训邀请了南京农业大学等区内外资深专家授课，各市以及各县（城区）工商质监部门共有 122 人参加培训。同时加强认证认可业务指导工作，出台基层认证认可工作指导意见，明确监管任务和责任，建立长效监管机制。

五、组织开展“世界认可日”活动，扩大认证认可影响力

6 月 7 日，联合广西检验检疫局召开 2016 年世界认可日活动“出口食品‘同线同标同质’促进消费带动转型升级”宣传交流座谈会，自治区发改委等政府部门、出口食品生产企业、认证机构和新闻媒体等单位代表应邀与会，通过活动动员社会各方共同推进认证认可工作。“质量月”期间，9 月 13 日在南宁召开 2016 广西认证认可工作研讨座谈会，进一步发挥认证认可工作在家用电器、消费类电子产品等重要消费品标准和质量提升方面的重要作用，中国质量认证中心广州分中心、方圆集团广西有限公司、广西质检院等认证和检测机构单位领导以及上汽通用五菱汽车股份公司等 50 多家企业代表参加会议。

撰稿人：黄 义 审稿人：苏 骏

推进认证监管改革创新 增添创优服务发展实力

——重庆出入境检验检疫局2016年认证监管工作概况

2016年，重庆出入境检验检疫局（以下简称“重庆局”）认证监管工作认真贯彻落实党的十八大及五中、六中全会和全国认证认可工作会议精神，以“两学一做”学习教育为动力，围绕“创新治理、创优服务”主题，牢固树立五大发展理念，深入推进重庆局“12345”发展战略，主动推行认证监管改革创新，服务内陆开放高地建设，推进认证认可强国战略，在提升认证监管效能方面取得成效。

一、聚焦质量为本，提升认证认可供给水平

（一）扎实推进出口食品企业“同线同标同质”质量品牌提升行动

通过“四抓”，扎实开展重庆出口食品企业内外销“同线同标同质”提升工程这一国家质检总局重点工作，有力推进供给侧结构改革。一是抓产业提升。搭建由监管部门、第三方技术机构、标杆企业组成的专家团队，对重庆辖区食品企业开展食品安全知识技术和内销市场建设的相关知识进行培训，积极助推企业开发适销对路产品。同时组织策划“出口食品进商超”活动，组织企业与大型商超渠道对接，扩大内销市场。二是抓重点行业企业标杆示范。在重庆市肉类罐头、榨菜、火锅调料等重点食品行业中，树立涪陵榨菜、重庆德佳、周君记火锅等标杆示范企业，开展“看同行、学标杆”活动，推广标杆示范企业的管理经验，发挥标杆企业引领示范作用。三是抓精准帮扶。对出口食品生产企业逐一开展个性化的“三同”诊断，制订和实施“一厂一案”的个性化帮扶方案。帮助辖区12家企业登录认监委“三同”公共服务平台和商务交易公共服务平台，1月～10月，内销同比增加1500余万元。四是抓宣传。主动和新华网合作，综合应用报纸、网络、政务信息、微信、QQ群、企业网站、火锅工业旅游看板等手段，加强“三同”工作和“三同”企业宣传。认证认可信息宣传继续列质检系统第三名。

（二）深化出口食品备案监管模式改革

全面推进以采信第三方为核心的出口食品备案监管模式改革，实施备案企业分类管理，弱化低风险企业的事前审批，全面下放备案受理权限，优化备案审批流程，全面推行备案网上申请和审批。全年共办理完成32家出口食品企业的备案申请，备案办理时限年平均2.7个工作日，列全系统第一。总结改革措施形成的《重庆检验检疫局深化出口食品备案监管模式改革》一文在2016年第4期《质检信息》中专篇刊登。扎实开展出口食品备案企业年度报告审查，首次采取分支机构初审、直属局终审的方式，确保年度报告审核工作质量。

（三）突破国外技术贸易壁垒措施，推动重庆农食产品扩大出口

一是研究新加坡、菲律宾两国进口食品法规体系、进口食品注册流程和相关要求，完成了菲律宾进口肉及肉制品条例的翻译工作，指导企业开展对新加坡、菲律宾准入注册。撰写《新加坡、菲律宾两国进口食品注册制度研究》论文，获总局标法中心《技术性贸易措施》采用。二是积极指导企业迎接菲律宾官方评审，组织收集、整理和翻译相关技术法规，与我国相关法规进行差异比对，指导企业有针对性地开展迎检工作。三是组织辖区输韩食品企业做好注册准备，并指导有条件的企业开展食品安全管理体系第三方认证，向认监委推荐的10家出口食品企业均已获得韩方注册。

（四）全面落实丝绸之路经济带认证监管协作机制

扎实推进丝绸之路经济带认证监管合作联动机制建设，和陕西检验检疫局联合举办合作联动机制第二届联席会议，认真落实协作机制备忘录、各专业组工作章程。开展支撑检验检疫改革的认证执法合作联动工作，建立将体系认证执法监管与出口产品退运追溯

调查、CCC 免办监管、出口产品认证相结合的“四合一”联动执法监管新机制，签署“强制性认证监管一体化合作备忘录”，开展了 2 次局际执法交流，联合执法卓有成效。

（五）扎实推进有机认证示范区建设工作

一是加强组织协调，组成有机认证专家组，加强与认证机构协调和对企业的技术指导。二是完善制度保障，制定《出口有机产品认证示范区推进落实方案》和《重庆出口有机产品认证示范区建设要求》。三是加强帮扶指导，帮扶石柱县示范区建立示范区的产品质量安全控制体系。

二、聚焦安全第一，传递认证认可信任

（一）加强强制性认证产品和有机认证产品入境验证管理

一是开展进口 CCC 产品抽查，在进口环节开展进口玩具 CCC 获证产品市场抽查工作，抽取 5 类进口儿童玩具 20 个样品，送样品到 CCC 指定实验室进行全项目检测。检测结果全部为符合，未发现任何违法行为。但在抽查中发现部分产品未标注生产日期，已向相关认证机构、检测机构通报该风险隐患。二是提升入境验证工作质量，加强对 CCC 认证产品、有机认证产品入境验证工作的部署，举办了 1 期强制性认证监管培训班，同时加强对分支机构的培训和指导，优化调减货证核查比例，细化工作细则，加强“无证行为”查处和不合格情况分析，有力地提升入境验证工作质量。全年共办理 1 547 份《CCC 目录外确认书》，同比增长 36%。累计完成 CCC 入境验证 13 285 批、货值 21.20 亿美元。检出 CCC 产品不合格 55 批次，入境验证不合格率为 0.41%。

（二）加强进口食品境外生产企业注册和有机认证入境核查管理

加强进口食品企业注册认证入境核查管理，全面推进对列入《进口食品境外生产企业注册实施目录》的食品开展入境查验工作。全年共查验四类敏感食品 595 批，货值 2 115.96 万美元，不合格率为 2.69%，同比均增加了 3 倍以上，不合格率下降了 60.5%。按照认监委部署，开展对 2 批不合格乳品和 1 批不合格水产品的进口注册调查工作。全年共查验进口有机认证产品 16 批，发现不合格 16 批，并监督按照规定进行了整改。二是举办 1 期进口食品境外生产企业注册入境核查和有机认证入境验证培训班，加强培训和队伍建设，提升一线工作人员能力。

（三）加强强制性认证免办监管

一是协同深圳局创新 CCC 合作监管，支持渝新欧回程转口物流发展。二是深入推进 CCC 免办管理模式改革，精准对接重庆支柱外向型产业调结构的需求，量身定制专项监管和服务方案，服务京东方 8.5 代薄膜晶体管显示器件生产线、两江新区千亿汽车城产业链等重点项目，得到广大企业好评。加强 CCC 免办后续监管工作，提高免办工作的规范性。三是探索和推行 CCC 免办企业诚信分级管理，全年共批准 200 份《免办证明》，货值共 7 137 万元，同比增长 27%。完成 35 份《免办证明》的核销、284 份《免办证明》的后续监管，CCC 免办后续监管覆盖率为 100%。

（四）创新开展体系认证“双随机一公开”认证行政监管工作

在认监委统一部署下，实施“双随机一公开”，随机抽取高风险认证机构 23 家体系认证企业，随机在重庆局认证行政执法专家库中抽取人员组成执法检查工作组，开展体系认证执法监管工作。共出动检查人员 60 人次，查出部分认证机构逃避监管、超申请组织生产许可范围认证、审核组成员为申请组织利益相关人、记录与企业管理体系实际运行情况出入较大等 126 个违规问题。先后约谈问题较突出的 5 家认证机构，积极开展违规认证问题后续调查处理工作。

三、聚焦改革当先，以改革创新为动力融入内陆开放高地建设，推动认证认可强国建设

（一）创新多次进出境研发用 CCC 免办监管新模式

积极探索，多方调研论证，创新多次进出境研发用 CCC 免办监管模式，发布《重庆检验检疫局多次进出境研发用免于办理强制性产品认证工作管理办法（试行）》，在 CCC 免办的适用面、追溯管理、远程核销、异地监管等方面进行突破，解决企业整合全球技术资源实施研发，而研发样品需在境内外多次进行试验和多次进出境的困难，服务重庆外向型经济转型升级发展。在西永综保区试行半年来，共 38 批 5 037 台新机型打印机等获批入境测试。试点企业鸿富锦公司应用创新政策研发的打印机新机型出口 243.93 万台，货值 3.19 亿美元，分别占比 22.34%、41.54%。

（二）进一步完善跨境电商小批量强制性认证监管创新

一是进一步开展跨境电商调研，加强与兄弟局的沟

通交流，结合新业态发展实际，对重庆局跨境电商强制性认证监管创新制度进行总结评估，修订完善管理办法，进一步优化工作流程。二是加强对跨境电商平台商、经销商的政策宣传和咨询。全年共批准50批跨境电商小批量进口申请，主要为儿童安全座椅和小家电产品，货值共375.13万元。三是加强创新制度的推广复制。初步总结创新成果，形成的《重庆检验检疫局创新跨境电商进口强制性认证监管新模式》，获《质检动态》第6期采用。6月，在国家认监委的专题会上作跨境电商强制性认证监管创新交流发言，得到认监委高度肯定，要求在全系统推广重庆局的改革创新经验。2016年推广复制到杭州、宁波、深圳、厦门等跨境电商试点城市。

（三）创新跨境电商进口食品境外生产企业便利化注册监管模式

为支持中国（重庆）跨境电子商务综合试验区建设，主动争取认监委支持，积极研究跨境电商进口食品境外生产企业便利化注册创新措施，组织制定《中国（重庆）跨境电子商务综合试验区网购保税模式进口食品境外生产企业注册管理实施细则（试行）》，全力争取国家认监委下放跨境电商进口食品境外生产企业注册审批权限。

（四）推进保税食品加工企业监管创新

创新特殊监管区进口食品生产企业监督管理，完善规范性文件《重庆检验检疫局特殊监管区域进出口食品生产企业监督管理规范（试行）》，拓宽检验检疫监管领域，政策创新保证了马来西亚白咖啡加工项目落户保税港区，有效服务重庆口岸经济发展。

（五）创新推动平行进口汽车会展展销新业态发展，促进进口汽车扩量发展

一是主动研究创新政策，向重庆市政府提出发展平行进口汽车创新政策举措，陈绿平副市长在重庆局报送的《关于开展进口汽车保税展销和符合性整改促进重庆平行进口汽车发展的探讨》呈阅件上批示肯定，并要求组织落实。二是组织市外经委、重庆海关、保税港区管委会等部门协同创新，研究举办进口汽车展览会的创新举措，组织制定《重庆保税港区水港贸易功能区重庆进口汽车展览会流程方案》，指导进口汽车展会筹备和开展。首批62台自渝新欧专列运回的展车已经顺利开展。此项创新新业态，有效促进重庆口岸进口汽车发展。三是进一步优化“小批量”汽车进口审批工作流程，加快通检速度，提高通关效率。全年共批准4批小批量汽车进口申请，系9辆越野车，货值为531.23万元。批准韩国1批进口小批量摩托车发动机，货值共1.62万美元。

撰稿人：周　娟　审稿人：蔡文彪

全力推进认证认可“双提升”活动
为建设认证认可强市而努力奋斗

——重庆市质量技术监督局2016年认证监管工作概况

2016年以来，重庆市质量技术监督局（以下简称“重庆市质监局”或“市局”）认证认可工作以认证“双提升”活动为总纲，围绕“四化”项目和创新驱动等重点任务，真抓实干，各项目标任务全面推进。

重庆市质监局先后成为国家认监委《检验检测机构管理条例》立法、强制性产品政策改革后评估、117号令修订、《认证行政执法监管实用手册》编撰4项国家级项目承办成员单位；承担了检验检测机构国家飞行检查、CCC指定实验室检查、认证机构检查、有机产品国抽、CCC产品国抽、认证执法检查6项重点工作任务；受邀参加了检验检测统计指标体系修订、检验检测发展报告编撰等近10项政策和重点工作论证工作；全市10人在全国“我的认证认可情结”感言征集活动中获奖。

截至2016年11月底，全市共有483家检验检测机构获得551张资质认定证书。2015年，全市检验检测机构实现营收42.17亿元，机构单位产值达954万元，列全国第6位。

一、提前超额完成“四化”项目任务

一是质量服务发展项目化工作，多方汇报攻关并邀请认监委领导来渝指导，高效完成筹备工作，成功获批设立“富硒产品认证”新项目，完成年度目标任务。在此基础上，已提前完成技术规范报批、实施规则编制、审核员培训注册等明年的计划工作，于8月在江津召开了启动会。“富硒产品认证”是认证新项目设置权限放开后，改革红利在渝落地的首个成果。通过由第三方机构的评价和认证，提高了产品公信力与认可度，得到区县政府和农户好评。二是质量安全监管标准化工作，制定出台《检验检测机构资质认定作业指导书》（以下简称“《指导书》”），分4章52个条款9个附录，系统规定了资质认定的实施程序、要件要素、关注重点、格式规范等，于6月开始实施。《指导书》的出台，使得在近期评审准则等新政反复变化调整的状态下，重庆市资质认定工作得以有序推进，年内已组织评审173家次，其中，首次评审20家次，未出现行政争议和复议。三是技术提升链条化工作，运用“互联网+”思维，以本系统技术机构为试点，启动检验检测机构电子监管系统建设，组织机构赴建工总站等进行了实地学习，各机构均制订了实施方案并启动实施，系统内机构的信息化水平均有不同程度提高。区县局积极发动辖区机构加强信息化建设，部分机构尝试导入Lims等检测软件系统，改变了人工操作管理漏洞多、数据错误多的历史格局。

二、全面推进认证“双提升”活动

出台《关于开展认证“双提升”活动的意见》，着力提升认证公信力和贡献率。市局免费培训、飞行检查、联合执法、定点帮扶等多措并举，区县局争取奖励政策、组建区域合作机制、搭建互学互助平台、安全大排查等亮点纷呈。活动实施以来，成效初显。

在提升认证公信力方面：一是技术评审更加严谨规范。先后召开评审组长会、见习评审组长会、社会环境领域评审员会等，组织评审员培训3次，检验检测机构163号令、新评审准则等免费培训4次，提高从业人员执业能力；改革评审员考试制度为每年考、闭卷考、微机考，提升评审队伍专业水平，本年度考试通过346人，淘汰率高达22.6%；加强评审员队伍建设，新增见习组长24名，90余人参加了环境监测领域评审员专题培训，91人参加了司法鉴定机构和刑事技术机构评审员专题培训，通过率79.12%；加严评审要求，年内不予许可2家，注销证书5张，不予认定项目参数1566个、不予认定授权签字人45人，提高了资质认定的权威性。二是证后管理措施丰富有效。承担了国家检验检测机构飞行检查15家、国家CCC指定实验室检查6家、有机产品国抽50批次、CCC产品国抽36批次等国家级任务，均顺利完成，被检查对象未发现重大问题；与水利、建筑、农业、公安等部门开展了联合评审、联合执法、联合培训等，深入开展检验检测“神秘买家”活动，对30家建筑工程检测实施钢筋、水泥样品的盲样送检；组织了检验检测机构检查、管理体系认证双随机抽查等，各区县局加大检验检测报告复查、能力验证等工作，依法落实检验检测机构年度报告、社会责任报告和检验检测统计上报工作，未出现新降为D级的机构，未出现造成恶劣影响的责任事件。三是诚信建设顺利起步实施。邀请国家认监委领导来渝开展了《检验检测机构诚信基本要求》国家标准宣贯，为司法鉴定机构等进行了诚信培训。组织了对诚信体系运行情况的督促检查。指导协会开展了第三方诚信评价，评出A级机构1家。完善惩戒机制，组织了失信人员考试。

在提升认证贡献率方面：一是检测高地建设再添助力。经多方努力，帮助国家珠宝首饰质量监督检验中心（重庆）成为总局决定取消授权之际、国家认监委批复的最后一批授权单位之一；助推机器人战略性新兴产业发展，国家机器人质检中心论证会于11月在渝召开，近期将正式批复；服务创新提质增效，协助检测院争取申请进出口商品检验鉴定资质；指导两江新区加快国家公共检验检测服务平台示范区创建，出台实施方案，成为全国示范区验收标准起草组成员单位之一；支持市车检院与英国车辆局签署合作协议，加快国际互认步伐。二是开展了CCC获证企业贡献率调查。在全国没有可资借鉴经验的情况下，重庆市局率先探索开展了CCC企业贡献率调查并形成专题报告，积极为政府管理决策提供资政材料。经统计，全市共有926家企业获得有效期内证书10 252张，获证组织和证书数分别列西部地区第3位和第1位。2015年，CCC获证企业生产总值累计达2 991.04亿元，占全市GDP的19.03%，成为全市经济发展的重要助推器。三是获证组织服务上档升级。积极宣贯高新企业认定将检验检测机构纳入的新政，主动与市科委进行了协调沟通，破解了政策困惑并形成合作意向，全市已有29家机构获得认定，为企业发展提供了助力，成为高新企业队伍新的生力军；年内新增环境管理体系认证证书131张、有机产品认证证书43张，提前超额完成“推动实施绿色认证新机制，新增低碳节能环保相关认证100张以上”的市政府考核任务，服务了生态文明建设；加强体系认证培育，年内新增管理体系认证895张，全市证书总数达12 547张，较好地服务了获证组织质量提升。

三、持续加强工作改革创新驱动

一是创新突破政策藩篱拓展资质认定把关范围。针对社会环境监测机构实施资质认定无上位法支撑、但行业主管部门和机构有需求的实际，邀请认监委领导来渝调研，主动向市政府、市政府法制办等汇报请示，成功推动社会环境检测机构纳入资质认定范畴，已发证8家，为保障环境监测数据可靠性、助推生态环保建设发挥了积极作用。与此同时，积极推动落实公安机关刑事技术机构纳入资质认定新政，已评审通过10家。二是强化供给侧改革创新工作和服务方式。在全国率先组织编撰《企业能耗成本控制作业指导书》，已在9个区的12家企业开展试点运用，力求运用能源管理体系认证、低碳产品认证等国内外先进认证技术的理念、方法和手段，为企业降本增效提供更加精细、专业的技术指导和服务，为推动能源管理体系认证、低碳产品认证等认证制度普及奠定坚实的基础；改革培训工作，根据调研情况和投诉举报信息，在质量月期间有针对性地开展了灯具等相关产品强制性产品认证知识培训，灯具销售商和电商等80余人参会，反响良好。三是积极引导推广服务认证，助推三产业结构调整优化。积极推广服务认证，提升重庆服务业服务质量水平。其中，成功争取“保健服务认证”在渝试点，作为重点推广城市。召开了启动大会，已成功实施认证并颁发证书6张，在西部率先实现了该认证项目的“零突破”，而且为政府部门采信认证结果、改革管理方式和服务组织提升工作质量，探索了新的有效途径。

同时，市局持续加强党建工作。深入践行“两学一做”学习教育，持续加强党风廉政和反腐败建设建设，全市认证认可领域未出现违纪违规和负面影响事件。

撰稿人：王　雷　审稿人：周　雪

主动转变职能　推进改革创新
不断开创认证监管新局面

——四川出入境检验检疫局2016年认证监管工作概况

2016年，四川出入境检验检疫局（以下简称“四川局”）按照“强化认证认可工作，推动质量强国建设”的要求，全面贯彻落实全国认证认可工作会议精神和各项工作部署，主动转变职能，不断改革创新，进一步提升了认证认可保障质量安全、服务经济社会发展的有效性。

一、积极开展出口食品企业内外销“同线同标同质”工作

一是结合工作实际，制订并实施“三同”帮扶行动方案，督促指导分支机构落实具体帮扶措施。方案注重发挥出口备案注册和认证监管的职能作用，充分应用认证认可技术手段和质量管理措施，切实帮助出口食品企业提质增效升级和内销转型，截至2016年11月30日，已指导符合要求的18家企业在国家认监委“出口食品企业‘同线同标同质’信息公共服务平台”上发布“三同”产品信息。

二是加大宣传力度，营造舆论氛围。通过四川局微信公众号开辟专栏向公众开展“三同”知识的宣传和推广。结合“世界认可日”活动，围绕“发挥认证优势，推进‘三同工程’”活动主题，联合中检集团四川有限公司走进社区，开展“三同”、注册备案和认证认可知识宣传。7月底，四川局与商务厅联合在茂业天地商场开展“内外销‘同线同标同质’食品进万家”活动，将“三同”产品直接推介给消费者。

三是开展大调研，为“三同”产品牵线搭桥。通过主动走访商务厅、省食药局、部分认证机构、出口食品企业和大型商超，以及发放调查问卷等方式，了解社会需求，找到工作切入点，帮助“三同”企业对接线上线下销售平台，已与成都茂业天地“春天超市”达成合作意向，已实现四川造“三同”产品在“天虎云商”线上展示和销售。

二、大力推进备案工作模式改革

一是积极开展出口食品企业备案便利化改革。将技

术评审环节下放到分支局，优化备案流程，鼓励采用文件审核加出口前进行现场审核的方式开展评审，在2016年申请备案需评审的78家企业中，有48家通过此方式获得备案，占总数的60.2%。通过优化备案流程使备案所需时间由原来平均25.2天缩短为12.1天。

二是继续推进采信第三方认证结果，全年共有5家企业通过采信第三方认证结果直接获得备案，在后续监管中采信91家企业的第三方认证结果。

三是指导分支局对申请备案企业提前介入前期帮扶，提高企业申报材料的合规性，减少往返补正材料的时间，补正材料所需时间由原来平均2.8天缩短为平均1.9天。

四是支持老少边穷地区出口食品企业发展。加强对企业的技术指导和质量管理人员的培训，2016年已有12家相关企业通过帮扶，获得了备案资格。

五是简化程序支持企业对外注册。全年共推荐4家企业对菲律宾注册、3家企业对欧盟注册、48家企业对韩国注册，完成3家企业对美国FDA注册的工作。

三、扎实开展食品农产品认证监管

一是组织开展出口食品农产品获证企业检查工作。共派出检查人员201人次，对81家获证企业进行了检查，涉及证书91张，其中，HACCP体系认证71家、ISO 22000体系认证19家、有机产品认证1家。通过检查，提出一般不符合项9个，均督促企业进行了整改，未发现其他违规行为。

二是开展HACCP认证联动监管。根据企业及认证机构风险，结合出口食品企业备案监管，确定了71家获证组织HACCP验证方式，其中52家现场验证，16家文件验证，另3家企业因停厂未验证，联动监管率达到100%。

三是开展注册食品入境验证和市售进口注册食品信息核查。共入境445批注册食品，货值2 219万美元，没有发现不符合要求的情况，检验检疫合格率100%。组织全川12个分支机构联合当地食药监局和市场监管部门开展了市售进口婴幼儿配方奶检查活动，出动了检查人员124人次，对超市和母婴专营店中532批次的产品进行核查，未发现进口婴幼儿配方奶来自非注册工厂的情况。

四、加强强制性产品认证监管

一是强化CCC产品入境验证管理。截至11月底，全川系统入境CCC产品13 420批，货值26.57亿美元，查出不合格品57批，货值97.04万美元。

二是严格CCC免办和后续监管工作。全川受理CCC免办申请825份，发放免办证明759份，货值共计约8 640万元。建立了37家企业的后续监管台账，实施现场监管36人/次，书面核销32次，涉及免办证明759份，后续监管率达到100%。

三是开展强制性产品认证获证产品抽查工作。按照国家认监委2016年强制性产品获证产品监督抽查工作要求，开展对进口CCC获证产品的专项监督检查，在流通领域抽取了2批2种型号的进口儿童安全座椅送至CCC指定实验室检测，对产品结构、靠背吸能试验、翻转试验、安装说明书和使用说明书等内容进行了检查，产品均被判定为合格。

五、加强管理体系认证行政监管

一是加强认证有效性行政监督管理工作。根据国家认监委2016年度管理体系监督检查工作要求，四川局于6月至9月对相关企业开展了质量管理体系认证有效性监督检查。在本次监督检查中，四川局共检查获证企业10家，涉及质量管理体系认证证书10张，证书均为有效状态，涉及认证机构7家，出动检查人员21人次，共发现年度监审流于形式、认证机构提供给企业的资料不全、企业生产过程不按照程序文件运行等18项问题。

二是对认证机构认证活动开展同步监管。积极利用国家认监委的“自愿性认证活动执法监管信息系统”，及时掌握辖区内各认证机构认证活动开展情况，实施认证活动的现场检查，截至11月底，对全川认证机构的认证活动开展了现场监管35次。

六、改革CCC产品入境验证监管模式

一是“放管结合”创新CCC入境验证监管模式。近年来，随着法检目录的调整，CCC入境验证工作已成为检验检疫工作的一项重要抓手。为适应进口CCC产品的快速增长，结合国家质检总局提速增效的总体要求，四川局在CCC产品入境验证工作中引入分类管理思路，鼓励分支机构根据本辖区的企业情况和产品特色制定本单位货证核查工作细则，通过对仓储类CCC产品实施动态调整、“预检验”、线上查验等方式，大幅度提高区内产品通关速度，“放管结合”，开创了CCC产品入境验证监管新模式。

二是“特事特办”，帮扶企业降低成本。针对苹果公司因生产工艺调整，其新产品的CCC模压标志由机身印刷调整为外包装上印刷并将CCC标志直接植入IPAD内部软件系统，因而无法采用传统CCC查验模式一事，四川局及时协商制定特殊查验监管措施，采用“低频率激活验证+企业自我声明”的特殊查验监管模式，

帮助企业降低样品成本，提高货物通关效率。

三是创新CCC免办汽车零部件核销模式。针对宝马公司在西南配件分拨中心的CCC汽车零配件年进口量大、进口频率高的情况，四川局积极探索满足企业需求的新的核销模式。一方面，改变以往的传统核销方式，采取企业先通过内部查询系统中的产品信息建立免办产品监管台账，检验检疫机构根据企业年度诚信评价结果在台账中按一定比例抽查原始维修工单的核销方式，以减少企业人力成本，提高监管效率。另一方面，积极推进CCC免办协同监管试点工作，在对宝马西南分拨中心CCC免办后续监管实施分类管理的同时探索建立"集中办理审批、多地协同监管"的工作机制，以进一步减轻企业负担，提升强制性产品认证监管工作服务经济贸易发展的能力。

七、强化对认证监管人员的培训

6月，四川局举办了"2016年度四川检验检疫局认证监管人员培训班"，分支机构的30余名认证监管工作人员参加了培训。四川局就CCC免办、管理体系监督检查、CCC产品入境验证等2016年国家认监委及四川局工作重点进行了详细的讲解。通过此次培训，加深了参训人员对今年重点工作相关要求的进一步理解，增强了做好工作的责任感和信心，对规范流程、把好后续监管关，加快企业通关速度都将起到积极的作用。

八、加强检验检测机构资质管理

一是制订四川局2015年度检验检测统计工作方案，组织14个获得实验室资质认定的检验检测机构按时完成2015年度检验检测统计上报工作。

二是制定实验室2016年资质认定专项监督检查方案并开展了监督检查，进一步强化实验室规范化管理。全川系统实验室报名参加能力验证项目151项，同比增加30%。我局实验室第9次承担国家认监委能力验证项目，实验室检测能力有效提升。

三是举办实验室资质认定管理培训，邀请国家认监委相关领导就检验检测风险防控、检验检测行业发展动态等进行授课，加强实验室技术人员从业法律意识，促进实验室风险管理水平提升。

四是举办检验检测机构开放日活动。向全社会开放南充、技术中心实验室，23个政府机构和行业协会以及48家企业，15家媒体代表近180人参加活动。

撰稿人：张映彤　审稿人：杨　诚

夯实基础　创新发展

——四川省质量技术监督局2016年认证监管工作概况

2016年以来，四川省质量技术监督局（以下简称"四川省质监局"或"省局"）坚决落实国家质检总局、国家认监委和省局工作会议精神，充分发挥自身职能优势，紧贴中心工作，服务经济发展大局，在服务绿色发展、加强认证监管、助力脱贫攻坚上取得了一定成效。

一、工作推进情况

（一）加强事中事后监管，规范检测市场

制定下发《关于加强检验检测机构资质认定事中事后监管工作的实施意见》（川质监发〔2016〕3号），明确省、市、县三级职能定位、任务分工。组织在公安、食品、地矿和建筑领域组织开展能力验证。引导检验检测认证机构集聚发展，开展国家检验检测认证公共服务平台示范区创建工作。组织1337家检验检测机构完成检验检测服务业统计数据填报，完成率99%。开展检验检测机构监督检查，已检查机构316家，对1家机构做出了暂停资质处理决定，注销机构资质4家，责令变更能力范围1家，对其余310家机构提出整改要求。开展"空档期"专项监督检查，对11家违规机构进行约谈。联合省住建厅开展全省规范建设工程质量检测市场秩序打击虚假检测报告专项治理。积极协调国家认监委对茶检中心、酒检中心、泡菜检测中心进行资质认定。统一规范四川省检验检测机构年度报告格式，督促获证机构按时上报。

（二）紧贴职能定位，兜住产品底线

根据工作重点，开展CCC认证和自愿性认证工作。

深入苏宁电器，开展“四川造”彩电市场调查。会同成都市质监局、省局稽查总队，对儿童推车、塑胶玩具、儿童自行车3类儿童玩具产品进行CCC检查，同时针对“四川造”自主品牌、“四川造”贴牌品牌的市场占有率及相关销售情况进行调查。制订CCC认证电动食品加工器具产品监督抽查方案，对多功能搅拌机、榨汁机、食品加工机、豆浆机4类25批次产品开展监督抽查。截至11月8日，全省共有有效强制性产品认证证书12 818张，质量管理体系证书14 941张，环境管理体系证书5 413张，有机产品认证证书991张。

（三）注重示范创建，树立绿色标杆

坚持一手抓国家有机示范区创建，一手抓省级有机示范区评审，着力打造一批影响大、品质高、引领强的标志性示范区。在国家有机产品示范区方面，对正在争取的加强指导，积极协调国家认监委对宝兴、旺苍、青川县进行国家示范区验收，目前，上述3县全部通过国家专家组现场验收评审；指导帮助洪雅、平昌申报国家有机产品认证示范创建区，国家认监委预计12月中旬进行答辩。对已创建的注重帮助提升，组织西充、蒲江、宝兴、青川、旺苍等示范区参加峡山湖有机产业发展国际论坛，学习国内外有机产业管理和发展经验，开拓绿色发展思路，提升绿色发展档次。在省级有机产品示范区方面，制定下发《关于开展2016年四川省有机产品认证示范区（县、乡、镇）创建活动的通知》，明确了创建条件、时间要求等内容，并组织专家先后到中江、剑阁、大邑等地进行帮扶指导，因地制宜地提出了改进建议，推动地方绿色产业发展。特别是，万源市委市政府还特意邀请我处赴万源进行有机产品认证专题讲座。今年共有12家申报有机示范创建区，省局组织专家对申报单位进行文审，最终确定了大邑、中江、巴州、万源、阿坝等5家单位进入答辩。

（四）注重产品提升，划出绿色底线

紧紧围绕绿色发展理念，坚持一手抓有机产品监管和服务，一手抓低碳产品认证试点，不断增强产品的绿色本底。在有机农产品监管方面，组织专家对有机产品抽查方案进行论证，科学制定检测指标，委托中测院、省农科院对全省17个有机产品认证示范区、200个批次的有机产品进行监督抽查，不断加强有机产品监管力度。进一步完善有机产品认证专家库，加强同省农业厅、林业厅、环保厅、农科院、方圆认证、CQC等部门合作，组建了一支集有机种植、环境监测、体系管理、发展规划为一体的有机专家队伍，为各地有机产业发展提供智力支持。在低碳产品认证试点方面，争取省发改委“低碳产品认证试点”项目经费50万元，重点组织相关企业，对平板玻璃、铝合金建筑型材、中小型三相异步电动机、瓷质砖等产品的低碳认证技术规范和实施规则进行培训，促进企业掌握具体产品的低碳产品认证评价方法与要求，推动企业尽快通过低碳产品认证。同时，积极争取专项经费50万元，启动攀枝花钛白粉低碳试点项目。

（五）注重机制建设，增强绿色后劲

2015年，四川省有机创建工作成效显著，有机创建工作在今年全国认证认可工作会上作了经验交流。2016年积极争取各级政府支持，取得明显实效。在省级层面，争取省政府支持，将有机创建工作纳入全省供给侧结构性改革17条奖励举措中，对新获批国家有机产品认证示范区奖励50万元；在市级层面，主动与各地政府加强合作，以局市合作备忘录为载体，明确地方政府支持有机产业发展的奖励措施，加强政策引领。在县级层面，将有机扶持政策纳入示范区考核指标，加强监查落实。全省基本形成了自上而下、层层推进的工作机制。目前，全省已获批国家有机产品认证示范区2个，创建区5个，培育省级示范创建区10个，总数居全国第1位。认真落实国家和省级生态文明体制改革内容，将有机产品认证示范创建工作纳入改革路线图，牵头做好国家绿色产品标准、认证和标识推广，先后征求13家省级部门对总局牵头草拟的《绿色产品标准、认证和标识实施方案》意见，有效推动工作开展。

（六）发挥职能优势，助力脱贫攻坚

一是重点把秦巴山区（朝天、旺苍、青川、通江、南江、平昌县）、乌蒙山区（沐川、古蔺县）、大小凉山彝区（雷波县）、高原藏区（九寨沟、阿坝县、平武县）列为重点服务对象，根据各县特点，加强有机产业发展规划指导，支持发展有机产业，实现当地生态效益、经济效益、社会效益共同提升。二是全力服务藏区检测检测机构发展。着力提升藏区检验检测机构能力，联合省司法厅帮扶甘孜藏区司法鉴定机构开展资质认定，组织评审专家现场指导帮扶阿坝州九寨沟县疾控中心开展检验检测机构资质认定。

（七）紧盯时间节点，发挥宣传效应

一是加强对检验检测资质认定新规的宣传培训。组织380多家检验检测机构进行新准则宣贯，组织400多名评审员进行继续教育培训。二是积极开展以“认证认可通行世界”为主题的“世界认可日”的宣传活动。召开“世界认可日”座谈暨低碳产品认证培训会，在办公场所、业务受理窗口等醒目位置悬挂“世界认可日”宣传标语，利用电子显示屏幕播发“世界认可日”

宣传口号有关常识，分发、张贴宣传招贴画，向企业及社会各界宣传认证认可工作，营造良好的社会氛围，扩大四川质监社会影响力。三是开展实验室开放日活动。开放日活动是全省“质量月”活动的重要内容之一，省局在国家电焊机质量监督检验中心举行活动主题为“检验检测支撑中国制造2025”的“2016年检验检测机构开放日”活动。共有省级检验检测机构、认证机构、社会义务监督员、消费者代表及新闻媒体代表等50余人代表参加。

二、存在的问题及分析

（一）监管能力和人员素质还有待提高

认证认可行业涉及面广、专业性强。在市州局，特别是在县级局，机构合并后，缺乏相应专业性、综合性监管机构和人员，日常监管人员都是兼职，导致在对地方检测检验机构监管时受专业性制约，容易造成监管不到位现象，监管风险较大。经统计，全省系统从事认证认可工作人员共计482人，其中专职人员39人，兼职443人，有15个市州质监部门没有专职人员。

（二）有机产品示范创建工作机制有待加强

一是部分创建区政府的政策资金落实还不完全到位；二是现行行政管理体制还不能确保部门间有效协调和配合；三是有机产品质量追溯体系尚不健全，企业、监管部门、认证机构间信息公开不及时有效；四是对认证机构监管需要进一步加强；五是有机产品的销售市场还缺乏量的突破；六是国家在有机产业上缺乏明确、有力的扶持政策，有机产业发展的内动力不足。

（三）业务信息化平台建设相对滞后

随着行政审批制度改革，原先已立项开发的资质认定网上审批系统因职能划转，整体推进较慢。目前还没有实现对检验检测机构、有机产品和强制性产品认证的数字化监管、预警分析等，不便于基层执法监管。

（四）基层执法力量薄弱

2月，国务院第666号令对《认证认可条例》进行了修订，最大的变化就是明确了县级质监部门的行政执法主体。省级取消垂管后，大部分县级质监部门进行重组合并，原质监工作人员进行分流或调离，熟悉认证认可的执法人员少，对质监执法经验不足，对认证认可法律法规不熟悉，认证执法有一定难度。

下一步，省局将紧贴中心工作，创新工作方法，抓好工作落实，充分发挥认证认可的作用，为四川省决胜全面小康、建设经济强省的宏伟目标做出新的更大贡献！

撰稿人：韩　军　审稿人：冯勇

主动作为　服务贵州内陆开放型经济试验区发展

——贵州出入境检验检疫局2016年认证监管工作概况

2016年，贵州出入境检验检疫局（以下简称“贵州局”）认真贯彻全国质检工作会议和全国认证认可工作会议精神，落实国家认监委“同线同标同质”帮扶行动计划，以服务供给侧结构性改革为重心，不断转变观念和工作方式，主动作为，扎实做好各项工作，为服务贵州内陆开放型经济试验区发展做出了新贡献。

一、出口食品生产企业备案基本情况

2016年，按照国家质检总局“简政放权”总体要求，贵州局深化备案管理模式改革，将出口食品生产企业备案审批权限下各分支机构，全面推行备案HACCP采信，优化企业出口食品生产企业备案办理流程，促进产品出口快速验放，提高贸易便利化水平。全年，共办理出口食品生产企业备案业务34份，其中，初次申请企业28家，备案变更企业2家，重新申请（增加品种）企业4家。

二、落实供给侧改革，推动出口食品企业内外销“同线同标同质”

一是制定《贵州检验检疫局2016年出口食品企业内外销“同线同标同质”帮扶行动计划实施方案》，紧盯主打产业、主打产品，求质、求效推进“三同”，确定10家企业作为首批“三同”帮扶对象，深入茅台、老干妈、国台及习酒等明星企业进行“三同”宣贯调研，形成4个“一对一”帮扶会议纪要；二是为企业搭建认证、咨询平台，为名企茅台、老干妈提供HACCP体系认证帮扶，指导茅台、老干妈、国台及习酒等明星企业成功登录“三同”信息公共服务平台和对接商务交易平台，拓展销售渠道，实现9家“三同”上线企业新增内销1.4亿元，得到总局、认监委的充分肯定和多次表扬；三是加强宣传，扩大影响，在贵阳成功举行全省出口食品企业“三同”启动仪式，省人民政府副省长卢雍政、质检总局总工程师韩毅出席启动仪式并讲话，贵州省直有关单位、各市（州），各县（区）分管领导及企业代表近150余人参加启动仪式，茅台集团代表贵州首批参与“三同”企业宣读了《“三同”贵阳宣言》，中国质量新闻网、贵州电视台新闻联播及多彩贵州网等进行了系列报道，“三同”社会影响迅速扩大。

三、创新监管模式，提升CCC免办审办和后续监管工作效率

建立CCC免办联合监管机制，制定了《贵州检验检疫局免予强制性产品认证联合执法工作规程》，实现CCC免办“一次确认、一年有效；一次审批、多次放行；诚信监管、直通放行”，减少行政审批及监管频次，提升审办工作效率，为企业提供高效便捷服务，满足CCC免办产品及时通关需求。2016年，共为11家企业签发CCC免办证明45份，申办企业数量同比增长57.1%，签发CCC免办证明同比增长25%，并对全部免办证明商品使用情况进行了后续监管，实现后续监管覆盖率100%。

四、强化证后监管，提高认证执法有效性

（一）加强食品农产品认证监管

贵州局组织开展了为期4个月的食品农产品认证监管工作，累计出动检查人员近61人次，共检查食品农产品获证企业16家，检查认证证书20张，其中HACCP体系认证证书10张、食品安全管理体系认证证书4张、有机（含有机转换）产品认证证书5张、无公害农产品认证1张，涉及的产品类别包括酒类、茶叶类、调味品类等，涉及包括中国质量认证中心、华夏认证中心及南京国环有机认证中心多家认证机构，检查结果总体情况良好，未发现违法违规行为。

（二）加强强制性产品认证获证产品市场抽查

为切实发挥强制性产品认证对产品质量安全的监督保障作用，根据国家认监委要求，贵州局对进口的电磁加热电饭煲和压力式蒸汽熨烫机产品进行了获证产品的市场抽查。经检验检测，所检项目全部合格，所抽样品总体质量情况良好。但由于经费限制，本次抽查样本量偏少，代表性并不充分。

（三）加强认证市场监管，规范有机产品入境核查

通过查询档案、现场检查等方式，不断加强对管理体系认证活动的监督检查，制定《贵州检验检疫局进口有机产品入境验证工作规范》，规范进口有机产品入境验证工作，通过对5家商超6类进口有机产品的认证标识、有机码等合规性方面的检查，进口有机产品认证活动监管工作得到进一步加强。

五、加强备案监管，保障产品质量安全

制订并严格落实2016年度出口食品备案企业监管方案和监管计划，通过审查企业年度报告、现场检查等方式，按照属地管理原则，对辖区内出口食品生产企业实施备案监管工作，年度监管计划完成率100%。

（一）严格审查备案企业年度报告

通过“中国出口食品生产企业备案管理系统”审批通过出口食品备案企业年度报告75份。经审核，大多数出口食品备案企业都能较好地执行年度报告制度，能安排专人实事求是地进行填写，所提交的报告也基本能够反映企业一年来的实际运行情况，达到了反映自身问题和促进持续改进的目的。

（二）认真开展备案企业现场检查

重点对贵州辖区内有实际出口业绩的备案企业开展了企业卫生状况、生产记录、不合格品控制、原辅料把关等多方面的现场检查，共派遣卫生注册评审人员91人次，向企业反馈信息37条，提出整改意见17条。经检查，大部分企业均建立并能有效运行食品安全卫生控制体系，卫生状况保持良好，能够对生产过程进行如实记录并妥善保管，未发生和发现重大安全卫生质量事件与重大食品安全问题。

六、加强宣传，扩大认证认可社会影响力

根据国家认监委的统一部署，围绕“认证认可，通行世界”世界认可日主题，开展了丰富多彩的系列活动，努力扩大宣传效果，营造了人人关心认证认可的良好氛围。一是营造氛围，扩大影响。活动期间，在局机关及各分支局、办事处办事大厅张贴“世界认可日”

宣传海报，有效借助电子显示屏幕宣传“世界认可日”活动主题内容，同时局政务网站链接认监委网站制作的“世界认可日”宣传主题，多种形式宣传认证认可相关知识，积极营造氛围，扩大影响力。二是联合宣传，提升层次。将“世界认可日”主题宣传与“同线同标同质”工程、食品安全周等活动有效结合，深入企业发放、走进社区张贴宣传海报，组织专人在人群密集地开展认证咨询等活动，累计接受300余人现场咨询，发放宣传资料300多份。

七、认真开展检验检测机构资质认定专项监督检查

严格按照《国家认监委关于印发2016年认证认可各业务领域监督检查工作方案的通知》要求，重点围绕获证检验检测机构遵守法律法规、规范、诚信提供检验检测服务、履行统计义务和内部管理体系运行等情况，对2家获证单位进行检查。一是要求2家获证单位按照《2016年度检验检测机构资质认定监督检查自查表（A表）》及《2016年度检验检测机构资质认定监督检查自查表（B表）》要求，开展自查工作。二是成立检查组，按照上述两份《自查表》及检验检测机构资质认定要求，开展现场抽查工作，要求2家获证单位对自查中发现的相关问题进行整改，在质量管理体系运行、设备的使用管理、参加能力验证、关注客户的需求、实验室人员配置和资质、仪器设备和环境条件等方面进行了现场检查和资料核对，2家检测单位均符合资质认定相关要求。

撰稿人：雷文利　审稿人：熊　剑

创新思路　举措转型　扎实推进认证认可工作

——贵州省质量技术监督局2016年认证监管工作概况

2016年是“十三五”开局之年，也是认证认可改革创新攻坚之年。一年来，贵州省质量技术监督局（以下简称“贵州省质监局”或“省局”）围绕创新工作思路、转型工作举措，在用好认证认可制度，发挥认证认可制度在落实省委省政府“守底线、走新路、奔小康”的发展思路，促进产业发展、加强证后监管，为地方经济发展服务方面，做了一些积极的探索，取得了一定的实效。

一、积极推进有机产业发展

紧紧围绕省政府提出的“大力发展以绿色有机无公害为标准的现代山地高效农业”的工作要求和加快实现把贵州省建设成为绿色有机无公害农产品大省的发展目标，积极会同各级政府共同深入调研，组织动员、开展专题活动，引导各部门、各行业和社会各界深入了解有机产品认证制度，加大对有机产品认证工作的支持力度和理解，积极推进各地政府建立促进机制、加大政策支持力度。截至2016年年底，贵州省共有242家企业取得有机产品认证证书818张，比上年增长15.5%，列全国第3位；全省有机生产面积达10万公顷，比上年增长21%；全省有机加工企业81家。

（一）加强与地方政府沟通协调，将发展有机产业纳入各地主要工作议程

8月，省局积极会同黔东南州州委州政府在贵州省黔东南州凯里市组织召开了由省人民政府与国际有机联盟（IFOAM）共同举办的“首届中国（黔东南）有机大会暨国际有机峰会”。省人民政府刘远坤副省长出席大会并致辞。国际有机联盟（IFOAM）组织官员和专家，国内外著名专家学者，国家行政学院和国家认监委领导，省农委、省质监局等省直有关部门负责人，黔东南州委州政府主要领导以及各相关部门人员，各新闻媒体，国内外企业和客商共计700余人参加了大会。在大会上，黔东南州人民政府与国际有机联盟亚洲理事会签订《关于支持黔东南州申办2020年全球第二十届世界有机大会备忘录》，举办了有机农业3.0主题论坛，中国农业大学有机农业技术研究中心授牌在黔东南州职业学院成立有机实训基地，国家行政学院授牌在凯里学院成立黔东南州研究基地，发布了《中国有机产业诚信公约》，组建了黔东南州有机产业专家智库。省局会同黔东南州人民政府以此次会议为契机，共同制订国家有机产品认证示范州创建工作方案，

指导各县（市）有机认证工作，推动区域有机产业发展，提出共同打造中国有机第一州的目标。

2016年年初，省局组织铜仁市各级质监部门对区域有机产业发展进行深入调研，指导铜仁市政府在全省率先制订了市（州）一级政府推进有机产业发展的实施方案，提出了到2020年力争全市有机农产品总产值达320亿元的总体目标，对各县（区）目标任务进行了详尽的分解，进一步明确了各部门工作职责以及政策激励保障措施。9月，在省局的指导下，铜仁市委、市政府在铜仁市印江县组织召开了全市有机产业发展现场推进会，铜仁市质监、农业、发改、食药监、林业等18个市直部门的负责人，全市12个县（区）的分管副县长（副区长）以及市场监管、农业、科技部门的负责人，各区（县）有机生产、特色农产品生产组织代表和《中国质量报》《贵州日报》《当代贵州》等新闻媒体，国家环保部有机产品发展中心以及贵州省认证机构共计200余人参会。省局和铜仁市政府在会上进行了动员和部署，提出了工作思路，总结了各地在发展有机产业中的主要做法，提出了指导意见。截至2016年年底，铜仁市通过有机产品认证的组织从2014年的11家增加到目前的33家，获得有机产品认证证书从16张增加到现在的55张、从2014年位居全省第5位跃升为第3位，有机种植面积超过2 000公顷，年产量达1.4万吨、实现产值2亿元以上，有机产业规模与2014年相比增长了一倍以上。

目前有机产业规模较小、基础较为薄弱的黔西南州，为科学引导和积极促进有机产业发展，州政府在深入调研的基础上制发了《黔西南州加快推进有机产业发展实施方案》，成立了专门的组织协调机构，提出了中远期目标，确定了重点发展的品种，明确了发展途径和主要措施。

（二）组织和引导技术机构在推动县域有机产业持续健康发展发挥积极作用

组织协调环保部有机食品发展中心、中检集团贵州有限公司、贵州奥博特认证有限公司等技术机构与各地加强合作，开展区域生态环境调查，制定有机农业发展规划，推动各地有机产业科学持续发展。环保部有机食品发展中心与铜仁市印江县政府联合制定了有机产业发展规划，指导国家有机产品认证示范区创建工作，目前已建成有机种养殖基地一万多公顷，占铜仁市有机种养殖面积的49.8%，新增有机认证证书30张，有机认证产品年产值达2.5亿元。中检集团贵州有限公司与六盘水市水城县合作，签订了共同创建有机产品认证示范区三年合作协议。贵州奥博特认证有限公司与修文县合作，制定修文县有机产业发展规划，开展有机种养殖专业培训，2016年该县已新增有机认证证书8张，新增有机种植面积3 000多亩。

（三）积极创建国家有机产认证示范区

在总结好近年来创建国家有机产品认证示范区的基础上，深入调研，根据全省有机产业发展情况，认真梳理和分析各地有机产业发展的优势和存在的问题，组织铜仁市印江县、六盘水市水城县、黔东南州黎平县向国家认监委申报创建国家有机产品认证示范区，并组织环保部有机食品发展中心、中检集团贵州有限公司、贵州奥博特认证有限公司等技术机构与各地加强合作，共同指导创建有机产品认证示范区工作，贵州省获批创建国家有机产品认证示范区的县（区）将达到7个，为贵州省有机产业发展起到示范标杆作用。

二、促进检验检测认证发展

（一）检验检测行业发展较快，但依然存在规模能力较弱问题

根据统计，2016年全省通过资质认定的各类检验检测机构共计773家，比上年增加71家，增长10%。全省773家检验检测机构涉及20个行业领域，主要集中在建筑工程（含交通工程）检测、机动车技术性能检验、医药卫生、环境检测4个行业领域，占全省实验室总量的71%。从机构属性看，行政事业性质的287家，企业性质的446家。其中，国有及国有控股企业72家，民营企业414家，无外资机构。全省检验检测机构从业人员共计17 823人，比上年增长4%，从人员教育程度来看，研究生及以上教育程度人员1 213人，增长了10%，本科教育程度人员6 439人，增长了6%；从人员技术职称来看，高级专业技术职称人员3 870人，增长5%。2015年全年共出具检测报告404.5万份，比上年增长3%，检验检测收入共计15.88亿元，比上年增长12%。从地区分布看，29%的检验检测机构集中在贵阳市，共224个；其次是遵义市122个；铜仁市、黔东南州、毕节市等地检验检测机构数量超过70个，其余市（州）检验检测机构数量较少。从统计情况来看，贵州省检验检测行业有较快发展，但还存在总体规模较小，品牌竞争力不强，对新兴产业领域的技术保障支撑能力不强的问题。

（二）加强国际合作，推动区域认证认可加快发展

为加强与国际知名检验检测认证机构合作，共同推动贵州区域经济发展，加快发展贵州检验检测认证服务

业。省局与法国必维国际检验集团（Bureau Veritas）就加强检验检测认证领域合作，积极发挥检验检测认证对优化产业升级、提升产品和服务质量、促进进出口贸易发展等方面达成共识。在“世界认可日”活动期间，省局与法国必维国际检验集团于6月17日共同签署了《检验检测认证合作备忘录》。按照合作备忘录的要求，贵州省质监局将发挥职能优势，积极营造公平竞争、诚信经营的市场环境；引导和支持贵州省检验检测机构与境内外机构合作，创新商业模式与市场运营方式，发挥各自优势，拓展服务功能，互利共赢；鼓励和支持贵州国家级质量检验检测中心、省级质量检验检测中心等专业检验检测技术机构与法国必维国际检测集团按照市场运行规则共同开展检验检测与认证服务，并在有关政策信息服务等方面提供相应便利。法国必维国际检测集团将发挥国际品牌和全球专业技术优势，加大对贵州经济社会发展规划和检验检测认证市场需求研究，开设业务机构，支持贵州区域经济发展，充分利用贵州检验检测资源，按照高效便捷的原则，提供与贵州产业发展高度融合的认证服务，并面向贵州各领域生产、服务企业（组织）开展的检验检测认证服务在市场化原则下给予最优化的支持。目前，在省局的指导下，所属的六个“国检中心”结合现有技术能力，与法国必维国际检测集团在检验检测认证各领域进行专项技术合作。

（三）召开西南地区质监部门认证执法监管区域合作会，探索建立认证执法监管区域合作新模式

为构建西南地区认证执法监管合作框架体系，强化认证执法监管区域合作理念，10月12日，西南地区质监部门认证执法监管区域合作会议在贵州贵阳召开。国家认监委政策与法律事务部副主任马昆，云南省质监局党组成员、副局长符亚杰，贵州省质监局党组成员、副局长孟宇光出席会议并讲话。重庆市、四川省、云南省、贵州省质监局相关处室负责人和工作人员共计15人参加了此次会议并进行了工作经验交流。会上，各局还签订了《2016年度西南地区质监部门认证执法监管区域合作备忘录》，省局作为本年度“区域合作”的轮值主席，将继续推动西南区域质监部门认证执法的资源整合、信息共享、监管互助、结果互认，推进各执法监管部门的深度合作、深度融合、深度推进，实现西南区域认证认可执法监管工作的新跨越。

（四）引进专业人才，建立认证机构

从杭州“华泰”等认证机构引进认证专业人才20余名，组建了本土第一家认证机构——贵州奥博特认证有限公司，专门从事农业良好规范、有机产品认证。2016年内可取得相关认证资质，开展认证工作。认证机构的成立，将对促进贵州省现代农业发展，推动农产品有机认证，加强证后监管力度，加快区域有机产业发展发挥积极的作用。

三、加强重点领域证后监管

（一）开展资质认定检验检测机构分类监管

为贯彻落实“在深化行政审批制度改革、简政放权的基础上，树立底线思维，突出问题导向，强化风险管理，加强事中事后监管”的要求，根据国家认监委的工作要求，结合贵州省实际，制定了《贵州省资质认定检验检测机构分类监管工作意见》，在全国率先探索开展资质认定检验检测机构分类监管工作。按照检验检测机构及其运行风险的大小，日常管理表现，投诉举报情况，监督检查结果以及其他方面的信息反馈，建立检验检测机构诚信档案，并据此实施差异化的监督管理，提升监管有效性和及时性。

（二）组织开展2016年度检验检测机构资质认定监督检查工作

根据国家认监委统一部署，在全省组织开展2016年度检验检测机构资质认定监督检查。首次组织全省检验检测机构通过网络在线填报资质认定自查表，经过全省各级监管人员共同努力，全省756家检验检测机构完成自查填报工作。在各检验检测机构全面自查的基础上，会同国家认监委组织专家检查组先后对贵阳、安顺、遵义、六盘水市15家获得资质认定的检验检测机构进行了飞行检查，检查领域涵盖食品、建材、生活日用品等，检查对象包括国家认监委和省局、各市质监局、贵安新区市场监管局及贵阳高新区管委会颁发资质认定的获证机构。针对本次飞行检查中发现的问题，逐项进行了认真梳理，制发了《2016年贵州检验检测机构飞行检查情况通报》，分析了贵州省检验检测机构在四个方面存在的13点主要问题，提出了6条处理意见，要求各地高度重视，提高行政审批工作质量，督促检验检测机构认真分析原因，采取有效措施，限期完成整改工作。

（三）组织开展强制性产品认证获证产品市场抽查

根据国家认监委的工作部署，会同扬州进出口玩具检验所制定《贵州省流通领域玩具产品市场抽查经费

方案和实施方案》并组织实施。在流通领域购买样品，涉及省内沃尔玛、家乐福、大昌隆等主要大型超市，抽查检测包含了带电玩具、弹射玩具、塑胶玩具及娃娃玩具4大类共40批次产品，批次合格率为85%；共抽查企业39家，企业合格率84.62%。本次监督抽查不合格产品共6批次，其中，1家提出了复检申请。其他不合格产品，根据属地管理原则，移交经销商所在地质监部门处理，并向不合格产品生产企业所在地质监部门通报相关情况。

（四）加强对机动车安全技术检验机构专项监督检查

组织开展了机动车安全技术检验机构专项监督检查，共检查138家机动车安检机构，省局重点抽查贵阳、遵义2015年机动车安检机资质认定和资格许可等行政许可事项，同时实地核查了贵阳（4家）、遵义（1家）机动车安检机构，各地对本辖区内的机动车安检机构行政许可工作进行自查并分别对133家机动车安检机构进行了抽查。会同国家认监委和环境保护部组织的专家组在贵阳、毕节两地随机抽取了5家机动车安检机构进行了飞行检查，此次检查内容包括：机构资质的符合性、检验设施、设备的完整性、报告规范性以及现场试验等，根据检查情况制发了《关于2016年贵州省机动车排放检验和安全技术检验机构飞行检查情况通报》，要求各地高度重视，督促机动车安检机构认真分析原因，采取有效措施，限期完成检查中发现问题的整改工作并上报省局。为切实加强对各级监管部门机动车检验检测机构监督管理工作的有效性，提升监管人员的监管能力，编写了《机动车检验检测机构监管指南》。

（五）开展检验检测机构能力验证工作，加强证后监管

2016年在全省组织开展了环境监测和食品领域检验检测机构能力验证工作。本次能力验证，由省局统一组织，首次采用政府购买服务的方式指定经中国合格评定国家认可委员会（CNAS）认可的"能力验证提供者"作为主导实验室。省局划拨专项经费，要求全省所有通过相关资质认定的检验检测机构必须参加。全省环境监测领域具备水中挥发酚的测定检测资质的机构135家，其中134家参加了能力验证，验证结果为满意的115家，满意率85.8%；具备水中苯系物的测定检测资质的机构30家全部参加了能力验证，验证结果为满意的25家，满意率83.3%；在食品检验领域具备饮料中苯甲酸和山梨酸含量测定检测资质的机构33家，其中32家参加了能力验证，验证结果为满意的24家，满意率75%。此次能力验证工作有利于指导和帮助检验检测机构完善自身管理，查找和分析存在的问题，有效提高机构的检测能力和管理水平。省局还组织召开了2016年检验检测机构能力验证研讨会，全省136家环境监测类检验检测机构的155名质量负责人和技术负责人参加了研讨会。

（六）加强对有机产品示范区创建工作的监督指导

省局组织环保部有机食品发展中心、贵州省生物研究所、贵州奥博特认证公司等的技术机构支持麻江县国家有机产品认证示范区创建工作，制订了示范区预验收方案，共同组成专家组进行验收检查，提出了18条工作改进措施，省局向黔东南州质监局和麻江县政府发出了《关于进一步麻江县有机产品认证示范区验收工作的指导意见》，对创建工作中存在的六个方面的问题进行了分析，提出了相应的工作意见和工作要求，麻江县委县政府高度重视，表示将按照省局和专家组提出的建议制订整改方案，各部门加强组织调度，逐条逐项细化整改责任分解并纳入工作考核，做牢做实国家有机产品认证示范区创建工作，力争早日达到国家有机产品示范区验收要求。

四、深入调研，拓展认证领域

（一）低碳产品认证工作取得突破

近两年来，省局会同省发改委积极宣传低碳认证制度，对全省176家重点用能单位200余人次组织开展低碳产品认证、能源管理体系认证培训，企业能源管理水平得到较大提高，低碳产品认证工作取得了突破。在"世界认可日"和"全国低碳日"活动期间，省局与省发改委联合召开了贵州省首批低碳产品认证颁证会暨贵州省2016年"全国低碳日"活动，为5家企业颁发了低碳产品认证证书，首批获证企业代表作了经验交流发言。下一步省局将继续会同省发改委等部门大力推动低碳产品认证，特别是在当前推进贵州省供给侧结构性调走改革进程中，通过发挥低碳认证活动的评价引导和激励约束作用，激发企业经济活力，有效落实国家宏观政策，为淘汰落后产能、降低发展成本、提高产品供给质量提供有效手段，并积极引导企业进一步树立"绿色发展、低碳创新"的理念，通过加强管理和技术革新，最终达到有效控制温室气体排放，减缓全球气候变化进程的效果。

（二）实施认证制度促进节能减排工作

在积极推进低碳产品认证工作的同时，省局组织了

对省内20家能源管理体系认证企业进行了深入调研，组织贵州省4家获证企业、4家重点用能企业、4家省外相关认证机构以及省内3家检验检测认证单位召开推进能源管理体系认证工作调研座谈会。4家获证企业介绍了体系运行情况以及节能降耗、减低成本的效果。4家重点用能企业介绍了能源管理体系建设情况和开展能源管理体系工作所面临的困难，提出了希望政府加大对企业开展能源管理体系政策支持的意见。认证机构介绍了其他省区开展能源管理体系工作经验和相关政策支持以及贵州省企业开展认证中存在的问题。省局将认真梳理和研究各方面反映的问题和提出的意见，向政府提出相关工作建议，向有关部门反馈有关情况，与节能主管部门共同组织技术机构开展宣传和技术培训，积极引导和帮助贵州省重点用能企业建立能源管理体系建设，使用节能技术，开展能源管理认证工作。

五、组织专业培训，加强队伍建设

（一）组织评审员专项培训，提高评审工作质量

2016年国家认监委修订并发布了新的《检验检测机构资质认定评审员管理要求》《检验检测机构资质认定评审准则》和《检验检测机构资质认定评审准则及释义》三个重要文件，并于2016年8月1日正式实施。为抓好新调整后的"资质认定评审准则"贯彻实施，确保资质认定评审工作有序过渡，及时宣贯新的评审员管理要求，加强检验检测机构资质认定评审员管理，规范评审行为，举办贵州省检验检测机构资质认定评审员继续教育培训班，来自全省各行业的资质认定评审员共计242人参加了培训。

（二）建立省级刑事技术机构资质认定评审队伍

省局联合省公安厅刑侦总队组织了省级刑事技术机构资质认定评审员培训班，通过培训考核，全省共有36名专业技术人员取得刑事技术机构省级资质认定评审员证书。6月7日，省公安厅联合省局召开全省公安机关刑事技术机构资质认定工作部署会，标志着贵州省刑事技术机构资质认定工作全面启动。

撰稿人：朱 莉 审稿人：卢 涛

提高认识 开拓创新 发挥作用

——云南出入境检验检疫局2016年认证监管工作概况

2016年，云南出入境检验检疫局（以下简称"云南局"）认真贯彻落实国家质检总局和国家认监委对认证监管的总体工作部署，坚持"用特殊的思考解决云南特殊的问题"工作理念，以"创新监管抓质量，立足边疆促发展"为重点，把认证监管工作融入云南经济社会和检验检疫发展大局，取得了新进展和突破。

一、进出口食品生产企业注册备案管理工作概况

（一）进口食品验证管理

2016年，云南局对昆明机场局和瑞丽局进口水产品境外生产企业注册口岸核查情况进行了督查，相关产品均来自注册的生产企业，官方出具的检验检疫证书及货物标签也明确载明生产加工企业名称及注册号、捕捞区域、捕捞船船名及编号等信息。

云南局联合云南省食药局联合对昆明市2家大型超市进口食品进行现场检查，重点对实施境外生产企业注册的预包装食品和有机食品进行验证核查，均未发现不符合要求的情况。

（二）出口食品生产企业备案审批及后续监管

云南局突破由直属统一办理备案的传统格局，下放各分支机构受理辖区内出口食品生产企业的备案申请，并组织实施评审工作。通过采信HACCP认证等三方认证结果或企业其他自证材料作为技术评审合格的依据，使审批平均时限大为缩短，部分事项实现了即报即批。

截至10月31日，共受理备案申请177件，办毕156件（其中分支局75件），云南省有效的出口食品生产企业备案472家，同比上年度增加12.6%。行政审批平均用时3.5天，最长19天，最短1天；技术评审用时平均7天，办理时限符合率为100%。

云南局全年共受理对外推荐注册申请5厂次，获准注册2厂次；对4家输美水产品企业进行年度验证换证评审；统一推荐对韩国注册企业61厂次。本年度美国FDA对辖区内3家输美企业进行检查，云南局派出相关监管人员进行了见证观摩、并向认监委上报了FDA现场检查情况报告。

云南局全系统共派出执法人员947人次，对406家出口备案企业实施了现场检查，占应监管企业的94%。共提出542个不符合项，并要求相关企业进行整改。

云南局开展了出口备案专项业务督察。通过对分支局监管档案抽查和对企业的专项检查等形式对丽江局、普洱局、大理局、红河局、河口局开展了备案督察，并对督察中发现的问题及时进行了沟通。

（三）"同线同标同质"行动

云南局针对云南野生菌因重金属不能满足食品通用国家标准、能出口发达国家而不能进入国内市场的问题，积极牵头进行沟通协调，得到国家卫计委的复函，明确《食品中污染物限量》标准不适用于野生菌及其制品，并委托云南局制定野生菌重金属限量地方标准，为重要地方特色产品进入国内市场扫清了障碍。推荐90家出口备案企业成为标杆企业，其中14家在国家认监委"三同"公共服务平台上线注册，实现了内外销同步增长。帮扶云南"三同"企业，针对国内市场开发适销产品，获取高端客户需要的认证。推荐云南高原特色果蔬成为"供港生鲜"实体店的优质货源，勐海七彩云南茶厂的普洱茶产品入选钓鱼台国礼品牌。

（四）发挥技术支撑作用，服务质量提升

云南局与云南省质监局联合承办"第一届中国—西班牙肉类企业注册监管技术研讨会"，组织中外专家对中国和西班牙火腿的监管制度、法规、加工工艺、追溯体系、质量控制等内容进行交流。并针对宣威火腿如何质量提升、转型升级，促进国内外消费，实现产业做大做强等内容开展了广泛的交流。云南局为240家出口食品备案企业310余内审员举办了出口食品备案企业食品防护计划宣贯暨企业内审员培训，增强了内审员依法生产及科学管理的意识和能力，为企业有效运行以过程控制为核心预防为主的食品安全管理体系、提升安全管理水平和供给质量奠定了基础。

二、认证、认证监管及相关工作概况

（一）管理体系认证监督检查

根据国家认监委分配的检查任务和"双随机一公开"的要求，云南局按照分专业、分层次、分地域的原则建立了执法检查人员名录库，并从认证监管部门、检验检验业务部门和分支机构抽取执法人员成立检查组。普洱局、腾冲局、河口局、丽江局、临沧局，以及云南局认监处、检验监管处和食安一处派员参加了对5个企业质量管理体系认证的监督检查。随机抽取的监管对象涉及生产、销售等企业，更具代表性；随机选取的执法人员涉及管理、业务及口岸一线人员，执法针对性突出，监督检查效果明显。通过检查，虽然没有发现严重违反法律法规的假冒侵权行为、没有需要立案查处的情况，但还是发现了认证档案错漏、认证规范执行不严格、认证质量待提高等问题。

（二）进口强制性产品认证（CCC）获证产品抽样检测

从昆明进口汽车4S店购买了西班牙生产的宝马汽车喇叭各2组、意大利生产的路虎汽车喇叭1组、日本生产的丰田汽车喇叭2组，寄送CCC指定实验室国家机动车质量监督检验中心（重庆）按照认证要求实施全项目检验。检验结果均达到GB 15742-2001国家标准的要求，未发现不符合或不一致的情况，未发现严重违反CCC认证规定的假冒侵权问题。说明进口机动车喇叭产品通过CCC认证管理和入境验证，能够保证产品安全符合国家强制要求，保护广大驾乘人员的使用安全。

（三）CCC免办及后续监管

2016年，云南局共为3家符合条件的企业办理免办证明3份。其中申办理由为条款1（为科研、测试所需的产品）2份、条款3（直接为最终用户维修目的所需的产品）1份。均已实施书面后续监管，未发现违规处置免办产品的情况。

（四）市场采购边贸出口CCC产品验证

2016年云南局开展了市场采购出口CCC产品验证专项工作。昆明机场、河口、江城、腾冲、文山局对市场采购出口的计算机、电热水壶、落地扇、全自动洗衣机、电磁炉、手机、电饭煲以及载货汽车等货物，开展了CCC认证验证检查。经检查，上述抽查货物均按照认证规则加施了CCC认证标志，并与认监委认证执法监管平台一致，没有发现违反CCC认证规定的假

冒侵权行为。

三、重点工作情况

（一）解放思想，提振信心，建立齐抓共管的认证监管工作新局面

传统思维的桎梏，已经严重制约了云南局认证监管工作的发展，难以适应检验检疫所面临的新形势、新挑战。2016年，云南局狠抓思想解放，通过剖析和直面问题，克服满足现状等惰性思想，彻查认证监管工作的不足，厘清认证监管思路，创新机制，以问题为导向制定云南局认证监管工作重点。一是通过宣贯培训、督察指导，提高云南局系统对认证认可重要作用的认识和抓好认证监管工作的信心。认证认可是国家质量技术基础，是检验检疫工作的重要组成部分，加强认证监管，可以更好地配置检验检疫资源，实现内部资源的融合和外部资源的有效利用。二是重新找准定位、系统规划业务。认监处作为认证监管业务综合部门，不应过于侧重具体业务，而应从云南局系统的高度研究、规划、推动和督促认证监管工作开展，发挥牵头、组织、协调、监督、指导作用，找准认证认可工作在检验检疫工作大局中的定位，充分发挥认证监管和评审员人才库的作用，提升一线检验检疫人员独立、自觉运用认证监管手段有效服务检验检疫和地方经济发展的能力，调动业务处、分支机构一切积极因素，推动认证认可事业稳步发展。三是推进业务下放，发挥一线认证执法监管队伍的积极作用。通过对分支局下放管认证执法监管以及备案审批工作，增加国外推荐注册、认证执法联动检查的机会，促使一线人员提升能力，主动履行认证监管职能。四是加强业务督查。解决好裁判员与运动员的关系，工作做到层级管理。

（二）以贯彻落实云南省政府2号文件为主线，推动云南省认证认可工作全面发展

云南局与云南省质监局联合，促成云南省人民政府发布了《关于加强认证认可工作的实施意见》（云政发〔2016〕2号，以下简称2号文件），凸显了云南省政府对认证认可工作的重视，对支撑全省经济发展、构建和谐社会、引领科技进步、提升区域经济核心竞争力具有重要的战略意义。一年来，云南局契合行业发展、转型升级的需求，积极和地方政府一起，研究辖区内产业结构的特点，利用认证认可技术支撑作用，推进出口食品、农产品和工业品质量安全示范区建设，加大重点生产企业和重大项目的服务支持力度，提升质量供给水平。其中昆明、红河、普洱、临沧、大理、香格里拉等地检验检疫和质监部门合作，促成当地政府制定了2号文件的实施细则，设立了认证认可工作经费和项目奖补专项资金，推动更多的企业通过质量认证，应用先进管理方法，加强全面质量管理。

（三）加强认证监管队伍建设

云南局举办了1期认证监管人员业务培训班，对进口食品注册、认证信息查验、CCC认证监管、自愿性认证执法、“同线同标同质”技术法规与国外标准等内容进行持续培训，提升了系统内认证行政执法和备案监管的能力。根据认监委进出口食品企业评审专家“传帮带”活动计划安排，先后推荐了6名基层青年学员参加“传帮带”活动，其中1名进入水产团队，1名进入食品防护团队，1名进入HACCP团队，在课题研究、任务评审、论文研讨中得到能力提升，在第十四届全国HACCP应用与认证研讨会上，云南局团队成员撰写的2篇论文被评为大会优秀论文。

四、问题探索与分析

云南局系统的认证监管工作在一定程度上还存在着自娱自乐的现象，没有接地气，在内部、外部均没有深度融合。促进地方经济发展是认证监管工作的根本目的，所以工作必须要接地气，不能单打独斗，要加强沟通协作，得到地方政府的支持，形成良好的大质量工作机制。在经济发展新常态下，传统检验检疫模式对“种类表”过度依赖，已难以满足大通关、大物流的需求，只有转变思路才有出路。检验检疫的工作重心面临从单批次、微观检验检疫向宏观监管和风险防控的转变，工作方式面临从单元管控向多元共治的转变。认证监管正是这些转变的良好抓手，只有与检验检疫工作深度融合，才能形成内部合力，充分发挥检验检疫的整体效能。

云南局将进一步解放思想，转变观念，提高认识，主动作为，落实总局“提高供给质量、严守安全底线”的工作方针，主动融入国家战略和云南发展定位，与地方政府和相关部门一道，共同抓好认证认可，让它成为检验检疫工作、各部门工作共同的助推器，为地方经济“提质增效升级”，做出更大成绩。

撰稿人：张壮耘　审稿人：李　先

认真履职　稳步推进云南认证认可工作

——云南省质量技术监督局2016年认证监管工作概况

2016年是“十三五”的开局之年，也是云南认证认可大发展的关键之年，云南省质量技术监督局（以下简称“云南省质监局”或“省局”）在省委、省政府的坚强领导下，在国家质检总局、国家认监委的正确引领指导和关心支持下，牢固树立和贯彻落实创新、协调、绿色、开放、共享的发展理念，坚持全面依法行政，各项业务工作均取得了突破性发展。

一、政策引领，放大认证认可工作格局

为充分发挥认证认可传递信任、服务发展的桥梁和纽带作用，实现社会质量共治的重要手段，把云南省特色资源及区位优势切实转化为产业优势，提高云南制造在国内外市场上的核心竞争力，省政府出台了《云南省人民政府关于加强认证认可工作的实施意见》（云政发〔2016〕2号）。该文正式搭建了云南省认证认可工作的大格局，为全国首份省级政府层面出台的认证认可领域重大文件，将认证认可工作纳入了政府层面规划设计，建立了23个部门组成的厅际联席会议制度，明确将认证认可工作经费列入财政预算，围绕“三个体系建设”提出了12项工作措施和5条保障措施，旨在充分发挥认证认可这一促进国际合作和经贸往来的“世界语言”和“技术语言”，在促进贸易便利化和经济一体化方面的重要作用，更好地服务于全省经济社会发展和“一带一路”等国家发展战略。

二、协同推进，强化认证执法监管体系建设

为强化行政机关程序意识，落实认证行政执法责任制，进一步规范全省质监系统认证监管部门行政执法行为，提高认证监管工作的依法行政水平，按照《国家认监委关于印发2016年认证认可各业务领域监督检查工作方案的通知》（国认办〔2016〕18号）要求，省局高度重视认证执法监管体系建设，建立起“以认证监管机构为主导，以专职执法机构为主力，以法制工作机构为监督”的认证执法监管工作机制。

（一）加强组织领导

出台实施方案，建立了以分管局领导为组长，认证认可、法规、执法督查等处室为成员的领导小组，加强对认证执法监管体系建设的组织、计划、协调、检查和指导，把各项目标和任务分解落实到具体工作环节、具体工作岗位、具体工作人员，保证各项工作任务落实到位，建立认证执法监管工作分工负责、通力合作、齐抓共管的工作格局。

（二）加强统筹规划

坚持统筹规划，稳步推进，重点突破的原则，积极探索新手段、研究新方法、建立新制度，力求破解认证监管工作中面临的难题，结合云南省认证认可工作实际情况，制订了执法监管工作计划，做到有重点、有主题、有突破，重点加强对资质认定发证的过程和证后监督工作，同时省局还注重从基层执法监管的基础环节和基本需要抓起，从影响执法效能和执法行为的问题入手，持之以恒地推进认证执法监管工作，经过省局的不懈努力，2016年省政府出台《云南省人民政府关于加强认证认可工作的实施意见》（云政发〔2016〕2号），统一规划全省认证认可工作。

（三）加强执法监督

提高认证执法监管有效性，积极推进认证执法监管体系建设，按照总体部署，每年组织开展资质认定实验室、强制性产品认证监督抽查、食品农产品认证、管理体系认证专项监督检查工作，做到对获证产品和生产环节的执法监管并重、日常执法监管和专项执法监管并重，不断改进认证执法监管的方式，严格规范各种认证活动，维护认证市场秩序，对重点行业、重要产品还适时地组织开展认证执法专项检查，严厉惩处各类认证违法行为。

（四）加强队伍建设

进一步强化、优化和稳定认证执法监管队伍，将认

证执法监管人员的培训制度化、规范化，并在总结经验的基础上，不断在培训的内容、形式、方法和手段上，在培训的针对性、时效性、主动性上有所创新、有所发展，近年分批分期组织了检验检测机构资质认定、食品农产品认证监管、管理体系认证监管培训，基本做到了县区质监部门全员参与、州市质监部门重点参与的培训效果，通过业务培训、法规宣贯、案卷评查、法制讲座等形式，不断提高认证执法监管人员依法履行职责的能力，初步建立了一支结构合理、作风优良、业务过硬、人员相对稳定的认证执法监管队伍。

（五）加强信息网络建设

按照“统一标准、整合资源、扩大功能、优化流程、信息共享”的原则，按照国家认监委构建的三级信息数据库，进一步完善认证信息数据库服务功能，建立健全认证监管信息数据库，充分发挥基层监管特点和优势，不断创新信息化监管手段，通过对认证活动进行实时、动态的监管，加强对数据库信息的综合利用，分析辖区获证企业和获证产品以及认证活动质量状况和动态变化情况，研究辖区认证执法监管形势的特点与规律，有针对性地加强监督巡查频次，制定有针对性的监管措施，强化认证执法监管及时查处违法行为，有效地预警、防范和处置突发事件。

三、部门联动，促进检验检测产业健康发展

检验检测作为生产性服务业、高技术服务业、科技服务业，是国际公认的国家质量技术基础，是服务国家经济社会发展的重要技术支撑，对于维护国家和社会公共安全、促进产品和服务质量提升、保护消费者利益、促进产业升级等，具有十分重要的基础作用，为保护云南省检验检测市场规范，促进检验检测产业化发展，省局不断规范检验检测管理，提升检验检测能力建设，联合各相关行业主管部门齐抓共管，以实实在在的行动抓好《云南省人民政府关于加强认证认可工作的实施意见》的落实，并与云南检验检疫局拟定了《贯彻落实省政府加强认证认可工作实施意见2016年行动计划》。

（一）进一步规范汽车综合性能检测机构资质认定

联合省交通厅共同加强汽车综合性能检测行业管理，召开了联席会议，并组织行业及资质认定专家对汽车综合性能检测机构资质认定进行专题研讨，结合行业特点，统一制定规范的汽车综合性能检测能力模板，并确定了开展汽车综合性能检测机构调研、组织汽车综合性能检测机构资质认定培训、实施汽车综合性能检测领域能力验证等具体工作。

（二）全面协同推进司法鉴定机构资质认定

努力加强云南省司法鉴定规范化、标准化建设，一是继续联合省司法厅共同抓好司法鉴定机构资质认定工作，在目前已有5家司法鉴定机构通过资质认定的基础上，继续推进第一批15家司法鉴定机构资质认定；二是与省公安厅联合启动刑事技术机构资质认定工作，目前已协助省公安厅完成了全省公安机关刑事技术机构质量负责人、内审员培训2期，共计培训300余人，推进了全省15家州市公安机关和23家县（区）公安机关共38家刑事技术机构资质认定，进一步加强全省公安机关刑事技术机构规范化建设和管理，不断提高检验鉴定能力和水平，保障鉴定质量，提升社会公信力。

（三）顺利完成艾滋病检测、粮油检测等领域检验检测机构能力验证

全面结束了2015年度231家艾滋病检测实验室HIV抗体筛查（酶联免疫吸附法和快速法）和HIV抗体确证检测、35家相关检验检测机构粮油检测粮食中铅、镉、脱氧雪腐镰刀菌烯醇、黄曲霉毒素B1、稻谷出糙率、小麦不完善粒等参数检测能力验证，并联合省卫生和计划生育委员会、省粮食局发布了能力验证结果及2个领域检验检测技术分析报告和质量分析报告，有效提升相应检测领域检测能力水平。再一次与省卫生和计划生育委员会启动了2016年全省艾滋病检测实验室能力验证，现已完成数据收集，正在对全省230余家机构结果进行统计分析。

（四）积极加强环境监测机构管理

为生态文明建设提供强有力的技术支撑，主动作为，联合省环境保护厅共同开展能力验证和双随机检查。一是实施了近200家机构参与的环境监测领域水中氨氮、汞检测能力验证，正在对各机构检测结果进行汇总统计分析；二是开展环境监测机构双随机监督检查，完成对全省100余家环境监测机构21家的双随机抽查，正在进行后续处理。

（五）继续完善农业系统检测机构管理

不断加强农产品质量安全保障能力建设，与省农业厅共同促进农业产业发展。一是联合开展农业检测领域铅、砷、镉等重金属及氧化乐果、毒死蜱、溴氰菊酯残留等有机磷、拟虫菊酯类农药残留检测能力验证，约100余家机构参加；二是联合完善“二合一”评审制度，在云南省实施6年的检验检测机构资质认定和农产品质检机构考核“二合一”评审制度基础上，结合农

业部、国家认监委的最新要求进一步完善联合审批制度。

（六）努力加强机动车安全技术检验机构管理

积极保障道路交通安全。一是继续加强与省公安厅交警总队联合监管，不断提升机动车安全技术检验机构检测能力；二是开展机动车安全技术检验机构检验员及主任检验员直考，共组织考核3期20场次，参与考核人员742人，考核合格478人；三是联合省环境保护厅、省公安厅共同开展规范排放检验加强机动车环境监督管理。

（七）组织开展检验检测机构诚信体系试点建设

督促指导检验检测机构落实主体责任，组织机构开展社会承诺、诚信声明以及工作人员亮牌等活动，提高工作透明度、建立行业品牌，营造诚信放心检验检测环境，促进《检验检测机构诚信基本要求》国家标准在全省资质认定获证检验检测机构中有效实施，逐步建立检验检测机构诚信档案，2016年推动省质检院、大理、保山、西双版纳等综合检测中心共4家检验检测机构开展诚信体系试点单位建设。

（八）检验检测产业发展成效初现

自2014年全国开始检验检测服务业进行统计，云南省连续3年检验检测统计工作进度都位居全国前5位，2016年检验检测服务业统计更是做到了100%的填报率，在2014年全国率先开展检验检测统计工作分析的基础上，2016年又对3年统计情况进行了深度分析，编撰了《检验检测统计分析报告》。统计显示，云南省检验检测服务业发展势头良好，发展潜力巨大，发展前景广阔。

一是检验检测机构继续保持稳步增长态势。2015年，全省检验检测机构数为1 143家，较2014年度增长4.29%，近三年平均增长5.81%，增长速度低于全国三年平均增长11.92%的水平。营业收入37.21亿元，占全国的2.07%，较2014年度增长1.32%，近三年平均增长12.66%。从吸纳就业人口看，2015年，全省检验检测服务业共吸纳就业人口27 246人，较2014年度增加6%，近三年平均增长7.43%。低于全国三年年均增长率10.36%的水平。

二是检验检测服务业结构布局持续优化。从机构属性来看，2015年，企业类型的检验检测机构585家，占机构总量51.18%；事业单位占机构总量15%；行政法人占机构总量的0.87%，其他法人类型占机构总量32.63%。近三年来，事业单位制检验检测机构的比重分别为16.8%、15.9%、15.2%，呈现逐年下降趋势，与近年来我国加快推动事业单位分类改革、检验检测认证机构转企改制的趋势一致。

三是检验检测机构的投入逐年递增。2015年，全省检验检测机构的全部仪器设备12万台（套），设备原值45.84亿元，实验室面积127.05万平方米，近三年来设备资产年均增长0.13%。表明云南省检验检测服务业的综合实力逐步加强，发展质量有所提升。

四是检验检测机构报告数量减少收入增长。2015年，全省检验检测机构共出具检验检测报告11 091 157份，收入26.93亿元。2015年度检测报告数量比2014年度减少13.1%，检测收入增加6 610.8万元，增幅为2.52%，三年收入平均增长10.09%。其中社会委托报告占总报告的87.95%，收入占总收入的77.74%。其次为行政执法报告数占9%，收入占14.84%，其他报告占2.89%，收入占6.87%，司法鉴定报告占0.1%，收入占0.54%。社会委托报告的比重分别为83.62%、86.27%、87.95%，呈逐年上升趋势。但行政执法委托、司法鉴定、其他报告成逐年下降趋势。检测机构三年平均出具报告数分别为11 250份、11 644份、9 704份，呈逐年减少趋势。检验检测机构平均收入217.66万元、239.7万元、235.63万元，呈现小幅波动。检测报告减少说明检测机构增多，机构之间的竞争日趋激烈。检测收入波动说明检测业务向综合检测、复杂性业务发展。

2015年度检验检测服务业统计数据表明，云南省检验检测机构总体上以小微机构居多，服务范围有限，竞争力不强。全省检验检测机构平均就业人数为24人，97.8%的检验检测机构从业人数少于100人。检验检测机构仅在本省区域提供服务，提供全国性服务的机构几乎没有。可以看出，在我国经济下行压力增大、增速放缓的情况下，检验检测服务业仍保持了持续增长的势头，对国民经济的贡献作用继续上升，成为“大众创业，万众创新”的重要平台，为国家“稳增长、调结构、促发展”的战略目标做出了积极的贡献。

四、管服并举，认证认可促进“两型社会”建设

认证认可对经济社会发展具有良好的促进和规范作用，为全面依法行政，切实履职，省局再不断持续抓好认证监管的同时，充分发挥云南生态资源优势，着力开展了有机认证示范区创建和低碳认证等相关工作，为云南省资源节约型、环境友好型社会建设做出了应有贡献。

（一）继续组织开展认证监管，提高认证有效性

制订了食品农产认证、管理体系认证监督检查工作方案，组织各州、市质监局重点对辖区有机产品认

证、管理体系认证活动进行专项监督检查，省局重点对 CCC 认证产品、能源管理体系认证活动进行专项监督抽查，严格强制性认证管理，组织开展强制性认证产品风险监测，着力提升强制性认证产品质量安全，完成相应产品监督抽查指令。对抽查不合格产品及相关企业，及时协调有关强制性认证产品指定认证机构开展后续处理工作，并进行重点检查和监督整改，切实发挥强制性认证对产品质量安全的监督保障作用。目前共对 1 户能源管理体系认证企业进行专项检查，开展了儿童玩具监督抽查，抽查儿童玩具 2 个类别 45 个批次，其中电动玩具 25 批次，非电动玩具 20 批次。

（二）积极开展有机产品认证示范区创建活动

发挥云南生态优势，推进高原特色农业发展，加大省级有机产品认证示范区创建力度，择优推荐申报国家有机产品认证示范创建区，加强源头管理，促进农产品、食品质量安全提升。一是宣传培训再升级，邀请国内有机产品认证专家对云南省 18 家县区政府共计 80 余人开展了有机产品认证示范区专题培训，并组织了高原特色农业有机认证发展论坛专题活动。二是积极指导帮扶意向县区政府积极申报有机产品认证示范区创建，云南省已获得国家有机产品认证示范区创建单位 4 个，省级有机产品认证示范区创建单位 8 个，2016 年又向国家认监委推荐临沧凤庆县、沧源县、曲靖马龙县、红河州红河县、玉溪元江县 5 家申报国家有机产品认证示范区，积极配合国家认监委完成对昭通彝良县国家有机产品认证示范区的验收。

（三）低碳产品认证推进顺利

在云南省低碳产品认证证书实现实质突破的基础上，不断加强宣传培训，一是联合省发展改革委员会组织开展了低碳产品认证试点项目启动会，中国质量认证中心成都分中心、云南大学、省建材院、省产检院、省玻搪陶质检站、云铝股份、省冶金集团的专家和代表参加会议，正式启动了云南省低碳产品认证试点项目。二是组织中国质量认证中心成都分中心、云南大学实施了低碳产品认证目录、电解铝和草果低碳产品认证技术标准研究等低碳认证项目专项研究工作，不断推进云南省生态文明建设进程。

云南省认证认可工作在大家的不懈努力和各方的大力支持下，取得了一定成绩，《云南日报》也先后 4 次对省局认证认可工作进行专题报道，并在云南广播电台开展了《质量之声》专题宣传。今后省局还要找准切入点，继续在特色工作上不断突破，力争使云南省认证认可服务经济发展的手段更加精准有效。

撰稿人：赵红梅　审稿人：付亚杰

创新监管模式　主动服务地方经济发展

——陕西出入境检验检疫局 2016 年认证监管工作概况

2016 年，陕西出入境检验检疫局（以下简称“陕西局”）在国家质检总局、国家认监委的正确引领指导和关心支持下，认真贯彻全国认证认可工作会议精神和各项工作要求，积极适应改革形势，创新监管模式，主动服务地方经济发展，认证监管工作取得新的成效。

一、基本情况

截至 2016 年 11 月底，陕西共有出口食品备案企业 110 家、农产品企业 41 家，取得 HACCP 认证企业 52 家，出口品种主要有果汁、提取物、酒类、蜂蜜、茶叶等。其中 19 家出口备案企业登录同线同标同质平台。办理 CCC 免办 1 109 批，CCC 目录外认定 2 329 批。

二、开展的主要工作

（一）全力帮扶，“三同”工程取得初步成效

经过陕西局大力宣传鼓励和帮扶，已有 19 家企业经过严格审核注册登录“同线同标同质”信息平台。为了推动“三同”工程落地，陕西检验检疫局采取了一系列有效措施。

1. 制订方案

印发了《出口食品生产企业内外销“同线同标同质”帮扶行动方案》，成立帮扶工作组，省局和各分支机构统一行动，审核出口食品备案企业 2015 年报告，逐一

调查了解出口备案企业的需要和困难，确定帮扶对象，一企一策制定针对性帮扶措施。

2. 开展培训

举办全省92家出口企业107名内审员、检验检疫监管人员、认证机构人员等参加的培训班，邀请系统内专家进行危害分析与关键控制点（HACCP）、食品防护计划（FDP）和良好农业规范（GAP）等质量安全管理技术培训，提高企业的质量安全管理能力。

3. 审核指导

深入企业开展管理体系和环境设施监管等细致检查，及时督查企业对不符合项进行整改，采信企业HACCP认证管理体系，指导符合条件企业登录国家认监委“三同”信息公共服务平台，公示“三同”产品，全省首批上线企业“三同”产品涵盖出口果汁、产业、酒类、罐头、魔芋粉、羊奶粉等特色产品。

4. 广泛宣传

首先，扩大对企宣贯，利用集中培训、现场审核、微信及QQ群等，多渠道宣传“三同”的意义和助力企业转型升级等好处，鼓励企业积极申报；其次，向政府和相关部门汇报、沟通，形成共同推进的合力，“三同”知识进入陕西—广东（深圳）加工贸易转型升级交流会、全省外贸企业培训会，在《陕西省人民政府关于促进外贸回稳向好的实施意见》（陕政发〔2016〕40号）中，将“三同”列入加快培育外贸品牌的措施；在第23届中国杨凌农业高新科技成果博览会举办“实施‘三同’工程，提高供给质量”专题展示活动，为期5天集中宣传“三同”工程、展示“三同”企业和产品，搭建“三同”企业与社会公众的交流平台，使“三同”概念广泛传播，“三同”产品广泛认知，共同促进供给侧改革和传统消费升级。陕西局农高会展示活动获得组委会优秀组织奖，得到外贸企业的一致好评，有条件企业积极申请登录“三同”信息平台。《陕西日报》就“三同”工程专题采访陕西局，编发深度报道和记者评论，同时被《新华网》等媒体转载，公众反响积极。

5. 监管联动

对出口果汁企业，结合开产前检查进行联动监管；对申请出口备案企业，结合现场审核进行检查验证，共9家企业实施了HACCP认证联动监管，提高工作效率，减轻企业负担；对“三同”上线企业重点监督管理，对不符合“三同”条件的企业及产品，及时予以下线，强化企业诚信意识，确保“三同”产品符合质量要求。

（二）强化进出口食品农产品的备案注册及监管工作

1. 进一步做好备案企业备案评审和后续监管工作

一是加强调研，取得第一手资料。二是召开了各分支局和相关业务处参加的备案监管座谈会。三是对业务处的主管人员管辖的企业进行了划分，责任划分明确，监管落实到位。

2. 积极推进企业备案监管采信第三方认证结果

根据陕西出口食品企业情况，制定了《陕西检验检疫局出口食品备案采信第三方HACCP体系认证结果实施办法》。截至11月底，共对17家企业的HACCP体系认证结果进行了备案采信，对今年到期换证的12家果汁生产企业的延续备案中实施采信第三方结果。

3. 落实出口食品企业主体责任，实施企业年度报告制度

组织开展出口食品备案企业的清查工作。截至2016年11月底，陕西局共对12家《备案证明》到期未申请和长期没有出口的企业进行了注销处理。

4. 帮促企业“提质增效升级”，形成出口竞争新优势

对企业和地方主管部门进行了2次专项的业务培训辅导，共计培训企业人员300多人，有效地提高了申请备案企业食品安全管理水平和质量意识。

（三）开展管理体系认证活动专项检查

按照国家认监委统一部署，对认监委下达的15家企业，陕西局组织专项监督检查，聘请专家、邀请西部合作检验检疫局的认证监管专家作为联合检查组成员参与检查，保证结果的专业性和权威性。主要包括五个步骤：

（1）制订工作方案。按随机选派原则组成检查组、确定检查人员、统一检查标准。

（2）开展检查人员培训。

（3）编制具体的检查进度表。

（4）聘请专家及邀请甘肃局参与检查，保证检查的专业性和权威性。

（5）分析总结上报和问题后续处理。对辖区内15份检查样本进行检查、追踪、分析，发现获证组织存在体系有效性和运行记录不健全等两方面问题；认证机构存在4个一般性问题和1个二类问题。针对企业的问题，现场告知，促进企业持续符合认证要求；针

对认证机构的问题，要求整改或提交说明。有关监督检查结果及时上报了认监委。

通过本年度的质量管理体系认证活动专项监督检查，督促获证企业增强质量意识和守法观念，提高体系运行质量；规范认证机构的行为，提高认证的有效性，规范认证市场。

（四）做好强制性产品认证行政监管工作

1. 开展进口强制性认证产品的专项抽查工作

根据《国家认监委关于印发 2016 年认证认可各业务领域监督抽查工作方案的通知》（国认办〔2016〕18号）中附件 3《2016 年强制性认证获证产品市场抽查工作方案》的要求，制定了《陕西检验检疫局 2016 年强制性产品认证获证产品监督抽查工作实施方案》，按要求抽取进口电磁灶、电陶灶、电冰箱，经中国家用电器研究院，依据相关标准进行检验，所检项目的检验结果符合标准要求，监督抽查工作报告上报国家认监委。

2. 举办“CCC 免办及特殊用途进口产品检测系统”上线前培训

11 月 3 日 ~ 11 月 4 日，举办了“CCC 免办及特殊用途进口产品检测系统”培训班，参加培训的有各分支局、办事处、相关业务处及相关企业业务人员共计 200 余人。培训邀请认监委信息中心的专家授课，通过专家对“CCC 免办及特殊用途进口产品检测系统”的整体介绍、系统操作演示、现场系统操作演示及现场答疑等环节，学员普遍基本掌握了“CCC 免办及特殊用途进口产品检测系统”的操作和应用，确保新系统上线后企业进口通关不受影响。

（五）加强认证监管队伍建设

承办“国家认监委 2016 年度卫生注册主任评审员培训班”。5 月 23 日 ~ 27 日，国家认监委在西安举办 2016 年度卫生注册主任评审员培训班，国家认监委副主任王大宁出席开幕式并讲话，共有来自国家认监委和 35 个直属局的近 100 余人参加了此次培训班。作为承办单位，陕西局抓住机会，要求各分支机构和机关相关业务人员共 12 人参加培训，提高人员业务素质。

陕西局在开展备案审核、CCC 验证等工作中，注重与分支机构联动，邀请分支机构分管领导和业务人员一起工作，通过实践和传帮带，推动全局系统认证监管人员提高业务能力。另外，陕西局建立有出口食品备案监管微信群，及时发布认监委相关工作信息和业务信息，交流有关工作，保持信息畅通，拓展监管人员视野。

（六）积极参与区域联动，壮大认证监管实力

9 月 7 日 ~ 8 日，“丝绸之路经济带境内地区检验检疫（十局）认证监管合作联动机制”第二届联席会议在西安召开。认监委法律部刘仲书主任到会并讲话。各工作组按照《合作联动机制专项工作组建设方案》汇报工作开展情况，重庆局总结了合作联动机制 2015-2016 年度工作开展情况，并和陕西局进行了轮值局交接，十局共同签署了《丝绸之路经济带认证执法监管区域强制性认证监管一体化合作备忘录》，推动检验检疫、认证认可、标准计量等方面的双多边合作。

同时，陕西局积极参加泛西北认证执法监管区域（7 局）联动机制，参与了新疆、青海、甘肃、河南企业的质量管理体系认证活动的监督检查和对认证机构的现场联合检查，交流学习了兄弟局的好做法、好经验，锻炼提高了自身能力。

撰稿人：贾明贵　审稿人：党继祥

围绕机构改革　加大监管力度

——陕西省质量技术监督局2016年认证监管工作概况

2016年，陕西省质量技术监督局（以下简称“陕西省质监局”或“省局”）认证认可工作在陕西省委省政府的正确领导下，在国家质检总局和国家认监委的关心支持下，认真贯彻党的十八届四中、五中、六中全会精神，以习近平总书记来陕视察时一系列重要指示精神为指导，紧紧围绕推进供给侧结构性改革，加快产业结构性调整，促进企业转型升级总目标，坚持“创优服务，创新治理”的总要求，充分发挥认证认可“传递信任，服务发展”的职能作用，不断适应新常态，努力实现新发展，认证认可服务全省经济社会发展的效益更加明显，作用更加突出。

一、全省认证认可基本情况

截至2016年12月31日，陕西省各类组织共获得国家认可的主要认证证书17 486张。其中质量管理体系（QMS）7 411张，环境管理体系(EMS)2 246张，职业健康安全（OHSMS）2 023张，强制性产品认证（CCC）4 991张，有机产品认证322张；颁发省级计量认证证书1 285张，涵盖产品质检、环保、交通工程、建设工程、车辆检测、石油化工、疾病预防等社会各个领域，各类产品认证证书和省级计量认证证书比上年同期增长8%以上，数量均位居西部第三，西北第一。在陕认证机构23家，主机构2家，各类分公司12家、子公司1家，办事机构8家。

二、主要工作及成效

（一）突出认证获证产品质量监管，加大监督抽查力度

2016年，全省各级质监认证监管部门始终把认证获证产品监管作为重点，不断建立和完善风险预警和防控机制，加大专项监督检查和日常巡查的力度，确保全省范围内没有发生系统性、区域性的质量安全事件。一是强化各市县（区）质监监管部门的责任，进一步明确职责、范围和权限，摸清辖区内强制性认证产品生产企业基本情况，建立企业质量档案，完善获证企业数据库，针对不同企业，加强分类管理，确保省市县三级都能做到底数清、情况明。二是大力开展认证获证产品质量抽查，特别是加大与人民群众生产生活密切相关的强制性产品监督抽查的力度，有效提升获证产品质量安全，产品的合格率逐年上升。7月，按照国家认监委统一部署，陕西省质监局组织在全省流通领域内开展强制性认证获证产品（瓷质砖）专项抽查工作，共抽查100个批次的样品，检验合格率达到100%，进一步有效规范认证市场秩序。三是为加大对有机认证产品的监管力度。8月，陕西省质监局委托陕西省产品质检院在汉中、安康、西安等地生产和流通领域内，组织开展有机农产品质量监督抽查工作，共抽取60个批次样品，涉及有机认证茶叶企业17家，所抽茶叶理化检验项目100%合格。但有些产品的包装存在标识标注不规范的现象，陕西省质监局严格按照规范要求，组织对相关企业进行集中培训，坚决予以整改。

（二）紧紧围绕供给侧结构性改革，大力推动自愿性认证

2016年，随着经济的转型升级和改革的不断深入，助推供给侧结构性改革，去产能、去库存成了一项中心工作。一是立足丝绸之路经济带的区位优势，利用“西洽会”“农高会”等平台，充分发挥认证认可桥梁和纽带作用，加强与丝路沿线国家的交流和合作，开展国际互认，助推全省优势企业和认证产品走出国门。二是充分发挥陕西省洋县“全国有机产品认证示范区”和作为国家认监委“认证认可工作联系点”的示范和带动作用，利用全省关中、陕南、陕北等地区独特的地理和气候条件，结合产业发展的实际情况，大力开展有机水果、有机蔬菜、有机茶叶、有机大米以及有机加工等产品认证。为促进区域经济的可持续发展和引领作用，提升农产品附加值和品牌价值，为农民增

收创造更多途径，有机产业已经成为当地经济发展的支柱产业。三是大力推进低碳环保节能产品认证。根据国家新的产业发展计划和节能减排的要求，积极联系陕西省发改委和中国质量认证中心（CQC）西安分中心，在全省能源、化工、冶金、电子、机械制造等行业大力开展低碳环保节能等产品认证和能源管理体系认证，为企业节能降耗、降低生产成本、转型升级和提高综合竞争力提供技术支持。

（三）紧密联系实际，深入推进检验检测机构改革

一是深入贯彻中央编办和国家质检总局《关于整合检验检测认证机构的实施意见》，根据该实施意见，陕西省质监局与陕西省编办在深入调查研究、广泛征求意见的基础上，结合全省实际拟定了《陕西省检验检测认证机构整合方案》，陕西省政府办公厅向全省各市县区政府和省政府各工作部门进行转发。二是陕西省质监局乔军局长会同陕西省编办、陕西省发改委、陕西省财政厅有关领导，带领机关相关处室负责同志先后赴重庆市、广西壮族自治区就检验检测园区建设和机构改革进行了专题调研，进一步明确了思路，强化了落实措施。三是组织召开全省检验检测机构工作会。为全面总结“十二五”时期全省检验检测行业所取得成就和不足，科学谋划“十三五”期间检验检测行业立足经济新常态下，解放思想、深化改革着力提升服务业发展大局的能力和水平。8月2日，组织召开全省检验检测机构工作会。国家认监委及陕西省相关厅局领导，全省由陕西省质监局依法设置和授权的质检、计量、特检机构负责人及各地市质监局主要负责同志参加会议。

（四）不断强化能力建设，扎实推进检验检测基础工作

一是不断加强资质认定评审员队伍建设。组织开展新的《检验检测机构资质认定管理办法》和《检验检测机构资质认定评审员管理办法》宣贯和学习，开展检验检测机构资质认定评审员培训、评审技术交流活动，提高人员技术水平和工作能力。通过培训、考核、注册和再教育等方式，建立了资质认定评审员队伍以及评审员电子基本档案和评审、培训工作业绩记录，加强对评审员队伍的动态监管。二是建立了经常化的资质认定监督检查体系。组织开展针对获证检验检测机构的监督抽查、能力验证和检验报告评比工作。2016年，共组织实施资质认定监督抽查160家；对65家质监系统依法设置和授权的质检机构的检验检测报告进行了集中抽取和评价；组织实施146家机构参加水质中总砷和铅的测定、污染物甲醛的测定两大类七项能力验证，提升了检验检测机构能力水平，增强了资质认定工作有效性。

（五）坚持“放、管、服”相结合，形成管理共治新格局

一是充分激发认证市场的活力。严格落实新的《检验检测机构资质认定管理办法》和《认证机构管理办法》，取消认证分支机构备案制度，将专项监督检查为主转变为以日常监管和监督抽查相结合，将单纯行政处罚为主转变为以行政处罚和警示教育相结合，健全认证行政观察员制度，进一步规范认证机构和认证市场行为，最大限度地激发和调动认证市场的活力。二是认真贯彻落实陕西省委省政府关于减政放权及行政审批制度改革的相关要求，从9月2日起，对全省机动车安检机构资格许可和资质认定两项行政许可项目进行调整合并，简化申请文书、受理程序、审核要求、评审程序，缩短办事时间，极大地简化了行政审批事项。三是充分发挥新闻媒体的舆论引导和监督作用。对在认证专项监督检查和抽查中发现和存在的问题，及时在媒体上进行曝光处理，并请各级新闻媒体全程参与与见证全省认证认可有关重大活动，激发和调动广大群众参与的热情。

（六）积极开展认证认可宣传，努力营造良好的舆论氛围

一是在“6·9世界认可日”期间，陕西省质监局联合陕西省农业厅、陕西省林业厅、陕西检验检疫局、汉中市人民政府在西安举行签订《关于进一步扶持洋县有机产业发展多方协议》签字仪式。进一步发挥认证认可职能优势，不断整合资源，挖掘潜力，扩大品牌宣传力度，提升产业发展的层次和水平，使绿色有机产业成为带动区域经济协调可持续发展新的增长动力。活动受到当地政府和企业的积极响应和热烈欢迎。《陕西日报》、《中国质量报》、《华商报》、新华网等新闻媒体进行广泛报道。二是立足发展，从更高层面谋求和探索认证认可发展新途径、新思路。6月初，省局在西安举办了“认证认可助推供给侧结构性改革”主题座谈会。会议邀请陕西省内知名专家、学者和行业主管部门领导参加。大家紧紧围绕“一带一路”重大战略部署和经济新常态下，如何利用认证认可手段来促进全省产业转型升级，更好地服务百姓日常生活，纷纷建言献策，提出了许多好的思路和想法，得到了与会者的一致肯定。三是开展“消费者走进苹果之乡，体验有机生活”的主题活动。9月下旬，省局联合《三

秦都市报》等新闻媒体，公开征集全省在校大学生30名，赴洛川有机园区参与见证有机产品的生产、加工的全过程，增强广大青年学生对有机产品的感性认识，通过亲身体验和感受，进一步普及有机产品和认证认可知识，提升和促进全省有机产业品牌建设，在全社会形成“人人重视重量、人人关注质量、人人追求质量”的良好氛围。四是组织开展“实验室开放日”活动。9月6日，“全国检验检测机构开放日”活动启动仪式在西安高压电器研究院举行。国家认监委副主任许增德出席启动仪式。活动现场30余家检验检测机构向社会公众开放，西安高压电器研究院还与河南森源集团及华中科技大学签订了对接服务协议。启动仪式当天，陕西省质监局还邀请了60余名各级人大代表、政协委员以及社会各界人士全程参与，取得了良好的社会反响。

三、存在的主要问题

一年来，陕西省认证认可工作虽然取得了一定成绩，但也存在一些问题，主要表现在：一是认证认可的社会认知度不高，缺乏工作抓手，尤其是与各个行业主管部门缺乏沟通，渠道不畅，未能给予认证认可工作必要的政策、项目和资金上的支持；二是由于认证工作涉及领域广泛，认证种类繁多，专业性强，而全省质监部门基层监管人员缺乏专业素质、数量有限，基层人员开展监管具有惧怕心理，认证市场开展监管工作难度大；三是工作重心下移不够，行政许可权限过于集中，导致基层监管乏力，责任心不强，主动监管积极性不高等。

撰稿人：戴林涛　审稿人：景印玺

深化改革　优化服务　助推甘肃经济发展

——甘肃出入境检验检疫局2016年认证监管工作概况

2016年，甘肃出入境检验检疫局（以下简称“甘肃局”）以“强化认证认可工作，推动质量强国建设”要求为指导，全面贯彻落实全国认证认可工作会议精神，推动认证认可工作创新发。

一、深化改革，优化服务，助推企业发展

（一）备案监管模式改革

全年共办理备案25家/次，其中采信HACCP认证证书11家/次，采信企业自我声明13家/次，仅对1家材料审核问题多，产品质量安全风险隐患大的企业开展了现场检查，采信比率达到96%。

充分发挥互联网电子审批优势，缩短业务办理时间，实现“无纸化”审批。进一步主动缩短各业务流程办理时限，提高办事效率，备案平均办理时间进一步缩短为3.76天/家次，较2015年4.9天/家次时间缩短了23.2%。

专人负责，杜绝逾期办理。由认证处专人负责，每日检查备案工作办理情况，电话提醒备案受理和评审人员，避免受理遗漏、评审超期现象发生。全年备案办理时限符合率100%，在国家认监委全年备案业务逾期办理通报中，甘肃局无一案例。

（二）落实监管工作要求

4月，制定并下发了《甘肃检验检疫局2016年出口食品生产企业备案监督管理工作计划》，并按计划要求在“出口食品生产企业备案管理系统”中分配了监管任务，对监管工作进行了业务指导，全年完成对89家企业的监管工作，监管覆盖率100%；发现问题94项。

（三）深入开展“同线同标同质”工作

深入贯彻落实国务院供给侧改革要求，以国家质检总局和认监委文件精神为指导，按要求制定了《甘肃检验检疫局出口食品生产企业内外销“同线同标同质”帮扶行动计划》，指导全局相关部门和单位成立了7个帮扶工作组，对所辖4个分支机构的89家出口食品生产企业开展了帮扶工作。通过向全省全部89家出口食品生产企业发放问卷调查表，结合对企业日常监管工作开展实地走访调研，了解企业开展“三同”工作困难，根据产品特点和企业实际需求，筛选出20家有质量管理提升和内销转型需求的出口食品企业，确定

为帮扶对象。根据“一厂一策”原则，制订帮扶方案，开展帮扶工作。同时，甘肃局将“三同”帮扶工作与“精准扶贫”等工作紧密结合，将“三同”工作情况专报省政府领导，得到省政府领导高度肯定。

截至2016年年底，全省已有21家出口食品企业登陆国家认监委“三同”信息服务平台和其他“三同”商务采购平台，8家次企业产品入驻供港生鲜等“三同”实体店，以陇南长城果汁饮料有限公司为例，通过开拓“三同”内销渠道，企业内销产品苹果汁全年销售270万元，同比增长42.3%。

（四）开展“双随机”检查

主动落实国务院“双随机”检查工作要求，在年初制定了《甘肃局出口食品备案企业监督管理工作“双随机”检查机制实施办法（试行）》，在出口食品企业监管、年度报告审核、“三同”产品抽样检查工作中，开展“双随机”检查，提升监管工作水平。年初编制了“双随机”电子化抽选软件，建立评审员数据库与监管企业数据库，从全局评审员中随机抽选20名分10组，对全省88家备案企业年度报告进行“双随机”审核；对17家证书采信获证企业随机选取6家进行了“双随机”验证，覆盖率达35.2%；随机选取评审员13名，分10个工作组，对20家上线“三同”企业随机选取10家进行了“双随机”监管。

（五）全面加强备案企业对外注册推荐和迎接国外官方现场检查工作

针对相关备案企业出口蒙古、新加坡等“一带一路”国家迫切需求，主动简化企业对国外官方推荐注册程序，采信第三方认证结果、企业年度报告和企业日常监管情况，在相关企业提出申请后第一时间通过国家认监委注册管理部向国外官方主管机构推荐企业办理注册。

积极指导企业做好国外官方现场检查迎检帮扶工作，成立帮扶工作组，制订详细的帮扶工作方案，帮助企业搜集国外法规、检查要求和其他企业检查记录，并多次派出专项工作组到企业现场指导迎接准备工作，2016年，甘肃中盛农牧发展有限公司和甘肃品高食品有限公司分别通过了蒙古国官方现场检查、甘肃泾川恒兴果汁有限公司和陇南长城饮料有限公司顺利通过了美国FDA现场检查，产品获得或保持了对目标市场的出口资格，以甘肃中盛农牧发展有限公司为例，在获得蒙古国出口资格后，目前，企业已向蒙古市场出口冷冻分割鸡肉120吨，货值34万美元，陇南长城果汁前三季度向美国出口浓缩苹果汁3 587吨，货值510万美元，有效促进了企业产品出口。

（六）积极派遣评审员参加对外评审检查工作

派遣一位同志参加认监委蒙古输华肉类企业官方注册检查组，并担任组长，开展对蒙古输华牛肉企业官方检查评审工作，检查工作共持续8天，对11家企业开展了现场检查和参观指导。目前，蒙古企业正针对检查提出的问题进行整改，争取早日通过验证获得对华出口资格，这也是甘肃局首次派遣评审员参加赴外评审工作。

（七）加强卫生注册评审员建设

9月26日～27日，甘肃局组织召开卫生注册评审员培训班，全系统30名在岗评审员和部分新入职工作人员参加了此次培训。培训围绕美国《食品安全现代化法》（FSMA）新要求，“同线同标同质”企业监管、出口食品生产企业备案系统操作和维护、企业申请材料文件审核等方面开展了专项培训，并进行了业务交流。

为进一步配合国家认监委开展“同线同标同质”工作要求，甘肃局3次共派遣8名卫生注册评审员参加了中国检验检疫科学院组织的“三同”专项培训，为推动甘肃局“三同”工作顺利开展打好了人才基础。

（八）持续开展企业培训

5月26日～27日，甘肃局组织了全省出口食品企业质量管理人员专项培训，针对进口国目标市场新要求、美国食品安全现代化法案、食品防护计划等开展专题培训，全省89家备案企业的150名质量管理人员参加了此次培训。本次培训帮助企业培养了质量管理人员，提升企业食品质量安全管控水平，便于建立和完善并有效实施食品防护计划。

二、清真认证探索工作

年初，甘肃局撰写《关于推动清真认证发展、落实“精准扶贫”要求 助推“丝绸之路经济带”建设的建议》，由全国政协委员提交全国政协会议，为清真认证规范发展建言献策。

5月～9月，以承担国家质检总局清真认证政研课题为突破口，开展全省清真食品企业调研，收集马来西亚、印度尼西亚、伊朗等国清真认证标准体系，开展清真认证体系研究工作，提出规范出口清真食品企业清真认证工作建议，并撰写政研课题报告，提交总局考评。

10月，甘肃局与省民委、省食药局等6部门共同印发了《关于进一步加强清真食品管理工作的通知》（甘族发〔2016〕117号），并配合省民委制定《清真食品认证专项治理方案》共同开展清真食品及清真认证监督管理工作，加大对清真食品生产经营违法行为的打击惩处力度，重点查处未经批准开展清真食品认证的情况，依法取缔未经批准设立的清真食品认证机构，严厉惩治超范围违法、违规认证活动，杜绝“清真泛化”问题。下一步，甘肃局将在省民委的统一协调下，于2017年开展清真认证市场专项检查工作。

三、认证行政执法检查

（一）管理体系专项检查

甘肃局作为“西北五省检验检疫局认证执法联合机制”成员，2016年被推举为轮值局。7月28日，按照《西北五省（区）检验检疫局2016年度认证执法监管区域联动检查工作方案》要求，检查工作从新疆启动，辗转宁夏、河南、甘肃、青海、陕西六省。历时38天，出动检查员63人次，聘请认证监管专家4名，检查获证企业19家，其中2家企业因不再保持证书，未进行检查。检查发现问题73项，其中认证机构的问题58项，认证企业问题24项。认证企业问题已反馈认证企业整改，由地方检验检疫局认证监管部门跟踪验证整改情况。各局将对认证机构存在的问题进一步进行了梳理，其中拟进一步核实的涉嫌违规问题共18项。

11月初，经请示认可部，上报的问题中共有13项问题被确定为“二”类问题，需开展进一步调查核实。为此，甘肃局与秘书处反复协商后，开展了第二阶段对认证机构的现场检查活动。共检查5家认证机构，通报问题21项，对涉嫌违规问题进行了一步的调查与核实，收集了相关证据，对明显违规的问题提出了整改要求。截至2016年年底，已收到5家机构的整改及说明材料。

（二）认证行政执法监管体系建设

2014年，甘肃局已建成由分管局长直接领导，认证监管处统一管理，各分支局与业务部门共同参与的认证执法监管机制。2016年上半年，甘肃局在原有基础上进一步明确了领导小组成员、职责，并成立了领导小组办公室，吸收青年技术骨干，完善队伍建设。

四、积极开展认证认可知识进课堂活动

甘肃局工作人员受邀赴西北师范大学，为经济学院200名大学生做了时长2小时《中国认证认可制度及其特点》的报告，经济学院党委书记及多名教师参加了报告，报告受到学生们热烈好评。

撰稿人：许志恒　审稿人：尤新福

强化资质认定管理和认证认可监管
全面提升服务经济社会发展工作成效

——甘肃省质量技术监督局2016年认证监管工作概况

2016年，甘肃省质量技术监督局（以下简称“甘肃省质监局”或“省局”）认证监管工作紧紧围绕“推进质量强省”和“服务质量供给测结构性改革”，着力转变职能，强化证后监管，夯实工作基础，切实发挥检验检测机构资质认定和认证认可在促进地方经济发展和提升区域质量安全方面的基础性作用，为服务甘肃经济社会发展提供了强有力的技术支撑。

一、深化检验检测机构资质认定管理

全面贯彻《检验检测机构资质认定管理办法》及配套文件要求，深化检验检测机构资质认定“放、管、服”改革，增强检验检测机构资质认定制度成效。一是简化检验检测机构资质认定要求。按照精简、高效、便民的原则，整合检验检测机构资质认定证书，将原有省级质监部门授权产品检验机构、质监系统内检验机构、食品检验检测机构类“双资质证管理”机构，统一调整为发放“检验检测机构资质认定证书”，实行“一证管理”，减少申请人在资质申请、技术和现场审查等方面的负担，为检验检测机构营造了公平的市场经营环境。二是严格检验检测机构资质认定审批审查。认真执行省局行政审批“三分离”各项制度规定，加强与受理、审查环节的沟通协调，确保资质认定工作质量。全年共接受检验检测机构资质认定申请382家（含复审、扩项），经审查批准发证336家，不予许可46家。

三是共同推进司法鉴定和公安刑事技术机构资质认定。分别与省司法厅、省公安厅沟通协调，明确了司法鉴定、公安刑事技术机构资质认定申请、评审和审批的相关事项，已有4家司法鉴定机构取得了资质认定证书，6家司法鉴定和3家公安刑事技术机构提出了资质认定申请，新领域资质认定工作有了突破。四是推进机动车安检机构社会化。全面贯彻公安部、国家质检总局《关于加强和改进机动车检验工作的意见》要求，加强机动车安检机构资质认定管理，111家机构取得了机动车安检资质，安检机构覆盖71个县（市、区），极大地方便了群众就近就地检验车辆，安检机构服务保障能力进一步增强。五是组织开展检验检测机构统计。编制了《甘肃省检验检测机构统计报告（2015年度）》，全面掌握了甘肃省检验检测机构的规模、结构、效益等基本情况。统计表明，截至2015年底，全省595家获证检验检测机构共实现营业收入总额20.7亿元，开展检验检测收入16亿元，向社会出具检验检测报告323万份，从业人员1.5万人，仪器设备6.26万多台（套），资产原值24.4亿万元，工作总面积278万平方米。统计结果为各级政府制定政策和规划、进行经济管理等提供了依据。六是组织实施省级资质认定评审员培训考核换证。对415名考核合格的评审员进行资格确认，明确了评审员的级别和专业领域，建立了省级评审员库，为资质认定制度的有效实施奠定了坚实的基础。

二、推进各领域认证认可实施和应用

发挥好认证认可在“稳增长、调结构、促发展、惠民生、防风险”中的基础性作用，积极推进各领域认证实施和应用。一是大力推进管理体系认证。围绕提高甘肃省企业质量管理、环境管理、职业健康安全、能源管理等领域的管理水平，积极组织引导企业应用各领域先进的管理方法，开展各类管理体系认证。截至2016年底，全省新增和保持的各类管理体系认证有效证书5 440张（其中，质量管理体系认证证书2 903张，环境管理体系认证证书1 184张，职业健康安全管理体系认证证书1 118张，其他管理体系认证证书235张），与上年度相比增长5%。二是大力推进产品认证。以节能、环保、安全、食品农产品和CCC为重点，积极推进自愿性和强制性产品认证，截至2016年底，全省新增和保持的各种自愿性产品认证证书1 284张，强制性产品认证书1 410张，与上年相比分别增长1.6%和17.5%。三是大力提升社会对认证认可的认知程度。全省各级质监部门重视认证认可制度宣传，通过“6·9世界认可日”、组织开展认证认可知识、认证认可发展成效集中宣传等方式，扩大了社会各界对认证认可的认知程度，企业的认证自觉性不断提升。四是大力推进认证认可结果的采信。全省各级质监部门充分发挥在实施质量发展战略牵头部门的影响力，在政府质量奖评审、名牌产品培育、企业质量信用等级评价、政府采购等方面积极推进采信认证认可结果，认证认可“传递信任、服务发展”的作用日益显现。

三、加强资质认定和认证认可事中事后监管

转变监管方式，强化工作措施，增强监管有效性。一是加强检验检测机构日常监管。各市县局严格按照《检验检测机构资质认定管理办法》和《检验检测机构资质认定分类监管实施意见》要求，认真组织开展对辖区内检验检测机构的日常监管，全年检查机构920家（次），基本实现了日常监管全覆盖。各市县局按照省局的统一安排对2016年6月底前获得省级检验检测资质的机构进行分类定级，建立了分类监管档案，进一步增强了监管的有效性。二是加强资质认定监督检查。按照国家认监委统一部署，对省内食品、建筑建材、公路交通、机动车安检等领域的20家获证检验检测机构进行了飞行检查，对11家存在问题的责令改正，对1家存在检验检测能力不足、检验报告虚假等严重问题的机动车安检机构责令停业整改，对参加该机构技术和现场评审的3名评审员暂停了评审员资格。三是加强检验检测结果的监督检查。省局组织市县两级局开展了获证机构检验检测报告质量抽查，针对食品、建筑建材、公路工程、环境监测、机动车安检、消防等6大类122家2015年新取证机构，抽取了其出具的488份报告，组织专家对检验检测报告的规范性、真实性、原始记录可追溯性等内容进行了全面审查，审查的样本报告项目总数2 240项，发现并提出了978个不符合项，对检验检测报告抽查中存在不符合项的机构，组织市县局依据相关规定进行了处理。四是加强认证活动监督检查。2016年，全省共发生各类管理体系、产品认证活动5 056个，涉及107家认证机构、2 618个认证组织，市、县两级质监部门运用“认证认可业务综合监管平台”上提供的信息，对其中1312个认证活动、76家认证机构、735个认证组织进行了监督检查，认证活动、认证机构、认证组织检查百分比分别达到25.95%、71.03%和28.07%，比2015年有了大幅度提高，对11家认证机构的24个违规问题依法进行了查处。其中，张掖、嘉峪关、白银和陇南4个市认证活动检查比例达到辖区内认证活动总数的70%以上，兰州市对辖区内509个认证活动、50家认证机构、275个组织开展了检查，充分发挥了认证行政监管对违规认证活动的震慑作用，

规范了认证行为，净化了甘肃省的认证市场环境。五是加强认证专项整治。与省委统战部、省民委等部门联合组织开展了清真食品认证专项整治活动，规范了清真食品认证秩序，防止了清真食品“泛化”。

四、积极推进检验检测认证机构整合

认真按照甘肃省政府《检验检测认证机构整合指导意见》要求，履行职能职责，深化全省检验检测认证机构整合工作。一是有序推进整合试点。督促指导承担区域性、专业性和行业性整合试点的庆阳市、省特种设备检验检测院（集团）、甘肃建材检验检测认证集团3个单位按照省政府批准的整合试点方案内容、步骤实施整合工作，截至2016年年底，3个试点单位已经按照整合后的新机构新机制运行。二是推动各地区各部门出台整合实施方案。目前，除嘉峪关市作为全省体制调整试点和庆阳市作为整合试点，检验检测机构整合工作已经组织开展外，张掖市、陇南市已经市政府常务会议研究决定相继出台了整合方案。平凉、白银、武威三市的整合方案已制订并提交市政府常务会议审议。其他7个市州已结合本地区实际制定了整合方案（草案），正在征求相关部门的意见和建议。省气象局、省交通厅、省食药监局、省粮食局、省地震局、省质监局分别已提出了本部门整合实施意见。三是积极组织协调明确整合工作任务。组织召开了第二次整合领导小组会议，制定印发了《2017年全省检验检测机构整合工作思路和重点任务》，明确了下一步推进整合工作的总体思路、重点工作任务和保障措施。

撰稿人：詹久斌　丁建军　审稿人：王忠习

上下求索　内外兼修　打造认证认可工作升级版

——青海出入境检验检疫局2016年认证监管工作概况

2016年，青海出入境检验检疫局（以下简称“青海局”）在国家质检总局和国家认监委的正确领导下，以“抓质量、保安全、促发展、强质检”和“深化改革、创新发展”方针为指导，按照“强化认证认可工作，推动质量强国建设”的总要求，紧紧围绕全国认证认可工作会议等一系列工作部署，扎实推进有机枸杞认证、出口食品企业内外销“同线同标同质”帮扶行动等工作，用实效引起地方政府和社会各界的瞩目，取得了一定成绩。

一、上下求索，助力高原“红果果”挂上有机牌

（一）积极争取枸杞有机试点企业资格

2016年，根据国家认监委《关于征集有机枸杞试点单位的通知》和《关于补充推荐枸杞有机认证试点机构和企业的通知》要求，青海局认证处积极向枸杞企业宣传通知精神，鼓励符合试点要求的企业踊跃报名申请，青海局认证监管人员严格按照通知要求进行初审，在申请企业条件基本具备的前提下，向认监委推荐青海试点企业名单。经过两次向认监委上报申请报告，经认监委批准，青海省共有20家枸杞生产企业获得参加枸杞有机认证试点工作的资格。

（二）扎实开展有机认证试点工作

在试点企业获得批准后，青海局及时制定了《青海枸杞有机认证试点工作监管方案》，择优选择认证机构，邀请枸杞专家组织试点企业开展GAP、有机认证培训，认证过程中主要通过见证审核方式，监督认证机构开展良好农业规范（GAP）认证和枸杞有机认证工作。经多方筹划，青海局于7月26日在海西州政府所在地德令哈市召开了青海枸杞有机认证试点暨海西州国家级出口质量安全示范区创建启动会，此次会议由匡湧副省长主持、国家认监委副主任王大宁出席、相关部门负责人和30家枸杞生产企业负责人参加。此次会议扩大了青海省枸杞有机认证试点工作的社会影响力，取得了地方政府及相关部门的大力支持。经党组书记、局长乔惠同多方协调，省农牧厅将枸杞有机认证试点工作列入青海省“2016年有机产品认证试点基地建设”项目，补助专项资金100万元；省财政厅资助试点工作150万元，为青海省顺利开展试点工作奠定了经济基础。

（三）顺利完成试点工作，取得显著成效

截至2016年年底，青海省20家试点企业中，18家企业通过良好农业规范（GAP）认证，16家企业通过枸杞有机认证，认证面积55 626亩，认证枸杞鲜果产量12 000吨。总体有机认证通过率达到试点企业总数的80%。

有机认证试点工作结束后，青海局及时向省政府上报枸杞有机认证试点工作专报并得到省政府领导批示。主管副省长田锦尘批示：青海检验检疫局开拓创新、主动作为，在我省枸杞有机认证上做了大量卓有成效的工作，望持续加强跟踪监管服务，为做大做强我省枸杞产业做出新的贡献。主管农业的严金海副省长批示：望咬住目标，脚踏实地，再创佳绩。

二、“管”“服”并重，助青海产品打出“三同”牌

（一）积极落实“三同”工程及帮扶行动计划

青海局按照国家认监委的要求，及时制定了《青海局2016年出口食品企业内外销“同线同标同质”帮扶行动方案》和《青海局2016年出口食品企业内外销“同线同标同质”帮扶计划任务分解表》，成立了4个帮扶工作组，对青海地区的54家出口食品生产企业进行了调研、宣贯活动，筛选出20家有质量管理提升和内销转型需求的出口食品企业，确定为帮扶对象。制定了“一厂一策”逐一征求帮扶需求，组织企业开展食品防护计划、HACCP、GAP和有机产品认证等培训，指导企业按“三同”要求生产、推荐符合“三同”要求的企业入驻“三同”公共信息服务平台，积极协调推荐企业对外注册，推动枸杞有机认证试点企业开展GAP和有机认证等10项帮扶措施。

（二）加大新闻宣传力度，扩大“三同”影响力

为扩大“三同”社会影响力，青海局主动出击，及时召开出口食品内外销“同线同标同质”工作宣贯会，青海新闻网等进行了报道，转载200次以上；撰写的《“同线同标同质”助推高原特色食品农产品企业转型升级》刊登在青海新闻网；青海局张乃愚接受青海广播电台新闻频道关于“三同”工程电话采访；组织制作2期“三同”微信，4个展板，1 000份宣传材料等在微信群、世界认可日、食品安全周等活动中宣传，其中《家中下单可购青海“三同”出口美味》入选《国门时报》微信公众号头条和国家认监委微信公众号，获点击量6000+，点赞量600+。

（三）地方政府和领导高度关注

青海局在“三同”工作取得的成绩也获得了地方政府的高度赞扬，向青海省委省政府提交2期专题报告，得到青海省委书记王国生、青海省省长郝鹏、青海省常务副省长张光荣、青海省副省长严金海等省领导的8次批示。

（四）取得阶段性成效

一是青海10家出口食品生产企业成功登录国家认监委“出口食品企业内外销‘同线同标同质’信息公共服务平台”和商务交易公共服务平台。2016年，10家“三同”企业出口食品1.2亿元，通过入驻“三同”平台，企业新增内销1.6亿元。二是青海局加强对“三同”企业的监管，派员54人次，累计监管工作时长70个工作日，严格按照“三同”要求指导帮扶出口食品备案企业生产，确保“三同”企业名副其实，目前，已成功树立3家“三同”典型企业，其中1家企业的《畅游在“三同”之河的高原三文鱼》入选新华网“三同”故事专栏。同期，《鱼贵妃——雪域高原的冷水三文鱼》入选《国门时报》微信平台，点击量4300+，点赞量460+。

三、内外兼修，出口食品备案监管工作取得新成效

（一）备案周期大幅缩短

2016年，青海局共受理出口食品生产企业备案申请21份，所有申请备案企业100%通过“出口食品企业备案管理2.0版电子系统”申请、受理和审批。其中，初次备案申请企业14家，重新办理备案申请企业2家，延续备案申请5家。100%按时限完成网上备案审批工作，从申请受理到审批决定，平均办理时间缩短至4.3天。

（二）备案采信率大幅提高

为贯彻落实国家质检总局、认监委“放、管、服”和“强化事中事后监管”的改革要求，《青海检验检疫局出口食品生产企业备案管理办法》进一步修订了采信内容，在采信第三方HACCP认证结果基础上，根据出口企业质量信用和产品风险等级，增加了采信第三方ISO 22000体系认证、ISO 9001体系认证结果和企业自我声明的内容。2016年，共发放备案证明20家，其中采信第三方认证结果和企业自我声明备案15家，占全部备案企业的75%，采信率比2015年翻一番。

（三）推荐国外注册工作取得新突破

2016年，青海局经派员现场考核并上报国家认监

委，推荐青海辖区1家出口企业的三文鱼系列产品对俄罗斯、欧盟、韩国等对外官方注册，实现青海水产品对外注册零的突破，推荐11家出口食品备案企业对韩国注册，主要产品有枸杞产品、沙棘产品、甘草产品和肉类等。

（四）备案联动监管工作取得新成效

2016年，青海局对获得HACCP体系认证的出口食品备案企业实施了100%联动监管，共安排联动监管HACCP体系认证企业21家。加强对10家申明符合内外销“同线同标同质”企业的联动监管。

（五）备案监管能力有了新提升

一是加强评审员队伍建设。青海局现有卫生注册评审员16人，主任评审员5名，评审员9名，见习评审员2名。2016年，青海局派1人参加国家认监委在西安举办的卫生注册主任评审员培训班；举办一期卫生注册审核员暨认证监管人员持续培训班。二是指导出口企业加强内审员队伍建设。青海局组织出口食品备案企业参加食品防护计划（FDP）、HACCP、GAP和有机产品认证等培训，54家出口食品备案企业的60余名质量管理人员及内审员参加了培训。

四、“双随机”助认证执法监管体系建设工作取得新成绩

（一）首次开展“双随机、一公开”监管工作

西北五省区认证执法监管区域合作联动机制 + 河南 + 西藏7省区检验检疫局，在认监委对2016年度认证执法监管检查对象随机抽样的基础上，联合在兰州举办“7省区认证监管人员随机抽样仪式”，完成了包括青海在内的7省区检验检疫局认证监管人员与被检查企业的随机分组抽样活动，并圆满完成检查工作，及时形成总结上报认监委。青海企业检查中共发现问题2项，其中1项为认证机构的问题，1项为认证机构和获证企业共有的问题，青海局已向认证机构发出《问题整改通知》，责令认证机构对不符合项限期整改，认证机构已做出书面情况说明，并由监督检查组跟踪验证合格。

（二）开展食品农产品认证年度监管工作

根据国家认监委2016年食品农产品认证年度监管工作部署，青海局结合青海出口食品农产品企业的实际情况，通过日常监管、定期监管、不定期监管、见证检查等工作方式，认真落实国家认监委对出口食品农产品认证监管工作的安排。青海局共派出54人次，对29家出口食品农产品生产企业进行了联动监管检查。

五、快速办理CCC免办工作和进口强制性认证获证产品监督抽查工作获得赞誉

（一）快速办理CCC免办工作

2016年，青海局共接到5份CCC免办申请，全部通过审核并核发证明。青海局对5份免办产品开展了100%后续监管工作，并在“免予办理强制性产品认证电子审批系统”中进行及时录入后续监管结果。快速办理工作获得CCC免办企业的赞誉。

（二）进口强制性认证获证产品监督抽查工作常态化

按照认监委要求，青海局制定了《青海检验检疫局2016年强制性产品认证获证产品市场抽查实施方案和经费预算方案》，抽取的4种样品经国家机动车质量监督检验中心（重庆）进行检测全部合格，产品合格率为100%，CCC证书合格率为100%。

撰稿人：吴妍雯　审稿人：张乃愚

规范认证认可行业　服务经济社会发展

——青海省质量技术监督局2016年认证监管工作概况

2016年是全面建成小康社会决胜阶段的开局之年，一年来，青海省质量技术监督局（以下简称“青海省质监局”或“省局”）认证认可工作在省委省政府的正确领导下，在国家质检总局和认监委的关心支持下，认真贯彻党的十八届三中、四中、五中、六中全会精神，以习近平总书记视察青海时的重要讲话精神为指导，围绕推进供给侧结构性改革，完善资质认定行政许可制度，加强对检验检测和认证机构的事中和事后监管，促进检测认证行业健康发展，服务经济社会，圆满完成了全年工作任务。

一、开展工作情况

（一）加强执法监督检查，规范认证主体和认证市场

制定《实施方案》，开展了强制性认证产品、有机产品认证和管理体系认证监督检查，规范认证市场秩序。

1. 突出强制性认证产品质量监管，确保产品质量安全

建立和完善风险预警和防控机制，加大专项监督检查和日常巡查的力度。

一是强化各市州认证监管部门的责任，进一步明确职责、范围和权限，摸清辖区内强制性认证产品生产企业基本情况，建立企业质量档案，完善获证企业数据库，针对不同企业，加强分类管理，做到底数清、情况明。

二是开展强制性认证产品监督抽查工作，制定《流通领域CCC电动食品加工器具类产品及生产领域厨具类产品监督抽查工作方案》，完成了认监委下达的流通领域CCC电动食品加工器具类产品监督抽查工作。抽查了8家企业生产的12批次产品，抽查合格率为91.7%，对不合格产品及时帮助企业分析原因，加大对不合格产品后续处理力度，有效提升获证产品质量安全，确保认证的有效性，维护了人民群众生命财产安全和切身利益。

三是加大对强制性认证产品监督检查力度。在全省范围内开展了强制性认证产品监督检查工作，对全省50余家获证企业进行了监督检查，有力地规范了认证机构和认证组织的行为，维护了认证市场的健康发展。

2. 开展食品农产品认证监管，有效推动有机产品认证示范区建设

加快推进贵南县和河南县有机产品认证示范区创建。一是年初下发了《关于开展食品有机产品认证执法检查实施方案》，并组织相关市州局认证监管部门对有机产品等食品农产品获证企业、销售场所进行检查，先后对贵南县、河南县两个有机产品认证示范创建区及20家有机产品生产企业开展现场监督检查，重点检查了认证企业投入品使用、缓冲带、田间生产管理、加工、储存、销售、有机标识使用登记等关键环节，对发现的问题，现场指导整改，切实加强对食品农产品有机认证的潜在风险的有效管控。提高了认证监管的实效性和公信力，为顺利通过国家级有机产品认证示范区验收打下坚实的基础。二是大力推动有机畜禽、有机青稞、有机燕麦及有机加工食品等产品认证，截至目前，青海省共有有机产品认证企业26家，有效带动当地的农牧民增收致富，在推动青海省有机产业发展，提升特色产业转型升级，促进生态文明建设等方面将发挥积极的示范引领作用。

3. 开展管理体系认证监督检查

在全省范围内开展以基层局为主的管理体系认证网格化监督检查。各州市局共出动执法人员80人次，对60余家获取质量管理体系认证的企业进行了现场检查，按照“双随机、一公开”，对4家重点企业开展了能源管理体系监督检查。重点检查体系未正常运行或未持续运行、未开展内审和管理评审工作、认证过程（程序）不规范、未开展监督审核等问题，有效促进了青海省认证市场规范化，提高了认证工作的有效性。

（二）加大资质认定监管力度，规范检验检测行为

一是强化检验检测机构事中事后监管。以建材、环保、食品、机动车检验检测机构为重点，对45家检验检测机构开展了资质认定监督检查，重点整治无证、虚假出具数据、流动（临时）检验检测机构，有效提升检验检测机构主体诚信经营意识，强化依法施检的责任。二是配合国家认监委完成“飞行检查”。对10家食品药品检验机构和机动车检验机构开展了“飞行检查”，不断提高检验检测水平。三是推动青海省刑事技术机构资质认定工作。联合省公安厅制定下发《青海省公安机关刑事技术机构资质认定工作实施方案》，在全省推进刑事技术机构资质认定工作，提升鉴定公信力。四是探索实验室资质管理新模式。贯彻落实《检验检测机构资质认定评审准则》，明确相关事项，起草下发《关于明确检验检测机构资质认定工作有关问题的通知》。摸清底数，开展全省检验检测机构统计及关键岗位人员资格审核工作，建立全省实验室资质认定相关档案。在整体统计分类的基础上，严格实验室资质认定程序，强化日常监督检查，以机动车检测机构、建材检测机构为重点，采信第3方认证结果，鼓励检验检测机构逐步落实质量保证体系。五是进一步完善资质认定行政许可制度。依法放宽检验检测机构主体准入条件，减少评审周期，放宽人员资格要求。充分采信第三方认证评价结果，减少对设置检验检测机构的审批或许可事项，取消资质认定收费，优化服务，实现了简化行政审批，为企业减负的目的。六是开展全省检验检测机构统计工作。根据国家认监委关于开展检验检测统计工作有关事项的要求，督促检验检测机构做好年度报告和检验检测统计工作，建立常态化检验检测统计制度，全面掌握青海省检验检测机构动态。

（三）围绕供给侧结构性改革，鼓励开展自愿性认证

一是鼓励青海省能源、化工、冶金、机械制造等企业根据实际和发展需要，推进低碳、环保、节能等自愿性产品认证。二是积极推动鼓励绿色低碳循环发展，严格环境准入门槛。着力推进能源、环境、食品安全管理体系认证，推动建立绿色、低碳、循环发展产业体系。三是确立清真认证发展战略，以认证规范特色产品生产、加工过程，确保行业规范化、标准化、国际化发展，提升特色产品社会影响力和认可度。主动收集“一带一路”沿线国家清真认证标准及准入制度，助推企业降低清真食品出口认证技术壁垒，提升产品品质和出口竞争力。

（四）加强检验检测认证机构基础能力建设，有效服务地方经济发展

一是加强检验检测基础能力建设，鼓励、引导、帮扶建立国家级检验检测机构。围绕青海省现代产业体系建设及产业升级发展的需要，加强与国家认监委沟通协调，在青海省产品质量监督检验所建立国家光伏产品质量监督检验中心，在青海省纤维检验局建立国家藏毯及原辅料质量监督检验中心，在海西州德令哈市工业园区帮扶青海柴达木青元泛镁科技有限公司引进高层次专业技术人才，初步组建具有综合检验能力的国家级镁及镁合金产品质量检测中心。积极探索建立检验检测认证公共服务平台，为提高青海省产品质量提供有力的技术支撑，服务地方经济发展。二是大力发展第三方检验检测认证服务。积极鼓励第三方检验检测机构发展，支持中小检验检测机构组建联盟，在仪器设备、环境设施、技术人才和信息共享等方面形成优势互补，通过简政放权等措施，鼓励检验检测机构服务业发展，全年新增检验检测机构23家。

（五）积极开展认证认可宣传，努力营造良好的舆论氛围

利用“6·9世界认可日”、质量月、有机宣传周等时机，开展一系列主题鲜明、形式多样的宣传活动，扩大认证认可社会影响力，提高认证认可社会认知度。一是在今年的“6·9世界认可日”期间，围绕“认证认可，通行世界”的活动主题，省局会同省质检所组织30多家检验检测机构开展了“实验室开放活动”。二是开展有机产品认证宣传活动。在“质量月”活动期间，加大对有机产品认证示范创建区的宣传，活动受到群众的欢迎。

二、存在的问题

虽然认证认可工作取得了一些成效，但仍存在不足，主要表现在：一是由于认证工作涉及领域广泛，认证种类繁多，专业性强，对认证市场开展监管工作难度大，部分领域处于监管盲区；二是认证监管人员业务技能和专业知识还有待进一步提高；三是对认证违法行为的查处力度还要进一步增大。

撰稿人：严　丹　审稿人：马占海

发挥认证认可作用　服务地方经济发展

——宁夏出入境检验检疫局2016年认证监管工作概况

宁夏出入境检验检疫局（以下简称“宁夏局”）抓住2016年“十三五”开局之年的契机，全面落实国家质检总局“抓质量、保安全、促发展、强质检”的方针，紧紧围绕全国认证认可会议“强化认证认可作用，推动质量强国建设”的要求，坚持“四谋、四强、四创”的工作方针，抓住国家向西开放的战略机遇，扎实做好各项工作。

一、围绕责任抓党建

认真开展“两学一做”学习教育，将从严治党要求在认证认可工作贯彻始终。组织党员干部认真学习《党章》、习近平同志系列讲话，深入领会十八届六中全会精神，切实增强自律意识、标杆意识、表率意识，严格按《准则》《条例》的规定办事，以更大力度、更高标准、更实举措坚定不移推进全面从严治党，营造风清气正的政治生态，为推动宁夏检验检疫认证认可工作发展提供坚强的组织保证。

二、认证监管联动机制显成效

宁夏局认真贯彻国家认监委关于深化认证监管工作的要求，不断拓宽工作思路，扩大联动机制合作范围与内容，签署《西北五省区检验检疫局与河南、西藏检验检疫局认证执法监管联动合作协议》。在内陆口岸认证监管及跨境电商监管，有机认证和原产地认证等工作方面进行了多方交流。与此同时还积极支持和主动参与丝绸之路经济带境内检验检疫认证监管联动机制建设工作。将西北联动机制的互助联合执法的做法复制到丝绸之路联动机制中，得到了成员单位的认可与支持，并较好地发挥了联动机制成员单位间资源互享、信息互通、执法互助、违法协查等优势。

三、率先开展“双随机、一公开”认证监管活动

建立了“西北五省区+河南+西藏认证执法监管检查员库”和“认证执法监管专家库”，将7省区经各局推荐的35名检查员和10名专家分别纳入两库，率先在地方认证监管联动机制开展管理体系认证检查人员随机抽样活动。并对外公布了检查员随机抽样结果，将检查工作置于公众监督之中。得到了多家媒体的采访报道。

按照“双随机、一公开”原则，对19家获证企业进行现场检查。发现问题73项，占全国认证监管发现问题总数的3%，并将问题划分轻重程度，六省经专家会议确认上报认监委的“二”类问题共13项，占发现问题总数的18%。

针对问题，深度挖掘原因，创新监管模式，对管理体系认证专项监督检查中涉及的5家认证机构进行了集中现场检查，通报问题21项，各认证机构均完成问题情况说明或整改报告的提交，问题已全部得到整改。

四、认证专项督查成果显著

宁夏局积极落实国家认监委工作部署，出动24检查人次对10家获得HACCP认证证书的出口食品企业进行了专项检查，其中6家是宁夏境内的“三同”企业。检查涉及认证机构5家，涉及认证产品11种，现场检查发现认证机构存在问题10项，认证企业存在问题13项。

检查发现认证工作对出口食品农产品企业防范食品安全风险起到了积极的推进作用。尤其是“三同”企业的HACCP体系运行良好，生产现场管理规范，食品安全风险得到较好控制。企业普遍反映，国家认监委推行的“三同”举措较好地促进了出口食品企业的生产销售，在帮扶出口企业提质增效方面发挥了重要作用。

五、扎实推进“三同”精品工程，推动企业实现内销转型

（一）稳步开展注册备案工作

宁夏共有77家出口食品备案企业，有效备案证书

88 张，新批准备案企业 20 家，同比上年度增长 82%；换证复审 8 家。注销 10 张证书，办理变更 3 次。备案企业中获得 HACCP 认证企业 29 家，占总数的 38%。

2016 年，宁夏局继续推进"放管服"要求，下放受理权限到各办事处；三分之一新备案企业通过采信和文件审核获得备案资格。通过改革备案管理手段，缩短了备案工作时限，提升了把关服务质量。

（二）重点推动"同线同标同质"工程

一是领导高度重视，召开专题党组会研究明确了活动推进的目标、内容。形成计划、实施、监督、宣传四位一体的工作体系。

克服工作头绪多、人手紧张的困难，结合多种检验监管模式对辖区内 73 家出口食品生产企业进行了摸底调查走访活动，发放了调查问卷，筛选出 35 家有质量管理提升和内销转型需求的出口食品企业，确定为帮扶对象。通过采用"一品一策"、"一对一帮扶"降低安全卫生风险；服务出口食品企业备案，引导企业开展认证工作，帮助企业了解境外目标市场技术法规、标准等要求，解决达到国外要求的具体技术问题等手段帮促出口食品企业实现内外销转型，实现产品升级；通过帮扶新增获得 HACCP 认证企业 10 家，主动承诺登录"同线同标同质"信息公共服务平台企业 8 家。对"三同"企业产品进行现场抽样检测，对认证标识进行检查。积极承担"同线同标同质"认证认可行业标准"同线同标同质服务平台运行指南"的制定工作，保障三同工程健康有序发展。

二是加大新闻宣传，扩大"三同"影响。积极编写新闻报道，在新华社宁夏分社微信公众号、《华兴时报》、新华网、今日头条、宁夏新闻网、《宁夏日报》、新消息报等媒体刊登了关于"三同"工程推动工作的相关报道。

三是地方协同推进"三同"工程。加强与地方政府的沟通协调，积极主动向自治区政府汇报"三同"工程意义、进展情况及推进措施和建议。

六、发挥认证手段的质量保障作用，促进地方特色优势产业向高水平、高质量发展

枸杞是宁夏自治区第一大出口农产品，2012 年由于重金属、农残超标等严重问题导致市场乱象丛生，国内枸杞被取消有机认证资格。此后，企业只能通过国外认证机构在境外销售有机枸杞，阻碍了枸杞产业种植绿色化、链条生态化、市场竞争国际化的进程，对产业发展产生了不利影响。对此，国家认监委指导宁夏局积极实地调研走访，提出了"以点带面、精准帮扶、以认证认可手段传递信任"的解决措施。"两条路齐头并进"，以良好农业规范（GAP）为基础，逐步走向有机。为此，宁夏局多次与中宁、同心县政府沟通协调，先后制订了 GAP 认证示范县联合创建方案、有机试点工作方案、有机认证试点监管方案等多个工作方案，保障创建和试点工作得到政府部门的大力支持，检地联手，在技术及监管上为枸杞有机试点工作保驾护航。与此同时，宁夏局还积极组织地方枸杞部门科技人员、企业代表参加有机目录审定会，顺利推动黑果枸杞进入我国《有机产品认证目录》。

5 月 12 日，在宁夏中宁县有机枸杞认证试点启动仪式上，来自质检总局、认监委、全国人大代表、宁夏、青海、甘肃、新疆检验检疫局的相关人员、试点企业及认证机构济济一堂，会上国家认监委宣读了枸杞有机认证试点实施方案，宁夏源乡枸杞产业发展有限公司等 28 家枸杞生产企业获批开展有机枸杞认证试点。企业签署诚信承诺书，并严格按照有机产品标准实施生产和记录。

为保障有机试点工作有序开展，督促规范获证企业和认证机构的生产、认证行为，宁夏局对申请试点企业的资格进行严格调查和筛选。多次邀请专家针对政府及企业人员积极开展相关专业培训；发布风险预警通报；遇到重大事件派人指导企业应对。多措并举，运用见证审核、抽样检测、分期监管等方式对枸杞有机认证试点实施过程进行监管，对宁夏自治区第一批入围的 8 家企业进行 458 项农残和 113 项土壤抽样检测。

截至 2016 年年底，首批 7 家企业已顺利通过认证机构良好农业规范和有机枸杞的认证审核。

七、多种形式开展特色培训

通过集中授课、现场实践、案例讲解、专家经验交流等方式"带着问题学""以查代教"对联动机制成员单位认证备案监管人员进行全方位强化培训，培训达 90 余人次。锻炼了备案认证监管队伍，整体提升了备案认证监管人员执法水平。

面向企业、监管人员举办有机认证知识、出口食品非传统安全防护培训，通过分析实例、学习典型等方式对生产工作中发现的问题、需要关注的要点进行了总结分析，提升企业和监管人员对新知识、新要求的掌握与应对能力。

八、强制性产品认证免办与市场督查工作顺利开展

（一）认真把关 CCC 免办

宁夏局严格按照免办程序规定，按照《认证目录与

实施对照表》的定义、适用范围，以及申请人提供的实物图片认真审核产品的特征和用途，准确判定监管条件和免办条件，确保免办工作严格进行。对 CCC 免办进口产品实施规范有效监管、追踪检查，核查免办产品用途是否与申报一致，有无移作他用，帮助企业建立免办强制性认证产品管理台账，以强化免办产品的后续监管。在监管过程中，加强 CCC 免办工作的宣传，主动向企业宣传认证认可法规，增强企业诚信守法意识。

（二）开展进口强制性产品市场督查

宁夏局对辖区流通市场进口强制性产品进行专项督查，对低压电器类中的断路器、家用和类似用途设备类 18 种产品、照明设备类中的灯具、机动车辆及安全附件类 17 种产品、轮胎产品类 3 种产品、玩具类中的童车进行了摸底调查和抽样检测。抽查进口强制性产品的“CCC”证明、“CCC”产品标识，进一步加强“CCC”认证的宣传力度，有效打击制假售假行为，保障宁夏地区进口“CCC”认证产品的质量安全。

九、实验室认证认可工作扎实稳定

宁夏局综合技术中心建立了完整的质量保证体系，为客户提供科学公正满意的服务。目前认可项目达到 38 大类 1 025 项目。中心开展了管理评审和内部审核。参加能力验证活动 35 次 51 项，测量审核 6 次 9 项，基本覆盖已获得认可的领域。

十、与地方监管部门进行联动，发挥质检大融合作用

与自治区质监局、农牧厅、食品药品监管局联合下发《关于印发 2016 年无公害农产品、绿色食品和有机食品专项检查工作方案》，共同组织开展对“三品”生产企业、种植基地、销售超市进行执法检查，优化市场环境。

撰稿人：李慧芳　审稿人：徐勤伟

强化基础工作　着力监管改革

——宁夏回族自治区质量技术监督局 2016 年认证监管工作概况

2016 年是“十三五”开局之年，宁夏回族自治区质量技术监督局（以下简称“宁夏质监局”）认证认可工作围绕“四个全面”战略布局，在宁夏回族自治区党委、政府和国家认监委的正确领导下，加快改革创新步伐，着力抓好基础性、关键性、先行性的工作，实现了“十三五”的良好开局，为服务宁夏回族自治区经济社会健康快速发展做出了贡献。

一、2016 年认证工作开展情况

（一）强化强制性认证产品监管，提高强制性认证实效

一是组织开展了强制性产品认证活动监督检查。宁夏质监局在全区组织开展了强制性认证产品生产企业监督检查，生产企业抽检率达到 50% 以上，全区共出动检查人员 130 多人次，自治区局重点抽查获证企业 54 家，证书 120 张。经检查，未发现伪造、冒用、超期、超范围使用认证证书和认证标志等违法行为。

二是在流通领域组织开展了电饭锅获证产品监督抽查工作。2016 年根据国家认监委安排布署，共抽取 18 家生产企业和 8 家经销商的 30 个批次电饭锅样品，其中合格产品 24 个批次，不合格产品 6 个批次，合格率为 80 %。对涉及 4 家生产企业的 6 个批次不合格产品进行了下架处理。

（二）加强组织领导，提高自愿性认证公信力

一是扎实开展了食品农产品认证活动监督检查。为落实自治区人民政府工作安排，扎实有效开展好无公害农产品、绿色食品和有机农产品认证专项检查工作，宁夏质监局联合自治区农牧厅、食药局和宁夏出入境检验检疫局联合开展了无公害农产品、绿色食品和有机产品认证专项检查工作，全区共检查了 136 家生产企业 160 张认证证书。在此基础上，宁夏质监局又开展了重点抽查和督查，共检查 30 家企业 35 张认证证书。

经检查，未发现伪造、冒用、超期、超范围使用认证证书和认证标志等违法行为。二是结合自治区实际，突出做好清真食品认证活动监督检查。为加强对清真食品认证活动的监管，宁夏质监局联合自治区民族宗教等部门，开展了清真食品认证专项整治活动，通过调取食品生产企业档案，实地调研等方式对清真食品认证企业进行排查，基本掌握了辖区内清真食品认证基本情况。在排查的基础上对全区97家清真食品生产企业进行全面检查，通过检查，全区多数清真食品认证企业能够按照法律法规要求正确使用清真认证标志，没有伪造、冒用、超范围使用认证标志行为，获证后能够持续符合认证要求，对1家冒用清真标志的企业产品进行了下架处理。

（三）强化实验室资质认定监管，促进机构主体责任落实

一是认真组织开展检验检测机构资质认定监督检查。截至2016年9月，全区共有各类获证检验检测机构297家，为加强这些机构的监管，宁夏质监局组织开展了专项监督检查，督促指导297家获证检验检测机构按照自查表进行了自查，对127家机构进行了重点抽查。配合国家认监委对5家食品检测机构和5家机动车检测机构进行了监督抽查。经检查，各获证检验检测机构资质合法，基本符合资质认定管理规定。

二是组织开展检验检测统计调查工作。宁夏质监局制定下发了《关于开展2015年度资质认定实验室检验检测统计工作的通知》，明确了各项工作要求。采取现场查访、即时解答，短信群发、实验室QQ群和电话反复沟通等方式落实工作要求，确保了统计工作的顺利进行。截至2016年年底，宁夏质监局共通过审核实验室167家。

（四）完善认证执法监管体系建设，提升规范化管理水平

根据自治区政府的部署和要求，宁夏质监局遵循职权法定、简政放权、便民高效和权责一致的原则，制定和发布了101项行政权力和责任清单，其中涉及认证监管共14项认真进行落实，坚决杜绝和防止权力行使中的越位、缺位和错位行为，不断推进机构、职能、权限、程序、责任法定化。同时，宁夏质监局制定并印发了《宁夏回族自治区质量技术监督事权划分意见》，进一步厘清区、市、县三级质量技术监督部门权责，规范了职责事权，优化了工作流程，提高了行政效率，落实了工作责任，在全区基本建立起了权责统一、互相协作、上下联动的质量技术监管体系。

（五）强化培训教育，提高监管人员和从业人员素质

为了提高监管人员和从业人员能力，宁夏质监局在重庆和中国计量大学举办了两期全区认证执法人员专题培训，共有28个市、县（区）市场监管局共46名认证监管人员进行了集中培训；为了帮助全区各检验检测机构正确理解《评审准则》，并按照新要求做好管理体系文件更新工作，确保检验检测机构工作更好地符合要求，对全区200多家检验检测机构的质量负责人和内审员共300余人进行了新版检验检测机构资质认定《评审准则》及《管理办法》宣贯培训。

二、存在的问题

一是在食品农产品认证方面。市场对宁夏无公害农产品、绿色食品和有机产品认证的认知有限，农产品优质难优价，难以与大众农产品有效区分，导致无公害农产品、绿色食品和有机产品认证发展动力不足。

二是在清真食品认证方面。清真食品认证需求与清真食品认证制度建立相对滞后的矛盾突出，造成清真食品认证市场比较混乱，对民族地区的稳定有潜在影响。三是认证监管力量严重不足。监管制度分级管理后，地方部门任务多，工作重、难度大，造成在人员调整中认证监管工作有弱化的现象。

三、主要成效和亮点工作

宁夏质监局充分发挥认证认可工作在经济建设中的积极作用，持续推动强制性产品认证和自愿性管理体系、服务和产品认证，全区产品、管理、服务认证水平明显提高，有效推动了产业发展和管理服务能力的提升，为全区经济社会建设做出了贡献。主要亮点工作：一是在食品农产品认证方面，通过多部门开展联合整治，规范了认证市场提升了认证产品质量水平，树立了自治区特色食品农产品的形象。二是在清真食品认证方面，摸清了清真食品认证底数，规范了认证秩序，打击了违法违规认证，为自治区清真食品发展和国际贸易做出了贡献。三是在检验检测机构监管上，落实了相应法规制度要求，强化了资质认定的有效性，促进了检验检测机构内的管理，提升了检验检测质量，为各行业提供了坚实的技术保障。

撰稿人：叶　涛　审稿人：陆　靖

认真履行职责　做好认证工作

——西藏出入境检验检疫局 2016 年认证监管工作概况

2016 年，西藏出入境检验检疫局（以下简称“西藏局”）认真落实国家质检总局“抓质量、保安全、促发展、强质检”十二字方针，以十八大精神为指导，深入开展“两学一做”，按照 2016 年西藏检验检疫工作的指导思想和总体要求以及西藏局认证认可 2016 年工作计划和工作要点，努力提升工作质量，顺利完成了各项工作。

一、思想建设及廉政建设工作

按照西藏局的统一部署和要求，西藏局认证认可工作人员积极开展“两学一做”学习教育活动，积极参加和做好基基层党组织“联述、联评、联考”工作。

在廉政建设方面，西藏局认证认可工作人员积极按纪检监察工作要求做好部署工作，廉政方面未出现问题。

二、管理体系认证活动专项监督检查工作

2016 年，西藏局加入了“西北五省区 + 河南 + 西藏局”认证执法监管区域联动机制，管理体系认证监督检查工作在机制内按照“双随机、一公开”要求开展。

三、强制性产品认证获证产品市场抽查工作

2016 年，西藏局在市场流通环节抽取了 2 个批次的进口机动车前大灯送天津汽车检测中心进行了前照灯和前转向信号灯试验。样品检测结果显示，产品符合相关国标要求。

四、生态原产地产品保护和有机产品认证示范区监管工作

2016 年，西藏局多举措推进生态原产地产品保护工作，认证认可人员在局党组的指导下积极开展工作，取得阶段性成果。

一是通过实地调研，确定西藏地区具备开展生态原产地产品保护工作的良好条件，西藏具备得天独厚的生态环境优势，特色产品具备鲜明的原产地特征，符合生态原产地产品“绿色环保、低碳节能、资源节约、生态健康并具有原产地特征和特性”的要求。

二是通过加强与自治区、各地市政府宣传沟通，与工信厅等行业主管部门合作，建立了跨部门协调机制，跨区域联动机制、采取“加强组织领导、强化产品培育、加大优惠扶持力度、着力宣传引导、扩大影响”等多项措施强化工作力度。

三是为减轻企业负担，西藏局向对口援藏单位中国检验认证（集团）有限公司发出《西藏检验检疫局关于申请支持生态原产地产品保护评定工作的函》，明确了采取援藏方式减免 10 个生态原产地产品保护评定的现场评定费用。

四是完成了全部 11 个产品的初评工作，并于 8 月 31 日报送总局通关司。

5 月、9 月和 10 月经国家质检总局授权，三批评定专家组深入拉萨市墨竹工卡县、曲水县，山南市琼结县、日喀则市仁布县、定日县，林芝市八宜区、米林县通过实地考察、资料审核、现场询问等方式，分别对申请保护的 10 个产品进行了客观、公平、公正的评定，10 个产品全部通过专家组的现场评定。标志着西藏山南市、日喀则市、林芝市实现了生态原产地保护产品零突破。

五、日喀则有机产品认证示范区创建年度监管工作

经国家认监委授权，按照《关于开展“有机产品认证示范区”创建活动的通知》要求，西藏局于 10 月 24 日 ~ 28 日派出工作组对日喀则市“有机产品认证示范区”创建情况进行了年度监督检查。

检查完成后形成了《西藏出入境检验检疫局关于日喀则市有机产品认证示范区创建年度监督检查情况的

函》送日喀则市政府。对发现的问题提出了整改要求，并对下一步工作提出了建议。

六、注册备案工作情况

2016年，出口食品生产企业备案工作全部实行了网上申报、网上受理，并与e-CIQ主干系统完成了数据对接交换，实现了在主干系统下的业务流程操作。全年共受理企业备案申请3家，延续备案注册企业1家，注销备案企业1家，企业备案证明到期作废企业1家，截至2016年10月底，全区共有注册备案企业5家，另有3家新申请企业已按流程安排现场检查。

全年按照《2016年出口食品生产企业备案监管方案》派遣卫生注册评审员12人次，年度监管计划完成率100%。本年度首次实现了企业年度报告网上申报、网上审核。监管中未发现获证企业和认证机构涉嫌违规事宜，但存在认证机构对企业监督审核不严的情况，为此西藏局约谈了相关企业负责人及认证机构相关负责人。出口食品生产企业未发生重大安全卫生质量事件。

七、“同线同标同质”工作开展情况

按照总局和认监委的统一部署和要求，制定了《2016年出口食品生产企业内外销“同线同标同质”帮扶行动方案》，并推荐企业登录认监委出口食品企业内外销“同线同标同质”公共信息服务平台。

通过帮扶，企业质量安全管理能力得到了有效提升，目前3家企业获得危害分析与关键控制点（HACCP）体系认证，2家企业获得食品安全管理体系（ISO 22000）认证。全年累计出口食品（均为饮用水）52批，重451.6吨，货值61.4万美元，同比增长136.1%。

撰稿人：唐　利　审稿人：傅金波

稳抓稳打　不断提高认证认可监管效能

——西藏自治区质量技术监督局2016年认证监管工作概况

2016年，西藏自治区质量技术监督局（以下简称“西藏质监局”）按照国家质检总局和国家认监委的工作部署，全面贯彻落实全国认证认可工作会议精神，主动适应经济发展新常态，深化改革，简政放权，转变职能，全力提升认证监管工作水平，服务地方经济发展取得新成效。

一、规范认证认可工作程序

（一）完成获证检验检测机构的巡查工作

为督促检验检测机构落实主体责任，围绕“检查、整顿、规范提升”的方针，进一步加强对检验检测机构的监督管理，规范辖区检验检测工作，按照部署要求专项监督检查工作从2016年5月开始至10月结束，西藏质监局安排了技术专家和监管人员分别对拉萨、阿里、昌都、资质认定到期及首次申请的实验室组织评审工作。

山南、那曲和林芝6个地市的20家检验检测机构开展了专项监督检查工作。监督检查工作人员通过查看实验室场所、核实申报项目及质量管理体系运行情况、检验检测能力现场考核等方式对检验检测机构进行了监督抽查。抽查的检验检测机构中包括了理化实验室、公路工程实验室和机动车检验检测线等相关检验检测机构。被抽查的检验检测机构均能按照质量管理体系工作，严格出具申请项目参数内的报告。体系运行平稳，仪器设备都在有效期限使用范围内。辖区检验检测机构资质认定证书均在有效期内，总体情况较好，没有发现严重的违法违规现象。但抽查中也发现部分检验机构存在检验程序不规范、质量管理不到位、记录不细致等问题。针对发现的问题，监督检查人员已现场责令检验机构及时完成整改。

规范内部办事程序，西藏质监局结合工作实际按照对外办事程序要求，制定了一套工作流程表格，提高了工作的延续性和有效性。

二、加强CCC获证产品的监督抽查工作，杜绝违法行为

根据国家认监委部署的“2016年强制性产品认证

获证产品市场抽查工作方案”，西藏质监局对辖区流通领域的电插座获证产品，进行了专项监督抽查工。抽样检验工作从2016年6月28日开始，至2016年8月20日结束，共计抽查了23家经销商，进行了抽样的经销商9家，进行了抽样的生产企业13家，共计抽到24个批次的产品，24张CCC证书。合格率达到了95.8%。

三、按照新发布的《检验检测机构资质认定管理办法》的要求，认真开展检验检测机构资质认定的换发证工作

截至2016年年底，西藏质监局已完成拉萨、阿里、昌都、山南、那曲和林芝6个地（市）的21家检验检测机构资质认定现场评（复）审工作。其中包括10家新建检验检测机构申请发证和11家机构复审换发证工作。山南、日喀则、公安司法鉴定中心正在进行检验检测机构资质评审工作。

四、加强检验检测机构人员队伍建设，提高认证认可监管人员素质

为解决辖区检验检测机构缺少内审员的问题，4月，西藏质监局邀请相关专家来藏，组织召开检验检测机构资质认定及实验室内审员培训班，讲解新发布《检验检测机构资质认定管理办法》《检验检测机构资质认定评审准则》的相关规定及要求，此次培训为各地（市）涉及公安、车辆检测、建材、交通、岩矿、食品等各检验检测机构以及系统监管人员解决内审员获证问题，参加培训学员共100名，全部学员通过考核并获证。

为全面保障上路机动车的安全性和环保性，确保道路交通安全，保护人民生命和财产安全，尤其是在明年十九大胜利召开之前，确保交通安全不出隐患，积极做好安全防范工作。西藏质监局领导高度重视机动车安全检测的技术保障和服务工作。11月22日～24日，西藏质监局安排部署，由拉萨市质量技术监督局承办，从内地邀请资深专家授课，对拉萨市四家机动车安全检验检测机构的30人进行了为期3天的检验人员培训。

撰稿人、审稿人：王　威

主动作为　服务发展　推动认证监管工作再上新台阶

——新疆出入境检验检疫局2016年认证监管工作概况

2016年，新疆出入境检验检疫局（以下简称“新疆局”）认真贯彻落实国家质检总局、国家认监委有关工作会议精神，严格按照“抓质量、保安全、促发展、强质检”的工作方针，全面贯彻《质量发展纲要（2011–2020年）》，紧紧围绕新疆局中心工作和重点工作，精心安排，周密部署，齐心协力，完成出入境货物检验检疫44 424批，货值162.12亿美元，检出不合格出入境货物5 061批，货值2.00亿美元。货物通关49 376批，通关货物货值106.15亿美元。

一、扎实开展出口食品生产企业备案监管（简称“出口备案”）工作

（一）出口备案业务开展情况

经查询中国出口食品生产企业备案系统，2016年全疆共受理出口食品生产企业备案初次申请40家，扩项申请11家，延续备案54家，变更申请34家。截至目前，全疆共有294家企业获得出口备案证明（其中备案前21类企业205家、备案其他类企业89家）。从备案类别看：罐头类企业总数居首位，共计105家，占全部备案企业数的35.7%；其他类企业占全部备案企业数的30.3%。同时，依据《出口食品生产企业备案管理规定》（国家质检总局第142号令），对13家出口食品生产企业给予注销备案资格处理。经备案系统数据测量，出口备案工作及变更工作时限符合率100%，出口备案企业监管覆盖率符合监管计划要求。

（二）出口备案监管模式改革工作

2016年初，根据国家质检总局关于行政审批制度公开等要求，编制和对外发布了出口食品生产企业备

案行政许可工作指南等内容，并在将备案监管工作中备案申请、技术审核等工作于2015年下放至全疆11个分支局的工作基础上，发布了《2016年新疆进出口食品企业注册和认证专项督察工作方案》，重点督查内容为出口备案行政许可工作实施情况、出口备案系统的操作规范性、出口备案采信HACCP认证等工作内容。同时，修订了《新疆出口生产企业备案监督管理工作实施方案》，明确了备案监管单位职责及监管内容等要求，确保执法监管体系有效运行。针对出口食品生产企业，制定了备案监管年度检查计划，做到有计划、有重点、有步骤开展备案监管工作。

（三）出口备案监管能力建设

加强检验检疫部门联动监管能力建设和出口食品企业内审员队伍建设，4月～5月，组织开展了HACCP、食品防护计划（FDP）等培训，累计培训乌鲁木齐、石河子、喀什三地检验检疫监管人员、出口备案企业人员290余人；按照国家认监委举办的第二季“进口食品企业评审专家传帮带”活动要求，4月中旬，推荐了9名新疆检验检疫系统备案监管人员参加国家认监委的选拔，其中1名学员被吸收为进口肉类小组专家组成员。5月23日，派员参加了国家认监委举办的2016年度主任评审员培训。2016年，新疆检验检疫系统共有主任评审员11人，评审员49人。

二、出口食品企业内外销“同线同标同质”工作

（一）落实“三同”工程及帮扶计划情况

新疆局按照国家认监委的要求，及时制定了《新疆局2016年出口食品企业内外销“同线同标同质”帮扶行动方案》和《新疆局2016年出口食品企业内外销“同线同标同质”帮扶计划任务分解表》，由新疆局各相关处室及各分支局牵头成立帮扶工作组，深入企业开展调查走访，按照“一厂一策”的原则，组织制定帮扶方案。引导37家出口食品生产企业加入国家认监委组织开发的出口食品生产企业“同线同标”信息公共服务平台。推荐辖区内8家出口食品生产企业参加皇朝马汉平台线下体验店，树立“同线同标”信息公共服务平台典型。

（二）加大新闻宣传，扩大“三同”影响

24月6日，新疆局联合自治区商务厅、食药监局召开了新疆出口食品内外销“同线同标同质”示范企业推进会，3家认证机构、85家企业、150人参与，《新疆日报》、人民网、天山网等进行了报道，转载200次以上。在乌鲁木齐、石河子、喀什等地举办了备案监管能力培训班，开展了“三同”工作的宣贯和创建活动，各分支局也积极在各自辖区内按照新疆局的部署开展了宣贯工作。组织制作8期“三同”微信，4个展板，1 000份宣传材料等在微信群、世界认可日、食品安全周等活动中宣传，其中《“同线同标同质，新疆进行时”》入选国家认监委和新疆局西部国门蓝盾微信公众号。撰写的“三同”工作图片信息被国家认监委网站采用并发布在首页图片新闻中。新疆经济报、石河子日报等媒体对《乌鲁木齐首家“同标同质”示范企业申请成功》进行了报道。

（三）加强对“三同”企业的监管联动

新疆局加强对“三同”企业的监管，派员180人次，累计监管工作时长210日；通过注册备案与食品农产品认证监管联动，对HACCP体系认证、有机产品认证、ISO 9000体系认证、ISO 22000体系认证等第三方认证机构认证活动开展了60余次监管。

三、生态原产地产品保护工作

根据国家质检总局的有关要求，积极开展生态原产地保护产品的推广和申报工作。2016年新增巴楚蘑菇、巴尔楚克羊、巴楚库克拜热甜瓜、泽普红枣、吉木乃县沙吾尔哈萨克牛和吉木乃县沙吾尔阿勒泰羊、尼雅系列葡萄酒和西域系列葡萄酒等8项产品，截至2016年12月31日，新疆共有13项产品获得生态原产地保护。

四、管理体系认证行政监管工作

按照《国家认监委关于印发2016年认证认可各业务领域监督检查工作方案的通知》（国认办〔2016〕18号）中关于全面贯彻“双随机、一公开”的要求，提高监管效能。

（一）积极派员参加专项培训

根据国家认监委的统一安排，派员参加了在兰州举办的“2016年管理体系认证活动监管业务培训班”，及时掌握2016年管理体系认证活动监督检查工作要求，质量管理体系认证规则以及文件检查记录表和现场检查记录表的填写及系统上报工作具体要求。

（二）强化区域执法联动合作

7月27日～8月3日，由随机抽取的西北五省区认证执法监管联动机制管理体系认证监督检查组对认可部随机抽取的新疆辖区内4家获证企业开展了质量管理体系认证活动监督检查工作，共发现各类问题20项，经梳理，上述问题均未达到处罚条件。通过联合监管，为监管人员搭建了相互交流和学习的平台，实现了信

息互通、资源互补，进一步提高了监管效能。

（三）及时开展信息宣传工作

充分利用网络、微信等新媒体，及时编制了《“双随机、一公开”，西北五省检验检疫局在行动》微信，并在国家认监委微信公众平台和新疆检验检疫局“西部国门蓝盾”微信公众平台发布，对西北五省区认证执法监管联动机制管理体系认证监督检查工作进行了详细的宣传报道。

五、强制性产品认证行政监管工作

（一）强制性产品认证获证产品监督抽查工作

为贯彻落实《国家认监委关于印发2016年认证认可各业务领域监督检查工作方案的通知》（国认办〔2016〕18号）的要求，及时制定了《2016年强制性产品认证获证产品市场抽查经费预算方案和实施方案》并报送认监委审定。通过市场调研，确定此次监督抽查产品为厨房家电，按照《方案》要求，先后完成了3批次样品的抽样（购买）、样品监送、委托检测、检测结果告知和总结等各项工作，并按时将检测结果和监督抽查总结报送认监委。

（二）免于办理强制性产品认证工作

截至2016年12月31日，共办理CCC免办证明5份。按照国家认监委相关文件要求，已对2015年入境的5批CCC免办商品实施了后续监管，后续监管覆盖率100%。3月11日，派员赴西部钻探贸易公司开展“免于办理强制性产品认证证明”相关业务培训和现场指导，培训主要围绕“什么是强制性产品认证”到“如何申办《免于办理强制性产品认证证明》及注意事项”等内容，为该企业培训员工30余名。

六、出口食品生产企业对外推荐及协助迎检工作

根据认监委工作安排，2016年推荐向韩国注册企业7家。积极向输哈禽肉企业宣贯哈萨克斯坦官方检查相关要求，向输日肠衣企业宣贯日本相关肠衣修订法规。积极派员指导新疆输美食品企业迎接美国FDA检查的准备工作，并按照国家认监委相关工作要求，于7月25日~8月10日派员全程观摩了美国FDA官员对新疆输美食品企业开展的现场检查。检查结束后，及时将检查情况汇总上报国家认监委注册管理部。同时为了更好的指导企业迎接FDA的检查，于8月10日派员赴北京参加国家认监委组织的美国FSMA法规培训班。推荐并指导4家肠衣企业顺利通过日本官方检查。

七、进口食品企业注册工作

2016年继续积极向国家认监委申请哈萨克斯坦输华水产品企业注册工作，在申请过程中，积极帮助进口水产品企业与国家认监委沟通，截至目前共4家企业取得了进口水产品企业注册资质。在国家认监委工作安排下，承担了乌拉圭、加拿大、澳大利亚输华乳制品生产企业的文件审核工作。

八、业务督察情况

根据国家认监委及新疆局业务督察工作计划要求，发布了《新疆检验检疫局关于做好2016年新疆进出口食品企业注册和认证专项督察工作的通知》，对各分支局业务督察工作实施督察。

撰稿人：房　捷　郭伟杰　审稿人：徐日新

强化服务　提质增效

——新疆维吾尔自治区质量技术监督局2016年认证监管工作概况

2016年，新疆维吾尔自治区质量技术监督局（以下简称“新疆质监局”）认真贯彻全国认证认可工作会议暨第十四次全国认证认可工作部际联席会议和自治区质量技术监督工作会议精神，围绕“强化认证认可工作，推动质量强国建设”总要求，结合简政放权新形势、“放管服”新要求，适应经济发展新常态，改革创新，抓住重点、强化服务，提质增效，很好地完成全年各项目标任务。

一、2016年主要工作

（一）服务发展有新作为

1. 提高行政审批效率

一是降低受理门槛，简化受理要求，受理多类型申请主体。二是压缩审批时限，开辟绿色通道。压缩审批时限至15个工作日，涉及南疆四地州的许可事项，实行绿色通道，10个工作日内完成审批。三是简化考核内容，采信能力验证结果。参加国家级或省级行业主管部门组织的能力验证活动取得满意评价的，该检测参数在复查、扩项评审时，可免予提交能力比对报告，免予现场实操考核。四是改进评审方式，缩短评审时限。对因检测机构物理地址发生变更而需要进行现场技术评审时，仅考察与环境条件以及设备稳定状态的相关准则条款，减少评审时限。

2. 服务改革新要求

一是处理好改革中遇到的新情况。对于已经获得资质认定涉及转企改制的科研院所及其内设检验检测机构，采取有条件过渡方式，过渡期内继续受理其申请。二是解决好历史遗留的老问题。针对新疆为数众多的石油、石化领域的检验检测机构公司法人治理结构的特殊性，对已取得资质认定的石油石化领域检验检测机构，采取有条件过渡方式，过渡期内继续受理其申请。三是开拓资质认定新领域。积极推进公安机关刑事技术机构资质认定工作，配合以“司法审判为核心”的国家司法体制改革，保障自治区公安机关刑事技术机构资质认定工作顺利开展。四是推动检验检测服务业稳步发展。撰写了《2015年新疆检验检测服务业统计报告》。截至2015年年底，新疆共有检验检测机构881家，从业人员18 884人，检验检测机构面积6 340 820平方米，仪器设备8 7419台套，资产原值447 720.90万元。全年实现营业收入总额191 375.36万元，检验检测收入173 871.06万元，向社会出具各类检验检测报告1 659万份。

3. 积极推进自治区有机产品认证示范县（市）创建工作

围绕“创新、协调、绿色、开放、共享”的五大发展理念，结合自治区精准扶贫的要求，以“有机引领、突出特色、提质增效、富民增收”为中心，将创建有机产品认证示范区为抓手，积极推动巴州若羌县、昌吉州木垒县申报国家认监委有机产品认证创建示范区。

（二）强化监管有新举措

1. 强化事中监管

一是加强现场技术评审环节的监管。截至2016年11月1日，共委派273名认证监管人员作为观察员，对检验检测机构资质认定现场评审工作进行了全过程监督。二是探索“双随机、一公开”的监督模式。结合认证认可监管工作实际，积极构建“一单两库”，按照“检查人员随机、抽查机构随机”的双随机模式，联合行政许可处、执法稽查局对检验检测机构现场技术评审工作进行监督检查，累计派出18名监管人员对12家技术评审中的检验检测机构进行“双随机”监督检查。

2. 强化事后监管

一是按区局的部署开展了全疆资质认定获证检验检测机构的监督检查工作。对机动车检验机构派出专家组指导当地监管人员开展监督检查工作。完成了对全疆14个地州的220家机动车安检、综检机构的监督检查，并按照国家认监委对资质认定获证检验检测机构四类分级监管标准，完成对432家机构的监管分档。二是开展获证检验检测机构能力验证工作。2016年，对全区建筑材料、建筑工程检测实验室开展水泥、混凝土立方体抗压强度检测能力验证，共有251家实验室参加混凝土立方体抗压强度，整体满意率为94%；共有215家实验室参加了水泥检验能力验证工作，整体满意率为85.1%。三是采用验证样车现场测试的方式，第一次对全疆14个地州的220家机动车安检、综检机构开展的能力验证工作。四是开展强制性认证产品质量监督抽检工作。连续三年组织在流通领域开展液体加热器强制性认证产品质量监督抽检工作，重点抽检电热水壶、电压力锅产品。共对15家经销商销售的31家生产企业生产的32个批次产品进行了抽检，合格24个批次，产品质量批次合格率为75%。五是开展自愿性、食品农产品体系认证监督检查。出动355人次对259家获证组织和企业的293个产品进行随机监督检查。发现问题12项，立案4起，涉案货值61.5万元。

3. 配合国家认监委的飞行检查

2016年，国家认监委共对新疆开展了2次飞行检查，检查内容和范围涵盖了食品、建材、纺织品、机动车四大领域20家获证检验检测机构。在积极配合国家认监委飞行检查的过程中，对检查中发现的问题及时上报国家认监委，并要求辖区质监局及时跟进，落实好后处理工作。

4. 认真做好行政审批工作

截至2016年11月30日，审核检验检测机构资质认定行政许可材料共661家，其中资质认定首次发证实验室126家。对19家不符合要求的检验检测机构不予以行政许可。

（三）提升能力有新成效

1. 加大对基层监管人员的培训力度

特邀请国家认监委10位业务部门的处级领导亲赴和田、乌鲁木齐，分两期对新疆261名认证认可监管人员进行培训授课，有效提高了基层监管人员对政策、法规的理解和认识水平。

2. 提升评审员的能力素质

全年共组织举办了三期评审员培训班，累计培训新、老评审员698人次。

（四）宣传活动有新进展

1. 在全疆范围组织开展世界认可日宣传活动

一是与新疆出入境检验检疫局、兵团质监局联合举办“认证认可联通世界·诚信传递信任”主题研讨会。二是邀请自治区经信委、发改委、环保厅、农业、商贸等相关部门和新闻媒体到新疆优秀出口企业新疆天山纺织股份有限公司进行参观，近距离感受对认证认可在提升企业质量管理、提升品牌影响力、推动企业走出国门中发挥的积极作用。三是协调移动、电信、联通三家运营商发布世界认可日宣传公益短信，在质量新疆网页和微信公众平台开辟2016年世界认可日宣传专栏，宣传认证认可法律法规与知识。四是印发世界认可日宣传海报和知识宣传册。向全区质监部门免费发送宣传册、海报共10 000余份。

2. 积极开展质量月“有机产品示范周”活动

大力宣传有机产品认证知识，向19个地州市印发《认证认可管理条例》《认证认可知识宣传册》《有机认证知识宣传册》共5万份，各地州市局通过宣传栏张贴、设立咨询台发放等形式向各族群众宣传有机产品认证知识，受普及群众6万人次。

3. 开展检验检测机构开放日活动

在9月29日“实验室开放日”活动中，开展了主题为“检验检测支撑中国制造2025”的机构开放活动，质量兴新成员单位代表、检验检测机构客户及行风义务监督员代表等30余人参加了活动。

二、工作中存在的主要问题

（一）基层认证认可监管机构不健全，履职监督无抓手

2015年年底，新疆自治区级以下质监局取消垂管，正式移交地方。2016年，县级质监局、工商局、食药局开展整合。哈密地区作为地市局机构整合的试点，开启了地市级质监局、工商局、食药局的整合工作的序幕。由于“先天不良（整合前各地州市局无认证认可监管相关科室）”，加之“后天不足”（目前只有和田地区局、昌吉州局、巴州局、博州局设有认证认可监管科，人员到位的只有昌吉州局和博州局），其他地州

还都由计量科或标准计量科代管，在机构整合过程中，无相应的业务机构，人员变动频繁，监管工作很难落实到位，监管的有效性大打折扣。

（二）检验检测机构和评审员缺乏有效自律

随着经济社会的发展和准入门槛的降低，取得资质的检验检测机构和获得认证证书的企业数量快速增加，使得市场竞争加剧，而我们监管还不很到位，市场诚信体系还不健全，违规违纪现象有抬头之势。另外，负责资质认定现场技术评审的近600位评审员来自各行各业，其中的企事业单位人员的法律法纪意识淡薄，技术评审环节吃拿卡现象还时有反映，与当前整肃“四风”、开展“三项治理”的形势很不适应。

（三）基层监管人员能力素质无法满足有效监管要求的问题

认证认可工作内容多，专业技术性强，认证监管人员自身建设还有待进一步加强，能力素质有待进一步提高，制度建设有待进一步健全，内部工作机制还有待进一步整合。

撰稿人：刘　伟　审稿人：于灵鹤

2017

Yearbook of Certification and Accreditation of China

第十七部分　认证及相关机构

Part Seventeen　Certification and Certification-related Bodies

中国检验认证（集团）有限公司

积极履行职责　不断提升管控能力

2016 年，按照年初工作部署，中国检验认证集团系统围绕抓发展规划、抓深化改革、抓市场拓展、抓信息化建设、抓内部管理等 5 个方面工作扎实推进，经营绩效又创历史新高，实现了经营规模和利润的两位数双增长。总收入同比增长 14.32%，税前利润同比增长 12.23%，总体税前利润率同比增长 27%；资产总额同比增长 10.46%。

一、深化改革取得了新突破

中检集团公司成立全面深化改革领导小组，下设机构职能调整改革等 10 个专项工作组，后又增设了企业年金和海外公司薪酬专项工作组，11 个工作组取得了阶段性成果。

集团总部机构和职能调整优化即将到位。出台了《中检集团公司机构及职能调整优化方案》，目前已完成职责调整，近期将开始实施到位。

产品线建设试点初见成效。学习国际同行业产品线建设经验，提出了产品线建设总体方案，试点推进农食安全及商品溯源产品线建设，注册成立“中检集团溯源技术服务有限公司”，并在澳大利亚试点建设中检溯源海外运营中心，推动全球商品溯源服务平台建设，累计发放溯源标签约 3 000 万枚。

区域协调互动得到加强。组织落实六大协作区域联合，完善信息、资源共享机制。中国质量认证中心（CQC）完成 7 家地方公司 HACCP 和 FSMS 领域关键场所审批，指导地方公司扩大认证业务范围，在 8 个认证领域共有 16 家地方公司获得认监委批准；对马赛、伦敦公司认证咨询业务提供帮扶，与集团欧洲测试公司签订委托和检测协议，扩大海外公司业务范围。

完成股权激励政策研究。起草了《中检集团员工持股方案》及《中检集团关于推进市场化业务公司员工持股的实施方案》等相关文件。

二、市场开拓取得了新成效

业务领域实现新拓展。优化业务创新扶持与评价体系，引入项目开发目标和关键指标管理，专项资金重点扶持 29 个新业务项目；发布了中检集团业务资质及服务能力概览，制定《科技创新评定奖励办法》，参与 125 项国家标准的制修订工作，成为全国电子商务质量管理标准化技术委员会跨境电商分委会秘书处承担单位。拓展有色板块、石化和保险业务新领域，购买 492 个东非和肯尼亚标准，建立标准数据库，承接坦桑尼亚等 6 个非洲国家和地区的装船前检验业务。入围大连商品交易所质量服务商，获得光伏、风电领域检验机构资质，22 个省（自治区）的第三方碳排放核查机构资质，在北京、上海、深圳等地区开展 CCER 审核资质。拓展巴西 NCC 市场化业务，光伏监造、光伏发电产品领跑者、供水设备节能认证等新项目迅猛发展。组建了生态原产地产品保护评定机构联盟，生态原产地业务范围覆盖 23 个省。集团全年开拓新业务、获得新资质 160 多项。

海外业务转型初见成效。配合总局、认监委做好进口食品监管模式、境外企业进口注册改革顶层设计。完成境外食品企业注册业务“认证 + 溯源”模式开发试点。泰国公司对万吨泰国香米进行了溯源；中检溯源澳大利亚运营中心与国内外公司联动，发放超过 55 万个标签；南美公司在阿根廷、乌拉圭等地为中储粮、中粮等开展粮谷产品的检验。巴西公司开发了邦吉和路易达夫等知名粮商大客户；韩国公司中标 2016 年韩国政府出资的最大认证支援项目。

技术能力建设稳步提升。中检集团 3 家实验室成功入选国家食品复检机构名录；测试公司控股收购国家摩托车检测中心项目已经完成了财政部审批，实现了中检集团与兵装集团跨部门央企合作；在环境、医疗电器、新能源、职业卫生等领域新增技术能力 4 000 余项。广东、江苏、深圳、山东等公司与当地局相关机构采取合资公司、委托管理等多种形式，整合 CIQ 现有的技术资源，提高空白领域的检测能力。

质量管理工作持续加强。积极落实总局和认监委“质量月”活动要求，强化业务质量和风险管控；PSI 业务实现了“七个统一”，对进口废旧业务建立了统一的机构资质管理、辖区管理、质量管理及人员培训管理；UL 工厂检查业务实现了质量管理、检验员队伍建设等一体化管理，对国外委托工厂检查实施统一化管理和跨地区替代检验等手段；实施产品认证质量问题分类管理，开展证后监督风险防控专项检查，创新对地方公司的监管模式，确保质量水平不断提升。

品牌宣传稳步开展。主办第三方检测实验室发展论坛、中阿丝路论坛、检验检测认证年度风云榜评选活动，参加中新贸易合作交流会、广交会、中国国际煤炭大会、中东欧博览会、东盟博览会等 80 余场各类展会、论坛，中检集团投资拍摄《大国质量》。以中检集团公司微信平台为核心，初步形成了集团内部矩阵微信发布格局。三元大厦获批更名为中检大厦，设计张贴“三化六好”宣传海报，人民网、新华社、中央电视台以及国内外当地重要媒体采访报道集团 600 余篇（条）。

三、大客户开发取得了新辉煌

集团层面战略合作推进有力。与中工国际、中国机械设备工程股份有限公司、中国供销合作总社、中国供销集团公司、唯品会、中联油、中国人民财产保险、新西兰皇家环境科学研究院、俄罗斯国际检验联盟等签署战略合作协议，与 UL 结成全面战略协作伙伴关系。中检集团公司先后与河北、安徽、深圳、辽宁检验检疫局签署战略合作协议。去年集团公司和 3 个业务平台与中石化、中储粮、贵州贵安新区等政府机构、全球 500 强企业和大客户签署重要战略合作协议超过 140 余个。

集团系统对外开拓成效显著。北京、天津、辽宁、满洲里、厦门、珠海、湖北、湖南、河南公司加强与当地海关、食药、工商等政府部门合作，检验检测结果获得广泛采信。北京公司蝉联阿里巴巴“金牌淘拍档”，成为京东“金服务”合作伙伴；广东公司开拓宝钢化工、中国五矿进口检验以及华润电力煤炭检验项目；海南公司与海南华信石油基地、国电乐东发电、华能海口电厂等大客户签订协议。

资本运作稳步推进。起草修订中检集团《投资管理办法》及《房产购置项目指导意见》。中检南方实现新三板挂牌，成为“质检第一股”。推进中检集团公司增资卡达克机动车质量检验中心（宁波）增资相关事宜。河北公司控股收购恒达公司；中东公司设立了富吉拉自贸区分公司。2016 年审批投资项目 71 个投资项目。

四、队伍建设迈上了新台阶

加强制度建设，提升管控能力。先后印发中检集团《地方公司领导人员管理指导意见》《关于集团领导不再担任各地方公司法定代表人的通知》《<地方公司工资总额管理办法（试行）>和<地方公司高层管理人员薪酬管理办法（试行）>的补充意见》《集团公司绩效考核办法》《地方公司 / 海外公司经营绩效考核办法》《在京单位经营绩效考核办法》《员工保险管理办法》等规章，修订了《教育培训管理办法》和集团系统中层管理人员请销假制度等。强化集团对地方公司领导班子配备、考察、考核和个人事项报告、档案、出国（境）审批等管理。2016 年地方公司领导班子的选拔任用均由集团公司为主动议和考察，首次将国内外公司领导班子成员 130 余人的个人有关事项申报统一纳入集团管理。2016 年集团公司集中汇总、上报领导干部个人事项报告 277 份，开展随机核查 30 人。

加强人才建设，人员管理更加规范化。选好配好领导干部，共选拔任用、调整中层干部 39 人。建立中检集团经营管理人员信息库和专业技术人员信息库，经各单位推荐、集团公司审核汇总，各类入库人员共计 1 435 人，其中经营管理人员信息采集表 899 人，专业技术人员信息采集表 536 人。完善薪酬管理体系和奖励约束机制，对地方公司薪酬实行“双控”，规范地方公司薪酬管理。指导各地方公司规范干部人事档案，结合干部考察实地走访协调 18 家直属局人事处，妥善解决调入视同缴费的机关社保衔接问题。

五、党的建设实现了新加强

积极探索党建新形式。落实习近平总书记在国企改革座谈会上的重要讲话，起草上报了《中检集团关于坚持党的领导深化国企改革实施意见》，进而修改成为《中检集团关于深化国企改革规范公司治理的实施意见》，报请总局、认监委审批后实施。

“两学一做”教育活动深入开展。举办集团公司领导班子中心组学习8次；举办纪念建党95周年暨“两学一做”党性教育主题活动和“两优一先”表彰，开展了2016年度纪律教育月活动、党员组织关系排查和支部档案工作交流；除经请示同意延后的集团公司党委和认证中心党委，集团公司党委所属基层党支部完成了换届选举；发布了海外公司党组织设置和党员管理相关规章制度，成立了欧洲区域联合党支部和退休党员党支部；完成党员信息数据库建设、党费补缴和党费自查自纠工作；对海外公司新派出负责人进行党建工作培训。推进文化建设，启动建立集团公司层面青年文明号和青年岗位能手创建工作机制，开展中检风采、中检故事评选活动。

巡视整改工作稳步推进。针对中央巡视组和中纪委驻工商总局纪检组对集团提出的问题和审计反馈的情况，集团公司成立了整改落实工作领导小组，提出了14个方面整改任务、55项工作措施，明确了整改时限、责任部门和责任人。整改时限为12月底前的37项整改工作措施已全部完成；整改时限为2017年及长期的18项整改工作措施均在落实中。

党风廉政建设持续改进。认真落实“三严三实”后续整改工作，推动党建工作规范化，落实党风廉政建设主体责任，严格遵守中央八项规定和党的政治纪律，出台履职待遇业务支出管理办法，制定公务用餐标准，京区4个单位和集团本部10个党支部签订了责任书。制修订5个新的廉政制度，与3家直属局签订《纪检监察工作互动备忘录》。编发12期反腐倡廉教育材料、38个廉政制度和1036个违反八项规定典型案例；组织开展2次集体廉政约谈，2次单独廉政约谈，1次廉政讲课；对7家公司落实“两个责任”情况进行监督检查；组织海外公司对公务接待、公车使用、租住房等情况进行摸底自查，对集团系统各级领导干部本人、配偶、子女及特定关系人开展同业经营情况摸底排查。办理信访举报45件，因违反工作纪律、廉洁纪律等情况受到党纪处分4人，不按规定报告个人事项等问题诫勉谈话4人，有6人被书面函询，向4家单位提出整改建议。

六、基础性工作得到了新提升

发展战略管理不断推进。起草集团行业研究管理办法，形成了《全球检验检测认证市场及主要国际机构概况》、《同业机构产品线建设调研报告》等，按季度编发4份集团运营分析报告，编发每周要情40期、内部参阅9期、简报50期。启动编制集团首个五年规划和经营计划2.0版升级，提升了集团运营管控水平。

内部基础管理不断加强。中检集团公司及在京单位共制、修订规章制度174项，构建法律风险防控体系，修订完善了集团《合同管理办法》《商标管理办法》《保密及竞业禁止协议》《授权管理规定》《派出董事、监事管理办法》《房屋租赁管理办法》及实施细则等，提高经营管理水平，规避防范法律风险。从严控制2016年外事计划，出访团组数比上年减少27.27%，出访人次减少40.79%，预算减少33.51%。建立体系管理信息化系统，举办ISO9001新标准培训。加强督查督办，印发年度重点工作任务和重要会议计划，强化分解到月度重点，每季度发布督查通报。

财务管理得到了加强。修订中检集团公司差旅费及出国费用报销管理办法、财务预算管理办法、内审管理办法、海外公司财务管理办法，制订了购买理财产品管理规定等一系列制度。完善预决算体系，将集团公司财务预算编报时间提前到预算年度前一年的11月份。加强内审、内控管理，组织对相关国内外公司原总经理进行了离任经济责任审计。根据总局及巡视组、党风廉政建设等要求，成立了6个检查组，对12家公司进行了重点检查。实施财务核算系统升级，落实精细化核算试点。

信息化建设有新进展。建立全球视频会议系统，实现了集团系统全覆盖；溯源系统一期项目正式上线，实现了业务主流程的全面管理；以煤炭和食品标签为试点业务，完成业务流程采集系统上线试运行。检验公司以煤炭、食品标签业务为试点，实施检验鉴定业务信息采集项目，搭建完成ZARA进口服装预评估信息化系统、农食检验业务信息管理系统。CQC工厂检查服务平台、国际检查现场认证远程数据采集系统和客户端程序投入使用。《基于互联网+船舶亚洲型舞毒蛾检验信息化系统》，获得“中国信息化成果（质检领域）”三等奖。

撰稿人：李胜武 审稿人：齐京安

中国信息安全认证中心

不忘初心 继续前进
为建设信息安全认证强国而不懈奋斗

2016年是“十三五”开局之年，也是网络安全领域不平凡的一年。4月19日，习近平总书记在网络安全和信息化工作座谈会上发表重要讲话；11月7日，《中华人民共和国网络安全法》正式颁布。这两件事都与信息安全认证工作息息相关。一年来，中国信息安全认证中心（以下简称“中心”）在质检总局和国家认监委的领导下，以十八大、十八届历次全会精神为指导，全面落实全国质检工作会议和认证认可工作会议精神，紧密围绕“网络强国”、“质量强国”、“认证认可强国”战略和“十三五”规划部署，主动变革、强化创新、稳中求进，各项业务增速发展，核心竞争力不断提升，机构建设快速推进，合作网络稳步扩大，内部管理持续优化，自身影响力进一步增强，圆满完成了全年的工作任务，实现了“十三五”的良好开局。

一、政策规划与科研创新

编制完成了《中心发展战略规划调研报告》、《中心发展战略研究报告》和《中心“十三五”发展规划》，形成目标明确、路径清晰、任务详实、配套完备、与上级规划有效衔接的信息安全认证规划实施体系，为“十三五”期间信息安全认证科学发展指明了方向。完成了《关于贯彻落实习总书记网信工作座谈会讲话精神，规范和加强网络安全检测认证工作的报告》，提出了一揽子解决措施，得到了中央网信办、质检总局的认可；正式获批“十三五”重点研发计划项目“信息安全认证认可关键技术研究与应用”；完成了“中欧网络安全产品双边互认机制研究”等多个课题；在智慧城市评价等4个领域组织开展了前瞻性研究工作，并顺利通过专家组验收。完成了《信息安全技术 Java卡通用安全技术要求（EAL4增强级）》等4项国家标准的立项申报工作；完成了《电子招标投标系统交易平台评价规范》等5项认证认可行业标准的立项申报工作；国家标准项目《关键信息基础设施网络安全框架》取得重要进展。中心牵头的“移动终端安全检测关键技术研究与应用”项目获得科技兴检二等奖。

二、产品认证

IT产品信息安全认证业务范围进一步扩展，新增数字化城市管理信息平台、应用加速APPA产品等9个认证类别，并已颁发第一批证书；锂电池安全认证业务正式获得批准。依据国家认监委发布的《生产企业检测资源及其他认证结果的利用》实施规则，创新推出了企业利用自身检测资源检测认证样品的方式，缩短了检测成本和周期，提升了认证效率，减轻了企业负担。全年新颁发产品（系统）认证证书373张，累计颁发1 776张。

三、服务、管理体系与人员认证

电子招标投标系统（EBS）认证完成了14家平台企业的认证受理，签约9项，并进一步完善认证实施规则和认证技术规范，力求检测认证一体化，证后监督在线化；服务认证完成《外包服务认证实施规则》备案，颁发了第一张服务外包能力认证证书；完成了安全工程方向服务认证实施规则编写、信息安全管理体系的云安全认证可行性研究，储备了一批新技术。人员认证新开发完成《安全运维》《医疗卫生信息安全》2门课程教材初稿；开发了WEB安全、移动安全和网络情报分析等方向人员认证。全年新颁发服务认证证书359张，累计颁发983张；新颁发体系认证证书151张，累计颁发667张；新颁发信息安全保障人员认证证书1 811张，累计颁发8 281张。

四、检测业务

顺利通过CNAS组织的能力验证提供者现场评审，成为我国首家在信息安全领域通过CNAS认可的能力验证提供者；质检中心顺利通过认监委、CNAS“三合一”复审，持续获得检验机构认可，新增信息系统风险评估检验的认可能力；首次获得软件产品检测和检验机构认可资格；首次承担无线路由器、移动支付终端（软件）2种重点工业产品质量安全风险监测工作；首次承担总局通关司中国电子检验检疫主干系统运行环境建设（ECIQ）安全验收测评任务；提供安全保密测评方面的专业技术支持，深度参与了总局内网改建迁移项目建设工作，在服务质检系统信息安全保障工作中迈出了可喜的一步。

五、分中心建设

全年分中心积极贯彻“开拓市场、推动业务、服务客户、争取政策支持”的工作思路，充分发挥优势，协办或承办了电子招标投标系统检测认证培训班、物联网大会“信息安全高峰论坛”、第五届山东省大学生网络安全技能大赛、陕西省网络安全防护技能培训班等活动；走进园区、走进企业、走进高校，举办了信息安全“服务地市行”系列公益培训活动、个人信息保护培训班、高校网络安全及认证知识培训班等活动；对接中心业务，探索行之有效的业务推动方式和载体，推动信息安全认证采信政策，开展客户服务，在支撑中心业务发展特别是推动认证服务贴近企业、贴近地方发展方面取得突出成绩。

六、国际合作与交流

持续参加FIRST大会、OPEN GROUP开放组等国际会议；积极落实国家认监委国际合作框架计划，与德国经济能源代表团洽谈合作，深入参与中德工业4.0和智能制造领域IT信息安全项目合作；派员赴俄参加中俄标准计量检验认证常设工作组会议，与俄方机构开展信息交流；派员参加在美国举行的IEEE ISPCE 2016年国际论坛，积极宣传我国CCC认证业务；截至2016年年底，中心有7人在国际各关组织担任职务，魏昊主任获任IEC大使。

七、信息宣传

主办了我国首届信息安全公益知识大赛、第二届网络安全高峰论坛、第九届全国大学生信息安全竞赛等活动、中国首届资产管理标准化高峰论坛；以中心成立十周年为契机，在《国门时报》《中国质量报》编发长篇通讯，在《中国认证认可》《质量与认证》杂志组织编发专题报道、领导访谈，并通过编印图书《十年回眸》和画册《逐梦》等方式，全面社会各界展现了中心十年来发展的成绩和精神面貌，形成了多层面、多渠道、全方位的宣传态势，取得了良好的宣传效果。

八、机构与人事

根据实际工作的需要，经总局人事司批准，形成了新的内设机构调整方案，新设立了党群工作部（纪检监察室），对部门职能和人员组成进行了重新规划；聘任充实6名中层干部，新引进技术骨干13人，补充分中心专职工作人员2人；从严管理干部，认真开展个人事项报告填报工作，配合总局完成对个人事项报告抽查核查工作，继续做好干部档案核查工作。

九、党建工作

强化“规定动作”，创新“自选动作”，严肃党内政治生活，深入开展“两学一做”专题学习教育，党组织的战斗堡垒作用和党员的模范带头作用有了新的增强；优化调整了支部设置，按照总局的统一部署，完成了党费补缴、党委纪委换届工作；深入抓好两个责任落实，大力开展主题教育，开展廉政风险防控，严格落实“八项规定”，认真开展党建工作评议和考核工作，并纳入中心绩效考核体系，奖优罚劣；2016年中心党建和党风廉政建设工作呈现良好局面，中心党委获“质检总局直属系统先进基层党组织”称号，4名党员获总局认监委表彰。

撰稿人：刘 森 审稿人：宋 扬

中铁检验认证中心

求真务实 持续提高检验检测能力

在“十三五”战略规划开局的2016年，中铁检验认证中心认真贯彻落实国家质检总局、国家铁路局、铁路总公司的工作部署，以行业服务为主线，坚持客观公正、科学准确、规范服务、追求卓越的质量方针，以“认证认可助力中国高铁发展战略合作”为契机，以中国轨道交通检验检测认证联盟成立作为新的起点，提高认证能力，提升服务质量，为国内外轨道交通行业提供优质高效的检验检测认证服务。

一、机构基本情况

中铁检验认证中心（简称“CRCC”）是2002年10月29日经国家认证认可监督管理委员会批准(批准号为CNCA-R-2002-102)，2002年11月国家工商注册的国有独资企业，注册资金5100万元，是实施铁路及城市轨道交通产品认证及管理体系认证的第三方技术机构，具有明确的法律地位。

2014年1月21日，经国家认监委批准授权更名为“中铁检验认证中心”（国认实函〔2014〕6号），在国家质监总局、国家认监委和行业主管部门的监督和指导下，开展铁路和城市轨道交通产品质量检验检测及认证业务，转变成为认证、检验检测综合型技术机构。

2015年7月28日，根据国家认监委2014年第38号公告《关于发布自愿性认证业务分类目录及主要审批条件的公告》要求换发新的认证机构批准书，批准的认证业务范围是产品认证，18陆地交通设备、铁路产品、城市轨道交通产品。2015年11月，向国家认监委申报扩大质量管理体系的业务范围，已于2016年1月获得批准。

中铁检验认证中心现有机车车辆、铁道建筑、接触网零部件、通信信号、金属化学、运输包装、铁专计量等7个专业检测实验室。同时，拥有中铁检验认证(青岛）车辆检验站有限公司等4个合资检验检测实验室，以及高速铁路系统试验国家工程实验室等14个分包实验室，覆盖了认证范围内的铁路产品和参数，基本满足铁路产品检验检测工作的需要。

中铁检验认证中心具有依法开展陆地交通产品认证的资质，覆盖铁路及城轨装备领域内的全部产品类别，包括认证机构国家批准书、实验室国家资质认定计量认证证书，代表第三方机构的授权；国家依据国际认可准则对认证机构、检测实验室及检验机构的认可证书，代表在相同标准条件下可寻求国际互认。

2016年，把握城市轨道交通快速发展及城轨检验检测认证起步的机会，CRCC联合深圳市地铁集团有限公司、铁科院深圳分院共同出资注册成立“中铁检验认证（深圳）有限公司”，为未来发展奠定基础。

二、业务开展情况

（一）产品认证

2016年是产品认证作为铁路采信市场准入的一项制度的第5个年头，除了按照2014年5月国家铁路局新发布的《铁路产品认证目录》（76种产品），2014年7月总公司发布的《中国铁路总公司专用产品认证采信目录》（188种产品）以外，还根据市场需求开展机构自愿性认证的铁路产品190种。

2016年，CRCC按照国家铁路局《铁路产品认证目录》《中国铁路总公司铁路专用产品认证采信目录》以及CRCC机构自愿性产品认证目录，组织制修订铁路产品认证实施规则108个。目前有效的认证实施规则共360个，均按规定报国家认监委、国家铁路和总公司进行备案。

2016年度，CRCC受理初次认证申请企业274厂项，复评企业353厂项，扩大产品认证517厂项，获证后变更519厂项，复查审核94厂项，复查检验71厂项，共计1 828厂项。发布产品认证公告50期，颁布铁路产品新获证证书1 362张，原获证企业扩项、变更证书1 752张，认证未通过144个厂项。完成获证后监督1 087家，监督、复查检查和检验1327厂项，暂停证书539张，涉及334个企业201种产品；撤销证书17张，涉及10个企业15种产品；注销证书290张，涉及176个企业195种产品；颁布城市轨道交通产品新获证证书16张，涉及企业7家。签发产品试用证书230张，涉及企业86家，配合开展铁路产品认证运用考核47项。

截至2016年年底，CRCC累计发证8 193张，涉及企业1 910家，当前有效证书4 677张，涉及企业1 559家，产品类别318大类，其中暂停证书404张。

（二）铁路产品质量监督检验工作

2016年，国家铁路产品质量监督检验中心承担国家铁路局的铁路产品质量监督抽查、铁路总公司的铁路专用产品质量抽查、国家局装备技术中心委托的铁路产品监督抽查任务。工作内容包括提出建议计划、组织细则的制修订、编制上报抽查通报、抽查工作预决算、监督抽查/质量抽查检验报告自查等。

2016年，组织提出建议计划，新编国家铁路局铁路产品监督抽查细则10份，修订细则2份；铁路总公司铁路产品质量抽查细则19份，修订细则3份；国家局装备技术中心细则2份。

国家铁路局监督2016年抽查计划共计11种89厂项，目前抽到样品70厂项。现已发布四期质量通报共计监督抽查24种产品115厂项（包含15年计划产品），复查共计2厂项。其中第三期和第四期涉及2016年监督抽查计划，涉及10种产品41厂项，未完成的检验报告正在陆续出具中。

铁路总公司2016年计划抽查产品188个厂项，截至2016年12月31日，已发布6批质量通报，质量抽查共计181厂项，其中合格150厂项，合格率82.9%；复查共计20厂项，合格20厂项，复查合格率100%；其中2016年第5期和第6期质量通报涉及2016年质量抽查计划，涉及17种产品60厂项。

国家局装备技术中心2016年度抽查计划58厂项，目前抽到样品37厂项，目前已经完成30厂项，全部抽查合格，其他19个企业因不具备抽样条件。

国家铁路产品质量监督检验中心针对监督抽查和质量抽查的问题，及时与上级主管部门沟通情况，商讨解决方案、应对措施，更好地为铁路行业产品质量技术监督，做好技术服务工作。

（三）质量管理体系有效运行

按照国际通用标准ISO/IEC 17065、17025、17020认可准则、国家质检总局《检验检测机构资质认定管理办法》的要求分别建立认证、检验检测两套完整的管理体系，建立科学、公正、服务、规范的质量方针，并按照该方针进行有效的运作和实施。组织内部审核，提出2个不合格项，针对不符合采取纠正措施并完成纠正。进行年度管理评审，提出3项要求。CNAS复评+扩项评审开出2个不合格项，均已整改并验证通过。

CRCC检验认证管理体系，符合认可准则的要求，有效运行质量方针和目标合理、管理体系以及纠正、预防不合格和持续改进的工作机制，满足第三方检验认证机构的相关要求。

（四）有效开展人员培训

强化人力资源体系建设，规划人才发展，培养后备人才。完善机构培训体系建设，全面提升员工专业能力和学习创新能力。建立多层次激励体系，完善管理人员中长期人才规划。

2016年完成检验检测人员培训5项及认证人员培训10项。主要包括：设备及文件管理培训；质量体系文件专项培训；能力验证及不确定度专项培训；人员持续教育培训（含工作作风、廉政建设、工作纪律培训）；检验员新取证培训；认证管理人员专项培训（作风、廉政建设、工作纪律、相关程序文件宣贯）；CNAS-CC01：2015管理体系认证要求及相关文件的培训；检查员、审核员继续教育培训；ISO9000：2015标准转版培训；产品认证过程优化培训；安全评估人员培训；城轨认证工程师培训及英语培训等。

（五）持续建设提升检验检测能力

为满足轨道交通检验检测认证市场需求，根据《铁路产品认证检验能力建设专项规划》要求，积极推进“高速铁路列控系统应答器试验室”“高速机车车辆驱动装置试验系统”“结构件高频疲劳试验系统”等重大装备项目建设；加大自主投入，基本建成悬挂件阻尼及蠕变试验台、矢量信号发生系统、300kN卧式拉力试验机、脉动疲劳试验机等16项重点项目，不断提升铁路产品检验检测能力。

根据CNAS-AL07《CNAS能力验证领域和频次表》要求，结合能力认可范围确定能力验证项目和频次，2016年进行能力验证项目47项，除能力验证外，制定质量监控项目共54项，体现良好的检验检测能力。

（六）做好客户申投诉处理

中铁检验认证中心设有申诉监理部，专门受理并承办申请方/受审核方及有关各方的申诉、投诉和争议，并建立了《申诉、投诉和争议的处理程序》，并在质量目标中明确将申诉投诉受理及时率纳入每年考核，坚持日常监督、客户满意度调查和行业作风专项检查并行的方式。

日常监督主要是对日常信息的收集、处理和反馈。截至2016年12月31日，共计1 568份，4 238人次。

其中4个企业反馈表出现“O”符号（表示“一般”），涉及7名审核员。较2015年调查表中出现的17个企业、40人次“O”符号，现场审核员的服务质量有大幅的提高。2016年度收到对认证工作的投诉受理有效申诉7起，主要是涉及检测报告中不合格项的申诉；受理对供方的有效投诉5起。均已采取有效措施。

开展客户满意度调查。2016年，继续委托北京道合致远管理咨询有限公司开展中铁检验认证中、国家铁路产品质检中心的客户调查。调查方式采用面访与电话访问相结合的方法。调查结果显示，客户对CRCC服务的满意度不断提高，2016年满意度评价为历年来最高得分，达到非常高的满意度水平。表明CRCC在机构形象建设、过程服务规范、专业能力提升、廉洁自律建设等方面所作的努力取得了较好的成效。

（七）履行社会责任

2016年1月发布第四份中铁检验认证中心（CRCC）社会责任报告。报告完整的包括了六大主体部分：报告前言、责任管理、市场绩效、社会绩效、环境绩效、报告后记。报告中郑重承诺要遵守法律、规范运作、诚实守信。希望社会各界通过这份报告全面了解我们的价值观、经营原则、履行社会责任的措施和绩效。我们愿意广泛听取各方面的意见和建议，接受社会各界监督，持续改进我们的工作，将机构的可持续发展和社会责任理念与各项工作紧密结合，通过提升公开透明度，与各利益相关方建立从互动到理解、从理解到认同的信任关系。

撰稿人：宋小平　审稿人：刘　越

中国船级社质量认证公司

积极完善自身建设　推动认证事业不断发展

中国船级社（CCS）成立于1956年，是国家的船舶技术检验机构，其前身是中华人民共和国船舶检验局，是中国唯一从事船舶入级检验业务的专业机构，国际船级社协会的正式会员。中国船级社坚持“技术立社、诚信为本、与众不同、国际一流”的建社方针，秉承“安全、环保，为客户和社会创造价值”的价值理念，牢牢把握服务国家水运安全、维护国家海事权益、推进造船强国建设的根本要求，努力建设与海洋强国相适应的国际一流船级社。

中国船级社质量认证公司（CCSC）是承担中国船级社路上检验与认证业务的专业机构。作为首批国家获准并率先在国内开展管理体系认证业务的机构之一，CCSC自1993年成立以来，始终秉持“独立、公正、诚信”的工作方针，坚持不以营利为目的，致力于打造检验认证领域的民族品牌，服务于国家经济发展大局。作为技术密集型和专业服务型组织，CCSC依托中国船级社强大的技术资源和遍布全球的服务网络，坚持走技术路线，不断加强自身能力建设，打造经验丰富的专业团队，始终把企业质量的提升作为机构发展的首要前提。

经过二十多年的发展，公司的业务范围从单一管理体系认证业务逐步发展到覆盖管理体系认证、产品认证、产品检验、集装箱检验、节能减排审定核查、职业资质培训、安全及风险管理等服务品种的综合性检验检测、认证服务机构，在冶金、机械制造、电气设备、船舶建造、交通运输、工程设计与建设、石油化工、贸易、教育、金融、物流服务以及国防建设等众多领域开展检验认证服务。同时，经过多年来的业务锤炼和培养，建立起一支专业素质高、技术能力强的专职检验认证队伍，成为具有品牌影响力的业界领先的综合型认证机构。

一、严格自律，成己达人

CCSC严格遵守国家法律法规及各项规章制度的要求，按照《中华人民共和国认证认可条例》、《认证机构管理办法》中的有关规定，服从国家质检总局和国家认监委的领导，开展相应的认证业务活动。

为加强对公司认证服务质量的动态监控，引导认证审核员努力提高自身业务及奉公守法的意识，2016年，CCSC组织修订实施《质量监督考核办法》、《质量目标及其KPI》，使认证审核工作有了监督依据和评判标准。通过全面细致的内部审核工作，确保了公司业务的规范运作及各项管理要求的有效执行。2016年，公司内审范围涵盖所有业务活动开展情况，包括质量、财务、人力资源部、行政综合（含党支部和工会）、廉洁从业风险防控、行风和精神文明等各个方面。共提出内审整改建议633项，均已制订并实施了改进措施，确保了公司业务的规范运作及各项管理要求的有效执行。

2016年，共有52家获证客户接受了地方监督检查，未发生不符合情况，未发生损害公司的经营资质及声誉的重大问题，未出现重大安全质量责任事故，无重大责任申（投）诉。

二、提高能力，做好服务

“打铁还需自身硬”，想保证审核认证活动的有效性，离不开自身认证能力、认证水平的提高。2016年，CCSC通过加强管理能力、技术能力以及人员能力建设，全面自高了自身的能力水平。

（一）增加分支机构，扩大业务覆盖范围，进一步完善服务网络

2016年，CCSC在偏远的青海省成立了分公司，密切了与当地政府主管部门的联系，扩大了市场占有的幅度和广度，增强了对西部落后地区的业务关注和扶持。

（二）持续提高技术研发能力

CCSC秉承着科研服务于业务的发展理念，提升公司在业内的技术影响力，有力的促进业务发展，彰显技术实力。2016年，公司加大了技术研发力度，积极参与科研项目及相关行业标准制订。

承担的“十二五”国家科技支撑计划“我国水上运输碳排放核查关键技术研究与示范”顺利通过验收，形成了十余项科研成果，填补了国内相关领域的空白。

参与了多项国家标准、行业标准的制定工作，如国家标准《质量管理体系 要求》《环境管理体系 要求和使用指南》《资产管理体系要求》《合格评定管理体系审核与认证机构要求》《船舶修造行业能源管理体系实施指南》的制定，参与了认证认可行业标准《综合客运枢纽服务认证技术要求》《城市轨道交通服务认证技术要求》《认证认可行业标准编写指南》等标准的制定。牵头《高速公路运营企业安全生产标准化建设基本规范》等6个交通运输行业安全标准编制工作，参与《水路旅客运输企业安全生产标准化建设基本规范》等3个交通运输行业安全标准编制工作。

积极参与政策法规的制订，参与起草五部委联合制定的《道路危险货物运输管理办法》，为下一步开展道路罐车和道路罐箱的检验工作打下基础。参与了《交通运输企业安全生产标准化考评管理办法》《交通运输安全生产标准化“双随机”抽查管理办法》《交通运输企业安全生产风险管理办法》《交通运输安全生产事故隐患排查治理监督管理办法》《交通运输安全生产信用管理办法》的编制工作。

积极研发培训课程，编写并正式出版了《ISO9001：2015质量管理体系培训教程》和《ISO14001：2015环境管理体系培训教程》，组织编制了道路交通安全管理体系、资产管理体系审核员培训课程，并获得协会确认。

（三）业务资质进一步扩大

获得了国际铁路行业质量管理体系IRIS认证资质，成为国内首家取得IRIS认证业务资格的机构；管理体系认证业务完成了ISO17021-1标准及ISO9001:2015、ISO14001:2015标准的转换认可评审；获得了国家认监委批准的服务认证资质；风电检测和能效检测获得了国家认监委检验检测机构的资质认定和国家认可委的实验室认可；

低碳产品、光伏产品、蓄电池/原电池组三个产品认证大类获得国家认监委批准扩项；能源管理体系、风力发电机组变流器认证业务范围获得国家认可委认可；信息安全管理体系、7个分支机构关键场所已通过国家认可委的认可评审；节能减排业务获得了7个试点和20个非试点地区碳核查资质，成为目前国内地区碳核查业务覆盖省份最多的两家机构之一。

（四）人才队伍建设成效明显

CCSC作为知识密集型企业，非常重视吸纳人才，培养人才，人员队伍规模逐步扩大，为事业的迅速发展提供了强有力后盾。截至2016年年底，公司专职人员共计712人。

2016年，CCSC新聘员工106人，其中大学本科学历的人员占60%，硕士研究生及以上学历人员占27%，具有高级职称15人，中级职称24人，初级职称22人。33名道路交通管理体系审核员、37名资产管理体系审核员、2名服务认证审查员获得了中国认证认可协会的资格确认。1600余人次获得了中国认证认可协会的升级、资质保持或扩项，其中注册实习150人次，晋升审核员278人次，专业注册及扩展39人次；年度确认786人次，再注册410人次。公司专、兼职人员质量/环境转换考试通过率分别为78%与89%。

逐步形成全员继续教育体系，通过建立全员继续教育培训框架，为公司员工能力的持续提升奠定基础。2016年度公司按培训计划开展了各类培训及继续教育，培训对象继续向全员覆盖，公司组织实施了中高层管理人员脱产培训2期，总部/分公司各类管理人员培训，各类具备资质人员继续教育培训等。培训内容覆盖业务运作（市场拓展、业务规划、开展及完善、标准研讨等），内部管理（体系建设、文件贯彻学习、廉洁从业等）。

经社职称评审委员会评审，4人获得高级工程师职称，6人获得工程师职称。

三、优化制度，提高效率

2016年，CCSC切实加强基层建设、基础工作和基本功训练，全面梳理优化工作流程，建立系统、科学、实用的标准和制度体系。同时，不断加大内部资源整合力度，持续进行管理创新与改革，使内部制度进一步规范化和科学化。

根据外部要求变化及内部管理的需要，制修订完善了公司的管理体系文件。2016年新编业务管理手册、须知、程序46份，修订86份，确保了管理体系文件符合认可机构及外部相关方的要求，为公司业务的有效、规范运作提供了制度保障。

CCSC完善了经营管理人员的测评和考核制度，全年共对总部部门及分支机构各级经营管理人员159人进行了德、能、勤、绩、廉五个方面的年度考核和测评，测评结果反映了公司经营管理人员的总体情况。

2016年，CCSC廉洁从业作风建设进一步加强，公司党政紧密结合工作实际，强化组织领导，加强检查考核，开展多项整治、自查等实践活动，逐步完善了廉洁从业风险防控管理体系，努力营造风清气正的发展环境。

四、塑造企业文化 凝聚向心力

一直以来，CCSC在狠抓业务的同时，注重精神文明和企业文化建设，铸造了蓬勃向上的企业文化，提振了积极向上的企业精神，取得了物质文明和精神文明的双丰收。

CCSC积极履行社会责任，向社会提供的就业岗位新增加61个，缓解了就业压力；积极开展公益慈善活动，包括向公益组织开展爱心捐赠、参加义务献血等；倡导员工低碳出行，外出办事尽量选择公共交通工具；加强办公用品的管理，号召员工提高节约办公用纸的意识，绿色办公。2016年公司编制并发布了《中国船级社认证公司2015年度社会责任报告》。

CCSC有序开展各项社会主义核心价值观主题教育实践活动，结合公司业务开展“爱岗敬业、明礼诚信”主题教育实践活动。被交通运输部评为“全国交通运输文化建设优秀单位”。

CCSC将继续以服务国家相关大局为己任，充分运用认证认可这个市场经济的信用工具，大力弘扬诚信为本、以质取胜的核心价值观，力争创造一个先进的、具备持久核心竞争力的认证机构的民族品牌，为继续构建和谐社会而贡献自己的全部力量。

中国船级社质量认证公司 供稿

消防产品合格评定中心

严格把关 积极推进消防产品认证

2016年度，在公安部党委、部消防局党委的坚强领导下，消防产品合格评定中心全体干部职工认真学习党的十八届三中、四中、五中、六中全会精神，深入学习贯彻习近平总书记系列重要讲话精神，扎实开展“两学一做”专题教育，着力落实党风廉政建设责任制，进一步提高了中心全体员工廉洁执业自觉性，较好地完成了本年度各项工作任务。

一、强化“四个意识”，扎实开展“两学一做”专题教育，落实“全面从严治党”基本要求，践行宗旨信念

中心组织全体党员干部认真学习党的十八届六中全会精神，紧密团结在以习近平同志为核心的党中央周围，扎扎实实的贯彻落实党的路线方针政策，不断增强“政治意识、大局意识、核心意识、看齐意识”。

根据部党委、部消防局党委的统一部署，中心组织全体党员干部职工扎实开展“两学一做”学习教育活动，采取集中学习、个人自学、讨论交流、观看专题片、撰写心得体会、考评测试等教育方式，使全体干部职工将学习教育与业务工作紧密结合，不断提升人民群众满意度，进一步践行全心全意为人民服务的宗旨。

二、持续推进消防产品合格评定廉洁执业建设

推动“351”廉洁执业制度纵深发展。严格实施“来访人员登记、认证受理接谈、民众满意度反馈”三项

制度；有效运行“业务工作公开透明(网上阳光工程)、质量体系运行监督核查、工厂检查与检验跟踪监督、财务资产管理规范透明、岗位责任倒查”五个管理机制；始终强调“全面推动党风廉政建设责任制”，是中心实行多年、行之有效的廉洁执业制度。在新形势下，中心党支部大胆创新，积极推动“351”制度的纵深发展。

2016年度，消防产品强制性认证业务量剧增，中心主动简化认证模式，优化服务界面、数据结构及网络架构，使网上业务系统工作效率提高了30%，既保证了“公开、公平、公正”，又受到了广大认证企业的好评。

三、全力推进消防产品强制性认证工作

（一）2016年度消防产品强制性认证总体情况

为保证CCC认证工作有效、快速开展，中心发布了《关于强化消防产品认证信息“公开、透明”工作的公告》，向全社会再次重申了消防产品认证工作流程、相应的责任单位及部门、联系方式、工作时限规定，进一步强化了各岗位、各部门、各分包单位的职责和管理要求，使认证委托单位及时掌握工作进度，便捷沟通。同时，中心网站还推出了“一周认证结果公示”栏目，在主动接受社会各界对认证工作质量、服务水平进行监督的同时，使认证结论在第一时间内为社会所公知。

（二）切实采取措施，有效降低企业负担

2016年上半年，中心连续两次制定实施了调整消防产品强制性认证收费方案，进一步降低了认证收费标准；针对今年我国部分地区遭受自然灾害情况，中心发布网上公告，凡属受灾企业均免收2016年度内的全部消防产品认证、技术鉴定的申请费和注册费。为减轻企业负担，提高工作效率，避免同一时段多次去工厂现场检查，中心采取了对同一企业多类别多任务合并检查的模式，一个检查组一次性完成全部任务。这些举措均受到了广大认证委托单位的普遍好评。

（三）证后监督情况

本年度，共暂停出现各类问题的313家企业1288张CCC认证证书、撤销84张证书、注销765张证书。在证后监督工作中，特别强调了服务实战要求，比如：对消防员灭火防护服、正压式消防空气呼吸器等消防装备类产品实施生产现场逐批监督，用户使用领域随机抽取样品检测等措施。本年度，对正压式消防空气呼吸器批检68个批次、消防员灭火防护服61个批次，共涉及760个支、大队，对监督中存在质量问题的产品，中心采取了撤销证书、督促问题企业从速整改、更换合格产品的相关措施，保证了消防产品的质量安全和使用安全。

四、抓好科研工作，开拓业务新领域

（一）科研成果总体情况

中心在研的部级科研项目：“新型气体灭火剂安全性评价体系的研究”、“新型水系灭火剂应用于灭火系统的技术研究”，均正常实施。已完成的公安部部级科研成果登记项目有两项，分别为：“灭火剂、防火涂料、典型保温装修材料快速检验及应用技术的研究”、“消防产品身份信息管理及应用技术的研究”。其中，“快速检验及应用技术”项目被列为部消防局2016年度试点推广项目，在新疆、辽宁、山东、广东等地完成了试点推广工作，受到了基层监督部门的充分肯定。

本年度中心自主研发的“大范围固体深位火灾扑救技术研究”项目，获得公安部科学技术进步三等奖。

（二）开拓创新，拓展科研新领域

中心以开拓创新的精神，承担了环保部、世界银行的两个重大研究项目，分别为：“国家哈龙回收管理中心建设运行”研究项目及“中国消防管控与淘汰持久性有机污染物”研究项目，在提升中心国际知名度的同时，为占据国内相关研究领域制高点奠定了坚实的基础。

消防产品合格评定中心 供稿

北京五洲天宇认证中心

打造售后服务认证专业品牌

2006年，国内贸易标准《商品售后服务评价体系》（SB/T10401-2006）颁布实施，由国家商务部发文，国家认监委批准，北京五洲天宇认证中心正式成立，开始在全国范围承办“商品售后服务认证”工作。2011年，《商品售后服务评价体系》（GB/T27922-2011）正式上升为国家标准。

由于我国的服务认证整体处于起步阶段，研究工作是重中之重。北京五洲天宇认证中心一直按商务部、认监委“抓好试点、稳中求好”的要求，在对代表性企业认证的同时，不断深化售后服务认证研究，目前已发布和出版了500多万字，一系列的专业书籍和研究报告。如一百多万字的《感动上帝——商品售后服务实用指南》（全八册）、《售后服务管理师职业培训教程》、《商品售后服务评价体系认证评审员培训教材》，又如覆盖全行业、侧重不同的售后服务研究报告，如《2008年中国售后服务报告》、《2009年全国顾客满意度评测报告》、《2009年中国品牌发展报告》、《2010年全国售后服务报告》、《2012年度中国售后服务发展报告》、《售后服务与品牌评价宣贯指南》等，有关报告年年发布，产生了良好的社会影响，多次被中央电视台等新闻媒体报道，也为商品售后服务认证奠定了扎实的理论基础。

据中国认证认可协会2016年出版的《服务认证通用知识和技术》一书统计，商品售后服务认证是“国家批准的第一个全国性全行业服务类认证”。同时，商品售后服务认证也开创了多项第一：我国第一部售后服务评价的行业标准（商务部颁布），第一部售后服务评价的国家标准，也是出版相关研究资料和书籍最多的服务认证领域。

“商品售后服务认证”从本质来说，是需要被认证的企业建立完善的服务标准化体系。而中国企业对服务标准化建设的漠视程度是比较严重的，认证工作就是指出企业的服务漏洞并监督其改进，而这恰恰是一些企业领导者忌讳甚至不理解的，再加之商品售后服务认证并非强制性认证，所以在开始推行试点工作时，只能从行业领先企业着手，以树立样板。

对比国外服务标准化发展，中国服务标准化起步较晚，各地区发展不均衡，不同行业的服务水平参差不齐、法律未赋予服务标准化强制要求等问题，造成了服务标准化发展缓慢。究其本质，是不少中国企业还未将服务作为经营过程中需要重视的特别元素。增强企业参加服务标准化的主动性和自觉性，是推动服务标准化发展的突破口。

识别并按照科学的方法建立服务体系，是企业建立服务标准化最为有效的方法，难点在于企业如何识别并运用服务标准化体系的要素、过程、方法等。究其原因，一是行业、规模、服务特征、产品的不同，造就了服务体系的不尽相同；二是方法论的建立，需要大量的调研和相当范围的企业实际案例；三是建立适应于全行业的服务标准化体系，运用科学的方法，需要很强的甄别能力，工作量巨大。通过这些年的实践，从行业标准到国家标准，并建立认证相关的技术规范，这一套理论和实践的模型还在不断完善中。

目前，商品售后服务认证的获证企业主要集中在家电、电子、工程机械等售后服务水平较高，管理思路较先进的代表性企业。也因为认证的专业性，凸出“服务”的重要性，以及帮助企业建立和完善服务标准化的方法论，得到获证企业的一致好评。

具有自主知识产权的创新认证项目来之不易，加强研究，严把质量关，让每一张证书都经得起推敲，是打造和保护服务认证自身品牌的核心所在。经过这些年的售后服务认证工作，很多企业也意识到建立标准化售后服务体系的重要性，并愿意以认证为推动力，提升优质服务，打造品牌，获得更多的社会和经济效益。

北京五洲天宇认证中心 供稿

北京新世纪检验认证股份有限公司

持续发展 创优服务

2016年是北京新世纪检验认证股份有限公司（BCC）发展进程中的重要里程碑。2016年8月16日，BCC成功挂牌“新三板”（股票代码：838267），敲响了开市之钟，开启了资本市场新征程！

二十二年来，BCC栉风沐雨、砥砺前行，始终秉承客观公正、科学严谨的工作理念，持有高度的使命感和责任心，在认证认可和检验检测的道路上不断改革创新，先后获得了中国国家认证认可监督管理委员会（CNCA）、国家质量监督检验检疫总局和北京市质量技术监督局的批准，取得了中国合格评定国家认可委员会（CNAS）、英国皇家认可委员会（UKAS）、美国国家标准协会－美国质量学会认证机构认可委员会（ANAB）等机构的认可资格，并与英国土壤协会（SA）建立了战略合作关系。现如今，BCC业务领域涵盖体系认证、产品认证、服务认证、检测服务、检验鉴定、技术培训等多个方面，服务能力已全面覆盖到工业、建筑业、汽车、矿产、石化、农产、食品、纺织品、服装、电子电气、化妆品等多个行业的供应链上下游，用过硬的专业技术与优质的本地化服务在企业组织、政府和个人间传递着信任，在充满艰辛的创新研发道路上坚持不懈、硕果累累，得到了社会各界的广泛认可。

一、改革提升自我，迎合市场需求

改革创新是企业发展的根本动力，作为高新技术企业，BCC2016年科研经费投入超过600万元，达到上一年度营业收入的4%以上，完成研发创新项目18项，研究领域涉及管理体系的应用推广、标准制定、信息平台建设、检测技术开发、认证业务领域创新等。2016年，BCC还申请了4项实用新型专利、11项软件著作权。

为进一步提升管理水平、构建规范化的现代化治理结构、更好地服务客户，经北京市工商行政管理局核准，北京新世纪检验认证有限公司自2016年3月7日起正式更名为“北京新世纪检验认证股份有限公司”，英文名称也由“Beijing New Century Inspection & Certification Co., Ltd.”变更为“BCC Inc.”。8月16日，BCC成功挂牌“新三板”（证券简称：新世纪证券 代码：838267），10月24日，BCC在全国中小企业股份转让系统中心圆满完成新三板挂牌敲钟仪式，BCC总裁携高管团队共同出席。新三板钟声的敲响，标志着BCC正式拥抱资本市场，翻开了企业发展新篇章，成为国内首家挂牌上市的认证机构。

在反腐倡廉的大趋势下，BCC积极响应全国认证认可标准化技术委员会工作，推荐法务技术部刘建峰同志参加《反贿赂管理体系审核认证能力要求》认证认可国际标准国内对口工作组并获得全国认证认可标准化技术委员会认可，成为对口工作组成员。刘建峰同志代表BCC按照《全国认证认可标准化技术委员会认证认可国际标准对口工作组工作规则》的规定开展相关工作，按时完成参与相关国际标准制修订的工作任务。国认标委对刘建峰同志的聘用是对其专业能力的肯定，也是对我机构的信任，我们将努力为国内、国际标准化事业贡献一份力量。

持续推进信息化和工业化深度融合（以下简称两化融合），是党中央、国务院的战略部署。BCC积极贯彻国家发展政策，加入了由工信部电子工业标准化研究院等国内近70家企事业单位携手共同发起成立的非营利性的社会组织——中国两化融合应用推广联盟，并成为联盟理事单位。在未来的日子里，BCC定将严格贯彻联盟使命，为企业提供优秀的两化融合技术和系统解决方案，解决企业信息化与管理两张皮、高阻力低参与等问题，帮助企业稳定获取预期的两化融合成效。

二、积极拓展业务，紧跟时代步伐

BCC是国内最早开展信息领域相关认证业务的认证机构之一，多年来不断壮大审核员、技术专家队伍，在信息领域积攒了丰富的审核经验。为更优质全面地服务信息领域客户，BCC近年来积极开展信息领域一站式服务，2015年获得了中国通信工业协会“信息系统业务安全服务资质”第三方授权评审机构资格；2016年1月26日获得了信息技术服务管理体系CNAS的认可资格，得以为客户颁发带有CNAS认可标识的信息技术服务管理体系认证证书；2016 年 11 月，BCC 北京子公司与工业和信息化部电子工业标准化研究所签订战略合作协议，分包标准化研究院信息技术服务系列标准（简称 ITSS）中的信息技术服务管理工具产品测试、信息技术服务云服务能力评估、信息技术服务运行维护服务能力成熟度模型评估项目。

近两年，国家认监委大力加强能源管理体系认证工作，在第十二次全国认证认可工作部际联席会议上多次提到了能源管理体系认证等新领域认证认可关键技术和标准规则建设。显然，我国已将“能源”作为经济可持续发展的有效指标。为响应国家号召，BCC 于 2014 年正式获得国家认监委批准，成为国内首批具有能源管理体系认证资格的机构之一，并先后成为北京市质监局推荐的能源管理体系认证机构和北京市发改委推荐的能源管理体系第三方评价机构，又于 2016 年 2 月 29 日成功获得了能源管理体系 CNAS 的认可资格，获认专业有煤炭、有色、化工、机械制造、公共机构及服务、建筑材料及其他（食品、烟草、印刷、电子等），是获得认可专业最多的认证机构之一。

近年来，自然灾害、事故灾难等突发事件频发，导致企业业务中断的事件越来越多，中断事件给企业带来的影响越来越大。建立业务连续性管理体系（BCMS）作为组织应对突发事件、保障其业务连续的有效方法，在全球范围内被越来越多的组织付诸于实践，已经成为一种必然的管理趋势。2016 年 7 月 16 日，经国家认监委备案审批，BCC 获准开展 BCMS 认证服务。BCC 将依据 GB/T 30146-2013/ISO 22301：2012《公共安全 业务连续性管理体系要求》开展 BCMS 认证服务，为客户完善自身 BCMS 水平、识别风险和灾后的快速恢复提供专业支持。同时将向组织的客户、相关方和社会传递信任，证明组织管理体系连续运行的能力和应对风险的能力。

在国际认证方面，BCC 也不断进取、扩充业务范围。2016 年 11 月 9 日，经 UKAS 严格的办公室评审与审核项目现场见证，我公司 ISO13485 04 大类体外诊断器械认证成功获得 UKAS 认可。至此，我公司 ISO13485 认证已经具备了 01、02、04 和 05 四个大类范围，覆盖了无源、有源非植入、体外诊断和灭菌等医疗器械及服务，基本涵盖了国内常见医疗器械种类，可为上述领域的组织提供优质高效的 13485 认证服务，并为符合认证要求的组织颁发带有 UKAS 皇冠标识的 13485 认证证书。

三、优化服务品质，赢得客户认可

在互联网 + 的时代背景下，为进一步规范工作流程、提高工作效率、更好地服务客户，BCC 专门升级了现有 ERP 系统，并掷重金上线了 OA 办公系统。为让客户充分体验线上、线下结合的认证、检验检测服务过程，BCC 打造了一个基于用户检验认证行业协同交互工作的平台：“认准 Ta”，并于 2016 年 10 月 18 日正式上线。“认准 Ta”平台集服务提供、业务支撑、数据分析、知识共享、营销推广为一体，以用户为核心，专注于产品研发与服务过程的优化，可实现用户与新世纪的实时交互、高效沟通，能针对用户的检验、认证、培训、品牌建设等需求提供量身定制的服务，是一个解决用户实际问题的综合性信息平台。

近两年适逢多个国际标准转版，作为国内领先的检验、检测、认证机构，BCC 积极参与国家标准质量管理体系要求（GB/T 19001-2016/ISO 9001：2015）、国家标准质量管理体系基础和术语（GB/T 19000-2016/ISO 9000：2015）的起草编写，高度重视转版涉及的客户培训、技术研究和审核员能力培养等工作。为保证获证组织所持证书的顺利换版，BCC 根据国家认监委相关标准换版指南以及 CNAS/ANAB/UKAS 的认可要求，及时对换版工作作出安排并就相关事宜发布了告客户书。在内部工作安排上，公司经过多轮研究策划，决定对全公司的种子级 QE 审核员进行转版后审核要点的培训工作。2016 年 1 月 23 日，京城温度跌至三十年来最低，BCC 全国各地的种子级 QE 审核员不畏严寒齐聚北京参加公司组织的 ISO 9001：2015 版和 ISO 14001：2015 版标准转版培训。培训结束后，考核组对参训人员进行了严格考核，确保每一位种子级审核老师都掌握了标准转版后的审核要点，以便其随后所在地区开展见证、培训工作。此次培训为新版标准审核工作的顺利开展奠定了坚实基础，也为更优质地服务客户提供了保障。

为提升公司员工整体素质，BCC 还经常组织各类有益培训，让员工在提高专业工作能力的同时增强服务意识。BCC 审核员老师们所开展的审核服务工作是客户了解 BCC 服务的最主要、最直接渠道，客户对审核工作的肯定便是对 BCC 服务的认可。2016 年，BCC 先后收到光大置业有限公司、中油管道检测技术有限责任公司、天津市盛世晶达 / 嘉宸餐饮管理有限公司等多家客户发来的感谢信和锦旗，对 BCC 多位审核员的工作给予了极大肯定，并对 BCC 提供的审核认证服务表示非常满意。

BCC 的持续发展离不开社会各界的支持与信任，我们会牢记使命、继续努力，不断创优服务，帮助企业提升质量和管理水平，以更精准的市场定位、更优化的服务品质开展各项业务，在提高认证有效性方面有新作为，充分利用我们的专业能力为社会做出一份贡献。

北京新世纪检验认证股份有限公司 供稿

2017

Yearbook of Certification and Accreditation of China

第十八部分　认证实效

Part Eighteen Effectiveness of Certification

深圳市全球通检测服务有限公司

服务引领发展 专业铸就品牌

深圳市全球通检测服务有限公司成立于2014年，是专业从事认证评价、检验检测业务的独立第三方质量技术服务机构。公司秉承“同甘共苦，荣辱与共，团结协作，集体奋斗”的理念，在全球范围内为企业提供商品进出口检验及国内、欧、美、日、韩、中国澳门、中国台湾第三方认证的一站式解决方案。

一、镞砺括羽，精益求精

全球通检测顺应市场需求，重金打造标准化实验室。2015年，实验室获得CNAS认可资质。现有电磁兼容、安规、射频、可靠性、电池、汽车电子六大实验室，测试范围涵盖电子电器测试、汽车产品测试、家电类产品测试、电池测试及无线产品测试等专业服务。尤其针对汽车电子类及无线产品类，全面自动化的测试平台全面，高效的测试系统解决了客户测试周期长及人为的不确定度因素，使得报告更及时，质量更精准。同时，并将实验室的电池检测能力由原来的标准GB 4943扩展到了最新标准GB 31241。

全球通检测与国内外权威检测机构及相关行业有广泛合作关系，为社会提供公正性、科学性和权威性的数据。赛宝、中认北方、华南、华东等国家地方实验室均为全球通检测长期战略合作伙伴。2016年，全球通实验室成为BV、ITS、NEMKO、EMCC、SIEMIC、PHOENIX等国际大机构的目击实验室。同年5月，全球通取得CMA资质。

二、客户至上，持续改进

发展的本质源于消费者的需求，伴随系列改革措施的落地，检验检测认证行业迎来发展迅猛期，认证机构数量获得大幅提升。企业带着产品去做检测、认证，付出的成本是需要得到一份品质保障的证明，同时更希望这份证明能够带来企业、产品、品牌价值的提升。全球通检测拥有专业的技术工程团队，在提供检测服务的同时，协助企业完成产品整改、审厂培训等专业服务。

深圳市科创委设立科技创新券是为鼓励和支持企业大胆创新、积极开展产学研合作、降低企业创新成本而面向企业设计发行的一种可兑现的有价凭证。全球通检测积极响应国家政策，成为深圳市2016年拟入库科技创新券服务机构名单（第一批）服务机构，旨在为更多经济实力不足、创新资源缺乏的中小型企业提供专业优质的认证检测服务。

在近年的检测认证服务中，全球通检测已为1 000多家企业提供了服务。业务范围涉及电子电器、IT产品、汽车电子、机械、五金塑胶、玩具、建材、电池、无线电、印刷等多个领域。其中包括华为、中国移动、康得新、航天华拓等各行业中的佼佼者，并得到他们的高度评价。

三、戮力同心，砥砺前行

伴随互联互通的网络革命，原有的独立产品都在悄然成为集基本功能、信息技术、无线通信等于一身的复合型产品——空调、冰箱、洗衣机等已经附加的智慧智能，电视汽车不得不考虑的信息安全，工业机器人运用到各个环节。全球通检测识微见远与生产制造企业联合定制团体标准并开发检测认证项目，成为为客户提供增值创新服务的重要途径。

智能穿戴产业标准与知识产权联盟于2016年成立，全球通检测作为重要发起单位之一并获得了授权，参与了机器人的国家标准及汽车尾门的团体标准的制定。旨在全面落实打造“中国检测”，快速推动产业集群发展，推动可穿戴设备产业标准化与知识产权的有效结合，以标准化提升可穿戴设备产业核心竞争力，以知识产权为可穿戴设备产业创效增益，加速技术成果转化与产业升级。

作为深圳市物联网智能技术应用协会副会长单位，全球通检测积极发挥桥梁和纽带作用，以 1+N 服务模式创造各种合作机会。为政府部门提供制订行业发展战略的有力依据，从而置换有效资源回馈企业；与各科研院所、重点实验室建立联系，加强产学研究交流合作；引入投融资机构，促成技术与资本的精准对接；建立系统集成商、终端用户与解决方案提供商的匹配渠道，推动物联网技术应用。

2017 年 5 月 14 日，“一带一路”国际合作高峰论坛“推进贸易畅通”平行主题会议在北京召开，质检总局局长支树平出席会议并致辞。他强调，习近平主席在论坛开幕式上的演讲中提出“要促进政策、规则、标准三位一体的联通，为互联互通提供机制保障”，推动海关、检验检疫等合作项目“早日启动、早见成效”。支树平表示，中国国家质检总局将认真落实习近平主席要求，与“一带一路”沿线国家一道，积极推动质量技术基础的互联互通，确保质量安全，消除技术壁垒，畅通国际贸易。 全球通检测是“一带一路”区域发展战略的直接受益者之一。前几年，中国的出口主要集中在消费产品，二年前，全球通检测的主要业务都是来自消费品的检测。随着“一带一路”区域的发展战略的实施，这几年我们看到很多装备制造业开始走出国门，这为检测行业提供工业服务带来了新的机遇。

全球通检测将根据客户需求，不断拓展业务领域和服务范围，提升服务质量，提高品牌公信力，凭借丰富的质量服务经验、雄厚的技术实力、完善的服务网络，为全球客户提供公正、快捷、可靠、一体化的本地化服务，真正实现客户产品“全球通”。

深圳市全球通检测服务有限公司 供稿

博世电动工具（中国）有限公司

电动工具行业的领跑者

博世集团总部位于德国斯图加特，博世在中国生产和销售汽车零配件和售后市场产品、工业传动和控制技术、包装技术、电动工具、安防和通讯系统、热力技术以及家用电器。博世在1909年进入中国市场。博世2014年在中国经营着62家公司，合并销售额达到521亿人民币。截至2015年4月1日，公司在华员工人数达53 000名。

博世电动工具（中国）有限公司成立于1995年，坐落于浙江省杭州市，当时名为杭州博世电动工具有限公司，是博世与杭州汽轮动力集团有限公司以及中国的销售合作伙伴美最时洋行（不来梅）的合资企业。2003年，博世购买了合资伙伴杭州汽轮动力集团在合资企业的股份，成为外商独资企业。同年12月，公司正式更名为“博世电动工具（中国）有限公司”。为了进一步大量提高产能，公司搬迁到了新址，现位于风景秀丽的钱塘江南岸——杭州国家高新技术产业开发区，并建立了自己的销售、市场推广及售后服务团队。今天的博世电动工具（中国）有限公司占地14万平方米，包括电动工具和附件工厂、中国区市场销售中心、亚太区工具研发中心、亚太区附件研发中心、亚太区产品培训中心及全球采购、质量设在杭州的办事机构，是博世集团在全球重要的电动工具分支机构。博世电动工具，传承着128年的工程技术和创新力量，提供了全系列产品，包括锤钻、冲击钻、曲线锯、电镐、角磨机、电刨和砂磨机，适用于混凝土、木工和金属加工各行业。创新的锂电充电式工具也同样适用于家具厂商、装修行业人士和“DIY自己动手”一族。另外，博世电动工具在中国出售超过1 000种博世电动工具附件产品，如圆锯片、螺丝批头、孔锯、钻头等产品。

2011年，博世电动工具（中国）有限公司正式推出了T系列电动工具，这标志着博世电动工具正式进军中国中端工具市场这一全新领域。T系列电动工具在保持博世一贯的高质量水准下，以实在的功能确保实际运用，以平实的价格让广大中国用户“用得起”。

目前，中国已成为全球博世电动工具业务增长最快的地区，杭州更已成为博世电动工具亚洲最大的技术研发中心。公司以自主研发为主，与供应商合作研发为辅的模式，获得了“省级研发中心”、“国家级高新技术企业”和“杭州市专利试点”的称号，申请专利150余项，部分已经转化为自主知识产权并投入生产。公司也是全国电动工具标准化技术委员会委员之一，参与电动工具国家标准的修改与制定，战略意义深远。

其研发检测中心拥有大量的国内外高精度的测试设备以及专业的技术人才，检测环境、硬件设备、软件、实验操作、人员管理等各个方面均符合国际统一规范要求。拥有UL WTDP 认证资格（以美国UL标准为基础）、KEMA WMTL和Dekra SMT认证资格（以IEC/EN标准为基础）、Intertek ITS认证资格。通过了ISO 17025实验室管理体系认证，获得中国合格评定国家认可委员会（CNAS）的认可，拥有国际互认联合徽标的使用权，拥有ISO 9001质量管理体系认证。另外检测中心为提升测试能力，还自行开发了各种系统集成软件，如PLC、LabVIEW等。因此，博世电动工具实验室所做的UL、CB初始安规认证实验结果准确且国际认可，完全有资格以公正的行为、科学的手段、准确的结果为各界提供优质的服务。检测中心还拥有500平方米的实打实验室，其主要功能是对产品的预研发进行验证以及对运转时的工具性能进行检验，是博世工具确保质量全面手段中的重要方式之一。

博世电动工具的产品销往世界各地，除了符合CB要求以外，博世还符合任何销售国家的强制要求，如欧盟国家要求的CE认证（EU机械指令）、EMC电磁兼容性认证以及RoHS指令；还有一些国家要求在当地政府指定的实验室做强制性认证、认可CB的同时做差异检测，如亚太国家中的中国CCC、韩国KTL、中国台湾BSMI、日本PSE、澳大利亚C-TICK、关税同盟国家的海关联盟CU-TR（EAC）、乌克兰的UA以及拉美国家的阿根廷IRAM、墨西哥NOM等。博世认证团队精通各国的法律法规，始终保持与各地政府和当地实验室的良好合作关系，确保了在本土市场的销售份额，也为拓展新市场奠定了一定的基础，同时为各类消费者确保了使用上的舒适安全、便利和实惠。

博世电动工具（中国）有限公司不仅严格遵循国际/国家标准，充分尊重客户需求，积极进行产品的研发创新，在社会公益事业方面，也做出了大量贡献，拥有职业健康安全管理体系认证，获得了“杭州市按比例安排残疾人就业先进单位”、“促进就业特别贡献企业”的称号；在环境保护方面，拥有ISO 14001环境管理体系认证，获得了“中华环境友好企业”、“杭州市节能工作先进企业”的称号；在贸易税收方面，获得了“重点外贸出口企业”“进口一类企业”“经济发展突出贡献奖”“浙江省外商独资百强企业”等称号。

作为一家专注于电动工具产品的杰出外资企业，过去20年来在实践中稳健成长，在品质、技术革新及售后服务方面一直保持着高标准，成为中国改革开放成功推进的标杆性企业及电动工具行业的领跑者。未来二十年，博世将继续保持电动工具行业的龙头地位，坚持走创新、和谐之道，不断地为社会创造更大的价值。

撰稿人：叶晓红 倪陈霞

博世集团

CCC认证助力管理优化

博世集团，一家已成立130余年之久的德国工业企业，以其创新尖端的产品及系统解决方案闻名于世，成为世界500强之一。

博世业务划分为4个业务领域，涵盖汽车与智能交通技术、工业技术、消费品以及能源与建筑技术领域。集团包括罗伯特•博世有限公司及其遍布约 60个国家的 440家分公司和区域性公司，将其销售和服务伙伴计算在内，博世的业务遍及全世界每一个国家。这一全球性的研发、生产和销售网络为其进一步发展奠定了基础。博世的长远健康发展建立在不断创新的基础上。博世的研发网络拥有59 000名研发人员， 遍布全球120个国家和地区。通过其产品和服务，为人们提供创新有益的解决方案，从而提高人们的生活质量，打造互联生活。凭借其创新科技，博世在世界范围内践行“科技成就生活之美”的承诺。博世集团是全球第一大汽车技术供应商，也是欧洲家电市场占有率第一的领导品牌，2016年博世集团销售额达到731亿欧元。

博世集团于 1909 年在中国开设了第一家贸易办事处，1926 年在上海创建首家汽车售后服务车间。时至今日，集团的所有业务部门均已落户中国：博世在中国生产和销售汽车零配件和售后市场产品、工业传动和控制技术、包装技术、电动工具、博世家电、博世服务解决方案、安防和通讯系统以及热力技术。博世在中国经营着 62 家公司，大中华区总部设在上海。截至2016年年底，博世集团在华员工数近 59 000名，中国员工全心全意为中国的顾客提供最先进的技术以及最可靠的服务，以改善人们的生活质量。

博世品牌在世界品牌实验室（World Brand Lab）编制的2006年度《世界品牌500强》排行榜中名列第363位，在2007年度《财富》全球最大五百家公司排名中名列第109位、2008年名列第101位、2009名列第98位。2015年，博世集团位于世界500强第150名。

博世安防通讯系统是罗伯特•博世集团的一员，致力于发展、生产和提供专业的安防技术，从而为大家构建一个更安全的世界。博世安防通讯系统不断在产品与解决方案上践行着品质与创新的承诺。作为中国与全球安防及通讯市场的重要一员，博世以丰富全面的产品组合满足日益发展的客户需求，涵盖了视频监控、门禁系统、防盗报警、智能家居、火灾报警、会议系统、公共广播和语音疏散、专业音响和重要通话系统。博世广博的产品线和强大的兼容性，顺应时代发展，为客户带来智能化与便捷互联的一站式整合解决方案。为了展现对中国市场的责任和热忱，博世安防通讯系统于2008年1月在中国珠海建成了制造中心，并拥有一批极具竞争力的研发团队，从而实现“中国制造为中国市场”。

博世防盗报警系统拥有几十年的经验和坚定不移对高品质和高性能产品的奉献精神，为用户提供卓越的入侵报警解决方案。世界各地的众多著名建筑，数不胜数的用户通过我们优质的入侵探测系统，确保安全。

防盗报警解决方案适用于住宅、小型商业及高端商业等行业应用，全面的产品线涵盖了控制主机、探测器、通讯模块、接警机、报警软件以及附件。与其他厂商相比，探测器的安装时间减少43%以及误报率减少35%。模块化的控制主机更是提供了杰出的集成性。控制主机包括CMS6/8/40、B系列、Solution 408/488、Solution 408E/488E、IP7400/DS7400、MT系列等。探测器包括Commercial系列、Blue Line Gen2系列、震动振动探测器、RADION系列、Professional系列等。

无论是家庭、零售商店、银行、博物馆、商业业务或政府设施，为了确保安全，可靠的入侵报警系统是不可或缺的。博世探测器和控制主机能快速响应实时事件、忽略造成重大损失的误报，并且在两者之间进行精确平衡，具备出色的防误报能力。

凭借业务拓展和品牌知名度方面的出色表现，自2004年以来，博世安防在视频监控、防盗报警、可视对讲及安防类别系统整合中7次被赋予“中国安防行业十大国外品牌”的殊荣。博世（珠海）安保系统有限公司生产的产品在中国被广泛销售和应用，参与了诸多重大工程项目，如上海体育场、上海环球金融中心、上海虹桥机场、中国2010年上海世博会、上海中心大厦（中国第一高楼）、重庆国际会展中心、南宁会展中心、内蒙古银行、民生银行、重庆银行、成都银行、上海浦东国际机场一期等，正时刻保护着人身及财产的安全。

博世（珠海）安保系统有限公司是博世安防系统全球最大的生产基地，主要为中国和全球其他地区的客户输送优质的安全及通信等产品。博世（珠海）安保系统有限公司成立于2003年，公司注册资本2 100万美金。于2007年启动的三灶新厂区占地面积15万平方米，一期建筑面积4.7万平方米，截至2012年年底，公司员工近1 300人，年产值近10亿人民币。

博世（珠海）安保系统有限公司作为博世集团全额投资的生产工厂，完全符合博世统一的高标准要求。最基本的，质量管理体系、环境管理体系和安全管理体系都取得了国际标准ISO 9001、ISO 14001、OHSAS 18001的认证。

随着博世产品销售到北美、欧洲、亚洲等国家和区域，博世都获得了当地安规认证证书。如北美市场的UL认证和ETL认证，欧盟的CPR（CPD）证书（由德国的VdS和Kriwan、荷兰的Telefication、波兰的CNBOP等等认证机构签发），法国的AFNOR，英国的BRE，韩国的KTL，日本的JFEII，中国的CCC，博世时刻保持对安规的关注和符合性。

对于安规认证，博世有自己明确的见解——符合法律法规要求是博世义不容辞的责任和义务，让用户放心地使用博世产品是博世的使命。所以在进入中国市场前，博世市场部的同事们就了解了中国对博世安防产品的强制性认证产品要求和行业标准要求，并将要求传达到博世研发部和生产工厂，而且及时与认证机构保持联系，保证博世及时获知最新的要求并在公司内部改进产品和流程确保符合并高出认证要求。

CCC认证对于博世来说，不是一道障碍或门槛，而是产品安全对用户的保证，也是博世超越竞争对手的信心来源。如早在2002年CCC制度刚开始实施的时候，博世珠海厂（前身是美国迪信）生产的防盗探测产品就率先通过CCC认证，拿到了全国第一张防盗探测类产品的CCC证书。这一直是博世引以为傲的地方——率先支持中国CCC制度，并凭借优秀的技术和管理体系一直保持证书。

CCC认证对博世的安防产品来说是有必要且有益的制度。

首先，它是产品进入市场的基础保障，有了CCC认证，说明产品符合相关国标，而国标往往等同国际标准，都是产品在安全、功能方面的技术要求，满足这些要求，说明产品在安全、使用方面风险最低，可以信赖，让人安心使用。当消费者看到产品上的CCC标志时，就明白该产品安全可靠，这是CCC带给市场的权威印象和信心。

其次，CCC认证还说明生产企业是有完善管理体系的组织，它对组织的管理提出了高于ISO 9001的要求，所以，获得认证的企业绝对不是三无企业，而是可靠的、有较高管理水平的企业。在符合CCC认证规则的过程中，企业的研发、制造、采购、质量管理等过程都必须符合一致性控制要求，有助于企业降低管理风险，更完善其自有的ISO 9001质量管理体系。

最后，CCC认证也是企业的名誉证明，这对扩大企业的知名度和可信赖度都有好处。获得认证的企业和产品都可以在国家认监委的网页上查找，对企业和消费者来说很方便查询核实。

在接受CCC和其他国内国外安规认证审核的过程中，博世也发现不同的认证虽然名称、产品对象不同，但流程几乎一样，对企业的质量管理体系的要求也大体相同，只有部分细节不同。总体来说，国外的认证机构审核抽样形式更灵活，认证形式更贴合企业运作实际一些，如抽样，国外认证往往只在工厂随机抽取有代表性样品的一到两个型号，然后考虑企业管理体系的成熟度和可靠性，确定随机抽样即可判断证书有效性维持。不需要每年对所有产品一一检查，特别是没有订单的产品，即使只查看历史生产记录也是可以接受的。

希望在将来CCC认证和审核的形式也能更灵活，为企业、为市场用户提供更好的服务和监管！

博世集团 供稿

中国印钞造币总公司

认证认可上水平　技术创新出成果

中国印钞造币总公司是直属中国人民银行总行领导的、国家唯一的法定货币生产企业，下属二十余家大中型企业和一个国家级企业技术中心，主要从事印钞、造币、钞票纸、银行信用卡的研制生产、印钞造币专用机械和银行机具的设计制造、高纯度金银精炼和印制增值税专用发票、有价证券、银行专用票据、高级防伪证书等方面的生产经营活动。集团员工2万多人，净资产总额220亿元，是世界上整体规模最大的货币生产企业。

中国印钞造币总公司秉承“为央行履行职责服务”的行业使命、“优质安全保发行、科学管理增效益”的行业宗旨以及“忠诚印制、追求第一”的行业理念，致力于提高自主创新能力，提升人民币的综合防伪水平，满足人民币发行和流通的需要。为增强整体技术实力和国际竞争能力，中国印钞造币总公司大力加强硬件基础设施建设，积极开展国家认可实验室认定工作，鼓励企业加大对国家认可实验室的支持。截至2016年年底，中国印钞造币总公司共建立了4个国家认可实验室：中钞长城贵金属有限公司分析检测中心、上海造币有限公司理化实验室、国家金银及制品质量监督检验中心（沈阳）、银行卡检测中心。在中国印钞造币总公司的支持下，4个国家认可实验室在分析、检测和科技项目研究方面都取得了长足的进步。

中钞长城贵金属有限公司分析检测中心2002年3月首次通过中国合格评定国家认可委员会认证，2016年顺利通过实验室国家监督评审。检测中心配备了德国Spectro M10光电直读光谱仪、Spectro Lab S光电直读光谱仪、Spectro CIROS VISION电感耦合等离子体发射光谱仪、Spectro能量色散型X荧光光谱仪、赛默飞世尔电感耦合等离子体发射光谱仪、Lambda 650型紫外/可见分光光谱仪、尼通X荧光光谱仪等多台世界顶级的分析设备，充分表明中心已拥有国际先进水平的贵金属元素测试手段和完善的检测能力。检测范围包括纯金、纯银中杂质分析，原料金、原料银中主成分及杂质分析，高纯金、高纯银中杂质分析，金合金、银合金中主成分及杂质分析，金银提炼、金银深加工过程控制分析，以及金银提纯、加工配套环保监测分析；完善小克重金试样分析工作，小克重产品越来越小通过不断更新检测方法，改进检测设备及样品制备方法，充分满足产品质量检测要求；逐步开展生产废水中指标检测工作，包括费用中氨氮指标、COD、PH、重金属元素、肼等指标的检测，为生产提供服务；开展首饰检测方法的运用，包括火试金法测首饰中金含量、电位滴定法测试首饰中银含量、ICP法测量纯金、纯银首饰中金银含量等，为公司首饰质量控制提供支撑；作为伦敦贵金属市场协会组织的会员单位，积极参与国际金银冶炼、分析技术交流与合作，实时掌握国际发展动态；2016年累计分析试样25500余件，其中纯银成品生产试样11000余件，纯金成品生产试样13000余件，工业金银材成品生产试样500余件，金验收料600余件，其他试样400余件。

上海造币有限公司理化实验室2006年11月获得国家认可委的实验室资格认定，2016年再次通过国家级实验室的监督评审。实验室通过了中实国金国际实验室能力验证研究中心组织的能力验证和测量审核，内容为GB/T230.1-2009《金属洛氏硬度试验 第1部分：试验方法》HRC、HRB项目的检测，为验证技术能力提供了有力支撑。实验室现有体系文件完整、系统、协调，能够服从或服务于质量方针；组织结构描述清晰，内部职责分配合理，满足认可准则要求。在内部管理中，实验室通过制定季度、年度计划，有效实施内审、管理评审活动，以质量监督记录、不符合报告、质量满意度调查，客户反馈意见为抓手，进一步规范了实验室的检测活动，提高了实验室现有管理水平，加强了人员规范意识；同时，积极提高人员素质，从上海计量测试研究所聘请专家团队培训实验室人员，使实验室认可工作更具备可操作性、合理性；在一系列质量保证的技能操作活动中，组织人员数据比对、留样再测、参加测量审核及与业内权威实验室进行检测比对等质控活动，提升实验室人员的工作效率，切实提高检测的技能水平；实验室主任和质量及技术负责人参加了实验室管理培训班，学习了GB/T

17025国家实验室认可的新准则，获得了中国计量测试技术协会的相关证书，增加了实验室管理人员的理论修养。

国家金银及制品质量监督检验中心（沈阳）1997年12月取得CNAS的认可资格，2016年4月通过了中国合格评定国家认可委进行的实验室监督评审。根据上海黄金交易所《关于开展可提供标准金锭企业质量自检的通知》和《关于开展可提供标准银锭企业质量自检的通知》要求，对厦门紫金矿冶技术有限公司等24家可提供标准金锭企业和广东金业贵金属有限公司花都白银精炼厂等26家可提供标准银锭企业的产品及检测报告开展质量监督工作，完成共100件样品的检验及复验，及时向上交所提交了2016年度可提供标准金锭、银锭企业质检结果报告，并完成上述企业样品的退还工作。与多家企业建立了长期业务关系，完成金银及制品的对外检测业务两百余件；参加了北京中实国金国际实验室能力验证研究有限公司组织的《NIL MA140贵金属中化学成分分析》实验室测量审核。积极开展实验室建设，提高实验室检测能力，进行了2次实验室间比对，包括与国家金银及制品质量监督检验中心（长春）依据GB/T 15249.2-2009对合质金样品进行了Ag含量的实验室间比对检验，以及与国家金银及制品质量监督检验中心（长春）依据CTSW H 6806.00E1-2006对银样品进行了Cu、Fe、Pb、Sb、Bi、Pd、Se、Te含量的实验室间比对检验；进行了2次实验室内部比对，包括不同检验人员采用CTSW H 6805.00E1-2006检测金中杂质，进行相同方法、不同人员间重复性比对，以及火试金法（GB/T 9288-2006）对检测过的保留样品进行再检测；上述比对检验结果均在允许误差范围之内。

银联卡检测中心在国家合格评定认可委员会（CNAS）认可的检测能力范围内，积极开展各项测试工作，为落实各项国家和行业标准提供了技术支持，为国内银行卡支付和受理环境的改善做出了贡献。2016年通过多个国际组织的技术评审并获取相关检测资质，主要包括MasterCard M/Chip Advance IC卡检测资质、VISA I卡片、终端应用检测资质、GlobalPlatform终端TEE功能检测资质、EMVCo非接触检测设备自校准资质等。积极推广并进行商业银行发卡系统测试、非金融机构支付服务系统测试、银联卡收单第三方机构测试、银联卡账户信息安全测评、网上银行（手机银行）系统安全测评等系统测试项目，为国内主要商业银行、非金融机构提供测试服务，为国内金融信息安全环境的改善做出贡献。参加国际金融展、物联网博览会、世界移动大会，并在借鉴前次经验的基础上展出了公司自主研发的测试工具。配合公安系统和人民银行、银联等单位进行了大量的宣传普及、产业链建立和案件甄别等工作，普及了银行卡和网络支付安全保护的相关知识。

国家认可试验室的建立促进了资源优化，有利于提高管理水平和技术水平。在新的历史时期，中国印钞造币总公司将继续以“高起点、高质量、高效率、出精品”为目标，以公正的行为、科学的手段、准确的结果，更好地为企业和社会服务，为企业发展提供技术支持。

中国印钞造币总公司 供稿

南京依维柯汽车有限公司

体系认证伴随企业发展

南京依维柯汽车有限公司是中国商用车行业的优秀企业之一，在行业中以其对产品的专注，对质量的高标准而著称，是商用车领域的代表性企业。南京依维柯汽车有限公司于1996年正式成立，是中国南京汽车集团有限公司（上汽集团全资子公司）和意大利依维柯股份公司共同出资成立的中外合资企业，拥有依维柯产品平台和温馨360服务平台，产品线横跨客车、越野车、底盘和专用车，拥有超过860余种丰富车型。南京依维柯下设整车厂、SOFIM发动机厂、变速箱车桥厂、F1发动机厂四个制造单元，分别生产制造依维柯产品整车及发动机、车桥、变速箱总成。

企业进行体系认证是世界性的趋势，是企业参与国际贸易、提高自身竞争的自觉要求，也是企业遵纪守法、诚实负责的体现形式。南京依维柯一直对体系的建设与完善非常重视，先后通过了GB/T 19001、ISO/TS 16949、GJB 9001B、GB/T 24001、GB/T28001、CCC等国家、行业等管理体系认证及产品认证。

一、质量管理体系认证，促进了企业的持续改进

体系认证是向公众展示企业良好形象和社会责任的媒介。南京依维柯于1998年5月就通过了质量管理体系认证。基于ISO 9001质量管理体系标准，南京依维柯从产品开发、制造过程控制到售后服务，建立起一套较完善的质量管理体系。同时伴随着标准的不断升级，南京依维柯的质量管理体系，也在不断地完善。

质量管理体系的建立，有利于提升企业的质量管理水平。质量管理原则中的“全员参与”，提升了企业质量管理氛围和员工主动参与质量管理的积极性，使产品质量在制造过程得到有效控制和改善。南京依维柯长期以来就“以顾客为关注焦点”，早在1999年就组织员工以及委托第三方开展顾客满意度调查，获取顾客的需求信息和满意信息，并加以分析，从管理上和产品上进行改进，以提升企业管理水平和产品质量。

南京依维柯同时也建立了完善的自我监督、评价和管理机制，通过定期的内部审核及管理评审及时发现管理上的薄弱环节及问题，并加以改善。质量管理体系的运作过程，就是企业质量管理体系持续改进的过程，通过持续改进，不仅使南京依维柯的管理水平得到提升，也增强了企业的竞争力。

二、环境管理体系认证，树立了企业的良好形象

南京依维柯秉承“以科技、绿色、人文的制造与服务创造高效、节能、安全的运输方式”的使命，致力于探索人、车、社会、自然和谐发展之路，实施运行了一整套符合国际标准的管理机制，对有关环境、资源等问题进行着有效的管理，展示了生产服务过程中节约资源，低污染的绿色目标。

南京依维柯于2002年通过了GB/T24001环境管理体系认证，体系归口管理部门，根据公司的实际情况，每年编制并下达公司“年度环境目标、指标与管理方案”，控制公司污染物排放总量，降低单台能源消耗量，持续改进环境绩效，增强“全员环保、节能减排”意识，并且每年组织开展内审，不断对管理的不足进行完善、改进和提升。在生产制造过程，南京依维柯采取了一系列的措施，配备足够的资源，来保证环境指标和目标的实现。在工厂由黑墨营搬迁到桥林的规划中，环境保护规划被纳入搬迁规划中，并作为搬迁规划的一个重要组成部分，从而确保了搬迁后环境指标、目标的实现。建立环境管理体系的过程也是企业对全体员工进行教育的过程。在这个过程中，提高了广大员工的环境意识，从自身做起，爱护环境、保护环境，严格按照公司的管理要求，做好生产过程的环境保护，确保汽车产品满足标准要求。

公司通过多年实施环境管理体系，变粗放型管理为集约型管理，使自己的管理水平得到明显提高，并全面优化各方面的管理，做到最小环境影响控制，最低物耗能耗的控制，最低成本的控制，以及最低环境风险的控制。南京依维柯对环境的管理水平，得到了政府监管部门的认可，充分树立了企业的良好形象。

三、职业健康安全管理体系认证，提升了企业员工凝聚力

随着社会发展，以人为本的理念越来越得到企业重视。南京依维柯“崇尚人本”的企业价值观，充分体现出，员工是我们企业最宝贵的财富，只有满意的员工才会有满意的顾客，才会有企业伟大的事业。

南京依维柯在2010年，通过了职业健康安全管理体系认证。通过实施职业健康安全管理体系，有效地提高了公司的安全生产管理水平。公司通过职业健康安全管理体系目标、指标管理，通过危险源识别和不可接受风险清单识别以及重要环境因素清单识别，制定了合理的措施，加强了对潜在事故等的管理，控制和降低了职业健康安全风险。作业环境的改善，提高了员工对企业的满意度，提升了企业对员工的凝聚力。

四、强制性产品认证，推动了企业合规性管理

汽车产品的强制性认证，促使了汽车企业必须按照国家强制性要求去生产汽车。南京依维柯严格按照生产一致性要求，建立了生产一致性管理体系，在管理文件中，明确了生产一致性管理中各单位的职责，制定了生产一致性控制计划，并质量保证部门牵头，成立了生产一致性监督管理小组，督促各单位严格按照控制计划要求进行控制，并及时根据标准，不断完善控制计划。由各职能部门和工厂人员组成的工作小组成员，积极配合，每年对生产一致性工作开展监督检查，及时纠正不一致情况，保证了实际生产销售的车辆产品的有关技术参数、配置和性能指标，与《公告》批准的车辆产品、用于试验的车辆样品、产品《合格证》及出厂车辆上传信息中的有关技术参数、配置和性能指标一致。

通过认证虽然不能直接的带来经济效益，但是通过体系的有效运行能够带来工艺和过程的革新，提高产品质量，降低成本，提高在环境方面的竞争优势，使产品更具竞争力。经过多年管理体系的有效运行，南京依维柯的公司管理水平、产品质量等稳步提升，先后获得中国外商投资双优企业、高新技术企业、先进技术企业、用户满意服务单位、全国企业文化先进单位、全国服务质量先进单位和产品售后服务质量优秀单位、A级纳税人、AAA级资信等级荣誉称号或证书。

目前，中国汽车产业发展已进入“电动化、网联化、智能化、共享化”的新阶段，以“创新性重构”为特征的产业革命的时代已经到来。商用车市场竞争日趋激烈，品牌、技术、商业模式、与市场和用户的交互响应速度等成为影响竞争结果的核心要素，产品结构和产业结构进入了新一轮的深度调整。但是对于南京依维柯来说，更多的是机遇。南京依维柯于2017年4月正式迁入桥林新基地，新基地的工艺水平和制造水平大幅度提升，产品品质必将得到一个新的飞跃。国务院发布的新兴产业十三五规划，要求到2020年新能源汽车在量上仍然要保持世界领先地位，占到汽车产销的10%。南京依维柯新能源汽车已经开始了批量销售，供应商体系和产品开发成熟度都上了一个新的台阶，同时新能源产品采取生产销售一代、试制一代、开发一代、规划一代的“四代”策略，同步推进多种配置，满足广大客户需求。新基地、新产品、新制造、新机制、新团队，南京依维柯站在了一个新的发展起点，必将实现“缔造卓越的商用车企业”的宏伟目标。

南京依维柯汽车有限公司 供稿

江西五丰食品有限公司

体系认证成就五丰米粉

江西五丰食品有限公司（以下简称“五丰米粉”）成立于1996年10月，是一家集五丰米粉生产、销售和米粉工艺及专用机械研究于一体的江西省农业产业化经营龙头企业。先后被评为中国绿色食品示范企业、全国主食加工示范企业、全国农产品加工示范企业、全国食品工业科技进步优秀企业。

五丰米粉在成立之初，是一家纯粹的出口企业，产品出口到世界各地，为了确保产品质量卫生符合各国的要求，五丰米粉在质量管理方面一直紧跟国际潮流，保持与国际接轨。只要进口国出现了新的要求，五丰米粉又马上与检验检疫部门对接，组织学习宣贯，建立体系，申请认证。早在1998年就开始大规模培养ISO 9000方面的专业人才队伍，并在检验检疫部门的指导下建立了ISO 9001质量管理体系，在2003年就开始建立无公害水稻种植业基地，后又上升逐步为绿色水稻种植基地、出口食品原料种植基地。截至2016年年底，五丰米粉先后通过了ISO 9001、HACCP、ISO 22000和GAP体系认证，还推行了BRC全球食品标准、ISO 14000环境保护体系、OHSAS 18001职业健康安全管理体系和食品防护计划。并且，还通过了美国FDA验厂和欧盟FVO检查团现场检查评估，符合美国和欧盟的食品卫生要求。此外，五丰米粉还通过了国家生态原产地保护产品认定、原产地标记注册认证和绿色食品认证。并先后获得全国食品工业科技进步优秀项目奖、全国食品行业工业科技进步优秀新产品、江西省名牌产品、江西省著名商标、江西省优秀新产品一等奖、江西省卫生安全食品、赣州市市长质量奖等40多项省部级荣誉。公司在带领农民共同富裕方面作出了特殊贡献。公司拥有5万亩基地，每年以高于市场价5%的价格收购基地粮食，基地21200家农户每年平均增加收入810元，合计约1700多万元。

2006年，五丰米粉通过了HACCP认证，随后，五丰米粉出口欧盟的订单不断增长，区域也从英国，扩展到了挪威、荷兰、丹麦等地。可是，到了2012年，欧盟开始对输欧米制品采取极为严格的转基因设限，五丰米粉虽然从未检出过转基因，可是也被停止出口欧盟。

为帮助五丰米粉恢复出口欧盟，国家质检总局和江西检验检疫局把五丰米粉输欧解禁项目作为重要议题，派出专家指导。在原有开展全过程质量管理，建立专用原料基地，建立转基因控制体系的基础上，又进一步完善了管理体系，加强了基地管理，完善了硬件设施。通过多措并举，于2014年8月正式解禁五丰米粉的欧盟出口业务，成为国内出口欧盟解禁的首家米制品企业。

输欧解禁后，五丰米粉又于2015年9月通过了美国FDA验厂，2015年11月又通过了欧盟FVO检查团对输欧米粉转基因控制体系现场检查评估。这些，为五丰米粉扫清了出口障碍，开创了良好的局面，取得了显著的成效。最明显的是来自英国、荷兰、法国、丹麦、挪威、德国的订单大幅上升，仅2015年就新增600多吨。并且，在欧盟订单的带动下，其他市场的销量也有了明显的增长。其中国内大陆市场销量增长15%，中国香港、美国、加拿大市场销量也都同比增长18%以上。在带来销量增长的同时，企业效益也取得了明显的增长，仅2015年利润水平增长了27%的。

2016年，五丰米粉在江西检验检疫局帮扶下，成功入驻出口食品企业内外销“同线同标同质”信息公共服务平台。入驻“三同平台”后促进内销米粉同比增加3 000吨，增幅14.87%，出口米粉同比增加1 100吨，增幅9.89%；市场卖价增加400元/吨，增幅5%；利润增加284万元，增幅31%。车间每天加班加点赶货，排队要货的经销商提前1个月下单，仍然难于满足客户的需求。为了满足快速增长需求，已开工新建一条年产2万吨的米粉生产线。

2017年3月24日，全国首个米粉生态原产地产品保护证书向五丰米粉颁出。生态原产地产品保护是国家对产品形成全过程中符合绿色环保、低碳节能、资源节约要求且具有原产地特征和特性的良好生态型产品进行认定的制度。产品获得国家生态原产地保护以后，不仅可以提升产品档次和品牌声誉，增强市场竞争力、推动企业可持续健康发展，还有利于引导产业向生态化发展，对自然环境、经济环境、社会文化环境具有良好的引领示范作用。五丰米粉获得“中华人民共和国生态原产地保护标志”，将受到世贸组织各成员国的保护，极大地提高了产品品牌价值，增强了国内和国际市场竞争力。

体系管理为五丰米粉带来了荣誉，带来了机遇，带来了效益，使五丰米粉受益良多。但是汗水和荣誉都属于过去，时代在变，技术在变，五丰米粉人“紧跟时代步伐，不断提升管理水平，保证食品安全，把绿色健康的产品带给国内外更多的消费者”的理念将永远不变。

江西五丰食品有限公司 供稿

婺源县政府

有机认证“领航”婺源茶叶提质升级

婺源县位于江西省东北部，素有“书乡”、“茶乡”之称，是著名的文化与生态旅游县，被誉为“中国最美的乡村”。婺源盛产绿茶，其具有“颜色碧而天然，口味香而浓郁，水叶清而润厚”三大特点，曾长久享誉欧、美、日和东欧诸国，美国学者威廉·乌克斯在其1935年出版的《茶叶全书》中称：“婺源茶不独为路茶之上品，且为中国绿茶品质之最优者。”近几年来，婺源县紧跟江西省生态文明建设步伐，在上饶检验检疫局的支持帮扶下，着力于有机认证推动，大力发展绿色有机农产品，以“生态立县”推进“中国有机茶第一县”建设，成功于2016年成为“有机认证示范县”。

婺源虽然工业相对落后，却留下了更多的绿水青山，成为有机产业发展的良好基础，通过有机产品认证示范区创建，形成了政府与相关部门引导、企业与农户参与、社会公众关心的良好氛围，共建生态文明。而茶业是婺源县的传统特色产业，也是婺源县的农业支柱产业，在上饶市食品农产品出口中也占有相当的比重。有机认证不仅为婺源茶叶提升品牌效应、提高产品附加值，促进农业增效、农民增收，创造了良好的社会经济效益，更为重要的是，通过有机认证，推动了该县“生态产业化，产业生态化”，促进了人与自然和谐相处，构建了一幅和谐美丽的现代农业新画卷。

上饶检验检疫局把帮助和扶持婺源有机产品认证示范区创建作为生态文明建设，服务三农，提升农产品质量，促进出口的一项新举措，专门成立了由种植、检验、认证等方面人员组成的专门技术服务工作组，与政府及企业一道下基地、入农户、走田头、到企业、进车间、看仓库、出主意、想办法，帮助规范管理，修订制度文件，查漏补缺。同时，帮助示范区规范完善“公司+基地+农户”的有机生产组织机构，实现有机生产“五统一”、“三禁止”。即统一农事生产规程、统一生产投入品管理、统一病虫害防治、统一产品检测、统一有机生产风险管理；禁止使用化学肥料、禁止使用化学农药、禁止使用转基因种苗和技术，有效地规范了婺源有机茶园农业投入品的经营行为，使有机茶种植环节使用除草剂、农药等违禁农业投入品现象得到有效遏制，对确保婺源县有机茶的品质和质量安全起到了积极的作用。在检验检疫的帮扶下，婺源茶叶取得了一连串辉煌的业绩：国家级有机产品（茶叶）认证示范县、全国第一家绿茶AA级绿色食品证书、6家茶叶企业获欧盟有机食品认证证书、“大鄣山”、“鄣公山”商标获江西省著名商标、“大鄣山绿茶”获国家原产地地理标志、婺源大鄣山绿色食品有限公司获“中国质量诚信企业”等荣誉称号。

今天，婺源茗茶已成为中国最美乡村走出国门、走向世界的一张响亮名片。2016年，婺源茶叶出口超过4597万美元，货值占全省茶叶出口半壁江山，已成为“全省茶叶出口第一县”，这已是婺源茶叶出口连续9年增长，特别是有机绿茶，更是占到欧盟市场的60%。

婺源县政府 供稿

北京东方计量测试研究所

科学公正 专业客观 高效服务认证业务

北京东方计量测试研究所是中国航天科技集团公司第五研究院所属的专业计量测试研究所，建于1985年。经过30多年的发展，成为集电磁学、无线电电子学、时间频率、几何量、热学、力学、真空、卫星应用、静电防护和电磁干扰等专业为一体的综合性计量测试研究所，承担着国防、军队系统量值传递和计量校准测试任务，同时面向社会提供公正的校准、检测等服务。2016年初取得国家认监委授权，获得认证机构资质，认证机构批准号为CNCA-R-2016-221，认证类别为自愿性产品认证，认证领域为静电防护产品。近年来，积极开展航天型号研制计量测试与静电防护保障工作，为以载人航天工程、探月工程为代表的型号任务圆满完成做出了贡献。

北京东方计量测试研究所是博士、硕士研究生培养单位，2011年成为教育部授权的硕士学位“仪器科学与技术”专业一级学科点，现有博士生导师、硕士生导师、学科带头人10余名，至今培养博士、硕士30余名。通过了国家校准和检测实验室认可、国家检验检测机构资质认定以及国防科技工业校准和检测实验室认可、军用检测和校准实验室认可，具有独立的产品认证管理体系。已经与美国国家标准学会（ANSI）、美国静电放电协会（ESDA）、中国电子仪器行业协会防静电装备分会、上海防静电工业协会等静电防护产业相关组织开展认证合作。

北京东方计量测试研究所作为国家、电子及航天等相关行业静电防护产品质量检验技术支撑单位，努力站在静电防护产品顶层高度，以引领静电防护产品生产行业技术提升、推动静电防护产品质量监督行业结构完善、提升静电防护产品应用行业需求响应为己任，正努力成为产业的“动力引擎”、“重要核心”与“不竭能源”，切实为产业经济、技术快速发展提供支撑保障和高效动能。

研究所具备获国家认监委认证、国家认可委认可的静电防护检测能力共计30大类95项，基本覆盖85%类别静电防护产品质量检验检测能力。2016年期间，研究所面向军队、国防工业、航天工业、电子工业领域相关静电防护产品应用企业开展产品检验检测工作4200余次、出具检测报告6500余份，计量检测结果正确率100%，任务与证书完成及时率100%，顾客满意率98%以上。

研究所还积极开展国家静电防护产品质量监督检验中心建设工作，开展电子产品静电防护技术发展路线研究，突破静电防护产品关键创新技术，开展静电防护产品质量检验检测标准规范制修订工作，开发相关技术服务平台系统，开展多行业方案级应用服务试验，开展产学研合作和多领域学术交流活动，将为保障我国在“中国制造2025”发展战略中的电子产品生产制造质量水平有效提升，切实提升全国电子工业静电防护水平提供先决条件。

北京东方计量测试研究所以打造国内领先、国际一流的静电防护产品认证服务平台为目标，力争在两年时间内，形成全类别静电防护产品的全性能质量检验、质量认证及质量评价、静电防护工程质量鉴定的全面覆盖，具备国内领先、国际一流水平的一站式静电防护质量服务能力；以搭建国内权威、国际知名的先进静电技术研究创新平台为方向，力争在三年时间内，跟踪并吸纳国际先进静电防护技术，建成以创新资源共享、技术成果培育与应用推广的先进静电技术研究创新平台。为静电防护产品应用行业选择质量性能良好的静电防护产品、生产企业提供技术依据。

北京东方计量测试研究所 供稿

2017

Yearbook of Certification and Accreditation of China

第十九部分　国家认监委机关综合管理工作

Part Nineteen　Administrative Management of CNCA

一、直属机关党建工作不断强化

（一）积极协助委党组中心组开展理论学习

机关党委协助委党组制定并落实《2016年度认监委党组中心组学习计划》。党组围绕习近平总书记在庆祝中国共产党成立95周年纪念大会上的讲话、第十八届中纪委第六次全体会议上的讲话及国务院第三次廉政工作会议精神、习近平总书记关于质量安全的重要论述、《党组工作条例（试行）》《中国共产党问责条例》《中国共产党党章》《党委会工作方法》等内容进行了8次学习。

（二）扎实有效开展“两学一做”学习教育

按照中央统一部署和总局具体要求，直属机关党委协助党组制定《中共国家认监委党组关于在全体党员中开展“学党章党规、学系列讲话，做合格党员”学习教育实施方案》和《认监委“两学一做”学习教育工作安排》。机关党委在委网站开设“两学一做”专题教育专栏，并开设了微信公众号，及时发布中央和总局有关要求、认监委工作动态、各支部专题教育开展情况，先后在《国门时报》和《中国质量报》刊发新闻2篇，党建工作动态23期，网站活动动态及新闻消息144篇，通过宣传引导，推动专题教育不断深化。通过及时的宣传引导，推动专题教育不断深化。

（三）持续深化学习型党组织建设

深化基层学习型党组织创建，推进“认证认可党建”公众号、党建工作动态等学习平台建设，推动基层党组织不断创新学习载体和方式方法，充分利用网络、微信等电子媒介，增强党员干部学习效果。组织直属机关各单位积极参与中央国家机关工委开展的“百场支部学习会、千名书记讲党课、万名党员写感言”活动，参加中央国家机关工委组织开展的“第二届中央国家机关十大学习品牌案例征集展示活动”。

继续做好学习图书推荐工作，全年推荐两批党员干部学习书目。积极组织干部职工参加总局“质检大讲堂”“书香质检”活动，认真组织开展“聚焦‘十三五’共谋建小康”主题联学活动。

开展“认证认可学习讲堂”活动，努力打造认监委党建学习品牌。依托总局干教中心举办了基层党组织书记、组织委员落实“两个责任”培训班，各部室、下属单位共30多人参加了培训，依托三季度会组织了认监委纪检监察干部培训班，邀请中纪委驻工商总局纪检组王陈剑副组长和福建省纪委领导专家为学员授课指导。积极组织广大干部职工参加2016年总局和认监委党建和思想政治论文评审活动，广大党员干部踊跃投稿，共征集到论文72篇。

（四）努力夯实基层组织基础

一是完善基层党组织建设。进一步健全完善基层党组织建设，根据计划和部署，2016年实验室部、注册部、国际部、科标部、认可部、退休干部党支部进行了改选和补选，指导服务中心、信息中心、协会党总支、信安中心、中检集团党委完成换届选举。二是规范组织发展程序。研究通过2016年度党员发展对象，并对下属单位进行了部署，按时对各支部上半年的党费进行收缴。在发展党员工作中，始终遵循“坚持标准、保证质量、改善结构、慎重发展”的党员发展方针，从端正入党动机，注重工作表现，加强培养考察，严格发展程序等方面严把“入口关”，向总局上报党员发展对象31人，2016年总局下达认监委直属机关党委党员发展计划14名，机关党委注重对积极分子队伍的培养，引导骨干向党组织靠拢，不断壮大积极分子队伍。三是完成认监委直属机关党委、纪委换届选举工作。严格按照《党章》及有关规定，严密组织了认监委直属机关党委、纪委换届选举工作，选举产生认监委直属机关第二届委员会和纪律检查委员会，并按照职责要求开展工作。四是认真组织党费收缴使用情况自查自纠。按照总局通知精神，直属机关党委组织全体党员重新学习了《中国共产党党费收缴、使用和管理的规定》（中组发〔2008〕3号），并印发《国家认监委直属机关党委关于进一步规范党费收缴、使用和管理工作的通知》(认机党〔2016〕11号),对党费收缴标准进一步明确。

(五)大力拓展党建工作平台

一是大力推进认证认可联系点支部共建工作,争创服务型党组织。直属机关党委在年初制定《关于继续做好2016年联系点工作的通知》,认监委机关相关部室和认证认可联系点相关单位统筹安排、密切协作,认证认可联系点工作继续深化。二是继续深化认证认可联系点共建工作,总结推广支部工作法。结合联系点支部共建工作,各支部进一步深入探索强化党支部战斗堡垒作用的工作方法。

二、不断加强纪检监察工作

(一)强化责任意识,落实两个责任

一是党组带头落实认监委系统党风廉政建设主体责任。让各级党组织承担起党风廉政建设主体责任是2016年纪检工作的一个重点,为此,认监委党组带头示范,认真落实《认监委党组落实党风廉政建设主体责任的实施办法》。年初,召开认监委系统纪检监察工作会,各单位党委(支部)、纪委负责人参加会议。会议专题学习十八届中纪委五次全会和国务院第三次廉政工作会议精神,孙大伟主任代表党组对认监委系统反腐倡廉工作形势进行分析,对全年反腐倡廉工作作出部署,进一步强调了一岗双责、一案双查的要求。二是加强党支部书记主体责任培训。为提高认监委系统基层党组织书记落实主体责任的意识和能力,举办了为期4天的主体责任培训班,全系统32名党委(党支部)书记参加培训。通过培训,进一步明确了从严治党的现实意义,丰富的反腐倡廉理论知识,为各级党组织负责同志担当起党风廉政建设和反腐败工作的主体责任提供了思想和理论基础。

(二)理顺工作分工,强化监督职责

一是梳理认监委纪检监察组织机构及工作职能。认监委纪检监察部门层次较多,机构设置在系统内具有一定特殊性,为落实纪检部门的监督责任,特别是明确认监委纪检组的职责,为今后纪检工作的开展提供组织保证,依据《质检直属系统纪检监察机构进一步落实党风廉政建设监督责任的意见》,对认监委纪检监察部门的组织机构和职能进行全面梳理。二是抓好反腐倡廉工作任务分工。根据总局2015年反腐倡廉工作任务分工,将涉及认监委的工作任务逐一分解,制定了认监委的反腐倡廉任务分工,确定了6个方面31项具体工作措施,明确了牵头单位和责任单位。在任务分解中,注意落实"三转"的要求,强调了机关党委在反腐倡廉宣传教育和制度建设工作中的作用,强调了办公室、法律部、财务部、国际部等综合部门在人事监督、行政监督、财务监督和外事监督方面的职责和任务。三是推动简政放权从根本上预防腐败。深入推进行政审批制度改革,修订发布认证机构管理办法、确定了认证机构审批与认证人员注册、认证制度建立相分离的原则,进一步减少2项审批和2个备案项目,审批申请材料减少6项要求,审批时限由90日缩短为45日,上半年实际审批时间与去年同比减少15个工作日。四是总结认监委纪检监督工作的经验。对十八大以来,认监委纪检部门聚焦主业,落实"三转"要求,服务认证认可事业发展的经验做法进行总结,特别是如何围绕改革找好监督切入点,围绕信访举报查处隐患问题等进行回顾,形成《突出监督重点,创新监督方法,落实监督责任》专题报告,在全国质检系统纪检监察工作会上作经验交流。

(三)抓好信访初核工作,发挥预警作用

一是做好信访举报初核工作。截至2016年11月,认监委纪检监察部门共收到举报信12件,涉及委机关干部职工的3件,涉及下属单位班子成员的6件。由委纪检部门直接办理的3件,与下属单位联合办理5件,转中检集团办理的4件。认监委按照干部管理权限认真处理信访举报,坚持从严从细,不放过每条线索。尤其对于转办的信访件,加强督办。目前已向总局监察局上报调查及整改工作报告14份。对12件举报件均提出了办结及处理建议,经总局监察局或直属机关纪委统一了结的线索7件,另外5件正在补充调查,或等候总局答复过程中。二是发挥信访举报办理的预警作用。根据上半年信访举报核实中发现的薄弱环节,认监委下发《关于重申严肃外事纪律加强执纪问责的通知》(认机纪〔2016〕2号)。进一步明确各单位主要负责人是因公出国(境)管理工作的第一责任人,纪检监察部门承担监督责任;组团单位和派出单位坚持谁派出、谁负责,谁审批、谁负责等五项具体要求。根据信访举报反映问题情况,对2名同志进行了诫勉谈话,提出工作整改建议近10条。

(四)加强文化建设和群众工作

1. 大力推进文化建设和宣传工作

印发《国家认监委文化建设规划》,进一步明确认监委文化建设的目标和任务分工,机关党委严格规范要求认监委机关干部党员统一精神追求、价值理念和

行为规范，进而让全体员工形成共同的追求目标及价值取向，为广大员工为认监委发展自觉奋斗的共同理想提供精神指导，动员全委干部职工为打响认监委文化品牌贡献力量。组织全委积极参加总局主办的“书香质检”系列活动，通过参加主题征文，举办以“青春飞扬，读书、事业、人生”为主题的演讲活动，进一步增强认监委的核心凝聚力，号召和引导广大干部职工尤其是青年同志追求积极健康纯粹的人生观和价值观。

2. 开展文体生活，丰富职工业余生活

组织职工参加中央国家机关“公仆杯”羽毛球比赛，分别组织了两期羽毛球、网球培训班，组织了认监委系统第一届“传递信任杯”羽毛球赛。为丰富职工文化生活，组织开展书法展、摄影展等，组织开展了春游、秋游等活动，继续开展“重走长征路”健步走活动和“一对一”帮学互助活动。

三、围绕中心工作，不断提升委机关工作效率

（一）服务中心工作，为重大活动、重点任务做好保障

1. 众志成城，圆满完成“世界认可日”活动各项工作

2016年开展了第九个“世界认可日”主题活动。本届认可日活动以“认证认可主力中国高铁走向世界”为主题，突出整体站位高、规格层次高、规模影响大的特点，紧扣国家重大战略，受到各方高度重视。质检总局支树平局长和铁路总公司盛光祖总经理出席会议并致辞，30多家媒体现场报道，转载新闻1 200余条。委机关各部室精心组织实施活动方案，整合有效资源，在全委的共同努力下，活动取得了圆满成功，认证认可影响力得到进一步提升。

2. 发挥职能，确保改革措施取得实效

2016年，委机关各部室充分发挥主动性，加强统筹协调，完善督查督办通报机制，及时督促检查深化改革工作要点落实情况，对年初改革办制定《2016年认证认可深化改革工作要点》的54项改革措施进展情况进行督查，并汇总形成《2016年认证认可深改工作半年进展综述》。下半年，结合全国认证认可工作会议精神落实情况督查工作，深入基层，对各项改革措施的落实效果进行了充分调研，广泛听取了地方两局、从业机构、获证组织代表的意见和建议。

3. 积极主动，以正面宣传推动中心工作开花结果

积极围绕中心工作部署，主动站位，贴近服务，在营造良好舆论环境、推动业务工作开展方面取得了突出成效。围绕监管制度和业务模式改革、业务创新成果等认监委重大部署和重点工作，组织开展认证认可“放管服”改革、服务供给侧改革以及“一带一路”、“双随机检查”、自贸区等国家战略方面系列改革措施的宣传报道；围绕认证认可业务创新，相继组织了认证认可信息“云桥”、电商认证等业务创新的宣传报道。特别是在“同线同标同质”工作有关信息宣传工作中得到了国务委员杨晶、王勇的重要批示。从中央到地方各大新闻媒体纷纷进行报道，全国各界给予高度关注，并纷纷响应。据不完全统计，目前已有20多个省市开展此项工作，形成了星火燎原之势。国务院常务会议将“同线同标同质”作为下一步供给侧改革、消费品质量提升行动计划的重要内容。

（二）强化综合管理职能，规范管理

1. 以制度为抓手，推动公文处理工作规范化

认监委历来高度重视公文质量工作，着力推动公文处理工作制度化、规范化。2016年更是以制度为抓手，进一步规范公文处理工作。一是建立健全审核把关流程。严格按照《国家认监委公文处理办法》，建立了认监委发文及签报处内初核、部门审核流程，即秘书处公文管理人员、秘书处处长及办公室分管领导逐级审核制度，层层把关。二是坚持定期督查通报制度。以督促改，每季度对公文起草和运转过程中存在的问题、公文差错、逾期办文情况进行通报，提出普遍存在的问题、需重点关注的事项等，进而提高全员公文质量意识。三是加强质量考核。将公文办理过程中的不规范等情况纳入绩效考核，所起草公文明显不符合公文处理规定或公文格式标准的，将进行相应的扣分处理。

截至10月31日，认监委共发文536件，整理委领导及办公室传阅文件30期，处理中共中央、国务院机要文件89件，平台接收办理各类机要收文2 357件、地方及下属单位收文1 289件、会签及征求意见1 193件。同时组织做好档案工作，归档2015年度文书档案1 803件。

2. 永葆高度政治敏感性，组织开展企业负责人薪酬制度改革专项工作

根据中央和总局关于所属企业负责人薪酬制度改革工作有关精神，提前谋划、走访调查、研究测算，明确薪酬制度改革的任务目标和方法路径，确定考核评价

指标，制定了《国家认监委委托管理企业负责人薪酬制度改革实施方案》、《国家认监委委托管理企业负责人业绩考核评价办法（试行）》和《国家认监委委托管理企业领导班子和领导人员综合考核评价办法（试行）》，并于2016年9月通过总局备案。

3. 双轮驱动，规范内部管理

紧紧围绕“三定”规定，依托机关体系运行和绩效管理工作，通过内审、自查和外部专家评价等活动，坚持梳理错位、越位和不作为行为，保证法定职责不落空、不走样；通过不断建章立制，以文件化的形式实现管权、管事、管人，最大限度降低自由裁量权；通过推行信息化系统，促使各项工作严格依照法定权限和程序实施，确保法律、行政法规有效执行。

4. 加强组织领导，提高保密意识，扎实推进保密基础工作

根据认监委人事变动情况，调整了保密委员会组成人员及保密联络员；明确了定密责任人、涉密人员及其涉密事项、保密职责和要求，督促相关人员签订保密责任承诺书150余份，覆盖率达100%；加强保密教育培训，组织全委人员学习《党政干部和涉密人员保密常识必知必读》，并按照国家保密局和总局安排，组织104名涉密人员集中轮训，观看全国窃密泄密案例展示、窃密技术和泄密途径演示、保密教育培训考试；扎实坚持逢节必查的传统，与日常保密检查和质检总局保密大排查工作结合，对认监委机关及下属单位所有办公电脑进行排查，确保认监委所有非涉密计算机均符合有关保密规定。

四、立足本职，创优服务

（一）加强综合管理职能，服务业务工作开展

切实履行归口管理和综合协调职能，加强重要工作的协调把关，保证各项工作规范有序运行。机关内部从减轻各部室负担、提升内部管理效能出发，将工作要点和年度主要工作任务分解整合在一起。继续配合总局，对35个直属检验检疫局以及认监委下属单位的认证认可工作实施了2015年度绩效考核、更新了2016年考核指标、进行了两次阶段性通报。

（二）整合有效资源，服务干部队伍发展

围绕全委重点工作，把握从严管理的工作主线，紧扣全国认证认可工作会提出的“五个转变”，始终保持高度政治敏感性，主动扎实做好干部队伍、人才队伍建设和自身建设，2016年委人事工作具体呈现出“多”、“专”、“新”三个特点。一是数量“多”。2016年认监委协助质检总局从委机关及直属单位提任正局级干部2人，副局级干部3人；交流委机关干部达到不低于6人次的目标；选派机关7人次下基层锻炼，使委机关下基层锻炼的干部达到22名，占到委机关处以下干部的近1/3；全年招录公务员4人次，遴选公务员3人次，拟定2017年招录计划3人次并完成资格审查工作，新鲜血液补充多，为历年来新高；内部培训班次多，全年举办内部培训29期，培训2 851人次，其中计划外培训12期，培训1 720人次。二是工作“专”。组织完成干部档案专项审核工作，最终完成档案审核95册，档案材料外调2次，补充材料400余份，并完成了认定签字工作；组织开展认监委系统青年干部专门培训，专门组织开展了认监委系统的科级干部培训，通过讲授、拓展、参观等年轻人易于接受的形式，强化青年干部在理想信念、网络学习、公文写作等方面的能力和素质，突出干部培训的针对性和有效性，取得了良好的效果。三是管理“新”。在对委管单位及干部管理方面积极探索、努力创新，在管理思路、管理机制以及管理措施上逐步形成体系，努力实践机构管理方式新，干部管理手段新，基层挂职思路新，借调人员管理措施创新等举措，取得明显成效。

（三）完善绩效管理体系，服务履职能力

2016年绩效管理体系工作，注意从考核、评价和奖惩等方面增强激励和约束效果。通过考核、评估“重大决策的部署落实情况”、“部门职责履行情况”、“重点工作推进情况”以及“部室自身建设”“财经纪律执行”等工作，强化委机关内部管理，推动进一步转变机关工作作风，提升行政履职能力。首次组织进行了委机关“管理创新”考核评价，引导各部室在履职中关注创新、重视创新，充分发挥了绩效考核的引导作用。

（四）不断突破，创新治理

1. 创新工作手段，圆满完成建议提案工作

高度重视、认真对待每一件建议提案办理工作，紧贴党中央国务院的方针政策特点，将《关于支持宁夏有机产业绿色发展的建议》（第3116号）、《关于推动实现出口食品企业内外销“同线同标”的建议》（第7376号）人大建议确定为重点建议。为确保建议提案办理取得实效，会同有关业务部门采取“走出去，请进来”的方式，采取召开现场会、上门探访、见面沟通等方式，主动与人大代表、政协委员联系，取得了良

好的效果。2016年认监委承办人大建议政协提案39件，协助总局内部办理建议提案65件。截至2016年年底，已全部办结，办复率100%。

2. 认证查摆，落实巡视整改工作

一是继续坚持政治原则，高度重视，坚决落实。切实做好整改工作，尤其是对本次巡视整改重点提出的“党的领导弱化”、“‘四个意识’不强”、“贯彻执行中央决策部署不够到位”等问题，根据委领导有关指示要求，对各部门整改落实情况按周督查。二是继续坚持问题导向，从严督办，务求实效。以此次整改落实为契机，真正解决问题。加大督查力度，确保各项任务按时限整改完毕。三是继续坚持突出重点，以点带面，层层深入。继续以总局明确要求认监委整改和配合整改的任务为重点，盯紧整改工作序时进度，加强对责任部门的监督。四是继续坚持持续改进，建立机制，固化成果。把解决问题贯穿始终，抓住问题根源整改，不光解决现象，更医治病根，达到标本兼治的效果。

3. 以重点任务为导向，督查效果取得新突破

一是落实总局督查任务。牵头组织各部门迎接国务院第三次大督查工作，定期督查《政府工作报告》《中国制造2025》等文件认监委有关任务的落实情况，并及时向总局报送。二是落实全国认证认可工作会议精神督查工作。以年度重点任务为导向，分别组织对云南、广东等地方局工作开展情况进行了督查，督查工作突出主题鲜明、重点明确、形式多样、注重结果的特点，努力开创认证认可事业发展新局面及转变监管方式，充分发挥认证认可桥梁作用。三是日常督查督办。以《关于进一步明确2016年重点督查督办事项的通知》（认办〔2016〕8号）明确的五项重点工作为牵引，督查督办为抓手，推进各项工作落实，按照委领导在各类会议、文件、签报上的批示，针对具体工作进行督查。截至2016年年底，已发此类督办事项通知单11个，已完成10个。组织对地方两局等单位或个人的请示咨询事项、信访事项、政府信息依申请公开事项等进行督办，确保每项工作落到实处。

五、财务管理工作

（一）加强内控制度建设，不断提高管理服务水平和风险防范能力

1. 及时修订内控制度

认监委2016年5月修订印发了《国家认证认可监督管理委员会机关财务报销管理规定》，10月修订印发了《国家认证认可监督管理委员会机关政府采购管理办法》。

2. 内控制度建设工作

根据财政部和总局对内控制度建设工作要求，认监委制定了《国家认监委机关内控制度建设工作方案》并获委领导核准通过，目前认监委按照《方案》稳步推进相关工作。

（二）坚持科学规范管理，全面提升理财能力

1. 做好2017至2019年三年部门预算编报及新增工作经费保障

一是全面提高预算编报的科学性、准确性和完整性，把认监委三年的重点工作需求体现在预算中；二是于4月向质检总局报送了《国家认监委关于申请“认证认可提升供给质量专项”经费的请示》（国认财〔2016〕16号），提出了5亿规模的三年经费保障规划，为认监委2016年及以后年度新增的“三同”和统一“中国绿色产品”认证标识工作积极争取经费保障；三是在预算编报过程中，多次向财政部、总局计财司反映认监委出国费额度不足、新增工作项目经费需求问题。

2. 加强预算执行管理

财务部通过召开专题会议、定期总结分析、每月通报项目执行进度、个别沟通和指导等多项措施进行预算执行督办，下半年认监委预算执行工作成效明显。一是预算执行进度在质检系统内排名不断回升，9月底，认监委预算执行进度75.06%，排名第4名，至年底，执行98.7%，均保持位居前六名。二是2015年项目结转资金于2016年6月底以前全部执行完毕，减少了经费被核减的风险。三是对2015年委托地方两局、认监委下属单位和系统外单位工作拨付的576笔经费实施全部反馈经费执行情况，并进行了深入分析，向委领导提交了专题报告。四是根据经费执行情况和需求，及时向财政部申请调整预算，第一次在委机关和直属单位之间进行结余经费统筹调剂，不仅全力保障了各单位人员和公用经费需求，而且避免了下属单位执行进度慢以及被收回的风险。五是严格执行公务卡制度和国库集中支付管理制度，不断减少现金报销。

3. 做好项目支出绩效评价工作

按照总局关于2015年度项目支出绩效评价工作要求，结合《国家认监委机关绩效评价管理办法》有关规定，认监委完成了对认监委25个项目的绩效考评工

作。项目平均分为90.15分，高出2014年2.57个百分点。其中有18个项目被评为“有效”，占总数的72%，7个项目被评为“基本有效”，占总数的28%，没有项目被评为“一般”和“无效”。总体来看，多数项目为“有效”，参评项目评价流程规范，结果有效。

（三）围绕国家经济和认证认可发展大局，进一步做好专项工作

1.主动做好援藏援疆工作

总局没有给认监委硬性的援藏援疆工作任务，但是援藏援疆工作是党中央、国务院的一项重大决策部署，认监委主动作为，派员赴藏疆征集藏疆地方两局就认证认可事业发展需要援助的事项。印发了《国家认监委2016年援藏援疆工作任务分工表》，明确了各项工作牵头落实部门、配合部门、援助措施和完成时限，从人员培训、科研立项，到工作帮扶、经费支持，对两地四局予以全方位的支援。2016年已完成12项工作。

2.加大反腐倡廉工作力度

根据2016年度反腐倡廉工作任务分工要求，以“产品认证制度建立、实施与监管专项”作为前期试点，在委OA系统公示栏进行为期1个月的公示。在此基础上，9月和12月分两次将委机关全部项目经费使用情况进行公示。通过采取公开透明的项目经费使用管理措施，以此督促各部室规范使用经费。

（四）加强财务统计分析，进一步掌控财务管理工作的风险

1.做好委机关2015年度预算经费执行情况财务分析工作

通过对2015年委机关基本支出中人员经费、日常公用经费和住房改革类经费的整体使用情况进行系统的分析，对项目经费的整体使用情况和每个项目经费的具体使用情况的统计分析，形成《认监委2015年度预算经费执行情况财务分析报告》，查找出当前财务管理中存在的不足、问题和风险，制定了相应措施。

2.完成认监委下属单位2015年度财务决算报表分析

通过认监委研发的财务报表网上编报系统，每月按时收集下属单位相关财务信息，形成财务分析表；并收集每年度的下属单位经营情况、投资设立公司情况、购房情况及财务基本信息，最终不仅形成认监委下属单位2015年度财务分析报告，还能实时全面掌握了各单位历年有关财务数据，随时为财务监管工作提供数据支撑。

（五）加强行政效能建设，开展对委托业务经费执行情况检查及业务督察工作

贯彻简政放权、放管结合、优化服务改革政策，落实审计署审计意见、财政部和总局关于预算绩效管理及业务督察工作的要求，在完成2015年委托业务经费使用及绩效情况反馈工作的基础上，赴天津、上海、陕西、新疆地方两局对2015年预算项目拨到各局（委）的资金使用情况及开展的业务情况进行检查、督察，完成《关于对委托业务开展经费执行情况检查及业务督察的报告》。该项工作不仅及时发现各局委托业务费管理的问题和好的做法，还加强了各业务部门的责任意识。

（六）顺应形势、主动改革，有效开展认证认可收费的监督管理工作

1.做好收费审计政策的上传下达工作

组织召开认监委系统清理规范经营服务性收费工作部署会议，贯彻落实总局开展清理规范在京直属挂靠单位经营服务性收费工作部署会议精神。

2.配合总局做好各项迎检、调研、材料核实反馈工作

联系、协调、组织各单位积极配合总局授权的第三方检查审计机构开展清理规范经营服务性收费工作；配合总局组织有关单位做好迎接审计署赴山东、广东开展现场审计调查的准备工作，配合总局开展对进口危险化学品PX检验检疫计收费调研、赴广东督查检疫处理业务及收费工作。承办《关于对国务院政策措施落实情况开展自查的通知》有关工作，完成国务院督查重点任务分解表中关于收费管理工作有关情况总结。

3.认真开展涉企收费专项清理规范工作

组织认监委系统各下属单位做好网上收费公示规范化、签订规范收费行为承诺书、自查《质检收费十七不准》执行情况等工作。

（七）认监委系统财务监督管理工作得到加强，国有资产实现保值增值

1.进一步加强事中事后监管，做好投资事项的现场跟踪检查工作

按照修订后的《国家认监委对中检集团、中检公司财务监管暂行办法》规定的抽取比例，抽取部分重大

财务事项进行现场跟踪检查。目前已完成对中检集团投资成立中检中原农食产品检测有限责任公司项目（运营3年以上项目）的经营运行情况检查工作。

2. 严格把关，提高重大财务事项审批科学合理性

承办中检集团中检南方国有股权管理方案审批工作，承办认监委作为股东之一同意中检公司向海南中港诚实业有限公司增加注册资本金、中检集团2015年利润分配方案，中国质量认证中心向《质量与认证》杂志社增资、服务中心固定资产报废等批复工作。

3. 认真开展全面严肃财经纪律严格部门预算管理相关工作

及时发文布置委机关、三个直属单位进行逐项自查，自觉及时纠正对自查工作中发现的各种违法违规问题。同时，认监委拟定了重点检查工作方案，选取认证认可技术研究所进行重点检查，形成检查报告并督促其整改。积极配合总局对委机关的重点检查并对发现问题进行积极整改。

4. 摸清家底，组织开展认监委系统行政事业单位国有资产清查工作

按照财政部、总局文件要求，制定认监委系统行政事业单位国有资产清查工作方案，派员参加总局资产清查培训，组织各单位负责资产清查的人员进行集中学习培训，汇总形成认监委系统7个单位报表数据、资产管理报告报送总局计财司。

5. 进一步深化改革，组织开展认监委系统企事业单位公务用车制度改革工作

组织召开认监委系统企事业单位公车改革方案研讨会，传达中央公务用车制度改革领导小组会议精神，拟定各单位公车改革实施方案提纲。目前方案经认监委批复已开始实施。

6. 对中国认证认可协会开展专项现场检查

根据《质检总局关于严肃落实巡视整改要求立即对挂靠总局社团组织开展专项检查的通知》（国质检财函〔2016〕286号）要求，对中国认证认可协会是否存在“摊派会费”“拉赞助”“搞创收”情况进行了专项检查，完成《中国认证认可协会专项检查报告》并上报总局。

7. 认真完成财务报表及相关材料的汇总编报工作

每月汇总、上报所属企业落实党风廉政建设巡视整改工作进度和整改工作情况。按时完成委机关部门决算、住房改革支出决算及结转结余资金决算工作。组织系统各单位按时按质完成2015年度部门决算、固定资产投资决算、政府采购计划和执行情况统计报表、行政事业单位资产年报、企业决算、企业快报、事业单位月度财务分析表等多类财务报表的编报任务，不断提高财务信息管理水平。

（八）加强自身建设，提升队伍战斗力

紧扣“三严三实”、“两学一做”专题教育活动，联系财务、内审工作实际，通过支部学习、部室业务学习、办培训班、参加内审培训、修改委机关财务人员分工表、岗位职责、日常工作内容及程序等多种方式，进一步严肃纪律，严格管理，强化工作能力，提高专业素质，进一步提升财务、内审工作质量和管理水平。

六、认监委机关服务保障工作

（一）抓好后勤服务，提高支持保障能力

1. 固定资产管理方面

认真做好资产出入库登记、清查盘点、资产报废等工作，重点落实委党组民主生活会关于加快资产更新报废的要求。与委财务部核对固定资产账目，盘点机关职工使用资产，开展资产清查工作。

2. 政府采购方面

根据委机关各部门《固定资产需求表》填报需求，精细编报预算，规范采购程序，严格执行采购计划，会同科标部、财务部完成《中华人民共和国出入境检验检疫行业标准》出版印刷的招标工作。

3. 办公用品发放方面

在保障委机关职工办公用品及时领用下，充分利用服务窗口优势，开展服务满意度问卷调查，主动接受监督，增强服务的规范化和透明度，听取意见、改进作风，提高服务质量和群众满意度。2016年，回收服务满意度调查问卷20余份，综合满意度达到98%。

4. 办公用房方面

根据质检总局和认监委要求，服务中心配合认监委办公室开展办公用房全面清理调整工作。一是重新修订了各部室办公用房使用整改情况表，将原来超标的38人办公面积重新核算，并调换办公室。二是修改超标人员所属楼层的CAD图。三是将各部室借调人员分配到相应办公室，但不占办公室面积（之前借调人员不算在办公室调整范围）。四是重新调整登记服务用房65间，办公用房60间，涉及办公用房使用面积

2 080.53m^2，服务用房使用面积为 2 385.7m^2，认监委编制内人员现有办公用房面积 2 072.69m^2，除一名处以下人员面积超 1.52m^2 外（经请示总局暂不作调整），其余房间均符合有关规定，无回调反弹现象。

5. 住房管理方面

在做好提职职工住房补贴变更上报、2015 年度住房补贴决算等经常性工作的同时，积极推进认监委职工住房配租配售工作。自 2 月份起，对委机关职工住房情况数据进行了细致审核并上报总局；组织机关职工赴房源地实地考察；对配售配租工作中职工错报、漏报的信息补充修改，扎实推进职工住房配售配租工作。2016 年，委机关 48 名职工参加此次配租配售，7 人因个人原因放弃选房资格，41 名职工通过审核获得配租配售资格，其中 37 人取得配售住房，4 人取得配租住房。

6. 会务承办方面

注重加强与办会部门的协调对接，认真做好大型会议的会费预算、会场布置、住宿餐饮、车辆调度、后勤服务等工作。2016 年，服务中心全力保障全国认证认可大会、认监委直属机关第二次代表大会和认监委机关党委“七一”“两优一先”表彰大会等多次会议会务。为保证会议高质量召开，中心本着“负责、精细、优质、高效”的原则，对在外召开的会议精心选择会址，多次实地考察，统筹安排会议交通；对在办公楼内召开的会议，调试音响，协调与会代表用餐，用专业负责精神高标准做好会议服务保障。

7. 票务管理方面

2016 年，在保证机关职工公务机票订购的同时完善更新了机关职工机票订购人员名单、身份证号和护照信息。重点整改落实机关职工反应个别机票订购价格偏高、办理不及时等问题，经查找原因，解除与原机构订购代理商合作关系，重新联系洽谈另一家具有政府采购资质的机票订购代理商，通过近 2 个月在价格以及服务方面试用，最终确定与该代理商合作，为机关职工在公务机票订购方面提供优质的服务。

（二）抓好标志发放管理，提升企业满意度

2016 年，标志中心紧密围绕“简政放权、放管结合、优化服务”工作思路，不断推进重点业务纵深开展。

印刷 / 模压受理订单 2.13 万家，认证证书约 10.57 万份，发放批准通知书约 5.41 万份，标志批准通知书发放量较 2015 年同期下降 49.76%。印刷 / 模压受理获证企业约 2 万家，认证证书约 9.8 万份，发放批准通知书约 5 万份，标志批准通知书发放量较 2015 年同期下降 50.15%。

1. 加强信息化建设

一是充分开发利用好标志发放管理系统平台（二期），不断整合改进操作技术，打造出集成业务发放审批、财务管理、内部质控、系统监管、退换标志、客户服务为一体的多功能管理平台，以信息化手段推进标志中心持续发展。二是充分推广标志 / 非标企业端，让获证企业实现在线提交申请，业务进度查询、账务核对、批准通知书下载等功能。

2. 持续推进“一站式”服务

通过三年的实践摸索，标志中心建立 3 种“一站式”服务模式，均取得较好实际效果。截至 2016 年年底，标志中心与 21 家认证机构签订了“一站式”服务合作协议，明确了对口联系人，协议签署率达到 87.5%，各机构累计“一站式”颁发标志批准书 6 254 份。

3. 有效开展标准标志改版

成立了由标志中心、路桥质检印务公司、信息中心及认证机构代表组成的标志改版小组。并在 2015 年标志改版调研基础上，拟定多套标准标志改版方案，择优报于认证部。优选的标志改版方案解决了 2005 版标志随机码查询中认证标志一撕即毁的问题；标志查询更加便捷，信息获取更加直接。查询者直接扫码即可获取到多重信息。同时，认证标志可为企业实现增值服务，即实现企业产品信息的数据回流，通过对标志“一品一码”的发放和备案管理，完善产品追踪、溯源和防伪三部分内容，为企业释放更多的红利。

4. 积极落实“放管服”要求

一是《目录》内产品认证标志备案的审核标准，向降低企业成本倾斜。二是向标志备案时间要效益，向标志备案的效率要效益。三是向标志管理要便捷，为企业“去门槛、强服务”。四是加强与分中心、与认证机构的横向联系，突出标志管理工作重点。五是规范自身定价行为，明确费用监督，确保费用透明。六是借助系统平台，发挥标志管理职能，为各方提供标志管理信息。

（三）抓好物业管理，提升服务驻楼单位能力

1. 加强制度建设，规范内部管理

中认物业不断推进制度建设，规范管理行为。一是在 ISO 9001 质量管理体系基础上完成了 ISO 14001 环境管理体系、OHSAS 18001 职业健康安全管理体系认证，并聘请专业老师对公司各部门管理人员进行了体系文

件及管理能力培训工作。二是修订完善规章制度，各岗位签订安全责任书，落实岗位职责，完善竞聘制度用人机制，用制度管人、用制度做事。

2. 突出安全建设，确保一方平安

一是加强消防安全管理。加强消防安全管理及加强消防管理培训，突出抓好消防安全检查防范于未然，三个项目不定期开展全方位安全自查，清除隐患、不留死角；与驻楼单位签订《消防安全协议书》，与各部门签订《安全管理责任书》，将安全工作重要性层层传导；组织员工开展消防安全知识培训考核；聘请消防支队警官现场讲解消防知识和实操演练；制定日常巡检制度和应急管理预案，及时应对突发事件，截至2016年年底，共处理突发事件10次（绿化带火情处理、雨季排水处理、园区树木倾倒处理等），及时排除了安全隐患避免了安全事故的发生，得到了客户的好评。二是加强设备设施安全管理。物业对三个项目部的设备设施清查建档，对低压配电设备进行清扫，排查驻楼单位的办公用电，消除安全隐患确保安全；夏冬季节来临前对空调系统进行清洗保养；对楼宇外立面进行清洗，三个项目餐厅多次对厨房排烟系统进行清理，定期检查燃气系统，有效保障了物业所管楼宇设备设施的安全运行。

3. 提高餐饮质量，提升服务竞争力

提升饭菜质量，满足客户需求，完善服务细节，为客户提供满意服务。中认物业以服务对象需求为关注点，三个项目餐饮部与客户进行座谈和定期走访，征求客户意见和建议，及时改进菜品，提升了顾客对餐饮食品的满意度。为了持续改进餐饮饭菜，餐厅通过外聘专业厨师传授餐饮制作经验，创新菜品，推出适合大众口味的菜品。优化就餐环境，举办各种特色小吃及节日活动等，不断提升物业餐饮服务质量和保障能力。

（四）抓好酒店管理，提升经营管理水平

1. 完善规章制度，规范酒店管理

中认泰华酒店自2015年年底试营业以来，各项工作逐渐步入正轨，2016年，结合酒店实际及发展目标，制定了岗位职责、调整了用工制度、编写了员工手册、印发了绩效考核办法、薪酬管理办法、布草用品用具管理办法，同时为酒店分别投保了“公众责任险”和“团体意外伤害险”，规范酒店管理，也保障了客户的人身安全。为确保酒店经营工作的规范性，分别办理《食品流通许可证》、《酒水经营备案证》、《停车场经营备案证》等各类证照；变更电梯产权及使用权手续和歌华有线注册名称；稳妥处理与关联单位及物业公司关系，营造和谐工作氛围。

2. 开拓经营思路，提高经营业绩

积极分析经营形势，根据市场变化调整经营思路，扩宽业务范围，稳扎稳打实现客房收入逐月提高。截至目前，酒店入住率达到83.28%，酒店营业总收入达到预期目标。

3. 功能化改造，促酒店转型

为了开拓经营市场，拓展利润空间，中认泰华拟申请会议定点政府采购协议单位，为满足相应的审批条件，重新规划酒店格局，重点将地下一层作为会议服务功能区，重新布局地下室、整合员工宿舍，将地下室东北侧空间改造成会议室，同时还修缮客房、改造二层会议室和停车场等配套服务设施，提升酒店核心竞争力，力促酒店由经济型向综合商务型转型。

4. 提升会议服务能力，做好会议承接工作

2016年，中认泰华着重提升专业服务能力，力求在会议接待、服务上有进一步提高，虚心向优秀同行学习，11月，中认泰华派出会议服务骨干赴金台饭店开展为期7天的专业会议服务学习，并取得满意效果。在加强服务技能提升的同时，也注重提升会议承办水平。

国家认监委办公室　供稿

2017

Yearbook of Certification and Accreditation of China

第二十部分　法　规

Part Twenty　Regulations

中华人民共和国认证认可条例

第一章　总则

第一条　为了规范认证认可活动，提高产品、服务的质量和管理水平，促进经济和社会的发展，制定本条例。

第二条　本条例所称认证，是指由认证机构证明产品、服务、管理体系符合相关技术规范、相关技术规范的强制性要求或者标准的合格评定活动。

本条例所称认可，是指由认可机构对认证机构、检查机构、实验室以及从事评审、审核等认证活动人员的能力和执业资格，予以承认的合格评定活动。

第三条　在中华人民共和国境内从事认证认可活动，应当遵守本条例。

第四条　国家实行统一的认证认可监督管理制度。

国家对认证认可工作实行在国务院认证认可监督管理部门统一管理、监督和综合协调下，各有关方面共同实施的工作机制。

第五条　国务院认证认可监督管理部门应当依法对认证培训机构、认证咨询机构的活动加强监督管理。

第六条　认证认可活动应当遵循客观独立、公开公正、诚实信用的原则。

第七条　国家鼓励平等互利地开展认证认可国际互认活动。认证认可国际互认活动不得损害国家安全和社会公共利益。

第八条　从事认证认可活动的机构及其人员，对其所知悉的国家秘密和商业秘密负有保密义务。

第二章　认证机构

第九条　取得认证机构资质，应当经国务院认证认可监督管理部门批准，并在批准范围内从事认证活动。

未经批准，任何单位和个人不得从事认证活动。

第十条　取得认证机构资质，应当符合下列条件：

(一)取得法人资格；

(二)有固定的场所和必要的设施；

(三)有符合认证认可要求的管理制度；

(四)注册资本不得少于人民币300万元；

(五)有10名以上相应领域的专职认证人员。

从事产品认证活动的认证机构，还应当具备与从事相关产品认证活动相适应的检测、检查等技术能力。

第十一条　外商投资企业取得认证机构资质，除应当符合本条例第十条规定的条件外，还应当符合下列条件：

(一)外方投资者取得其所在国家或者地区认可机构的认可；

(二)外方投资者具有3年以上从事认证活动的业务经历。

外商投资企业取得认证机构资质的申请、批准和登记，还应当符合有关外商投资法律、行政法规和国家有关规定。

第十二条　认证机构资质的申请和批准程序：

(一)认证机构资质的申请人，应当向国务院认证认可监督管理部门提出书面申请，并提交符合本条例第十条规定条件的证明文件；

(二)国务院认证认可监督管理部门自受理认证机构资质申请之日起45日内，应当作出是否批准的决定。涉及国务院有关部门职责的，应当征求国务院有关部门的意见。决定批准的，向申请人出具批准文件，决定不予批准的，应当书面通知申请人，并说明理由。

国务院认证认可监督管理部门应当公布依法取得认证机构资质的企业名录。

第十三条　境外认证机构在中华人民共和国境内设立代表机构，须向工商行政管理部门依法办理登记手续后，方可从事与所从属机构的业务范围相关的推广活动，但不得从事认证活动。

境外认证机构在中华人民共和国境内设立代表机构的登记，按照有关外商投资法律、行政法规和国家有关规定办理。

第十四条　认证机构不得与行政机关存在利益关系。

认证机构不得接受任何可能对认证活动的客观公正产生影响的资助；不得从事任何可能对认证活动的客观公正产生影响的产品开发、营销等活动。

认证机构不得与认证委托人存在资产、管理方面的利益关系。

第十五条　认证人员从事认证活动，应当在一个认证机构执业，不得同时在两个以上认证机构执业。

第十六条　向社会出具具有证明作用的数据和结果的检查机构、实验室，应当具备有关法律、行政法规规定的基本条件和能力，并依法经认定后，方可从事相应活动，认定结果由国务院认证认可监督管理部门公布。

第三章　认证

第十七条　国家根据经济和社会发展的需要，推行产品、服务、管理体系认证。

第十八条　认证机构应当按照认证基本规范、认证规则从事认证活动。认证基本规范、认证规则由国务院认证认可监督管理部门制定；涉及国务院有关部门职责的，国务院认证认可监督管理部门应当会同国务院有关部门制定。

属于认证新领域，前款规定的部门尚未制定认证规则的，认证机构可以自行制定认证规则，并报国务院认证认可监督管理部门备案。

第十九条　任何法人、组织和个人可以自愿委托依法设立的认证机构进行产品、服务、管理体系认证。

第二十条　认证机构不得以委托人未参加认证咨询或者认证培训等为理由，拒绝提供本认证机构业务范围内的认证服务，也不得向委托人提出与认证活动无关的要求或者限制条件。

第二十一条　认证机构应当公开认证基本规范、认证规则、收费标准等信息。

第二十二条　认证机构以及与认证有关的检查机构、实验室从事认证以及与认证有关的检查、检测活动，应当完成认证基本规范、认证规则规定的程序，确保认证、检查、检测的完整、客观、真实，不得增加、减少、遗漏程序。

认证机构以及与认证有关的检查机构、实验室应当对认证、检查、检测过程作出完整记录，归档留存。

第二十三条　认证机构及其认证人员应当及时作出认证结论，并保证认证结论的客观、真实。认证结论经认证人员签字后，由认证机构负责人签署。

认证机构及其认证人员对认证结果负责。

第二十四条　认证结论为产品、服务、管理体系符合认证要求的，认证机构应当及时向委托人出具认证证书。

第二十五条　获得认证证书的，应当在认证范围内使用认证证书和认证标志，不得利用产品、服务认证证书、认证标志和相关文字、符号，误导公众认为其管理体系已通过认证，也不得利用管理体系认证证书、认证标志和相关文字、符号，误导公众认为其产品、服务已通过认证。

第二十六条　认证机构可以自行制定认证标志。认证机构自行制定的认证标志的式样、文字和名称，不得违反法律、行政法规的规定，不得与国家推行的认证标志相同或者近似，不得妨碍社会管理，不得有损社会道德风尚。

第二十七条　认证机构应当对其认证的产品、服务、管理体系实施有效的跟踪调查，认证的产品、服务、管理体系不能持续符合认证要求的，认证机构应当暂停其使用直至撤销认证证书，并予公布。

第二十八条　为了保护国家安全、防止欺诈行为、保护人体健康或者安全、保护动植物生命或者健康、保护环境，国家规定相关产品必须经过认证的，应当经过认证并标注认证标志后，方可出厂、销售、进口或者在其他经营活动中使用。

第二十九条　国家对必须经过认证的产品，统一产品目录，统一技术规范的强制性要求、标准和合格评定程序，统一标志，统一收费标准。

统一的产品目录（以下简称目录）由国务院认证认可监督管理部门会同国务院有关部门制定、调整，由国务院认证认可监督管理部门发布，并会同有关方面共同实施。

第三十条　列入目录的产品，必须经国务院认证认可监督管理部门指定的认证机构进行认证。

列入目录产品的认证标志，由国务院认证认可监督管理部门统一规定。

第三十一条　列入目录的产品，涉及进出口商品检验目录的，应当在进出口商品检验时简化检验手续。

第三十二条　国务院认证认可监督管理部门指定的从事列入目录产品认证活动的认证机构以及与认证有关的检查机构、实验室（以下简称指定的认证机构、检查机构、实验室），应当是长期从事相关业务、无不良记录，且已经依照本条例的规定取得认可、具备从事相关认证活动能力的机构。国务院认证认可监督管理部门指定从事列入目录产品认证活动的认证机构，应当确保在每一列入目录产品领域至少指定两家符合本条例规定条件的机构。

国务院认证认可监督管理部门指定前款规定的认证机构、检查机构、实验室，应当事先公布有关信息，并组织在相关领域公认的专家组成专家评审委员会，对符合前款规定要求的认证机构、检查机构、实验室进行评审；经评审并征求国务院有关部门意见后，按照资源合理利用、公平竞争和便利、有效的原则，在公布的时间内作出决定。

第三十三条 国务院认证认可监督管理部门应当公布指定的认证机构、检查机构、实验室名录及指定的业务范围。

未经指定，任何机构不得从事列入目录产品的认证以及与认证有关的检查、检测活动。

第三十四条 列入目录产品的生产者或者销售者、进口商，均可自行委托指定的认证机构进行认证。

第三十五条 指定的认证机构、检查机构、实验室应当在指定业务范围内，为委托人提供方便、及时的认证、检查、检测服务，不得拖延，不得歧视、刁难委托人，不得牟取不当利益。

指定的认证机构不得向其他机构转让指定的认证业务。

第三十六条 指定的认证机构、检查机构、实验室开展国际互认活动，应当在国务院认证认可监督管理部门或者经授权的国务院有关部门对外签署的国际互认协议框架内进行。

第四章 认可

第三十七条 国务院认证认可监督管理部门确定的认可机构(以下简称认可机构)，独立开展认可活动。

除国务院认证认可监督管理部门确定的认可机构外，其他任何单位不得直接或者变相从事认可活动。其他单位直接或者变相从事认可活动的，其认可结果无效。

第三十八条 认证机构、检查机构、实验室可以通过认可机构的认可，以保证其认证、检查、检测能力持续、稳定地符合认可条件。

第三十九条 从事评审、审核等认证活动的人员，应当经认可机构注册后，方可从事相应的认证活动。

第四十条 认可机构应当具有与其认可范围相适应的质量体系，并建立内部审核制度，保证质量体系的有效实施。

第四十一条 认可机构根据认可的需要，可以选聘从事认可评审活动的人员。从事认可评审活动的人员应当是相关领域公认的专家，熟悉有关法律、行政法规以及认可规则和程序，具有评审所需要的良好品德、专业知识和业务能力。

第四十二条 认可机构委托他人完成与认可有关的具体评审业务的，由认可机构对评审结论负责。

第四十三条 认可机构应当公开认可条件、认可程序、收费标准等信息。

认可机构受理认可申请，不得向申请人提出与认可活动无关的要求或者限制条件。

第四十四条 认可机构应当在公布的时间内，按照国家标准和国务院认证认可监督管理部门的规定，完成对认证机构、检查机构、实验室的评审，作出是否给予认可的决定，并对认可过程作出完整记录，归档留存。认可机构应当确保认可的客观公正和完整有效，并对认可结论负责。

认可机构应当向取得认可的认证机构、检查机构、实验室颁发认可证书，并公布取得认可的认证机构、检查机构、实验室名录。

第四十五条 认可机构应当按照国家标准和国务院认证认可监督管理部门的规定，对从事评审、审核等认证活动的人员进行考核，考核合格的，予以注册。

第四十六条 认可证书应当包括认可范围、认可标准、认可领域和有效期限。

第四十七条 取得认可的机构应当在取得认可的范围内使用认可证书和认可标志。取得认可的机构不当使用认可证书和认可标志的，认可机构应当暂停其使用直至撤销认可证书，并予公布。

第四十八条 认可机构应当对取得认可的机构和人员实施有效的跟踪监督，定期对取得认可的机构进行复评审，以验证其是否持续符合认可条件。取得认可的机构和人员不再符合认可条件的，认可机构应当撤销认可证书，并予公布。

取得认可的机构的从业人员和主要负责人、设施、自行制定的认证规则等与认可条件相关的情况发生变化的，应当及时告知认可机构。

第四十九条 认可机构不得接受任何可能对认可活动的客观公正产生影响的资助。

第五十条 境内的认证机构、检查机构、实验室取得境外认可机构认可的，应当向国务院认证认可监督管理部门备案。

第五章 监督管理

第五十一条 国务院认证认可监督管理部门可以采取组织同行评议，向被认证企业征求意见，对认证活动和认证结果进行抽查，要求认证机构以及与认证有关的检查机构、实验室报告业务活动情况的方式，对其遵守本条例的情况进行监督。发现有违反本条例行为的，应当及时查处，涉及国务院有关部门职责的，应当及时通报有关部门。

第五十二条　国务院认证认可监督管理部门应当重点对指定的认证机构、检查机构、实验室进行监督，对其认证、检查、检测活动进行定期或者不定期的检查。指定的认证机构、检查机构、实验室，应当定期向国务院认证认可监督管理部门提交报告，并对报告的真实性负责；报告应当对从事列入目录产品认证、检查、检测活动的情况作出说明。

第五十三条　认可机构应当定期向国务院认证认可监督管理部门提交报告，并对报告的真实性负责；报告应当对认可机构执行认可制度的情况、从事认可活动的情况、从业人员的工作情况作出说明。

国务院认证认可监督管理部门应当对认可机构的报告作出评价，并采取查阅认可活动档案资料、向有关人员了解情况等方式，对认可机构实施监督。

第五十四条　国务院认证认可监督管理部门可以根据认证认可监督管理的需要，就有关事项询问认可机构、认证机构、检查机构、实验室的主要负责人，调查了解情况，给予告诫，有关人员应当积极配合。

第五十五条　县级以上地方人民政府质量技术监督部门和国务院质量监督检验检疫部门设在地方的出入境检验检疫机构，在国务院认证认可监督管理部门的授权范围内，依照本条例的规定对认证活动实施监督管理。

国务院认证认可监督管理部门授权的县级以上地方人民政府质量技术监督部门和国务院质量监督检验检疫部门设在地方的出入境检验检疫机构，统称地方认证监督管理部门。

第五十六条　任何单位和个人对认证认可违法行为，有权向国务院认证认可监督管理部门和地方认证监督管理部门举报。国务院认证认可监督管理部门和地方认证监督管理部门应当及时调查处理，并为举报人保密。

第六章　法律责任

第五十七条　未经批准擅自从事认证活动的，予以取缔，处10万元以上50万元以下的罚款，有违法所得的，没收违法所得。

第五十八条　境外认证机构未经登记在中华人民共和国境内设立代表机构的，予以取缔，处5万元以上20万元以下的罚款。

经登记设立的境外认证机构代表机构在中华人民共和国境内从事认证活动的，责令改正，处10万元以上50万元以下的罚款，有违法所得的，没收违法所得；情节严重的，撤销批准文件，并予公布。

第五十九条　认证机构接受可能对认证活动的客观公正产生影响的资助，或者从事可能对认证活动的客观公正产生影响的产品开发、营销等活动，或者与认证委托人存在资产、管理方面的利益关系的，责令停业整顿；情节严重的，撤销批准文件，并予公布；有违法所得的，没收违法所得；构成犯罪的，依法追究刑事责任。

第六十条　认证机构有下列情形之一的，责令改正，处5万元以上20万元以下的罚款，有违法所得的，没收违法所得；情节严重的，责令停业整顿，直至撤销批准文件，并予公布：

（一）超出批准范围从事认证活动的；

（二）增加、减少、遗漏认证基本规范、认证规则规定的程序的；

（三）未对其认证的产品、服务、管理体系实施有效的跟踪调查，或者发现其认证的产品、服务、管理体系不能持续符合认证要求，不及时暂停其使用或者撤销认证证书并予公布的；

（四）聘用未经认可机构注册的人员从事认证活动的。

与认证有关的检查机构、实验室增加、减少、遗漏认证基本规范、认证规则规定的程序的，依照前款规定处罚。

第六十一条　认证机构有下列情形之一的，责令限期改正；逾期未改正的，处2万元以上10万元以下的罚款：

（一）以委托人未参加认证咨询或者认证培训等为理由，拒绝提供本认证机构业务范围内的认证服务，或者向委托人提出与认证活动无关的要求或者限制条件的；

（二）自行制定的认证标志的式样、文字和名称，与国家推行的认证标志相同或者近似，或者妨碍社会管理，或者有损社会道德风尚的；

（三）未公开认证基本规范、认证规则、收费标准等信息的；

（四）未对认证过程作出完整记录，归档留存的；

（五）未及时向其认证的委托人出具认证证书的。

与认证有关的检查机构、实验室未对与认证有关的检查、检测过程作出完整记录，归档留存的，依照前款规定处罚。

第六十二条　认证机构出具虚假的认证结论，或者出具的认证结论严重失实的，撤销批准文件，并予公布；对直接负责的主管人员和负有直接责任的认证人员，撤销其执业资格；构成犯罪的，依法追究刑事责任；造成损害的，认证机构应当承担相应的赔偿责任。

指定的认证机构有前款规定的违法行为的，同时撤销指定。

第六十三条　认证人员从事认证活动，不在认证机构执业或者同时在两个以上认证机构执业的，责令改正，给予停止执业6个月以上2年以下的处罚，仍不改正的，撤销其执业资格。

第六十四条　认证机构以及与认证有关的检查机构、实验室未经指定擅自从事列入目录产品的认证以及与认证有关的检查、检测活动的，责令改正，处10万元以上50万元以下的罚款，有违法所得的，没收违法所得。

认证机构未经指定擅自从事列入目录产品的认证活动的，撤销批准文件，并予公布。

第六十五条　指定的认证机构、检查机构、实验室超出指定的业务范围从事列入目录产品的认证以及与认证有关的检查、检测活动的，责令改正，处10万元以上50万元以下的罚款，有违法所得的，没收违法所得；情节严重的，撤销指定直至撤销批准文件，并予公布。

指定的认证机构转让指定的认证业务的，依照前款规定处罚。

第六十六条　认证机构、检查机构、实验室取得境外认可机构认可，未向国务院认证认可监督管理部门备案的，给予警告，并予公布。

第六十七条　列入目录的产品未经认证，擅自出厂、销售、进口或者在其他经营活动中使用的，责令改正，处5万元以上20万元以下的罚款，有违法所得的，没收违法所得。

第六十八条　认可机构有下列情形之一的，责令改正；情节严重的，对主要负责人和负有责任的人员撤职或者解聘：

（一）对不符合认可条件的机构和人员予以认可的；

（二）发现取得认可的机构和人员不符合认可条件，不及时撤销认可证书，并予公布的；

（三）接受可能对认可活动的客观公正产生影响的资助的。

被撤职或者解聘的认可机构主要负责人和负有责任的人员，自被撤职或者解聘之日起5年内不得从事认可活动。

第六十九条　认可机构有下列情形之一的，责令改正；对主要负责人和负有责任的人员给予警告：

（一）受理认可申请，向申请人提出与认可活动无关的要求或者限制条件的；

（二）未在公布的时间内完成认可活动，或者未公开认可条件、认可程序、收费标准等信息的；

（三）发现取得认可的机构不当使用认可证书和认可标志，不及时暂停其使用或者撤销认可证书并予公布的；

（四）未对认可过程作出完整记录，归档留存的。

第七十条　国务院认证认可监督管理部门和地方认证监督管理部门及其工作人员，滥用职权、徇私舞弊、玩忽职守，有下列行为之一的，对直接负责的主管人员和其他直接责任人员，依法给予降级或者撤职的行政处分；构成犯罪的，依法追究刑事责任：

（一）不按照本条例规定的条件和程序，实施批准和指定的；

（二）发现认证机构不再符合本条例规定的批准或者指定条件，不撤销批准文件或者指定的；

（三）发现指定的检查机构、实验室不再符合本条例规定的指定条件，不撤销指定的；

（四）发现认证机构以及与认证有关的检查机构、实验室出具虚假的认证以及与认证有关的检查、检测结论或者出具的认证以及与认证有关的检查、检测结论严重失实，不予查处的；

（五）发现本条例规定的其他认证认可违法行为，不予查处的。

第七十一条　伪造、冒用、买卖认证标志或者认证证书的，依照《中华人民共和国产品质量法》等法律的规定查处。

第七十二条　本条例规定的行政处罚，由国务院认证认可监督管理部门或者其授权的地方认证监督管理部门按照各自职责实施。法律、其他行政法规另有规定的，依照法律、其他行政法规的规定执行。

第七十三条　认证人员自被撤销执业资格之日起5年内，认可机构不再受理其注册申请。

第七十四条　认证机构未对其认证的产品实施有效的跟踪调查，或者发现其认证的产品不能持续符合认证要求，不及时暂停或者撤销认证证书和要求其停止使用认证标志给消费者造成损失的，与生产者、销售者承担连带责任。

第七章　附　　则

第七十五条　药品生产、经营企业质量管理规范认证，实验动物质量合格认证，军工产品的认证，以及从事军工产品校准、检测的实验室及其人员的认可，不适用本条例。

依照本条例经批准的认证机构从事矿山、危险化学品、烟花爆竹生产经营单位管理体系认证，由国务院安全生产监督管理部门结合安全生产的特殊要求组织；

从事矿山、危险化学品、烟花爆竹生产经营单位安全生产综合评价的认证机构，经国务院安全生产监督管理部门推荐，方可取得认可机构的认可。

第七十六条　认证认可收费，应当符合国家有关价格法律、行政法规的规定。

第七十七条　认证培训机构、认证咨询机构的管理办法由国务院认证认可监督管理部门制定。

第七十八条　本条例自2003年11月1日起施行。1991年5月7日国务院发布的《中华人民共和国产品质量认证管理条例》同时废止。

中华人民共和国食品安全法

第一章　总则

第一条　为了保证食品安全，保障公众身体健康和生命安全，制定本法。

第二条　在中华人民共和国境内从事下列活动，应当遵守本法：

（一）食品生产和加工（以下称食品生产），食品销售和餐饮服务（以下称食品经营）；

（二）食品添加剂的生产经营；

（三）用于食品的包装材料、容器、洗涤剂、消毒剂和用于食品生产经营的工具、设备（以下称食品相关产品）的生产经营；

（四）食品生产经营者使用食品添加剂、食品相关产品；

（五）食品的贮存和运输；

（六）对食品、食品添加剂、食品相关产品的安全管理。

供食用的源于农业的初级产品（以下称食用农产品）的质量安全管理，遵守《中华人民共和国农产品质量安全法》的规定。但是，食用农产品的市场销售、有关质量安全标准的制定、有关安全信息的公布和本法对农业投入品作出规定的，应当遵守本法的规定。

第三条　食品安全工作实行预防为主、风险管理、全程控制、社会共治，建立科学、严格的监督管理制度。

第四条　食品生产经营者对其生产经营食品的安全负责。

食品生产经营者应当依照法律、法规和食品安全标准从事生产经营活动，保证食品安全，诚信自律，对社会和公众负责，接受社会监督，承担社会责任。

第五条　国务院设立食品安全委员会，其职责由国务院规定。

国务院食品药品监督管理部门依照本法和国务院规定的职责，对食品生产经营活动实施监督管理。

国务院卫生行政部门依照本法和国务院规定的职责，组织开展食品安全风险监测和风险评估，会同国务院食品药品监督管理部门制定并公布食品安全国家标准。

国务院其他有关部门依照本法和国务院规定的职责，承担有关食品安全工作。

第六条　县级以上地方人民政府对本行政区域的食品安全监督管理工作负责，统一领导、组织、协调本行政区域的食品安全监督管理工作以及食品安全突发事件应对工作，建立健全食品安全全程监督管理工作机制和信息共享机制。

县级以上地方人民政府依照本法和国务院的规定，确定本级食品药品监督管理、卫生行政部门和其他有关部门的职责。有关部门在各自职责范围内负责本行政区域的食品安全监督管理工作。

县级人民政府食品药品监督管理部门可以在乡镇或者特定区域设立派出机构。

第七条　县级以上地方人民政府实行食品安全监督管理责任制。上级人民政府负责对下一级人民政府的食品安全监督管理工作进行评议、考核。县级以上地方人民政府负责对本级食品药品监督管理部门和其他有关部门的食品安全监督管理工作进行评议、考核。

第八条　县级以上人民政府应当将食品安全工作纳入本级国民经济和社会发展规划，将食品安全工作经费列入本级政府财政预算，加强食品安全监督管理能力建设，为食品安全工作提供保障。

县级以上人民政府食品药品监督管理部门和其他有关部门应当加强沟通、密切配合，按照各自职责分工，依法行使职权，承担责任。

第九条　食品行业协会应当加强行业自律，按照章程建立健全行业规范和奖惩机制，提供食品安全信息、技术等服务，引导和督促食品生产经营者依法生产经营，推动行业诚信建设，宣传、普及食品安全知识。

消费者协会和其他消费者组织对违反本法规定，损害消费者合法权益的行为，依法进行社会监督。

第十条　各级人民政府应当加强食品安全的宣传教育，普及食品安全知识，鼓励社会组织、基层群众性自治组织、食品生产经营者开展食品安全法律、法规以及食品安全标准和知识的普及工作，倡导健康的饮食方式，增强消费者食品安全意识和自我保护能力。

新闻媒体应当开展食品安全法律、法规以及食品安全标准和知识的公益宣传，并对食品安全违法行为进行舆论监督。有关食品安全的宣传报道应当真实、公正。

第十一条　国家鼓励和支持开展与食品安全有关的基础研究、应用研究，鼓励和支持食品生产经营者为提高食品安全水平采用先进技术和先进管理规范。

国家对农药的使用实行严格的管理制度，加快淘汰剧毒、高毒、高残留农药，推动替代产品的研发和应用，鼓励使用高效低毒低残留农药。

第十二条　任何组织或者个人有权举报食品安全违法行为，依法向有关部门了解食品安全信息，对食品安全监督管理工作提出意见和建议。

第十三条　对在食品安全工作中做出突出贡献的单位和个人，按照国家有关规定给予表彰、奖励。

第二章　食品安全风险监测和评估

第十四条　国家建立食品安全风险监测制度，对食源性疾病、食品污染以及食品中的有害因素进行监测。

国务院卫生行政部门会同国务院食品药品监督管理、质量监督等部门，制定、实施国家食品安全风险监测计划。

国务院食品药品监督管理部门和其他有关部门获知有关食品安全风险信息后，应当立即核实并向国务院卫生行政部门通报。对有关部门通报的食品安全风险信息以及医疗机构报告的食源性疾病等有关疾病信息，国务院卫生行政部门应当会同国务院有关部门分析研究，认为必要的，及时调整国家食品安全风险监测计划。

省、自治区、直辖市人民政府卫生行政部门会同同级食品药品监督管理、质量监督等部门，根据国家食品安全风险监测计划，结合本行政区域的具体情况，制定、调整本行政区域的食品安全风险监测方案，报国务院卫生行政部门备案并实施。

第十五条　承担食品安全风险监测工作的技术机构应当根据食品安全风险监测计划和监测方案开展监测工作，保证监测数据真实、准确，并按照食品安全风险监测计划和监测方案的要求报送监测数据和分析结果。

食品安全风险监测工作人员有权进入相关食用农产品种植养殖、食品生产经营场所采集样品、收集相关数据。采集样品应当按照市场价格支付费用。

第十六条　食品安全风险监测结果表明可能存在食品安全隐患的，县级以上人民政府卫生行政部门应当及时将相关信息通报同级食品药品监督管理等部门，并报告本级人民政府和上级人民政府卫生行政部门。食品药品监督管理等部门应当组织开展进一步调查。

第十七条　国家建立食品安全风险评估制度，运用科学方法，根据食品安全风险监测信息、科学数据以及有关信息，对食品、食品添加剂、食品相关产品中生物性、化学性和物理性危害因素进行风险评估。

国务院卫生行政部门负责组织食品安全风险评估工作，成立由医学、农业、食品、营养、生物、环境等方面的专家组成的食品安全风险评估专家委员会进行食品安全风险评估。食品安全风险评估结果由国务院卫生行政部门公布。

对农药、肥料、兽药、饲料和饲料添加剂等的安全性评估，应当有食品安全风险评估专家委员会的专家参加。

食品安全风险评估不得向生产经营者收取费用，采集样品应当按照市场价格支付费用。

第十八条　有下列情形之一的，应当进行食品安全风险评估：

（一）通过食品安全风险监测或者接到举报发现食品、食品添加剂、食品相关产品可能存在安全隐患的；

（二）为制定或者修订食品安全国家标准提供科学依据需要进行风险评估的；

（三）为确定监督管理的重点领域、重点品种需要进行风险评估的；

（四）发现新的可能危害食品安全因素的；

（五）需要判断某一因素是否构成食品安全隐患的；

（六）国务院卫生行政部门认为需要进行风险评估的其他情形。

第十九条　国务院食品药品监督管理、质量监督、农业行政等部门在监督管理工作中发现需要进行食品安全风险评估的，应当向国务院卫生行政部门提出食品安全风险评估的建议，并提供风险来源、相关检验数据和结论等信息、资料。属于本法第十八条规定情形的，国务院卫生行政部门应当及时进行食品安全风险评估，并向国务院有关部门通报评估结果。

第二十条　省级以上人民政府卫生行政、农业行政部门应当及时相互通报食品、食用农产品安全风险监测信息。

国务院卫生行政、农业行政部门应当及时相互通报食品、食用农产品安全风险评估结果等信息。

第二十一条　食品安全风险评估结果是制定、修订食品安全标准和实施食品安全监督管理的科学依据。

经食品安全风险评估，得出食品、食品添加剂、食品相关产品不安全结论的，国务院食品药品监督管理、质量监督等部门应当依据各自职责立即向社会公告，告知消费者停止食用或者使用，并采取相应措施，确保该食品、食品添加剂、食品相关产品停止生产经营；需要制定、修订相关食品安全国家标准的，国务院卫生行政部门应当会同国务院食品药品监督管理部门立即制定、修订。

第二十二条　国务院食品药品监督管理部门应当会同国务院有关部门，根据食品安全风险评估结果、食品安全监督管理信息，对食品安全状况进行综合分析。对经综合分析表明可能具有较高程度安全风险的食品，国务院食品药品监督管理部门应当及时提出食品安全风险警示，并向社会公布。

第二十三条　县级以上人民政府食品药品监督管理部门和其他有关部门、食品安全风险评估专家委员会及其技术机构，应当按照科学、客观、及时、公开的原则，组织食品生产经营者、食品检验机构、认证机构、食品行业协会、消费者协会以及新闻媒体等，就食品安全风险评估信息和食品安全监督管理信息进行交流沟通。

第三章　食品安全标准

第二十四条　制定食品安全标准，应当以保障公众身体健康为宗旨，做到科学合理、安全可靠。

第二十五条　食品安全标准是强制执行的标准。除食品安全标准外，不得制定其他食品强制性标准。

第二十六条　食品安全标准应当包括下列内容：

（一）食品、食品添加剂、食品相关产品中的致病性微生物，农药残留、兽药残留、生物毒素、重金属等污染物质以及其他危害人体健康物质的限量规定；

（二）食品添加剂的品种、使用范围、用量；

（三）专供婴幼儿和其他特定人群的主辅食品的营养成分要求；

（四）对与卫生、营养等食品安全要求有关的标签、标志、说明书的要求；

（五）食品生产经营过程的卫生要求；

（六）与食品安全有关的质量要求；

（七）与食品安全有关的食品检验方法与规程；

（八）其他需要制定为食品安全标准的内容。

第二十七条　食品安全国家标准由国务院卫生行政部门会同国务院食品药品监督管理部门制定、公布，国务院标准化行政部门提供国家标准编号。

食品中农药残留、兽药残留的限量规定及其检验方法与规程由国务院卫生行政部门、国务院农业行政部门会同国务院食品药品监督管理部门制定。

屠宰畜、禽的检验规程由国务院农业行政部门会同国务院卫生行政部门制定。

第二十八条　制定食品安全国家标准，应当依据食品安全风险评估结果并充分考虑食用农产品安全风险评估结果，参照相关的国际标准和国际食品安全风险评估结果，并将食品安全国家标准草案向社会公布，广泛听取食品生产经营者、消费者、有关部门等方面的意见。

食品安全国家标准应当经国务院卫生行政部门组织的食品安全国家标准审评委员会审查通过。食品安全国家标准审评委员会由医学、农业、食品、营养、生物、环境等方面的专家以及国务院有关部门、食品行业协会、消费者协会的代表组成，对食品安全国家标准草案的科学性和实用性等进行审查。

第二十九条　对地方特色食品，没有食品安全国家标准的，省、自治区、直辖市人民政府卫生行政部门可以制定并公布食品安全地方标准，报国务院卫生行政部门备案。食品安全国家标准制定后，该地方标准即行废止。

第三十条　国家鼓励食品生产企业制定严于食品安全国家标准或者地方标准的企业标准，在本企业适用，并报省、自治区、直辖市人民政府卫生行政部门备案。

第三十一条　省级以上人民政府卫生行政部门应当在其网站上公布制定和备案的食品安全国家标准、地方标准和企业标准，供公众免费查阅、下载。

对食品安全标准执行过程中的问题，县级以上人民政府卫生行政部门应当会同有关部门及时给予指导、解答。

第三十二条　省级以上人民政府卫生行政部门应当会同同级食品药品监督管理、质量监督、农业行政等部门，分别对食品安全国家标准和地方标准的执行情况进行跟踪评价，并根据评价结果及时修订食品安全标准。

省级以上人民政府食品药品监督管理、质量监督、农业行政等部门应当对食品安全标准执行中存在的问题进行收集、汇总，并及时向同级卫生行政部门通报。

食品生产经营者、食品行业协会发现食品安全标准在执行中存在问题的，应当立即向卫生行政部门报告。

第四章　食品生产经营

第一节　一般规定

第三十三条　食品生产经营应当符合食品安全标准，并符合下列要求：

（一）具有与生产经营的食品品种、数量相适应的食品原料处理和食品加工、包装、贮存等场所，保持该场所环境整洁，并与有毒、有害场所以及其他污染源保持规定的距离；

（二）具有与生产经营的食品品种、数量相适应的生产经营设备或者设施，有相应的消毒、更衣、盥洗、采光、照明、通风、防腐、防尘、防蝇、防鼠、防虫、洗涤以及处理废水、存放垃圾和废弃物的设备或者设施；

（三）有专职或者兼职的食品安全专业技术人员、食品安全管理人员和保证食品安全的规章制度；

（四）具有合理的设备布局和工艺流程，防止待加工食品与直接入口食品、原料与成品交叉污染，避免食品接触有毒物、不洁物；

（五）餐具、饮具和盛放直接入口食品的容器，使用前应当洗净、消毒，炊具、用具用后应当洗净，保持清洁；

（六）贮存、运输和装卸食品的容器、工具和设备应当安全、无害，保持清洁，防止食品污染，并符合保证食品安全所需的温度、湿度等特殊要求，不得将食品与有毒、有害物品一同贮存、运输；

（七）直接入口的食品应当使用无毒、清洁的包装材料、餐具、饮具和容器；

（八）食品生产经营人员应当保持个人卫生，生产经营食品时，应当将手洗净，穿戴清洁的工作衣、帽等；销售无包装的直接入口食品时，应当使用无毒、清洁的容器、售货工具和设备；

（九）用水应当符合国家规定的生活饮用水卫生标准；

（十）使用的洗涤剂、消毒剂应当对人体安全、无害；

（十一）法律、法规规定的其他要求。

非食品生产经营者从事食品贮存、运输和装卸的，应当符合前款第六项的规定。

第三十四条 禁止生产经营下列食品、食品添加剂、食品相关产品：

（一）用非食品原料生产的食品或者添加食品添加剂以外的化学物质和其他可能危害人体健康物质的食品，或者用回收食品作为原料生产的食品；

（二）致病性微生物，农药残留、兽药残留、生物毒素、重金属等污染物质以及其他危害人体健康的物质含量超过食品安全标准限量的食品、食品添加剂、食品相关产品；

（三）用超过保质期的食品原料、食品添加剂生产的食品、食品添加剂；

（四）超范围、超限量使用食品添加剂的食品；

（五）营养成分不符合食品安全标准的专供婴幼儿和其他特定人群的主辅食品；

（六）腐败变质、油脂酸败、霉变生虫、污秽不洁、混有异物、掺假掺杂或者感官性状异常的食品、食品添加剂；

（七）病死、毒死或者死因不明的禽、畜、兽、水产动物肉类及其制品；

（八）未按规定进行检疫或者检疫不合格的肉类，或者未经检验或者检验不合格的肉类制品；

（九）被包装材料、容器、运输工具等污染的食品、食品添加剂；

（十）标注虚假生产日期、保质期或者超过保质期的食品、食品添加剂；

（十一）无标签的预包装食品、食品添加剂；

（十二）国家为防病等特殊需要明令禁止生产经营的食品；

（十三）其他不符合法律、法规或者食品安全标准的食品、食品添加剂、食品相关产品。

第三十五条 国家对食品生产经营实行许可制度。从事食品生产、食品销售、餐饮服务，应当依法取得许可。但是，销售食用农产品，不需要取得许可。

县级以上地方人民政府食品药品监督管理部门应当依照《中华人民共和国行政许可法》的规定，审核申请人提交的本法第三十三条第一款第一项至第四项规定要求的相关资料，必要时对申请人的生产经营场所进行现场核查；对符合规定条件的，准予许可；对不符合规定条件的，不予许可并书面说明理由。

第三十六条 食品生产加工小作坊和食品摊贩等从事食品生产经营活动，应当符合本法规定的与其生产经营规模、条件相适应的食品安全要求，保证所生产经营的食品卫生、无毒、无害，食品药品监督管理部门应当对其加强监督管理。

县级以上地方人民政府应当对食品生产加工小作坊、食品摊贩等进行综合治理，加强服务和统一规划，改善其生产经营环境，鼓励和支持其改进生产经营条件，进入集中交易市场、店铺等固定场所经营，或者在指定的临时经营区域、时段经营。

食品生产加工小作坊和食品摊贩等的具体管理办法由省、自治区、直辖市制定。

第三十七条 利用新的食品原料生产食品，或者生产食品添加剂新品种、食品相关产品新品种，应当向国务院卫生行政部门提交相关产品的安全性评估材料。国务院卫生行政部门应当自收到申请之日起六十日内组织审查；对符合食品安全要求的，准予许可并公布；对不符合食品安全要求的，不予许可并书面说明理由。

第三十八条　生产经营的食品中不得添加药品，但是可以添加按照传统既是食品又是中药材的物质。按照传统既是食品又是中药材的物质目录由国务院卫生行政部门会同国务院食品药品监督管理部门制定、公布。

第三十九条　国家对食品添加剂生产实行许可制度。从事食品添加剂生产，应当具有与所生产食品添加剂品种相适应的场所、生产设备或者设施、专业技术人员和管理制度，并依照本法第三十五条第二款规定的程序，取得食品添加剂生产许可。

生产食品添加剂应当符合法律、法规和食品安全国家标准。

第四十条　食品添加剂应当在技术上确有必要且经过风险评估证明安全可靠，方可列入允许使用的范围；有关食品安全国家标准应当根据技术必要性和食品安全风险评估结果及时修订。

食品生产经营者应当按照食品安全国家标准使用食品添加剂。

第四十一条　生产食品相关产品应当符合法律、法规和食品安全国家标准。对直接接触食品的包装材料等具有较高风险的食品相关产品，按照国家有关工业产品生产许可证管理的规定实施生产许可。质量监督部门应当加强对食品相关产品生产活动的监督管理。

第四十二条　国家建立食品安全全程追溯制度。

食品生产经营者应当依照本法的规定，建立食品安全追溯体系，保证食品可追溯。国家鼓励食品生产经营者采用信息化手段采集、留存生产经营信息，建立食品安全追溯体系。

国务院食品药品监督管理部门会同国务院农业行政等有关部门建立食品安全全程追溯协作机制。

第四十三条　地方各级人民政府应当采取措施鼓励食品规模化生产和连锁经营、配送。

国家鼓励食品生产经营企业参加食品安全责任保险。

第二节　生产经营过程控制

第四十四条　食品生产经营企业应当建立健全食品安全管理制度，对职工进行食品安全知识培训，加强食品检验工作，依法从事生产经营活动。

食品生产经营企业的主要负责人应当落实企业食品安全管理制度，对本企业的食品安全工作全面负责。

食品生产经营企业应当配备食品安全管理人员，加强对其培训和考核。经考核不具备食品安全管理能力的，不得上岗。食品药品监督管理部门应当对企业食品安全管理人员随机进行监督抽查考核并公布考核情况。监督抽查考核不得收取费用。

第四十五条　食品生产经营者应当建立并执行从业人员健康管理制度。患有国务院卫生行政部门规定的有碍食品安全疾病的人员，不得从事接触直接入口食品的工作。

从事接触直接入口食品工作的食品生产经营人员应当每年进行健康检查，取得健康证明后方可上岗工作。

第四十六条　食品生产企业应当就下列事项制定并实施控制要求，保证所生产的食品符合食品安全标准：

（一）原料采购、原料验收、投料等原料控制；

（二）生产工序、设备、贮存、包装等生产关键环节控制；

（三）原料检验、半成品检验、成品出厂检验等检验控制；

（四）运输和交付控制。

第四十七条　食品生产经营者应当建立食品安全自查制度，定期对食品安全状况进行检查评价。生产经营条件发生变化，不再符合食品安全要求的，食品生产经营者应当立即采取整改措施；有发生食品安全事故潜在风险的，应当立即停止食品生产经营活动，并向所在地县级人民政府食品药品监督管理部门报告。

第四十八条　国家鼓励食品生产经营企业符合良好生产规范要求，实施危害分析与关键控制点体系，提高食品安全管理水平。

对通过良好生产规范、危害分析与关键控制点体系认证的食品生产经营企业，认证机构应当依法实施跟踪调查；对不再符合认证要求的企业，应当依法撤销认证，及时向县级以上人民政府食品药品监督管理部门通报，并向社会公布。认证机构实施跟踪调查不得收取费用。

第四十九条　食用农产品生产者应当按照食品安全标准和国家有关规定使用农药、肥料、兽药、饲料和饲料添加剂等农业投入品，严格执行农业投入品使用安全间隔期或者休药期的规定，不得使用国家明令禁止的农业投入品。禁止将剧毒、高毒农药用于蔬菜、瓜果、茶叶和中草药材等国家规定的农作物。

食用农产品的生产企业和农民专业合作经济组织应当建立农业投入品使用记录制度。

县级以上人民政府农业行政部门应当加强对农业投入品使用的监督管理和指导，建立健全农业投入品安全使用制度。

第五十条　食品生产者采购食品原料、食品添加剂、食品相关产品，应当查验供货者的许可证和产品合格证明；对无法提供合格证明的食品原料，应当按照食品安全标准进行检验；不得采购或者使用不符合食品安全标准的食品原料、食品添加剂、食品相关产品。

食品生产企业应当建立食品原料、食品添加剂、食品相关产品进货查验记录制度，如实记录食品原料、食品添加剂、食品相关产品的名称、规格、数量、生产日期或者生产批号、保质期、进货日期以及供货者名称、地址、联系方式等内容，并保存相关凭证。记录和凭证保存期限不得少于产品保质期满后六个月；没有明确保质期的，保存期限不得少于二年。

第五十一条　食品生产企业应当建立食品出厂检验记录制度，查验出厂食品的检验合格证和安全状况，如实记录食品的名称、规格、数量、生产日期或者生产批号、保质期、检验合格证号、销售日期以及购货者名称、地址、联系方式等内容，并保存相关凭证。记录和凭证保存期限应当符合本法第五十条第二款的规定。

第五十二条　食品、食品添加剂、食品相关产品的生产者，应当按照食品安全标准对所生产的食品、食品添加剂、食品相关产品进行检验，检验合格后方可出厂或者销售。

第五十三条　食品经营者采购食品，应当查验供货者的许可证和食品出厂检验合格证或者其他合格证明（以下称合格证明文件）。

食品经营企业应当建立食品进货查验记录制度，如实记录食品的名称、规格、数量、生产日期或者生产批号、保质期、进货日期以及供货者名称、地址、联系方式等内容，并保存相关凭证。记录和凭证保存期限应当符合本法第五十条第二款的规定。

实行统一配送经营方式的食品经营企业，可以由企业总部统一查验供货者的许可证和食品合格证明文件，进行食品进货查验记录。

从事食品批发业务的经营企业应当建立食品销售记录制度，如实记录批发食品的名称、规格、数量、生产日期或者生产批号、保质期、销售日期以及购货者名称、地址、联系方式等内容，并保存相关凭证。记录和凭证保存期限应当符合本法第五十条第二款的规定。

第五十四条　食品经营者应当按照保证食品安全的要求贮存食品，定期检查库存食品，及时清理变质或者超过保质期的食品。

食品经营者贮存散装食品，应当在贮存位置标明食品的名称、生产日期或者生产批号、保质期、生产者名称及联系方式等内容。

第五十五条　餐饮服务提供者应当制定并实施原料控制要求，不得采购不符合食品安全标准的食品原料。倡导餐饮服务提供者公开加工过程，公示食品原料及其来源等信息。

餐饮服务提供者在加工过程中应当检查待加工的食品及原料，发现有本法第三十四条第六项规定情形的，不得加工或者使用。

第五十六条　餐饮服务提供者应当定期维护食品加工、贮存、陈列等设施、设备；定期清洗、校验保温设施及冷藏、冷冻设施。

餐饮服务提供者应当按照要求对餐具、饮具进行清洗消毒，不得使用未经清洗消毒的餐具、饮具；餐饮服务提供者委托清洗消毒餐具、饮具的，应当委托符合本法规定条件的餐具、饮具集中消毒服务单位。

第五十七条　学校、托幼机构、养老机构、建筑工地等集中用餐单位的食堂应当严格遵守法律、法规和食品安全标准；从供餐单位订餐的，应当从取得食品生产经营许可的企业订购，并按照要求对订购的食品进行查验。供餐单位应当严格遵守法律、法规和食品安全标准，当餐加工，确保食品安全。

学校、托幼机构、养老机构、建筑工地等集中用餐单位的主管部门应当加强对集中用餐单位的食品安全教育和日常管理，降低食品安全风险，及时消除食品安全隐患。

第五十八条　餐具、饮具集中消毒服务单位应当具备相应的作业场所、清洗消毒设备或者设施，用水和使用的洗涤剂、消毒剂应当符合相关食品安全国家标准和其他国家标准、卫生规范。

餐具、饮具集中消毒服务单位应当对消毒餐具、饮具进行逐批检验，检验合格后方可出厂，并应当随附消毒合格证明。消毒后的餐具、饮具应当在独立包装上标注单位名称、地址、联系方式、消毒日期以及使用期限等内容。

第五十九条　食品添加剂生产者应当建立食品添加剂出厂检验记录制度，查验出厂产品的检验合格证和安全状况，如实记录食品添加剂的名称、规格、数量、生产日期或者生产批号、保质期、检验合格证号、销售日期以及购货者名称、地址、联系方式等相关内容，并保存相关凭证。记录和凭证保存期限应当符合本法第五十条第二款的规定。

第六十条　食品添加剂经营者采购食品添加剂，应当依法查验供货者的许可证和产品合格证明文件，如实记录食品添加剂的名称、规格、数量、生产日期或者生产批号、保质期、进货日期以及供货者名称、地址、联系方式等内容，并保存相关凭证。记录和凭证保存期限应当符合本法第五十条第二款的规定。

第六十一条　集中交易市场的开办者、柜台出租者和展销会举办者，应当依法审查入场食品经营者的许可证，明确其食品安全管理责任，定期对其经营环境和条件进行检查，发现其有违反本法规定行为的，应当及时制止并立即报告所在地县级人民政府食品药品监督管理部门。

第六十二条　网络食品交易第三方平台提供者应当

对入网食品经营者进行实名登记，明确其食品安全管理责任；依法应当取得许可证的，还应当审查其许可证。

网络食品交易第三方平台提供者发现入网食品经营者有违反本法规定行为的，应当及时制止并立即报告所在地县级人民政府食品药品监督管理部门；发现严重违法行为的，应当立即停止提供网络交易平台服务。

第六十三条 国家建立食品召回制度。食品生产者发现其生产的食品不符合食品安全标准或者有证据证明可能危害人体健康的，应当立即停止生产，召回已经上市销售的食品，通知相关生产经营者和消费者，并记录召回和通知情况。

食品经营者发现其经营的食品有前款规定情形的，应当立即停止经营，通知相关生产经营者和消费者，并记录停止经营和通知情况。食品生产者认为应当召回的，应当立即召回。由于食品经营者的原因造成其经营的食品有前款规定情形的，食品经营者应当召回。

食品生产经营者应当对召回的食品采取无害化处理、销毁等措施，防止其再次流入市场。但是，对因标签、标志或者说明书不符合食品安全标准而被召回的食品，食品生产者在采取补救措施且能保证食品安全的情况下可以继续销售；销售时应当向消费者明示补救措施。

食品生产经营者应当将食品召回和处理情况向所在地县级人民政府食品药品监督管理部门报告；需要对召回的食品进行无害化处理、销毁的，应当提前报告时间、地点。食品药品监督管理部门认为必要的，可以实施现场监督。

食品生产经营者未依照本条规定召回或者停止经营的，县级以上人民政府食品药品监督管理部门可以责令其召回或者停止经营。

第六十四条 食用农产品批发市场应当配备检验设备和检验人员或者委托符合本法规定的食品检验机构，对进入该批发市场销售的食用农产品进行抽样检验；发现不符合食品安全标准的，应当要求销售者立即停止销售，并向食品药品监督管理部门报告。

第六十五条 食用农产品销售者应当建立食用农产品进货查验记录制度，如实记录食用农产品的名称、数量、进货日期以及供货者名称、地址、联系方式等内容，并保存相关凭证。记录和凭证保存期限不得少于六个月。

第六十六条 进入市场销售的食用农产品在包装、保鲜、贮存、运输中使用保鲜剂、防腐剂等食品添加剂和包装材料等食品相关产品，应当符合食品安全国家标准。

第三节 标签、说明书和广告

第六十七条 预包装食品的包装上应当有标签。标签应当标明下列事项：

（一）名称、规格、净含量、生产日期；

（二）成分或者配料表；

（三）生产者的名称、地址、联系方式；

（四）保质期；

（五）产品标准代号；

（六）贮存条件；

（七）所使用的食品添加剂在国家标准中的通用名称；

（八）生产许可证编号；

（九）法律、法规或者食品安全标准规定应当标明的其他事项。

专供婴幼儿和其他特定人群的主辅食品，其标签还应当标明主要营养成分及其含量。

食品安全国家标准对标签标注事项另有规定的，从其规定。

第六十八条 食品经营者销售散装食品，应当在散装食品的容器、外包装上标明食品的名称、生产日期或者生产批号、保质期以及生产经营者名称、地址、联系方式等内容。

第六十九条 生产经营转基因食品应当按照规定显著标示。

第七十条 食品添加剂应当有标签、说明书和包装。标签、说明书应当载明本法第六十七条第一款第一项至第六项、第八项、第九项规定的事项，以及食品添加剂的使用范围、用量、使用方法，并在标签上载明“食品添加剂”字样。

第七十一条 食品和食品添加剂的标签、说明书，不得含有虚假内容，不得涉及疾病预防、治疗功能。生产经营者对其提供的标签、说明书的内容负责。

食品和食品添加剂的标签、说明书应当清楚、明显，生产日期、保质期等事项应当显著标注，容易辨识。

食品和食品添加剂与其标签、说明书的内容不符的，不得上市销售。

第七十二条 食品经营者应当按照食品标签标示的警示标志、警示说明或者注意事项的要求销售食品。

第七十三条 食品广告的内容应当真实合法，不得含有虚假内容，不得涉及疾病预防、治疗功能。食品生产经营者对食品广告内容的真实性、合法性负责。

县级以上人民政府食品药品监督管理部门和其他有关部门以及食品检验机构、食品行业协会不得以广告或者其他形式向消费者推荐食品。消费者组织不得以收取费用或者其他牟取利益的方式向消费者推荐食品。

第四节 特殊食品

第七十四条 国家对保健食品、特殊医学用途配方食品和婴幼儿配方食品等特殊食品实行严格监督管理。

第七十五条　保健食品声称保健功能，应当具有科学依据，不得对人体产生急性、亚急性或者慢性危害。

保健食品原料目录和允许保健食品声称的保健功能目录，由国务院食品药品监督管理部门会同国务院卫生行政部门、国家中医药管理部门制定、调整并公布。

保健食品原料目录应当包括原料名称、用量及其对应的功效；列入保健食品原料目录的原料只能用于保健食品生产，不得用于其他食品生产。

第七十六条　使用保健食品原料目录以外原料的保健食品和首次进口的保健食品应当经国务院食品药品监督管理部门注册。但是，首次进口的保健食品中属于补充维生素、矿物质等营养物质的，应当报国务院食品药品监督管理部门备案。其他保健食品应当报省、自治区、直辖市人民政府食品药品监督管理部门备案。

进口的保健食品应当是出口国（地区）主管部门准许上市销售的产品。

第七十七条　依法应当注册的保健食品，注册时应当提交保健食品的研发报告、产品配方、生产工艺、安全性和保健功能评价、标签、说明书等材料及样品，并提供相关证明文件。国务院食品药品监督管理部门经组织技术审评，对符合安全和功能声称要求的，准予注册；对不符合要求的，不予注册并书面说明理由。对使用保健食品原料目录以外原料的保健食品作出准予注册决定的，应当及时将该原料纳入保健食品原料目录。

依法应当备案的保健食品，备案时应当提交产品配方、生产工艺、标签、说明书以及表明产品安全性和保健功能的材料。

第七十八条　保健食品的标签、说明书不得涉及疾病预防、治疗功能，内容应当真实，与注册或者备案的内容相一致，载明适宜人群、不适宜人群、功效成分或者标志性成分及其含量等，并声明“本品不能代替药物”。保健食品的功能和成分应当与标签、说明书相一致。

第七十九条 保健食品广告除应当符合本法第七十三条第一款的规定外，还应当声明“本品不能代替药物”；其内容应当经生产企业所在地省、自治区、直辖市人民政府食品药品监督管理部门审查批准，取得保健食品广告批准文件。省、自治区、直辖市人民政府食品药品监督管理部门应当公布并及时更新已经批准的保健食品广告目录以及批准的广告内容。

第八十条　特殊医学用途配方食品应当经国务院食品药品监督管理部门注册。注册时，应当提交产品配方、生产工艺、标签、说明书以及表明产品安全性、营养充足性和特殊医学用途临床效果的材料。

特殊医学用途配方食品广告适用《中华人民共和国广告法》和其他法律、行政法规关于药品广告管理的规定。

第八十一条　婴幼儿配方食品生产企业应当实施从原料进厂到成品出厂的全过程质量控制，对出厂的婴幼儿配方食品实施逐批检验，保证食品安全。

生产婴幼儿配方食品使用的生鲜乳、辅料等食品原料、食品添加剂等，应当符合法律、行政法规的规定和食品安全国家标准，保证婴幼儿生长发育所需的营养成分。

婴幼儿配方食品生产企业应当将食品原料、食品添加剂、产品配方及标签等事项向省、自治区、直辖市人民政府食品药品监督管理部门备案。

婴幼儿配方乳粉的产品配方应当经国务院食品药品监督管理部门注册。注册时，应当提交配方研发报告和其他表明配方科学性、安全性的材料。

不得以分装方式生产婴幼儿配方乳粉，同一企业不得用同一配方生产不同品牌的婴幼儿配方乳粉。

第八十二条 保健食品、特殊医学用途配方食品、婴幼儿配方乳粉的注册人或者备案人应当对其提交材料的真实性负责。

省级以上人民政府食品药品监督管理部门应当及时公布注册或者备案的保健食品、特殊医学用途配方食品、婴幼儿配方乳粉目录，并对注册或者备案中获知的企业商业秘密予以保密。

保健食品、特殊医学用途配方食品、婴幼儿配方乳粉生产企业应当按照注册或者备案的产品配方、生产工艺等技术要求组织生产。

第八十三条　生产保健食品，特殊医学用途配方食品、婴幼儿配方食品和其他专供特定人群的主辅食品的企业，应当按照良好生产规范的要求建立与所生产食品相适应的生产质量管理体系，定期对该体系的运行情况进行自查，保证其有效运行，并向所在地县级人民政府食品药品监督管理部门提交自查报告。

第五章　食品检验

第八十四条　食品检验机构按照国家有关认证认可的规定取得资质认定后，方可从事食品检验活动。但是，法律另有规定的除外。

食品检验机构的资质认定条件和检验规范，由国务院食品药品监督管理部门规定。

符合本法规定的食品检验机构出具的检验报告具有同等效力。

县级以上人民政府应当整合食品检验资源，实现资源共享。

第八十五条　食品检验由食品检验机构指定的检验人独立进行。

检验人应当依照有关法律、法规的规定，并按照食品安全标准和检验规范对食品进行检验，尊重科学，恪守职业道德，保证出具的检验数据和结论客观、公正，不得出具虚假检验报告。

第八十六条　食品检验实行食品检验机构与检验人负责制。食品检验报告应当加盖食品检验机构公章，并有检验人的签名或者盖章。食品检验机构和检验人对出具的食品检验报告负责。

第八十七条　县级以上人民政府食品药品监督管理部门应当对食品进行定期或者不定期的抽样检验，并依据有关规定公布检验结果，不得免检。进行抽样检验，应当购买抽取的样品，委托符合本法规定的食品检验机构进行检验，并支付相关费用；不得向食品生产经营者收取检验费和其他费用。

第八十八条　对依照本法规定实施的检验结论有异议的，食品生产经营者可以自收到检验结论之日起七个工作日内向实施抽样检验的食品药品监督管理部门或者其上一级食品药品监督管理部门提出复检申请，由受理复检申请的食品药品监督管理部门在公布的复检机构名录中随机确定复检机构进行复检。复检机构出具的复检结论为最终检验结论。复检机构与初检机构不得为同一机构。复检机构名录由国务院认证认可监督管理、食品药品监督管理、卫生行政、农业行政等部门共同公布。

采用国家规定的快速检测方法对食用农产品进行抽查检测，被抽查人对检测结果有异议的，可以自收到检测结果时起四小时内申请复检。复检不得采用快速检测方法。

第八十九条　食品生产企业可以自行对所生产的食品进行检验，也可以委托符合本法规定的食品检验机构进行检验。

食品行业协会和消费者协会等组织、消费者需要委托食品检验机构对食品进行检验的，应当委托符合本法规定的食品检验机构进行。

第九十条　食品添加剂的检验，适用本法有关食品检验的规定。

第六章　食品进出口

第九十一条　国家出入境检验检疫部门对进出口食品安全实施监督管理。

第九十二条　进口的食品、食品添加剂、食品相关产品应当符合我国食品安全国家标准。

进口的食品、食品添加剂应当经出入境检验检疫机构依照进出口商品检验相关法律、行政法规的规定检验合格。

进口的食品、食品添加剂应当按照国家出入境检验检疫部门的要求随附合格证明材料。

第九十三条　进口尚无食品安全国家标准的食品，由境外出口商、境外生产企业或者其委托的进口商向国务院卫生行政部门提交所执行的相关国家（地区）标准或者国际标准。国务院卫生行政部门对相关标准进行审查，认为符合食品安全要求的，决定暂予适用，并及时制定相应的食品安全国家标准。进口利用新的食品原料生产的食品或者进口食品添加剂新品种、食品相关产品新品种，依照本法第三十七条的规定办理。

出入境检验检疫机构按照国务院卫生行政部门的要求，对前款规定的食品、食品添加剂、食品相关产品进行检验。检验结果应当公开。

第九十四条　境外出口商、境外生产企业应当保证向我国出口的食品、食品添加剂、食品相关产品符合本法以及我国其他有关法律、行政法规的规定和食品安全国家标准的要求，并对标签、说明书的内容负责。

进口商应当建立境外出口商、境外生产企业审核制度，重点审核前款规定的内容；审核不合格的，不得进口。

发现进口食品不符合我国食品安全国家标准或者有证据证明可能危害人体健康的，进口商应当立即停止进口，并依照本法第六十三条的规定召回。

第九十五条　境外发生的食品安全事件可能对我国境内造成影响，或者在进口食品、食品添加剂、食品相关产品中发现严重食品安全问题的，国家出入境检验检疫部门应当及时采取风险预警或者控制措施，并向国务院食品药品监督管理、卫生行政、农业行政部门通报。接到通报的部门应当及时采取相应措施。

县级以上人民政府食品药品监督管理部门对国内市场上销售的进口食品、食品添加剂实施监督管理。发现存在严重食品安全问题的，国务院食品药品监督管理部门应当及时向国家出入境检验检疫部门通报。国家出入境检验检疫部门应当及时采取相应措施。

第九十六条　向我国境内出口食品的境外出口商或者代理商、进口食品的进口商应当向国家出入境检验检疫部门备案。向我国境内出口食品的境外食品生产企业应当经国家出入境检验检疫部门注册。已经注册的境外食品生产企业提供虚假材料，或者因其自身的原因致使进口食品发生重大食品安全事故的，国家出入境检验检疫部门应当撤销注册并公告。

国家出入境检验检疫部门应当定期公布已经备案的境外出口商、代理商、进口商和已经注册的境外食品生产企业名单。

第九十七条　进口的预包装食品、食品添加剂应当有中文标签；依法应当有说明书的，还应当有中文说明书。标签、说明书应当符合本法以及我国其他有关法律、行政法规的规定和食品安全国家标准的要求，并载明食品的原产地以及境内代理商的名称、地址、联系方式。预包装食品没有中文标签、中文说明书或者标签、说明书不符合本条规定的，不得进口。

第九十八条　进口商应当建立食品、食品添加剂进口和销售记录制度，如实记录食品、食品添加剂的名称、规格、数量、生产日期、生产或者进口批号、保质期、境外出口商和购货者名称、地址及联系方式、交货日期等内容，并保存相关凭证。记录和凭证保存期限应当符合本法第五十条第二款的规定。

第九十九条　出口食品生产企业应当保证其出口食品符合进口国（地区）的标准或者合同要求。

出口食品生产企业和出口食品原料种植、养殖场应当向国家出入境检验检疫部门备案。

第一百条　国家出入境检验检疫部门应当收集、汇总下列进出口食品安全信息，并及时通报相关部门、机构和企业：

（一）出入境检验检疫机构对进出口食品实施检验检疫发现的食品安全信息；

（二）食品行业协会和消费者协会等组织、消费者反映的进口食品安全信息；

（三）国际组织、境外政府机构发布的风险预警信息及其他食品安全信息，以及境外食品行业协会等组织、消费者反映的食品安全信息；

（四）其他食品安全信息。

国家出入境检验检疫部门应当对进出口食品的进口商、出口商和出口食品生产企业实施信用管理，建立信用记录，并依法向社会公布。对有不良记录的进口商、出口商和出口食品生产企业，应当加强对其进出口食品的检验检疫。

第一百零一条　国家出入境检验检疫部门可以对向我国境内出口食品的国家（地区）的食品安全管理体系和食品安全状况进行评估和审查，并根据评估和审查结果，确定相应检验检疫要求。

第七章　食品安全事故处置

第一百零二条　国务院组织制定国家食品安全事故应急预案。

县级以上地方人民政府应当根据有关法律、法规的规定和上级人民政府的食品安全事故应急预案以及本行政区域的实际情况，制定本行政区域的食品安全事故应急预案，并报上一级人民政府备案。

食品安全事故应急预案应当对食品安全事故分级、事故处置组织指挥体系与职责、预防预警机制、处置程序、应急保障措施等作出规定。

食品生产经营企业应当制定食品安全事故处置方案，定期检查本企业各项食品安全防范措施的落实情况，及时消除事故隐患。

第一百零三条　发生食品安全事故的单位应当立即采取措施，防止事故扩大。事故单位和接收病人进行治疗的单位应当及时向事故发生地县级人民政府食品药品监督管理、卫生行政部门报告。

县级以上人民政府质量监督、农业行政等部门在日常监督管理中发现食品安全事故或者接到事故举报，应当立即向同级食品药品监督管理部门通报。

发生食品安全事故，接到报告的县级人民政府食品药品监督管理部门应当按照应急预案的规定向本级人民政府和上级人民政府食品药品监督管理部门报告。县级人民政府和上级人民政府食品药品监督管理部门应当按照应急预案的规定上报。

任何单位和个人不得对食品安全事故隐瞒、谎报、缓报，不得隐匿、伪造、毁灭有关证据。

第一百零四条　医疗机构发现其接收的病人属于食源性疾病病人或者疑似病人的，应当按照规定及时将相关信息向所在地县级人民政府卫生行政部门报告。县级人民政府卫生行政部门认为与食品安全有关的，应当及时通报同级食品药品监督管理部门。

县级以上人民政府卫生行政部门在调查处理传染病或者其他突发公共卫生事件中发现与食品安全相关的信息，应当及时通报同级食品药品监督管理部门。

第一百零五条　县级以上人民政府食品药品监督管理部门接到食品安全事故的报告后，应当立即会同同级卫生行政、质量监督、农业行政等部门进行调查处理，并采取下列措施，防止或者减轻社会危害：

（一）开展应急救援工作，组织救治因食品安全事故导致人身伤害的人员；

（二）封存可能导致食品安全事故的食品及其原料，并立即进行检验；对确认属于被污染的食品及其原料，责令食品生产经营者依照本法第六十三条的规定召回或者停止经营；

（三）封存被污染的食品相关产品，并责令进行清洗消毒；

（四）做好信息发布工作，依法对食品安全事故及其处理情况进行发布，并对可能产生的危害加以解释、说明。

发生食品安全事故需要启动应急预案的，县级以上人民政府应当立即成立事故处置指挥机构，启动应急预案，依照前款和应急预案的规定进行处置。

发生食品安全事故，县级以上疾病预防控制机构应当对事故现场进行卫生处理，并对与事故有关的因素开展流行病学调查，有关部门应当予以协助。县级以上疾病预防控制机构应当向同级食品药品监督管理、卫生行政部门提交流行病学调查报告。

第一百零六条　发生食品安全事故，设区的市级以上人民政府食品药品监督管理部门应当立即会同有关部门进行事故责任调查，督促有关部门履行职责，向本级人民政府和上一级人民政府食品药品监督管理部门提出事故责任调查处理报告。

涉及两个以上省、自治区、直辖市的重大食品安全事故由国务院食品药品监督管理部门依照前款规定组织事故责任调查。

第一百零七条　调查食品安全事故，应当坚持实事求是、尊重科学的原则，及时、准确查清事故性质和原因，认定事故责任，提出整改措施。

调查食品安全事故，除了查明事故单位的责任，还应当查明有关监督管理部门、食品检验机构、认证机构及其工作人员的责任。

第一百零八条　食品安全事故调查部门有权向有关单位和个人了解与事故有关的情况，并要求提供相关资料和样品。有关单位和个人应当予以配合，按照要求提供相关资料和样品，不得拒绝。

任何单位和个人不得阻挠、干涉食品安全事故的调查处理。

第八章 监督管理

第一百零九条　县级以上人民政府食品药品监督管理、质量监督部门根据食品安全风险监测、风险评估结果和食品安全状况等，确定监督管理的重点、方式和频次，实施风险分级管理。

县级以上地方人民政府组织本级食品药品监督管理、质量监督、农业行政等部门制定本行政区域的食品安全年度监督管理计划，向社会公布并组织实施。

食品安全年度监督管理计划应当将下列事项作为监督管理的重点：

（一）专供婴幼儿和其他特定人群的主辅食品；

（二）保健食品生产过程中的添加行为和按照注册或者备案的技术要求组织生产的情况，保健食品标签、说明书以及宣传材料中有关功能宣传的情况；

（三）发生食品安全事故风险较高的食品生产经营者；

（四）食品安全风险监测结果表明可能存在食品安全隐患的事项。

第一百一十条　县级以上人民政府食品药品监督管理、质量监督部门履行各自食品安全监督管理职责，有权采取下列措施，对生产经营者遵守本法的情况进行监督检查：

（一）进入生产经营场所实施现场检查；

（二）对生产经营的食品、食品添加剂、食品相关产品进行抽样检验；

（三）查阅、复制有关合同、票据、账簿以及其他有关资料；

（四）查封、扣押有证据证明不符合食品安全标准或者有证据证明存在安全隐患以及用于违法生产经营的食品、食品添加剂、食品相关产品；

（五）查封违法从事生产经营活动的场所。

第一百一十一条对食品安全风险评估结果证明食品存在安全隐患，需要制定、修订食品安全标准的，在制定、修订食品安全标准前，国务院卫生行政部门应当及时会同国务院有关部门规定食品中有害物质的临时限量值和临时检验方法，作为生产经营和监督管理的依据。

第一百一十二条　县级以上人民政府食品药品监督管理部门在食品安全监督管理工作中可以采用国家规定的快速检测方法对食品进行抽查检测。

对抽查检测结果表明可能不符合食品安全标准的食品，应当依照本法第八十七条的规定进行检验。抽查检测结果确定有关食品不符合食品安全标准的，可以作为行政处罚的依据。

第一百一十三条　县级以上人民政府食品药品监督管理部门应当建立食品生产经营者食品安全信用档案，记录许可颁发、日常监督检查结果、违法行为查处等情况，依法向社会公布并实时更新；对有不良信用记录的食品生产经营者增加监督检查频次，对违法行为情节严重的食品生产经营者，可以通报投资主管部门、证券监督管理机构和有关的金融机构。

第一百一十四条　食品生产经营过程中存在食品安全隐患，未及时采取措施消除的，县级以上人民政府食品药品监督管理部门可以对食品生产经营者的法定代表人或者主要负责人进行责任约谈。食品生产经营者应当立即采取措施，进行整改，消除隐患。责任约谈情况和整改情况应当纳入食品生产经营者食品安全信用档案。

第一百一十五条　县级以上人民政府食品药品监督管理、质量监督等部门应当公布本部门的电子邮件地址或者电话，接受咨询、投诉、举报。接到咨询、投诉、举报，对属于本部门职责的，应当受理并在法定期限内及时答复、核实、处理；对不属于本部门职责的，应当移交有权处理的部门并书面通知咨询、投诉、举报人。有权处理的部门应当在法定期限内及时处理，不得推诿。对查证属实的举报，给予举报人奖励。

有关部门应当对举报人的信息予以保密，保护举报人的合法权益。举报人举报所在企业的，该企业不得以解除、变更劳动合同或者其他方式对举报人进行打击报复。

第一百一十六条　县级以上人民政府食品药品监督管理、质量监督等部门应当加强对执法人员食品安全法律、法规、标准和专业知识与执法能力等的培训，并组织考核。不具备相应知识和能力的，不得从事食品安全执法工作。

食品生产经营者、食品行业协会、消费者协会等发现食品安全执法人员在执法过程中有违反法律、法规规定的行为以及不规范执法行为的，可以向本级或者上级人民政府食品药品监督管理、质量监督等部门或者监察机关投诉、举报。接到投诉、举报的部门或者机关应当进行核实，并将经核实的情况向食品安全执法人员所在部门通报；涉嫌违法违纪的，按照本法和有关规定处理。

第一百一十七条　县级以上人民政府食品药品监督管理等部门未及时发现食品安全系统性风险，未及时消除监督管理区域内的食品安全隐患的，本级人民政府可以对其主要负责人进行责任约谈。

地方人民政府未履行食品安全职责，未及时消除区域性重大食品安全隐患的，上级人民政府可以对其主要负责人进行责任约谈。

被约谈的食品药品监督管理等部门、地方人民政府应当立即采取措施，对食品安全监督管理工作进行整改。

责任约谈情况和整改情况应当纳入地方人民政府和有关部门食品安全监督管理工作评议、考核记录。

第一百一十八条　国家建立统一的食品安全信息平台，实行食品安全信息统一公布制度。国家食品安全总体情况、食品安全风险警示信息、重大食品安全事故及其调查处理信息和国务院确定需要统一公布的其他信息由国务院食品药品监督管理部门统一公布。食品安全风险警示信息和重大食品安全事故及其调查处理信息的影响限于特定区域的，也可以由有关省、自治区、直辖市人民政府食品药品监督管理部门公布。未经授权不得发布上述信息。

县级以上人民政府食品药品监督管理、质量监督、农业行政部门依据各自职责公布食品安全日常监督管理信息。

公布食品安全信息，应当做到准确、及时，并进行必要的解释说明，避免误导消费者和社会舆论。

第一百一十九条　县级以上地方人民政府食品药品监督管理、卫生行政、质量监督、农业行政部门获知本法规定需要统一公布的信息，应当向上级主管部门报告，由上级主管部门立即报告国务院食品药品监督管理部门；必要时，可以直接向国务院食品药品监督管理部门报告。

县级以上人民政府食品药品监督管理、卫生行政、质量监督、农业行政部门应当相互通报获知的食品安全信息。

第一百二十条　任何单位和个人不得编造、散布虚假食品安全信息。

县级以上人民政府食品药品监督管理部门发现可能误导消费者和社会舆论的食品安全信息，应当立即组织有关部门、专业机构、相关食品生产经营者等进行核实、分析，并及时公布结果。

第一百二十一条　县级以上人民政府食品药品监督管理、质量监督等部门发现涉嫌食品安全犯罪的，应当按照有关规定及时将案件移送公安机关。对移送的案件，公安机关应当及时审查；认为有犯罪事实需要追究刑事责任的，应当立案侦查。

公安机关在食品安全犯罪案件侦查过程中认为没有犯罪事实，或者犯罪事实显著轻微，不需要追究刑事责任，但依法应当追究行政责任的，应当及时将案件移送食品药品监督管理、质量监督等部门和监察机关，有关部门应当依法处理。

公安机关商请食品药品监督管理、质量监督、环境保护等部门提供检验结论、认定意见以及对涉案物品进行无害化处理等协助的，有关部门应当及时提供，予以协助。

第九章 法律责任

第一百二十二条　违反本法规定，未取得食品生产经营许可从事食品生产经营活动，或者未取得食品添加剂生产许可从事食品添加剂生产活动的，由县级以上人民政府食品药品监督管理部门没收违法所得和违法生产经营的食品、食品添加剂以及用于违法生产经营的工具、设备、原料等物品；违法生产经营的食品、食品添加剂货值金额不足一万元的，并处五万元以上十万元以下罚款；货值金额一万元以上的，并处货值金额十倍以上二十倍以下罚款。

明知从事前款规定的违法行为，仍为其提供生产经营场所或者其他条件的，由县级以上人民政府食品药品监督管理部门责令停止违法行为，没收违法所得，并处五万元以上十万元以下罚款；使消费者的合法权益受到损害的，应当与食品、食品添加剂生产经营者承担连带责任。

第一百二十三条 违反本法规定，有下列情形之一，尚不构成犯罪的，由县级以上人民政府食品药品监督管理部门没收违法所得和违法生产经营的食品，并可以没收用于违法生产经营的工具、设备、原料等物品；违法生产经营的食品货值金额不足一万元的，并处十万元以上十五万元以下罚款；货值金额一万元以上的，并处货值金额十五倍以上三十倍以下罚款；情节严重的，吊销许可证，并可以由公安机关对其直接负责的主管人员和其他直接责任人员处五日以上十五日以下拘留：

（一）用非食品原料生产食品、在食品中添加食品添加剂以外的化学物质和其他可能危害人体健康的物质，或者用回收食品作为原料生产食品，或者经营上述食品；

（二）生产经营营养成分不符合食品安全标准的专供婴幼儿和其他特定人群的主辅食品；

（三）经营病死、毒死或者死因不明的禽、畜、兽、水产动物肉类，或者生产经营其制品；

（四）经营未按规定进行检疫或者检疫不合格的肉类，或者生产经营未经检验或者检验不合格的肉类制品；

（五）生产经营国家为防病等特殊需要明令禁止生产经营的食品；

（六）生产经营添加药品的食品。

明知从事前款规定的违法行为，仍为其提供生产经营场所或者其他条件的，由县级以上人民政府食品药品监督管理部门责令停止违法行为，没收违法所得，并处十万元以上二十万元以下罚款；使消费者的合法权益受到损害的，应当与食品生产经营者承担连带责任。

违法使用剧毒、高毒农药的，除依照有关法律、法规规定给予处罚外，可以由公安机关依照第一款规定给予拘留。

第一百二十四条 违反本法规定，有下列情形之一，尚不构成犯罪的，由县级以上人民政府食品药品监督管理部门没收违法所得和违法生产经营的食品、食品添加剂，并可以没收用于违法生产经营的工具、设备、原料等物品；违法生产经营的食品、食品添加剂货值金额不足一万元的，并处五万元以上十万元以下罚款；货值金额一万元以上的，并处货值金额十倍以上二十倍以下罚款；情节严重的，吊销许可证：

（一）生产经营致病性微生物，农药残留、兽药残留、生物毒素、重金属等污染物质以及其他危害人体健康的物质含量超过食品安全标准限量的食品、食品添加剂；

（二）用超过保质期的食品原料、食品添加剂生产食品、食品添加剂，或者经营上述食品、食品添加剂；

（三）生产经营超范围、超限量使用食品添加剂的食品；

（四）生产经营腐败变质、油脂酸败、霉变生虫、污秽不洁、混有异物、掺假掺杂或者感官性状异常的食品、食品添加剂；

（五）生产经营标注虚假生产日期、保质期或者超过保质期的食品、食品添加剂；

（六）生产经营未按规定注册的保健食品、特殊医学用途配方食品、婴幼儿配方乳粉，或者未按注册的产品配方、生产工艺等技术要求组织生产；

（七）以分装方式生产婴幼儿配方乳粉，或者同一企业以同一配方生产不同品牌的婴幼儿配方乳粉；

（八）利用新的食品原料生产食品，或者生产食品添加剂新品种，未通过安全性评估；

（九）食品生产经营者在食品药品监督管理部门责令其召回或者停止经营后，仍拒不召回或者停止经营。

除前款和本法第一百二十三条、第一百二十五条规定的情形外，生产经营不符合法律、法规或者食品安全标准的食品、食品添加剂的，依照前款规定给予处罚。

生产食品相关产品新品种，未通过安全性评估，或者生产不符合食品安全标准的食品相关产品的，由县级以上人民政府质量监督部门依照第一款规定给予处罚。

第一百二十五条 违反本法规定，有下列情形之一的，由县级以上人民政府食品药品监督管理部门没收违法所得和违法生产经营的食品、食品添加剂，并可以没收用于违法生产经营的工具、设备、原料等物品；违法生产经营的食品、食品添加剂货值金额不足一万元的，并处五千元以上五万元以下罚款；货值金额一万元以上的，并处货值金额五倍以上十倍以下罚款；情节严重的，责令停产停业，直至吊销许可证：

（一）生产经营被包装材料、容器、运输工具等污染的食品、食品添加剂；

（二）生产经营无标签的预包装食品、食品添加剂或者标签、说明书不符合本法规定的食品、食品添加剂；

（三）生产经营转基因食品未按规定进行标示；

（四）食品生产经营者采购或者使用不符合食品安全标准的食品原料、食品添加剂、食品相关产品。

生产经营的食品、食品添加剂的标签、说明书存在瑕疵但不影响食品安全且不会对消费者造成误导的，由县级以上人民政府食品药品监督管理部门责令改正；拒不改正的，处二千元以下罚款。

第一百二十六条 违反本法规定，有下列情形之一的，由县级以上人民政府食品药品监督管理部门责令改正，给予警告；拒不改正的，处五千元以上五万元以下罚款；情节严重的，责令停产停业，直至吊销许可证：

（一）食品、食品添加剂生产者未按规定对采购的食品原料和生产的食品、食品添加剂进行检验；

（二）食品生产经营企业未按规定建立食品安全管理制度，或者未按规定配备或者培训、考核食品安全管理人员；

（三）食品、食品添加剂生产经营者进货时未查验许可证和相关证明文件，或者未按规定建立并遵守进货查验记录、出厂检验记录和销售记录制度；

（四）食品生产经营企业未制定食品安全事故处置方案；

（五）餐具、饮具和盛放直接入口食品的容器，使用前未经洗净、消毒或者清洗消毒不合格，或者餐饮服务设施、设备未按规定定期维护、清洗、校验；

（六）食品生产经营者安排未取得健康证明或者患有国务院卫生行政部门规定的有碍食品安全疾病的人员从事接触直接入口食品的工作；

（七）食品经营者未按规定要求销售食品；

（八）保健食品生产企业未按规定向食品药品监督管理部门备案，或者未按备案的产品配方、生产工艺等技术要求组织生产；

（九）婴幼儿配方食品生产企业未将食品原料、食品添加剂、产品配方、标签等向食品药品监督管理部门备案；

（十）特殊食品生产企业未按规定建立生产质量管理体系并有效运行，或者未定期提交自查报告；

（十一）食品生产经营者未定期对食品安全状况进行检查评价，或者生产经营条件发生变化，未按规定处理；

（十二）学校、托幼机构、养老机构、建筑工地等集中用餐单位未按规定履行食品安全管理责任；

（十三）食品生产企业、餐饮服务提供者未按规定制定、实施生产经营过程控制要求。

餐具、饮具集中消毒服务单位违反本法规定用水，使用洗涤剂、消毒剂，或者出厂的餐具、饮具未按规定检验合格并随附消毒合格证明，或者未按规定在独立包装上标注相关内容的，由县级以上人民政府卫生行政部门依照前款规定给予处罚。

食品相关产品生产者未按规定对生产的食品相关产品进行检验的，由县级以上人民政府质量监督部门依照第一款规定给予处罚。

食用农产品销售者违反本法第六十五条规定的，由县级以上人民政府食品药品监督管理部门依照第一款规定给予处罚。

第一百二十七条　对食品生产加工小作坊、食品摊贩等的违法行为的处罚，依照省、自治区、直辖市制定的具体管理办法执行。

第一百二十八条　违反本法规定，事故单位在发生食品安全事故后未进行处置、报告的，由有关主管部门按照各自职责分工责令改正，给予警告；隐匿、伪造、毁灭有关证据的，责令停产停业，没收违法所得，并处十万元以上五十万元以下罚款；造成严重后果的，吊销许可证。

第一百二十九条　违反本法规定，有下列情形之一的，由出入境检验检疫机构依照本法第一百二十四条的规定给予处罚：

（一）提供虚假材料，进口不符合我国食品安全国家标准的食品、食品添加剂、食品相关产品；

（二）进口尚无食品安全国家标准的食品，未提交所执行的标准并经国务院卫生行政部门审查，或者进口利用新的食品原料生产的食品或者进口食品添加剂新品种、食品相关产品新品种，未通过安全性评估；

（三）未遵守本法的规定出口食品；

（四）进口商在有关主管部门责令其依照本法规定召回进口的食品后，仍拒不召回。

违反本法规定，进口商未建立并遵守食品、食品添加剂进口和销售记录制度、境外出口商或者生产企业审核制度的，由出入境检验检疫机构依照本法第一百二十六条的规定给予处罚。

第一百三十条　违反本法规定，集中交易市场的开办者、柜台出租者、展销会的举办者允许未依法取得许可的食品经营者进入市场销售食品，或者未履行检查、报告等义务的，由县级以上人民政府食品药品监督管理部门责令改正，没收违法所得，并处五万元以上二十万元以下罚款；造成严重后果的，责令停业，直至由原发证部门吊销许可证；使消费者的合法权益受到损害的，应当与食品经营者承担连带责任。

食用农产品批发市场违反本法第六十四条规定的，依照前款规定承担责任。

第一百三十一条　违反本法规定，网络食品交易第三方平台提供者未对入网食品经营者进行实名登记、审查许可证，或者未履行报告、停止提供网络交易平台服务等义务的，由县级以上人民政府食品药品监督管理部门责令改正，没收违法所得，并处五万元以上二十万元以下罚款；造成严重后果的，责令停业，直至由原发证部门吊销许可证；使消费者的合法权益受到损害的，应当与食品经营者承担连带责任。

消费者通过网络食品交易第三方平台购买食品，其合法权益受到损害的，可以向入网食品经营者或者食品生产者要求赔偿。网络食品交易第三方平台提供者不能提供入网食品经营者的真实名称、地址和有效联系方式的，由网络食品交易第三方平台提供者赔偿。网络食品交易第三方平台提供者赔偿后，有权向入网食品经营者或者食品生产者追偿。网络食品交易第三方平台提供者作出更有利于消费者承诺的，应当履行其承诺。

第一百三十二条　违反本法规定，未按要求进行食品贮存、运输和装卸的，由县级以上人民政府食品药品监督管理等部门按照各自职责分工责令改正，给予警告；拒不改正的，责令停产停业，并处一万元以上五万元以下罚款；情节严重的，吊销许可证。

第一百三十三条　违反本法规定，拒绝、阻挠、干涉有关部门、机构及其工作人员依法开展食品安全监督检查、事故调查处理、风险监测和风险评估的，由有关主管部门按照各自职责分工责令停产停业，并处二千元以上五万元以下罚款；情节严重的，吊销许可证；构成违反治安管理行为的，由公安机关依法给予治安管理处罚。

违反本法规定，对举报人以解除、变更劳动合同或者其他方式打击报复的，应当依照有关法律的规定承担责任。

第一百三十四条　食品生产经营者在一年内累计三次因违反本法规定受到责令停产停业、吊销许可证以外处罚的，由食品药品监督管理部门责令停产停业，直至吊销许可证。

第一百三十五条　被吊销许可证的食品生产经营者及其法定代表人、直接负责的主管人员和其他直接责任人员自处罚决定作出之日起五年内不得申请食品生产经营许可，或者从事食品生产经营管理工作、担任食品生产经营企业食品安全管理人员。

因食品安全犯罪被判处有期徒刑以上刑罚的，终身不得从事食品生产经营管理工作，也不得担任食品生产经营企业食品安全管理人员。

食品生产经营者聘用人员违反前两款规定的，由县级以上人民政府食品药品监督管理部门吊销许可证。

第一百三十六条　食品经营者履行了本法规定的进货查验等义务，有充分证据证明其不知道所采购的食品不符合食品安全标准，并能如实说明其进货来源的，可以免予处罚，但应当依法没收其不符合食品安全标准的食品；造成人身、财产或者其他损害的，依法承担赔偿责任。

第一百三十七条　违反本法规定，承担食品安全风险监测、风险评估工作的技术机构、技术人员提供虚假监测、评估信息的，依法对技术机构直接负责的主管人员和技术人员给予撤职、开除处分；有执业资格的，由授予其资格的主管部门吊销执业证书。

第一百三十八条　违反本法规定，食品检验机构、食品检验人员出具虚假检验报告的，由授予其资质的主管部门或者机构撤销该食品检验机构的检验资质，没收所收取的检验费用，并处检验费用五倍以上十倍以下罚款，检验费用不足一万元的，并处五万元以上十万元以下罚款；依法对食品检验机构直接负责的主管人员和食品检验人员给予撤职或者开除处分；导致发生重大食品安全事故的，对直接负责的主管人员和食品检验人员给予开除处分。

违反本法规定，受到开除处分的食品检验机构人员，自处分决定作出之日起十年内不得从事食品检验工作；因食品安全违法行为受到刑事处罚或者因出具虚假检验报告导致发生重大食品安全事故受到开除处分的食品检验机构人员，终身不得从事食品检验工作。食品检验机构聘用不得从事食品检验工作的人员的，由授予其资质的主管部门或者机构撤销该食品检验机构的检验资质。

食品检验机构出具虚假检验报告，使消费者的合法权益受到损害的，应当与食品生产经营者承担连带责任。

第一百三十九条　违反本法规定，认证机构出具虚假认证结论，由认证认可监督管理部门没收所收取的认证费用，并处认证费用五倍以上十倍以下罚款，认证费用不足一万元的，并处五万元以上十万元以下罚款；情节严重的，责令停业，直至撤销认证机构批准文件，并向社会公布；对直接负责的主管人员和负有直接责任的认证人员，撤销其执业资格。

认证机构出具虚假认证结论，使消费者的合法权益受到损害的，应当与食品生产经营者承担连带责任。

第一百四十条　违反本法规定，在广告中对食品作虚假宣传，欺骗消费者，或者发布未取得批准文件、广告内容与批准文件不一致的保健食品广告的，依照《中华人民共和国广告法》的规定给予处罚。

广告经营者、发布者设计、制作、发布虚假食品广告，使消费者的合法权益受到损害的，应当与食品生产经营者承担连带责任。

社会团体或者其他组织、个人在虚假广告或者其他虚假宣传中向消费者推荐食品，使消费者的合法权益受到损害的，应当与食品生产经营者承担连带责任。

违反本法规定，食品药品监督管理等部门、食品检验机构、食品行业协会以广告或者其他形式向消费者推荐食品，消费者组织以收取费用或者其他牟取利益的方式向消费者推荐食品的，由有关主管部门没收违法所得，依法对直接负责的主管人员和其他直接责任人员给予记大过、降级或者撤职处分；情节严重的，给予开除处分。

对食品作虚假宣传且情节严重的，由省级以上人民政府食品药品监督管理部门决定暂停销售该食品，并向社会公布；仍然销售该食品的，由县级以上人民政府食品药品监督管理部门没收违法所得和违法销售的食品，并处二万元以上五万元以下罚款。

第一百四十一条　违反本法规定，编造、散布虚假食品安全信息，构成违反治安管理行为的，由公安机关依法给予治安管理处罚。

媒体编造、散布虚假食品安全信息的，由有关主管部门依法给予处罚，并对直接负责的主管人员和其他直接责任人员给予处分；使公民、法人或者其他组织的合法权益受到损害的，依法承担消除影响、恢复名誉、赔偿损失、赔礼道歉等民事责任。

第一百四十二条　违反本法规定，县级以上地方人民政府有下列行为之一的，对直接负责的主管人员和其他直接责任人员给予记大过处分；情节较重的，给予降级或者撤职处分；情节严重的，给予开除处分；造成严重后果的，其主要负责人还应当引咎辞职：

（一）对发生在本行政区域内的食品安全事故，未及时组织协调有关部门开展有效处置，造成不良影响或者损失；

（二）对本行政区域内涉及多环节的区域性食品安全问题，未及时组织整治，造成不良影响或者损失；

（三）隐瞒、谎报、缓报食品安全事故；

（四）本行政区域内发生特别重大食品安全事故，或者连续发生重大食品安全事故。

第一百四十三条　违反本法规定，县级以上地方人民政府有下列行为之一的，对直接负责的主管人员和其他直接责任人员给予警告、记过或者记大过处分；造成严重后果的，给予降级或者撤职处分：

（一）未确定有关部门的食品安全监督管理职责，未建立健全食品安全全程监督管理工作机制和信息共享机制，未落实食品安全监督管理责任制；

（二）未制定本行政区域的食品安全事故应急预案，或者发生食品安全事故后未按规定立即成立事故处置指挥机构、启动应急预案。

第一百四十四条　违反本法规定，县级以上人民政府食品药品监督管理、卫生行政、质量监督、农业行政等部门有下列行为之一的，对直接负责的主管人员和其他直接责任人员给予记大过处分；情节较重的，给予降级或者撤职处分；情节严重的，给予开除处分；造成严重后果的，其主要负责人还应当引咎辞职：

（一）隐瞒、谎报、缓报食品安全事故；

（二）未按规定查处食品安全事故，或者接到食品安全事故报告未及时处理，造成事故扩大或者蔓延；

（三）经食品安全风险评估得出食品、食品添加剂、食品相关产品不安全结论后，未及时采取相应措施，造成食品安全事故或者不良社会影响；

（四）对不符合条件的申请人准予许可，或者超越法定职权准予许可；

（五）不履行食品安全监督管理职责，导致发生食品安全事故。

第一百四十五条　违反本法规定，县级以上人民政府食品药品监督管理、卫生行政、质量监督、农业行政等部门有下列行为之一，造成不良后果的，对直接负责的主管人员和其他直接责任人员给予警告、记过或者记大过处分；情节较重的，给予降级或者撤职处分；情节严重的，给予开除处分：

（一）在获知有关食品安全信息后，未按规定向上级主管部门和本级人民政府报告，或者未按规定相互通报；

（二）未按规定公布食品安全信息；

（三）不履行法定职责，对查处食品安全违法行为不配合，或者滥用职权、玩忽职守、徇私舞弊。

第一百四十六条　食品药品监督管理、质量监督等部门在履行食品安全监督管理职责过程中，违法实施检查、强制等执法措施，给生产经营者造成损失的，应当依法予以赔偿，对直接负责的主管人员和其他直接责任人员依法给予处分。

第一百四十七条　违反本法规定，造成人身、财产或者其他损害的，依法承担赔偿责任。生产经营者财产不足以同时承担民事赔偿责任和缴纳罚款、罚金时，先承担民事赔偿责任。

第一百四十八条　消费者因不符合食品安全标准的食品受到损害的，可以向经营者要求赔偿损失，也可以向生产者要求赔偿损失。接到消费者赔偿要求的生产经营者，应当实行首负责任制，先行赔付，不得推诿；属于生产者责任的，经营者赔偿后有权向生产者追偿；属于经营者责任的，生产者赔偿后有权向经营者追偿。

生产不符合食品安全标准的食品或者经营明知是不符合食品安全标准的食品，消费者除要求赔偿损失外，还可以向生产者或者经营者要求支付价款十倍或者损失三倍的赔偿金；增加赔偿的金额不足一千元的，为一千元。但是，食品的标签、说明书存在不影响食品安全且不会对消费者造成误导的瑕疵的除外。

第一百四十九条　违反本法规定，构成犯罪的，依法追究刑事责任。

第十章　附则

第一百五十条　本法下列用语的含义：

食品，指各种供人食用或者饮用的成品和原料以及按照传统既是食品又是中药材的物品，但是不包括以治疗为目的的物品。

食品安全，指食品无毒、无害，符合应当有的营养要求，对人体健康不造成任何急性、亚急性或者慢性危害。

预包装食品，指预先定量包装或者制作在包装材料、容器中的食品。

食品添加剂，指为改善食品品质和色、香、味以及为防腐、保鲜和加工工艺的需要而加入食品中的人工合成或者天然物质，包括营养强化剂。

用于食品的包装材料和容器，指包装、盛放食品或者食品添加剂用的纸、竹、木、金属、搪瓷、陶瓷、塑料、橡胶、天然纤维、化学纤维、玻璃等制品和直接接触食品或者食品添加剂的涂料。

用于食品生产经营的工具、设备，指在食品或者食品添加剂生产、销售、使用过程中直接接触食品或者食品添加剂的机械、管道、传送带、容器、用具、餐具等。

用于食品的洗涤剂、消毒剂，指直接用于洗涤或者消毒食品、餐具、饮具以及直接接触食品的工具、设备或者食品包装材料和容器的物质。

食品保质期，指食品在标明的贮存条件下保持品质的期限。

食源性疾病，指食品中致病因素进入人体引起的感染性、中毒性等疾病，包括食物中毒。

食品安全事故，指食源性疾病、食品污染等源于食品，对人体健康有危害或者可能有危害的事故。

第一百五十一条　转基因食品和食盐的食品安全管理，本法未作规定的，适用其他法律、行政法规的规定。

第一百五十二条　铁路、民航运营中食品安全的管理办法由国务院食品药品监督管理部门会同国务院有关部门依照本法制定。

保健食品的具体管理办法由国务院食品药品监督管理部门依照本法制定。

食品相关产品生产活动的具体管理办法由国务院质量监督部门依照本法制定。

国境口岸食品的监督管理由出入境检验检疫机构依照本法以及有关法律、行政法规的规定实施。

军队专用食品和自供食品的食品安全管理办法由中央军事委员会依照本法制定。

第一百五十三条　国务院根据实际需要，可以对食品安全监督管理体制作出调整。

第一百五十四条　本法自2015年10月1日起施行。

2017

Yearbook of Certification and Accreditation of China

第二十一部分　大事记

Part Twenty-one　Major Events

一月

1月4日　（1）孙大伟出席2016年二十国集团（G20）峰会筹备委员会第三次会议。（2）王大宁主持召开全国认证认可工作会议暨第十四次全国认证认可工作部际联席会议第一次筹备会议，刘卫军、许增德、许武何、董乐群出席会议。

1月6日　孙大伟会见津巴布韦环境、水利和气候部部长穆春古丽女士。

1月7日　孙大伟出席2016年国务院防震减灾工作联席会议。

1月8日　（1）2015年认证认可政策理论研讨会议在北京召开，孙大伟、王大宁、刘卫军、许增德、许武何、董乐群出席会议。会议学习了十八届五中全会和中央经济工作会议精神，对如何科学谋划"十三五"认证认可检验检测发展进行了研讨。（2）孙大伟赴国务院向王勇国务委员汇报工作。（3）孙大伟出席国家质检总局党组会议。

1月9日　孙大伟出席国家质检总局党组会议。

1月11日　刘卫军会见加拿大标准协会（CSA）新任总裁大卫·维恩斯坦（David Weinstein）一行，双方就中国强制性产品认证制度、CSA指定实验室申请等问题进行了交流，并就下一步合作交换了意见。

1月11日~12日　孙大伟、王大宁出席全国质量监督检验检疫工作会议，刘卫军、许增德、许武何、董乐群列席会议。

1月12日　刘卫军到中国铁路总公司走访并座谈。中国铁路总公司副总经理卢春房、总公司相关部门、中国铁道科学研究院、中铁检验认证中心相关负责人参加座谈。双方就铁路产品认证相关业务及推动中国铁路产品走出去等相关议题进行了交流。

1月13日　（1）孙大伟出席国家科技体制改革和创新体系建设领导小组第十四次会议。（2）董乐群出席企业标准管理制度改革领导小组第二次会议。

1月14日　（1）孙大伟主持召开国家认监委党组2016年第1次会议，王大宁、刘卫军、许增德、许武何、董乐群出席会议。会议学习了全国质检工作会议精神；听取了认证认可"十三五"发展规划起草情况回报；听取了全国认证认可工作会议暨第十四次全国认证认可工作部际联席会议筹备情况回报并审议了主报告，研究了有关人事工作。（2）孙大伟主持召开国家认监委党组中心组2016年第1次学习会议，王大宁、许增德、许武何、董乐群参加学习。会议学习了习近平总书记在中央政治局"三严三实"专题民主生活会上的讲话，并对国家认监委党组班子建设提出了具体要求。（3）刘卫军出席国家信息安全标准化委员会工作会议。（4）许增德会见国际电工委员会挪威国家委员会（IEC/NC）主席、挪威电气材料研究所（NEMKO）高级顾问特龙德·索利（Trond Sollie）先生一行，双方就中国强制性产品认证制度改革等进行了交流，并就电工委员会电工产品合格测试与认证体系（IECEE）核心议题进行了探讨。

1月15日　（1）孙大伟出席国家质检总局党组会议。（2）孙大伟出席推进"一带一路"建设工作会议暨领导小组第三次会议。（3）王大宁到国家民委走访并座谈，国家民委法规司司长杨正根及相关部门负责人参加座谈。双方就进一步推动清真食品认证相关工作立法和认证标准的发展进行了沟通。（4）王大宁出席国家认监委直属机关党委2016年第1次党委会。（5）刘卫军主持召开认证认可年度国际合作与外事工作会议。会议传达了中央关于外事工作的最新要求，通报了2015年认证认可国际合作、外事管理、外事经费执行以及纪检监察等方面的情况，提出了2016年工作思路和要求。（6）刘卫军出席中央网信办信息经济工作座谈会。（7）许增德到公安部走访并座谈，公安部科信局朱抚刚副局长及相关部门负责人参加座谈。双方就安防、消防强制性及自愿性产品认证工作，公安领域认证机构及检测实验室发展建设，互联网认证认可违法行为查处等工作进行了交流。（8）董乐群到科技部走访并座谈，科技部侯建国副部长、资源配置与管理司吴学梯副司长及相关同志参加座谈。双方就科技对认证认可发展的支撑与引领作用、2015年合作成效以及"十三五"期间合作建议进行了交流。

1月16日~17日　孙大伟赴广东出席中国消费品质量安全促进会与美国UL公司合作谅解备忘录签署仪式。

1月18日　（1）孙大伟列席中央学习贯彻党的十八届五中全会精神专题研讨班开班式。（2）孙大伟会见国家卫生计生委副主任、国家中医药管理局局长王国强并签署国家中医药局与国家认监委《关于共同推进中医药健康服务完善中医药认证体系的合作协议》，许增德陪同会见。(3)王大宁出席质检总局党校第六次校务委员会会议。(4)刘卫军出席质检总局与中央网信办全面合作协议座谈会。(5)董乐群出席研究所2015年度工作总结会议。

1月19日 (1)刘卫军到国家铁路局走访并座谈，国家铁路局党组成员郑健及其相关部门负责人参加座谈。双方就《铁路产品认证管理办法》修订工作及进一步推动铁路产品认证有序发展，提升铁路产品认证的有效性和服务质量，推进铁路产品国际互认，推动中国铁路产品走出去进行了交流。(2)许增德到国家林业局走访并座谈，国家林业局副局长彭有冬、国家林业局科技发展中心相关负责人参加座谈。双方就进一步完善森林认证规则、联合开展监管及调研等相关议题进行了交流。(3)许增德出席实验室部2015年度工作总结会议。(4)董乐群到国家统计局走访并座谈，国家统计局副局长贾楠及相关负责人参加座谈。双方就进一步完善认证认可行业发展综合指标体系、将认证认可行业统计纳入国家统计报表制度进行了交流。

1月20日 (1)孙大伟、王大宁、刘卫军、许增德、许武何、董乐群出席认监委直属机关党委2015年党建述职评议会。(2)王大宁、刘卫军、许武何、董乐群出席质检直属系统领导干部个人有关事项报告和企业负责人薪酬制度改革工作视频会议。(3)许增德到工业和信息化部走访并座谈，工业和信息化部科技司等相关部门负责人参加座谈。双方就《电器电子产品有害物质限制使用管理办法》修订工作及进一步推动国推污染控制认证等工业产品认证进行了交流。

1月21日 (1)孙大伟主持召开认监委2016年第1次主任办公会议，王大宁、刘卫军、许增德、董乐群出席会议。会议听取了全国认证认可工作暨第十四次全国认证认可工作部际联席会议筹备情况汇报；审议通过了会议主报告及支局长讲话。(2)王大宁出席办公室2015年度工作总结会议。(3)许增德到国家食品药品监督管理总局走访并座谈，国家食品药品监督管理总局副局长孙咸泽及相关司局负责人参加座谈。双方就进一步加强沟通协作，充分发挥认证认可和检验检测在食品药品监管工作中的积极作用进行了交流。(4)许武何到国家知识产权局走访并座谈，国家知识产权局专利管理司雷筱云司长及相关负责人参加座谈。双方就联合开展监督检查工作以及推动建立知识产权领域服务认证等议题进行了交流。(5)许武何出席检验检疫业务督察工作专题会议。(6)董乐群出席认证认可"十三五"规划发展指标研讨会议。(7)董乐群出席科标部2015年度工作总结会议。

1月22日 (1)王大宁出席机关党委2015年度工作总结会议。(2)刘卫军出席认证部2015年度工作总结会议。(3)许武何出席服务中心2015年度工作总结会议。(4)董乐群出席2016年全国标准化工作会议。

1月22日~23日 孙大伟出席中央政法工作会议。

1月25日 全国认证认可工作会议暨第十四次全国认证认可工作部际联席会议在京召开，质检总局局长、党组书记支树平出席会议并讲话，孙大伟作工作报告，国家知识产权局副局长贺化代表部际联席会议成员单位讲话，中国(上海)自由贸易试验区管委会等4个单位作经验交流。水利部副部长周学文、工商总局副局长马正其、食品药品监管总局副局长孙咸泽及王大宁、刘卫军、许增德、许武何、董乐群出席会议。全国认证认可工作部际联席会议成员单位及特邀单位代表，国家标准委、质检总局各司局及部分在京直属单位负责人，各部室及下属单位负责人，各直属检验检疫局，各省、自治区、直辖市、新疆生产建设兵团质量技术监督局(市场监管部门)负责人参加会议。会议回顾总结了"十二五"及2015年认证认可工作，谋划了"十三五"认证认可事业发展蓝图并部署了2016年重点工作。

1月26日 (1)孙大伟出席全国进出口商品检验监管工作电视电话会议并讲话，刘卫军出席会议。(2)孙大伟会见澳门民政总署管理委员会主席黄有力。(3)孙大伟、王大宁、刘卫军、许增德、许武何、董乐群出席质检总局直属系统"三严三实"专题教育经验交流会。(4)许武何出席财务部2015年度工作总结会议。

1月27日 (1)孙大伟、王大宁、刘卫军、许增德、许武何、董乐群出席国家认监委领导班子及成员2015年度考核会议。(2)孙大伟主持召开专题会议研究质检科技工作。(3)刘卫军与中国汽车技术研究中心进行会谈。

1月28日 (1)孙大伟、王大宁、刘卫军、许增德、许武何、董乐群出席认监委老干部新春团拜会。(2)刘卫军陪同支树平局长会见智利农业部部长富尔切。(3)刘卫军陪同支树平局长会见意大利卫生部部长蓓阿特丽斯·罗仁琴。(4)许增德出席实验室部务虚会议。(5)董乐群主持召开行业统计报表制度专题工作会议。

1月29日 (1)王大宁出席中检集团2015年度工作总结会议。(2)王大宁、刘卫军、许增德、许武何、董乐群出席全国质检系统党风廉政建设工作会议。(3)刘卫军出席总局外事工作领导小组第三次会议。(4)刘卫军出席国际部2015年度工作总结会议。(5)刘卫军向中央改革办有关领导汇报工作。(6)董乐群出席全国产品质量监督工作会议。

二月

2月1日 (1)孙大伟出席中检集团2016年全球总经理会议并讲话，许增德出席会议。(2)刘卫军与标准化研究院进行座谈。(3)许增德主持召开全国认证认可部际联席会议办公室联络员座谈会议。

2月2日　(1)孙大伟出席2016年对台工作会议。(2)孙大伟会见国家电网公司总经理、党组成员、IEC副主席舒印彪，刘卫军、许增德陪同。(3)刘卫军出席西安交通大学中国西部质量科学与技术研究院三方协议签约仪式。(4)许增德会见成都市副市长田蓉。(5)许增德会见中粮集团党组书记、董事长赵双连。(6)董乐群出席全国执法工作座谈会议。

2月3日　(1)孙大伟主持召开认监委党风廉政建设工作会议，刘卫军、许增德、许武何、董乐群出席会议。(2)孙大伟主持召开认监委党组中心组(扩大)2016年第二次学习，刘卫军、许武何、董乐群参加学习。(3)孙大伟出席总局局务会议，董乐群列席会议。(4)孙大伟出席总局局长办公会议，刘卫军列席会议。(5)孙大伟出席总局党组会议。(6)许增德出席特种设备安全监管改革顶层设计方案专题会议。(7)董乐群与法律部研究工作。

2月3日~4日　王大宁赴深圳对港中检领导班子薪酬及业绩考核培训并调研。

2月4日　(1)孙大伟出席国务院研究促进服务贸易发展有关问题会议。(2)孙大伟看望慰问原国家计量总局党组副书记、副局长孙德芳。

2月5日　(1)孙大伟听取通关司工作汇报。(2)许武何出席认监委清理规范经营服务性收费工作部署会议。

2月14日　(1)孙大伟出席总局局长办公会议，王大宁列席会议。(2)孙大伟主持召开专题会议，研究支持外贸转型升级结构调整措施。

2月15日　王大宁主持召开专题会议，传达总局局长办公会议精神，刘卫军、许增德、许武何、董乐群出席会议。

2月15日~16日　孙大伟陪同汪洋副总理赴苏州调研外贸转型升级结构调整，并出席国务院外贸工作座谈会。

2月16日　(1)王大宁主持召开认证认可业务统计专题工作会议。(2)王大宁到认监委信息中心调研。(3)董乐群出席认证认可业务统计专题工作会议。

2月17日　(1)孙大伟主持召开清真食品认证专题会议，王大宁、许增德出席会议。(2)刘卫军出席认证部工作研讨会议。(3)董乐群主持召开认证认可强国质量建设专题会议。

2月18日　王大宁出席总局推进八项重点工作专题会议。

2月19日　(1)王大宁出席认证认可综合工作会议。(2)王大宁出席同线同标专题会议。

2月22日　(1)孙大伟出席国际组织人才工作领导小组第2次会议。(2)王大宁主持召开专题会议，研究完善统一权威食品药品安全监管体制的意见。(3)刘卫军会见芬兰农业部常务秘书雅娜胡苏卡利奥女士。

2月23日　孙大伟赴深圳出席中检公司干部大会，宣布主要领导干部任免。

2月24日　(1)孙大伟出席中检集团干部大会，宣布主要领导干部任免。(2)孙大伟主持召开认监委2016年第1次委务会议，王大宁、刘卫军、许增德、许武何、董乐群出席会议。会议审议并原则通过了2016年会议计划、培训计划。(3)孙大伟主持召开认监委外事工作领导小组第二次会议，王大宁、刘卫军出席会议。(4)王大宁陪同全国人大常委会委员、中国社科院蓝迪国际智库项目专家委员会主席赵白鸽到认证认可技术研究所调研。(5)董乐群出席全国质检系统法制工作会议。

2月25日　(1)孙大伟主持召开认监委党组中心组2016年第三次学习，王大宁、刘卫军、许增德、许武何、董乐群参加学习。会议学习了《中国共产党党组工作条例》，并传达学习了总局党组有关会议精神。(2)王大宁出席良好农业规范宣贯教材出版发行研讨会。(3)王大宁赴检验检疫协会商谈合作事宜。(4)许增德与供销总社商谈工作。

2月26日　(1)孙大伟出席中央全面深化改革领导小组经济体制和生态文明体制改革专项小组全体会议。(2)孙大伟出席总局巡视准备专题党组会议，许武何列席会议。(3)孙大伟出席总局党组会议。(4)孙大伟出席总局党组2015年度专题民主生活会情况通报会。(5)董乐群出席2016年度认监委认证认可科技与标准需求研讨会。

2月29日　(1)王大宁主持召开认监委传达总局巡视准备专题党组会议精神专题会议，刘卫军、许增德、许武何参加会议。(2)刘卫军与认可中心进行外事工作座谈。(3)董乐群出席总局质量品牌提升专题工作会议。

三月

3月1日　(1)孙大伟出席质检总局2016年第9次党组会议。(2)孙大伟、王大宁、刘卫军、许增德、许武何、董乐群出席中央第四巡视组专题巡视质检总局党组工作动员会。(3)孙大伟出席中央第四巡视组专题巡视质检总局党组工作汇报会。(4)王大宁出席《探索新型智库发展之路》蓝迪国际智库新书发布会。

3月2日　(1)孙大伟出席国务院关于执行安理会对朝鲜制裁决议协调机制第一次全体会议。(2)孙大伟出席国务院关于研究部署寨卡疫情防控有关工作会议。(3)王大宁出席认证认可深化改革工作协调会议。(4)刘卫军出席2015年CCC指定认证机构及工厂检查员专项监督结果通报会。(5)刘卫军、许增德、许武何、董乐群与中央第四巡视组谈话。

3月3日　(1)刘卫军赴中汽认证中心调研。(2)许增德出席认监委检验检测深化改革专题会议。(3)许增德与标准委商谈工作。(4)董乐群出席认证认可检验检测"十三五"规划研讨会。

3月4日 (1)孙大伟与中央第四巡视组谈话。(2)孙大伟会见海关总署副署长鲁培军。(3)孙大伟主持召开专题会议,研究关检合作事宜。(4)许增德会见JCI亚洲区总监张若涵。(5)董乐群出席认证认可强国指标研讨会。

3月5日 王大宁与中央第四巡视组谈话。

3月7日 孙大伟会见黑龙江省副省长孙尧。

3月9日 (1)孙大伟会见呼和浩特市委副书记、市长李杰翔,许增德陪同会见。(2)刘卫军出席中央财办绿色产品标准认定标识整合改革专题汇报会。

3月10日 (1)孙大伟列席全国政协十二届四次会议全体会议(以经济建设和生态文明建设为主)。(2)孙大伟主持召开技术性贸易措施能力提升小组第一次会议、国门安全筑网行动领导小组第一次会议。(3)孙大伟主持召开出口食品企业内外销"同线同标同质"工程领导小组第一次会议,王大宁出席会议。(4)刘卫军出席网络安全工作协调机制会议。(5)许武何出席认监委经济责任审计工作联席会议。

3月11日 (1)孙大伟出席总局2016年第10次党组会议,刘卫军列席会议。(2)孙大伟、王大宁出席总局全面深化改革领导小组第五次会议。(3)孙大伟陪同支树平局长会见广西壮族自治区主席陈武、副主席张晓钦,双方共同签署有关合作协议。(4)孙大伟听取四川省质监局向东局长工作汇报。(5)许增德出席食品复检机构领导小组会议。(6)许增德出席认证机构市场准入及监管制度改革专项小组研讨会议。

3月12日 董乐群出席第二届中国质量诚信品牌论坛。

3月14日 (1)孙大伟、董乐群出席总局法治质检建设工作领导小组第一次会议。(2)孙大伟会见福建省副省长梁建勇。(3)王大宁出席委信息中心与京东商城"云桥"合作协议签字仪式。(4)许武何出席认监委新增工作经费需求研讨会。

3月15日 孙大伟主持召开认监委2016年第二次党组会议,王大宁、刘卫军、许增德、许武何、董乐群出席会议。会议研究了统计管理工作职责调整有关工作及干部有关工作。

3月16日 (1)孙大伟会见巴西新任驻华大使江豹,刘卫军陪同会见。(2)孙大伟出席国家集成电路产业发展领导小组第三次会议。(3)王大宁出席供港生鲜公共测试(北京站)体验宣传活动。(4)董乐群出席总局《质量促进法》立法研究工作启动会议。

3月17日 (1)孙大伟出席中国信息安全认证中心干部大会,宣布主要领导干部任免。(2)王大宁出席认监委直属机关党委2016年第二次委员会。(3)刘卫军主持召开"一带一路"三年滚动计划工作研讨会。

3月18日 (1)孙大伟主持召开认监委2016年第三次党组会议,王大宁、刘卫军、许增德、许武何、董乐群出席会议,会议听取了纪检组关于进一步加强认监委系统党风廉政建设工作建议的报告;听取了直属机关党委关于2015年工作落实情况的报告,审议了直属机关党委2016年工作要点;审议并原则通过了直属机关党委、直属机关纪委选举换届工作方案;听取了办公室关于委机关2015年绩效考核有关情况的汇报;研究了委机关及直属单位2015年度考核优秀等次人选事宜。(2)王大宁出席认监委质检重点工作任务分解协调会。(3)刘卫军陪同支树平局长会见韩国产业通商资源部部长周亨焕。(4)刘卫军陪同梅克保副局长会见哈萨克斯坦农业部部长马梅特别科夫。

3月21日 (1)孙大伟出席总局2016年第11次党组(扩大)会议,刘卫军列席会议。(2)孙大伟出席总局第242次局长办公会议,刘卫军列席会议。(3)孙大伟出席总局第64次局务会议,刘卫军列席会议。(4)董乐群出席法律部统计工作专题研讨会。

3月21日~23日 许增德赴杭州进行检验检测机构资质管理调研。

3月21日~25日 王大宁赴香港中检公司考核领导班子。

3月22日 (1)孙大伟出席国务院知识产权战略实施工作部际联席会议第一次全体会议。(2)孙大伟会见厦门市副市长倪超。(3)孙大伟会见芬兰农林部部长凯莫·蒂卡宁,刘卫军陪同会见。

3月23日 孙大伟出席第24届冬季奥林匹克运动会工作领导小组第二次会议。

3月24日 (1)孙大伟出席国务院外贸工作座谈会。(2)刘卫军主持召开认证认可"一带一路"工作会议。(3)刘卫军出席认监委中国绿色产品标识认证体系建设研讨会。

3月25日 (1)孙大伟、许增德出席中国合格评定国家认可委员会第三届全体委员会第三次会议。(2)孙大伟参加新华网"认证认可与供给侧改革"专题访谈。(3)董乐群出席认证认可强国评价指标体系研讨会。

3月26日 孙大伟参加2016年共和国部长义务植树活动。

3月28日 孙大伟出席总局2016年第12次党组(扩大)会议,王大宁列席会议。

3月29日 (1)孙大伟、王大宁出席第二届中国质量奖颁奖大会。(2)孙大伟会见白俄罗斯国家标准化委员会副主席塔塔里茨基·瓦连京,刘卫军陪同会见。(3)王大宁出席认监委绩效考核工作领导小组会议。(4)王大宁出席认监委2016年世界认可日活动方案研讨会议。(5)刘卫军出席认监委绿色产品体系建设专题会议。

3月30日　(1)孙大伟出席总局2016年第13次党组(扩大)会议,王大宁列席会议。(2)孙大伟、董乐群出席质量品牌提升行动和国家质量技术基础建设服务示范工程领导小组会议。(3)孙大伟主持召开总局"十三五"科技创新规划编制领导小组第二次会议,董乐群出席会议。(4)刘卫军会见香港标检中心总裁冯立中。

3月31日　(1)孙大伟出席国务院研究外贸稳增长调结构政策措施有关工作会议。(2)王大宁主持召开认监委2016年第一期认证认可学习讲堂暨党组中心组(扩大)第四次学习,刘卫军、许增德、许武何、董乐群参加学习。

四月

4月1日　(1)孙大伟主持召开认证认可深化改革领导小组第五次会议,王大宁、刘卫军、许增德、许武何、董乐群出席会议。(2)孙大伟、王大宁出席2016年"互联网+质检"行动计划领导小组第一次会议。(3)许增德与检验检疫学会研究工作。

4月5日　孙大伟出席国家科技体制改革和创新体系建设领导小组第十六次会议。

4月6日　(1)孙大伟出席国务院第128次常务会议。(2)孙大伟出席总局2016年第14次党组会议,会议传达学习中央有关会议精神,审议《质检总局2016年反腐倡廉工作任务分工意见》。(3)孙大伟出席总局第243次局长办公会议,会议审议2016年总局绩效考核共性管理指标,听取关于总局职工集资建房进展情况方案的报告,许武何列席会议。(4)孙大伟会见瑞士联邦经济总局局长兼国务秘书茵艾辛女士,刘卫军陪同。(5)王大宁出席认监委基层党组织书记培训班开班仪式。(6)王大宁、许增德出席认监委世界认可日活动筹备专题工作会议。

4月6日~7日　董乐群赴厦门出席检验检疫标准化管理工作会议。

4月8日　(1)刘卫军陪同支树平局长会见韩国农林畜产食品部部长李桐弼。(2)刘卫军会见美国副助理贸易代表温岚霆。(3)许增德出席国家计量战略专家咨询委员会成立暨委员会第一次全体会议。

4月11日　(1)孙大伟、董乐群陪同支树平局长会见清华大学校长邱勇、副校长尤政一行。(2)孙大伟出席清华大学与总局科技战略合作协议签约仪式,并代表总局与清华大学签署科技战略合作协议,董乐群出席仪式。

4月12日　(1)孙大伟出席国务院研究跨境电子商务零售进口新政有关问题工作会议。(2)许武何出席认监委企事业单位公车改革研讨会。

4月13日　(1)孙大伟赴国家开发投资公司商谈工作。(2)许增德赴中国铁路总公司商谈世界认可日有关事宜。

4月13日~15日　王大宁赴南京出席2016年二季度认证认可业务工作会议。

4月14日　(1)孙大伟出席全国人大代表建议交办会。(2)孙大伟、刘卫军、许增德、许武何、董乐群出席2016年第一期"质检大讲堂"暨总局党组中心组学习(扩大)。

4月15日　董乐群出席认证认可强国指标体系研讨会。

4月18日　(1)孙大伟在李克强总理和新西兰总理约翰·基共同见证下与新西兰初级产业部副部长罗杰签署《中华人民共和国国家认证认可监督管理局与新西兰初级产业部关于新西兰输往中华人民共和国肉类清真认证的安排》。(2)许武何陪同梅克保局长参加"质检总局走进全国中小企业股份转让系统"活动。

4月18日~19日　许武何赴南宁出席质检系统2016年计划财务工作会议。

4月18日~22日　孙大伟参加国家行政学院省部级干部自贸区战略与多边自贸协定研讨班学习。

4月19日　(1)孙大伟、王大宁、刘卫军、许增德出席2016年全国质检科技大会。(2)刘卫军陪同支树平局长会见欧盟委员会农业和农村地区发展委员菲尔·霍根。

4月19日~20日　董乐群出席2016年全国质检科技大会。

4月20日~28日　许武何参加全国质检系统纪检监察领导干部培训班。

4月21日　刘卫军出席全国质量管理工作暨品牌提升经验交流会。

4月21日~22日　王大宁赴山东潍坊出席首届峡山湖有机发展国际论坛暨有机农业供给侧改革研讨会议。

4月21日~25日　董乐群赴广西出席检验检疫标准化专委会会议并调研。

4月25日　孙大伟、王大宁出席质检总局直属系统"两学一做"学习教育座谈会。

4月25日~29日　许增德参加中央党校贯彻习近平总书记系列重要讲话精神培训班。

4月26日　(1)孙大伟出席中国认证认可协会二届九次理事会暨二届九次常务理事会。(2)刘卫军出席中国绿色产品标识与认证体系政策研究组第一次工作研讨会。

4月27日　(1)孙大伟听取通关司工作汇报。(2)王大宁出席商务部驻华外交使节培训班并授课。(3)刘卫军陪同支树平局长会见天祥集团首席执行官骆嘉华。

4月28日　(1)孙大伟出席总局2016年第15次党组会议,会议传达中央有关文件精神,研究有关人事工作。

(2)孙大伟出席总局第245次局长办公会议，会议听取关于八项重点工作推进情况的汇报，王大宁列席会议。(3)孙大伟研究部署认监委系统"两学一做"学习教育方案。(4)刘卫军与上海自贸区商谈平行进口汽车有关工作。(5)刘卫军、董乐群参加委春季植树活动。

4月29日　孙大伟出席总局2016年第16次党组会议。

五月

5月3日　(1)王大宁陪同总局支树平局长会见波兰农业和乡村发展部部长克什托夫尤尔盖。(2)王大宁陪同总局支树平局长会见俄罗斯农业部部长特卡乔夫。(3)许增德、董乐群出席2016年管理体系认证"双随机"监督检查抽样活动。

5月4日　(1)孙大伟出席总局"学习总书记讲话精神，做质检事业生力军"全国质检系统青年优秀群体、优秀个人心得汇报会。(2)王大宁陪同支树平局长会见捷克农业部部长马里安尤雷奇卡。

5月5日　孙大伟出席国务院研究跨境电子商务零售进口新政有关工作会议。

5月6日　(1)孙大伟主持召开认监委2016年第4次党组(扩大)会议，王大宁、许增德、许武何、董乐群出席会议。会议动员部署认监委系统开展"两学一做"学习教育活动。(2)孙大伟主持召开认监委2016年第5次党组会议，王大宁、许增德、许武何、董乐群出席会议。会议听取了人事部关于干部人事档案专项审核工作有关情况的汇报。(3)孙大伟赴北京检验检疫局出席中国电子检验检疫主干系统京津冀上线试点调研座谈会。(4)王大宁主持召开认监委2016年第3次主任办公会议，许增德总工程师出席会议。会议研究了2016年世界认可日活动方案；研究了2016年办理重点人大建议工作方案。

5月3日~7日　刘卫军赴山东、广东开展绿色产品认证体系建设及强制性产品认证制度改革工作调研。

5月9日　(1)孙大伟、刘卫军、许增德、许武何、董乐群出席全国推进简政放权放管结合优化服务改革电视电话会议。(2)董乐群出席《认证认可强国评价指标框架体系》数据采集工作推进会。

5月9日~10日　王大宁出席国家认监委2016年办理全国人大建议现场会。

5月10日　(1)孙大伟赴计量院昌平院区出席首批质检总局重点实验室和工程技术研究中心启动会。(2)孙大伟出席总局党组会议。(3)孙大伟出席总局局长办公会议，刘卫军列席会议。(4)王大宁出席出口食品企业内外销"同线同标同质"公共信息服务平台上线暨北京体验中心启动仪式。(5)刘卫军出席国际部党支部活动。(6)许增德与教育部商讨有关工作。

5月11日　许增德与铁路总公司商谈2016年世界认可日活动相关工作。

5月12日　(1)许增德出席总局全面深化改革领导小组第六次会议。(2)许武何出席总局援藏援疆工作授援单位座谈会。(3)董乐群主持召开关于落实国务院5.9电视电话会精神有关专题会议。

5月11日~13日，王大宁赴宁夏银川出席国家认监委2016年办理全国人大建议现场会。

5月12日~13日　孙大伟赴江苏无锡出席第三届"质检科技周"启动仪式并调研。

5月13日~14日　许增德赴西安出席计量促进产业发展国际论坛。

5月14日　孙大伟出席2016年全国科技活动周启动仪式。

5月16日　孙大伟在李克强总理和阿富汗首席执行官阿卜杜拉共同见证下与阿富汗农业部部长阿萨杜拉扎米尔签署有关文件。

5月17日　(1)孙大伟出席国务院中俄总理定期会晤委员会主席会晤筹备工作会议。(2)刘卫军主持召开赴美访问准备会。

5月18日~19日　(1)孙大伟赴厦门出席质检总局单一窗口建设工作推进会并调研。(2)董乐群赴厦门进行自贸试验区检验检疫工作调研。

5月19日　(1)王大宁赴广东出席出口食品企业内外销"同线同标同质"工作宣贯会并调研。(2)董乐群出席认证认可科技标准论坛。

5月20日　(1)孙大伟出席国家科技计划(专项、基金等)管理部际联席会议2016年第二次全体会议。(2)许增德出席世界计量日系列主题活动。(3)许增德出席IEC电话会议。

5月22日　孙大伟出席国务院中俄能源合作有关会议。

5月23日　(1)孙大伟出席总局党组会议，王大宁列席会议。(2)许武何主持召开认监委纪检工作座谈会。

5月23日~24日　王大宁赴西安出席卫生注册主任评审员培训班。

5月24日　(1)孙大伟、许增德、许武何、董乐群出席第二期质检大讲堂暨党组中心组(扩大)学习。(2)孙大伟出席国家科技体制改革和创新体系建设领导小组第十七次会议。

5月24日~6月1日　刘卫军赴美国、墨西哥访问。

5月25日　孙大伟、王大宁、许增德听取2016年世界认可日系列活动筹备工作专题汇报。

5月25日~26日　王大宁赴上海出席第十届中国国际有机食品博览会并调研。

5月25日~27日 董乐群赴广东中山出席检验检测认证创新发展高级研讨班并调研。

5月26日 孙大伟听取IEC中国国家委员会工作汇报，许增德出席。

5月28日 孙大伟出席2016年二十国集团（G20）峰会筹备委员会第四次会议。

5月30日 许武何与财政部商谈工作。

5月30日~31日 孙大伟出席全国科技创新大会、两院院士大会、第九届中国科协全体代表大会。

5月31日 王大宁、许增德与国家中医药局商谈工作。

5月31日~6月2日 董乐群赴上海开展认证认可法制与政策研究调研。

六月

6月1日 （1）孙大伟出席国务院第135次常务会议。（2）孙大伟会见IEC当选主席詹姆斯·香农一行，许增德陪同会见。（3）孙大伟会见加拿大农业及农业食品部部长劳伦斯·麦考利。（4）王大宁出席中国轨道交通检验检测认证联盟成立筹备大会。（5）王大宁会见土耳其农业部副部长。（6）许增德出席IEC发展战略研讨会。

6月2日 （1）孙大伟主持召开专题会议，研究清真食品管理工作，许增德出席会议。（2）孙大伟会见法国农业、食品和林业部部长斯特凡·勒弗尔并出席地理标志产品保护公告仪式。

6月2日~3日 （1）王大宁赴上海出席世界认可日主题活动。（2）刘卫军赴天津出席世界认可日主题活动。

6月3日 （1）孙大伟出席中央统一战线工作领导小组2016年第3次专题会议。（2）孙大伟会见中国铁路总公司副总经理杨宇栋。

6月6日 （1）孙大伟、王大宁、刘卫军、许增德、许武何、董乐群出席中央第四巡视组专项巡视质检总局党组情况反馈会。（2）孙大伟出席总局2016年第20次党组会议，会议研究部署巡视反馈问题整改工作。（3）孙大伟主持召开认监委党组中心组（扩大）2016年第5次学习会议，王大宁、刘卫军、许增德、许武何、董乐群出席会议。（4）孙大伟主持召开认监委党组2016年第6次会议，王大宁、刘卫军、许增德、许武何、董乐群出席会议。（5）孙大伟会见香港机电工程署署长陈帆。（6）刘卫军出席IQNet全会论坛。

6月7日 孙大伟主持2016年世界认可日主题活动“认证认可助力中国高铁走向世界”，质检总局局长支树平、中国铁路总公司总经理盛光祖出席活动并致辞，中国铁路总公司副总经理卢春房、总工程师何华武，认证认可战线老领导王凤清，王大宁、刘卫军、许增德、许武何、董乐群，全国认证认可工作部际联席会议成员单位和有关方面代表出席活动。活动当日，认监委与中国铁路总公司签署了《认证认可助力中国高铁发展战略合作协议》，中国铁道科学研究院，认监委研究所等11家单位联合发起成立中国轨道交通检验检测认证联盟。

6月7日~8日 孙大伟赴宁波出席中国-中东欧国家质检合作对话会（电子证书与贸易便利化）。

6月8日 （1）刘卫军出席信息安全产品认证获证企业座谈会。（2）许增德出席IEC电话会议。

6月11日~12日 孙大伟赴云南昆明出席第4届中国-南亚博览会暨第24届中国昆明进出口商品交易会。

6月12日 许增德出席质检总局2016年检验检测服务业统计数据新闻发布会。

6月12日~13日 王大宁赴上海出席进出口食品政策与法规交流会议。

6月12日~16日 刘卫军赴日内瓦出席IEC/CAB合格评定局会议。

6月13日 （1）孙大伟出席总局2016年第22次党组（扩大）会议，审议巡视工作整改工作。（2）孙大伟出席总局第65次局务会议，许增德列席会议。（3）许武何出席总局机关全国节能宣传周和低碳日活动启动仪式。

6月14日 （1）孙大伟出席总局2016年第23次党组会议，研究有关人事工作。（2）孙大伟主持召开认监委2016年世界认可日系列活动总结会议，王大宁、许武何出席会议。

6月14日~15日 孙大伟赴浙江杭州出席G20峰会检验检疫综合应急处置演练。

6月14日~18日 许增德赴瑞士出席IEC理事局会议。

6月15日 王大宁会见ASTM总裁唐建思。

6月16日 中共国家认监委直属机关第二次代表大会在京召开，第一届直属机关党委向大会报告工作，大会选举产生了第二届直属机关党委和纪律检查委员会。孙大伟出席会议并讲话，王大宁出席会议并作总结，许武何出席会议。

6月17日 孙大伟出席总局2016年第24次党组（扩大）会议，会议传达了全国科技创新大会精神，刘卫军列席会议。

6月16日~18日 许武何赴南京出席全国质检直属系统纪检监察工作会议。

6月17日~18日 王大宁赴宁波出席出口食品企业内外销“同线同标同质”暨帮扶行动推进会。

6月18日~20日 孙大伟赴安徽黄山出席中俄总理定期会晤委员会双方主席会晤。

6月20日 王大宁出席认监委直属机关第二届党委一次会议。

6月20日~21日 刘卫军赴上海出席上海自贸区管委会

平行汽车进口CCC认证工作专题会。

6月21日　(1)孙大伟出席国务院研究钢铁煤炭行业化解过剩产能有关工作会议。(2)王大宁出席铁路标准与铁路认证认可论坛。(3)董乐群出席认监委第二期依法行政普法讲座。

6月22日　(1)孙大伟出席国务院"两学一做"专题学习。(2)孙大伟出席2016年第五届中美欧三方消费品安全峰会,会见欧盟委员会公平与消费者总司长阿斯托拉女士。(3)王大宁出席总局党风廉政领导小组专题会议。(4)刘卫军出席强制性产品认证指定机构专题会议。

6月20日~23日,许武何赴西藏林芝出席2016年全国质检系统援藏援疆工作会议。

6月23日　孙大伟出席国务院支持香港经济发展工作专责小组会议。

6月24日　(1)刘卫军、许武何、董乐群出席总局2016年第三期质检大讲堂暨党组中心组学习(扩大)。(2)董乐群出席总局质量技术基础专题研讨会议。

6月27日　王大宁、许武何出席认监委落实中央巡视反馈意见整改工作专题会。

6月27日~28日,刘卫军赴广州出席落实CEPA服务贸易协议座谈会。

6月28日　(1)孙大伟出席总局2016年第25次党组会议,许武何列席会议。(2)孙大伟出席国务院研究中俄总理定期会晤委员会双方主席会晤有关筹备工作会议。(3)孙大伟出席国务院关于俄罗斯总统普京访华经贸领域有关工作会议。(4)王大宁、许武何、董乐群赴国家行政学院参加全面实施质量强国研讨班。

6月19日~29日　许增德赴南非等三国出席检验检测认证监管体系建设新兴市场国家磋商系列活动。

6月29日　(1)孙大伟出席国务院中美投资协定谈判工作领导小组全体会议。(2)孙大伟、王大宁、刘卫军、许武何、董乐群出席中央纪委驻工商总局纪检组赴国家认监委调研座谈会。(3)王大宁、许武何、董乐群出席质检总局纪念中国共产党成立95周年暨红军长征胜利80周年大会。(4)刘卫军出席中央网信办有关工作会议。

6月30日　(1)孙大伟赴国家行政学院为全面实施质量强国战略专题研讨班授课,王大宁、许增德、许武何、董乐群出席。(2)孙大伟主持召开专题会议,研究中美投资协定涉质检相关工作。(3)刘卫军赴杭州出席中德合作机制绿色认证专题会。

七月

7月1日　(1)孙大伟、王大宁、刘卫军、许增德、许武何、董乐群出席认监委纪念建党95周年党员代表大会。(2)孙大伟、王大宁、刘卫军、许增德、许武何、董乐群出席认监委"青年强则国强-认证认可强国之路"青年报告会。(3)王大宁出席供港食品"同线同标同质"体验中心启动仪式。

7月4日　(1)孙大伟出席总局党组中心组学习。(2)孙大伟、王大宁、刘卫军、许增德、许武何、董乐群出席认监委干部大会。(3)王大宁、刘卫军、许增德、许武何、董乐群出席认监委党风廉政建设情况通报会。(4)王大宁、刘卫军、许增德、许武何、董乐群出席认监委依法行政与案例分析专题讲座。

7月5日　(1)孙大伟听取江苏检验检疫局、通关司关于检验检疫无纸化工作汇报。(2)孙大伟、王大宁、刘卫军、许武何、董乐群出席省部级干部全面实施质量强国战略专题研讨班座谈会。(3)王大宁出席电子商务认证联盟第二次理事会。

7月6日　董乐群赴国家发展和改革委沟通工作。

7月7日　(1)王大宁、许增德、许武何、董乐群出席全国质检系统2016年上半年工作会。(2)王大宁出席认监委直属机关2016年第三次党委会。

7月7日~8日　刘卫军赴贵阳出席认证认可协会宣传工作座谈会并调研。

7月8日~9日　王大宁赴青岛开展出口食品企业内外销"同线同标同质"工程督导工作并调研。

7月11日　(1)王大宁会见全球食品安全倡议(GFSI)董事会主席麦克·罗巴赫(Mike Robach)一行,双方肯定了近年来的合作成果,并就未来的合作进行了沟通。(2)王大宁出席全球食品安全倡议(GFSI)中国主题日会议并礼节性会见嘉吉集团食品安全法规事务副总裁麦克·罗巴赫。(3)刘卫军参加国际部党支部活动并讲党课。

7月13日　刘卫军出席全国信息安全标准委员会主任办公会。

7月14日　(1)孙大伟出席总局党组会议。(2)孙大伟出席全国质检系统"两学一做"学习教育专题党课。(3)王大宁会见波兰驻华大使林誉平(Miroslaw Gajewski)一行,双方就波兰产品对华出口等相关事宜进行了交流。(4)王大宁、刘卫军、许增德、许武何、董乐群出席全国质检系统"两学一做"学习教育专题党课。(5)刘卫军出席认证部有关工作会议。

7月15日　(1)王大宁出席《"认"重道远》书稿审定会议。(2)许武何出席认监委反腐倡廉工作任务分工推进座谈会。(3)许武何参加财务部党支部、服务中心党总支专题活动并讲党课。

7月18日　董乐群出席国际法制计量组织培训中心(示范)揭牌仪式。

7月19日　(1)孙大伟听取通关司工作汇报。(2)董乐群出席认证认可强国评价指标研讨会。

7月18日~20日　王大宁赴杭州出席认证认可信息宣传培训班开班式并调研。

7月18日~22日　许武何赴苏州参加审计培训。

7月20日　(1)孙大伟出席总局党组会议。(2)董乐群出席总局随机抽查工作推进会。(3)董乐群主持召开认证认可发展"十三五"规划工作专题研讨会。

7月21日　(1)孙大伟、刘卫军出席总局全面深化改革领导小组第七次全体会议。(2)孙大伟主持召开认监委落实巡视整改和加强党的建设工作专题会议，王大宁出席会议。(3)董乐群出席认监委推进"双随机、一公开"工作专题会议。

7月22日　(1)孙大伟主持召开认监委2016年上半年工作会议。王大宁、刘卫军、许增德、董乐群出席会议。(2)孙大伟出席认监委直属机关党委党支部"两学一做"专题学习研讨。(3)王大宁、刘卫军、许增德、董乐群出席认监委干部大会。(4)王大宁、刘卫军、许增德、董乐群出席认监委落实巡视整改工作推进会。

7月25日~27日　王大宁赴西宁出席青海枸杞有机认证试点暨海西州国家级出口质量安全示范区创建启动仪式。

7月25日~29日　董乐群赴陕西、重庆进行工作调研。

7月26日　(1)孙大伟、刘卫军出席第39届国际标准化组织(ISO)大会筹备委员会第二次工作会议。(2)许增德参加认可部、实验室部党支部活动并讲党课。

7月27日　(1)孙大伟主持认监委党组中心组2016年第6次学习，刘卫军、许增德、许武何参加学习。(2)孙大伟主持召开认监委党组会议，刘卫军、许增德、许武何出席会议。(3)许武何主持召开2016年认监委援藏援疆工作会议。

7月28日　(1)孙大伟出席总局党组巡视整改专题民主生活会。(2)刘卫军赴中央财办汇报工作。

7月29日　(1)孙大伟参加中管干部保密轮训。(2)王大宁出席总局党校校务委员会第七次会议。(3)刘卫军参加国际部党支部纪律教育月活动。

八月

8月1日　(1)孙大伟出席总局2016年第28次党组会议，讨论巡视整改报告，审议《中共质检总局党组党风廉政建设约谈制度(试行)》，研究有关人事问题。(2)孙大伟出席总局第247次局长办公会议，审议《质检总局国内公务接待管理实施办法(修订送审稿)》、《质检总局关于加强技术性贸易措施工作意见》，刘卫军列席会议。(3)王大宁出席中国船级社2016年特别理事会暨中国船级社成立60周年座谈会。

8月2日~4日　刘卫军赴呼和浩特出席IECEE-CB体系2016年度工作会议并调研。

8月3日~5日　董乐群赴宁夏出席认证认可法治工作研讨会并进行《检验检测机构管理条例》立法调研。

8月5日　许增德出席检验检测国家中心座谈会议。

8月6日~7日　王大宁赴武汉出席湖北省"三同"工作推进会议。

8月11日~15日　许武何赴香港对中检公司主要负责人进行离任审计。

8月12日　孙大伟主持召开专题会议，研究玩具企业反映境外机构检查问题，刘卫军、许增德出席专题会议。

8月15日　刘卫军出席质检总局治理货车非法改装和超限超载工作专题会议。

8月16日　许增德赴中国电科院调研。

8月17日　(1)孙大伟听取认可中心工作汇报。(2)许增德会同国家林业局商谈工作。(3)许武何出席服务中心半年工作总结会。

8月17日~18日　刘卫军赴上海协调承办2019年IEC大会事宜。

8月18日　许增德出席总局市场管理体制改革专题会。

8月8日~19日　王大宁赴荷兰等中检集团海外公司进行委管企业人事制度改革落实情况督查。

8月10日~19日　董乐群赴哈萨克斯坦等国推进认证认可"一带一路"建设。

8月19日　孙大伟出席信安中心干部大会，宣布信安中心主要领导任职决定。

8月22日　(1)孙大伟主持召开认监委2016年第8次党组会议，会议审议并原则通过了《认证认可检验检测发展"十三五"规划》(送审稿)、《中国共产党国家认证认可监督管理委员会党组工作规则(试行)》(送审稿)等文件，王大宁、刘卫军、许增德、董乐群出席会议。(2)许武何出席总局加快预算执行和加强收费管理研讨会。

8月22日~25日，许武何赴长春出席质检系统内部审计工作座谈会。

8月23日　(1)孙大伟主持召开认证认可深化改革领导小组第六次会议，会议听取了认证认可深化改革领导小组办公室关于2016年上半年我为改革工作进展情况的报告，并对认证认可深化改革下一步工作进行部署，王大宁、刘卫军、许增德、董乐群出席会议。(2)许增德出席总局市场管理体制改革问题专题会。

8月24日　(1)孙大伟出席总局2016年第29次党组会议，传达中央有关会议精神，研究有关人事工作。(2)孙大伟出席总局第248次局长办公会议，审议《质检总局机关招待费管理暂行规定(修订)》。

8月25日　(1)孙大伟、王大宁、刘卫军、许增德、董乐群出席认监委干部大会，会议宣布认监委领导任职决定。(2)孙大伟出席科技司干部大会，宣布科技司主要领导任免决定。

8月26日　(1)孙大伟主持召开认监委2016年第9次党组会议，会议研究了党组成员工作分工调整，传达学习了中央、国务院有关会议精神，王大宁、刘卫军、许增德、许武何、董乐群出席会议，薄昱民列席会议。(2)王大宁赴检验检疫协会调研。(3)董乐群出席保健服务业标准化认证工作推进会。

8月29日　(1)孙大伟、刘卫军出席第五届中国-东盟质检部长会议筹备会议。(2)许增德会见宁夏自治区民委副主任丁克家。

8月29日~9月2日　薄昱民赴广东参加总局消费品质量提升督查工作。

8月30日~31日　王大宁赴合肥出席检验检疫协会工作会议。

8月30日~9月1日　王大宁赴合肥出席检验检疫协会工作会议并调研。

8月31日　董乐群出席认证强国评价体系研讨会议。

8月31日~9月1日　董乐群赴重庆出席2016年全国质量月活动启动仪式。

8月31日~9月2日　刘卫军赴厦门、漳州出席“同线同标同质”及进口酒类企业注册评审等活动。

九月

9月2日　(1)刘卫军陪同总局吴清海副局长会见智利农业部部长富尔切一行，刘卫军与智利水果出口商协会主席Ronald Bown F先生续签了《关于ChinaGAP和ChileG.A.P良好农业规范认证基准比较备忘录。(2)许武何组织召开认监委传达贯彻总局财务管理工作会议精神专题会议。

9月4日~6日　王大宁赴大连、青岛督导推进“同线同标同质”工作。

9月5日　(1)刘卫军到农业部协调绿色产品标准标识认证体系建设事宜。(2)刘卫军出席世界公益慈善论坛·精准扶贫分论坛并作主题演讲。(3)薄昱民到环保部协调绿色产品标准标识认证体系建设事宜。

9月5日~7日　许增德赴西安出席检验检测机构开放日启动仪式并调研。

9月6日　(1)孙大伟、董乐群出席“国家质量基础的共性技术研究与应用”国家重点研发计划重点专项(NQI专项)认证认可领域项目启动座谈会。(2)薄昱民参加国家行政学院省部级干部推进供给侧结构改革专题研讨班。

9月7日　(1)孙大伟出席总局第66次局务会议，会议审议了《认证认可检验检测发展“十三五”规划》，董乐群列席会议。(2)孙大伟出席总局党组会议。(3)刘卫军陪同支树平局长会见爱尔兰农业、食品与海洋部部长克里德。(4)董乐群出席国家重点研发计划“支撑‘一带一路’贸易便利化认证认可关键技术研究与应用”项目启动会。(5)薄昱民到住建部协调绿色产品标准标识认证体系建设事宜。

9月8日　(1)王大宁、董乐群出席迎接国务院第三次大督查工作部署会议。(2)许增德会见西班牙标准化协会(AENOR)总裁阿伟力诺(Avelino Brito)一行，双方就创新认证等事宜进行了交流。

9月8日~9日　孙大伟赴深圳出席中检公司干部大会，宣布中检公司主要领导任命决定。

9月8日~11日　刘卫军赴南宁出席第五届中国-东盟质检部长会议。

9月11日　刘卫军出席第39届国际标准化组织(ISO)大会欢迎活动。

9月12日　(1)第39届国际标准化组织(ISO)大会开幕式在北京国家会议中心举行，孙大伟出席大会开幕式并会见ISO主要官员。(2)孙大伟主持召开认监委2016年第10次党组会议，王大宁、刘卫军、许增德、许武何、董乐群出席会议，薄昱民列席会议。(3)孙大伟会见欧亚经济委员会委员技术调节部长瓦雷利·克列什科夫，刘卫军陪同会见。(4)刘卫军会见巴西农业部秘书长兰格尔(Luis Pacifici Rangel)先生，双方就中巴两国食品企业注册情况进行了深入交流。(5)刘卫军出席法国标准化集团90周年庆典。

9月13日　(1)孙大伟出席推进“一带一路”建设工作会议暨领导小组第四次会议。(2)孙大伟会见美国安全检测实验室(UL)总裁伟廉仕(Keith Williams)一行，双方签署了《绿色产品认证领域的合作安排》，刘卫军、薄昱民陪同会见。(3)王大宁出席总局迎接国务院第三次大督查工作专题会议。(4)刘卫军陪同总局支树平局长会见越南工贸部部长陈俊英。(5)董乐群参加标准化工作调研。

9月14日　孙大伟、王大宁、许增德、董乐群、薄昱民出席ISO大会。

9月18日　(1)孙大伟主持认监委党组中心组(扩大)2016年第7次学习会议，王大宁、刘卫军、许增德、许武何、董乐群出席会议，薄昱民列席会议。会议学习了习近平主席致第39届国际标准化组织(ISO)大会的贺信、李克强总理的致辞和支树平局长在质检总局领导干部会议及总局第66次局务会审议《认证认可检验检测发展“十三五”规划》时的讲话精神。(2)董乐群出席“国家质量基础的共性技术研究与应用”国家重点研发计划重点专项(NQI专项)“服务认证关键技术研究与应用”项目启动会。

9月18日~20日，薄昱民赴武汉出席国家网络安全宣传周启动仪式和网络安全技术峰会。

9月19日 （1）孙大伟、王大宁出席国务院第五督查组对总局实地督查工作汇报会。（2）王大宁出席国务院第五督查组对总局实地督查分组座谈会。（3）刘卫军出席认监委第十四届全国HACCP应用与认证研讨会暨“同线同标同质”工作推进会。

9月19日~20日 刘卫军赴广州出席全球养殖水产认证研讨会并对“同线同标同质”工程进展情况进行调研。

9月20日 （1）刘卫军出席由全球水产养殖联盟（GAA）创办的全球水产养殖领袖展望峰会（GOAL）并致辞。会上，认监委、全球水产养殖联盟（GAA）、中国出入境检验检疫协会、美国水产HACCP联盟四方签署了“国际水产品质量安全与认证合作伙伴项目”合作备忘录。（2）董乐群陪同总局支树平局长会见柬埔寨国务兼工业与手工业部大臣占蒲拉西。

9月19日~23日 许武何赴上海参加会计人员继续教育培训。

9月20日~21日 孙大伟赴大连出席中国电子检验检疫主干系统上线试点调研推进会。

9月21日 王大宁出席认监委“微世界，认我行”微信大赛颁奖暨交流活动。

9月21日~22日 王大宁赴西安出席《大国质量》开机仪式。

9月22日 刘卫军出席认证认可国际组织管理工作会议。

9月22日~23日 薄昱民赴辽宁丹东出席绿色产品认证推进会。

9月23日 （1）孙大伟听取科技司工作汇报。（2）刘卫军出席有机、“同线同标同质”产品公益宣传周启动仪式。（3）刘卫军出席认证认可行业国际合作2016年度座谈会。（4）薄昱民出席中国汽车绿色产品认证采信行业推进会。

9月24日~25日 刘卫军赴江苏常州出席“一带一路”国家认证认可人员培训班结业式。

9月26日 （1）孙大伟出席国务院口岸工作部际联席会议第二次全体会议。（2）王大宁主持召开认证认可专业技术人员管理专题会议，许增德、许武何、董乐群、薄昱民出席会议。（3）王大宁出席信息安全认证中心第二届党员代表大会。（4）刘卫军赴南京出席江苏检验检疫局召开的“同线同标同质”工程推进会并调研。

9月26日~27日 许增德赴厦门出席互联网+检验检测认证工作研讨会。

9月26日~29日 王大宁赴天津出席正高及二级专业职称评审会。

9月27日 （1）孙大伟出席服务业发展部际联席会议第一次会议。（2）董乐群出席认证认可强国质量评价指标研讨会。

9月27日~28日 刘卫军赴西宁出席中韩合格评定分委会第十三次会议，双方就两国认证认可领域的最新政策、法规信息进行了交流，并就签署合格评定互认合作框架协议以来的实施情况及下一步工作安排进行了磋商。

9月27日~29日 许武何赴福州出席认监委2016年第三季度业务工作会暨纪检监察党风廉政培训。

9月28日 董乐群出席认证认可统计数据上报工作培训班。

9月29日 （1）孙大伟出席商务战略研讨会。（2）董乐群主持召开认证认可检验检疫标准化改革研讨会。

9月29日~30日 刘卫军出席上海检验检疫局召开的“同心同德同力”推进“同线同标同质”活动，并为技能竞赛获奖代表颁奖。

9月30日 （1）孙大伟出席总局第67次局务会议，董乐群列席会议。（2）孙大伟出席总局党组（扩大）会议，董乐群列席会议。（3）孙大伟会见中央网信办副主任王秀军一行，双方就在国家网络安全保障体系建设中如何进一步发挥网络安全认证制度和网络完全检测认证机构作用进行了会谈，薄昱民陪同会见。（4）王大宁赴山东峡山进行工作调研。（5）许增德出席IEC相关电话会议。

十月

10月7日~16日 （1）孙大伟赴法国、比利时、德国访问。（2）刘卫军赴德国出席IEC大会及IEC/CAB会议。

10月8日 王大宁赴认可中心调研工作。

10月9日~16日 许增德赴德国出席IEC大会及IEC/CB会议。

10月9日 王大宁、许武何、董乐群、薄昱民出席质检总局干部大会。

10月9日~10日 王大宁赴西安出席阿里巴巴集团新农机化战略峰会。

10月10日 薄昱民陪同支树平局长会见SGS新任首席执行官吴国宏。

10月10日~14日 董乐群参加质检总局司局级干部培训班。

10月11日~18日 许武何参加国防大学国家安全与国防建设专修班。

10月12日 王大宁陪同支树平局长会见必维国际检验集团全球执行总裁丹尼尔。

10月13日 王大宁出席认监委直属机关“两学一做”学习教育推进会议。

10月14日 （1）王大宁参加中央党校学习。（2）王大宁、许武何、董乐群、薄昱民出席认监委干部大会。(3)薄昱民出席中国机械研究院行业研讨会。

10月16日~30日　董乐群赴美国参加沃顿商学院“战略管理能力提升”培训。

10月17日　薄昱民出席汽车认证专题工作会。

10月17日~21日　孙大伟参加中央党校省部级干部“学习贯彻全国科技创新大会精神加快实施创新驱动发展战略”专题研究班。

10月18日　(1)刘卫军出席IEC可再生能源工作会议。(2)刘卫军出席认监委“三同”工作研讨会。(3)许增德会见公安部刑侦局副局长刘中义。

10月19日　(1)孙大伟、王大宁、刘卫军、许增德、许武何、薄昱民出席认监委老干部座谈会。(2)刘卫军陪同标准委主任田世宏会见上海市副市长陈寅。(3)许武何主持召开认监委反腐倡廉工作任务推进会议。(4)薄昱民出席中办、国办督查组督查质检总局座谈会。

10月20日　(1)孙大伟出席总局2016年第34次党组会议。(2)孙大伟出席国务院关于汪洋副总理出访俄罗斯和土耳其筹备工作汇报会。(3)刘卫军陪同质检总局梅克保副局长会见乌拉圭牧农渔业部部长阿盖雷先生。(4)许增德会见英国标准协会集团总裁霍华德·科尔先生。(5)薄昱民出席消费品货量提升工作座谈会。

10月21日　(1)王大宁出席质检总局保密委员会全体会议。(2)王大宁、刘卫军、许增德、许武何、薄昱民参加总局2016年第四期质检大讲堂暨党组中心组学习(扩大)。(3)王大宁、刘卫军、许增德、许武何、薄昱民出席认监委干部大会。(4)刘卫军陪同质检总局副局长梅克保会见哈萨克斯坦农业部副部长伊萨耶娃。(5)薄昱民与信安中心商讨有关工作。

10月24日　(1)王大宁出席NQI科研实验室认可关键技术研究启动仪式。(2)刘卫军出席WTO专题工作会议。

10月25日　(1)孙大伟、王大宁、刘卫军、许增德、许武何、薄昱民出席认监委第三期依法行政普法讲座。(2)孙大伟出席外交部纪念中国恢复联合国合法席位45周年招待会。(3)刘卫军与浙江省质监局商谈有关工作。

10月26日　薄昱民出席第六届交通产品认证交流会议。

10月26日~27日　(1)孙大伟赴浙江出席中国消费品质量安全促进会第一届理事会第三次会议。(2)王大宁赴哈尔滨陪同国务院参事葛志荣到黑龙江两局调研。

10月26日~28日　(1)刘卫军赴湖南湘潭出席2016年中国认证认可高端主题工作会议。(2)许增德赴福建龙岩出席认证认可联系点会议。

10月27日　(1)许武何出席质检总局办公厅第一期“司长讲堂”。(2)许武何出席认监委公务员遴选准备会。(3)薄昱民与铁路科学研究院商谈铁路产品认证工作。(4)薄昱民出席绿色产品认证课题研讨会。

10月28日　(1)孙大伟、王大宁、许武何出席质检总局2016年第35次党组扩大会议，会议传达中国共产党第十八届中央委员会第六次全体会议精神。(2)孙大伟出席国务院关于汪洋副总理出访俄罗斯和土耳其全体人员会议。(3)薄昱民参加认监委公务员遴选面试。

10月31日　孙大伟出席总局第249次局长办公会议，刘卫军列席会议。

10月30日~11月2日　薄昱民赴上海出席国际能源变革研讨会暨机器人检测认证国际论坛。

十一月

11月1日　(1)刘卫军到中国质量认证中心进行调研。(2)许武何主持召开认监委全面严肃财经纪律严格部门预算管理会议。

11月1日~4日　孙大伟赴俄罗斯出席中俄总理定期会晤委员会第二十次会议。

11月2日　(1)刘卫军会见德国经济和能源部数字化与创新政策司副司长杨森。(2)董乐群出席NQI专项信息安全项目启动会。

11月2日~4日　刘卫军赴合肥出席IEC体系国内运作工作机制年会。

11月3日　(1)王大宁陪同质检总局局长支树平会见加拿大农业部长。(2)许增德、许武何听取认可中心关于降低收费有关工作汇报。(3)薄昱民向中央深改办汇报绿色产品标准标识认证体系建设工作。(4)薄昱民向中编办汇报汽车产品市场准入制度改革工作。

11月4日　(1)许增德与知识产权局进行会谈。(2)薄昱民陪同质检总局局长支树平会见住建部副部长倪虹。

11月7日　(1)孙大伟会见立陶宛农业部长宝特莱帖涅。(2)王大宁出席质检总局保密工作专题会议。(3)董乐群主持召开认证认可检验检测“十三五”规划专题会议。

11月8日　(1)孙大伟出席国家保密局网络保密检查启动会。(2)王大宁出席2016年认监委保密委员会全体会议。(3)刘卫军陪同质检总局局长支树平会见斯洛文尼亚副总理兼农林食品部部长戴扬·日丹。(4)刘卫军出席认监委“三同”工作总结推进会议。(5)许增德会见民盟上海市委课题组。(六)董乐群听取科标部标准化改革工作汇报。

11月8日~9日　许增德赴上海出席中国建材检验认证集团上市仪式。

11月9日　(1)孙大伟会见奥地利农林、环境、水利部长鲁佩莱希特，刘卫军陪同。(2)王大宁出席日本谷物检定协会交流活动。(3)薄昱民出席网络安全协调机制联络员会议。

11月9日～10日　董乐群赴苏州出席泛长三角认证认可协作工作会议。

11月9日～11日　许武何赴黑龙江出席质检直属系统"用好四种形态，加强风险防控"座谈会。

11月10日　（1）孙大伟、许增德出席第五届全国合格评定机构认可工作会议。（2）孙大伟主持召开认监委党组中心组（扩大）2016年第8次学习会议，王大宁出席、薄昱民列席会议。（3）刘卫军调研酒类认证和进口酒类注册工作。（4）刘卫军赴食药监局商谈工作。（5）薄昱民与信安中心商谈工作。

11月11日　（1）孙大伟、王大宁听取中检集团人事工作汇报。（2）孙大伟出席国务院第27届中美商贸联委会筹备工作汇报会。（3）刘卫军出席食品农产品国家标准复评审工作会。（4）许增德主持召开第十五次全国认证认可工作部级联席会议筹备会议。（5）薄昱民赴交通部科学研究院商谈工作。

11月13日～14日，刘卫军赴上海浦东干部学院授课。

11月14日　（1）孙大伟会见新西兰初级产业部常务副部长马丁·邓恩。（2）孙大伟会见澳大利亚副总理助理部长卢克·哈苏伊克。（3）孙大伟出席质检总局科技委换届暨第二届科技委第一次全体会议。（4）王大宁陪同质检总局局长支树平会见英国环境、食品和农村事务部部长利德索姆。（5）董乐群出席质检总局科技委换届暨第二届科技委第一次全体会议。

11月14日～16日　许武何赴广州对中央三级企业个人参股改革进行调研。

11月15日　（1）孙大伟、许增德听取E-CIQ主干系统上线情况汇报。（2）许增德会同国家标准委商讨IEC相关标准政策。

11月15日～16日　孙大伟赴深圳出席2016信息通讯产业技术性贸易措施研讨会。

11月15日～17日　（1）刘卫军赴福建有机示范区调研。（2）薄昱民赴深圳出席2016信息通讯产业技术性贸易措施研讨会。

11月16日　董乐群主持召开认证认可检验检测发展"十三五"规划宣传贯彻工作会。

11月16日～23日　许武何赴印度、斯里兰卡中检集团分公司进行财务检查。

11月17日　（1）孙大伟赴珠海调研珠港澳联合查验机制。（2）董乐群听取认证认可强国评价指标体系阶段性成果座谈会。

11月18日　（1）孙大伟出席国务院赴美第27届中美商贸联委会代表团全体人员会议。（2）孙大伟出席总局党组会议。（3）孙大伟主持召开出访工作准备会。（4）薄昱民陪同质检总局局长支树平到国务院向国务委员王勇汇报绿色标准认证标识体系建设工作。

11月19日～28日　孙大伟赴美国出席第27届中美商贸联委会并访问墨西哥。

11月21日　（1）王大宁、刘卫军、许增德、董乐群、薄昱民出席全国质检系统学习贯彻党的十八届六中全会精神动员大会。（2）刘卫军到中国检验检疫科学研究院调研。（3）董乐群出席认证认可检验检测发展"十三五"规划专题新闻发布会。

11月22日　（1）王大宁主持召开认监委加强国有企业党建工作专题座谈会。（2）刘卫军与中国检验检疫协会商谈工作。

11月21日～23日　薄昱民赴重庆出席汽车主动安全短平快课题启动会并进行智能网联汽车调研。

11月24日　薄昱民参加促进经济转型升级专题研究班。

11月25日　（1）许武何参加直属机关党委、财务部党支部活动。（2）董乐群主持召开检验检测认证机构立法工作会议。（3）董乐群与吉林大学法学院进行座谈。（4）薄昱民参加认证部党支部活动。

11月28日　许增德陪同质检总局局长支树平会见常州市市委书记阎立。

11月29日　（1）孙大伟出席国务院研究中国加入世贸组织议定书第15条问题应对工作会议。（2）许增德会见BV认证集团副总裁邢继顺。

11月28日～30日　（1）刘卫军赴云南出席中国西班牙肉类企业注册监管研讨会并调研有机示范区建设。（2）董乐群赴广东开展检验检测机构立法调研。

11月30日　（1）孙大伟出席质检总局党组会议。（2）孙大伟、王大宁出席质检总局局务会议、局长办公会议。

十二月

12月1日　（1）孙大伟、王大宁、刘卫军、许增德、许武何、董乐群、薄昱民出席《"认"重道远》新书首发式。（2）刘卫军出席由新华网主办的2016年中国食品发展大会。（3）许增德赴公安部一所商谈有关工作。

12月2日，（1）孙大伟出席国务院研究外贸有关工作会议。（2）许武何出席认监委"两个责任"专项检查工作组动员会。（3）薄昱民出席认监委工业产品认证工作交流与推进工作会。

12月5日～9日　许增德、许武何、薄昱民赴天津参加质检总局学习贯彻十八届六中全会精神集中轮训班。

12月6日　孙大伟会见日本自民党农林水产食料战略调查会会长西川公也，刘卫军陪同会见。

12月7日　薄昱民出席认监委《关于建立统一的绿色

产品标准、认证、标识体系的意见》专题新闻发布会。

12月8日 刘卫军出席IEC/CAB工作组电话会议。

12月8日~9日 孙大伟、董乐群赴江苏无锡出席中国电子检验检疫主干系统建设总结表彰会。

12月9日 （1）王大宁、薄昱民出席认证部、信息中心干部大会。（2）刘卫军出席2016年度有机产品认证示范（创建）区工作会议。

12月12日 （1）孙大伟主持召开认监委2016年第13次党组会议，王大宁、刘卫军、许增德、许武何、董乐群出席会议，薄昱民列席会议。会议学习了《党委（党组）讨论决定干部任免事项守则》；研究了人事工作。（2）孙大伟主持召开认监委2016年第2次委务会议，王大宁、刘卫军、许增德、许武何、董乐群、薄昱民出席会议。会议审议并原则通过了《认证机构管理办法（修订送审稿）》；审议并原则通过了《出口食品生产企业备案管理规定（修订送审稿）》；研究了委机关内部建设控制有关工作；听取了实验室部关于实验室资质认定相关改革有关情况的汇报。（3）孙大伟出席总局与兼任总局协学会理事长（会长）集体谈话。（4）孙大伟出席总局党组会议。

12月13日 （1）孙大伟会见江西省常务副省长毛伟明。（2）刘卫军出席出口食品内外销“同线同标同质”企业市场对接会暨“三同”促进联盟成立大会。

12月13日~14日 刘卫军赴成都出席中国农产品质量安全论坛暨2016第六届成都有机农业论坛。

12月14日 （1）孙大伟会见中国驻澳大利亚大使成竞业一行，双方就中澳质检领域合作交换了意见。（2）许增德走访公安部。

12月14日~16日 王大宁赴广州出席2016年第四季度认证认可业务工作会议并调研。

12月15日 （1）孙大伟出席进出口商品风险管理专家委员会座谈会。（2）孙大伟对认可中心全面从严治党主体责任和监督责任等工作落实情况进行专项检查。（3）许武何出席检验检测业务督察专题工作会议。

12月16日 （1）孙大伟、刘卫军出席中荷第十三次SPS高层会议。（2）孙大伟、刘卫军、许增德、董乐群、薄昱民出席总局党组会议（扩大）。（3）许武何对机关服务中心落实全面从严治党主体责任和监督责任情况进行专项检查。（4）许武何走访司法部。

12月18日~21日 孙大伟赴福建检验检疫局开展全面从严治党主体责任和监督责任等工作落实情况专项检查、出席自贸试验区检验检疫工作研讨、调研平潭综合实验区及厦门口岸“单一窗口”建设。

12月19日 王大宁、薄昱民到中国质量认证中心调研。

12月19日~23日，刘卫军、董乐群赴天津参加质检总局学习贯彻十八届六中全会精神轮训班。

12月20日 （1）王大宁出席推进中粮全产业链标准化建设合作备忘录签署仪式。（2）王大宁陪同支树平会见美国驻华大使马克思·鲍卡斯。（3）王大宁出席认监委机关2016年度内审和绩效考核工作会议。

12月21日 （1）孙大伟出席总局党组会议。（2）孙大伟出席中国认证认可协会第三次会员大会。（3）王大宁主持召开认监委贯彻落实中央经济会议精神专题研讨会议，许增德、薄昱民出席会议。（4）王大宁列席总局局长办公会议。（5）王大宁出席总局巡视整改领导小组会议。（6）许武何出席“质量之光”年度盛典活动。

12月22日 （1）孙大伟出席国务院自由贸易试验区工作部际联席会议第四次全体会议。（2）王大宁走访中华供销总社。（3）薄昱民出席质检总局工业产品生产许可证改革研讨会。

12月22日~23日 孙大伟赴山东调研自贸协定出口实施示范区创建工作。

12月23日 （1）刘卫军、许武何听取认可中心2016年度外事出访情况汇报。（2）许武何对财务部全面从严治党主体责任和监督责任落实情况进行专项检查。（3）薄昱民参加认证部党支部活动。

12月26日 （1）孙大伟会见越南工贸部副部长陈国庆，双方就质检总局与越南工贸部相关合作交换了意见。（2）孙大伟出席国务院商务工作座谈会。（3）王大宁、薄昱民出席汽车联网产品认证体系建设工作会议。（4）刘卫军听取贵州省质监局有机产品认证示范区创建工作及绿色产品认证体系建设有关情况汇报。（5）许增德走访中国人民银行。（6）许武何对信安中心全面从严治党主体责任和监督责任落实情况进行专项检查。

12月27日 （1）孙大伟出席国务院研究今年东北地区玉米收购有关问题会议。（2）王大宁出席总局直属机关出席党的十九大代表候选人预备人选推荐提名工作动员部署会议。（3）刘卫军出席认监委机关2016年度内审和绩效考核工作首次会议。（4）刘卫军对国际部全面从严治党主体责任和监督责任落实情况进行专项检查。（5）许增德对认可部全面从严治党主体责任和监督责任落实情况进行专项检查。（6）董乐群分别对科标部、法律部全面从严治党主体责任和监督责任落实情况进行专项检查。（7）薄昱民对信息中心全面从严治党主体责任和监督责任落实情况进行专项检查。

12月28日 （1）许武何出席认监委系统2016年度纪检监察工作总结会。（2）董乐群对研究所全面从严治党主体责任和监督责任落实情况进行专项检查。（3）董乐群出席质检总局法治典型案例发布暨“七五”普法推进活动。（4）薄昱民对认证部全面从严治党主体责任和监督责任落实情况进行专项检查。

12月29日　(1)孙大伟出席国际司干部大会。(2)孙大伟、王大宁、刘卫军、许增德、许武何、董乐群、薄昱民出席王勇国务委员赴总局调研活动，孙大伟出席调研座谈会。(3)王大宁出席认监委直属机关党委2016年第5次党委会。(4)王大宁出席认监委工作创新评定会。(5)刘卫军对注册部全面从严治党主体责任和监督责任落实情况进行专项检查。(6)刘卫军走访国家民委。(7)董乐群出席质检总局京津冀区域质量发展合作推进领导小组第一次会议。(8)薄昱民出席机械专业工作座谈会。

12月30日　(1)孙大伟、王大宁、刘卫军、许增德、许武何、董乐群、薄昱民出席2016年认证认可政策理论研讨会。(2)孙大伟出席总局党组会议。(3)孙大伟出席总局局务会议，薄昱民列席会议。(4)孙大伟出席质检工作务虚会。(5)刘卫军出席国务院研究加强水产品质量安全监管有关工作会议。(6)许增德对实验室部全面从严治党主体责任和监督责任落实情况进行专项检查。

2017

Yearbook of Certification and Accreditation of China

第二十二部分　统计资料

Part Twenty-two Statistics

截至2016年12月31日，全国共批准认证机构386家，其中通过CNAS认可的有240家。

截至2016年12月31日，各认证领域共颁发有效认证证书1 709 315份，其中，强制性产品认证证书549 380份，自愿性产品（不包含食品农产品）认证证书285 962份；颁发体系认证证书751 245份，其中质量管理体系认证证书447 409份，环境管理体系认证证书147 978份；食品农产品认证证书120 669份；出口食品生产企业备案13 441份；颁发的服务认证有效证书2 059份。

截至2016年12月31日，现行有效的涉及认证认可的法律、行政法规、部门规章共80部，其中法律21部、行政法规17部、部门规章15部。

一、机构信息

机构	当前有效	获得认可
认证机构	386	240
培训机构		
咨询机构		
总 计	386	240

二、强制性产品认证信息

按产品大类统计证书数及企业数（统计截至2016年12月31日的当前有效）

大类名称	当前有效	
	证书数	企业数
电线电缆	17 403	2
电路开关	15 758	2
低压电器	136 459	3
小功率电动机	7 230	2
电动工具	2 339	1
电焊机	2 751	3
家用设备	88 533	6
音视频设备	15 294	4
信息技术	33 575	3
照明电器	20 108	2
机动车辆	10 5301	4
机动轮胎	3 735	2
安全玻璃	19 095	2
农机产品	788	2
电信终端	13 273	4
消防	46 065	1
安全技术防范	1 896	3
无线局域	94	1

续表

大类名称	当前有效	
	证书数	企业数
装饰装修	4 852	5
玩具	14 831	3
合计	549 380	55

三、体系及自愿性产品认证信息

（一）按认证标准统计体系认证证书情况

主要体系	证书情况		CNAS 标志数	其他标志数
	证书数	比率 /%		
质量管理	447 409	59.55	278 581	159 969
环境管理	147 978	19.70	102 136	39 723
其他	155 858	20.75	101 401	25 290
合计	751 245	100.00	482 118	224 982

（二）按认证标准统计自愿性认证证书情况

主要产品	证书情况		CNAS 标志数
	证书数	比率 /%	
良好农业规范	732	0.06%	
其他	1225 220	99.94%	524 030
合计	1 225 952	100%	524 030

四、出口食品生产企业卫生备案信息

按产品类别情况统计

分类名称	有效数	注销数	撤销数
备案	13 441	1 170	11
罐头类	923	74	1
水产品类（不包括活品和晾晒品）	1 765	118	2
肉及肉制品	522	53	1
茶类	470	25	
肠衣类	146	2	
蜂产品类（不包括蜂蜡）	133	10	2
蛋制品类（不包括鲜蛋）	63	4	
速冻果蔬类、脱水果蔬类（不包括晾晒品）	1 253	119	1
糖类（指蔗糖、甜菜糖）	147	13	
乳及乳制品类	59	9	
饮料类（包括固体饮料）	553	55	1
酒类	375	34	
花生、干果、坚果制品类（不包括炒制品）	371	41	
果脯类	150	8	
粮食制品及面、糖制品类	1 227	140	1
食用油脂类	242	26	
调味品类（不包括天然的香辛干料及粉料）	629	53	
速冻方便食品类	269	23	1

续表

分类名称	有效数	注销数	撤销数
功能食品类	226	29	
食品添加剂类（专指食用明胶）	36	2	
腌渍菜类	483	71	
其他类	4 141	289	2

五、CNAS 机构认可机构年报

截至 2016 年 12 月 31 日，CNAS 认可各类认证机构、实验室及检查机构三大门类共计十四个领域的 8 516 家机构，其中，累计认可各类认证机构 156 家，认证机构领域总计 573 个；累计认可实验室 7 904 家，其中检测实验室 6 622 家、校准实验室 907 家、医学实验室 239、生物安全实验室 71 家、标准物质生产者 13 家、能力验证提供者 52 家；累计认可检查机构 456 家。

截至 2016 年 12 月 31 日，获得认可的认证机构颁发的当前有效认证证书共 1 035 458 份，其中质量管理体系认证证书 267 570 份；环境管理体系认证证书 97 469 份；职业健康安全管理体系认证证书 82 166 份；食品安全管理体系认证证书 8 963 份；软件过程及能力成熟度评估证书 17 份；自愿性产品认证证书 15 910 份；强制性产品认证证书 541 050 份；有机产品认证证书 13 861 份；良好农业规范认证证书 624 份，信息安全认证证书 1 745 份。

（一）认可的认证机构统计信息（截至 2016 年 12 月 31 日）

<table>
<tr><th colspan="5">领域</th><th>数量</th><th>业务范围类型</th><th>分支机构</th></tr>
<tr><td rowspan="16">认证机构</td><td rowspan="4">1</td><td colspan="3">质量管理体系（QMS）认证</td><td>105</td><td>2479</td><td>249</td></tr>
<tr><td colspan="3">通讯业质量管理体系（TL 9000）认证</td><td>6</td><td>19</td><td></td></tr>
<tr><td colspan="3">工程建设施工企业质量管理体系认证</td><td>56</td><td>808</td><td>40</td></tr>
<tr><td colspan="3">中国共产党基层组织质量管理体系认证</td><td>9</td><td>9</td><td>1</td></tr>
<tr><td>2</td><td colspan="3">环境管理体系（EMS）认证</td><td>98</td><td>2 156</td><td>77</td></tr>
<tr><td>3</td><td colspan="3">职业健康安全管理体系（OHSMS）认证</td><td>93</td><td>2 211</td><td>62</td></tr>
<tr><td>4</td><td colspan="3">食品安全管理体系（FSMS）认证</td><td>33</td><td>99</td><td>19</td></tr>
<tr><td>5</td><td colspan="3">信息安全管理体系（ISMS）认证</td><td>10</td><td>31</td><td></td></tr>
<tr><td rowspan="5">6</td><td colspan="3">产品认证</td><td>52</td><td>2531</td><td>14</td></tr>
<tr><td rowspan="4" colspan="2">其中</td><td>服务认证</td><td>2</td><td>3</td><td></td></tr>
<tr><td>良好农业规范（GAP）认证</td><td>15</td><td>50</td><td></td></tr>
<tr><td>有机产品认证</td><td>22</td><td>62</td><td></td></tr>
<tr><td>森林认证</td><td>5</td><td>29</td><td></td></tr>
<tr><td>7</td><td colspan="3">软件过程及能力成熟度评估（SPCA）</td><td>3</td><td>5</td><td></td></tr>
<tr><td>8</td><td colspan="3">人员认证</td><td>2</td><td>3</td><td></td></tr>
<tr><td colspan="4">认证机构总计：156
其中产品认证机构总计：163</td><td>合计</td><td>认证机构业务范围类型合计：10 661
其中管理体系认证机构业务范围类型合计：7 977</td><td>合计：462</td></tr>
</table>

（二）认可的实验室等机构统计信息（截至 2016 年 12 月 31 日）

项目	数量
检测实验室	6 622
校准实验室	907
医学实验室	239
生物安全实验室	71
标准物质生产者	13
能力验证提供者	52
合计	7 904

（三）认可的检查机构统计信息（截至 2016 年 12 月 31 日）

项目	数量
检验机构	456

（四）暂停、撤销与注销机构认可资格统计信息（截至 2016 年 12 月 31 日）

认证领域	标准类型/认证规范	证书数	比率 %
质量管理体系认证	GB/T 19001-2008/ISO 9001:2008	229 132	20.882%
	TL9000 4.0	121	0.011%
	中国共产党基层组织质量管理体系	56	0.005%
	工程建筑施工企业质量管理体系	28 643	2.610%
环境管理体系认证	GB/T 24001-2004/ISO 14001:2004	93 696	8.539%
职业健康安全管理体系认证	GB/T28001-2011	82 166	7.488%
食品安全管理体系认证	GB/T 22000:2006/ISO 22000:2005	8 963	0.817%
软件过程及能力成熟度评估	SJ/T 11234或SJ/T 11235	15	0.001%
产品认证	自愿性产品认证	15 910	1.450%
	强制性产品认证	541 050	49.308%
有机产品认证	GB/T 19630-2001	13 861	1.263%
良好农业规范	GB/T 20014-2008	624	0.057%
信息安全认证	GB/T 22080-2008/ISO/IEC 27001:2005	529	0.048%
总 计		1 014 766	92.479%

六、CCAA 年报

（一）工厂检察员注册情况统计

分类	人项数	比率 /%
强制性产品	4 194	39.09%
自愿性产品	6 536	60.91%
合计	10 730	100%

（二）咨询师注册情况统计

分类	人项数	比率 /%
质量管理	27	6.05%
职业健康安全	21	4.71%
其他	398	89.24%
合计	446	100%

（三）审核员注册情况统计

注册类别	质量管理		环境管理		职业健康安全		食品安全		合计	
	人项数	比率 /%	人项数	比率 /%	人项数	比率 /%	人项数	比率 /%	人项数	比率 /%
实习审核员	16 846	19.41	4 374	20.10%	3 862	21.84	893	32.17%	25 975	20.13

续表

注册类别	质量管理		环境管理		职业健康安全		食品安全		合计	
	人项数	比率 /%	人项数	比率 /%	人项数	比率 /%	人项数	比率 /%	人项数	比率 /%
审核员	60 761	70%	14 955	68.72%	11792	66.70%	1 672	60.23%	89 180	69.12%
高级审核员	9 198	10.60%	2 431	11.17%	2026	11.46%	211	7.60%	13 866	10.75%
合计	86 805	100%	21 760	100%	17680	100%	2 776	100%	129 021	100%

2017

Yearbook of Certification and Accreditation of China

第二十三部分 附 录

Part Twenty-three Appendixes

2016年国家认监委发布的公告（选登）

国家认监委关于恢复宁波出入境检验检疫局检验检疫技术中心等2家单位部分领域强制性产品认证指定检测业务的公告

（2016年第1号）

按照《国家认监委关于对机械工业电线电缆质量检测中心（北京）等5家单位的部分强制性产品认证指定检测业务进行停业整顿的公告》（国家认监委2015年第5号公告）的要求，宁波出入境检验检疫局检验检疫技术中心（原宁波出入境检验检疫局电气安全检测中心）、成都产品质量检验研究院有限责任公司（原成都市产品质量监督检验院）已于近期完成了相应的整顿和整改工作，经我委组织的专家组的现场核查验证，证明上述两家单位经过业务整顿和技术整改，在相应领域的检测能力和规范性已符合强制性产品认证的相关要求。

根据有关规定，现决定自即日起恢复上述两家单位承担的部分领域强制性产品认证指定检测业务，具体业务范围如下：

1. 宁波出入境检验检疫局检验检疫技术中心（原宁波出入境检验检疫局电气安全检测中心）：恢复其室内加热器（CNCA-C07-01：家用和类似用途设备）强制性产品认证指定检测业务。

2. 成都产品质量检验研究院有限责任公司（原成都市产品质量监督检验院）：恢复其室内加热器（CNCA-C07-01：家用和类似用途设备）强制性产品认证指定检测业务。

特此公告。

国家认监委

2016年1月4日

国家认监委关于明确带有 USB 充电接口产品强制性产品认证要求的公告

（2016 年第 2 号）

近期，我委多次接到地方质检部门、生产企业和消费者关于带有 USB 充电接口的插座、台灯等产品强制性产品认证（以下简称“CCC 认证”）要求的咨询，为更加有效地开展 CCC 认证和执法工作，维护广大消费者和生产企业的合法权益，现将带有 USB 充电接口的产品 CCC 认证要求明确如下：

一、CCC 认证目录已明确包括“信息技术设备配套的电源适配器（含充 / 放电器）”和“音视频设备配套的电源适配器（含充 / 放电器）”。

二、对于 CCC 认证目录内的“家用和类似用途设备、照明电器、插头插座（家用和类似用途）”产品，如具有信息技术或者音视频设备配套的电源适配器功能，并带有相应充电接口（例如 USB 充电接口等），则为同时具有两种或者两种以上 CCC 认证目录内产品功能的多功能产品，该类产品除应符合家用和类似用途设备、照明电器、电路开关及保护或连接用电气装置（电器附件）的 CCC 认证实施规则要求外，还应同时符合信息技术设备或者音视频设备的 CCC 认证实施规则要求。

三、鉴于上述多功能产品为新产品形式，部分认证机构和地方质检部门、生产企业等对该类产品 CCC 认证要求的认识还不清晰，针对该类产品多数仅按家用和类似用途设备、照明电器、电路开关及保护或连接用电气装置（电器附件）的 CCC 认证实施规则要求实施了认证，相关生产企业应于 2016 年 12 月 31 日前，按照信息技术设备或者音视频设备的 CCC 认证实施规则要求完成补充认证。2017 年 1 月 1 日起，上述多功能产品未按要求获得 CCC 认证的，不得出厂、销售、进口或者在其他经营性活动中使用。

国家认监委

2016 年 1 月 6 日

国家认监委关于转换器和延长线插座产品强制性产品认证要求的公告

（2016 年第 3 号）

家用和类似用途插头插座为强制性产品认证目录内产品。近日，GB 2099.3-2015《家用和类似用途插头插座 第 2-5 部分：转换器的特殊要求》和 GB 2099.7-2015《家用和类似用途插头插座第 2-7 部分：延长线插座的特殊要求》发布，并将于 2017 年 4 月 14 日实施。现将两项标准发布、实施后，家用和类似用途插头插座中的转换器和延长线插座（电线加长组件）产品强制性认证依据标准和认证实施范围调整及相关要求公告如下：

一、《强制性产品认证实施规则 电路开关及保护或连接用电气装置（电器附件）》（编号：CNCA-C02-01：2014）家用和类似用途插头插座认证依据标准中增加 GB 2099.3 和 GB 2099.7。

其中，延长线插座（电线加长组件）产品认证依据标准由 GB 2099.1 和 GB1002/ GB1003（以下简称旧标准）变更为 GB 2099.1、GB 2099.7 和 GB1002/GB1003（以下简称新标准），认证实施范围在已有的 GB2099.1 中的电线加长组件基础上，增加带有国标组合孔（俗称小五孔）的延长线插座（电线加长组件）。

转换器产品（带有国外标准插头或插座的除外）是新纳入强制性认证实施范围的产品，认证依据标准为GB 2099.1、GB 2099.3和GB1002/GB1003。

二、对于延长线插座（电线加长组件），已按旧标准获得强制性认证的，证书持有人应向指定认证机构提出认证依据标准变更的申请；新认证申请和认证依据标准变更申请的办理要求参照《关于强制性产品认证依据用标准修订时有关要求的公告》（国家认监委2012年第4号公告）执行。

三、对于本次新纳入强制性认证实施范围的转换器产品（带有国外标准插头或插座的除外）和带有国标组合孔的延长线插座（电线加长组件）产品，自2017年4月14日起，未获得强制性产品认证证书和未标注强制性产品认证标志的，不得出厂、销售、进口或者在其他经营活动中使用。

四、实验室应按照《关于发布进一步深化强制性认证实施机构指定审批制度改革工作举措的公告》（国家认监委2015年第34号公告）要求完善"一站式"检测服务能力，获得上述产品及相应标准的指定后，方可承担相关检测业务。

国家认监委

2016年1月6日

国家认监委关于部分强制性产品认证指定实验室信息变更的公告

（2016年第4号）

经审核，现对部分强制性产品认证指定实验室变更后的信息予以公告。

国家认监委

2016年2月19日

附件：

强制性产品认证指定实验室名称等信息变更确认表

实验室编号	变更前信息				变更后信息			
	实验室名称	实验室地址及联系方式	指定业务范围	法人名称	实验室名称	实验室地址及联系方式	指定业务范围	法人名称
03401	湖南电器检测所	湖南省长沙市新中路4号 联系人：薛正山 电话： 0731-85414370 传真： 0731-85412094 E-mail： xue1964@163.com 网址： www.hnetc.com 邮编：410009	CNCA-C03-01：低压成套开关设备中的下列产品 —成套电力开关和控制设备、母线干线系统（母线槽）、配电板、低压成套无功功率补偿装置	湖南电器检测所	湖南电器检测所有限公司	湖南省长沙市天心区新中路4号 联系人：薛正山 电话： 0731-85414370 传真： 0731-85412094 E-mail： xue1964@163.com 网址：www.hnetc.com 邮编：410009	CNCA-C03-01：低压成套开关设备中的下列产品 —成套电力开关和控制设备、母线干线系统（母线槽）、配电板、低压成套无功功率补偿装置 CNCA-C03-02：低压元器件中的下列产品	湖南电器检测所有限公司

续表

实验室编号	变更前信息				变更后信息			
	实验室名称	实验室地址及联系方式	指定业务范围	法人名称	实验室名称	实验室地址及联系方式	指定业务范围	法人名称
03401	湖南电器检测所	湖南省长沙市新中路4号 联系人：薛正山 电话： 0731-85414370 传真： 0731-85412094 E-mail： xue1964@163.com 网址： www.hnetc.com 邮编：410009	CNCA-C03-02：低压元器件中的下列产品 —低压断路器、低压开关（隔离器、隔离开关及熔断器组合电器）、低压机电式接触器和电动机起动器、机电式控制电路电器、自动转换开关电器、设备用断路器、家用及类似用途机电式接触器、MCB、SMCB、RCCB（除B型RCCB）、RCBO（除B型RCBO）、PRCD、剩余电流动作继电器、低压熔断器	湖南电器检测所	湖南电器检测所有限公司	湖南省长沙市天心区新中路4号 联系人：薛正山 电话： 0731-85414370 传真： 0731-85412094 E-mail： xue1964@163.com 网址：www.hnetc.com 邮编：410009	—低压断路器、低压开关（隔离器、隔离开关及熔断器组合电器）、低压机电式接触器和电动机起动器、机电式控制电路电器、自动转换开关电器、设备用断路器、家用及类似用途机电式接触器、MCB、SMCB、RCCB（除B型RCCB）、RCBO（除B型RCBO）、PRCD、剩余电流动作继电器、低压熔断器	湖南电器检测所有限公司
07001	福建出入境检验检疫局检验检疫技术中心	福建省福州市湖东路312号国检广场 联系人：梁鸣 电话： 0591-87065505 E-mail： 1052948629@qq.com	CNCA-C02-01：电路开关及保护或连接用电气装置（电器附件）中的下列产品 —插头插座（家用和类似用途）、家用和类似用途固定式电气装置的开关、器具耦合器（家用和类似用途） CNCA-C04-01：小功率电动机	福建出入境检验检疫局检验检疫技术中心	福建出入境检验检疫局检验检疫技术中心	福州市马尾区江滨东大道75号 联系人：梁鸣 电话： 0591-87065505 E-mail： 1052948629@qq.com 福安市坂中工业区	CNCA-C02-01：电路开关及保护或连接用电气装置（电器附件）中的下列产品 —插头插座（家用和类似用途）、家用和类似用途固定式电气装置的开关、器具耦合器（家用和类似用途） CNCA-C04-01：小功率电动机	福建出入境检验检疫局检验检疫技术中心
16501	邢台出入境检验检疫局自行车检测中心	河北省平乡县文明路317号 联系人：张宏欣 电话：0319-7980389 传真：0319-7883506 E-mail： ciqhbbtc@163.com 邮编：054500	CNCA-C22-01：童车产品中的下列产品 —儿童自行车	邢台出入境检验检疫局	河北出入境检验检疫局检验检疫技术中心邢台分中心	河北省平乡县文明路317号 联系人：张宏欣 电话：0319-7980389 传真：0319-7883506 E-mail： ciqhbbtc@163.com 邮编：054500	CNCA-C22-01：童车产品中的下列产品 —儿童自行车	河北出入境检验检疫局检验检疫技术中心
02501	福建省产品质量检验研究院	福建省福州市鼓楼区杨桥西路山头角121号 联系人：林彤 电话： 0591-83774485 传真： 0591-83710867 E-mail： lintong12350@163.com 网址：www.fcii.net 邮编：350002 福建省福州市马尾经济开发区快安延伸区创新路101号	CNCA-C03-01：低压成套开关设备	福建省产品质量检验研究院	福建省产品质量检验研究院	福建省福州市鼓楼区杨桥西路山头角121号 联系人：林彤 电话： 0591-83774485 传真： 0591-83710867 E-mail： lintong12350@163.com 网址：www.fcii.net 邮编：350002 福建省福州市马尾经济开发区葆桢路101号	CNCA-C03-01：低压成套开关设备	福建省产品质量检验研究院

续表

实验室编号	变更前信息				变更后信息			
	实验室名称	实验室地址及联系方式	指定业务范围	法人名称	实验室名称	实验室地址及联系方式	指定业务范围	法人名称
02501	福建省产品质量检验研究院	福建省福州市鼓楼区杨桥西路山头角121号 联系人：林彤 电话： 0591-83774485 传真： 0591-83710867 E-mail： lintong12350@163.com 网址：www.fcii.net 邮编：350002 福建省福州市马尾经济开发区快安延伸区创新路101号	CNCA-C03-02：低压元器件中的下列产品 —低压断路器、低压开关（隔离器、隔离开关及熔断器组合电器）、低压机电式接触器和电动机起动器、机电式控制电路电器、交流半导体电动机控制器和启动器、控制和保护开关电器、接近开关、自动转换开关电器、设备用断路器、家用及类似用途机电式接触器、MCB、SMCB、RCCB、RCBO、PRCD、SRCD、剩余电流动作继电器、低压熔断器（除半导体设备保护用熔断体） CNCA-C21-01：装饰装修产品中的下列产品 —溶剂型木器涂料、瓷质砖 CNCA-C01-01：电线电缆 CNCA-C02-01：电路开关及保护或连接用电气装置（电器附件）中的下列产品 —插头插座（家用和类似用途）、家用和类似用途固定式电气装置的开关 CNCA-C04-01：小功率电动机 CNCA-C08-01：音视频设备 CNCA-C09-01：信息技术设备 CNCA-C10-01：照明电器 CNCA-C22-01：童车产品 CNCA-C22-02：玩具产品	福建省产品质量检验研究院	福建省产品质量检验研究院	福建省福州市鼓楼区杨桥西路山头角121号 联系人：林彤 电话： 0591-83774485 传真： 0591-83710867 E-mail： lintong12350@163.com 网址：www.fcii.net 邮编：350002 福建省福州市马尾经济开发区葆桢路101号	CNCA-C03-02：低压元器件中的下列产品 —低压断路器、低压开关（隔离器、隔离开关及熔断器组合电器）、低压机电式接触器和电动机起动器、机电式控制电路电器、交流半导体电动机控制器和启动器、控制和保护开关电器、接近开关、自动转换开关电器、设备用断路器、家用及类似用途机电式接触器、MCB、SMCB、RCCB、RCBO、PRCD、SRCD、剩余电流动作继电器、低压熔断器（除半导体设备保护用熔断体） CNCA-C21-01：装饰装修产品中的下列产品 —溶剂型木器涂料、瓷质砖 CNCA-C01-01：电线电缆 CNCA-C02-01：电路开关及保护或连接用电气装置（电器附件）中的下列产品 —插头插座（家用和类似用途）、家用和类似用途固定式电气装置的开关 CNCA-C04-01：小功率电动机 CNCA-C08-01：音视频设备 CNCA-C09-01：信息技术设备 CNCA-C10-01：照明电器 CNCA-C22-01：童车产品 CNCA-C22-02：玩具产品	福建省产品质量检验研究院

国家认监委关于更新低碳产品认证机构审批要求的公告

（2016 年第 5 号）

根据《节能低碳产品认证管理办法》（质检总局令 168 号）的有关规定，我委对从事低碳产品认证活动的认证机构审批相关要求进行了更新，现予发布。国家认监委 2013 年第 23 号公告同时废止。

附件：低碳产品认证机构审批要求

国家认监委

2016 年 2 月 23 日

附件：

低碳产品认证机构审批要求

一、从事低碳产品认证的认证机构应依法设立，符合《中华人民共和国认证认可条例》、《认证机构管理办法》规定的认证机构基本要求。

二、相应产品认证活动的实施应符合《产品认证机构通用要求 GB/T 27065-2004》的要求。

三、认证机构应具备从事低碳产品认证活动相关技术能力，具体为满足以下条件之一：

1.具备温室气体核查国际或国家资质，如CDMDOE（清洁发展机制指定经营实体）资质，国家温室气体自愿减排交易审定与核证机构等；

2.从事组织温室气体核查、温室气体减排项目的审定和（或）核查、产品碳足迹、产品碳标签有关工作3年以上且已开展了不少于20个审定和（或）核查、认证项目；

3.参与国家低碳产品认证相关国家标准、认证技术规范或实施规则的制定工作，或自行根据需求开发运行了具有市场接受度的低碳认证方案。

国家认监委关于对佛山市质量计量监督检测中心等 3 家单位的部分强制性产品认证指定检测业务进行停业整顿的公告

（2016 年第 6 号）

2015 年国家认监委对强制性产品认证指定实验室组织开展了专项监督检查，发现下列 3 家指定实验室存在影响认证检测有效性的严重问题。根据《强制性产品认证机构、检查机构和实验室管理办法》（质检总局 2004 年第 65 号令）有关规定，现决定自即日起对其承担的部分领域强制性产品认证指定检测业务进行停业整顿。

一、佛山市质量计量监督检测中心：存在日常检测报告出现错判和人员技术能力不足等问题，对其家用电冰箱和食品冷冻箱产品（CNCA-C07-01：家用和类似用途设备）强制性产品认证指定检测业务进行停业整顿。

二、机械工业专用汽车产品质量检测中心：存在人员技术能力不足、部分关键检测设备不能使用等问题，对其专用汽车产品（CNCA-C11-01：汽车）强制性产品认证指定检测业务进行停业整顿。

三、广东省通讯终端产品质量监督检验中心：存在人员技术能力不足、部分关键检测设备不满足标准参数要求等问题，对其移动用户终端（除 WCDMA 之外）产品（CNCA-C16-01：电信终端设备）强制性产品认证指定检测业务进行停业整顿。

特此公告。

国家认监委

2016 年 3 月 1 日

国家认监委关于撤销广东省通讯终端产品质量监督检验中心WCDMA移动用户终端产品强制性产品认证检测业务的公告

（2016年第7号）

2015年国家认监委组织开展对强制性产品认证指定实验室专项监督检查，发现广东省通讯终端产品质量监督检验中心在WCDMA移动用户终端产品检测领域中存在严重问题：安全标准检测能力、电磁兼容检测能力等方面不满足相应要求。根据《强制性产品认证机构、检查机构和实验室管理办法》（国家质检总局第65号令）第十一、三十九条的规定，现决定自即日起撤销广东省通讯终端产品质量监督检验中心承担的WCDMA移动用户终端（CNCA-C16-01：电信终端设备）强制性产品认证指定检测业务。

特此公告。

国家认监委

2016年3月3日

国家认监委关于公布2016年首批检验检测机构异常状态名单的公告

（2016年第8号）

根据《检验检测机构资质认定管理办法》、《国家产品质检中心授权管理办法》（以下简称"《授权管理办法》"）及《国家认监委关于印发〈国家产品质量监督检验中心社会责任报告制度实施指导意见〉的通知》（国认实〔2014〕61号）的相关要求，国家产品质检中心应按时上报上一年度的工作总结、社会责任报告及本年度的工作计划。截至2016年3月1日，尚有9家国家产品质检中心未能按规定时间上报材料（名单附下），现将其列入2016年首批检验检测机构异常状态名单，并将其作为今后监督检查重点，现予通报。

特此公告。

国家认监委

2016年3月11日

附件:

2016年首批检验检测机构异常状态名单

序号	检验检测机构名称	授权序号	所属法人名称	异常原因
1	国家加工食品及食品添加剂质量监督检验中心	291号	杭州市质量技术监督检测院	未按规定要求报送2015年度工作总结、社会责任报告及2016年度工作计划
2	国家农副产品质量监督检验中心（甘肃）	336号	甘肃省产品质量监督检验中心	
3	国家计量器具产品质量监督检验中心	362号	中国计量科学研究院	
4	国家硅材料深加工产品质量监督检验中心	481号	江苏省连云港市产品质量监督检验所	
5	国家管道元件产品质量监督检验中心	513号	河北省锅炉压力容器监督检验院	
6	国家羊绒及其制品质量监督检验中心	566号	宁夏回族自治区纺织纤维检验局	
7	国家天线及射频部件产品质量监督检验中心	579号	中国电子科技集团公司第七研究所	
8	国家港口起重机械产品质量监督检验中心（上海）	595号	上海市特种设备监督检验技术研究院	
9	国家轴承及管道元件产品质量监督检验中心（辽宁）	633号	大连市产品质量监督检测研究院	

国家认监委关于更新低碳产品认证机构审批要求的公告

（2016 年第 9 号）

根据《有机产品认证管理办法》（国家质检总局第 155 号令）、《有机产品认证实施规则》（国家认监委 2014 年第 11 号公告）规定，按照有序推进、动态调整的原则，结合有机产品生产实际需求及相关方面的意见建议，并经中国有机产品认证工作组专家技术评议，现将《有机产品认证增补目录（四）》予以公布（附件 1）。

自本公告发布之日起，有机产品认证机构可受理新增《有机产品认证目录》（以下简称《目录》）内产品的有机产品认证申请。需试点产品（枸杞）的试点期自本公告发布之日起，至试点产品正式列入《目录》之日止。按照企业自愿申请，省级质检部门、认证机构推荐的原则，确定了试点认证机构和企业（附件 2）。试点期结束前仅限试点认证机构及生产单位在认监委的组织和指导下开展认证。在获得有机产品认证前，试点企业不得将产品作为有机产品销售，也不得进行误导宣传。

特此公告。

附件：1. 有机产品认证增补目录（四）

2. 枸杞试点单位名单

国家认监委

2016 年 4 月 28 日

附件 1:

有机产品认证增补目录(四)

序号	产品名称	产品范围
8	杂粮	稗子
13	绿叶蔬菜	人参菜
43	青饲料植物	老芒麦
46	野生采集的植物	黑果枸杞;毛豹皮樟(老鹰茶)
49	植物类中药	黑果枸杞;枸杞*(试点);猫尾草(石参);平卧菊三七;牛皮消;红豆杉
61	其他动物(头/只)	黄粉虫
71	淡水鱼(尾)	丁鱥;梭鲈;河鲈;江鳕;东方欧鳊;银鲫;欧鲇
75	"水生脊椎动物"更改为"其他水生脊椎动物";"鳖(只)"更改为"两栖和爬行类动物"	中华草龟
76	"海藻和海草"更改为"藻类"	删除"海苔"
77	更改为"冷鲜肉和冷冻肉"	骆驼;羊驼;马;鹌鹑;鹧鸪;火鸡
79	更改为"冷鲜鱼和冷冻鱼"	餐条鱼;狗鱼;雅罗鱼;池沼公鱼;武昌鱼;黄颡鱼;丁鱥;梭鲈;河鲈;江鳕;东方欧鳊;银鲫;欧鲇
81	更改为"其他水产加工制品"	
	"果汁和蔬菜汁"更改为"饮料"	
87	更改为"果蔬汁及其饮料"	果蔬汁及其饮料
88	更改为"其他植物饮料"	杏仁露
	"经处理的液体奶或奶油"更改为"经处理的液体乳或奶油"	
97	经处理的液体乳和奶油	原"巴氏杀菌乳;灭菌乳;奶油"更改为"巴氏杀菌乳(含调制乳);灭菌乳(含调制乳);乳脂(奶油)",增加"乳清液"
98	更改为"乳粉及其制品";增加"乳清蛋白粉"	"奶粉"更改为"乳粉"
99	发酵乳	原"奶酪、酸奶"更改为"发酵乳;干酪;再制干酪"
117	调味品	低聚半乳糖;低聚果糖
	"服装"更改为"纺织品"	

注:*限于"宁夏枸杞"(拉丁名:Lycium barbarumL.)种。

附件 2:

枸杞试点单位名单

序号	单位名称	序号	单位名称
	试点认证机构		试点生产企业
1	北京五洲恒通认证有限公司	11	中宁吉鼎生物科技开发有限公司
2	杭州万泰认证有限公司	12	宁夏大地生态有限公司
3	北京中和金诺认证中心有限公司	13	宁夏杞泰农业科技有限公司
4	中国质量认证中心	14	宁夏百瑞源枸杞科技有限公司
5	上海色瑞斯认证有限公司	15	甘肃金杞福源生物制品股份有限公司
6	北京爱科赛尔认证中心有限公司	16	大连华恩有限公司
7	辽宁方园有机食品认证有限公司	17	都兰大青昆仑河枸杞产业有限责任公司
	试点生产企业	18	宁夏润德生物科技有限责任公司
1	青海柴达木高科技药业有限公司	19	菊花台枸杞科技有限公司
2	青海柴达圣美枸杞生物科技开发有限公司	20	宁夏早康枸杞股份有限公司
3	青海大漠红枸杞有限公司	21	宁夏源乡枸杞产业发展有限公司
4	青海红杞枸杞科技有限公司	22	易捷庄园枸杞科技有限公司
5	青海佳禾生物工程有限公司	23	新疆精杞神枸杞开发有限责任公司
6	德令哈西部阳光农业科技有限公司	24	宁夏天士力枸杞产业科技有限公司
7	格尔木亿林枸杞科技开发有限公司	25	宁夏红宝农林牧产品开发有限公司
8	青海康普生物科技股份有限公司	26	银川奇源枸杞合作社
9	海西万盛吉生物科技有限公司	27	银川育新枸杞种业有限公司
10	青海启源生物科技开发有限公司	28	青海圣烽生物技术开发有限公司

国家认监委关于发布强制性产品认证日常指定决定的公告

（2016 年第 10 号）

根据《中华人民共和国认证认可条例》《强制性产品认证机构、检查机构和实验室管理办法》（国家质检总局第 65 号令）《强制性产品认证管理规定》（国家质检总局第 117 号令），按照《国家认监委关于发布进一步深化强制性认证实施机构指定审批制度改革工作举措的公告》（国家认监委 2015 年第 34 号公告）有关日常指定的工作安排，经组织专家评审，国家认监委对申请强制性产品认证日常指定的实验室做出指定决定，现予以公告（详见附件）。

对本日常指定决定有异议的，请在本公告发布之日起 15 个工作日内向我委提出申诉或者投诉（请注明联系人和联系方式）。

附件：强制性产品认证日常指定决定

国家认监委

2016 年 4 月 14 日

附件:

强制性产品认证日常指定决定

序号	产品领域	实施规则	指定实验室名称	指定业务范围
3.1	电线电缆	CNCA-C01-01:电线电缆	河北出入境检验检疫局检验检疫技术中心沧州分中心(15201)	电线电缆中的下列产品 —聚氯乙烯绝缘电线电缆[除GB/T 5023.5覆盖的60227 IEC 41(RTPVR)型号产品、GB/T 5023.6覆盖的60227 IEC 71c(TW)型号产品、GB/T 5023.7覆盖的60227 IEC 74(RVVYP)型号产品、JB/T 8734.6覆盖的型号产品]
3.2	电器附件	CNCA-C02-01:电路开关及保护或连接用电气装置	中家院(北京)检测认证有限公司(中国家用电器研究院)(00601)	插头插座【家用和类似用途[仅转换器产品(带有国外标准插头或插座的除外)和带有国标组合孔的延长线插座(电线加长组件)产品]】
			浙江立德产品技术有限公司(01601)	电线组件、插头插座【家用和类似用途[仅转换器产品(带有国外标准插头或插座的除外)和带有国标组合孔的延长线插座(电线加长组件)产品]、工业用】、器具耦合器、家用和类似用途固定式电气装置电器附件外壳
			苏州市产品质量监督检验所(13601)	电线组件、插头插座【家用和类似用途[除转换器产品(带有国外标准插头或插座的除外)和带有国标组合孔的延长线插座(电线加长组件)产品]】、器具耦合器(家用和类似用途)、家用和类似用途固定式电气装置电器附件外壳
3.3	低压电器	CNCA-C03-01:低压成套开关设备 CNCA-C03-02:低压元器件	浙江立德产品技术有限公司低压电器实验室(01602)	低压成套开关设备中的下列产品(短时耐受电流强度420V/120kA/1s及以下) —成套电力开关和控制设备、配电板; 低压元器件中的下列产品(短路电流强度420V/200kA及以下); —低压开关(隔离器、隔离开关与熔断器组合电器)、低压机电式接触器和电动机起动器、机电式控制电路电器、控制和保护开关电器、自动转换开关电器、设备用断路器、家用及类似用途机电式接触器、MCB
3.8	电子设备	CNCA-C16-01:电信终端设备	中家院(北京)检测认证有限公司(中国家用电器研究院)(00601)	电信终端设备中的下列产品: —传真机、调制解调器(含卡)、固定电话终端及电话机附加装置、集团电话、ISDN终端、数据终端(含卡)、多媒体终端
5.3	汽车内饰件	CNCA-C11-09:汽车内饰件	莱茵技术(上海)有限公司(17501)	汽车内饰件
			谱尼测试集团上海有限公司(17601)	汽车内饰件
5.4	溶剂型木器涂料	CNCA-C21-01:装饰装修产品	国家乳胶制品质量监督检验中心(17701)	装饰装修产品中的下列产品 —溶剂型木器涂料

国家认监委关于调整从事强制性产品认证以及相关活动的认证机构、检查机构、实验室指定行政审批要求的公告

（2016 年第 11 号）

按照《国务院关于第二批清理规范 192 项国务院部门行政审批中介服务事项的决定》（国发〔2016〕11 号）有关要求，我委对"从事强制性产品认证以及相关活动的认证机构、检查机构及实验室指定"行政审批制度进行了调整优化。现将调整的审批要求予以公告：

一、将审批条件中的"获得国家确定的认可机构的认可"修改为"申请指定的认证机构、检查机构、实验室应符合国家标准中对认证机构、检查机构、实验室技术能力的通用要求"。

二、在行政审批技术审查过程中，对于所申请的相应领域已获得认可并提交认可证书的机构，我委将直接采信认可结果，原则上不再进行现场审核；对于所申请的相应领域未获得认可的，我委将委托有关技术机构或组织专家结合申请机构已获得的资质认定情况，对其是否满足上述条件开展现场审核。

三、申请机构无须缴纳审核费用。

特此公告。

国家认监委

2016 年 4 月 20 日

国家认监委关于发布强制性产品认证机构补充指定决定的公告

（2016 年第 12 号）

根据《中华人民共和国认证认可条例》《强制性产品认证机构、检查机构和实验室管理办法》（国家质检总局第 65 号令）《强制性产品认证管理规定》（国家质检总局第 117 号令）和《关于拟补充指定强制性产品认证机构和实验室的公告》（国家认监委 2015 年第 19 号公告）有关要求，经组织专家评审，国家认监委对拟补充指定的强制性产品认证机构做出指定决定，现予以公告（详见附件）。

对本补充指定决定有异议的，请在本公告发布之日起 15 个工作日内向我委提出申诉或者投诉（请注明联系人和联系方式）。

附件：强制性产品认证机构补充指定决定

国家认监委

2016 年 4 月 27 日

附件：

强制性产品认证机构补充指定决定

序号	业务领域		推荐指定认证机构名称	备注
	实施规则号	产品名称		
1.3	CNCA–C11–13	车身反光标识	公安部第三研究所（27）	
1.4	CNCA–C11–14	汽车行驶记录仪	公安部第三研究所（27）	
1.10	CNCA–C19–01	防盗报警产品	公安部第三研究所（27）	
1.11	CNCA–C19–02	安防实体防护产品	公安部第三研究所（27）	

国家认监委关于开展 2016 年强制性产品认证实验室年度指定工作的公告

（2016 年第 13 号）

为进一步深化强制性产品认证制度改革，不断激发认证检测行业活力，便利生产企业获得认证，国家认监委依据《认证认可条例》、《强制性产品认证机构、检查机构和实验室管理办法》（国家质检总局 65 号令）、《国家认监委关于进一步深化强制性认证实施机构指定审批制度改革工作举措的公告》（2015 年第 34 号公告）、《国家认监委关于调整从事强制性产品认证以及相关活动的认证机构、检查机构、实验室指定行政审批要求的公告》（2016 年第 11 号公告）的有关规定，拟开展 2016 年强制性产品认证实验室年度指定工作，现将相关信息公告如下：

一、指定原则

（一）公开公正，公平竞争，择优使用，资源合理利用；

（二）满足产业集中地企业检测服务需求；

（三）同等条件下，优先考虑标准检测认证一体化、具备关联产品检测经验的实验室。

二、指定需求

拟在部分强制性认证产品领域增加指定实验室（具体需求详见附件，指定项目编号 1~9）。

三、指定申请的受理条件

申请从事强制性产品认证检测活动的实验室，应当具备下列条件：

（一）具有法律、行政法规规定的基本条件和能力，并经依法认定；

（二）获得资质认定并具有相关领域检测经验，从事检测工作 2 年以上或者对外出具相关产品检测报告 20 份以上；

（三）符合国家标准中对实验室技术能力的通用要求；

（四）在申请前 6 个月内无不良记录；

（五）本单位的法人性质、产权构成以及组织结构能够保证其公正、独立地实施检测活动；

（六）具备承担相应产品认证检测活动所需的全部设备、设施，或者经相关设备、设施所有权单位的授权，可以独立使用设备、设施；

（七）检测人员接受过与其承担的相应产品认证检测所必需的教育和培训，并掌握相关的标准、技术规范和强制性产品认证实施规则的要求，具备必要的产品检测能力。

四、指定工作安排

（一）符合上述条件并有承担相应检测任务意愿的实验室，请按照以下要求进行申报：

1. 本次指定采取网上填报和寄送纸质申请书并行的方式进行申请。网上申报地址：http://cccxzsp.cnca.cn/aasp；邮寄地址：国家认监委认证监管部，北京市海淀区马甸东路 9 号，邮编 100088；

2. 申请书应按不同指定项目编号分别填写；

3. 申请机构应于 2016 年 6 月 3 日 17：00 前（以收到为准）将纸质申请书寄达国家认监委，并提交网上申请；

4. 申请机构应确保申请材料的真实性，如发现存在虚假、瞒报等情况的，一律取消指定资格；

5. 为保证工作秩序，我委不受理直接上门报送纸质申请书，寄送材料建议使用 EMS 邮政特快专递。

（二）2016 年 6 月 6 日至 6 月 10 日，国家认监委对申请机构提交的申请材料进行初步审查，决定是否受理，并将意见反馈给申请机构。

（三）2016 年 6 月 13 日至 7 月 1 日，国家认监委对申请机构提交的申请材料进行技术审查，并组织专家进行评审，提出评审结论。如需要对申请机构是否满足国家标准中有关实验室技术能力的通用要求开展现场审核，本阶段所需时间将相应延长。

（四）2016 年 7 月 15 日前，国家认监委确定并公布本次指定实验室的名录及业务范围。如发生现场审核，本阶段所需时间将相应顺延。

（五）申请机构对指定决定有异议的，自指定名录公布之日起 15 个工作日内向国家认监委提出书面申诉和投诉。

五、信息咨询及联络

（一）电气电子类

联系人：邱磊

电 话：010-82262779

（二）非电气电子类

联系人：关钧文

电 话：010-82262674

（三）网络平台技术支持

电话：010-58116300/400-668-4166

附件：实验室指定需求表

国家认监委

2016 年 5 月 20 日

国家认监委关于发布 2016 年度第 2 批强制性产品认证实验室日常指定决定的公告

（2016 年第 14 号）

根据《中华人民共和国认证认可条例》《强制性产品认证机构、检查机构和实验室管理办法》（国家质检总局第 65 号令）有关要求，按照《国家认监委关于发布进一步深化强制性认证实施机构指定审批制度改革工作举措的公告》（国家认监委 2015 年第 34 号公告）确定的日常指定工作机制，现对 2016 年度第 2 批强制性产品认证实验室日常指定决定予以公告（详见附件）。

对本指定决定有异议的，请在公告发布之日起 15 个工作日内向我委提出申诉或投诉（请注明联系人和联系方式）。

附件：2016 年度第 2 批强制性产品认证实验室日常指定决定

国家认监委

2016 年 6 月 16 日

附件：

2016年度第2批强制性产品认证实验室日常指定决定

指定项目编号	产品领域	实施规则	指定实验室	指定业务范围
3.2	电器附件	CNCA-C02-01	上海电气器具检验测试所（01001）	电路开关及保护或连接用电气装置（电器附件）中的下列产品 —插头插座【家用和类似用途［仅转换器产品（带有国外标准插头或插座的除外）和带有国标组合孔的延长线插座（电线加长组件）产品］】
			上海出入境检验检疫局机电产品检测技术中心（01501）	电路开关及保护或连接用电气装置（电器附件）中的下列产品 —插头插座【家用和类似用途［仅转换器产品（带有国外标准插头或插座的除外）和带有国标组合孔的延长线插座（电线加长组件）产品］】、器具耦合器（家用和类似用途）
			广东产品质量监督检验研究院（02301）	电路开关及保护或连接用电气装置（电器附件）中的下列产品 —插头插座【家用和类似用途［仅转换器产品（带有国外标准插头或插座的除外）］】
3.13	机动车外部照明及光信号装置 机动车辆间接视野装置 车身反光标识	CNCA-C11-07 CNCA-C11-08 CNCA-C11-13	机械科学研究总院工程机械军用改装车试验场（国家工程机械质量监督检验中心）（05201）	机动车外部照明及光信号装置中的下列产品 —摩托车外部照明及光信号装置 机动车辆间接视野装置中的下列产品 —摩托车后视镜
3.24	玩具产品	CNCA-C22-02	浙江立德产品技术有限公司（01601）	玩具产品中的下列产品 —电玩具产品、金属玩具产品、弹射玩具产品
			中国质量认证中心华南实验室（15801）	玩具产品中的下列产品 —电玩具产品、金属玩具产品、塑胶玩具产品、娃娃玩具产品

续表

指定项目编号	产品领域	实施规则	指定实验室	指定业务范围
5.2	低压成套开关设备	CNCA-C03-01	北京市产品质量监督检验院（08101）	低压成套开关设备中的下列产品 —配电板
5.3	汽车内饰件	CNCA-C11-09	中国质量认证中心华南实验室（15801）	汽车内饰件
			苏州市信测标准技术服务股份有限公司（17801）	汽车内饰件
5.4	溶剂型木器涂料	CNCA-C21-01	深圳市北测检测技术有限公司（17901）	装饰装修产品中的下列产品 ——溶剂型木器涂料
			深圳信测标准技术服务股份有限公司（18001）	装饰装修产品中的下列产品 ——溶剂型木器涂料

国家认监委关于部分产品依据新版标准实施国家信息安全产品认证的公告

（2016 年第 15 号）

入侵检测系统（IDS）、网络脆弱性扫描产品、安全审计产品、防火墙、网络安全隔离卡与线路选择器、安全隔离与信息交换产品为国家信息安全产品认证目录内产品，其认证依据的新版国家标准 GB/T 20275-2013《信息安全技术 网络入侵检测系统技术要求和测试评价方法》、GB/T 20278-2013《信息安全技术 网络脆弱性扫描产品安全技术要求》、GB/T 20945-2013《信息安全技术 信息系统安全审计产品技术要求和测试评价方法》、GB/T 20281-2015《信息安全技术 防火墙安全技术要求和测试评价方法》和 GB/T20279-2015 《信息安全技术 网络和终端隔离产品安全技术要求》（以下简称“新版标准”）已发布并正式实施。现将上述六种产品依据新版标准实施国家信息安全产品认证的有关要求明确如下：

一、自本公告发布之日起，认证机构应采用新版标准实施认证并出具新版标准认证证书。

二、对于已按旧版标准获得认证的产品，在证书有效期内，证书持有人可自愿向认证机构提交转换新版标准认证证书申请，并接受认证机构依据新版标准实施的产品评价，合格后换发新版标准认证证书。

国家认监委

2016 年 7 月 1 日

国家认监委关于注销方圆标志认证集团产品认证有限公司认证资质的公告

（2016 年第 16 号）

方圆标志认证集团产品认证有限公司（认证机构分支机构批准号：CNCA-R-2002-002ZB）是 2010 年经我委批准设立的方圆标志认证集团有限公司的独立法人分支机构，现双方共同向我委提出注销方圆标志认证集团产品认证有限公司批准书的申请。

依据《认证机构管理办法》第四十一条第（三）款，国家认监委决定注销方圆标志认证集团产品认证有限公司的认证资质。自公告发布之日起，该机构所持有的《认证机构批准书》（批准号：CNCA-R-2002-002ZB）作废。

特此公告。

国家认监委

2016 年 7 月 5 日

国家认监委关于明确宠物吹水机及类似产品强制性认证要求的公告

（2016 年第 17 号）

近期，我委接到地方质检部门、认证机构及生产企业对有关宠物吹水机及类似产品强制性产品认证（以下简称 CCC 认证）要求的咨询。为更加有效地开展 CCC 认证和执法工作，维护广大消费者和生产企业的合法权益，现将宠物吹水机及类似产品 CCC 认证要求明确如下：

一、宠物吹水机是专为快速吹干猫、狗等长毛宠物皮毛的家用和类似用途设备，适用 GB 4706.15-2008《家用和类似用途电器的安全皮肤及毛发护理器具特殊要求》标准要求，应属于强制性产品认证目录内家用和类似用途设备中的皮肤和毛发护理器具。

二、鉴于宠物吹水机及类似产品为市场新兴产品，部分认证机构和地方质检部门、生产企业等对该产品强制性认证要求尚未达成统一认识，为在鼓励产品创新发展的同时确保质量安全，对已生产该种产品的相关生产企业，应于 2016 年 12 月 31 日前依据家用和类似用途设备 CCC 认证实施规则的要求完成 CCC 认证。自 2017 年 1 月 1 日起，对于宠物吹水机及类似产品，未按要求获得 CCC 认证的不得出厂、销售、进口或者在其他经营性活动中使用。

国家认监委

2016 年 7 月 18 日

国家认监委关于发布强制性产品认证目录产品与2016年HS编码对应参考表的公告

（2016年第18号）

为便利贸易和监管，国家认监委组织相关专家编制完成《强制性产品认证目录产品与2016年HS编码对应参考表》，现予发布。

《强制性产品认证目录产品与2016年HS编码对应参考表》仅作为强制性产品认证目录产品判定的参考，有关强制性产品认证目录产品的具体描述与界定，以国家认监委发布的相关产品实施强制性产品认证的公告为准。

附件：强制性产品认证目录产品与2016年HS编码对应参考表

国家认监委

2016年7月25日

附件：

强制性产品认证目录产品与2016年HS编码对应表

序号	强制性产品认证目录产品名称	2016年商品编码（HS编码）	商品编码对应的商品名称及备注
1	电线组件	8536909000	其他电压≤1000V电路连接器等电气装置
		8544422100	80V<额定电压≤1000V有接头电缆
		8544422900	80V<额定电压≤1000V有接头电导体
2	交流额定电压3kV及以下铁路机车车辆用电线电缆	8544492100	1000V≥额定电压>80V其他电缆
		8544601200	1000V<额定电压≤35000V的电缆
3	额定电压450/750V及以下聚氯乙烯绝缘电线电缆	8544492100	1000V≥额定电压>80V其他电缆
4	额定电压 450/750V及以下橡皮绝缘电线电缆	8544492100	v'v1000V≥额定电压>80V其他电缆
5	插头插座（家用和类似用途、工业用）	8536901900	其他36V<电压≤1000V的接插件
		8536690000	电压≤1000V的插头及插座
6	家用和类似用途固定式电气装置的开关	8536909000	其他电压≤1000V电路连接器等电气装置
7	器具耦合器（家用和类似用途、工业用）	8536909000	其他电压≤1000V电路连接器等电气装置
		8536690000	电压≤1000V的插头及插座
		8536901900	其他36V<电压≤1000V的接插件
8	热熔断体	8536100000	熔断器（电压不超过1000V）
9	家用和类似用途固定式电气装置电器附件外壳	8536909000	其他电压≤1000V电路连接器等电气装置
10	小型熔断器的管状熔断体	8536100000	熔断器（电压不超过1000V）
11	漏电保护器	8536300000	电压≤1000V其他电路保护装置
		8536419000	36V<电压≤60V的继电器
		8536490000	电压大于60V的继电器（用于电压不超过1000V的线路）
12	断路器	8535210000	电压<72.5kV自动断路器（用于电压超过1000V的线路）
		8536200000	电压不超过1000V自动断路器

续表

序号	强制性产品认证目录产品名称	2016年商品编码（HS编码）	商品编码对应的商品名称及备注
13	熔断器	8535100000	电路熔断器（电压>1000V）
13	熔断器	8536100000	熔断器（电压不超过1000V）
14	低压开关（隔离器、隔离开关、熔断器组合电器）	8535309000	其他隔离开关及断续开关（用于电压超过1000V的线路）
		8536500000	电压≤1000V的其他开关
15	其他电路保护装置	8536300000	电压≤1000V其他电路保护装置
		8535900090	其他电压>1000V电路开关等电气装置
		8536419000	36V<电压≤60V的继电器
		8536490000	电压大于60V的继电器（用于电压不超过1000V的线路）
16	继电器	8536419000	36V<电压≤60V的继电器
		8536490000	电压大于60V的继电器（用于电压不超过1000V的线路）
17	其他开关	8536500000	电压≤1000V的其他开关
18	其他装置	8536300000	电压≤1000V其他电路保护装置
19	低压成套开关设备	8537109090	其他电力控制或分配的装置（电压不超过1000V的线路）
		8544422900	80V<额定电压≤1000V有接头电导体
20	小功率电动机	8501520000	750W<输出功率≤75kW的多相交流电动机
		8501320000	750W<输出功率≤75kW的直流电动机、发电机
		8501510090	其他输出功率≤750W多相交流电动机
		8501200000	输出功率>37.5W的交直流两用电动机
		8501310000	其他输出功率≤750W的直流电动机、发电机
		8501400000	单相交流电动机
21	电钻	8467210000	手提式电动钻
		8467299000	其他手提式电动工具
22	电动螺丝刀和冲击扳手	8467299000	其他手提式电动工具
23	电动砂轮机	8467291000	手提式电动砂磨工具
		8467299000	其他手提式电动工具
24	砂光机	8467299000	其他手提式电动工具
25	圆锯	8467229000	其他手提式电锯
		8467299000	其他手提式电动工具
26	电锤	8467299000	其他手提式电动工具
27	不易燃液体电喷枪	8467299000	其他手提式电动工具
28	电剪刀	8467299000	其他手提式电动工具
29	攻丝机	8467299000	其他手提式电动工具
30	往复锯	8467229000	其他手提式电锯
		8467299000	其他手提式电动工具
31	插入式混凝土振动器	8467299000	其他手提式电动工具
32	电链锯	8467221000	手提式电动链锯
		8467299000	其他手提式电动工具
33	电刨	8467292000	手提式电刨
		8467299000	其他手提式电动工具
34	电动修枝剪	8467299000	其他手提式电动工具
35	电木铣和修边机	8467299000	其他手提式电动工具
36	电动石材切割机	8467299000	其他手提式电动工具
37	小型交流弧焊机	8515319900	其他电弧（包括等离子弧）焊接机及装置（全自动或半自动的）
		8515390000	其他电弧（等离子弧）焊接机器及装置（非全自动或半自动的）
		8515319100	螺旋焊管机［电弧（包括等离子弧）焊接式，全自动或半自动的］

续表

序号	强制性产品认证目录产品名称	2016年商品编码（HS编码）	商品编码对应的商品名称及备注
37	小型交流弧焊机	8515809090	其他焊接机器及装置
		8515900000	电气等焊接机器及装置零件（包括激光，其他光、光子束、超声波、电子束磁脉冲等）
38	交流弧焊机	8515319900	其他电弧（包括等离子弧）焊接机及装置（全自动或半自动的）
		8515390000	其他电弧（等离子弧）焊接机器及装置（非全自动或半自动）
		8515319100	螺旋焊管机［电弧（包括等离子弧）焊接式，全自动或半自动的］
		8515809090	其他焊接机器及装置
		8515900000	电气等焊接机器及装置零件（包括激光，其他光、光子束、超声波、电子束磁脉冲等）
		8515312000	电弧（包括等离子弧）焊接机器人
39	直流弧焊机	8515319900	其他电弧（包括等离子弧）焊接机及装置（全自动或半自动的）
		8515390000	其他电弧（等离子弧）焊接机器及装置（非全自动或半自动）
		8515319100	螺旋焊管机［电弧（包括等离子弧）焊接式，全自动或半自动的］
		8515809090	其他焊接机器及装置
		8515900000	电气等焊接机器及装置零件（包括激光，其他光、光子束、超声波、电子束磁脉冲等）
		8515312000	电弧（包括等离子弧）焊接机器人
40	TIG弧焊机	8515319900	其他电弧（包括等离子弧）焊接机及装置（全自动或半自动的）
		8515390000	其他电弧（等离子弧）焊接机器及装置（非全自动或半自动）
		8515319100	螺旋焊管机［电弧（包括等离子弧）焊接式，全自动或半自动的］
		8515809090	其他焊接机器及装置
		8515900000	电气等焊接机器及装置零件（包括激光，其他光、光子束、超声波、电子束磁脉冲等）
		8515312000	电弧（包括等离子弧）焊接机器人
41	MIG/MAG弧焊机	8515319900	其他电弧（包括等离子弧）焊接机及装置（全自动或半自动的）
		8515390000	其他电弧（等离子弧）焊接机器及装置（非全自动或半自动）
		8515319100	螺旋焊管机电弧［（包括等离子弧）焊接式，全自动或半自动的］
		8515809090	其他焊接机器及装置
		8515900000	电气等焊接机器及装置零件（包括激光，其他光、光子束、超声波、电子束磁脉冲等）
		8515312000	电弧（包括等离子弧）焊接机器人
42	埋弧焊机	8515319900	其他电弧（包括等离子弧）焊接机及装置（全自动或半自动的）
		8515390000	其他电弧（等离子弧）焊接机器及装置（非全自动或半自动）
		8515319100	螺旋焊管机［电弧（包括等离子弧）焊接式，全自动或半自动的］
		8515809090	其他焊接机器及装置
		8515900000	电气等焊接机器及装置零件（包括激光，其他光、光子束、超声波、电子束磁脉冲等）
		8515312000	电弧（包括等离子弧）焊接机器人
43	等离子弧焊机	8515319900	其他电弧（包括等离子弧）焊接机及装置（全自动或半自动的）
		8515390000	其他电弧（等离子弧）焊接机器及装置（非全自动或半自动）
		8515319100	螺旋焊管机［电弧（包括等离子弧）焊接式，全自动或半自动的］
		8515809090	其他焊接机器及装置
		8515900000	电气等焊接机器及装置零件（包括激光，其他光、光子束、超声波、电子束磁脉冲等）
		8515312000	电弧（包括等离子弧）焊接机器人
44	等离子弧切割机	8456901000	等离子切割机
45	弧焊变压器防触电装置	8515319900	其他电弧（包括等离子弧）焊接机及装置（全自动或半自动的）

续表

序号	强制性产品认证目录产品名称	2016年商品编码（HS编码）	商品编码对应的商品名称及备注
45	弧焊变压器防触电装置	8515390000	其他电弧（等离子弧）焊接机器及装置（非全自动或半自动）
		8515809090	其他焊接机器及装置
		8515900000	电气等焊接机器及装置零件（包括激光，其他光、光子束、超声波、电子束磁脉冲等）
46	电焊钳	8515319900	其他电弧（包括等离子弧）焊接机及装置（全自动或半自动的）
		8515390000	其他电弧（等离子弧）焊接机器及装置（非全自动或半自动）
		8515809090	其他焊接机器及装置
		8515900000	电气等焊接机器及装置零件（包括激光，其他光、光子束、超声波、电子束磁脉冲等）
47	焊接电缆耦合装置	8515319900	其他电弧（包括等离子弧）焊接机及装置（全自动或半自动的）
		8515390000	其他电弧（等离子弧）焊接机器及装置（非全自动或半自动的）
		8515809090	其他焊接机器及装置
		8515900000	电气等焊接机器及装置零件（包括激光，其他光、光子束、超声波、电子束磁脉冲等）
48	电阻焊机	8515219100	直缝焊管机（电阻焊接式，全自动或半自动的）
		8515212001	汽车生产线电阻焊接机器人
		8515212090	其他电阻焊接机器人
		8515219900	其他电阻焊接机器（全自动或半自动的）
		8515290000	其他电阻焊接机器及装置
49	TIG焊焊炬	8515319900	其他电弧（包括等离子弧）焊接机及装置（全自动或半自动的）
		8515390000	其他电弧（等离子弧）焊接机器及装置（非全自动或半自动）
		8515809090	其他焊接机器及装置
		8515900000	电气等焊接机器及装置零件（包括激光，其他光、光子束、超声波、电子束磁脉冲等）
50	MIG/MAG焊焊枪	8515319900	其他电弧（包括等离子弧）焊接机及装置（全自动或半自动的）
		8515390000	其他电弧（等离子弧）焊接机器及装置（非全自动或半自动）
		8515809090	其他焊接机器及装置
		8515900000	电气等焊接机器及装置零件（包括激光，其他光、光子束、超声波、电子束磁脉冲等）
51	送丝装置	8515319900	其他电弧（包括等离子弧）焊接机及装置（全自动或半自动的）
		8515390000	其他电弧（等离子弧）焊接机器及装置（非全自动或半自动）
		8515809090	其他焊接机器及装置
		8515900000	电气等焊接机器及装置零件（包括激光，其他光、光子束、超声波、电子束磁脉冲等）
52	家用电冰箱和食品冷冻箱	8418102000	200＜容积≤500L冷藏冷冻组合机（各自装有单独外门的）
		8418103000	容积≤200L冷藏-冷冻组合机（各自装有单独外门的）
		8418211000	容积＞150L压缩式家用型冷藏箱
		8418212000	压缩式家用型冷藏箱（50＜容积≤150L）
		8418213000	容积≤50L压缩式家用型冷藏箱
		8418291000	半导体制冷式家用型冷藏箱
		8418292000	电气吸收式家用型冷藏箱
		8418299000	其他家用型冷藏箱
		8418302900	制冷温度＞-40℃小的其他柜式冷冻箱（小的指容积≤500L）
		8418402900	制冷温度＞-40℃小的立式冷冻箱（小的指容积≤500L）
		8418500000	装有冷藏或冷冻装置的其他设备，用于存储及展示（包括柜、箱、展示台、陈列箱及类似品）
53	电风扇	8414511000	功率≤125W的吊扇（本身装有一个输出功率不超过125W的电动机）

续表

序号	强制性产品认证目录产品名称	2016年商品编码（HS编码）	商品编码对应的商品名称及备注
53	电风扇	8414512000	其他功率≤125W的换气扇（装有一输出功率≤125W电动机）
		8414513000	功率≤125W有旋转导风轮的风扇（本身装有一个输出功率不超过125W的电动机）
		8414519100	功率≤125W的台扇（本身装有一个输出功率不超过125W的电动机）
		8414519200	功率≤125W的落地扇（本身装有一个输出功率不超过125W的电动机）
		8414519300	功率≤125W的壁扇（本身装有一个输出功率不超过125W的电动机）
		8414519900	其他功率≤125W其他风机、风扇（本身装有一个输出功率不超过125W的电动机）
		8414591000	其他吊扇（电动机输出功率超过125W的）
		8414592000	其他换气扇（电动机输出功率超过125W的）
		8414599091	其他台扇、落地扇、壁扇（电动机输出功率超过125W的）
		8414599099	其他风机、风扇
54	空调器	8415101000	独立窗式或壁式空气调节器（装有电扇及调温、调湿装置，包括不能单独调湿的空调器）
		8415102100	制冷量≤4000大卡/时分体式空调，窗式或壁式（装有电扇及调温、调湿装置，包括不能单独调湿的空调器）
		8415102201	4000大卡/时<制冷量≤12046大卡/时（14000W）分体式空调，窗式或壁式（装有电扇及调温、调湿装置，包括不能单独调湿的空调器）
		8415102290	其他制冷量>12046大卡/时（14000W）分体式空调，窗式或壁式（装有电扇及调温、调湿装置，包括不能单独调湿的空调器）
		8415811000	制冷量≤4000大卡/时热泵式空调器（装有制冷装置及一个冷热循环换向阀的）
		8415812001	4000大卡/时<制冷量≤12046大卡/时（14000W）热泵式空调器（装有制冷装置及一个冷热循环换向阀的）
		8415812090	其他制冷量>12046大卡/时（14000W）热泵式空调器（装有制冷装置及一个冷热循环换向阀的）
		8415821000	制冷量≤4000大卡/时的其他空调器（仅装有制冷装置，而无冷热循环装置的）
		8415822001	4000大卡<制冷量≤12046大卡/时（14000W）的其他空调（仅装有制冷装置，而无冷热循环装置的）
		8415822090	其他制冷量>12046大卡/时（14000W）的其他空调（仅装有制冷装置，而无冷热循环装置的）
		8479892000	空气增湿器及减湿器
55	电动机–压缩机	8414301100	电动机额定功率≤0.4kW冷藏或冷冻箱用压缩机
		8414301200	其他电驱动冷藏或冷冻箱用压缩机（指0.4kW<电动机额定功率≤5kW）
		8414301300	电动机额定功率>0.4kW，但≤5kW的空调器用压缩机
		8414301900	电动机驱动其他用于制冷设备的压缩机
56	家用电动洗衣机	8450111000	干衣量≤10kg全自动波轮式洗衣机
		8450112000	干衣量≤10kg全自动滚筒式洗衣机
		8450119000	其他干衣量≤10kg的全自动洗衣机
		8450120000	装有离心甩干机的非全自动洗衣机（干衣量≤10kg）
		8450190000	干衣量≤10kg的其他洗衣机
		8421121000	干衣量不超过10kg的离心干衣机
		8421191000	脱水机
57	电热水器	8516101000	储存式电热水器
		8516102000	即热式电热水器
		8516109000	其他电热水器
58	室内加热器	8516299000	电气空间加热器

续表

序号	强制性产品认证目录产品名称	2016年商品编码（HS编码）	商品编码对应的商品名称及备注
58	室内加热器	8516292000	辐射式空间加热器
		8516293900	其他对流式空间加热器
		8516293100	风扇式对流空间加热器
		8516293200	充液式对流空间加热器
59	真空吸尘器	8508110000	电动的真空吸尘器（功率不超过1500W，且带有容积不超过20L的集尘袋或其他集尘容器）
		8508190000	其他电动的真空吸尘器
60	皮肤和毛发护理器具	8516310000	电吹风机
		8516320000	其他电热理发器具
		8516330000	电热干手器
61	电熨斗	8516400000	电熨斗
62	电磁灶	8516601000	电磁炉
63	电烤箱（便携式烤架、面包片烘烤器及类似烹调器具）	8516605000	电烤箱
		8516609000	其他电热炉（包括电热板、加热环、烧烤炉及烘烤器）
		8516721000	家用自动面包机
		8516722000	片式烤面包机（多士炉）
		8516729000	其他电热烤面包器
64	电动食品加工器具［食品加工机（厨房机械）］	8509401000	水果或蔬菜的榨汁机
		8509409000	食品研磨机，搅拌器
		8509809000	其他家用电动器具
65	微波炉	8516500000	微波炉
66	电灶、灶台、烤炉和类似器具（驻立式电烤箱、固定式烤架及类似烹调器具）	8516799000	其他电热器具
		8516609000	其他电热炉（包括电热板、加热环、烧烤炉及烘烤器）
67	吸油烟机	8414601000	抽油烟机（指罩的平面最大边长不超过120cm，装有风扇的）
68	液体加热器和冷热饮水机	8516711000	滴液式咖啡机
		8516712000	蒸馏渗滤式咖啡机
		8516713000	泵压式咖啡机
		8516719000	其他电热咖啡机和茶壶
		8419810000	加工热饮料，烹调，加热食品的机器
		8516791000	电热饮水机
69	电饭锅	8516603000	电饭锅
70	总输出功率在500W（有效值）以下的单扬声器和多扬声器有源音箱	8518210000	单喇叭音箱
		8518220000	多喇叭音箱
71	音频功率放大器	8518400090	其他音频扩大器
		8543709200	其他高、中频放大器
		8518500000	电气扩音机组
72	各种广播波段的调谐接收机、收音机	8527920000	带时钟的收音机
		8527990000	其他收音机
73	各类载体形式的音视频录制播放及处理设备（包括各类光盘、磁带、硬盘、等载体形式）	8517629900	其他接收、转换并发送或再生音像或其他数据用的设备
		8519200010	以特定支付方式使其工作的激光唱机（用硬币、钞票、银行卡、代币或其他支付方式使其工作）
		8519200090	其他以特定支付方式使其工作的声音录制或重放设备（用硬币、钞票、银行卡、代币或其他支付方式使其工作）
		8519811100	未装有声音录制装置的盒式磁带型声音重放装置（编辑节目用放声机除外）
		8519811200	装有声音重放装置的盒式磁带型录音机

续表

序号	强制性产品认证目录产品名称	2016年商品编码（HS编码）	商品编码对应的商品名称及备注
73	各类载体形式的音视频录制播放及处理设备（包括各类光盘、磁带、硬盘、等载体形式）	8519811900	其他使用磁性媒体的声音录制或重放设备
		8519812100	激光唱机，未装有声音录制装置
		8519812910	具有录音功能的激光唱机
		8519812990	其他使用光学媒体的声音录制或重放设备
		8519813100	装有声音重放装置的闪速存储器型声音录制设备
		8519813900	其他使用半导体媒体的声音录制或重放设备
		8519891000	不带录制装置的其他唱机，不论是否带有扬声器（使用磁性、光学或半导体媒体的除外）
		8519899000	其他声音录制或重放设备（使用磁性、光学或半导体媒体的除外）
		8521901110	具有录制功能的视频高密光盘（VCD）播放机（不论是否装有高频调谐放大器）
		8521901190	其他视频高密光盘（VCD）播放机（不论是否装有高频调谐放大器）
		8521901290	其他数字化视频光盘（DVD）播放机（不论是否装有高频调谐放大器）
		8521901910	具有录制功能的其他激光视盘播放机（不论是否装有高频调谐放大器）
		8521901990	其他激光视盘播放机（不论是否装有高频调谐放大器）
		8521909090	其他视频信号录制或重放设备（不论是否装有高频调谐放大器）
74	以上四种设备的组合	8527910000	其他收录（放）音组合机
75	音视频设备配套的电源适配器（含充/放电器）	8504401990	其他稳压电源
76	各种成像方式的彩色电视接收机	8528711000	彩色的卫星电视接收机（在设计上不带有视频显示器或屏幕的）
		8528718000	其他彩色的电视接收装置（在设计上不带有视频显示器或屏幕的）
		8528721100	其他彩色的模拟电视接收机，带阴极射线显像管的
		8528721200	其他彩色的数字电视接收机，阴极射线显像管的
		8528721900	其他彩色的电视接收机，阴极射线显像管的
		8528722100	彩色的液晶显示器的模拟电视接收机
		8528722200	彩色的液晶显示器的数字电视接收机
		8528722900	其他彩色的液晶显示器的电视接收机
		8528723100	彩色的等离子显示器的模拟电视接收机
		8528723200	彩色的等离子显示器的数字电视接收机
		8528723900	其他彩色的等离子显示器的电视接收机
		8528729100	其他彩色的模拟电视接收机
		8528729200	其他彩色的数字电视接收机
		8528729900	其他彩色的电视接收机
		8529901011	卫星电视接收用解码器
		8528691000	其他彩色的投影机
		8528699000	其他单色的投影机
77	监视器	8528491000	其他彩色的阴极射线管监视器
		8528499000	其他单色的阴极射线管监视器
		8528591090	其他彩色的监视器
		8528599000	其他单色的监视器
78	显像（示）管	8540110000	彩色阴极射线电视显像管（包括视频监视器用阴极射线管）
		8540120000	单色阴极射线电视显像管（包括视频监视器用阴极射线管）
78	显像（示）管	8540401000	点距<0.4mm彩色数据/图形显示管（指屏幕荧光点间距小于0.4mm）
		8540402000	单色数据/图形显示管
		8540609000	其他阴极射线管
79	录像机	8521101900	其他磁带型录像机（不论是否装有高频调谐放大器）
		8521102000	磁带放像机（不论是否装有高频调谐放大器）

续表

序号	强制性产品认证目录产品名称	2016年商品编码（HS编码）	商品编码对应的商品名称及备注
79	录像机	8521901210	具有录制功能的数字化视频光盘（DVD）播放机（不论是否装有高频调谐放大器）
80	电子琴	9207100000	通过电产生或扩大声音的键盘乐器（手风琴除外）
81	天线放大器	8529102000	收音机、电视机天线及其零件（包括收音机的组合机用的天线及零件）
		8529109090	其他无线电设备天线及其零件（品目8525至8528所列其他装置或设备的，包括天线反射器）
82	微型计算机	8471414000	微型机
		8471412000	小型自动数据处理设备
		8471419000	其他数据处理设备（同一机壳内至少有一个CPU和一个输入输出部件；包括组合式）
		8471492000	以系统形式报验的小型计算机（计算机指自动数据处理设备）
		8471494000	以系统形式报验的微型机
		8471499900	以系统形式报验的其他计算机
		8471900090	未列名的磁性或光学阅读器（包括将数据以代码形式转录的机器及处理这些数据的机器）
		8472901000	自动柜员机
		8471504001	含显示器和主机的微型机（不论是否在同一机壳内有一或两个存储，输入或输出部件）
		8470501000	销售点终端出纳机
		8470509000	其他现金出纳机
83	便携式计算机	8471301000	平板电脑（重量≤10kg，至少由一个中央处理器、键盘和显示器组成）
		8471309000	其他便携式自动数据处理设备（重量≤10kg，至少由一个中央处理器、键盘和显示器组成）
84	与计算机连用的显示设备	8528410000	专用或主要用于品目8471商品的阴极射线管监视器
		8528511000	专用或主要用于品目8471商品的液晶监视器
		8528519000	其他专用或主要用于品目8471商品的监视器
		8528610010	专用或主要用于品目8471商品的彩色投影机
		8528610090	其他专用或主要用于品目8471商品的投影机
		8528691000	其他彩色的投影机
		8528699000	其他单色的投影机
85	与计算机相连的打印设备	8443321100	专用于品目8471所列设备的针式打印机（可与自动数据处理设备或网络连接）
		8443321200	专用于品目8471所列设备的激光打印机（可与自动数据处理设备或网络连接）
		8443321300	专用于品目8471所列设备的喷墨打印机（可与自动数据处理设备或网络连接）
		8443321400	专用于品目8471所列设备的热敏打印机（可与自动数据处理设备或网络连接）
		8443321900	专用于品目8471所列设备的其他打印机（可与自动数据处理设备或网络连接）
		8472100000	胶版复印机、油印机
85	与计算机相连的打印设备	8443329090	其他印刷（打印）机、复印机、传真机和电传打字机（可与自动数据处理设备或网络连接）
86	多用途打印复印机	8443311090	其他静电感光式多功能一体机（可与自动数据处理设备或网络连接）
		8443311010	静电感光式多功能一体加密传真机（可与自动数据处理设备或网络连接）
		8443319010	其他具有打印和复印两种功能的机器（可与自动数据处理设备或网络连接）
		8443319090	其他具有打印、复印或传真中两种及以上功能的机器（具有打印和复印两种功能的机器除外，可与自动数据处理设备或网络连接）

续表

序号	强制性产品认证目录产品名称	2016年商品编码（HS编码）	商品编码对应的商品名称及备注
87	扫描仪	8471605000	自动数据处理设备的扫描器
88	计算机内置电源及电源适配器充电器	8504401300	品目8471所列机器用的稳压电源
		8504401990	其他稳压电源
89	电脑游戏机	9504501900	视频游戏控制器及设备（与电视接收机配套使用的，子目9504.30的货品除外）
		9504509900	其他视频游戏控制器及设备（子目9504.30的货品除外）
		9504901000	其他电子游戏机
90	学习机	9504901000	其他电子游戏机
91	复印机	8443329090	其他印刷（打印）机、复印机、传真机和电传打字机（可与自动数据处理设备或网络连接）
		8443391100	将原件直接复印（直接法）的静电感光复印设备（不可与自动数据处理设备或网络连接）
		8443391200	将原件通过中间体转印（间接法）的静电感光复印设备（不可与自动数据处理设备或网络连接）
		8443392100	带有光学系统的其他感光复印设备（不可与自动数据处理设备或网络连接）
		8443392200	接触式的其他感光复印设备（不可与自动数据处理设备或网络连接）
		8443392300	热敏的其他感光复印设备（不可与自动数据处理设备或网络连接）
		8443392400	热L华的其他感光复印设备（不可与自动数据处理设备或网络连接）
		8443399000	其他印刷（打印）机、复印机（不可与自动数据处理设备或网络连接）
92	服务器	8471414000	微型机
93	灯具	9405100000	枝形吊灯（包括天花板或墙壁上的照明装置，但露天或街道上的除外）
		9405200010	含濒危物种成分的电气台灯、床头灯、落地灯
		9405200090	其他电气台灯、床头灯、落地灯
		9405409000	其他电灯及照明装置
94	镇流器	8504101000	电子镇流器
		8504109000	其他放电灯或放电管用镇流器
95	汽车	8701200000	半挂车用的公路牵引车
		8701909000	其他牵引车（不包括品目8709的牵引车）
		8702109100	30座及以上大型客车（柴油型）（指装有柴油或半柴油发动机的30座及以上的客运车）
		8702109201	20≤座≤23装有压燃式活塞内燃发动机的客车
		8702109290	24≤座≤29装有压燃式活塞内燃发动机的客车
		8702109300	10≤座≤19装有压燃式活塞内燃发动机的客车
		8702901000	30座及以上大型客车（其他型）（指装有其他发动机的30座及以上的客运车）
		8702902001	20≤座≤23装有非压燃式活塞内燃发动机的客车
95	汽车	8702902090	24≤座≤29装有非压燃式活塞内燃发动机的客车
		8702903000	10≤座≤19装有非压燃式活塞内燃发动机的客车
		8703213001	排气量≤1L的装有点燃往复式活塞内燃发动机的小轿车
		8703214001	排气量≤1L的带点燃往复式活塞内燃发动机的越野车（4轮驱动）
		8703215001	排气量≤1L的带点燃往复式活塞内燃发动机的小客车（9座及以下）
		8703219001	排气量≤1L的带点燃往复式活塞内燃发动机的其他车辆
		8703223001	1L<排气量≤1.5L带点燃往复式活塞内燃发动机小轿车
		8703224001	1L<排气量≤1.5L带点燃往复活塞内燃发动机四轮驱动越野车
		8703225001	1L<排气量≤1.5L带点燃往复式活塞内燃发动机小客车（≤9座）

续表

序号	强制性产品认证目录产品名称	2016年商品编码（HS编码）	商品编码对应的商品名称及备注
95	汽车	8703229001	1L＜排气量≤1.5L带点燃往复式活塞内燃发动机其他车
		8703234101	1.5L＜排气量≤2L装点燃往复式活塞内燃发动机小轿车
		8703234201	1.5L＜排气量≤2L装点燃往复式活塞内燃发动机越野车（4轮驱动）
		8703234301	1.5L＜排气量≤2L装点燃往复式活塞内燃发动机小客车（9座及以下的）
		8703234901	1.5L＜排气量≤2L装点燃往复式活塞内燃发动机的其他载人车辆
		8703235101	2L＜排气量≤2.5L装点燃往复式活塞内燃发动机小轿车
		8703235201	2L＜排气量≤2.5L装点燃往复式活塞内燃发动机越野车（4轮驱动）
		8703235301	2L＜排量≤2.5L装点燃往复式活塞内燃发动机小客车（9座及以下的）
		8703235901	2L＜排气量≤2.5L装点燃往复式活塞内燃发动机的其他载人车辆
		8703236101	2.5L＜排气量≤3L装点燃往复式活塞内燃发动机小轿车
		8703236201	2.5L＜排气量≤3L装点燃往复式活塞内燃发动机越野车（4轮驱动）
		8703236301	2.5L＜排气量≤3L装点燃往复式活塞内燃发动机旅行小客车（9座及以下的）
		8703236901	2.5L＜排气量≤3L装点燃往复式活塞内燃发动机的其他载人车辆（不包括非4轮驱动越野车）
		8703241101	3L＜排气量≤4L装点燃往复式活塞内燃发动机小轿车
		8703241201	3L＜排气量≤4L装点燃往复式活塞内燃发动机越野车（4轮驱动）
		8703241301	3L＜排气量≤4L装点燃往复式活塞内燃发动机的小客车（9座及以下的）
		8703241901	3L＜排气量≤4L装点燃往复式活塞内燃发动机的其他载人车辆（不包括非4轮驱动越野车）
		8703242101	排气量＞4L装点燃往复式活塞内燃发动机小轿车
		8703242201	排气量＞4L装点燃往复式活塞内燃发动机越野车（4轮驱动）
		8703242301	排气量＞4L装点燃往复式活塞内燃发动机的小客车（9座及以下的）
		8703242901	排气量＞4L装点燃往复式活塞内燃发动机的其他载人车辆（不包括非4轮驱动越野车）
		8703311101	排气量≤1L的装有压燃往复式活塞内燃发动机小轿车
		8703311901	排气量≤1L的装有压燃往复式活塞内燃发动机的其他载人车辆
		8703312101	1L＜排气量≤1.5L装压燃往复式活塞内燃发动机小轿车
		8703312201	1L＜排气量≤1.5L装压燃式活塞内燃发动机越野车（4轮驱动）
		8703312301	1L＜排气量≤1.5L装压燃往复式活塞内燃发动机小客车（9座及以下的）
		8703312901	1L＜排气量≤1.5L装压燃往复式活塞内燃发动机的其他载人车辆
		8703321101	1.5L＜排气量≤2L装压燃往复式活塞内燃发动机小轿车
		8703321201	1.5L＜排气量≤2L装压燃往复式活塞内燃发动机越野车（4轮驱动）
		8703321301	1.5L＜排气量≤2L装压燃往复式活塞内燃发动机小客车（9座及以下的）
		8703321901	1.5L＜排气量≤2L装压燃往复式活塞内燃发动机的其他载人车辆
		8703322101	2L＜排气量≤2.5L装压燃往复式活塞内燃发动机小轿车
		8703322201	2L＜排气量≤2.5L装压燃往复式活塞内燃发动机越野车（4轮驱动）
		8703322301	2L＜排气量≤2.5L装压燃往复式活塞内燃发动机小客车（9座及以下的）
		8703322901	2L＜排气量≤2.5L装压燃往复式活塞内燃发动机的其他载人车辆
		8703331101	2.5L＜排气量≤3L装压燃往复式活塞内燃发动机小轿车
		8703331201	2.5L＜排气量≤3L装压燃往复式活塞内燃发动机越野车（4轮驱动）
		8703331301	2.5＜排气量≤3L装压燃往复式活塞内燃发动机小客车（9座及以下的）
		8703331901	2.5L＜排气量≤3L装压燃往复式活塞内燃发动机的其他载人车辆（不包括非4轮驱动越野车）
		8703332101	3L＜排气量≤4L装压燃往复式活塞内燃发动机小轿车
		8703332201	3L＜排气量≤4L装压燃往复式活塞内燃发动机越野车（4轮驱动）
		8703332301	3L＜排气量≤4L装压燃往复式活塞内燃发动机小客车（9座及以下的）

续表

序号	强制性产品认证目录产品名称	2016年商品编码（HS编码）	商品编码对应的商品名称及备注
95	汽车	8703332901	3L＜排气量≤4L装压燃往复式活塞内燃发动机的其他载人车辆（不包括非4轮驱动越野车）
		8703336101	排气量＞4L装压燃往复式活塞内燃发动机小轿车
		8703336201	排气量＞4L装压燃往复式活塞内燃发动机越野车（4轮驱动）
		8703336301	排气量＞4L装压燃往复式活塞内燃发动机小客车（9座及以下的）
		8703336901	排气量＞4L装压燃往复式活塞内燃发动机其他载人车辆
		8703900001	其他型排气量≤1L的其他载人车辆
		8703900002	其他型1.5L＜排气量≤2L的其他载人车辆
		8703900003	其他型2L＜排气量≤2.5L的其他载人车辆
		8703900004	其他型2.5L＜排气量≤3L的其他载人车辆
		8703900005	其他型3L＜排气量≤4L的其他载人车辆
		8703900007	其他型1L＜排气量≤1.5L的其他载人车辆
		8703900006	其他型排气量＞4L的其他载人车辆
		8703900010	电动汽车和其他无法区分排气量的载人车辆
		8704210000	柴油型其他小型货车（装有压燃式活塞内燃发动机，小型指车辆总重量≤5t ）
		8704223000	柴油型其他中型货车（装有压燃式活塞内燃发动机，中型指5t＜车辆总重量＜14t）
		8704224000	柴油型其他重型货车（装有压燃式活塞内燃发动机，重型指14t≤车辆总重≤20t）
		8704230010	固井水泥车、压裂车、混砂车、连续油管车、液氮泵车用底盘（车辆总重量＞35t，装驾驶室）
		8704230020	起重≥55t汽车起重机用底盘（装有压燃式活塞内燃发动机）
		8704230030	车辆总重量≥31t清障车专用底盘
		8704230090	柴油型的其他超重型货车（装有压燃式活塞内燃发动机，超重型指车辆总重量＞20t）
		8704310000	总重量≤5t的其他货车（汽油型，装有点燃式活塞内燃发动机）
		8704323000	5t＜总重量≤8t的其他货车（汽油型，装有点燃式活塞内燃发动机）
		8704324000	总重量＞8t的其他货车（汽油型，装有点燃式活塞内燃发动机）
		8704900000	装有其他发动机的货车
		8705102100	起重重量≤50t全路面起重车
		8705102200	50t＜起重重量≤100t全路面起重车
		8705102300	起重量>100t全路面起重车
		8705109100	起重重量≤50t其他机动起重车
		8705109200	50t＜起重重量≤100t其他起重车
		8705109300	起重重量>100t其他机动起重车
		8705200000	机动钻探车
		8705400000	机动混凝土搅拌车
		8705901000	无线电通信车
		8705902000	机动放射线检查车
		8705903000	机动环境监测车
		8705904000	机动医疗车
		8705905900	其他机动电源车（频率为400Hz航空电源车除外）
		8705907000	道路（包括跑道）扫雪车
		8705908000	石油测井车，压裂车，混沙车
		8705909100	混凝土泵车
		8705909990	其他特殊用途的机动车辆（主要用于载人或运货的车辆除外）
		8706002100	车辆总重量≥14t的货车底盘（装有发动机的）

续表

序号	强制性产品认证目录产品名称	2016年商品编码（HS编码）	商品编码对应的商品名称及备注
95	汽车	8706002200	车辆总重量<14t的货车底盘（装有发动机的）
		8706004000	汽车起重机底盘（装有发动机的）
		8706009000	其他机动车辆底盘（装有发动机的，品目8701、8703和8705所列车辆用）
		8716100000	供居住或野营用厢式挂车及半挂车
		8716311000	油罐挂车及半挂车
		8716319000	其他罐式挂车及半挂车
		8716391000	货柜挂车及半挂车
		8716399000	其他货运挂车及半挂车
		8716400000	其他未列名挂车及半挂车
		8426411000	轮胎式起重机
96	摩托车	8711100010	微马力摩托车及脚踏两用车（装有往复式活塞发动机，微马力指排气量=50mL）
		8711100090	微马力摩托车及脚踏两用车（装有往复式活塞发动机，微马力指排气量<50mL）
		8711201000	50mL<排气量≤100mL装往复式活塞内燃发动机摩托车及脚踏两用车
		8711202000	100mL<排气量≤125mL装往复式活塞内燃发动机摩托车及脚踏两用车
		8711203000	125mL<排气量≤150mL装往复式活塞内燃发动机摩托车及脚踏两用车
96	摩托车	8711204000	150mL<排气量≤200mL装往复式活塞内燃发动机摩托车及脚踏两用车
		8711205010	200mL<排气量<250mL装往复式活塞内燃发动机摩托车及脚踏两用车
		8711205090	排气量=250mL装往复式活塞内燃发动机摩托车及脚踏两用车
		8711301000	250mL<排气量≤400mL装往复式活塞内燃发动机摩托车及脚踏两用车
		8711302000	400mL<排气量≤500mL装往复式活塞内燃发动机摩托车及脚踏两用车
		8711400000	500mL<排气量≤800mL装往复式活塞内燃发动机摩托车及脚踏两用车
		8711500000	排气量>800mL装往复式活塞内燃发动机摩托车及脚踏两用车
		8711901090	其他电动及电动助力的摩托车及边车（包括机器脚踏两用车；脚踏车）
		8711909001	排气量≤250mL摩托车及脚踏两用车
		8711909002	排气量>250mL摩托车及脚踏两用车
		8711909009	其他无法区分排气量的摩托车及脚踏两用车
		8711909090	装有其他辅助发动机的脚踏车及边车
97	消防车	8705309000	其他机动救火车
		8705301000	装有云梯的机动救火车
98	摩托车发动机	8407310000	排气量≤50mL往复式活塞引擎（87章所列车辆用的点燃往复式活塞发动机，不超过50mL）
		8407320000	50<mL排气量≤250mL往复式活塞引擎（第87章所列车辆用的点燃往复式活塞发动机）
		8407330000	250mL<排气量≤1000mL往复活塞引擎（第87章所列车辆的点燃往复式活塞发动机）
		8407341000	1000mL<排气量≤3000mL车辆的往复式活塞引擎（第87章所列车辆的点燃往复式活塞发动机）
99	汽车安全带	8708210000	坐椅安全带（品目8701至8705的车辆用）
100	机动车喇叭	8512301100	机动车辆用喇叭、蜂鸣器
101	机动车回复反射器	8512209000	其他照明或视觉信号装置（包括机动车辆用视觉装置）
102	机动车制动软管	8708309100	牵引车、拖拉机用制动器及其零件（包括助力制动器及其零件）
		8708309200	大型客车用制动器及其零件（包括助力制动器及其零件）

续表

序号	强制性产品认证目录产品名称	2016年商品编码（HS编码）	商品编码对应的商品名称及备注
102	机动车制动软管	8708309400	柴、汽油轻型货车用制动器及零件（指编号87042100、87042230、87043100、87043230所列总重量≤14t车辆用）
		8708309500	柴、汽油型重型货车用制动器及其零件（指编号87042240，87042300及87043240所列车辆用）
		8708309600	特种车用制动器及其零件（指品目8705所列车辆用，包括助动器及零件）
		8708309990	其他机动车辆用制动器（包括助力制动器）的零件
		8708995900	总重≥14t柴油货车用其他零部件（指87042240、2300、3240所列车辆用，含总重>8t汽油货车）
		4009110000	未加强或其他材料合制硫化橡胶管（不带附件、硬质橡胶除外）
		4009120000	未加强或其他材料合制硫化橡胶管（装有附件、硬质橡胶除外）
		4009210000	加强或只与金属合制的硫化橡胶管（不带附件、硬质橡胶除外）
		4009220000	加强或只与金属合制的硫化橡胶管（装有附件、硬质橡胶除外）
		4009310000	加强或与纺织材料合制硫化橡胶管（不带附件、硬质橡胶除外）
		4009320000	加强或与纺织材料合制硫化橡胶管（装有附件、硬质橡胶除外）
103	机动车外部照明及光信号装置（汽车用灯具、摩托车用灯具）	8512201000	机动车辆用照明装置
104	机动车后视镜（汽车后视镜、摩托车后视镜）	7009100000	车辆后视镜（不论是否镶框）
105	汽车内饰件	8708299000	其他车身未列名零部件（包括驾驶室的零件、附件）
		3926300000	塑料制家具、车厢及类似品的附件
		4016910000	硫化橡胶制铺地制品及门垫（硬质橡胶的除外）
		8708995900	总重≥14t柴油货车用其他零部件（指87042240，2300，3240所列车辆用，含总重>8t汽油货车）
106	汽车门锁及门保持件	8301209000	其他机动车用锁
		8301201000	机动车用中央控制门锁
		8302100000	铰链（折叶）
		8302300000	机车用贱金属附件及架座
107	汽车燃油箱	8708299000	其他车身未列名零部件（包括驾驶室的零件、附件）
		8708995900	总重≥14t柴油货车用其他零部件（指87042240，2300，3240所列车辆用，含总重>8t汽油货车）
108	汽车座椅及座椅头枕	9401201000	皮革或再生皮革面的机动车辆用坐具
		9401209000	其他机动车辆用坐具
		9401901900	机动车辆用其他座具零件
		8708995900	总重≥14t柴油货车用其他零部件（指87042240，2300，3240所列车辆用，含总重>8t汽油货车）
109	车身反光标识	8512209000	其他照明或视觉信号装置（包括机动车辆用视觉装置）
110	汽车行驶记录仪	9106900000	其他时间记录器及其他类似装置（包括测量、记录或指示时间的装置）
111	轿车轮胎	4011100000	机动小客车用新的充气轮胎（橡胶轮胎，包括旅行小客车及赛车用）
		4011200090	其他客或货车用新充气橡胶轮胎（指机动车辆用橡胶轮胎）
		4011990090	其他新的充气橡胶轮胎（其他用途，新充气橡胶轮胎，非人字形胎面）
112	载重汽车轮胎	4011100000	机动小客车用新的充气轮胎（橡胶轮胎，包括旅行小客车及赛车用）
		4011200090	其他客或货车用新充气橡胶轮胎（指机动车辆用橡胶轮胎）
		4011990090	其他新的充气橡胶轮胎（其他用途，新充气橡胶轮胎，非人字形胎面）
113	摩托车轮胎	4011400000	摩托车用新的充气橡胶轮胎
		4011990090	其他新的充气橡胶轮胎（其他用途，新充气橡胶轮胎，非人字形胎面）

续表

序号	强制性产品认证目录产品名称	2016年商品编码（HS编码）	商品编码对应的商品名称及备注
114	汽车安全玻璃	7007219000	车辆用层压安全玻璃（规格及形状适于安装在车辆上的）
		7007119000	车辆用钢化安全玻璃（规格及形状适于安装在车辆上的）
		7008001000	中空或真空隔温、隔音玻璃组件
		7008009000	其他多层隔温、隔音玻璃组件
		8708294100	汽车电动天窗
		8708294200	汽车手动天窗
115	建筑安全玻璃	7007290000	其他层压安全玻璃
		7007190000	其他钢化安全玻璃
		7008001000	中空或真空隔温、隔音玻璃组件
		7008009000	其他多层隔温、隔音玻璃组件
116	铁道车辆安全玻璃	7007219000	车辆用层压安全玻璃（规格及形状适于安装在车辆上的）
		7007119000	车辆用钢化安全玻璃（规格及形状适于安装在车辆上的）
116	铁道车辆安全玻璃	7008001000	中空或真空隔温、隔音玻璃组件
		7008009000	其他多层隔温、隔音玻璃组件
117	植物保护机械	8424810000	农业或园艺用喷射、喷雾机械器具
118	轮式拖拉机	8701901190	其他轮式拖拉机
119	调制解调器（含卡）	8517623400	调制解调器
		8517623300	IP电话信号转换设备
120	传真机	8443319090	其他具有打印、复印或传真中两种及以上功能的机器（具有打印和复印两种功能的机器除外，可与自动数据处理设备或网络连接）
		8443329010	其他加密传真机（可与自动数据处理设备或网络连接）
		8443319020	其他多功能一体加密传真机（兼有打印、复印中一种及以上功能的机器）
121	固定电话终端及电话机附加装置	8517180090	其他电话机
		8517180010	其他加密电话机
		8517699000	其他有线通信设备
		8519500000	电话应答机
122	无绳电话终端	8517110010	无绳加密电话机
		8517110090	其他无绳电话机
123	集团电话	8517621900	其他数字式程控电话交换机
		8517621100	局用电话交换机、长途电话交换机、电报交换机，数字式
124	移动用户终端	8517121019	其他GSM数字式手持无线电话机
		8517121029	其他CDMA数字式手持无线电话机
		8517121090	其他手持式无线电话机（包括车载式无线电话机）
		8517129000	其他用于蜂窝网络或其他无线网络的电话机
		8517629200	无线网络接口卡
		8517629300	无线接入固定台
		8517691090	其他无线通信设备
125	ISDN终端	8517699000	其他有线通信设备
126	数据终端（含卡）	8517622100	光端机及脉冲编码调制设备（PCM）
		8517622200	波分复用光传输设备
		8517622990	其他光通讯设备
		8517623100	非光通讯网络时钟同步设备
		8517623210	非光通讯加密以太网络交换机
		8517623290	其他非光通讯以太网络交换机

续表

序号	强制性产品认证目录产品名称	2016年商品编码（HS编码）	商品编码对应的商品名称及备注
126	数据终端（含卡）	8517623500	集线器
		8517623690	其他路由器
		8517623610	非光通讯加密路由器
		8517623790	其他有线网络接口卡
		8517622910	光通讯加密路由器
		8517699000	其他有线通信设备
127	多媒体终端	8517623990	其他有线数字通信设备
		8517629900	其他接收、转换并发送或再生音像或其他数据用的设备
		8517699000	其他有线通信设备
128	火灾报警产品	8531901000	防盗、防火及类似装置用零件
		8531100000	防盗或防火报警器及类似装置
129	消防水带	5909000000	纺织材料制水龙软管及类似管子（不论有无其他材料作衬里，护套或附件）
130	喷水灭火产品	8424902000	家用型喷射、喷雾器具的零件
		8424899990	其他用途的喷射、喷雾机械器具
131	灭火剂	3813001000	灭火器的装配药
132	建筑耐火构件	7308300000	钢铁制门窗及其框架、门槛
		4418101000	辐射松木制的木窗，落地窗及其框架
		4418109010	拉敏木制木窗，落地窗及其框架
		4418109020	濒危木制木窗，落地窗及其框架
		4418109090	其他木制木窗，落地窗及其框架
		4418200090	木门及其框架和门槛
		7610100000	铝制门窗及其框架、门槛
		7008009000	其他多层隔温、隔音玻璃组件
		6303920010	合纤百叶窗，卷帘和窗幔（非针织非钩编）
133	泡沫灭火设备产品	8424899910	分离喷嘴（由狭缝状、曲率半径极小的弯曲通道组成，内有分离楔尖）
		8424899990	其他用途的喷射、喷雾机械器具
134	消防装备产品	9020000000	其他呼吸器具及防毒面具（但不包括既无机械零件又无可互换过滤器的防护面具）
		8705309000	其他机动救火车
		8414599099	其他风机、风扇
		9405409000	其他电灯及照明装置
135	火灾防护产品	3210000091	其他油漆及清漆，皮革用水性颜料，施工状态下挥发性有机物含量大于420g/L（包括非聚合物为基料的瓷漆，大漆及水浆涂料）
		3210000099	其他油漆及清漆，皮革用水性颜料，施工状态下挥发性有机物含量不大于420g/L（包括非聚合物为基料的瓷漆，大漆及水浆涂料）
136	灭火器	8424100000	灭火器（不论是否装药）
137	消防给水设备产品	8481804090	其他阀门（用于管道、锅炉、罐、桶或类似品的）
		8481901000	阀门用零件（用于管道、锅炉、罐、桶或类似品的）
138	气体灭火设备产品	8424899910	分离喷嘴（由狭缝状、曲率半径极小的弯曲通道组成，内有分离楔尖）
		8424899990	其他用途的喷射、喷雾机械器具
139	干粉灭火设备产品	8424899910	分离喷嘴（由狭缝状、曲率半径极小的弯曲通道组成，内有分离楔尖）
		8424899990	其他用途的喷射、喷雾机械器具
140	消防防烟排烟设备产品	8481804090	其他阀门（用于管道、锅炉、罐、桶或类似品的）
		8414599099	其他风机、风扇
141	避难逃生产品	8512209000	其他照明或视觉信号装置（包括机动车辆用视觉装置）
		9405409000	其他电灯及照明装置

续表

序号	强制性产品认证目录产品名称	2016年商品编码（HS编码）	商品编码对应的商品名称及备注
141	避难逃生产品	9405600000	发光标志、发光铭牌及类似品
		9020000000	其他呼吸器具及防毒面具（但不包括既无机械零件又无可互换过滤器的防护面具）
142	消防通信产品	8531100000	防盗或防火报警器及类似装置
143	入侵探测器	8531100000	防盗或防火报警器及类似装置
144	防盗报警控制器	8531100000	防盗或防火报警器及类似装置
145	汽车防盗报警系统	8512301200	机动车辆用防盗报警器
146	防盗保险柜	8303000000	保险箱、柜、保险库的门（及带锁保险储存厨、钱箱、契约箱及类似品）
147	防盗保险箱		
148	无线局域网产品	注：根据质检总局、标准委、认监委2004年44号联合公告，该产品强制性认证的强制实施时间后延	
149	溶剂型木器涂料	3208901091	其他聚胺酯油漆清漆等，施工状态下挥发性有机物含量大于420克/L（溶于非水介质以聚胺酯类化合物为基本成分，含瓷漆大漆）
		3208901099	其他聚胺酯油漆清漆等；以聚氨酯类化合物为基本成分的本章注释四所述溶液（分散于或溶于非水介质以聚胺酯类化合物为基本成分，含瓷漆大漆）
		3208909010	分散于或溶于非水介质其他油漆、清漆溶液，施工状态下挥发性有机物含量大于420g/L（包括以聚合物为基本成分的漆，本章注释四所述溶液）
		3208909090	分散于或溶于非水介质其他油漆、清漆溶液；其他本章注释四所述溶液（包括以聚合物为基本成分的漆，本章注释四所述溶液）
		3210000091	其他油漆及清漆，皮革用水性颜料，施工状态下挥发性有机物含量大于420g/L（包括非聚合物为基料的瓷漆，大漆及水浆涂料 ）
		3210000099	其他油漆及清漆，皮革用水性颜料，施工状态下挥发性有机物含量不大于420g/L（包括非聚合物为基料的瓷漆，大漆及水浆涂料）
150	瓷质砖	6904100000	陶瓷制建筑用砖
		6904900000	陶瓷制铺地砖、支撑或填充用砖（包括类似品）
		6905900000	其他建筑用陶瓷制品（包括烟囱罩通风帽，烟囱衬壁，建筑装饰物）
		6907100010	瓷砖、陶瓷等产品，未打磨上釉陶瓷（表面最宽<7cm）
		6907100090	未上釉的小陶瓷砖、瓦、块及类似品（小指最大表面积可置入边长<7cm的方格为限）
		6907900000	未上釉的大陶瓷砖、瓦、块及类似品（大指最大表面积超过子目690710所列规格的）
		6908100000	上釉的小陶瓷砖、瓦、块及类似品（小指最大表面积以可置入边长<7cm的方格为限）
		6908900000	上釉的大陶瓷砖、瓦、块及类似品（大指最大表面积超过子目690810所列规格的）
151	混凝土防冻剂	3824409000	其他水泥、灰泥及混凝土用添加剂
152	童车类产品	8712008110	12~16in的未列名自行车
		8712008190	11in及以下的未列名自行车
		8712008900	其他未列名自行车
		9503001000	三轮车、踏板车、踏板汽车和类似的带轮玩具、玩偶车
		8712009000	其他非机动脚踏车
		8715000000	婴孩车及其零件
		9503008900	其他未列名玩具
153	电玩具类产品	9503006000	智力玩具
		9503001000	三轮车、踏板车、踏板汽车和类似的带轮玩具；玩偶车
		9503002100	动物玩偶，不论是否着装
		9503002900	其他玩偶，不论是否着装
		9503003100	缩小（按比例缩小）的电动火车模型

续表

序号	强制性产品认证目录产品名称	2016年商品编码（HS编码）	商品编码对应的商品名称及备注
153	电玩具类产品	9503003900	其他缩小（按比例缩小）的全套模型组件（不论是否活动）
		9503008100	组装成套或全套的其他玩具
		9503008200	其他带动力装置的玩具及模型
		9503008900	其他未列名玩具
153	电玩具类产品	9503009000	玩具、模型零件
		9504901000	其他电子游戏机
		9503004000	其他建筑套件及建筑玩具
		9503005000	玩具乐器
154	塑胶玩具类产品	9503001000	三轮车、踏板车、踏板汽车和类似的带轮玩具；玩偶车
		9503002100	动物玩偶，不论是否着装
		9503002900	其他玩偶，不论是否着装
		9503004000	其他建筑套件及建筑玩具
		9503006000	智力玩具
		9503008100	组装成套或全套的其他玩具
		9503008900	其他未列名玩具
		9503009000	玩具、模型零件
		9503005000	玩具乐器
		9503008200	其他带动力装置的玩具及模型
155	金属玩具类产品	9503001000	三轮车、踏板车、踏板汽车和类似的带轮玩具；玩偶车
		9503002100	动物玩偶，不论是否着装
		9503002900	其他玩偶，不论是否着装
		9503004000	其他建筑套件及建筑玩具
		9503006000	智力玩具
		9503008100	组装成套或全套的其他玩具
		9503008900	其他未列名玩具
		9503009000	玩具、模型零件
		9503008200	其他带动力装置的玩具及模型
156	弹射玩具类产品	9503002100	动物玩偶，不论是否着装
		9503002900	其他玩偶，不论是否着装
		9503008100	组装成套或全套的其他玩具
		9503008200	其他带动力装置的玩具及模型
		9503008900	其他未列名玩具
		9503009000	玩具、模型零件
157	娃娃玩具类产品	9503002900	其他玩偶，不论是否着装
		9503008900	其他未列名玩具
		9503009000	玩具、模型零件
158	机动车儿童乘员用约束系统	8708210000	坐椅安全带（品目8701至8705的车辆用）
		9401201000	皮革或再生皮革面的机动车辆用坐具
		9401209000	其他机动车辆用坐具
		9401401000	皮革或再生皮革面的能作床用的两用椅（但庭园坐具或野营设备除外）
		9401409000	其他能作床用的两用椅（但庭园坐具或野营设备除外）
		9401809091	儿童用汽车安全座椅
		9401809099	其他坐具
		9401901900	机动车辆用其他座具零件

国家认监委关于塞尔帝国际验证股份有限公司在华从事非法认证活动的公告

（2016 年第 19 号）

经查证，塞尔帝国际验证股份有限公司（英文名称：G-CERTI TAIWAN International Certification Co.,Ltd）违反《中华人民共和国认证认可条例》规定，在未经国家认监委批准的情况下，擅自在中国境内非法开展认证活动，并向部分企业颁发 ISO9001:2008、ISO14001:2004 认证证书。其颁发的认证证书在中国境内无效。

国家认监委提醒社会各界，应选择国家认监委批准的合法的认证机构提供认证服务。合法的认证机构名录可从国家认监委官方网站查询。欢迎认证委托人及社会各方对认证机构的资质及其行为进行监督，发现非法从事认证活动的机构，可向所在地出入境检验检疫局、质量技术监督局或国家认监委举报，共同维护公平竞争认证市场环境。

特此公告。

国家认监委

2016 年 8 月 1 日

国家认监委关于发布新版〈质量管理体系认证规则〉的公告

（2016 年第 20 号）

根据质量管理体系认证活动及相应的行政监督检查工作实践，结合 2015 年换版的质量管理体系国际标准（ISO 9001）的新变化，国家认监委对 2014 年发布的《质量管理体系认证规则》（国家认监委 2014 年第 5 号公告，以下简称“旧版认证规则”）进行了修订，现将修订后的《质量管理体系认证规则》（以下简称“新版认证规则”）予以公布。新版认证规则于 2016 年 10 月 1 日起正式实施，替代旧版认证规则。

国家认监委

2016 年 8 月 5 日

国家认监委关于发布 2016 年度强制性产品认证实验室指定决定的公告

（2016 年第 21 号）

根据《中华人民共和国认证认可条例》《强制性产品认证机构、检查机构和实验室管理办法》（质检总局第 65 号令）、《国家认监委关于调整从事强制性产品认证以及相关活动的认证机构、检查机构、实验室指定行政审批要求的公告》（2016 年第 11 号公告）和《国家认监委关于开展 2016 年强制性产品认证实验室年度指定工作的公告》（2016 年第 13 号公告）有关要求，我委对 2016 年度拟指定的强制性产品认证实验室做出指定决定，现予以公告（详见附件）。

对本指定决定有异议的，请在本公告发布之日起 15 个工作日内向我委提出申诉或投诉（请注明联系人和联系方式）。

由于此次指定过程中对部分申请实验室进行了现场评审，有关实验室指定决定日期相应顺延。

附件：2016 年度强制性产品认证实验室指定决定

特此公告。

国家认监委

2016 年 8 月 11 日

附件：

2016年度强制性产品认证实验室指定决定

指定项目编号	业务领域		地域	指定实验室	备注
	实施规则	产品名称			
1	CNCA-C01-01	电线电缆	安徽	国家特种电线电缆产品质量监督检验中心（安徽）（18101）	除GB/T 5023.7覆盖的60227 IEC 74（RVVYP）型号产品 法人单位：芜湖特种电线电缆产品质量监督检验中心
2	CNCA-C05-01	电动工具	江苏	南德认证检测（中国）有限公司（18201）	—
3	CNCA-C06-01	电焊机	江苏	方圆广电检验检测股份有限公司（18301）	—
4	CNCA-C07-01	家用和类似用途设备	浙江	嘉兴威凯检测技术有限公司（18401）	电风扇、空调器、电动机-压缩机、家用电动洗衣机、电热水器、室内加热器、皮肤毛发护理器具、电熨斗、电磁灶、电烤箱、电动食品加工器具、电灶、灶台、烤炉和类似器具、吸油烟机、液体加热器、电饭锅
			山东	青岛市产品质量监督检验研究院（国家电子电器安全质量监督检验中心）（04001）	电风扇、空调器、家用电动洗衣机、快热式电热水器、室内加热器、皮肤毛发护理器具、电熨斗、电磁灶、电烤箱、电动食品加工器具、微波炉、电灶、灶台、烤炉和类似器具、吸油烟机、液体加热器、电饭锅 法人单位：青岛市产品质量监督检验研究院
5	CNCA-C08-01	音视频设备	浙江	浙江立德产品技术有限公司（01601）	显像（示）管外的其他产品
			江苏	苏州UL美华认证有限公司（15501）	—
			福建	厦门市产品质量监督检验院［国家半导体发光器件（LED）应用产品质量监督检验中心］（13501）	法人单位：厦门市产品质量监督检验院

续表

指定项目编号	业务领域		地域	指定实验室	备注
	实施规则	产品名称			
6	CNCA–C09–01	信息技术设备	福建	福建出入境检验检疫局检验检疫技术中心（07001）	
7	CNCA–C10–01	照明电器	广东	工业和信息化部电子第五研究所/中国赛宝实验室（00401）	法人单位：工业和信息化部电子第五研究所/中国赛宝实验室/中国电子产品可靠性与环境试验研究所
			浙江	杭州市质量技术监督检测院（08801）	固定式通用灯具、嵌入式灯具、可移式通用灯具、水族箱灯具、电源插座安装的夜灯、地面嵌入式灯具、荧光灯用交流电子镇流器、LED模块用直流或交流电子控制装置
			江苏	国家半导体照明产品质量监督检验中心（江苏）（18501）	固定式通用灯具、嵌入式灯具、可移式通用灯具、地面嵌入式灯具、荧光灯镇流器、放电灯（荧光的除外）用镇流器、高强度气体放电灯用电子镇流器、LED模块用直流或交流电子控制装置 法人单位：常州市产品质量监督检验所
8	CNCA–C11–07	摩托车用外部照明及光信号装置（摩托车灯具）	浙江	台州市质量技术监督检测研究院（国家电机及机械零部件产品质量监督检验中心）（16401）	法人单位：台州市质量技术监督检测研究院
9	CNCA–C22–02	电玩具类产品	福建	—	—

国家认监委关于消防车产品强制性认证依据标准变更的公告

（2016 年第 22 号）

GB 7956.1–2014《消防车 第 1 部分：通用技术条件》、GB 7956.2–2014《消防车 第 2 部分：水罐消防车》、GB 7956.3–2014《消防车 第 3 部分：泡沫消防车》、GB 7956.6–2015《消防车 第 6 部分：压缩空气泡沫消防车》、GB 7956.12–2015《消防车 第 12 部分：举高消防车》、GB 7956.14–2015《消防车 第 14 部分：抢险救援消防车》及 GA 39–2016《消防车 消防要求和试验方法》于 2015 年 7 月 1 日、2016 年 1 月 1 日、2016 年 2 月 25 日正式实施，用于替代 GB 7956–1998《消防车消防性能要求和试验方法》。现就消防车强制性产品认证执行新标准、CCC 证书转换有关工作要求明确如下：

一、自本公告发布之日起，相应强制性产品认证实施规则（CNCA–02C–023：2002/A1）及《强制性产品认证目录描述与界定表》（国家认监委 2014 年第 45 号公告）中的消防车产品认证依据由 GB 7956 变更为 GB 7956.1、GB 7956.2、GB 7956.3、GB 7956.6、GB 7956.12、GB 7956.14 及 GA 39，指定认证机构采用新标准实施认证并出具新标准认证证书。

二、已获证消防车产品认证证书可继续使用，企业可根据自身意愿，提前开展证书转换工作，指定认证机构认证证书转换工作应采取到期换证、标准换版、产品变更等自然过渡的方式。相关产品的证书转换工作应按照《关于强制性产品认证依据用标准修订时有关要求的公告》（国家认监委 2012 年第 4 号公告）执行。

三、新版标准实施后，为进一步减轻企业负担，调整简化认证单元划分，《机动车辆类强制性认证实施规则 汽车消防车产品》（CNCA–02C–023：2002/A1）中对认证单元划分和认证依据进行了相应修订，详见附件。

附件：消防车产品强制性认证单元划分及认证依据标准

国家认监委

2016 年 8 月 19 日

附件：

消防车产品强制性认证单元划分及认证依据标准

产品类别	单元划分	认证依据标准
消防车产品	1 罐类消防车申请单元划分 1.1 不同生产企业的车辆不能划在同一单元 1.2 专用装置主要结构不同的车辆不能划在同一单元 1.3 专用装置主要参数有一处以上不同时不能划在同一单元 1.4 底盘最大允许总质量相差大于20%或发动机功率相差大于30%的消防车不能划在同一单元 2 特种类消防车申请单元划分 2.1 不同生产企业的车辆不能划在同一单元 2.2 专用装置主要结构不同的车辆不能划在同一单元 2.3 专用装置主要参数变化大于20%时不能划在同一单元 2.4 底盘最大允许总质量相差大于20%或发动机功率相差大于30%的消防车不能划在同一单元 3 举高类消防车申请单元划分 3.1 不同生产企业的车辆不能划在同一单元 3.2 不同分类代号（DG、YT、JP）的车辆，不能划分在同一单元 3.3 最大工作高度不同的举高类消防车不能划分在同一单元 3.4 臂架（梯架）结构型式和转台安装位置不同的车辆不能划分在同一单元 3.5 底盘最大允许总质量相差大于20%或发动机功率相差大于30%的举高消防车不能划在同一单元	GB 7956.1 GB 7956.2 GB 7956.3 GB 7956.6 GB 7956.12 GB 7956.14 GA 39

国家认监委关于恢复佛山市质量计量监督检测中心等 3 家单位部分领域强制性产品认证指定检测业务的公告

（2016 年第 23 号）

按照《国家认监委关于对佛山市质量计量监督检测中心等 3 家单位的部分强制性产品认证指定检测业务进行停业整顿的公告》（国家认监委 2016 年第 6 号公告）的要求，佛山市质量计量监督检测中心、机械工业专用汽车产品质量检测中心、广东省通讯终端产品质量监督检验中心已于近期完成了相应的整顿和整改工作，经我委组织专家现场核查验证，上述三家单位在相应领域的检测能力和规范性已符合强制性产品认证的相关要求。

根据有关规定，现决定即日起恢复上述三家单位承担的部分领域强制性产品认证指定检测业务，具体业务范围如下：

1. 佛山市质量计量监督检测中心：恢复其家用电冰箱和食品冷冻箱产品（CNCA-C07-01：家用和类似用途设备）强制性产品认证指定检测业务。

2. 机械工业专用汽车产品质量检测中心：恢复其专用汽车产品（CNCA-C11-01：汽车）强制性产品认证指定检测业务。

3. 广东省通讯终端产品质量监督检验中心：恢复其移动用户终端（除 WCDMA 之外）产品（CNCA-C16-01：电信终端设备）强制性产品认证指定检测业务。

特此公告。

国家认监委

2016 年 8 月 24 日

国家认监委关于自愿性认证领域目录和资质审批要求的公告

（2016 年第 24 号）

为进一步推进认证机构资质审批改革提高审批效率，便利申请者，根据《中华人民共和国认证认可条例》第九、十、十一条，《认证机构管理办法》第七、八、九条及国务院有关规定，现制定发布《自愿性认证领域目录和资质审批要求》。自本公告发布之日起，《国家认监委关于发布自愿性认证业务分类目录和主要审批条件的公告》（国家认监委 2014 年 38 号公告）同时废止。

根据国民经济和社会发展需求以及国内外认证行业发展情况，本公告内容将适时进行调整。

国家认监委

2016 年 8 月 26 日

国家认监委关于发布国际电工委员会合格评定体系国内发展纲要（2016-2020）的公告

（2016 年第 25 号）

为统筹规划国际电工委员会合格评定体系在我国的运作和发展，促进国际电工委员会合格评定检验检测与认证更有效地服务产业和贸易，根据《认证认可检验检测发展“十三五”规划》，国家认监委组织制定了《国际电工委员会合格评定体系国内发展纲要（2016-2020）纲要》，现予以公告。

国家认监委

2016 年 9 月 2 日

国家认监委关于发布强制性产品认证机构补充指定决定的公告

（2016 年第 26 号）

根据《中华人民共和国认证认可条例》《强制性产品认证机构、检查机构和实验室管理办法》（质检总局第 65 号令）、《强制性产品认证管理规定》（质检总局第 117 号令）和《关于拟补充指定强制性产品认证机构和实验室的公告》（国家认监委 2015 年第 19 号公告）有关要求，经组织专家评审，国家认监委对拟补充指定的强制性产品认证机构做出指定决定，现予以公告。

对本补充指定决定有异议的，请在本公告发布之日起 15 个工作日内向我委提出申诉或者投诉（请注明联系人和联系方式）。

国家认监委

2016 年 9 月 5 日

附件：

增加指定认证机构

序号	业务领域		指定认证机构名称	备注
	实施规则号	产品名称		
1.5	CNCA-C14-01	农机产品	南京赛姆认证科技发展有限公司	

国家认监委关于中成诚认证中心非法从事认证活动的公告

（2016 年第 27 号）

经查证，中成诚认证中心违反《中华人民共和国认证认可条例》规定，在未经国家认监委批准的情况下，擅自在中国境内非法开展认证活动，并向部分企业颁发服务认证证书。其颁发的认证证书在中国境内无效。

国家认监委提醒社会各界，应选择国家认监委批准的合法的认证机构提供认证服务。合法的认证机构名录可从国家认监委官方网站查询。欢迎认证委托人及社会各方对认证机构的资质及其行为进行监督，发现非法从事认证活动的机构，可向所在地出入境检验检疫局、质量技术监督局或国家认监委举报，共同维护公平竞争认证市场环境。

特此公告。

国家认监委

2016 年 9 月 6 日

国家认监委关于撤销北京国检联合认证中心有限公司认证机构资质的公告

（2016 年第 28 号）

北京国检联合认证中心有限公司是 2004 年经国家认监委批准设立的认证机构（批准号：CNCA-R-2004-137），批准的认证业务范围是环境管理体系。

经调查，北京国检联合认证中心已不能持续符合法定条件和能力。依据《认证机构管理办法》第四十二条的规定，国家认监委决定自本公告发布之日起撤销北京国检联合认证中心有限公司的认证机构资质。

请持有北京国检联合认证中心有限公司有效认证证书的组织，按照自愿原则选择其他经批准的具有相关认证业务资质的认证机构转换认证证书。

特此公告。

国家认监委

2016 年 9 月 7 日

国家认监委关于宣布失效一批文件的公告

（2016 年第 29 号）

根据国务院的决策部署以及质检总局的有关工作精神，为进一步深入推动简政放权、放管结合、优化服务向纵深发展，国家认监委对历年来印发的文件进行了清理，决定宣布失效一批已不适应经济发展需要的文件，现予公告。凡宣布失效的文件，自本公告发布之日起停止执行。

附件：宣布失效文件目录

国家认监委

2016 年 9 月 7 日

附件：

消防车产品强制性认证单元划分及认证依据标准

序号	文件名称	文号	发文日期
1	关于对《认证机构及认证培训、咨询机构审批登记与监督管理办法》审批条件若干解释的通知	国认可〔2002〕26号	20020430
2	关于进一步做好认证咨询机构审批工作的通知	国认可函〔2003〕26号	20030220
3	关于加强职业健康安全管理体系认证工作统一管理的通知	国认可函〔2003〕52号	20030402
4	关于对认证、认证咨询、认证培训等企业进行重新确认有关问题的复函	认办可函〔2003〕10号	20030129
5	关于对认证机构的分支、分包及办事机构进行清理整顿的通知	认办可函〔2003〕90号	20030807
6	关于留存具有认证资格的国家公务员认证注册档案有关问题的通知	国认可〔2004〕60号	20041104
7	关于认证及认证培训、咨询人员注册有关问题的通知	国认可〔2004〕70号	20041225
8	关于认可收费中认可评审人日数核算方法备案的函	国认可函〔2004〕80号	20040407

续表

序号	文件名称	文号	发文日期
9	关于办理职业健康安全管理体系认证机构及认证培训、咨询机构行政审批和认可事项的通知	国认可函〔2004〕111号	20040508
10	关于加强机构注册办公地址管理的通知	国认可函〔2004〕122号	20040526
11	关于进一步加强食品和农产品认证企业监督工作的通知	国认可函〔2004〕203号	20040902
12	关于企业社会责任认证有关问题及要求的通知	国认可函〔2004〕265号	20041117
13	关于外资认证机构中持境外证书人员转化CNAT注册审核员有关问题的通知	国认可函〔2004〕272号	20041206
14	关于有关企业社会责任认证问题的函	国认可函〔2004〕276号	20041206
15	关于上报认证机构和认证培训机构年度报告的通知	国认可函〔2004〕282号	20041227
16	关于明确产品认证业务范围的公告	2004年第27号	20041102
17	关于认证咨询师实施统一考试和注册制度的通知	国认可〔2005〕82号	20051103
18	关于上报认证咨询机构年度报告的通知	国认可函〔2005〕2号	20050109
19	关于印发《外资认证机构认证客户档案管理要求》的通知	国认可函〔2005〕6号	20050120
20	关于调整转换注册咨询师培训方案的通知	认办可〔2005〕20号	20050519
21	关于质量管理体系认证机构有关问题的复函	认办可函〔2005〕98号	20050415
22	关于认证咨询机构行政审批和监管工作有关问题的补充通知	国认可函〔2006〕113号	20060628
23	关于认证咨询人员确认注册资格有关问题的通知	国认可函〔2006〕131号	20060713
24	关于建立认证机构信息月报制度的通知	国认可〔2007〕23号	20070326
25	关于发布《食品安全管理体系认证实施规则》的公告	2007年第3号	20070115
26	关于开展森林认证工作的意见	国认可联〔2008〕29号	20080606
27	关于进一步加强认证证书监督管理的通知	国认可〔2008〕37号	20080827
28	关于开展能源管理体系认证试点工作的通知	国认可〔2009〕44号	20091009
29	关于做好GB/T 19001标准换版工作有关问题的通知	国认可函〔2009〕18号	20090212
30	关于发布《中国森林认证实施规则》的公告	2009年第5号	20090123
31	关于管理体系认证转换标准的公告	2009年第9号	20090224
32	关于能源管理体系认证试点机构条件及审批事项的通知	国认可〔2010〕2号	20101008
33	关于印发《能源管理体系认证试点工作要求》的通知	国认可〔2010〕26号	20100430
34	关于落实国务院通知加强淘汰落后产能相关认证认可工作的意见	国认可〔2010〕42号	20100826
35	关于建立认证培训机构信息月报制度的通知	国认可〔2010〕64号	20101214
36	关于认证机构、认证培训机构延续批准证书有效期有关事项的通知	国认可函〔2010〕133号	20100825
37	关于有机产品认证咨询机构的公告	2010年第37号	20101008
38	关于对质量管理体系认证机构进行调控的通知	国认可〔2011〕40号	20110712
39	关于认证机构办事机构备案有关问题的通知	国认可〔2011〕53号	20110830
40	关于做好认证机构办事机构备案工作的通知	国认可〔2011〕54号	20110830
41	关于认证机构开展分包认证业务有关问题的通知	国认可〔2011〕66号	20111013
42	关于认证机构开展备案认证业务有关问题的通知	国认可〔2011〕67号	20111013
43	关于贯彻执行《认证机构管理办法》有关事项的通知	认办可函〔2011〕238号	20111021
44	关于认证机构年度工作报告审查有关问题的通知	国认可〔2012〕1号	20120104
45	关于做好GB/T 28001标准换版工作有关问题的通知	国认可〔2012〕7号	20120129
46	关于扩大能源管理体系认证试点工作范围的通知	国认可〔2012〕10号	20120201
47	关于启用新版式《认证机构批准书》的通知	国认可〔2012〕31号	20120330
48	关于组织开展认证工作质量安全风险排查整治工作的通知	国认可〔2012〕43号	20120511
49	关于开展认证咨询市场和认证咨询机构专项整治的通知	国认可函〔2012〕70号	20120503
50	关于转发GB/T 28001换版有关事项的通知	认办可函〔2012〕28号	20120210
51	关于对认证培训机构年度工作报告事项有关要求的通知	认办可函〔2012〕49号	20120228
52	关于认证机构年度工作报告有关问题的通知	认办可函〔2013〕7号	20130114
53	关于认真做好认证机构年度工作报告有关工作的通知	认办可函〔2014〕13号	20140121

续表

序号	文件名称	文号	发文日期
54	关于认可机构和人员注册机构年度工作报告有关问题的通知	认办可函〔2013〕32号	20130227
55	国家认监委办公室关于尽快废止认证价格自律有关规定的通知	认办可函〔2014〕205号	20141022
56	关于强制性产品认证实施规则的公告	2001年第3号	20011207
57	关于要求指定的认证机构按规定承担强制性产品认证工作的通知	国认证函〔2002〕38号	20020329
58	关于要求指定的检测机构按规定承担强制性产品认证检测工作的通知	国认证函〔2002〕39号	20020329
59	关于强制性产品认证收费问题的函	国认证函〔2002〕40号	20020331
60	关于强制性产品认证检测工作实施要求的通知	国认证函〔2002〕50号	20020509
61	关于要求指定的检测机构按规定承担强制性产品认证检测工作的补充通知	国认证函〔2002〕65号	20020528
62	关于委托实验室认可机构对申请承担强制性产品检测任务的检测机构进行现场调查的通知	认办证函〔2002〕39号	20020319
63	关于强制性产品认证收费问题的函	认办证函〔2002〕57号	20020517
64	关于强制性产品认证制度说明活动有关规定的公告	2002年第9号	20020521
65	关于浙江方圆检测股份有限公司承担强制性产品认证检测任务的公告	2002年第13号	20021115
66	关于印发《〈第一批实施强制性产品认证的产品目录〉中部分产品详细适用范围》的通知	国认证〔2003〕46号	20030812
67	关于强制性产品认证承认质量体系认证证书有关问题的通知	国认证函〔2003〕65号	20030417
68	关于对强制性产品认证代理申办机构管理加强的通知	国认证函〔2003〕94号	20030611
69	关于停止受理未经注册的强制性产品认证代理申办机构申办业务的通知	国认证函〔2003〕95号	20030611
70	关于启用《免于办理强制性产品认证证明》及其专用印章的通知	国认证函〔2003〕124号	20030718
71	关于调整承担强制性产品认证检测任务的机构及其业务和地域范围的通知	国认证函〔2003〕133号	20030730
72	关于部件自愿性认证有关要求的通知	国认证函〔2003〕134号	20030801
73	关于调整强制性产品认证指定认证机构业务范围的通知	国认证函〔2003〕170号	20030901
74	关于调整指定的强制性产品认证检测机构及业务范围的通知	国认证函〔2003〕171号	20030901
75	关于明确强制性产品认证技术专家组工作要求的通知	认办证函〔2003〕157号	20031215
76	关于要求按规定上报强制性产品认证信息和标志发放信息的通知	认办证函〔2003〕56号	20030521
77	关于电线电缆认证实施规则的公告	2003年第5号	20030623
78	关于部件自愿性认证实施规则、机构名录及其业务范围公告	2003年第6号	20030725
79	关于承担强制性产品认证工作的认证机构及其业务范围的公告	2003年第11号	20030902
80	关于装饰装修产品强制性产品检测收费标准备案的函	国认证函〔2004〕68号	20040330
81	关于调整强制性产品认证可承认的质量体系认证证书颁发机构名录的通知	国认证函〔2004〕121号	20040526
82	关于《小功率电动机补充件实施规则》和开关、插座（功能件）及面板组合产品认证实施要求的通知	国认证函〔2004〕129号	20040608
83	关于增加汽车产品指定机构和调整检测地域划分的通知	国认证函〔2004〕166号	20040726
84	关于照明电器部分检测标准更新后标准推行及证书转换有关要求的通知	认办证〔2004〕49号	20041224
85	关于执行GB 19213-2003、GB 15579.1-2004标准有关要求的通知	认办证〔2004〕50号	20041224
86	关于电气电子产品强制性认证实施规则的公告	2004年第1号	20040116
87	关于装饰装修产品强制性认证实施规则的公告	2004年第5号	20040223
88	关于机动车辆类强制性产品认证实施新规则的公告	2004年第9号	20040324
89	关于消防车辆强制性认证实施规则的公告	2004年第16号	20040524
90	关于安全技术防范产品强制性认证实施规则的公告	2004年第20号	20040624
91	关于调整承担强制性产品认证检测任务的实验室及其业务和地域范围的通知	国认证函〔2005〕118号	20050627
92	关于恢复承担强制性认证电磁兼容检测业务的通知	国认证函〔2005〕132号	20050701
93	关于部分家用电器执行新版标准有关要求的通知	认办证〔2005〕3号	20050202
94	关于执行GB 19484.1-2004、GB 19483-2004标准有关要求的通知	认办证〔2005〕7号	20050206
95	关于执行GB 19510.4-2005标准有关要求的通知	认办证〔2005〕31号	20050808
96	关于部分电动工具产品执行新版标准有关要求的通知	认办证〔2005〕32号	20050829
97	关于执行GB 17625.1-2003标准有关要求的通知	认办证〔2005〕33号	20050906

续表

序号	文件名称	文号	发文日期
98	关于执行GB/T 15579.5–2005、GB/T 15579.7–2005标准有关要求的通知	认办证〔2005〕49号	20051130
99	关于电饭锅、冷热饮水机产品强制性认证执行标准有关要求的通知	认办证〔2005〕53号	20051227
100	关于调整后承担强制性产品认证检测任务的实验室及其业务范围的公告	2005年第16号	20050622
101	关于《机动车用喇叭产品强制性认证实施规则》等13种规则的公告	2005年第28号	20051010
102	关于实施《弧焊设备安全要求 第五部分：送丝装置》的公告	2005年第34号	20051206
103	关于简化CCC标志审批程序及调整电视机产品CCC认证费用的通知	国认证函〔2006〕81号	20060518
104	关于《产业结构调整指导目录（2005年本）》有关事宜的函	国认证函〔2006〕140号	20060726
105	关于木铣和修边机产品执行新版标准有关要求的通知	国认证函〔2006〕151号	20060811
106	关于低压成套开关设备强制性认证执行新版标准有关要求的通知	国认证函〔2006〕155号	20060822
107	关于部分家用电器产品强制性认证执行新版标准有关要求的通知	国认证函〔2006〕156号	20060822
108	关于玩具认证实施规则的公告	2006年第6号	20060205
109	关于安全玻璃类产品实施规则修改的公告	2006年第15号	20060712
110	关于低压成套开关标准换版的公告	2006年第20号	20060822
111	关于快热式热水器真空吸尘器产品执行新标准的公告	2006年第21号	20060822
112	关于农机产品实施规则的公告	2006年第24号	20060830
113	关于进一步规范强制性产品认证技术专家组工作的通知	国认证函〔2007〕22号	20070126
114	关于部分低压电器产品强制性认证执行新版标准有关要求的通知	国认证函〔2007〕27号	20070206
115	关于低压电器产品强制性认证适用标准换版的通知	国认证函〔2007〕36号	20070306
116	关于适用GB14711国家标准的小功率电动机产品强制性认证执行新版标准有关要求的通知	国认证函〔2007〕57号	20070417
117	关于储水式热水器产品强制性认证执行新版标准有关要求的通知	国认证函〔2007〕61号	20070426
118	关于部分低压电器产品强制性认证执行新版标准有关要求的通知	国认证函〔2007〕79号	20070521
119	关于对认证机构自行制定的认证实施规则进行备案的通知	国认证函〔2007〕137号	20070813
120	关于拟发布第一批信息安全产品强制性认证目录及指定实验室名录的函	国认证函〔2007〕211号	20071226
121	关于部分电动工具产品强制性认证执行新版标准有关要求的通知	认办证〔2007〕61号	20071116
122	关于备案新版电动工具检测标准强制性产品认证检测收费的函	认办证函〔2007〕42号	20070225
123	关于部分低压电器相关产品执行新版标准要求的公告	2007年第5号	20070201
124	关于低压成套相关产品执行新版标准要求的公告	2007年第8号	20070307
125	关于强制性认证产品目录描述与界定表的公告	2007年第9号	20070417
126	关于GB 14711–2006执行的有关事项的公告	2007年第10号	20070417
127	关于储水式热水器产品强制性认证执行新版标准的公告	2007年第11号	20070426
128	关于低压成套相关产品执行新版标准要求的公告	2007年第12号	20070521
129	关于对部分电子电器产品认证实施规则修订的公告	2007年第21号	20070806
130	关于电动工具产品执行新版标准的公告	2007年第29号	20071114
131	关于明确强制性产品认证检测业务授权范围的通知	国认证函〔2008〕35号	20080304
132	关于执行新版装饰装修产品强制性认证实施规则有关要求的通知	国认证函〔2008〕80号	20080603
133	关于执行GB/T5013–2008标准有关要求的通知	国认证函〔2008〕119号	20080718
134	关于部分家用电器产品强制性产品认证执行新版标准有关要求的通知	国认证函〔2008〕138号	20080819
135	关于热熔断体产品强制性认证执行新版标准有关要求的通知	国认证函〔2008〕154号	20080917
136	关于执行GB7000.1–2007标准有关要求的通知	国认证函〔2008〕190号	20081022
137	关于电路保护装置强制性认证执行新版标准的通知	国认证函〔2008〕230号	20081230
138	关于《强制性产品认证目录描述与界定表》修改的公告	2008年第20号	20080707
139	关于强制性产品执行GB/T5013–2008有关要求的公告	2008年第21号	20080718
140	关于部分家用电器产品强制性产品认证执行新版标准有关要求的公告	2008年第24号	20080819
141	关于热熔断体产品强制性认证执行新版标准有关要求的公告	2008年第28号	20080917
142	关于执行GB7000.1–2007标准有关要求的公告	2008年第32号	20081020

续表

序号	文件名称	文号	发文日期
143	关于电路保护装置强制性认证执行新版标准有关要求的公告	2008年第40号	20081230
144	关于部分家用和类似用途插头插座强制性认证执行新版标准的通知	国认证函〔2009〕8号	20090108
145	关于电线组件强制性认证执行新版标准有关要求的通知	国认证函〔2009〕19号	20090223
146	关于执行GB/T 5023-2008《额定电压450、750V及以下聚氯乙烯绝缘电缆》标准有关要求的通知	国认证函〔2009〕39号	20090319
147	关于执行GB/T 12528-2008《交流额定电压3KV及以下轨道交通车辆用电缆》标准有关要求的通知	国认证函〔2009〕40号	20090319
148	关于执行GB/T 12972-2008《矿用橡套软电缆》标准有关要求的通知	国认证函〔2009〕41号	20090319
149	关于对部分低压电器产品强制性认证用标准换版要求的通知	国认证函〔2009〕189号	20091118
150	关于对家用和类似用途插头插座产品认证执行新版标准的公告	2009年第3号	20090108
151	关于对强制性产品认证目录内的小型电弧焊机产品认证标准的公告	2009年第6号	20090223
152	关于对电线组件产品强制性认证执行新版标准的公告	2009年第7号	20090223
153	关于对额定电压450/750V及以下聚氯乙烯绝缘电缆执行新版认证标准的公告	2009年第11号	20090319
154	关于对交流额定电压3kV及以下轨道交通车辆用电缆执行新版认证标准的公告	2009年第12号	20090319
155	关于对矿用橡套软电缆执行新版认证标准的公告	2009年第13号	20090319
156	关于对快热式热水器强制性认证执行新版标准的公告	2009年第17号	20090403
157	关于对公用电网动力配电成套设备强制性认证执行新版标准的公告	2009年第18号	20090403
158	关于对低压成套无功功率补偿装置强制性认证执行新版标准的公告	2009年第19号	20090403
159	关于电阻焊机强制性认证执行新版标准的公告	2009年第27号	20090505
160	关于荧光灯交流电子镇流器产品和装有电子控制装置的灯具产品强制性认证执行新版标准的公告	2009年第28号	20090505
161	关于信息技术设备、电信终端设备、无线局域网产品强制性认证执行新版标准的公告	2009年第31号	20090605
162	关于部分低压电器强制性认证执行新版标准的公告	2009年第34号	20090620
163	关于部分低压电器强制性认证执行新版标准的公告	2009年第32号	20090622
164	关于小型交流弧焊机产品强制性认证检测标准有关要求的公告	2009年第33号	20090629
165	关于部分家用和类似用途电器产品强制性认证执行新版标准的公告	2009年第44号	20090914
166	关于部分灯具产品强制性认证执行新版标准的公告	2009年第48号	20090929
167	关于延长部分低压电器强制性产品认证换版时间的公告	2009年第51号	20091119
168	关于部分家用和类似用途电器产品强制性认证执行新版标准有关要求的公告	2009年第52号	20091126
169	关于部分家用和类似用途电器产品强制性认证执行新版标准有关要求的公告	2009年第53号	20091126
170	关于部分家用和类似用途电器产品强制性认证执行新版标准有关要求的公告	2009年第54号	20091126
171	关于烤架、面包片烘烤器及类似用途便携式烹饪器具强制性认证执行新版标准有关要求的公告	2009年第55号	20091126
172	关于安全玻璃产品强制性认证执行新版标准有关要求的公告	2009年第57号	20091210
173	关于家用电器、电动工具产品强制性认证执行新版标准有关要求的公告	2009年第58号	20091214
174	关于部分低压电器强制性认证执行新版标准有关要求的公告	2009年第59号	20091217
175	关于执行新版《电气电子类产品强制性认证实施规则 家用和类似用途设备》的公告	2010年第1号	20100105
176	关于家用和类似用途固定式电气装置的电器附件外壳执行新版标准的公告	2010年第2号	20100114
177	关于小功率电动机产品强制性认证执行新版标准有关要求的公告	2010年第4号	20100118
178	关于石材切割机产品强制性认证执行新版标准有关要求的公告	2010年第9号	20100308
179	关于家用和类似用途器具耦合器产品强制性认证执行新版标准有关要求的公告	2010年第13号	20100418
180	关于调整强制性产品认证技术专家组的公告	2010年第14号	20100416
181	关于机动车辆轮胎类产品强制性认证执行新版标准有关事宜的公告	2010年第15号	20100420
182	关于发布中小功率轮式拖拉机强制性认证新版实施规则及有关要求的公告	2010年第16号	20100429
183	关于发布装饰装修类产品新版强制性认证实施规则及有关要求的公告	2010年第25号	20100706
184	关于修订信息技术设备、音视频设备强制性认证实施规则的公告	2010年第27号	20100719
185	关于镇流器产品强制性认证执行GB 19510.1等新版标准有关要求的公告	2010年第34号	20100810

续表

序号	文件名称	文号	发文日期
186	关于修订电器附件产品强制性认证实施规则的公告	2011年第9号	20110509
187	关于发布消防产品强制性认证实施规则的公告	2011年第11号	20110615
188	关于修订电焊机强制性认证实施规则的公告	2011年第12号	20110623
189	关于部分低压电器产品强制性认证适用GB 14048.4标准换版的公告	2011年第20号	20110902
190	关于家用和类似用途电动机-压缩机产品强制性认证执行新版标准有关要求的公告	2011年第21号	20110902
191	关于修订电动工具产品强制性认证实施规则的公告	2011年第25号	20110929
192	国家认监委关于印发强制性产品认证目录描述与界定表的公告	2012年第30号	20121211
193	国家认监委关于加强对家用热水及取暖设备产品认证执法监管和获证后监督的通知	认办证函〔2013〕3号	20130106
194	国家认监委关于明确自愿性产品认证实施规则备案工作要求的通知	认办证函〔2013〕36号	20130307
195	关于开展低碳产品认证机构审批有关事项的公告	2013年第23号	20130513
196	国家认监委关于承担强制性产品认证相关任务认证机构和实验室补充指定决定的公告	2014年第25号	20140730
197	国家认监委关于更新发布强制性产品认证指定认证机构和实验室汇总名录及业务范围的公告	2014年第26号	20140826
198	关于公布有机产品认证证书格式的通知	国认注〔2005〕23号	20050328
199	关于国家有机产品认证标志印制和发放有关问题的通知	国认注〔2005〕34号	20050518
200	关于农产品和食品认证标志备案的通知	国认注〔2005〕35号	20050518
201	关于印发食品安全管理体系认证有关文件的通知	认办注〔2005〕1号	20050111
202	关于有机产品认证实施规则的公告	2005年第11号	20050602
203	关于公布有机产品检测机构名录有关问题的公告	2006年第1号	20060112
204	关于《良好农业规范认证》实施规划（试行）》的公告	2006年第4号	20060124
205	关于公布第二批有机产品检测机构名录的公告	2006年第22号	20060824
206	关于尽快取得认可资质的通知	国认注函〔2007〕21号	20070125
207	关于良好农业规范认证有关问题的通知	认办注〔2007〕41号	20070814
208	关于尽快获得相应认可资质的通知	认办注〔2007〕51号	20070925
209	关于《发布〈食品安全管理体系认证实施规则〉》的公告	2007年第3号	20070115
210	关于公布第三批有机产品检测机构名单的公告	2007年第18号	20070719
211	关于良好农业规范认证实施规则的公告	2007年第22号	20070821
212	关于实施良好农业规范认证有关问题的通知	国认注函〔2008〕132号	20080801
213	关于调查处理非法进口有机农产品的通知	认办注函〔2008〕217号	20081030
214	关于公布《食品农产品认证机构认证人员注册数量及专业要求》有关事项的通知	国认注〔2010〕11号	20100208
215	关于修订食品质量认证酒类产品认证目录的公告	2010年第3号	20100120
216	关于禁止非法买卖有机产品认证标志的函	认办注函〔2011〕201号	20110907
217	关于发布《有机产品认证实施规则》的公告	2011年第34号	20111202
218	关于印发《计量认证/审查认可（验收）工作程序》及有关工作表格的通知	国认实〔2002〕42号	20020727
219	关于印发《计量认证/审查认可（验收）获证检测机构监督管理办法》和《计量认证/审查认可评审员管理办法》的通知	国认实〔2002〕50号	20020904
220	关于对《检验检疫机构承担流通领域商品检验法律依据的请示》的复函	国认实函〔2002〕124号	20020916
221	关于对室内空气质量检测机构开展计量认证的通知	国认实函〔2003〕14号	20030303
222	关于室内空气质量检测机构开展计量认证的补充通知	国认实函〔2003〕70号	20030425
223	关于做好粮食质量检验机构资质认定和管理工作的通知	国认实函〔2004〕193号	20040817
224	关于做好机动车安全技术检验机构计量认证工作有关问题的通知	国认实函〔2005〕64号	20050404
225	关于启用资质认定证书的通知	国认实〔2006〕25号	20060525
226	关于进一步做好出入境检验检疫实验室资质管理工作的通知	国认实函〔2006〕88号	20060525
227	关于规范落实《实验室和检查机构资质认定管理办法》工作的通知	国认实函〔2006〕121号	20060706
228	关于启用实验室和检查机构资质认定证书的公告	2006年第13号	20060525
229	关于印发《食品检验机构资质认定评审准则》的通知	国认实〔2010〕49号	20100915

续表

序号	文件名称	文号	发文日期
230	关于印发《机动车安全技术检验机构资质认定评审补充要求》的通知	国认实函〔2007〕74号	20071022
231	关于开展《生活饮用水卫生要求》及《生活饮用水标准检验方法》检测项目资质认定评审的通知	国认实函〔2007〕133号	20070803
232	关于印发《实验室资质认定工作表格》的通知	认办实〔2007〕17号	20070420

国家认监委关于发布2016年度第3批强制性产品认证实验室日常指定决定的公告

（2016年第30号）

按照《中华人民共和国认证认可条例》《强制性产品认证机构、检查机构和实验室管理办法》（质检总局第65号令）、《国家认监委关于调整从事强制性产品认证以及相关活动的认证机构、检查机构、实验室指定行政审批要求的公告》（国家认监委2016年第11号公告）和《国家认监委关于发布进一步深化强制性认证实施机构指定审批制度改革工作举措的公告》（国家认监委2015年第34号公告）有关要求，现对2016年度第3批强制性产品认证实验室日常指定决定予以公告。

对本指定决定有异议的，请在公告发布之日起15个工作日内向我委提出申诉或投诉（请注明联系人和联系方式）。

国家认监委

2016年9月18日

附件：

2016年度第3批强制性产品认证实验室日常指定决定

指定项目编号	产品领域	实施规则	指定实验室	指定业务范围
3.2	电器附件	CNCA-C02-01	上海市质量监督检验技术研究院（00301）	电路开关及保护或连接用电气装置（电器附件）中的下列产品—插头插座【家用和类似用途［仅转换器产品（带有国外标准插头或插座的除外）和带有国标组合孔的延长线插座（电线加长组件）产品］】
			威凯检测技术有限公司（00501）	电路开关及保护或连接用电气装置（电器附件）中的下列产品—插头插座【家用和类似用途［仅转换器产品（带有国外标准插头或插座的除外）和带有国标组合孔的延长线插座（电线加长组件）产品］】
			广东产品质量监督检验研究院（02301）	电路开关及保护或连接用电气装置（电器附件）中的下列产品—插头插座【家用和类似用途［仅带有国标组合孔的延长线插座（电线加长组件）产品］】
			浙江方圆检测集团股份有限公司（02401）	电路开关及保护或连接用电气装置（电器附件）中的下列产品—插头插座【家用和类似用途［仅转换器产品（带有国外标准插头或插座的除外）和带有国标组合孔的延长线插座（电线加长组件）产品］】
			福建出入境检验检疫局检验检疫技术中心（07001）	电路开关及保护或连接用电气装置（电器附件）中的下列产品—电线组件、插头插座【家用和类似用途［仅转换器产品（带有国外标准插头或插座的除外）和带有国标组合孔的延长线插座（电线加长组件）产品］】
3.3	低压电器	CNCA-C03-01 CNCA-C03-02	青岛市产品质量监督检验研究院（国家电子电器安全质量监督检验中心）（04001）	低压成套开关设备（短时耐受电流强度420V/120kA/1s及以下）

续表

指定项目编号	产品领域	实施规则	指定实验室	指定业务范围
3.3	低压电器	CNCA-C03-01 CNCA-C03-02	中检质技检验检测科学研究院有限公司(14201)	低压成套开关设备(短时耐受电流强度420V/160kA/1s及以下) 低压元器件中的下列产品(短路电流强度420V/180kA及以下) —低压断路器、低压开关(隔离器、隔离开关及熔断器组合电器)、低压机电式接触器和电动机起动器、机电式控制电路电器、交流半导体电动机控制器和启动器、控制和保护开关电器、自动转换开关电器、设备用断路器、家用及类似用途机电式接触器、MCB、RCCB(除B型RCCB)、RCBO(除B型RCBO)、剩余电流保护继电器、低压熔断器
3.5	电动工具	CNCA-C05-01	上海天祥质量技术服务有限公司(17101)	电动工具中的下列产品 —电动砂轮机、圆锯、电刨、不易燃液体电喷枪、电链锯、电动修枝剪、电木铣和修边机
3.8	电子设备	CNCA-C08-01 CNCA-C09-01 CNCA-C16-01	华测检测认证集团股份有限公司(16701)	电信终端设备
3.9	照明电器	CNCA-C10-01	中认英泰检测技术有限公司(13001)	照明电器中的下列产品 —高强度气体放电灯用电子镇流器
3.13	机动车外部照明及光信号装置 机动车辆间接视野装置 车身反光标识	CNCA-C11-07 CNCA-C11-08 CNCA-C11-13	威凯检测技术有限公司(00501)	机动车辆间接视野装置
4.1	电线电缆 电器附件	CNCA-C01-01 CNCA-C02-01	镇江市产品质量监督检验中心/国家中低压配电设备质量监督检验中心(12901)	电线电缆中的下列产品 —额定电压450/750V及以下聚氯乙烯绝缘电线电缆(除GB/T 5023.5覆盖的60227 IEC 41(RTPVR)型号产品、GB/T 5023.7覆盖的60227 IEC 74(RVVYP)型号产品、JB/T 8734.6覆盖的型号产品)
4.2	电线电缆 电器附件 小功率电动机	CNCA-C01-01 CNCA-C02-01 CNCA-C04-01	山东出入境检验检疫局检验检疫技术中心(08601)	电线电缆中的下列产品 —额定电压450/750V及以下橡皮绝缘电线电缆和聚氯乙烯绝缘电线电缆(除JB/T 8734.6覆盖的型号产品)
4.4	电线电缆 电器附件 小功率电动机	CNCA-C01-01 CNCA-C02-01 CNCA-C04-01	广州质量监督检测研究院(09501)	电线电缆中的下列产品 —额定电压450/750V及以下聚氯乙烯绝缘电线电缆(除GB/T 5023.6、GB/T 5023.7、JB/T 8734.6覆盖的型号产品)
5.1	小功率电动机	CNCA-C04-01	青岛市产品质量监督检验研究院(国家电子电器安全质量监督检验中心)(04001)	小功率电动机
5.2	低压成套开关设备	CNCA-C03-01 CNCA-C11-09	国网计量中心(18601)	低压成套开关设备中的下列产品 —配电板
5.3	汽车内饰件		威凯检测技术有限公司(00501)	汽车内饰件
			江苏出入境检验检疫局机电产品及车辆检测中心(01701)	汽车内饰件
			湖北中检检测有限公司(16601)	汽车内饰件
			上海天祥质量技术服务有限公司(17101)	汽车内饰件

国家认监委关于第五届强制性产品认证技术专家组组成的公告

（2016年第31号）

根据《强制性产品认证技术专家组管理办法》，强制性产品认证技术专家组换届工作已顺利完成，现将第五届强制性产品认证技术专家组名单予以公布。

国家认监委

2016年9月21日

附件：

第五届强制性产品认证技术专家组名单

TC01 认证技术			
序号	职务	姓名	所在单位
1	组长	李春江	国家认证认可监督管理委员会认证监管部
2	成员	陈云华	中国合格评定国家认可中心
3	成员	刘彦宾	中国质量认证中心
4	成员	孙玉丽	中国安全技术防范认证中心
5	成员	刘　旭	北京东方凯姆质量认证中心
6	成员	石新勇	中国建材检验认证集团股份有限公司
7	成员	陈春旭	北京中化联合认证有限公司
8	成员	刘　程	公安部消防产品合格评定中心
9	成员	牛海军	中汽认证中心
10	成员	韩硕祥	北京赛西认证有限责任公司
11	成员	樊亚军	北京国建联信认证中心有限公司
12	成员	冀晓东	方圆标志认证集团有限公司
13	成员	高　燕	北京中轻联认证中心
14	成员	吴晓龙	中国信息安全认证中心
15	成员	谢向荣	广东质检中诚认证有限公司
16	成员	谢浩江	广州威凯认证检测有限公司
17	成员	陈雪松	北京鉴衡认证中心有限公司
18	成员	连俊鑫	广州赛宝认证中心服务有限公司
19	成员	陈　勇	泰尔认证中心
20	成员	郑元辉	天津华诚认证中心
21	成员	王连生	北京泰瑞特认证中心
22	成员	李道平	合肥通用机械产品认证有限公司
23	成员	张　莎	深圳维天认证中心有限公司
24	成员	郑军奇	上海添唯认证技术有限公司
25	成员	陆曙蓉	公安部第三研究所
26	成员	张明霞	上海出入境检验检疫局

续表

27	成员	郑建晖	厦门出入境检验检疫局
28	成员	丁德祥	浙江省质量技术监督局
29	成员	周　雪	重庆市质量技术监督局
30	成员	王艳梅	中国玩具和婴童用品协会
31	成员	叶盛基	中国汽车工业协会
32	成员	徐东生	中国家用电器协会
33	成员	卢琛钰	中国电器工业协会
34	通讯成员	钟建伟	华为技术有限公司
35	通讯成员	马　东	美的集团有限公司
36	通讯成员	陶宏芝	联想（北京）有限公司
37	通讯成员	雷再明	好孩子集团有限公司
38	通讯成员	陆　明	国家工程机械质量监督检验中心
39	通讯成员	郑希俊	浙江方圆检测集团股份有限公司
40	通讯成员	李炳涛	苏州UL美华认证有限公司
41	秘书兼协调员	汪俊峰	国家认证认可监督管理委员会认证监管部

TC02 工厂检查

序号	职 务	姓 名	所在单位
1	组长	许士玉	国家认证认可监督管理委员会认证监管部
2	副组长	齐　爽	中国质量认证中心
3	秘 书	孙　芳	中国质量认证中心
4	成员	郗天培	中国认证认可协会
5	成员	林学栋	中国质量认证中心
6	成员	刘慧兵	中国质量认证中心
7	成员	杨　辉	中国质量认证中心南京分中心
8	成员	李伯宁	中国质量认证中心广州分中心
9	成员	郭　立	中国安全技术防范认证中心
10	成员	李　宏	北京东方凯姆质量认证中心
11	成员	高　燕	北京中轻联认证中心
12	成员	布　宁	中国信息安全认证中心
13	成员	张立胜	公安部消防产品合格评定中心
14	成员	何世虎	中汽认证中心
15	成员	汪如洋	中国建材检验认证集团股份有限公司
16	成员	林儒周	广东质检中诚认证有限公司
17	成员	魏　霞	北京国建联信认证中心有限公司
18	成员	刘国荣	威凯认证检测有限公司
19	成员	汤胜修	北京中化联合认证有限公司
20	成员	李道平	合肥通用机械产品认证有限公司
21	成员	陈金镯	北京赛西认证有限责任公司
22	成员	彭　峰	广州赛宝认证中心服务有限公司
23	成员	杨　栋	方圆标志认证集团有限公司
24	成员	张　莎	深圳维天认证中心有限公司
25	成员	王　彬	国家广播电视产品质量监督检验中心（北京泰瑞特检测技术服务有限责任公司）
26	成员	黄　申	江苏省电子信息产品质量监督检验研究院
27	成员	付松青	天津汽车检测中心
28	成员	张宇川	联想（北京）有限公司
29	成员	钱　雷	慧与（中国）有限公司
30	成员	翟　松	TCL集团股份有限公司

续表

31	成员	冯 晨	四川长虹电气股份有限公司
32	成员	张 珺	西门子（中国）有限公司
33	成员	符迈进	华为技术有限公司
34	成员	张书臣	松下电器（中国）有限公司
35	通讯成员	王海燕	北京泰瑞特认证有限责任公司
36	通讯成员	刘 华	惠普科技（北京）有限公司
37	协调员	王亚力	国家认证认可监督管理委员会认证监管部

TC03电子

序号	职务	姓名	所在单位
1	组长	肖向荣	中国质量认证中心
2	副组长	俞毅敏	上海市质量监督检验技术研究院
3	秘书	郑 涓	中国质量认证中心
4	成员	郑剑飞	北京出入境检验检疫局
5	成员	吴琬光	中国信息安全认证中心
6	成员	范国新	北京赛西认证有限公司
7	成员	何鹏林	中国电子技术标准化研究院赛西实验室
8	成员	刘志刚	国家广播电视产品质量监督检验中心
9	成员	杨彦彰	深圳市计量质量检测研究院
10	成员	胡妍飞	工业和信息化部电子第五研究所/中国赛宝实验室
11	成员	杨 猛	北京中认检测技术服务有限公司
12	成员	陶洪波	国家无线电监测中心检测中心
13	成员	刘 伟	中国泰尔实验室
14	成员	张 健	福建省产品质量检验研究院
15	成员	王克勤	中检集团南方电子产品测试（深圳）股份有限公司
16	成员	宋继军	江苏省电子信息产品质量监督检验研究院
17	成员	陈华文	威凯检测技术有限公司
18	成员	段卫垠	深圳市航嘉驰源电气股份有限公司
19	成员	廖延根	康佳集团股份有限公司
20	成员	王宝红	索尼（中国）有限公司
21	成员	王平松	四川长虹电器股份有限公司
22	成员	张新建	苹果采购运营管理（上海）有限公司北京分公司
23	成员	谢 军	联想（北京）有限公司
24	成员	景洪恩	深圳创维-RGB电子有限公司
25	成员	杨 钊	戴尔（中国）有限公司
26	成员	丁锡锋	TCL集团股份有限公司产品认证实验室
27	成员	陈 芳	华为技术有限公司
28	成员	黄永正	研华科技(中国)有限公司
29	成员	郑晨旭	天津三星电子有限公司
30	通讯成员	郑永亮	泰尔认证中心
31	通讯成员	钟伦燕	广州赛宝认证中心服务有限公司
32	通讯成员	康 冬	中家院（北京）检测认证有限公司/中国家用电器检测所
33	通讯成员	董志菊	通标标准技术服务有限公司广州分公司
34	通讯成员	刘东勇	华测检测认证集团股份有限公司
35	通讯成员	鹿文军	深圳出入境检验检疫局工业品检测中心
36	通讯成员	胡伟欣	中认尚动检测技术有限公司（CQC华东实验室）
37	通讯成员	唐力华	广东产品质量监督检验研究院
38	通讯成员	胡静慧	浙江立德产品技术有限公司

续表

39	通讯成员	陈传禄	中国质量认证中心华南实验室
40	通讯成员	邢红军	四川长虹电器股份有限公司
41	通讯成员	朱超群	惠普科技（北京）有限公司
42	协调员	邱 磊	国家认证认可监督管理委员会认证监管部
TC04家用电器			
序号	**职务**	**姓名**	**所在单位**
1	组长	陈伟升	中国电器科学研究院有限公司
2	副组长	杨 超	中国质量认证中心
3	副组长	潘 权	中国家用电器研究院
4	秘书	柳荣贵	威凯检测技术有限公司
5	成员	王和涛	青岛海尔质量检测有限公司
6	成员	王继伟	广东美的制冷设备有限公司
7	成员	肖 彪	珠海格力电器股份有限公司
8	成员	李 弢	合肥美菱股份有限公司
9	成员	邓 波	四川长虹电器股份有限公司
10	成员	韩 润	九阳股份有限公司
11	成员	杨云霞	宁波方太厨具有限公司
12	成员	龚冬青	浙江苏泊尔家电制造有限公司
13	成员	李 军	博西家用电器投资（中国）有限公司
14	成员	陈子良	飞利浦（中国）投资有限公司
15	成员	张书臣	松下电器（中国）有限公司
16	成员	陈 苏	中山汉诺威电器有限公司
17	成员	万春晖	中国家用电器协会
18	成员	王 旭	欧洲电气电子行业机构
19	成员	吴 蒙	全国家用电器标准化技术委员会
20	成员	吴志东	全国家用电器标准化技术委员会分委会
21	成员	邓 旭	中国质量认证中心
22	成员	吴国平	北京鉴衡认证中心有限公司
23	成员	高 燕	北京中轻联认证中心
24	成员	高晓东	广东产品质量监督检验研究院
25	成员	王晓岭	浙江省质量检测科学研究院
26	成员	安创文	深圳市计量质量检测研究院
27	成员	徐 胜	上海出入境检验检疫局机电产品检测技术中心
28	成员	朱 凌	浙江立德产品技术有限公司
29	成员	李道平	合肥通用机电产品检测院有限公司
30	成员	张志刚	工业和信息化部电子第五研究所/中国赛宝实验室
31	通讯成员	倪 军	深圳创维空调科技有限公司
32	通讯成员	王 俊	广东美的生活电器制造有限公司
33	通讯成员	丁晓波	浙江苏泊尔家电制造有限公司
34	通讯成员	赵国义	广东志高空调有限公司
35	通讯成员	史剑春	大金（中国）投资有限公司
36	通讯成员	张少君	中标能效科技（北京）有限公司
37	通讯成员	周曦南	中国质量认证中心
38	通讯成员	吴金平	广州赛宝认证中心服务有限公司
39	通讯成员	陆 伟	中家院（北京）检测认证有限公司/中国家用电器检测所
40	通讯成员	黄文秀	威凯检测技术有限公司
41	通讯成员	王 锋	山东省产品质量检验研究院

续表

42	通讯成员	王　泉	山东省计量科学研究院
43	通讯成员	郭艳萍	江苏省产品质量监督检验研究院
44	通讯成员	宣　萍	安徽省产品质量监督检验研究院
45	通讯成员	廖　强	成都产品质量检验研究院有限责任公司
46	通讯成员	傅诺毅	厦门市产品质量监督检验院
47	通讯成员	过　峰	江苏出入境检验检疫局机电产品检测中心
48	通讯成员	裴晓波	广东出入境检验检疫局检验检疫技术中心
49	通讯成员	高岭松	北京泰瑞特检测技术服务有限责任公司
50	通讯成员	张　文	重庆市电子电器商品质量监督检验站
51	通讯成员	孙　文	中认（沈阳）北方实验室有限公司
52	通讯成员	杨宗辉	中认英泰（苏州）检测技术有限公司
53	通讯成员	刘　杰	安徽中认倍佳科技有限公司
54	通讯成员	王　攀	中国质量认证中心华南实验室
55	通讯成员	谢耀华	中认尚动（上海）检测技术有限公司
56	通讯成员	王士杰	中检集团南方电子产品测试（深圳）股份有限公司
57	通讯成员	关　鹏	苏州UL美华认证有限公司
58	通讯成员	张　胜	华测检测认证集团股份有限公司
59	通讯成员	周云峰	中国质量认证中心青岛分中心
60	协调员	郝　欣	国家认证认可监督管理委员会认证监管部

TC05照明电器

序号	职务	姓名	所在单位
1	组长	邢合萍	中国质量认证中心
2	副组长	俞安琪	上海市照明学会
3	秘书	陈　松	中国质量认证中心
4	成员	李自力	广东质检中诚认证有限公司
5	成员	王　卓	中国照明电器协会
6	成员	施晓红	全国照明电器标准化技术委员会灯具分会
7	成员	华树明	国家电光源质量监督检验中心（北京）
8	成员	裘继红	国家电光源质量监督检验中心（上海）
9	成员	颜台永	福建省产品质量检验研究院
10	成员	韩正涛	国家广播电视产品质量监督检验中心
11	成员	彭振坚	国家灯具质量监督检验中心（中山）
12	成员	倪济宇	威凯检测技术有限公司
13	成员	李　敏	广东出入境检验检疫局检验检疫技术中心
14	成员	倪　伟	飞利浦照明（中国）投资有限公司
15	成员	张俊斌	欧司朗（中国）照明有限公司
16	成员	陈以平	浙江阳光照明电器集团股份有限公司
17	成员	周　鼎	欧普照明股份有限公司
18	成员	朱华荣	上海亚明照明有限公司
19	成员	朱鸿斌	松下电气机器（北京）有限公司
20	成员	许建兴	厦门立达信照明有限公司
21	成员	杨国贤	杭州鸿雁电器有限公司
22	通讯成员	陈海波	广东产品质量监督检验研究院
23	通讯成员	谢　迪	中认（沈阳）北方实验室有限公司
24	通讯成员	刘建新	扬州光电产品检测中心
25	通讯成员	赵志嵩	上海出入境检验检疫局机电产品检测技术中心
26	通讯成员	刘尔立	国家灯具质量监督检验中心

续表

27	通讯成员	甄宝华	中家院（北京）检测认证有限公司/中国家用电器检测所
28	通讯成员	廖　强	成都产品质量检验研究院有限责任公司
29	通讯成员	魏　峰	中认英泰检测技术有限公司
30	协调员	邱　磊	国家认证认可监督管理委员会认证监管部
TC06低压元件			
序号	职务	姓名	所在单位
1	组长	陈建兵	上海电器科学研究所（集团）有限公司
2	副组长	陈　昕	中国质量认证中心
3	副组长	林志力	广东质检中诚认证有限公司
4	秘书	章克强	上海电器设备检测所
5	成员	季慧玉	全国低压电器标准化技术委员会
6	成员	吴　蔚	中国质量认证中心上海分中心
7	成员	牟聿强	方圆标志认证集团有限公司
8	成员	胡德霖	苏州电器科学研究院股份有限公司
9	成员	谢　林	湖南电器检测所
10	成员	董　强	山东省产品质量监督检验研究院
11	成员	黄小雷	福建省产品质量检验研究院
12	成员	杜　量	浙江省机电产品质量检测所
13	成员	王中丹	北京ABB低压电器有限公司
14	成员	管瑞良	常熟开关制造有限公司
15	成员	王先锋	浙江正泰电器股份有限公司
16	成员	王碧云	上海电器陶瓷厂有限公司
17	成员	陈忠献	德力西集团有限公司
18	成员	张　萍	施耐德电气（中国）投资有限公司
19	成员	胡宏宇	西门子（中国）有限公司
20	成员	高卫东	天水二一三电器有限公司
21	通讯成员	苗本健	广东产品质量监督检验研究院
22	通讯成员	吴晓阳	浙江立德产品技术有限公司
23	通讯成员	宋伟宏	罗克韦尔自动化（中国）有限公司
24	通讯成员	李　平	甘肃电器科学研究院
25	通讯成员	张宗琴	遵义市产品质量检验检测院
26	通讯成员	吴卫东	浙江方圆检测集团股份有限公司
27	通讯成员	王　旭	欧洲电气电子行业机构
28	协调员	邱　磊	国家认证认可监督管理委员会认证监管部
TC07器具附件			
序号	职务	姓名	所在单位
1	组长	谢浩江	中国电器科学研究院有限公司
2	副组长	罗　妍	中国质量认证中心
3	副组长	柳　巍	中国家用电器研究院
4	秘书	蔡　军	中国电器科学研究院有限公司/全国熔断器标准化技术委员会小型熔断器分技术委员会
5	成员	钱　峰	中国电器工业协会电器附件及家用控制器分会
6	成员	汪凤琴	杭州鸿雁电器有限公司
7	成员	王　圣	跃华控股集团有限公司
8	成员	邓洪玲	豪利士电线装配（深圳）有限公司
9	成员	尤启明	东莞华德电器有限公司
10	成员	刘远方	浙江正泰建筑电器有限公司
11	成员	龚志雷	施耐德电气（中国）有限公司深圳分公司

续表

12	成员	蔡映峰	公牛集团有限公司
13	成员	刘开喜	TCL–罗格朗国际电工（惠州）有限公司
14	成员	张　立	飞利浦照明（中国）投资有限公司
15	成员	刘　波	威凯检测技术有限公司
16	成员	贾玉林	中家院（北京）检测认证有限公司/中国家用电器检测所
17	成员	温永彩	广东省产品质量监督检验研究院
18	成员	张　红	上海市质量监督检验技术研究院
19	成员	蔡永华	浙江立德产品技术有限公司
20	成员	张玮昌	中认尚动（上海）检测技术有限公司（上海电气器具检验测试所）
21	通讯成员	刘水强	中国质量认证中心
22	通讯成员	张秋声	浙江方圆检测集团股份有限公司
23	通讯成员	杨春尧	成都产品质量监督检验检测研究院有限责任公司
24	通讯成员	徐晓昂	江苏省产品质量监督检验研究院
25	通讯成员	吴启震	福建省产品质量检验研究院
26	通讯成员	黄永福	福建出入境检验检疫局机电产品检测技术中心
27	通讯成员	甘红胜	上海出入境检验检疫局机电产品检测技术中心
28	通讯成员	刘　立	北京泰瑞特检测技术服务有限责任公司
29	通讯成员	刘晓臣	中国赛宝实验室
30	通讯成员	熊　璞	重庆市电子电器商品质量监督检验站
31	通讯成员	张　腾	中国质量认证中心南京分中心
32	协调员	郝　欣	国家认证认可监督管理委员会认证监管部

TC08电线电缆

序号	职务	姓名	所在单位
1	组长	江　斌	国家电线电缆质量监督检验中心
2	副组长	罗　妍	中国质量认证中心
3	秘书	毛阿兴	国家电线电缆质量监督检验中心
4	成员	陈佶民	全国电线电缆标准化技术委员会
5	成员	江晓晔	机械工业北京电工技术经济研究所
6	成员	卢圣杆	广东质检中诚认证有限公司
7	成员	刘　波	威凯检测技术有限公司
8	成员	林蓝波	山东省产品质量检验研究院
9	成员	蔡隽永	福建省产品质量检验研究院
10	成员	何益壮	深圳市计量质量检测研究院
11	成员	陆如泉	中天科技装备电缆有限公司
12	成员	王怡瑶	上海电缆厂有限公司
13	成员	朱洪祥	江苏上上电缆集团有限公司
14	成员	柳尧裕	远东电缆有限公司
15	成员	项淑琴	天津市北达线缆集团有限公司
16	成员	房权生	宝胜科技股份有限公司
17	成员	周海燕	广东电缆厂有限公司
18	通讯成员	金　群	国家电线电缆产品质量监督检验中心（武汉）
19	通讯成员	张光武	浙江方圆检测集团股份有限公司
20	通讯成员	熊　璞	重庆市电子电器商品质量监督检验站
21	通讯成员	张元钦	工业和信息化部电子第五研究所/中国赛宝实验室
22	通讯成员	李　建	成都产品质量检验研究院有限责任公司
23	通讯成员	汤亚勇	中家院（北京）检测认证有限公司/中国家用电器检测所
24	协调员	邱磊	国家认证认可监督管理委员会认证监管部

续表

TC09电焊机			
序号	职务	姓名	所在单位
1	组长	杨庆轩	成都三方电气有限公司
2	副组长	郑士泉	中国质量认证中心
3	秘书	邢 军	成都三方电气有限公司
4	成员	杨 栋	方圆标志认证集团有限公司
5	成员	尹显华	中国电器工业协会电焊机分会
6	成员	吴九澎	中国焊接协会
7	成员	潘 颖	全国电焊机标准化技术委员会
8	成员	陈宇军	威凯检测技术有限公司
9	成员	陆 翔	上海电器设备检测所
10	成员	侯润石	杭州凯尔达机器人科技股份有限公司
11	成员	汤子康	南通镇康焊接机电有限公司
12	成员	陈 颉	唐山松下产业机器有限公司
13	成员	张海勇	天津七所高科技有限公司
14	协调员	邱 磊	国家认证认可监督管理委员会认证监管部

TC10电磁兼容			
序号	职务	姓名	所在单位
1	组长	郑军奇	上海电器科学研究所
2	副组长	曲宗峰	中国家用电器研究院
3	副组长	陆冰松	工业和信息化部通信计量中心
4	秘书	寿建霞	上海电器科学研究所
5	成员	吕飞燕	联想（北京）有限公司
6	成员	张兴海	华为技术有限公司
7	成员	王宝红	索尼（中国）有限公司
8	成员	高 峻	佳能（中国）有限公司
9	成员	丁锡锋	TCL集团股份有限公司产品认证实验室
10	成员	陈家富	惠普信息技术研发（上海）有限公司
11	成员	王继伟	广东美的制冷设备有限公司
12	成员	尤 蒙	四川长虹电器股份有限公司
13	成员	肖 彪	珠海格力电器股份有限公司
14	成员	张新国	九阳股份有限公司
15	成员	李 戬	合肥美菱股份有限公司
16	成员	丁玉才	保时得科技（中国）有限公司
17	成员	刘海婷	中国质量认证中心
18	成员	何爱英	中国信息安全认证中心
19	成员	李忻媛	泰尔认证中心
20	成员	霍宏艳	北京泰瑞特检测技术服务有限责任公司
21	成员	孔 斌	北京赛西认证有限责任公司
22	成员	余海涛	中国赛宝实验室
23	成员	王文俭	国家无线电监测中心检测中心
24	成员	王敏良	江苏省电子信息产品质量监督检验研究院
25	成员	陈世钢	工业和信息化部电子工业标准化研究院
26	成员	尹海霞	中认尚动（上海）检测技术有限公司（上海电气器具检验测试所）
27	成员	刘尔立	国家灯具质量监督检验中心
28	成员	查跃丹	国家电光源质量监督检验中心（北京）
29	成员	李思雄	中检集团南方电子产品测试（深圳）股份有限公司

续表

30	成员	胥 凌	中国质量认证中心华南实验室
31	通讯成员	陈业刚	上海市质量监督检验研究院
32	通讯成员	孙 玮	浙江方圆检测集团股份有限公司
33	通讯成员	吕惠政	山东省计量科学研究院
34	通讯成员	洪国春	福建省产品质量检验研究院
35	通讯成员	张 娴	上海出入境检验检疫局机电产品检测技术中心
36	通讯成员	张 斌	浙江立德产品技术有限公司
37	通讯成员	刘宇峰	广东出入境检验检疫局机电产品检测技术中心
38	通讯成员	李 滟	中家院（北京）检测认证有限公司/中国家用电器检测所
39	通讯成员	姜继周	合肥通用机电产品检测院有限公司
40	通讯成员	熊 璞	重庆市电子电器商品质量监督检验站
41	通讯成员	刘 扬	北京中认检测技术服务有限公司
42	通讯成员	赵润生	中认英泰检测技术有限公司
43	通讯成员	刘世勋	中认（沈阳）北方实验室有限公司
44	通讯成员	陆世杰	华测检测认证集团股份有限公司
45	协调员	郝 欣	国家认证认可监督管理委员会认证监管部

TC11汽车及部件

序号	职务	姓名	所在单位
1	组长	卢 冶	国家汽车质量监督检验中心(襄阳)
2	副组长	陈文良	国家汽车质量监督检验中心(长春)
3	副组长	谢鹏鸿	中国质量认证中心
4	秘书	李学强	国家汽车质量监督检验中心(襄阳)
5	成员	叶盛基	中国汽车工业协会
6	成员	陈耀华	全国汽车标准化委员会整车分技术委员会
7	成员	李建友	全国机械安全标准化委员会
8	成员	张红卫	交通运输部公路科学研究院
9	成员	应朝阳	公安部交通管理科学研究所
10	成员	高国有	全国汽车标准化委员会专用车分技术委员会
11	成员	薛凯萍	天津出入境检验检疫局
12	成员	巩金龙	中汽认证中心
13	成员	张 喆	中国质量认证中心
14	成员	王江东	中国质量认证中心
15	成员	刘剑峰	中国安全技术防范认证中心
16	成员	张 宇	天津华诚认证中心
17	成员	杨建中	国家客车质量监督检验中心
18	成员	孙 利	济南汽车检测中心
19	成员	张 舒	国家机动车质量监督检验中心（上海）
20	成员	颜 燕	天津汽车检测中心
21	成员	李剑平	中国汽车工程研究院股份有限公司
22	成员	陈桂祥	北京汽车集团有限公司
23	成员	冯星野	大众汽车（中国）投资有限公司
24	成员	王悍华	东风本田汽车有限公司
25	成员	庄志强	丰田纺织（中国）有限公司
26	成员	袁军成	北汽福田汽车股份有限公司
27	通讯成员	蒋旭东	国家消防装备质量监督检验中心
28	通讯成员	曹 飞	国家客车质量监督检验中心
29	通讯成员	谢 伟	本田技研工业（中国）投资有限公司

续表

30	通讯成员	李文强	天津汽车检测中心
31	通讯成员	何　泉	国家汽车质量监督检验中心(长春)
32	通讯成员	陈晓东	中汽认证中心
33	通讯成员	曹　立	戴姆勒大中华区投资有限公司
34	通讯成员	郭　强	中国北方车辆研究所
35	通讯成员	高　翔	拓速乐汽车销售（北京）有限公司（特斯拉中国）
36	通讯成员	王　存	丰田汽车研发中心（中国）有限公司北京分公司
37	通讯成员	邓俊泳	威凯检测技术有限公司
38	通讯成员	贾国强	中国质量认证中心
39	通讯成员	李晓飞	国家工程机械质量监督检验中心
40	通讯成员	冯　峰	欧美汽车工业协会
41	通讯成员	姜　楠	日本汽车工业协会北京代表处
42	协调员	王　昆	国家认证认可监督管理委员会认证监管部

TC12摩托车及部件

序号	职务	姓名	所在单位
1	组长	刘　欣	天津摩托车技术中心
2	副组长	段保民	中国兵器装备集团摩托车检测技术研究所（国家摩托车质量监督检验中心）
3	秘书	李大维	中国质量认证中心
4	秘书	贺文杰	国家摩托车质量监督检验中心（天津）
5	成员	胡文浩	全国汽车标准化技术委员会摩托车分委会
6	成员	叶震涛	全国自行车标准化技术委员会电动自行车分委会
7	成员	王　强	中国质量认证中心
8	成员	董德刚	中汽认证中心
9	成员	何昕昕	南昌摩托车质量监督检验所
10	成员	何大军	国家摩托车质量监督检验中心（重庆）
11	成员	蔡良正	浙江钱江摩托股份有限公司
12	成员	高洪军	重庆隆鑫机车有限公司
13	成员	付晓萱	五羊-本田摩托（广州）有限公司
14	成员	于淑芳	江门市大长江集团有限公司
15	成员	舒　勇	宗申产业集团有限公司
16	成员	丁建立	浙江春风动力股份有限公司
17	成员	钟文利	重庆南方摩托车技术研发有限公司
18	成员	陈　戟	上海机动车检测中心
19	成员	王江东	中国质量认证中心
20	成员	邓俊泳	威凯检测技术有限公司
21	成员	周荆仪	日本汽车工业协会北京代表处
22	成员	王建平	广东省江门市质量计量监督检测所
23	成员	谢　伟	本田技研工业（中国）投资有限公司
24	协调员	王　昆	国家认证认可监督管理委员会认证监管部

TC13安全玻璃

序号	职务	姓名	所在单位
1	组长	石新勇	中国建材检验认证集团股份有限公司
2	副组长	林志强	中国质量认证中心
3	秘书	王文彪	中国建材检验认证集团股份有限公司
4	成员	张佰恒	中国建筑玻璃与工业玻璃协会
5	成员	黄建斌	全国建筑用玻璃标准化技术委员会
6	成员	黄小楼	全国汽车标准化技术委员会安全玻璃分技术委员会

续表

7	成员	王江东	中国质量认证中心
8	成员	莫　娇	中国质量认证中心
9	成员	韩　松	中国建材检验认证集团股份有限公司
10	成员	肖鹏军	国家安全玻璃及石英玻璃质量监督检验中心
11	成员	嵇书伟	国家玻璃质量监督检验中心
12	成员	蔡　青	中国质量认证中心华中实验室
13	成员	刘世照	福耀集团北京福通安全玻璃有限公司
14	成员	杨建军	信义玻璃工程(东莞)有限公司
15	成员	李志清	武汉圣普太阳能科技有限公司
16	成员	武振羽	江山永泰投资控股有限公司
17	成员	罗　多	珠海兴业绿色建筑新能源科技有限公司
18	通讯成员	李　会	中国建筑玻璃与工业玻璃协会
19	通讯成员	陈向阳	中国建材检验认证集团股份有限公司
20	通讯成员	吴　霞	中国质量认证中心华中实验室
21	通讯成员	于　翔	重庆市计量质量检测研究院
22	协调员	关钧文	国家认证认可监督管理委员会认证监管部

TC14机动车辆轮胎

序号	职务	姓名	所在单位
1	组长	马良清	国家橡胶轮胎质量监督检验中心
2	副组长	谢　华	北京中化联合认证有限公司
3	秘书	李红伟	国家橡胶轮胎质量监督检验中心
4	成员	高云雪	中国橡胶工业协会
5	成员	王克先	全国轮胎轮辋标准化技术委员会
6	成员	赵　翔	中国质量认证中心
7	成员	王慧敏	广州橡胶工业制品研究所有限公司
8	成员	孙钦军	青岛市产品质量监督检验研究院
9	成员	刘晓民	青岛致鉴检验有限公司
10	成员	王　阳	天津汽车检测中心
11	成员	邱　杰	国家摩托车及配件质量监督检验中心（广东）
12	成员	张进新	杭州中策橡胶有限公司
13	成员	邓世涛	三角轮胎股份有限公司
14	成员	钱瑞瑾	双钱集团股份有限公司
15	成员	陈雪梅	山东玲珑轮胎股份有限公司
16	成员	陆　奕	米其林（中国）投资有限公司
17	成员	傅广平	普利司通（中国）投资有限公司
18	成员	马宸清	江苏韩泰轮胎有限公司
19	通讯成员	王江东	中国质量认证中心
20	通讯成员	胡厚宝	上汽通用汽车有限公司
21	通讯成员	马　忠	大陆马牌轮胎(中国)有限公司
22	通讯成员	李　杰	安徽佳通乘用子午线轮胎有限公司
23	协调员	关钧文	国家认证认可监督管理委员会认证监管部

TC15安防

序号	职务	姓名	所在单位
1	组长	杨世峰	公安部科技信息化局技防处
2	副组长	刘剑锋	中国安全技术防范认证中心
3	副组长	陆曙蓉	公安部第三研究所
4	秘书	周东培	中国安全技术防范认证中心

续表

5	成员	施巨岭	全国安全防范报警系统标准化技术委员会
6	成员	俞春俊	公安部道路交通管理研究所
7	成员	洪卫军	中国人民公安大学安全防范技术与风险评估公安部重点实验室
8	成员	王树林	中国安全防范产品行业协会
9	成员	郭 立	中国安全技术防范认证中心
10	成员	刘 琳	国家安全防范报警系统产品质量监督检验中心(北京)
11	成员	邱日祥	国家安全防范报警系统产品质量监督检验中心(北京)
12	成员	韩 峰	国家安全防范报警系统产品质量监督检验中心(上海)
13	成员	李海鹏	国家安全防范报警系统产品质量监督检验中心(上海)
14	成员	邹永良	公安部交通安全产品质量监督检测中心
15	成员	邵子健	公安部安全与警用电子产品质量检测中心
16	成员	徐志伟	上海迪堡安防设备有限公司
17	成员	张瑞斌	广东安居宝科技有限公司
18	成员	韦 科	广东铁将军防盗设备有限公司
19	成员	张建渝	深圳市国脉科技有限公司
20	成员	吴 雷	霍尼韦尔安防(中国)有限公司
21	成员	陆亚建	常州华日升反光材料股份有限公司
22	成员	皮幼林	深圳美安科技有限公司
23	成员	王 丹	杭州海康威视数字技术股份有限公司
24	成员	王丽颖	浙江大华技术股份有限公司
25	成员	关丽丽	中国质量认证中心
26	协调员	刘 超	国家认证认可监督管理委员会认证监管部

TC16消防

序号	职务	姓名	所在单位
1	组长	东靖飞	公安部消防产品合格评定中心
2	副组长	余 威	公安部消防局
3	副组长	金义重	国家消防装备质量监督检验中心
4	秘书	胡群明	公安部消防产品合格评定中心
5	成员	曹忙根	中国消防协会
6	成员	刘 程	公安部消防产品合格评定中心
7	成员	王良伟	国家防火建筑材料质量监督检验中心
8	成员	张少禹	国家固定灭火和耐火构件质量监督检验中心
9	成员	张德成	国家消防电子质量监督检验中心
10	成员	周象义	上海金盾消防安全设备有限公司
11	成员	李 宁	西安盛赛尔电子有限公司
12	成员	徐步云	步阳集团有限公司
13	成员	许春元	深圳因特安全技术有限公司
14	成员	童祥友	扬州江亚消防药剂有限公司
15	成员	刘欣传	青岛楼山消防器材厂
16	成员	陈进宇	霍尼韦尔安全防护设备(上海)有限公司
17	成员	汪映标	威特龙消防安全集团股份公司
18	协调员	关钧文	国家认证认可监督管理委员会认证监管部

TC18农机

序号	职务	姓名	所在单位
1	组长	刘 旭	农业部农业机械试验鉴定总站(中国农机产品质量认证中心)
2	副组长	郎志中	国家拖拉机质量监督检验中心
3	副组长	陈小兵	国家植保机械质量监督检验中心
4	成员	方宝林	北京丰茂植保机械有限公司

续表

5	秘书	李博强	北京东方凯姆质量认证中心
6	成员	耿占斌	农业部农业机械试验鉴定总站
7	成员	宋　英	全国农业机械标准化技术委员会农业机械化分技术委员会
8	成员	郭凤江	山东华盛农业药械有限责任公司
9	成员	邓　军	国家农机具质量监督检验中心
10	成员	苏东林	常州东风农机集团有限公司
11	成员	李文华	山东潍坊鲁中拖拉机有限公司
12	成员	张友坤	吉林大学车辆产品检测实验室
13	成员	廖汉平	江苏常发农业装备股份有限公司
14	成员	王侠民	山东五征集团有限公司
15	成员	雷　毅	成都彩虹塑胶有限公司
16	成员	钟志堂	南京塞姆认证科技发展有限公司
17	成员	杜建刚	山东省农业机械产品质量监督检验站
18	成员	陈俊宝	全国农业机械标准化技术委员会
19	成员	岳　芹	雷沃重工股份有限公司
20	协调员	刘　超	国家认证认可监督管理委员会认证监管部

TC19建材

序号	职务	姓名	所在单位
1	组长	韩光辉	北京国建联信认证中心有限公司
2	副组长	谢　华	北京中化联合认证有限公司
3	秘书	张　武	北京国建联信认证中心有限公司
4	成员	杨建海	中国石油和化学工业联合会
5	成员	周丽玮	中国建筑材料联合会
6	成员	邵争辉	中国质量认证中心
7	成员	廖惠仪	中国建材检验认证集团股份有限公司
8	成员	王晓霞	方圆标志认证集团有限公司
9	成员	黄逸东	国家涂料质量监督检验中心
10	成员	李增宽	国家建筑材料测试中心
11	成员	白战英	咸阳陶瓷研究设计院
12	成员	沈　振	浙江方圆检测集团股份有限公司
13	成员	刘永生	山东省建筑科学研究院
14	成员	石　韧	广东华润涂料有限公司
15	成员	李　莹	杭州诺贝尔集团有限公司
16	成员	李方忠	北京金隅水泥节能科技有限公司
17	成员	高桂珍	阿克苏诺贝尔太古漆油（上海）有限公司
18	成员	何子贤	广东唯美陶瓷有限公司
19	成员	乐国义	上海古象化工科技发展有限公司
20	成员	李烈林	广东新明珠陶瓷集团有限公司
21	通讯成员	刘加平	江苏省建筑科学研究院有限公司
22	通讯成员	何　芃	福建省产品质量检验研究院
23	通讯成员	潘永红	广州质量监督检测研究院
24	通讯成员	温伟明	国家建筑卫生陶瓷质量监督检验中心
25	通讯成员	彭炳林	中国建材检验认证集团股份有限公司
26	协调员	关钧文	国家认证认可监督管理委员会认证监管部

TC20小功率电动机

序号	职务	姓名	所在单位
1	组长	郑士泉	中国质量认证中心
2	副组长	张序星	威凯检测技术有限公司

续表

3	副组长	严蓓兰	上海电器设备检测所
4	秘书	乌 兰	中国质量认证中心
5	成员	王建乔	卧龙电气集团股份有限公司
6	成员	杨秀军	河北电机股份有限公司
7	成员	陈宏銮	福州万德电气有限公司
8	成员	陈少波	福建安波电机集团有限公司
9	成员	吴 侃	广东威灵电机制造有限公司
10	成员	朱春富	浙江京马电机有限公司
11	成员	孙保启	西门子（中国）有限公司
12	成员	印光宇	江苏上骐集团有限公司
13	成员	丁玉才	宝时得科技（中国）有限公司
14	成员	伍云山	全国旋转电机标委会小功率电机分会
15	成员	金 勇	浙江省质量检测科学研究院
16	成员	宋松林	福建省产品质量检验研究院
17	成员	王 春	浙江立德产品技术有限公司
18	成员	张继红	上海出入境检验检疫局机电产品检测技术中心
19	成员	赵裕	中家院（北京）检测认证有限公司/中国家用电器检测所
20	成员	阮建国	浙江省机电产品质量检测所
21	通讯成员	王建峰	杭州富生电器股份有限公司
22	通讯成员	王荷芬	江苏大中电机股份有限公司
23	通讯成员	罗军波	威凯检测技术有限公司
24	通讯成员	邱毓鸿	上海电器设备检测所
25	通讯成员	姚 东	广东出入境检验检疫局机电产品检测技术中心
26	通讯成员	王会永	山东出入境检验检疫局检验检疫技术中心
27	通讯成员	刘道云	方圆广电检验检测股份有限公司
28	通讯成员	杨贵春	苏州UL美华认证有限公司
29	通讯成员	章 亮	中认尚动（上海）检测技术有限公司（上海电气器具检验测试所）
30	通讯成员	林棠华	中国质量认证中心广州分中心
31	通讯成员	丁斌斌	中国质量认证中心上海分中心
32	协调员	郝 欣	国家认证认可监督管理委员会认证监管部

TC21儿童用品

序号	职务	姓名	所在单位
1	组长	张艳芬	北京中轻联认证中心/玩具标准化技术委员会秘书处
2	副组长	陈阳	广东出入境检验检疫局检验检疫技术中心
3	副组长	梁 梅	中国玩具和婴童用品协会
4	秘书	高惊涛	北京中轻联认证中心
5	成员	李 敬	江苏出入境检验检疫局轻工产品与儿童用品检测中心
6	成员	于 洁	中国质量认证中心
7	成员	张丛笑	中国质量认证中心
8	成员	吴向亮	中汽认证中心
9	成员	高 燕	北京中轻联认证中心
10	成员	柯灯明	深圳市计量质量检测研究院
11	成员	王玫	中国质量认证中心华南实验室
12	成员	刘 慧	昆山产品安全检验所（江苏检验检疫自行车检测中心）
13	成员	丁 浩	浙江方圆检测集团股份有限公司
14	成员	章若红	上海市质量监督检验技术研究院
15	成员	陈 伟	福建省产品质量检验研究院

续表

16	成员	刘 炘	江苏出入境检验检验局轻工产品与儿童用品检测中心
17	成员	苍安国	广东出入境检验检疫局检验检疫技术中心
18	成员	黄 涛	广东出入境检验检疫局检验检疫技术中心
19	成员	卫碧文	上海出入境检验检疫局机电产品检测技术中心
20	成员	张海潮	慈溪出入境检验检疫局综合技术服务中心
21	成员	雷再明	江苏亿科检测技术服务有限公司
22	成 员	王新豫	汕头检验检疫局技术中心
23	成员	李卓明	广东省玩具协会
24	成员	蔡美昭	明门(中国)幼童用品有限公司
25	成员	郑长庆	广东汇乐玩具实业有限公司
26	成员	黄逸贤	广东群兴玩具股份有限公司
27	成员	谷世锋	好孩子儿童用品有限公司
28	成员	张 静	美泰玩具技术咨询(深圳)有限公司
29	成员	何云峰	广东乐美达集团
30	成员	杨国洪	奥飞娱乐股份有限公司
31	成员	林美芳	香港乐高有限公司
32	成员	昌 伟	骅星科技发展有限公司(骅威文化–子公司)
33	成员	何 敏	东莞银辉玩具有限公司
34	成员	王江东	中国质量认证中心
35	通讯成员	张学峰	昆山出入境检验检疫局
36	通讯成员	张晓楠	中检集团理化检测有限公司(国家玩具质量监督检验中心)
37	通讯成员	梁健能	威凯检测技术有限公司
38	通讯成员	徐俊丽	国家自行车电动自行车质量监督检验中心
39	通讯成员	黄理纳	广东出入境检验检疫局检验检疫技术中心
40	通讯成员	钱烈辉	江苏检验检疫自行车检测中心
41	通讯成员	孙世彧	广州质量监督检测研究院
42	通讯成员	徐添贵	深圳检验检疫局工业品检测技术中心
43	通讯成员	曹焱鑫	中家院(北京)检测认证有限公司/中国家用电器检测所
44	通讯成员	王宝红	索尼(中国)有限公司
45	通讯成员	徐晓春	浙江立德产品技术有限公司
46	协调员	王 昆	国家认证认可监督管理委员会认证监管部

TC23电动工具

序号	职务	姓名	所在单位
1	组长	陈建秋	中认尚动(上海)检测技术有限公司(上海电气器具检验测试所)
2	副组长	郑士泉	中国质量认证中心
3	秘书	尹海霞	上海电气器具检验测试所
4	成员	潘顺芳	中国电器工业协会电动工具分会
5	成员	丁玉才	宝时得科技(中国)有限公司
6	成员	陈 勤	南京德朔实业有限公司
7	成员	金红霞	浙江信源电器制造有限公司
8	成员	施春磊	江苏东成电动工具有限公司
9	成员	胡丽姬	浙江博大电器有限公司
10	成员	朱瑶玲	博世电动工具(中国)有限公司
11	成员	袁贵生	牧田(中国)有限公司
12	成员	曹振华	百得(苏州)精密制造有限公司
13	成员	刘志刚	上海锐奇工具股份有限公司
14	成员	顾菁	全国电动工具标准化技术委员会

续表

15	成员	傅俊雅	浙江方圆检测集团股份有限公司
16	成员	何伟洪	广东产品质量监督检验研究院
17	成员	邓　谨	上海出入境检验检疫局机电产品检测技术中心
18	成员	王　春	浙江立德产品技术有限公司
19	成员	赵介军	江苏出入境检验检疫局机电产品及车辆检测中心
20	成员	朱　磊	中家院（北京）检测认证有限公司/中国家用电器检测所
21	通讯成员	杨　栋	方圆标志认证集团有限公司
22	通讯成员	王　冠	中国质量认证中心
23	通讯成员	黄耀华	江苏省产品质量监督检验研究院
24	通讯成员	张继红	上海出入境检验检疫局机电产品检测技术中心
25	通讯成员	陈宇军	威凯检测技术有限公司
26	通讯成员	张晓斌	浙江省机电产品质量检测所
27	通讯成员	刘　靖	上海天祥质量技术服务有限公司
28	通讯成员	李炳坤	苏州UL美华认证有限公司
29	通讯成员	冯立菲	中国质量认证中心南京分中心
30	协调员	郝　欣	国家认证认可监督管理委员会认证监管部

TC24低压成套

序号	职务	姓名	所在单位
1	组长	胡德霖	苏州电器科学研究院股份有限公司
2	副组长	陈　昕	中国质量认证中心
3	秘书	陈雪梅	苏州电器科学研究院股份有限公司
4	成员	刘厚利	方圆标志认证集团有限公司
5	成员	陈可夫	湖南电器检测所
6	成员	刘振东	天津天传电控设备检测有限公司
7	成员	易　颖	上海电器设备检测所
8	成员	董　强	山东省产品质量监督检验研究院
9	成员	张　正	浙江省质量检测科学研究院
10	成员	马桂芬	广东产品质量监督检验研究院
11	成员	樊建强	沈阳电气传动研究所（有限公司）
12	成员	冯成华	施耐德电气（中国）有限公司
13	成员	许先灶	厦门ABB低压电器设备有限公司
14	成员	陈　刚	西门子（中国）有限公司
15	成员	田敬秋	中煤电气有限公司
16	成员	胡建刚	常熟开关制造有限公司
17	成员	张忠江	天津欧能电气有限公司
18	成员	黄　冠	深圳市华冠电气有限公司
19	成员	查赛彬	博耳（无锡）电力成套有限公司
20	成员	杨国富	上海豪巍电气有限公司
21	通讯成员	胡新明	甘肃电器科学研究院
22	通讯成员	于树义	湖北省电力公司电力科学研究院
23	通讯成员	周　磊	大连市产品质量监督检验所
24	通讯成员	秦志坚	遵义市产品质量检验检测院
25	通讯成员	刘文君	辽阳鸿飞电器制造（集团）有限公司
26	通讯成员	刘晓军	电力工业电气设备质量检验测试中心
27	通讯成员	魏运明	福建省产品质量检验研究院
28	通讯成员	艾　劼	成都产品质量检验研究院有限责任公司
29	协调员	邱　磊	国家认证认可监督管理委员会认证监管部

续表

TC25-1认证技术支持

序号	职务	姓名	所在单位
1	组长	许士玉	国家认证认可监督管理委员会认证监管部
2	副组长	邓云峰	中国质量认证中心
3	秘书	吴大川	中国质量认证中心
4	成员	刘　畅	中国合格评定国家认可中心
5	成员	盖红星	中国合格评定国家认可中心
6	成员	郗天培	中国认证认可协会
7	成员	吴海文	国家认证认可监督管理委员会认证认可技术研究所
8	成员	王　欢	国家认证认可监督管理委员会信息中心
9	成员	何　超	北京中强认产品标志技术服务中心
10	成员	周曦南	中国质量认证中心
11	成员	康　捷	中国质量认证中心
12	成员	陈　琦	中国质量认证中心
13	成员	闵　静	中国质量认证中心
14	成员	卢文婷	中国质量认证中心
15	成员	郑　涓	中国质量认证中心
16	成员	朱　琳	中国信息安全认证中心
17	成员	杨　林	中国安全技术防范认证中心
18	成员	刘　伟	北京中轻联认证中心
19	成员	陈晓东	中汽认证中心
20	成员	闫　实	国家广播电视产品质量监督检验中心
21	成员	王幼平	中家院（北京）检测认证有限公司
22	协调员	王亚力	国家认证认可监督管理委员会认证监管部

TC25-2认证技术支持

序号	职务	姓名	所在单位
1	组长	李文龙	国家认证认可监督管理委员会认证监管部
2	副组长	汪俊峰	国家认证认可监督管理委员会认证监管部
3	成 员	张玉堂	国家质检总局通关业务司
4	成 员	闫小良	国家认证认可监督管理委员会信息中心
5	成 员	凌伟栋	北京出入境检验检疫局
6	成 员	阎国强	天津出入境检验检疫局
7	成 员	杨廷剑	天津出入境检验检疫局
8	成 员	闫玉芳	山西出入境检验检疫局
9	成 员	王　喆	辽宁出入境检验检疫局
10	成 员	张　璐	上海出入境检验检疫局
11	成 员	石　巍	江苏出入境检验检疫局
12	成 员	陈慧慧	浙江出入境检验检疫局
13	成 员	李盛杰	厦门出入境检验检疫局
14	成 员	梁泽荣	广东出入境检验检疫局
15	成 员	徐　波	深圳出入境检验检疫局
16	成 员	邵岩峰	珠海出入境检验检疫局
17	成 员	张映彤	四川出入境检验检疫局
18	成 员	刘　平	中国质量认证中心
19	成 员	李　阳	中国质量认证中心
20	成 员	赵　宁	中国质量认证中心
21	成 员	王江东	中国质量认证中心

续表

22	成员	巍　未	中国质量认证中心
23	成员	张　勇	中国质量认证中心
24	成员	王　野	中国安全技术防范认证中心
25	成员	胡继红	北京东方凯姆质量认证中心
26	成员	曹增辰	中国建筑材料检验认证中心有限公司
27	成员	汤胜修	北京中化联合认证有限公司
28	成员	胡群明	公安部消防产品合格评定中心
29	成员	巩金龙	中汽认证中心
30	成员	崔　巍	方圆标志认证集团有限公司
31	成员	张　士	北京中轻联认证中心
32	成员	王　博	合肥通用机械产品认证有限公司
33	秘书兼协调员	林　琳	中国质量认证中心

国家认监委关于注销上海市安全生产科学研究所特种电器检测站等2家单位的部分领域强制性产品认证指定检测业务的公告

（2016年第32号）

经上海市安全生产科学研究所特种电器检测站、中国电子技术标准化研究院赛西实验室两家强制性产品认证指定实验室所属法人单位的主动申请，由于其业务发展调整，相应的产品领域不再符合强制性产品认证的有关要求，依据《强制性产品认证机构、检查机构和实验室管理办法》（国家质检总局第65号令）第三十九条的规定，现决定即日起注销上述两实验室承担的部分领域强制性产品认证指定检测业务，具体公告如下：

1. 上海市安全生产科学研究所特种电器检测站：注销其低压元器件产品（CNCA-C03-02）中的下列产品——“MCB、RCCB、RCBO、PRCD”的强制性产品认证指定检测业务。

2. 中国电子技术标准化研究院赛西实验室：注销其电路开关及保护或连接用电气装置（电器附件）产品（CNCA-C02-01）中的下列产品——“电线组件、插头插座（家用和类似用途）、器具耦合器（家用和类似用途）、热熔断体、小型熔断器的管状熔断体”的强制性产品认证指定检测业务。

特此公告。

国家认监委

2016年10月12日

国家认监委关于发布 2015 年能力验证满意结果检验检测机构名单的公告

（2016 年第 33 号）

国家认监委 2015 年能力验证所有项目均已顺利实施完毕，并通过专家总结验收。现将参加 2015 年国家认监委组织的能力验证项目并取得满意结果的检验检测机构名单予以公布。

根据有关规定，对取得满意结果的检验检测机构，计入其参加能力验证活动的记录，并在 2016-2017 年度进行资质认定或实验室认可评审时，可以免除该项目的现场实验。

国家认监委

2016 年 10 月 17 日

附件：

2015年国家认监委能力验证满意结果检验检测机构名单

一、 痰涂片抗酸染色查找抗酸杆菌能力验证项目（85家）

编号	机构名称	备注
1	西藏国际旅行卫生保健中心	
2	北京国际旅行卫生保健中心	
3	陕西国际旅行卫生保健中心医学实验室	
4	厦门国际旅行卫生保健中心实验室	
5	沈阳国际旅行卫生保健中心	
6	安徽国际旅行卫生保健中心传染病检测实验室	
7	珠海国际旅行卫生保健中心卫生检疫实验室	
8	河北国际旅行卫生保健中心实验室	
9	重庆国际旅行卫生保健中心	
10	广东国际旅行卫生保健中心结核实验室	
11	湖北国际旅行卫生保健中心实验室	
12	广西国际旅行卫生保健中心实验室	
13	山东国际旅行卫生保健中心医学检测中心实验室	
14	新疆国际旅行卫生保健中心检验科	
15	深圳国际旅行卫生保健中心医学实验室	
16	河南国际旅行卫生保健中心综合实验室	
17	宁波国际旅行卫生保健中心综合实验室	
18	湖南国际旅行卫生保健中心综合实验室	
19	江西国际旅行卫生保健中心卫生检疫实验室	
20	黑龙江国际旅行卫生保健中心鹤岗分中心	
21	浙江国际旅行卫生保健中心实验室	
22	海南国际旅行卫生保健中心	
23	江苏国际旅行卫生保健中心	
24	黑龙江国际旅行卫生保健中心	
25	长春国际旅行卫生保健中心	

续表

编号	机构名称	备注
26	福建国际旅行卫生保健中心国家生物安全检测重点实验室	
27	舟山国际旅行卫生保健中心综合实验室	
28	山西国际旅行卫生保健中心医学综合实验室	
29	新疆国际旅行卫生保健中心阿拉山口分中心/阿拉山口检验检疫局技术中心	
30	四川国际旅行卫生保健中心医学检测部	
31	二连浩特国际旅行卫生保健中心	
32	甘肃国际旅行卫生保健中心医学实验室	
33	宁夏国际旅行卫生保健中心实验室	
34	包头出入境检验检疫局综合技术服务中心保健中心实验室	
35	青海国际旅行卫生保健中心实验室	
36	日照国际旅行卫生保健中心	
37	烟台国际旅行卫生保健中心医学检测中心实验室	
38	荣成国际旅行卫生保健中心	
39	浙江国际旅游保健中心台州分中心医学检测实验室	
40	浙江国际旅游卫生保健中心金华分中心医学实验室	
41	满洲里国际旅行卫生保健中心	
42	辽宁国际旅行卫生保健中心医学检测中心	
43	秦皇岛国际旅行卫生保健中心	
44	中山国际旅行卫生保健中心医学综合实验室	
45	南通国际旅行卫生保健门诊部	
46	义乌国际旅行卫生保健中心实验室	
47	临沂国际旅行卫生保健中心医学检测实验室	
48	贵州出入境检验检疫局检验检疫综合技术中心传染病监测实验室	
49	江苏国际旅行卫生保健中心无锡分中心	
50	潍坊国际旅行卫生保健中心	
51	内蒙古国际旅行卫生保健中心实验室	
52	天津国际旅行卫生保健中心临检实验室	
53	佛山出入境检验检疫局综合技术中心卫生检疫实验室	
54	江苏国际旅行卫生保健中心江阴分中心	
55	黑龙江国际旅行卫生保健中心黑河分中心医学实验室	
56	黑龙江国际旅行卫生保健中心佳木斯分中心实验室	
57	黑龙江国际旅行卫生保健中心萝北分中心医学实验室	
58	黑龙江国际旅行卫生保健中心医学实验室牡丹江分中心	
59	黑龙江国际旅行卫生保健中心东宁分中心医学实验室	
60	黑龙江国际旅行卫生保健中心同江分中心医学实验室	
61	济宁出入境检验检疫局口岸传染病监测综合实验室	
62	温州国际旅行卫生保健中心实验室	
63	清远国际旅行卫生保健中心实验室	
64	宁波市疾病预防控制中心	
65	香格里拉市疾病预防控制中心	
66	上海疾病预防控制中心	
67	西昌市疾病预防控制中心	
68	云南省疾病预防控制中心	
69	江苏省疾病预防控制中心结核病实验室	
70	四川省疾病预防控制中心	
71	福建省疾病预防控制中心	

续表

编号	机构名称	备注
72	新疆维吾尔自治区疾病预防控制中心结核病参比实验室	
73	山西省疾病预防控制中心	
74	贵州省疾病预防控制中心	
75	广西壮族自治区疾病预防控制中心	
76	长沙市疾病预防控制中心	
77	山东省胸科医院检验科	
78	天津市第三中心医院检验科微生物实验室	
79	深圳市光明新区人民医院	
80	上海枫林医药医学检验有限公司临床检验部	
81	云南国际旅行卫生保健中心	补测满意
82	河北出入境检验检疫局曹妃甸办事处保健中心实验室	补测满意
83	黑龙江国际旅行卫生保健中心绥芬河分中心医学实验室	补测满意
84	黑龙江国际旅行卫生保健中心大庆分中心医学实验室	补测满意
85	卫生部北京医院检验科细菌室	补测满意

二、 蓝舌病病毒核酸检测能力验证项目（31家）

编号	机构名称
1	珠海出入境检验检疫局检验检疫技术中心
2	贵州出入境检验检疫局综合技术中心
3	上海出入境检验检疫局动植物与食品检验检疫技术中心
4	吉林出入境检验检疫局检验检疫技术中心
5	河北出入境检验检疫局检验检疫技术中心生物室
6	国家质检总局重庆动物检验检疫中心实验室
7	宁波出入境检验检疫局检验检疫技术中心生物分中心
8	陕西出入境检验检疫局检验检疫技术中心
9	湖北出入境检验检疫局检验检疫技术中心
10	唐山出入境检验检疫局综合实验室
11	天津出入境检验检疫局动植物与食品检测中心
12	浙江出入境检验检疫局技术中心动检实验室
13	新疆出入境检验检疫局检验检疫技术中心动植检室
14	阿拉山口出入境检验检疫局综合技术中心动植食品纺织实验室
15	河南出入境检验检疫局技术中心动物检疫实验室
16	广东出入境检验检疫局检验检疫技术中心动物检疫实验室
17	海南出入境检验检疫局技术中心动物检疫实验室
18	厦门出入境检验检疫局检验检疫技术中心
19	广西出入境检验检疫局检验检疫技术中心
20	江苏出入境检验检疫局动植物与食品检测中心
21	河口出入境检验检疫局综合实验室
22	瑞丽出入境检验检疫局检验检疫综合技术中心
23	西双版纳出入境检验检疫局综合技术中心动物检疫实验室
24	深圳出入境检验检疫局动植物检验检疫技术中心动物检验检疫实验室
25	云南省动物疾病预防控制中心
26	广西兽医研究所生物技术实验室
27	辽宁出入境检验检疫局检验检疫技术中心
28	山东出入境检验检疫局检验检疫技术中心
29	福建出入境检验检疫局检验检疫技术中心
30	宁夏出入境检验检疫局综合技术中心
31	内蒙古出入境检验检疫局检验检疫技术中心

三、 油菜茎基溃疡病菌检测能力验证项目（47家）

编号	机构名称	备注
1	阿拉山口出入境检验检疫局技术中心动植食品纺织实验室	
2	安徽出入境检验检疫局技术中心动植物实验室	
3	北京出入境检验检疫局检验检疫技术中心植物实验室	
4	鲅鱼圈出入境检验检疫局综合技术服务中心	
5	重庆出入境检验检疫局检验检疫技术中心	
6	东兴出入境检验检疫局检验检疫综合实验室	
7	二连浩特出入境检验检疫局检验检疫技术中心	
8	防城港出入境检验检疫局综合实验室	
9	福建出入境检验检疫局检验检疫技术中心	
10	甘肃出入境检验检疫局检验检疫综合技术中心	
11	广东出入境检验检疫局检验检疫技术中心植物检疫实验室	
12	广东机场出入境检验检疫局综合技术服务中心综合实验室	
13	广西出入境检验检疫局检验检疫技术中心	
14	海南出入境检验检疫局热带植物隔离检疫中心	
15	河北出入境检验检疫局检验检疫技术中心生物室	
16	河南出入境检验检疫局检验检疫局技术中心植物检疫实验室	
17	黑龙江出入境检验检疫局检验检疫技术中心植物检疫实验室	
18	湖北出入境检验检疫局检验检疫技术中心植物检疫实验室	
19	吉林出入境检验检疫局检验检疫技术中心	
20	浙江省检验检疫科学技术研究院嘉兴分院	
21	江苏出入境检验检疫局动植物与食品检测中心	
22	江西出入境检验检疫局综合技术中心	
23	南通出入境检验检疫局有害生物检疫实验室	
24	辽宁出入境检验检疫局检验检疫技术中心植物检疫科	
25	舟山出入境检验检疫局动植物检疫实验室	
26	宁波出入境检验检疫局检验检疫技术中心生物分中心	
27	宁夏出入境检验检疫局综合技术中心	
28	中山出入境检验检疫局检验检疫技术中心	
29	山东出入境检验检疫局检验检疫技术中心	
30	汕头出入境检验检疫局检验检疫技术中心植检实验室	
31	上海出入境检验检疫局动植物与食品检验检疫技术中心	
32	深圳出入境检验检疫局动植物检验检疫技术中心	
33	国家质检总局植物检疫区域性中心实验室（四川）	
34	国家仓储有害生物检疫重点实验室（苏州）	
35	天津出入境检验检疫局动植物与食品检测中心	
36	浙江省检验检疫科学技术研究院温州分院	
37	无锡出入境检验检疫局外来有害生物检疫实验室	
38	新疆出入境检验检疫局检验检疫技术中心	
39	厦门出入境检验检疫局技术中心植检实验室	
40	盐城出入境检验检疫局综合技术服务中心	
41	珠海出入境检验检疫局检验检疫技术中心植物检疫实验室	
42	湛江出入境检验检疫局检验检疫技术中心	
43	国家材种鉴定与木材检疫重点实验室	
44	浙江出入境检验检疫局检验检疫技术中心植物检疫实验室	
45	四川出入境检验检疫局技术中心泸州综合实验室	补测满意
46	钦州出入境检验检疫局综合技术服务中心	补测满意
47	云南出入境检验检疫局技术中心植检实验室	补测满意

四、大洋臀纹粉蚧形态鉴定能力验证项目(65家)

编号	机构名称	备注
1	上海出入境检验检疫局动植物与食品检验检疫技术中心	
2	四川出入境检验检疫局检验检疫技术中心机场实验室	
3	四川出入境检验检疫局技术中心泸州综合实验室	
4	珠海出入境检验检疫局检验检疫技术中心	
5	云南出入境检验检疫局技术中心植物实验室	
6	国家质检总局植物检疫区域性中心实验室(四川)	
7	伊犁出入境检验检疫局综合技术服务中心综合实验室霍尔果斯检测场所	
8	江西出入境检验检疫局检验检疫综合技术中心	
9	吉林出入境检验检疫局检验检疫技术中心	
10	广西出入境检验检疫局检验检疫技术中心植物检疫与分子生物学区域性中心实验室	
11	太仓出入境检验检疫局口岸有害生物检疫实验室	
12	广州机场出入境检验检疫局综合技术服务中心综合实验室	
13	安徽检验检疫局技术中心动植检实验室	
14	中山出入境检验检疫局检验检疫技术中心	
15	厦门出入境检验检疫局检验检疫技术中心	
16	重庆出入境检验检疫局技术中心植物检疫中心实验室	
17	国家仓储有害生物检疫重点实验室(苏州)	
18	宁夏出入境检验检疫局综合技术中心	
19	东兴出入境检验检疫局检验检疫综合实验室	
20	海南出入境检验检疫局热带植物隔离检疫中心	
21	湛江出入境检验检疫局检验检疫技术中心	
22	玉林出入境检验检疫局检验检疫综合实验室	
23	贵州出入境检验检疫局综合技术中心	
24	威海检验检疫局检验检疫技术中心	
25	陕西出入境检验检疫局检验检疫技术中心动植检实验室	
26	舟山出入境检验检疫局动植物检疫实验室	
27	唐山出入境检验检疫局	
28	甘肃省出入境检验检疫局检验检疫综合技术中心	
29	防城港出入境检验检疫局综合实验室	
30	湖北出入境检验检疫局检验检疫技术中心植物检疫实验室	
31	浙江省检验检疫科学技术研究院嘉兴分院	
32	浙江省检验检疫科学技术研究院温州分院(植检实验室)	
33	辽宁出入境检验检疫局检验检疫综合技术中心	
34	连云港出入境检验检疫局植物检疫实验室	
35	广西出入境检验检疫局检验检疫技术中心龙邦分中心	
36	勐腊出入境检验检疫局检验检疫综合技术中心植检实验室	
37	临沂出入境检验检疫局检验检疫技术中心	
38	山东出入境检验检疫局检验检疫技术中心	
39	山西出入境检验检疫局检验检疫技术中心植物检疫实验室	
40	河北出入境检验检疫局检验检疫技术中心生物室	
41	天津出入境检验检疫局动植物与食品检测中心	
42	日照出入境检验检疫局综合技术服务中心	
43	黑龙江出入境检验检疫局检验检疫技术中心植物检疫实验室	
44	无锡出入境检验检疫局外来有害生物检疫实验室	
45	浙江出入境检验检疫局植物检验检疫实验室	
46	深圳出入境检验检疫局动植物检验检疫技术中心植检实验室	
47	湖南检验检疫局检验检疫技术中心	

续表

编号	机构名称	备注
48	广西检验检疫局技术中心钦州保税港区分中心	
49	番禺出入境检验检疫局动植物检疫实验室	
50	莆田出入境检验检疫局国家林木检验检疫重点实验室	
51	泉州出入境检验检疫局综合技术服务中心动植物检疫分中心	
52	江苏出入境检验检疫局动植物与食品检测中心植物检疫实验室	
53	秦皇岛出入境检验检疫局植物检疫实验室	
54	新疆出入境检验检疫局检验检疫技术中心	
55	北海出入境检验检疫局综合实验室	
56	西藏出入境检验检疫局检验检疫技术中心	
57	二连浩特出入境检验检疫局检验检疫技术中心植物检疫实验室	
58	宁波出入境检验检疫局检验检疫技术中心生物分中心	
59	福建出入境检验检疫局检验检疫技术中心植物实验室	
60	河南出入境检验检疫局检验检疫技术中心	
61	阿拉山口出入境检验检疫局综合技术服务中心动植食品纺织实验室	
62	盐城出入境检验检疫局综合技术服务中心	补测满意
63	中华人民共和国文山出入境检验检疫局综合实验室	补测满意
64	广西出入境检验检疫局检验检疫技术中心水口分中心	补测满意
65	赤峰出入境检验检疫局综合技术服务中心	补测满意

五、 化妆品中抗生素检测能力验证项目(74家)

编号	机构名称	满意参数
1	吉林省食品检验所	氯霉素、甲硝唑
2	上海市日用化学工业研究所香料香精化妆品检验实验室	氯霉素、甲硝唑
3	四川出入境检验检疫局技术中心	氯霉素、甲硝唑
4	福建省产品质量检验研究院(国家加工食品质量监督检验中心)	氯霉素、甲硝唑
5	北京市产品质量监督检验院	氯霉素、甲硝唑
6	珠海出入境检验检疫局检验检疫技术中心	氯霉素、甲硝唑
7	宁波出入境检验检疫局检验检疫技术中心(食品分中心)	氯霉素、甲硝唑
8	宁波出入境检验检疫局检验检疫技术中心(消费品分中心)	氯霉素、甲硝唑
9	武汉食品化妆品检验所	氯霉素、甲硝唑
10	深圳出入境检验检疫局食品检验检疫技术中心	氯霉素、甲硝唑
11	沈阳产品质量监督检验院	氯霉素、甲硝唑*
12	浙江省检验检疫科学技术研究院嘉兴分院	氯霉素
13	廊坊市药品检验所	氯霉素、甲硝唑*
14	上海市食品药品检验所	氯霉素、甲硝唑
15	东莞市食品药品检验所	甲硝唑
16	佛山市质量计量监督检测中心	氯霉素、甲硝唑
17	深圳市通量检测科技有限公司	氯霉素、甲硝唑
18	许昌市质量技术监督检验测试中心	氯霉素、甲硝唑
19	广东省药品检验所	氯霉素、甲硝唑
20	中国广州分析测试中心汕头实验室	氯霉素、甲硝唑
21	中国广州分析测试中心	氯霉素、甲硝唑
22	谱尼测试集团深圳有限公司	氯霉素、甲硝唑
23	江苏省产品质量监督检验研究院(国家化妆品质量监督检验中心)	氯霉素、甲硝唑
24	南通出入境检验检疫局	氯霉素
25	湖北省食品质量安全监督检验研究院	氯霉素
26	黑龙江出入境检验检疫局技术中心残留检测室	氯霉素、甲硝唑

续表

编号	机构名称	满意参数
27	深圳市计量质量检测研究院	氯霉素、甲硝唑
28	天津市产品质量监督检测技术研究院-1	氯霉素、甲硝唑
29	广西壮族自治区产品质量检验研究院	氯霉素、甲硝唑
30	上海天祥质量技术服务有限公司食品实验室	氯霉素、甲硝唑
31	湖北出入境检验检疫局检验检疫技术中心	氯霉素、甲硝唑
32	广东产品质量监督检验研究院轻化产品检验室	氯霉素、甲硝唑
33	汕头检验检疫技术中心食品检测实验室	氯霉素、甲硝唑
34	上海市质量监督检验技术研究院	氯霉素、甲硝唑
35	海南出入境检验检疫局技术中心食品安全实验室	氯霉素、甲硝唑
36	国家果类及农副加工产品质量监督检验中心	氯霉素、甲硝唑
37	陕西出入境检验检疫局检验检疫技术中心	氯霉素、甲硝唑
38	陕西中检检测技术有限公司	氯霉素、甲硝唑
39	广州出入境检验检疫局综合检测中心	氯霉素
40	浙江省质量检测科学研究院/浙江方圆检测集团股份有限公司	氯霉素、甲硝唑
41	重庆出入境检验检疫局技术中心	氯霉素
42	上海出入境检验检疫局动植物与食品检验检疫技术中心	氯霉素、甲硝唑
43	广西柳州食品药品检验所	氯霉素、甲硝唑
44	华测检测认证集团股份有限公司	氯霉素、甲硝唑
45	山东出入境检验检疫局检验检疫技术中心	氯霉素、甲硝唑*
46	中国疾病预防控制中心环境与健康相关产品安全所（潘家园工作区）	氯霉素、甲硝唑
47	广州质量监督检测研究院	氯霉素、甲硝唑
48	苏州出入境检验检疫局综合技术中心	氯霉素、甲硝唑
49	云南省疾病预防控制中心	氯霉素、甲硝唑
50	宁夏出入境检验检疫局检验检疫综合技术中心	氯霉素*、甲硝唑*
51	武汉产品质量监督检验所	氯霉素
52	大连市产品质量检测研究院	氯霉素、甲硝唑
53	陕西省食品药品检验所	氯霉素、甲硝唑
54	国家轻工业香料化妆品洗涤用品质量监督检测南京站	氯霉素、甲硝唑
55	山西出入境检验检疫局检验检疫技术中心食品检测实验室	氯霉素、甲硝唑
56	湖南省疾病预防控制中心（湖南省公共卫生检测检验中心）	甲硝唑*
57	上海市疾病预防控制中心/上海市预防医学研究院	氯霉素、甲硝唑
58	广东产品质量监督检验研究院	氯霉素、甲硝唑
59	国家日用小商品质量监督检验中心	氯霉素、甲硝唑
60	舟山市食品药品检验检测研究院（国家海洋食品质量监督检验中心）	氯霉素、甲硝唑
61	北京市疾病预防控制中心营养与食品卫生所	氯霉素*、甲硝唑*
62	四川省疾病预防控制中心	氯霉素、甲硝唑
63	北京市海淀区产品质量监督检验所(国家食品质量安全监督检验中心)	氯霉素*、甲硝唑
64	广东检验检疫技术中心食品实验室	氯霉素、甲硝唑
65	湖南出入境检验检疫局技术中心	氯霉素、甲硝唑*
66	河北出入境检验检疫局技术中心	氯霉素、甲硝唑
67	河南出入境检验检疫局检验检疫技术中心	氯霉素、甲硝唑
68	安徽省食品药品检验研究院	甲硝唑
69	浙江出入境检验检疫局检验检疫技术中心兽药残留检测实验室	氯霉素
70	广东省中山市质量计量监督检测所	氯霉素、甲硝唑
71	江苏中谱检测有限公司	氯霉素、甲硝唑
72	广州市药品检验所五分所	甲硝唑
73	浙江出入境检验检疫局检验检疫技术中心化学安全分析实验室	氯霉素
74	河南省产品质量监督检验院	氯霉素、甲硝唑

六、 生活饮用水中苯、汞、硼、COD（锰法）的检测能力验证项目（462家）

编号	机构名称	满意参数
1	珠海出入境检验检疫局检验检疫技术中心	苯、汞、硼、COD（锰法）
2	上海市质量监督检验技术研究院	苯、汞、硼、COD（锰法）
3	黄河流域水环境监测中心	苯、汞、硼、COD（锰法）
4	广西出入境检验检疫局检验检疫技术中心	苯、汞、硼、COD（锰法）
5	安徽出入境检验检疫局检验检疫技术中心	苯、汞、硼、COD（锰法）
6	福建省产品质量检验研究院	苯、汞、硼、COD（锰法）
7	国家城市供水水质监测网无锡监测站	苯、汞、硼、COD（锰法）
8	淮河流域水资源保护局淮河流域水环境监测中心	苯、汞、硼、COD（锰法）
9	国家城市供水水质监测网太原监测站/太原供水集团有限公司	苯、汞、硼、COD（锰法）
10	国家城市供水水质监测网株洲监测站	苯、汞、硼、COD（锰法）
11	上海市松江区疾病预防控制中心	苯、汞、硼、COD（锰法）
12	湖南出入境检验检疫局检验检疫技术中心/湖南中检检测有限公司	苯、汞、硼、COD（锰法）
13	国家城市供水水质监测网南宁监测站	苯、汞、硼、COD（锰法）
14	河南出入境检验检疫局检验检疫技术中心	苯、汞、硼、COD（锰法）
15	东营市自来水公司水质检测中心	苯、汞、硼、COD（锰法）
16	国家城市供水水质监测网青岛监测站	苯、汞、硼、COD（锰法）
17	国家城市供水水质监测网杭州监测站	苯、汞、硼、COD（锰法）
18	江苏省疾病预防控制中心	苯、汞、硼、COD（锰法）
19	吉林省产品质量监督检验院	苯、汞、硼、COD（锰法）
20	重庆市疾病预防控制中心	苯、汞、硼、COD（锰法）
21	国家城市供水水质监测网佛山监测站	苯、汞、硼、COD（锰法）
22	广西壮族自治区疾病预防控制中心	苯、汞、硼、COD（锰法）
23	江西省疾病预防控制中心	苯、汞、硼、COD（锰法）
24	国家城市供水水质监测网西安监测站	苯、汞、硼、COD（锰法）
25	国家城市供水水质监测网昆明监测站	苯、汞、硼、COD（锰法）
26	国家城市供水水质监测网滨海监测站	苯、汞、硼、COD（锰法）
27	上海市供水调度监测中心水质监测站/国家城市供水水质监测网上海监测站	苯、汞、硼、COD（锰法）
28	国家城市供水水质监测网重庆监测站	苯、汞、硼、COD（锰法）
29	国家城市供水水质监测网福州监测站	苯、汞、硼、COD（锰法）
30	北京市城市排水监测总站	苯、汞、硼、COD（锰法）
31	湖北省疾病预防控制中心	苯、汞、硼、COD（锰法）
32	广西城市供水水质监测网柳州监测站	苯、汞、硼、COD（锰法）
33	上海市浦东新区疾病预防控制中心	苯、汞、硼、COD（锰法）
34	国家食品质量监督检验中心/中国食品发酵工业研究院检验实验室/国家轻工业食品质量监督检测中心	苯、汞、硼、COD（锰法）
35	国家果类及农副加工产品质量监督检验中心	苯、汞、硼、COD（锰法）
36	国家城市供水（排水）监测网济南监测站	苯、汞、硼、COD（锰法）
37	浙江省城市供水水质监测网丽水监测站	苯、汞、硼、COD（锰法）
38	国家城市供水水质监测网哈尔滨监测站	苯、汞、硼、COD（锰法）
39	国家城市供水水质监测网乌鲁木齐监测站	苯、汞、硼、COD（锰法）
40	国家城市供水水质监测网长沙监测站	苯、汞、硼、COD（锰法）
41	陕西省疾病预防控制中心	苯、汞、硼、COD（锰法）
42	国家城市供水水质监测网大庆监测站/大庆石油管理局环境监测中心站	苯、汞、硼、COD（锰法）
43	上海华测品标检测技术有限公司	苯、汞、硼、COD（锰法）
44	佛山市顺德区供水有限公司水质监测站	苯、汞、硼、COD（锰法）
45	湖南省城市供水水质监测网衡阳监测站	苯、汞、硼、COD（锰法）
46	南京水务集团有限公司水质监测中心	苯、汞、硼、COD（锰法）

续表

编号	机构名称	满意参数
47	国家城市供水水质监测网广州监测站	苯、汞、硼、COD（锰法）
48	广州市城市排水监测站	苯、汞、硼、COD（锰法）
49	国家城市供水水质监测网沈阳监测站	苯、汞、硼、COD（锰法）
50	国家城市供水水质监测网长春监测站	苯、汞、硼、COD（锰法）
51	云南省水环境监测中心	苯、汞、硼、COD（锰法）
52	国家城市供水水质监测网珠海监测站	苯、汞、硼、COD（锰法）
53	广东产品质量监督检验研究院	苯、汞、硼、COD（锰法）
54	湖南省疾病预防控制中心/湖南省公共卫生检测检验中心	苯、汞、硼、COD（锰法）
55	国家城市供水水质监测网北京监测站	苯、汞、硼、COD（锰法）
56	上海市疾病预防控制中心/上海市预防医学研究院	苯、汞、硼、COD（锰法）
57	国家城市供水水质监测网南昌监测站	苯、汞、硼、COD（锰法）
58	陕西中检检测技术有限公司	苯、汞、硼、COD（锰法）
59	广东省疾病预防控制中心	苯、汞、硼、COD（锰法）
60	国家城市供水水质监测网兰州监测站/兰州威立雅水务集团有限责任公司水质中心	苯、汞、硼、COD（锰法）
61	湖北省城市供水水质监测网东西湖监测站	苯、汞、硼、COD（锰法）
62	国家城市供水水质监测网郑州监测站	苯、汞、硼、COD（锰法）
63	南京市宁溪给排水检测有限公司	苯、汞、硼、COD（锰法）
64	海口市城市排水监测站	苯、汞、硼、COD（锰法）
65	中国城市规划设计研究院供水水质监测中心/建设部城市供水水质监测中心	苯、汞、硼、COD（锰法）
66	国家城市供水水质监测网成都监测站	苯、汞、硼、COD（锰法）
67	宁乡县疾病预防控制中心	苯、汞、硼、COD（锰法）
68	湖南省澧县疾病预防控制中心	苯、汞、硼、COD（锰法）
69	郴州市疾病预防控制中心	苯、汞、硼、COD（锰法）
70	上海市水环境监测中心实验室	苯、汞、硼、COD（锰法）
71	天津市水环境监测中心	苯、汞、硼、COD（锰法）
72	国家城市供水水质监测网天津监测站	苯、汞、硼、COD（锰法）
73	国家城市供水水质监测网宁波监测站	苯、汞、硼、COD（锰法）
74	江门融浩水业股份有限公司水质研究及监测中心	苯、汞、硼、COD（锰法）
75	山东省产品质量检验研究院	苯、汞、硼、COD（锰法）
76	河北出入境检验检疫局检验检疫技术中心	苯、汞、硼、COD（锰法）
77	国家城市排水水质监测网天津监测站/天津市城市排水监测站	苯、汞、硼、COD（锰法）
78	陕西出入境检验检疫局检验检疫技术中心	苯、汞、硼、COD（锰法）
79	国家食品质量安全监督检验中心/北京市海淀区产品质量监督检验所	苯、汞、硼、COD（锰法）
80	江苏省城市供水水质监测网南通监测站/南通市城镇供水水质检测中心	苯、汞、硼、COD（锰法）
81	国家海水及苦咸水利用产品质量监督检验中心	苯、汞、硼、COD（锰法）
82	宁夏回族自治区疾病预防控制中心	苯、汞、硼、COD（锰法）
83	广东省城市供水水质监测网南海监测站	苯、汞、硼、COD（锰法）
84	山东出入境检验检疫局检验检疫技术中心	苯、汞、硼、COD（锰法）
85	济南市疾病预防控制中心	苯、汞、硼、COD（锰法）
86	连云港市水质检测中心	苯、汞、硼、COD（锰法）
87	杭州市疾病预防控制中心	苯、汞、硼、COD（锰法）
88	辽宁省疾病预防控制中心	苯、汞、硼、COD（锰法）
89	中国疾病预防控制中心环境与健康相关产品安全所	苯、汞、硼、COD（锰法）
90	广州质量监督检测研究院	苯*、汞、硼、COD（锰法）
91	深圳市计量质量检测研究院	苯*、汞、硼、COD（锰法）
92	黑龙江省华测检测技术有限公司	苯*、汞、硼、COD（锰法）
93	大连出入境检验检疫局检验检疫技术中心	苯*、汞、硼、COD（锰法）
94	吉林省疾病预防控制中心	苯*、汞、硼、COD（锰法）

续表

编号	机构名称	满意参数
95	浙江省第十一地质大队	苯*、汞、硼、COD(锰法)
96	常熟中法水务有限公司水质监测中心	苯*、汞、硼、COD(锰法)
97	国家城市供水水质监测网大连监测站	苯*、汞、硼、COD(锰法)
98	珠海市水质监测中心	苯*、汞、硼、COD(锰法)
99	苏州市自来水有限公司水质检测中心/江苏省供水水质监测网苏州监测站	苯*、汞、硼、COD(锰法)
100	国家城市供水水质监测网银川监测站	苯*、汞、硼、COD(锰法)
101	苏州出入境检验检疫局检验检疫综合技术中心	苯*、汞、硼、COD(锰法)
102	江苏省产品质量监督检验研究院	苯*、汞、硼、COD(锰法)
103	国家青少年食品质量监督检验中心	苯*、汞、硼、COD(锰法)
104	内蒙古自治区疾病预防控制中心	苯*、汞、硼、COD(锰法)
105	徐州市城市供水水质检测中心	苯*、汞、硼、COD(锰法)
106	江西圣丰检测有限公司	苯*、汞、硼、COD(锰法)
107	河南省城市供水水质监测网洛阳监测站	苯*、汞、硼、COD(锰法)
108	云南省红河州疾病预防控制中心	苯*、汞、硼、COD(锰法)
109	广东省城市供水水质监测网肇庆监测站	苯*、汞、硼、COD(锰法)
110	石家庄市城市排水监测站	苯*、汞、硼、COD(锰法)
111	江西省产品质量监督检测院/(国家果蔬产品与加工食品监督检测中心)	苯、汞*、硼、COD(锰法)
112	吉林省食品检验所	苯、汞*、硼、COD(锰法)
113	国家家用电器质量监督检验中心/中国家用电器研究院	苯、汞*、硼、COD(锰法)
114	长江委水文局长江上游水环境监测中心	苯、汞*、硼、COD(锰法)
115	大连市产品质量检测研究院	苯、汞*、硼、COD(锰法)
116	中国石化集团胜利石油管理局水质检测中心	苯、汞*、硼、COD(锰法)
117	福建省疾病预防控制中心	苯、汞*、硼、COD(锰法)
118	河南省疾病预防控制中心	苯、汞*、硼、COD(锰法)
119	漳州市疾病预防控制中心	苯、汞*、硼、COD(锰法)
120	威海市疾病预防控制中心	苯、汞*、硼、COD(锰法)
121	云南省楚雄州疾病预防控制中心	苯、汞*、硼、COD(锰法)
122	宁夏城市供水水质监测网中卫监测站	苯、汞、硼*、COD(锰法)
123	安徽省疾病预防控制中心	苯、汞、硼*、COD(锰法)
124	天津市疾病预防控制中心	苯、汞、硼*、COD(锰法)
125	国家城市供水水质监测网石家庄监测站	苯、汞、硼*、COD(锰法)
126	国家城市排水监测网哈尔滨监测站	苯、汞、硼*、COD(锰法)
127	北京北排水环境发展有限公司水质检测中心	苯、汞、硼*、COD(锰法)
128	上海市城市排水监测站	苯、汞、硼*、COD(锰法)
129	中国石油天然气股份有限公司新疆油田分公司实验检测研究院	苯、汞、硼*、COD(锰法)
130	浙江省疾病预防控制中心	苯、汞、硼*、COD(锰法)
131	江苏省城市供水水质监测网常州监测站/常州市城镇供水水质检测中心	苯、汞、硼*、COD(锰法)
132	吉林省水文水资源局(吉林省水环境监测中心)	苯、汞、硼*、COD(锰法)
133	国家城市供水水质监测网厦门监测站	苯、汞、硼*、COD(锰法)
134	广西壮族自治区产品质量检验研究院	苯、汞、硼、COD(锰法)*
135	天津市产品质量监督检测技术研究院	苯、汞、硼、COD(锰法)*
136	浙江省质量检测科学研究院[国家预包装食品质量监督检验中心(浙江)]	苯、汞、硼、COD(锰法)*
137	山东省疾病预防控制中心	苯、汞、硼、COD(锰法)*
138	国家城市供水水质监测网武汉监测站	苯、汞、硼、COD(锰法)*
139	汕头市为民水质检测有限公司	苯、汞、硼、COD(锰法)*
140	国家城市供水水质监测网温州监测站	苯、汞、硼、COD(锰法)*
141	国家城市供水水质监测网合肥监测站	苯、汞、硼、COD(锰法)*
142	扬州市水质检测中心	苯、汞、硼、COD(锰法)*

续表

编号	机构名称	满意参数
143	江西省水务水科学检测研发有限公司	苯*、汞、硼*、COD（锰法）
144	松辽流域水资源保护局松辽流域水环境监测中心	苯*、汞、硼*、COD（锰法）
145	深圳出入境检验检疫局食品检验检疫技术中心	苯*、汞、硼、COD（锰法）*
146	云南省疾病预防控制中心	苯、汞*、硼*、COD（锰法）
147	国家城市供水水质监测网深圳水务局监测站/深圳市水质检测中心	苯、汞*、硼*、COD（锰法）
148	山西出入境检验检疫局技术中心	苯、汞*、硼*、COD（锰法）
149	太湖流域水文水资源监测中心（太湖流域水环境监测中心）	苯、汞*、硼*、COD（锰法）
150	厦门出入境检验检疫局检验检疫技术中心	苯、汞、硼*、COD（锰法）*
151	四川省城市供水排水水质监测网泸州监测站	苯*、汞、硼*、COD（锰法）*
152	山西省晋城市疾病预防控制中心	苯*、汞、硼*、COD（锰法）*
153	长沙市疾病预防控制中心（长沙市公共卫生检测检验中心）	苯、汞、硼
154	海南省三亚市疾病预防控制中心	苯、汞、硼
155	江苏省水环境监测中心常州分中心	苯、汞、硼
156	湖北省产品质量监督检验研究院	苯、汞、硼
157	江西出入境检验检疫局综合技术中心	苯、汞、硼
158	中国检验检疫科学研究院综合检测中心	苯、汞、硼
159	海南省疾病预防控制中心	苯*、汞、硼
160	安徽省食品药品检验研究院	苯*、汞、硼
161	青岛环湾检测评价有限公司	苯、汞、硼*
162	太原市疾病预防控制中心	苯*、汞*、硼
163	厦门中集信检测技术有限公司	苯*、汞、硼*
164	青岛中润监测中心	苯*、汞、硼*
165	珠江水利委员会珠江水利科学研究院中心试验室	苯、汞、COD（锰法）
166	黑龙江出入境检验检疫局检验检疫技术中心	苯、汞、COD（锰法）
167	重庆市水环境监测中心	苯、汞、COD（锰法）
168	长江水利委员会水文局长江口水环境监测中心	苯、汞、COD（锰法）
169	黄河中游水环境监测中心	苯、汞、COD（锰法）
170	甘肃省疾病预防控制中心	苯、汞、COD（锰法）
171	黄河上游水环境监测中心	苯、汞、COD（锰法）
172	国家城市排水监测网南京监测站/南京市城市排水监测站	苯、汞、COD（锰法）
173	黄河三门峡库区水环境监测中心	苯、汞、COD（锰法）
174	黄河宁蒙水环境监测中心	苯、汞、COD（锰法）
175	浙江省水资源监测中心杭州分中心	苯、汞、COD（锰法）
176	浙江省城市供水水质监测网金华监测站	苯、汞、COD（锰法）
177	北京市水环境监测中心大兴分中心	苯、汞、COD（锰法）
178	乳山市疾病预防控制中心/乳山市卫生检测检验中心	苯、汞、COD（锰法）
179	北京市水环境监测中心	苯、汞、COD（锰法）
180	贵州上善城市水质检测有限责任公司	苯、汞、COD（锰法）
181	扬州市江都区自来水有限公司中心化验室	苯、汞、COD（锰法）
182	黄山市三江源水质检测站	苯、汞、COD（锰法）
183	水利部水质监督检验测试中心	苯、汞、COD（锰法）
184	泰州市水质监测中心	苯*、汞、COD（锰法）
185	广西城市供水水质监测网百色监测站	苯、汞*、COD（锰法）
186	黄河山东水环境监测中心	苯、汞*、COD（锰法）
187	国家城市排水监测网太原监测站	苯、汞、COD（锰法）*
188	武汉市城市排水监测站	苯、汞、COD（锰法）*
189	山西晋科斯顿环境安全检测有限公司	苯、汞、COD（锰法）*
190	甘肃省水环境监测中心	苯*、汞*、COD（锰法）

续表

编号	机构名称	满意参数
191	泰州出入境检验检疫局综合技术服务中心	苯*、汞、COD（锰法）*
192	国家城市供水水质监测网贵阳监测站	苯*、汞、COD（锰法）*
193	深圳市虹彩检测技术有限公司	苯*、汞、COD（锰法）*
194	深圳市谱尼测试科技有限公司	苯*、汞、COD（锰法）*
195	新疆昌源水务科学研究院（有限公司）	苯*、汞、COD（锰法）*
196	山西省水环境监测中心	苯、汞*、COD（锰法）*
197	淮安自来水有限公司水质检测中心/江苏省城市供水水质监测网淮安监测站	苯、硼、COD（锰法）
198	湖北省城市供水水质监测网吉首监测站	苯、硼、COD（锰法）
199	济南市历城区疾病预防控制中心	苯、硼、COD（锰法）
200	上杭县疾病预防控制中心	苯、硼、COD（锰法）
201	国家饮用水产品质量监督检验中心/白山市产品质量检验所	苯、硼*、COD（锰法）
202	辽宁出入境检验检疫局检验检疫技术中心	苯、硼*、COD（锰法）
203	国家海洋食品质量监督检验中心/舟山市食品药品检验检测研究院	苯*、硼、COD（锰法）*
204	宁波出入境检验检疫局检验检疫技术中心食品分中心	汞、硼、COD（锰法）
205	福建紫金矿冶测试技术有限公司	汞、硼、COD（锰法）
206	漳州出入境检验检疫局综合技术服务中心实验室	汞、硼、COD（锰法）
207	新疆维吾尔自治区产品质量监督检验研究院	汞、硼、COD（锰法）
208	贵州省产品质量监督检验院	汞、硼、COD（锰法）
209	济南市食品药品检验检测中心食品检验所	汞、硼、COD（锰法）
210	北京市海淀区疾病预防控制中心	汞、硼、COD（锰法）
211	贵州省地质矿产中心实验室	汞、硼、COD（锰法）
212	湖北省城市供水水质监测网孝感监测站	汞、硼、COD（锰法）
213	湖北省城市供水水质监测网黄石监测站	汞、硼、COD（锰法）
214	青海省疾病预防控制中心	汞、硼、COD（锰法）
215	浙江九安检测科技有限公司	汞、硼、COD（锰法）
216	国家城市供水水质监测网西宁监测站	汞、硼、COD（锰法）
217	聊城市疾病预防控制中心	汞、硼、COD（锰法）
218	贵州省疾病预防控制中心	汞、硼、COD（锰法）
219	上海建科检验有限公司/国家建筑工程材料质量监督检验中心	汞*、硼、COD（锰法）
220	云南省保山市昌宁县疾病预防控制中心	汞*、硼、COD（锰法）
221	国家轻工业食品质量监督检测上海站/上海源本食品质量检验有限公司	汞、硼*、COD（锰法）
222	河北省疾病预防控制中心	汞、硼*、COD（锰法）
223	国家城市供水水质监测网呼和浩特监测站	汞、硼*、COD（锰法）
224	国家城市供水水质监测网深圳监测站	汞、硼*、COD（锰法）
225	云南省产品质量监督检验研究院/国家热带农副产品质量监督检验中心	汞、硼、COD（锰法）*
226	海南省产品质量监督检验所	汞、硼、COD（锰法）*
227	西藏出入境检验检疫局检验检疫技术中心	汞、硼、COD（锰法）*
228	大理州疾病预防控制中心	汞、硼*、COD（锰法）*
229	四川省疾病预防控制中心	汞、硼*、COD（锰法）*
230	重庆出入境检验检疫局检验检疫技术中心	苯、汞
231	广东出入境检验检疫局检验检疫技术中心	苯、汞
232	铁岭市疾病预防控制中心	苯、汞
233	张家港出入境检验检疫局检验检疫综合技术中心	苯*、汞
234	烟台市城市供水水质监测有限公司	苯、硼
235	北京市疾病预防控制中心	苯、硼
236	潍坊市嘉源水质监测中心	苯、硼
237	辽阳市疾病预防控制中心	苯*、硼
238	北京市水环境监测中心官厅水库分中心	苯*、COD（锰法）

续表

编号	机构名称	满意参数
239	鞍山市疾病预防控制中心	苯、COD(锰法)*
240	环境保护部华南环境科学研究所	苯、COD(锰法)*
241	淮安出入境检验检疫局综合技术服务中心实验室	汞、硼
242	内蒙古出入境检验检疫局检验检疫技术中心	汞、硼
243	上海出入境检验检疫局动植物与食品检验检疫技术中心	汞、硼
244	海南出入境检验检疫局检验检疫技术中心	汞、硼
245	四川出入境检验检疫局检验检疫技术中心	汞、硼
246	浙江省检验检疫科学技术研究院	汞、硼
247	三明出入境检验检疫局综合技术服务中心	汞、硼
248	湛江市南海西部石油职业卫生技术服务有限公司	汞、硼
249	晋中市天湖水质检测有限公司	汞、硼
250	湖北出入境检验检疫局检验检疫技术中心	汞、硼
251	农业部食品质量监督检验测试中心(石河子)	汞、硼
252	龙岩出入境检验检疫局综合技术服务中心	汞、硼
253	珠江流域水环境监测中心	汞、硼
254	潍坊出入境检验检疫局检验检疫综合技术服务中心	汞、硼
255	福建出入境检验检疫局检验检疫技术中心	汞、硼
256	内蒙古自治区产品质量检验研究院	汞、硼
257	威海市水务水质检测中心有限公司	汞、硼
258	黑龙江省疾病预防控制中心	汞、硼
259	国家蔬菜质量监督检验中心/潍坊市产品质量监督检验所	汞*、硼
260	湖南出入境检验检疫局检验检疫技术中心	汞*、硼
261	临汾市欣润洁水质检测有限公司	汞、COD(锰法)
262	辽宁省水环境监测中心铁岭分中心	汞、COD(锰法)
263	黑龙江省城市供水水质监测网黑河监测站/黑河市自来水公司	汞、COD(锰法)
264	盐城出入境检验检疫局综合检测中心	汞、COD(锰法)
265	北京市产品质量监督检验院	汞、COD(锰法)
266	山西省疾病预防控制中心	汞、COD(锰法)
267	北京建筑材料检验研究院有限公司	汞、COD(锰法)
268	铁道部产品质量监督检验中心安全卫生检验站/中国铁道科学研究院节能环保劳卫研究所	汞、COD(锰法)
269	吉林省水环境监测中心延边分中心	汞、COD(锰法)
270	广西壮族自治区水环境监测中心	汞、COD(锰法)
271	广西壮族自治区水环境监测中心南宁分中心	汞、COD(锰法)
272	广西壮族自治区水环境监测中心柳州分中心	汞、COD(锰法)
273	广西壮族自治区水环境监测中心梧州分中心	汞、COD(锰法)
274	广西城市供水水质监测网钦州监测站	汞、COD(锰法)
275	广西壮族自治区水环境监测中心玉林分中心	汞、COD(锰法)
276	广西壮族自治区水环境监测中心百色分中心	汞、COD(锰法)
277	广西壮族自治区水环境监测中心沿海分中心	汞、COD(锰法)
278	广西壮族自治区水环境监测中心河池分中心	汞、COD(锰法)
279	长春市水产品质量安全检测中心	汞、COD(锰法)
280	湖北省城市供水水质监测网随州监测站	汞、COD(锰法)
281	江西省赣州市水资源监测中心	汞、COD(锰法)
282	江西省鄱阳湖水资源监测中心	汞、COD(锰法)
283	云南省水环境监测中心玉溪市分中心	汞、COD(锰法)
284	江西省水资源监测中心	汞、COD(锰法)
285	江西省抚州市水资源监测中心	汞、COD(锰法)

续表

编号	机构名称	满意参数
286	九江市水质监测有限公司	汞、COD（锰法）
287	山西省水环境监测中心太原分中心	汞、COD（锰法）
288	江西省九江市水资源监测中心	汞、COD（锰法）
289	江西省上饶水资源监测中心	汞、COD（锰法）
290	湖北省城市供水水质监测网荆门监测站	汞、COD（锰法）
291	云南省水环境监测中心曲靖市分中心	汞、COD（锰法）
292	湘潭县疾病预防控制中心	汞、COD（锰法）
293	上海申丰地质新技术应用研究所有限公司	汞、COD（锰法）
294	南平市疾病预防控制中心	汞、COD（锰法）
295	绍兴柯桥城乡水质检测有限公司	汞、COD（锰法）
296	吉林省水环境监测中心白城分中心	汞、COD（锰法）
297	运城市海华水质检测有限公司	汞、COD（锰法）
298	江西省景德镇市水资源监测中心	汞、COD（锰法）
299	吉林省水环境监测中心吉林分中心	汞、COD（锰法）
300	株洲市天元区疾病预防控制中心	汞、COD（锰法）
301	吉安市水资源监测中心	汞、COD（锰法）
302	北京市水环境监测中心昌平分中心	汞、COD（锰法）
303	山西省水环境监测中心阳泉分中心	汞、COD（锰法）
304	北京市水环境监测中心房山分中心	汞、COD（锰法）
305	湖北省城市供水水质监测网咸宁监测站	汞、COD（锰法）
306	北京市昌平区疾病预防控制中心	汞、COD（锰法）
307	北京市水环境监测中心密云水库分中心	汞、COD（锰法）
308	北京市水环境监测中心南水北调分中心/北京市南水北调水质监测中心	汞、COD（锰法）
309	山西省水环境监测中心吕梁分中心	汞、COD（锰法）
310	长春市产品质量监督检验院	汞、COD（锰法）
311	吉林省水环境监测中心通化分中心	汞、COD（锰法）
312	江苏省泰州市泰兴市自来水公司	汞、COD（锰法）
313	江苏省泰州市高港自来水有限公司	汞、COD（锰法）
314	江苏省水环境监测中心连云港分中心	汞、COD（锰法）
315	潍坊市自来水有限公司水质检测中心	汞、COD（锰法）
316	云南省水环境监测中心大理州分中心	汞、COD（锰法）
317	江西宜春水资源监测中心	汞、COD（锰法）
318	湖北省城市供水水质监测网仙桃监测站	汞、COD（锰法）
319	吴江华衍水务有限公司水质检测中心	汞、COD（锰法）
320	四川省危险化学品质量监督检验所	汞、COD（锰法）
321	银川市疾病预防控制中心	汞、COD（锰法）
322	北京市华新源再生水有限责任公司	汞、COD（锰法）
323	福建省龙岩市疾病预防中心	汞、COD（锰法）
324	福建省水环境监测中心	汞、COD（锰法）
325	江苏省兴化市自来水总公司	汞、COD（锰法）
326	江苏省水环境监测中心镇江分中心	汞、COD（锰法）
327	浙江省城市供水水质监测网衢州监测站	汞、COD（锰法）
328	云南出入境检验检疫局检验检疫技术中心	汞*、COD（锰法）
329	山西省水环境监测中心忻州分中心	汞*、COD（锰法）
330	广西壮族自治区水环境监测中心桂林分中心	汞*、COD（锰法）
331	云南省水环境监测中心丽江市分中心	汞*、COD（锰法）
332	湖南省浏阳市疾病预防控制中心	汞*、COD（锰法）
333	云南省水环境监测中心保山市分中心	汞*、COD（锰法）

续表

编号	机构名称	满意参数
334	江西省抚州市供水公司水质检测中心/江西省城市供水水质监测网抚州监测站	汞*、COD(锰法)
335	云南省水环境监测中心昭通市分中心	汞*、COD(锰法)
336	云南省水环境监测中心德宏州分中心	汞*、COD(锰法)
337	云南省水环境监测中心普洱市分中心	汞*、COD(锰法)
338	南水北调中线干线工程建设管理局河北水质监测中心	汞*、COD(锰法)
339	云南省水环境监测中心临沧市分中心	汞*、COD(锰法)
340	昆明市五华区疾病预防控制中心	汞*、COD(锰法)
341	山西省水环境监测中心长治分中心	汞*、COD(锰法)
342	云南省水环境监测中心昆明市分中心	汞*、COD(锰法)
343	秦皇岛市引青工程水质监测中心	汞、COD(锰法)*
344	国家糖业质量监督检验中心(国家轻工业甘蔗糖业质量监督检测中心)	汞、COD(锰法)*
345	浙江迪恩安正检测技术有限公司	汞、COD(锰法)*
346	普洱市疾病预防控制中心	汞、COD(锰法)*
347	河北省节水灌溉设备质量监督检验站	汞、COD(锰法)*
348	云南省水环境监测中心西双版纳州分中心	汞、COD(锰法)*
349	厦门市湖里区疾病预防控制中心	汞、COD(锰法)*
350	连云港出入境检验检疫局动植物实验室/连云港出入境检验检疫局综合技术中心	汞、COD(锰法)*
351	吉林省水环境监测中心四平分中心	汞、COD(锰法)*
352	莆田市疾病预防控制中心	汞、COD(锰法)*
353	孝义市疾病预防控制中心	汞、COD(锰法)*
354	南昌市疾病预防控制中心	硼、COD(锰法)
355	上海市黄浦区疾病预防控制中心	硼、COD(锰法)
356	宁夏城市供水水质监测网吴忠监测站	硼、COD(锰法)
357	新疆维吾尔自治区疾病预防控制中心	硼、COD(锰法)
358	清远市锦诚水质检测有限公司	硼、COD(锰法)
359	新疆生产建设兵团疾病预防控制中心	硼、COD(锰法)
360	昆明市城市排水监测站	硼、COD(锰法)
361	江苏省水环境监测中心无锡分中心	硼*、COD(锰法)
362	上饶市自来水公司水质监测中心(江西省城市供水水质监测网上饶监测站)	硼*、COD(锰法)
363	巧家县疾病预防控制中心	硼、COD(锰法)*
364	合肥市城市排水监测中心	苯
365	北京市大兴区疾病预防控制中心	苯
366	芜湖市疾病预防控制中心	苯
367	淮北市疾病预防控制中心	苯*
368	六安市疾病预防控制中心	苯*
369	合肥市疾病预防控制中心	苯*
370	新会出入境检验检疫局综合技术服务中心综合检验检疫实验室	汞
371	中国商业联合会肉禽蛋食品质量监督检验中心(北京)/商务部流通产业促进中心	汞
372	徐州出入境检验检疫局食品化矿实验室	汞
373	湖南省产商品质量监督检验研究院	汞
374	福清出入境检验检疫局检验检疫技术中心/福清出入境检验检疫局综合技术服务中心	汞
375	河南出入境检验检疫局检验检疫技术中心安阳分中心	汞
376	衢州出入境检验检疫局综合技术服务中心	汞
377	新疆出入境检验检疫局检验检疫技术中心	汞
378	河南出入境检验检疫局检验检疫技术中心三门峡分中心	汞
379	瑞丽出入境检验检疫局综合技术中心	汞
380	南平出入境检验检疫局食品检测综合实验室	汞
381	荣成出入境检验检疫局综合技术服务中心(荣成农副产品检测中心)	汞

续表

编号	机构名称	满意参数
382	顺德出入境检验检疫局综合技术服务中心	汞
383	邵阳市疾病预防控制中心	汞
384	天津出入境检验检疫局动植物与食品检测中心	汞
385	张家口市食品药品检验中心	汞
386	保山市疾病预防控制中心	汞
387	泰安市疾病预防控制中心	汞
388	黄浦出入境检验检疫局综合技术服务中心检验检测中心	汞
389	湖北出入境检验检疫局技术中心荆州综合实验室	汞
390	济南出入境检验检疫局检验检疫技术中心	汞
391	东营市疾病预防控制中心	汞
392	绵阳市涪城区疾病预防控制中心	汞
393	衡阳市疾病预防控制中心	汞
394	辽宁省营口市疾病预防控制中心	汞
395	北京出入境检验检疫局检验检疫技术中心	汞
396	山东省青岛市市北区疾病预防控制中心	汞
397	中卫市疾病预防控制中心	汞
398	农业部畜禽产品质量安全监督检验测试中心（郑州）/河南省畜产品质量监测检验中心	汞
399	固原市疾病预防控制中心	汞
400	榆次区疾病预防控制中心	汞
401	滁州市疾病预防控制中心	汞
402	池州市疾病预防控制中心	汞
403	北京市西城区疾病预防控制中心	汞
404	马鞍山市疾病预防控制中心	汞
405	蚌埠市疾病预防控制中心	汞
406	宿州市疾病预防控制中心	汞
407	阿克苏出入境检验检疫局综合实验室	汞
408	铜陵市疾病预防控制中心	汞
409	武定县疾病预防控制中心	汞
410	阜阳市疾病预防控制中心	汞
411	莆田出入境检验检疫局检验检疫技术中心	汞
412	宣城市疾病预防控制中心	汞
413	泉州出入境检验检疫局综合技术服务中心食检分中心	汞
414	青海省产品质量监督检验所	汞
415	吴忠市疾病预防控制中心	汞
416	厦门科仪检测技术有限公司	汞*
417	甘肃出入境检验检疫局检验检疫综合技术中心	汞*
418	南海出入境检验检疫局综合技术服务中心检测中心	汞*
419	国家环保产品质量监督检验中心/河北省环保产品质量监督检验院	汞*
420	北京市水环境监测中心顺义分中心	汞*
421	成都市疾病预防控制中心	硼
422	永仁县疾病预防控制中心	硼
423	山西省城市供水水质监测网同煤集团监测站	硼
424	广西城市供水水质监测网北海监测站	硼
425	国家饮料及粮油制品质量监督检验中心/武汉产品质量监督检验所	硼
426	湖南省城市供水水质监测网郴州监测站	COD（锰法）
427	贵州省水环境监测中心铜仁市分中心	COD（锰法）
428	贵州省水环境监测中心黔东南州分中心	COD（锰法）
429	贵州省水环境监测中心六盘水市分中心	COD（锰法）

续表

编号	机构名称	满意参数
430	黄河勘测规划设计有限公司实验中心	COD（锰法）
431	深圳市光明新区疾病预防控制中心	COD（锰法）
432	广东省城市供水水质监测网中山监测站	COD（锰法）
433	贵州省水环境监测中心毕节市分中心	COD（锰法）
434	腾冲县疾病预防控制中心	COD（锰法）
435	湖北省城市供水水质监测网潜江监测站	COD（锰法）
436	东平县疾病预防控制中心	COD（锰法）
437	云南省盐津县疾病预防控制中心	COD（锰法）
438	北京市水环境监测中心海淀分中心	COD（锰法）
439	贵州省水环境监测中心黔南州分中心	COD（锰法）
440	平江县疾病预防控制中心	COD（锰法）
441	济南水务集团有限公司水质检测中心	COD（锰法）
442	青岛皓宸环境卫生监测有限公司	COD（锰法）
443	吉林出入境检验检疫局检验检疫技术中心	COD（锰法）
444	济南泓泉制水有限公司生产技术部中心化验室	COD（锰法）
445	伊金霍洛旗疾病预防控制中心	COD（锰法）
446	贵州省水环境监测中心黔西南州分中心	COD（锰法）
447	乌海市疾病预防控制中心	COD（锰法）
448	宁夏石嘴山市疾病预防控制中心	COD（锰法）
449	湖北省城市供水水质监测网十堰监测站	COD（锰法）
450	贵州省水环境监测中心遵义市分中心	COD（锰法）
451	贵州省水环境监测中心安顺市分中心	COD（锰法）
452	北京市房山区燕山疾病预防控制中心	COD（锰法）
453	云南省水环境监测中心楚雄州分中心	COD（锰法）
454	云南省水环境监测中心文山州分中心	COD（锰法）
455	北京市水环境监测中心通州分中心	COD（锰法）
456	太原市晋源区疾病预防控制中心	COD（锰法）
457	巴彦淖尔市疾病预防控制中心	COD（锰法）
458	浙江省检验检疫科学技术研究院嘉兴分院	COD（锰法）*
459	深圳市龙华新区疾病预防控制中心	COD（锰法）*
460	云南省水环境监测中心红河州分中心	COD（锰法）*
461	四川省西昌市疾病预防控制中心	COD（锰法）*
462	武平县疾病预防控制中心	COD（锰法）*

七、 牛肉中有关促生素激素的测定能力验证项目（44家）

编号	机构名称	备注
1	国家乳品检测中心	
2	福建省产品质量检验研究院	
3	江苏出入境检验检疫局动植物与食品检测中心	
4	吉林省食品检验所	
5	北京市产品质量监督检验院	
6	天津市产品质量监督检测技术研究院	
7	黑龙江省出入境检验检疫局检验检疫技术中心	
8	安徽省食品药品检验研究院（安徽国家农副加工食品质量监督检验中心）	
9	江西省产品质量监督检测院	
10	上海市产品质量监督检测技术研究院	
11	广西壮族自治区产品质量检验研究院	

续表

编号	机构名称	备注
12	深圳出入境检验检疫局食品检验检疫技术中心	
13	国家食品质量监督检验中心/中国食品发酵工业研究院检验实验室/国家轻工业食品质量监督检测中心	
14	深圳市计量质量检测研究院	
15	中国检验检疫科学研究院综合检测中心	
16	重庆出入境检验检疫局技术中心	
17	华测检测认证集团股份有限公司	
18	广州质量监督检测研究院	
19	湖南出入境检验检疫局技术中心食品安全室	
20	上海天祥质量技术服务有限公司食品实验室	
21	国家轻工业食品质量监督检验检测南京站	
22	河北出入境检验检疫局技术中心	
23	河北省食品检验研究院/国家果类及农副加工产品质量监督检验中心	
24	大连市产品质量检测研究院	
25	贵州省产品质量监督检验院	
26	广东省产品质量监督检验研究院	
27	福建出入境检验检疫局检验检疫技术中心	
28	国家水产品质量监督检验中心/中国水产科学研究院黄海水产研究所检测实验室	
29	农业部食品质量监督检验测试中心(上海)	
30	辽宁出入境检验检疫局检验检疫技术中心	
31	广东出入境检验检疫局检验检疫技术中心食品实验室	
32	河南出入境检验检疫局检验检疫技术中心理化实验室	
33	上海出入境检验检疫局动植检与食品检验检疫技术中心	
34	安徽出入境检验检疫局检验检疫技术中心	
35	江西出入境检验检疫局综合技术中心	
36	湖北出入境检验检疫局检验检疫技术中心食品安全检测分中心	补测满意
37	天津出入境检验检疫局动植物与食品检测中心	补测满意
38	山东省产品质量检验研究院	补测满意
39	浙江省质量检测科学研究院[国家预包装食品质量监督检验中心(浙江)]/浙江方圆检测集团股份有限公司	补测满意
40	武汉食品化妆品检验所	补测满意
41	国家糖业质量监督检验中心/国家轻工业甘蔗糖业质量监督检测中心/广州甘蔗糖业研究所检测中心	补测满意
42	国家肉类食品质量监督检验中心	补测满意
43	湖南省产商品质量监督检验研究院	补测满意
44	海南出入境检验检疫局检验检疫技术中心	补测满意

八、 葡萄酒中铁、铅、总二氧化硫的测定能力验证项目(192家)

编号	机构名称	满意参数
1	内蒙古自治区产品质量检验研究院	铁、铅、总二氧化硫
2	浙江省检验检疫科学技术研究院台州分院	铁、铅、总二氧化硫
3	吉林省食品检验所	铁、铅、总二氧化硫
4	福建省产品质量检验研究院(国家加工食品质量监督检验中心)	铁、铅、总二氧化硫
5	宁波市产品质量监督检验研究院(宁波市食品质量安全检测中心)	铁、铅、总二氧化硫
6	普洱出入境检验检疫局综合技术服务中心检验检疫综合实验室	铅、总二氧化硫
7	北京市产品质量监督检验院	铁、铅、总二氧化硫
8	济宁出入境检验检疫局综合技术服务中心	铁、铅
9	无锡出入境检验检疫局检验检疫综合技术中心	铁、铅、总二氧化硫
10	珠海出入境检验检疫局检验检疫技术中心	铁、铅、总二氧化硫

续表

编号	机构名称	满意参数
11	江西省产品质量监督检测院	铁、铅、总二氧化硫
12	国家乳制品质量监督检验中心	铁*、铅、总二氧化硫
13	宁波出入境检验检疫局检验检疫技术中心（酒类检测实验室）	铁、铅、总二氧化硫
14	宁波出入境检验检疫局检验检疫技术中心（食品分中心）	铁、铅、总二氧化硫
15	张家港出入境检验检疫局综合技术中心粮油实验室	铁、铅、总二氧化硫
16	贵州出入境检验检疫局综合技术中心遵义综合实验室	铁、铅、总二氧化硫
17	国家副食品质量监督检验中心	铁、铅、总二氧化硫
18	泉州出入境检验检疫局综合技术服务中心食品检测分中心	铅
19	武汉食品化妆品检验所	铁、铅、总二氧化硫
20	扬州检验检疫局综合检测中心	总二氧化硫*
21	辽宁出入境检验检疫局技术中心	铁、铅、总二氧化硫
22	福清出入境检验检疫局检验检疫技术中心	铁、铅、总二氧化硫
23	深圳出入境检验检疫局食品检验检疫技术中心	铁、铅、总二氧化硫
24	浙江省检验检疫科学技术研究院嘉兴分院	铁、铅、总二氧化硫
25	江苏出入境检验检疫局食品实验室	铁、铅、总二氧化硫
26	新会出入境检验检疫局综合技术服务中心	铅、总二氧化硫
27	湖南出入境检验检疫局检验检疫技术中心/湖南中检检测有限公司（砂子塘实验室）	铁、铅、总二氧化硫
28	成都市食品药品检验研究院	铁、铅
29	成都市食品药品检验研究院（龙泉分部）	铁、铅、总二氧化硫
30	金华出入境检验检疫局技术中心	铅、总二氧化硫
31	浙江省检验检疫科学技术研究院	铁、铅、总二氧化硫
32	谱尼测试集团深圳有限公司	铁、铅、总二氧化硫
33	河南出入境检验检疫局检验检疫技术中心三门峡分中心	铁
34	哈尔滨市产品监督检验院	铁、铅、总二氧化硫
35	四川出入境检验检疫局技术中心	铁、铅、总二氧化硫
36	库尔勒出入境检验检疫局综合实验室	铁、铅、总二氧化硫
37	茂名出入境检验检疫局综合实验室	铁、铅、总二氧化硫
38	湖北省食品质量安全监督检验研究院	铁
39	伊犁哈萨克自治州产品质量检验所（国家蜂蜜产品质量监督检验中心）	铁、铅、总二氧化硫
40	南京市产品质量监督检验院	铁、铅、总二氧化硫
41	大连出入境检验检疫局技术中心理化实验室	总二氧化硫
42	深圳市计量质量检测研究院	铁、铅、总二氧化硫
43	天津市产品质量监督检测技术研究院-2	铁、铅、总二氧化硫
44	徐州出入境检验检疫局综合技术服务中心	铁、铅
45	国家酒类及加工食品质量监督检验中心	铁、铅、总二氧化硫
46	开平出入境检验检疫局综合实验室	铁、铅
47	韶关出入境检验检疫局综合技术服务中心综合实验室	铅
48	宁夏回族自治区食品检测中心/国家农副加工产品质量监督检验中心（宁夏）	铁、铅
49	上海源本食品质量检验有限公司	铁、铅、总二氧化硫
50	义乌出入境检验检疫局综合技术服务中心	铁、铅、总二氧化硫
51	顺德出入境检验检疫局综合技术服务中心	铁、铅、总二氧化硫
52	吉林省产品质量监督检验院	铁、铅、总二氧化硫
53	淮安出入境检验检疫局综合技术服务中心实验室	铁、总二氧化硫
54	肇庆出入境检验检疫局检验检疫综合技术中心	铅
55	国家食品质量监督检验中心/ 中国食品发酵工业研究院检验实验室	铁、铅、总二氧化硫
56	广西壮族自治区产品质量检验研究院	铁、铅、总二氧化硫
57	云南省产品质量监督检验研究院（国家热带农副产品质量监督检验中心）	铁、铅、总二氧化硫
58	湖州出入境检验检疫局综合技术服务中心	铁、铅

续表

编号	机构名称	满意参数
59	汕头出入境检验检疫局检验检疫技术中心食品检测实验室	铁、铅、总二氧化硫
60	陕西省产品质量监督检验研究院	铁、铅、总二氧化硫
61	天津出入境检验检疫局动植物与食品检测中心	铁、铅、总二氧化硫
62	中国检验检疫科学研究院综合检测中心	铁、铅、总二氧化硫
63	国家黄酒产品质量监督检验中心	铁、铅、总二氧化硫
64	上海市质量监督检验技术研究院	铁、铅、总二氧化硫
65	烟台市食品药品检验检测中心	铁、铅、总二氧化硫
66	海南出入境检验检疫局技术中心食品安全实验室	铁、铅、总二氧化硫
67	温州出入境检验检疫局综合实验室	铁、铅、总二氧化硫
68	镇江出入境检验检疫局检验检疫综合技术中心	铁、铅、总二氧化硫
69	国家果类及农副加工产品质量监督检验中心	铁、铅、总二氧化硫
70	中国检验认证集团上海有限公司检测中心	铁、铅、总二氧化硫
71	辽宁省食品检验检测院	铁*、铅*、总二氧化硫
72	内蒙古出入境检验检疫局技术中心	铁、铅、总二氧化硫
73	潮州出入境检验检疫局综合技术服务中心（检测中心）	铁、铅、总二氧化硫
74	浙江省质量检测科学研究院/浙江方圆检测集团股份有限公司	铁、铅、总二氧化硫
75	广州出入境检验检疫局综合检测中心	铁、总二氧化硫
76	泰州出入境检验检疫局综合技术服务中心	铅、总二氧化硫
77	河南出入境检验检疫局检验检疫技术中心安阳分中心	铁、铅、总二氧化硫
78	重庆出入境检验检疫局技术中心	总二氧化硫
79	南平出入境检验检疫局食品检测综合实验室	铁、总二氧化硫*
80	佛山出入境检验检疫局检验检疫综合技术中心	铁、铅、总二氧化硫
81	湖北出入境检验检疫局检验检疫技术中心随州综合实验室	总二氧化硫
82	上海出入境检验检疫局动植物与食品检验检疫技术中心	铁、铅、总二氧化硫
83	西安市产品质量监督检验院	铁、铅、总二氧化硫
84	广西出入境检验检疫局检验检疫技术中心	铁、铅、总二氧化硫
85	漳州出入境检验检疫局综合技术服务中心实验室	铁、铅、总二氧化硫
86	苏州出入境检验检疫局检验检疫综合技术中心	铅、总二氧化硫
87	伊犁出入境检验检疫局综合技术服务中心综合实验室	铁
88	海南省产品质量监督检验所	铁、铅*、总二氧化硫
89	华测检测认证集团股份有限公司	铁、铅、总二氧化硫
90	重庆市计量质量检测研究院	铁、铅、总二氧化硫
91	上海天祥质量技术服务有限公司食品实验室	铁、铅、总二氧化硫
92	江苏省产品质量监督检验研究院	铁、铅、总二氧化硫
93	贵州出入境检验检疫局综合技术中心	铁、铅、总二氧化硫
94	云南省疾病预防控制中心	铁*、铅、总二氧化硫
95	宁夏出入境检验检疫局检验检疫综合技术中心	铅、总二氧化硫
96	国家糖业质量监督检验中心（国家轻工业甘蔗糖业质量监督检测中心）	铁、铅、总二氧化硫*
97	河南省产品质量监督检验院	铁、铅、总二氧化硫
98	广州质量监督检测研究院	铁、铅、总二氧化硫
99	深圳市华测检测技术股份有限公司上海分公司食品实验室	铁、铅*、总二氧化硫
100	黑龙江出入境检验检疫局技术中心理化检测室	铁、铅、总二氧化硫
101	文山州质量技术监督综合检测中心	铁、铅、总二氧化硫
102	安徽出入境检验检疫技术中心化学分中心	铁、铅、总二氧化硫
103	阿勒泰出入境检验检疫局综合实验室	铁、铅、总二氧化硫
104	新疆出入境检验检疫局检验检疫技术中心	铁、铅、总二氧化硫
105	重庆出入境检验检疫局检验检疫技术中心	铁
106	武汉产品质量监督检验所	铁、铅、总二氧化硫

续表

编号	机构名称	满意参数
107	谱尼测试集团上海有限公司	铁、总二氧化硫
108	龙岩出入境检验检疫局理化分析实验室	铅*
109	辽宁出入境检验检疫局检验检疫技术中心(丹东分中心)	铅、总二氧化硫
110	黑龙江省华测检测技术有限公司	铁、铅、总二氧化硫
111	河南出入境检验检疫局检验检疫技术中心漯河分中心	铁、铅、总二氧化硫
112	大连市产品质量检测研究院	铁、铅、总二氧化硫
113	北京出入境检验检疫局检验检疫技术中心	铁、总二氧化硫
114	西藏出入境检验检疫局检验检疫技术中心	铁、铅、总二氧化硫
115	无限极(营口)有限公司质量管理部技术中心	铁、铅
116	宁德出入境检验检疫局检验检疫技术中心	铅
117	江西出入境检验检疫局综合技术中心	铁、铅、总二氧化硫
118	宁海县食品检测中心	铁、铅、总二氧化硫
119	浙江迪恩安正检测技术有限公司	铁、铅
120	潍坊出入境检验检疫局检验检疫技术中心	铁、铅、总二氧化硫
121	南海出入境检验检疫局综合技术服务中心检测中心	铁、铅
122	福州出入境检验检疫局综合技术服务中心食品实验室	铁、铅、总二氧化硫
123	天津市农产品质量监督检验测试中心	铁、铅、总二氧化硫
124	中国肉类食品综合研究中心检验实验室	铁、铅、总二氧化硫
125	潍坊市产品质量检验所	铁、铅、总二氧化硫
126	上海实力可商品检验有限公司	铁、铅、总二氧化硫
127	济南出入境检验检疫局技术中心	总二氧化硫
128	中国轻工业联合会食品质量监督检测重庆站	铁、铅*、总二氧化硫*
129	国家面粉及制品质量监督检验中心	铁、铅
130	青海省食品质量检验中心	铁、铅、总二氧化硫
131	威海市产品质量监督检验所(威海市农副产品检测中心)	铁、铅、总二氧化硫
132	咸宁市食品监督检验检测所	铁、铅、总二氧化硫
133	山西出入境检验检疫局检验检疫技术中心食品检测实验室	总二氧化硫
134	贵州省产品质量监督检验院	铁、铅、总二氧化硫
135	蚌埠出入境检验检疫局农产品检测实验室	铁、铅、总二氧化硫*
136	红河州质量技术监督综合检测中心	铁、铅、总二氧化硫
137	福建出入境检验检疫局检验检疫技术中心	铁、铅、总二氧化硫
138	湖南省产商品质量监督检验研究院	铁、铅、总二氧化硫
139	湖南省疾病预防控制中心(湖南省公共卫生检测检验中心)	铅
140	湖南出入境检验检疫局技术中心	铁、铅、总二氧化硫
141	甘肃出入境检验检疫局检验检疫综合技术中心(中心实验室)	铁、铅、总二氧化硫
142	国家青少年食品质量监督检验中心	铁、铅、总二氧化硫
143	陕西出入境检验检疫局检验检疫技术中心	铁、铅、总二氧化硫
144	上海市疾病预防控制中心/上海市预防医学研究院	铁、铅
145	花都出入境检验检疫局综合技术服务中心综合实验室	铅
146	山西出入境检验检疫局检验检疫技术中心	铁、铅
147	江苏省食品药品监督检验研究院	铅*
148	甘肃省轻工产品质量监督检验站	铁、铅、总二氧化硫
149	广东产品质量监督检验研究院	铁、铅、总二氧化硫
150	陕西中检检测技术有限公司	铁、铅、总二氧化硫
151	吉林省安信食品技术服务有限责任公司	铁、铅、总二氧化硫
152	黄埔出入境检验检疫局综合技术服务中心检验检测中心	铁、铅、总二氧化硫
153	克拉玛依市产品质量检验所	铁、铅、总二氧化硫
154	恩施土家族苗族自治州产品质量监督检验所	铁、铅、总二氧化硫

续表

编号	机构名称	满意参数
155	河南出入境检验检疫局检验检疫技术中心洛阳分中心	铁、铅、总二氧化硫
156	连云港出入境检验检疫局动植物实验室	铁、铅、总二氧化硫
157	湖北出入境检验检疫局技术中心荆州综合实验室	总二氧化硫
158	山东出入境检验检疫局检验检疫技术中心	铁、铅、总二氧化硫
159	湖北出入境检验检疫局检验检疫技术中心	铁、铅、总二氧化硫
160	长春市产品质量监督检验院	铁、铅、总二氧化硫
161	河北出入境检验检疫局检验检疫技术中心	铁、铅、总二氧化硫
162	湖北省产品质量监督检验研究院	铁、铅、总二氧化硫
163	四川省疾病预防控制中心	铁、铅、总二氧化硫
164	北京市海淀区产品质量监督检验所(国家食品质量安全监督检验中心)	铁、铅、总二氧化硫
165	贵州省疾病预防控制中心	铁、铅
166	云南出入境检验检疫局技术中心食品室	铁、铅、总二氧化硫
167	莆田出入境检验检疫局检验检疫技术中心	铁、铅、总二氧化硫
168	黑龙江省质量监督检测研究院	铁、铅、总二氧化硫
169	深圳市通量检测科技有限公司	铁
170	钦州市明大检测认证技术有限公司	铁、铅*、总二氧化硫
171	农业部食品质量监督检验测试中心(济南)	铁、铅、总二氧化硫
172	广东出入境检验检疫局检验检疫技术中心食品实验室	铁、铅、总二氧化硫
173	北京市粮油食品检验所(国家粮油质量监督检验中心)	铅
174	四川省食品药品检验检测院食品中心(东区)	铁、铅、总二氧化硫
175	防城港出入境检验检疫局综合实验室	铅、总二氧化硫
176	四川出入境检验检疫局技术中心泸州综合实验室	铁、铅
177	沈阳食品检验所	铁、铅
178	河南出入境检验检疫局检验检疫技术中心	铁、铅、总二氧化硫
179	眉山市产品质量监督检验所	铁、铅、总二氧化硫
180	南沙出入境检验检疫局综合技术服务中心食品实验室	铅
181	上海市浦东新区疾病预防控制中心	铁、铅、总二氧化硫
182	秦皇岛市食品药品检验中心(国家葡萄、葡萄酒质量监督检验中心)	铁、铅、总二氧化硫
183	青海省产品质量监督检验所	铁
184	中检(天胜)食品检测技术中心	铁、铅、总二氧化硫
185	广东省中山市质量计量监督检测所	铁、铅
186	塔城出入境检验检疫局综合实验室	铁
187	河北出入境检验检疫局检验检疫技术中心张家口分中心	铁、铅、总二氧化硫
188	湖南省食品质量监督检验研究院	铁、铅、总二氧化硫
189	厦门出入境检验检疫局技术中心	铁、铅、总二氧化硫
190	盘锦市疾病预防控制中心	铁、铅*
191	中华全国供销合作总社济南果蔬及制品质量监督检验测试中心	铁、铅、总二氧化硫
192	河南出入境检验检疫局检验检疫技术中心焦作分中心	铅

九、 皮革中甲醛含量的测定能力验证项目(154家)

编号	机构名称	备注
1	深圳市英柏检测技术有限公司	
2	云南省产品质量监督检验研究院	
3	江西省产品质量监督检测院	
4	浙江省检验检疫科学技术研究院温州分院	
5	重庆市计量质量检测研究院	
6	天津市产品质量监督检测技术研究院	

续表

编号	机构名称	备注
7	北京市毛麻丝织品质量监督检验站	
8	中纺标（深圳）检测有限公司	
9	天祥（天津）质量技术服务有限公司	
10	广东出入境检验检疫局检验检疫技术中心	
11	深圳市谱尼测试科技有限公司	
12	重庆市纤维检验局	
13	内蒙古自治区产品质量检验研究院	
14	上海市质量监督检验技术研究院	
15	上海市质量监督检验技术研究院	
16	国家毛纺织产品质量监督检验中心（上海）/上海市毛麻纺织科学技术研究所检测实验室	
17	国家纺织品服装服饰产品质量监督检验中心（广州）/广州纤维产品检测研究院	
18	深圳市计量质量检测研究院/国家体育用品质量监督检验中心（广东）	
19	广州质量监督检测研究院	
20	嘉兴市产品质量检验检测院/国家服装辅料产品质量监督检验中心（浙江）	
21	中国检验检疫科学研究院综合检测中心	
22	江苏出入境检验检疫局轻工产品与儿童用品检测中心（中华人民共和国扬州进出口玩具检验所）	
23	泉州远东检验技术有限公司	
24	国家鞋类质量监督检验中心（温州）	
25	国家轻工业鞋类皮革毛皮制品质量监督检测成都站	
26	浙江省检验检疫科学技术研究院嘉兴分院	
27	深圳市华测检测技术股份有限公司上海分公司	
28	上海天伟纺织质量技术服务有限公司	
29	湖北省纤维检验局	
30	中国皮革和制鞋工业研究院（晋江）有限公司检测中心	
31	国家纺织及皮革产品质量监督检验中心	
32	天祥（天津）质量技术服务有限公司青岛分公司	
33	宁波出入境检验检疫局检验检疫技术中心消费品分中心	
34	顺德出入境检验检疫局综合技术中心	
35	金华出入境检验检疫局技术中心	
36	上海恒仓质量技术检测有限公司	
37	上海爱丽纺织技术检验有限公司	
38	国家纺织服装产品质量监督检验中心（福建）/福建省纤维检验局	
39	国家纺织服装产品质量监督检验（福建晋江）服装分中心/福建省纤维检验局晋江实验室	
40	国家服装质量监督检验中心（上海）	
41	浙江省质量检测科学研究院［国家皮革质量监督检验中心（浙江）］/浙江方圆检测集团股份有限公司	
42	广西出入境检验检疫局检验检疫技术中心	
43	江西出入境检验检疫局综合技术中心	
44	新会出入境检验检疫局综合技术服务中心综合检验检疫实验室	
45	山西省纤维检验局	
46	福建省产品质量检验研究院	
47	江门出入境检验检疫局技术中心	
48	上海标检产品检测有限公司	
49	东莞市信测科技有限公司	
50	浙江省检验检疫科学技术研究院	
51	国家茧丝绸产品质量监督检验中心（山东）/山东省纤维检验局	
52	武汉产品质量监督检验所［国家纺织服装产品质量监督检验中心（湖北）］	
53	中纺协（北京）检验技术服务有限公司	
54	上海出入境检验检疫局机电产品检测技术中心	

续表

编号	机构名称	备注
55	誉标检测（深圳）有限公司	
56	深圳市虹彩检测技术有限公司	
57	绍兴出入境检验检疫局综合技术服务中心	
58	谱尼测试集团上海有限公司	
59	吉林省产品质量监督检验院	
60	东莞市优越检测技术服务股份有限公司	
61	南德认证检测（中国）有限公司深圳分公司	
62	深圳出入境检验检疫局工业品检测技术中心纺织实验室	
63	晋江中纺标检测有限公司	
64	宁波市产品质量监督检验研究院/国家文教用品质量监督检验中心	
65	青岛市纤维纺织品监督检验研究院/国家生态纺织品质量监督检验中心	
66	江苏出入境检验检疫局工业产品检测中心纺织实验室	
67	天津汽车检测中心（国家轿车质量监督检验中心）	
68	重庆仕益产品质量检测有限责任公司	
69	广东产品质量监督检验研究院	
70	新疆维吾尔自治区产品质量监督检验研究院	
71	贵州省产品质量监督检验院	
72	宁波唯质检测技术服务有限公司	
73	大连市产品质量检测研究院	
74	湖南省产商品质量监督检验研究院（星沙实验室）	
75	国家纺织制品质量监督检验中心	
76	深圳市宇冠检测有限公司	
77	山东省产品质量检验研究院	
78	上海出入境检验检疫局工业品与原材料检测技术中心	
79	国家人造板与木竹制品质量监督检验中心/中国林业科学研究院人造板及木材检验实验室	
80	国家棉印染产品质量监督检验中心（上海市纺织工业技术监督所检测/校准实验室）	
81	国家军需产品质量监督检验中心	
82	苏州出入境检验检疫局检验检疫综合技术中心	
83	河北出入境检验检疫局检验检疫技术中心	
84	远东正大检验（重庆）有限公司	
85	岛津（广州）检测技术有限公司	
86	江苏出入境检验检疫局纺织工业产品检测中心	
87	苏州市产品质量监督检验所	
88	桐乡市产品质量监督检验所/国家纺织服装产品质量监督检验（浙江桐乡）毛针织品分中心/浙江省羊毛衫质量检验中心	
89	义乌出入境检验检疫局综合技术服务中心	
90	中国商业联合会针棉织商品质量监督检验测试中心（天津）	
91	国家家具质量监督检验中心（河北）	
92	宁波市纤维检验所/国家纺织服装产品质量监督检验中心（浙江）	
93	浙江省检验检疫科学技术研究院台州分院	
94	中国商业联合会商品质量监督检验测试中心	
95	莆田出入境检验检疫局检验检疫技术中心	
96	北京出入境检验检疫局检验检疫技术中心	
97	厦门市产品质量监督检验院	
98	广东出入境检验检疫局检验检疫技术中心纺织实验室	
99	湖南出入境检验检疫局检验检疫技术中心	
100	远东正大检验集团有限公司	
101	泉州出入境检验检疫局综合技术服务中心纺织品分中心	

续表

编号	机构名称	备注
102	龙岩出入境检验检疫局综合技术服务中心	
103	河北出入境检验检疫局技术中心衡水分中心裘皮检测中心	
104	昆山出入境检验检疫局木制品与家具产品检测实验室	
105	北京市轻工产品质量监督检验一站	
106	东莞市倍通检测技术有限公司	
107	安徽出入境检验检疫局检验检疫技术中心	
108	宁波出入境检验检疫局技术中心鄞州分中心	
109	山东出入境检验检疫技术中心国家妇女儿童用品检测重点实验室	
110	四川出入境检验检疫局检验检疫技术中心/国家鞋类及原材料检测重点实验室	
111	哈尔滨市产品质量监督检验院/国家农林副产品质量监督检验中心	
112	浙江中天纺检测有限公司	
113	重庆市出入境检验检疫局检验检疫技术中心	
114	中国广州分析测试中心（国家绿色材料及制品质量监督检验中心）	
115	辽宁出入境检验检疫局检验检疫技术中心轻纺产品检测实验室	
116	中纺协检验（泉州）技术服务有限公司	
117	福建出入境检验检疫局检验检疫技术中心	
118	新百丽实验室	
119	嘉兴市皮毛和制鞋工业研究所测试中心	
120	安徽省纤维检验局（国家功能纤维及纺织产品质量监督检验中心）	
121	海南出入境检验检疫局检验检疫技术中心	
122	上海鉴正皮革质量检测技术中心	
123	国家鞋类检测中心（晋江）	
124	通标标准技术服务有限公司杭州分公司	
125	国家针织产品质量监督检验中心	
126	国家服装质量监督检验中心（天津）	
127	国家鞋类质量监督检验中心（北京）	
128	国家皮革制品质量监督检验中心	
129	宁波市桑通质量技术服务有限公司	
130	东莞市信标检测技术服务有限公司	
131	河北出入境检验检疫局检验检疫技术中心邢台分中心	
132	北京市劳动保护科学研究所劳动保护用品检验实验室［国家劳动保护用品质量监督检验中心（北京）］	
133	湖北出入境检验检疫局检验检疫技术中心工业品检测分中心	补测满意
134	上海天祥质量技术服务有限公司	补测满意
135	成都产品质量检验研究院有限责任公司/国家鞋类产品质量监督检验中心（成都）	补测满意
136	江苏省纺织产品质量监督检验研究院	补测满意
137	必维申美商品检测（上海）有限公司	补测满意
138	中国检验认证集团上海有限公司	补测满意
139	广州必维技术检测有限公司	补测满意
140	南德认证检测（中国）有限公司上海分公司	补测满意
141	广州纺织服装研究院有限公司纺织品检验中心	补测满意
142	东莞出入境检验检疫局综合技术中心消费品重点实验室	补测满意
143	南通天山纺织品检整有限公司	补测满意
144	天津市纺织纤维检验所（国家絮用纤维制品质量监督检验中心）	补测满意
145	东莞市天纺检测技术有限公司	补测满意
146	河南出入境检验检疫局检验检疫技术中心	补测满意
147	中国商业联合会百货劳保用品商品质量监督检测中心（天津）	补测满意
148	南京市产品质量监督检验院	补测满意

续表

编号	机构名称	备注
149	国家棉花及纺织服装产品质量监督检验中心（河南）	补测满意
150	广东万德检测技术股份有限公司	补测满意
151	上海华证联检测技术股份有限公司	补测满意
152	中山市立创检测技术服务有限公司	补测满意
153	优力胜邦质量检测（上海）有限公司深圳分公司	补测满意
154	国家皮革质量监督检验中心	补测满意

十、　绕组温升测试能力验证项目（98家）

编号	机构名称	备注
1	通标标准技术服务有限公司顺德分公司检测中心	
2	国内贸易工程设计研究院制冷和食品加工设备检测实验室	
3	南德认证检测（中国）有限公司上海分公司测试中心	
4	国家家用电器质量监督检验中心	
5	福建省产品质量检验研究院	
6	浙江省检验检疫科学技术研究院低压电器实验室（温州）	
7	莱茵技术监督服务（广东）有限公司	
8	青岛市产品质量监督检验研究院	
9	北京泰瑞特检测技术服务有限责任公司（国家广播电视产品质量监督检验中心）	
10	国家电子计算机外部设备质量监督检验中心（浙江科正电子信息产品检验有限公司）	
11	江苏省产品质量监督检验研究院	
12	宁波出入境检验检疫局检验检疫技术中心/宁波中盛产品检测公司	
13	浙江省机电产品质量检测所	
14	山东省计量科学研究院	
15	国家电机及机械零部件产品质量监督检验中心	
16	浙江出入境检验检疫局检验检疫技术中心	
17	天津市产品质量监督检测技术研究院（天津市武清区汉钴港镇福发路16号）	
18	天津市产品质量监督检测技术研究院（天津市华苑产业区开华道26号）	
19	江苏出入境检验检疫局机电产品及车辆检测中心	
20	中检集团南方电子产品测试（深圳）有限公司	
21	国家光电子信息产品质量监督检验中心	
22	湛江出入境检验检疫局检验检疫技术中心	
23	西安微电机研究所微电机实验室	
24	国家气动产品质量监督检验中心	
25	山东出入境检验检疫局检验检疫技术中心	
26	北京市服务机械研究所商用饮食加工设备检测实验室/国家饮食服务机械质量监督检验中心	
27	国家工业自动化仪表产品质量监督检验中心/上海仪器仪表自控系统检验测试所	
28	江西省产品质量监督检测院	
29	东莞市诺尔检测科技有限公司	
30	上海天祥质量技术服务有限公司	
31	上海市质量监督检验技术研究院电家所	
32	电力工业阻滤波器及变电设备质量检验测试中心	
33	通标标准技术服务有限公司广州分公司	
34	山西省产品质量监督检验研究院	
35	永济新时速电机电器有限责任公司技术中心试验基地	
36	河北省产品质量监督检验院	
37	福建出入境检验检疫局检验检疫技术中心福安电机实验室	
38	珠海出入境检验检疫局检验检疫技术中心	
39	陕西省产品质量监督检验研究院	

续表

编号	机构名称	备注
40	杭州汉德质量认证服务有限公司实验室	
41	扬州光电产品检测中心	
42	上海电器设备检测所	
43	金华出入境检验检疫技术中心	
44	石油和化学工业电气产品防爆质量监督检验中心	
45	欧陆检测技术服务（上海）有限公司	
46	江门出入境检验检疫局检验检疫技术中心	
47	国家半导体及显示产品质量监督检验中心	
48	莱茵技术监护（深圳）有限公司	
49	浙江省质量检测科学研究院［国家电器安全质量监督检验中心（浙江）］/浙江方圆检测集团股份有限公司	
50	上海电气器具检验测试所	
51	上海市医疗器械检测所	
52	山东省电子信息产品检验院［中国赛宝（山东）实验室/山东省网络与信息安全测评中心］	
53	中国泰尔实验室	
54	北京市产品质量监督检验院（国家中文信息处理产品质量监督检验中心）	
55	国家轻型电动车及电池产品质量监督检验中心/无锡市产品质量监督检验中心	
56	国家中低压输配电设备质量监督检验中心	
57	深圳出入境检验检疫局工业品检测技术中心	
58	广东产品质量监督检验研究院	
59	湖南省产商品质量监督检验研究院	
60	辽宁省产品质量监督检验院（辽宁省建筑材料监督检验院）	
61	广东出入境检验检疫局检验检疫技术中心	
62	浙江省质量检测科学研究院/浙江方圆检测集团股份有限公司/浙江方圆电气设备检测有限公司	
63	国家电光源质量监督检验中心(北京)	
64	江苏出入境检验检疫局能效检测中心	
65	威凯检测技术有限公司	
66	云南省电子信息产品检验院	
67	宁波出入境检验检疫局检验检疫技术中心/宁波中盛产品检测公司（电气安全检测分中心出口加工区光电电气检测实验室）	
68	宁波中盛产品检测公司余姚分公司	
69	国家无线电监测中心检测中心	
70	煤科集团沈阳研究院有限公司防爆安全产品实验室	
71	福建出入境检验检疫局检验检疫技术中心	
72	重庆出入境检验检疫局检验检疫技术中心	
73	江苏省计量科学研究院	
74	深圳天祥质量技术服务有限公司广州分公司	
75	南京市产品质量监督检验院	
76	合肥通用机电产品检测院有限公司	
77	重庆市计量质量检测研究院	
78	南阳市爆炸与火灾安全防范重点实验室（国家防爆电气产品质量监督检验中心）	
79	山东省产品质量检验研究院	
80	国家大中型电机质量监督检验中心	
81	必维欧亚电气技术咨询服务（上海）有限公司	
82	国家质量监督检验检疫总局危险品中心实验室	
83	青海省产品质量监督检验所	
84	广东省东莞市质量监督检测中心	
85	国家通用电子元器件及产品质量监督检验中心/工业和信息化部电子第五研究所/中国赛宝实验室	

续表

编号	机构名称	备注
86	厦门出入境检验检疫局检验检疫技术中心	
87	佛山出入境检验检疫局检验检疫综合技术中心	
88	北京出入境检验检疫局机电产品检测中心/北京中认检测技术服务有限公司	
89	广东出入境检验检疫局检验检疫技术中心机电实验室顺德分部	
90	中铁检验认证株洲牵引电气设备检验站有限公司	
91	中认(沈阳)北方实验室有限公司	补测满意
92	沈阳变压器研究院股份有限公司实验站(国家变压器质量监督检验中心)	补测满意
93	江苏省电子信息产品质量监督检验研究院	补测满意
94	甘肃省产品质量监督检验中心	补测满意
95	合肥市产品质量监督检验所	补测满意
96	中铁检验认证(青岛)车辆检验站有限公司	补测满意
97	国网福建省电力有限公司电力科学研究院配电设备实验室	补测满意
98	杭州万维检测技术有限公司	补测满意

十一、 电器产品的噪声试验能力验证项目(65家)

编号	机构名称	备注
1	上海出入境检验检疫局机电产品检测技术中心	
2	国家光电子信息产品质量监督检验中心	
3	常州金标轨道交通技术服务有限公司	
4	北京泰瑞特检测技术服务有限责任公司(国家广播电视产品质量监督检验中心)	
5	合肥美菱股份有限公司中心实验室	
6	浙江三花股份有限公司计量测试中心	
7	芜湖美的厨卫电器制造有限公司热水器测试评价中心	
8	华为技术有限公司可靠性实验室	
9	青岛中海博睿检测技术服务有限公司	
10	青岛海尔空调器有限总公司计量测试中心	
11	佛山市顺德区美的洗涤电器制造有限公司测试中心	
12	国家防爆电气产品质量监督检验中心	
13	华帝股份有限公司实验室	
14	北京尊冠科技有限公司	
15	松下家电研究开发(杭州)有限公司 评价中心 噪声实验室	
16	广东出入境检验检疫技术中心电气安全实验室顺德地点实验室	
17	上海日立电器有限公司实验认定中心	
18	江苏出入境检验检疫局机电产品及车辆检测中心	
19	通标标准技术服务有限公司顺德分公司测试中心安全实验室	
20	无锡小天鹅股份有限公司测试中心	
21	国家电话机质量监督检验中心/中国泰尔实验室(工业和信息化部电信研究院泰尔实验室)	
22	通标标准技术服务有限公司深圳分公司电子电气实验室	
23	奇宏电子(深圳)有限公司实验室	
24	珠海格力电器股份有限公司检测中心	
25	宁波方太厨具有限公司实验室	
26	安徽省产品质量监督检验研究院	
27	上海市质量监督检验技术研究院	
28	合肥市产品质量监督检验所	
29	深圳市计量质量检测研究院	
30	广东美芝制冷设备有限公司研发测试中心	
31	上海市医疗器械检测所	

续表

编号	机构名称	备注
32	北京出入境检验检疫局机电产品检测中心/北京中认检测技术服务有限公司	
33	中国电子科技集团第二十一研究所微特电机产品质量监督检验中心/国家微特电机及组件产品监督检验中心	
34	国家信息网络产品质量监督检验中心	
35	福建省产品质量检验研究院	
36	浙江出入境检验检疫局检验检疫技术中心	
37	九阳股份有限公司测试中心	
38	浙江省质量检测科学研究院［国家电器安全质量监督检验中心（浙江）］/浙江方圆检测集团股份有限公司	
39	三菱电机（广州）压缩机有限公司实验室	
40	威凯检测技术有限公司	
41	金华出入境检验检疫局技术中心	
42	苏州市产品质量监督检验所	
43	松下·万宝（广州）压缩机有限公司 检测中心	
44	中国船舶重工集团公司第七〇四研究所船舶环境工程与可靠性实验室	
45	广东美的厨房电器制造有限公司测试评价中心	
46	江苏省电子信息产品质量监督检验研究院	
47	合肥美的洗衣机有限公司测试中心	
48	中国建筑科学研究院建筑能源与环境检测中心	
49	上海市计量测试技术研究院（华东国家计量测试中心/中国上海测试中心）	
50	合肥通用机电产品检测院有限公司	
51	国家半导体发光器件（LED）应用产品质量监督检验中心	
52	宜兴市产品质量监督检验所	
53	国家通用电子元器件及产品质量监督检验中心/工业和信息化部电子第五研究所/中国赛宝实验室	
54	杭州老板电器股份有限公司实验室	
55	青岛海尔空调电子有限公司检测中心	
56	华为技术有限公司可靠性实验室	
57	国家家用电器质量监督检验中心	
58	中国家用电器检测所	
59	中海油天津化工研究设计院防爆电气产品检验实验室	补测满意
60	国网电力科学研究院实验验证中心	补测满意
61	广东美的环境电器制造有限公司中心实验室	补测满意
62	佛山市沃特测试技术服务有限公司	补测满意
63	中认英泰检测技术有限公司	补测满意
64	西安盾安电气有限公司品质中心	补测满意
65	沁园集团股份有限公司实验中心	补测满意

十二、 空气中一氧化碳（CO）、二氧化碳（CO^2）含量的测定能力验证项目（91家）

编号	机构名称	满意参数
1	国家化学工业气体产品质量监督检验中心（福建）/福州市产品质量检验所	CO,CO_2
2	贵州省疾病预防控制中心卫生监测检验所	CO,CO_2
3	上海市质量监督检验技术研究院	CO,CO_2
4	国家室内车内环境及环保产品质量监督检验中心	CO,CO_2
5	云南省疾病预防控制中心	CO
6	铁道部产品质量监督检验中心安全卫生检验站/中国铁道科学研究院节能环保劳卫研究所	CO,CO_2
7	大连市产品质量检测研究院/大连市产品质量检测研究院	CO,CO_2
8	湖北省疾病预防控制中心	CO,CO_2
9	沈阳产品质量监督检验院	CO,CO_2

续表

编号	机构名称	满意参数
10	大连大特气体有限公司质量检测中心/大连大特气体有限公司	CO,CO_2
11	北京建筑材料检验研究院有限公司/国家建筑材料及管道产品质量监督检验测试中心	CO^*,CO_2
12	国家环保产品质量监督检验中心/河北省环保产品质量监督检验院	CO,CO_2
13	山西晋科斯顿环境安全检测有限公司	CO,CO_2
14	上海市疾病预防控制中心/上海市预防医学研究院	CO,CO_2
15	山东省产品质量检验研究院	CO,CO_2
16	广东省产品质量检验研究院	CO,CO_2
17	陕西省出入境检验检疫局检验检疫技术中心	CO,CO_2^*
18	陕西中检检测技术有限公司	CO^*,CO_2^*
19	上海市浦东新区疾病预防控制中心	CO,CO_2
20	珠海出入境检验检疫局检验检疫技术中心	CO,CO_2^*
21	上海建科检验有限公司	CO,CO_2
22	谱尼测试集团股份有限公司	CO,CO_2
23	山东省疾病预防控制中心	CO,CO_2
24	清华大学建筑环境检测中心	CO,CO_2
25	国家家具及室内环境质量监督检验中心/北京市产品质量监督检验院	CO^*,CO_2
26	北京市顺义区疾病预防控制中心–环境卫生科	CO,CO_2
27	重庆市疾病预防控制中心	CO,CO_2
28	浙江省环境监测中心	CO,CO_2
29	国家客车质量监督检验中心/重庆市中交机动车检测中心	CO,CO_2
30	国家环境分析测试中心	CO,CO_2^*
31	总装备部工程设计研究总院环境监测实验室	CO
32	珠江水利委员会珠江水利科学研究院中心试验室/珠江水利委员会珠江水利科学研究院	CO
33	克拉玛依市环境科研监测中心站	CO
34	山西省环境监测中心站	CO
35	山东省化工研究院基本化工产品质量监督检验站/山东省化工研究院	CO
36	食品与农产品检测实验室/山西出入境检验检疫局检验检疫技术中心	CO
37	济南市疾病预防控制中心	CO^*,CO_2^*
38	淮安市疾病预防控制中心	CO
39	福建省环境监测中心站	CO
40	环境保护部华南环境科学研究所	CO
41	北京市环境保护监测中心	CO,
42	广东省环境监测中心	CO_2
43	杭州制氧机研究所有限公司检测中心/杭州市制氧机研究所有限公司/机械工业气体与液化设备产品质量监督检测中心	CO,CO_2
44	四川省疾病预防控制中心	CO,CO_2
45	上海嘉定区疾病预防控制中心	CO^*,CO_2
46	上海申丰地质新技术应用研究所有限公司	CO^*,CO_2
47	聊城市疾病预防控制中心	CO,CO_2^*
48	深圳市谱尼测试科技有限公司	CO,CO_2
49	温州市质量技术监督检测院/国家金融设备及零配件质量监督检验中心	CO,CO_2
50	新疆出入境检验检疫局技术中心	CO,CO_2
51	动物检疫实验室/广西出入境检验检疫局检验检疫技术中心	CO,CO_2
52	职业卫生与职业病防治科/新疆维吾尔族自治区疾病预防控制中心	CO,CO_2
53	甘肃省环境监测中心站	CO,CO_2
54	上海市燃气安全和装备质量监督检验站/上海市燃气设备计量检测中心	CO
55	上海市松江区疾病预防控制中心	CO,CO_2
56	北京市疾病预防控制中心	CO,CO_2

续表

编号	机构名称	满意参数
57	江西省疾病预防控制中心	CO_2
58	海南省环境监测中心站	CO
59	中国石油化工股份有限公司青岛安全工程研究院检测检验中心	CO,CO_2
60	新疆维吾尔产品质量监督检验研究院	CO_2
61	辽宁省疾病预防控制中心	CO,CO_2
62	宿迁市疾病预防控制中心	CO,CO_2
63	陕西省计量科学研究院	CO,CO_2
64	宁夏回族自治区疾病预防控制中心	CO_2
65	上海市建筑科学研究院/国家绿色建筑质量监督检验中心	CO,CO_2
66	上海市计量测试技术研究院	CO,CO_2
67	大连光明化学工业气体质量监测中心有限公司	CO*,CO_2
68	中国建筑科学研究院建筑能源与环境检测中心	CO,CO_2
69	国家精细化学品质量监督检验中心/泰州市产品质量监督检验所	CO,CO_2
70	中国疾病预防控制中心职业卫生与中毒控制所	CO,CO_2
71	句容市疾病预防控制中心	CO,CO_2
72	广东出入境检验检疫局检验检疫技术中心	CO,CO_2
73	北京市顺义区疾病预防控制中心-职业卫生科	CO,CO_2
74	国家家用电器质量监督检验中心/中国家用电器研究院	CO*
75	黄河勘测规划设计有限公司实验中心	CO*
76	新疆吐鲁番自然环境试验研究中心	CO
77	中检集团理化检测有限公司	CO
78	湖南省环境监测中心站	CO
79	贵州省疾病预防控制中心职防所评价室	CO
80	黑龙江省环境监测中心站	CO*
81	广西壮族自治区疾病预防控制中心	CO
82	四川省环境监测总站	CO
83	青海省疾病预防控制中心	CO
84	苏州出入境检验检疫局检验检疫局综合技术中心	CO
85	厦门科仪检测技术有限公司	CO*
86	山东省环境监测中心站	CO
87	宁波市疾病预防控制中心	CO_2
88	北京出入境检验检疫局检验检疫技术中心首都机场分中心	CO_2 *
89	中国广州分析测试中心	CO,CO_2
90	环科监控检测有限公司	CO,CO_2
91	江苏省环境监测中心	CO

十三、 稀散元素矿石中重要成分测定能力验证项目(54家)

编号	机构名称	满意参数
1	四川省地质矿产勘查开发局成都综合岩矿测试中心(国土资源部成都矿产资源监督检测中心)	铷、铌*、钽、铯、铍、锂、钛、锰、钨、锡
2	内蒙古自治区第三地质矿产勘查开发院实验测试中心/内蒙古自治区第三地质矿产勘查开发院	铌、钽、铯*、铍、锂、钛、锰、钨、锡
3	湖南省地质测试研究院(国土资源部长沙矿产资源监督检测中心)	铷、铌、钽、铯、铍、锂、钛、锰、钨、锡
4	国土资源部郑州矿产资源监督检测中心/河南省岩石矿物测试中心	铷、铌、钽、铯、铍、锂、钛、锰、钨、锡
5	国土资源部放射性矿产资源监督检测中心/广东省矿产应用研究所	铷、铌、钽、铯、铍、锂、钛、锰、钨、锡
6	国土资源部长春矿产资源监督检测中心(吉林省地质科学研究所)	铷、铌、钽、铯、铍*、锂、钛、锰、钨、锡
7	内蒙古自治区矿产实验研究所	铷、铌、钽、铯*、铍、锂、钛、锰、钨*、锡
8	国土资源部南京矿产资源监督检测中心/江苏省地质调查研究院	铷、铌、钽、铯、铍、锂、钛、锰、钨、锡

续表

编号	机构名称	满意参数
9	国土资源部保定矿产资源监督检测中心/河北省地矿中心实验室	铷、铌、钽、铯、铍、锂、钛、锰、钨、锡
10	国土资源部沈阳矿产资源监督检测中心（辽宁省地质矿产研究院）	铷、铌*、钽、铯、铍、锂*、钛、锰、钨、锡
11	国土资源部福州矿产资源监督检测中心（福建省地质测试研究中心）	铷、铌、钽、铯、铍、锂、钛、锰、钨、锡
12	湖北省地质局第六地质大队实验室/湖北省地质局第六地质大队	铷、铌、钽、铯、铍、锂、钛、锰、钨、锡
13	福建紫金矿冶测试技术有限公司	铷、铌、钽、铯、铍、锂、钛、锰、钨、锡
14	新疆维吾尔自治区有色地质勘查局测试中心	铷*、铌*、钽、铯、铍*、锂、钛、锰、钨、锡
15	贵州省地质矿产中心实验室	铷、铌、钽、铯、铍、锂、钛、锰、钨、锡
16	国土资源部银川矿产资源监督检测中心（宁夏回族自治区地质矿产中心实验室）	铷、铌、钽、铯、铍、锂、钛、锰*、钨*、锡
17	国土资源部华东矿产资源监督检测中心/中国地质调查局南京地质调查中心	铌、钽、铯、铍、锂、钛、锰、钨、锡
18	国土资源部西宁矿产资源监督检测中心（青海省地质矿产测试应用中心）	铷、铌、钽、铯、铍*、锂、钛、锰、钨、锡
19	云南省地质矿产勘查开发局中心实验室（国土资源部昆明矿产资源监督检测中心）	铷、铌、钽、铯*、铍、锂、钛、锰、钨、锡
20	国土资源部太原矿产资源监督检测中心/山西省岩矿测试应用研究所	铷、铌、钽、铯、铍、锂、钛、锰、钨、锡
21	国土资源部中南矿产资源监督监测中心/武汉地质调查中心	铷、铌、钽、铯、铍、锂、钛、锰、钨、锡
22	国土资源部郑州矿产资源利用评价中心/中国地质科学院郑州矿产综合利用研究所检测中心	铷*、铌、钽、铯*、铍、锂、钛、锰*
23	国土资源部乌鲁木齐矿产资源监督检测中心/新疆维吾尔自治区矿产实验研究所	铷*、铌*、钽*、铯*、铍*、锂*、钛*、锰*、钨、锡
24	国土资源部重庆矿产资源监督检测中心	铷、铌、钽、铯*、铍、锂、钛、锰、钨、锡
25	国土资源部武汉矿产监督检测中心（湖北省地质实验测试中心）	铷、铌、钽、铯、铍、锂、钛、锰、钨、锡
26	中国冶金地质总局一局测试中心	铷、铌、钽、铯、铍、锂、钛、锰、钨、锡
27	国土资源部海口矿产资源监督检测中心/海南省地质测试研究中心	铌*、钽、铯、铍*、锂、钛、锰、钨*、锡
28	湖北省地矿局鄂南实验研究所/湖北省第四地质大队	铷、铯、铍、锂*、钛*、锰
29	国土资源部华北矿产资源监督检测中心（天津地质矿产研究所）	铷、铌、钽、铯、铍、锂、钛、锰、钨*、锡
30	国土资源部武汉资源环境监督检测中心［中中国地质大学（武汉）分析测试中心］/中国地质大学（武汉）	铷、铌、钽、铯、铍、锂、钛、锰、钨、锡
31	国土资源部广州矿产资源监督检测中心（广东省地质实验测试中心）	铷、铌、钽、铯、铍、锂、钛、锰、钨、锡
32	甘肃省有色金属地质勘查局兰州矿产勘查院中心实验室/甘肃省有色金属地质勘查局兰州矿产勘查院	铷、铯、铍、锂、钛、锰、钨*、锡
33	国土资源部实物地质资料及煤炭监督检测中心/国土资源实物地质资料中心	锂、锰
34	中国地质科学院矿产综合利用研究所分析测试中心/中国地质科学院矿产综合利用研究所	铷、铌、钽、铯、铍、锂、钛、锰、钨、锡
35	国土资源部拉萨矿产资源监督检测中心/西藏自治区地质矿产勘查开发局中心实验室	铷*、铌*、钽、铯、铍、锂、钛*、锰、钨*、锡*
36	国土资源部西北矿产资源监督检测中心（西安地质矿产研究所实验测试中心）	铷、铌、钽、铯、铍*、锂、钛、锰、钨、锡*
37	安徽省地质实验研究所（国土资源部合肥矿产资源监督检测中心）	铷、铌、钽、铯、铍、锂、钛、锰、钨、锡
38	国土资源部海洋地质实验检测中心/青岛海洋地质研究所	铷、铌、钽、铯、铍、锂、钛、锰、钨
39	国土资源部哈尔滨矿产资源监督检测中心/黑龙江省地质矿产测试应用研究所	铷、铌、钽、铯、铍、锂、钛、锰、钨*、锡
40	国土资源部西南矿产资源监督检测中心/中国地质调查局成都地质调查中心	铷、铌、钽、铯、铍*、锂、钛、锰、钨、锡
41	国土资源部地球化学勘查监督检测中心/中国地质科学院地球物理地球化学勘查研究所	铷、铌、钽、铯、锂、锡
42	国土资源部兰州矿产资源监督检测中心/甘肃省中心实验室	铷*、铌、钽、铯、铍、锂、钛*、锰、钨、锡
43	国土资源部南昌矿产资源监督检测中心/江西省地质调查研究院	铷、铌、钽、铯、铍、锂、钛、锰、钨、锡
44	国土资源部杭州矿产资源监督检测中心（浙江省地质矿产研究所）	铷、铌、钽、铯、铍、锂、钛、锰、钨、锡
45	国土资源部东北矿产资源监督检测中心/沈阳地质矿产研究所	铷、铌、钽、铯、铍、锂、钛、锰、钨、锡
46	国土资源部天津矿产资源监督检测中心（天津市地质矿产测试中心）	铷、铌、钽、铯、铍*、锂、钛、锰、钨*、锡
47	国土资源部岩溶地质资源环境监督检测中心 / 中国地质科学院岩溶地质研究所	铷*、铌、钽*、铯*、铍、锂*、钛、锰、钨、锡
48	国土资源部南宁矿产资源监督检测中心（广西壮族自治区地质矿产测试研究中心）	铷、铌、钽、铯、铍、锂、钛、锰、钨、锡

续表

编号	机构名称	满意参数
49	国土资源部济南矿产资源监督检测中心/山东省地质科学研究院	铷、铌、钽、铯、铍、锂、钛、锰、钨、锡
50	国土资源部西安矿产资源监督检测中心/陕西省地质矿产实验研究所	铷、铌、钽、铯、铍、锂、钛、锰、钨、锡
51	国土资源部上海资源环境监督检测中心/上海市地质调查研究院	铍、锂
52	国家地质实验测试中心	铷、铌、钽、铯、铍、锂、钛、锰、钨、锡
53	核工业二〇三研究所分析测试中心/核工业二〇三研究所	铷、铌*、钽、铯、铍、锂、钛、钨、锡
54	吉林大学测试科学实验中心/吉林大学	铷、铌*、钽、铯、铍、锂、钛*、锰*、钨、锡

十四、 建筑工程结构实体混凝土强度评定能力验证项目（107家）

编号	机构名称	备注
1	中铁十七局集团第四工程有限公司试验室	
2	中铁五局测绘试验中心/贵州铁建工程质量检测咨询有限公司	
3	中铁十一局二公司中心试验室	
4	天津天诚工程检测技术有限公司	
5	中铁八局集团昆明铁路建设有限公司试验检测中心/昆明中铁建设工程质量检测有限公司	
6	中铁十九局集团有限公司计量测试中心/中铁十九局集团工程检测有限公司	
7	中铁十六局集团第二工程有限公司计量测试中心/天津中铁信达工程检测技术有限公司	
8	中铁二局第一工程有限公司中心实验室/贵阳华筑工程测试中心	
9	天津深城建筑检测有限公司	
10	中铁八局集团有限公司贵阳工程检测中心/贵州金川工程检测有限公司	
11	中铁八局集团西南检测中心/四川铁正建设工程质量检测有限公司	
12	中铁十一局四公司中心试验室	
13	中铁二局集团新运工程有限公司工程试验室	
14	上海同纳建设工程质量检测有限公司	
15	中铁建设集团有限公司中心试验室	
16	中铁十四局集团第二工程有限公司测试中心	
17	中铁八局重庆工程检测中心	
18	山东省建筑科学研究院建筑工程质量监督检验测试中心	
19	水利部海河水利委员会基本建设工程质量检测中心	
20	甘肃环通工程试检测有限公司	
21	计量测试中心	
22	中铁一局集团有限公司计量试验检测中心	
23	中铁上海工程局市政工程有限公司试验检测中心	
24	中铁五局集团第二工程有限责任公司试验检测分公司	
25	中铁八局集团有限公司工程检测中心	
26	北京科筑建筑工程质量监测有限公司	
27	甘肃信尔达工程试验检测有限公司	
28	中铁十一局集团第三工程有限公司中心试验室	
29	中铁十一局集团第一工程有限公司中心试验室	
30	中铁五局集团第一工程有限责任公司中心试验室	
31	深圳中核工程检测有限公司	
32	中铁五局五公司工程试验检测中心	
33	中铁二局工程测试中心	
34	中铁十一局集团第五工程有限公司中心试验室/重庆中铁建筑工程质量检测有限公司	
35	中铁五局集团建筑工程有限责任公司中心试验室/贵州黔建工程质量检测咨询有限责任公司	
36	中交三公局（北京）工程试验检测有限公司	
37	深圳市清华苑工程结构鉴定有限公司	
38	中铁十七局集团第三工程有限公司中心试验室	
39	中铁十七局集团第一工程有限公司工程检测中心	

续表

编号	机构名称	备注
40	宁夏建筑科学研究院有限公司建筑工程质量监督检验站	
41	中铁津桥工程检测有限公司	
42	海南省产品质量监督检验所	
43	中铁十六局第一工程有限公司计量测试中心	
44	国家水泥混凝土制品质量监督检验中心	
45	中铁二十四局集团浙江工程检测有限公司	
46	国家建筑材料质量监督检验中心	
47	国家绿色建筑质量监督检验中心	
48	中铁二十三局集团第六工程有限公司中心试验室	
49	珠江水利委员会珠江水利科学研究院中心试验室	
50	中铁九局集团工程检测试验有限公司	
51	中铁上海工程局集团有限公司工程质量检测中心	
52	上海建科检验有限公司	
53	中铁五局集团第四工程有限责任公司工程试验测试中心	
54	中铁十八局集团第五工程有限公司试验中心	
55	中铁十六局集团第五工程有限公司计量测试中心	
56	中铁第四勘察设计院集团有限公司工程测试中心	
57	中铁二十局集团第二工程有限公司中心试验室	
58	中铁一局集团第四工程有限公司中心试验室	
59	贵州省建材产品质量监督检验院	
60	中铁七局集团第三工程有限公司检测中心	
61	中铁二十局集团第六工程有限公司试验测试中心	
62	中铁二局第六工程有限公司检测中心	
63	中铁港航局集团有限公司工程检测中心/中铁港航局集团（广州）工程检测中心有限公司	
64	中铁十二局集团第四工程有限公司计量测试中心	
65	中铁十二局集团第一工程有限公司计量测试中心	
66	中铁十七局集团第二工程有限公司中心试验室	
67	中铁十七局集团第五工程有限公司中心试验室	
68	中铁一局集团桥梁工程有限公司试验检测中心	
69	中铁十六局集团第四工程有限公司计量测试中心	
70	北京正通兴业技术检测有限公司	
71	上海勘测设计研究院工程检测中心	
72	黄河水利委员会基本建设工程质量检测中心	
73	中铁港航局集团第三工程有限公司工程试验检测公司	
74	中铁大桥局集团第二工程有限公司中心试验室	
75	济南铁路诚意工程检测有限公司	
76	中铁十八局集团第一工程有限公司中心试验室	
77	中铁六局集团有限公司检测中心	
78	威海市文登区建设工程质量检测有限公司	
79	云南省建设工程质量检测中心有限公司	
80	中铁大桥局集团第一工程有限公司试验检测中心	
81	温州市质量技术监督检测院	
82	中国建材检验认证集团（陕西）有限公司	
83	中铁十八局集团第三工程有限公司计量测试中心	
84	山东铁正工程试验检测中心有限公司	
85	中铁十七局集团第六工程有限公司工程测试中心站	
86	中铁二十局集团有限公司	
87	中铁十七局集团有限公司工程检测中心/山西锋兴工程检测有限公司	

续表

编号	机构名称	备注
88	东莞市中质建筑工程检测有限公司	
89	武汉桥科院工程试验检测有限公司	补测满意
90	中铁第五勘察设计院集团有限公司试验检测中心/北京铁五院工程试验检测有限公司	补测满意
91	通标标准技术服务（上海）有限公司	补测满意
92	中铁工程设计咨询集团有限公司/中铁咨询集团北京工程检测有限公司	补测满意
93	中铁七局集团有限公司工程质量检测中心	补测满意
94	中铁十四局集团第四工程有限公司测试计量中心	补测满意
95	中铁航空港集团第三工程有限公司工程试验中心	补测满意
96	中铁二十一局集团检测中心/甘肃铁鹰建筑质量检测有限公司	补测满意
97	中交公路规划设计院有限公司检测中心	补测满意
98	中铁十四局集团第三工程有限公司测试计量中心	补测满意
99	中铁二局第四工程有限公司工程试验室	补测满意
100	中铁建大桥工程局集团第一工程有限公司	补测满意
101	中铁二十一局集团第三工程有限公司计量测试中心	补测满意
102	中铁西北科学研究院有限公司工程检测试验中心	补测满意
103	中铁一局集团第二工程有限公司中心试验室	补测满意
104	中铁大桥局集团第五工程有限公司试验中心	补测满意
105	广东省质量监督水泥检验站（梅州）	补测满意
106	中铁一局集团第五工程有限公司中心试验室	补测满意
107	中铁二十局集团第四工程有限公司检测实验中心/青岛铁信力源工程检测有限公司	补测满意

十五、 汽车板埃里克森杯突试验能力验证项目（20家）

编号	机构名称	备注
1	银邦金属复合材料股份有限公司技术中心实验室	
2	老虎中国检测实验室	
3	国家钢铁产品质量监督检验中心（唐山）	
4	钢研纳克检测技术有限公司	
5	山东出入境检验检疫局检验检疫技术中心	
6	广东出入境检验检疫局检验检疫技术中心化矿金属材料实验室	
7	上海机动车检测中心/国家机动车产品质量监督检验中心（上海）/国家新能源机动车产品质量监督检验中心	
8	国家金属材料质量监督检验中心（上海材料研究所检测中心、机械工业材料质量检测中心）	
9	天津出入境检验检疫局化矿金属材料检测中心	
10	常熟出入境检验检疫局综合技术服务中心	
11	国家塔桅产品质量监督检验中心	
12	重庆市计量质量检测研究院	
13	武汉材料保护研究所表面工程实验室	
14	浙江银轮机械股份有限公司热交换器测试中心	
15	兰州兰石检测技术有限公司	
16	上海梅山钢铁股份有限公司检测中心	
17	苏州有色金属研究院有限公司检测中心	
18	鞍钢集团公司钢铁研究院检测中心	
19	新疆维吾尔自治区产品质量监督检验研究院	补测满意
20	上海拖拉机内燃机有限公司工程技术中心实验室	补测满意

十六、　建筑材料燃烧性能测定能力验证项目（82家）

编号	机构名称	备注
1	昆山市产品质量监督检验所	
2	中铁检验认证（青岛）车辆检验站有限公司	
3	国家铁路产品质量监督检验中心	
4	徐州市建设工程检测中心	
5	赤峰市建设工程质量检测中心	
6	湖北省建筑工程质量监督检验测试中心	
7	武汉产品质量监督检验所	
8	国家建筑工程质量监督检验中心	
9	广州合成材料研究院有限公司化学工业合成材料老化质量监督检验中心	
10	宁夏产品质量监督检验院	
11	哈尔滨市产品质量监督检验院	
12	上海众材工程检测有限公司	
13	成都产品质量检验研究院有限责任公司/国家建材产品质量监督检验中心（四川）	
14	天津建科建筑节能环境检测有限公司	
15	国家消防阻燃产品质量监督检验中心（重庆）	
16	吉林省产品质量监督检验院	
17	轻工业塑料加工应用研究所国塑(北京)材料检测中心、国家塑料制品监督检验中心（北京）	
18	中国林业科学研究院人造板及木材检验实验室	
19	广州质量监督检测研究院	
20	国家固定灭火系统和耐火构件质量监督检验中心	
21	广西壮族自治区产品质量检验研究院	
22	北京市建筑材料检验研究院有限公司	
23	石油和化学工业节能产品质量监督检验中心	
24	国家石材质量监督检验中心	
25	新疆建材非金属产品质量监督检验站	
26	广东省建筑科学研究院集团股份有限公司	
27	国家建筑节能质量监督检验中心	
28	深圳市计量质量检测研究院	
29	北京市建设工程质量第二检测所	
30	内蒙古自治区产品质量检验研究院	
31	国家消防电子产品质量监督检验中心	
32	江苏省产品质量监督检验研究院	
33	新疆维吾尔自治区产品质量监督检验研究院	
34	公安部四川消防研究所标准与检测技术研究室	
35	沈阳产品质量监督检验院	
36	中国铁道科学研究院金属及化学研究所	
37	河北世纪建筑材料设备检验有限公司	
38	福建省产品质量检验研究院	
39	辽宁新纳斯消防检测有限公司	
40	河北省产品质量监督检验院	
41	浙江省质量检测科学研究院（国家化学建材质量监督检验中心）/浙江方圆检测集团股份有限公司	
42	广东省建筑材料研究院检测实验室	
43	南京市产品质量监督检验院/国家建材产品质量监督检验中心（南京）	
44	重庆市计量质量检测研究院	
45	大连市产品质量检测研究院	
46	贵州省产品质量监督检验院	
47	宁夏建筑材料产品质量监督检验站有限公司	

续表

编号	机构名称	备注
48	天津津贝尔建筑工程试验检测技术有限公司	
49	陕西省建设工程质量检测中心	
50	辽宁省建设科学研究院/辽宁省工程质量检测中心	
51	上海建科检验有限公司/国家建筑工程材料质量监督检验中心	
52	贵州省建材产品质量监督检验院/国家新型墙体材料质量监督检验中心(贵州)	
53	浙江省林产品质量检测站	
54	成都产品质量检验研究院有限责任公司/国家建材产品质量监督检验中心(四川)	
55	辽宁省产品质量监督检验院	
56	国家消防及阻燃产品质量监督检验中心(重庆)	
57	赤峰市红山区建设工程质量检测中心	
58	江苏省建筑工程质量检测中心有限公司	
59	甘肃省建材科研设计院	
60	国家建筑工程质量监督检验中心	
61	青海省建筑工程质量检测站	
62	国家消防装备质量监督检验中心	
63	山东省产品质量检验研究院	
64	长春市产品质量监督检验院	
65	湖南省产商品质量监督检验研究院(星沙实验室)	
66	西安市产品质量监督检验院	
67	湖北省产品质量监督检验研究院	
68	南车株洲电力机车研究所有限公司新材料检测中心/国家轨道交通高分子材料及其制品质量监督检验中心(湖南)	
69	辽宁华检检验检测有限公司	
70	浙江省消防产品质量检验站	
71	新疆维吾尔自治区消防产品质量监督检验站	
72	中国建材检验认证集团西安有限公司	补测满意
73	邯郸市产品质量监督检验所	补测满意
74	天津市建筑材料产品质量监督检测中心	补测满意
75	北京陆建鸿兴工程质量检测有限公司	补测满意
76	建筑材料工业技术监督研究中心	补测满意
77	张家口市建设工程质量检测中心有限责任公司	补测满意
78	甘肃省产品质量监督检验中心	补测满意
79	吉林省建筑材料工业设计研究院建筑材料产商品质检站	补测满意
80	山西省建筑科学研究院	补测满意
81	威海市文登区建设工程质量检测有限公司	补测满意
82	山西省产品质量监督检验研究院	补测满意

十七、铂饰品中铂含量的测定能力验证项目(90家)

编号	机构名称	备注
1	江苏省质量技术监督珠宝首饰产品质量检验站	
2	北京北大宝石鉴定中心	
3	大连恒鑫珠宝首饰鉴定有限责任公司	
4	国土资源部太原矿产资源监督检测中心	
5	江苏省黄金珠宝检测中心	
6	内蒙古自治区产品质量检验研究院	
7	浙江省质量检测科学研究院、浙江方圆检测集团股份有限公司	
8	中钢集团天津地质研究院有限公司地质矿产测试中心	
9	北京市首饰质量监督检验站	

续表

编号	机构名称	备注
10	青海省产品质量监督检验所珠宝玉石金银饰品监督检验站	
11	辽宁省宝玉石质量监督检验中心	
12	安徽省产品质量监督检验研究院安徽省金银饰品宝玉石产品质量监督检验站	
13	国家珠宝玉石质量监督检验中心上海实验室	
14	上海市计量测试技术研究院/国家金银制品质量监督检验中心(上海)	
15	中国地质大学（武汉）珠宝检测中心武汉实验室	
16	中国地质大学（武汉）珠宝检测中心深圳实验室	
17	中国地质大学（武汉）珠宝检测中心广州实验室	
18	国家黄金钻石制品质量监督检验中心	
19	甘肃省产品质量监督检验中心	
20	大连市产品质量检测研究院	
21	新疆维吾尔自治区产品质量监督检验研究院	
22	张家口市黄金珠宝饰品质量监督检验站	
23	武汉产品质量监督检验所	
24	成都产品质量检验研究院有限责任公司	
25	广西壮族自治区产品质量检验研究院	
26	北京中地大珠宝鉴定中心	
27	天津市产品质量监督检测技术研究院	
28	陕西省宝玉石金银首饰质量监督检验站	
29	佛山裕顺福首饰钻石有限公司贵金属检测中心	
30	湖南省黄金宝玉石制品质量监督检验授权站	
31	周大福珠宝金行（深圳）有限公司贵金属检测中心	
32	安徽国鑫黄金珠宝检测中心有限公司	
33	佛山市顺德区裕达珠宝首饰制造有限公司贵金属检测中心	
34	广东省珠宝玉石及贵金属检测中心广东省质量监督珠宝贵金属产品检验站	
35	国家珠宝玉石质量监督检验中心北京实验室	
36	国土资源部武汉矿产资源监督检测中心	
37	福建紫金矿冶测试技术有限公司	
38	成都市产品质量检验研究院有限责任公司	
39	周生生珠宝（佛山）有限公司顺德化验所	
40	云南国检珠宝检验实验室有限公司	
41	广东产品质量监督检验研究院	
42	北京中地大珠宝鉴定中心深圳实验室	
43	莆田市国检珠宝检测有限公司	
44	宁波出入境检验检疫局检验检疫技术中心	
45	山西省金银珠宝玉石质量协会	
46	南京珠宝研究检测中心有限公司	
47	云南省分析测试中心	
48	国家金银及制品质量监督检验中心（长春）	
49	河北省金银宝玉饰品质量监督检验站	
50	郴州市产商品质量监督检验所	
51	云南省珠宝玉石质量监督检验研究院院本部	
52	云南省珠宝玉石质量监督检验研究院瑞丽质检研究中心	
53	河南省产品质量监督检验院	
54	浙江省珠宝玉石首饰鉴定中心	
55	陕西省产品质量监督检验研究院（南大街）	
56	哈尔滨市产品质量监督检验院	
57	江西省金银珠宝饰品质量监督检验二站	

续表

编号	机构名称	备注
58	中工商联珠宝检测中心广州分部	
59	深圳市金质金银珠宝检验研究中心有限公司	
60	云南省分析测试中心	
61	深圳市首检珠宝首饰检测有限公司	
62	国家珠宝玉石质量监督检验中心广州实验室	
63	济南黄金珠宝饰品质量监督检验站	
64	深圳中金国银珠宝检测有限公司	
65	重庆市计量质量检测研究院	补测满意
66	黑龙江省地质矿产测试应用研究所(黑龙江省金银饰品质量监督检验站)	补测满意
67	河南省金银珠宝饰品质量监督检验中心	补测满意
68	河北省产品质量监督检验院	补测满意
69	广东省金银珠宝检测中心	补测满意
70	海南省产品质量监督检验所	补测满意
71	宁波市产品质量监督检验研究院	补测满意
72	南京市产品质量监督检验院国家金银制品质量监督检验中心（南京）	补测满意
73	北京高德珠宝鉴定研究所	补测满意
74	陕西省产品质量监督检验研究院	补测满意
75	石家庄市坤金珠宝质量检验中心	补测满意
76	贵州省地质矿产中心实验室	补测满意
77	廊坊市金银宝玉石饰品质量监督检验站	补测满意
78	新疆石油管理局克拉玛依市宝玉石鉴定中心	补测满意
79	中检质技（北京）金银珠宝质量检验中心	补测满意
80	国家珠宝玉石质量监督检验中心(深圳实验室)	补测满意
81	唐山市宝玉石产品质量监督检验站	补测满意
82	合肥市产品质量监督检验所	补测满意
83	吉林省金银宝石饰品质量监督检验中心	补测满意
84	绍兴市质量技术监督检测院	补测满意
85	中工商联珠宝检测中心深圳分部	补测满意
86	福建省测试技术研究所	补测满意
87	北京市中工商联珠宝检测中心	补测满意
88	深圳出入境检验检疫局工业品检测技术中心	补测满意
89	深圳市深智检测技术有限公司	补测满意
90	黑龙江出入境检验检疫局珠宝玉石检测鉴定中心	补测满意

十八、 血中铅和尿中镉含量测定能力验证项目（29家）

编号	机构名称	备注
1	天津市疾病预防控制中心	血中铅、尿中镉
2	深圳市职业病防治院	血中铅、尿中镉
3	广州市职业病防治院	血中铅、尿中镉
4	无锡市锡山区疾病预防控制中心	血中铅
5	四川大学华西第四医院	血中铅、尿中镉
6	淮安市疾病预防控制中心	血中铅、尿中镉
7	江苏省疾病预防控制中心	血中铅、尿中镉
8	贵州省疾病预防控制中心	血中铅、尿中镉
9	长江航务管理局疾病预防控制中心	血中铅、尿中镉*
10	惠州市职业病防治院	血中铅*、尿中镉
11	郑州市职业病防治院	血中铅、尿中镉

续表

编号	机构名称	备注
12	新疆维吾尔自治区职业病防治院	血中铅、尿中镉
13	江苏省泰州市姜堰区疾病预防控制中心	血中铅、尿中镉
14	靖江市疾病预防控制中心	血中铅*、尿中镉
15	武汉市职业病防治院	血中铅*、尿中镉
16	新疆维吾尔自治区疾病预防控制中心	血中铅、尿中镉
17	西昌市疾病预防控制中心	血中铅*、尿中镉
18	沈阳市劳动卫生职业病研究所	尿中镉
19	上海市浦东新区疾病预防控制中心	血中铅、尿中镉*
20	广东省职业病防治院	血中铅、尿中镉
21	山西省疾病预防控制中心	尿中镉*
22	湖南省山水体检有限公司	尿中镉*
23	新乡市职业病防治研究所	血中铅、尿中镉
24	扬州市疾病预防控制中心	血中铅
25	上海市疾病预防控制中心	血中铅、尿中镉
26	镇江市丹徒区疾病预防控制中心	血中铅
27	辽宁省职业病防治院	血中铅、尿中镉
28	浙江省疾病预防控制中心	血中铅、尿中镉
29	常州市武进区疾病预防控制中心	血中铅、尿中镉

十九、 疟原虫检测能力验证项目（173家）

编号	机构名称	备注
1	国家质量监督检验检疫总局北京国际旅行卫生保健中心实验室	
2	天津国际旅行卫生保健中心实验室	
3	上海国际旅行卫生保健中心检验科实验室	
4	安徽国际旅行卫生保健中心传染病检测实验室	
5	广东国际旅行卫生保健中心实验室	
6	广东出入境检验检疫局检验检疫技术中心卫生检疫实验室	
7	中山国际旅行卫生保健中心医学综合实验室	
8	佛山出入境检验检疫局综合技术中心卫生检疫实验室	
9	上海市浦东新区疾病预防控制中心	
10	广西出入境检验检疫局技术中心凭祥分中心	
11	海南国际旅行卫生保健中心实验室	
12	上海市普陀区疾病预防控制中心微生物检验科	
13	河北国际旅行卫生保健中心实验室	
14	河北出入境检验检疫局曹妃甸办事处保健中心实验室	
15	秦皇岛国际旅行卫生保健中心综合实验室	
16	黑龙江国际旅行卫生保健中心医学媒介生物实验室	
17	黑龙江国际旅行卫生保健中心绥芬河分中心医学实验室	
18	长春国际旅行卫生保健中心珲春分中心	
19	黑龙江国际旅行卫生保健中心黑河分中心医学实验室	
20	黑龙江国际旅行卫生保健中心萝北分中心医学实验室	
21	黑龙江国际旅行卫生保健中心医学实验室牡丹江分中心	
22	宁波市疾病预防控制中心	
23	黑龙江国际旅行卫生保健中心佳木斯分中心医学实验室	
24	黑龙江国际旅行卫生保健中心东宁分中心医学实验室	
25	黑龙江国际旅行卫生保健中心同江分中心医学实验室	
26	长沙市疾病预防控制中心(长沙市公共卫生检测检验中心)	
27	湖北国际旅行卫生保健中心实验室	

续表

编号	机构名称	备注
28	湖北国际旅行卫生保健中心黄石分中心实验室	
29	湖北国际旅行卫生保健中心宜昌分中心	
30	湖南国际旅行卫生保健中心综合实验室	
31	江苏国际旅行卫生保健中心传染病监测实验室	
32	江苏国际旅行卫生保健中心太仓分中心传染病检测实验室	
33	南通国际旅行卫生保健门诊部传染病检测实验室	
34	江苏国际旅行卫生保健中心徐州分中心传染病检测实验室	
35	江苏国际旅行卫生保健中心泰州分中心传染病检测实验室	
36	江苏国际旅行卫生保健中心江阴分中心传染病检测实验室	
37	长春国际旅行卫生保健中心	
38	长春国际旅行卫生保健中心吉林市分中心	
39	长春国际旅行卫生保健中心通化分中心实验室	
40	延边国际旅行卫生保健中心医学实验室	
41	河南国际旅行卫生保健中心综合实验室	
42	沈阳国际旅行卫生保健中心实验室	
43	辽宁国际旅行卫生保健中心医学检测中心辽阳分中心	
44	辽宁国际旅行卫生保健中心医学检测中心铁岭分中心	
45	辽宁国际旅行卫生保健中心医学检测中心锦州分中心	
46	辽宁国际旅行卫生保健中心医学检测中心抚顺分中心	
47	辽宁医学检测中心阜新分中心	
48	辽宁国际旅行卫生保健中心医学检测中心鞍山分中心	
49	丹东国际旅行卫生保健中心实验室	
50	辽宁国际旅行卫生保健中心医学检测中心盘锦分中心	
51	成都市成华区疾病预防控制中心	
52	珠海国际旅行卫生保健中心卫生检疫实验室	
53	宁波国际旅行卫生保健中心综合实验室	
54	厦门国际旅行卫生保健中心实验室	
55	陕西国际旅行卫生保健中心医学实验室	
56	山东国际旅行卫生保健中心医学检测实验室	
57	烟台国际旅行卫生保健中心医学检测中心实验室	
58	济宁出入境检验检疫局口岸传染病监测综合实验室	
59	日照出入境检验检疫局口岸传染病监测综合实验室	
60	威海国际旅行卫生保健中心医学检测综合实验室	
61	潍坊国际旅行卫生保健中心医学检测综合实验室	
62	四川国际旅行卫生保健中心医学检测部	
63	四川省西昌市疾病预防控制中心	
64	云南国际旅行卫生保健中心	
65	德宏出入境检验检疫局综合技术服务中心	
66	云南国际旅行卫生保健中心勐腊分中心	
67	西双版纳检验检疫局检验检疫综合技术中心卫生检疫实验室	
68	河口出入境检验检疫局综合实验室	
69	浙江国际旅行卫生保健中心金华分中心医学实验室	
70	义乌国际旅行卫生保健中心实验室	
71	舟山国际旅行卫生保健中心综合实验室	
72	温州国际旅行卫生保健中心实验室	
73	浙江国际旅行卫生保健中心台州分中心医学检测实验室	
74	丽水国际旅行卫生保健中心综合实验室	
75	浙江国际旅行卫生保健中心嘉兴分中心医学实验室	

续表

编号	机构名称	备注
76	新疆国际旅行卫生保健中心实验室	
77	喀什出入境检验检疫局保健中心临床检验实验室	
78	新疆国际旅行卫生保健中心阿拉山口分中心	
79	内蒙古国际旅行卫生保健中心实验室	
80	满洲里国际旅行卫生保健中心综合实验室	
81	山西国际旅行卫生保健中心医学综合实验室	
82	国家生物安全检测重点实验室	
83	卫生检疫实验室	
84	青海国际旅行卫生保健中心实验室	
85	贵州省疾病预防控制中心地方病所原虫实验室	
86	深圳国际旅行卫生保健中心医学实验室	
87	黑龙江国际旅行卫生保健中心鹤岗分中心医学实验室	
88	临沂国际旅行卫生保健中心医学检测实验室	
89	二连浩特国际旅行卫生保健中心	
90	湖南省疾病预防控制中心(湖南省公共卫生检测检验中心)	
91	广州机场出入境检验检疫局综合技术服务中心综合实验室	
92	广东国际旅行卫生保健中心高明分中心卫生检疫实验室	
93	江门国际旅行卫生保健中心实验室	
94	南海出入境检验检疫局综合技术服务中心检测中心卫检实验室	
95	新疆维吾尔自治区疾病预防控制中心寄生虫病防治科实验室	
96	汕头国际旅行卫生保健中心	
97	番禺国际旅行卫生保健中心实验室	
98	花都出入境检验检疫局HIV抗体初筛实验室	
99	海南国际旅行卫生保健中心三亚分中心	
100	韶关出入境检验检疫局综合技术服务中心综合实验室	
101	卫生检疫实验室	
102	天河出入境检验检疫局综合技术服务中心卫生检疫实验室	
103	揭阳出入境检验检疫局保健中心实验室	
104	潮州出入境检验检疫局保健中心实验室	
105	广东新会国际旅行卫生保健中心	
106	河源出入境检验检疫局临床实验室	
107	东莞国际旅行卫生保健中心	
108	开平出入境检验检疫局综合技术服务中心保健中心门诊部	
109	肇庆出入境检验检疫局综合技术中心保健中心实验室	
110	新疆国际旅行卫生保健中心阿勒泰分中心实验室	
111	新疆国际旅行卫生保健中心伊犁分中心实验室	
112	杭州市疾病预防控制中心	
113	九江出入境人员健康体检中心卫生检疫实验室	
114	赣州卫生检疫实验室	
115	贵港出入境检验检疫局检验检疫综合实验室	
116	广西国际旅行卫生保健中心北海分中心	
117	江苏国际旅行卫生保健中心昆山分中心传染病检测实验室	
118	梧州出入境检验检疫局检验检疫综合实验室	
119	东兴出入境检验检疫局检验检疫综合实验室	
120	广西国际旅行保健中心桂林分中心	
121	安徽国际旅行卫生保健中心芜湖分中心传染病检测实验室	
122	安徽国际旅行卫生保健中心安庆分中心传染病检测实验室	
123	荣成国际旅行卫生保健中心医学检测实验室	

续表

编号	机构名称	备注
124	泰安国际旅行卫生保健中心医学检测实验室	
125	济南国际旅行卫生保健中心医学检测综合实验室	
126	上海市徐汇区疾病预防控制中心	
127	泉州出入境检验检疫局综合技术服务中心	
128	福清出入境检验检疫局检验检疫技术中心医学检测实验室	
129	福建国际旅行卫生保健中心南平分中心医学检测综合实验室	
130	福建国际旅行卫生保健中心龙岩分中心医学检测综合实验室	
131	福建国际旅行卫生保健中心莆田分中心医学综合检测实验室	
132	福建国际旅行卫生保健中心武夷山分中心医学检测综合实验室	
133	三明出入境检验检疫局医学检测综合实验室	
134	福建国际旅行卫生保健中心宁德分中心医学检测综合实验室	
135	东山出入境检验检疫局综合技术服务中心医学检测综合实验室	
136	江苏国际旅行卫生保健中心苏州分中心传染病检测实验室	
137	安徽省疟疾诊断参比实验室	
138	江苏国际旅行卫生保健中心常州分中心传染病检测实验室	
139	江苏国际旅行卫生保健中心常熟分中心传染病检测实验室	
140	江苏国际旅行卫生保健中心无锡分中心传染病检测实验室	
141	江苏国际旅行卫生保健中心扬州分中心传染病检测实验室	
142	江苏国际旅行卫生保健中心盐城分中心传染病检测实验室	
143	连云港出入境检验检疫局综合技术中心传染病检测实验室	
144	江苏国际旅行卫生保健中心镇江分中心传染病监测实验室	
145	茂名出入境检验检疫局保健中心实验室	
146	江苏淮安出入境检验检疫局综合技术服务中心实验室（传染病监测实验室）	
147	黄埔出入境检验检疫局卫生保健中心实验室	
148	增城检验检疫局综合技术服务中心综合实验室	
149	阳江出入境检验检疫局综合技术服务中心综合实验室	
150	广东国际旅行卫生保健中心大亚湾分中心实验室	
151	汕尾出入境检验检疫局国际旅行卫生保健门诊部	
152	梅州出入境检验检疫局保健中心实验室	
153	湛江国际旅行卫生保健中心	
154	惠州出入境检验检疫局检验检疫综合技术中心卫生检疫实验室	
155	漳州出入境检验检疫局综合技术服务中心实验室	
156	洛阳出入境检验检疫局医学检验综合实验室	
157	柳州出入境检验检疫局检验检疫综合实验室	
158	临沧出入境检验检疫局检验检疫综合技术中心综合实验室	
159	西藏国际旅行卫生保健中心	
160	云南出入境检验检疫局保健中心瑞丽分中心	
161	上海市疾病预防控制中心/上海市预防医学研究院	
162	张家港出入境检验检疫局检验检疫综合技术中心传染病检测实验室	补测满意
163	包头出入境检验检疫局综合技术服务中心保健中心实验室	补测满意
164	清远国际旅行卫生保健中心	补测满意
165	新疆国际旅行卫生保健中心塔城分中心	补测满意
166	宁夏国际旅行卫生保健中心检验科	补测满意
167	广西国际旅行卫生保健中心实验室	补测满意
168	甘肃国际旅行卫生保健中心医学实验室	补测满意
169	黑龙江国际旅行卫生保健中心齐齐哈尔分中心医学实验室	补测满意
170	黑龙江国际旅行卫生保健中心大庆分中心医学实验室	补测满意
171	辽宁医学检测中心营口分中心	补测满意

续表

编号	机构名称	备注
172	重庆国际联系卫生保健中心	补测满意
173	传染病监测实验室	补测满意

二十、 传染病血清学检测能力验证项目(162家)

编号	机构名称	备注
1	安徽国际旅行卫生保健中心安庆分中心实验室	HIV抗体、HBsAg、HCV抗体、梅毒特异性抗体
2	国家质检总局外来传染病预防控制重点实验室	HBsAg
3	福建国际旅行卫生保健中心武夷山分中心医学检测综合实验室	HIV抗体、HBsAg、HCV抗体、梅毒特异性抗体
4	深圳市疾病预防控制中心	HIV抗体、HBsAg、HCV抗体、梅毒特异性抗体
5	顺德出入境检验检疫局综合技术服务中心卫生检疫实验室	HIV抗体、HBsAg、HCV抗体、梅毒特异性抗体
6	黑龙江国际旅行卫生保健中心	HIV抗体、HBsAg、HCV抗体、梅毒特异性抗体
7	长春国际旅行卫生保健中心检验部	HIV抗体、HBsAg、HCV抗体、梅毒特异性抗体
8	徐州市疾病预防控制中心	HIV抗体、HBsAg
9	江苏国际旅行卫生保健中心传染病监测实验室	HIV抗体、HBsAg、HCV抗体、梅毒特异性抗体
10	连云港出入境检验检疫局综合技术中心传染病检测实验室	HIV抗体、HBsAg、HCV抗体、梅毒特异性抗体
11	江苏国际旅行卫生保健中心无锡分中心传染病检测实验室	HIV抗体、HBsAg、HCV抗体、梅毒特异性抗体
12	辽宁出入境检验检疫局医学检测中心	HIV抗体、HBsAg、HCV抗体、梅毒特异性抗体
13	新疆国际旅行卫生保健中心阿勒泰分中心实验室	HIV抗体、HBsAg、HCV抗体、梅毒特异性抗体
14	黑龙江国际旅行卫生保健中心萝北分中心医学实验室	HIV抗体、HBsAg、HCV抗体、梅毒特异性抗体
15	福建国际旅行卫生保健中心莆田分中心医学综合检测实验室	HIV抗体、HBsAg、HCV抗体、梅毒特异性抗体
16	深圳市光明新区疾病预防控制中心(深圳市光明新区检验中心)	HIV抗体、HBsAg、HCV抗体、梅毒特异性抗体
17	清远出入境检验检疫局综合检测中心卫生检疫实验室	HIV抗体、HBsAg、HCV抗体、梅毒特异性抗体
18	江门国际旅行卫生保健中心实验室	HIV抗体、HBsAg、HCV抗体、梅毒特异性抗体
19	梧州出入境检验检疫局检验检疫综合实验室	HIV抗体、HBsAg、HCV抗体、梅毒特异性抗体
20	广西国际旅行卫生保健中心桂林分中心	HIV抗体、HBsAg、HCV抗体、梅毒特异性抗体
21	海南国际旅行卫生保健中心实验室	HIV抗体、HBsAg、HCV抗体、梅毒特异性抗体
22	黑龙江国际旅行卫生保健中心医学实验室牡丹江分中心	HIV抗体、HBsAg、HCV抗体、梅毒特异性抗体
23	湖南国际旅行卫生保健中心综合实验室	HIV抗体、HBsAg、HCV抗体、梅毒特异性抗体
24	句容市疾病预防控制中心	HIV抗体、HCV抗体、梅毒特异性抗体
25	江苏国际旅行卫生保健中心苏州分中心传染病检测实验室	HIV抗体、HBsAg、HCV抗体、梅毒特异性抗体
26	江苏国际旅行卫生保健中心常熟分中心传染病检测实验室	HIV抗体、HBsAg、HCV抗体、梅毒特异性抗体
27	辽宁国际旅行卫生保健中心医学检测中心盘锦分中心	HIV抗体、HBsAg、HCV抗体、梅毒特异性抗体
28	普洱出入境检验检疫局综合技术服务中心综合实验室	HIV抗体、HBsAg、HCV抗体、梅毒特异性抗体
29	金华出入境检验检疫局医学检测综合实验室	HIV抗体、HBsAg、HCV抗体、梅毒特异性抗体
30	茂名出入境检验检疫局保健中心实验室	HIV抗体、HBsAg、HCV抗体、梅毒特异性抗体
31	福清出入境检验检疫局检验检疫技术中心医学检测实验室	HIV抗体、HBsAg、HCV抗体、梅毒特异性抗体
32	东山出入境检验检疫局综合技术服务中心	HIV抗体、HBsAg、HCV抗体、梅毒特异性抗体
33	深圳市南山区慢性病防治院检验科	HIV抗体、HBsAg、梅毒特异性抗体
34	广东国际旅行卫生保健中心实验室	HIV抗体、HBsAg、HCV抗体、梅毒特异性抗体
35	南宁市疾病预防控制中心	HIV抗体、HBsAg、HCV抗体、梅毒特异性抗体
36	秦皇岛国际旅行卫生保健中心综合实验室	HIV抗体、HBsAg、HCV抗体、梅毒特异性抗体
37	河北国际旅行卫生保健中心	HIV抗体、HBsAg、HCV抗体、梅毒特异性抗体
38	黑龙江国际旅行卫生保健中心东宁分中心医学实验室	HIV抗体、HBsAg、HCV抗体、梅毒特异性抗体
39	长春国际旅行卫生保健中心通化分中心实验室	HIV抗体、HBsAg、HCV抗体、梅毒特异性抗体
40	长春国际旅行卫生保健中心珲春分中心	HIV抗体、HBsAg、HCV抗体、梅毒特异性抗体
41	江苏国际旅行卫生保健中心江阴分中心传染病检测实验室	HIV抗体、HBsAg、HCV抗体、梅毒特异性抗体
42	江苏国际旅行卫生保健中心徐州分中心传染病检测实验室	HIV抗体、HBsAg、HCV抗体、梅毒特异性抗体
43	江苏国际旅行卫生保健中心泰州分中心传染病检测实验室	HIV抗体、HBsAg、HCV抗体、梅毒特异性抗体

续表

编号	机构名称	备注
44	烟台国际旅行卫生保健中心医学检测中心实验室	HIV抗体、HBsAg、HCV抗体、梅毒特异性抗体
45	陕西国际旅行卫生保健中心医学实验室	HIV抗体、HBsAg、HCV抗体、梅毒特异性抗体
46	上海市松江区疾病预防控制中心	HIV抗体、HBsAg、HCV抗体、梅毒特异性抗体
47	浙江国际旅行卫生保健中心台州分中心医学检测实验室	HIV抗体、HBsAg、HCV抗体、梅毒特异性抗体
48	丽水国际旅行卫生保健中心综合实验室	HIV抗体、HBsAg、HCV抗体、梅毒特异性抗体
49	浙江国际旅行卫生保健中心实验室	HIV抗体、HBsAg、HCV抗体、梅毒特异性抗体
50	中国人民解放军艾滋病检测中心	HIV抗体、HCV抗体
51	漳州出入境检验检疫局综合技术服务中心实验室	HIV抗体、HBsAg、HCV抗体、梅毒特异性抗体
52	泉州出入境检验检疫局综合技术服务中心医学检测综合实验室	HIV抗体、HBsAg、HCV抗体、梅毒特异性抗体
53	福建国际旅行卫生保健中心龙岩分中心医学检测综合实验室	HIV抗体、HBsAg、HCV抗体、梅毒特异性抗体
54	福建出入境检验检疫局HIV确证实验室	HIV抗体、HBsAg、HCV抗体、梅毒特异性抗体
55	新会国际健康旅行保健中心艾滋病实验室	HIV抗体、HBsAg、HCV抗体、梅毒特异性抗体
56	韶关出入境检验检疫局综合技术中心综合实验室	HIV抗体、HBsAg、HCV抗体、梅毒特异性抗体
57	开平出入境检验检疫局综合技术服务中心卫生保健门诊部	HIV抗体、HBsAg、HCV抗体、梅毒特异性抗体
58	肇庆出入境检验检疫局综合技术中心保健中心实验室	HIV抗体、HBsAg、HCV抗体、梅毒特异性抗体
59	深圳国际旅行卫生保健中心医学实验室	HIV抗体、HBsAg、HCV抗体、梅毒特异性抗体
60	贵港检验检疫局综合实验室医学实验室	HIV抗体、HBsAg、HCV抗体、梅毒特异性抗体
61	广西国际旅行卫生保健中心北海分中心	HIV抗体、HBsAg、HCV抗体、梅毒特异性抗体
62	黑龙江国际旅行卫生保健中心绥芬河分中心医学实验室	HIV抗体、HBsAg、HCV抗体、梅毒特异性抗体
63	黑龙江国际旅行保健中心鹤岗分中心	HIV抗体、HBsAg、HCV抗体、梅毒特异性抗体
64	黑龙江国际旅行卫生保健中心大庆分中心实验室	HIV抗体、HBsAg、HCV抗体、梅毒特异性抗体
65	黑龙江国际旅行卫生保健中心医学实验室佳木斯分中心	HIV抗体、HBsAg、HCV抗体、梅毒特异性抗体
66	湖北国际旅行卫生保健中心实验室	HIV抗体、HBsAg、HCV抗体、梅毒特异性抗体
67	长春国际旅行卫生保健中心吉林市分中心医学实验室	HIV抗体、HBsAg、HCV抗体、梅毒特异性抗体
68	江西赣州出入境检验检疫局卫生检疫实验室	HIV抗体、HBsAg、HCV抗体、梅毒特异性抗体
69	辽宁国际旅行卫生保健中心医学检测中心阜新分中心	HIV抗体、HBsAg、HCV抗体、梅毒特异性抗体
70	辽宁国际旅行卫生保健中心医学检测中心辽阳分中心	HIV抗体、HBsAg、HCV抗体、梅毒特异性抗体
71	辽宁省疾病预防控制中心	HIV抗体、HBsAg、HCV抗体、梅毒特异性抗体
72	包头检验检疫局综合技术服务中心保健中心实验室	HIV抗体、HBsAg、HCV抗体、梅毒特异性抗体
73	泰安国际旅行卫生保健中心实验室	HIV抗体、HBsAg、HCV抗体、梅毒特异性抗体
74	山东国际旅行卫生保健中心医学检测中心实验室	HIV抗体、HBsAg、HCV抗体、梅毒特异性抗体
75	上海市浦东新区疾病预防控制中心	HIV抗体、HBsAg、HCV抗体、梅毒特异性抗体
76	天津国际旅行卫生保健中心实验室	HIV抗体、HBsAg、HCV抗体、梅毒特异性抗体
77	宁波市疾病预防控制中心	HIV抗体、HBsAg、HCV抗体、梅毒特异性抗体
78	三明出入境检验检疫局医学检测综合实验室	HIV抗体、HBsAg、HCV抗体、梅毒特异性抗体
79	珠海国际旅行卫生保健中心卫生检疫实验室	HIV抗体、HBsAg、HCV抗体、梅毒特异性抗体
80	天河出入境检验检疫局综合技术服务中心卫生检疫实验室	HIV抗体、HBsAg、HCV抗体、梅毒特异性抗体
81	梅州出入境检验检疫局艾滋病初筛实验室	HIV抗体、HBsAg、HCV抗体、梅毒特异性抗体
82	花都出入境检验检疫局HIV抗体初筛检测实验室	HIV抗体、HBsAg、HCV抗体、梅毒特异性抗体
83	佛山出入境检验检疫局检验检疫综合技术中心卫生检疫实验室	HIV抗体、HBsAg、HCV抗体、梅毒特异性抗体
84	番禺出入境检验检疫局综合技术服务中心保健所卫检实验室	HIV抗体、HBsAg、HCV抗体、梅毒特异性抗体
85	潮州出入境检验检疫局保健中心实验室	HIV抗体、HBsAg、HCV抗体、梅毒特异性抗体
86	汕尾出入境检验检疫局国际旅行卫生保健门诊部	HIV抗体、HCV抗体、梅毒特异性抗体
87	广西出入境检验检疫局检验检疫技术中心凭祥分中心	HIV抗体、HBsAg、HCV抗体、梅毒特异性抗体
88	东兴出入境检验检疫局检验检疫综合实验室	HIV抗体、HBsAg、HCV抗体、梅毒特异性抗体
89	贵州省艾滋病确证中心实验室	HIV抗体、HBsAg、HCV抗体、梅毒特异性抗体
90	河南国际旅行卫生保健中心洛阳实验室	HIV抗体、HBsAg、HCV抗体、梅毒特异性抗体
91	南通国际旅行卫生保健门诊部传染病检测实验室	HIV抗体、HBsAg、HCV抗体、梅毒特异性抗体

续表

编号	机构名称	备注
92	江苏国际旅行卫生保健中心太仓分中心传染病检测实验室	HIV抗体、HBsAg、HCV抗体、梅毒特异性抗体
93	辽宁医学检测中心营口分中心	HIV抗体、HBsAg、HCV抗体、梅毒特异性抗体
94	辽宁国际旅行卫生保健中心医学检测中心沈阳分中心	HIV抗体、HBsAg、HCV抗体、梅毒特异性抗体
95	辽宁国际旅行卫生保健中心医学检测中心锦州分中心	HIV抗体、HBsAg、HCV抗体、梅毒特异性抗体
96	日照出入境检验检疫局口岸传染病监测综合实验室	HIV抗体、HBsAg、HCV抗体、梅毒特异性抗体
97	四川国际旅行卫生保健中心	HIV抗体、HBsAg、HCV抗体、梅毒特异性抗体
98	新疆国际旅行卫生保健中心实验室	HIV抗体、HBsAg、HCV抗体、梅毒特异性抗体
99	河口出入境检验检疫局综合技术中心	HIV抗体、HBsAg、HCV抗体、梅毒特异性抗体
100	云南省疾病预防控制中心性病艾滋病防制所实验室	HIV抗体、HCV抗体、梅毒特异性抗体
101	重庆国际旅行卫生保健中心	HIV抗体、HBsAg、HCV抗体、梅毒特异性抗体
102	惠州出入境检验检疫局综合技术中心卫生检疫实验室	HIV抗体、HBsAg、HCV抗体、梅毒特异性抗体
103	湖北国际旅行卫生保健中心宜昌分中心	HIV抗体、HBsAg、HCV抗体、梅毒特异性抗体
104	湖北国际旅行卫生保健中心黄石分中心实验室	HIV抗体、HBsAg、HCV抗体、梅毒特异性抗体
105	延边国际旅行卫生保健中心医学实验室	HIV抗体、HBsAg、HCV抗体、梅毒特异性抗体
106	芜湖检验检疫局传染病检测实验室	HIV抗体、HBsAg、HCV抗体、梅毒特异性抗体
107	厦门国际旅行卫生保健中心实验室	HIV抗体、HBsAg、HCV抗体、梅毒特异性抗体
108	广州机场出入境检验检疫局综合技术服务中心综合实验室	HIV抗体、HBsAg、HCV抗体、梅毒特异性抗体
109	河南国际旅行卫生保健中心综合实验室	HIV抗体、HBsAg、HCV抗体、梅毒特异性抗体
110	上海市徐汇区疾病预防控制中心	HIV抗体、HBsAg、HCV抗体、梅毒特异性抗体
111	江苏国际旅行保健中心昆山分中心传染病检测实验室	HIV抗体、HBsAg、HCV抗体、梅毒特异性抗体
112	辽宁国际旅行卫生保健中心医学检测中心抚顺分中心	HIV抗体、HBsAg、HCV抗体、梅毒特异性抗体
113	宁夏国际旅行卫生保健中心实验室	HIV抗体、HBsAg、HCV抗体、梅毒特异性抗体
114	上海市长宁区疾病预防控制中心	HIV抗体、HBsAg、HCV抗体、梅毒特异性抗体
115	四川省疾病预防控制中心	HIV抗体、HBsAg、HCV抗体、梅毒特异性抗体
116	成都市成华区疾病预防控制中心实验室	HIV抗体、HBsAg、HCV抗体、梅毒特异性抗体
117	舟山国际旅行卫生保健中心综合实验室	HIV抗体、HBsAg、HCV抗体、梅毒特异性抗体
118	安徽国际旅行卫生保健中心传染病检测实验室	HIV抗体、HBsAg、HCV抗体、梅毒特异性抗体
119	辽宁国际旅行卫生保健中心医学检测中心铁岭分中心	HIV抗体、HBsAg、HCV抗体、梅毒特异性抗体
120	福建国际旅行卫生保健中心南平分中心医学检测综合实验室	HIV抗体、HBsAg、HCV抗体、梅毒特异性抗体
121	中山出入境检验检疫局检验检疫技术中心卫检（医学）实验室	HIV抗体、HBsAg、HCV抗体、梅毒特异性抗体
122	揭阳出入境检验检疫局保健中心实验室	HIV抗体、HBsAg、HCV抗体、梅毒特异性抗体
123	黄埔出入境检验检疫局保健中心实验室	HIV抗体、HBsAg、HCV抗体、梅毒特异性抗体
124	河源出入境检验检疫局临床实验室	HIV抗体、HBsAg、HCV抗体、梅毒特异性抗体
125	东莞国际旅行卫生保健中心	HIV抗体、HBsAg、HCV抗体、梅毒特异性抗体
126	深圳市南山区疾病预防控制中心	HIV抗体、梅毒特异性抗体
127	河北出入境检验检疫局曹妃甸办事处保健中心实验室	HIV抗体、HBsAg、HCV抗体、梅毒特异性抗体
128	黑龙江国际旅行卫生保健中心医学实验室同江分中心	HIV抗体、HBsAg、HCV抗体、梅毒特异性抗体
129	齐齐哈尔保健中心医学实验室	HIV抗体、HBsAg、HCV抗体、梅毒特异性抗体
130	黑龙江国际旅行卫生保健中心黑河分中心医学实验室	HIV抗体、HBsAg、HCV抗体、梅毒特异性抗体
131	湖南省疾病预防控制中心（湖南省公共卫生检测检验中心）	HIV抗体、梅毒特异性抗体
132	江阴市疾病预防控制中心	HIV抗体
133	淮安出入境检验检疫局农副产品实验室（传染病检测实验室）	HIV抗体、HBsAg、HCV抗体、梅毒特异性抗体
134	江西省疾病预防控制中心	HBsAg、HCV抗体
135	江西国际旅行卫生保健中心卫生检疫实验室	HIV抗体、HBsAg、HCV抗体、梅毒特异性抗体
136	鞍山国际旅行卫生保健中心实验室	HIV抗体、HBsAg、HCV抗体、梅毒特异性抗体
137	内蒙古出入境检验检疫局国际旅行卫生保健中心实验室	HIV抗体、HBsAg、HCV抗体、梅毒特异性抗体
138	青海国际旅行卫生保健中心实验室	HIV抗体、HBsAg、HCV抗体、梅毒特异性抗体
139	荣成出入境检验检疫局国际旅行卫生保健中心医学检测实验室	HIV抗体、HBsAg、HCV抗体、梅毒特异性抗体

续表

编号	机构名称	备注
140	西昌市疾病预防控制中心实验室	HBsAg、HCV抗体
141	新疆国际旅行卫生保健中心伊犁分中心实验室	HIV抗体、HBsAg、HCV抗体、梅毒特异性抗体
142	喀什出入境检验检疫局保健中心临床检验室	HIV抗体、HBsAg、HCV抗体、梅毒特异性抗体
143	西双版纳出入境检验检疫局检验检疫综合技术中心	HIV抗体、HBsAg、HCV抗体、梅毒特异性抗体
144	云南国际旅行卫生保健中心勐腊分中心	HIV抗体、HBsAg、HCV抗体、梅毒特异性抗体
145	云南国际旅行卫生保健中心检验部	HIV抗体、HBsAg、HCV抗体、梅毒特异性抗体
146	云南省迪庆州香格里拉市疾病预防控制中心	HIV抗体、HBsAg、HCV抗体、梅毒特异性抗体
147	温州国际旅行卫生保健中心实验室	HIV抗体、HBsAg、HCV抗体、梅毒特异性抗体
148	宁波国际旅行卫生保健中心综合实验室	HIV抗体、HBsAg、HCV抗体、梅毒特异性抗体
149	山东省疾病预防控制中心	HIV抗体、HBsAg、HCV抗体
150	新疆维吾尔自治区疾病预防控制中心性艾中心	HIV抗体、HCV抗体、梅毒特异性抗体
151	成都市疾病预防控制中心	HIV抗体、梅毒特异性抗体
152	江苏国际旅行保健中心扬州分中心传染病检测实验室	HIV抗体、HBsAg、HCV抗体、梅毒特异性抗体
153	贵州国际旅行卫生保健中心传染病监测实验室	HIV抗体*、HBsAg、HCV抗体、梅毒特异性抗体
154	福建国际旅行卫生保健中心宁德分中心医学检测综合实验室	HIV抗体*、HBsAg、HCV抗体、梅毒特异性抗体
155	柳州出入境检验检疫局检验检疫综合实验室	HIV抗体*、HBsAg*、HCV抗体*、梅毒特异性抗体*
156	丹东国际旅行卫生保健中心实验室	HIV抗体、HBsAg、HCV抗体、梅毒特异性抗体*
157	济南国际旅行卫生保健中心医学检测综合实验室潍坊实验室	HIV抗体*、HBsAg、HCV抗体、梅毒特异性抗体
158	义乌国际旅行卫生保健中心实验室	HIV抗体*、HBsAg、HCV抗体、梅毒特异性抗体
159	海南国际旅行卫生保健中心三亚分中心	HIV抗体*、HBsAg、HCV抗体、梅毒特异性抗体
160	江苏国际旅行卫生保健中心常州分中心传染病检测实验室	HIV抗体*、HBsAg、HCV抗体、梅毒特异性抗体
161	济南国际旅行卫生保健中心医学检测综合实验室（济宁实验室）	HIV抗体*、HBsAg、HCV抗体、梅毒特异性抗体
162	昆明市疾病预防控制中心艾滋病确证实验室	HIV抗体、梅毒特异性抗体*

二十一、 蜱类形态鉴定能力验证项目（28家）

编号	机构名称
1	国家医学媒介监测检测重点实验室（辽宁）/辽宁国际旅行卫生保健中心
2	宁波出入境检验检疫中心北仑分中心
3	国家医学媒介（蚤，蠓）监测与检测重点实验室/厦门国际旅行卫生保健中心
4	河北检验检疫局区域性医学媒介生物监测实验室/秦皇岛出入境检验检疫局
5	浙江国际旅行卫生保健中心嘉兴分中心
6	吉林出入境检验检疫局检验检疫技术中心
7	国家质检总局福建媒介生物监测中心实验室/福建国际旅行卫生保健中心
8	四川出入境检验检疫局检验检疫技术中心机场实验室
9	浙江国际旅行卫生保健中心实验室
10	温州检验检疫局医学媒介生物实验室
11	内蒙古国家级鼠疫检测重点实验室(二连浩特)
12	海南国际旅行卫生保健中心
13	江苏出入境检验检疫局医学媒介生物监测实验室/江苏出入境检验检疫局
14	安徽国际旅行卫生保健中心传染病检测实验室
15	国家质检总局医学媒介监测区域性中心实验室（黑龙江）/黑龙江国际旅行卫生保健中心
16	四川出入境检验检疫局检验检疫技术中心四川酒类检测试验室
17	甘肃国际旅行卫生保健中心 口岸医学媒介生物监测实验室
18	昆明市疾病预防控制中心病媒生物实验室
19	广西出入境检验检疫局检验检疫技术中心凭祥分中心
20	南京军区疾病预防控制中心消毒与媒介生物防治所
21	太仓出入境检验检疫局口岸有害生物检疫实验室
22	江西国际旅行卫生保健中心医学媒介检测实验室

续表

编号	机构名称
23	珠海医学媒介生物监测中心实验室/珠海国际旅行卫生保健中心
24	重庆国际旅行卫生保健中心
25	成都军区疾病预防控制中心媒介生物控制实验室/成都军区疾病预防控制中心
26	上海机场出入境检验检疫局综合实验室/上海机场出入境检验检疫局
27	国家医学媒介生物(蜱类)检测重点实验室(黑河)/黑河出入境检验检疫局医学媒介生物监测实验室
28	深圳出入境检验检疫局国际旅行卫生保健中心卫生检疫中心实验室

二十二、 牛病毒性腹泻病(ELISA法)检测能力验证项目(26家)

编号	机构名称	备注
1	东莞出入境检验检疫局技术中心动植检实验室	
2	山西出入境检验检疫局检验检疫技术中心动物检疫实验室	
3	福建出入境检验检疫局检验检疫技术中心	
4	湖北出入境检验检疫局检验检疫技术中心	
5	宝山区动物疫病预防控制中心	
6	惠州出入境检验检疫局检验检疫综合技术中心	
7	海南出入境检验检疫局检验检疫技术中心	
8	江苏出入境检验检疫局动植物与食品检测中心动物检疫实验室	
9	河北出入境检验检疫局检验检疫技术中心燕郊分中心	
10	河北出入境检验检疫局检验检疫技术中心生物实验室	
11	广东出入境检验检疫局检验检疫技术中心	
12	唐山出入境检验检疫局综合实验室	
13	国家质检总局进出口动物检疫重点实验室(中国检验检疫科学研究院)	
14	河南出入境检验检疫局检验检疫技术中心	
15	天津出入境检验检疫局动植物与食品检测中心	
16	黑龙江出入境检验检疫局检验检疫技术中心	
17	山东出入境检验检疫局检验检疫技术中心	
18	广西出入境检验检疫局检验检疫技术中心	
19	江西出入境检验检疫局检验检疫综合技术中心	
20	内蒙古出入境检验检疫局检验检疫技术中心生物实验室	
21	北京出入境检验检疫局检验检疫技术中心动物实验室	
22	崇明县动物疫病预防控制中心	
23	深圳出入境检验检疫局动植物检验检疫技术中心	
24	广西出入境检验检疫技术中心凭祥分中心	
25	国家质检总局重庆动物检疫中心实验室	
26	天津市动物疫病预防控制中心实验室	补测满意

二十三、 锦鲤疱疹病毒病(KHV)病毒核酸检测鉴定验证项目(30家)

编号	机构名称
1	济南出入境检验检疫局技术中心
2	湖北出入境检验检疫局检验检疫技术中心
3	天津出入境检验检疫局动植物与食品检测中心
4	福建出入境检验检疫局检验检疫技术中心
5	青海省高原水生生物及生态环境重点实验室
6	广西渔业病害防治环境监测和质量检验中心
7	北京出入境检验检疫局检验检疫技术中心动物实验室
8	广东出入境检验检疫局检验检疫技术中心
9	中国水产科学研究院黄海水产研究所海水养殖生物疾病控制与分子病理学实验室
10	中国检验检疫科学研究院动物检疫实验室

续表

编号	机构名称
11	重庆出入境检验检疫局检验检疫技术中心动物检疫实验室
12	东莞出入境检验检疫局检验检疫综合技术中心动检实验室
13	安徽出入境检验检疫局技术中心安徽省检验检疫研究院
14	烟台出入境检验检疫局检验检疫技术中心动植检实验室
15	福建省农业科学院生物技术研究所水产病害控制研究室
16	深圳出入境检验检疫局动植物检验检疫技术中心
17	舟山出入境检验检疫局动植物检疫实验室
18	宁波出入境检验检疫局检验检疫技术中心动物检疫实验室
19	浙江出入境检验检疫局检验检疫技术中心动检实验室
20	四川出入境检验检疫局检验检疫技术中心动物检疫实验室
21	上海海洋大学水生动物病原库
22	宝应县水生动物疫病预防控制中心
23	农业部淡水渔业健康养殖重点实验室/浙江省鱼类健康与营养重点实验室
24	四川农业大学动物医学院鱼病研究中心
25	上海检验检疫局动植物与食品检验检疫技术中心动物与毒理实验室
26	厦门出入境检验检疫局技术中心动物检验检疫实验室
27	山东出入境检验检疫局检验检疫技术中心
28	深圳市水生动物防疫检疫站/深圳市渔业服务与水产技术推广总站
29	山东省海洋生物研究院病毒防治实验室
30	山东省淡水渔业研究院水生动物疫病防控研究室

二十四、 牛赤羽病ELISA检测能力验证项目(23)

编号	机构名称	备注
1	四川出入境检验检疫局检验检疫技术中心动物检疫实验室	
2	重庆出入境检验检疫局检验检疫技术中心动物检疫实验室	
3	黑龙江出入境检验检疫局检验检疫技术中心	
4	辽宁出入境检验检疫局检验检疫技术中心	
5	福建出入境检验检疫局检验检疫技术中心	
6	唐山出入境检验检疫局综合实验室	
7	新疆出入境检验检疫局检验检疫技术中心动植检实验室	
8	山东出入境检验检疫局检验检疫技术中心动物检疫实验室	
9	烟台出入境检验检疫局检验检疫技术中心动植检实验室	
10	济南出入境检验检验局检验检疫技术中心	
11	江苏出入境检验检疫局动植食检测中心动物检疫实验室	
12	北海出入境检验检疫局综合实验室	
13	上海市奉贤区动物疫病预防控制中心	
14	湖北出入境检验检疫局检验检疫技术中心	
15	上海出入境检验检疫局动植物与食品检验检疫技术中心	
16	广东出入境检验检疫局检验检疫技术中心	
17	广西出入境检验检疫局技术中心凭祥分中心	
18	河南出入境检验检疫局检验检疫技术中心	
19	云南出入境检验检疫局检验检疫技术中心	
20	吉林出入境检验检疫局检验检疫技术中心动植物检疫实验室	
21	北京出入境检验检疫局检验检疫技术中心	
22	珠海出入境检验检疫局检验检疫技术中心	
23	河北出入境检验检疫局检验检疫技术中心燕郊分中心	补测满意

二十五、 三叶斑潜蝇成虫形态学鉴定能力验证项目(51家)

编号	机构名称	鉴定人	备注
1	海南出入境检验检疫局热带植物隔离检疫中心	蔡 波	
2	湖北出入境检验检疫局检验检疫技术中心植物检疫实验室	王振华 李凤新	
3	东兴检验检疫局检验检疫综合实验室	李 萍 张坤胜	
4	太仓出入境检验检疫局口岸有害生物检疫实验室	吕 飞 孙佳佳 冯 爱	
5	天津出入境检验检疫局动植物与食品检测中心	牛春敬	
6	黑龙江省绥芬河出入境检验检疫局综合技术中心植检实验室	张 箭	
7	江苏出入境检验检疫局动植物与食品检测中心常熟检疫点	金光耀	
8	新疆出入境检验检疫局检验检疫技术中心动植检实验室	李亚伟	
9	江西出入境检验检疫局综合技术中心	黄丽莉	
10	防城港出入境检验检疫局综合实验室	龙顺富 卢兆山	
11	南通出入境检验检疫局有害生物检疫实验室	孙民琴 徐 宁	
12	上海出入境检验检疫局动植物与食品检验检疫技术中心	朱雅君	
13	赤峰出入境检验检疫局综合技术服务中心	王晓东	
14	江苏出入境检验检疫局动植食中心植物检疫实验室	徐 梅	
15	广西检验检疫局技术中心钦州保税港区分中心	杜永部 丘 燊 徐 媛	
16	扬州出入境检验检疫局外来有害生物防控实验室	张 愚 陆亚娟 李文华 丁识伯	
17	唐山出入境检验检疫局综合实验室	许文超	
18	广西出入境检验检疫局检验检疫技术中心	奚国华 陈展册	
19	西藏出入境检验检疫局检验检疫技术中心	文 艺	
20	重庆出入境检验检疫局技术中心植物检疫中心实验室	陆丽华 孔德英	
21	新会出入境检验检疫局综合技术服务中心综合实验室	伍长春 陈达新	
22	临沂出入境检验检疫局检验检疫技术中心	陈 伟 伦才智	
23	黄埔出入境检验检疫局综合技术服务中心检验检测中心植检实验室	王新国 江志海	
24	阿拉山口出入境检验检疫局综合技术服务中心动植食品纺织实验室	莫善明 李 兰 曾怡然 丁志梅	
25	吴江出入境检验检疫局植检实验室	刘 勇	
26	番禺出入境检验检疫局动植物检疫实验室	钟卫华	
27	四川出入境检验检疫局检验检疫技术中心	邵宝林	
28	舟山出入境检验检疫局动植检实验室	邵炜东	
29	河北出入境检验检疫局检验检疫技术中心生物室	娄巧哲 王照华	
30	南沙出入境检验检疫局技术中心植物检疫实验室	洪纯丹	
31	木制品与家具产品检测实验室	吴 军 纪 睿	
32	汕头出入境检验检疫局技术中心植检实验室	鄞杰平 刘玉莉	
33	高明出入境检验检疫局检测中心	张永瑜 杨小文	
34	无锡出入境检验检疫局外来有害生物检疫实验室	周 培 张 婧	
35	盐城出入境检验检疫局综合技术服务中心	毛克克	
36	福建出入境检验检疫局检验检疫技术中心	陈 艳 林阳武	
37	南沙出入境检验检疫局综合技术服务中心粮谷实验室	陈 萍	
38	泰州出入境检验检疫局植检实验室	朱 林 胡长松	
39	深圳出入境检验检疫局动植物检验检疫技术中心植检实验室	向才玉 陈志粦	
40	浙江出入境检验检疫局植物检验检疫实验室	张 宁 吴志毅	
41	北京出入境检验检疫局检验检疫技术中心	刘若思 张丽杰	
42	莆田出入境检验检疫局国家林木检验检疫重点实验室	叶剑雄 郑武灿	
43	浙江省检验检疫科学技术研究院温州分院(植检实验室)	黄凌哲	
44	梧州出入境检验检疫局检验检疫综合实验室	李小青 谢少远	
45	江阴出入境检验检疫局检疫实验室	田 雯 郭静凤	
46	连云港出入境检验检疫局植物检疫实验室	谌运清 潘 杰	

续表

编号	机构名称	鉴定人	备注
47	常州出入境检验检疫局植物检疫检测点	梁小松　陆苗	
48	喀什出入境检验检疫局综合技术服务中心综合实验室	李　焱	
49	湖州出入境检验检疫局植物检疫实验室	刘鹏程	补测满意
50	四川出入境检验检疫局技术中心泸州综合实验室	刘　莹	补测满意
51	腾冲出入境检验检疫局综合技术服务中心植物检疫实验室	李　柱　李　榕	补测满意

二十六、 枣实蝇成虫的识别与鉴定能力验证项目(43家)

编号	机构名称	鉴定人
1	北京出入境检验检疫局检验检疫技术中心	刘若思
2	新会出入境检验检疫局综合技术服务中心实验室	任长春
3	天津出入境检验检疫局动植物与食品检测中心	温华蔚
4	喀什出入境检验检疫局综合技术服务中心综合实验室	刘　东
5	贵州出入境检验检疫局综合技术中心	陈　霄
6	阿拉山口出入境检验检疫局综合技术服务中心动植食品纺织实验室	莫善明
7	湖州出入境检验检疫局动植检疫实验室	董燕萍
8	无锡出入境检验检疫局外来有害生物检疫实验室	张　婧
9	伊利出入境检验检疫局综合技术服务中心实验室霍尔果斯检测场所	克尤木
10	广东出入境检验检疫局检验检疫技术中心植物检疫实验室	林　莉
11	莆田出入境检验检疫局国家林木检验检疫重点实验室	陈泰林
12	四川出入境检验检疫局检验检疫技术中心	王成华　邵宝林　刘露希　张　婧
13	四川出入境检验检疫局技术中心泸州综合实验室	刘　莹
14	南沙出入境检验检疫局技术中心植物检疫实验室	洪纯丹
15	韶关出入境检验检疫局综合技术服务中心综合实验室植检实验室	郭弘伟
16	佛山出入境检验检疫局动植物与食品实验室	李新芳
17	库尔勒出入境检验检疫局综合实验室	华　鹏
18	汕头出入境检验检疫局技术中心植检实验室	鄞杰平
19	中山出入境检验检疫局检验检疫技术中心	王章根
20	上海出入境检验检疫局动植物与食品检验检疫技术中心	叶　军
21	黄埔出入境检验检疫局综合技术服务中心检验检测中心植检实验室	王新国
22	辽宁出入境检验检疫局检验检疫技术中心植物检验科	胡　强
23	舟山出入境检验检疫局动植物检疫实验室	邵炜冬
24	满洲里出入境检验检疫局技术中心	刘玮琦
25	阿克苏出入境检验检疫局综合实验室	魏　凯
26	浙江省检验检疫科学技术研究院分院(植检实验室)	黄凌哲
27	陕西出入境检验检疫局检验检疫技术中心动植检实验室	梁　靓
28	国家仓储有害生物检疫重点实验室(苏州)	陈云芳
29	防城港出入境检验检疫局综合实验室	闫正跃
30	广西检验检疫局技术中心钦州保税港区分中心	杜永部
31	南通出入境检验检疫局有害生物检疫实验室	孙民琴
32	连云港出入境检验检疫局植物检疫实验室	谌运清
33	东兴出入境检验检疫局检验检疫综合实验室	林敏敏
34	赤峰出入境检验检疫局综合技术服务中心	王晓东
35	重庆出入境检验检疫局技术中心植物检疫中心实验室	孔德英
36	梧州出入境检验检疫局检验检疫综合实验室	李小青
37	广西出入境检验检疫局检验检疫技术中心	陈展册
38	浙江出入境检验检疫局植物检疫实验室	张　宁
39	河北出入境检验检疫局检验检疫技术中心生物室	娄巧哲
40	盐城出入境检验检疫局综合技术服务中心	毛克克

续表

编号	机构名称	鉴定人
41	吉林出入境检验检疫局检验检疫技术中心植物检疫实验室	李爱军
42	江西出入境检验检疫局检验检疫综合技术中心	李毛英
43	湖北出入境检验检疫局检验检疫技术中心植物检疫实验室	

二十七、 果汁中甲霜灵的检测能力验证项目(49家)

编号	机构名称	备注
1	佛山出入境检验检疫局检验检疫综合技术中心	
2	新疆维吾尔自治区食品药品检验所	
3	福建出入境检验检疫局检验检疫技术中心	
4	黑龙江出入境检验检疫局检验检疫技术中心东宁分中心	
5	陕西检验检疫局技术中心渭南分中心	
6	农业部环境质量监督检验测试中心(天津)	
7	河北出入境检验检疫局技术中心	
8	吉林省食品检验所	
9	陕西出入境检验检疫局检验检疫技术中心	
10	贵州检验检疫局技术中心食品室	
11	江西出入境检验检疫局综合技术中心	
12	陕西中检检测技术有限公司	
13	江苏出入境检验检疫局动植物与食品检测中心	
14	江苏省食品药品监督检验研究院	
15	上海市农药研究所有限公司	
16	张家口市食品药品检验中心	
17	内蒙古出入境检验检疫局检验检疫技术中心	
18	甘肃出入境检验检疫局检验检疫综合技术中心	
19	恩施州产品质量监督检验所	
20	宁德出入境检验检疫局检验检疫技术中心	
21	四川省雅安市产品质量监督检验所	
22	连云港出入境检验检疫局动植物实验室	
23	厦门出入境检验检疫局技术中心	
24	沧州市产品质量监督检验所	
25	河北冠卓检测科技有限公司	
26	河北智德检验检测服务有限公司	
27	国家轻工业食品质量监督检测南京站	
28	农业部稻米及制品质量监督检验测试中心	
29	广西东盟食品药品安全检验检测中心(广西壮族自治区南宁食品药品检验所)	
30	东山出入境检验检疫局综合技术服务中心	
31	上海天祥质量技术服务有限公司	
32	湖北出入境检验检疫局检验检疫技术中心	
33	沈阳食品检验所	
34	河北商华食品安全检测中心	
35	河北省地矿中心实验室	
36	河北出入境检验检疫局检验检疫技术中心保定分中心	
37	四川出入境检验检疫局检验检疫综合技术中心	
38	广西出入境检验检疫局检验检疫技术中心	
39	顺德出入境检验检疫局综合技术服务中心	
40	福州出入境检验检疫局综合技术服务中心食品实验室	
41	邯郸市食品检验所	
42	厦门出入境检验检疫技术中心同安分中心	

续表

编号	机构名称	备注
43	廊坊市食品检验所	
44	浙江出入境检验检疫局检验技术中心农药残留检测实验室	补测满意
45	茂名出入境检验检疫局综合实验室	补测满意
46	徐州出入境检验检疫局食品化矿实验室（胶合板实验室）	补测满意
47	河南出入境检验检疫局检验检疫技术中心	补测满意
48	新疆出入境检验检疫局技术中心食品实验室	补测满意
49	秦皇岛市食品药品检验中心/国家葡萄葡萄酒质量监督检测中心（秦皇岛）	补测满意

二十八、 茶叶中吡虫啉、啶虫脒残留量的测定能力验证项目（43家）

编号	机构名称	满意参数
1	吉林省食品检验所	吡虫啉、啶虫脒
2	杭州明旭检测技术有限公司	吡虫啉、啶虫脒
3	广西壮族自治区产品质量检验研究院	吡虫啉、啶虫脒
4	江西出入境检验检疫局综合技术中心	吡虫啉、啶虫脒
5	龙岩出入境检验检疫局综合技术服务中心	吡虫啉
6	湖北省食品质量安全监督检验研究院	吡虫啉、啶虫脒
7	福清出入境检验检疫局检验检疫技术中心	吡虫啉
8	辽宁出入境检验检疫局检验检疫技术中心（丹东分中心）	吡虫啉
9	浙江省质量检测科学研究院	吡虫啉、啶虫脒
10	国家糖业质量监督检验中心（国家轻工业甘蔗糖业质量监督检测中心）	吡虫啉、啶虫脒
11	宁德出入境检验检疫局检验检疫技术中心	吡虫啉、啶虫脒
12	天津市农产品质量监督检验测试中心	吡虫啉、啶虫脒
13	大理州质量技术监督综合检测中心	吡虫啉
14	浙江省检验检疫科学技术研究院嘉兴分院	吡虫啉、啶虫脒
15	恩施自治州产品质量监督检验所	吡虫啉、啶虫脒
16	北京出入境检验检疫局检验检疫技术中心	吡虫啉、啶虫脒
17	重庆出入境检验检疫局技术中心	吡虫啉、啶虫脒
18	吉林省安信食品技术服务有限责任公司	吡虫啉、啶虫脒
19	农业部环境质量监督检验测试中心（天津）	吡虫啉、啶虫脒
20	武夷山市茶叶产品质量检验所	吡虫啉、啶虫脒
21	四川出入境检验检疫局检验检疫技术中心	吡虫啉、啶虫脒
22	南平出入境检验检疫局食品检测综合实验室	吡虫啉
23	成都市食品药品检验研究院	吡虫啉、啶虫脒
24	福建出入境检验检疫局检验检疫技术中心	吡虫啉、啶虫脒
25	茂名出入境检验检疫局综合实验室	吡虫啉、啶虫脒
26	厦门出入境检验检疫局技术中心同安分中心	吡虫啉、啶虫脒
27	宁波出入境检验检疫局检验检疫技术中心食品分中心	吡虫啉、啶虫脒
28	顺德出入境检验检疫局综合技术服务中心	吡虫啉、啶虫脒
29	国家食品质量安全监督检验中心	吡虫啉
30	云南出入境检验检疫局检验检疫技术中心食品实验室	吡虫啉、啶虫脒
31	莆田出入境检验检疫局检验检疫技术中心	吡虫啉、啶虫脒
32	安徽出入境检验检疫局检验检疫技术中心	吡虫啉、啶虫脒
33	湖北省产品质量监督检验研究院	啶虫脒
34	河南出入境检验检疫局检验检疫技术中心	吡虫啉、啶虫脒
35	上海出入境检验检疫局动植物与食品检验检疫技术中心	吡虫啉、啶虫脒
36	河北出入境检验检疫局检验检疫技术中心张家口分中心	吡虫啉
37	黄山出入境检验检疫局茶叶质量安全研究中心	吡虫啉、啶虫脒
38	国家茶叶及茶制品质量监督检验中心（遵义市产品质量检验检测院）	吡虫啉、啶虫脒

续表

编号	机构名称	满意参数
39	绍兴出入境检验检疫局综合技术服务中心	吡虫啉、啶虫脒
40	泉州出入境检验检疫局综合技术服务中心	吡虫啉、啶虫脒
41	宁夏出入境检验检疫局综合技术中心	吡虫啉、啶虫脒
42	漳州出入境检验检疫局综合技术服务中心实验室	吡虫啉、啶虫脒
43	厦门建南路易检测有限公司	吡虫啉、啶虫脒

二十九、 食用植物油中抗氧化剂检测能力验证项目(54家)

编号	机构名称	满意参数
1	四川出入境检验检疫局检验检疫技术中心	BHA、BHT
2	黑龙江出入境检验检疫局检验检疫技术中心	BHA、BHT
3	汕头出入境检验检疫局技术中心食品检测实验室	BHA、BHT
4	张家口市食品药品检验中心	BHA、BHT
5	内蒙古自治区产品质量检验研究院	BHA、BHT
6	镇江出入境检验检疫局检验检疫综合技术中心	BHA、BHT
7	江西出入境检验检疫局综合技术中心	BHA、BHT
8	湖南出入境检验检疫局检验检疫技术中心	BHA、BHT
9	吉林省食品检验所	BHA、BHT
10	成都市食品药品检验研究院	BHA、BHT
11	江苏出入境检验检疫局动植物与食品检测中心	BHA、BHT
12	谱尼测试集团上海有限公司	BHA、BHT
13	秦皇岛出入境检验检疫局检验检疫技术中心	BHA、BHT
14	浙江省质量检测科学研究院(国家预包装食品质量监督检验中心(浙江))/浙江方圆检测集团股份有限公司	BHA、BHT
15	吉林省安信食品技术服务有限责任公司	BHA、BHT
16	中国广州分析测试中心	BHA、BHT
17	重庆市计量质量检测研究院	BHA、BHT
18	泉州出入境检验检疫局综合技术服务中心	BHA、BHT
19	国家农副加工产品质量监督检验中心(宁夏)	BHA、BHT
20	北京出入境检验检疫局检验检疫技术中心(食品实验室)	BHA、BHT
21	绥芬河出入境检验检疫局综合技术中心食品理化	BHA、BHT
22	国家食品质量安全监督检验中心	BHA、BHT
23	江门出入境检验检疫局检验检疫技术中心	BHA、BHT
24	国家糖业质量监督检验中心/国家轻工业甘蔗糖业质量检测中心/广州甘蔗糖业研究所检测中心	BHA、BHT
25	海南省产品质量监督检验所	BHA、BHT
26	赤峰出入境内外检验检疫局综合技术服务中心	BHA
27	喀什地区产品质量检验所	BHA、BHT
28	中国轻工业联合会食品质量监督检测重庆站	BHA、BHT
29	芜湖出入境检验检疫局农产品检测实验室	BHA、BHT
30	云南出入境检验检疫局检验检疫技术中心食品实验室	BHA、BHT
31	广东产品质量监督检验研究院	BHA、BHT
32	眉山市产品质量监督检验所	BHA、BHT
33	长江航务管理局族病预防控制中心	BHA、BHT
34	恩施州产品质量监督检验所	BHA、BHT
35	荆州市产品质量监督检验所	BHA、BHT
36	武汉市华测检测技术有限公司	BHA、BHT
37	武汉食品化妆品检验所	BHA、BHT
38	湖北省食品质量安全监督检验研究院	BHA、BHT
39	武汉产品质量监督检验所	BHA、BHT

续表

编号	机构名称	满意参数
40	河南出入境检验检疫局检验检疫技术中心	BHA、BHT
41	上海出入境检验检疫局动植物与食品检验检疫技术中心	BHA、BHT
42	西安市粮油质量监督检验站	BHA、BHT
43	阿克苏地区质量与计量检测所	BHA、BHT
44	湖南省疾病预防控制中心(湖南省公共卫生检测检验中心)	BHA
45	上海天祥质量技术服务有限公司食品实验室	BHA、BHT
46	贵州出入境检验检疫局综合技术中心食品实验室	BHA*、BHT*
47	深圳市华测检测技术股份有限公司上海分公司	BHA*、BHT
48	贵港出入境检验检疫局检验检疫综合实验室	BHA、BHT*
49	新疆出入境检验检疫局技术中心食品实验室	BHA、BHT*
50	南京市产品质量监督检验院	BHA*、BHT
51	天津市质量监督检验站第四十八站/天津市粮油质量检测中心	BHA*、BHT*
52	陕西出入境检验检疫局检验检疫技术中心	BHA*、BHT*
53	陕西中检检测技术有限公司	BHA、BHT*
54	孝感市产品质量监督检验所	BHA、BHT*

三十、 植物源性饲料中玉米赤霉烯酮和黄曲霉毒素B1测定验证项目（30家）

编号	机构名称	满意参数
1	新会出入境检验检疫局综合技术服务中心综合检验检疫实验室	AFB1
2	徐州出入境检验检疫局食品化矿实验室（徐州出入境检验检疫局综合技术服务中心）	AFB1
3	肇庆出入境检验检疫局检验检疫综合技术中心	AFB1
4	长江航务管理局疾病预防控制中心	AFB1
5	湖北出入境检验检疫局检验检疫技术中心食品安全检测分中心	AFB1
6	大连出入境检验检疫局检验检疫技术中心	AFB1
7	湖南出入境检验检疫局检验检疫技术中心食品安全实验室	AFB1
8	黑龙江出入境检验检疫局检验检疫技术中心	AFB1
9	上海实力可商品检验有限公司	AFB1
10	江西出入境检验检疫局综合技术中心	AFB1
11	宁夏出入境检验检疫局综合技术中心	AFB1
12	重庆出入境检验检疫局技术中心	AFB1
13	恩施自治州产品质量监督检验所	AFB1
14	莆田出入境检验检疫局检验检疫技术中心	AFB1
15	东山出入境检验检疫局综合技术服务中心	AFB1
16	广东产品质量监督检验研究院	AFB1
17	绥芬河出入境检验检疫局综合技术中心食品理化	AFB1、ZEN
18	江苏省苏微微生物研究有限公司	AFB1、ZEN
19	吉林出入境检验检疫局检验检疫技术中心	AFB1、ZEN
20	江苏出入境检验检疫局动植物与食品检测中心	AFB1、ZEN
21	山东西王食品有限公司	AFB1、ZEN
22	四川出入境检验检疫局检验检疫技术中心	AFB1、ZEN
23	浙江出入境检验检疫局检验检疫技术中心动物检疫实验室	AFB1、ZEN
24	天津市农产品质量监督检验测试中心	AFB1、ZEN
25	福建出入境检验检疫局检验检疫技术中心	AFB1、ZEN
26	北京出入境检验检疫局检验检疫技术中心（食品实验室）	AFB1、ZEN
27	浙江迪恩安正检测技术有限公司	AFB1、ZEN
28	国家食品质量安全监督检验中心	ZEN
29	国家饲料质量监督检验中心（中国农业科学院农业质量标准与检测技术研究所）	AFB1、ZEN*
30	泰州市食品药品检验所	ZEN*

三十一、 织物拉伸性能的测定能力验证项目(80家)

编号	机构名称	备注
1	南德认证检测(中国)有限公司上海分公司	
2	东莞中纺协检验技术服务有限公司	
3	通标标准技术服务有限公司杭州分公司	
4	通标标准技术服务(天津)有限公司	
5	浙江省检验检疫科学技术研究院	
6	江苏出入境检验检疫局工业产品检测中心	
7	青岛纺检检验有限公司	
8	通标标准技术服务有限公司厦门分公司	
9	河北出入境检验检疫局检验检疫技术中心	
10	通标标准技术服务有限公司宁波分公司	
11	西迪士质量检测技术服务(上海)有限公司	
12	上海标检产品检测有限公司	
13	通标标准技术服务有限公司广州分公司纺织品及鞋类实验室/通标标准技术服务有限公司广州分公司	
14	深圳市计量质量检测研究院	
15	广州铁诚工程质量检测有限公司	
16	国家纺织制品质量监督检验中心/中纺标(北京)	
17	天津市纺织纤维检验所	
18	纺织工业(苏州)检测中心	
19	深圳天祥质量技术服务有限公司广州分公司	
20	通标标准技术服务有限公司常州分公司	
21	佛山市质量计量监督检测中心	
22	深圳市虹彩检测技术有限公司	
23	中纺协检验(泉州)技术服务有限公司	
24	广州纤维产品检测研究院/国家纺织品服装服饰产品质量监督检验中心(广州)	
25	通标标准技术服务有限公司青岛分公司	
26	必维申美商品检测(上海)有限公司	
27	辽宁省纤维检验局(辽宁省纤维纺织检测中心)	
28	中纺协(北京)检验技术服务有限公司	
29	武汉产品质量监督检验所(国家纺织服装产品质量监督检验中心(湖北))	
30	江苏出入境检验检疫局纺织工业产品检测中心	
31	国家纺织及皮革产品质量监督检验中心	
32	山西省纤维检验局	
33	欧陆检测技术服务(上海)有限公司	
34	莱茵技术(上海)有限公司	
35	中海油安全技术服务有限公司检测中心	
36	新疆维吾尔自治区纤维检验局	
37	国家针织产品质量监督检验中心	
38	马鞍山市纤维检验所	
39	四川省纤维检验局/国家羽绒制品质量监督检验中心(成都)	
40	中国安全生产科学研究院检测中心	
41	泉州出入境检验检疫局综合技术服务中心纺织品分中心	
42	浙江必维申越检测技术有限公司	
43	龙岩市产品质量检验所/国家空气污染治理设备产品质量监督检验中心	
44	中国出口商品包装研究所包装实验室	
45	上海华测品标检测技术有限公司	
46	南京市产品质量监督检验院	
47	深圳市谱尼测试科技有限公司	

续表

编号	机构名称	备注
48	广州必维技术检测有限公司	
49	桐乡市产品质量监督检验所/国家纺织服装产品质量监督检验（浙江桐乡）毛针织品分中心/浙江省羊毛衫质量检验中心	
50	中铁九局集团工程检测试验有限公司	
51	泰安市纺织纤维检验所	
52	飞迪商品检验（上海）有限公司	
53	青岛市纤维纺织品监督检验研究院	
54	北京市毛麻丝织品质量监督检验站	
55	常州东奥服装有限公司检测实验室中心	
56	广东省测试分析研究所（中国广州分析测试中心）	
57	国家棉花及纺织服装产品质量监督检验中心（河南）	
58	河北省纤维检验局/国家羊绒产品质量监督检验中心	
59	黑龙江省纤维检验局	
60	上海爱丽纺织技术检验有限公司	
61	上海启恒户外用品检测服务有限公司	
62	上海市纺织工业技术监督所检测/校准实验室	
63	上海市纺织科学研究院/纺织工业南方科技测试中心	
64	上海市质量监督检验技术研究院	
65	吉林省产品质量监督检验院	
66	安徽省纤维检验局（国家功能纤维及纺织产品质量监督检验中心）	
67	通标标准技术服务有限公司南京分公司	
68	绍兴市质量技术监督检测院	
69	上海天祥质量技术服务有限公司	
70	四川出入境检验检疫局检验检疫技术中心轻工纺织品实验室	
71	铁道部产品质量监督检验中心安全卫生检验站/中国铁道科学研究院节能环保劳卫研究所	
72	上海天祥质量技术服务有限公司宁波分公司	补测满意
73	湖北省纤维检验局	补测满意
74	优力胜邦质量检测（上海）有限公司深圳分公司	补测满意
75	上海古岛莎保得检测技术有限公司	补测满意
76	杭州杭美质量技术服务有限公司	补测满意
77	贵州省纺织品服装监督检验所（贵州省纤维检验局）	补测满意
78	无锡天祥质量技术服务有限公司	补测满意
79	德清德欣时装贸易有限公司实验室	补测满意
80	江苏省劳动防护用品产品质量监督检验站	补测满意

三十二、 奶粉中维生素A和泛酸测定能力验证项目（48家）

编号	机构名称	满意参数
1	黑龙江出入境检验检疫局检验检疫技术中心	维生素A、泛酸
2	广西壮族自治区产品质量检验研究院	维生素A、泛酸
3	湖北出入境检验检疫局技术中心食品安全检测分中心	维生素A、泛酸
4	四川出入境检验检疫局检验检疫技术中心	维生素A、泛酸
5	吉林省食品检验所	维生素A、泛酸
6	厦门出入境检验检疫局检验检疫技术中心	维生素A、泛酸
7	陕西省产品质量监督检验研究院	维生素A、泛酸
8	陕西中检检测技术有限公司	维生素A、泛酸
9	江苏出入境检验检疫局动植物与食品检测中心	维生素A、泛酸
10	广州甘蔗糖业研究所	维生素A、泛酸
11	河北出入境检验检疫局检验检疫技术中心	维生素A、泛酸

续表

编号	机构名称	满意参数
12	上海市食品研究所	维生素A、泛酸
13	多美滋婴幼儿食品有限公司	维生素A、泛酸
14	天津雀巢有限公司	维生素A、泛酸
15	上海市质量监督检验技术研究院	维生素A、泛酸
16	河南出入境检验检疫局检验检疫技术中心	维生素A、泛酸
17	深圳出入境检验检疫局检验检疫技术中心	维生素A、泛酸
18	上海市食品药品检验所	维生素A、泛酸
19	上海市农产品质量安全检测中心	维生素A、泛酸
20	深圳市华测检测技术股份有限公司上海分公司	维生素A、泛酸
21	上海必诺检测技术服务有限公司	维生素A、泛酸
22	广州质量监督检测研究院	维生素A、泛酸
23	中国检验检疫科学研究院	维生素A、泛酸
24	广东出入境检验检疫局检验检疫技术中心食品实验室	维生素A、泛酸
25	浙江省疾病预防控制中心	维生素A、泛酸
26	厦门建南路易检测有限公司	维生素A、泛酸
27	国家食品质量安全监督检验中心	维生素A、泛酸*
28	广西出入境检验检疫局检验检疫技术中心	维生素A、泛酸*
29	圣元营养食品有限公司	维生素A、泛酸*
30	黑龙江省华测检测技术有限公司	维生素A*、泛酸
31	陕西出入境检验检疫局检验检疫技术中心	维生素A*、泛酸*
32	湖南出入境检验检疫局	泛酸
33	张家口市食品药品检验中心	泛酸
34	湖北省食品质量安全监督检验研究院	维生素A
35	商务部流通产业促进中心	维生素A
36	中华人民共和国天津出入境检验检疫局	泛酸
37	北京出入境检验检疫局检验检疫技术中心	泛酸
38	江西出入境检验检疫局	泛酸
39	广东产品质量监督检验研究院	维生素A
40	安徽出入境检验检疫局技术中心	泛酸
41	广东省东莞市质量监督检测中心	泛酸
42	国家轻工业食品质量监督检测南京站	泛酸
43	Fonterra Ltd Waitoa Laboratory（恒天然集团Waitoa实验室）	维生素A
44	中检集团中原农食产品检测(河南)有限公司	泛酸
45	山东出入境检验检疫局检验检疫技术中心	维生素A
46	内蒙古出入境检验检疫局检验检疫技术中心	泛酸*
47	福建出入境检验检疫局检验检疫技术中心	维生素A*
48	重庆出入境检验检疫局检验检疫技术中心	维生素A*

三十三、　灼热丝试验能力验证项目（185家）

编号	机构名称	备注
1	苏州市沃特测试技术服务有限公司	
2	东莞市宏烨电子测试技术服务有限公司测试实验室	
3	厦门市三安光电科技有限公司检测中心	
4	通标标准技术服务（上海）有限公司	
5	深圳阿尔法商品检验有限公司	
6	湖南电器检测所有限公司	
7	常州电子产品质量监测所有限公司	
8	东莞市诺尔检测科技有限公司	

续表

编号	机构名称	备注
9	东莞标检产品检测有限公司	
10	欧普照明电器（中山）有限公司实验室	
11	桂林电器科学研究院有限公司/机械工业电工材料产品质量监督检测中心	
12	东莞勤上半导体照明技术研究院	
13	佛山市顺德区美的洗涤电器制造有限公司测试中心	
14	宁波中普检测技术服务有限公司	
15	中山出入境检验检疫局检验检疫技术中心	
16	佛山市质量计量监督检测中心	
17	惠州TCL照明电器有限公司检验中心	
18	浙江阳光照明电器集团股份有限公司实验室	
19	东莞市东电检测技术有限公司	
20	广东省惠州市质量计量监督检测所	
21	中国泰尔实验室/重庆电信研究院	
22	四川长虹电器股份有限公司检测校准实验室	
23	厦门通士达照明有限公司检测实验室	
24	四川省电子产品监督检验所/中国赛宝（四川）实验室/四川省软件和信息系统工程测评中心	
25	福建省产品质量检验研究院	
26	深圳市鑫宇环检测有限公司	
27	南通市产品质量监督检验所	
28	上海仪器仪表自控系统检验测试所	
29	广东新宝股份有限公司认证测试中心	
30	宁波市产品质量监督检验研究院	
31	广东天际电器股份有限公司测试中心	
32	中检集团南方电子产品测试（深圳）有限公司	
33	三菱重工金羚空调器有限公司实验室测试科	
34	江苏华爵检测技术股份有限公司	
35	威凯检测技术有限公司	
36	北京雷电防护装置测试中心	
37	欧司朗(中国)照明有限公司检测实验室	
38	安姆斯质量技术服务（上海）有限公司	
39	厦门立达信照明有限公司实验室	
40	烟台市产品质量监督检验所	
41	珠海出入境检验检疫局检验检疫技术中心	
42	深圳和而泰智能控制股份有限公司实验室	
43	浙江三锋实业股份有限公司实验中心	
44	深圳市洲明科技股份有限公司中心实验室	
45	上海市计量测试技术研究院	
46	博西华家用电器有限公司试验室	
47	中山市狮盾电气有限公司	
48	镇江市产品质量监督检验中心/国家中低压配电设备质量监督检验中心	
49	苏州市电子产品检验所有限公司	
50	华测检测认证集团股份有限公司	
51	飞利浦(中国)投资有限公司松江实验室	
52	广东省中山市质量计量监督检测所-中山三路	
53	广东省中山市质量计量监督检测所-博爱六路	
54	广东省中山市质量计量监督检测所-古镇	
55	中国商业联合会产（商）品质量监督检测中心（重庆）	
56	广东省江门市质量计量监督检测所检测实验室	

续表

编号	机构名称	备注
57	广东惠晟检验科技有限公司	
58	义乌出入境检验检疫局综合技术服务中心	
59	广州赛西标准检测研究院有限公司	
60	昆山市产品质量监督检验所	
61	滨州市产品质量监督检验所	
62	深圳市德普华电子测试技术有限公司	
63	中山市卓诚电器检测有限公司	
64	广东省电子电器产品监督检验所	
65	湖南省产商品质量监督检验研究院	
66	许昌开普检测技术有限公司	
67	成都产品质量检验研究院有限责任公司–龙泉驿	
68	成都产品质量检验研究院有限责任公司（国家光伏产品质量监督检验中心）–双流	
69	成都产品质量检验研究院有限责任公司–温江	
70	河南省产品质量监督检院	
71	国家电子计算机外设设备质量监督检验中心（浙江科正电子信息产品检验有限公司）	
72	绍兴市上虞区产品质量监督检验所	
73	深圳市沃特测试技术服务有限公司	
74	天津市电子仪表实验所	
75	中国兵器装备集团摩托车检测技术研究所	
76	陕西省电光源工业产品质量监督检验站/国家轻工业电光源产品质量监督检测宝鸡站	
77	广西壮族自治区产品质量检验研究院	
78	横店集团得邦照明股份有限公司检测中心	
79	国家电线电缆质量监督检验中心	
80	机械工业仪器仪表综合技术经济研究所测量控制设备及系统实验室	
81	巍德谊产品检测技术（上海）有限公司苏州分公司	
82	河北省电子信息产品监督检验院	
83	山西省产品质量监督检验研究院	
84	上海天祥质量技术服务有限公司	
85	苏州市产品质量监督检验所	
86	金发科技股份有限公司分析测试中心	
87	福建出入境检验检疫局检验检疫技术中心福安电机实验室	
88	扬州光电产品检测中心	
89	倍科电子技术服务（深圳）有限公司	
90	威凯检测技术有限公司—嘉兴/嘉兴威凯检测技术有限公司	
91	浙江三花股份有限公司计量测试中心	
92	惠州出入境检验检疫局综合技术中心	
93	倍科质量技术服务（东莞）有限公司	
94	金华出入境检验检疫局技术中心	
95	重庆出入境检验检疫局检验检疫技术中心	
96	宁波出入境检验检疫局检验检疫技术中心/宁波中盛产品检测公司（电气安全检测分中心出口加工区光电电气检测实验室）	
97	东莞出入境检验检疫局检验检疫综合技术中心	
98	上海市安全生产科学研究所特种电器检测站	
99	泰科电子（上海）有限公司电子元器件测试实验室	
100	国家半导体及显示产品质量监督检验中心	
101	浙江省质量检测科学研究院(国家电器安全质量监督检验中心（浙江）)/浙江方圆检测集团股份有限公司	
102	江西省进出口机械电子产品安全检测实验室（中心）	
103	TCL集团股份有限公司产品认证实验室	

续表

编号	机构名称	备注
104	国家射频识别产品质量监督检验中心（江苏）	
105	浙江方正家用电器质量检测有限公司（国家轻工业家用电器质量监督检测杭州站）	
106	浙江检验检疫科学技术研究院低压电器实验室(温州)	
107	谱尼测试集团上海有限公司	
108	浙江省检验检疫科学技术研究院/上虞照明电器实验室	
109	沈阳产品质量监督检验院	
110	江门出入境检验检疫局检验检疫技术中心	
111	盐城市产品质量监督检验所	
112	广东锦力电器有限公司检测中心	
113	北京建筑材料检验研究院有限公司	
114	江苏出入境检验检疫局能效检测中心	
115	惠州雷士光电科技有限公司检测中心	
116	云南省电子信息产品检验院	
117	南京市产品质量监督检验院	
118	德凯质量认证（上海）有限公司	
119	温州市质量技术监督检测院	
120	深圳市倍通检测股份有限公司	
121	宁波奥克斯空调有限公司奥克斯空调测试中心	
122	福建万昌消防产品检测有限公司	
123	西蒙电气（中国）有限公司检测中心	
124	威凯检测技术有限公司顺德分公司	
125	宁波华祥技术服务有限公司	
126	苏州欧普照明有限公司实验室	
127	福建出入境检验检疫局检验检疫技术中心	
128	安徽省产品质量监督检验研究院	
129	江苏检验检疫车辆灯具检测实验室	
130	辽宁省电子信息产品监督检验院（辽宁省信息安全与软件测评认证中心）	
131	中山市华标检测有限公司	
132	广东优科检测技术服务有限公司	
133	深圳市北测检测技术有限公司	
134	国家光电子信息产品质量监督检验中心	
135	浙江瑞银电子有限公司检测中心	
136	江苏华冠电器集团有限公司检测中心	
137	菲尼克斯亚太电气（南京）有限公司电涌防护与机电精测实验室	
138	东莞市冠准检测技术有限公司	补测满意
139	宝时得机械（中国）有限公司检测中心	补测满意
140	浙江绍兴苏泊尔生活电器有限公司检测中心	补测满意
141	沁园集团股份有限公司实验中心	补测满意
142	天宝电子(惠州)有限公司检测中心	补测满意
143	深圳市思达仪表有限公司检测中心	补测满意
144	沈阳电气传动研究所(有限公司）低压防爆电器产品质量监督检验中心	补测满意
145	广东出入境检验检疫局检验检疫技术中心	补测满意
146	甘肃电器科学研究院	补测满意
147	广东省潮州市质量计量监督检测所	补测满意
148	松下家电研究开发（杭州）有限公司评价中心	补测满意
149	香港标准及检定中心有限公司	补测满意
150	深圳世联检测技术服务有限公司	补测满意
151	深圳出入境检验检疫局玩具检测技术中心	补测满意

续表

编号	机构名称	备注
152	中山市天朗电器有限公司	补测满意
153	深圳拓邦股份有限公司中心实验室	补测满意
154	松下·万宝（广州）压缩机有限公司检测中心	补测满意
155	通标标准技术服务有限公司安徽分公司电子电气实验室	补测满意
156	中检集团南方电子产品测试（深圳）股份有限公司	补测满意
157	中国泰尔实验室–深圳（深圳电信研究院）	补测满意
158	国家桥门式起重机械产品质量监督检验中心	补测满意
159	国家家用电器能效及安全质量监督检验中心（湖北）（筹）（武汉产品质量监督检验所）	补测满意
160	重庆电气产品检测中心	补测满意
161	东莞市安诺检测科技有限公司	补测满意
162	东山出入境检验检疫局综合技术服务中心光电产品检测综合实验室	补测满意
163	泰州市产品质量监督检验所	补测满意
164	吉林省产品质量监督院	补测满意
165	广东省质量监督水族养殖器材检验站	补测满意
166	上海市质量监督检验技术研究院	补测满意
167	合肥市产品质量监督检验所	补测满意
168	深圳安吉尔饮水产业集团有限公司	补测满意
169	陕西省产品质量监督检验研究院	补测满意
170	天津天传电控设备检测有限公司	补测满意
171	佛山出入境检验检疫局检验检疫综合技术中心	补测满意
172	徐州市产品质量监督检验中心	补测满意
173	广东省湛江市质量计量监督检测所	补测满意
174	无锡市产品质量监督检验中心	补测满意
175	深圳市贝德技术检测有限公司	补测满意
176	惠州雷士光电科技有限公司检测中心–万州实验室	补测满意
177	国网电力科学研究院实验验证中心	补测满意
178	国家电器产品质量监督检验中心（苏州电器科学研究院股份有限公司）	补测满意
179	新疆出入境检验检疫局检验检疫技术中心轻纺室	补测满意
180	山西省计量科学研究院	补测满意
181	辽宁省产品质量监督检验院（辽宁省建筑材料监督检验院）	补测满意
182	宁夏产品质量监督检验院	补测满意
183	广东产品质量监督检验研究院(国家质量技术监督局广州电气安全检验所)	补测满意
184	江苏苏美达五金工具有限公司测试中心	补测满意
185	南京大全电气研究院有限公司检测中心	补测满意

三十四、 电线电缆产品——导体直流电阻试验能力验证项目（77家）

编号	机构名称	备注
1	广州铁诚工程质量检测有限公司	
2	东南大学分析测试中心	
3	云南省产品质量监督检验研究院	
4	中国泰尔实验室/信息产业邮电工业产品质量监督检验中心	
5	天津建科建筑节能环境检测有限公司	
6	陕西省产品质量监督检验研究院	
7	芜湖特种电线电缆产品质量监督检验中心	
8	武汉市产品质量监督检验所	
9	浙江中通通信有限公司检测中心	
10	曲靖市质量技术监督综合检测中心	
11	上海市质量监督检验技术研究院	

续表

编号	机构名称	备注
12	河北出入境检验检疫局检验检疫技术中心沧州分中心	
13	河北华通线缆集团有限公司测试中心	
14	宁波出入境检验检疫局检验检疫技术中心/宁波中盛产品检测公司	
15	沈阳产品质量监督检验院	
16	广西壮族自治区产品质量检验研究院	
17	抚顺市工程质量检测中心	
18	成都泰瑞通信设备检测有限公司	
19	江苏中博通信有限公司通信产品质量检验站	
20	上海众材工程检测有限公司	
21	新疆维吾尔自治区产品质量监督检验研究院	
22	中冶建筑研究总院有限公司建筑工程检测中心	
23	宁波市产品质量监督检验研究院	
24	中国电力科学研究院(电力工业电气设备质量检验测试中心)	
25	福建省产品质量检验研究院	
26	常熟市产品质量监督检验所	
27	西安市产品质量监督院	
28	盐城市产品质量监督检验所	
29	河南省产品质量监督检验院	
30	国家电线电缆质量监督检验中心(辽宁)	
31	上海建科检验有限公司	
32	国家电线电缆质量监督检验中心(江苏)	
33	贵州省机械电子产品质量监督检验院	
34	德尔福派克电气系统有限公司上海测试中心	
35	大连市产品质量检测研究院	
36	邯郸市产品质量监督检验所	
37	东营市产品质量监督检验所	
38	南京市产品质量监督检验院	
39	湖南省产商品质量监督检验研究院	
40	广东产品质量监督检验研究院	
41	江苏华东智能线缆检测有限公司	
42	江苏省建筑工程质量检测中心有限公司	
43	无锡江南电缆有限公司检测中心	
44	长春市产品质量监督检验院	
45	镇江市产品质量监督检验中心	
46	西北电线电缆检测中心有限公司	
47	阿克苏地区质量与计量检测所	
48	山东省建筑科学研究院建筑工程质量监督检验测试中心	
49	北京建筑材料检验研究院有限公司	
50	福建省中通通信物流有限公司检测中心	
51	连云港市产品质量监督检验中心	
52	合肥市产品质量监督检验所	
53	徐州市产品质量监督检验中心	
54	福建出入境检验检疫局检验检疫技术中心	
55	天津市电工技术科学研究院/天津市质量监督检验站第十三站	
56	信息产业信息传输线质量监督检验中心	
57	上海市浦东新区计量质量检测所	
58	中国建筑科学研究院	
59	福建省电线电缆产品质量监督检验中心	

续表

编号	机构名称	备注
60	中认（沈阳）北方实验室有限公司（辽宁出入境检验检疫局机电产品检测中心）	
61	大庆油田有限责任公司采油工程研究院采油工程产品检测实验室	补测满意
62	电力工业电力工程材料部件质量检验测试中心	补测满意
63	湖北省建筑工程质量监督检验测试中心	补测满意
64	江西省进出口机械电子产品安全检测实验室	补测满意
65	宁波卡倍亿电气技术有限公司实验室	补测满意
66	天津市建筑工程质量检测中心	补测满意
67	贵州省建材产品质量监督检验院	补测满意
68	广州新安标技术有限公司	补测满意
69	国家质量监督检验检疫总局危险品中心实验室	补测满意
70	天津津贝尔建筑工程试验检测技术有限公司	补测满意
71	国网福建省电力有限公司电力科学研究院	补测满意
72	中国石化采油助剂与机电产品质量监督检验中心	补测满意
73	江西省通信产业服务有限公司通信物资检测中心	补测满意
74	上海电器设备检测所	补测满意
75	济南市产品质量检验院	补测满意
76	沈阳市建设工程质量检测中心	补测满意
77	湖南出入境检验检疫局检验检疫技术中心/湖南中检检测有限公司	补测满意

三十五、 信息技术设备的受限制电源检测能力验证项目（26家）

编号	机构名称
1	上海天祥质量技术服务有限公司
2	欧陆检测技术服务（上海）有限公司
3	福建省产品质量检验研究院
4	深圳市巴伦检测技术有限公司
5	深圳市莫特技术服务有限公司
6	深圳天祥质量技术服务有限公司科技园经营部
7	深圳市鑫宇环检测有限公司
8	德凯质量认证（上海）有限公司
9	广州计量检测技术研究院
10	国家广播电影电视总局广播科学研究院广播电视检测中心
11	公安部第三研究所安全防范与信息安全产品及系统检验实验室
12	中国赛宝（西南）实验室
13	南京市产品质量监督检验院
14	国家信息技术设备质量监督检验中心
15	安徽省产品质量监督检验研究院
16	工业和信息化部电信研究院/中国泰尔实验室
17	苏州UL美华认证有限公司广州分公司
18	中国赛宝实验室/宁波赛宝信息产业技术研究院有限公司
19	广东出入境检验检疫局检验检疫技术中心
20	北京泰瑞特检测技术服务有限责任公司
21	深圳天祥质量技术服务有限公司广州分公司
22	上海市质量监督检验技术研究院
23	上海出入境检验检疫局机电产品检测技术中心
24	北京尊冠科技有限公司（国家电子计算机质量监督检验中心）
25	中国泰尔实验室
26	必维欧亚电气技术咨询服务（上海）有限公司

三十六、 光伏组件的光电性能测量能力验证项目（32家）

编号	机构名称	满意参数
1	中国计量科学研究院/光学与激光计量科学研究所	单晶硅组件（60片、72片）、多晶硅组件（60片、72片）
2	广东产品质量监督检验研究院	单晶硅组件（60片、72片）、多晶硅组件（60片、72片）
3	VDE上海光伏实验室巍德谊产品检测技术（上海）有限公司	单晶硅组件（60片、72片）、多晶硅组件（60片、72片）
4	中检集团南方电子产品测试（深圳）股份有限公司	单晶硅组件（60片、72片）、多晶硅组件（60片、72片）
5	国家太阳能光伏产品质量监督检验中心	单晶硅组件（60片、72片）、多晶硅组件（60片、72片）
6	常州天合光能有限公司光伏产品检测中心	单晶硅组件（60片、72片）、多晶硅组件（60片、72片）
7	普德光伏技术（苏州）有限公司	单晶硅组件（60片、72片）、多晶硅组件（60片、72片）
8	无锡尚德太阳能电力有限公司光伏产品检验实验室	单晶硅组件（60片、72片）、多晶硅组件（60片、72片）
9	连云港神舟新能源有限公司光伏组件检测中心	单晶硅组件（60片、72片）、多晶硅组件（60片、72片）
10	上海晶澳太阳能科技有限公司	单晶硅组件（60片、72片）、多晶硅组件（60片、72片）
11	英利能源（中国）有限公司英利光伏实验室	单晶硅组件（60片、72片）、多晶硅组件（60片、72片）
12	上海太阳能工程技术研究中心有限公司检测实验室	单晶硅组件（60片、72片）、多晶硅组件（60片、72片）
13	常州亿晶光电科技有限公司组件测试实验室	单晶硅组件（60片、72片）、多晶硅组件（60片、72片）
14	浙江正泰太阳能科技有限公司光伏组件可靠性测试实验室	单晶硅组件（60片、72片）、多晶硅组件（60片、72片）
15	扬州光电产品检测中心	单晶硅组件（60片、72片）、多晶硅组件（72片）
16	信息产业化学物理电源产品质量监督检验中心/国家化学与物理电源产品质量监督检验中心	单晶硅组件（60片、72片）、多晶硅组件（60片）
17	国家半导体发光器件（LED）应用产品质量监督检验中心光伏实验室	单晶硅组件（72片）、多晶硅组件（60片）
18	黄河水电光伏产业技术有限公司太阳能光伏产业技术中心	单晶硅组件（60片）、多晶硅组件（60片）
19	信息产业邮电工业产品质量监督检验中心/工业和信息化部电信研究院泰尔实验室	单晶硅组件（60片）、多晶硅组件（72片）
20	国家安全玻璃及石英玻璃质量监督检验中心/国家建筑材料工业太阳能光伏（电）产品质量监督检验中心	单晶硅组件（60片、72片）
21	奥特斯维能源（太仓）有限公司光伏检测中心	多晶硅组件（60片、72片）
22	东方日升新能源股份有限公司实验室	多晶硅组件（60片、72片）
23	常熟阿特斯阳光电力科技有限公司光伏测试中心	多晶硅组件（60片、72片）
24	苏州UL美华认证有限公司	多晶硅组件（60片、72片）
25	合肥晶澳太阳能科技有限公司实验室	多晶硅组件（60片、72片）
26	广东加华美认证有限公司昆山分公司	多晶硅组件（60片、72片）
27	光为绿色新能源股份有限公司	多晶硅组件（60片、72片）
28	湖南红太阳新能源科技有限公司	多晶硅组件（60片）
29	江西瑞晶太阳能科技有限公司	多晶硅组件（72片）
30	张家港其辰光伏检测中心	多晶硅组件（60片）
31	晶科能源有限公司检测中心	多晶硅组件（60片）
32	河南省建材设备节能与智能化控制工程研究中心	单晶硅组件（60片）

三十七、 仿真饰品中铅总量、镉总量的测定能力验证项目（40家）

编号	机构名称	满意参数
1	江苏出入境检验检疫局纺织工业产品检测中心	铅、镉
2	天津市产品质量监督检测技术研究院	铅、镉
3	宁夏产品质量监督检验院	铅、镉
4	东莞出入境检验检疫局检验检疫综合技术中心	铅、镉
5	上海出入境检验检疫局机电产品检测技术中心	铅、镉
6	联合厂商会检定中心（上海）有限公司	铅、镉
7	武汉产品质量监督检验所	铅、镉
8	北京出入境检验检疫局检验检疫技术中心玩具实验室	铅、镉
9	江苏出入境检验检疫局轻工产品与儿童用品检测中心（扬州进出口玩具检验所）	铅、镉
10	通标标准技术服务有限公司深圳分公司检测中心	铅、镉

续表

编号	机构名称	满意参数
11	广东出入境检验检疫局检验检疫技术中心化矿金属材料实验室	铅、镉
12	浙江省质量检测科学研究院/浙江方圆检测集团股份有限公司	铅、镉
13	必维申美商品检测（上海）有限公司	铅、镉
14	佛山裕顺福首饰钻石有限公司贵金属检测中心	铅、镉
15	南德认证检测（中国）有限公司上海分公司	铅、镉
16	灏泓（上海）测试技术服务有限公司	铅、镉
17	河北出入境检验检疫局检验检疫技术中心	铅、镉
18	深圳出入境检验检疫局	铅、镉
19	国家日用小商品质量监督检验中心	铅、镉
20	必维申美商品检测（上海）有限公司青岛分公司	铅、镉
21	青岛思提尔检测技术服务有限公司	铅、镉
22	天津出入境检验检疫局工业产品安全技术中心	铅、镉
23	天祥（天津）质量技术服务有限公司青岛分公司	铅、镉
24	重庆市计量质量检测研究院	铅、镉
25	杭州杭美质量技术服务有限公司	铅、镉
26	浙江瑞耀检测技术有限公司	铅、镉
27	重庆出入境检验检疫局检验检疫技术中心	铅、镉
28	誉标检测（深圳）有限公司	铅、镉
29	四川出入境检验检疫局检验检疫技术中心	铅、镉
30	广州纤维产品检测研究院	铅含量*
31	上海市质量监督检验技术研究院	镉含量*
32	金华出入境检验检疫局技术中心	镉含量*
33	海南出入境检验检疫局技术中心	铅含量*
34	上海市纺织工业技术监督所	镉含量*
35	宁波出入境检验检疫局检验检疫技术中心消费品分中心	铅含量*
36	天祥（天津）质量技术服务有限公司	镉含量*
37	北京毛纺织科学研究所检验中心	铅含量*
38	杭州希科检测技术有限公司	铅含量*
39	国家首饰质量监督检验中心	镉含量*
40	佛山市顺德区裕达珠宝首饰制造有限公司贵金属检测中心	镉含量*

三十八、 塑料中重金属含量的测定能力验证项目（55家）

编号	机构名称	满意参数
1	长荣玩具（东莞）有限公司化学实验室	铅、镉、汞、铬
2	台达电子电源（东莞）有限公司分析实验室	铅、镉、汞、铬
3	深圳市美丽华油墨涂料有限公司检测中心	铅、镉、汞、铬
4	华测检测认证集团股份有限公司顺德分公司	铅、镉、汞、铬
5	浙江省电子信息产品检验所	铅、镉、汞、铬
6	华测检测认证集团股份有限公司华南中心实验室东莞实验室	铅、镉、汞、铬
7	东莞立创华科检测技术服务有限公司	铅、镉、汞、铬
8	泉州远东检验技术有限公司	铅、镉、汞、铬
9	中山出入境检验检疫局检验检疫技术中心	铅、镉、汞、铬
10	德凯质量认证（上海）有限公司	铅、镉、汞、铬
11	思通检测技术有限公司	铅、镉、汞、铬
12	赛默飞世尔科技（中国）有限公司	铅、镉、汞、铬
13	泰州市产品质量监督检验所	铅、镉、汞、铬
14	南京出入境检验检疫局电子电气产品实验室	铅、镉、汞、铬
15	宜特科技（昆山）电子有限公司	铅、镉、汞、铬

续表

编号	机构名称	满意参数
16	深圳市华测检测技术股份有限公司上海分公司	铅、镉、汞、铬
17	东莞新科技术研究开发有限公司材料科学实验室	铅、镉、汞、铬
18	江苏省电子信息产品质量监督检验研究院	铅、镉、汞、铬
19	深圳市谱尼测试科技有限公司	铅、镉、汞、铬
20	合肥市产品质量监督检验所	铅、镉、汞、铬
21	上海天祥质量技术服务有限公司	铅、镉、汞、铬
22	无锡市产品质量监督检验中心/国家太阳能光伏产品质量监督检验中心	铅、镉、汞、铬
23	上海标检产品检测有限公司	铅、镉、汞、铬
24	必维申美商品检测（上海）有限公司	铅、镉、汞、铬
25	南德认证检测（中国）有限公司上海分公司	铅、镉、汞、铬
26	中达电子（江苏）有限公司技术服务与检测中心	铅、镉、汞、铬
27	上海英济电子塑胶有限公司高分子材料实验室	铅、镉、汞、铬
28	中国质量认证中心华东实验室	铅、镉、汞、铬
29	歌尔声学股份有限公司实验中心	铅、镉、汞、铬
30	立讯精密工业股份有限公司实验室	铅、镉、汞、铬
31	富港电子（东莞）有限公司Foxlink实验室	铅、镉、汞、铬
32	精成科技电子（东莞）有限公司品保实验室	铅、镉、汞、铬
33	金华出入境检验检疫局技术中心	铅、镉、汞、铬
34	苏州市信测标准技术服务有限公司	铅、镉、汞、铬
35	顺德出入境检验检疫局综合技术服务中心	铅、镉*、汞、铬
36	东莞市倍通检测技术有限公司	铅、镉*、汞、铬
37	深圳市北测检测技术有限公司	铅、镉*、汞、铬
38	宝时得机械（中国）有限公司检测中心	铅、镉、汞*、铬
39	东莞骅国电子有限公司实验中心	铅、镉、汞、铬*
40	翔耀电子（深圳）有限公司化学分析室	铅、镉、汞
41	广东美的制冷设备有限公司测试中心	铅、镉、铬
42	国家电光源质量监督检验中心（北京）	铅、镉、汞
43	广东华鑫检测技术有限公司	铅、汞、铬
44	颢泓（上海）测试技术服务有限公司	铅、镉*、汞
45	广东省珠海市质量计量监督检测所	铅、镉
46	青岛欧标检测技术服务有限公司	铅、镉
47	广州橡胶工业制品研究所有限公司检测中心	铅、镉
48	济宁半导体及显示产品质量监督检验中心	铅、镉
49	莆田出入境检验检疫局检验检疫技术中心	铅、镉
50	湖北出入境检验检疫局检验检疫技术中心	铅、镉
51	东莞保辉电子有限公司	铅
52	深圳和而泰智能控制股份有限公司实验室	汞
53	上海机动车检测中心	铅
54	宁波中诚检测技术服务有限公司	镉
55	高效电子（东莞）有限公司绿色产品检测中心	铅*

三十九、 沥青针入度、软化点和延度的测定能力验证项目（102家）

编号	机构名称	满意参数
1	南京市政公用工程质量检测中心站	针入度、软化点、延度
2	南通市通佳工程质量检测有限公司	针入度、软化点、延度
3	九江市建设工程质量检测中心	针入度、软化点、延度
4	中国石油化工股份有限公司镇海炼化分公司质量技术中心	针入度、软化点、延度

续表

编号	机构名称	满意参数
5	泰州出入境检验检疫局综合技术服务中心	针入度、软化点、延度
6	佛山市公路桥梁工程监测站	针入度、软化点、延度
7	邯郸市建业建设工程质量检测有限公司	针入度、软化点、延度
8	中海油（青岛）重质油加工工程技术研究中心有限公司沥青检测中心	针入度、软化点、延度
9	深圳市公路交通工程试验检测中心	针入度、软化点、延度
10	苏州方正工程技术开发检测有限公司	针入度、软化点、延度
11	中铁西南科学研究院有限公司	针入度、软化点、延度
12	盘锦中油辽河沥青有限公司实验室	针入度、软化点、延度
13	广东省建筑科学研究院集团股份有限公司	针入度、软化点、延度
14	中国石油天然气股份有限公司辽河石化分公司研究院油品分析研究室	针入度、软化点、延度
15	中铁八局集团成都检测中心	针入度、软化点、延度
16	广东长大试验技术开发有限公司	针入度、软化点、延度
17	山东京博石油化工有限公司分析检测中心	针入度、软化点、延度
18	中铁隧道集团二处有限公司中心实验室	针入度、软化点、延度
19	中国石化股份有限公司广州分公司检验中心第三化验室	针入度、软化点、延度
20	金华市正方工程检测有限公司	针入度、软化点、延度
21	中铁十二局集团有限公司计量测试中心	针入度、软化点、延度
22	镇江出入境检验检疫局检验检疫综合技术中心	针入度、软化点、延度
23	通标标准技术服务（上海）有限公司检测中心	针入度、软化点、延度
24	佛山高富中石油燃料沥青有限责任公司质量检验中心	针入度、软化点、延度
25	中铁隧道股份有限公司工程试验中心	针入度、软化点、延度
26	中铁十二局集团第三工程有限公司计量测试中心	针入度、软化点、延度
27	中铁十二局集团建筑安装工程有限公司测试中心	针入度、软化点、延度
28	中铁十局集团第三建设有限公司质量检测中心	针入度、软化点、延度
29	中电建路桥集团有限公司试验检测中心	针入度、软化点、延度
30	吉林省诚科工程检测有限公司	针入度、软化点、延度
31	浙江正达检测科技有限公司	针入度、软化点、延度
32	中国中铁航空港建设集团有限公司试验检测中心	针入度、软化点、延度
33	湖南中大建设工程检测技术有限公司	针入度、软化点、延度
34	国家道路及桥梁质量监督检验中心	针入度、软化点、延度
35	莱州出入境检验检疫局综合技术服务中心	针入度、软化点、延度
36	中铁隧道集团三处有限公司试验中心	针入度、软化点、延度
37	中铁三局集团建筑安装工程有限公司工程试验中心/太原建辉工程检测有限公司	针入度、软化点、延度
38	中国石油化工股份有限公司齐鲁分公司沥青产品检验实验室	针入度、软化点、延度
39	中铁二十三局集团第三工程有限公司中心试验室	针入度、软化点、延度
40	中铁二十三局集团有限公司工程试验检测中心	针入度、软化点、延度
41	中铁上海工程局集团有限公司工程质量检测中心	针入度、软化点、延度
42	中铁四局集团工程质量检测中心	针入度、软化点、延度
43	中铁十八局集团第五工程有限公司试验中心	针入度、软化点、延度
44	中铁四局集团第五工程有限公司中心试验室	针入度、软化点、延度
45	中铁五局集团机械化工程有限责任公司试验检测公司	针入度、软化点、延度
46	中铁二十局集团第六工程有限公司试验测试中心	针入度、软化点、延度
47	苏交科集团股份有限公司工程检测中心	针入度、软化点、延度
48	中铁四局集团第四工程有限公司质量检测中心	针入度、软化点、延度
49	中铁三局集团第六工程有限公司工程试验中心	针入度、软化点、延度
50	中铁十一局集团第四工程有限公司中心试验室	针入度、软化点、延度
51	中铁港航局集团第三工程有限公司工程试验检测公司	针入度、软化点、延度
52	天津市国腾新立公路工程试验检测有限公司	针入度、软化点、延度

续表

编号	机构名称	满意参数
53	江西省天驰高速科技发展有限公司	针入度、软化点、延度
54	中铁四局集团建筑工程有限公司质量检测中心	针入度、软化点、延度
55	华辉瑞工程质量检测（北京）有限责任公司	针入度、软化点、延度
56	中铁十五局集团第五工程有限公司中心试验室	针入度、软化点、延度
57	中铁十八局集团第三工程有限公司计量测试中心	针入度、软化点、延度
58	上海同济建设工程质量检测站	针入度、软化点、延度
59	中国水电基础局有限公司试验中心	针入度、软化点、延度
60	中铁七局集团西安铁路工程有限公司中心试验室（原中铁电气化集团西安铁路工程有限公司中心试验室）	针入度、软化点、延度
61	中铁十二局集团第二工程有限公司计量试验中心	针入度、软化点、延度
62	中铁十局集团第二工程有限公司工程试验中心	针入度、软化点、延度
63	山东广信工程试验检测集团有限公司	针入度、软化点、延度
64	中铁十八局集团有限公司工程检测中心/天津中铁工程检测有限责任公司	针入度、软化点、延度
65	宁波市交通建设工程试验检测中心有限公司	针入度、软化点、延度
66	中国石油化工股份有限公司金陵分公司质量检验中心	针入度、软化点、延度
67	中国石油克拉玛依石化公司炼油化工研究院原油及石油产品测评中心	针入度、软化点、延度
68	广州港湾工程质量检测有限公司	针入度、软化点、延度
69	中铁一局集团有限公司计量试验检测中心	针入度、软化点、延度
70	中铁十局集团有限公司试验检测中心	针入度、软化点、延度
71	山东省交通科学研究院	针入度、软化点、延度
72	山东省建筑科学研究院建筑工程质量监督检验测试中心	针入度*、软化点、延度
73	天津市水利科学研究院	针入度、软化点*、延度
74	威海市文登区建设工程质量检测有限公司	针入度、软化点、延度*
75	河南交院公路工程技术有限公司试验检测中心	针入度*、软化点、延度
76	上海勘测设计研究院有限公司工程检测中心	针入度、软化点*、延度
77	中国建材检验认证集团西安有限公司	针入度*、软化点*、延度*
78	中铁四局集团第一工程有限公司质量检测中心	针入度*、软化点、延度
79	中铁十一局集团第二工程有限公司中心试验室	针入度*、软化点、延度
80	北京建筑材料检验研究院有限公司	针入度*、软化点、延度
81	中铁四局集团第二工程有限公司质量检测中心	针入度*、软化点、延度
82	中铁一局集团桥梁工程有限公司试验检测中心	针入度*、软化点、延度
83	甘肃信尔达工程试验检测有限公司	针入度*、软化点、延度
84	中铁隧道集团有限公司工程试验中心	针入度、软化点*、延度
85	重庆中铁建筑工程质量检测有限公司/中铁十一局集团第五工程有限公司中心试验室	针入度*、软化点*、延度
86	中铁十六局集团第三工程有限公司计量测试中心	针入度、软化点*、延度*
87	中铁二十局集团第四工程有限公司检测实验中心/青岛铁信力源工程检测有限公司	针入度、软化点*、延度
88	中铁二十局集团第一工程有限公司工程检测中心	针入度、软化点、延度*
89	河北道桥工程检测有限公司	针入度、软化点*、延度
90	广州铁诚工程质量检测有限公司	针入度*、软化点、延度
91	中国石油化工股份有限公司茂名分公司质量检验中心	针入度、软化点
92	上海建科检验有限公司	针入度、软化点
93	淄博火炬能源有限责任公司综合实验室	针入度、软化点
94	广东省惠州市石油产品质量监督检验中心	针入度、软化点
95	山东丰源轮胎制造股份有限公司检测中心	软化点
96	淮南市产品质量监督检验所（国家煤化工产品质量监督检验中心）	软化点
97	中交路桥技术有限公司试验检测中心	针入度
98	石油工业油田化学剂质量监督检验中心	软化点
99	索通发展股份有限公司检测中心	软化点

续表

编号	机构名称	满意参数
100	上海宝钢化工有限公司梅山分公司实验室	软化点
101	山东玲珑轮胎股份有限公司实验中心	软化点
102	中国石油大港油田石油工程研究院化工研究中心	软化点*

四十、 铝合金板材室温拉伸试验能力验证项目(61家)

编号	机构名称	满意参数
1	广州有色金属研究院分析测试中心	抗拉强度、规定塑性延伸强度、断后伸长率
2	东南大学分析测试中心	抗拉强度、规定塑性延伸强度、断后伸长率
3	广州铁诚工程质量检测有限公司	抗拉强度、规定塑性延伸强度、断后伸长率
4	陕西省产品质量监督检验研究院	抗拉强度、规定塑性延伸强度、断后伸长率
5	中国航天科技集团公司材料工艺性能检测和失效分析中心	抗拉强度、规定塑性延伸强度、断后伸长率
6	上海金艺检测技术有限公司	抗拉强度、规定塑性延伸强度、断后伸长率
7	上海天祥质量技术服务有限公司奉贤分公司	抗拉强度、规定塑性延伸强度*、断后伸长率
8	湖北省建筑工程质量监督检验测试中心	抗拉强度、规定塑性延伸强度*、断后伸长率
9	无锡市产品质量监督检验中心	抗拉强度*、规定塑性延伸强度、断后伸长率
10	国家有色金属质量监督检验中心	抗拉强度、规定塑性延伸强度、断后伸长率
11	武汉产品质量监督检验所	抗拉强度、断后伸长率
12	贵州省建材产品质量监督检验院	抗拉强度、规定塑性延伸强度、断后伸长率
13	中航试金石检测科技有限公司	抗拉强度、规定塑性延伸强度、断后伸长率
14	辽宁省产品质量监督检验院(辽宁省建筑材料监督检验院)	抗拉强度、规定塑性延伸强度、断后伸长率
15	中国兵器装备集团西南技术工程研究所环境试验检测中心	抗拉强度、规定塑性延伸强度、断后伸长率
16	百色市产品质量检验所	抗拉强度、规定塑性延伸强度、断后伸长率*
17	上海中储材料检验有限公司	抗拉强度、规定塑性延伸强度、断后伸长率
18	河南恒美铝业有限公司实验室	抗拉强度、规定塑性延伸强度、断后伸长率
19	恩施州产品质量监督检验所	抗拉强度、规定塑性延伸强度、断后伸长率
20	通标标准技术服务有限公司大连分公司	抗拉强度、规定塑性延伸强度、断后伸长率
21	清华大学结构工程检测中心	抗拉强度*、规定塑性延伸强度、断后伸长率*
22	中国铁建重工集团有限公司中心实验室	抗拉强度*、规定塑性延伸强度*、断后伸长率
23	合兴集团有限公司实验中心	抗拉强度、断后伸长率*
24	银邦金属复合材料股份有限公司技术中心实验室	抗拉强度、规定塑性延伸强度、断后伸长率
25	福建出入境检验检疫局检验检疫技术中心	抗拉强度、规定塑性延伸强度、断后伸长率
26	内蒙古自治区产品质量检验研究院	抗拉强度、规定塑性延伸强度、断后伸长率
27	美铝渤海铝业有限公司检测中心	抗拉强度、规定塑性延伸强度、断后伸长率
28	广东省肇庆市质量计量监督检测所	抗拉强度、规定塑性延伸强度、断后伸长率
29	深圳市恒义建筑技术有限公司	抗拉强度、规定塑性延伸强度、断后伸长率*
30	钢研纳克检测技术有限公司	抗拉强度、规定塑性延伸强度、断后伸长率
31	浙江华电器材检测研究所	抗拉强度、规定塑性延伸强度、断后伸长率
32	上海市质量监督检验技术研究院	抗拉强度、断后伸长率
33	辽宁出入境检验检疫局技术中心金属材料实验室	抗拉强度、规定塑性延伸强度、断后伸长率
34	广亚铝业有限公司	抗拉强度、规定塑性延伸强度、断后伸长率
35	天津市金锚集团有限责任公司检测中心	抗拉强度、规定塑性延伸强度*、断后伸长率
36	西南铝业(集团)有限责任公司中心试验室	抗拉强度、规定塑性延伸强度、断后伸长率
37	国家铝及铝制品质量监督检验中心	抗拉强度、规定塑性延伸强度、断后伸长率
38	兴发铝业(成都)有限公司理化检测中心	抗拉强度、规定塑性延伸强度
39	广西航空航天铝合金材料与加工研究院分析测试中心	抗拉强度、规定塑性延伸强度、断后伸长率
40	苏州有色金属研究院有限公司检测中心	抗拉强度、规定塑性延伸强度、断后伸长率
41	珠海市建设工程质量监督检测站	抗拉强度、断后伸长率
42	中国石油天然气管道科学研究院材料测试中心	抗拉强度、规定塑性延伸强度*、断后伸长率

续表

编号	机构名称	满意参数
43	江苏省产品质量监督检验研究院	抗拉强度、规定塑性延伸强度、断后伸长率
44	中国航天科技集团公司第五研究院宇航物资保障事业部材料可靠性中心	抗拉强度、规定塑性延伸强度、断后伸长率
45	广东豪美铝业股份有限公司检测中心	抗拉强度、规定塑性延伸强度、断后伸长率*
46	东北轻合金有限责任公司技术中心	抗拉强度、规定塑性延伸强度、断后伸长率
47	南德认证检测(中国)有限公司上海分公司测试中心	抗拉强度、规定塑性延伸强度、断后伸长率
48	河南省产品质量监督检验院	抗拉强度、规定塑性延伸强度、断后伸长率
49	洛阳龙鼎铝业有限公司理化计量检测中心	抗拉强度、断后伸长率
50	辽沈工业集团有限公司校准检测中心	抗拉强度、规定塑性延伸强度、断后伸长率
51	卓思建筑应用科技顾问（珠海）有限公司	抗拉强度、规定塑性延伸强度*、断后伸长率*
52	福建省公路工程试验检测中心站	抗拉强度、规定塑性延伸强度、断后伸长率
53	江阴市产品质量监督检验所	抗拉强度、规定塑性延伸强度、断后伸长率
54	宁波信泰机械有限公司检测中心	抗拉强度、规定塑性延伸强度、断后伸长率
55	吉林出入境检验检疫局检验检疫技术中心	抗拉强度、规定塑性延伸强度、断后伸长率
56	上海天祥质量技术服务有限公司金桥分公司	抗拉强度、规定塑性延伸强度*、断后伸长率*
57	延锋江森座椅有限公司技术中心实验室	抗拉强度、规定塑性延伸强度、断后伸长率
58	司普斯金属制品（中国）有限公司	抗拉强度、规定塑性延伸强度*、断后伸长率*
59	吉林麦达斯铝业有限公司检测中心	抗拉强度、规定塑性延伸强度、断后伸长率
60	特灵空调系统（中国）有限公司研发中心实验室	抗拉强度、规定塑性延伸强度、断后伸长率
61	昌河飞机工业（集团）有限责任公司理化计量中心	抗拉强度、规定塑性延伸强度、断后伸长率

四十一、 溶剂型木器涂料中卤代烃含量测定能力验证项目（37家）

编号	机构名称	满意参数
1	上海市质量监督检验技术研究院（轻工所）	二氯甲烷、四氯化碳
2	厦门出入境检验检疫局检验检疫技术中心	二氯甲烷、四氯化碳
3	上海建科检验有限公司	二氯甲烷、四氯化碳
4	深圳市谱尼测试科技有限公司	二氯甲烷、四氯化碳
5	中华制漆(深圳)有限公司	二氯甲烷、四氯化碳
6	广东省中山市质量计量监督检测所	二氯甲烷、四氯化碳
7	恒昌涂料(惠阳)有限公司	二氯甲烷、四氯化碳
8	中国广州分析测试中心	二氯甲烷、四氯化碳
9	广东出入境检验检疫局检验检疫技术中心	二氯甲烷、四氯化碳
10	嘉宝莉化工集团股份有限公司	二氯甲烷、四氯化碳
11	宁波市产品质量监督检验研究院	二氯甲烷、四氯化碳
12	湖北出入境检验检疫局检验检疫技术中心	二氯甲烷、四氯化碳
13	四川出入境检验检疫局检验检疫技术中心	二氯甲烷、四氯化碳
14	深圳出入境检验检疫局工业品检测技术中心	二氯甲烷、四氯化碳
15	广州质量监督检测研究院	二氯甲烷、四氯化碳
16	重庆市计量质量检测研究院	二氯甲烷、四氯化碳
17	辽宁省产品质量监督检验院	二氯甲烷、四氯化碳
18	杭州市质量技术监督检测院	二氯甲烷、四氯化碳
19	广东华润涂料有限公司	二氯甲烷、四氯化碳
20	浙江省化工产品质量检验站有限公司	二氯甲烷、四氯化碳
21	佛山市质量计量监督检测中心	二氯甲烷、四氯化碳
22	广东省江门市质量计量监督检测所	二氯甲烷、四氯化碳
23	深圳市赛德检测技术有限公司	二氯甲烷、四氯化碳
24	广东省东莞市质量监督检测中心	二氯甲烷、四氯化碳
25	广东省韶关市质量计量监督检验所	二氯甲烷、四氯化碳
26	深圳天祥质量技术服务有限公司	二氯甲烷、四氯化碳

续表

编号	机构名称	满意参数
27	誉标检测(深圳)有限公司	二氯甲烷、四氯化碳
28	广东省茂名市质量计量监督检测所	二氯甲烷、四氯化碳
29	江苏省产品质量监督检验研究院	二氯甲烷、四氯化碳*
30	武汉产品质量监督检验所	二氯甲烷、四氯化碳*
31	江西省建筑材料工业科学研究设计院	二氯甲烷、四氯化碳*
32	广东美涂士建材股份有限公司	二氯甲烷、四氯化碳*
33	沈阳产品质量监督检验院	二氯甲烷*、四氯化碳*
34	北京建筑材料检验研究院有限公司	二氯甲烷*、四氯化碳*
35	上海市涂料研究所有限公司	二氯甲烷*、四氯化碳*
36	天津出入境检验检疫局工业产品安全技术中心	二氯甲烷*、四氯化碳*
37	江苏中涂涂料检测中心有限公司	二氯甲烷*、四氯化碳*

四十二、 天然石材物理性能检测能力验证项目（26家）

编号	机构名称	备注
1	中国商业联合会产（商）品质量监督检测中心（重庆）	
2	云南省产品质量监督检验研究院	
3	吉林省诚科工程检测有限公司	
4	上海市质量监督检验技术研究院	
5	中铁三局集团建筑安装工程有限公司工程试验中心	
6	上海天祥质量技术服务有限公司奉贤金汇分公司	
7	重庆市计量质量检测研究院第四分院	
8	上海建科检验有限公司	
9	中铁十五局集团第一工程有限公司中心试验室	
10	池州市产品质量监督检验所	
11	中铁十五局集团第六工程有限公司中心实验室	
12	恩施州产品质量监督检验所	
13	中铁十五局集团第二工程有限公司中心试验室	
14	中铁十五局集团有限公司计量测试中心	
15	厦门出入境检验检疫局检验检疫技术中心材料物理及放射性实验室	
16	福建省产品质量检验研究院	
17	国家石材产品质量监督检验中心（广东）	
18	北京建筑材料检验研究院有限公司	
19	国家建筑材料质量监督检验中心	
20	南京市产品质量监督检验院	补测满意
21	福建出入境检验检疫局检验检疫技术中心	补测满意
22	中国建材检验认证集团西安有限公司	补测满意
23	阿克苏地区质量与计量检测所	补测满意
24	重庆市计量质量检测研究院	补测满意
25	武汉产品质量监督检验所	补测满意
26	大连市产品质量检测研究院	补测满意

注：表格中的*表示该参数为补测满意。

国家认监委关于注销部分检验检测机构资质认定证书的公告

（2016 年第 35 号）

根据北京激光参量测试中心等 7 家检验检测机构的申请，依据《检验检测机构资质认定管理办法》（质检总局令第 163 号）第三十九条规定，现对上述 7 家机构的资质认定证书予以注销。自注销之日起，上述机构不得向社会出具具有证明作用的数据和结果。具体名单如下：

1. 北京激光参量测试中心（资质认定证书编号：2013000132Z）；

2. 宁波出入境检验检疫局汽车零部件检测中心（资质认定证书编号：2015003023Z）；

3. 福州出入境检验检疫局综合技术服务中心医学检测综合实验室（资质认定证书编号：2015003054S）；

4. 大理出入境检验检疫局综合技术中心（资质认定证书编号：150000122881）；

5. 农业部建材产品质量监督检验测试中心（泰安）（资质认定证书编号：2013001951V）；

6. 农业部转基因动物及饲料安全监督检验测试中心（北京）（资质认定证书编号：150004093015）；

7. 重庆中交机动车检测中心（资质认定证书编号：160008113504）。

国家认监委

2016 年 12 月 12 日

国家认监委关于注销部分检验检测机构资质认定证书的公告

国家认监委关于发布第二批低碳产品认证实施规则的公告

（2016 年第 36 号）

根据《节能低碳产品认证管理办法》（国家质量监督检验检疫总局、国家发展和改革委员会令第 168 号），现发布《低碳产品认证实施规则 陶瓷砖（板）》（编号：CNCA-LC-0105：2016）、《低碳产品认证实施规则 纺织面料》（编号：CNCA-LC-0106：2016）、《低碳产品认证实施规则 轮胎》（编号：CNCA-LC-0107：2016），以上低碳产品认证实施规则自发布之日起实施。

特此公告。

附件：低碳产品认证实施规则（略）

国家认监委

2016 年 12 月 23 日

国家认监委关于发布2016年度第4批强制性产品认证实验室日常指定决定的公告

（2016年第37号）

按照《中华人民共和国认证认可条例》《强制性产品认证机构、检查机构和实验室管理办法》（质检总局第65号令）、《国家认监委关于调整从事强制性产品认证以及相关活动的认证机构、检查机构、实验室指定行政审批要求的公告》（国家认监委2016年第11号公告）和《国家认监委关于发布进一步深化强制性认证实施机构指定审批制度改革工作举措的公告》（国家认监委2015年第34号公告）有关要求，现对2016年度第4批强制性产品认证实验室日常指定决定予以公告。

对本指定决定有异议的，请在公告发布之日起15个工作日内向我委提出申诉或投诉（请注明联系人和联系方式）。

国家认监委

2016年12月28日

国家认监委关于公布2016年管理体系认证结果监督检查情况的公告

（2016年第38号）

根据《中华人民共和国认证认可条例》第五十一条规定和《国务院办公厅关于推广随机抽查规范事中事后监管的通知》（国办发〔2015〕58号）、《国务院办公厅关于运用大数据加强对市场主体服务和监管的若干意见》（国办发〔2015〕51号）相关要求，国家认监委启动了2016年“双随机、一公开”管理体系认证专项检查工作，按照问题导向和分类监管的原则制定抽样方案，随机抽取认证结果，随机选派检查人员，对质量管理体系和能源管理体系认证结果开展了随机抽查，现将抽查结果予以公布。

对检查中发现的涉嫌违反认证认可法规的认证活动，有关地方认证监管部门在陆续查处中。截止到2016年11月底，地方认证监管部门已立案或实施处罚13起，约谈告诫认证机构54家次，发出认证监管整改通知书139份。对于检查中发现认证机构及认证人员涉嫌违反认证认可法规的行为，国家认监委和地方认证监管部门将继续依法处理并适时公布查处结果。

国家认监委

2016年12月29日

认证认可风采（一）

图文宣传

广东出入境检验检疫局

提质升级 服务发展

全力推动认证监管工作再上新台阶

2016年，按照全国认证认可工作会议精神，广东出入境检验检疫局认证认可工作贯彻“五大发展理念”，服务供给侧结构性改革，深入落实“十二字”方针，有力助推广东经济社会持续健康发展。

一是抓质量提升，促进认证认可工作提质升级，开展“逐一帮扶”行动，在政策、认证、能力等方面实施精准帮扶。二是抓安全监管，提高认证认可工作监管效能，创新监管模式，提高监管的针对性和有效性，加强入境CCC获证产品的查验和免办产品的后续监管，维护我国强制性产品认证制度的权威性。三是抓服务发展，深化认证认可工作改革创新，贯彻落实供给侧结构性改革要求，唱响“同线同标同质”工程，积极采取帮扶措施，支持企业发展；推进制度创新，服务开放发展。四是抓自身建设，强化认证认可工作能力建设，加强执法队伍建设，全面提升广东认证监管工作的整体性和协调性，推进实验室国家认可和资质认定工作，促进实验室管理和技术能力上新台阶。

2016年5月19日，广东出入境检验检疫局召开落实供给侧改革推进“三同”工程宣贯会。

广东出入境检验检疫局对免办产品的监管注重“闭环管理”，引导企业建立合规化免办产品管理体系。图为广东检验检疫局监管人员监督销毁进口CCC免办汽车。

深圳出入境检验检疫局

2016年，深圳出入境检验检疫局按照全国质检工作会议以及全国认证认可工作会议和深圳局工作会议精神，认证监管处全体干部职工围绕国家质检总局和国家认监委各项部署，按照"强化认证认可工作，推动质量强国建设"的要求，在推进改革创新、促进外贸发展、实现"两提升、两满意"等方面努力工作，取得了显著成效。

一是抓质量，夯实认证认可质量基础。制订备案监管工作计划，推进HACCP认证采信，实施出口食品备案管理；开展出口食品农产品生产企业"同线同标同质"工作；主动为企业排忧解难，确保CCC免办产品顺利进口；继续严把CCC产品入境验证关，守住质量安全底线；提升能效标识入境验证把关能力，助力低碳城市建设；加强进出口商品检验鉴定机构监管，提升行业治理能力。

二是保安全，守住产品质量安全底线。在出口食品生产企业中推进食品防护计划；研究规范远洋捕捞渔船对外注册管理工作；推荐辖区食品生产企业获得韩国注册；以专项业务督查促进CCC入境验证及免办后续监管工作质量提升；强化CCC获证产品监管，提升质量安全水平。

三是促发展，服务经济结构调整升级。探索检验监管新模式，积极推进第三方检验结果采信工作试点进度；服务供给侧结构性改革，力促出口食品企业提质增效升级；创新举措服务前海蛇口自贸区跨境电子商务产业发展；主动作为服务深圳口岸汽车平行进口业务开展；参与推动深圳"全国食品安全城市"创建工作；联合地方市场监管部门开展认证市场"双随机、一公开"监管活动。

四是强质检，提升事业发展的持续动力。加强信息宣传工作，打造认证监管业务品牌；强化业务督查，抓好绩效考核指标落实；加强业务培训和交流，提升认证监管人员业务能力；积极配合总局和国家认监委开展业务系统调试工作；争取国家认监委支持，推进深港检验检测互认工作。

图注：

1.2016年11月25日，深圳首家"同线同标同质"食品实体店正式开业。

2.深圳检验检疫局食品防护计划宣讲会。

3.深圳局2016年认证认可工作会议会场。

辽宁出入境检验检疫局

强化认证认可作用　服务供给质量提升

2016年，辽宁出入境检验检疫局全面贯彻落实国家质检总局、认监委工作部署，以服务供给侧结构性改革为重心，坚持深化改革，坚持质量为本，坚持放管结合，加强自身建设，提升质量安全监管和服务经济发展水平，在认证监管工作中取得了卓有成效的进展。

一是强化认证认可作用，促进质量安全监管水平提升 。创新开展“双随机”监督检查，提升认证有效性；“放、管、服”相结合，加强事中事后监管；联合执法把关，专项监管卓有成效；加强质量整治，净化认证市场环境。二是发挥认证认可职能优势，服务地方经济发展。推进“三同”工程，引导企业转型升级；开展“破除壁垒”行动，培育对外贸易竞争新优势；简政放权，深化审批模式改革；主动作为，创建有机产品认证示范区。三是强化监管体系建设，推动区域联动和协调发展。四是强化能力建设，提高认证认可工作有效性。五是加强科技和实验室工作，保障技术支撑作用。六是加强宣传，提高认证认可影响力。

图1：2016年4月联合质监局对CCC认证产品和有机产品开展认证市场销售检查和执法打假，提升认证产品监管有效性；图2：2016年5月到东港大米生产企业开展同线同标同质出口企业的检查，加强事中事后监管；图3：2016年7月2日，到旅顺登峰社区慰问贫困老党员；图4：2016年12月9日，汽车一致性核查问题反馈；图5：2016年11月29日，辽宁局在沈阳举办东北四省区检验检疫局认证行政执法监管培训；图6和图7：2016年12月6日，餐企直联，辽宁局助力“三同”企业开拓餐饮市场；图8和图9：2016年12月12日，日本农水省检查官在检查成品包装和标识。

山东出入境检验检疫局积极推动轮胎“同线同标同质”工程

2017年5月15日，在中国（广饶）国际橡胶轮胎暨汽车配件展览会开幕式上，国家质检总局对全国首批“同线同标同质”轮胎产品进行了发布，并对通过轮胎产品“三同”认定的10家轮胎企业进行了授牌。东营检验检疫局在山东检验检疫局的指导下，依托中国出口轮胎质量技术促进委员会，在全国系统内率先推动轮胎“三同”工程，制定了《出口轮胎企业“同线同标同质”认定准则》，设计了轮胎“同线同标同质”标志，组织专家认定了轮胎企业“三同”产品，帮扶出口企业应对国内外市场需求，深化推进轮胎产业供给侧结构性改革。此次“三同”轮胎产品的发布，代表这些企业认定范围内的产品质量不仅符合严格的国际国内标准，企业的研发实力、核心竞争力和品牌效应也得到权威机构认可，有助于企业进一步打响品牌知名度，扩大国内外市场份额。同时，作为消费者，可以放心购买和使用这些优质产品，真正享受到国家供给侧结构性改革的红利。

全国首批获得“同线同标同质”认定的轮胎企业及产品名单

序号	企业名称	认定产品
1	山东昌丰轮胎有限公司	SUNFULL、OVATION、HIFLY 品牌产品
2	山东金宇实业股份有限公司	金宇、博路凯龙品牌产品
3	山东万达宝通轮胎有限公司	BOTO、WINDA 品牌产品
4	山东永丰轮胎有限公司	CACHLAND、SUNFULL、OVATION、ECOVISION 品牌产品
5	青岛双星轮胎工业公司	双星、华青、奥森等品牌产品
6	倍耐力轮胎有限公司	倍耐力品牌产品
7	浦林成山（山东）轮胎有限公司	成山 / 浦林系列半钢和斜交轮胎
8	山东玲珑轮胎股份有限公司	玲珑品牌轿车、载重汽车轮胎
9	三角轮胎股份有限公司	三角、TRIANGLE 品牌轿车轮胎、载重轮胎
10	山东丰源轮胎制造股份有限公司	远路牌系列产品

阿拉山口出入境检验检疫局

阿拉山口出入境检验检疫局驻守在第二座亚欧大陆桥中国西段桥头堡，我国西北地区唯一的铁路、公路和输油管道并举的多维口岸，丝绸之路经济带战略的西出重点节点口岸——阿拉山口。近年来，该局深入贯彻国家关于促进外贸发展稳增长的指示精神，紧紧围绕“探索质检改革路，实现质量强国梦”，积极适应丝绸之路经济带战略实施需要，以时不我待、责无旁贷的紧迫感和使命感，以不折不扣、负责担当的执行力，不断加强技术支撑体系建设，严把进出口商品质量关和口岸疫病疫情防控关，全力保障国门安全和能源通道畅通，积极服务外向型经济平稳快速发展。

1

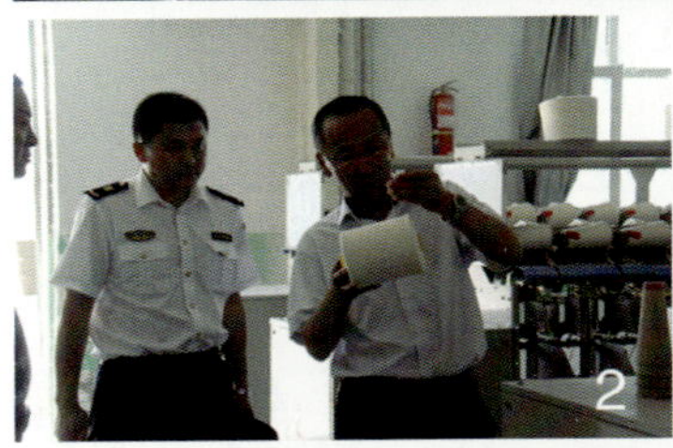
2

该局向科技要质量管理效益，逐步构建了国家级石油化工矿产重点实验室、新疆出入境矿产资源与化工品安全技术重点实验室、区域性媒介生物实验室、羊毛品级实验室、生物安全实验室、食品微生物洁净实验室、艾滋病初筛实验室并举的新格局。实验室已快速成长为功能全面、管理科学、布局合理、技术先进的现代化检测中心，可开展化工品、矿产品、石油及其产品、动植物产品、食品、轻工品、纺织原料等商品的理化检测、动物疫病检测、植物病虫害鉴定及相关领域的科研技术开发和服务，开展有关检验检疫方法标准的制修订，开展传染病监测、健康体检、旅行预防接种、卫生保健咨询、医疗保健门诊等业务，开展卫生检疫技术科研开发服务，提供技术指导等，有力促进了口岸检验检疫和出入境通关工作。

3

该局还与中国检验检疫科学研究院、新疆大学、新疆师范大学、石河子大学、自治区冶金研究所等十余家高校及科研院所，在科研攻关、人才培养等方面进行了深入广泛合作。在承担省部级、地厅级等各级科研项目、制定行业标准、发明国家实用型专利等方面有突破，其中棉短绒品级实物标准样品填补了我国标样的空白，近年共承担了质检总局等省部级项目9个、新疆检验检疫局等地厅级项目14个、自主立项28个、制修定行业标准13项，7项科技成果获国家实用型专利。强有力的质量管理催生出可喜的把关效益，特别是沉稳应对中哈管道进口原油检验争端，靠科技夺取国际话语权，以我方检验数据作为国际结算依据，为企业减少支出近亿美元，完美演绎了检验检疫执法把关质量。近年来年均检出不合格进口货物近六千批、四百万吨。

4

5

图注：1. 4月19日，阿拉山口出入境检验检疫局与温泉县人民政府签订合作备忘录，图为签字仪式；
2. 6月5日，阿拉山口检验检疫局田延河局长（右一）带队到精河工业园区进行外向型经济发展调研；
3. 6月28日，阿拉山口检验检疫局与新疆农业大学举行合作备忘录签署及产学研基地揭牌仪式；
4. 8月2日，国家质检总局专家组对阿拉山口进境种苗指定口岸进行考核验收；
5. 8月30日，阿拉山口检验检疫局对精河枸杞出口基地进行日常监管。

地址：新疆阿拉山口准噶尔路146号　邮编：833418　电话：0909-6995558

上海出入境检验检疫局
工业品与原材料检测技术中心

上海出入境检验检疫局工业品与原材料检测技术中心成立于1999年，是上海出入境检验检疫局直属的事业单位，经过国家事业单位登记管理局事业单位法人登记（证书号：事证第110000002378号），具有独立法人资格、独立承担第三方公正检验并对外开展业务活动。

作为上海出入境检验检疫局的技术保障部门，中心依托人才和设备优势，履职把关、服务社会，主要从事石油及石化产品、化工产品、矿产品、金属材料及其制品、工程材料及其制品、纺织材料、纺织品、日用消费品、纸张纸浆及其制品、皮革及其制品、木制品等原材料、工业品和消费品的检测和技术服务，危险品分类鉴定与评估和再制造产品检验鉴定。

中心严格按照ISO/IEC 17025、ISO/IEC 17020标准建立完善的质量管理体系并有效运行，已取得国家计量认证（证书编号：2010008082Z）、17025实验室认可（认可编号：CNAS L0030）、17020检查机构认可（认可编号：CNAS IB0445）、食品检验机构资质认定证书(F2012000066)、进出口商品检验鉴定机构资格（许可号：国质检检许字[282]号）。2013年2月，中心IMI品牌获得商标注册(商标注册证11197790号)。同时，为保证检验质量和提升检验技术能力，中心的技术人员还参与了相关国际化标准组织、相关专业国际团体的标准制（修）定和国际试验室比对等项目。

中心大量引进高素质、高学历的专业技术人才，投入了大量高、精、尖仪器设备，使我们的检测技术能力达到国际先进水平。中心现有职工106人，目前有11名教授级高工，39名高级工程师，6位博士，40位硕士，拥有1700余台仪器设备，仪器设备总资产达2.89亿元人民币。近几年中心以检验检疫工作为导向,着力提升实验室的能力，已建立起15个国家级重点检测实验室，7个区域性重点实验室，2个常规实验室，涉及铁矿、矿产品、氟石、农药、橡胶、塑料、棉花、羊毛、纺织品服装、皮装皮具、新型纤维、纸张纸浆包装、化学品分类鉴别与评估、食品接触材料安全性能检测、涂料安全卫生检测、工程复合材料、再制造机械产品检验鉴定和新能源电池检测等范围。

民 政 總 署
INSTITUTO PARA OS ASSUNTOS CÍVICOS E MUNICIPAIS

化验所

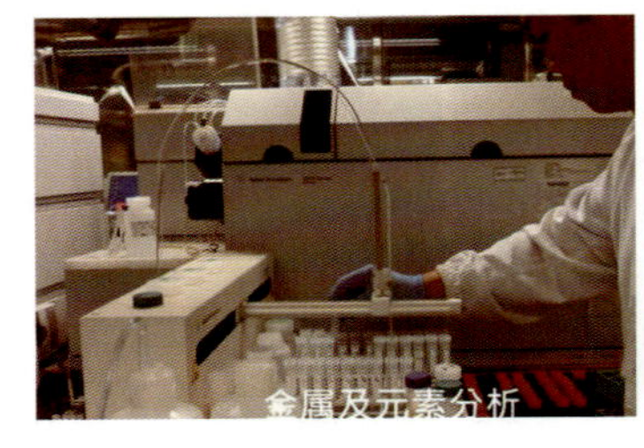

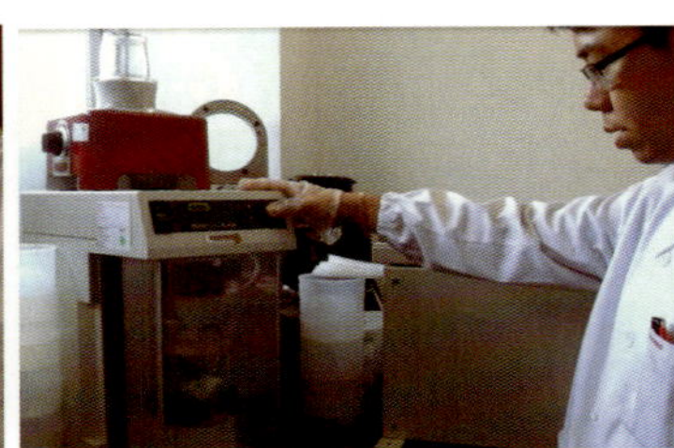

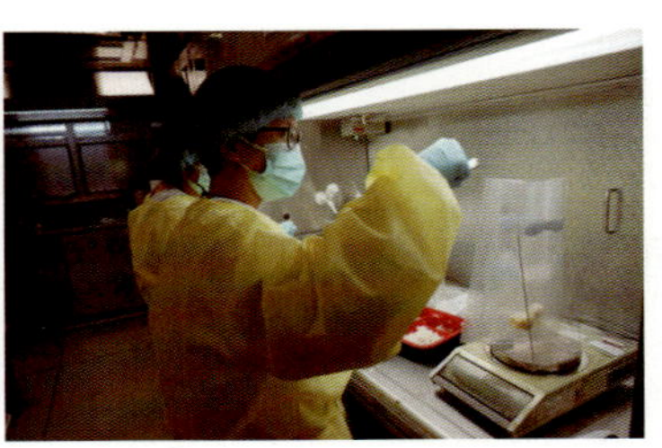

民政总署化验所一直致力提供国际标准要求之化验分析服务，认真贯彻执行ISO/IEC 17025标准所订定之要求，根据“廉洁、专业、优质、高效”之策略方针，全面提高检测能力、效率及水平，持续采取措施以保证公正、准确、及时地提供检测服务：

1.提高监控水平、确保检测质量：落实进行质量保证及质量控制的监督工作，继续有系统地执行质量监控计划，包括持续参加国内外的能力验证活动（实验室间比对），以证明检测技术水平符合国际要求。

2.加强人员培训、提升检测水平：落实人员专业化，确保人员得到合适及足够的培训，不断完善培训计划；定期派员到外地进行技术交流，吸收经验；鼓励举办内部分享会，互相促进，提高学术气氛。

3.优化服务质素、扩大检测范围：确立以民为本，以服务对象为本的服务宗旨。主动适应环境变化，调整思维，开发拓展检测项目，并确保检测范围适用性，为未来发展及检验需求做准备。

4.巩固管理系统、加强自身建设：持续改进实验室管理体系，并保持其适用性和有效性。完善现有文件及电子化系统，定期进行全面的系统审核，致力提高价效比。加强实验室硬件、软件建设，以满足日渐增多的检测需求。

地址：澳门何贤绅士大马路

电话：（853）2823 0229

传真：（853）2823 0434

网址：http://www.iacm.gov.mo/lab/

中国检验认证集团澳门有限公司
CCIC MACAU COMPANY LIMITED

宗旨 —— 公正准确，服务及时，发展合作，促进贸易

一 发展历程

中国检验认证集团澳门有限公司（简称"中检澳门公司"）是国家质检总局在澳门当地唯一授权开展有关检验检疫业务的检查机构；是以"检验检疫、鉴定测试、认证服务、咨询服务"为主业的独立第三方检验认证机构。办公场地设于澳门新口岸宋玉生广场光辉商业中心4楼。随着市场及业务的发展，自2005年9月至2007年3月"中检澳门公司"逐步投资成立了三家全资子公司，分别是中检（澳门）检验分析有限公司（简称"分析中心"）、国检（澳门）卫生检测有限公司（简称"国检卫生"）和澳门中检信息技术咨询有限公司（简称"信息咨询"），对外统称为"中检澳门公司"。

二 机构资质

1）医学实验室：

ISO/IEC 17025：2005实验室认可证书；

澳门特别行政区卫生局颁发的经营牌照；

国家质检总局批示的授权文件（国质检卫[2006]636号）；

国家卫生部临床检验中心颁发的室间质评证书。

2）检验鉴定领域：

ISO/IEC 17020：2012 检查机构认可证书；

进口废物原料装运前检验机构授权认可；

进口旧机电产品境外检验机构资格。

3）生物化学实验室：

ISO/IEC 17025：2005实验室认可

三 设备及检验检测能力

目前"中检澳门公司"在检验领域拥有放射性探测仪和表面污染检测仪两台设备；能力范围覆盖了可用作原料的固体废物装运前检验;旧机电产品装运前检验。

生物化学实验室设备主要有：液相色谱串联四级杆质谱联用仪（LC-MS/MS）、超高效液相色谱仪（UPLC）、高效液相色谱仪（HPLC）、气相色谱仪（GC）、原子吸收分光光度计（AAS）、原子荧光光度计（AFS）、全自动微波消解炉、超高速冷冻离心机、中央供气系统等仪器设备。实验能力范围主要覆盖有光谱、气相色谱、液相色谱、理化常规、微生物和样品前处理。

医学实验室设备拥有全自动血细胞分析仪、全自动生化分析仪、酶标仪、尿十项分析器、荧光显微镜、B超、X光机和心电图机等医学检查仪器设备。范围主要覆盖有：血清、尿、全血。

四 跨区域合作，构建双赢

伴随着"一带一路"长江经济带的发展，港珠澳大桥的建设，"中检澳门公司"意识到，仅凭公司目前的实力，还不能满足澳门当地以及新的进出口贸易口岸工作的需求。还需紧紧依靠珠三角各检验检测机构的大力支持，拓展与各机构在技术设备上的交流与合作空间，借助国内的技术力量提高"中检澳门公司"在澳门地区的技术服务竞争力。

"中检澳门公司"作为检验检疫事业的一份子，希望能为质检事业的发展尽绵薄之力。

地址：澳门新口岸宋玉生广场光辉商业中心4楼　网址：www.macau-ccic.com
电话：（853）28725706　传真：（853）28725709　电子邮件：ccic@macau.ctm.net

CIC
中国检验认证集团广东有限公司
CHINA CERTIFICATION & INSPECTION GROUP GUANGDONG CO., LTD.

創造更值得信賴的世界

检验 认证
鉴定 测试
计量 咨询
WWW.CCICGD.COM
地址：广州市珠江新城花城大道66号西塔楼16-18楼
邮编：510623
电话：（86）20-38290001 38290008
传真：（86）20-38290481
电邮：marketing@ccicgd.com

中国检验认证集团云南有限公司

中国检验认证集团云南有限公司（英文名称：China Certification&Inspection Group Yunnan Co.,Ltd,简称 CCIC Yunnan Co.,Ltd）成立于2004年6月，由中国检验认证（集团）有限公司及云南出入境检验检疫局机关服务中心共同出资设立，其中中国检验认证（集团）有限公司持股51%，云南出入境检验检疫局机关服务中心持股49%。公司是经国家质量监督检验检疫总局和国家认证认可监督管理委员会批准，目前以检验鉴定、实验室检测、认证、计量检定（校准）、珠宝检测、通信产品检测六条产品线为主业，同时提供认证培训、工厂评估、办理/代理业务（法律文书公证、报检、报关等）、卫生除害（对商品及其运载工具的消杀灭、熏蒸等卫生除害处理）、检验检测技术开发与服务等业务的综合性检验认证测试机构。根据国家法律法规规定，公司作为国家质量监督检验检疫总局许可的检验检测认证机构，还在一定范围内负责实施国家法律、法规规定的进出口商品检验检测和认证业务。

公司本部位于云南省昆明市滇池路，目前内设行政管理部、财务部、检验鉴定部、审核部、市场客服部、农食部、业务发展部七个部门，机场、车站两个办事处，下设红河、河口、版纳、勐腊、普洱、瑞丽、德宏、腾冲、临沧、文山、怒江、江城十二个分公司以及腾冲中检珠宝检测有限公司一个全资子公司，云南中检测试科技有限公司、云南中检检验检测技术有限公司和云南中检安信检测有限公司三个控股合资子公司，形成了立足云南、面向东南亚发展的网络格局。

公司拥有强大的技术团队，目前本部及分公司共有在职员工266人，其中检验鉴定方面，获全国进出口商品检验鉴定机构从业人员资格19人,获检疫处理业务从业人员资格证63人。认证业务方面，有专兼职国家注册审核员92人，其中质量管理体系88人，环境管理体系25人，职业健康安全管理体系22人，食品安全管理体系20人，HACCP审核员11人，乳制品认证审核员6人，工程建设类别审核员7人，能源管理体系审核员4人,GAP检查员1人，有机检查员3人，信息安全管理体系审核员1人，物流服务认证审查员6人，中国共产党基层组织建设质量管理体系审核员4人，基本覆盖了所有认证领域。公司将员工个人的职业生涯发展与CCIC的发展有机结合起来，通过培训、在职教育等方式不断提高全员的政治思想水平、业务水平、管理知识以及职业技能，为客户提供检验鉴定、实验室检测、认证、计量检定（校准）、通信系统等领域的专业化服务。

为保证公司与时俱进的发展趋势，进一步提高公司工作质量及风险管控水平，公司陆续取得了中国合格评定国家认可委员会（CNAS)检查机构认可证书、国家认证认可监督管理委员会（CMA）检验检测机构资质认定证书、进出口商品检验鉴定机构资格证书、代理报检企业注册登记证书、自理报检企业资格证书等资质，三个子公司也分别取得了CMA资质认定计量认证证书、CMA检验检测机构资质认定证书、CMAF食品检验机构资质认定证书、法定计量检定机构计量授权证书及CNAS实验室认可证书，并通过不断开展扩项评审工作，持续提升服务能力，为全球客户提供高质量的第三方检验检测认证服务。

2016年实现营业收入9448万元,利润1436万元，固定资产总值为1966万元。自成立以来，公司以优质、高效的服务广泛赢得了客户的信赖与赞誉，积累下了一大批优质客户，包扩昆明国家高新技术产业开发区管理委员会、云南滇中工业园区、昆明市市场监督管理局、昆明海关缉私局、云南省食品药品监督管理局、石林检察院及云南省疾病预防控制中心等数十家行政部门和云天化集团、云南锡业集团、云南驰宏锌诸有限公司、云南复烤有限公司、云南铜业（集团）有限公司、云南铝业股份有限公司、云南冶金集团股份有限公司、勐海茶厂、嘉士伯（中国）啤酒工贸有限公司、昆明统一企业食品有限公司、云南万绿生物股份有限公司、云南省第五强制隔离戒毒所、云南工程建设总承包公司、云南建投第二建设有限公司、云南省化工高级技工学校、昆明高级技工学校 、昆明云内动力股份有限公司、云南力帆骏马车辆有限公司和通海、元谋出口农业示范区近千家企业，客户遍及省内外行业。在全球经济持续下行，国内经济转型的大潮下，云南公司全体上下奋力拼搏，近年来多次获得云南局文明处室称号、云南局创先争优先进单位称号以及集团公司目标超额奖等奖励。

中检集团云南公司始终坚持“为全球顾客提供公正、快捷、可靠、一致的本地化服务”的宗旨,赢得了广大客户的信任，在国内外贸易和检验检测认证界树立了良好的信誉。今后公司还将继续坚持以“公平公正、团结协作、坚韧不拔、不断创新、永争第一、报效国家”的体育精神作为企业文化，开拓创新，不断提升核心竞争力，规范工作流程和检验检测认证行为，进一步提升检验、检测的一致性和认证的有效性，不断提高服务质量和管理水平。依托公司在全球的业务网络和与国际检验认证机构之间良好的合作关系，凭借高素质的员工队伍和中国检验认证（集团）有限公司、属地检验检疫系统强大的技术支持，竭诚为国内外客户提供公正、快捷、可靠的本地化服务。

地址/Add：云南省昆明市滇池路正和小区路口中检楼 ZhongJian Building, Zhenghe Residential Quarter, Kunming, Yunnan, P.R.China

邮编/P.C：650238　　网址：www.ccicyn.com

电话/Tel: 0871--64604025　　传真/Fax: 0871-64604025

中国检验认证集团（China Certification & Inspection Group，CCIC）是经国务院批准成立、国家质量监督检验检疫总局许可、国家认证认可监督管理委员会资质认定、中国合格评定国家认可委员会认可的以“检验、鉴定、认证、测试”为主业的独立第三方检验认证机构。

中国检验认证集团贵州有限公司是中国检验认证集团在贵州地区设立的一级子公司，由原中国检验认证集团贵州有限公司和中国质量认证中心贵州评审中心合并而成，是目前贵州省规模最大、实力最强、在贵州省可独立开展认证及进出口商品检验鉴定业务的第三方机构。公司成立二十多年来，立足贵州，积累了丰富的检验认证业务经验，拥有一支专门从事以检验、鉴定、认证、检测、培训服务以及有害生物管理等系统性业务为主的专业化队伍，聘用了大量具有丰富行业经验的技术专家并与多家大学、科研院所、国内外知名检验鉴定机构建立了广泛的合作关系，竭诚为广大国内外客户提供公正、快捷、可靠、全球一致的本地化服务。

业务范围：

●认证业务及认证相关培训业务

ISO9001认证、ISO14001认证、OHSMS18001认证、ISO22000/FSSC22000认证、GB/27341、GB14881认证、GB/19630认证、IP评价、安全评价、ISO/IEC27001认证、ISO/IEC20000认证、ISO50001认证、3C认证、ISO13485认证、IQNET认证、SA8000、ISO10015认证、ISO/TS16949审核、ROHS认证

质量管理类培训、环境管理类培训、职业健康安全类管理类培训、食品安全管理类培训、农产品类（GAP、有机食品）培训、卓越绩效管理类培训、质量管理工具类培训、企业管理类培训

●检验鉴定服务

商品委托检验、鉴定及测试，以及与贸易有关的其他鉴定及咨询

●有害生物管理

有害生物监测、有害生物防治、有害生物评估、消毒服务、相关业务的技术指导、培训等

●商务代理

进出口贸易代理、代理报检、产地证代办、CCC免办、出口企业备案注册

联系我们：

地址：贵阳市观山湖区黔灵山路268号

电话：0851-82277155

网址：www.ccicgz.com

中国检验认证集团海南有限公司

中国检验认证集团海南有限公司（以下简称“中检海南公司”）前身为海南进出口商品检验公司，2004年改制重组后正式更名，注册地在海南西部外向型沿港工业重地海南省洋浦经济开发区；两位股东分别是：中国检验认证（集团）有限公司（持股51%）、海南出入境检验检疫局机关服务中心（持股49%）。

中检海南公司是中国检验认证集团旗下的一级子公司，开展有关检验检疫业务的检查机构；是以“检验鉴定、检验检疫、检验检测、认证服务、代理报检及培训服务”为主业的独立第三方检验认证机构。

随着市场的发展和业务开拓的需要，2017年7月中检海南公司和海南省洋浦经济开发区管理委员会（以下简称“洋浦管委会”）共同投资人民币1500万元成立了中检（洋浦）公共检测有限公司（以下简称“洋浦公共检测公司”），所持股份分别是：中检海南公司持股53.33%，洋浦管委会持股46.67%（该公司正在试运营期间）。经营范围：食品领域、光伏领域、分析领域、环境能源领域的检测及相关技术服务。

中检海南公司始终以中检集团倡导的“创造更值得信赖的世界”为价值取向，秉承“公正诚信、准确可靠”的宗旨，为国内外广大客户提供全球一体化、本地化的服务。通过优质的服务树立良好的形象与信誉，赢得广大客户对CCIC品牌的认可与信赖。

亚洲论坛期间博鳌口岸的检疫处理

检验鉴定——船检

上海质量教育培训中心

荣誉证书：

中心简介：

上海质量教育培训中心（SQTC）隶属于上海质量管理科学研究院，SQTC是1990年成立的、国内最早的质量管理专业培训机构。SQTC在加强质量意识宣传的同时，依托丰富的质量管理专家队伍，大力开展质量管理教育培训、质量改进技术服务等提升企业质量水平的相关服务。2012年被工信部认定为“国家中小企业公共服务示范平台”，同时还积极配合政府有关部门推进企业社会责任工作，开展相关专题的研讨和知识培训，被中共上海市社会工作委员会、上海市经济团体联合会等单位认定为“上海‘两新’组织社会责任培训基地”。SQTC还经上海市总工会授权开展班组长的岗位知识普及培训工作，为广大企业和各类人员在专业知识、技术和技能以及资格考试方面提供了良好的培训服务。

SQTC 的资质和荣誉：

- 国家认证认可监督管理委员会批准的认证培训机构（批准号：CNCA-P-2002-007）
- 首批获得中国认证人员培训认可委员会（CNAT）批准的审核员培训机构（认可注册号：CNAT-007-2002）

  * QMS 质量管理体系审核员培训机构
  * EMS 环境管理体系审核员培训机构
  * OHSMS 职业健康安全管理体系审核员培训机构
  * HACCP 食品安全管理体系审核员培训机构
  * EnMS 能源管理体系审核员培训机构
  * ISMS 信息安全管理体系审核员培训机构
  * 服务认证审查员培训机构
- 国家注册审核员继续教育培训机构
- 美国质量学会（ASQ）授权 CQE（质量工程师）、CMQ（质量经理）、SCMQ（服务质量经理）、CSSGB（六西格玛绿带）和 CSSBB（六西格玛黑带）考试培训
- 上海市班组长岗位培训（受上海市总工会委托）

SQTC 服务上海经济社会发展，结合现代企业质量管理的特点与需求，组织开展不同层次和多种形式的质量管理、质量法规、质量标准、质量认证、质量技术、质量职业资格等方面的教育培训，为广大的上海企业职工培训了包括全面质量管理知识、质量管理基本工具方法等在内的质量专业培训课程，为企业领导干部和管理技术人员提供包括质量管理、环境管理、职业健康安全管理等综合管理知识和内审员必备的知识技能的培训，为中小微企业举办系列公益性培训，得到了社会的普遍认可。目前已开设课程有管理标准类、卓越绩效和生产运作管理类、六西格玛和管理技术类、职业资格证书类四大类 90 多门课程。

SQTC 在武夷路拥有近 2000 平方米的办公、教育和实训基地，有丰富的专业教师资源，教师大都来自国内外知名高等学府及著名企业，有着丰富的理论和实践经验，能够结合企业实际进行专业知识的传授和现场指导，为广大企业提供实用可靠的技术服务。

上海机动车检测认证技术研究中心有限公司

Shanghai Motor Vehicle Inspection Certification & Tech Innovation Center Co., LTD

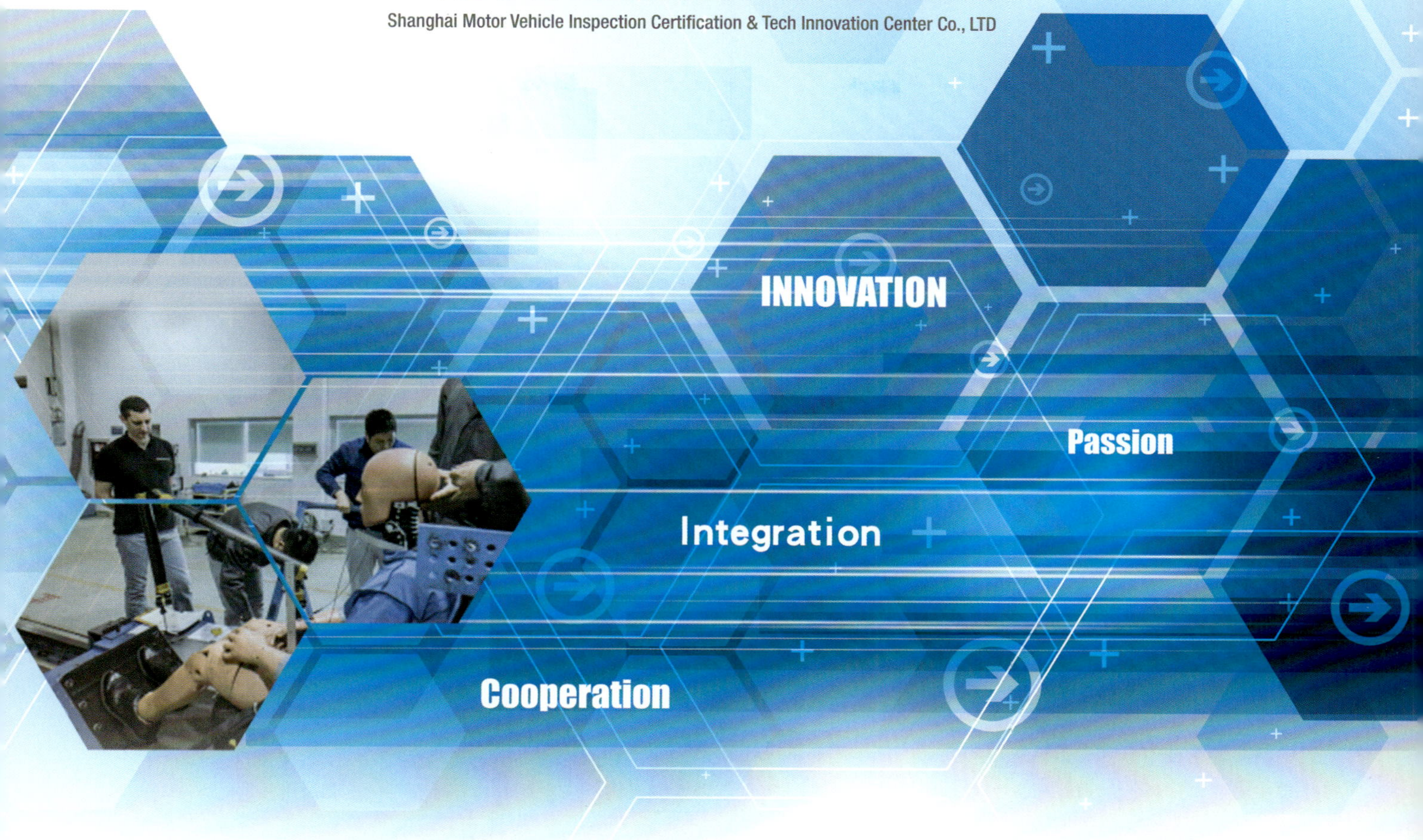

INNOVATION

Passion

Integration

Cooperation

上海机动车检测认证技术研究中心有限公司（以下简称中心）即国家机动车产品质量监督检验中心（上海），是经国家认可委员会认可，由国家工业与信息化部、国家环境保护部、国际质量监督检疫总局、国家交通运输部、国家认证认可监督管理委员会等政府主管部门授权，具有独立第三方地位的国家级机动车产品检测机构。

- 公司占地面积18万平方米
- 目前总资产超过13亿元
- 具有投资规模大、检测门类全、技术水平高、综合技术服务能力强等特点

下设4大中心2大研究所：

- 汽车整车与零部件检测中心
- 新检测技术研究发展中心
- 计量理化认证中心
- 新业务拓展开发中心
- 检测设备研发所
- 摩托车检测技术研究所

坚持以产业发展为导向、市场需求为驱动、科学持续为目标，随着国家十三五规划的开展，上海机动车检测认证技术研究中心将明确公司发展核心领域，围绕安全、环保、节能、电动化、智能化、信息化等先进技术，将检测、认证、研究融为一体，以创新思维全面升级中心综合实力，打造科技服务型企业，为行业发展升级提供更强大的技术支持。

重庆车辆检测研究院有限公司

CHONGQING VEHICLE TEST & RESEARCH INSTITUTE CO.,LTD.

重庆机动车强检试验场

Chongqing Automotive Performance Proving Ground

国家客车质量监督检验中心

认可资质

1990年被授权为国家汽车整车、发动机及其他零部件产品的质量检测机构。

中国合格评定国家认可委认可实验室；

国家工信部汽车新产品公告检验机构；

国家认监委汽车产品强制认证检验机构；

国家交通运输部道路运输车辆燃料消耗量检测机构；

国家质检总局汽车缺陷产品召回检测机构；

国家质检总局进出口汽车检验鉴定机构；

国家认监委免予强制性产品认证进口汽车检测机构；

中国质量认证中心和中汽认证中心委托的汽车产品认证检测机构；

重庆市质监局授权的汽车整车、发动机及零部件产品质量监督检测机构；

国家司法部门授权的汽车产品质量鉴定机构。

国外多家车辆政府主管部门和认证机构授权的汽车产品E-mark、ADR、DOT、GOST、GCC等出口认证检测机构。

产品及业务范围：客车、轿车、货车、专用车、特种车等传统车型及新能源汽车整车及其部件。

检验类型：公告、CCC、环保目录、交通部油耗、质量监督、进口商检、出口认证、司法鉴定、缺陷产品召回等法规检验及委托试验。

国家摩托车质量监督检验中心（重庆）

认可资质

中国合格评定国家认可委认可实验室；

国家质检总局批准的国家级摩托车检验中心；

国家认监委摩托车产品强制认证检验机构；

国家质检总局进出口摩托车检验鉴定机构；

国家认监委免予强制性产品认证进口摩托车检测机构；

全国工业产品生产许可办多缸柴油机、单缸柴油机、小型通用汽油机、铅酸蓄电池、摩擦材料、电动助力车检测机构；

重庆市质监局授权的摩托车整车、发动机、通机、助力车和零部件的质量监督检测机构。

国外多家车辆政府主管部门和认证机构授权的摩托车及通机E-mark、DOT、EPA、CE、欧洲排放等出口认证检测机构。

产品及业务范围：摩托车、助力自行车、通用发动机、多缸柴油机、单缸柴油机等产品整车（机）及零部件产品。

检验类型：3C、环保目录、生产许可证、质量监督、进口商检、出口认证等法规检验及各种委托试验。

地址：重庆市北部新区汇星路1号(本部)　　**重庆市高新区金凤电子信息产业园（重庆机动车强检试验场）**

邮编：401122

电话：023-63426217/63426218/63426219

传真：023-63425888

网址：http://www.cqvtri.com

碰撞实验室

国家机动车质量监督检验中心（重庆）

国家机动车质量监督检验中心（重庆）暨中国汽车工程研究院股份有限公司检测中心（以下简称中心）是经国家质检总局、国家认监委、国家工信部、国家环保部、国家交通部等政府主管部门认可和授权的汽车产品检测机构，是中国合格评定国家认可委员会（CNAS）认可的实验室。

中心坐落于具有“山城”之称的重庆，中心设有业务管理部、技术质量部、乘用车检测部、商用车检测部、整车排放检测部、发动机排放检测部、零部件检测部、底盘检测部、汽车安全检测部、EMC检测部、进口车检测部等部门。

中心检测能力覆盖各类燃油、燃气、新能源汽车、低速货车、摩托车、发动机及其零部件、底盘零部件、车身附件、电器仪表、电磁兼容（EMC）、汽车噪声和振动、金属和非金属材料、燃气汽车专用装置等领域，授权项目覆盖了155个大类，1200余项标准。

中心业务包括汽车及零部件产品公告检测、强制性产品认证检测、环保检测、交通部油耗检测、进/出口检测、委托检测、司法鉴定、质量仲裁等。中心具有国内先进、国际一流的检测设备，是国家权威的第三方检测机构，本着“团结敬业、公正科学、廉洁自律、竭诚服务”的精神，为广大客户提供值得信赖的检验服务和技术支持。

轻型车排放试验室

转向试验室

地址：重庆市北部新区金渝大道9号

邮编：401122

联系电话：023-68821302

传真：023-68655539

网址：http://www.cmvic.com

邮箱：bmd@caeri.com.cn

中国汽车工程研究院

国家机动车质量监督检验中心(重庆)

EMC 10米法半电波暗室

国家摩托车质量监督检验中心(天津)

国家摩托车质量监督检验中心(天津)是2001年11月由国家认证认可监督管理委员会批准，在天津摩托车质量监督检验所（始建于1988年）基础上成立的，具有独立法人资格和第三方公正性地位的，由中国合格评定国家认可委员会认可，国家工业和信息化部、国家认证认可监督管理委员会、国家环境保护部、国家质量监督检验检疫总局等部委授权指定的国家摩托车检验机构。

中心自成立以来，始终以“方法科学先进，服务优质高效，结论公正准确”为质量方针，坚持公正性、独立性和诚实性，为政府部门和国内外广大客户提供值得信赖的检验服务和技术支持，现已发展成为国内摩托车行业的权威检验机构，是各部委进行摩托车行业管理的技术支撑单位及摩托车国家标准编制起草单位。中心检验业务领域涉及摩托车、电动摩托车、电动自行车、全地形车、摩托车发动机、非道路小型通用汽油机以及零部件等产品，是目前国内被美国环保署(EPA)认可排放测试数据的国家级实验室。近年来中心在提升传统检测能力的同时，在出口认证、标准法规、科研等领域不断开拓创新，向着国际一流水平实验室不断迈进。

中心现有员工70余人，检验试验室面积7000余平方米，各种主要仪器设备约500余台（套），拥有排放检测、燃油蒸发、电磁兼容、发动机性能、整车性能、零部件、电动自行车等20余个先进试验室，能够满足44大类296项授权检验项目要求，同时能为企业提供摩托车E（e）-mark、DOT、EPA、CT等出口认证检测服务。

中心拥有占地60万平方米的摩托车专用试验场，试验场建有全长5千米的高速环路、性能试验跑道及符合国际标准要求的噪声测试场地，为进行各种摩托车道路性能试验、可靠性及耐久性试验提供了专业、安全的测试场地。2009年试验场建设完成国内摩托车专用可靠性试验场地，可靠性试验跑道全长约4千米，包含比利时路、石板路、鹅卵石路、鱼鳞坑路、正弦波路等19种特殊路面，可组合进行摩托车及其部件的强化试验，准确高效地进行产品的性能评价。

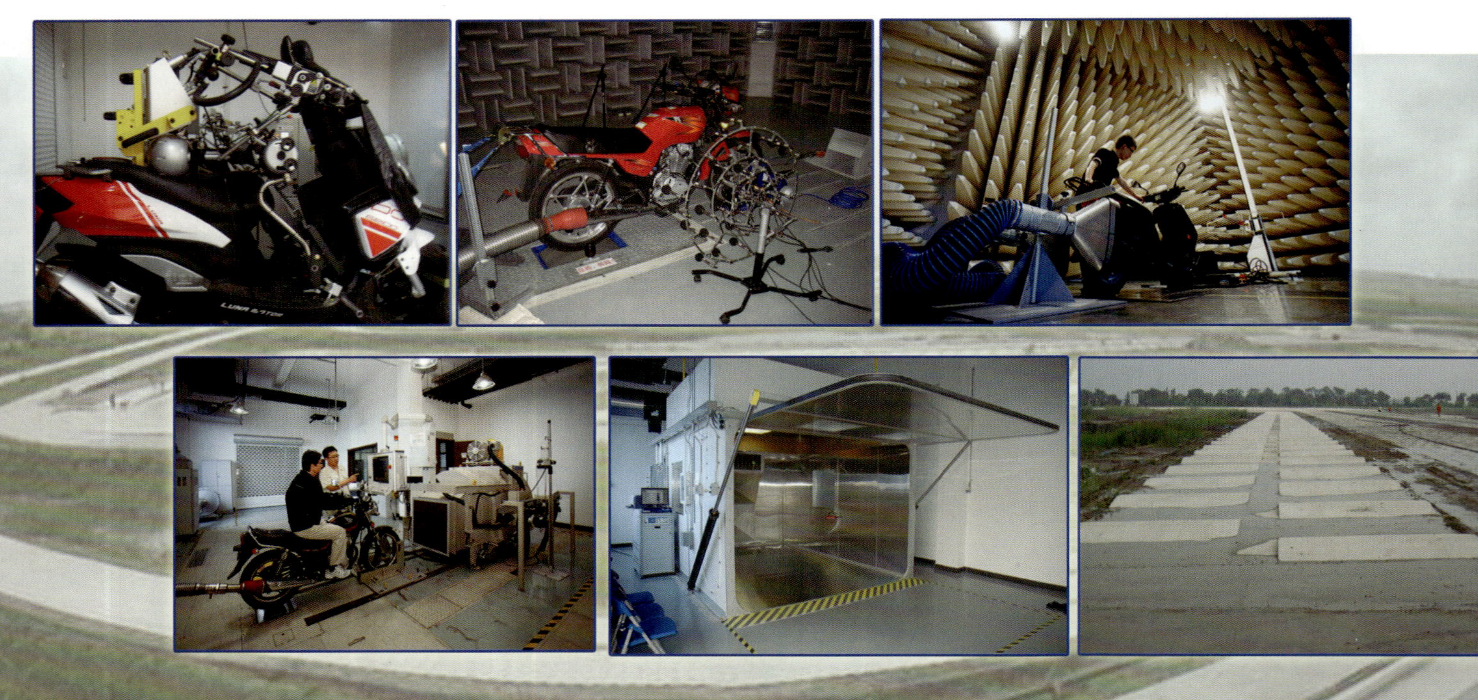

赛宝认证中心是经国家授权批准并得到国内外多方认可、专业从事第三方认证的权威机构，具有独立的法人资格。中心前身为成立于 1955 年的“中国电子产品可靠性与环境试验研究所”审查部。该研究所是中国第一家专业从事产品质量与可靠性研究的国家级科研机构。

序号	年份	大事记
1	1979 年	筹建中国电子元器件认证项目
2	1980 年	代表中国加入 IECQ 体系，成为中国最早的认证机构，为企业提供全面质量管理培训服务，从事生产许可证的审查工作；开展电子产品质量认证工作
		与 IECEE 接轨，开展安全认证（长城认证）
3	1994 年	获得 CNACR 和 CNAB 双重认可，开展 ISO 9000 认证
4	1997 年	作为中国认证机构代表，接受国际认可论坛（IAF）同行见证评审
5	1998 年	获得国家环保总局 CACEB 认可，开展 ISO14001 认证
		获得美国三大汽车公司授权，开展 QS-9000 认证
6	2000 年	获得 CNACR 认可，开展 OHSMS 认证
		获得信息产业部授权，开展计算机信息系统集成资质认证
7	2001 年	获得美国认可机构 RAB 认可，开展 ISO9001、ISO14001、TL9000 认证
		获得 CNAB 认可，开展 TL9000 认证
		获得 CNAB 授权，开展 BS7799 认证试点工作和 OHSMS 认证
8	2002 年	获得 CNAT 认可，开展国家注册审核员和内审员培训
9	2003 年	开展 ISO/TS16949 认证
		获得信息产业部授权，开展软件过程能力评估和培训、信息系统工程监理资质认证和监理工程师培训、计算机信息系统集成项目经理培训和高级项目经理培训
10	2004 年	获得 CNAB 认可，开展自愿性产品认证
		与美国 SEI 授权机构合作开展 CMMI 技术服务及相关培训
11	2005 年	获得 IECQ 认可，开展 IECQ 危害物质过程管理体系认证（中国唯一机构）
		作为北京九鼎国联汽车管理体系认证有限责任公司股东机构，配合完成汽车行业 ISO/ TS16949：2002 认证项目认可，并开展认证工作
		获得美国质量学会（ASQ）授权，成为“ASQ 南中国专业人员培训中心”，开展 ASQ 注册专业技术人员培训
12	2006 年	获得 ISTQB 认可，开展国际软件测试工程师培训
13	2007 年	获得信息产业部授权，开展 SPCA 软件过程改进评估师培训
14	2008 年	开展 IT 治理与 IT 审计业务
15	2009 年	获得 ANAB 认可，开展 ISO27001 认证
		与美国 SEI 授权机构合作开展 CMMI for Service 技术服务
		获得 APMG 授权，开展 ITIL 培训及认证考试
16	2010 年	获得 CNAS 认可，开展 ISO27001 认证
		获得 UNFCCC CDM EB 认可，开展 CDM 审定 / 核查
17	2011 年	获得欧盟自愿性碳减排黄金标准（GS）协会认可，开展黄金标准审定 / 核查
		获得国家财政部、发展改革委批准，开展第三方节能量审核
		获得“广东省节能技术服务单位”资格
		成为工信部品牌培育技术服务支撑单位
18	2012 年	获工业和信息化部授权，开展信息技术服务运行维护（ITSS）符合性评估工作
19	2013 年	获国家发展改革委批准，开展中国自愿减排碳交易审定与核查
		获国家认证认可监督管理委员会批准，开展信息技术服务管理体系认证，并获 ANAB 认可。
20	2014 年	获得工业和信息化授权，开展两化融合管理体系贯标业务
21	2015 年	获得认监委 CCC 认证指定认证机构资格
		与 CSA 推出中国首个全球认可的云安全评估服务 C-STAR
		当选为电子商务认证联盟副理事长单位

泰尔认证中心

一、中心概况

认证机构批准书

认证机构批准书　附件

泰尔认证中心（TLC），隶属于中国信息通信研究院，是目前国内的一家专业从事邮电通信行业企业质量管理体系认证、环境管理体系认证、职业健康安全管理体系认证和产品认证的机构。中心秉承中国信息通信研究院"鼎力支撑政府，热忱服务行业"的宗旨，树立了"促进通信行业新技术的产业化发展、提高行业整体技术、质量和管理水平"的企业责任观，积极推动政府、通信运营企业、通信设备制造企业、消费者和第三方认证检测机构间相互关系的和谐发展。成立十余年来始终专注于服务国内邮电通信行业，获证企业全部为通信运营企业、通信设备制造企业、通信工程施工企业及邮政系统单位。

泰尔认证中心是国内较早通过国家主管部门批准、开展认证业务的机构之一，早在1996年就通过了国家质量技术监督局的批准和国家认可。2003年泰尔认证中心按照原信息产业部和国家认证认可监督管理委员会的要求完成了企业法人工商注册，注册资本为人民币五千万元，是目前国内注册资本金最高的认证机构。2006年中心再次通过了国家认证认可监督管理委员会对认证资格的重新确认，批准的业务范围为：质量管理体系认证、环境管理体系认证、职业健康安全管理体系认证、邮电通信产品认证，批准编号为：CNCA-R-2002-030。

为了确保认证活动的科学性、客观性和公正性，泰尔认证中心组建了管理委员会，由来自工业和信息化部相关司局、中国信息通信研究院、中国电信、中国移动、中国联通、中国通信标准化协会、部分大型通信设备制造企业及相关研究机构等单位的代表组成，从认证运作方针、运营战略及政策实施方面给予指导和监管。

二、历史沿革

1.1994年10月，根据原邮电部科技司科质[1994]170号文件要求，在邮电部邮电工业标准化研究所内筹建通信设备质量体系审核中心，1995年3月正式成立。

2.1995年7月，根据原邮电部科技司科质[1995]154号批复要求，更名为邮电通信质量体系认证中心。

3.1996年12月，经原国家质量技术监督局批准，正式成为国家注册的第三方专业认证机构。

4.2001年3月，根据国务院办公厅国办发[2000]38号、科学技术部中科发[2000]300号文件要求，随信息产业部邮电工业标准化研究所整建制并入信息产业部电信研究院。

5.2002年12月，根据原信息产业部信部科[2002]639号批复要求，更名为泰尔认证中心。

6.2002年12月，通过了国家认证认可监督管理委员会(CNCA)对机构认证资格的重新确认，批准业务范围为：质量管理体系认证、环境管理体系认证、职业健康安全管理体系认证、邮电通信类产品认证。

7.2003年1月，根据信息产业部和国家认证认可监督管理委员会的批准，信息产业部电信研究院出资人民币五千万元，正式设立泰尔认证中心并完成工商注册。

三、业务范围

目前泰尔认证中心在质量管理体系认证、环境管理体系认证、职业健康安全管理体系认证方面服务的专业范围包括：邮电通信运营行业及橡胶和塑料制品、基础金属及金属制品、机械及设备、电气电子和光学设备等制造行业企业和通信工程设计施工、通信系统及计算机信息系统集成、软件开发等行业企业。

泰尔认证中心开展的产品认证覆盖了通信电源、通信电缆光缆、蓄电池、配线设备、手机充电器、移动基站天线六大类共80余种通信产品。

四、主要业绩

目前泰尔认证中心颁发的产品认证证书已被各大电信运营商全面采信，普遍作为招投标时的基本资质要求之一。同时在部分政府机关、其他行业的采购招标活动中，中心颁发的产品认证证书也被作为招投标时的基本资质要求之一。

长期以来泰尔认证中心在行业主管部门的关心和广大邮电通信运营及通信设备制造企业、通信工程设计施工企业的支持下，在产品认证和管理体系认证方面取得了长足发展，截至目前累计发放各类认证证书约6400余张，涉及企业2700余家。

五、远景展望

泰尔认证中心始终秉承"坚持标准、审核公正、作风廉洁、保守机密、为用户提供优质服务"的质量方针，并将继续坚持和不断强化专业特色的发展策略，力争为邮电通信行业的发展保驾护航、为企业产品质量和管理水平的稳步提高倾心尽力。同时，为顺应认证事业的发展尤其是广大企业的需要，泰尔认证中心还将在原有认证业务范围的基础上，逐步向更宽、更广、技术含量更高的领域拓展，以期更好地为广大通信行业企业服务。

泰尔认证中心热切期望越来越多的通信行业企业能加入到泰尔认证中心的获证企业行列中来，在信息通信业和认证认可行业主管部门的领导下、携手电信运营商、共同开创通信行业美好的明天！

通信地址：北京市新街口外大街28号泰尔认证中心　邮政编码：100088

电话：(010)82053536，82053379　传真：(010)82053539，82050131

公安部第三研究所认证中心

公安部第三研究所(认证中心)（以下简称“认证中心”）成立于2015年5月，是依据《中华人民共和国产品质量法》《中华人民共和国认证认可条例》等相关法律、法规，由中国国家认证认可监督管理委员会（CNCA）和中华人民共和国公安部批准成立，由公安部科技信息化局直接领导，开展防盗报警产品、实体防护产品、道路交通安全产品等社会公共安全产品认证的专业机构，是依法成立并独立承担法律责任实施合格评定的认证运作实体。

认证中心依据CNAS-CC02 (ISO/IEC 17065:2012)建立了完整的质量体系，制定了质量手册等体系文件，并严格执行，持续改进。认证中心由50余名基础理论知识扎实、实践经验丰富、长期从事社会公共安全产品质量、标准、检验等工作的技术、管理人员组成,拥有一批经培训合格并取得国家权威机构资格注册的工厂检查员。

认证中心主要依托于公安部第三研究所下属有七个国家和省部级检测中心,拥有自有实验室——国家安全防范报警系统产品质量监督检验中心（上海），为客户提供高效、优质、全面的“检测认证一站式”服务。检验中心经国家实验室认可委员会认可的检验能力近300项，涵盖了视频监控、防盗报警、高压电网、电磁兼容、防爆安检、实体防护、信息网络安全、信息安全等级保护系统评估等各类安全产品及系统,拥有固定资产约1.5亿余元，现有工作人员231名，其中博士22名，硕士135名，其中近56%的技术人员具有中、高级职称。

认证中心将遵守国家法律、法规，遵循国际惯例，坚持客观公正、规范准确、优质高效、服务安全的质量方针，努力维护相关方合法权益，不以营利为目的，独立核算，自负盈亏，竭诚为国内外客户提供认证服务。

网站：www.cspsh.org.cn　咨询热线：021-64318599

传真：021-64318699　邮箱：glbsl@cspsh.org.cn

地址：上海市岳阳路76号　邮编：200031

环境保护产品认证

1996年原国家环保局开始实施环境保护产品认定制度。2005年环境保护产品认定工作转移到中环协（北京）认证中心。为适应国家认证认可制度需要，认证中心按照“工厂（现场）检查+产品检验+认证后监督”这一国际通用的模式开展环境保护产品认证。认证的范围包括了水污染治理产品、空气污染治理产品、噪声与振动控制产品、固体废物处理处置产品（包括焚烧炉产品）、环境监测仪器、环保药剂及材料等六大类，目前列入认证目录的产品200余项。过千家企业3000多个个产品先后获得了环保产品认证，获证企业遍布北美、欧洲、亚洲等12个国家和地区。通过环境保护产品认证，帮助生产企业提高质量管理水平，树立良好企业信誉与品牌形象，开拓市场，为用户选用环保产品及服务提供方便，为环保部门实施环境管理提供依据，规范了环境保护产品行业市场良性发展，推动居住环境及自然环境的改善。

绿色之星产品认证

绿色之星产品认证是经国家认证认可监督管理委员会批准，由中环协（北京）认证中心开展的自愿性产品认证业务之一，以加施“绿色之星”标识的方式表明产品符合相关环境友好认证的要求，认证范围涉及汽车、建材、纺织品、服装、皮革制品、木制品、纸制品、印刷品、化工产品、家具、电子电器、机械设备等12大领域产品。绿色之星标识是经国家工商行政管理总局注册的证明商标，用于证明绿色之星认证产品的环境友好型品质。该项认证工作旨在推广环境友好产品的生产、采购与使用，促进企业的绿色建设与发展，提高企业的社会责任感，推动居住环境及自然环境的改善，力促达到自然环境的良性循环和社会经济的可持续发展。

环境服务认证

随着我国服务业的快速发展，对经济社会发展的支撑和拉动作用日益突出，传统制造业也正在朝着“产品+服务”的模式进行转型，更多的价值创造和利润来自服务。服务经济的快速发展催生了服务认证，服务认证是对服务提供者的管理及服务水平是否达到相关标准要求的第三方合格评定活动。

为适应市场发展需要，规范环境服务业市场，中环协（北京）认证中心于2016年2月3日经国家认证认可监督管理委员会正式批准认证领域增加“污水和垃圾处置、公共卫生及其他环境保护服务认证”，是我国率先开展环境服务认证的认证机构。

经过近半年的筹备，于2016年9月14日正式开展环境服务认证相关业务，目前认证范围包括自动监控运行服务能力认证、污染治理设施运行服务认证。

中林天合（北京）森林认证中心有限公司

玉汝于成 铸就辉煌

中林天合（北京）森林认证中心有限公司（以下简称“中林天合”）是由国家林业局筹建、中国国家认证认可监督管理委员会批准成立的我国首家本土森林认证机构，也是一家获中国合格评定国家认可委员会（CNAS）认可证书的全资质的森林认证机构。作为独立第三方服务平台，中林天合凭借过硬的专业能力，获得国家林业局与国家认监委授权，同时具备开展“中国森林认证（CFCC）”“国际森林认证体系认可计划（PEFC）”和“国际森林认证委员会（FSC）”三大认证体系认证资质，成为我国本土唯一可同时开展三个体系认证业务的国际化的森林认证机构。中林天合具有国家注册专兼职审核员148名，培训森林认证、生态原产地产品保护评定各类专业技术人员560多人；发放森林认证证书177张，审核森林面积超过620万公顷，居亚洲所有认证机构认证面积之首，被誉为我国森林认证的“旗舰单位”。

中林天合自2009年成立以来，始终秉持“科学公正、严谨求实、规范高效”的原则开展认证业务，切实履行认证机构的社会责任，承担了推进中国森林认证实际操作的各类试点任务及规则、标准测试评估任务，受到了社会各界的广泛认可。以质量求生存、以创新求发展，创新发展是企业发展的内在动力。中林天合紧紧围绕“服务生态文明建设，缔造国际绿色产品”的核心使命和服务宗旨，积极推动工作创新，在创新中谋发展，结合国家林业局颁布的各项森林认证标准，适时调整认证形式，使森林认证业务呈现出了多元化、体系化的利好趋势。中林天合在林业重点省市部署成立15家办事机构，并与中国林科院、贵州省林业厅、北京林业大学、中南科技大学、海南省林业科学研究所、广西百色投资集团等单位建立了多方战略合作关系。中林天合在为本土企业提供认证技术保障服务的同时，还利用自身雄厚的技术力量和资源平台承担并完成了众多国家级林业产业项目的规划设计、行业标准编制、课题研究等，塑造了一批在林业领域有较高知名度、在全社会有一定影响的国家品牌产品。

推进中国森林认证，中林天合砥砺前行。在中国森林认证体系形成的重要时期，中林天合参与了中国森林认证发展和重要政策制度标准形成的全过程，拥有一支来自林业系统、技术力量雄厚、从业经验丰富的审核员队伍，充分满足企业的技术服务需要和政策引导需求。同时，作为本土森林认证机构，还有效地满足本土认证企业的资源数据和核心工艺技术保密性需求。中林天合通过实施试点单位的审核评估工作，为测试认证标准、规范认证程序、确立技术规范和审核导则提供了重要的实践经验，为中国森林认证的规范实施提供了重要保障。通过参与完成坚果类、浆果类、菌类、山野菜类、蜂产品类、饮品类、鲜果类七大类林下经济产品的认证审核工作，为林下经济产品认证标准测试、认证标志使用、认证林产品市场推介，进行了实践操作，收到了很好的市场效益。迎春黑蜂、沾化冬枣等一大批通过中国森林认证的林下经济产品已荣登国际舞台。

绿水青山就是金山银山，生态环境保护更是功在当代、利在千秋的事业。未来的发展中，中林天合将继续秉持“推进森林认证、促进可持续经营”的光荣使命，切实贯彻“创新、协调、绿色、开放、共享”的发展理念,携手生态文明建设的有志之士，逐梦美丽中国！

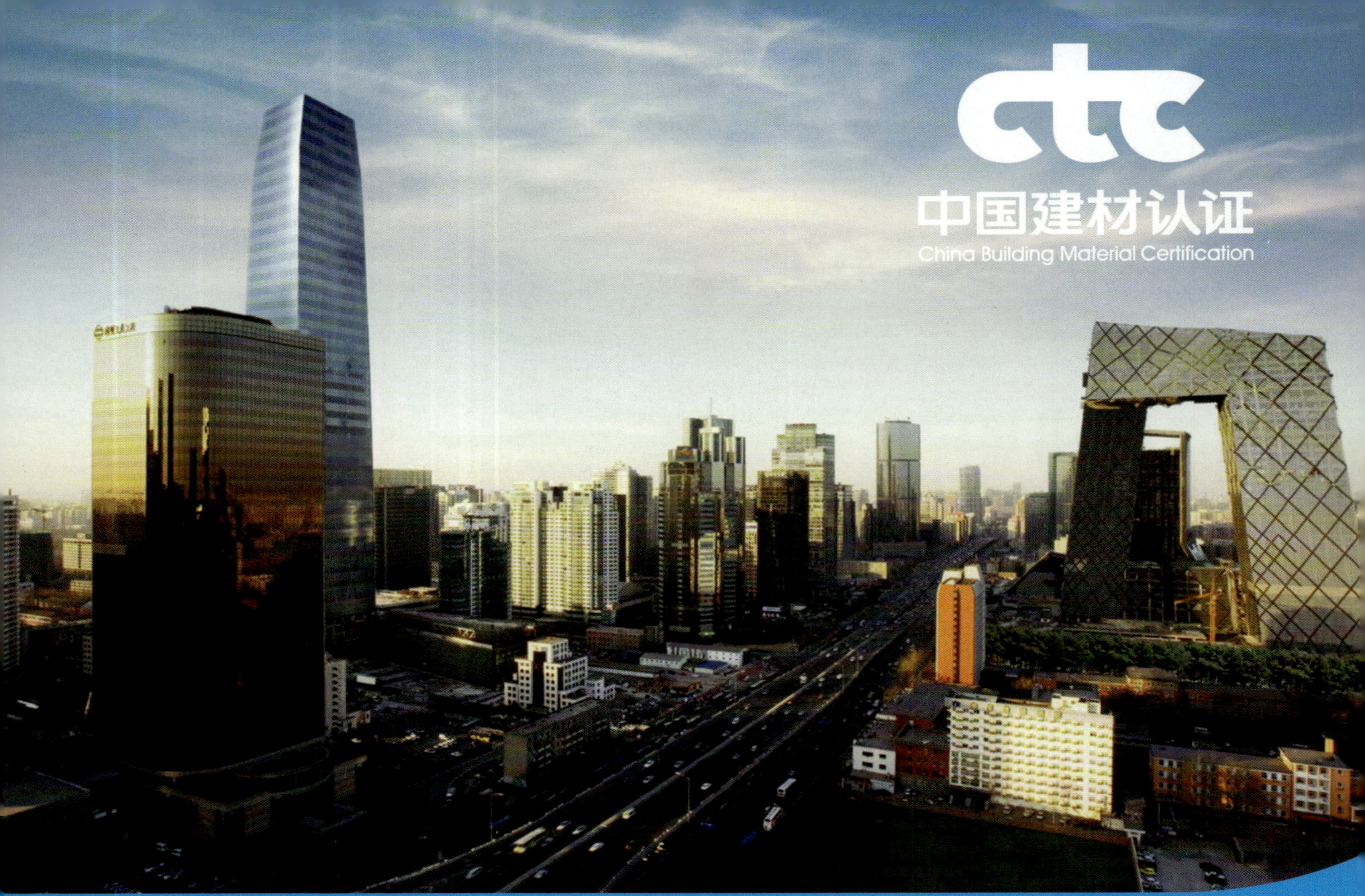
ctc
中国建材认证
China Building Material Certification

北京外建质量认证中心

Beijing Waijian Quality Certification Centre

中心法人代表　王涛

驻埃塞俄比亚参赞接见审核组成员

员工接受爱国主义教育

客观公正　清正廉洁
科学高效　热诚服务

北京外建质量认证中心(Beijing Waijian Quality Certification Centre，WJQC)，是经工商管理部门注册(注册号:110105004491842)，具有企业法人资格的科技服务实体。

WJQC经中国国家认证认可监督管理委员会(CNCA)批准，中国合格评定国家认可委员会(CNAS)认可，具备质量管理体系、环境管理体系和职业健康安全管理体系的认证资格。

WJQC拥有一支具有扎实的专业技术知识、丰富的管理经验、熟练掌握管理体系审核技能，经中国认证认可协会(CCAA)注册的审核员队伍。

WJQC的宗旨是严格遵守国家法律、法规和有关部门的规定，遵循国际惯例，客观公正地进行管理体系的审核。

WJQC以非歧视性的方式实施质量方针和程序，对所有申请人提供服务，不以任何方式妨碍或阻止申请人的申请。

WJQC不以营利为目的，日常开支来源于管理体系审核费和教育培训费，在完成政府主管部门委托对外援工程项目进行第二方审核的同时，承接国内组织的第三方认证审核。

参加商务部重大援外工程联合检查　　审核人民大会堂东大厅装饰工程现场

地址：北京市朝阳区安贞里三区26号楼406室
邮编：100029
电话：(010) 64450540　64450325
传真：(010) 64450540-601
Email：bjwjqc@263.net
网址：www.bjwjqc.com

江苏九州认证有限公司

JIANGSU JIUZHOU CERTIFICATION CO., LTD.

总经理　林军

江苏九州认证有限公司（原江苏质量保证中心）成立于1995年，由原江苏省计划与经济委员会组建；1996年获得原国家技术监督局批准，同年12月30日在江苏省人民政府8楼会议室正式挂牌，属全额拨款的事业单位。2002年11月19日，由原江苏省经贸委下属全额拨款的事业单位整体改制为股份制企业，是江苏省第一家一级资质的认证机构。批准号为CNCA—R—2002—029。

公司自创建以来，始终坚持以顾客满意为服务宗旨，以振兴江苏经济为己任，以公正、客观、快捷、高效来服务企业、服务社会。先后荣获江苏省计经委、江苏省经贸委“二个文明建设先进集体”和江苏省质量技术监督局“质量认证先进集体”荣誉称号，并且在国家认监委组织的“认证机构顾客满意度调查评比”活动中，连续多年名列前茅。

近年来，江苏九州认证有限公司在国家法律规范、行政监管、认可约束、行业自律、社会监督“五位一体”机制的管理下，按照“客观公正、热情服务、崇尚信誉、严谨务实”的质量方针和“统一思想、振奋精神、扎实工作、努力开创九州认证工作新局面”的总要求，全体员工团结一致，认真学习实践科学发展观和十八大精神，认真贯彻国务院《认证认可条例》和国家认监委《认证机构管理办法》，自觉履行规范要求，强化风险管理，完善规章制度，不断提升认证机构的服务能力和水平，不断提高获证组织体系运行的有效性，坚持任尔东西南北风，咬定“质量”不放松，脚踏实地，认真做好每一件事情，把握好每一次审核，坚持不设分公司，不设办事处，公司一级管理，坚持不求数量最多，但求信誉最好，不求急功近利，但求科学发展，以“诚信和规范”赢得了CNCA、CNAS、CCAA以及省发改委、省质监局、省安监局、省环保厅、省市消费者协会和社会相关方的信任和好评。目前，公司是由省政府牵头，省民政厅社会组织管理局、省行业主管部门、省行业协会、省专业服务机构及各市民政局所组成的江苏省社会力量参与市场监管工作成员单位之一，江苏省监狱管理局指定的认证机构，同时还是中国500强之首的“中国石化集团公司”在江苏省境内指定的认证机构。

地址：江苏省南京市云南路31-1号苏建大厦　　邮编：210008
网址：http://www.jzrz.cn　　电话：025-83235215　　传真：025-83235213

北京国体世纪体育用品质量认证中心

中心简介

认证机构批准书

中国合格评定国家认可委员会

产品认证机构认可证书

(No. CNAS C099-P)

北京国体世纪体育用品质量认证中心有限公司

北京国体世纪体育用品质量认证中心有限公司（以下简称“北京国体认证中心”,NSCC）于2002年经国家认证认可监督管理委员会批准，由国家体育总局同意组建的具有独立法人地位、负责体育用品认证的第三方专业产品认证机构（出资方：国家体育总局体育器材装备中心、国家体育总局体育科学研究所、华体集团有限公司、河北省质量检验协会）。

国家认证认可监督管理委员会批准号：CNCA-R-2002-099

中国合格评定国家认可委员会认可号：CNAS C099-P

北京国体认证中心开展体育用品产品认证工作，坚持国际通行的认证准则，执行国家有关法律、法规及相关政策，严守认证工作纪律。做到认证：科学、公正、权威；服务：热诚、高效、负责。

北京国体认证中心与国家标准化管理委员、全国各单项体育运动协会、国家级质量检验中心以及国际相关产品认证机构保持密切联系与合作。

北京国体认证中心注重社会效益，不以营利为目的。在国家体育总局、国家认证认可监督管理委员会的指导和监督下，积极开展体育用品产品质量认证工作，促使我国的体育产品质量不断提高，逐步树立民族品牌形象，为我国竞技体育运动以及全民健身活动的发展提供良好的质量保证，为我国体育事业和体育产业的发展做出贡献。

北京国体认证中心认证业务范围：室内健身器材，室外健身器材，运动鞋，运动服装，国民体质监测器材，体操器材，田径器材，乒羽器材，球类器材，户外攀岩类体育器材，冰雪运动器材，水上运动器材，轮滑器材，休闲娱乐康复器材，人造草、塑胶跑道、木地板等场地场馆设施辅助器材。

德国CERES色瑞斯（上海）认证有限公司是经各国官方认可，率先在亚洲东南部国家和地区专业从事国际标准认证的权威机构。本公司聚集了众多农业生产和食品加工及国际贸易领域富有经验和专业特长的检查员，能够帮助解决认证时所遇到的各种问题。

拥有CERES的有机证书，将会使您的产品品牌更具吸引力。无论是在欧盟还是美国，或是日本，您的出口手续都将十分便捷。

我们将本着独立、公平和信赖的立场，竭诚为客户提供优质的服务。

认证业务范围

- 欧盟EEC 834/2007、美国 NOP、日本JAS、中国有机产品认证
- 全球有机纺织品GOTS和有机含量认证OCS
- 中国良好农业规范和全球良好农业规范认证
- 互世认证
- 咖啡和农户公平贸易
- 有机酒店、钓鱼台产品、低碳农产品、天然和有机化妆品等认证
- 为Demeter、Naturland、Bio Suisse等民间协会或认证机构提供检查服务

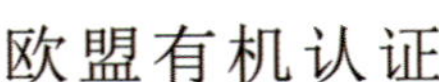
欧盟有机认证

美国NOP有机认证

日本JAS有机认证

中国有机产品认证

中国良好农业规范

互世认证

GLOBALG.A.P.
全球良好农业规范

全球有机纺织品认证

地址：上海市杨浦区控江路1023号5楼505室
电话：021-61483660　　传真:021-61483663
邮箱：ceres-china@163.com

艾西姆认证（上海）有限公司

艾西姆认证（上海）有限公司，认证机构批准号：CNCA-RF-2016-67，英文全称：ACM (CHINA) LIMITED，简称：ACM中国，是根据《中华人民共和国外资企业法》由英国ACM LIMITED与上海博正检测技术有限公司共同投资设立，取得上海市人民政府颁发的《中华人民共和国外商投资企业批准证书》，经上海市工商行政管理局注册登记，具备独立法人资格，经中国国家认证认可监督管理委员会批准，专业从事质量管理体系ISO9001、环境管理体系ISO14001和职业健康安全管理体系OHSAS18001认证的第三方中外合资认证机构。

艾西姆认证（上海）有限公司作为英国ACM LIMITED在中国境内唯一授权设立的认证机构，在中国开展管理体系认证业务，颁发经UKAS认可的ACM认证证书，目前已在天津、长沙、无锡、深圳、广州等地分别设立了分支机构。

艾西姆认证（上海）有限公司将遵守中国认证认可相关法律法规和要求，本着“公正规范，诚信高效，优质科学，创新卓越”的质量方针，建立完整的认证制度和管理体系，以对客户实施认证的能力得到信任。

英国ACM LIMITED成立于2002年5月，公司总部位于英国考文垂市，主要从事ISO9001、ISO14001、ISO22000、OHSAS18001、ISO50001、ISO27001等管理体系认证业务，于2008年获得英国皇家认可委员会UKAS认可，在美国、加拿大、俄罗斯、意大利、日本、韩国、坦桑尼亚、孟加拉国、保加利亚、柬埔寨、捷克、希腊、匈牙利、印度、印度尼西亚、伊朗、以色列、马来西亚、新加坡、缅甸、巴基斯坦、泰国、土耳其和越南等二十多个国家和地区设有海外分支机构。可在全球开展质量管理体系、环境管理体系、食品安全体系、职业健康安全管理体系、能源管理体系和信息安全管理体系六大领域的认证业务。

ACM LIMITED认可范围非常广泛，可向客户提供各经济领域有效的增值的认证服务，在英国和世界各地获得良好的声誉。ACM LIMITED成立以来先后为8000多家客户提供了认证服务，其中包括：福特汽车公司、英国电信公司、Jaguar汽车公司、马可尼研究中心、美国航天航空协会、Checkmate国际有限公司等知名大企业，也有很多中小型企业。

ACM LIMITED获得英国IRCA认可，从2002年以来还给3000多名审核员提供了IRCA注册审核员和主任审核员培训课程，这些课程分别在英国、美国、希腊、瑞典、土耳其、丹麦、印度、伊朗、巴基斯坦、日本、泰国、印度尼西亚、新加坡、马来西亚、中国香港、塞浦路斯和冰岛等国家和地区举办。

ACM LIMITED不断地接受UKAS严格的监督和年检，我们还在继续努力扩大认证业务范围，以适应不断增加的业务需求，在此基础上，我们保证为英国和海外客户提供最高标准的认证服务。

艾西姆认证（上海）有限公司

ACM (CHINA) LIMITED

中国上海市闵行区外环路352号莘乔商务楼B203室（201199）

Rm B203, Xinqiao Business Center, No 352, Waihuan Road, Minhang District, Shanghai 201199, China

T: +86 21 64305860

Move Forward with Confidence

必维国际检验集团

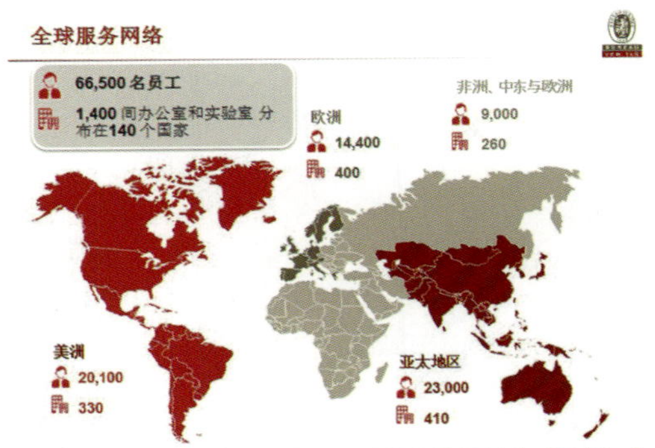

必维国际检验集团（Bureau Veritas，简称必维）创立于1828年，是测试、检验和认证服务的领先机构。必维国际检验集团是泛欧证券交易所（巴黎）的一家上市公司（股票代码：BVI）,在全球范围内拥有超过66 500名员工，通过1 400个办公室和实验室在全球140个国家开展业务。

必维国际检验集团消费品服务事业部（Bureau Veritas Consumer Products Services, BV CPS）提供全面的消费品产品测试、验货、工厂审核、评估、认证及咨询等方案。其旗下的必维欧亚电气技术咨询服务（上海）有限公司（BV LCIE CHINA）是全球领先的检测、认证、验货机构。目前，BV LCIE CHINA在国内已经获得了CNAS和CMA的检测资质。BV LCIE CHINA拥有近300名员工，其实验室网络涵盖中国主要省份。依托必维国际检验集团强大的集团力量及在电子电气领域的专业技术服务在亚洲、欧洲、美洲等地区，可以为电子电气生产、制造以及研发企业提供一系列专业化的服务。

认证业务范围：

- 国际：CB
- 欧洲：CE、LVD/EMC
- 法国：NF
- 德国：GS/BG

必维国际检验集团消费品服务事业部

产品类别

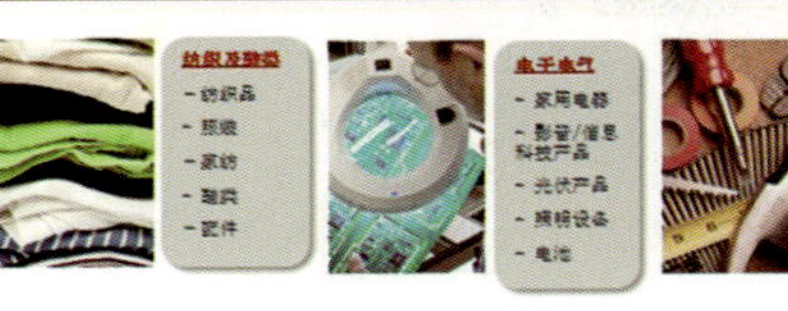

安信联合认证（北京）有限公司

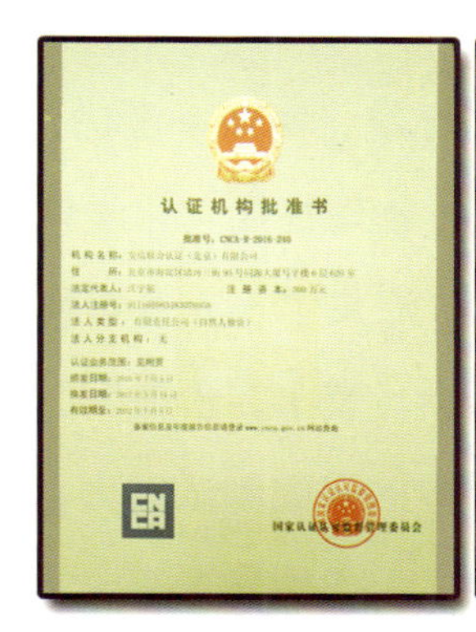

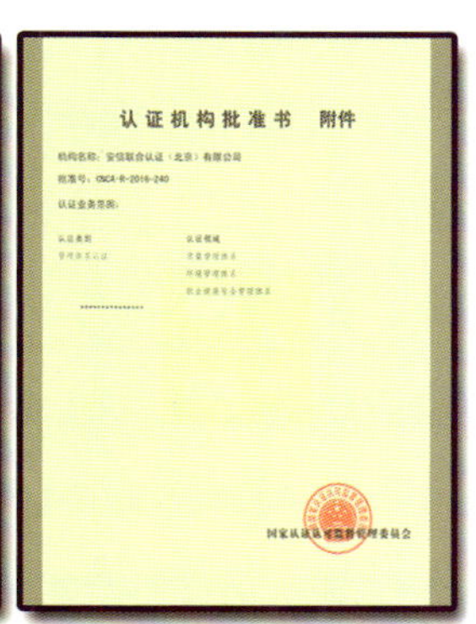

安信联合认证（北京）有限公司是依据《中华人民共和国认证认可条例》《认证机构管理办法》的相关规定合法成立的独立的第三方认证机构，国家认证认可监督管理委员批准号CNCA-R-2016-240。公司成立于国家深化改革的2015年，也是实现十二五规划的关键年。公司成立以来，以认证高起点、形象高标准、服务高要求为特色吸引了国内外认证界的精英人才，组建起具有国内外知名的专家学者和高级审核员及技术专家的队伍，专业技术力量雄厚。

公司秉承公正为本、安信天下的宗旨，打造客观公正、独立权威的综合性认证机构。总部设在北京，在华东、华南、华西、华北、华中等全国各地发展和培养了公司的审核员队伍，以公正为本、客观为据、公开公信、安信社会的质量方针，为企业提供高标准的本土化审核，从而为客户提供方便、快捷、优质和高效的认证服务。

客户满意是我们永远坚守的工作标准，助力客户价值提升，打造其优质竞争力是我们矢志不移的追求目标，我们将本着“服务优秀、成就卓越”的使命，通过打造标准、认证、检验三位一体的发展理念，为客户创造价值，为员工发展提供平台，为社会带来安全和信赖。我们将践行“志坚行粹、信臻至上”的核心价值观，“以高质求发展、靠诚信行天下”的经营理念，使安信联合认证成为最具竞争力的认证检验服务机构，竭诚为有意提高管理水平，积极参与国内外市场竞争的组织提供专业、公正、高效、便捷和权威的优质服务。

安信联合认证（北京）有限公司

地址：北京市海淀区清河三街95号同源大厦写字楼6层620室

邮编：100085

电话：010-52596059　4006996981

中国标准化研究院实验中心

中国标准化研究院实验中心是由国家质量监督检验检疫总局批准，为落实国家技术标准战略而建立的国家级技术标准创新及验证平台。以“健康、安全、舒适”为目标，围绕人类工效学开展技术标准研究，为国家高新技术产业发展、传统产业技术改造、环境保护和公共安全等领域提供人类工效技术支撑。

实验中心秉承“标准、实效、渐进、创新”的发展理念，按照共建共享的原则，建立了8个专业实验室，涉及人类工效、物理性能、化学性能、人机工程、感官分析、资源环境、能源、材料、统计、心理、光学等不同学科；汇集了一支多学科、多领域交叉的高素质人才队伍，其中博士76人；拥有先进的检测仪器设备2000余台（套），价值2亿多元。

实验中心具备雄厚的研究测试实力，支撑了国家级重大科研项目。实验中心2011年通过CNAS的初次认可，2017年通过CNAS的复评审，是国内唯一通过CNAS认可的人类工效学实验室。实验中心主要开展人体测量以及桌椅、服装、眼镜、防护用品、机电产品、家用电器、光学仪器、食品、药品、玩具等相关产品的国际标准、国家标准和行业标准研制和验证，为社会提供工效学产品设计、数据分析、检测、认证及技术咨询等服务。

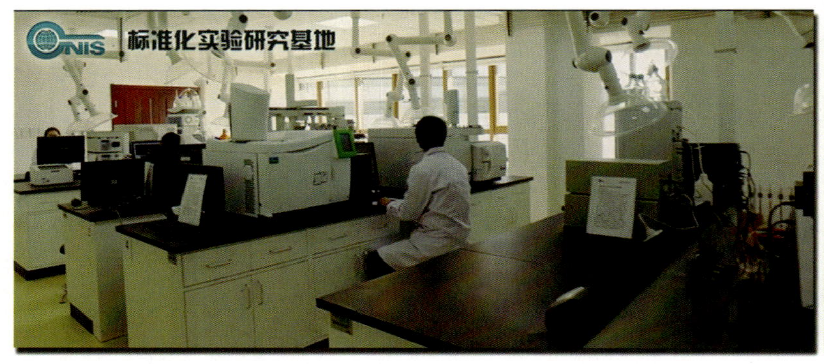

检验检测机构
资质认定证书
名称：中国标准化研究院实验中心
地址：北京市昌平区永安路36号(102200)
许可使用标志
发证日期：2017年07月31日

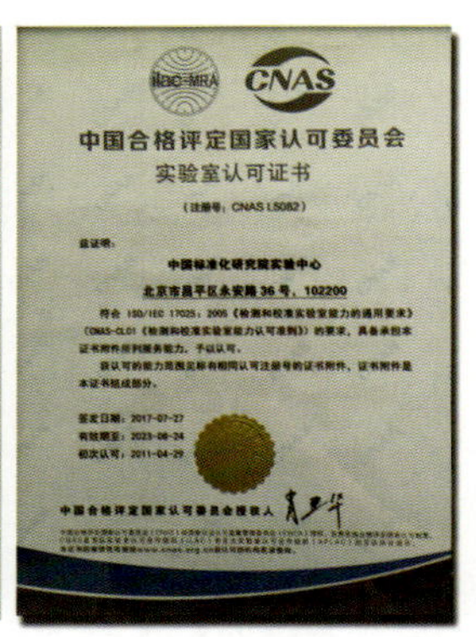
中国合格评定国家认可委员会
实验室认可证书
（注册号：CNAS L5082）
中国标准化研究院实验中心
北京市昌平区永安路36号，102200
签发日期：2017-07-27
有效期至：2023-06-24
初次认可：2011-04-29

NCTC 北京尊冠科技有限公司

北京尊冠科技有限公司成立于2001年12月，注册资金550万元，是一家注册地中关村海淀园的高新技术企业。拥有两个国家中心，四个部级中心：国家电子计算机质量监督检验中心（1993）、国家电子标签产品质量监督检验中心（2006）、信息产业计算机产品质量监督检验中心、信息产业印制电路板质量监督检验中心、信息产业IC卡质量监督检验中心、信息产业机房工程及设备质量监督检测中心，是国家质量监督检验检疫总局、国家认证认可监督管理委员会、国家工业和信息化部、国家金卡工程协调领导小组办公室授权专门从事为企业提供软件产品及系统测试、存储产品及系统测试、电磁兼容测试、环境适应性测试、功能及性能测试、噪声、机房测评等多项测试服务的第三方检测、检验机构。

北京尊冠科技有限公司凭借过硬的检测技术、良好的企业信誉承担了多项国家强制性检测任务：

- 全国工业产品生产许可证办公室IC卡产品审查部
- IC卡与读写机产品生产许可证授权检测实验室
- 税控收款机产品生产许可证授权检测实验室
- 中国质量认证中心(CQC)签约实验室
- 环境标志产品认证检测实验室
- 能效标识授权检测实验室
- 能效标识诚信检测机构联盟成员

遵义市产品质量检验检测院

遵义市产品质量检验检测院是遵义市质量技术监督局依法设置的计量检定及产品质量检验技术机构，是国家质检总局、贵州省质监局重点支持建立的综合性检测技术机构，在贵州省综合检测实力最强，食品及相关产品、工业产品业务覆盖全省九个地（州）市，承担全省三分之一的监督抽查任务。属财政全额拨款，独立核算的副县级检验检测事业单位，执行事业单位分级管理II类。下设三个“国检中心”：国家茶及茶制品质量监督检验中心（贵州）、国家低压电器产品质量监督检验中心（贵州）、国家分接开关产品质量监督检验中心（贵州）（筹建中）；五个省级站（中心）：贵州省烟花爆竹产品质量监督检验站、贵州省低压电器行业产品质量监督检验站、贵州省危险化学品产品质量监督检验站、贵州省茶叶及茶产品质量监督检验中心、贵州省高压分接开关产品质量监督检验中心；两个省级检测技术公共服务平台：贵州省高中低压电器产品公共检测技术服务平台、贵州茶产品公共检测技术服务平台；一个国际试点实验室：联合国-西班牙千年发展目标基金儿童食品企业生产加工安全控制子项目试点实验室；两个高等院校教学实践基地：遵义医学院教育实践基地、遵义师范学院教学实践基地；一个硕士生联合培养基地：遵义医学院公共安全学院食品安全检测硕士生联合培养基地；一个国家级中小学生质量教育社会实践基地；一个国家职能鉴定站：国家劳动技能鉴定第三十四站；遵义市科技局2个重点实验室。

现有技术能力覆盖24大类123个食品种类180个食品细类，400余项农残、多种兽残、激素、抗生素的检测；工业产品，如化肥、煤炭、危化品、水泥、钢筋、塑料管材、混凝土制品、家具、冶金产品等的检测；电器产品，如低压成套开关设备和控制设备、低压开关设备和控制设备、高压/低压预装式变电站、低压无功功率补偿装置、低压有源电力滤波装置、SVC 静止无功补偿装置、分接开关、调容开关、电机、变压器及电器EMC电磁兼容等的检测。

计量建标173项，主要服务遵义市行政区域，覆盖长度、力学、电学、理化、电离辐射、温度、光学、时间、频率、声学十类专业，其中锅炉能效

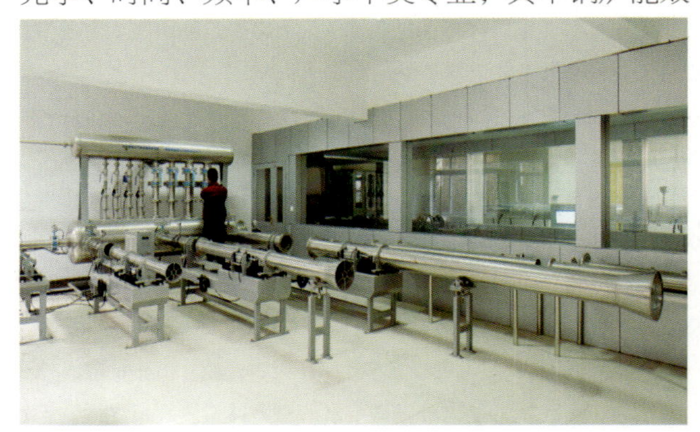

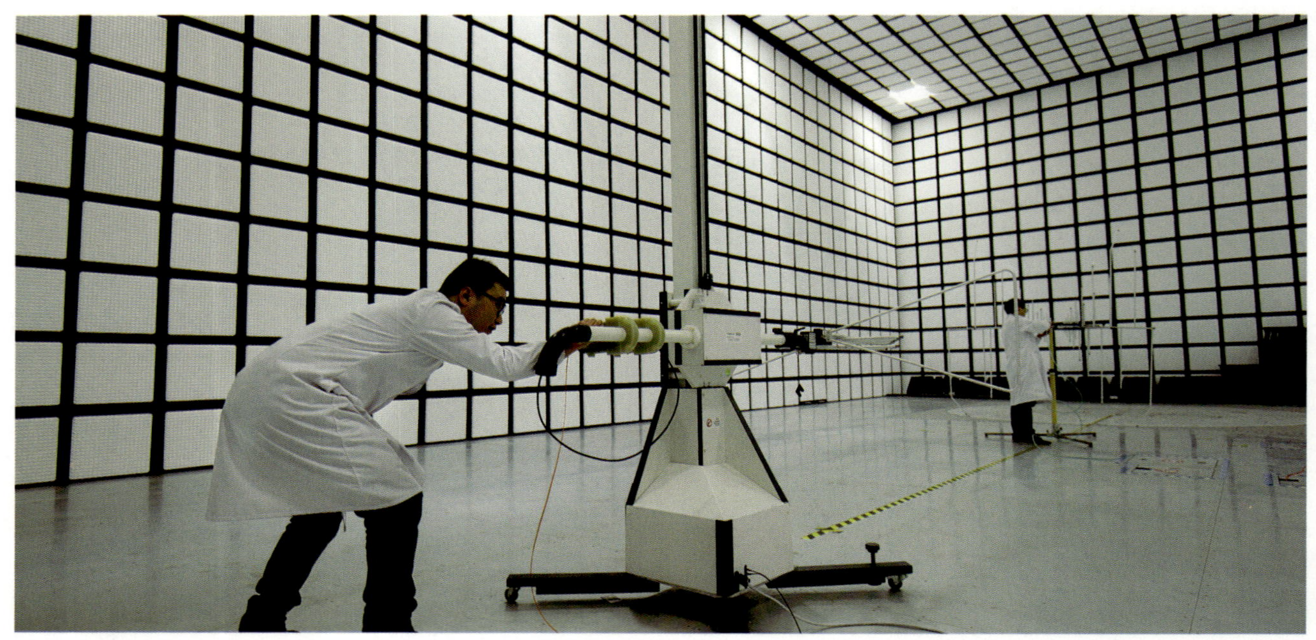

高压试验大厅

测试、医疗卫生、矿用安全计量器具、燃气计量器具、离子色谱仪、大容量装置检定校准能力居全省前列。

全院实验室、办公面积22000㎡，检测设备固定资产1.3亿元。其中电器产品实验面积达8000㎡，检测设备7100多万元；食品及相关产品（食品包装材料等）实验室面积达5000㎡（其中标准微生物室达300㎡），检测设备达3700多万元；工业产品实验室面积3500㎡，检测设备1000多万元；计量检定、校准实验室面积4000㎡，检测设备1200多万元。

全院在职职工149人。在编77人（编制86人），其中博士1人，正高1人，副高12人，硕士研究生17人，工程师32人；入选西部之光访问学者1人，省千层次创新人才2人。聘用人员72人，其中享受国务院特殊津贴专家1人，博士生导师1人，博士后1人，研究生2人，高等院校本科生45人。

水表检定装置

2009年通过中国合格评定国家认可委员会（CNAS）认可，目前高中低压电器、食品、化肥等598种产品，参数1282个；国家茶及茶制品质量监督检验中心通过国家认可委和国家认监委三合一认证108种产品307个参数；国家低压电器产品质量监督检验中心通过国家认可委和国家认监委三合一认证111种产品115个参数。

全省首家通过食品检验机构资质认定，食品及相关产品562种产品1132个参数；通过省级实验室资质认定349种产品，参数534个；建立计量技术标准173项，正在申请计量技术标准考核的项目9项。

参与制定国家标准1项《工业、科学和医疗(ISM)射频设备 骚扰特性限制和测量方法》，主持制定行业标准1项《调容分接开关》，主持制定省级地方标准（规范）20项：《贵州绿茶》系列标准、《地理标志产品-正安白茶》 《贵州米粉（米皮）》、《凤冈天然富锌富硒茶》、《方竹笋保鲜笋及笋干》、《湄潭翠芽》、《遵义红》、《绿宝石》、《雷山银球茶》、《茶籽油中苯并芘检测方法》、《豆芽中生长激素检测方法》、《地理标志产品 虾子辣椒》、《地理标志产品 道真绿茶》、《地理标志产品 道真灰豆腐》、《地理标志产品 赤水晒醋》；计量检定/校准规范5项：《液化天然气加气机校准规范》、《矿用温度检测报警仪》、《矿用二氧化碳检测报警仪》、《医用离心机校准规范》、《砖用卡尺校准规范》。

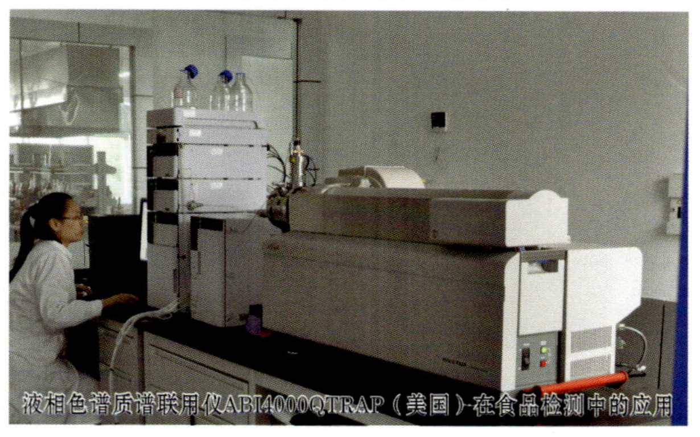
液相色谱质谱联用仪ABI4000QTRAP（美国）在食品检测中的应用

完成国家质检总局科研项目3项：《稀土叶面肥在茶叶生产上安全应用的研究》 《地理标志产品-凤冈锌硒茶的指纹图谱分析及鉴定方法研究》 《有载调容分接开关切换试验检测技术研究》；获总局批准立项3项：《贵州重要茶叶产品农药多残留现状与风险研究》 《低压交流软启动器测试与评估系统开发》 《遵义红茶加工过程中茶黄素、茶红素等品质特征动态及其与感官品质的关系》。

2014年获国家科技部立项“2014年度中小企业发展专项资金科技创新、科技服务和科技型中小企业创业投资引导基金”《贵州省高中低压电器产品公共检测技术服务平台》，项目资金500万元；国家总局“公益性行业科研专项”《有载调容开关试验与检测技术研究》，项目资金104万元。

共获得发明专利及实用新型授权12项，其中发明专利3项，实用新型专利9项。共发表中文核心期刊论文6篇、SCI论文11篇、E I论文1篇、外文期刊论文1篇。荣获2006年“全国质量检验检疫科技兴检先进集体”；2008年“全国产品质量监督工作先进单位”；2011年“全国质量监督检验检疫工作先进单位”；2015年“全国质量监督检验检疫系统先进单位”；2016年“贵州省服务业名牌”等殊荣。

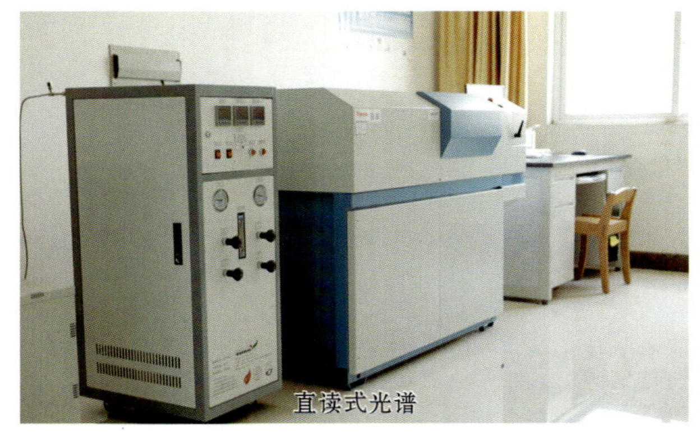
直读式光谱

国家最早的高压大容量实验室之一，中国大容量试验联盟（CHPTL）成员之一，经国家认证认可监督管理委员会（CMA）及中国合格评定国家认可委员会（CNAS）批准授权的第三方检测机构

机械工业高压输配电设备质量检测中心

机械工业高压输配电设备质量检测中心（MIQC）是经中国机械工业联合会及国家工信部批准、在上海电气输配电试验中心有限公司（SETC）已开展检测工作基础上组建的国家级行业质检中心，其前身是建于1957年的原上海华通开关厂中央实验室，是国内较早对外开展检测业务的高压大容量实验室之一。

中心拥有母线短路容量15000MVA的220kV网络专线与母线短路容量750MVA的35 kV电缆专线各一条，拥有220 kV/60MVA（冲击容量1500 MVA）和35kV/3×3MVA（冲击容量150×3MVA）的冲击试验变压器组及各类检测仪器设备800余台/套。

中心获国家计量认证（CMA）及实验室认可（CNAS）授权认可的检测范围有28大类，检测能力达国内先进水平。具有按GB、IEC、DL、JB等标准对额定电压≤145kV、额定短路开断电流≤40kA（50kA）的开关设备和控制设备进行全面型式试验的能力，包括126（145）kV GIS的三相合成试验（具有全电压关合试验能力）、35kV及以下的电力变压器的型式试验能力、220kV及以下电压等级的电压及电流互感器的型式试验能力、12kV～40.5kV断路器及开关设备的人工环境气候试验能力及智能开关EMC试验的试验能力。

35kV户外开关站

220kV60MVA冲击试验变压器组

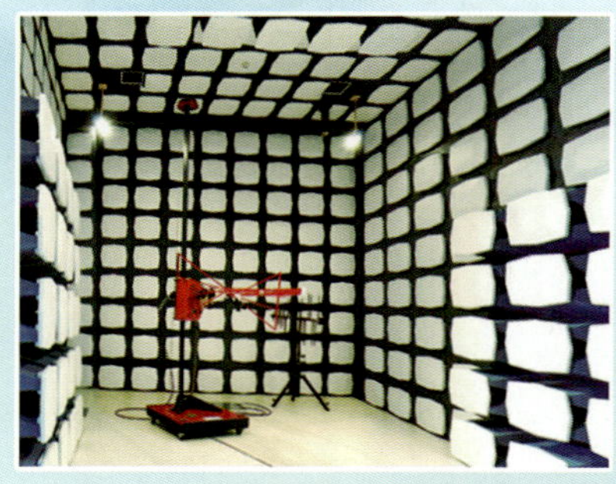

ETS-LINDGREN电磁兼容3m法半电波暗室

地址：上海市灵石路696号　邮编：200072

电话：021-56037283　021-56657002-215

传真：021-56037283

网址：http://www.setc-sh.com

东北电力电器产品质量检测站

东北电力电器产品质量检测站（以下简称“检测站”）成立于1998年，坐落在沈阳市沈北新区虎石台南大街。隶属于辽宁省电力有限公司，挂靠在东北电力科学研究院有限公司，是国家电网公司高电压强电流实验室，辽宁省电力有限公司物资质量检测中心，国家电网公司高压电器产品指定提供型式试验报告的检测机构。

检测站先后通过了中国国家实验室认可（CNAS），中国国家认证认可监督管理委员会授权的资质认定计量认证（CMA），GB/T 28001—2001职业健康安全管理体系认证、GB/T 24001—2004环境管理体系认证、GB/T 19001—2008质量管理体系认证，是中国质量认证中心（CQC）低压电器产品的CCC强制认证和高压电器产品的CQC标志认证签约检测实验室，也是方圆标志认证签约的检测实验室。作为辽宁省电力有限公司物资质量检测中心，是辽宁电网招标入网设备唯一指定检测站，承担着辽宁电网入网高、低压设备的抽检工作，是国内为数不多的同时具备高压电器、低压电器产品检测能力的实验室。

检测站主要从事高压成套开关设备（12kV、开断能力50kA及以下）、低压成套开关设备（短时耐受电流63kA及以下）、12kV负荷开关及断路器（开断能力50kA及以下）、高压/低压预装式变电站、电力变压器（60kV/63MVA及以下）、负荷开关—组合电器（12kV、开断能力50kA及以下）、3～550kV高压隔离开关/接地开关、金属封闭母线、喷射式熔断器、矿用防爆开关、绝缘子、电压和电流互感器等电器产品的型式试验工作。

此外，检测站承担着电力系统防污闪、带电作业、高压电气设备绝缘性能的试验研究工作，是“中国带电作业技术中心”“电力工业带电作业工器具质量检验测试中心”所在地。

检测站在国家质量监督检验检疫总局和国家认证认可监督管理委员会及各级政府部门的监督管理下，坚持科学发展观，与时俱进，遵循“守信、守约、守法”工作原则，坚持“公正、公平、公开”的质量方针，竭诚欢迎社会相关单位送样检验。

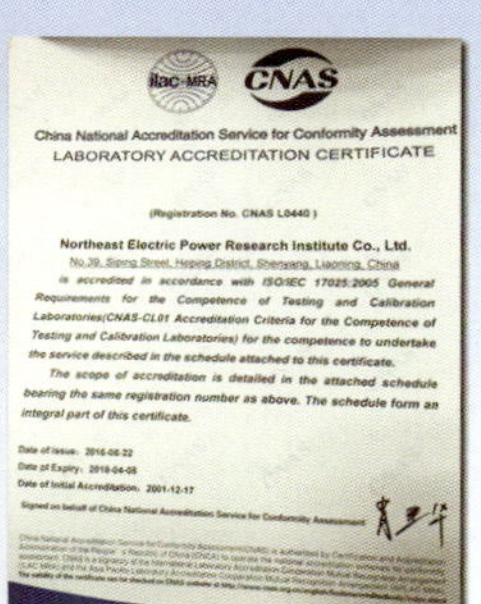

地址：东北电力科学研究院有限公司虎石台高压试验场（东北电力电器产品质量检测站）沈阳市沈北新区虎石台南大街15号

邮编：110122　　网址：http://www.cqc94.com/

电话：024-89874900　024-23103701　　联系人：田勇

阿克苏地区纤维检验所

国家棉纺织品质量监督检验中心（新疆）

国家棉纺织品监督检验中心（新疆）

阿克苏地区纤维检验所始建于1956年11月，2016年5月并入阿克苏地区检验检测中心，为全额拨款的独立法人事业单位，是地区唯一一家法定专业纤维检验机构。承担全地区纤维、纺织、服装生产企业的检验检测、质量监督管理、行政执法和企业技术条件、质量体系的审查等工作。目前由阿克苏地区质量技术监督局代管，技术和业务受中国纤维检验局、新疆维吾尔自治区纤维检验局指导。

2012年，阿克苏地区纤维检验所获批筹建国家棉纺织品质量监督检验中心（新疆）（以下简称“中心”），位于新疆阿克苏纺织城（开发区）浙江路20号，占地137440m²，检验检测场地面积8252.84m²，恒温恒湿实验室面积1450m²。设有纺织品、棉纤维和纱线三个检验部门，检验人员均经过专业培训，持证上岗，人员技术能力、素质水平均能满足岗位要求。

中心自筹建以来，新购置国际国内先进的检验检测设备及其辅助设备投资646.9万元，设备资产总额达4000余万元，其中20万以上仪器设备37套，包括气相-质谱联用仪1台，USTER HVI 1000（棉花检验大容量检测仪）30台，电子条干仪、电子强力仪、电子织物强力机、毛羽仪、十万米纱疵仪、捻度仪各1台；5～20万元仪器设备9台（套），包含全自动织物透气性能测试仪、日晒色牢度仪、纤维细度综合分析仪等。

中心现有员工40名（博士研究生学历1人，硕士研究生学历6人，本科学历27人，专科学历5人，中专学历1人，本科以上学历占总人数85.00%），其中管理岗位4名、专业技术人员36名（正高工3人，副高工3人，工程师11人，助理工程师19人），专业技术人员占全部人数的90%。其中中级以上职称占47.22%，理工科背景的人员占总人数的87.5%。人员科研水平较高，2016年发表国际会议论文7篇，中文核心期刊论文4篇，一般刊物论文38篇。此外，为进一步提高本中心的科研能力和专业水平，中心与多所专业院校建立了产学研合作关系，并特聘两名纺织专业领域的专家学者作为学术带头人，以期为本中心的项目开发和科学研究起到一定的引导作用。

2016年7月，中心完成了棉纤维、纱线及纺织品检测设备安装调试验收工作，经计量检定合格后投入试运行，目前已全面展开检验检测及能力比对试验工作。2016年度承担社会委托检验149份，年度检验总批次为16473批，年度检验业务总收入3276.7万元。

2016年12月，在全体人员的精诚协作和默契配合下，中心顺利通过CNAS现场评审，2017年2月20日，经中国合格评定委员会授权正式予以认可（注册号：CNAS　L9710）。通过认可的能力范围包括棉纤维、纺织品、纱线三个大类中的103个产品，65个参数。

阿克苏地区纤维检验所的认证工作全面落实全国质检工作会议和全国认证认可会议精神，以服务供给侧结构性改革为中心，在提高供给质量、深化改革创新、完善工作机制、加强自身建设等方面取得了新的成绩，为提高阿克苏地区纺织服装产业的发展做出了新的贡献。

国家质检总局副局长吴清海一行在国家棉纺织品质量监督检验中心调研

自治区党委常委、秘书长彭家瑞一行在阿克苏地委书记窦万贵，市委委员、常务副专员刘洪俊等人的陪同下视察国家棉纺织品质量监督检验中心的工作开展情况

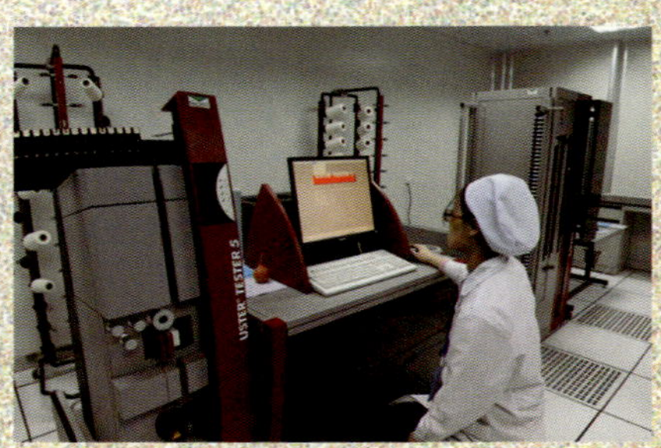
国家棉纺织品质量监督检验中心（新疆）检验人员正在进行纱线检验

喀什地区第二人民医院检验中心

喀什地区第二人民医院检验中心现有建筑面积1800平方米，是集教学、科研及各项临床检验等业务于一体的综合性检验实验室。在职人员35人，其中高级职称4人，中级职称10人，本科23人。

科室注重业务建设，人才培养，具有较强的业务能力。近几年发表科研论文50余篇；参与自治区科研课题1项，地区级科研课题2项，是新疆医科大学、石河子大学医学院和喀什卫校等医学院校的教学、实习、规培基地。作为喀什地区临床检验（质控）中心，地区血液参比实验室，担负着喀什12县（市）及各乡镇卫生院检验人员进修和培训任务；承担对基层医院检验技术的指导和业务咨询工作。

目前检验中心设有门急诊组、临检组、生化组、分子生物学实验室、免疫组、微生物组共六个专业组。遵循“以临床、病人为中心”的宗旨，高目标、高起点建科，拥有国内外先进的仪器设备，不断引进新技术，持续开展新项目，科室现已开展300余项检验项目，年检测量已达50万人次，基本能够满足各类疾病的临床诊断需要，为临床提供了更多的检验指标和诊断依据。

喀什地区第二人民医院是上海重点支援单位，在上海援疆专家的带领和带动下，科室在成功创建“三甲”医院的基础上，始终“以持续改进检验质量；逐步提高服务水平”为质量方针。依据ISO15189《医学实验室质量与能力的专用要求》，建立了较为完善的质量管理体系，经过中国合格评定国家认可委员会的专业评审，我科于2017年4月5日通过了CNAS的实验室认可，成为新疆首个地州级获得CNAS认证的实验室。

为更好地服务于临床及患者，我们检验中心全体工作人员将肩负起医务工作者的光荣使命，持续改进、不断完善。“路有径，拓无疆”，如今，这支携高科技技术和创新理念的高素质队伍，将依托“三甲”医院的优势和现有综合实力，不断开拓进取，持续攀升，为健康保驾护航。

联系人：易婷曲　　　　联系电话：0998-2576057

地址：新疆喀什市萨格拉木路1号　　　　邮编：844000

中国合格评定国家认可委员会

实验室认可证书

（注册号：CNAS MT0286）

兹证明：

新疆维吾尔自治区喀什地区第二人民医院检验科

新疆维吾尔自治区喀什市健康路1号，844000

符合ISO 15189：2012《医学实验室-质量和能力的要求》（CNAS-CL02《医学实验室质量和能力认可准则》）的要求，具备承担本证书附件所列检测服务的能力，予以认可。

获认可的能力范围见标有相同认可注册号的证书附件，证书附件是本证书组成部分。

签发日期：2017-04-05

有效期至：2023-04-04

初次认可：2017-04-05

中国合格评定国家认可委员会授权人

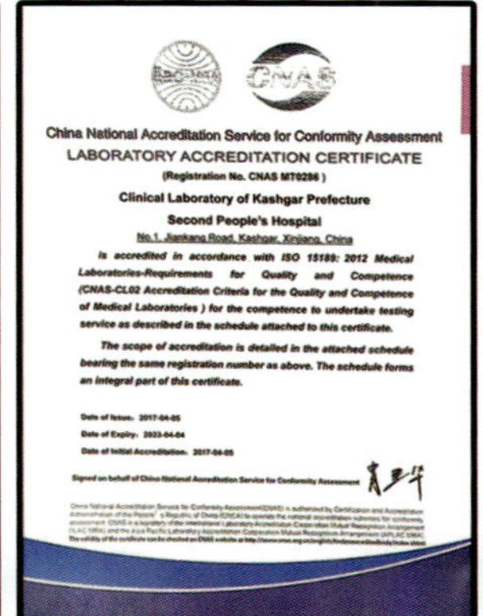

China National Accreditation Service for Conformity Assessment

LABORATORY ACCREDITATION CERTIFICATE

(Registration No. CNAS MT0286)

Clinical Laboratory of Kashgar Prefecture

Second People's Hospital

No.1, Jiankang Road, Kashgar, Xinjiang, China

is accredited in accordance with ISO 15189: 2012 Medical Laboratories-Requirements for Quality and Competence (CNAS-CL02 Accreditation Criteria for the Quality and Competence of Medical Laboratories) for the competence to undertake testing service as described in the schedule attached to this certificate.

The scope of accreditation is detailed in the attached schedule bearing the same registration number as above. The schedule forms an integral part of this certificate.

Date of Issue: 2017-04-05

Date of Expiry: 2023-04-04

Date of Initial Accreditation: 2017-04-05

Signed on behalf of China National Accreditation Service for Conformity Assessment

牡丹江市第一人民医院实验室

本科室拥有临床血液体液检测组、临床生物化学检测组、临床免疫检测组、病原微生物检测组、门急诊检测组、分子生物学检测组等。

拥有多台全自动生化分析仪、免疫分析仪、血球仪、尿液分析仪、尿沉渣工作站、生殖道微生态评价系统等先进的现代化仪器。

拥有荧光免疫实验室，进行自身抗体检测，为自身免疫疑难病提供诊断依据。

为确保对患者服务的质量需求，我科室严格按照ISO15189实验室管理要求，积极建设实验室管理体系，是黑龙江省第五家、牡丹江市首家通过ISO 15189医学实验室认可。

我科室参加卫生部临床检验中心、上海市临床检验质量控制中心的能力验证和室间质评，成绩合格。参加黑龙江省临床检验中心的室间质评，成绩合格。

我科室为黑龙江省临床检验中心命名的牡丹江市临床检验中心，承担着黑龙江省东南部地区各级医院检验科人员的培训，以及对三级以下医院检验科质量控制工作进行指导。

我科室曾开展黑龙江省东南部地区的检验学术交流活动，每年组织牡丹江市区及周边地区的检验学术会议。

“十二五”以来共完成国家级继续教育4次，省级继续教育4次，多次市级的继续教育。

我科室拥有美国雅培C16200生化免疫一体机两套、大型日立7600—020全自动生化分析仪一台，日立7600—010全自动生化分析仪一台，罗氏e601全自动电化学发光分析仪、西门子cp全自动化学发光分析仪、美国雅培i2000全自动化学发光分析仪、西门子BNP特定蛋白分析仪一台、迈瑞6800型五分类血细胞分析仪一台，西森美康XN-1000五分类全自动血细胞分析仪一台，日本东亚8000型全自动血凝仪一台，日本东亚1500型全自动血凝仪一台、爱威766尿有形成分分析、EuRoStar Ⅲ Plus荧光显微镜、相差显微镜、MODEL700血小板聚集仪、迪尔-96型细菌测定系统（DL-96II）一台、梅里艾Bact/ALERT 3D(60)血培养仪一台、美国OPTI血气分析仪、北京博辉BH5100钨舟多元素分析仪一台、北京博辉BH2100全血多元素分析仪、上海爱科来HA-8160糖化血红蛋白分析仪，此外还有血液流变分析仪、尿液干化学分析仪、自动酶标仪、洗板机等。

我科室于2017年5月9日通过CNAS认可，认可的检验能力范围有81项。

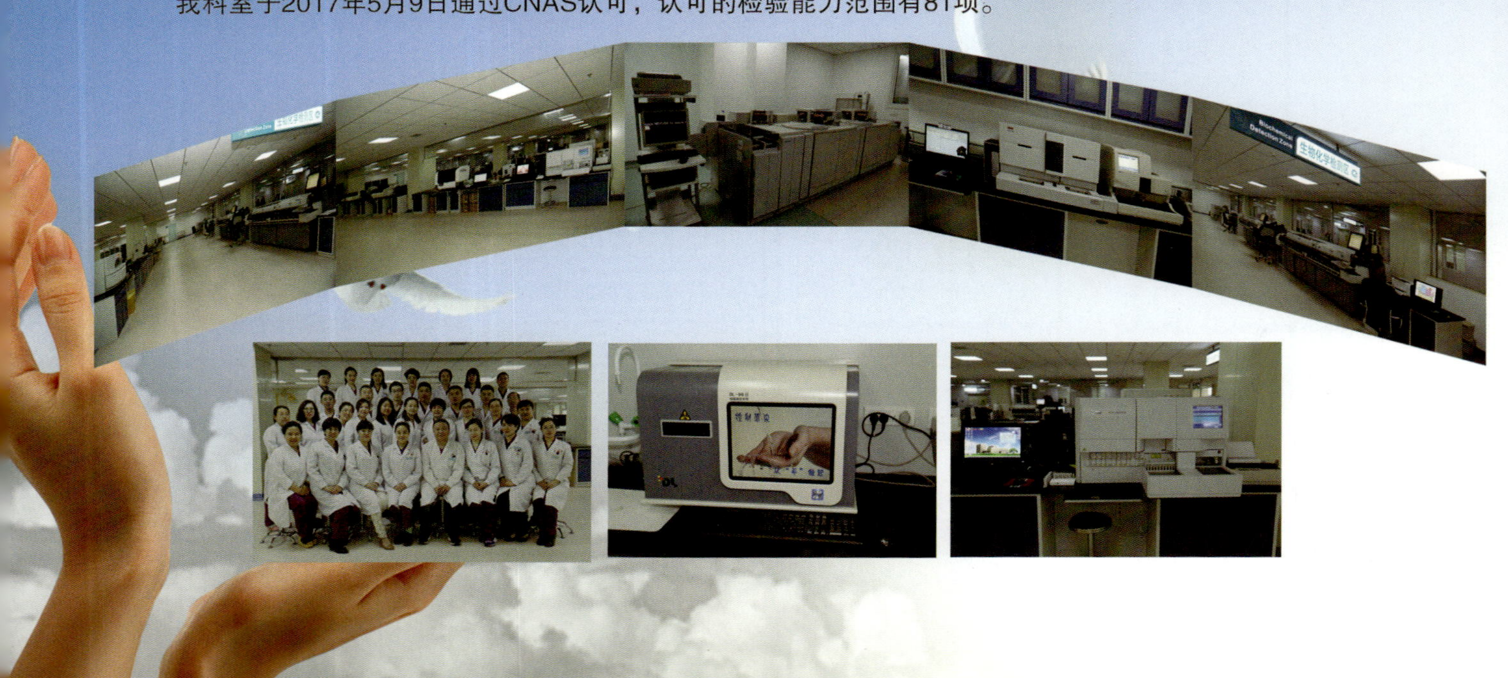

陕西省医疗器械质量监督检验院

陕西省医疗器械质量监督检验院是陕西省食品药品监督管理局直属正处级公益一类事业单位。前身为陕西省医疗器械检测中心，成立于2002年。单位在2003年非典期间，被国务院确定为六个国家级防护服检测实验室之一。2016年11月，正式更名为陕西省医疗器械质量监督检验院。我院现有干部职工86名（含聘用40人），其中，高级职称人员9人，中级职称人员17人，国家和省级专家15人。内设办公室、人事教育科、业务科、总务科、质量科、信息科研科、设备科及各类检测实验室共11个科室。现有检测仪器设备600余台（套），价值约3500万元,检测能力达到539项。主要职责是宣传贯彻和推行医疗器械国家及行业标准；承担国家、行业及地方相关医疗器械产品标准的起草、修订、验证、复核工作；承担国家、省医疗器械产品质量的监督检验、使用医疗器械监督评价和技术仲裁；承担医疗器械生产企业产品注册、技术审评、生产许可及质量监督和生产质量管理体系核查工作；承担医药生产、医疗机构洁净环境检测、室内环境检测评价工作和医疗器械应急检测任务；开展医疗器械相关业务的技术指导和培训工作。

2016年，陕西省医疗器械质量监督检验院在省局党组的正确领导下，认真贯彻落实省局、中检院的工作部署安排，继续加强党风廉政和员工队伍建设，紧紧围绕单位年度工作目标，着重抓好检验检测、培训教育、实验室能力建设、科研、医疗器械质量管理体系现场核查、精神文明建设、基建项目等主要工作，圆满完成年初制定的各项任务目标。

2016年11月23日，陕西省医疗器械质量监督检验院顺利搬迁至西咸新区沣西新城新址。

2016年4月20日，陕西省质量技术监督局专家评审组对陕西省医疗器械检测中心进行标准变更（含扩项）现场评审。

陕西省医疗器械质量监督检验院
院长、党总支书记：王文林
地址：陕西省西安市西咸新区沣西新城兴咸路中段
电话：029-33585310 业务科电话：029-33585388
传真：029-33585310
E-mail:sxmdtc@sohu.com
网址：www.sxmdtc.cn

深圳市坤健创新药物研究院

深圳市坤健创新药物研究院成立于2013年3月，于2017年6月通过CANS认可评审并获取认可证书（注册号CNAS L10000），认可范围有食品和化妆品领域共计约100项参数，其中包括食品的营养成分、添加剂、药物残留、微生物和化妆品的理化、微生物检测。研究院设置有理化分析室、色谱质谱室、ICP-MS室和微生物室等功能区间，配备有液相色谱、气相色谱、液-质联用、气-质联用、ICP-MS等大型分析仪器，现有管理人员3名、检测人员10人，其中授权签字人2人。

深圳特检院：依托公共服务平台建设 积极开展委托服务检验

深圳市特检院着力打造集检验、检测、试验、研究于一体的特种设备检测检验公共技术服务平台，并依托技术平台不断拓展委托检验业务，为特种设备生产制造企业研发创新为全市特种设备安全运行提供全面服务和技术保障，同时助力地方产业转型升级。

电梯型式试验室创下多个先进

1999年底，深圳市特检院率先创建了全国质检系统电梯型式试验室，具备了电梯安全部件型式试验能力。2009年，该院自主设计研制，建成了40米双井道纯钢结构电梯试验塔，主要进行电梯整机与电梯安全部件和重要部件的型式试验，填补了我国超高速电梯安全部件渐进式安全钳认证的空白。如今，随着多年发展和积累，该实验室在电梯前沿技术领域［如超高速电梯、双轿厢电梯、轿厢意外移动（UCMP）装置等试验能力］技术优势更为突出。

安全阀型式试验室填补国内多项空白

2011年，该院采用一系列国际尖端技术和先进材料设备，自主研究、设计和开发建成了安全阀型式试验室——蒸汽试验系统和空气试验系统，实验水平达到国内一流、国际先进，成为国内较早能同时开展蒸汽、空气、水三种介质的冷、热态安全阀型式实验测试装置。该实验室全面满足国家质检总局TSG ZF001-2006《安全阀安全技术监察规程》和GB/T 12242-2005《压力释放装置性能试验规范》的要求，其流量试验能力30t/h，流量测量范围：蒸汽0.4-50t/h，空气0.8-90t/h，水汽最大为200t/h；填补和完善了我国安全阀型式实验领域多项空白。

金属材料检验与机械设备失效分析中心前景广阔

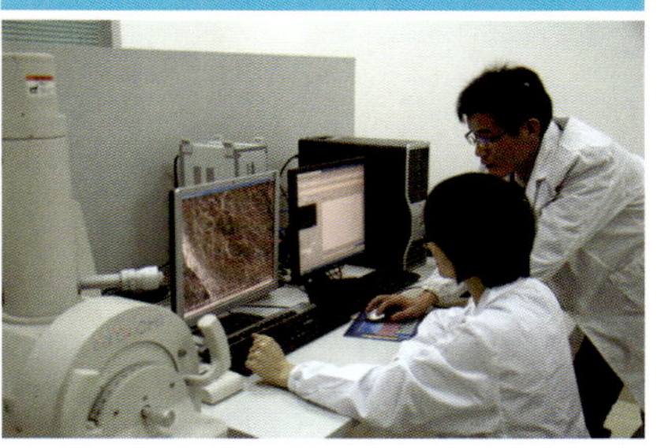

2010年，该院建成“深圳市金属材料检验与机械设备失效分析中心”，同年被深圳市科技创新委员会认定为深圳市公共技术服务平台，是具有中国计量认证CMA资质并依据ISO/IEC 17025及GB/T 27025的要求运行的第三方实验室，主要从事材料力学性能检测、化学成分分析、组织结构分析、表面性能检测、焊接工艺评定、失效分析与安全评估等工作；主要测试电厂、化工厂、石化工业、工程机械、设备制造、汽车零部件制造、造船工业等行业的碳钢、不锈钢、高速工具钢、铝合金、钛合金等材料。

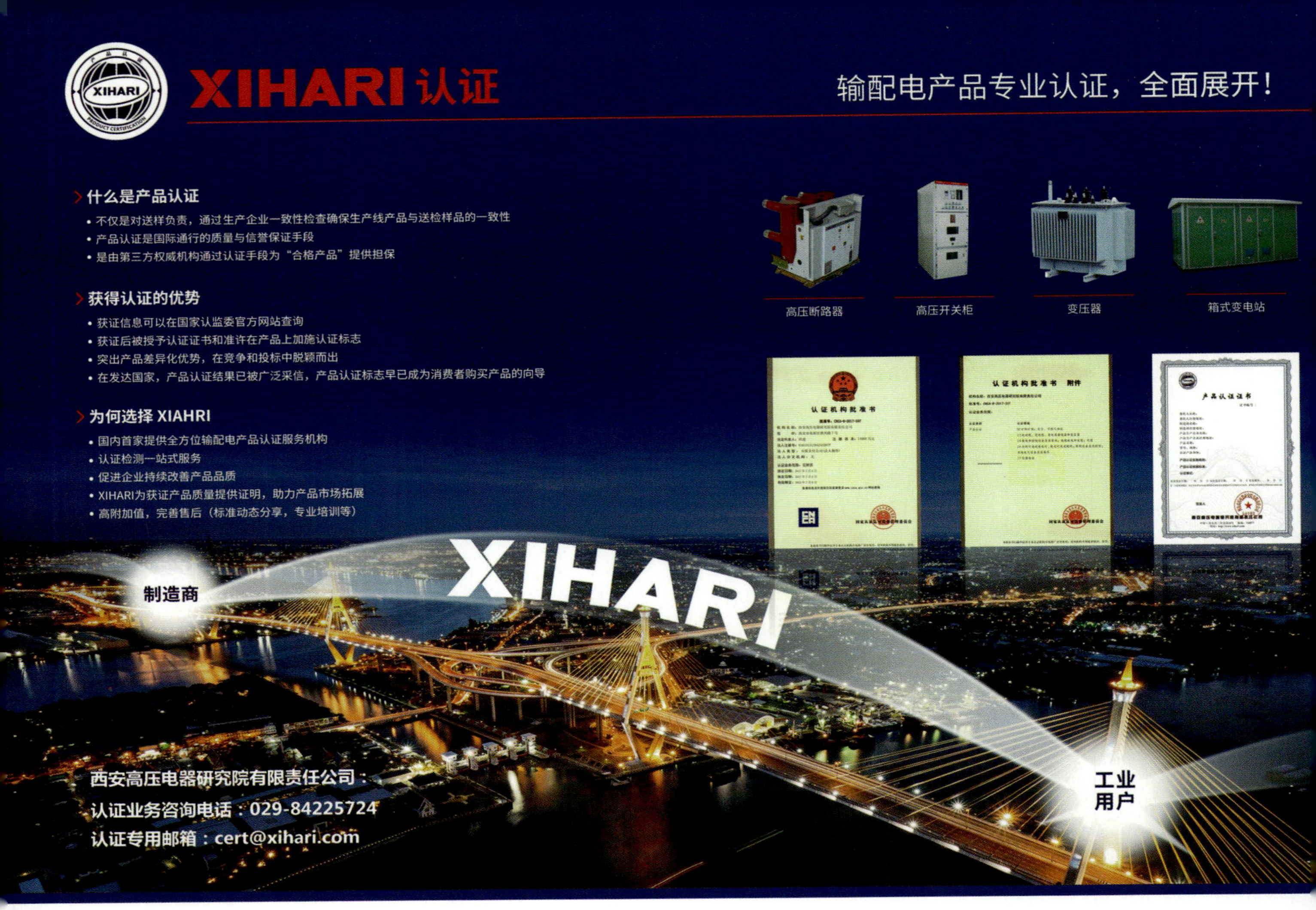

中电赛普检验认证（北京）有限公司

中电赛普检验认证（北京）有限公司（以下简称"中电赛普"）成立于2015年1月，是中国电力科学研究院全资子公司。2016年10月，中电赛普扩项申请成功获得国家认证认可监督管理委员会批准并换发新的批准书，扩项后的认证领域为"产品认证 13电动机、发电机、发电成套设备和变压器 14配电和控制设备及其零件；绝缘电线和电缆；光缆"、"服务认证 14在收费或合同基础上的生产服务"。目前已开展产品认证的业务范围包括光伏并网逆变器、继电保护产品、无源光网络设备、交换机、电力系统软件等。

2016年10月，公司颁发了全国首张光伏并网逆变器产品认证证书和光伏电站并网服务认证证书，颁发对象分别是华为技术有限公司和我国首个光伏"领跑者"基地——"山西大同采煤沉陷区国家先进技术光伏示范基地"项目，中广核集团下属的大同兴旺庄100MW光伏电站。此次证书的颁发标志着我国在光伏风电并网认证领域与国际正式接轨，形成了"标准、检测、认证"一体化的光伏并网监管技术手段。

截至2016年底，公司累计发放产品认证证书6份，并网服务认证证书1份，特别是并网光伏逆变器领域，已开展及正在开展认证工作的客户已经覆盖了国内主流逆变器企业，产品型号覆盖各大企业多数主推产品，陆续颁发4张代表中国并网光伏逆变器产品认证最高水平认证的AAA级产品认证证书。

中电赛普将在2017年持续加强电力产品认证工作，勇于开拓，不断创新，进一步扩大认证客户及产品范围，提升质量和管理水平，为打造成电力行业产品及服务认证知名领军品牌而努力。

中电赛普首张光伏并网逆变器产品认证和光伏电站并网服务认证证书授予仪式

阳光电源获得中电赛普光伏逆变器产品认证证书

中电赛普首张光伏并网逆变器产品认证证书

中电赛普首张光伏电站并网服务认证证书

地址：北京市海淀区清河小营东路15号　　邮编：100192
电话（Tel）：010-82812993 82812997　　网址：http://www.epri.sgcc.com.cn

中企华信（北京）认证中心有限公司

中企华信（北京）认证中心有限公司（ZQHX）成立于2015年12月，位于北京市石景山区，经过中国国家认监委批准（批准号：CNCA-R- 2017-339），公司由多位国有企业企业、 技术监督局（所）等离退休高级管理 人员组成，是集认证、培训、检测、二方审核于一体综合性认证服务机构。

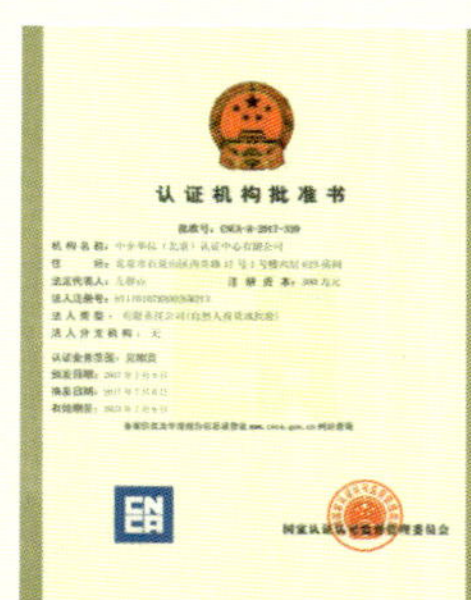

公司以“专业、专注、专心、高效”的三专一高的服务理念服务广大客户。公司设立董事会、技术委员会、市场部、审核部、综合部等主要职能部门，各部门职责分工明确，拥有多个领域的专业审核人员，能够满足各种类型、不同规模和提供不同产品的客户的认证需求，根据客户的现状及需求为企业量身定制专业化、个性化的高品质认证方案。

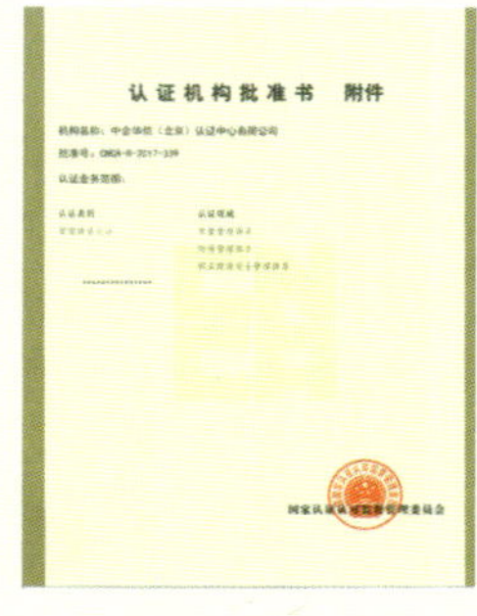

公司与高校科研机构、产品检验机构、研究院等建立了长期的战略合作及业务交流，能够为客户提供高效的认证服务的同时提供认证审核增值服务。

公司着眼于客户和社会的需求和期望，适应于当今市场和客户日益增长的全球性和综合性服务的需求，为客户创造价值，与客户共同成长。

地址：北京市石景山区西井路17号诚海大厦

电话：010-88974700　　网址：www.zqhxiso.com

北京国标联合认证有限公司

国标联：创新服务加速成长

北京国标联合认证有限公司在2015年经国家质检总局许可，由国家认监委批准，获得测量管理体系认证资质（批准号：CNCA－R－2015－197）。2017年经国家认监委批准，再次获得质量管理体系、环境管理体系、职业健康安全管理体系认证资质。

认证理念：

传递信任，服务发展；崇尚诚信，担当责任。

认证特色：

1.四体系结合认证，为企业省时、省心、省费用；

2.免费到企业现场调研、诊断、省去认证无关的环节；

3.根据企业特点，量身定制认证方案，提供企业管理综合解决方案；

4.认证后跟踪服务，维护体系持续运行、企业可持续发展；

5.提供标准化、计量、质量技术增值服务和人才培训；

6.提供企业建立管理体系的“管理信息系统（软件）”。

认证业绩：

1.应邀参加了“中石化武汉分公司测量管理体系建设启动会”，全面阐述了石化行业建立和实施测量管理体系认证的重要意义和着力点，并帮助该公司成功地建立了测量管理体系。

2.赢得了“中石油西北油田分公司”和“长庆油田分公司第十采油厂”测量管理体系认证项目中标。

3.积极开展为企业增值认证服务，近一年来，已在全国范围为上百家不同类型企业实施了测量管理体系认证增值服务，取得可喜的业绩。

公司总经理黄义俊在武汉石化测量管理体系建设启动会发言

网址：www.china-isc.org.cn　联系电话：010-8225 2376

ISO9001
ETC欧检
EUROPE TESTING CERTIFICATION

ISO14001
ETC欧检
EUROPE TESTING CERTIFICATION

OHSAS18001
ETC欧检
EUROPE TESTING CERTIFICATION

ETC欧检

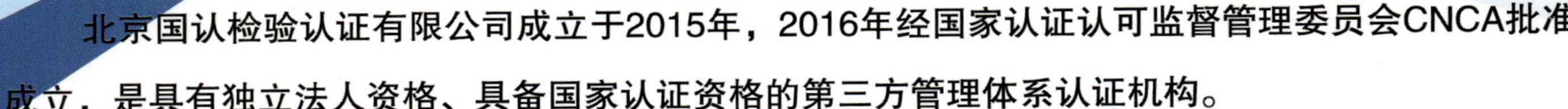

ISO9001
CIC
CHINA INSPECTION CERTIFICATION

ISO14001
CIC
CHINA INSPECTION CERTIFICATION

OHSAS18001
CIC
CHINA INSPECTION CERTIFICATION

中泰联合认证有限公司

中泰联合认证有限公司（ZTC），（统一社会信用代码：91510100MA61WAG37X，认证机构批准书：CNCA-R-2016-290）,成立于2016年6月17日,公司致力于从事质量管理体系、环境管理体系、职业健康安全管理体系等认证的具有独立法人的第三方认证机构。ZTC依据《中华人民共和国公司法》和国家认证认可相关的法律法规建立了完善的管理制度。健全的公正性管理体系，确保公司运行管理的专业性、独立性和公正性。

公司设置了各成员构建维护机构运行公正性体系框架，将严格遵守国家认证认可条例、认证认可方针政策和行业规范，接受社会和主管单位的监督，执行公司设置的各项规章制度，积极做好风险识别控制，做到有法可依、有规可循、有据可查的正规流程化管理，加强人员相关规定、规范、制度培训，树立专业、规范、公正、严谨的工作风气。同时，公司积极运用规范化管理，稳定发展，持续改进，证实自身能力，了解、配合最新的行业动态和自律要求，为认证市场的规范化发展积极努力，贡献自身的力量。

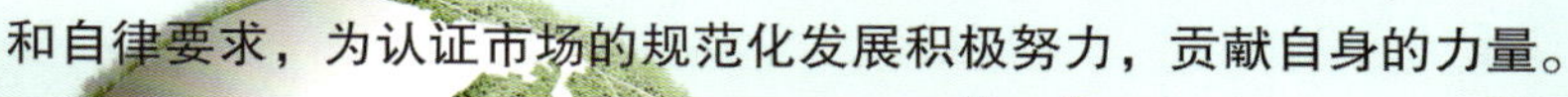

新疆中信中联认证有限公司

新疆中信中联认证有限公司（CTJC）是经国家认证认可监督管理委员会正式批准（批准号：CNCA-R-2016-260）设立的一家独立的第三方认证机构，目前是新疆维吾尔自治区唯一一家获得资质的有机产品认证机构，也是新疆维吾尔自治区有机农产品协会常务理事单位。公司将秉承“科学公正、卓越创新、传递信任、推动发展”的服务宗旨，基于为新疆有机协会会员及全疆有机农业企业提供管理和技术服务的基础，是集科研、政策研究、行业标准研究、宣传推广、认证服务于一体的技术型组织，从而有力地推动全疆乃至全国有机农业的健康有序发展。

哈尔滨铁路局科学技术研究所低温试验站

前身为齐齐哈尔铁路局科学技术研究所冷冻试验室，建于1964年，1985年纳入铁道部产品质量监督检验中心，成为质检中心下设15个检验站之一，并被命名为低温试验站。2015年通过国家实验室认可（CNACL）注册号：CNAS L7702，并且是中铁铁路产品检验认证中心的签约实验室。

目前有员工17人，其中具有大学本科学历的6人，大专学历的2人，主要承担：铁路产品制造特许证的产品质量检验；国家铁路局和铁路总公司的工业产品质量监督抽查检验；铁路产品认证及质量体系认证的产品检验；铁路重要工业产品及新产品的鉴定检验；铁路运输业务管理部门委托验收检验、专项产品检验和企事业单位委托检验；产品质量的仲裁检验；城轨车辆的整车空调性能试验等。

试验站占地面积为1000m²，拥有环境试验室3个，可进行各种铁路车辆的制动性能试验和客车的防寒、空调、隔热等热工性能试验；也可为其他大型试验同时提供高、低温双环境温度模拟。模拟温场控制范围：+110℃～－60℃，均匀性 ≤±2℃。

近年来主要从事铁路客车地铁车辆防寒、空调及隔热性能检验；货车低温制动性能检验；机车车辆制动系统及零部件的高、低温性能检验、冲击和振动性能检验、盐雾试验。曾承担导弹运输舱、医疗急救手术车等军用设备环境试验；铁路货车抽查检验试验；25B型客车、25G型客车、25T型客车及380B高寒动车组等的整车试验；多列城轨车辆空调性能试验；并参与《铁道车辆用球芯折角塞门及组合式集尘器》等铁路行业标准制定20多项；参与铁路产品认证200多项。

动车试验

客车试验

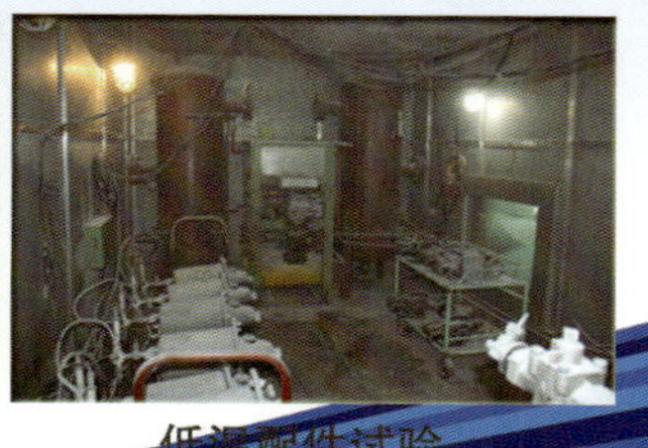

低温配件试验

检验检测机构
资质认定证书

中国合格评定国家认可委员会
实验室认可证书

广西金川有色金属有限公司检测中心

一、基本概况

广西金川有色金属有限公司检测中心隶属甘肃省金川集团公司和托克公司合资组建的广西金川有色金属有限公司，该中心于2012年成立，2013年7月建成投用。专注于矿产品、金属产品、化工产品的化学成分分析。通过了ISO/IEC 17025国家认可实验室（CNAS L9873），现有员工124人，各类专业技术人员15人，含高级职称3人，工程师技师12人，中高级操作人员55人，实验室建筑面积达5812平方米，配备了各类先进设备火花直读光谱仪（ARL4460、LAB LAVM11）、电感耦合等离子体质谱仪（NeXION300X）、电感耦合等离子子发射光谱仪（iCAP6300 Icap7400）等200多台（套），价值2300多万元。

二、业务范围

业务涵盖矿产品、辅料、燃料、冶炼中间物、产品阴极铜、硫酸，环保烟气、废水、废渣等化学成分的分析。其中阴极铜和铜精矿的检测分析通过了国家实验室认证。

波长色散X荧光光谱仪Axios

单火焰原子吸收分光光度计iCE3300

电感耦合等离子发射光谱7400

电感耦合等离子发射光谱仪6300

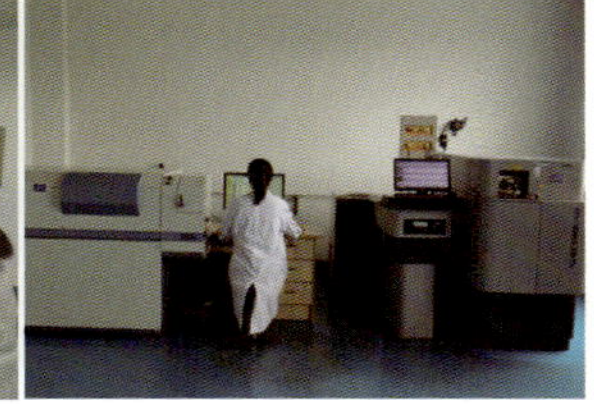

火花直读光谱仪ARL4460

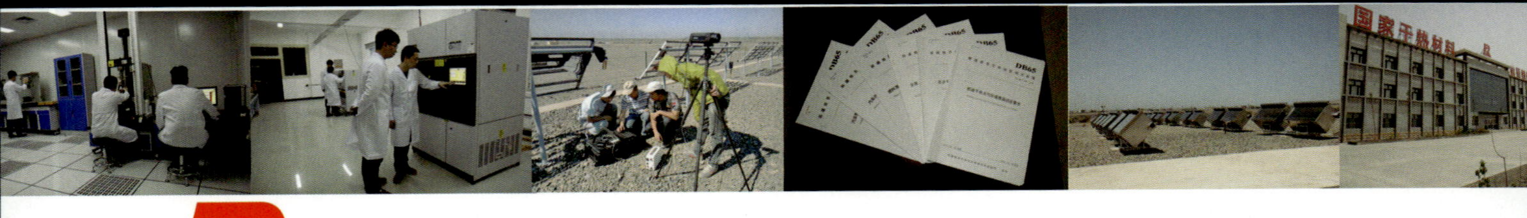

新疆吐鲁番自然环境试验研究中心

Xinjiang Turpan Natural Environmental Test Research Center

新疆吐鲁番自然环境试验研究中心承担国家、自治区、市有关部门指定或授权范围内各类材料及汽车、零部件的自然大气老化试验任务；开展干热环境自然大气老化试验技术和方法的研究；参与各类材料及汽车整车、零部件干热环境自然大气老化试验标准或规程的制修订；为科研院所及企业提供委托试验及技术咨询等服务。目前已通过了省级CMA、CAL和CNCA、CNAS组织的“三合一”认可，可开展汽车类、金属和合金材料制品、塑料3大类10个产品160多个参数的检验检测工作。依托本中心还成立了“国家材料环境腐蚀平台吐鲁番大气站”“国家机动车产品质量监督检验中心（上海）吐鲁番曝晒试验场”和正在筹建“国家干热测试产品质量监督检验中心（新疆）”。

试验中心现有职工人18人，其中高工5人、工程师5人，享受国务院津贴的老化专家1人。拥有3000m²检测实验室大楼、15000m²静态暴露试验场、5km汽车动态试车道路、可监测18个参数的气象数据自动采集站、570m²生活服务设施等。配备了80m²精密恒温恒温实验室、美国Instron万能材料试验机、美国Alast氙灯老化试验机、美国Alast紫外老化试验机、德国Bruker傅利叶变换红外光谱仪、德国BYK桔皮仪、德国Netzsch差示扫描量热仪、美国FLIR红外热像仪、德国Minitest涂层测厚仪、日本美能达柯尼卡分光测色计、IP/DP箱等检测设施设备共293台套。

我们秉承“科学公正、数据准确、服务规范”的质量方针，努力为客户提供高效、优质、满意的服务。

地址：新疆吐鲁番市高昌区
西环路2712号
电话：0995-8622618
传真：0995-8622617
邮箱：tlfercne@163.com
网站：www.cdetbs.gov.cn

国家煤矿用防爆电器质量监督检验中心(河南)

国家煤矿用防爆电器质量监督检验中心(河南)2013年12月经国家质检总局批准筹建，是依托济源市质量技术监督检验测试中心建设的一家专业的防爆电器产品检验检测机构，于2017年7月通过中国合格评定委员会组织的“三合一”评审。检验范围为：防爆电器产品38个检测对象，47个产品标准。

国家煤矿用防爆电器质检中心拥有一流的检测设备和先进的检测技术，中心实验室面积4600m²，人员20余人，设备125台/套，能够满足防爆电器产品的电学试验、结构判断、性能测试需要，可承担馈电开关、电磁起动器、软起动器、高压配电装置、接线盒、装换开关、插销、连接器等产品的监督和委托检验检测活动。

中心能够开展的检验项目有：接通和通断试验、软起动试验、温升试验、保护特性试验、交变湿热试验、工频耐压试验、雷电冲击试验、主回路电阻测试、结构检查、防爆性能试验、热剧变试验、冲击试验、外壳防护等级、机械特性试验等。

中心将秉持“行为公正、方法科学、数据准确、服务便捷”的质量方针，以质量第一、客户满意为我们的服务宗旨，为社会、企业及广大消费者提供高效、便捷的技术服务。

地址：河南省济源市愚公路科技工业园区科技路中段　邮编：459000

电话：0391-8321108　8321880　网址：http://www.gjkjzx.com　电子邮箱：jygjzjzx@163.com

上海城市水资源开发利用国家工程中心供水水质检测中心

上海城市水资源开发利用国家工程中心有限公司供水水质检测中心是国家发改委批复成立的“城市水资源开发利用（南方）国家工程研究中心”创新平台能力建设的重要组成部分，2012年正式成立，2015年整合原上海市南和市北自来水公司的公司级水质化验室，完成“三合一”供水水质检测能力建设拓展，同时承担上海城投水务（集团）有限公司供水水质检测中心工作职能。

上海城市水资源开发利用国家工程中心有限公司供水水质检测中心已通过国家CNAS实验室认可和上海市CMA计量认证，供水水质检测能力覆盖地表水标准中的109项（GB 3838-2002）、生活饮用水标准的106项（GB 5749-2006）。2016年共检测样品约1.5万个，检测数据超过12万个，出具检测报告近1.2万份，检测产值超过2500万元，是国内供水行业内规模最大最专业最先进的第三方检测机构之一。

供水水质检测中心的主要工作任务是：（1）根据上海市水务局对供水企业水质管理要求，对上海城投水务集团下属的各原水和供水企业的水质开展检测；（2）承担国家、省市、企业各级科研项目中的水质检测工作；（3）承接社会委托的水质检测工作。

供水水质检测中心检测大楼实验室面积约1450平米，固定资产约2000万元。拥有现代化检测技术手段，实验室配备了大型仪器设备，包括原子电感耦合等离子体质谱仪、流动注射分析仪、液相二级串联质谱、两通道放射线测定仪、离子色谱仪、气相色谱仪、气相色谱质谱仪、液相色谱仪、液相色谱-质谱联用仪、荧光分光光度计及总有机碳分析仪等。

供水水质检测中心组织机构分为管理组、业务组、有机检测组、无机检测组和微生物检测组5个部门。检测人员42名，其中高级职称6名，中级13名，初级13名，其他10名。

供水水质检测中心具有如下特色检测业务：

（1）抗生素的检测：使用三重四极杆液相色谱质谱仪可进行三大类20项物质的检测：如磺胺嘧啶、甲氧苄氨嘧啶、氧氟沙星、诺氟沙星、红霉素、氯霉素等；

（2）11种微囊藻毒素的检测，包括国标之外的其他9种藻毒素；

（3）2项致嗅味物质的检测：二甲基异莰醇、土臭素；

（4）8种新型含氮消毒副产物的检测：如亚硝基二丁胺、二丙基亚硝胺等；

（5）11种内分泌干扰物：化工原料类和雌、雄激素类；

（6）净水原材料的检测，各类混凝剂（如硫酸铝、聚氯化铝等）、消毒剂（如次氯酸钠溶液、漂粉精等）、助凝剂（如丙烯酰胺）、石英砂滤料、活性炭。

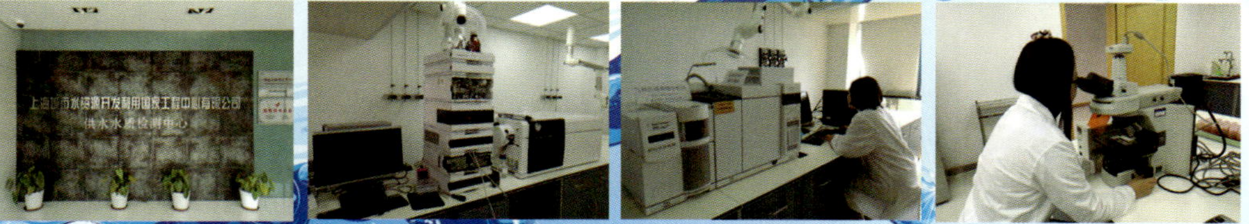

供水水质检测中心地址：上海市杨树浦路841号　邮编：200082　电话：021-55215654　邮箱：lining@shanghaiwater.com

四川泛华航空仪表电器有限公司航空燃油系统检测验证中心

四川泛华航空仪表电器有限公司航空燃油系统检测验证中心成立于2015年12月，隶属于四川泛华航空仪表电器有限公司（中国航空工业集团公司第205厂）。中心通过了中国合格评定国家认可委员会（CNAS）和国防科技工业实验室（DILAC）认可，是为国防工业和社会提供机械和电子电工产品环境试验检测和流量计校准的服务机构。

航空燃油系统检测验证中心位于四川泛华航空仪表电器有限公司院内，占地面积3500平方米，现有工作人员26人，拥有气候、力学、可靠性、三防等各类大型环境试验设备26台（套），可进行GJB150/150A、GJB151A以及MIL-STD-810F、DO-160E规定的高温（最高500℃）、低温（最低-70℃）、温度冲击、温度-高度、湿热、盐雾、淋雨、低气压、温度-湿度-振动三综合、温度-湿度-高度三综合、振动、冲击、线加速度等试验。拥有先进的油流量校准设备2套，具有对国防工业和社会提供精确的油流量校准服务的能力，在国内处于领先水平。中心在母体公司经营管理基础上，建立了完善的质量管理体系，致力于在客观独立、公平公正、诚实信用的基础上向客户提供满意的检测及校准服务。

地址：四川省成都市新都工业东区兴业路389号
电话：028-61796591
传真：028-61791500
邮编：610500
邮箱：fanhuajzb@163.com

广西佳利工贸有限公司质量检测中心

广西佳利工贸有限公司质量检测中心（以下简称“检测中心”）于2014年12月成立，占地面积600多平方米，是广西佳利工贸有限公司直属检测单位。2017年4月检测中心通过中国合格评定国家认可委员会（CNAS）认可，表明检测中心具备了按有关认可准则开展检测的技术能力，在认可范围内出具的检测报告可获得签署互认协议方国家和地区认可机构的承认。

检测中心技术力量雄厚，拥有一批高素质、经验丰富的专业技术人员，现有各类专业技术人员10多人。多次参加中国合格评定国家认可委员会（CNAS）组织的实验室能力验证活动获满意结果，检测能力及水平得到好评和认可。

检测中心拥有国内先进仪器设备20多台（套）。主要仪器有：管材耐压/爆破试验机、微控电子万能试验机、熔体流动测定仪、DSC差热分析仪、炭黑含量测试仪、落锤冲击试验机等，检测能力达到国内先进水平。

检测及服务范围：塑料制品的产品外观质量、规格尺寸、物理性能、力学性能质量检测。向各中小企业提供新产品研发有关的技术检测、产品质量鉴定、产品验收的委托检验，开展检测技术咨询和人员培训工作等。

检测中心继续认真贯彻中国合格评定国家认可委员会（CNAS）有关实验室认可准则的规定和要求，坚持公正、科学、准确、高效的质量方针，坚持走科技与检测、技术服务与经济效益相结合的道路，持续改进不断完善和提高中心的管理水平和技术水平，为企业创新创造提供动能，为社会提供高质量的服务。

认证认可风采（二）

图文宣传

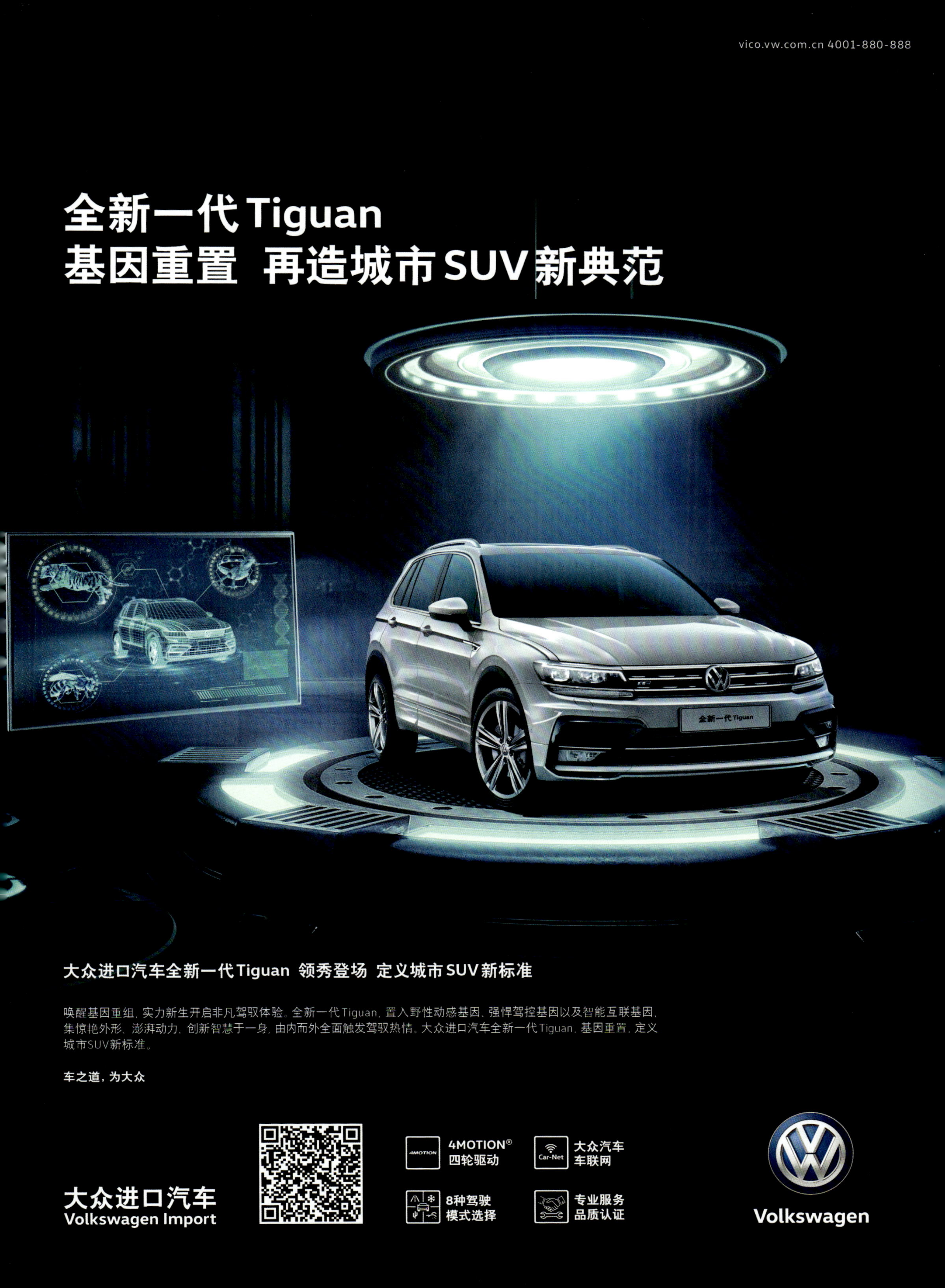

4MOTION

Car-Net

Volkswagen

NAVECO 南京依维柯

IVECO | 欧洲商用车典范

2017 中国商用车年度技术进步车型

同步欧洲 科技领航

传承欧洲先进设计理念和造车技术，Power Daily尊享版（F1A）车型集领先科技之大成，完成外观、内饰及配置上的再次突破创新，动力升级更加高效环保，为中国轻客市场再度打造一款技术领先商用车！

依维柯尊享版A32轻客荣获2016技术领先车型

F1A发动机

智能便捷中控台

BCM智能行车系统

带主动头枕的驾驶员座椅

南京依维柯汽车有限公司
WWW.NAVECO.COM.CN
客服热线：4008281890

TOYOTA

车到山前必有路　有路必有丰田车

丰田汽车（中国）投资有限公司

丰田汽车（中国）投资有限公司（以下简称“丰田中国”）作为丰田在华地区总部及投资性公司，积极参与丰田在华生产、研发等方面的投资活动，并为其所投资企业提供人才培养、法律事务等支援。同时，丰田中国也是丰田在华的重要窗口，代表丰田从事与中国政府、媒体及社会团体等的联络、沟通事务。此外，作为LEXUS雷克萨斯品牌、TOYOTA丰田品牌进口车总经销商，丰田中国从事上述品牌汽车的进口、分销以及与此相关的营销网路建设、培训、市场推广等业务活动。

丰田自创业以来，一直以“通过汽车，创造富裕社会”为基本指导方针。在中国，丰田除了致力于与一汽合作的在天津、成都、长春，与广汽合作的在广州的汽车生产事业以外，在汽车技术和相关政策领域，以及包括传授丰田生产方式（TPS）和智能交通系统（ITS）、绿化事业等诸多领域，积极、广泛地开展与中国的交流合作。

作为一家受社会信赖的“优秀企业市民”，丰田将汇集集团之综合能力，在努力协调人类、社会和环境关系的同时，力争与中国社会同步发展。丰田今后将一如既往地尽最大努力，为中国经济和社会的进一步发展做出贡献。

主要产品

■雷克萨斯进口车品牌：

LEXUS LS460L/LS600hL、LEXUS GS200t/GS300h/GS450h、LEXUS ES200/ES250/ES300h、LEXUS IS200t
LEXUS LX570、LEXUS GX400、LEXUS RX200t/RX450h、LEXUS NX200/NX200t/NX300h、LEXUS CT200h、LEXUS RC F

■丰田进口车品牌：

86、PREVIA（普瑞维亚）、HIACE（海艾士）、ALPHARD(埃尔法)

丰田汽车顾客服务中心电话：800-810-1210　400-810-1210（一汽丰田顾客）
800-830-8888　400-830-8888（广汽丰田顾客）
雷克萨斯顾客服务中心电话：800-810-2772　400-810-2772

进无止境

长安福特汽车有限公司由福特汽车和长安汽车于**2001**年**4**月共同签约成立，是一家集整车、发动机、变速器制造于一体的大型综合性现代化汽车企业。

长安福特现有七家工厂，分别为五家整车工厂和一家发动机工厂、一家变速箱工厂。所有工厂投产后，长安福特整车产能将达到120万辆。

目前长安福特生产和销售的主要车型有：新福克斯、翼虎、翼搏、新蒙迪欧、福睿斯、锐界、金牛座共七款车型，加上未来将陆续投产的多款车型，长安福特产品谱系将涵盖所有主力市场，满足并引领用户需求。

长安福特汽车有限公司

Changan Ford Automobile Co.,Ltd.

Changan Ford Automobile Co.,Ltd., a joint venture established by Ford Motor Company and Changan Auto Group in April 2001, is a modern automaker capable of producing whole vehicles, engines and transmissions.

At present, Changan Ford boasts seven plants, five assembly plants, one Engine Plant and one Transmission Plant. When all of these plants are put into operation, Changan Ford's capacity can reach 1.2 million units.

Currently Changan Ford produces and sells 7 models and they are New Focus, Kuga, EcoSport, New Mondeo, Escort, Edge and Taurus. With more models coming in future, Changan Ford's product portfolio will cover all major segments in order to meet and lead customers' needs.

一汽解放
传承经典
持续领航
解放卡车 挣钱机器
解放新J6
FAW

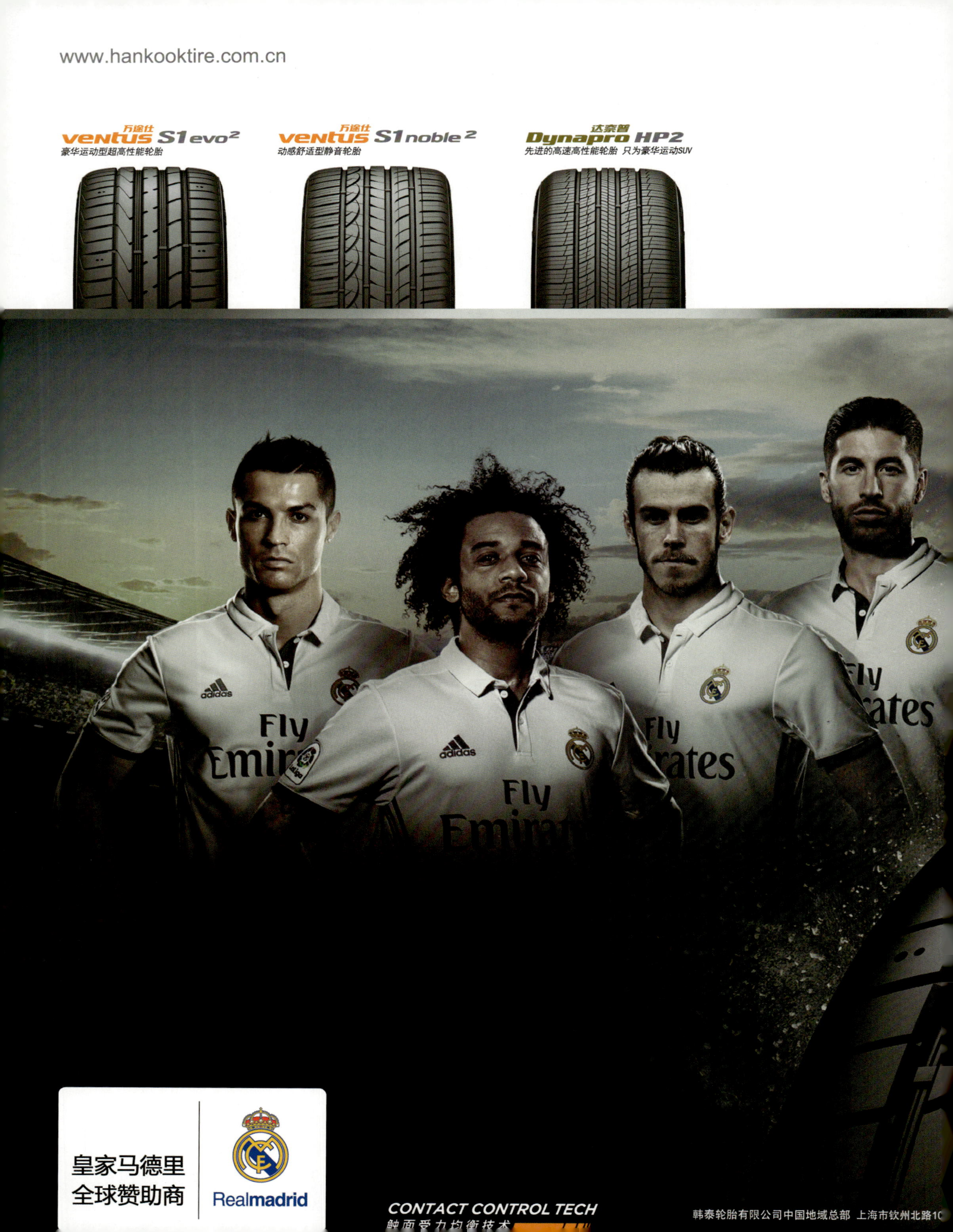
www.hankooktire.com.cn
万途仕 ventus S1 evo²
豪华运动型超高性能轮胎
万途仕 ventus S1 noble²
动感舒适型静音轮胎
达奈普 Dynapro HP2
先进的高速高性能轮胎 只为豪华运动SUV
皇家马德里
全球赞助商
Realmadrid
CONTACT CONTROL TECH
触面受力均衡技术
韩泰轮胎有限公司中国地域总部 上海市钦州北路10

HANKOOK
韩泰轮胎

人力资源

截至2015年12月，拥有员工237人，其中：教授级高级工程师5人、高级工程师24人；博士6人、硕士93人，硕士及以上学历所占比例42%。享受国务院政府特殊津贴专家1人；国家电网公司专业领军人才2人；国家电网公司优秀专家4人；国家电网公司优秀专家人才后备3人；国家计量标准一级考评员8人，公司计量标准一级考评员15人；国家资质认定评审员9人；国家实验室认可主任评审员2人、评审员10人，国家一级注册计量师36人。

取得的资质

序号	资质名称	资质类型	授予机构	等级
1	国家法定计量检定机构（国家高电压计量站）	计量授权	国家质检总局	国家级
2	国家工频大电流比例计量基准（国家高电压计量站）	计量授权	国家质检总局	国家级
3	电力变压器能效检测	计量授权	国家质检总局	国家级
4	国家电能表型式评价实验室（电力）	计量授权	国家质检总局	国家级
5	跨区电网关口电能表检定和校准	计量授权	国家质检总局	国家级
6	高压三相异步电动机能效标识检测	计量授权	国家质检总局	国家级
7	低压三相异步电动机能效标识检测	计量授权	国家质检总局	国家级
8	CCC 认证指定实验室“低压成套开关设备中的配电板”	认证	国家认监委	国家级
9	国家实验室认可（CNAS）	认可	中国合格评定国家认可委员会	国家级
10	国家资质认定（CMA）	认证	中国国家认证认可监督管理委员会	国家级
11	商用密码产品销售许可证和生产许可证	认证	国家密码管理局	国家级
12	中关村开放实验室	认证	北京市	北京市
13	用电信息采集及应用技术国家电网公司重点实验室	认证	国家电网公司	公司级

国网计量中心

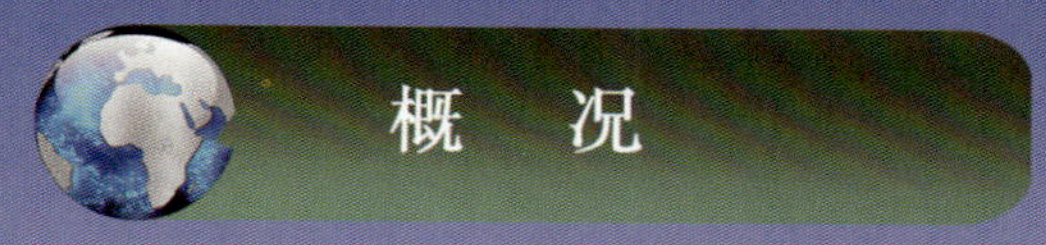

国网计量中心成立于2009年，是国家电网公司最高计量技术机构。

国网计量中心拥有国家高电压计量站及用电信息采集设备质检站、配用电自动化系统设备质检站、电能仪表及变送器质检站等3个行业级质检站，以及用电信息采集及应用技术国家电网公司重点实验室；是IEC/TC42高电压试验技术中国秘书处、全国电磁计量技术委员会高压计量分技术委员会、电力行业电测量标委会、电力行业供用电标委会、电力行业密码应用技术体系研究专项工作组的挂靠单位、全国法制计量管理计量技术委员会高压电气设备工作组秘书处的挂靠单位、中国智能量测产业技术创新战略联盟秘书长单位。目前已建立并保存国家计量基准1套，国家计量标准12套、国家社会公用计量标准9套；获得跨区电网关口电能表检定和校准、电能表型式评价、电动机能效标识检测等7项国家计量授权；取得国家实验室认可（CNAS）、资质认定（CMA）、国家商用密码产品销售和生产许可证等3项重要资质，可开展涉及电能表、互感器、采集设备、计量表箱、元器件等计量器具的检定/校准项目61项、检测项目78项。

作为国家电网公司最高计量技术机构，国网计量中心积极开展基础性、前瞻性技术研究，先后承担国家级，公司及省部级科研技改项目百余项，多次获得省部级、国家电网公司科技进步奖；参与制修定国家、行业、企业标准二百余项，2014年获中国标准创新贡献一等奖。“十三五”时期，国网计量中心将以“技术引领型、服务优质型、检测权威型、标准主导型”为目标，不断提升自身管理水平与核心竞争力，积极拓展科研、检测和技术服务领域，为电力计量技术发展提供全方位技术支撑。

地址：北京市海淀区清河小营东路15号　　邮编：100192
电话：010-82813207　　传真：010-62844450

1

2

3

4

中国印钞造币总公司

认证认可上水平　技术创新出成果

中国印钞造币总公司是直属中国人民银行总行领导的、国家唯一的法定货币生产企业，下属二十余家大中型企业和一个国家级企业技术中心，主要从事印钞、造币、钞票纸、银行信用卡的研制生产、印钞造币专用机械和银行机具的设计制造、高纯度金银精炼和印制增值税专用发票、有价证券、银行专用票据、高级防伪证书等方面的生产经营活动。

中国印钞造币总公司秉承“为央行履行职责服务”的行业使命、“优质安全保发行、科学管理增效益”的行业宗旨以及“忠诚印制、追求第一”的行业理念，致力于提高自主创新能力，加强硬件基础设施建设，积极开展国家认可实验室认定工作，鼓励企业加大对国家认可实验室的支持。截至2016年底，中国印钞造币总公司共建立了4个国家认可实验室：中钞长城贵金属有限公司分析检测中心、上海造币有限公司理化实验室、国家金银及制品质量监督检验中心（沈阳）、银行卡检测中心。在中国印钞造币总公司的支持下，4个国家认可实验室在分析、检测和科技项目研究方面都取得了长足的进步。

中钞长城贵金属有限公司分析检测中心2002年3月首次通过中国合格评定国家认可委员会认证，2016年顺利通过实验室国家监督评审。2016年累计分析试样25500余件，其中纯银成品生产试样11000余件，纯金成品生产试样13000余件，工业金银材成品生产试样500余件，金验收料600余件，其他试样400余件。

上海造币有限公司理化实验室2006年11月获得国家认可委的实验室资格认定，2016年再次通过国家级实验室的监督评审。实验室通过了中实国金国际实验室能力验证研究中心组织的能力验证和测量审核，内容为GB/T230.1-2009《金属洛氏硬度试验第1部分：试验方法》HRC、HRB项目的检测，为验证技术能力提供了有力支撑。

国家金银及制品质量监督检验中心（沈阳）1997年12月取得CNAS的认可资格，2016年4月通过了中国合格评定国家认可委进行的实验室监督评审。对厦门紫金矿冶技术有限公司等24家可提供标准金锭企业和广东金业贵金属有限公司花都白银精炼厂等26家可提供标准银锭企业的产品及检测报告开展质量监督工作，完成共100件样品的检验及复验，及时向上交所提交了2016年度可提供标准金锭、银锭企业质检结果报告，并完成上述企业样品的退还工作。与多家企业建立了长期业务关系，完成金银及制品的对外检测业务两百余件。

银联卡检测中心在国家合格评定认可委员会（CNAS）认可的检测能力范围内，积极开展各项测试工作，为落实各项国家和行业标准提供了技术支持，为国内银行卡支付和受理环境的改善做出了贡献。2016年通过多个国际组织的技术评审并获取相关检测资质，积极推广并进行商业银行发卡系统测试、非金融机构支付服务系统测试等多个系统测试项目，为国内主要商业银行、非金融机构提供测试服务。参加了国际金融展、物联网博览会、世界移动大会，并展出了公司自主研发的测试工具。配合公安系统和人民银行、银联等单位进行了大量的宣传普及、产业链建立和案件甄别等工作。

国家认可试验室的建立促进了资源优化，有利于提高管理水平和技术水平。在新的历史时期，中国印钞造币总公司将继续以“高起点、高质量、高效率、出精品”为目标，以公正的行为、科学的手段、准确的结果，更好地为企业和社会服务，为企业发展提供技术支持。

图注1　上海造币有限公司理化实验室现场评审

图注2　2015年5月，银行卡检测中心参加第二届国家网络安全宣传周网络安全公众体验展

图注3　上海造币有限公司理化实验室有关证书

图注4　2015年3月，泰国银行家协会（TBA）秘书长一行访问银行卡检测中心

NIPPON ALEPH 艾礼富电子（深圳）有限公司

艾礼富电子（深圳）有限公司（ALEPH ELECTRONICS (SHEN ZHEN)CO.,LTD.）是株式会社日本アレフ香港的全资子公司--香港艾礼富股份有限公司，在深圳投资注册的一家生产、经营保安产品、电子元器件及精密电镀的独资公司；是株式会社日本アレフ在中国大陆的生产基地，同时也是连接中国大陆市场的主要桥梁。

主导产品：磁簧开关、磁簧继电器、光电传感器、液位传感器、接近传感器，并承接各类精密电子的电镀业务。

艾礼富电子（深圳）有限公司一向“以提高客户满意为宗旨、以完善品质体系为方针”，不断研发生产出靶流开关、冰门传感器、水流量传感器等新型传感器，产品品种数量达到几十种。此外，拥有日本最新的各类电镀工艺和表面处理技术，可为高新电子行业提供可靠、优质的服务。

技术优势：日本技术、先进工艺和丰富的研发经验。

品质保证：精湛的技术、严谨的品质管理体系和严格的质量检测标准。

管理规范：日本企业先进的管理模式、严谨的管理风格、高效的管理团队。

国际认证：本公司取得ISO 9001、ISO 14001、ISO/TS 16949、QC 080000的国际品质管理体系认证。

名牌战略：磁簧开关、继电器、传感器等产品保持技术、品质优势的同时不断创新。

我们将一如既往，不断推出种类更丰富、品质更优良、功能更完善的产品，以答谢广大客户对我们的支持、信赖和鼓励！艾礼富（ALEPH）愿与您一道携手共创社会繁荣与安全！

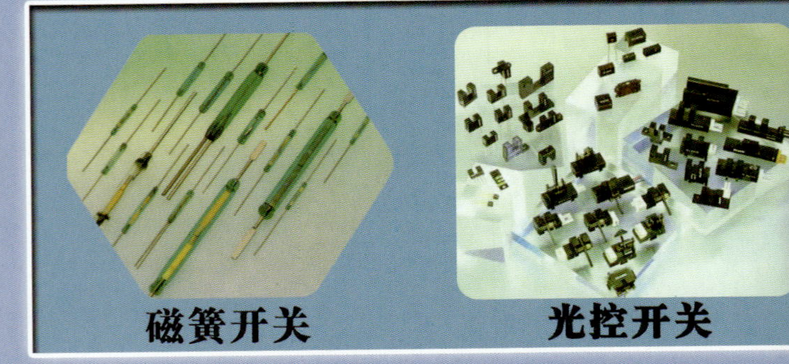
磁簧开关　光控开关

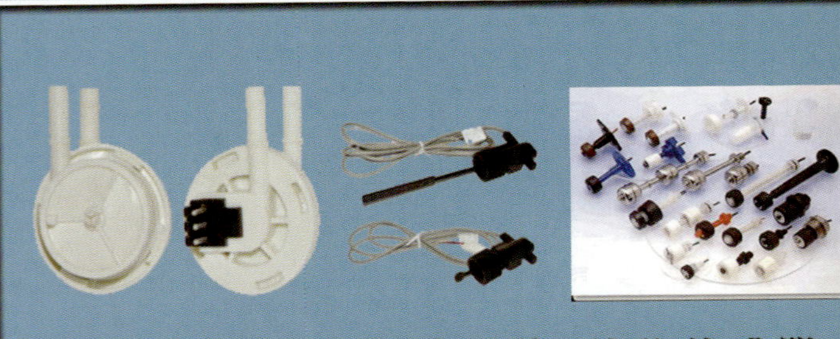
水流量传感器　靶流开关　液位传感器

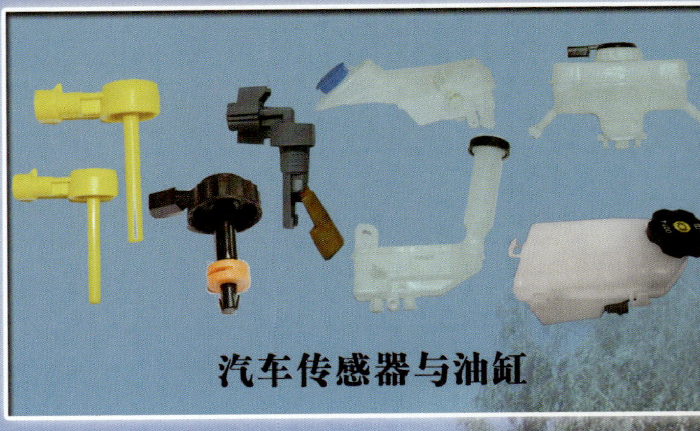
汽车传感器与油缸

电话：400-6666-188

Silverlit®
银辉品牌 挑战未来

Electrolux In China
伊莱克斯在中国

专业电器

1994 年伊莱克斯专业电器开始为中国的 4&5 星级酒店和豪华餐厅提供厨房设备

在 4&5 星级酒店拥有超过 70% 的市场份额

许多豪华餐厅和俱乐部使用伊莱克斯专业家电：

- Mr. & Mrs. Bund
- Jade on 36
- The Kitchen
- Jean Georges
- Club 33
- Nobu
- SPOON by Alain Ducasse

2010 年上海世博会中，瑞典馆及其他 14 个国家展馆指定使用伊莱克斯专业电器产品

大家电：冰箱、洗衣机、空调及厨房产品

1996 年进入中国市场。

我们为中国消费者提供全系列中高端白色家电产品，包括冰箱、洗衣机、干衣机、灶具、烟机、洗碗机、烤箱、消毒柜、空调、电热水器等。

我们的销售渠道覆盖 200 多个城市。

零售业务以外，我们与中国多个高端地产商有长期良好的合作，其中包括金地集团、和记黄埔、嘉里建设、瑞安地产等。

地面维护及小家电

2003 年进入中国市场。

我们为中国消费者提供广泛产品选择，包括吸尘器、咖啡机、面包机、食品加工机、电熨斗等。

BOSCH
博世 科技成就生活之美
简单解决方案
满足复杂安全需求
www.boschsecurity.com.cn
博世G系列 · 创新集成新概念，采用前沿技术的G系列防盗报警控制主机，实现为苛刻的应用环境提供更大的容量和更强的创新功能。集防盗报警、消防、视频与门禁控制多重功能的B9512G和B8512G，可支持高达599个防区和32道门。同时安装更加快速，成本更为低廉。
• 简化安装内置IPv6通信和DNS - 实现远程访问和报警中心通信
• 一体化的IP视频优势 - 通过直接控制IP摄像头，可实现视频复合及视频分析功能
• 符合未来趋势的通信 - 双插式通信插槽，将灵活性大大提升
集成安全
解决方案
BOSCH
B9512G
BOSCH
Area 1: Off
Full Area Name
Ready to turn all on

Brother
Earth
与您共创美好环境
brother
brother
brother
brother
brother

兄弟(中国)商业有限公司

兄弟（中国）商业有限公司成立于2005年3月，是负责Brother集团在中国的产品销售与服务的外商独资企业。

Brother作为拥有100多年历史的国际化品牌，目前在44个国家和地区拥有生产基地与销售公司。随着全球化进程的不断推进，Brother集团把高速发展的中国市场作为未来发展的重要基地。兄弟(中国)充分利用集团总部的资源优势，秉承"At your side."的企业文化理念，致力于推进以顾客第一为宗旨的产品销售，作为价值链的一环，为中国消费者提供更多具有高附加值的产品和服务。兄弟(中国)的事业领域包括以传真机、打印机、多功能一体机、标签打印机等产品为代表的打印及解决方案事业；以家用缝纫机、绣花机为中心的家用机器事业。

兄弟（中国）总部位于上海，通过设于北京、广州、成都的分公司及遍布各地的众多代理商与维修站构建了覆盖全国的营销服务网络。依托集团旗下分设于深圳、珠海、台湾等地的生产工厂，用高质量的产品与服务为中国顾客提供优良的价值。

Brother集团以构筑可持续发展的社会为方向，推出了全球性的环保网站"Brother Earth"，以"与您共创美好环境"为口号，在企业活动的所有方面积极不断地致力于关爱地球环境的活动。兄弟(中国)秉承Brother集团全球宪章的精神，以高度的伦理道德观积极履行企业对社会所承担的义务。公司以"环保"与"成长"为关键词，积极开展了环保、教育、慈善等一系列社会公益活动，赢得了社会各界的广泛好评。

"在中国诞生，伴中国成长。"兄弟(中国)将继续弘扬Brother集团"At your side."的精神，为成为集团成长战略的核心，成为优秀的企业公民而不懈努力。

"环保与成长"

"在中国诞生，伴中国成长"

RICOH
imagine. change.
悦触动·跃不凡

关于利盟

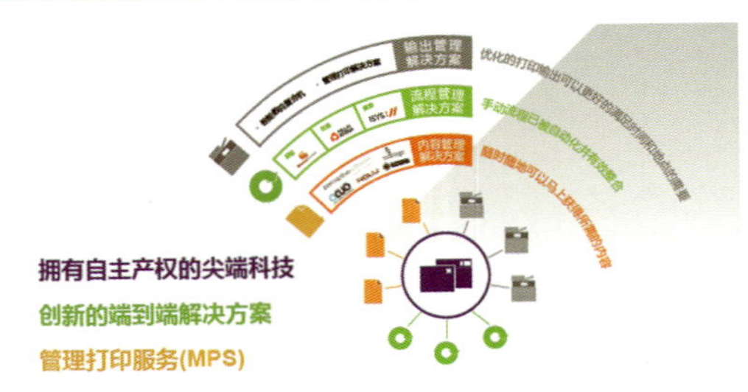

作为全球行业领导者之一，Lexmark 利盟开发了创新的成像解决方案和技术，帮助全球 170 多个国家/地区的客户轻松、高效地打印、保护和管理信息，并为其提供无与伦比的商业价值。利盟将创新技术与深厚的行业经验相结合，以简化零售、金融服务、医疗保健、制造、教育、政府等领域中的数字和纸质信息的复杂交集。这些解决方案可以改进您的业务流程，以加强与客户的交流并提高您的盈利水平。

Lexmark利盟不仅是打印硬件、服务和相关行业解决方案领域的公认行业领导者，还因是全球企业公民和对可持续发展的承诺而受到称赞。

敏捷的技术方法

Lexmark利盟拥有自主创新的成像解决方案技术和可靠合作伙伴，可以提供最佳的软件解决方案以满足每个客户的独特需求。

深厚的行业专业知识

Lexmark利盟应用数十年的行业专业知识来解决零售、金融服务、医疗保健、制造、教育、政府等领域中的特定、真实的业务挑战。这些解决方案可以改进您的业务流程，以加强您与客户的交流并提高您的盈利水平。

卓越的客户参与

Lexmark利盟促进调查、协作和响应的文化，通过利盟创建的解决方案和提供的持续关怀加强了与所有客户的深入双向联系。这种敬业精神反映在我们的全球客户群超过 95% 的客户忠诚度中。

利盟未来与您同行

利盟将全面满足国家信息安全国有化政策要求，为客户打造可靠的服务保障体系和设备升级服务；加强和帮助各行业的客户改变工作流程、加强与客户之间的互动；全面满足国土安全、国家经济安全等国计民生核心领域采购要求 ,同时提高您和客户的营运效率。

利盟承诺将矢志不渝地研发和创新成像技术、解决方案、产品及服务，向客户提供无与伦比的商业价值，帮助您轻松高效地打印、获取和管理信息。

利盟大记事

- 利盟总部位于美国肯塔基州列克星敦市
- 全球13,300员工，业务遍布170多个国家及地区
- 利盟提供打印成像解决方案、企业软件、硬件和服务
- 利盟拥有超过2000项打印专利技术；
- 1991年从IBM分离，1995年在纽约证券交易所上市
- 1997年利盟北京代表处正式成立
- 2001年利盟打印机(深圳) 有限公司在深圳成立
- 2004年利盟应用打印解决方案中心在北京及上海成立
- 2007年以生产打印机整机为主的利盟全球生产中心落户深圳
- 2012年正式更名为利盟信息技术(中国)有限公司
- 2015年利盟全球营业总收入超过35亿美元
- 2016年11月纳思达完成对利盟的资本收购
- 2017年利盟大力发展中国业务，并将更专注国产化需求的产品研发及服务
- 2017年利盟发布“利剑”系列A4幅面黑白单功能及多功能打印机

圣 农 集 团

福建圣农食品有限公司是农业产业化国家重点龙头企业——福建省圣农实业有限公司下属控股子公司，成立于2003年8月，位于福建省南平市光泽县王家际食品产业园，公司现有6个食品加工厂，总投资额高达11.5亿元以上、建筑面积超过14万平米，设计产能逾20万吨/年。

公司引进德国、荷兰等国先进设备，利用国际现代化熟食加工生产线，采用先进的品质管理制度、先进的化验、检验设备及技术，专业生产并销售各种灌肠类、蒸烤类、调理类等数百种产品。厂房严格按照国际先进标准建设，符合ISO 9001:2008、ISO 22000:2005及HACCP管理体系要求，实现产品无菌无尘生产。产品远销日本以及国内大型商超、餐饮连锁店。

圣农食品凭借全产业链提供的优质原材料、完善的食品安全追溯体系、卓越的产品研发能力与产品品质，赢得同行和广大客户高度认可。公司推出圣农世界风系列高端产品及牛排系列产品，打造强势产品品牌，构建消费者深度沟通桥梁。

消费者服务热线：4009020775

通过持续不断的产品创新，圣农食品正在成为中国顶级的食品企业，企业为客户和消费者提供“生态、安全、健康、美味“”的产品，致力成为餐饮企业的中央厨房与家庭餐桌的美食专家。

福建光阳蛋业股份有限公司

FUJIAN GUANGYANG EGG INDUSTRY COMPANY LIMITED

福建光阳蛋业股份有限公司成立于1995年，是专注于禽蛋全产业链经营的“农业产业化国家重点龙头企业”，“全国农产品加工业出口示范企业”、全国首批24家出口食品“三同”示范企业之一，现有福建、湖北、北京三个产业基地，年加工蛋品能力6万吨，综合实力位居全国同行之前列。光阳蛋业工程技术中心通过“国家蛋品加工技术研发分中心”认定，在蛋品腌制技术、清洁蛋生产技术、蛋禽智能化养殖技术和蛋品成套自动化设备研究方面处于国内领先地位，是国家公益性行业（农业）专项禽蛋高效清洁、分级及加工贮运技术研究与示范项目7家主要参与单位之一。光阳蛋业也是蛋品国家标准的主要制标企业，公司作为主要起草单位参与制定《蛋制品生产管理规范》《皮蛋》等国家标准；光阳蛋品以“质量安全”为核心定位，市场占有率全国领先，出口量全国领先。

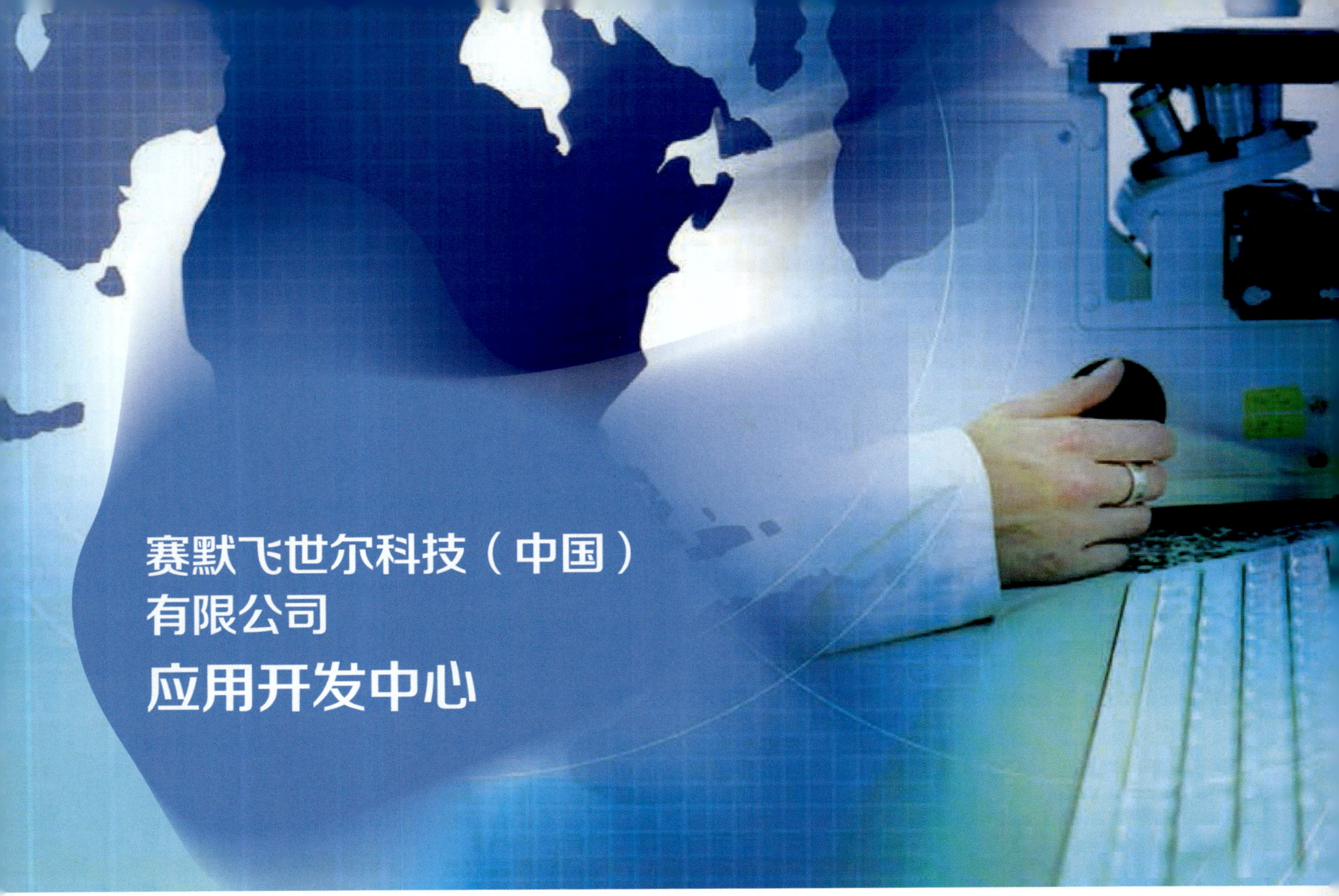

赛默飞世尔科技应用开发中心隶属于赛默飞世尔科技（中国）有限公司，本中心成立于 2005 年，主要承担大型化学分析仪器的检测方法开发、客户参观、客户培训、样品分析等任务。涉及食品、药品、化妆品、环境、化工产品等检测领域，检测内容包含有机、无机化合物、离子、金属元素等多种检测项。将世界级的前沿技术和产品带给国内客户。

本中心试验场地 260 平方米，拥有主要仪器设备近 40 余台（套），包括高效液相色谱仪、气相色谱仪、气相色谱质谱联用仪、液相色谱质谱联用仪、离子色谱仪、电感耦合等离子体原子发射光谱仪、电感耦合等离子体质谱仪以及高分辨质谱仪。

本中心现有 104 余名工作人员，均具有本专业本科及以上 学历，其中博士 21 人，均在检测领域工作多年，人均工作年限超 过 5 年，拥有丰富的经验和卓越的检测能力；取得中高级工程师职称者 13 人。

2016 年 7 月 18 日，本中心正式通过了中国合格评定国家认可委员会的认可，认可证书号为：CNAS L9188，认可的实验室检测能力涉及 2 类（食品、水）共 18 个检测项目，涉及方法涵盖国标以及应用开发中心的自制方法（婴幼儿 / 成人配方奶粉中脂溶性维生素 ADE 检测方法）。

本中心具备按照认可准则 CNAS CL01:2006（等同采用 ISO/IEC17025:2005）开展检测服务的技术能力，可以提供可信、有效的数据。本中心坚决贯彻“科学分析、管理规范、结果准确，服务及时”的质量方针，持续严格执行该管理体系的各项要求，不断促进管理体系的改进，提高管理水平和技术能力。今后在 CNAS 各项工作指引下，力争做检测实验室的标杆，我们致力于携手客户，让世界更健康、更清洁、更安全。

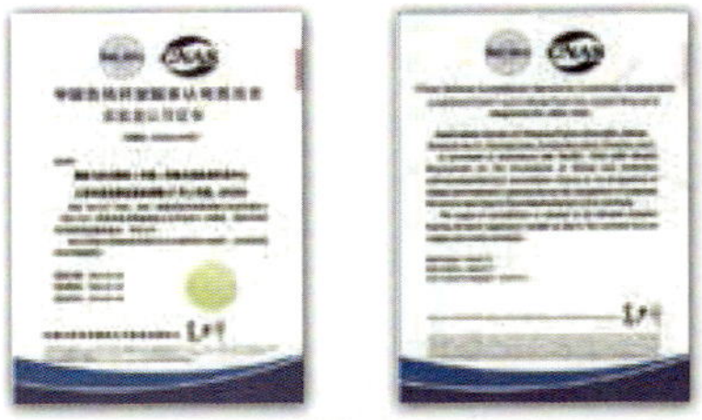

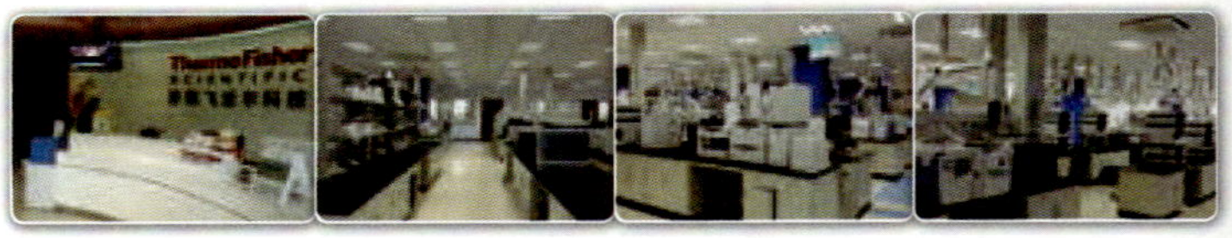

色谱及痕量
元素分析

扫码进入
土壤检测页面
参与有奖调查

扫码进入农药
残留分析页面
参与有奖调查

热线 800 810 5118
电话 400 650 5118
www.thermofisher.com

ThermoFisher SCIENTIFIC

The world leader in servicing science

浙江大华技术股份有限公司

浙江大华技术股份有限公司是全球领先的视频监控解决方案提供商，以技术创新为基础，提供端到端的视频监控解决方案、系统及服务，为城市运营、企业管理、个人消费者生活创造价值。公司自2002年推出业内首台自主研发8路嵌入式DVR以来，一直持续加大研发投入和不断致力于技术创新，每年投入近10%的销售收入进入研发工作，现拥有6 000余人的研发技术人员。公司立志打造高品质、高性价比的精品，持续为客户创造最大价值。

大华股份的营销和服务网络覆盖全球，在国内32个省市，海外亚太、北美、欧洲、非洲等地建立35个分支机构，为客户提供端对端快速、优质服务。产品覆盖全球160个国家和地区，广泛应用于公安、金融、交通、能源、通信等关键领域，并相继问鼎APEC峰会、世界互联网大会、9・3大阅兵、里约奥运、G20杭州峰会等重大工程项目。

大华股份作为国家级高新技术企业，2008年5月成功在A股上市（股票代码002236），公司拥有国家级博士后科研工作站、国家认定企业技术中心，相继与ADI、TI、ALTERA等建立了联合实验室，现已承接3项国家高技术产业化重大专项，1项国家科技重大专项课题，4项电子信息产业发展基金项目。公司已拥有专利639项，其中拥有授权发明专利145项。公司2006—2010年连续5年被列入国家规划布局内重点软件企业；连续10年荣获中国安防十大品牌；连续9年入选《A&S》“全球安防50强”，2016年位列全球第四；2016年IHS机构权威报告全球视频监控市场占有率位列第二，是中国平安城市建设推荐品牌和中国安防很具影响力的品牌之一。

我们致力于成为以视频为核心的智慧物联解决方案提供商及运营服务商，“让社会更安全 让生活更智能”。大华股份将秉承“诚信、敬业、责任、创新、合作”的企业精神，铭记“行业领先，产业报国”的使命，以“客户为中心”不断提升产品品质、服务和性价比，为客户创造更多价值，并为共同构建安全、便捷、稳定、轻松的高品质生活而不懈努力。

地址：中国杭州滨江高新区滨安路1199号　邮编：310053　公司总机：0571-28933188　0571-28932955

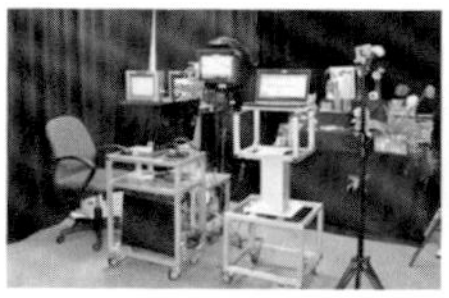

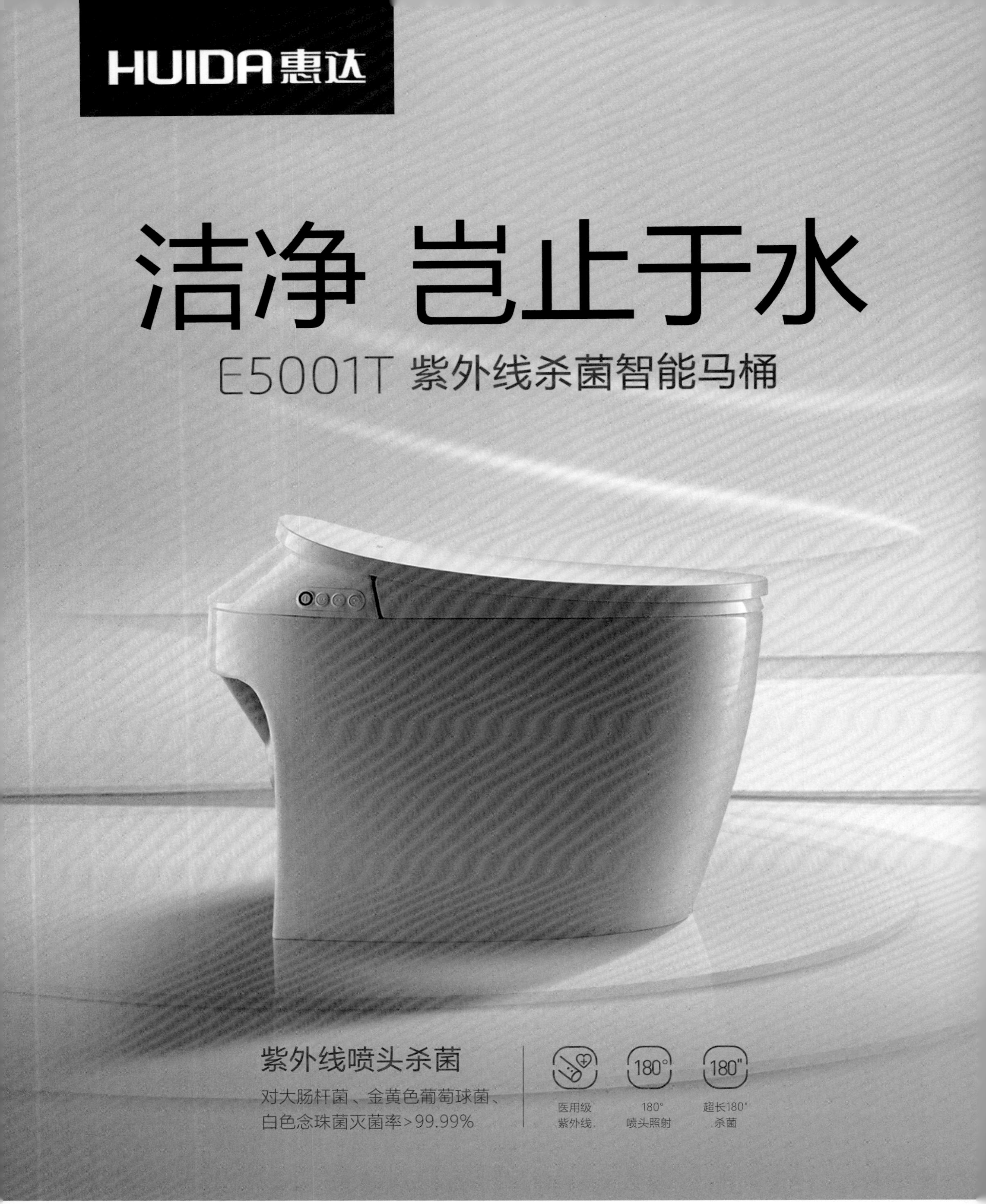

麦格纳汽车镜像（上海）有限公司

一、企业概况

麦格纳汽车镜像（上海）有限公司隶属于跨国企业、全球第三大汽车零部件供应商、世界五百强Magna International。公司为中国各大轿车生产厂商配套生产轿车后视镜。主要客户包括：上海大众、上海通用、武汉神龙、一汽大众、华晨宝马、北京奔驰、北京现代、东风悦达起亚、安徽奇瑞、沈阳通用、长安福特等各大主机厂，占配套市场约25%的市场份额，在国内后视镜市场具有重要的地位。公司的中长期目标是“成为全球后视镜首选OEM供应商”。公司拥有世界先进的喷涂设备、检测设备以及先进的设计软件与设备。拥有整套完整先进的产品开发系统，经验丰富的专业技术精英团队，已成为中国以及亚洲后视镜市场的引领者。

公司先后引进德国EISENMANN涂装流水线、后视镜装配线及后视镜终端检测仪、三坐标测量仪、X-Rite色差仪等各类先进的生产检测设备，是中国目前技术装备水平最先进的汽车后视镜制造公司之一。2013年10月，获得中国合格评定国家认可委员会颁发的实验室认可证书。

公司本着精益求精的经营理念，不断满足客户现实和潜在的需求。在总公司强大的国际技术支持下，将在产品设计、工艺设计和研发等领域更好地发挥其强有力的优势与良好的发展态势。

二、企业商标：

MAGNA

MAGNA MIRRORS

三、CCC认证主要产品有：汽车后视镜。

四、质量寄语：服务尽善尽美,产品精益求精,超出客户期望是我们永远的追求。

五、公司地址：

上海市金山区干巷镇金张公路2998号

电话：021-57205720

传真：021-57205089

邮编：201518

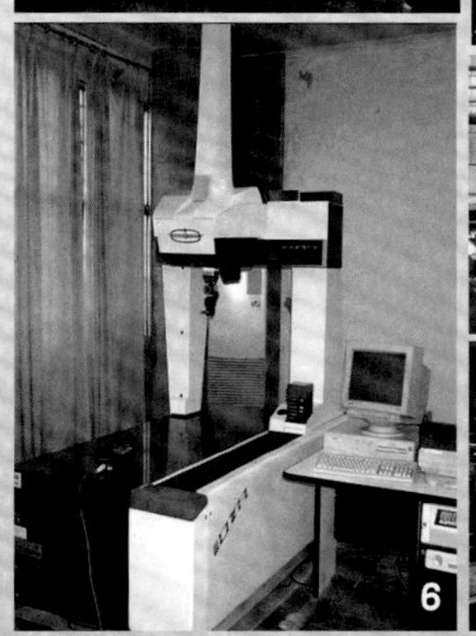

图片注释：

图1.麦格纳汽车镜像（上海）有限公司隶属于跨国企业，全球汽车零部件第三大制造商，世界五百强Magna International。

图2.注塑车间局部。

图3和图4：投资500多万美元，从德国EISENMANN公司引进的以输送链传送的塑料件静电喷涂全自动流水线。

图5：装配车间。

图6：IOIA-1103D/T-P 三坐标测量机（CMM Machine中国航空精密机械研究所）。

奥托立夫中国

统计数据表明，每年全球有超过一百万人死于交通事故，而遭受严重伤害的人数远大于此。预计，到2020年，交通死亡人数将会翻倍。在人们承受无法计算的痛苦同时，全世界每年因交通事故而支付的医疗、康复等费用超过千亿美元。

基于此事实，奥托立夫确定了自己的使命和愿景：创新、制造并销售最新技术的汽车安全系统，实质性降低汽车交通事故及其造成的伤亡。为此我们每天都在努力。现在奥托立夫几乎为全球所有汽车厂商提供安全产品，包括安全带、方向盘、车内乘员保护气囊、行人保护气囊、远红外夜视系统、雷达系统、鞭打保护系统、集成式儿童增高座垫、行人保护用引擎盖提升器，以及相关的电子控制产品。

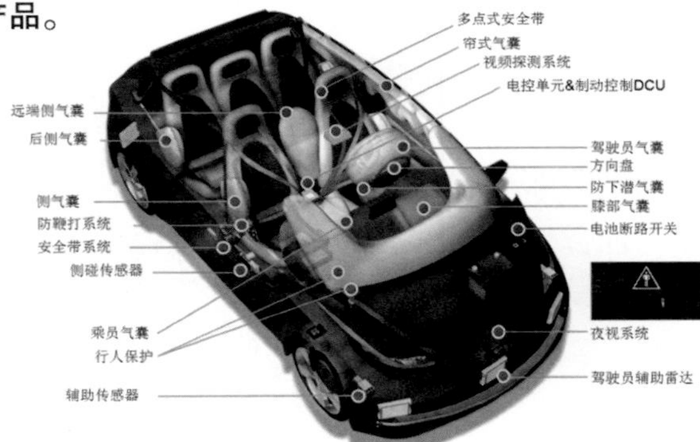

今天我们的产品每年可以拯救超过30 000条生命，更使十倍于此的人在交通事故中免于严重伤害。尽管成绩斐然，但我们不会因此止步。我们拥有拯救生命的激情；我们全心全意为顾客提供满意的服务，重视他们的驾驶安全；我们尽力提高员工的技术、知识及创造性；我们始终遵守最高标准的道德伦理行为；我们坚持全球化思维和本地化运作的高度融合。

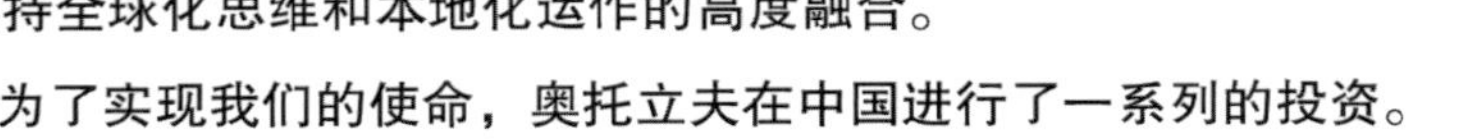

为了实现我们的使命，奥托立夫在中国进行了一系列的投资。

1990年建立了中国第一家汽车安全带生产企业：南京宏光奥托立夫汽车安全装备有限公司

1994年建立了生产安全带的长春宏光奥托立夫汽车安全装备有限公司。

1999年建立了生产安全气囊的上海奥托立夫汽车安全系统有限公司。

2002年后，随着中国汽车市场进入了新一轮快速发展的轨道，我们实施了更大规模的投资。

2005年建立了生产安全带及安全气囊的广州奥托立夫汽车安全系统有限公司。

2006年建立了生产汽车安全电子产品的奥托立夫（中国）电子有限公司，生产气体发生器的奥托立夫（上海）气体发生器有限公司，生产方向盘的奥托立夫（中国）汽车方向盘有限公司。

2007年建立了生产安全带织带的太仓维欧爱申达特种纺织品有限公司。全资收购长春奥托立夫贸鸿汽车安全系统有限公司，并更名为长春奥托立夫汽车安全系统有限公司。

2009年奥托立夫（上海）管理有限公司、奥托立夫（上海）汽车安全系统研发有限公司、上海奥托立夫汽车安全系统有限公司新址落成；全资收购南京宏光奥托立夫汽车安全装备有限公司，并更名为南京奥托立夫汽车安全系统有限公司。

2010年上海奥托立夫汽车安全系统有限公司自产安全气囊气袋

2011年南京奥托立夫和长春奥托立夫新工厂相继建成并投入使用

2012年建立了生产气囊产气药的奥托立夫（江苏）汽车安全零部件有限公司

2013年成立了生产织布和气囊袋的奥托立夫（中国）汽车安全系统有限公司

2014年成立了奥托立夫织物和气袋基地

2015年奥托立夫徐水工厂落成

目前奥托立夫中国拥有1家地区总部，1家技术中心及18家生产工厂。

这些投资业务，一方面是为了适应中国市场的高速增长，另一方面是为了实现奥托立夫先进成本国家战略，满足亚太地区需求。

丰田汽车仓储贸易（上海）有限公司

丰田汽车仓储贸易（上海）有限公司成立于2001年12月，主要业务有：以LEXUS汽车及汽车零件为主的保税区仓储、分拨、展示、技术咨询、技术培训及售后服务业务；国际贸易、保税区企业间的贸易代理，转口贸易及贸易咨询；LEXUS车用零件化学品的批发、进出口佣金代理及其他相关配套业务。

为了使每一位顾客都能满意，我们秉承贯彻着“顾客至上”的宗旨，为创造优质服务积极开拓丰富多彩的新事业。

总公司地址：上海市外高桥保税区日滨路88号A楼

联系电话（总机）：（021）58690363

HiVi惠威源自中国，名誉业界。经过26年的高速发展，HiVi惠威已成为寰球知名高级音响制造公司，并以各类杰出的电声产品享誉业界。2017年7月21日，HiVi惠威在国信证券保荐下于深圳证券交易所举行敲钟上市仪式，发行股票“惠威科技”（股票代码002888）。

作为Hi-End高级音响制造商，HiVi惠威在国际上已经获得如此赞誉：HiVi惠威以先进的电声科技结合中国精密工业制造，所以HiVi惠威产品拥有的品质与性价比均为业界之翘楚。

HiVi惠威扬声器单元以超卓的品质及尽善尽美的音质，赢得众多欧美著名音响厂商的青睐与采用，他们认为高品质的HiVi惠威扬声器是其品牌引领音响业界潮流的根本保证。

HiVi惠威拥有从扬声器单元、音箱到各类电声产品的完整产业链，均配备HiVi惠威高级扬声器单元。HiVi惠威音箱不仅音质超卓，且性价比更高。产品线覆盖Hi-Fi、家庭影院、数字家庭控制系统、多媒体音响、互联网云音响、汽车音响、专业音响、智能广播系统、各类扬声器单元和箱体制造等多个领域。

HiVi惠威拥有亚洲首屈一指的专业电声消声室，这是研发电声产品及技术开发最重要的专业设施。HiVi惠威拥有世界上各类先进的电声研发设备及设计软件，保证HiVi惠威在行业内的科技领先地位。

HiVi惠威屡获国际大奖。2003年，在拉斯维加斯CES消费电子大展上，HiVi惠威以等磁场带式旗舰荣获"CES 2003 High-End Audio Finalists"大奖，这是国际音响界的至高荣誉！ 2005年HiVi惠威再次荣获“Best of CES Ultimate Audio Finalist”CES高级音响冠军组大奖，成为史上唯有的两次勇夺该项大奖的国际音响企业！从2009年至今，HiVi惠威产品9年内荣膺10次CES Innovations Design and Engineering Awards（CES创新与工程设计大奖），象征HiVi惠威的高端扬声器研发和制造已进入新的纪元。

青岛青量检测技术有限公司

青岛青量检测技术有限公司成立于2013年3月19日，注册资金100万元，公司地址位于青岛经济技术开发区创业路99号。本公司经营范围：检定测微量具标准器组（按照计量标准考核证书核准的经营范围经营）（计量标准考核证书有效期限以许可证为准）。以下范围未取得资质不得开展经营活动：空气和废气监测、水质监测、噪声监测、土壤监测、食品监测、室内空气监测、公共场所监测、职业卫生监测。（依法须经批准的项目，经相关部门批准后方可开展经营活动）。

公司始终坚持"质量第一，用户至上，信誉至重"的经营宗旨。

近年来，我公司逐步建立健全完整的管理制度，拥有专业的服务团队。公司实验室于2017年4月5日正式通过中国合格评定国家认可委员会（CNAS）评审，证书号码：CNAS L9854。

本着立足于青岛西海岸，辐射周边地市，以质量为根本，重信用增效益为宗旨，与社会各界朋友们共同合作、共创灿烂的明天！

地址：青岛开发区创业路99号　　邮编：266510

公司经营者姓名：徐恭全　　联系电话：13730986392

联系人：徐晓凤　　联系电话：0532-86818671

电子邮箱：13730986392@163.com / wenxuan66312@aliyun.com

成都道弘实业有限公司检测中心

成都道弘实业有限公司检测中心是非独立法人实验室，其母体公司是成都道弘实业有限公司。成都道弘实业有限公司为独立法人能承担包括检测中心在内的法律责任，法人授权检测中心独立、公正地开展检测活动。

成都道弘实业有限公司成立于2002年，注册资金1000万元，是国内外知名的氟橡胶预混胶、氟橡胶混炼胶专业生产厂家，是集科研、开发、生产、销售、服务于一体的现代经营管理企业，公司本部位于成都现代工业港北片区，占地面积9000多平方米，拥有独立的生产车间、办公大楼，有国内同行业最先进的生产、检测设备，产品用于制作各类氟橡胶制品，如油封、O形圈、气门油封、垫片、胶管、各类密封件等，广泛运用于汽车、化工、机械、航天、电子等领域，销往全国30多个省市，远销美洲、欧洲、东南亚、中东等20多个国家和地区。

于2002年12月设立成都道弘实业有限公司检测中心，秉着"科学、公正、准确、及时"的方针，独立开展公司新品研发、原材料至成品的相关检测工作。　本检测中心现有检测工作用房300平方米，检测室相对独立，配有美国阿尔法MV2000门尼机、RPA2000橡胶加工分析仪，岛津高效液相色谱仪，德国博锐硬度计，意大利吉比特低温回弹试验机，以及高铁电脑系统拉力试验机、老化试验机、恒温耐油槽、耐磨试验机、低温脆性试验机、无转子硫化仪、M3000N门尼机等检测仪器。所配仪器功能齐全，工作条件和环境条件满足氟橡胶性能试验工作的需要。现有管理人员2员、技术人员合计2人，检测人员5人，大专以上学历。

CNAS评审专家组于2017年1月7日—9日对本检测中心进行了现场评审，依据检测和校准实验室认可准则以及其他相关准则，对检测中心技术部分和管理体系部分分别进行评审，提出了宝贵意见，在今后的工作中不断改进、进步。并于2017年3月23日获得中国合格国家认可评定委员会批准，已通过认可。

实验室代码为CNAS L9839。